유하다요가 선보이는 JLPT 시리즈

유하다요 JLPT 한 권 스피드 합격

유하다요 JLPT N3
한 권 스피드 합격

유하다요 JLPT N2
한 권 스피드 합격

유하다요 JLPT N1
한 권 스피드 합격

본 교재와 함께 하면 완벽한 시너지 효과를 내는
본 교재 인강 5만원 할인 쿠폰코드

쿠폰 코드: N50000

이용 방법
결제 시, 쿠폰 코드 입력란에 해당 쿠폰 코드 입력 후 적용해 주세요.
*쿠폰에 관련된 문의는 유하다요 고객센터로 문의 부탁드립니다.

유하다요 사이트

1년에 단 2번 JLPT 시험

"올해 JLPT 합격하고 싶어요!"

"단기간 JLPT 학습플랜이 필요해요!"

"혼자서 JLPT 공부할 수 있을까요?"

"과거 기출을 알고 싶어요!"

やればできる！ 하면 된다!

유하다요 JLPT N3 한 권 스피드 합격으로

빠른 합격이 가능한 이유!

단기간 합격을 위한 30일 학습플랜 제공!

▶ **30일 스피드 합격플랜**

시험 30일 전에 시작하는 분을 위한 본 교재 최단기 학습플랜입니다.

1일	2일	3일	4일	5일	6일
[기출단어] 문제1 문제풀이	[기출단어] 문제2 문제풀이	[기출단어] 문제3 문제풀이	[기출단어] 문제4 문제풀이	[기출단어] 문제5 문제풀이	[핵심단어] 문제풀이

- 합격까지 30일 완성을 위한 학습플랜으로 학습 가능
- JLPT 학습의 가장 이상적인 60일 학습플랜 추가 제공

JLPT 합격 노하우 yuhadayo.com

2
최신 기출 문제 분석 반영!

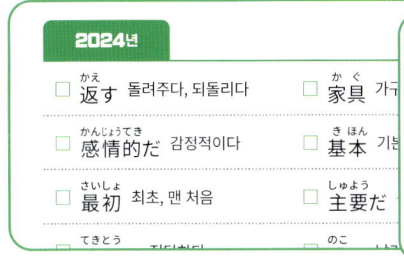

- 최신 연도별순으로 꼼꼼하게 정리된 기출단어 수록
- 과거 기출 문제를 철저히 분석한 기출문법 수록

3
실전 연습이 가능한 모의고사 3회분!

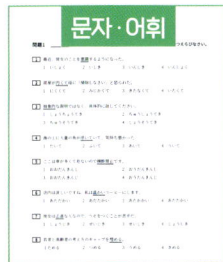  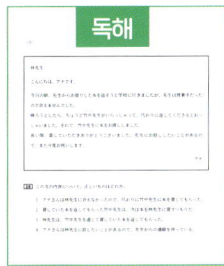 

- 실제 시험과 같은 형태의 모의고사로 실전 감각 극대화
- 교재 수록 2회+온라인 모의고사 1회분

4 시험 직전 스피드 정리
D-30 체크북 부록!
- 출제 예상 단어와 문법을 30일 플랜으로 스피드있게 체크 가능
- 간편하게 들고 다닐 수 있는 부록 사이즈

5 무료 MP3 5종!
- 출제 예상 단어와 문법, 예문 MP3
- 기본 버전, 배속 버전, 시험장 버전으로 실전에 가까운 청해 MP3

JLPT 합격 노하우 yuhadayo.com

유하다요

JLPT
N3

언어지식(문자·어휘)

한 권 스피드 합격

유하다요

목차

JLPT 알아보기 ... 004
이 책의 구성과 활용법 ... 008
학습플랜 ... 012

언어지식
문자·어휘

기출단어 집중 공략
- 문제1 한자읽기 ... 018
- 문제2 표기 ... 032
- 문제3 문맥규정 ... 046
- 문제4 유의표현 ... 068
- 문제5 용법 ... 088

핵심단어 집중 공략
핵심단어 리스트 ... 102

언어지식
문법

문법 집중 공략
- 문제1 문법형식 판단 ... 192
- 문제2 문장만들기 ... 194
- 문제3 글의 문법 ... 196

기초 필수 문법 집중 공략
기초 필수 문법 리스트 ... 200

기출문법 집중 공략
기출문법 리스트 236

핵심문법 집중 공략
핵심문법 리스트 282

독해

독해 집중 공략
- **문제4** 단문 내용이해 348
- **문제5** 중문 내용이해 364
- **문제6** 장문 내용이해 394
- **문제7** 정보검색 410

청해

청해 집중 공략
- **문제1** 과제이해 434
- **문제2** 포인트이해 442
- **문제3** 개요이해 450
- **문제4** 발화표현 458
- **문제5** 즉시응답 466

부록 ＋ 실전모의고사 3회분 ＋ 해설집 ＋ JLPT N3 D-30일 체크북

JLPT 알아보기

▶ JLPT란?

JLPT(일본어능력시험)이란 **J**apanese-**L**anguage **P**roficiency **T**est의 앞 글자를 딴 말로, 일본어를 모국어로 하지 않는 사람의 일본어 능력을 측정하고 인정하는 세계 최대 규모의 일본어 자격시험입니다. 또한 JLPT 합격증은 전 세계 거의 모든 기업 및 국내외 대학 제출이 가능하여 국제 공인성이 높습니다.

▶ JLPT 레벨

JLPT는 난이도가 쉬운 레벨부터 어려운 레벨까지 N5, N4, N3, N2, N1로 나누어져 있습니다.

레벨	인정 기준
N1	폭넓은 분야에서 사용되는 일본어를 이해할 수 있는 레벨 • **읽기** 논리적으로 약간 복잡하고 추상도가 높은 신문의 논설, 평론 등을 읽고 구성이나 상세 내용을 이해할 수 있다. • **듣기** 자연스러운 속도의 회화나 뉴스, 강의를 듣고 이야기의 흐름이나 상세 내용, 요점을 파악할 수 있다.
N2	일상에서 사용되는 일본어를 수월하게 이해할 수 있는 레벨 • **읽기** 논지가 명확한 잡지의 기사, 해설, 평론 등을 읽고 내용을 이해할 수 있다. • **듣기** 자연스러운 속도의 회화나 뉴스를 듣고 등장인물 간의 관계를 이해하거나 이야기의 흐름과 요점을 파악할 수 있다.
N3	일상에서 사용되는 일본어를 어느 정도 이해할 수 있는 레벨 • **읽기** 일상적인 화제에 대해 구체적으로 쓰인 글을 읽고 이해할 수 있다. • **듣기** 자연스러운 속도에 가까운 일상 회화를 듣고 이야기의 구체적인 내용을 등장인물 간의 관계 파악과 함께 거의 이해할 수 있다.
N4	기초적인 일본어를 수월하게 이해할 수 있는 레벨 • **읽기** 기본적인 어휘나 한자를 사용해서 쓰여진 일상적인 화제의 문장을 읽고 이해할 수 있다. • **듣기** 비교적 느린 속도의 일상 회화라면 거의 이해할 수 있다.
N5	기초적인 일본어를 어느 정도 이해할 수 있는 레벨 • **읽기** 히라가나, 카타카나, 일상생활에서 쓰이는 기초적인 한자로 쓰여진 정형화된 문장을 읽고 이해할 수 있다. • **듣기** 느리고 짧은 회화에서 필요한 정보를 듣고 이해할 수 있다.

(어려운 레벨 ↑ 쉬운 레벨)

▶ JLPT 필수 정보

실시 횟수	매년 2회, 7월과 12월
성적 발표	합격/불합격(점수 표시)
유효기간	평생
시험 접수	❶ 인터넷 접수 JLPT 홈페이지 https://www.jlpt.or.kr/ 를 통해 접수
	❷ 우편 접수 홈페이지를 통해 다운로드한 원서와 구비 서류(증명 사진 1매, 수험료)를 등기우편으로 발송

※ 일반 접수 기간 이후 일주일 정도의 추가 접수 기간이 있습니다.

▶ JLPT 합격과 과락 기준점

모든 과목의 점수 합계가 합격 기준점을 넘어야 합격입니다. 다만, 한 가지 과목이라도 19점 미만으로 득점하면 불합격입니다.

레벨	합격 기준점	과목별 과락 기준점		
		언어지식 (문자·어휘, 문법)	독해	청해
N1	100점/180점	19점/60점	19점/60점	19점/60점
N2	90점/180점	19점/60점	19점/60점	19점/60점
N3	95점/180점	19점/60점	19점/60점	19점/60점
N4	90점/180점	38점/120점		19점/60점
N5	80점/180점	38점/120점		19점/60점

JLPT 알아보기

▶ N3 과목 구성과 시험 시간

교시	구성	문제유형	문제수	시간
1교시	언어지식 (문자·어휘)	한자읽기	8	30분
		표기	6	
		문맥규정	11	
		유의표현	5	
		용법	5	
	언어지식 (문법)	문법형식의 판단	13	70분
		문장 만들기	5	
		글의 문법	5	
	독해	단문 내용이해	4	
		중문 내용이해	6	
		장문 내용이해	4	
		정보검색	2	
쉬는 시간 20분					
2교시	청해	과제이해	6	45분
		포인트이해	6	
		개요이해	3	
		발화표현	4	
		즉시응답	9	

*실제 시험에서는 1~2개의 문제수가 변동될 수 있습니다.

▶ N3 합격 결과 발표

시험 결과는 인터넷으로 먼저 발표되고, 그 이후 성적표가 택배 발송됩니다.

	인터넷 발표	택배 배송
시기	• 1회시험-8월 말 • 2회시험-1월 말	• 1회시험-9월 말 • 2회시험-2월 말
성적 표시	• 합격/불합격 • 성적 점수 확인 가능	• 합격/불합격 • 성적 점수 확인 가능

[시험 결과 예시] 합격(Passed) 또는 불합격(Not Passed) 표시

구분별 득점			총점
언어지식	독해	청해	
52/60	60/60	52/60	164/180

▶ JLPT와 JPT 차이

일본어 학습자들이 많이들 궁금해하는 JLPT와 JPT의 차이는 다음과 같습니다. JLPT는 국제적으로 통용되지만, JPT는 국내 한정 자격증입니다. 또한 JLPT는 합격과 불합격으로 성적이 통지되지만, JPT는 점수로만 표시됩니다.

	JLPT	JPT
유효 범위/기한	• 전 세계/평생	• 국내/2년
주관	• 일본 문부과학성의 일본 국제 교류기금과 일본 국제 교육지원협회	• 국내 사설기관 YBM사
실시 횟수	• 매년 2회 (7월, 12월)	• 매달 1회
성적 발표	• 합격/불합격 (점수 표시)	• 990점 만점
레벨 유무	• N5-N1 구분	• 레벨 구분 없음

이 책의 구성과 활용법

▶ STEP 1 문자 · 어휘

❶ 문자 · 어휘 합격 공략 포인트 알아보기

N3 합격에 가까워지기 위한 문제 풀이 꿀팁과 노하우를 정리하였습니다.
문자 · 어휘 문제를 푸는 요령을 확인하고 정답률을 높여 보세요.

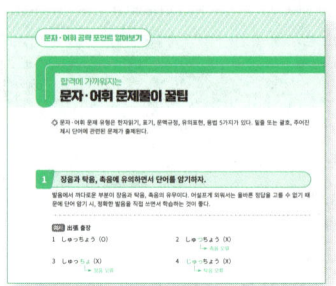

❷ 문제 유형 파악하기

JLPT 최신 출제 경향을 철저히 분석하여, N3 문자 · 어휘 각 문제 유형에 맞게 문제 풀이 공략법을 정리하였습니다. 각 문제 유형을 익혀 전략을 세워보세요.

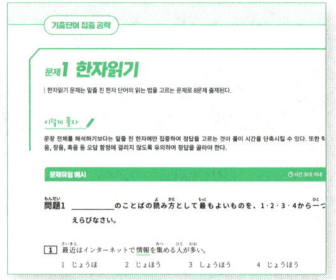

❸ 단어 암기하기&복습하기

실제 N3에서 출제된 [기출단어]와 N3 레벨에서 반드시 익혀야 할 [핵심단어]로 분별하여 수록하였습니다. 꼼꼼하게 암기하여 실력을 쌓고 [기본 다지기]를 통해 암기한 단어를 체크하고 복습해보세요.

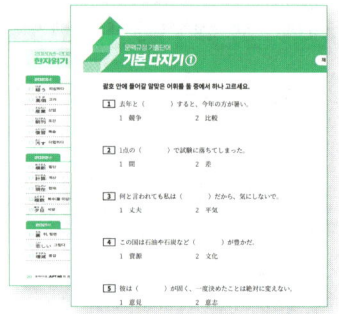

❹ 실전 감각 익히기

출제 경향에 딱 맞춘 실전 문제를 풀어봄으로써 시험에 대비할 수 있습니다.
학습한 내용을 적용하여 실제 시험에 대비해 보세요.

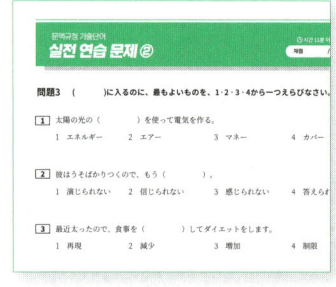

➡ STEP 2 문법

❶ 문법 합격 공략 포인트 알아보기
N3 합격에 가까워지기 위한 문제 풀이 꿀팁과 노하우를 정리하였습니다.
문법 문제를 푸는 요령을 확인하고 정답률을 높여 보세요.

❷ 문제 유형 파악하기
JLPT 최신 출제 경향을 철저히 분석하여, N3 문법 각 문제 유형에 맞게 문제 풀이 공략법을 정리하였습니다. 각 문제 유형을 익혀 전략을 세워보세요.

❸ 문법 이론 학습하기
N3 합격을 위해 꼭 암기해야 할 문법을 [기초필수 문법]과 [기출문법], [핵심문법]으로 분별하여 수록하였습니다. 각 문법에 대한 해설과 접속, 예시로 꼼꼼하게 학습해 보세요.

❹ 실전 감각 익히기
출제 경향에 딱 맞춘 실전 문제를 풀어봄으로써 시험에 대비할 수 있습니다.
학습한 내용을 적용하여 실제 시험에 대비해 보세요.

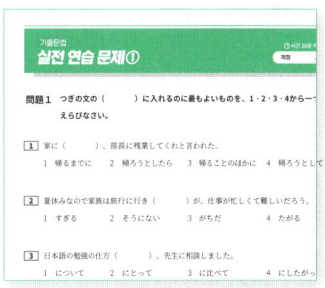

이 책의 구성과 활용법

▶ STEP 3 독해

① 독해 공략 포인트 알아보기

N3 합격에 가까워지기 위한 문제 풀이 꿀팁과 노하우, 그리고 N3 독해에서 자주 출제되는 질문 유형을 분석하여 정리하였습니다. 독해를 푸는 요령을 확인하고 정답률을 높여 보세요.

② 문제 유형 파악하기

JLPT 최신 출제 경향을 철저히 분석하여, N3 독해 각 문제 유형에 맞게 문제 풀이 공략법을 정리하였습니다. 각 문제 유형을 익혀 전략을 세워보세요.

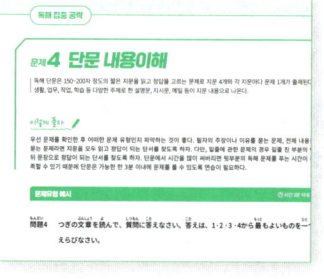

③ 실전 감각 익히기

출제 경향에 딱 맞춘 실전 문제를 집중적으로 풀어봄으로써 시험에 대비할 수 있습니다.

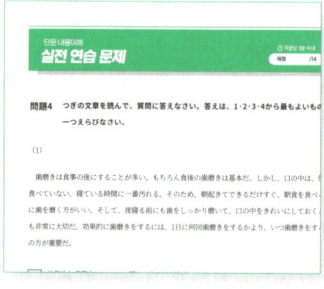

＋ 부록

해설집
모든 문제에 대한 정답의 단서뿐만 아니라 오답에 대한 명쾌한 이유까지 알기 쉽게 풀이하였습니다. 상세한 해설과 직역에 가까운 해석으로 고득점까지 노려 보세요.

실전 모의고사
실제 시험과 똑같은 형태의 모의고사 2회 ＋ 온라인 모의고사 1회로 실전 감각을 극대화할 수 있습니다. 모의고사까지 꼼꼼하게 챙겨 시험 직전 자신의 실력을 최종 점검해 보세요.

▶ STEP 4 청해

① 청해 공략 포인트 알아보기

N3 합격에 가까워지기 위한 문제 풀이 꿀팁과 노하우, 그리고 N3 청해에서 꼭 필요한 일본어 회화체를 포인트별로 정리하여 수록하였습니다. 회화체를 청해 문제 풀이 전에 학습하여 듣기 요령을 터득해 보세요.

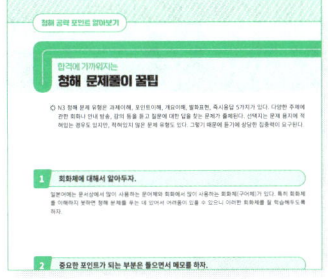

② 문제 유형 파악하기

JLPT 최신 출제 경향을 철저히 분석하여, N3 청해 각 문제 유형에 맞게 문제 풀이 공략법을 정리하였습니다. 각 문제 유형을 익혀 전략을 세워보세요.

③ 실전 감각 익히기

출제 경향에 딱 맞춘 실전 문제를 집중적으로 풀어봄으로써 시험에 대비할 수 있습니다.

JLPT N3 D-30일 체크북

시험 30일 전에 기출 단어와 문법을 체크할 수 있도록 정리하였습니다. 들고 다니면서 간편하게 학습해 보세요.

MP3 5종

정확한 원어민 발음을 들으면서 단어 학습을 할 수 있도록 [출제 예상 단어] 그리고 [출제 예상 문법] MP3 와 기본, 배속, 시험장 버전의 청해 MP3를 수록하였습니다. 다운로드하여 반복 학습에 활용해 보세요.

학습플랜

▶ 30일 스피드 합격플랜

시험 30일 전에 시작하는 분을 위한 본 교재 최단기 학습플랜입니다.

1일	2일	3일	4일	5일	6일
[기출단어] 문제1 문제풀이	[기출단어] 문제2 문제풀이	[기출단어] 문제3 문제풀이	[기출단어] 문제4 문제풀이	[기출단어] 문제5 문제풀이	[핵심단어] 문제풀이
[D-30일 체크북] D-30일 암기	[D-30일 체크북] D-29일 암기	[D-30일 체크북] D-28일 암기	[D-30일 체크북] D-27일 암기	[D-30일 체크북] D-26일 암기	[D-30일 체크북] D-25일 암기

7일	8일	9일	10일	11일	12일
[기초 필수 문법] 1-6	[기초 필수 문법] 7-8	[기출문법] 1-2	[기출문법] 3-4	[기출문법] 5	[기출문법] 문제풀이
[D-30일 체크북] D-24일 암기	[D-30일 체크북] D-23일 암기	[D-30일 체크북] D-22일 암기	[D-30일 체크북] D-21일 암기	[D-30일 체크북] D-20일 암기	[D-30일 체크북] D-19일 암기

13일	14일	15일	16일	17일	18일
[핵심문법] 1	[핵심문법] 2-3	[핵심문법] 4	[핵심문법] 4	[핵심문법] 문제풀이	[문자·어휘, 문법] 전체 복습
[D-30일 체크북] D-18일 암기	[D-30일 체크북] D-17일 암기	[D-30일 체크북] D-16일 암기	[D-30일 체크북] D-15일 암기	[D-30일 체크북] D-14일 암기	[D-30일 체크북] D-13일 암기

19일	20일	21일	22일	23일	24일
[독해] 문제4	[독해] 문제5	[독해] 문제6	[독해] 문제7	[청해] 문제1	[청해] 문제2
[D-30일 체크북] D-12일 암기	[D-30일 체크북] D-11일 암기	[D-30일 체크북] D-10일 암기	[D-30일 체크북] D-9일 암기	[D-30일 체크북] D-8일 암기	[D-30일 체크북] D-7일 암기

25일	26일	27일	28일	29일	30일
[청해] 문제3	[청해] 문제4	[청해] 문제5	[독해, 청해] 전체 복습	모의고사1	모의고사2
[D-30일 체크북] D-6일 암기	[D-30일 체크북] D-5일 암기	[D-30일 체크북] D-4일 암기	[D-30일 체크북] D-3일 암기	[D-30일 체크북] D-2일 암기	[D-30일 체크북] D-1일 암기

📅 개인별 수준에 따라 해당 학습플랜을 2번 반복하거나 각자 자신만의 학습 스타일에 맞게 학습 계획을 세워보세요.

60일 완성 합격플랜

시험 60일 전에 시작하는 분을 위한 본 교재의 가장 이상적인 학습 플랜입니다.

1일	2일	3일	4일	5일	6일
[문자·어휘] 문제1 기출단어1	[문자·어휘] 문제1 기출단어2	[문자·어휘] 문제1 기출단어3	[문자·어휘] 문제2 기출단어1	[문자·어휘] 문제2 기출단어2	[문자·어휘] 문제2 기출단어3
7일	**8일**	**9일**	**10일**	**11일**	**12일**
[문자·어휘] 문제3 기출단어1	[문자·어휘] 문제3 기출단어2	[문자·어휘] 문제3 기출단어3	[문자·어휘] 문제4 기출단어1	[문자·어휘] 문제4 기출단어2	[문자·어휘] 문제4 기출단어3
13일	**14일**	**15일**	**16일**	**17일**	**18일**
[문자·어휘] 문제5 기출단어1	[문자·어휘] 문제5 기출단어2	[문자·어휘] 문제5 기출단어3	[문자·어휘] 핵심단어 1 암기	[문자·어휘] 핵심단어 1 암기	[문자·어휘] 핵심단어 2 암기
19일	**20일**	**21일**	**22일**	**23일**	**24일**
[문자·어휘] 핵심단어 3 암기	[문자·어휘] 핵심단어 4 암기	[문자·어휘] 핵심단어 5 암기	[문자·어휘] 핵심단어 6 암기	[문자·어휘] 핵심단어 7 암기	[문자·어휘] 핵심단어 8 암기
25일	**26일**	**27일**	**28일**	**29일**	**30일**
[문자·어휘] 핵심단어 문제풀이	[문자·어휘] 전체 복습	[기초 필수 문법] 1-3	[기초 필수 문법] 4-6	[기초 필수 문법] 7-8	[기출문법] 1
31일	**32일**	**33일**	**34일**	**35일**	**36일**
[기출문법] 2-3	[기출문법] 4-5	[기출문법] 문제풀이	[기출문법] 복습	[핵심문법] 1	[핵심문법] 2
37일	**38일**	**39일**	**40일**	**41일**	**42일**
[핵심문법] 3	[핵심문법] 4	[핵심문법] 4	[핵심문법] 문제풀이	[핵심문법] 복습	[독해] 문제4 1-7
43일	**44일**	**45일**	**46일**	**47일**	**48일**
[독해] 문제4 8-14	[독해] 문제5 1-7	[독해] 문제5 8-13	[독해] 문제6 1-3	[독해] 문제6 4-6	[독해] 문제7 1-3
49일	**50일**	**51일**	**52일**	**53일**	**54일**
[독해] 문제7 4-6	[독해] 전체 복습	[청해] 문제1	[청해] 문제2	[청해] 문제3	[청해] 문제4
55일	**56일**	**57일**	**58일**	**59일**	**60일**
[청해] 문제5	[청해] 전체 복습	[모의고사1] 문제풀이	[모의고사1] 복습	[모의고사2] 문제풀이	[모의고사2] 복습

📅 개인별 수준에 따라 2일 치를 1일에 학습하거나 1일 치를 2일로 나눠 학습하는 등 자신만의 학습 스타일에 맞게 학습 계획을 세워보세요.

언어지식

문자·어휘

기출단어 집중 공략

- **문제1** 한자읽기
- **문제2** 표기
- **문제3** 문맥규정
- **문제4** 유의표현
- **문제5** 용법

핵심단어 집중 공략

핵심단어 리스트

문자·어휘 공략 포인트 알아보기

합격에 가까워지는
문자·어휘 문제풀이 꿀팁

⚙ 문자·어휘 문제 유형은 한자읽기, 표기, 문맥규정, 유의표현, 용법 5가지가 있다. 밑줄 또는 괄호, 주어진 제시 단어에 관련된 문제가 출제된다.

1 장음과 탁음, 촉음에 유의하면서 단어를 암기하자.

일본어 발음에서 까다로운 부분이 장음과 탁음, 촉음의 유무이다. 어설프게 외워서는 올바른 정답을 고를 수 없기 때문에 단어 암기 시, 정확한 발음을 직접 쓰면서 학습하는 것이 좋다.

예시 出張 출장

1 しゅっちょう (O)　　　　　2 しゅつちょう (X)
　　　　　　　　　　　　　　　　　↳ 촉음 오류

3 しゅっちょ (X)　　　　　　4 じゅっちょう (X)
　　↳ 장음 오류　　　　　　　　　↳ 탁음 오류

2 부수가 비슷한 한자에 유의하자.

서로 비슷한 한자가 많기 때문에 한자 암기 시, 각 부수를 제대로 암기해 두는 것이 중요하다. JLPT 시험은 모두 객관식으로 출제되기 때문에 한자쓰기를 연습할 필요는 없지만, 눈으로 봤을 때 정확하게 한자를 고를 수 있도록 학습하는 것이 좋다.

예시 주소 じゅうしょ

1 住所 (O)　　　　　　　　　2 主所 (X)

3 注所 (X)　　　　　　　　　4 柱所 (X)

3 단어의 뉘앙스를 확실하게 파악하자.

단어의 뜻은 물론 그 단어가 가진 뉘앙스까지 파악해두는 것이 좋다. 한국어 해석으로는 말이 되어도 일본어에서는 사용법이 틀린 경우가 있으니 유의하도록 하자.

예시 異常(いじょう) 이상

今年(ことし)の夏(なつ)の暑(あつ)さは異常(いじょう)だ。(O)　올해 여름의 더위는 이상하다.

今日(きょう)の気温(きおん)は35度(ど)異常(いじょう)だ。(X)　올해 여름은 35도 이상이다.

　　　　　　　　➤ 동음이의어인 以上(いじょう) 이상이라는 단어를 사용해야 하는 문장이다.

4 모르는 단어가 나왔다면 과감히 포기하자.

잘 모르는 단어가 나왔다면 오랜 시간 끌지 말고 다음 문제로 넘어가도록 하자. 언어지식 파트의 독해까지 모든 문제를 풀고 정답을 마킹하기 전 시간이 남았다면 그때 다시 한번 확인해도 늦지 않다.

기출단어 집중 공략

문제 1 한자읽기

| 한자읽기 문제는 밑줄 친 한자 단어의 읽는 법을 고르는 문제로 8문제 출제된다.

이렇게 풀자

문장 전체를 해석하기보다는 밑줄 친 한자에만 집중하여 정답을 고르는 것이 풀이 시간을 단축시킬 수 있다. 또한 탁음, 장음, 촉음 등 오답 함정에 걸리지 않도록 유의하여 정답을 골라야 한다.

문제유형 예시   ⏱ 시간 30초 이내

問題1 ＿＿＿＿＿のことばの読み方として最もよいものを、1・2・3・4から一つえらびなさい。

1 最近はインターネットで情報を集める人が多い。

　　1 じょうほ　　　2 じょほう　　　3 しょうほう　　　4 じょうほう

| 문제 1 | _____의 말의 읽는 법으로서 가장 알맞은 것을, 1·2·3·4에서 하나 고르세요.

| 정답 | ④

| 해석 | 최근에는 인터넷에서 정보를 모으는 사람이 많다.

| 해설 | 情報는 じょうほう라고 음독으로 읽는다. 장음에 주의하자.

| 단어 | 最近(さいきん) 최근 | インターネット 인터넷 | 情報(じょうほう) 정보 | 集(あつ)める 모으다 | 人(ひと) 사람 | 多(おお)い 많다

2020년~2024년
한자읽기 기출단어 1
2020년부터 2024년까지 출제된 한자읽기 기출 단어를 정리했습니다.

2024년

- 返(かえ)す 돌려주다, 되돌리다
- 家具(かぐ) 가구
- 加熱(かねつ) 가열
- 感情的(かんじょうてき)だ 감정적이다
- 基本(きほん) 기본
- 配(くば)る 나누어주다, 배포하다
- 最初(さいしょ) 최초, 맨 처음
- 主要(しゅよう)だ 주요하다
- 石油(せきゆ) 석유
- 適当(てきとう)だ 적당하다
- 残(のこ)す 남기다
- 深(ふか)い 깊다
- 父母(ふぼ) 부모
- 包丁(ほうちょう) 식칼
- 横(よこ) 옆, 가로
- 割(わ)る 나누다

2023년

- 疑(うたが)う 의심하다
- 裏(うら) 뒤, 뒷면
- 月末(げつまつ) 월말
- 高価(こうか) 고가
- 小型(こがた) 소형
- 断(ことわ)る 거절하다
- 産業(さんぎょう) 산업
- 選手(せんしゅ) 선수
- 退院(たいいん) 퇴원
- 朝刊(ちょうかん) 조간
- 広場(ひろば) 광장
- 夫婦(ふうふ) 부부
- 復習(ふくしゅう) 복습
- 細(ほそ)い 가늘다
- 留守(るす) 부재중
- 汚(よご)す 더럽히다

2022년

- ☐ 横断(おうだん) 횡단
- ☐ 角(かど) 모퉁이
- ☐ 比べる(くらべる) 비교하다
- ☐ 計算(けいさん) 계산
- ☐ 血圧(けつあつ) 혈압
- ☐ 件(けん) 건, 사항
- ☐ 現在(げんざい) 현재
- ☐ 情報(じょうほう) 정보
- ☐ 包む(つつむ) 싸다, 포장하다
- ☐ 複数(ふくすう) 복수(둘 이상의 수)
- ☐ 丸い(まるい) 둥글다
- ☐ 難しい(むずかしい) 어렵다
- ☐ 夕日(ゆうひ) 석양
- ☐ 有名だ(ゆうめいだ) 유명하다
- ☐ 容器(ようき) 용기, 그릇

2021년

- ☐ 裏(うら) 뒤, 뒷면
- ☐ 過去(かこ) 과거
- ☐ 悲しい(かなしい) 슬프다
- ☐ 恋しい(こいしい) 그립다
- ☐ 呼吸(こきゅう) 호흡
- ☐ 自然(しぜん) 자연
- ☐ 増減(ぞうげん) 증감
- ☐ 駐車(ちゅうしゃ) 주차
- ☐ 通知(つうち) 통지
- ☐ 動作(どうさ) 동작
- ☐ 努力(どりょく) 노력
- ☐ 逃げる(にげる) 도망치다
- ☐ 残り(のこり) 나머지
- ☐ 生える(はえる) 나다, 자라다
- ☐ 秒(びょう) 초
- ☐ 郵送(ゆうそう) 우송, 우편

2020년

- ☐ 預ける(あずける) 맡기다
- ☐ 岩(いわ) 바위
- ☐ 疑う(うたがう) 의심하다
- ☐ 交流(こうりゅう) 교류
- ☐ 種類(しゅるい) 종류
- ☐ 調査(ちょうさ) 조사
- ☐ 普通(ふつう) 보통
- ☐ 留守(るす) 부재중

한자읽기 기출단어
기본 다지기 ①

채점 /10

다음 한자 단어의 읽는 방법을 둘 중에서 하나 고르세요.

1 小型
　　1 しょうがた　　　2 こがた

2 細い
　　1 ほそい　　　　　2 こまかい

3 横断
　　1 おうだん　　　　2 おだん

4 難しい
　　1 いそがしい　　　2 むずかしい

5 容器
　　1 ゆうき　　　　　2 ようき

6 呼吸
　　1 こきゅう　　　　2 こうきゅう

7 残り
　　1 ほこり　　　　　2 のこり

8 生える
　　1 はえる　　　　　2 うえる

9 岩
　　1 いし　　　　　　2 いわ

10 種類
　　1 しゅうるい　　　2 しゅるい

해설집 p.2

정답 1② 2① 3① 4② 5② 6① 7② 8① 9② 10②

실전 연습 문제 ①

한자읽기 기출단어

시간 4분 이내

問題1 ＿＿＿＿＿のことばの読み方として最もよいものを、1・2・3・4から一つえらびなさい。

1 プレゼントをラッピング用紙で包んで友達にあげた。
　　1　はずんで　　　2　つつんで　　　3　かこんで　　　4　あそんで

2 昔から血圧が高いので健康管理が重要だ。
　　1　けつあつ　　　2　げつあつ　　　3　けつあく　　　4　げつあく

3 人よりも努力しなければよい成果を得ることはできない。
　　1　けんりょく　　2　のうりょく　　3　たいりょく　　4　どりょく

4 私の故郷は自然豊かなところだ。
　　1　じぜん　　　　2　しぜん　　　　3　しんせん　　　4　じんせん

5 大学の異文化交流プログラムに参加することにした。
　　1　こうりゅう　　2　ごうりゅう　　3　こうるい　　　4　ごうるい

6 まさか自分が疑われるなんて思ってもいなかった。
　　1　つかわれる　　2　うたがわれる　3　かわれる　　　4　あわれる

7 今年は観光客の増減が激しい一年だった。
　　1　そうげん　　　2　ぞうけん　　　3　ぞうげん　　　4　そうけん

8 去年に比べると今年の売り上げはかなり期待できる。
　　1　すべる　　　　2　ならべる　　　3　のべる　　　　4　くらべる

정답　1②　2①　3④　4②　5①　6②　7③　8④

2015년~2019년 한자읽기 기출단어 2

2015년부터 2019년까지 출제된 한자읽기 기출 단어를 정리했습니다.

2019년

- 印象 (いんしょう) 인상
- 遅い (おそい) 늦다
- 各駅 (かくえき) 각 역
- 勝つ (かつ) 이기다
- 腰 (こし) 허리
- 上品だ (じょうひんだ) 품위가 있다
- 線 (せん) 선
- 助ける (たすける) 구조하다, 돕다
- 昼食 (ちゅうしょく) 점심 식사
- 調査 (ちょうさ) 조사
- 包む (つつむ) 싸다, 포장하다
- 方角 (ほうがく) 방향
- 未来 (みらい) 미래
- 郵便 (ゆうびん) 우편
- 予約 (よやく) 예약
- 若い (わかい) 젊다

2018년

- 遊ぶ (あそぶ) 놀다
- 疑う (うたがう) 의심하다
- 改札 (かいさつ) 개찰
- 換える (かえる) 바꾸다, 교환하다
- 機械 (きかい) 기계
- 休日 (きゅうじつ) 휴일
- 血圧 (けつあつ) 혈압
- 恋しい (こいしい) 그립다
- 塩 (しお) 소금
- 制服 (せいふく) 제복
- 相談 (そうだん) 상담
- 卒業 (そつぎょう) 졸업
- 確かに (たしかに) 확실히
- 得意だ (とくいだ) 잘하다, 자신이 있다
- 部分 (ぶぶん) 부분
- 命令 (めいれい) 명령

2017년

- 位置 (いち) 위치
- 過去 (かこ) 과거
- 下線 (かせん) 밑줄
- 汚い (きたない) 더럽다
- 禁煙 (きんえん) 금연
- 計算 (けいさん) 계산

- 転ぶ (ころぶ) 구르다, 넘어지다
- 手術 (しゅじゅつ) 수술
- 主要だ (しゅよう) 주요하다
- 商品 (しょうひん) 상품
- 早退 (そうたい) 조퇴
- 直接 (ちょくせつ) 직접
- 冷える (ひえる) 차가워지다, 식다
- 回す (まわす) 돌리다, 회전시키다
- 結ぶ (むすぶ) 매다, 묶다, 잇다
- 燃える (もえる) 타다

2016년

- 折れる (おれる) 꺾이다, 부러지다
- 観客 (かんきゃく) 관객
- 共通 (きょうつう) 공통
- 加える (くわえる) 가하다, 더하다
- 訓練 (くんれん) 훈련
- 個人 (こじん) 개인
- 税金 (ぜいきん) 세금
- 到着 (とうちゃく) 도착
- 独立 (どくりつ) 독립
- 努力 (どりょく) 노력
- 測る (はかる) (무게, 길이, 넓이 등을) 재다, 측정하다
- 払う (はらう) 지불하다
- 方向 (ほうこう) 방향
- 豆 (まめ) 콩
- 丸い (まるい) 둥글다
- 申し込み (もうしこみ) 신청

2015년

- 表す (あらわす) 나타내다
- 美しい (うつくしい) 아름답다
- 首 (くび) 목
- 経営学 (けいえいがく) 경영학
- 血液型 (けつえきがた) 혈액형
- 支給 (しきゅう) 지급
- 想像 (そうぞう) 상상
- 朝食 (ちょうしょく) 조식, 아침 식사
- 伝える (つたえる) 전하다
- 荷物 (にもつ) 짐
- 分類 (ぶんるい) 분류
- 平均 (へいきん) 평균
- 変化 (へんか) 변화
- 干す (ほす) 말리다
- 湖 (みずうみ) 호수
- 汚れる (よごれる) 더러워지다

한자읽기 기출단어
기본 다지기 ②

채점 /10

다음 한자 단어의 읽는 방법을 둘 중에서 하나 고르세요.

1 換える
1 かえる　　　2 たえる

2 機械
1 きかい　　　2 きけい

3 確かに
1 はるかに　　2 たしかに

4 下線
1 げせん　　　2 かせん

5 禁煙
1 きんえん　　2 きつえん

6 転ぶ
1 はこぶ　　　2 ころぶ

7 早退
1 ちょうたい　2 そうたい

8 共通
1 こうつう　　2 きょうつう

9 独立
1 どくりつ　　2 とくりつ

10 伝える
1 つたえる　　2 おぼえる

정답　1① 2① 3② 4② 5① 6② 7② 8② 9① 10①

실전 연습 문제 ②

問題1 ＿＿＿＿＿のことばの読み方として最もよいものを、1・2・3・4から一つえらびなさい。

1 昼食後に取引先との打ち合わせが予定されています。
　　1　やしょく　　　2　ゆうしょく　　　3　ちょうしょく　　　4　ちゅうしょく

2 月末はいつも遅い時間まで残業しなければならない。
　　1　みじかい　　　2　おそい　　　3　はやい　　　4　ながい

3 このレストランはとても人気があってなかなか予約が取れない。
　　1　よぼう　　　2　よてい　　　3　よやく　　　4　よそう

4 彼女は料理を作ることより食べることの方が得意だ。
　　1　とくい　　　2　とくぎ　　　3　とくべつ　　　4　とくてん

5 友達と遊ぶ約束をしていたが、急な仕事で延期になった。
　　1　ならぶ　　　2　はこぶ　　　3　よぶ　　　4　あそぶ

6 祖父は手術を受けて以前よりも元気になった。
　　1　しゅじゅつ　　　2　しゅうじゅつ　　　3　しゅしゅつ　　　4　しゅうしゅつ

7 天気予報によると、明日はとても冷えるそうだ。
　　1　おぼえる　　　2　ひえる　　　3　きえる　　　4　こたえる

8 血液型と性格は深い関係があると信じている人もいる。
　　1　げつえきがた　　　2　けつえきがた　　　3　けつえきかた　　　4　けったいがた

정답　1 ④　2 ②　3 ③　4 ①　5 ④　6 ①　7 ②　8 ②

2010년~2014년
한자읽기 기출단어 3
| 2010년부터 2014년까지 출제된 한자읽기 기출 단어를 정리했습니다.

2014년

- ☐ <ruby>相手<rt>あいて</rt></ruby> 상대
- ☐ <ruby>厚<rt>あつ</rt></ruby>い 두껍다
- ☐ <ruby>一般的<rt>いっぱんてき</rt></ruby>だ 일반적이다
- ☐ <ruby>応用<rt>おうよう</rt></ruby> 응용
- ☐ <ruby>覚<rt>おぼ</rt></ruby>える 느끼다, 기억하다, 외우다
- ☐ <ruby>替<rt>か</rt></ruby>える 바꾸다, 교환하다
- ☐ <ruby>検査<rt>けんさ</rt></ruby> 검사
- ☐ <ruby>広告<rt>こうこく</rt></ruby> 광고
- ☐ <ruby>呼吸<rt>こきゅう</rt></ruby> 호흡
- ☐ <ruby>自然<rt>しぜん</rt></ruby> 자연
- ☐ <ruby>集中<rt>しゅうちゅう</rt></ruby> 집중
- ☐ <ruby>商業<rt>しょうぎょう</rt></ruby> 상업
- ☐ <ruby>食器<rt>しょっき</rt></ruby> 식기
- ☐ <ruby>大会<rt>たいかい</rt></ruby> 대회
- ☐ <ruby>横<rt>よこ</rt></ruby> 옆, 가로
- ☐ <ruby>割<rt>わ</rt></ruby>れる 깨지다

2013년

- ☐ <ruby>浅<rt>あさ</rt></ruby>い 얕다
- ☐ <ruby>改札<rt>かいさつ</rt></ruby> 개찰
- ☐ <ruby>各地<rt>かくち</rt></ruby> 각지
- ☐ <ruby>苦<rt>くる</rt></ruby>しい 괴롭다, 고통스럽다
- ☐ <ruby>事情<rt>じじょう</rt></ruby> 사정
- ☐ <ruby>実力<rt>じつりょく</rt></ruby> 실력
- ☐ <ruby>出張<rt>しゅっちょう</rt></ruby> 출장
- ☐ <ruby>席<rt>せき</rt></ruby> 자리
- ☐ <ruby>選手<rt>せんしゅ</rt></ruby> 선수
- ☐ <ruby>貯金<rt>ちょきん</rt></ruby> 저금
- ☐ <ruby>通知<rt>つうち</rt></ruby> 통지
- ☐ <ruby>根<rt>ね</rt></ruby> 뿌리, 근본, 근원
- ☐ <ruby>生<rt>は</rt></ruby>える 나다, 자라다
- ☐ <ruby>文章<rt>ぶんしょう</rt></ruby> 문장
- ☐ <ruby>留守<rt>るす</rt></ruby> 부재중
- ☐ <ruby>笑<rt>わら</rt></ruby>う 웃다

2012년

- ☐ <ruby>合図<rt>あいず</rt></ruby> (눈짓, 몸짓, 소리 등의) 신호
- ☐ <ruby>汗<rt>あせ</rt></ruby> 땀
- ☐ <ruby>以降<rt>いこう</rt></ruby> 이후
- ☐ <ruby>笑顔<rt>えがお</rt></ruby> 웃는 얼굴
- ☐ <ruby>横断<rt>おうだん</rt></ruby> 횡단
- ☐ <ruby>固<rt>かた</rt></ruby>い 단단하다, 굳다

- ☐ 完成(かんせい) 완성
- ☐ 配る(くばる) 나누어 주다, 배포하다
- ☐ 外科(げか) 외과
- ☐ 困る(こまる) 곤란하다
- ☐ 島(しま) 섬
- ☐ 示す(しめす) 가리키다, 보이다, 나타내다
- ☐ 卒業(そつぎょう) 졸업
- ☐ 他人(たにん) 타인
- ☐ 平日(へいじつ) 평일
- ☐ 短い(みじかい) 짧다

2011년

- ☐ 応募(おうぼ) 응모
- ☐ 遅れる(おくれる) 늦다
- ☐ 折る(おる) 꺾다, 접다, 굽히다
- ☐ 返す(かえす) 돌려주다, 되돌리다
- ☐ 値段(ねだん) 가격
- ☐ 過去(かこ) 과거
- ☐ 疑問(ぎもん) 의문
- ☐ 協力(きょうりょく) 협력
- ☐ 首都(しゅと) 수도
- ☐ 情報(じょうほう) 정보
- ☐ 単語(たんご) 단어
- ☐ 地球(ちきゅう) 지구
- ☐ 到着(とうちゃく) 도착
- ☐ 発表(はっぴょう) 발표
- ☐ 表面(ひょうめん) 표면
- ☐ 深い(ふかい) 깊다

2010년

- ☐ 表す(あらわす) 나타내다
- ☐ 息(いき) 숨
- ☐ 岩(いわ) 바위
- ☐ 移す(うつす) 옮기다
- ☐ 空席(くうせき) 공석
- ☐ 組む(くむ) 짜다, (다리를) 꼬다
- ☐ 苦労(くろう) 노고, 고생
- ☐ 件(けん) 건, 사항
- ☐ 失業(しつぎょう) 실업
- ☐ 順番(じゅんばん) 순번, 차례
- ☐ 通勤(つうきん) 통근
- ☐ 包む(つつむ) 싸다, 포장하다
- ☐ 得意だ(とくいだ) 잘하다, 자신이 있다
- ☐ 努力(どりょく) 노력
- ☐ 発見(はっけん) 발견
- ☐ 夫婦(ふうふ) 부부

한자읽기 기출단어
기본 다지기 ③

채점 /10

다음 한자 단어의 읽는 방법을 둘 중에서 하나 고르세요.

1 相手
   1 そうて   2 あいて

2 替える
   1 かえる   2 きえる

3 集中
   1 しゅうちゅう   2 しゅっちゅう

4 浅い
   1 あさい   2 うすい

5 選手
   1 せんしゅう   2 せんしゅ

6 合図
   1 ごうず   2 あいず

7 笑顔
   1 しょうがお   2 えがお

8 配る
   1 くばる   2 おくる

9 他人
   1 たにん   2 たじん

10 平日
   1 へいにち   2 へいじつ

정답 1② 2① 3① 4① 5② 6② 7② 8① 9① 10②

한자읽기 기출단어
실전 연습 문제 ③

⏱ 시간 4분 이내
채점　　　/8

問題1 ＿＿＿＿＿の言葉の読み方として最もよいものを、1・2・3・4から一つえらびなさい。

1 日本ではご飯を食べる時、箸(はし)を使うのが一般的だ。
　　1　いちばんてき　　2　いちぱんてき　　3　いつぱんてき　　4　いっぱんてき

2 今日は個人的な事情があって会社を休みました。
　　1　じじょう　　2　しじょう　　3　ししょう　　4　じしょう

3 マイホームを建てるため、まず1000万円を貯金しようと思う。
　　1　ちょうきん　　2　ちょくきん　　3　ちょきん　　4　ちょぎん

4 経済悪化が続き、世界的に過去最高の失業率だ。
　　1　じつぎょう　　2　そつぎょう　　3　しっぎょう　　4　しつぎょう

5 午後3時以降にお客様が来ます。
　　1　いご　　2　いこう　　3　いぜん　　4　いごう

6 台風の被害で家の窓が割れました。
　　1　こわれ　　2　ゆれ　　3　われ　　4　わかれ

7 明日から1週間アメリカ出張のため出勤しません。
　　1　しゅつちょう　　2　しゅっちょう　　3　しっちょう　　4　しゅちょう

8 びんのふたが固くて開かない。
　　1　かたくて　　2　かるくて　　3　あらくて　　4　きつくて

해설집 p.4

정답　1 ④　2 ①　3 ③　4 ④　5 ②　6 ③　7 ②　8 ①

기출단어 집중 공략

문제 2 표기

표기 문제는 밑줄 친 히라가나를 한자로 표기했을 때 올바른 것을 찾는 문제로 총 6문제 출제된다.

이렇게 풀자

문장 전체를 해석하기보다는 밑줄 친 히라가나에만 집중하여 정답을 고르는 것이 풀이 시간을 단축시킬 수 있다. 비슷한 모양의 한자나 실제로는 없는 단어를 만들어서 혼동을 주기 때문에 한자 모양을 꼼꼼히 확인해야 한다. 또한, 같은 음독과 훈독을 가지는 한자 단어가 함정으로 출제되는 경우도 있다. 그러므로 선택지에 따라서는 문장 전체를 정확히 읽어야 정답을 알 수 있는 문제도 있다는 것을 알아두자.

문제유형 예시

⏱ 시간 30초 이내

問題2 ＿＿＿＿＿＿のことばを漢字で書くとき、最もよいものを、1・2・3・4から一つえらびなさい。

[1] 友達に<u>かりた</u>本を汚してしまった。

1 供りた　　2 賃りた　　3 貸りた　　4 借りた

문제 2 _____의 말을 한자로 쓸 때, 가장 알맞은 것을, 1·2·3·4에서 하나 고르세요.

| 정답 | ④

| 해석 | 친구에게 빌린 책을 더럽혀 버렸다.

| 해설 | かりる는 '빌리다'라는 뜻의 동사로 借りる라고 표기한다. 1 供는 供える(바치다)라는 동사로 사용되는 한자이며, 3 貸는 貸す(빌려주다)라는 동사로 사용되는 한자이다. 그리고 2 賃은 동사로는 사용하지 않는 한자이다.

| 단어 | 友達(ともだち) 친구 | 借(か)りる 빌리다 | 本(ほん) 책 | 汚(よご)す 더럽히다 | ～てしまう ~해 버리다

2020년~2024년
표기 기출단어 1 | 2020년부터 2024년까지 출제된 표기 기출 단어를 정리했습니다.

2024년

- ☐ 過去(かこ) 과거
- ☐ 規則(きそく) 규칙
- ☐ 逆(ぎゃく) 반대, 거꾸로임
- ☐ 腰(こし) 허리
- ☐ 左右(さゆう) 좌우
- ☐ 順番(じゅんばん) 순번, 차례
- ☐ 勤(つと)める 근무하다, 종사하다
- ☐ 解(と)く (엉킨 것 등을) 풀다
- ☐ 低(ひく)い 낮다
- ☐ 方向(ほうこう) 방향
- ☐ 負(ま)ける 지다
- ☐ 翌週(よくしゅう) 다음 주

2023년

- ☐ 降(お)りる 내리다
- ☐ 会費(かいひ) 회비
- ☐ 必(かなら)ず 반드시
- ☐ 空(から) 빔, 허공
- ☐ 帰宅(きたく) 귀가
- ☐ 細(こま)かい 자세하다, 잘다, 세세하다
- ☐ 心配(しんぱい) 걱정
- ☐ 制服(せいふく) 제복, 교복
- ☐ 短気(たんき)だ 성질이 급하다
- ☐ 法律(ほうりつ) 법률
- ☐ 焼(や)く 굽다, 태우다
- ☐ 薬局(やっきょく) 약국

2022년

- ☐ 胃(い) 위(신체 장기)
- ☐ 一般的(いっぱんてき)だ 일반적이다
- ☐ 笑顔(えがお) 웃는 얼굴
- ☐ 絵画(かいが) 회화, 그림
- ☐ 記録(きろく) 기록
- ☐ 検査(けんさ) 검사
- ☐ 広告(こうこく) 광고
- ☐ 黒板(こくばん) 칠판
- ☐ 吸(す)う 들이마시다, 빨아들이다
- ☐ 確(たし)かだ 확실하다
- ☐ 冷(ひ)える 차가워지다, 식다
- ☐ 短(みじか)い 짧다

2021년

- 預(あず)ける 맡기다
- 温(あたた)かい 따뜻하다
- 重(かさ)ねる 포개다, 겹치다
- 規則(きそく) 규칙
- 高価(こうか) 고가, 값이 비쌈
- 性格(せいかく) 성격
- 伝言(でんごん) 전언
- 泊(と)まる 묵다, 숙박하다
- 娘(むすめ) 딸
- 命令(めいれい) 명령
- 薬局(やっきょく) 약국
- 予想(よそう) 예상

2020년

- 以降(いこう) 이후
- 観察(かんさつ) 관찰
- 逆(ぎゃく) 반대, 거꾸로임
- 泣(な)く 울다
- 低(ひく)い 낮다
- 複雑(ふくざつ)だ 복잡하다

표기 기출단어
기본 다지기 ①

채점　　/10

다음 히라가나의 한자 표기로 올바른 것을 둘 중에서 하나 고르세요.

1 かならず
　1　心ず　　　　　　2　必ず

2 せいふく
　1　制服　　　　　　2　成服

3 けんさ
　1　剣査　　　　　　2　検査

4 あずける
　1　預ける　　　　　2　予ける

5 きそく
　1　規側　　　　　　2　規則

6 でんごん
　1　伝言　　　　　　2　伝語

7 むすめ
　1　娘　　　　　　　2　妹

8 めいれい
　1　命令　　　　　　2　名令

9 ぎゃく
　1　逆　　　　　　　2　遡

10 やっきょく
　1　楽局　　　　　　2　薬局

해설집 p.5

정답　1② 2① 3② 4① 5② 6① 7① 8① 9① 10②

問題2 ＿＿＿＿のことばを漢字で書くとき、最もよいものを、1・2・3・4から一つえらびなさい。

1 健康のためにはタバコをすわない方がいいよ。
　1　吸わない　　2　扱わない　　3　収わない　　4　数わない

2 最近、仕事が忙しくストレスがたまっていが痛い。
　1　肩　　　　　2　胸　　　　　3　胃　　　　　4　腹

3 週末は友達の家にとまる予定です。
　1　拍まる　　　2　停まる　　　3　止まる　　　4　泊まる

4 私の父は真面目で優しいせいかくだ。
　1　正確　　　　2　性確　　　　3　性格　　　　4　正格

5 夏休みの自由研究はアリのかんさつ日記を書くことに決めました。
　1　観察　　　　2　歓察　　　　3　勧察　　　　4　感察

6 東京(とうきょう)の地下鉄は世界でもふくざつな地下鉄の一つだ。
　1　復雑な　　　2　複雑な　　　3　腹雑な　　　4　服雑な

정답　1① 2③ 3④ 4③ 5① 6②

2015년~2019년
표기 기출단어 2
2015년부터 2019년까지 출제된 표기 기출 단어를 정리했습니다.

2019년

- 浅(あさ)い 얕다
- 現(あらわ)れる 나타나다
- 一般的(いっぱんてき)だ 일반적이다
- 内側(うちがわ) 안쪽, 내면
- 家具(かぐ) 가구
- 必(かなら)ず 반드시
- 記念(きねん) 기념
- 最初(さいしょ) 최초, 맨 처음
- 島(しま) 섬
- 停電(ていでん) 정전
- 訳(やく)す 번역하다
- 理由(りゆう) 이유

2018년

- 当(あ)たる 맞다, 적중하다
- 厚(あつ)い 두껍다
- 右折(うせつ) 우회전
- 帰宅(きたく) 귀가
- 週刊誌(しゅうかんし) 주간지
- 出勤(しゅっきん) 출근
- 退院(たいいん) 퇴원
- 疲(つか)れ 피로
- 続(つづ)き 계속, 연속
- 泣(な)く 울다
- 熱心(ねっしん)だ 열심이다
- 複雑(ふくざつ)だ 복잡하다

2017년

- 預(あず)ける 맡기다
- 関係(かんけい) 관계
- 期待(きたい) 기대
- 教師(きょうし) 교사
- 経由(けいゆ) 경유
- 困(こま)る 곤란하다
- 坂道(さかみち) 비탈길, 언덕길
- 頭痛(ずつう) 두통
- 違(ちが)う 다르다, 틀리다
- 飛(と)ぶ 날다
- 葉(は) 잎, 잎사귀
- 秒(びょう) 초

2016년

☐ 記録(きろく) 기록	☐ 組む(く) 짜다, (다리를) 꼬다	☐ 乗車(じょうしゃ) 승차
☐ 成績(せいせき) 성적	☐ 波(なみ) 파도, 물결	☐ 逃げる(に) 도망치다
☐ 眠る(ねむ) 잠자다, 잠들다	☐ 速く(はや) 빨리, 빠르게(속도)	☐ 回す(まわ) 돌리다, 회전시키다
☐ 満足(まんぞく) 만족	☐ 焼く(や) 굽다, 태우다	☐ 輸出(ゆしゅつ) 수출

2015년

☐ 楽器(がっき) 악기	☐ 借りる(か) 빌리다	☐ 関心(かんしん) 관심
☐ 規則(きそく) 규칙	☐ 欠点(けってん) 결점	☐ 原因(げんいん) 원인
☐ 現在(げんざい) 현재	☐ 正解(せいかい) 정답	☐ 勤める(つと) 근무하다, 종사하다
☐ 投げる(な) 던지다	☐ 願う(ねが) 원하다, 바라다	☐ 緑(みどり) 녹색, 초록색

표기 기출단어
기본 다지기 ②

채점 /10

다음 히라가나의 한자 표기로 올바른 것을 둘 중에서 하나 고르세요.

1 うちがわ
   1 内側   2 外側

2 さいしょ
   1 最初   2 最小

3 やくす
   1 訳す   2 役す

4 あたる
   1 辺たる   2 当たる

5 かんけい
   1 関係   2 間係

6 くむ
   1 組む   2 込む

7 じょうしゃ
   1 剰車   2 乗車

8 なみ
   1 波   2 涙

9 ねむる
   1 眠る   2 寝る

10 ゆしゅつ
   1 輪出   2 輸出

해설집 p.6

정답 1① 2① 3① 4② 5① 6① 7② 8① 9① 10②

실전 연습 문제 ②

표기 기출단어

시간 3분 이내
채점 /6

問題2 _____のことばを漢字で書くとき、最もよいものを、1・2・3・4から一つえらびなさい。

1 大雨の影響で昨日からていでんが続いている。
　1　停雷　　　　2　亭雷　　　　3　停電　　　　4　亭電

2 あのしまは何十年も前から人が住んでいない。
　1　岩　　　　　2　泡　　　　　3　鳥　　　　　4　島

3 しゅうかんしに載っていた有名なカフェへ行ってみたい。
　1　週刊誌　　　2　周刊誌　　　3　週間詩　　　4　周間詩

4 第一希望の大学に合格してなくほど嬉しい。
　1　流く　　　　2　泣く　　　　3　涙く　　　　4　泊く

5 事故で入院していたが、やっと明日たいいんできることになった。
　1　隊院　　　　2　退院　　　　3　退員　　　　4　隊員

6 ずつうがひどくて、薬を飲んだら良くなった。
　1　頭病　　　　2　頭痛　　　　3　腹痛　　　　4　腰痛

정답　1 ③　2 ④　3 ①　4 ②　5 ②　6 ②

2010년~2014년 표기 기출단어 3

2010년부터 2014년까지 출제된 표기 기출 단어를 정리했습니다.

2014년

- 移^{うつ}る 옮다, 옮겨지다
- 温泉^{おんせん} 온천
- 仮定^{かてい} 가정
- 消^けす 끄다, 없애다
- 欠席^{けっせき} 결석
- 減少^{げんしょう} 감소
- 恋^{こい}しい 그립다
- 細^{こま}かい 자세하다, 세세하다
- 雑誌^{ざっし} 잡지
- 駐車^{ちゅうしゃ} 주차
- 複数^{ふくすう} 복수, 둘 이상의 수
- 若^{わか}い 젊다

2013년

- 遅^{おそ}い 늦다
- 重^{かさ}ねる 포개다, 겹치다
- 貸^かす 빌려주다
- 残業^{ざんぎょう} 잔업
- 信^{しん}じる 믿다
- 疲^{つか}れる 지치다, 피곤하다
- 包^{つつ}む 싸다, 포장하다
- 停電^{ていでん} 정전
- 独身^{どくしん} 독신
- 逃^にげる 도망치다
- 倍^{ばい} ~배
- 容器^{ようき} 용기, 그릇

2012년

- 温^{あたた}める 따뜻하게 하다, 데우다
- 帰宅^{きたく} 귀가
- 記録^{きろく} 기록
- 原料^{げんりょう} 원료
- 自信^{じしん} 자신
- 週刊誌^{しゅうかんし} 주간지
- 相談^{そうだん} 상담
- 育^{そだ}てる 키우다, 기르다
- 歯^は 이, 이빨
- 復習^{ふくしゅう} 복습
- 守^{まも}る 지키다, 보호하다
- 結^{むす}ぶ 매다, 묶다, 잇다

2011년

- 案内 (あんない) 안내
- 痛い (いたい) 아프다
- 解決 (かいけつ) 해결
- 観光 (かんこう) 관광
- 気温 (きおん) 기온
- 券 (けん) 권, 표
- 健康 (けんこう) 건강
- 現在 (げんざい) 현재
- 自由 (じゆう) 자유
- 大量 (たいりょう) 대량
- 涙 (なみだ) 눈물
- 法律 (ほうりつ) 법률

2010년

- 内側 (うちがわ) 안쪽, 내면
- 追う (おう) 좇다, (뒤)따르다
- 降りる (おりる) 내리다
- 楽器 (がっき) 악기
- 暮らす (くらす) 살다, 생활하다
- 血液 (けつえき) 혈액
- 身長 (しんちょう) 신장, 키
- 正常 (せいじょう) 정상
- 成績 (せいせき) 성적
- 制服 (せいふく) 제복
- 専門家 (せんもんか) 전문가
- 物語 (ものがたり) 이야기, 전설

표기 기출단어
기본 다지기 ③

채점 /10

다음 히라가나의 한자 표기로 올바른 것을 둘 중에서 하나 고르세요.

1 うつる
　1 移る　　　　　2 秒る

2 げんしょう
　1 減小　　　　　2 減少

3 ふくすう
　1 複類　　　　　2 複数

4 かさねる
　1 重ねる　　　　2 量ねる

5 しんじる
　1 任じる　　　　2 信じる

6 あたためる
　1 湿める　　　　2 温める

7 げんりょう
　1 原科　　　　　2 原料

8 むすぶ
　1 結ぶ　　　　　2 約ぶ

9 ほうりつ
　1 法津　　　　　2 法律

10 せいじょう
　1 政常　　　　　2 正常

해설집 p.7

정답 1① 2② 3② 4① 5② 6② 7② 8① 9② 10②

표기 기출단어
실전 연습 문제 ③

⏱ 시간 3분 이내　채점　/6

問題2　＿＿＿＿のことばを漢字で書くとき、最もよいものを、1・2・3・4から一つえらびなさい。

1 まだ全部書いていませんから、けさないでください。
　1　示さない　　2　流さないで　　3　消さないで　　4　隠さないで

2 ここはちゅうしゃ禁止です。あちらに止めてください。
　1　駅輪　　　　2　駅車　　　　　3　駐輪　　　　　4　駐車

3 マラソン大会で新きろくを出して優勝した。
　1　記録　　　　2　紀録　　　　　3　紀緑　　　　　4　記緑

4 予習とふくしゅうは勉強においてとても大切だ。
　1　複習　　　　2　復週　　　　　3　複週　　　　　4　復習

5 地図はあんない所にあります。ご自由にお取りください。
　1　安内　　　　2　案内　　　　　3　安円　　　　　4　案円

6 けんこうのために毎日2時間歩くようにしている。
　1　建康　　　　2　健康　　　　　3　健庫　　　　　4　建庫

정답　1③　2④　3①　4④　5②　6②

기출단어 집중 공략

문제 3 문맥규정

| 문맥규정 문제는 괄호 안에 들어갈 알맞은 어휘를 찾는 문제로 총 11문제 출제된다.

이렇게 풀자

우선 문장 전체를 읽은 후, 괄호 앞뒤를 내용을 잘 확인하여 문장을 가장 자연스럽게 이어주는 단어를 정답으로 고른다. 문맥규정에서는 거의 모든 품사가 골고루 출제되며 기본형뿐만 아니라 다양한 변형 형태로 출제된다. 그리고 직역이 어려운 관용 표현 등이 출제되는 경우도 있으므로 단어 암기 시, 관용 표현은 반드시 유의해서 암기하도록 하자.

문제유형 예시
시간 1분 이내

問題3 （　　　）に入れるのに最もよいものを、1・2・3・4から一つえらびなさい。

1　彼は先生に怒られて（　　　）を言いながら掃除をしていた。

　　1　なやみ　　　2　不幸　　　3　文句　　　4　うわさ

문제 3 (   )에 넣기에 가장 알맞은 것을, 1·2·3·4에서 하나 고르세요.

| 정답 | ③

| 해석 | 그는 선생님에게 혼나서 (   )을 말하면서 청소를 하고 있었다.
　　　　1　고민　　2　불행　　3　불평　　4　소문

| 해설 | 선택지는 모두 명사이다. 그중 문맥상 가장 자연스러운 것은 3 文句(もんく)이다. 1 なやみ는 고민, 2 不幸(ふこう)는 불행, 4 うわさ는 소문이라는 뜻으로 문맥과 맞지 않아 오답이다.

| 단어 | 彼(かれ) 그 | 先生(せんせい) 선생님 | 怒(おこ)る 화내다 | 言(い)う 말하다 | ～ながら ~하면서 | 掃除(そうじ) 청소 | 文句(もんく) 불평

2020년~2024년
문맥규정 기출단어 1
2020년부터 2024년까지 출제된 문맥규정 기출 단어를 정리했습니다.

2024년

- ☐ あきらめる 포기하다
- ☐ アクセス 액세스, 접근
- ☐ 汗(あせ) 땀
- ☐ 怪(あや)しい 수상하다, 의심스럽다
- ☐ 一応(いちおう) 우선, 일단
- ☐ 一度(いちど)に 한꺼번에
- ☐ うらやましい 부럽다
- ☐ うろうろ 우왕좌왕, 어슬렁어슬렁
- ☐ 運休(うんきゅう) 운전 중지, 운행 중지
- ☐ 影響(えいきょう) 영향
- ☐ 隠(かく)す 감추다, 숨기다
- ☐ 我慢(がまん)する 참다, 견디다
- ☐ 禁止(きんし) 금지
- ☐ 経由(けいゆ) 경유
- ☐ 覚(さ)める 깨다, 눈이 뜨이다, 제정신이 들다
- ☐ 消極的(しょうきょくてき)だ 소극적이다
- ☐ 通知(つうち) 통지
- ☐ 取(と)り出(だ)す 꺼내다, 집어내다
- ☐ 仲(なか) (사람과 사람의) 사이
- ☐ 派手(はで)だ 화려하다
- ☐ マイク 마이크
- ☐ もったいない 아깝다

2023년

- ☐ あくび 하품
- ☐ うっかり 깜박, 무심코
- ☐ お互(たが)いに 서로
- ☐ 可能(かのう) 가능
- ☐ 感覚(かんかく) 감각
- ☐ 期限(きげん) 기한
- ☐ きちんと 정확히, 깔끔히
- ☐ 恋(こい)しい 그립다
- ☐ 効果的(こうかてき)だ 효과적이다
- ☐ 差(さ) 차, 차이
- ☐ 制限(せいげん) 제한
- ☐ 想像(そうぞう) 상상
- ☐ だるい 나른하다
- ☐ 付(つ)き合(あ)う 교제하다, 사귀다
- ☐ テーマ 테마, 주제
- ☐ 動作(どうさ) 동작
- ☐ なめる 핥다
- ☐ 番(ばん) 순서, 차례
- ☐ ヒント 힌트
- ☐ 振(ふ)る 흔들다
- ☐ 平気(へいき)だ 아무렇지도 않다
- ☐ 面倒臭(めんどうくさ)い 귀찮다

2022년

- 追い越す 앞지르다, 추월하다
- 渇く (목이나 물이) 마르다
- 希望 희망
- キャンセル 캔슬, 취소
- 偶然 우연(히)
- 悔しい 분하다
- 資源 자원
- しみ 얼룩, 기미
- 親戚 친척
- ずきずき 상처가 쑤시면서 아픈 모양, 욱신욱신
- たたく 치다, 두드리다
- 登場 등장
- どきどき 두근두근
- 話し合う 의논하다
- ぴったり 딱, 꼭 들어맞는 모양
- 防ぐ 막다, 방지하다
- 別々 따로따로
- ほえる 짖다
- 干す 말리다
- 迷う 헤매다, 망설이다
- むく (껍질 등을) 까다, 벗기다
- レシピ 레시피, 조리법

2021년

- 愛用者 애용자
- 当たる 맞다, 적중하다
- 意志 의지
- 延期 (기한 등의) 연기
- おつかれさま 수고했어
- かれる 시들다
- 訓練 훈련
- 効果 효과
- このあいだ 일전, 요전
- 材料 재료
- 渋滞 (교통) 정체, 밀림
- セット 세트
- チャレンジ 챌린지, 도전
- 土地 토지
- なるべく 되도록, 가능한 한
- ばらばら 뿔뿔이, 제각각
- ペラペラ (거침없이) 술술, (종이 넘길 때) 펄럭펄럭
- 報告 보고
- 身につける 습득하다, (몸에) 걸치다, 지니다
- 無駄だ 쓸데없다, 헛되다
- もったいない 아깝다
- 翌日 익일, 다음날

2020년

- あくび 하품
- 囲む 둘러싸다, 에워싸다
- 希望 희망
- 偶然 우연(히)
- 登場 등장
- 配達 배달
- 比較 비교
- 引き受ける 떠맡다, 책임지고 맡다
- ぴったり 딱, 꼭 들어맞는 모양
- 文句 불평
- ユーモア 유머

문맥규정 기출단어
기본 다지기 ①

채점　　/10

괄호 안에 들어갈 알맞은 어휘를 둘 중에서 하나 고르세요.

1　去年と（　　　）すると、今年の方が暑い。
　1　競争　　　　　2　比較

2　1点の（　　　）で試験に落ちてしまった。
　1　間　　　　　　2　差

3　何と言われても私は（　　　）だから、気にしないで。
　1　丈夫　　　　　2　平気

4　この国は石油や石炭など（　　　）が豊かだ。
　1　資源　　　　　2　文化

5　彼は（　　　）が固く、一度決めたことは絶対に変えない。
　1　意見　　　　　2　意志

6　意見が（　　　）で話がまとまらない。
　1　ぺらぺら　　　2　ばらばら

7　プロモーションの結果を上司に（　　　）した。
　1　提案　　　　　2　報告

8 結婚式の（　　　）、新婚旅行のため沖縄へ向かった。
1　翌日　　　　2　前日

9 （　　　）していた会社に就職することができた。
1　希望　　　　2　期待

10 眠くて（　　　）が止まらない。
1　あくび　　　　2　あせ

정답　1② 2② 3② 4① 5② 6② 7② 8① 9① 10①

문맥규정 기출단어
실전 연습 문제 ①

시간 11분 이내
채점 　　/11

問題3 （　　　）に入るのに最もよいものを、1・2・3・4から一つえらびなさい。

1 大雨のせいで飛行機が急に（　　　）された。
　　1　カット　　　　2　システム　　　　3　クレーム　　　　4　キャンセル

2 パズルのピースが（　　　）合った。
　　1　すっかり　　　2　ぴったり　　　　3　しっかり　　　　4　うっかり

3 午後から出張へ行くことになったので、会議を（　　　）することにした。
　　1　予約　　　　　2　遅刻　　　　　　3　延期　　　　　　4　延長

4 この（　　　）は広くて安いので、ここに家を建てたいです。
　　1　土地　　　　　2　部屋　　　　　　3　家庭　　　　　　4　公園

5 （　　　）時間を過ごさないように、計画を立てて進めよう。
　　1　夢中な　　　　2　無駄な　　　　　3　満足な　　　　　4　面倒な

6 怖い映画を見て心臓（しんぞう）が（　　　）している。
　　1　どきどき　　　2　ふらふら　　　　3　どんどん　　　　4　ますます

7 白いシャツに（　　　）がついている。
　　1　あな　　　　　2　くせ　　　　　　3　がら　　　　　　4　しみ

8 初めて来た街なので道に（　　　）しまった。

　　1　失って　　　　2　疑って　　　　3　迷って　　　　4　追って

9 母からみそ汁の（　　　）を教わったのですぐに作ってみた。

　　1　レシピ　　　　2　スープ　　　　3　カロリー　　　4　メニュー

10 まだ使えるのに捨ててしまうなんて（　　　）よ。

　　1　ありえない　　2　しかたがない　3　もったいない　4　めんどうくさい

11 （　　　）がひどくて家まで5時間もかかった。

　　1　故障　　　　　2　外出　　　　　3　修理　　　　　4　渋滞

2015년~2019년
문맥규정 기출단어 2
2015년부터 2019년까지 출제된 문맥규정 기출 단어를 정리했습니다.

2019년

- ☐ うろうろ 우왕좌왕, 어슬렁어슬렁
- ☐ 間隔(かんかく) 간격
- ☐ 芸術(げいじゅつ) 예술
- ☐ さっそく 즉시, 당장
- ☐ 事情(じじょう) 사정
- ☐ 親(した)しい 친하다
- ☐ しまう 정리하다, 챙겨 넣다
- ☐ 締(し)め切(き)り 마감
- ☐ 就職(しゅうしょく) 취직
- ☐ 集中(しゅうちゅう) 집중
- ☐ 冗談(じょうだん) 농담
- ☐ 信(しん)じる 믿다
- ☐ 清潔(せいけつ)だ 청결하다
- ☐ 積極的(せっきょくてき)だ 적극적이다
- ☐ 通訳(つうやく) 통역
- ☐ デザイン 디자인
- ☐ どきどき 두근두근
- ☐ 溶(と)ける 녹다
- ☐ 突然(とつぜん) 돌연, 갑자기
- ☐ 取(と)り消(け)す 취소하다
- ☐ ノック 노크, 두드림
- ☐ 面倒臭(めんどうくさ)い 귀찮다

2018년

- ☐ あふれる (가득 차서) 넘치다
- ☐ 意外(いがい)に 의외로
- ☐ うっかり 깜박, 무심코
- ☐ エネルギー 에너지
- ☐ 重(かさ)ねる 포개다, 겹치다
- ☐ 乾燥(かんそう) 건조
- ☐ 期待(きたい) 기대
- ☐ きつい (꽉) 끼다, 빡빡하다, (정도가) 심하다
- ☐ 偶然(ぐうぜん) 우연(히)
- ☐ 経営(けいえい) 경영
- ☐ 原料(げんりょう) 원료
- ☐ しっかり 확실히, 꼭
- ☐ 自動的(じどうてき)に 자동적으로
- ☐ しぼる 짜다, 물기를 빼다
- ☐ 制限(せいげん) 제한
- ☐ 想像(そうぞう) 상상
- ☐ バケツ 양동이
- ☐ 発展(はってん) 발전
- ☐ 交(ま)ざる 섞이다
- ☐ 待(ま)ち合(あ)わせる 만나기로 하다
- ☐ まよう 헤매다, 망설이다
- ☐ 目標(もくひょう) 목표

2017년

- 応募(おうぼ) 응모
- 落ち着く(おちつく) 진정되다, 안정되다
- 解決(かいけつ) 해결
- 確実だ(かくじつだ) 확실하다
- 完成(かんせい) 완성
- 苦しい(くるしい) 괴롭다, 고통스럽다
- しみ 얼룩, 기미
- 申請(しんせい) 신청
- ずいぶん 꽤, 몹시
- 正常に(せいじょうに) 정상(적)으로
- 底(そこ) (밑)바닥
- そっくりだ 꼭 닮다
- そっと 살짝, 몰래, 가만히
- 登場(とうじょう) 등장
- 比較(ひかく) 비교
- ふく 닦다
- 平均(へいきん) 평균
- マナー 매너
- 目的(もくてき) 목적
- 床(ゆか) 마루, 바닥
- 呼びかける(よびかける) 호소하다
- 列(れつ) 열, 줄

2016년

- アドバイス 어드바이스, 조언
- イメージ 이미지
- うっかり 깜박, 무심코
- うまい 맛있다, 잘하다, 능숙하다
- うわさ 소문
- おしい 아깝다
- 囲む(かこむ) 둘러싸다, 에워싸다
- がらがら 텅텅 비어있는 모양
- 傷(きず) 상처, 흠
- 検査(けんさ) 검사
- 断る(ことわる) 거절하다
- 自信(じしん) 자신
- しずむ 가라앉다, 지다
- 姿勢(しせい) 자세
- たしかめる 확인하다
- 頼る(たよる) 의지하다
- チャレンジ 챌린지, 도전
- 特長(とくちょう) 특별한 장점
- 内緒(ないしょ) 비밀
- 農業(のうぎょう) 농업
- 許す(ゆるす) 용서하다, 허락하다
- 流行る(はやる) 유행하다

2015년

- 編む 엮다, 뜨다, 짜다
- 栄養 영양
- 演奏 연주
- 香り 향기
- 隠す 감추다, 숨기다
- 観察 관찰
- キャンセル 캔슬, 취소
- 興味 흥미
- 盛んだ 번성하다, 왕성하다
- 順番に 순서대로, 차례로
- そっくりだ 꼭 닮다
- 代表的だ 대표적이다
- 戦う 싸우다
- 発表 발표
- ぴったり 꼭 들어맞는 모양
- 防ぐ 막다, 방지하다
- 守る 지키다
- 文句 불평
- 破れる 찢어지다
- リサイクル 리사이클, 재활용
- 料金 요금
- 割合 비율

괄호 안에 들어갈 알맞은 어휘를 둘 중에서 하나 고르세요.

1 怪しい人が家の前で（　　　）している。
　1　うとうと　　　　2　うろうろ

2 以前は、アクセサリー（　　　）の仕事をしていました。
　1　デザイン　　　　2　アイデア

3 彼女はダイエットの（　　　）でマラソンを始めた。
　1　目的　　　　　　2　目標

4 くつの（　　）にガムが付いて取れないよ。
　1　底　　　　　　　2　辺

5 お願いだから、お母さんには（　　　）にしてね。
　1　禁止　　　　　　2　内緒

정답 1② 2① 3① 4① 5②

실전 연습 문제 ②

문맥규정 기출단어

시간 11분 이내
채점 /11

問題3 (　　)に入るのに最もよいものを、1・2・3・4から一つえらびなさい。

1 太陽の光の(　　)を使って電気を作る。
　1　エネルギー　　2　エアー　　3　マネー　　4　カバー

2 彼はうそばかりつくので、もう(　　)。
　1　演じられない　2　信じられない　3　感じられない　4　答えられない

3 最近太ったので、食事を(　　)してダイエットをします。
　1　再現　　2　減少　　3　増加　　4　制限

4 一日3回、(　　)歯磨きをしているので、虫歯が一つもない。
　1　きっぱり　　2　しっかり　　3　がっかり　　4　さっぱり

5 私は座ってパソコンをするときは、(　　)をいつも気にしています。
　1　姿勢　　2　態度　　3　歓迎　　4　椅子

6 先輩からもらった(　　)は、とても役に立った。
　1　ウイルス　　2　インタビュー　　3　アルバイト　　4　アドバイス

7 友達からひどいことをされたが、謝ったので(　　)ことにしました。
　1　試す　　2　許す　　3　頼む　　4　戻す

8 旅行を計画したが、泊まる日数が多いので（　　　　）が高くなりました。

1　日付　　　　　2　荷物　　　　　3　現金　　　　　4　料金

9 平日のお店は人が少なく（　　　　）で過ごしやすかったです。

1　ぎりぎり　　　2　にこにこ　　　3　がらがら　　　4　からから

10 経済（　　　　）によって国民生活が豊かになった。

1　発展　　　　　2　進展　　　　　3　進行　　　　　4　発生

11 試合の前には（　　　　）トレーニングすることがとても重要です。

1　ポーズ　　　　2　ダメージ　　　3　イメージ　　　4　ブレーキ

정답　1①　2②　3④　4②　5①　6④　7②　8④　9③　10①　11③

2010년~2014년
문맥규정 기출단어 3 | 2010년부터 2014년까지 출제된 문맥규정 기출 단어를 정리했습니다.

2014년

- [ ] あきる 싫증 나다, 질리다
- [ ] 穴(あな) 구멍
- [ ] 印象(いんしょう) 인상
- [ ] お祝(いわ)い 축하, 축하 선물
- [ ] 我慢(がまん)する 참다, 견디다
- [ ] 間隔(かんかく) 간격
- [ ] 記念(きねん) 기념
- [ ] くせ 버릇, 습관
- [ ] くやしい 분하다
- [ ] 合計(ごうけい) 합계
- [ ] 覚(さ)める 깨다, 눈이 뜨이다, 제정신이 들다
- [ ] 資源(しげん) 자원
- [ ] 積極的(せっきょくてき)だ 적극적이다
- [ ] テーマ 테마, 주제
- [ ] 当日(とうじつ) 당일
- [ ] パンフレット 팸플릿
- [ ] ぶつける 부딪치다
- [ ] ふらふら 휘청휘청, 비틀비틀, 몸에 힘이 없는 모양
- [ ] 方法(ほうほう) 방법
- [ ] 目標(もくひょう) 목표
- [ ] ~料(りょう) ~료
- [ ] わける 나누다

2013년

- [ ] うわさ 소문
- [ ] 追(お)いつく 따라잡다
- [ ] おかしい 이상하다
- [ ] おぼれる (물에) 빠지다
- [ ] おもに 주로
- [ ] かわく 마르다, 건조하다
- [ ] 交換(こうかん) 교환
- [ ] 材料(ざいりょう) 재료
- [ ] 自慢(じまん)する 자랑하다
- [ ] 渋滞(じゅうたい) (교통) 정체, 밀림
- [ ] たたむ 접다, 개다
- [ ] たつ (시간이) 지나다, 경과하다
- [ ] 調子(ちょうし) 상태, 컨디션
- [ ] とじる 닫다, (눈을) 감다
- [ ] 突然(とつぜん) 돌연, 갑자기
- [ ] なるべく 가능한 한, 되도록
- [ ] 引(ひ)き受(う)ける 떠맡다, 맡다
- [ ] 不安(ふあん) 불안
- [ ] 物価(ぶっか) 물가
- [ ] 別々(べつべつ)に 따로따로
- [ ] 緩(ゆる)い 느슨하다, 헐겁다
- [ ] リサイクル 리사이클, 재활용

2012년

☐ 意志(いし) 의지	☐ 応援(おうえん) 응원	☐ 起(お)きる 일어나다, 기상하다
☐ 外食(がいしょく) 외식	☐ がっかり 실망, 낙담하는 모양	☐ 片方(かたほう) 한쪽
☐ カバー 커버	☐ かれる 시들다	☐ 期待(きたい) 기대
☐ 差(さ) 차, 차이	☐ しつこい 끈질기다, 집요하다	☐ 自動的(じどうてき)に 자동적으로
☐ セットする 세팅하다	☐ 想像(そうぞう) 상상	☐ 代金(だいきん) 대금
☐ ながれ 흐름	☐ なつかしい 그립다, (오랜만이라서) 반갑다	
☐ 延(の)ばす (기간을) 연기하다	☐ ヒント 힌트	☐ 振(ふ)る 흔들다
☐ むく (껍질 등을) 벗기다, 까다	☐ 別(わ)かれる 헤어지다, 이별하다	

2011년

☐ あわせる 맞추다, 합치다	☐ インタビュー 인터뷰	☐ 影響(えいきょう) 영향
☐ カーブ 커브, 곡선, 굽은 곳	☐ かかる 걸리다	☐ からから 바싹 마른 모양
☐ さっそく 즉시, 당장	☐ ~産(さん) (나라, 지역) ~산	☐ しっかり 확실히, 꼭
☐ 主張(しゅちょう) 주장	☐ 出張(しゅっちょう) 출장	☐ 冗談(じょうだん) 농담
☐ 清潔(せいけつ)だ 청결하다	☐ 整理(せいり) 정리	☐ 前後(ぜんご) 전후, 앞뒤
☐ ためる 모으다, 저축하다	☐ 流(なが)れる 흐르다, 흘러가다	☐ 複雑(ふくざつ)だ 복잡하다
☐ 不満(ふまん) 불만	☐ ぶらぶら 흔들흔들, 어슬렁어슬렁, 빈둥빈둥	
☐ 申込書(もうしこみしょ) 신청서	☐ 両替(りょうがえ) 환전	

2010년

- 扱う 취급하다
- あわ 거품
- うっかり 깜박, 무심코
- カタログ 카탈로그
- 感じ 느낌
- 感動 감동
- 希望 희망
- キャンセル 캔슬, 취소
- 最新 최신
- しばらく 잠깐, 당분간
- しばる 묶다, 매다
- しまう 정리하다, 챙겨 넣다
- 全~ 전(모두)~
- 体力 체력
- どきどき 두근두근
- ノック 노크, 두드림
- 早めに 빨리, 일찌감치
- 半日 반나절
- 迷う 헤매다, 망설이다
- ~向き ~향, 방향
- 家賃 집세
- りっぱだ 훌륭하다

괄호 안에 들어갈 알맞은 어휘를 둘 중에서 하나 고르세요.

1 試合で負けてとても（　　　）思いをした。
　1　くやしい　　　　2　うれしい

2 海外旅行に行くため円をドルに（　　　）した。
　1　交換　　　　　　2　両替

3 遠足が雨のため中止になって（　　　）した。
　1　がっかり　　　　2　うっかり

4 この地域の産業は、（　　　）農業です。
　1　特に　　　　　　2　主に

5 最近、時間が（　　　）のが早いと感じる。
　1　たつ　　　　　　2　もつ

정답　1 ①　2 ②　3 ①　4 ②　5 ①

문맥규정 기출단어
실전 연습 문제 ③

⏱ 시간 11분 이내
채점　　/11

問題3　(　　　)に入るのに最もよいものを、1・2・3・4から一つえらびなさい。

1 旅行のお土産です。皆さんで（　　　　　）食べてください。
　1　預かって　　　2　囲んで　　　3　注いで　　　4　分けて

2 授業では（　　　　　）発言することが大切です。
　1　定期的に　　　2　積極的に　　　3　消極的に　　　4　全体的に

3 20周年（　　　　　）のグッズを買うために朝から並んだ。
　1　記念　　　2　記憶　　　3　機会　　　4　公開

4 卒業論文の（　　　　　）は政治と経済についてです。
　1　プラン　　　2　スタッフ　　　3　サービス　　　4　テーマ

5 店員「お会計はどうなさいますか。」
　　客　「会計は（　　　　　）お願いします。」
　1　特別に　　　2　別々に　　　3　お得に　　　4　あいまいに

6 最近、暑さのせいで体の調子が（　　　　　）。
　1　あやしい　　　2　まずしい　　　3　けわしい　　　4　おかしい

7 田中<ruby>(たなか)</ruby>さんが来月結婚するという（　　　　　）を聞いた。
　1　言い訳　　　2　連絡　　　3　うわさ　　　4　におい

8 先輩に（　　　　　）ために、何倍も努力しようと決めた。
　1　追いつく　　　2　間に合う　　　3　引っ越す　　　4　繰り返す

9 この家電はすべて（　　　　　）ショップで購入しました。
　1　アイドル　　　2　サービス　　　3　リサイクル　　　4　グローバル

10 遠距離(えんきょり)恋愛のせいで（　　　　　）しかなかった。
　1　気になる　　　2　付き合う　　　3　捨てる　　　4　別れる

11 この音楽を聞くと（　　　　　）気持ちになる。
　1　詳しい　　　2　懐かしい　　　3　悔しい　　　4　惜しい

해설집 p.12

정답　1 ④　2 ②　3 ①　4 ④　5 ②　6 ④　7 ③　8 ①　9 ③　10 ④　11 ②

문제 4 유의표현

유의표현 문제는 밑줄 친 단어나 문장과 가장 비슷한 표현을 찾는 문제로 총 5문제 출제된다.

이렇게 풀자

밑줄 친 부분의 동의어나 의미가 비슷하게 쓰인 문장을 정답으로 고른다. 그리고 자신이 고른 정답을 문장에 대입해보아도 문맥이 변하지 않는지 확인해 보는 것이 좋다. 유의표현 문제의 경우는 밑줄 친 부분과 선택지의 의미를 모두 알고 있어야 풀이가 가능하므로, 단어 암기 시 비슷한 뜻을 가진 어휘끼리 묶어서 외우도록 하자.

문제유형 예시　　시간 1분 이내

問題4 ＿＿＿＿＿に意味が最も近いものを、1・2・3・4から一つえらびなさい。

1 私は、毎日うちに遊びに来る猫にえさを与えている。

　　1　あげている　　2　もらっている　　3　ぬすんでいる　　4　みつけている

문제 4 _____에 의미가 가장 가까운 것을, 1·2·3·4에서 하나 고르세요.

| 정답 | ①

| 해석 | 나는 매일 우리 집에 놀러 오는 고양이에게 사료를 <u>주고 있다</u>.
　　　 1　주고 있다　　2　받고 있다　　3　훔치고 있다　　4　발견하고 있다

| 해설 | 与えている(주고 있다)는 1 あげている(주고 있다)와 의미가 가장 가깝다. 2 もらっている는 받고 있다, 3 ぬすんでいる는 훔치고 있다, 4 みつけている는 발견하고 있다는 뜻이므로 오답이다.

| 단어 | 毎日(まいにち) 매일 | うち 우리 집 | 遊(あそ)ぶ 놀다 | ～に ~하러 | 来(く)る 오다 | 猫(ねこ) 고양이 | えさ 사료 | 与(あた)える 주다 | ～ている ~하고 있다 | あげる 주다

2020년~2024년
유의표현 기출단어 1
2020년부터 2024년까지 출제된 유희표현 기출 단어를 정리했습니다.

2024년

☐ 一流の 일류의	≒	素晴らしい 훌륭하다, 멋지다
☐ 売り切れる 매진되다	≒	全部売れる 전부 팔리다
☐ カーブする 커브를 돌다	≒	曲がる 굽다, 돌다
☐ 企業 기업	≒	会社 회사
☐ 検討する 검토하다	≒	よく考える 잘 생각하다
☐ さっそく 즉시, 당장	≒	すぐに 바로
☐ 退屈だ 지루하다, 따분하다	≒	つまらない 재미없다
☐ バックする 뒤로 물러가다, 후진하다	≒	後ろに下がる 뒤로 물러나다
☐ ゆるい 느슨하다, 헐겁다, 헐렁하다	≒	大きい 크다
☐ ようやく 겨우, 간신히	≒	やっと 겨우, 가까스로, 간신히

2023년

☐ 案 안, 예상, 생각	≒	アイデア 아이디어
☐ 暗記する 암기하다	≒	覚える 느끼다, 기억하다, 외우다
☐ 欠点 결점	≒	よくないところ 안 좋은 점
☐ サイズ 사이즈	≒	大きさ 크기
☐ だまっていた 입을 다물고 있다	≒	話さなかった 말하지 않았다
☐ 得意だ 잘하다, 자신이 있다	≒	とても上手だ 매우 잘한다
☐ 怒鳴る 호통치다, 야단치다	≒	大声で怒る 큰소리로 화내다

配達する 배달하다	≒	届ける 보내다, 닿게 하다
避難する 피난하다	≒	逃げる 도망치다
ベストだ 베스트다	≒	最もよい 가장 좋다

2022년

あたえる 주다, 수여하다	≒	あげる 주다
甥 조카	≒	姉の息子 누나의 아들
グラウンド 그라운드, 운동장	≒	運動場 운동장
詳しい 상세하다, 잘 알다	≒	細かい 세세하다
指定の場所 지정된 장소	≒	決められた場所 정해진 장소
スケジュール 스케줄	≒	予定 예정
ずいぶん 꽤, 몹시	≒	非常に 매우, 상당히
短気だ 성질이 급하다	≒	すぐ怒る 바로 화를 내다
不安 불안	≒	心配 걱정
普段 평소, 평상시	≒	いつも 언제나, 늘

2021년

おしまい 끝	≒	おわり 끝
学校をサボる 학교를 땡땡이치다	≒	学校を休む 학교를 쉬다
機会 기회	≒	チャンス 찬스, 기회
きつい (꽉) 끼다, 빡빡하다, (정도가) 심하다	≒	大変だ 힘들다
さまざまな 다양한	≒	いろいろな 여러 가지
絶対に 절대로	≒	必ず 반드시
退屈だ 지루하다, 따분하다	≒	つまらない 재미없다

☐ 納得する 납득하다	≒	とてもよく分かる 매우 잘 알다
☐ ふれる 접촉하다, 닿다	≒	触る 만지다
☐ 報告する 보고하다	≒	知らせる 알리다

2020년

☐ おこづかい 용돈	≒	お金 돈
☐ 回収する 회수하다	≒	集める 모으다
☐ 価格 가격	≒	値段 가격, 값
☐ めい 조카딸	≒	兄弟の娘 형제의 딸
☐ 楽だ 편하다, 수월하다	≒	簡単だ 간단하다

유의표현 기출단어
기본 다지기 ①

채점　　/5

밑줄 친 단어나 문장과 가장 비슷한 표현을 둘 중에서 하나 고르세요.

1　このズボン、少し小さいですが、他のサイズはありますか。
　　1　大きさ　　　　　2　長さ

2　部長は仕事でミスをした人にいつも怒鳴っている。
　　1　文句を言って　　2　大きい声で怒って

3　最近、ガソリンの価格が10年前の2倍になっている。
　　1　価値　　　　　　2　値段

4　遅れるときは必ず報告してください。
　　1　教わって　　　　2　知らせて

5　風邪をひいたが、少し休んだらずいぶん良くなった。
　　1　いつのまにか　　2　非常に

해설집 p.14

정답　1① 2② 3② 4② 5②

유의표현 기출단어
실전 연습 문제 ①

⏱ 시간 5분 이내
채점 /5

問題4 ＿＿＿＿＿に意味が最も近いものを、1・2・3・4から一つえらびなさい。

1 <u>普段</u>から部屋を掃除するようにしている。
1　週末　　　2　たまに　　　3　ときどき　　　4　いつも

2 昔は朝早く起きられなくて、よく<u>学校をサボった</u>。
1　授業で寝ていた　　　　　2　授業を休んだ
3　学校を退学した　　　　　4　学校を移動した

3 今月は<u>スケジュール</u>がいっぱいで、遊ぶ時間がない。
1　約束　　　2　用事　　　3　予定　　　4　時刻

4 田中さんは<u>絶対に</u>パーティーに来ると思います。
1　かならず　　　2　あとで　　　3　すぐに　　　4　たぶん

5 この映画は<u>退屈</u>で、寝てしまった。
1　つまらなくて　　2　なつかしくて　　3　おかしくて　　4　めずらしくて

해설집 p.14

정답　1 ④　2 ②　3 ③　4 ①　5 ①

2015년~2019년
유의표현 기출단어 2
2015년부터 2019년까지 출제된 유의표현 기출 단어를 정리했습니다.

2019년

☐ おかしな 우스운, 이상한	≒	変な 이상한
☐ ペコペコだ (배가) 몹시 고프다	≒	空く (배가) 고프다
☐ 感謝 감사	≒	お礼 사례
☐ キッチン 키친, 부엌	≒	台所 부엌
☐ 欠点 결점	≒	よくないところ 좋지 않은 점
☐ 済ませる 끝내다, 마치다	≒	終わらせる 끝내다
☐ 整理する 정리하다	≒	片付ける 치우다, 정돈하다
☐ そのまま 그대로	≒	何も変えないで 아무것도 바꾸지 않고
☐ 黙る 입을 다물다, 침묵하다	≒	何も話さない 아무것도 말하지 않다
☐ 不安だ 불안하다	≒	心配だ 걱정되다

2018년

☐ 駆ける 전속력으로 달리다	≒	走る 뛰다
☐ 指導する 지도하다	≒	教える 가르치다
☐ 喋る 수다 떨다, 재잘거리다	≒	話す 말하다
☐ 手段 수단	≒	やり方 하는 법
☐ 退屈だ 지루하다, 따분하다	≒	つまらない 재미없다
☐ 多少 다소, 약간	≒	ちょっと 조금
☐ 団体 단체	≒	グループ 그룹

☐ トレーニング 트레이닝	≒	練習(れんしゅう) 연습	
☐ ペラペラだ (외국어 등이) 유창하다	≒	上手(じょうず)に話(はな)す 잘 말하다	
☐ ようやく 겨우, 간신히	≒	やっと 겨우, 가까스로, 간신히	

2017년

☐ あらゆる 온갖, 모든	≒	全部(ぜんぶ) 전부, 모두
☐ おしまい 끝	≒	終(お)わり 끝
☐ 逆(ぎゃく) 반대, 거꾸로	≒	反対(はんたい) 반대
☐ 協力(きょうりょく)する 협력하다	≒	手伝(てつだ)う 돕다
☐ 信(しん)じる 믿다	≒	本当(ほんとう)だと思(おも)う 진짜라고 생각하다
☐ スケジュール 스케줄	≒	予定(よてい) 예정
☐ 絶対(ぜったい) 절대	≒	必(かなら)ず 반드시
☐ 怒鳴(どな)る 호통치다, 야단치다	≒	大声(おおごえ)で怒(おこ)る 큰소리로 화내다
☐ 眩(まぶ)しい 눈부시다	≒	明(あか)る過(す)ぎる 너무 밝다
☐ 約(やく) 약, 대략	≒	大体(だいたい) 대략, 대체로

2016년

☐ 余(あま)る (여유분이) 남다	≒	多(おお)すぎて残(のこ)る 너무 많아서 남다
☐ 延期(えんき) (기한 등의) 연기	≒	後(あと)の別(べつ)の日(ひ)にやること 나중의 다른 날에 하는 것
☐ 横断禁止(おうだんきんし) 횡단 금지	≒	渡(わた)ってはいけない 건너서는 안 된다
☐ かがやく (눈부시게) 빛나다	≒	光(ひか)る 빛나다, 번쩍이다
☐ がっかりする 실망하다, 낙심하다	≒	残念(ざんねん)だと思(おも)う 유감스럽게 생각하다
☐ 決(き)まり 정해진 것, 규칙	≒	規則(きそく) 규칙

☐ 当然(とうぜん) 당연(히)	≒	もちろん 물론
☐ 不安(ふあん)だ 불안하다	≒	心配(しんぱい)だ 걱정되다
☐ まったく 완전히, 전혀	≒	ぜんぜん 전혀
☐ 学(まな)ぶ 배우다	≒	勉強(べんきょう)する 공부하다

2015년

☐ あいかわらず 변함없이, 여전히	≒	前(まえ)と同(おな)じで 전과 같이
☐ 疑(うたが)う 의심하다	≒	本当(ほんとう)ではないと思(おも)う 진짜가 아니라고 생각하다
☐ 機会(きかい) 기회	≒	チャンス 찬스, 기회
☐ くたびれる 지치다	≒	疲(つか)れる 지치다, 피로해지다
☐ 次第(しだい)に 점차	≒	少(すこ)しずつ 조금씩
☐ 手段(しゅだん) 수단	≒	やり方(かた) 하는 법
☐ すべて 전부, 모두	≒	全部(ぜんぶ) 전부
☐ だまる 입을 다물다, 침묵하다	≒	何(なに)も言(い)わない 아무것도 말하지 않다
☐ 短気(たんき)だ 성질이 급하다	≒	すぐ怒(おこ)る 바로 화를 내다
☐ 得意(とくい)だ 잘하다, 자신이 있다	≒	上手(じょうず)にできる 잘할 수 있다

밑줄 친 단어나 문장과 가장 비슷한 표현을 둘 중에서 하나 고르세요.

1 おなかがペコペコだから全然力が出ないよ。
  1 おなかが空いた　　2 お腹が痛い

2 助けてもらったので、お礼の気持ちを伝えたい。
  1 感謝　　　　　　2 感動

3 ここは危ないので、横断禁止だ。
  1 並んではいけない　　2 渡ってはいけない

4 ダンスの大会に出場するために毎日トレーニングしている。
  1 練習　　　　　　2 勉強

5 空に星がキラキラとかがやいている。
  1 空いて　　　　　2 光って

6 彼女はまったく僕の話を聞いてくれない。
  1 ぜんぜん　　　　2 ときどき

7 おじいちゃん、久しぶり。あいかわらず元気そうで良かった。
  1 前と違って　　　2 前と同じで

8　3日間続いた高熱がようやく下がった。
　　1　やっと　　　　　2　そろそろ

9　ニュースで見た犯人は黙って下を向いていた。
　　1　怖い顔をして　　2　何も話さないで

10　色んな人と団体で旅行に行った。
　　1　グループ　　　　2　コース

정답　1① 2① 3② 4① 5② 6① 7② 8① 9② 10①

유의표현 기출단어
실전 연습 문제 ②

⏱ 시간 5분 이내
채점   /5

問題4 ＿＿＿＿＿に意味が最も近いものを、1・2・3・4から一つえらびなさい。

1 この仕事を早く済ませて昼ご飯を食べに行こう。
　　1 まとめて　　2 終わらせて　　3 提出して　　4 始めて

2 うちのキッチンは最新機能がついている。
　　1 部屋　　2 トイレ　　3 食堂　　4 台所

3 彼は1時間以上一人で喋った。
　　1 遊んだ　　2 旅行した　　3 電話した　　4 話した

4 急な会議で午後の用事を延期するしかなかった。
　　1 予定より早く始めること　　2 予定より遅く終わること
　　3 後の別の日にやること　　4 後で中止すること

5 彼はすべて正直に話してくれた。
　　1 だいたい　　2 全部　　3 やっと　　4 一度

해설집 p.16

정답　1② 2④ 3④ 4③ 5②

2010년~2014년
유의표현 기출단어 3 | 2010년부터 2014년까지 출제된 유의표현 기출 단어를 정리했습니다.

2014년

- [ ] あわてて 당황해서, 허둥지둥 ≒ 急いだようすで 서두르는 모양이나 상태로
- [ ] 案 안, 예상, 생각 ≒ アイデア 아이디어
- [ ] おかしな 우스운, 이상한 ≒ 変な 이상한
- [ ] カーブする 커브를 돌다, 방향을 꺾다 ≒ 曲がる 굽다, 돌다
- [ ] きつい (꽉) 끼다, 빡빡하다, (정도가) 심하다 ≒ 大変だ 힘들다
- [ ] くたびれる 지치다 ≒ 疲れる 지치다, 피로해지다
- [ ] さっき 아까, 조금 전 ≒ 少し前に 조금 전에
- [ ] 指導する 지도하다 ≒ 教える 가르치다
- [ ] たつ (시간, 때가) 지나다, 경과하다 ≒ 過ぎる 지나치다, 넘다
- [ ] 約 약, 대략 ≒ だいたい 대체로

2013년

- [ ] 位置 위치 ≒ 場所 장소
- [ ] 売り切れる 매진되다 ≒ 全部売れる 전부 팔리다
- [ ] 回収する 회수하다 ≒ 集める 모으다
- [ ] キッチン 키친, 부엌 ≒ 台所 부엌
- [ ] このごろ 요즘 ≒ さいきん 최근
- [ ] サイズ 사이즈 ≒ 大きさ 크기
- [ ] しゃべる 수다 떨다, 재잘거리다 ≒ 話す 말하다

☐ 確かめる 확인하다	≒	チェックする 체크하다
☐ 注文する 주문하다	≒	たのむ 주문하다, 부탁하다
☐ わけ 사정, 이유	≒	理由 이유

2012년

☐ あきらめる 포기하다	≒	やめる 그만두다
☐ 奪う 빼앗다	≒	取る 빼앗다, 탈취하다
☐ 気に入る 마음에 들다	≒	好きだ 좋아하다
☐ 共通点 공통점	≒	同じところ 같은 점
☐ 整理する 정리하다	≒	片付ける 치우다, 정돈하다
☐ 絶対に 절대로	≒	必ず 반드시
☐ そっと 살짝, 몰래, 가만히	≒	静かに 조용히
☐ 内緒にする 비밀로 하다	≒	だれにも話さない 아무한테도 말하지 않는다
☐ 年中 연중, 늘	≒	いつも 항상
☐ まぶしい 눈부시다	≒	明るすぎる 너무 밝다

2011년

☐ おそろしい 두렵다, 무섭다	≒	こわい 무섭다
☐ 欠点 결점	≒	わるいところ 나쁜 점
☐ さっき 아까, 조금 전	≒	少し前に 조금 전에
☐ スケジュール 스케줄	≒	予定 예정
☐ 通勤する 통근하다	≒	仕事に行く 일하러 가다
☐ へる 줄다, 감소하다	≒	少なくなる 적어지다

☐ やりなおす 다시 (고쳐)하다	≒	もう一度やる 한 번 더 하다
☐ 翌年(よくねん) 익년, 다음 해	≒	次の年(つぎのとし) 다음 해
☐ 楽(らく)だ 편하다, 수월하다	≒	簡単(かんたん)だ 간단하다
☐ わけ 사정, 이유	≒	理由(りゆう) 이유

2010년

☐ 明(あ)ける (날이) 새다, 기간이 끝나다	≒	おわる 끝나다
☐ 覚(おぼ)える 느끼다, 기억하다, 외우다	≒	暗記(あんき)する 암기하다
☐ きつい (꽉) 끼다, 빡빡하다, (정도가) 심하다	≒	大変(たいへん)だ 힘들다
☐ 決(き)まり 정해진 것, 규칙	≒	規則(きそく) 규칙
☐ くたびれる 지치다	≒	疲(つか)れる 지치다, 피로해지다
☐ 混雑(こんざつ)する 혼잡하다	≒	客(きゃく)がたくさんいる 손님이 많이 있다
☐ たまる (돈, 재산 등이) 쌓이다	≒	残(のこ)る 남다, 여분이 생기다
☐ 短気(たんき)だ 성질이 급하다	≒	すぐ怒(おこ)る 바로 화를 내다
☐ 単純(たんじゅん)だ 단순하다	≒	わかりやすい 알기 쉽다
☐ まご 손자	≒	娘(むすめ)の息子(むすこ) 딸의 아들

밑줄 친 단어나 문장과 가장 비슷한 표현을 둘 중에서 하나 고르세요.

1 この国は年中温かい。
　1 ほとんど　　　2 いつも

2 太陽がとてもまぶしくてサングラスをかけた。
　1 明るすぎて　　2 強すぎて

3 遅刻をしたわけを教えてください。
　1 理由　　　　　2 手段

4 翌年の秋ごろには子供が生まれる予定だ。
　1 前の年　　　　2 次の年

5 新商品についての案を次の会議までに考えてください。
　1 ヒント　　　　2 アイデア

6 誕生日にもらったネックレスがとても気に入っている。
　1 好きだ　　　　2 特別だ

7 夜が明けるまでに工事を終えなければならない。
　1 おわる　　　　2 はじまる

8 このスポーツのルールはとても単純だ。

　　1　わかりやすい　　　　　　2　わかりにくい

9 何度失敗しても、彼はあきらめなかった。

　　1　あやまらなかった　　　　2　やめなかった

10 もう一度、確かめてください。

　　1　インタビューして　　　　2　チェックして

유의표현 기출단어
실전 연습 문제 ③

⏱ 시간 5분 이내
채점 /5

問題4 _____ に意味が最も近いものを、1・2・3・4から一つえらびなさい。

1 久しぶりに<u>まご</u>に会えるので、とても楽しみだ。
　　1　妹の娘　　　2　娘の息子　　　3　母の弟　　　4　兄の息子

2 この問題を解決するのは<u>楽だ</u>。
　　1　面倒だ　　　2　大変だ　　　3　簡単だ　　　4　上手だ

3 <u>さっき</u>電話をして、明日会うことにした。
　　1　少し前に　　　2　昨日　　　3　すぐ　　　4　さっそく

4 昨日の夜に、<u>おそろしい</u>夢を見た。
　　1　ふしぎな　　　2　たのしい　　　3　へんな　　　4　こわい

5 雨が降ったので、<u>あわてて</u>家に帰りました。
　　1　急いだようすで　　　　　　2　疲れたようすで
　　3　怒ったようすで　　　　　　4　驚いたようすで

해설집 p.17

정답　1 ②　2 ③　3 ①　4 ④　5 ①

기출단어 집중공략

문제 5 용법

| 용법 문제는 제시 단어를 올바르게 사용한 문장을 고르는 문제로 5문제 출제된다.

이렇게 풀자

제시 단어의 의미와 품사를 정확하게 파악하고 있어야 한다. 제시 단어의 의미를 모른다면 모든 문장을 읽고 품사의 쓰임이 가장 자연스러운 것을 고르면 된다. 다만 이 방법이 통하지 않는 경우가 많으니 시험에 자주 출제되는 품사별 단어를 암기해두자.

문제유형 예시 ⏱ 시간 1분 이내

問題5 つぎのことばの使い方として最もよいものを、1・2・3・4から一つえらびなさい。

1　オーバー
1　今日、長くなった髪をオーバーしに美容室に行きます。
2　予算が少しオーバーしているので、別のものを買うことにした。
3　チームスポーツではお互いにオーバーし合うことが大切だ。
4　風が強いため飛行機がオーバーになったので、出張に行けなくなった。

문제 5 다음 말의 사용법으로서 가장 알맞은 것을, 1・2・3・4에서 하나 고르세요.

|정답| ②

|해석| 오버, 초과
1 오늘 길어진 머리카락을 오버하러 미용실에 갑니다.
2 예산이 조금 오버했기 때문에 다른 것을 사기로 했다.
3 팀 스포츠에서는 서로 오버하는 것이 중요하다.
4 바람이 강해서 비행기가 오버가 되었기 때문에 출장을 못 가게 되었다.

|해설| オーバー(오버, 초과)를 가장 올바르게 사용한 것은 2번이다. 1번은 カット(커트) 3번은 カバー(커버) 4번은 キャンセル(캔슬, 취소)와 같은 단어를 사용하는 것이 알맞다.

|단어| オーバー 오버, 초과 | 今日(きょう) 오늘 | 長(なが)い 길다 | 髪(かみ) 머리카락 | 美容師(びようしつ) 미용실 | 予算(よさん) 예산 | 少(すこ)し 조금 | 別(べつ)の 다른 | チームスポーツ 팀 스포츠 | お互(たが)いに 서로 | 大切(たいせつ)だ 중요하다, 소중하다 | 風(かぜ) 바람 | 強(つよ)い 강하다 | 飛行機(ひこうき) 비행기 | 出張(しゅっちょう) 출장

2020년~2024년 용법 기출단어 1

2020년부터 2024년까지 출제된 용법 기출 단어를 정리했습니다.

2024년

- 慌(あわ)てる 당황하다, 허둥대다
- 落(お)ち着(つ)く 진정되다, 안정되다
- 大人(おとな)しい 온순하다, 얌전하다
- 活動(かつどう) 활동
- 完成(かんせい) 완성
- ぐっすり 깊이 잠든 모양, 푹
- 実物(じつぶつ) 실물
- 知識(ちしき) 지식
- 内容(ないよう) 내용
- 響(ひび)く 울리다

2023년

- 行(い)き先(さき) 행선지, 목적지
- 共通(きょうつう) 공통
- 交流(こうりゅう) 교류
- 診察(しんさつ) 진찰
- 進歩(しんぽ) 진보
- 渋滞(じゅうたい) (교통의) 정체, 밀림
- 詰(つ)める 채워 넣다
- 取(と)り消(け)す 취소하다
- にこにこ 생긋생긋, 싱글벙글
- 話(はな)しかける 말(을) 걸다

2022년

- 諦(あきら)める 포기하다
- 異常(いじょう)だ 이상하다, 정상이 아니다
- 重(かさ)なる 포개지다, 겹쳐지다
- 原料(げんりょう) 원료
- 盛(さか)んだ 번성하다, 왕성하다
- 参加(さんか) 참가
- 整理(せいり) 정리
- 抱(だ)く 안다
- 通(とお)り過(す)ぎる 지나가다
- 発展(はってん) 발전

2021년

- ☐ 追い抜く (おいぬく) 추월하다, 앞지르다
- ☐ オーバー 오버, 초과
- ☐ 欠点 (けってん) 결점
- ☐ 支給 (しきゅう) 지급
- ☐ 親しい (したしい) 친하다
- ☐ 集合 (しゅうごう) 집합
- ☐ だるい 나른하다
- ☐ 中古 (ちゅうこ) 중고
- ☐ 詰める (つめる) 채워 넣다
- ☐ 見本 (みほん) 견본

2020년

- ☐ 栄養 (えいよう) 영양
- ☐ 気づく (きづく) 깨닫다, 눈치채다
- ☐ 滞在 (たいざい) 체제, 체류
- ☐ ふらふら 휘청휘청, 비틀비틀, 몸에 힘이 없는 모양
- ☐ 割引 (わりびき) 할인

용법 기출단어
기본 다지기 ①

채점　/5

제시 단어를 올바르게 사용한 문장을 둘 중에서 하나 고르세요.

1 交流
1　毎月1回、異文化交流のパーティーが開かれている。
2　交流留学のために一生懸命日本語を勉強している。

2 追い抜く
1　ゴールの直前で1位だった選手を追い抜いて優勝した。
2　犯人を追い抜いたが、逃げられてしまった。

3 だるい
1　楽しみにしていたコンサートが中止になってだるかった。
2　風邪で体がだるかったので、会社を休みます。

4 詰める
1　人生経験を詰めるとキャリアアップしやすくなる。
2　明日引っ越しするので、箱に荷物を詰める。

5 にこにこ
1　赤ちゃんがにこにこしながら私を見た。
2　にこにこしていると会議に遅れるよ。

해설집 p.18

정답　1① 2① 3② 4② 5①

용법 기출단어
실전 연습 문제 ①

⏱ 시간 5분 이내
채점　　/5

問題5　つぎのことばの使い方として最もよいものを、1・2・3・4から一つえらびなさい。

1 整理
1 机を整理していたら、なつかしい写真が出てきた。
2 このパソコンは整理すればまだ使えそうだ。
3 毎日3回、食事の後は必ず歯を整理している。
4 時計の針を整理して時刻を合わせる。

2 盛んだ
1 コンサートのパンフレット販売量が盛んだった。
2 オーストラリアは自然が豊かで観光業が盛んだ。
3 ニュースによると、今日から天気が盛んになるそうだ。
4 友達が聞いていた音楽が盛んで、タイトルを聞いてみた。

3 異常だ
1 ここは異常なので、きれいに掃除してください。
2 姉から服をもらったが、サイズが異常で着られない。
3 あの教授の研究は世界的に異常な評価をもらった。
4 今年の夏の暑さは異常で、エアコンがないといけない。

4 親しい
1 田中(たなか)さんとは親しいのでよく一緒に遊ぶ。
2 久しぶりに高校の時の友達に会って親しかった。
3 私はファッションについてあまり親しくない。
4 親しいことがあれば、いつでも相談してください。

5 ふらふら
1 ふらふら授業に間に合って先生に怒られなかった。
2 お酒の飲みすぎで、歩く時体がふらふらしている。
3 このアルバイトは、ふらふらお客さんが来て休む時間がない。
4 日曜日はふらふら休んで明日からまたがんばります。

해설집 p.18

정답　1① 2② 3④ 4① 5②

2015년~2019년
용법 기출단어 2 | 2015년부터 2019년까지 출제된 용법 기출 단어를 정리했습니다.

2019년

- ☐ お互（たが）いに 서로
- ☐ 落（お）ち着（つ）く 진정되다, 안정되다
- ☐ かき混（ま）ぜる (휘저어) 뒤섞다
- ☐ 健康（けんこう） 건강
- ☐ 参加（さんか） 참가
- ☐ 中旬（ちゅうじゅん） 중순
- ☐ 発生（はっせい） 발생
- ☐ 報告（ほうこく） 보고
- ☐ ほえる 짖다
- ☐ 満員（まんいん） 만원

2018년

- ☐ 埋（う）める 묻다, 메우다
- ☐ 延期（えんき） (기한 등의) 연기
- ☐ 追（お）いつく 따라잡다
- ☐ 活動（かつどう） 활동
- ☐ 距離（きょり） 거리
- ☐ 区別（くべつ） 구별
- ☐ 建築（けんちく） 건축
- ☐ 盛（さか）んだ 번성하다, 왕성하다
- ☐ 重大（じゅうだい）だ 중대하다
- ☐ 知（し）り合（あ）う 서로 알게 되다

2017년

- ☐ 受（う）け取（と）る 수취하다, 받다
- ☐ かれる 시들다
- ☐ 減少（げんしょう） 감소
- ☐ 断（ことわ）る 거절하다
- ☐ 滞在（たいざい） 체재, 체류
- ☐ 中古（ちゅうこ） 중고
- ☐ どきどき 두근두근
- ☐ 引（ひ）き受（う）ける 떠맡다, 맡다
- ☐ 分類（ぶんるい） 분류
- ☐ 身（み）につける 습득하다, (몸에) 걸치다, 지니다

2016년

- ☐ 空（から） 빔, 텅 빔
- ☐ 急（きゅう）に 갑자기
- ☐ 出張（しゅっちょう） 출장

☐ 消費(しょうひ) 소비	☐ 性格(せいかく) 성격	☐ 慰める(なぐさめる) 위로하다, 달래다
☐ 似合う(にあう) 어울리다	☐ 沸騰する(ふっとうする) 끓어오르다	☐ 募集(ぼしゅう) 모집
☐ 曲げる(まげる) 굽히다, 구부리다		

2015년

☐ 預ける(あずける) 맡기다	☐ 移動(いどう) 이동	☐ 親しい(したしい) 친하다
☐ 締め切り(しめきり) 마감	☐ 修理(しゅうり) 수리	☐ 渋滞(じゅうたい) (교통) 정체
☐ 新鮮だ(しんせんだ) 신선하다	☐ 清潔だ(せいけつだ) 청결하다	☐ 混ぜる(まぜる) (뒤)섞다, 혼합하다
☐ ゆでる 데치다, 삶다		

용법 기출단어
기본 다지기 ②

채점 /5

제시 단어를 올바르게 사용한 문장을 둘 중에서 하나 고르세요.

1 締め切り
1　レポートの締め切りを守って提出した。
2　毎回見ていたドラマが今日で締め切りなので寂しい。

2 性格
1　この車の性格は電気で動くという点だ。
2　彼女は真面目な性格だから、この仕事に向いている。

3 急に
1　授業中に急に眠くなりました。
2　彼はクラスで急に面白いと思う。

4 曲げる
1　右に曲げると郵便局があります。
2　祖父は腰を曲げて歩いています。

5 ゆでる
1　家に帰ってお風呂に入って、体をゆでた。
2　お湯に野菜と豆腐をゆでて食べる。

해설집 p.19

정답　1 ①　2 ②　3 ①　4 ②　5 ②

용법 기출단어
실전 연습 문제 ②

⏱ 시간 5분 이내　채점　/5

問題5　つぎのことばの使い方として最もよいものを、1・2・3・4から一つえらびなさい。

1 募集
1　家の近くのカフェでアルバイトの募集をしている。
2　毎週月曜日と木曜日は一般ゴミの募集があります。
3　1人の求人に対して100人の募集があったらしい。
4　私の趣味は映画のパンフレットを募集することです。

2 消費
1　肉は野菜に比べて消費するのに時間がかかる。
2　使わなくなったパソコンのデータを消費する。
3　私は、運動をすることでストレスを消費しています。
4　この古いエアコンは電気を多量に消費する。

3 移動
1　幼い頃から将来は海外へ移動することが夢でした。
2　東京から大阪まで新幹線で移動します。
3　彼はダイエットのため毎日移動しています。
4　このドアは近づくと移動で開きます。

4 慰める
1　試験に合格したので、家族で外食して慰めた。
2　友達が落ち込んでいたのでお酒を飲みながら慰めてあげた。
3　祖父は明日90歳の誕生日を慰めます。
4　書類がばらばらにならないようにクリップで慰めた。

5 満員
1　正月の飛行機の座席は満員だったので高速バスを予約した。
2　ヨガ教室は人気があるため、すでに満員状態だった。
3　今回の募集は満員に達したため、終了します。
4　銀行の駐車場が満員だったので駐車できなくて困った。

해설집 p.20

정답　1 ①　2 ④　3 ②　4 ②　5 ②

2010년~2014년
용법 기출단어 3 | 2010년부터 2014년까지 출제된 용법 기출 단어를 정리했습니다.

2014년

- 期限(きげん) 기한
- 縮小(しゅくしょう) 축소
- 制限(せいげん) 제한
- たまる (돈, 재산 등이) 쌓이다
- 伝(つた)わる 전해지다
- どなる 호통치다, 야단치다
- 内容(ないよう) 내용
- 発展(はってん) 발전
- 話(はな)しかける 말을 걸다
- 離(はな)す 놓다, 떼다

2013년

- 余(あま)る (여유분이) 남다
- 建設(けんせつ) 건설
- 効果(こうか) 효과
- こぼす 흘리다, 엎지르다
- 進歩(しんぽ) 진보
- 早退(そうたい) 조퇴
- だるい 나른하다
- にぎる 쥐다, 잡다
- 発生(はっせい) 발생
- 身(み)につける 습득하다, 몸에 걸치다, 몸에 지니다

2012년

- 暗記(あんき) 암기
- 活動(かつどう) 활동
- 空(から) 빔, 텅 빔
- 緊張(きんちょう) 긴장
- 経由(けいゆ) 경유
- 通(とお)り過(す)ぎる 지나가다
- 訪問(ほうもん) 방문
- 募集(ぼしゅう) 모집
- 翻訳(ほんやく) 번역
- 行(い)き先(さき) 행선지, 목적지

2011년

- 植(う)える 심다
- 受(う)け入(い)れる 받아들이다
- 断(ことわ)る 거절하다

- □ ころぶ 구르다, 넘어지다
- □ 指示(しじ) 지시
- □ 正直(しょうじき)だ 정직하다
- □ 性格(せいかく) 성격
- □ そろそろ 슬슬
- □ 見送(みおく)る 배웅하다
- □ ゆるい 느슨하다, 헐겁다

2010년

- □ 落(お)ち着(つ)く 진정되다
- □ 回収(かいしゅう) 회수
- □ 区切(くぎ)る 구획짓다
- □ 修理(しゅうり) 수리
- □ そっくり 꼭 닮음
- □ なだらかだ 완만하다
- □ はかる (무게, 길이, 넓이 등을) 재다
- □ まずしい 가난하다
- □ 未来(みらい) 미래
- □ ユーモア 유머

용법 기출단어
기본 다지기 ③

채점　　/5

제시 단어를 올바르게 사용한 문장을 둘 중에서 하나 고르세요.

1　離す
　1　美しい場所から目を離すことができない。
　2　ゴミが落ちているので、離してください。

2　指示
　1　ピアノの先生の指示のおかげで音楽大学に合格した。
　2　上司からの指示にしたがって仕事を進めています。

3　そっくり
　1　服のサイズが体にそっくり合っている。
　2　その姉妹は顔も話し方もそっくりだ。

4　預ける
　1　冷蔵庫に預けておいたジュースがなくなった。
　2　チェックイン前に荷物をホテルに預ける。

5　早退
　1　電車が遅れているので30分ぐらい早退しそうです。
　2　体調が悪いので今日は早退させていただきます。

해설집 p.21

정답　1①　2②　3②　4②　5②

용법 기출단어
실전 연습 문제 ③

⏱ 시간 5분 이내
채점 /5

問題5　つぎのことばの使い方として最もよいものを、1・2・3・4から一つえらびなさい。

1 発展
1. パリから世界に新しいファッションを発展しています。
2. 毎週末ピアノを習っているが、なかなか発展しない。
3. 駅前に建設中の建物が、来月ついに発展するらしい。
4. 産業の発展により、人々の生活は以前より豊かになった。

2 制限
1. 大統領は予算についてかなりの制限を持っている。
2. 1ヶ月に使用できるクレジットカードの制限額は10万円にしている。
3. マラソンで体力の制限を感じて最後まで走れませんでした。
4. この道路の車の制限速度は時速60kmである。

3 効果
1. 一生懸命勉強しているが、なかなか効果が上がらない。
2. 毎朝ジョギングをした効果、1ヶ月で3kgやせました。
3. 風邪を引いたが、薬を飲んだらすぐに効果が出ました。
4. 睡眠不足と疲れが効果でインフルエンザにかかってしまった。

4 空
1. 午後から雨ですから洗濯物を空にしておきましょう。
2. リサイクルのため、空のビンはこちらに捨ててください。
3. 最近忙しくて、空の日が一つもない。
4. この仕事は空なので、分からないことやミスが多い。

5 経由
1. 私たちはフランスを経由してイタリアへ行きます。
2. この事件が起きた経由を詳しく調べる。
3. 急に長い髪を短く切った経由は何ですか。
4. 今回の失敗は私にとってとてもいい経由になった。

해설집 p.21

정답　1 ④　2 ④　3 ③　4 ②　5 ①

핵심단어 집중공략
핵심단어 리스트

2010년부터 최신 JLPT까지의 기출 어휘 및 출제 문제 내 모든 어휘를 분석하여 N3 레벨의 출제 예상 핵심 단어를 품사별로 정리하였습니다.

1 명사 — 출제 예상 핵심 명사를 히라가나 순으로 정리했습니다.

あ행

- 愛(あい) 사랑
- 合図(あいず) (눈짓, 몸짓, 소리 등의) 신호
- 愛着(あいちゃく) 애착
- 相手(あいて) 상대
- 愛用者(あいようしゃ) 애용자
- 青(あお) 파랑
- 赤(あか) 빨강
- 明(あ)かり 환한 빛, 밝은 빛
- 空(あ)き地(ち) 빈터, 공터
- 握手(あくしゅ) 악수
- あくび 하품
- 朝寝坊(あさねぼう) 늦잠꾸러기, 늦잠을 잠
- 朝焼(あさや)け 아침노을
- 足跡(あしあと) 발자취, 발자국
- 味見(あじみ) 맛을 봄
- 汗(あせ) 땀
- 遊(あそ)び 노는 일, 놀이
- 辺(あた)り 근처, 부근, 주변
- 集(あつ)まり 모임
- 悪化(あっか) 악화
- 宛先(あてさき) 수신처, 수신인
- 跡(あと) 자취, 흔적
- 穴(あな) 구멍
- 油(あぶら) 기름
- 泡(あわ) 거품
- 案(あん) 안, 예상, 생각
- 暗記(あんき) 암기
- 案内(あんない) 안내
- 胃(い) 위(신체 장기)
- 怒(いか)り 분노, 노여움
- 以外(いがい) 이외, 그 밖
- 息(いき) 숨
- 勢(いきお)い 기세, 위세
- 行(い)き先(さき) 행선지, 목적지
- 生(い)き物(もの) 살아있는 것, 생물
- 意義(いぎ) 의의
- 育児(いくじ) 육아
- 以降(いこう) 이후
- 以後(いご) 이후
- 医師(いし) 의사
- 意志(いし) 의지
- 意識(いしき) 의식
- いじわる 심술궂음, 심술쟁이
- 以前(いぜん) 이전
- 急(いそ)ぎ 급함
- 板(いた) 판자
- いたずら 장난
- 痛(いた)み 아픔
- 位置(いち) 위치
- 一年中(いちねんじゅう) 일 년 동안, 일 년 내내
- 一部(いちぶ) 일부, 일부분
- 一流(いちりゅう) 일류
- 一生(いっしょう) 일생, 평생

☐ 一方通行(いっぽうつうこう) 일방통행	☐ 従兄弟(いとこ) 사촌	☐ 移動(いどう) 이동
☐ 居眠(いねむ)り 앉아 졺, 말뚝잠	☐ 命(いのち) 목숨, 생명	☐ 違反(いはん) 위반
☐ いも 감자, 고구마, 토란 등의 총칭		☐ 医療(いりょう) 의료
☐ 岩(いわ) 바위	☐ 印刷(いんさつ) 인쇄	☐ 印象(いんしょう) 인상
☐ 引用(いんよう) 인용	☐ うがい 가글, 입 헹굼	☐ 動(うご)き 움직임
☐ うさぎ 토끼	☐ 牛(うし) 소	☐ 右折(うせつ) 우회전
☐ 内側(うちがわ) 안쪽, 내면	☐ 腕(うで) 팔	☐ 馬(うま) 말
☐ 生(う)まれ 탄생, 출생	☐ 梅(うめ) 매화나무, 매실	☐ 裏(うら) 뒤, 뒷면
☐ 裏側(うらがわ) 뒷면, 이면	☐ 売(う)り上(あ)げ 매출	☐ 売(う)り切(き)れ 품절, 매진
☐ 噂(うわさ) 소문	☐ 運賃(うんちん) 운임, 삯	☐ 運動場(うんどうじょう) 운동장
☐ 永遠(えいえん) 영원	☐ 影響(えいきょう) 영향	☐ 英国(えいこく) 영국
☐ 栄養(えいよう) 영양	☐ 笑顔(えがお) 웃는 얼굴	☐ えさ 모이, 먹이, 사료
☐ 枝(えだ) 가지, 갈래	☐ 宴会(えんかい) 연회	☐ 延期(えんき) (기한 등의) 연기
☐ 演劇(えんげき) 연극	☐ 演奏(えんそう) 연주	☐ 遠足(えんそく) 소풍
☐ 遠慮(えんりょ) 사양, 삼가	☐ 甥(おい) 조카	☐ お祝(いわ)い 축하, 축하 선물
☐ 応援(おうえん) 응원	☐ 王様(おうさま) 임금님, 왕	☐ 王子(おうじ) 왕자
☐ 横断(おうだん) 횡단	☐ 横断禁止(おうだんきんし) 횡단 금지	☐ 応答(おうとう) 응답
☐ 往復(おうふく) 왕복	☐ 応募(おうぼ) 응모	☐ 応用(おうよう) 응용
☐ 大声(おおごえ) 큰소리	☐ 大家(おおや)さん 셋집 주인	☐ 丘(おか) 언덕
☐ お粥(かゆ) 죽	☐ 奥(おく) 깊숙한 곳, 안, 속	☐ 屋外(おくがい) 옥외, 집의 바깥
☐ 屋内(おくない) 옥내, 집의 안	☐ 遅(おく)れ 늦음, 늦은 정도	☐ お小遣(こづか)い 용돈
☐ 教(おし)え 가르침	☐ おしまい 끝	☐ おしゃべり 수다, 잡담
☐ おしゃれ 멋을 냄, 멋쟁이	☐ お知(し)らせ 알림, 공지	☐ お尻(しり) 엉덩이

☐ お辞儀 (머리 숙여) 절함, 인사함	☐ お勧め 추천	☐ お茶碗 밥공기
☐ 音 소리	☐ 踊り 춤, 무용	☐ 驚き 놀람
☐ 帯 띠	☐ お見合い 맞선	☐ お土産 선물, 기념품
☐ 思い 생각, 마음	☐ 思い出 추억	☐ 親指 엄지 손가락
☐ お湯 뜨거운 물	☐ お礼 사례	☐ お詫び 사죄의 말
☐ 終わり 끝, 마지막	☐ 音楽家 음악가	☐ 温室 온실
☐ 温泉 온천	☐ 温度 온도	☐ おんぶ 어부바, 업음

か행

☐ 貝 조개	☐ 会員 회원	☐ 絵画 회화, 그림
☐ 海外 해외	☐ 会計 계산, 회계	☐ 解決 해결
☐ 改札 개찰	☐ 開始 개시, 시작	☐ 回収 회수
☐ 解説 해설	☐ 会長 회장	☐ 解答 해답
☐ 会費 회비	☐ 帰り 돌아옴, 돌아감	☐ 香り 향기
☐ 価格 가격	☐ 化学 화학	☐ 書留 써 둠, 또는 그 문서
☐ 鍵 열쇠	☐ 各駅 각 역	☐ 覚悟 각오
☐ 各自 각자	☐ 拡大 확대	☐ 各地 각지
☐ 確認 확인	☐ 家具 가구	☐ 掛け算 곱셈
☐ 影 그림자	☐ 過去 과거	☐ 火災 화재, 불
☐ 飾り 꾸밈, 장식	☐ 貸し 빌려줌	☐ 貸し出し 대출, 대여
☐ 火事 화재, 불	☐ 数 수	☐ 下線 밑줄
☐ 河川 하천	☐ 片づけ 정돈, 정리	☐ 片方 한쪽
☐ 片道 편도	☐ 課題 과제	☐ 花壇 화단
☐ 勝ち 이김, 승리	☐ 価値 가치	☐ 活動 활동

☐ 活躍(かつやく) 활약	☐ 活気(かっき) 활기	☐ 家庭(かてい) 가정, 가족생활
☐ 仮定(かてい) 가정	☐ 角(かど) 모퉁이, 귀퉁이	☐ 家内(かない) 아내, 집사람
☐ 悲しみ(かなしみ) 슬픔, 비애	☐ かび 곰팡이	☐ 神(かみ) 신
☐ 雷(かみなり) 천둥, 우레, 벼락	☐ 科目(かもく) 과목	☐ 空(から) 빔, 허공
☐ 空っぽ(からっぽ) 텅 빔, 아무것도 없음	☐ 借り(かり) 빌림, 빌린 것	☐ 皮(かわ) 가죽
☐ 缶(かん) 캔	☐ 感覚(かんかく) 감각	☐ 間隔(かんかく) 간격
☐ 考え(かんがえ) 생각	☐ 観客(かんきゃく) 관객	☐ 環境(かんきょう) 환경
☐ 関係(かんけい) 관계	☐ 歓迎(かんげい) 환영	☐ 感激(かんげき) 감격
☐ 観光(かんこう) 관광	☐ 観光地(かんこうち) 관광지	☐ 看護師(かんごし) 간호사
☐ 観察(かんさつ) 관찰	☐ 感謝(かんしゃ) 감사	☐ 関心(かんしん) 관심
☐ 感心(かんしん) 감탄, 탄복	☐ 感じ(かんじ) 느낌	☐ 患者(かんじゃ) 환자
☐ 感情(かんじょう) 감정	☐ 完成(かんせい) 완성	☐ 完全(かんぜん) 완전
☐ 乾燥(かんそう) 건조	☐ 感想(かんそう) 감상	☐ 感動(かんどう) 감동
☐ 看板(かんばん) 간판	☐ 乾杯(かんぱい) 건배	☐ 完了(かんりょう) 완료
☐ 外出(がいしゅつ) 외출	☐ 外食(がいしょく) 외식	☐ 画家(がか) 화가
☐ 学者(がくしゃ) 학자	☐ 学習(がくしゅう) 학습	☐ 学費(がくひ) 학비
☐ 学問(がくもん) 학문	☐ 学歴(がくれき) 학력	☐ 学期(がっき) 학기
☐ 楽器(がっき) 악기	☐ 我慢(がまん) 참음, 자제	☐ 画面(がめん) 화면
☐ 黄色(きいろ) 노랑	☐ 気温(きおん) 기온	☐ 機会(きかい) 기회
☐ 機械(きかい) 기계	☐ 期間(きかん) 기간	☐ 企業(きぎょう) 기업
☐ 期限(きげん) 기한	☐ 帰国(きこく) 귀국	☐ 記事(きじ) 기사
☐ 傷(きず) 상처, 흠	☐ 基礎(きそ) 기초	☐ 規則(きそく) 규칙
☐ 期待(きたい) 기대	☐ 帰宅(きたく) 귀가	☐ 喫煙(きつえん) 흡연

☐ 記入(きにゅう) 기입	☐ 記念(きねん) 기념	☐ 記念品(きねんひん) 기념품
☐ 基本(きほん) 기본	☐ 希望(きぼう) 희망	☐ 希望日(きぼうび) 희망일
☐ 決まり(きまり) 정해진 것, 규칙	☐ 休暇(きゅうか) 휴가	☐ 休憩(きゅうけい) 휴게, 휴식
☐ 給食(きゅうしょく) 급식	☐ 休日(きゅうじつ) 휴일	☐ 給料(きゅうりょう) 급여, 봉급
☐ 強化(きょうか) 강화	☐ 教科書(きょうかしょ) 교과서	☐ 教師(きょうし) 교사
☐ 教授(きょうじゅ) 교수	☐ 競争(きょうそう) 경쟁	☐ 強調(きょうちょう) 강조
☐ 共通(きょうつう) 공통	☐ 共通点(きょうつうてん) 공통점	☐ 興味(きょうみ) 흥미
☐ 協力(きょうりょく) 협력	☐ 許可(きょか) 허가	☐ 曲(きょく) 곡
☐ 距離(きょり) 거리	☐ 記録(きろく) 기록	☐ 禁煙(きんえん) 금연
☐ 禁止(きんし) 금지	☐ 近所(きんじょ) 근처, 근방, 이웃집	☐ 緊張(きんちょう) 긴장
☐ 勤務(きんむ) 근무	☐ 技術(ぎじゅつ) 기술	☐ 疑問(ぎもん) 의문
☐ 逆(ぎゃく) 반대, 거꾸로임	☐ 行事(ぎょうじ) 행사	☐ 区域(くいき) 구역
☐ 空港(くうこう) 공항	☐ 空席(くうせき) 공석	☐ 区間(くかん) 구간
☐ 草(くさ) 풀	☐ くしゃみ 재채기	☐ 薬指(くすりゆび) 약지, 넷째 손가락
☐ 癖(くせ) 버릇, 습관	☐ 口紅(くちべに) 립스틱	☐ 首(くび) 목
☐ 工夫(くふう) 궁리함, 고안함	☐ 区別(くべつ) 구별	☐ 雲(くも) 구름
☐ 暮らし(くらし) 살림, 생계	☐ 繰り返し(くりかえし) 반복함	☐ 暮れ(くれ) 해질녘
☐ 苦労(くろう) 노고, 고생	☐ 訓練(くんれん) 훈련	☐ 経営(けいえい) 경영
☐ 経営学(けいえいがく) 경영학	☐ 計画(けいかく) 계획	☐ 経験(けいけん) 경험
☐ 敬語(けいご) 경어, 높임말	☐ 警察(けいさつ) 경찰	☐ 計算(けいさん) 계산
☐ 携帯電話(けいたいでんわ) 휴대전화	☐ 系統(けいとう) 계통	☐ 契約(けいやく) 계약
☐ 経由(けいゆ) 경유	☐ 怪我(けが) 상처, 부상	☐ 景色(けしき) 경치, 풍경
☐ 化粧(けしょう) 화장	☐ けち 인색함, 짠돌이	☐ 血圧(けつあつ) 혈압

☐ 血^{けつえき}液 혈액	☐ 血^{けつえきがた}液型 혈액형	☐ 結^{けつろん}論 결론
☐ 結^{けっか}果 결과	☐ 結^{けっこんしき}婚式 결혼식	☐ 結^{けっしゅう}集 결집
☐ 決^{けっしん}心 결심	☐ 欠^{けっせき}席 결석	☐ 決^{けってい}定 결정
☐ 欠^{けってん}点 결점	☐ 煙^{けむり} 연기	☐ 件^{けん} 건, 사항
☐ 券^{けん} 표, 권	☐ 見^{けんがく}学 견학	☐ 研^{けんきゅう}究 연구
☐ 健^{けんこう}康 건강	☐ 健^{けんこうしんだん}康診断 건강진단	☐ 検^{けんさ}査 검사
☐ 建^{けんせつ}設 건설	☐ 建^{けんちく}築 건축	☐ 芸^{げいじゅつ}術 예술
☐ 外^{げか}科 외과	☐ 下^{げじゅん}旬 하순	☐ 月^{げつまつ}末 월말
☐ 原^{げんいん}因 원인	☐ 限^{げんかい}界 한계	☐ 現^{げんきん}金 현금
☐ 言^{げんご}語 언어	☐ 現^{げんざい}在 현재	☐ 減^{げんしょう}少 감소
☐ 現^{げんじつ}実 현실	☐ 芸^{げいじゅつ}術 예술	☐ 現^{げんそん}存 현존
☐ 現^{げんだい}代 현대	☐ 限^{げんど}度 한도	☐ 原^{げんりょう}料 원료
☐ 恋^{こい} 사랑, 연애	☐ 幸^{こううん}運 행운	☐ 講^{こうえん}演 강연
☐ 高^{こうか}価 고가, 값이 비쌈	☐ 効^{こうか}果 효과	☐ 後^{こうかい}悔 후회
☐ 交^{こうかん}換 교환	☐ 郊^{こうがい}外 교외	☐ 高^{こうきゅう}級 고급
☐ 広^{こうこく}告 광고	☐ 交^{こうさい}際 교제	☐ 交^{こうさてん}差点 교차점, 교차로
☐ 高^{こうそくどうろ}速道路 고속도로	☐ 交^{こうつうじこ}通事故 교통사고	☐ 交^{こうつうひ}通費 교통비
☐ 行^{こうどう}動 행동	☐ 後^{こうはい}輩 후배	☐ 後^{こうはん}半 후반
☐ 紅^{こうよう}葉 홍엽, 단풍	☐ 交^{こうりゅう}流 교류	☐ 効^{こうりょく}力 효력
☐ 高^{こうれい}齢 고령	☐ 呼^{こきゅう}吸 호흡	☐ 故^{こきょう}郷 고향(내가 자란 곳)
☐ 国^{こくご}語 국어	☐ 国^{こくさい}際 국제	☐ 黒^{こくばん}板 칠판
☐ 腰^{こし} 허리	☐ 故^{こしょう}障 고장	☐ 個^{こじん}人 개인
☐ 小^{こぜに}銭 잔돈, 푼돈	☐ 子^{こそだ}育て 육아	☐ 国^{こっかい}会 국회

- ☐ 骨折(こっせつ) 골절
- ☐ 小包(こづつみ) 소포
- ☐ 粉(こな) 가루
- ☐ 好み(このみ) 취향
- ☐ こぶ 혹
- ☐ 小船(こぶね) 작은 배
- ☐ 小麦粉(こむぎこ) 밀가루
- ☐ 小指(こゆび) 새끼손가락
- ☐ 混雑(こんざつ) 혼잡
- ☐ 混乱(こんらん) 혼란
- ☐ 合格(ごうかく) 합격
- ☐ 合計(ごうけい) 합계
- ☐ 合同(ごうどう) 합동
- ☐ 合流(ごうりゅう) 합류
- ☐ 誤解(ごかい) 오해
- ☐ 語学(ごがく) 어학

さ행

- ☐ 差(さ) 차, 차이
- ☐ 最高(さいこう) 최고
- ☐ 最後(さいご) 최후, 마지막
- ☐ 最終(さいしゅう) 최종, 맨 나중
- ☐ 最初(さいしょ) 최초, 맨 처음
- ☐ 最新(さいしん) 최신
- ☐ 最上(さいじょう) 최상
- ☐ 再生(さいせい) 재생
- ☐ 最多(さいた) 최다
- ☐ 最大(さいだい) 최대
- ☐ 最中(さいちゅう) 한창때
- ☐ 最低(さいてい) 최저, 형편없음
- ☐ 採点(さいてん) 채점
- ☐ 才能(さいのう) 재능
- ☐ 坂道(さかみち) 비탈길, 언덕길
- ☐ 作業(さぎょう) 작업
- ☐ 作者(さくしゃ) 작자, 만든 사람
- ☐ 昨年(さくねん) 작년, 지난해
- ☐ 作品(さくひん) 작품
- ☐ 作物(さくもつ) (농)작물
- ☐ 昨夜(さくや) 어젯밤
- ☐ 桜(さくら) 벚꽃, 벚나무
- ☐ 左折(させつ) 좌회전
- ☐ 作家(さっか) 작가
- ☐ 作曲(さっきょく) 작곡
- ☐ 皿(さら) 접시
- ☐ 猿(さる) 원숭이
- ☐ 騒ぎ(さわぎ) 소동, 소란
- ☐ 参加(さんか) 참가
- ☐ 産業(さんぎょう) 산업
- ☐ 参考(さんこう) 참고
- ☐ 賛成(さんせい) 찬성
- ☐ 材料(ざいりょう) 재료
- ☐ 雑誌(ざっし) 잡지
- ☐ 残業(ざんぎょう) 잔업
- ☐ 幸せ(しあわせ) 행복
- ☐ 塩(しお) 소금
- ☐ 司会(しかい) 사회
- ☐ 四季(しき) 사계절
- ☐ 支給(しきゅう) 지급
- ☐ 資源(しげん) 자원
- ☐ 死後(しご) 사후, 죽은 뒤
- ☐ 支社(ししゃ) 지사
- ☐ 支出(ししゅつ) 지출
- ☐ 試食(ししょく) 시식
- ☐ 指示(しじ) 지시
- ☐ 詩人(しじん) 시인
- ☐ 姿勢(しせい) 자세

☐ 自然(しぜん) 자연	☐ 下書き(したがき) 초고	☐ 質(しつ) 질
☐ 室外(しつがい) 실외	☐ 失業(しつぎょう) 실업	☐ 湿度(しつど) 습도
☐ 湿気(しっけ) 습기	☐ 失敗(しっぱい) 실패	☐ 指定(してい) 지정
☐ 支店(してん) 지점	☐ 指導(しどう) 지도	☐ 品物(しなもの) 물품, 물건
☐ 始発(しはつ) 시발, 처음으로 출발함	☐ 芝生(しばふ) 잔디밭	☐ 死亡(しぼう) 사망
☐ 島(しま) 섬	☐ しみ 얼룩, 기미	☐ 氏名(しめい) 성함, 성명
☐ 締め切り(しめきり) 마감	☐ 市役所(しやくしょ) 시청	☐ 社員(しゃいん) 사원
☐ 借金(しゃっきん) 빚	☐ しゃっくり 딸꾹질	☐ 週刊誌(しゅうかんし) 주간지
☐ 宗教(しゅうきょう) 종교	☐ 集合(しゅうごう) 집합	☐ 就職(しゅうしょく) 취직
☐ 集中(しゅうちゅう) 집중	☐ 終電(しゅうでん) 막차, 마지막 전철	☐ 収入(しゅうにゅう) 수입
☐ 修理(しゅうり) 수리	☐ 縮小(しゅくしょう) 축소	☐ 祝日(しゅくじつ) 축일, 공휴일
☐ 首相(しゅしょう) 수상	☐ 手術(しゅじゅつ) 수술	☐ 手段(しゅだん) 수단
☐ 主張(しゅちょう) 주장	☐ 出場(しゅつじょう) 출장, (시합 등의) 출전	☐ 出勤(しゅっきん) 출근
☐ 出国(しゅっこく) 출국	☐ 出席(しゅっせき) 출석	☐ 出張(しゅっちょう) 출장
☐ 出版(しゅっぱん) 출판	☐ 首都(しゅと) 수도	☐ 主婦(しゅふ) 주부
☐ 種類(しゅるい) 종류	☐ 使用料(しようりょう) 사용료	☐ 消化(しょうか) 소화
☐ 奨学金(しょうがくきん) 장학금	☐ 商業(しょうぎょう) 상업	☐ 少女(しょうじょ) 소녀
☐ 症状(しょうじょう) 증상	☐ 小説(しょうせつ) 소설	☐ 招待(しょうたい) 초대
☐ 承知(しょうち) 알아들음	☐ 衝突(しょうとつ) 충돌	☐ 少年(しょうねん) 소년
☐ 商売(しょうばい) 장사	☐ 消費(しょうひ) 소비	☐ 商品(しょうひん) 상품
☐ 証明(しょうめい) 증명	☐ 正面(しょうめん) 정면	☐ 将来(しょうらい) 장래, 미래
☐ 省略(しょうりゃく) 생략	☐ 職業(しょくぎょう) 직업	☐ 食後(しょくご) 식후
☐ 食品(しょくひん) 식품	☐ 植物(しょくぶつ) 식물	☐ 食欲(しょくよく) 식욕

☐ 初心者 (しょしんしゃ) 초심자, 초보자	☐ 食器 (しょっき) 식기	☐ 書類 (しょるい) 서류
☐ 知らせ (しらせ) 알림, 통지	☐ 知り合い (しりあい) 아는 사람, 지인	☐ 私立 (しりつ) 사립
☐ 資料 (しりょう) 자료	☐ 印 (しるし) 표시	☐ 新幹線 (しんかんせん) 신칸센(일본의 고속철도)
☐ 進学 (しんがく) 진학	☐ 進行 (しんこう) 진행	☐ 信号 (しんごう) 신호
☐ 診察 (しんさつ) 진찰	☐ 申請 (しんせい) 신청	☐ 親戚 (しんせき) 친척
☐ 身長 (しんちょう) 신장, 키	☐ 進歩 (しんぽ) 진보	☐ 深夜 (しんや) 심야
☐ 親友 (しんゆう) 친한 친구, 절친	☐ 信用 (しんよう) 신용	☐ 心理 (しんり) 심리
☐ 次回 (じかい) 다음 회, 다음 번	☐ 時間割 (じかんわり) 수업 시간표	☐ 事件 (じけん) 사건
☐ 事項 (じこう) 사항	☐ 時刻表 (じこくひょう) 시각표	☐ 時差 (じさ) 시차
☐ 持参 (じさん) 지참, 가지고 옴	☐ 自信 (じしん) 자신(감)	☐ 事情 (じじょう) 사정
☐ 自宅 (じたく) 자택	☐ 実力 (じつりょく) 실력	☐ 実家 (じっか) 생가, 본가
☐ 実験 (じっけん) 실험	☐ 実行 (じっこう) 실행	☐ 実習 (じっしゅう) 실습
☐ 自動販売機 (じどうはんばいき) 자동판매기	☐ 自慢 (じまん) 자랑	☐ 事務 (じむ) 사무
☐ 地面 (じめん) 땅, 지면	☐ 蛇口 (じゃぐち) 수도꼭지	☐ 自由 (じゆう) 자유
☐ 事由 (じゆう) 사유	☐ 住居 (じゅうきょ) 주거	☐ 重視 (じゅうし) 중시
☐ 渋滞 (じゅうたい) (교통) 정체, 밀림	☐ 住民 (じゅうみん) 주민	☐ 重要 (じゅうよう) 중요
☐ 受験 (じゅけん) 수험	☐ 受信 (じゅしん) 수신	☐ 寿命 (じゅみょう) 수명
☐ 順番 (じゅんばん) 순번, 차례	☐ 乗客 (じょうきゃく) 승객	☐ 上級 (じょうきゅう) 상급
☐ 条件 (じょうけん) 조건	☐ 上下 (じょうげ) 상하, 위와 아래	☐ 上司 (じょうし) 상사
☐ 常識 (じょうしき) 상식	☐ 乗車 (じょうしゃ) 승차	☐ 上旬 (じょうじゅん) 상순
☐ 状態 (じょうたい) 상태	☐ 冗談 (じょうだん) 농담	☐ 情報 (じょうほう) 정보
☐ 女性 (じょせい) 여성	☐ 女優 (じょゆう) 여배우	☐ 人生 (じんせい) 인생
☐ 酢 (す) 식초	☐ 水道 (すいどう) 수도	☐ 睡眠 (すいみん) 수면

☐ 数字(すうじ) 숫자	☐ 数日(すうじつ) 수일, 며칠	☐ 末っ子(すえっこ) 막내
☐ 好き嫌い(すききらい) 호불호	☐ 砂(すな) 모래	☐ 隅(すみ) 모퉁이, 구석
☐ 図(ず) 그림, 도면, 도형	☐ 頭痛(ずつう) 두통	☐ 正解(せいかい) 정답
☐ 性格(せいかく) 성격	☐ 正確(せいかく) 정확	☐ 生活費(せいかつひ) 생활비
☐ 世紀(せいき) 세기	☐ 請求書(せいきゅうしょ) 청구서	☐ 制限(せいげん) 제한
☐ 成功(せいこう) 성공	☐ 生産(せいさん) 생산	☐ 正座(せいざ) 정좌, 무릎을 꿇고 앉음
☐ 正式(せいしき) 정식	☐ 性質(せいしつ) 성질	☐ 青春(せいしゅん) 청춘
☐ 青少年(せいしょうねん) 청소년	☐ 政治家(せいじか) 정치가	☐ 正常(せいじょう) 정상
☐ 成人(せいじん) 성인	☐ 成績(せいせき) 성적	☐ 清掃(せいそう) 청소
☐ 成長(せいちょう) 성장	☐ 正答(せいとう) 정답	☐ 青年(せいねん) 청년
☐ 生年月日(せいねんがっぴ) 생년월일	☐ 製品(せいひん) 제품	☐ 制服(せいふく) 제복, 교복
☐ 西洋(せいよう) 서양	☐ 整理(せいり) 정리	☐ 席(せき) 자리
☐ 咳(せき) 기침	☐ 責任(せきにん) 책임	☐ 石油(せきゆ) 석유
☐ 節約(せつやく) 절약	☐ 背中(せなか) 등	☐ 世話(せわ) 보살핌, 폐, 신세
☐ 線(せん) 선	☐ 選挙(せんきょ) 선거	☐ 専攻(せんこう) 전공
☐ 洗剤(せんざい) 세제	☐ 選手(せんしゅ) 선수	☐ 先日(せんじつ) 요전(날)
☐ 戦争(せんそう) 전쟁	☐ 選択(せんたく) 선택	☐ 洗濯機(せんたくき) 세탁기
☐ 洗濯物(せんたくもの) 세탁물	☐ 宣伝(せんでん) 선전	☐ 専門(せんもん) 전문
☐ 専門家(せんもんか) 전문가	☐ 線路(せんろ) 선로	☐ 税金(ぜいきん) 세금
☐ 税込み(ぜいこみ) 세금 포함	☐ 全員(ぜんいん) 전원	☐ 前後(ぜんご) 전후, 앞뒤
☐ 前日(ぜんじつ) 전일, 전날	☐ 前半(ぜんはん) 전반	☐ 騒音(そうおん) 소음
☐ 送金(そうきん) 송금	☐ 倉庫(そうこ) 창고	☐ 総合(そうごう) 종합
☐ 送信(そうしん) 송신	☐ 掃除機(そうじき) 청소기	☐ 想像(そうぞう) 상상

- ☐ 早退 （そうたい） 조퇴
- ☐ 相談 （そうだん） 상담
- ☐ 早朝 （そうちょう） 조조, 이른 아침
- ☐ 送料 （そうりょう） 배송비
- ☐ 測定 （そくてい） 측정
- ☐ 速度 （そくど） 속도
- ☐ 底 （そこ） (밑)바닥
- ☐ 卒業 （そつぎょう） 졸업
- ☐ 卒業式 （そつぎょうしき） 졸업식
- ☐ そっくり 꼭 닮음
- ☐ 袖 （そで） 소매
- ☐ 尊敬 （そんけい） 존경
- ☐ 増加 （ぞうか） 증가
- ☐ ぞうきん 걸레
- ☐ 増減 （ぞうげん） 증감

た행

- ☐ 体育館 （たいいくかん） 체육관
- ☐ 退院 （たいいん） 퇴원
- ☐ 体温 （たいおん） 체온
- ☐ 大会 （たいかい） 대회
- ☐ 退学 （たいがく） 퇴학
- ☐ 対策 （たいさく） 대책
- ☐ 滞在 （たいざい） 체제, 체류
- ☐ 退職 （たいしょく） 퇴직
- ☐ 体重 （たいじゅう） 체중
- ☐ 態度 （たいど） 태도
- ☐ 逮捕 （たいほ） 체포
- ☐ 太陽 （たいよう） 태양
- ☐ 大量 （たいりょう） 대량
- ☐ 体力 （たいりょく） 체력
- ☐ 足し算 （たしざん） 덧셈
- ☐ 多数 （たすう） 다수
- ☐ 只 （ただ） 무료, 공짜
- ☐ 棚 （たな） 선반
- ☐ 他人 （たにん） 타인
- ☐ 種 （たね） 종자, 씨
- ☐ 楽しみ （たのしみ） 즐거움, 낙
- ☐ 頼み （たのみ） 부탁, 청
- ☐ 旅 （たび） 여행
- ☐ 卵 （たまご） 달걀, 계란
- ☐ 多量 （たりょう） 다량
- ☐ 短期 （たんき） 단기
- ☐ 単語 （たんご） 단어
- ☐ 単身 （たんしん） 단신, 혼자
- ☐ 誕生 （たんじょう） 탄생
- ☐ 担当者 （たんとうしゃ） 담당자
- ☐ 担任 （たんにん） 담임
- ☐ 代金 （だいきん） 대금
- ☐ 大小 （だいしょう） 대소
- ☐ 代表 （だいひょう） 대표
- ☐ 題名 （だいめい） 제명, 제목
- ☐ 男性 （だんせい） 남성
- ☐ 団体 （だんたい） 단체
- ☐ 暖房 （だんぼう） 난방
- ☐ 地下 （ちか） 지하
- ☐ 近道 （ちかみち） 지름길
- ☐ 違い （ちがい） 틀림, 차이
- ☐ 地球 （ちきゅう） 지구
- ☐ 遅刻 （ちこく） 지각
- ☐ 知識 （ちしき） 지식
- ☐ 地方 （ちほう） 지방
- ☐ 中間 （ちゅうかん） 중간
- ☐ 中級 （ちゅうきゅう） 중급
- ☐ 中古 （ちゅうこ） 중고
- ☐ 注射 （ちゅうしゃ） 주사
- ☐ 駐車 （ちゅうしゃ） 주차
- ☐ 駐車場 （ちゅうしゃじょう） 주차장

☐ 昼食(ちゅうしょく) 점심 식사	☐ 中心(ちゅうしん) 중심	☐ 中旬(ちゅうじゅん) 중순
☐ 注目(ちゅうもく) 주목	☐ 注文(ちゅうもん) 주문	☐ 超過(ちょうか) 초과
☐ 朝刊(ちょうかん) 조간	☐ 調査(ちょうさ) 조사	☐ 調子(ちょうし) 상태, 컨디션
☐ 長所(ちょうしょ) 장점	☐ 朝食(ちょうしょく) 조식, 아침 식사	☐ 長女(ちょうじょ) 장녀, 맏딸
☐ 調整(ちょうせい) 조정	☐ 挑戦(ちょうせん) 도전	☐ 長男(ちょうなん) 장남
☐ 調味料(ちょうみりょう) 조미료	☐ 貯金(ちょきん) 저금	☐ 直後(ちょくご) 직후, 바로 뒤
☐ 直接(ちょくせつ) 직접	☐ 直前(ちょくぜん) 직전	☐ 治療(ちりょう) 치료
☐ 対(つい) 쌍, 짝	☐ 通過(つうか) 통과	☐ 通学(つうがく) 통학
☐ 通勤(つうきん) 통근	☐ 通行(つうこう) 통행	☐ 通信(つうしん) 통신
☐ 通知(つうち) 통지	☐ 通帳(つうちょう) 통장	☐ 通訳(つうやく) 통역
☐ 疲れ(つかれ) 피로	☐ 月日(つきひ) 월일, 날짜	☐ 都合(つごう) 형편, 사정
☐ 土(つち) 땅, 흙	☐ 続き(つづき) 계속, 연속	☐ 妻(つま) 아내
☐ 梅雨(つゆ) 장마	☐ 提案(ていあん) 제안	☐ 定員(ていいん) 정원
☐ 低下(ていか) 저하	☐ 定期(ていき) 정기	☐ 停車(ていしゃ) 정차, 차가 멈춤
☐ 提出(ていしゅつ) 제출	☐ 停電(ていでん) 정전	☐ 手首(てくび) 손목
☐ 手品(てじな) 요술, 마술	☐ 手伝い(てつだい) 도와줌	☐ 鉄道(てつどう) 철도
☐ 徹夜(てつや) 철야, 밤새움	☐ 手袋(てぶくろ) 장갑	☐ 天国(てんごく) 천국
☐ 展示会(てんじかい) 전시회	☐ 天井(てんじょう) 천정, 천장	☐ 点数(てんすう) 점수
☐ 店内(てんない) 점내, 가게 안	☐ 展覧会(てんらんかい) 전람회	☐ 出会い(であい) 처음으로 만남
☐ 出入り(でいり) 출입, 드나듦	☐ 出来事(できごと) (우발적인) 사건, 일	☐ 電気(でんき) 전기
☐ 電球(でんきゅう) 전구	☐ 伝言(でんごん) 전언	☐ 電卓(でんたく) 전자계산기
☐ 電池(でんち) 건전지	☐ 電灯(でんとう) 전등	☐ 問い合わせ(といあわせ) 문의
☐ 答案(とうあん) 답안	☐ 統計(とうけい) 통계	☐ 倒産(とうさん) 도산

☐ 当日（とうじつ） 당일	☐ 登場（とうじょう） 등장	☐ 灯台（とうだい） 등대
☐ 到着（とうちゃく） 도착	☐ 東南アジア（とうなん） 동남아시아	☐ 東洋（とうよう） 동양
☐ 遠回り（とおまわり） 멀리 돌아감, 우회함	☐ 都会（とかい） 도회지, 도시	☐ 特色（とくしょく） 특색
☐ 特長（とくちょう） 특별한 장점	☐ 特徴（とくちょう） 특징	☐ 登山（とざん） 등산
☐ 都市（とし） 도시	☐ 年上（としうえ） 연상	☐ 土地（とち） 토지
☐ 途中（とちゅう） 도중	☐ 徒歩（とほ） 도보	☐ 虎（とら） 호랑이
☐ 同級生（どうきゅうせい） 동급생	☐ 動作（どうさ） 동작	☐ 同席（どうせき） 동석
☐ 道路（どうろ） 도로	☐ 読書（どくしょ） 독서	☐ 独身（どくしん） 독신
☐ 独立（どくりつ） 독립	☐ 努力（どりょく） 노력	☐ 泥（どろ） 진흙

な행

☐ 名（な） 이름	☐ 内科（ないか） 내과	☐ 内緒（ないしょ） 비밀
☐ 内容（ないよう） 내용	☐ 仲（なか） 사이	☐ 仲直り（なかなおり） 화해
☐ 仲間（なかま） 한패, 동료	☐ 中身（なかみ） 속에 든 것, 내용물	☐ 中指（なかゆび） 중지, 가운뎃손가락
☐ 仲良し（なかよし） 사이가 좋음, 사이좋은 친구		☐ 流れ（ながれ） 흐름
☐ 納得（なっとく） 납득	☐ 斜め（ななめ） 기욺, 경사짐	☐ 鍋（なべ） 냄비
☐ 生（なま） 날것 그대로임, 가공하지 않음		☐ 生ごみ（なま） 음식 쓰레기
☐ 波（なみ） 파도, 물결	☐ 並木（なみき） 가로수	☐ 涙（なみだ） 눈물
☐ 南北（なんぼく） 남북	☐ 匂い（におい） 냄새	☐ 日時（にちじ） 일시
☐ 日常（にちじょう） 일상	☐ 日中（にっちゅう） 주간, 낮	☐ 日程（にってい） 일정
☐ 荷物（にもつ） 짐	☐ 入場（にゅうじょう） 입장	☐ 入力（にゅうりょく） 입력
☐ 鶏（にわとり） 닭	☐ 人気（にんき） 인기	☐ 人間（にんげん） 인간
☐ 人数（にんずう） 인원수	☐ 根（ね） 뿌리, 근본, 근원	☐ 値上がり（ねあがり） 값이 오름
☐ 値上げ（ねあげ） 값을 올림, 가격 인상	☐ 値下げ（ねさげ） 값을 내림, 가격 인하	☐ ねずみ 쥐

☐ 値段(ねだん) 가격	☐ 熱(ねつ) 열	☐ 熱中(ねっちゅう) 열중
☐ 寝坊(ねぼう) 늦잠을 잠, 잠꾸러기	☐ 年間(ねんかん) 연간	☐ 年賀状(ねんがじょう) 연하장
☐ 年末(ねんまつ) 연말	☐ 年齢(ねんれい) 연령, 나이	☐ 農業(のうぎょう) 농업
☐ 能力(のうりょく) 능력	☐ 残り(のこり) 나머지	☐ のど 목, 목구멍

は행

☐ 歯(は) 이, 이빨	☐ 葉(は) 잎, 잎사귀	☐ 灰(はい) 재
☐ 灰色(はいいろ) 회색, 잿빛	☐ 配達(はいたつ) 배달	☐ 拍手(はくしゅ) 박수
☐ 博物館(はくぶつかん) 박물관	☐ 箸(はし) 젓가락	☐ 柱(はしら) 기둥
☐ 始まり(はじまり) 시초, 기원	☐ 始め(はじめ) 처음, 시작	☐ 初め(はじめ) 처음, 최초
☐ 畑(はたけ) 밭	☐ 働き(はたらき) 일을 함, 작용	☐ 発言(はつげん) 발언
☐ 発売(はつばい) 발매	☐ 発明(はつめい) 발명	☐ 発見(はっけん) 발견
☐ 発生(はっせい) 발생	☐ 発想(はっそう) 발상	☐ 発達(はったつ) 발달
☐ 発展(はってん) 발전	☐ 発表(はっぴょう) 발표	☐ 花束(はなたば) 꽃다발
☐ 鼻水(はなみず) 콧물	☐ 母親(ははおや) 모친, 어머니	☐ 幅(はば) 폭, 너비
☐ 歯磨き(はみがき) 양치질	☐ 腹(はら) 배	☐ 針(はり) 바늘, 침
☐ 範囲(はんい) 범위	☐ 反省(はんせい) 반성	☐ 反対(はんたい) 반대
☐ 半年(はんとし) 반년	☐ 半日(はんにち) 반나절	☐ 犯人(はんにん) 범인
☐ 販売(はんばい) 판매	☐ 倍(ばい) 배, 2배	☐ 売買(ばいばい) 매매
☐ 場面(ばめん) 장면	☐ 番(ばん) 순서, 차례	☐ 番地(ばんち) 번지, 주소
☐ 日当たり(ひあたり) 볕이 듦, 양지	☐ 比較(ひかく) 비교	☐ 被害(ひがい) 피해
☐ 秘書(ひしょ) 비서	☐ 筆記(ひっき) 필기	☐ 引っ越し(ひっこし) 이사
☐ 日付(ひづけ) 날짜를 기입함	☐ 否定(ひてい) 부정	☐ 一晩(ひとばん) 하룻밤
☐ 一人暮らし(ひとりぐらし) 혼자 삶, 자취	☐ 一人息子(ひとりむすこ) 외동아들	☐ 一人娘(ひとりむすめ) 외동딸

☐ 避難 피난	☐ 秘密 비밀	☐ 紐 끈
☐ 費用 비용	☐ 表現 표현	☐ 表紙 표지
☐ 表情 표정	☐ 表面 표면	☐ 昼寝 낮잠
☐ 広場 광장	☐ 美術 미술	☐ 美人 미인
☐ 美容 미용	☐ 秒 초	☐ 瓶 병
☐ 貧乏 가난함	☐ 不安 불안	☐ 風景 풍경
☐ 封筒 봉투	☐ 夫婦 부부	☐ 復習 복습
☐ 複数 복수, 둘 이상의 수	☐ 服装 복장	☐ 袋 봉지, 주머니
☐ 夫妻 부처, 부부	☐ 不足 부족	☐ 蓋 뚜껑, 덮개
☐ 双子 쌍둥이	☐ 普通 보통	☐ 不満 불만
☐ 振り込み 입금, 이체	☐ ふるさと 고향	☐ 雰囲気 분위기
☐ 部下 부하	☐ 舞台 무대	☐ 物理 물리
☐ 物価 물가	☐ 部品 부품	☐ 部分 부분
☐ 文化 문화	☐ 文献 문헌	☐ 文章 문장
☐ 文房具 문방구	☐ 分類 분류	☐ 平均 평균
☐ 平日 평일	☐ 平和 평화	☐ 変化 변화
☐ 変更 변경	☐ 編集 편집	☐ 返信 회신, 답장
☐ 米国 미국	☐ 弁護士 변호사	☐ 方角 방향
☐ 方向 방향	☐ 報告 보고	☐ 宝石 보석
☐ 法則 법칙	☐ 包丁 식칼	☐ 方法 방법
☐ 方面 방면	☐ 訪問 방문	☐ 法律 법률
☐ 埃 먼지	☐ 保護 보호	☐ 保存 보존
☐ 歩道 보도	☐ 歩道橋 육교	☐ 本社 본사

☐ 本日(ほんじつ) 본일, 금일, 오늘	☐ 本棚(ほんだな) 책장	☐ 本店(ほんてん) 본점
☐ 本人(ほんにん) 본인	☐ 本部(ほんぶ) 본부	☐ 本物(ほんもの) 진짜, 실물
☐ 翻訳(ほんやく) 번역	☐ 棒(ぼう) 봉, 막대기	☐ 貿易(ぼうえき) 무역
☐ 忘年会(ぼうねんかい) 망년회, 송년회	☐ 募集(ぼしゅう) 모집	☐ 坊っちゃん(ぼっちゃん) 도련님, 철부지

ま・や・ら・わ행

☐ 迷子(まいご) 미아, 길 잃은 아이	☐ 負け(まけ) 짐, 패배	☐ まご 손자
☐ 街(まち) 거리	☐ 町(まち) 동네	☐ 待ち合わせ(まちあわせ) 약속하여 만나기로 함
☐ 街角(まちかど) 길모퉁이	☐ 間違い(まちがい) 틀림, 잘못	☐ 祭り(まつり) 축제, 잔치
☐ 真っ赤(まっか) 새빨감	☐ 真っ暗(まっくら) 아주 캄캄함, 암흑	☐ 真っ黒(まっくろ) 새까맘, 시커멈
☐ 真っ青(まっさお) 새파람	☐ 真っ白(まっしろ) 새하얌	☐ 窓側(まどがわ) 창가, 창 쪽
☐ まな板(まないた) 도마	☐ 真似(まね) 흉내	☐ 豆(まめ) 콩
☐ 真夜中(まよなか) 한밤중, 심야	☐ 丸(まる) 동그라미	☐ 回り(まわり) 돎, 회전
☐ 周り(まわり) 주위, 주변	☐ 満員(まんいん) 만원	☐ 満足(まんぞく) 만족
☐ 満点(まんてん) 만점	☐ 味方(みかた) 자기 편, 아군	☐ 湖(みずうみ) 호수
☐ 水着(みずぎ) 수영복	☐ 見出し(みだし) 표제, 표제어	☐ 緑(みどり) 녹색, 초록색
☐ 見直し(みなおし) 다시 봄, 재검토	☐ 見本(みほん) 견본	☐ 未来(みらい) 미래
☐ 向かい(むかい) 마주 봄, 맞은편	☐ 迎え(むかえ) 맞이함, 마중	☐ 向き(むき) 방향
☐ 無視(むし) 무시	☐ 虫歯(むしば) 충치	☐ 息子(むすこ) 아들, 자식
☐ 娘(むすめ) 딸	☐ 無駄遣い(むだづかい) 낭비	☐ 胸(むね) 가슴
☐ 無料(むりょう) 무료	☐ 芽(め) 싹	☐ めい 조카딸
☐ 名刺(めいし) 명함	☐ 命令(めいれい) 명령	☐ 迷惑(めいわく) 민폐, 성가심
☐ 目上(めうえ) 윗사람	☐ 目覚まし時計(めざましどけい) 알람 시계	☐ 飯(めし) 밥

□ 目下(めした) 아랫사람, 손아래	□ めまい 현기증	□ 面会(めんかい) 면회
□ 免許(めんきょ) 면허	□ 面接(めんせつ) 면접	□ 申し込み(もうしこみ) 신청
□ 申込書(もうしこみしょ) 신청서	□ 毛布(もうふ) 담요	□ 目的(もくてき) 목적
□ 目標(もくひょう) 목표	□ 文字(もじ) 글자, 문자	□ 物語(ものがたり) 이야기, 전설
□ 物差し(ものさし) 자, 척도, 기준	□ 模様(もよう) 무늬, 모양	□ 文句(もんく) 불평
□ 野球(やきゅう) 야구	□ 約束(やくそく) 약속	□ 火傷(やけど) 화상
□ 家賃(やちん) 집세	□ 薬局(やっきょく) 약국	□ 屋根(やね) 지붕
□ やり方(かた) 하는 법	□ やり取り(とり) 주고받음, 교환	□ やる気(き) 의욕, 하고자 하는 마음
□ 遊園地(ゆうえんち) 유원지, 놀이공원	□ 勇気(ゆうき) 용기	□ 優勝(ゆうしょう) 우승
□ 友情(ゆうじょう) 우정	□ 友人(ゆうじん) 친구	□ 郵送(ゆうそう) 우송, 우편
□ 夕立(ゆうだち) 소나기	□ 夕日(ゆうひ) 석양	□ 郵便(ゆうびん) 우편
□ 夕焼け(ゆうやけ) 저녁노을	□ 有料(ゆうりょう) 유료	□ 床(ゆか) 마루, 바닥
□ 輸出(ゆしゅつ) 수출	□ 輸入(ゆにゅう) 수입	□ 夜明け(よあけ) 새벽
□ 用(よう) 용건, 볼일	□ 洋菓子(ようがし) 양과자, 구움과자	□ 容器(ようき) 용기, 그릇
□ 要求(ようきゅう) 요구	□ 容疑(ようぎ) 용의	□ 用紙(ようし) 용지
□ 用事(ようじ) 볼일, 용건, 용무	□ 様子(ようす) 모양, 상태	□ 用途(ようと) 용도
□ 翌朝(よくあさ) 다음날 아침	□ 翌日(よくじつ) 익일, 다음 날	□ 翌年(よくねん) 익년, 다음 해
□ 欲張り(よくばり) 욕심쟁이	□ 横(よこ) 옆, 가로	□ 汚れ(よごれ) 더러움, 때
□ 予想(よそう) 예상	□ 予測(よそく) 예측	□ 予定(よてい) 예정
□ 夜中(よなか) 한밤중	□ 予報(よほう) 예보	□ 予防(よぼう) 예방
□ 予約(よやく) 예약	□ 喜び(よろこび) 기쁨	□ 理解(りかい) 이해
□ 離婚(りこん) 이혼	□ 理想(りそう) 이상	□ 理由(りゆう) 이유
□ 留学(りゅうがく) 유학	□ 流行(りゅうこう) 유행	□ 利用(りよう) 이용

☐ りょう 量 양	☐ りょうがえ 両替 환전	☐ りょうきん 料金 요금
☐ りょうしゅうしょ 領収書 영수증	☐ りょこうさき 旅行先 여행지	☐ りれきしょ 履歴書 이력서
☐ る す 留守 부재중	☐ れいがい 例外 예외	☐ れい ぎ 礼儀 예의
☐ れいせい 冷静 냉정	☐ れいとう 冷凍 냉동	☐ れいぼう 冷房 냉방
☐ れき し 歴史 역사	☐ れつ 列 열, 줄	☐ れんきゅう 連休 연휴
☐ ろくおん 録音 녹음	☐ ろく が 録画 녹화	☐ ろ めん 路面 노면, 도로 위
☐ わかもの 若者 젊은이, 청년	☐ わか 別れ 헤어짐, 이별	☐ わ が し 和菓子 화과자, 일본식 과자
☐ わけ 訳 사정, 이유	☐ わしょく 和食 일본 요리	☐ わた どり 渡り鳥 철새
☐ わ だい 話題 화제	☐ わ 詫び 사죄, 사과	☐ わら 笑い 웃음
☐ わりあい 割合 비율	☐ わ ざん 割り算 나눗셈	☐ わりびき 割引 할인

2 い형용사

출제 예상 핵심 い형용사를 히라가나 순으로 정리했습니다.

□ 浅(あさ)い 얕다	□ 温(あたた)かい 따뜻하다	□ 厚(あつ)い 두껍다
□ 怪(あや)しい 수상하다, 의심스럽다	□ 有(あ)り難(がた)い 감사하다, 고맙다	□ 勇(いさ)ましい 용감하다
□ 痛(いた)い 아프다	□ 薄暗(うすぐら)い 어둑어둑하다	□ 美(うつく)しい 아름답다
□ うまい 맛있다, 잘하다	□ 羨(うらや)ましい 부럽다	□ 偉(えら)い 훌륭하다, 대단하다
□ 可笑(おか)しい 이상하다	□ 幼(おさな)い 어리다	□ 惜(お)しい 아깝다
□ 遅(おそ)い 늦다	□ 恐(おそ)ろしい 두렵다, 무섭다	□ 大人(おとな)しい 온순하다, 얌전하다
□ 重(おも)たい 무겁다, 묵직하다	□ 賢(かしこ)い 현명하다, 똑똑하다	□ 固(かた)い 단단하다, 굳다
□ 悲(かな)しい 슬프다	□ 痒(かゆ)い 가렵다	□ 可愛(かわい)らしい 귀엽다, 사랑스럽다
□ 我慢強(がまんづよ)い 참을성이 많다	□ 汚(きたな)い 더럽다	□ きつい (꽉)끼다, (정도가) 심하다
□ 臭(くさ)い 냄새가 나다	□ くだらない 하찮다, 시시하다	□ 悔(くや)しい 분하다
□ 苦(くる)しい 괴롭다, 고통스럽다	□ 詳(くわ)しい 상세하다, 잘 알다	□ 険(けわ)しい 험하다, 험상궂다
□ 濃(こ)い 짙다, 진하다	□ 恋(こい)しい 그립다	□ 細(こま)かい 자세하다, 세세하다
□ 寂(さび)しい 쓸쓸하다, 외롭다	□ 親(した)しい 친하다	□ しつこい 끈질기다, 집요하다
□ しょうがない 어쩔 수 없다	□ しょっぱい 짜다	□ 素晴(すば)しい 훌륭하다, 멋지다
□ 鋭(するど)い 날카롭다, 예리하다	□ 図々(ずうずう)しい 뻔뻔스럽다	□ ずるい 교활하다, 치사하다
□ そそっかしい 덜렁거리다	□ 頼(たの)もしい 믿음직하다	□ だらしない 칠칠치 못하다
□ だるい 나른하다	□ 茶色(ちゃいろ)い 갈색이다	□ 辛(つら)い 고통스럽다, 괴롭다
□ とんでもない 터무니없다, 당치도 않다		□ 懐(なつ)かしい 그립다
□ 憎(にく)い 밉다	□ 憎(にく)らしい 얄밉다	□ 激(はげ)しい 격하다, 격렬하다
□ 恥(は)ずかしい 부끄럽다	□ 低(ひく)い 낮다	□ 深(ふか)い 깊다
□ 細(ほそ)い 가늘다	□ 細長(ほそなが)い 길고 가느다랗다	□ 貧(まず)しい 가난하다

☐ 眩しい 눈부시다	☐ 丸い 둥글다	☐ 短い 짧다
☐ 醜い 추하다, 보기 흉하다	☐ 蒸し暑い 무덥다	☐ 難しい 어렵다
☐ 珍しい 드물다, 진귀하다	☐ 面倒臭い 귀찮다	☐ 申し訳ない 죄송하다
☐ もったいない 아깝다	☐ 喧しい 시끄럽다, 요란스럽다	☐ 柔らかい 부드럽다
☐ 緩い 느슨하다, 헐겁다	☐ 若い 젊다	☐ 若々しい 아주 젊다

3 な형용사 출제 예상 핵심 な형용사를 히라가나 순으로 정리했습니다.

☐ 明らかだ 분명하다	☐ 当たり前だ 당연하다	☐ 安易だ 안이하다
☐ 案外だ 뜻밖이다, 예상외다	☐ 意外だ 의외다, 뜻밖이다	☐ 異常だ 이상하다
☐ 一般的だ 일반적이다	☐ 印象的だ 인상적이다	☐ おしゃれだ 멋이 있다
☐ 確実だ 확실하다	☐ 可能だ 가능하다	☐ 可哀想だ 불쌍하다
☐ 感情的だ 감정적이다	☐ 完全だ 완전하다	☐ 危険だ 위험하다
☐ 基礎的だ 기초적이다	☐ 基本的だ 기본적이다	☐ 急だ 급하다
☐ 気楽だ 마음이 편하다	☐ 具体的だ 구체적이다	☐ けちだ 박하다, 인색하다
☐ 結構だ 괜찮다	☐ 健康だ 건강하다	☐ 下品だ 품위가 없다
☐ 効果的だ 효과적이다	☐ 国際的だ 국제적이다	☐ 盛んだ 번성하다, 왕성하다
☐ 様々だ 다양하다	☐ 主要だ 주요하다	☐ 消極的だ 소극적이다
☐ 正直だ 정직하다	☐ 親切だ 친절하다	☐ 新鮮だ 신선하다
☐ 心配だ 걱정되다	☐ 実用的だ 실용적이다	☐ 地味だ 수수하다, 검소하다
☐ 重大だ 중대하다	☐ 重要だ 중요하다	☐ 上品だ 품위가 있다
☐ 人工的だ 인공적이다	☐ 素敵だ 멋지다	☐ 素直だ 솔직하다
☐ 正確だ 정확하다	☐ 清潔だ 청결하다	☐ 正常だ 정상이다
☐ 積極的だ 적극적이다	☐ そっくりだ 꼭 닮다	☐ 退屈だ 지루하다, 따분하다
☐ 確かだ 확실하다	☐ 短気だ 성질이 급하다	☐ 単純だ 단순하다
☐ 代表的だ 대표적이다	☐ 抽象的だ 추상적이다	☐ 適当だ 적당하다
☐ 得意だ 잘하다, 자신이 있다	☐ 特別だ 특별하다	☐ なだらかだ 완만하다
☐ 斜めだ 경사가 지다	☐ 熱心だ 열심이다	☐ 派手だ 화려하다
☐ 必要だ 필요하다	☐ 微妙だ 미묘하다	☐ 不安だ 불안하다

☐ 不可能(ふかのう)だ 불가능하다	☐ 複雑(ふくざつ)だ 복잡하다	☐ 不思議(ふしぎ)だ 이상하다, 신기하다
☐ 不自由(ふじゆう)だ 자유롭지 못하다	☐ 不満(ふまん)だ 불만이다	☐ 不要(ふよう)だ 불필요하다
☐ 平気(へいき)だ 태연하다	☐ 平凡(へいぼん)だ 평범하다	☐ 平和(へいわ)だ 평화롭다
☐ 別々(べつべつ)だ 따로따로다	☐ ましだ 더 낫다	☐ 満足(まんぞく)だ 만족스럽다
☐ 無駄(むだ)だ 쓸데없다	☐ 夢中(むちゅう)だ 열중하다	☐ 無理(むり)だ 무리다
☐ 明確(めいかく)だ 명확하다	☐ 面倒(めんどう)だ 성가시다, 귀찮다	☐ 有名(ゆうめい)だ 유명하다
☐ 豊(ゆた)かだ 풍부하다	☐ 楽(らく)だ 편하다	☐ 利口(りこう)だ 영리하다
☐ 立派(りっぱ)だ 훌륭하다	☐ 冷静(れいせい)だ 냉정하다	☐ わがままだ 제멋대로 굴다

4 동사

출제 예상 핵심 동사를 히라가나 순으로 정리했습니다.

あ행

□ 愛する 사랑하다	□ 合う 합쳐지다	□ 諦める 포기하다
□ 飽きる 싫증 나다, 질리다	□ 空く 비다	□ 明ける (날이) 새다
□ 空ける 비우다	□ 挙げる 들다, 거행하다	□ 揚げる 튀기다
□ 憧れる 동경하다	□ 味わう 맛보다, 음미하다	□ 預かる 맡다, 보관하다
□ 預ける 맡기다	□ 遊ぶ 놀다	□ 与える 주다, 수여하다
□ 暖まる (기온 등이) 따뜻해지다	□ 温まる (사물, 마음 등이) 따뜻해지다	
□ 暖める 따뜻하게 하다	□ 温める 데우다	□ 当たる 맞다, 적중하다
□ 扱う 취급하다	□ 当てる 맞히다, 명중시키다	□ 溢れる 넘치다
□ 余る (여유분이) 남다	□ 編む 엮다, 뜨다, 짜다	□ 謝る 사과하다
□ 争う 다투다	□ 現す 드러내다, 나타내다	□ 表す 표현하다, 나타내다
□ 現れる 드러나다, 나타나다	□ 表れる 나타나다, 드러나다	□ 合わせる 맞추다, 합치다
□ 慌てる 당황하다, 허둥대다	□ 暗記する 암기하다	□ 安心する 안심하다
□ いじめる 괴롭히다	□ 急ぐ 서두르다	□ 痛む 아프다
□ 炒める 기름에 볶다, 지지다	□ 移動する 이동하다	□ 祈る 기도하다
□ 嫌がる 싫어하다	□ 祝う 축하하다	□ 植える 심다
□ 浮かべる 띄우다	□ 受かる 합격하다	□ 浮く 뜨다, 들뜨다
□ 動かす 움직이게 하다	□ 動く 움직이다	□ 疑う 의심하다
□ 打つ 치다, 때리다	□ 移す 옮기다	□ 写す 베끼다, 모사하다
□ 移る 옮겨지다	□ 写る 비치다, 찍히다	□ 奪う 빼앗다
□ 埋まる 묻히다	□ 産む 낳다, 출산하다	□ 埋める 묻다, 메우다
□ 描く (그림을) 그리다	□ 得る 얻다, 획득하다	□ 追う 좇다, (뒤)따르다

☐ 終える (끝)마치다	☐ 起きる 일어나다, 기상하다	☐ 遅れる 늦다
☐ 起こす 일으키다	☐ 行う 행하다, 시행하다	☐ 起こる 일어나다, 발생하다
☐ おごる 한턱내다	☐ 抑える 억누르다	☐ 教わる 배우다
☐ 驚かす 놀라게 하다	☐ 覚える 느끼다, 외우다	☐ 溺れる 빠지다
☐ 降りる 내리다	☐ 折る 꺾다, 접다, 굽히다	☐ 折れる 꺾이다, 부러지다
☐ 降ろす 내리다, 내려뜨리다		

か행

☐ 回収する 회수하다	☐ 飼う 기르다, 키우다	☐ 返す 돌려주다
☐ 返る 되돌아가다(오다)	☐ 変える 바꾸다, 변화시키다	☐ 替える 바꾸다, 교체하다
☐ 換える 바꾸다, 교환하다	☐ 掛かる 걸리다	☐ 関わる 관련되다
☐ 輝く 빛나다	☐ 掻く 긁다, 할퀴다	☐ 隠す 감추다, 숨기다
☐ 隠れる 숨다	☐ 掛ける 걸다	☐ 駆ける 전속력으로 달리다
☐ 囲む 둘러싸다	☐ 重なる 포개지다	☐ 重ねる 겹치다
☐ 飾る 장식하다, 꾸미다	☐ 貸す 빌려주다	☐ 稼ぐ 돈을 벌다
☐ 数える 세다	☐ 片付く 정리되다	☐ 片付ける 정리하다
☐ 固まる 단단해지다	☐ 勝つ 이기다	☐ 噛む 물다, 씹다
☐ 通う 다니다	☐ 借りる 빌리다	☐ 枯れる 시들다
☐ 乾かす 말리다	☐ 乾く 건조하다	☐ 渇く (목이) 마르다
☐ 変わる 변하다, 바뀌다	☐ 替わる 바뀌다, 교체되다	☐ 換わる 바뀌다, 교환되다
☐ 感じる 느끼다	☐ がっかりする 실망하다	☐ 我慢する 참다, 견디다
☐ 効く 효과가 있다	☐ 刻む 잘게 썰다, 새기다	☐ 気付く 깨닫다, 눈치채다
☐ 協力する 협력하다	☐ 嫌う 싫어하다	☐ 区切る 구획 짓다
☐ 腐る 썩다	☐ くたびれる 지치다	☐ 下る 내리다, 내려가다

☐ 配る 배포하다	☐ 工夫する 궁리하다	☐ 組む 끼다, (다리나 팔을) 꼬다
☐ 曇る 흐리다	☐ 暮らす 생활하다	☐ 比べる 비교하다
☐ 苦しむ 괴로워하다	☐ 加える 더하다	☐ 加わる 더해지다
☐ 消す 끄다, 없애다	☐ 削る 깎다, 삭감하다	☐ ける 차다
☐ 行動する 행동하다	☐ 凍る 얼다	☐ 焦げる 눋다, 타다
☐ 断る 거절하다	☐ こぼす 흘리다	☐ こぼれる 넘치다
☐ 困る 곤란하다	☐ 込む 붐비다	☐ 転がす 굴리다
☐ 転がる 구르다	☐ 殺す 죽이다	☐ 転ぶ 구르다, 넘어지다
☐ 怖がる 무서워하다	☐ 壊す 부수다	☐ 壊れる 부서지다
☐ 混雑する 혼잡하다	☐ ごちそうする (음식 등을) 대접하다	

さ행

☐ 叫ぶ 외치다	☐ 避ける 피하다	☐ 刺さる 꽂히다, 찔리다
☐ 指す 가리키다	☐ 差す (우산 등을) 쓰다	☐ 刺す 찌르다, 쏘다
☐ 誘う 권유하다	☐ 冷ます 식히다	☐ 覚ます 깨다, 깨우치다
☐ 冷める 식다	☐ 覚める 깨다, 눈이 뜨이다, 제정신이 들다	
☐ 去る 떠나다	☐ 騒ぐ 떠들다	☐ 沈む 가라앉다
☐ 従う 따르다, 좇다	☐ 指導する 지도하다	☐ 支払う 지불하다
☐ 縛る 묶다, 매다	☐ 絞る 짜다	☐ しまう 정리하다, 챙겨 넣다
☐ 示す 가리키다, 나타내다	☐ 閉める 닫다	☐ しゃがむ 웅크리다
☐ しゃべる 수다 떨다	☐ 修理する 수리하다	☐ 信じる 믿다
☐ 自慢する 자랑하다	☐ 吸う 들이마시다	☐ 空く 틈이 나다, 비다
☐ 過ごす 지내다	☐ 進む 나아가다	☐ 進める 나아가게 하다
☐ 勧める 권하다	☐ 薦める 추천하다	☐ 滑る 미끄러지다

- ☐ 統べる 통솔하다
- ☐ 済ませる 끝내다, 마치다
- ☐ 済む 끝나다, 완료되다
- ☐ 整理する 정리하다
- ☐ 注ぐ 쏟다, 붓다, 따르다
- ☐ 育つ 자라다
- ☐ 育てる 키우다
- ☐ 揃う 갖추어지다
- ☐ 揃える 가지런히 하다

た행

- ☐ 倒す 쓰러뜨리다
- ☐ 倒れる 쓰러지다
- ☐ 高まる 높아지다
- ☐ 高める 높이다
- ☐ 炊く 밥을 짓다
- ☐ 確かめる 확인하다
- ☐ 助かる 살아나다, 목숨 건지다
- ☐ 助ける 돕다, 구조하다
- ☐ 訪ねる 방문하다
- ☐ 尋ねる 묻다
- ☐ 戦う 싸우다
- ☐ 叩く 치다, 두드리다
- ☐ 畳む 접다, 개다
- ☐ 立つ 일어서다
- ☐ 経つ 지나다, 경과하다
- ☐ 建つ (건물이) 세워지다
- ☐ 達する 달하다, 도달하다
- ☐ 立てる 세우다
- ☐ 建てる (건물을) 세우다
- ☐ 楽しむ 즐기다
- ☐ 頼む 부탁하다, 주문하다
- ☐ 貯まる 모이다
- ☐ 試す 시도하다
- ☐ 貯める 모으다
- ☐ 頼る 의지하다
- ☐ 足りる 족하다, 충분하다
- ☐ 抱く 껴안다
- ☐ 騙す 속이다
- ☐ 黙る 침묵하다
- ☐ 違う 다르다, 틀리다
- ☐ 注文する 주문하다
- ☐ 散らかす 어지르다
- ☐ 散らかる 어질러지다
- ☐ 散らす 흩뜨리다
- ☐ 散る (흩어)지다
- ☐ 通勤する 통근하다
- ☐ 通じる 통하다
- ☐ 捕まえる 붙잡다
- ☐ 捕まる 붙잡히다
- ☐ つかむ 잡다, 쥐다
- ☐ 疲れる 지치다, 피곤하다
- ☐ 付く 붙다
- ☐ 付ける 붙이다
- ☐ 伝える 전하다
- ☐ 伝わる 전해지다
- ☐ 包む 싸다, 포장하다
- ☐ 勤める 근무하다
- ☐ 繋がる 연결되다
- ☐ 繋ぐ 잇다, 연결하다
- ☐ 繋げる (하나로) 연결하다
- ☐ 潰す 으깨다
- ☐ 潰れる 찌부러지다, 망하다
- ☐ 詰まる 가득 차다, 막히다
- ☐ 積む 쌓다
- ☐ 詰める 채워 넣다
- ☐ 積もる 쌓이다
- ☐ 強まる 강해지다

- ☐ 強める 강하게 하다
- ☐ 連れる 데리고 오(가)다
- ☐ 通す 통하게 하다
- ☐ 通る 통하다
- ☐ 溶かす 녹이다
- ☐ 溶く (물에) 풀다
- ☐ 解く (엉킨 것 등을) 풀다
- ☐ 溶ける 녹다
- ☐ 解ける 풀리다
- ☐ 閉じる 닫다, (눈을) 감다
- ☐ 届く 닿다, 도달하다
- ☐ 届ける 보내다, 닿게 하다
- ☐ 飛ばす 날리다
- ☐ 飛ぶ 날다
- ☐ 跳ぶ 뛰다
- ☐ 泊まる 묵다, 숙박하다
- ☐ 捕る 잡다

な행

- ☐ 直す 고치다
- ☐ 治す 고치다, 치료하다
- ☐ 直る 고쳐지다
- ☐ 治る 낫다, 치유되다
- ☐ 流す 흘리다
- ☐ 眺める 바라보다, 조망하다
- ☐ 流れる 흐르다
- ☐ 泣く 울다
- ☐ 無くす 없애다
- ☐ 亡くす 여의다, 사별하다
- ☐ 無くなる 없어지다
- ☐ 亡くなる 죽다, 돌아가시다
- ☐ 慰める 위로하다
- ☐ 投げる 던지다
- ☐ なでる 쓰다듬다
- ☐ 怠ける 게으름 피우다
- ☐ 舐める 핥다
- ☐ 悩む 고민하다
- ☐ 鳴らす 소리를 내다
- ☐ 鳴る 소리가 나다
- ☐ 握る 쥐다, 잡다
- ☐ 逃げる 도망치다
- ☐ 煮る 끓이다, 조리다
- ☐ 抜く 뽑다
- ☐ 抜ける 빠지다
- ☐ 濡らす 적시다
- ☐ 塗る 바르다, 칠하다
- ☐ 濡れる 젖다
- ☐ 願う 원하다, 바라다
- ☐ 眠る 잠들다
- ☐ 残す 남기다
- ☐ 残る 남다
- ☐ 乗せる 태우다, 싣다
- ☐ 載せる 게재하다
- ☐ 除く 제외하다, 빼다
- ☐ 望む 바라다, 소망하다
- ☐ 伸ばす 펴다, 뻗다
- ☐ 延ばす (기한을) 연기하다
- ☐ 伸びる 펴지다, 자라다
- ☐ 延びる (기한이) 연기되다
- ☐ 上る 오르다, 올라가다
- ☐ 載る (잡지 등에) 실리다

は행

- ☐ 生える 나다, 자라다
- ☐ 測る (길이, 넓이 등을) 재다
- ☐ 量る (무게를) 재다

☐ 掃く 쓸다	☐ 運ぶ 운반하다	☐ 外す 떼다, 제거하다
☐ 弾む (탄력 있게) 튀다	☐ 外れる 빗나가다	☐ 発車する 발차하다
☐ 離す 놓다, 떼다	☐ 流行る 유행하다	☐ 払う 지불하다
☐ 貼る 붙이다	☐ 離れる 떨어지다, 멀어지다	☐ 反する 반하다, 반대되다
☐ 冷える 차가워지다, 식다	☐ 冷やす 차게 하다, 식히다	☐ 開く 열리다, 벌어지다
☐ 広がる 넓어지다	☐ 広げる 펴다, 넓히다	☐ 増える 늘다
☐ 深まる 깊어지다	☐ 深める 깊게 하다	☐ 拭く 닦다
☐ 含む 포함하다	☐ 含める 포함시키다	☐ 防ぐ 막다, 방지하다
☐ 沸騰する 끓어오르다	☐ 踏む 밟다	☐ 増やす 늘리다
☐ 振る 흔들다	☐ 震える 흔들리다	☐ 振れる 흔들리다
☐ 触れる 접촉하다, 닿다	☐ ぶつかる 부딪치다	☐ ぶつける 부딪치다
☐ 減る 줄다, 감소하다	☐ 減らす 줄이다	☐ 吠える 짖다
☐ 干す 말리다		

ま・や・ら・わ행

☐ 任せる 맡기다	☐ 曲がる 굽다, 돌다	☐ 巻く 말다
☐ 曲げる 구부리다	☐ 交ざる 섞이다	☐ 混ざる (뒤)섞이다
☐ 交ぜる 섞다	☐ 混ぜる (뒤)섞다	☐ 間違う 잘못되다, 틀리다
☐ 間違える 잘못하다, 틀리다, 실수하다		☐ まとまる 하나로 모아지다
☐ まとめる 하나로 모으다	☐ 学ぶ (학문을) 배우다	☐ 間に合う 제시간에 맞다
☐ 間に合わせる 제시간에 맞추다		☐ 招く 초대하다, 초래하다
☐ 守る 지키다	☐ 迷う 헤매다, 망설이다	☐ 回す 돌리다
☐ 回る 돌다, 회전하다	☐ 見つかる 발견되다	☐ 見つめる 응시하다
☐ 診る 진찰하다	☐ 向かう 향해서 가다	☐ 向く 향하다

☐ 剝^むく (껍질을) 벗기다	☐ 向^むける 향하게 하다	☐ 剝^むける (껍질 등이) 벗겨지다
☐ 蒸^むす 찌다, 무덥다	☐ 結^{むす}ぶ 매다, 묶다, 잇다	☐ 燃^もえる 타다
☐ 戻^{もど}す (원래 상태로) 되돌리다	☐ 燃^もやす 불태우다	☐ 焼^やく 굽다, 태우다
☐ 訳^{やく}す 번역하다	☐ 焼^やける 타다	☐ 破^{やぶ}る 찢다, 깨다
☐ 破^{やぶ}れる 찢어지다, 깨지다	☐ 辞^やめる 그만두다	☐ 譲^{ゆず}る 양보하다
☐ 茹^ゆでる 삶다	☐ 揺^ゆらす 흔들다	☐ 許^{ゆる}す 용서하다, 허락하다
☐ 揺^ゆれる 흔들리다	☐ 酔^よう 술에 취하다, 멀미하다	☐ 汚^{よご}す 더럽히다
☐ 汚^{よご}れる 더러워지다	☐ 弱^{よわ}まる 약해지다	☐ 弱^{よわ}める 약하게 하다
☐ 分^わかれる 나뉘다	☐ 別^わかれる 헤어지다	☐ 分^わける 나누다
☐ 渡^{わた}す 건네주다	☐ 笑^{わら}う 웃다	☐ 割^わる 나누다
☐ 割^われる 깨지다		

5 복합 동사
출제 예상 핵심 복합 동사를 히라가나 순으로 정리했습니다.

☐ 言い返す 말대꾸하다, 말대답하다	☐ 言い出す 말을 꺼내다, 말을 시작하다
☐ 言い直す 다시 말하다, 바꿔 말하다	☐ 受け入れる 받아들이다
☐ 受け付ける 접수하다	☐ 受け取る 수취하다, 받다
☐ 売り切れる 매진되다	☐ 追い越す 앞지르다, 추월하다
☐ 追いつく 따라잡다	☐ 追い抜く 추월하다, 앞지르다
☐ 押し込む 밀고 들어가다, 비집고 들어가다	☐ 落ち着く 진정되다, 안정되다
☐ 思い込む 깊이 마음먹다, 꼭 믿다	☐ 思い出す 생각해 내다
☐ 思い付く 문득 생각이 떠오르다	☐ 思いやる 헤아리다
☐ 買い替える 새로 사서 바꾸다	☐ 買い取る 사들이다, 매입하다
☐ 書き直す 고쳐 쓰다	☐ かき混ぜる (휘저어) 뒤섞다
☐ 聞き直す 되묻다, 다시 물어 보다	☐ 組み立てる 조립하다, 구성하다
☐ 繰り返す 되풀이하다, 반복하다	☐ 仕上がる 마무리되다, 완성되다
☐ 仕上げる 일을 끝내다, 마무리하다	☐ 知り合う (서로) 알게 되다
☐ すれ違う 스치듯 지나가다, 엇갈리다	☐ 立ち上がる 일어서다, 일어나다
☐ 立ち止まる 멈추어 서다	☐ 近づく 접근하다, 다가오다
☐ 近づける 가까이하다	☐ 付き合う 교제하다, 사귀다
☐ 出会う 우연히 만나다, 마주치다	☐ 出迎える 마중 나가다
☐ 通り過ぎる 지나가다, 통과하다	☐ 飛び出す 뛰어나오다, 튀어나오다
☐ 取り上げる 집어 들다, 들어 올리다	☐ 取り替える 바꾸다, 교환하다, 갈다
☐ 取り消す 취소하다	☐ 取り込む (빨래 등을) 거두어들이다
☐ 取り出す 꺼내다, 집어내다	☐ 取り付ける 달다, 설치하다

☐ 怒鳴る	호통치다, 야단치다	☐ 長生きする	장수하다
☐ 投げ捨てる	내던지다, 내팽개치다	☐ 似合う	어울리다
☐ 乗り遅れる	놓치다, 시간이 늦어 못 타다	☐ 乗り越す	타고 가다가 지나치다
☐ 話し合う	(서로) 얘기하다, 의논하다	☐ 話しかける	말(을) 걸다
☐ 払い戻す	돌려주다, 환불하다	☐ 引き受ける	떠맡다, 맡다
☐ 引き落とす	(돈을) 빼다, 떨어뜨리다	☐ 引き出す	꺼내다, 끄집어 내다
☐ 引っ張る	잡아끌다, 끌어당기다	☐ 振り込む	입금하다
☐ 微笑む	미소 짓다	☐ 待ち合わせる	(미리 정하고) 만나기로 하다
☐ 見上げる	우러러보다, 올려다보다	☐ 見送る	배웅하다
☐ 見下ろす	내려다 보다, 얕보다	☐ 見かける	가끔 보다, 언뜻 보다
☐ 見舞う	문안하다, 위문하다	☐ 目立つ	눈에 띄다, 두드러지다
☐ 申し込む	신청하다	☐ 持ち帰る	가지고 돌아오(가)다
☐ 持ち運ぶ	들어 나르다, 운반하다	☐ 役立つ	도움이 되다
☐ 役立てる	유용하게 쓰다	☐ やり直す	다시 (고쳐)하다
☐ 横切る	가로지르다, 횡단하다	☐ 酔っ払う	몹시 취하다
☐ 呼びかける	부르다, 호소하다	☐ 呼び出す	호출하다, 부르기 시작하다

6 부사 출제 예상 핵심 부사를 히라가나 순으로 정리했습니다.

あ행

- ああ 저렇게
- 当(あ)たり前(まえ)に 당연히
- あっという間(ま)に 눈 깜짝할 사이에
- あまりにも 너무나도
- ある程度(ていど) 어느 정도
- 案外(あんがい) 뜻밖에도, 예상외
- 意外(いがい)に 의외로
- いつか 언젠가
- 一気(いっき)に 단숨에
- 一体(いったい) 도대체
- 今(いま)にも 당장이라도, 지금이라도
- うっかり 깜박, 무심코
- 大(おお)いに 대단히, 매우
- 主(おも)に 주로
- およそ 대강, 대충

- 相変(あいか)わらず 변함없이, 여전히
- あちらこちら 여기저기
- 後(あと)で 이따가, 나중에
- あらゆる 온갖, 모든
- あれこれ 이것저것
- いい加減(かげん)に 적당히, 대충대충
- いくらでも 얼마든지
- いつの間(ま)にか 어느새인가
- 一生懸命(いっしょうけんめい) 열심히
- いっぱい 가득
- いらいら 안달복달, 짜증이 난 상태
- うろうろ 우왕좌왕, 어슬렁어슬렁
- お互(たが)いに 서로
- 思(おも)わず 엉겁결에, 뜻하지 않게

か행

- 必(かなら)ず 반드시
- からから 바싹 마른 모양, 목이 칼칼함
- がっかり 실망, 낙담하는 모양
- 機械的(きかいてき)に 기계적으로
- 急(きゅう)に 갑자기

- かなり 제법, 꽤, 상당히
- 間接的(かんせつてき)に 간접적으로
- がらがら 텅텅 비어있는 모양, 텅텅
- きちんと 정확히, 깔끔히
- ぎっしり 잔뜩, 가득

- ぎりぎり 빠듯한 모양, 아슬아슬
- ぐうぐう 코 골며 자는 모양, 쿨쿨
- 具体的に 구체적으로
- ぐっすり 깊이 잠든 모양, 푹
- 結局 결국
- 健康に 건강히
- こっそり 몰래, 살짝
- このごろ 요즘
- 逆に 반대로, 역으로
- 偶然 우연(히)
- ぐちゃぐちゃ 엉망이 된 모양, 엉망진창
- ぐらぐら 크게 흔들리는 모양, 흔들흔들
- 決して 결코, 절대로
- こうして 이렇게, 이렇게 해서
- このあいだ 일전, 요전
- 今後 차후, 앞으로

さ행

- 先に 먼저, 앞서
- さっさと 빨랑빨랑, 척척
- さっぱり 산뜻한 모양, 전혀
- ざあざあ 비가 몹시 오는 모양, 쾅쾅
- しいんと 쥐 죽은 듯이
- しっかり 확실히, 꼭
- しみじみと 곰곰이, 절절히
- 正直 솔직히
- 実は 실은, 사실은
- じっと 가만히, 지그시, 꼼짝 않고
- 順番に 순서대로, 차례로
- 人工的に 인공적으로
- 少しずつ 조금씩
- すっかり 아주, 완전히, 몽땅
- さっき 아까, 조금 전
- さっそく 즉시, 당장
- さらさら 습기가 없고 끈적끈적하지 않은 모양
- ざっと 대충, 대강
- 次第に 점차
- しばらく 잠깐, 당분간
- 少々 조금, 잠시, 잠깐
- 事前に 사전에, 미리
- 実際に 실제로
- 自動的に 자동적으로
- 徐々に 서서히
- 少なくとも 적어도
- 少しも 조금도, 전혀
- 既に 이미, 벌써

- ☐ すべて 전부, 모두
- ☐ ずいぶん 꽤, 몹시
- ☐ ずきずき 상처가 쑤시면서 아픈 모양, 욱신욱신
- ☐ ずっと 쭉, 훨씬, 매우
- ☐ 正(せい)常(じょう)に 정상(적)으로
- ☐ せっかく 모처럼
- ☐ 積(せっ)極(きょく)的(てき)に 적극적으로
- ☐ 絶(ぜっ)対(たい)(に) 절대로
- ☐ 相(そう)当(とう) 상당히
- ☐ そっと 살짝, 몰래, 가만히
- ☐ そのまま 그대로
- ☐ それぞれ (제)각기, 각자
- ☐ そろそろ 슬슬
- ☐ 続(ぞく)々(ぞく)と 속속히, 잇따라

た행

- ☐ たいてい 대개, 대부분
- ☐ 確(たし)かに 확실히
- ☐ 多(た)少(しょう) 다소, 약간
- ☐ ただ 그저, 그냥
- ☐ たった 겨우, 단지
- ☐ たっぷり 듬뿍, 많이
- ☐ 多(た)分(ぶん) 아마
- ☐ たまたま 가끔, 이따금, 우연히
- ☐ 単(たん)に 그저, 단지
- ☐ 大(だい)体(たい) 대체로, 대략
- ☐ だいぶ 꽤, 어지간히
- ☐ だぶだぶ 커서 몸에 맞지 않는 모양, 헐렁헐렁
- ☐ 誰(だれ)か 누군가
- ☐ ちかちか 눈이 따가운 모양, 따끔따끔
- ☐ ちっとも 조금도(⊕부정문)
- ☐ ちゃんと 제대로, 확실히
- ☐ ちょうど 정확히, 마침
- ☐ 直(ちょく)接(せつ) 직접
- ☐ つい 무의식중에, 무심결에
- ☐ ついさっき 조금 전에
- ☐ ついに 드디어, 마침내, 결국
- ☐ 次(つぎ)々(つぎ)に 차례로, 차례대로
- ☐ 常(つね)に 항상, 언제나
- ☐ 丁(てい)寧(ねい)に 정중히, 공손히
- ☐ でこぼこ 울퉁불퉁
- ☐ 当(とう)然(ぜん) 당연(히)
- ☐ とうとう 드디어, 결국, 마침내
- ☐ 途(と)中(ちゅう)で 도중에
- ☐ 突(とつ)然(ぜん) 돌연, 갑자기
- ☐ とんとん 가볍게 두드리는 소리, 똑똑, 톡톡

- ☐ 同時（どうじ）に 동시에
- ☐ どきどき 두근두근
- ☐ どっと 한꺼번에 밀어닥치는 모양, 갑자기 쓰러지는 모양
- ☐ どんどん 점점
- ☐ どんなに 아무리

な・は행

- ☐ なかなか (긍정)상당히, 꽤, (부정)좀처럼
- ☐ なるべく 되도록, 가능한 한
- ☐ にこにこ 생긋생긋, 싱글벙글
- ☐ 熱心（ねっしん）に 열심히
- ☐ 年中（ねんじゅう） 연중, 늘
- ☐ のろのろ 꾸물꾸물, 느릿느릿
- ☐ のんびり 유유히, 한가로이
- ☐ はきはき 시원시원, 또박또박
- ☐ はっきり 똑똑히, 분명히, 확실히
- ☐ 速（はや）く (속도) 빨리, 빠르게
- ☐ 早（はや）めに 빨리, 일찌감치
- ☐ はらはら 조마조마
- ☐ 半々（はんはん） 반반, 반반씩
- ☐ ばったり 딱(만나다), 푹(쓰러지다), 뚝(끊기다)
- ☐ ばらばら 뿔뿔이, 제각각
- ☐ 非常（ひじょう）に 매우, 상당히
- ☐ びしょびしょ 흠뻑 젖은 모양, 흠뻑
- ☐ ぴかぴか 반짝반짝, 번쩍번쩍
- ☐ ぴったり 딱, 꼭 들어맞는 모양
- ☐ 普段（ふだん） 평소, 평상시
- ☐ ふらふら 휘청휘청, 비틀비틀
- ☐ ぶつぶつ 중얼중얼, 투덜투덜
- ☐ ぶらぶら 흔들흔들, 어슬렁어슬렁, 빈둥빈둥
- ☐ 別（べつ）に 따로, 별로(⊕부정문)
- ☐ 別々（べつべつ）(に) 따로따로
- ☐ ぺこぺこ 몹시 배가 고픈 모양, 꼬르륵
- ☐ ペラペラ (거침없이) 술술, (종이 넘길 때) 펄럭펄럭
- ☐ ほっと 겨우 안심하는 모양, 휴우
- ☐ ほとんど 대부분, 거의
- ☐ 本当（ほんとう）に 정말로, 참으로
- ☐ ほんの 그저, 불과
- ☐ ぼろぼろ 형편없이 해어진 모양, 너덜너덜함

ま・や・ら・わ행

- ☐ まあまあ 그럭저럭, 그저 그런 정도
- ☐ 毎度（まいど） 매번, 항상
- ☐ まさか 설마
- ☐ ますます 점점 (더), 더욱더

- □ 全(まった)く 완전히, 전적으로, 전혀
- □ まるで 마치, 꼭
- □ 無理(むり)に 무리하게, 억지로
- □ めちゃくちゃ 엉망(진창), 형편없음, 엄청, 완전
- □ もう一度(いちど) 한 번 더, 다시 한번
- □ もうすぐ 이제 곧, 머지않아
- □ もしかすると 어쩌면
- □ もちろん 물론
- □ 最(もっと)も (무엇보다도) 가장
- □ 約(やく) 약, 대략
- □ やっと 겨우, 가까스로, 간신히
- □ やっぱり 역시(やはり의 구어체)
- □ やはり 역시
- □ ようやく 겨우, 간신히
- □ わくわく 가슴이 설레는 모양, 두근두근
- □ わざと 고의로, 일부러
- □ わざわざ 특별히, 일부러, 수고스럽게

7 카타카나어
출제 예상 핵심 카타카나어를 히라가나 순으로 정리했습니다.

ア행

- ☐ アイスクリーム 아이스크림
- ☐ アイデア 아이디어, 생각
- ☐ アウト 아웃, 밖
- ☐ アップ 업
- ☐ アドバイス 어드바이스, 충고, 조언
- ☐ アドレス 주소
- ☐ アナウンス 아나운스, 방송함
- ☐ アニメ 애니메이션
- ☐ アマチュア 아마추어
- ☐ アルバイト 아르바이트
- ☐ アルバム 앨범, 사진첩
- ☐ アルミホイル 알루미늄 호일
- ☐ アレルギー 알레르기
- ☐ アンケート 앙케트, 조사
- ☐ アンテナ 안테나, 공중선
- ☐ イコール 등호, 같음
- ☐ イメージ 이미지
- ☐ インスタント 인스턴트, 즉석
- ☐ インターネット 인터넷
- ☐ インタビュー 인터뷰
- ☐ インフォメーション 인포메이션, 정보
- ☐ ウイルス 바이러스
- ☐ エネルギー 에너지
- ☐ エンジン 엔진
- ☐ オーダー 오더, 주문, 순서
- ☐ オーナー 오너, 주인
- ☐ オーバー 오버, 초과
- ☐ オープン 오픈
- ☐ オフィス 오피스, 사무실
- ☐ オペラ 오페라, 가극
- ☐ オリンピック 올림픽
- ☐ オレンジ 오렌지

カ행

- ☐ カード 카드
- ☐ カーナビ 자동차 내비게이션
- ☐ カーブ 커브, 곡선, 굽은 곳
- ☐ カーブする 커브를 돌다
- ☐ カーペット 카펫, 융단
- ☐ カタログ 카탈로그
- ☐ カット 컷, 절단
- ☐ カバー 커버

☐ カメラマン 카메라맨, 촬영 기사	☐ カラオケ 노래방
☐ カロリー 칼로리	☐ ガラス 유리
☐ キッチン 키친	☐ キャンセル 캔슬, 취소
☐ キャンパス 캠퍼스, 교정	☐ キャンプ 캠프
☐ クイズ 퀴즈	☐ クーラー 쿨러, (냉방) 에어컨
☐ クラスメート 클래스 메이트, 동급생	☐ クリーニング 클리닝
☐ クリーム 크림	☐ クリック 클릭
☐ クリップ 클립, 종이 끼우개	☐ グラウンド 그라운드, 운동장
☐ グラフ 그래프	☐ グループ 그룹
☐ ケース 케이스, 상자, 경우	☐ コース 코스
☐ コマーシャル 커머셜, 선전	☐ コミュニケーション 커뮤니케이션
☐ コンサート 콘서트	☐ コンタクトレンズ 콘택트렌즈
☐ コンテスト 콘테스트, 경연 대회	☐ コンビニ(エンスストア) 편의점
☐ ゴール 골, 목표, 결승점	

サ행

☐ サービス 서비스	☐ サイズ 사이즈
☐ サッカー 축구	☐ サボる 땡땡이(를) 치다
☐ サラリーマン 샐러리맨, 월급쟁이	☐ サングラス 선글라스
☐ サンプル 샘플, 견본	☐ CD(シーディー) 시디
☐ ショック 쇼크, 충격	☐ ショップ 숍, 상점
☐ ジャケット 재킷	☐ ジョギング 조깅
☐ スイカ 수박	☐ スイッチ 스위치
☐ スーツケース 슈트 케이스, 캐리어 가방	☐ スープ 수프, (서양 요리의) 국

- [ ] スカーフ 스카프
- [ ] スクール 스쿨, 학교
- [ ] スケジュール 스케줄
- [ ] スタイル 스타일
- [ ] ストーリー 스토리, 이야기
- [ ] ストレス 스트레스
- [ ] スピード 스피드, 속도
- [ ] セット 세트
- [ ] セミナー 세미나, 강습회
- [ ] ソース 소스
- [ ] スキー 스키
- [ ] スケート 스케이트
- [ ] スタート 스타트, 출발
- [ ] ストーブ 스토브, 난로
- [ ] ストップ 스톱, 정지
- [ ] スパゲッティ 스파게티
- [ ] セール 세일
- [ ] セットする 세팅하다
- [ ] センター 센터, 중앙
- [ ] ソファー 소파

タ・ナ행

- [ ] タイトル 타이틀, 제목
- [ ] タオル 타월, 수건
- [ ] ダイヤ 열차 운행표
- [ ] ダイヤル 다이얼
- [ ] ダム 댐
- [ ] チーム 팀
- [ ] チェックアウト 체크아웃
- [ ] チップ 칩, 팁
- [ ] チャンス 찬스, 기회
- [ ] テーマ 테마, 주제
- [ ] データ 데이터, 자료
- [ ] デザート 디저트
- [ ] タイプ 타입
- [ ] ダイエット 다이어트
- [ ] ダイヤモンド 다이아몬드
- [ ] ダウン 다운, 아래
- [ ] チーズ 치즈
- [ ] チェック 체크
- [ ] チェンジ 체인지, 바꿈
- [ ] チャレンジ 챌린지, 도전
- [ ] チラシ 전단지
- [ ] テニスコート 테니스 코트
- [ ] ディスカウント 할인
- [ ] デザイン 디자인

- ☐ デジタル 디지털
- ☐ 電子(でんし)レンジ 전자레인지
- ☐ トップ 탑, 선두
- ☐ トレーニング 트레이닝
- ☐ ドライブ 드라이브
- ☐ ドライヤー 드라이어, 건조기
- ☐ ネックレス 목걸이
- ☐ ノーハウ 노하우
- ☐ ノック 노크, 두드림

ハ행

- ☐ ハート 하트, 심장
- ☐ ハウス 하우스, 주택
- ☐ ハンドバッグ 핸드백
- ☐ バーゲンセール 바겐세일
- ☐ バイク 바이크
- ☐ バイト 알바, 아르바이트
- ☐ バケツ 양동이
- ☐ バス停(てい) 버스 정류장
- ☐ バター 버터
- ☐ バランス 밸런스, 균형
- ☐ パーセント 퍼센트, 백분율
- ☐ パーティー 파티
- ☐ パート 파트, 부분
- ☐ パートナー 파트너
- ☐ パスポート 여권
- ☐ パンフレット 팸플릿
- ☐ ヒント 힌트
- ☐ ビタミン 비타민
- ☐ ビデオ 비디오
- ☐ ピアノ 피아노
- ☐ ピーマン 피망
- ☐ ピクニック 피크닉, 소풍
- ☐ ピザ 피자
- ☐ ピックアップ 픽업, 골라냄
- ☐ ファーストフード 패스트푸드
- ☐ ファイル 파일
- ☐ ファックス 팩스
- ☐ ファッション 패션, 복장
- ☐ ファン (가수, 영화 등의) 팬
- ☐ フルーツ 과일
- ☐ フロント 프런트, 호텔 등의 접수대
- ☐ ブーツ 부츠, 장화
- ☐ ブラウス 블라우스
- ☐ ブラシ 브러시, 솔

☐ ブランド 브랜드	☐ ブレーキ 브레이크, 제동
☐ プライバシー 프라이버시	☐ プラス 플러스
☐ プラスチック 플라스틱	☐ プラン 플랜
☐ プリンター 프린터	☐ プロ 프로
☐ プログラム 프로그램	☐ プロフェッショナル 프로페셔널, 전문가
☐ 平方(へいほう)メートル 제곱미터	☐ ヘルメット 헬멧
☐ ベランダ 베란다	☐ ベルト 벨트, 띠
☐ ベンチ 벤치, 긴 의자	☐ ペット 반려동물
☐ ペットボトル 페트병	☐ ペンキ 페인트
☐ ホーム 홈, 집, 기차역의 승강장	☐ ホームページ 홈페이지
☐ ホストファミリー 호스트 패밀리, 홈스테이 가정	☐ ホッチキス 호치키스, 스테이플러
☐ ボーナス 보너스	☐ ボランティア 봉사 활동, 자원봉사자
☐ ポスター 포스터	☐ ポスト 우체통, 우편함

マ・ヤ・ラ・ワ행

☐ マーク 마크, 표시	☐ マイク 마이크
☐ マイナス 마이너스	☐ マスコミ 매스컴
☐ マナー 매너	☐ マフラー 목도리
☐ マラソン 마라톤, 경주	☐ マンション 맨션(한국의 아파트에 해당)
☐ ミス 실수	☐ ミックス 믹스, 혼합
☐ ミルク 밀크, 우유	☐ メール 메일
☐ メールアドレス 메일 주소	☐ メッセージ 메시지
☐ メニュー 메뉴	☐ メンバー 멤버
☐ ユーモア 유머	☐ ヨーロッパ 유럽

- ☐ ラーメン 라멘
- ☐ ライト 라이트, 조명
- ☐ ラップ 랩, 포장지
- ☐ ランチ 런치
- ☐ リーダー 리더, 지도자
- ☐ リスト 리스트, 목록
- ☐ リボン 리본
- ☐ レインコート 레인코트, 우비
- ☐ レシピ 레시피, 조리법
- ☐ レジャー 레저, 여가
- ☐ レポート 리포트, 보고(서)
- ☐ レンタル 렌털, 임대
- ☐ ロケット 로켓
- ☐ ロビー 로비
- ☐ ワイン 와인

- ☐ ライオン 라이언, 사자
- ☐ ラッシュアワー 러시아워, 교통 혼잡 시간
- ☐ ラベル 라벨
- ☐ ランニング 러닝
- ☐ リサイクル 리사이클, 재활용
- ☐ リットル 리터
- ☐ ルール 룰, 규칙
- ☐ レシート 리시트, 영수증
- ☐ レジ 레지, 계산대
- ☐ レベル 레벨
- ☐ レンズ 렌즈
- ☐ ロープ 로프, 줄
- ☐ ロッカー 로커, 보관함
- ☐ ロボット 로봇
- ☐ ワンピース 원피스

8 기타

출제 예상 핵심 기타어휘를 히라가나 순으로 정리했습니다.

관용 표현

- 汗をかく 땀을 흘리다
- うまくいく 잘되어 가다
- お辞儀をする (고개 숙여) 인사하다, 절하다
- お世話になる 신세를 지다
- お疲れ様 수고했어
- お待ち遠様 오래 기다렸지
- 気がする 생각이 들다, 느낌이 들다
- 気が付く 깨닫다, 눈치채다
- 気が短い 성미가 급하다, 성급하다
- 気に入る 마음에 들다
- 気にする 신경쓰다, 걱정하다
- 気になる 신경쓰이다, 걱정이 되다
- 気を付ける 조심하다, 정신 차리다
- 線を引く 줄(금)을 긋다
- 手にする 손에 넣다, 손에 들다
- 年をとる 나이를 먹다
- 内緒にする 비밀로 하다
- 身につける 몸에 걸치다, 지니다, 습득하다

접두어

大~ 대~	大雨 폭우	大騒ぎ 대소동	大掃除 대청소
高~ 고~	高学歴 고학력	高血圧 고혈압	高収入 고수입
再~ 재~	再確認 재확인	再使用 재사용	再放送 재방송
最~ 최~	最高 최고	最初 최초, 맨 처음	最新 최신
新~ 신~	新学期 신학기	新記録 신기록	新商品 신상품
全~ 전~	全社員 전사원	全世界 전 세계	全責任 모든 책임
多~ 다~	多趣味 다취미	多人数 다인수	多目的 다목적
大~ 대~	大家族 대가족	大工事 대공사	大被害 큰 피해
低~ 저~	低学歴 저학력	低血圧 저혈압	低身長 단신, 작은 키
不~ 불~	不可能 불가능	不完全 불완전	不十分 불충분
未~ 미~	未完成 미완성	未経験 미경험	未公開 미공개

| 無~ 무~ | ☐ 無関心 무관심 | ☐ 無条件 무조건 | ☐ 無責任 무책임 |

접미어

~員 ~원	☐ 会社員 회사원	☐ 銀行員 은행원	☐ 事務員 사무원
~家 ~가	☐ 画家 화가	☐ 芸術家 예술가	☐ 専門家 전문가
~会 ~회	☐ 委員会 위원회	☐ 運動会 운동회	☐ 忘年会 망년회
~館 ~관	☐ 体育館 체육관	☐ 図書館 도서관	☐ 博物館 박물관
~型 ~형	☐ 大型 대형	☐ 髪型 머리 모양	☐ 血液型 혈액형
~機 ~기	☐ 自動販売機 자동판매기	☐ 洗濯機 세탁기	☐ 掃除機 청소기
~禁止 ~금지	☐ 横断禁止 횡단 금지	☐ 書き込み禁止 쓰기 금지	☐ 立入禁止 출입 금지
~券 ~권	☐ 商品券 상품권	☐ 入場券 입장권	☐ 割引券 할인권
~先 ~처	☐ 出張先 출장처	☐ 旅行先 여행처	☐ 連絡先 연락처
~作 ~작	☐ 原作 원작	☐ 新作 신작	☐ 話題作 화제작
~産 ~산	☐ アメリカ産 미국산	☐ 国産 국산	☐ 北海道産 홋카이도산
~師 ~사	☐ 医師 의사	☐ 教師 교사	☐ 美容師 미용사
~式 ~식	☐ 結婚式 결혼식	☐ 入学式 입학식	☐ 卒業式 졸업식
~者 ~자	☐ 希望者 희망자	☐ 参加者 참가자	☐ 担当者 담당자
~中 ~중	☐ 一日中 하루 종일	☐ 今日中 오늘 중	☐ 世界中 온 세계
~場 ~장	☐ 運動場 운동장	☐ 試験会場 시험장	☐ 駐車場 주차장
~製 ~제	☐ 革製 가죽제	☐ 外国製 외(국)제	☐ 中国製 중국제
~代 ~비용	☐ 水道代 수도세	☐ ガス代 가스비	☐ 昼食代 점심값
~地 ~지	☐ 観光地 관광지	☐ 生産地 생산지	☐ 遊園地 유원지(놀이공원)
~中 ~중	☐ 会議中 회의 중	☐ 食事中 식사 중	☐ 電話中 전화 중
~長 ~장	☐ 学長 학장	☐ 社長 사장	☐ 部長 부장

접미어		예시					
~人 にん	~인	□ 代理人 だいりにん	대리인	□ 保証人 ほしょうにん	보증인	□ 料理人 りょうりにん	요리인
~倍 ばい	~배	□ 一倍 いちばい	배, 갑절	□ 二倍 にばい	두 배	□ 三倍 さんばい	세 배
~費 ひ	~비	□ 交通費 こうつうひ	교통비	□ 参加費 さんかひ	참가비	□ 食費 しょくひ	식비
~品 ひん	~품	□ 化粧品 けしょうひん	화장품	□ セール品 ひん	세일 상품	□ 輸入品 ゆにゅうひん	수입품
~日 び	~일	□ 記念日 きねんび	기념일	□ 給料日 きゅうりょうび	월급날	□ 誕生日 たんじょうび	생일
~向き む	~향	□ 西向き にしむ	서향	□ 東向き ひがしむ	동향	□ 南向き みなみむ	남향
~用 よう	~용	□ 家庭用 かていよう	가정용	□ 男性用 だんせいよう	남성용	□ 旅行用 りょこうよう	여행용
~料 りょう	~료	□ 授業料 じゅぎょうりょう	수업료	□ 通行料 つうこうりょう	통행료	□ 入場料 にゅうじょうりょう	입장료
~量 りょう	~량	□ 運動量 うんどうりょう	운동량	□ 仕事量 しごとりょう	업무량	□ 消費量 しょうひりょう	소비량

그 외

~な	~한	□ 大きな おお	큰	□ おかしな	우스운, 이상한	□ 主な おも	주된
		□ 色々な いろいろ	다양한, 여러 가지	□ いろんな	여러 가지	□ 小さな ちい	작은

다음 한자 단어의 읽는 방법을 둘 중에서 하나 고르세요.

1 握手
   1 はくしゅ　　　2 あくしゅ

2 焼く
   1 たく　　　　　2 やく

3 日常
   1 にちじょう　　2 ひじょう

4 本物
   1 ほんもの　　　2 ほんぶつ

5 貧しい
   1 まずしい　　　2 まぶしい

6 相談
   1 そうだん　　　2 そだん

7 折る
   1 ふる　　　　　2 おる

8 応募
   1 おうぼ　　　　2 おうぼう

9 返る
   1 かえる　　　　2 もどる

10 安易
   1 あんい　　　　2 あんえき

11 高価
1 こうか　　　　2 ごうか

12 広場
1 ひろじょう　　2 ひろば

13 角
1 かど　　　　　2 そば

14 応用
1 てきよう　　　2 おうよう

15 改札
1 かいさつ　　　2 かいせつ

한자읽기 핵심단어 실전 연습 문제 ①

問題1 _____ のことばの読み方として最もよいものを、1・2・3・4から一つえらびなさい。

1 この辺りは夜はとても暗く明かりがないので危ない。
　1　へんり　　　2　とおり　　　3　あたり　　　4　まわり

2 あの有名な画家の作品が美術館で見られることになった。
　1　がいか　　　2　かいが　　　3　かが　　　　4　がか

3 具体的な日程はまだ決まっていません。
　1　ぐうていてき　2　ぐうたいてき　3　ぐたいてき　4　ぐていてき

4 地震が起きたときは慌てないで、落ち着いて行動しましょう。
　1　あわてないで　2　あてないで　3　たてないで　4　そだてないで

5 この前の試験は案外簡単だった。
　1　かんかい　　2　あんかい　　3　かんがい　　4　あんがい

6 友達に借りた本を汚してしまった。
　1　なくして　　2　よごして　　3　こわして　　4　ぬらして

7 天気が良いので厚い布団を洗濯して干した。
　1　さした　　　2　かわかした　3　ほした　　　4　かんした

8 留学中は母の手料理が恋しかった。
　1　たのしかった　2　くるしかった　3　こいしかった　4　かなしかった

정답　1 ③　2 ④　3 ③　4 ①　5 ④　6 ②　7 ③　8 ③

한자읽기 핵심단어 **실전 연습 문제 ❷**

問題1 ＿＿＿＿のことばの読み方として最もよいものを、1・2・3・4から一つえらびなさい。

1 中学時代に長距離マラソン大会で優勝した。
 1 だいかい　　2 たいかい　　3 だいがい　　4 たいがい

2 長い間、洗っていないのでとても臭いです。
 1 くらい　　2 わかい　　3 におい　　4 くさい

3 キッチンで使う実用的な道具をお店で買いました。
 1 じつようてきな　2 しつようてきな　3 しんようてきな　4 かつようてきな

4 野菜をおいしく食べる方法を教わりました。
 1 かかわり　　2 おそわり　　3 くわわり　　4 ことわり

5 日本の首都である東京(とうきょう)はにぎやかだが、物価が高い。
 1 しゅうと　　2 しゅと　　3 しょうと　　4 じゅと

6 電話をしたが、応答がないので、別の方法で連絡しました。
 1 おうほう　　2 おうよう　　3 へんとう　　4 おうとう

7 イベントが多い月だったので支出が多かった。
 1 ししゅつ　　2 さしゅつ　　3 じしゅつ　　4 さじゅつ

8 物をたくさん入れすぎたので袋が破れた。
 1 こわれた　　2 つぶれた　　3 はなれた　　4 やぶれた

해설집 p.23

정답　1 ②　2 ④　3 ①　4 ②　5 ②　6 ④　7 ①　8 ④

한자읽기 핵심단어 **실전 연습 문제 ❸**

시간 4분 이내　채점　/8

問題1 ＿＿＿＿のことばの読み方として最もよいものを、1・2・3・4から一つえらびなさい。

1 レポートはインターネットから引用して書いてはいけません。
　　1　ひくよう　　　2　いんよう　　　3　ひきよう　　　4　いんゆう

2 本日はすばらしいパーティーに招待いただき、ありがとうございます。
　　1　ほんひ　　　　2　ぼんじつ　　　3　ほんにち　　　4　ほんじつ

3 やせたいなら運動が効果的だ。
　　1　ごうかくてき　2　こうかくてき　3　こうかてき　　4　こうかんてき

4 詳しい内容は明日の会議で決めましょう。
　　1　くわしい　　　2　けわしい　　　3　さわがしい　　4　はげしい

5 今週末、大きな国際会議が行われるので、この道は通れなくなるそうだ。
　　1　おこなわれる　2　たたかわれる　3　いわれる　　　4　あつかわれる

6 中華(ちゅうか)料理を食べる時は、小皿(こざら)に移してから食べるのがマナーです。
　　1　おろして　　　2　のこして　　　3　まわして　　　4　うつして

7 彼は上司の命令に従うしかなかった。
　　1　おぎなう　　　2　うたがう　　　3　あつかう　　　4　したがう

8 この雑誌に載っているレストランへ行ってみたい。
　　1　おって　　　　2　のって　　　　3　たって　　　　4　うって

해설집 p.24

정답　1② 2④ 3③ 4① 5① 6④ 7④ 8②

한자읽기 핵심단어 **실전 연습 문제 ④**

問題1 ＿＿＿＿＿のことばの読み方として最もよいものを、1・2・3・4から一つえらびなさい。

1 アイスをゆっくり食べると<u>溶ける</u>ので、早く食べた方がいい。
　　1　ぬける　　　2　かける　　　3　とける　　　4　さける

2 信号が<u>青</u>になると道を渡ることができます。
　　1　あお　　　　2　あか　　　　3　みどり　　　4　しろ

3 今日、会議にたくさんの<u>偉い</u>人が出席するので、緊張します。
　　1　とおい　　　2　えらい　　　3　かたい　　　4　せまい

4 この辺りは同じような風景が多いので<u>迷子</u>になりやすい。
　　1　めいこ　　　2　めいご　　　3　まいこ　　　4　まいご

5 大きな音が聞こえたので、音が出た方向を<u>向いた</u>。
　　1　かいた　　　2　むいた　　　3　ないた　　　4　ういた

6 テスト勉強を一生懸命したので、<u>点数</u>が良いはずだ。
　　1　てんすう　　2　てんずう　　3　でんすう　　4　てんす

7 玄関にあるこの<u>絵画</u>はとても有名なものです。
　　1　かいが　　　2　がいが　　　3　がいか　　　4　えいが

8 お金持ちと<u>貧しい</u>人の差が大きくなっている。
　　1　さびしい　　2　あやしい　　3　くやしい　　4　まずしい

해설집 p.25

정답　1③　2①　3②　4④　5②　6①　7①　8④

問題1 ＿＿＿＿のことばの読み方として最もよいものを、1・2・3・4から一つえらびなさい。

1 この道は現在、工事中のため通ることはできません。
　　1　けんざい　　　2　げんざい　　　3　げんさい　　　4　けんさい

2 今日は祝日なので、久しぶりに家族で食事に行くことにした。
　　1　しゅくにち　　2　しゅうじつ　　3　しゅくじつ　　4　しゅうにち

3 まだ経験が浅いので、先輩に教えてもらいながら仕事をしています。
　　1　あさい　　　　2　ふかい　　　　3　ほそい　　　　4　ゆるい

4 部屋を掃除しなければならないことが一番面倒臭い。
　　1　めんどぐさい　2　めんとくさい　3　めんどうくさい　4　めんとうくさい

5 みんなに重大な報告があります。
　　1　ちょうだいな　2　ちょうたいな　3　じゅうたいな　4　じゅうだいな

6 この病院の外科の先生はとても有名だと聞いた。
　　1　げか　　　　　2　がいか　　　　3　げいか　　　　4　けっか

7 この表は全国の大学進学率を表したものです。
　　1　しめした　　　2　あらわした　　3　おこした　　　4　たおした

8 偶然、町で昔の友人に会って、とても懐かしかった。
　　1　とうぜん　　　2　ひつぜん　　　3　とつぜん　　　4　ぐうぜん

정답　1② 2③ 3① 4③ 5④ 6① 7② 8④

표기 핵심단어
기본 다지기

채점　　/10

다음 히라가나의 한자 표기로 올바른 것을 둘 중에서 하나 고르세요.

1. きゅうりょう
   1. 給料　　2. 給与

2. あしあと
   1. 足赤　　2. 足跡

3. よろこぶ
   1. 喜ぶ　　2. 豆ぶ

4. へいきん
   1. 平金　　2. 平均

5. こな
   1. 粉　　2. 紛

6. ふえる
   1. 増える　　2. 憎える

7. しゃっきん
   1. 貸金　　2. 借金

8. いご
   1. 以降　　2. 以後

9. ふかい
   1. 深い　　2. 探い

10. しょうばい
    1. 南売　　2. 商売

해설집 p.26

정답　1① 2② 3① 4② 5① 6① 7② 8② 9① 10②

표기 핵심단어 실전 연습 문제 ①

시간 3분 이내　채점　/6

問題2 ＿＿＿＿＿のことばを漢字で書くとき、最もよいものを、1・2・3・4から一つえらびなさい。

1 この町は、私がいぜん住んでいた頃とは変わってしまった。
　　1　似前　　　　2　以前　　　　3　以全　　　　4　似全

2 ここでタバコを吸うことはきんしされている。
　　1　禁止　　　　2　禁示　　　　3　禁正　　　　4　禁土

3 夫婦で話し合う時には、できるだけかんじょうてきにならないようにしている。
　　1　関清的　　　2　関情的　　　3　感清的　　　4　感情的

4 考えるだけでは何も変わらないので、まずはこうどうすることが大切だ。
　　1　行働する　　2　行動する　　3　公動する　　4　公働する

5 子供が一人でコップに牛乳をそそぐのを、隣で見ている。
　　1　往ぐ　　　　2　住ぐ　　　　3　注ぐ　　　　4　柱ぐ

6 この絵は、川の水がながれる様子が細かく描かれている。
　　1　流れる　　　2　潰れる　　　3　濡れる　　　4　汚れる

정답　1② 2① 3④ 4② 5③ 6①

표기 핵심단어 실전 연습 문제 ②

問題2 ＿＿＿＿＿のことばを漢字で書くとき、最もよいものを、1・2・3・4から一つえらびなさい。

1 この動物園では、うまにエサをあげる体験が人気だ。
1 豚　　　2 牛　　　3 猫　　　4 馬

2 明日から新しいがっきが始まるから、今日は早く寝よう。
1 楽器　　　2 学器　　　3 学期　　　4 字期

3 冬になって、たいようがしずむ時間が早くなってきた。
1 大陽　　　2 太揚　　　3 大揚　　　4 太陽

4 田中(たなか)さんは人前に出るのが苦手だったのに、歌手になるなんていがいだ。
1 以外だ　　　2 意外だ　　　3 案外だ　　　4 例外だ

5 怒りをおさえるには、ゆっくり深呼吸をするといいらしい。
1 抑える　　　2 迎える　　　3 加える　　　4 与える

6 ソファの下にペンが落ちてしまったが、手をのばすと取ることができた。
1 押ばす　　　2 伸ばす　　　3 延ばす　　　4 飛ばす

정답　1 ④　2 ③　3 ④　4 ②　5 ①　6 ②

표기 핵심단어 실전 연습 문제 ③

問題2 ＿＿＿＿のことばを漢字で書くとき、最もよいものを、1・2・3・4から一つえらびなさい。

1 この<u>あぶら</u>はカロリーが低いらしい。
　　1　汗　　　　2　湯　　　　3　油　　　　4　泡

2 京都は昔の<u>うつくしい</u>建物が今も残っている。
　　1　親しい　　2　楽しい　　3　恋しい　　4　美しい

3 <u>じょうひんな</u>言葉を話すように子供の頃から両親に教育された。
　　1　条品な　　2　成品な　　3　商品な　　4　上品な

4 昔から単語を<u>あんき</u>することが苦手だった。
　　1　唱紀する　2　暗記する　3　唱記する　4　暗紀する

5 後ろの車が前の車を<u>おいこそう</u>と近づいてきた。
　　1　追い越そう　2　追い超そう　3　追い起そう　4　追い趣そう

6 <u>かいけい</u>はカードでも可能ですが、現金で払うと安くなります。
　　1　合形　　　2　会形　　　3　合計　　　4　会計

정답　1 ③　2 ④　3 ④　4 ②　5 ①　6 ④

표기 핵심단어 **실전 연습 문제** ④

시간 3분 이내　채점　/6

問題2　＿＿＿＿＿のことばを漢字で書くとき、最もよいものを、1・2・3・4から一つえらびなさい。

1　新社会人は新しい環境でくろうするかもしれません。
　　1　若栄　　　　　2　苦労　　　　　3　疲労　　　　　4　若労

2　ここはふかいですから、あちらで泳いでください。
　　1　浅い　　　　　2　濃い　　　　　3　探い　　　　　4　深い

3　日本のしゅような輸出品は自動車の部品である。
　　1　主要な　　　　2　重要な　　　　3　主用な　　　　4　重用な

4　梅雨になって洗濯物が全然かわかない。
　　1　幹かない　　　2　招かない　　　3　乾かない　　　4　焼かない

5　急用ができてしまい、予約をとりけすしかなかった。
　　1　取り出す　　　2　取り削す　　　3　取り戻す　　　4　取り消す

6　警察によってくんれんされた犬が犯人を見つけたそうだ。
　　1　訓練　　　　　2　訓連　　　　　3　試練　　　　　4　試連

정답　1② 2④ 3① 4③ 5④ 6①

표기 핵심단어 실전 연습 문제 ⑤

시간 3분 이내　채점　/6

問題2 ＿＿＿＿のことばを漢字で書くとき、最もよいものを、1・2・3・4から一つえらびなさい。

1 彼は日本をだいひょうする野球選手で、世界でも有名だ。
　1　代表　　　2　代票　　　3　台表　　　4　台票

2 ダイエットの効果が出て、ズボンがゆるくなった。
　1　柔く　　　2　暖く　　　3　緩く　　　4　細く

3 この仕事は誰でもできるたんじゅんな作業です。
　1　単順な　　2　順調な　　3　簡単な　　4　単純な

4 野菜や果物の皮をむくのに便利なナイフを買った。
　1　巻く　　　2　剥く　　　3　向く　　　4　除く

5 たばこをなげすてることは禁止されている。
　1　役げ捨てる　2　投げ捨てる　3　投げ拾てる　4　役げ拾てる

6 とつぜん強い風が吹いて、かさが壊れた。
　1　窓然　　　2　突然　　　3　偶然　　　4　自然

해설집 p.29

정답　1①　2③　3④　4②　5②　6②

문맥규정 핵심단어
기본 다지기

채점 /10

괄호 안에 들어갈 알맞은 어휘를 둘 중에서 하나 고르세요.

1 あのホテルは見た目は古いが、中は（　　　　）。
　1　清潔だ　　　　　2　不満だ

2 ここで（　　　　）お待ちください。
　1　いつまでも　　　2　しばらく

3 先生に（　　　　）をもらって答えがわかった。
　1　ガイド　　　　　2　ヒント

4 これは子供のころからの（　　　　）だ。
　1　うそ　　　　　　2　くせ

5 この仕事は量が多くて時間が（　　　　）。
　1　かかる　　　　　2　かりる

6 東京の地下鉄はとても（　　　　）だ。
　1　大変　　　　　　2　複雑

7 初めて子供から手紙をもらって、（　　　　）した。
　1　感謝　　　　　　2　感動

8 部屋の電気が（　　　）消えた。
　　1　突然　　　　　　2　結構

9 先輩から頼まれた仕事を（　　　）ことにした。
　　1　引き受ける　　　2　受け取る

10 全国1位を（　　　）に頑張ります。
　　1　目標　　　　　　2　結果

정답　1 ①　2 ②　3 ②　4 ②　5 ①　6 ②　7 ②　8 ①　9 ①　10 ①

문맥규정 핵심단어 **실전 연습 문제 ①**

問題3 （　　　）に入るのに最もよいものを、1・2・3・4から一つえらびなさい。

1 最近きれいに写真を撮ることができるアプリの（　　　）が増えている。
　1　担当者　　　2　着用者　　　3　愛用者　　　4　責任者

2 問題を解く時間が足りなくて合格できなかったのが（　　　）。
　1　憎かった　　2　おしかった　3　悲しかった　4　悔しかった

3 寝坊したので、バスで行くより電車で行く方が（　　　）。
　1　自由だ　　　2　危険だ　　　3　お得だ　　　4　確実だ

4 毎年新年が（　　　）たびに、今年こそはダイエットしようと決めている。
　1　迎える　　　2　開ける　　　3　越える　　　4　明ける

5 報告書の漢字が間違っています。（　　　）ください。
　1　読み直して　2　書き直して　3　かけ直して　4　立て直して

6 実力を（　　　）するために毎日練習をする。
　1　オーバー　　2　クリック　　3　アウト　　　4　アップ

7 この遊園地は子供の日だけ子供の（　　　）が無料になります。
　1　乗車　　　　2　順番　　　　3　入場　　　　4　活動

8 一年間貯めた（　　　）で大好きなマンガを全部買った。
　1　くせ　　　　2　おこづかい　3　うわさ　　　4　お土産

9 会議に間に合わないので、（　　　）タクシーで向かった。
　　1　しょうがなく　　2　とんでもなく　　3　もったいなく　　4　つまらなく

10 台風が来るとニュースで言っていたので、（　　　）夜、よく眠れなかった。
　　1　面倒で　　　　2　盛んで　　　　3　心配で　　　　4　豊かで

11 田舎では星がたくさん（　　　）いるが、都会ではなかなか見られない。
　　1　のこって　　　2　きづいて　　　3　ういて　　　　4　かがやいて

정답　1③　2④　3④　4④　5②　6④　7③　8②　9①　10③　11④

問題3 (　　　) に入るのに最もよいものを、1・2・3・4から一つえらびなさい。

1 将来、自分のお店を出したいので、大学で (　　　) について学んだ。
1　計算　　　2　経営　　　3　就職　　　4　観光

2 台風で屋根が壊れ、水が落ちてきたので、急いで (　　　) を用意した。
1　バケツ　　2　グラス　　3　コップ　　4　ボール

3 交通事故を (　　　) ために、新しい法律ができました。
1　騒ぐ　　　2　守る　　　3　逃げる　　4　防ぐ

4 双子の友達は顔が (　　　) なので、区別するのが大変だ。
1　そっくり　2　がっかり　3　こっそり　4　ぎっしり

5 レストランを予約したが、予定が変わったので予約を (　　　)。
1　取り出した　2　取り付けた　3　取り上げた　4　取り消した

6 冬は (　　　) しやすいので、クリームをいつも使う。
1　乾燥　　　2　感想　　　3　放送　　　4　健康

7 とても辛い食べ物に (　　　) したが、辛すぎて食べられなかった。
1　チェックアウト　2　スタート　3　ブレーキ　4　チャレンジ

8 東京(とうきょう)に来た (　　　) はたくさん観光するためだ。
1　目的　　　2　見学　　　3　目標　　　4　事情

9 仕事がなくて経済的にとても（　　　）。
1　苦しい　　　2　悲しい　　　3　寒い　　　4　寂しい

10 この地方は土地が広いので、農業が（　　　）。
1　盛んです　　2　熱心です　　3　得意です　　4　派手です

11 海の（　　　）には、不思議な魚がたくさんいる。
1　裏　　　　2　底　　　　3　壁　　　　4　外

정답　1② 2① 3④ 4① 5④ 6① 7④ 8① 9① 10① 11②

문맥규정 핵심단어 실전 연습 문제 ③

問題3 （　　　）に入るのに最もよいものを、1・2・3・4から一つえらびなさい。

[1] お酒を飲みすぎて、帰り道で（　　　）する。
　　1　ぶらぶら　　2　さらさら　　3　ふらふら　　4　ずきずき

[2] 大家さんに今月分の（　　　）を払いにいく。
　　1　家賃　　2　給料　　3　税金　　4　借金

[3] 椅子に座りたかったがお年寄りがいたので、座るのを（　　　）。
　　1　自慢した　　2　我慢した　　3　観察した　　4　発車した

[4] とても人気のお店なので（　　　）行って並ぶ。
　　1　早めに　　2　少めに　　3　遅めに　　4　初めに

[5] （　　　）がないと難しいクイズは解くことができない。
　　1　センター　　2　マナー　　3　ケース　　4　ヒント

[6] 想像していた大きさと違ったので、とても（　　　）した。
　　1　のんびり　　2　さっぱり　　3　がっかり　　4　たっぷり

[7] （　　　）をつけるために、毎日20分ほどジョギングをする。
　　1　権力　　2　体力　　3　動力　　4　活力

[8] この服は（　　　）ので、小さいサイズをください。
　　1　ゆるい　　2　きつい　　3　だるい　　4　せまい

9 （　　　　）がどんどん上がっているので、とても住みにくい。
　　1　原価　　　　　2　材料　　　　　3　価値　　　　　4　物価

10 ドアを（　　　　）してから入るのが、常識です。
　　1　プライバシー　　2　チェック　　　3　ロッカー　　　4　ノック

11 雨が止んだので、傘を（　　　　）家に帰った。
　　1　たたんで　　　　2　のぞんで　　　3　つつんで　　　4　はさんで

정답　1③　2①　3②　4①　5④　6③　7②　8①　9④　10④　11①

問題3 （　　　）に入るのに最もよいものを、1・2・3・4から一つえらびなさい。

1 寝坊してあわてて家を（　　　）が、バスに間に合わなかった。
　1　踊り出した　　2　飛び出した　　3　呼び出した　　4　引き出した

2 みんなの意見が（　　　）で、一つにまとめるのが難しい。
　1　いらいら　　2　うろうろ　　3　ばらばら　　4　のろのろ

3 （　　　）メールでお願いした件は、どうなりましたか。
　1　しばらく　　2　このあいだ　　3　ふだん　　4　さっそく

4 映画館では携帯電話の使用が（　　　）されている。
　1　禁煙　　2　迷惑　　3　禁止　　4　命令

5 私は昔から（　　　）人とは仲良くなれない。
　1　ずうずうしい　　2　悲しい　　3　うらやましい　　4　険しい

6 私の家は（　　　）坂を登るとすぐにある。
　1　あきらかな　　2　退屈な　　3　平気な　　4　なだらかな

7 コロナの影響で観光客が（　　　）しまった。
　1　結んで　　2　減って　　3　増えて　　4　伸びて

8 今日中にレポートを完成させなければならないので、（　　　）ください。
　1　見送らないで　　2　仕上げないで　　3　話し合わないで　　4　話しかけないで

9 この（　　　）の正解は何でしょう。当ててみてください。
　　1　クイズ　　　2　サービス　　　3　テーマ　　　4　ユーモア

10 親戚のおばさんからデパートの（　　　）をもらった。
　　1　広告　　　2　商品　　　3　交換　　　4　申請

11 英語の論文を（　　　）に記事を書いた。
　　1　宣伝　　　2　証明　　　3　疑問　　　4　参考

해설집 p.34

정답　1② 2③ 3② 4③ 5① 6④ 7② 8④ 9① 10② 11④

問題3 （　　　）に入るのに最もよいものを、1・2・3・4から一つえらびなさい。

1 この荷物はあそこの（　　　）に入れておいてください。
　　1　底　　　　2　倉庫　　　　3　製品　　　　4　洗濯機

2 （　　　）時に、留学することにチャレンジするといいだろう。
　　1　賢い　　　2　貧しい　　　3　浅い　　　　4　若い

3 私はまだこの試験の点数に（　　　）していない。
　　1　合格　　　2　満足　　　　3　幸福　　　　4　不自由

4 汚いですから、この窓ガラスを（　　　）ください。
　　1　ふいて　　2　はいて　　　3　すいて　　　4　ひいて

5 すみませんが、残った料理を（　　　）んですが、いいですか。
　　1　見ていきたい　2　受け入れたい　3　持ち帰りたい　4　待ってみたい

6 多くの（　　　）がコンサートの後、外で待っていてくれた。
　　1　アナウンス　2　ファン　　　3　プロ　　　　4　エネルギー

7 しっかりと準備したので、発表は（　　　）だろう。
　　1　気を付ける　2　うまくいく　3　身につける　4　気になる

8 昨日から（　　　）がぐらぐらしているので、もうすぐ抜けそうだ。
　　1　気　　　　2　息　　　　　3　頭　　　　　4　歯

9 こんなに高級な食材がスーパーで売られているなんて（　　　）。
　　1　こいしい　　　2　めずらしい　　　3　まぶしい　　　4　ふかい

10 彼は試験に合格するために（　　　）教授の話を聞いている。
　　1　感情的に　　　2　抽象的に　　　3　熱心に　　　4　複雑に

11 麺を5分（　　　）後に、スープを入れてください。
　　1　そだてた　　　2　うつした　　　3　やいた　　　4　ゆでた

해설집 p.35

정답　1② 2④ 3② 4① 5③ 6② 7② 8④ 9② 10③ 11④

유의표현 핵심단어
기본 다지기

채점 /5

밑줄 친 단어나 문장과 가장 비슷한 표현을 둘 중에서 하나 고르세요.

1 この店のパンは毎日売り切れる。
　　1 全部売れない　　　2 全部売れる

2 地図で自分の位置を確かめる。
　　1 場所　　　　　　　2 成績

3 もうゲームはおしまいにしなさい。
　　1 はじめて　　　　　2 おわり

4 私は暗記するのが苦手です。
　　1 覚える　　　　　　2 教える

5 山田さんは逆の方に行きました。
　　1 外　　　　　　　　2 反対

정답 1 ② 2 ① 3 ② 4 ① 5 ②

유의표현 핵심단어 실전 연습 문제 ①

問題4 _____に意味が最も近いものを、1・2・3・4から一つえらびなさい。

1 スタイルも良くてお金持ちだなんて本当にうらやましい。
　　1　面白いと思う　　2　嫌だと思う　　3　良いと思う　　4　有名だと思う

2 海外旅行に行くためにパスポートを新しく作らなければならない。
　　1　免許証　　2　旅券　　3　辞書　　4　商品券

3 マンションの大家さんに引っ越しの挨拶をした。
　　1　オーナー　　2　リーダー　　3　メンバー　　4　パートナー

4 危険な場所から安全な場所へ避難する。
　　1　逃げる　　2　並ぶ　　3　伝える　　4　残る

5 私の通っている学校には厳しいルールがあります。
　　1　命令　　2　条件　　3　常識　　4　規則

정답　1 ③　2 ②　3 ①　4 ①　5 ④

유의표현 핵심단어 실전 연습 문제 ②

問題4 ＿＿＿＿＿に意味が最も近いものを、1・2・3・4から一つえらびなさい。

1 みんなから<u>回収した</u>アンケートの結果をまとめる。
 1 始めた   2 捨てた   3 集めた   4 配った

2 <u>いきなり</u>雨が<u>ざあざあ</u>降ってきた。
 1 弱く   2 優しく   3 長く   4 激しく

3 世の中に<u>欠点</u>のない人はいないだろう。
 1 いいところ   2 よくないところ   3 好きなところ   4 嫌いなところ

4 夏休みの一番の<u>思い出</u>は、家族とハワイに行ったことです。
 1 記憶   2 記録   3 印象   4 感動

5 出張で使った費用は<u>レシート</u>と一緒に提出してください。
 1 請求書   2 証明書   3 報告書   4 領収書

정답 1③ 2④ 3② 4① 5④

유의표현 핵심단어 실전 연습 문제 ③

問題4 _____ に意味が最も近いものを、1・2・3・4から一つえらびなさい。

1 彼はたしかに短気だが、悪い人ではない。
　　1　すぐ怒る　　　2　すぐ泣く　　　3　すぐ忘れる　　　4　すぐやめる

2 私は日本の漫画とドラマに興味があります。
　　1　趣味　　　　　2　心配　　　　　3　安心　　　　　　4　関心

3 病院でアレルギーがあるかどうか検査した。
　　1　探した　　　　2　調べた　　　　3　勉強した　　　　4　教えた

4 今回のテストの正答はホームページで確認してください。
　　1　答え　　　　　2　質問　　　　　3　結果　　　　　　4　成績

5 毎日家の近くにあるグラウンドを走っています。
　　1　体育館　　　　2　駐車場　　　　3　公園　　　　　　4　運動場

정답　1 ①　2 ④　3 ②　4 ①　5 ④

유의표현 핵심단어 **실전 연습 문제 ④**

問題4 _____ に意味が最も近いものを、1・2・3・4から一つえらびなさい。

1 彼は去年、海を横断してアメリカへ行った。
 1　渡って 2　走って 3　泳いで 4　飛んで

2 彼女はクラスの中で一番親しい友達だ。
 1　頭がいい 2　性格がいい 3　仲がいい 4　成績がいい

3 今回のイベントにはさまざまなアーティストが参加する。
 1　きれいな 2　いろいろな 3　国際的な 4　立派な

4 同じ漫画を何回も読んだらあきてしまった。
 1　たいくつになった 2　疲れてしまった
 3　迷ってしまった   4　いらいらした

5 明日までに英単語10個を暗記しなければならない。
 1　読まなければ 2　書かなければ
 3　復習しなければ 4　覚えなければ

정답　1 ①　2 ③　3 ②　4 ①　5 ④

유의표현 핵심단어 실전 연습 문제 ⑤

시간 5분 이내   채점   /5

問題4 _____ に意味が最も近いものを、1・2・3・4から一つえらびなさい。

1 ハンバーガーを頼んだら、コーヒーがただで飲める。
　　1　無料　　　　2　有料　　　　3　セット　　　　4　割引

2 選手たちを時には厳しく、時には優しく指導する。
　　1　教える　　　2　習う　　　　3　調べる　　　　4　思う

3 彼はさっきから黙って本を読んでいる。
　　1　寝ないで　　　　　　　　　2　何も食べないで
　　3　話を聞かないで　　　　　　4　何も言わないで

4 この病気のおもな原因はストレスだ。
　　1　効果的な　　2　代表的な　　3　具体的な　　　4　重要な

5 この二つにはたくさんの共通点があります。
　　1　変なところ　2　すごいところ　3　同じところ　4　違うところ

해설집 p.39

정답　1① 2① 3④ 4② 5③

용법 핵심단어
기본 다지기

채점 　/5

제시 단어를 올바르게 사용한 문장을 둘 중에서 하나 고르세요.

1 集合
　1 勉強に集合するために、携帯の電源を切った。
　2 集合する場所と時間をメールで送ります。

2 ゆるい
　1 ズボンがゆるいので、ベルトをした。
　2 この部屋はきれいでゆるい。

3 なだらかだ
　1 この図書館はなだらかで家から近い。
　2 なだらかな坂を登ると、きれいな夜景が見れる。

4 減少
　1 セールで服の値段が減少した。
　2 遊園地の利用者数が10%減少した。

5 落ち着く
　1 この曲を聞くと心が落ち着いて、リラックスできる。
　2 友達とカフェで落ち着いてから、映画を見に行く。

해설집 p.40

정답　1② 　2① 　3② 　4② 　5①

용법 핵심단어 실전 연습 문제 ①

問題5 つぎのことばの使い方として最もよいものを、1・2・3・4から一つえらびなさい。

1 行き先
1 もうすぐ空港行き先の最後の列車が到着します。
2 あの事件の犯人の行き先はまだ分かっていない。
3 彼は行き先を決めずに一人で旅に出ました。
4 メールの行き先を間違えないように注意する。

2 うまい
1 となりの部屋はいつも夜になるとうまいので眠れない。
2 田中さんは英語も上手だし、中国語もうまいです。
3 日本語スピーチコンテストで優勝できてうまかった。
4 私はうまいコーヒーよりも濃いコーヒーの方が好きだ。

3 一般的
1 一般的に日本人は寿司が好きな人が多いと言われている。
2 ストレスのせいで一般的に怒ることが多くなった。
3 テレビで商品を宣伝すると売上アップに一般的だ。
4 英語の実力を上げるために一般的に英語で話すようにしている。

4 移る
1 友達にだまされてお金を移ってしまった。
2 先生に頼んでレポートの締め切りを移ってもらった。
3 いつも人を移ってばかりでは、友達ができませんよ。
4 子供の風邪が、いつの間にか私にも移ってしまった。

5 似合う
1 サイズが似合いません。もっと大きいのありますか。
2 かわいいスカートですね。よく似合っていますよ。
3 今から走れば似合いますよ。急いでください。
4 私は父に似合っていると子供の時からよく言われてきた。

해설집 p.41

정답 1 ③ 2 ② 3 ① 4 ④ 5 ②

용법 핵심단어 실전 연습 문제 ❷

시간 5분 이내 채점 /5

問題5 つぎのことばの使い方として最もよいものを、1・2・3・4から一つえらびなさい。

1 おじぎをする
1 彼はミスをしたのにいつまでたってもおじぎをしなかった。
2 彼女に何かおじぎをしたいのですが、何をあげればいいですか。
3 明日は部長の誕生日です。みなさんでおじぎをしましょう。
4 たとえ試合に負けたとしても、最後は相手のチームにおじぎをするのがルールだ。

2 レジャー
1 来年この町に新しいレジャーの建物ができるそうだ。
2 外出先でお金を使った場合は必ずレジャーをもらってきてください。
3 この映画はコメディーと恋愛がレジャーしているのでとても人気がある。
4 帰る前にホテルのフロントでレジャーをしてください。

3 ぶらぶら
1 このアニメが人気な理由は、ぶらぶらさせる場面があるからだ。
2 毎日遅くまで勉強しているので、寝不足でぶらぶらだ。
3 約束の時間より早く着いたので、町をぶらぶらしていよう。
4 両親は仕事が忙しいので食事の時間はいつもぶらぶらだ。

4 話し合う
1 彼が話し合うと止まらないので、いつも会議が長くなる。
2 彼女はお腹の中の赤ちゃんに話し合っていた。
3 テレビで政治家たちが環境問題について話し合っていた。
4 部長が話し合うと、みんな黙っていたので課長が内容をまとめた。

5 流行る
1 子供の歯が流行ってきたので、歯みがきをしっかりしなければならない。
2 流行って暮らしている祖父に5年ぶりに会いに行く。
3 カーテンを買いに行く前にサイズを流行ってから行かなければならない。
4 私の父は若者の間で流行っている音楽を聞くことが好きだ。

해설집 p.41

정답 1 ④ 2 ① 3 ③ 4 ③ 5 ④

용법 핵심단어 실전 연습 문제 ③

問題5 つぎのことばの使い方として最もよいものを、1・2・3・4から一つえらびなさい。

1 就職
1. 職場まで朝の6時半に就職しなければならない。
2. 大学を卒業した後は、東京(とうきょう)にある会社に就職した。
3. 部長が来月で就職すると聞いて、とても残念だ。
4. 仕事で成果を出せば、その分早く就職する。

2 あやしい
1. 山田(やまだ)先生はいつもあやしいので、学生から人気がある。
2. 最近はとてもあやしくて、友達と遊ぶ時間もない。
3. 家の近くにあやしい人がいたので、警察に連絡した。
4. あやしくできたお店が人気で、いつも人が並んでいる。

3 同席
1. 明日の会議には、英語を話せる社員が同席する予定だ。
2. 彼は今日の授業を同席したので、後で連絡してみようと思う。
3. コンサートのチケットは、同席があれば当日でも買うことができる。
4. 今日はクラス全員が同席して、欠席した人がいない。

4 そっくり
1. 道が混んでいたが、時間そっくりに到着(とうちゃく)して良かった。
2. 迷子にならないように、子供の手をそっくりつかむ。
3. 私は、顔も性格も父親にそっくりだとみんなから言われる。
4. 彼の考え方や行動は、とてもそっくりで尊敬できる。

5 割れる
1. 友達とはさっき駅で割れたので、今は一緒にいない。
2. その兄弟は、二人でお菓子を上手に割れて、仲良く食べた。
3. この紙は割れやすいので、子供が楽しく持って遊べる。
4. 買ったばかりのコップなのに、割れてしまって悲しい。

해설집 p.42

정답 1② 2③ 3① 4③ 5④

용법 핵심단어 실전 연습 문제 ④

問題5 つぎのことばの使い方として最もよいものを、1・2・3・4から一つえらびなさい。

1 進歩
1 技術が進歩して、私たちの生活がどんどん便利になっている。
2 疲れて足が痛いが、もう少し進歩すれば目的地に到着する。
3 少しトラブルはあったが、今は予定通りに進歩している。
4 会社では、国内だけでなく海外への進歩も考えている。

2 だらしない
1 材料がだらしないので、この料理は作れないと思う。
2 田中さんは服装がだらしないので、印象があまり良くない。
3 風邪をひいたようで、起きたら体がだらしない。
4 学生時代の友達と、だらしない話をしながらお酒を飲んだ。

3 不安
1 勉強はしたが、テストで良い点が取れるか不安だ。
2 彼は仕事の内容に不安があるようで、いつも文句を言っている。
3 無事に手術が終わったという連絡が来たので、不安だ。
4 幸せに見える人でも自分を不安だと思う人はいる。

4 おぼれる
1 来週のテストのために、教科書にある単語を全ておぼれる。
2 バスの時間におぼれてはいけないので、早めに家を出る。
3 テーブルにぶつかったせいで、コーヒーがおぼれてしまった。
4 この川は意外と深いので、泳ぎが得意な人でもおぼれる。

5 売り切れる
1 今日注文した商品は、明日お店で売り切れることができる。
2 この大学は毎年大勢の留学生を売り切れています。
3 そのコンサートのチケットは、発売してすぐに売り切れた。
4 彼女はお店にある全ての商品を現金で売り切れた。

정답 1① 2② 3① 4④ 5③

용법 핵심단어 실전 연습 문제 ⑤

問題5 つぎのことばの使い方として最もよいものを、1・2・3・4から一つえらびなさい。

1 ぐらぐら
1　彼に1時間以上待たされてぐらぐらします。
2　大きな地震がきて家全体がぐらぐらゆれた。
3　この店は週末に行くと混んでいるが平日はぐらぐらだ。
4　小さい声でぐらぐら言わないではっきり言いなさい。

2 クリップ
1　クリップが取れて大事な書類が床に散らかった。
2　冬は肌が乾燥しやすいのでクリップをぬるといいです。
3　すみませんが、漢字の間違いがあるかどうかクリップしてください。
4　この授業ではクリップに合わせて自由な会話練習をします。

3 気がする
1　この機械を使う前に気がすることはありますか。
2　新しく買ったかばんが気がして毎日使っている。
3　私は学生の頃から彼のことが気がしている。
4　今夜は星が出ているので、明日は晴れそうな気がする。

4 連休
1　今週は試験があるので5日連休で寝ないで勉強している。
2　3連休は旅行に行くか家でゆっくりするか悩んでいる。
3　会議が予想より長くなって彼女に連休するのが遅くなった。
4　10分くらい連休してからまた仕事を始める。

5 若い
1　若いスカートよりも長いスカートの方が似合ってますよ。
2　その果物はまだ若いから食べてもおいしくないです。
3　この山は若いので初心者でも簡単に登ることができます。
4　若い頃は運動が得意だったが今はまったくできない。

해설집 p.44

정답　1②　2①　3④　4②　5④

JLPT 합격노하우 **yuhadayo.com**

언어지식

문법

문법 집중 공략
- **문제1** 문법형식 판단
- **문제2** 문장만들기
- **문제3** 글의 문법

기초 필수 문법 집중 공략
기초 필수 문법 리스트

기출문법 집중 공략
기출문법 리스트

핵심문법 집중 공략
핵심문법 리스트

문법 공략 포인트 알아보기

합격에 가까워지는
문법 문제풀이 꿀팁

⚙ N3 문법 문제 유형은 문법형식 판단, 문장만들기, 글의 문법 3가지가 있다. 문맥상 알맞은 문법이나 접속 형태, 접속사를 묻는 문제가 총 23문제 출제된다.

1 품사별 활용 문법을 익히자.

문제 풀이 전에 명사, 형용사, 동사 등과 접속하는 문법을 충분히 학습하도록 하자. 해당 문법이 어떠한 품사와 접속하는지도 중요하지만, 어떤 형태(보통형, ます형, ない형, て형, た형 등)로 접속하고 있는지도 확인해두어야 한다.

2 문법의 뉘앙스를 파악하자.

단순히 문법과 뜻만 달달 외운다고 해서 문제를 잘 풀 수 있는 것은 아니다. 해당 문법이 어떤 뉘앙스로 활용하는지 예문을 확인하면서 파악하는 것이 중요하다.

3 문제의 문장 전체를 확인하자.

모든 문법 문제의 경우는 문제 문장 전체를 읽고 의미를 확인해야지 문제를 풀 수 있다. 그러므로 괄호 또는 밑줄, 빈칸이 있는 앞뒤 문장의 내용과 문맥을 잘 이해해야 할 뿐만 아니라 접속 형태도 잘 파악하는 것이 중요하다.

문법 접속 알아보기

1. 기본형

말 그대로 단어의 원형으로, 명사를 제외한 형용사, 동사의 보통형 현재 긍정을 가리킨다.

2. た형

다른 말로는 '과거형'이라고도 하며, 모든 품사의 보통형 과거 긍정을 가리킨다.

명사		명사 ⊕ だった
い형용사		어미 い 빼고 ⊕ かった
な형용사		어미 だ 빼고 ⊕ だった
동사	1그룹	어미에 따라 4가지 규칙이 있다. ① 어미 う・つ・る 빼고 ⊕ った ② 어미 ぬ・ぶ・む 빼고 ⊕ んだ ③ 어미 く・ぐ 빼고 ⊕ いた・いだ ④ 어미 す 빼고 ⊕ した **예외** 行く 가다 → 行った 갔다
	2그룹	어미 る 빼고 ⊕ た
	3그룹	① する 하다 → した 했다 ② 来る 오다 → 来た 왔다

3 ない형

다른 말로는 '부정형'이라고도 하며, 보통형 현재 부정을 가리킨다.

명사		명사 ➕ じゃない・ではない
い형용사		어미 い 빼고 ➕ くない
な형용사		어미 だ 빼고 ➕ じゃない・ではない
동사	1그룹	어미 う단 ➡ あ단 ➕ ない *う로 끝나는 경우는 あ가 아닌 わ로 변경 후 ➕ ない
	2그룹	어미 る 빼고 ➕ ない
	3그룹	する 하다 ➡ しない 하지 않는다 来る 오다 ➡ 来ない 오지 않는다

4 て형

다른 말로는 '연결형'이라고도 하며, '~하고, ~해서'라고 해석된다.

명사		명사 ➕ で
い형용사		어미 い 빼고 ➕ くて
な형용사		어미 だ 빼고 ➕ で
동사	1그룹	어미에 따라 4가지 규칙이 있다. ① 어미 う・つ・る 빼고 ➕ って ② 어미 ぬ・ぶ・む 빼고 ➕ んで ③ 어미 く・ぐ 빼고 ➕ いて・いで ④ 어미 す 빼고 ➕ して [예외] 行く 가다 ➡ 行って 가고, 가서
	2그룹	어미 る 빼고 ➕ て
	3그룹	する 하다 ➡ して 하고, 해서 来る 오다 ➡ 来て 오고, 와서

5 보통형

보통형은 반말 표현으로 각 품사별 형태가 다르다. 각 품사별 예시 단어를 통해 형태를 알아보자.

시제 품사		현재		과거	
		긍정(기본형)	부정(ない형)	긍정(た형)	부정
명사		休(やす)みだ 휴일이다	休(やす)みじゃない 휴일이 아니다	休(やす)みだった 휴일이었다	休(やす)みじゃなかった 휴일이 아니었다
い형용사		暑(あつ)い 덥다	暑(あつ)くない 덥지 않다	暑(あつ)かった 더웠다	暑(あつ)くなかった 덥지 않았다
な형용사		暇(ひま)だ 한가하다	暇(ひま)じゃない 한가하지 않다	暇(ひま)だった 한가했다	暇(ひま)じゃなかった 한가하지 않았다
동사	1그룹	行(い)く 가다	行(い)かない 가지 않는다	行(い)った 갔다	行(い)かなかった 가지 않았다
	2그룹	食(た)べる 먹다	食(た)べない 먹지 않는다	食(た)べた 먹었다	食(た)べなかった 먹지 않았다
	3그룹	する 하다	しない 하지 않는다	した 했다	しなかった 하지 않았다
		来(く)る 오다	来(こ)ない 오지 않는다	来(き)た 왔다	来(こ)なかった 오지 않았다

6 명사 수식형

기본적으로 보통형은 명사수식이 가능하다. 다만, 명사와 な형용사의 보통형 현재 긍정의 경우는 명사 수식형이 다르다는 점에 주의하자.

명사	명사 ➕ の, 보통형 현재 부정만, 보통형 과거
い형용사	보통형 모두
な형용사	어미 だ 빼고 ➕ な, 보통형 현재 부정만, 보통형 과거
동사	보통형 모두

7 가정형

다른 말로는 'ば형'이라고도 하며, '~하면'이라고 해석된다.

명사	명사 ⊕ ならば
い형용사	어미 い 빼고 ⊕ ければ
な형용사	어미 だ 빼고 ⊕ ならば
동사 1그룹	기본형 어미 う단 → え단 ⊕ ば
동사 2그룹	기본형 어미 る 빼고 ⊕ れば
동사 3그룹	する 하다 → すれば 하면 来る 오다 → 来れば 오면

8 동사 ます형

동사의 정중형인 「〜ます ~합니다」의 접속 형태를 가리킨다. 각 그룹별로 ます형이 다르기 때문에 확인해두자.

1그룹 동사	기본형 어미 う단 → い단
2그룹 동사	기본형 어미 る 빼기
3그룹 동사	する 하다 → し 来る 오다 → 来(き)

9 동사 진행형

동사 て형과 접속하는 「〜ている ~하고 있다」형태를 가리킨다.

10 동사 의지형

'~하자, ~해야지'라고 해석되며 각 그룹별로 의지형이 다르기 때문에 확인해두자.

1그룹 동사	기본형 어미 う단 ➡ お단 ⊕ う
2그룹 동사	기본형 어미 る 빼고 ⊕ よう
3그룹 동사	する 하다 ➡ しよう 하자, 해야지 来る 오다 ➡ 来よう 오자, 와야지

11 동사 가능형

'~할 수 있다'라고 해석되며 각 그룹별로 가능형이 다르기 때문에 확인해두자.

1그룹 동사	기본형 어미 う단 ➡ え단 ⊕ る
2그룹 동사	기본형 어미 る 빼고 ⊕ られる
3그룹 동사	する 하다 ➡ できる 할 수 있다 来る 오다 ➡ 来られる 올 수 있다

12 형용사 어간

변형되지 않는 부분을 어간이라고 표현한다.

い형용사 어간	기본형 어미 い 빼기 かわいい 귀엽다 ➡ かわい
な형용사 어간	기본형 어미 だ 빼기 好きだ 좋아하다 ➡ 好き

문법 집중 공략

문제1 문법형식 판단

| 문법형식 판단 문제는 문장을 읽고 괄호 안에 들어갈 적절한 문법을 찾는 문제로 13문제 출제된다.

이렇게 풀자

문법형식 판단 문제의 경우 주로 두 가지 패턴으로 출제된다.

① 문법의 뜻을 묻는 문제

문법의 뜻을 묻는 문제는 문장을 완벽하게 해석하는 것이 중요하다. 또한 선택지에서 주어진 문법도 정확히 해석하여 올바른 정답을 골라야 한다. 공부하면서 해당 문법과 자주 쓰는 단어나 문장을 기억해 두면 비교적 쉽게 풀 수 있는 문제가 있다.

② 접속 형태를 묻는 문제

선택지에는 동일한 단어가 접속 형태만 다른 형식으로 출제되는 경우가 있다. 이때는 해석의 문제가 아니라 접속 형태를 알고 있는 것이 관건이다. 문법의 의미를 알고 있더라도 접속 형태를 모르면 놓치게 되는 문제이기 때문에 공부할 때 문법의 의미뿐만 아니라 접속 형태도 유의하도록 하자.

문제유형 예시　　　　　　　　　　　　　　　시간 1분 이내

問題1 つぎの文の（　　　）に入れるのに最もよいものを、1・2・3・4から一つえらびなさい。

1 昨日は部屋の電気をつけた（　　　）寝てしまいました。

　1　ついでに　　　2　まま　　　3　うえに　　　4　ことで

문제 1 다음 문장의 (   )에 넣기에 가장 알맞은 것을, 1·2·3·4에서 하나 고르세요.

| 정답 | ②

| 해석 | 어제는 방 전기를 킨 (   ) 자 버렸습니다.
　　　　1 ~하는 김에   2 ~한 채로   3 ~인 데다가   4 ~한 일로

| 해설 | 문맥상 알맞은 표현은 2 まま이다. 모두 た형과 접속이 되는 문법이지만, 뒤 문장과 자연스럽게 연결되기 위해서는 「동사 た형 ➕ まま ~한 채로」라는 문법이 가장 적합하다.

| 단어 | 昨日(きのう) 어제 | 部屋(へや) 방 | 電気(でんき) 전기 | つける 켜다 | 寝(ね)る 자다 | 〜てしまう ~해 버리다 |
　　　　〜ついでに ~하는 김에 | 〜まま ~한 채로 | 〜うえに ~인 데다가 | 〜ことで ~한 일로

문제 2 문장만들기

문장만들기 문제는 문장 구성력을 판단하기 위한 문제로 5문제 출제된다. 선택지에 나와있는 표현들을 문법 상 올바른 문장이 되도록 나열한 뒤, 별표에 들어가는 표현을 고르는 문제이다.

이렇게 풀자

문장만들기 문제의 경우, 해석에 초점을 두면 오답을 고를 확률이 높다. 우선은 문장 전체가 아닌 선택지의 조합을 먼저 확인하는 것이 좋다. 선택지에서 문법이나 의미적으로 묶이는 것들이 있다면 하나로 묶어둔 후에 전체를 확인하도록 하자. 또한 빈칸 앞뒤의 품사를 확인하면 의미 해석이 어렵더라도 문제를 풀 수 있는 경우가 있으므로 품사 확인에 유의하도록 하자.

문제유형 예시 ⏱ 시간 1분 이내

問題2 つぎの文の___★___に入る最もよいものを、1・2・3・4から一つえらびなさい。

1 風邪を ___ ___ ★ ___ 、とても元気になった。
　　1 飲んだ　　　2 引いたが　　　3 おかげで　　　4 薬を

| 문제 2 | 다음 문장의 ___★___ 에 들어갈 가장 알맞은 것을, 1・2・3・4에서 하나 고르세요.

| 정답 | ① 2-4-1-3

| 해석 | 감기에 걸려지만 약을 먹은 덕분에, 매우 건강해졌다.

| 해설 | '감기에 걸리다'는 風邪をひく이기 때문에 2번이 제일 처음으로 와야 한다. 그리고 '약을 먹다'는 薬を飲む이기 때문에 4-1번으로 연결된다. 3번 おかげで(~덕분에)는 동사 보통형과 접속을 하므로 1-3번으로 연결된다. 따라서 2-4-1-3로 문장을 만들면 1 飲んだ가 정답이다.

| 단어 | 風邪(かぜ)を引(ひ)く 감기에 걸리다 | 薬(くすり)を飲(の)む 약을 먹다 | ～おかげで ~덕분에 | とても 매우 | 元気(げんき)になる 건강해지다

문법 집중 공략

문제 3 글의 문법

글의 문법 문제는 주어진 하나의 글(500자 내외)을 읽어가며 빈칸에 들어갈 올바른 표현을 찾는 문제로 5문제 출제된다. 문법을 묻는 문제뿐만 아니라 내용을 묻는 문제 그리고 접속사를 묻는 문제가 출제된다.

이렇게 풀자

글의 문법 문제의 경우 독해처럼 느껴질 수 있지만 어디까지나 문법 문제라는 것을 잊으면 안 된다. 글의 전체를 이해해야 하는 점은 맞지만 해당 문제의 경우 문제로 출제되어 있는 해당 문장과 그 앞, 뒤만 확인하더라도 풀 수 있는 문제들이다. 만약 긴 글을 읽는 것이 부담되는 경우에는 문제로 출제되어 있는 문장 주변 해석에 집중하도록 하자. 또한 지시어와 접속사도 매 회 출제되고 있으므로 놓치지 않고 확인하도록 하자.

문제유형 예시　　　　　　　　　　　　　　　　　　　　　　⏱ 시간 10분 이내

問題3　つぎの文章を読んで、文章全体の内容を考えて、　19　から　23　の中に入る最もよいものを、1・2・3・4から一つえらびなさい。

下の文章は雑誌記事です。

　最近、町を歩いていると、「カーシェアリング」と書いてある店をよく見るようになった。　19　は、アプリを使用している会員の間で車を一緒に使うサービスのことだ。

　1990年代頃までは若者が欲しいものといえば車だった。そして、車を持っている人は社会的に高い地位にいる人だと考えられていた。しかし、最近は車を持つことで不便なことが増えているため、車を持ちたくない人が　20　と言われている。東京などの都会では電車やバスが便利なので、車を利用する機会はあまり多くない。つまり、車を持つことは経済的にマイナスの事の方が　21　。

　　22　、車を持ちたいとは思わないが、必要な時に利用したいと言う人もいる。そのために、カーシェアリングが生まれたのだ。カーシェアリングはアプリで予約　23　24時間利用可能である。お店に行かなくても近所にある駐車場へ行けば、すぐに車を借

りることができるのだ。利用時間も15分または30分ごとに利用できるので、買い物に行く時など簡単に使うことができる。

　このようなビジネスは毎年盛んになっていて、会員数も増えている。今、一番注目を受けているサービスだ。

19
1　だれ　　　　2　あれ　　　　3　どれ　　　　4　これ

20
1　増えてしまう　　　　　　　2　増えてきている
3　増えるかもしれない　　　　4　増えることはない

21
1　多くても構わない　　　　　2　多いということだ
3　多くなくてもいい　　　　　4　多いわけではない

22
1　そこで　　　　2　それに　　　　3　ところが　　　　4　なぜなら

23
1　するため　　　　　　　　　2　せずに
3　するだけで　　　　　　　　4　するたびに

문제 3 다음 문장을 읽고, 문장 전체 내용을 생각해서, 19 부터 23 안에 들어갈 가장 알맞은 것을, 1·2·3·4에서 하나 고르세요.

| 정답 | 19 ④   20 ②   21 ②   22 ②   23 ③

| 해석 | 아래의 문장은 잡지 기사입니다.

> 최근에, 마을을 걷고 있으면 '카 셰어링'이라고 하는 가게를 자주 보게 되었다. **19** 은, 앱을 사용하고 있는 회원끼리 자동차를 함께 사용하는 서비스를 말한다.
> 1900년대쯤까지는 젊은이가 갖고 싶은 것이라고 하면 자동차였다. 그리고 자동차를 가지고 있는 사람은 사회적으로 높은 지위에 있는 사람이라고 생각되고 있었다. 하지만, 최근에는 자동차를 가지는 것으로 불편한 일이 늘어나고 있기 때문에, 자동차를 가지고 싶어 하지 않는 사람이 **20** 라고 말해지고 있다. 도쿄 등 도시에서는 전철이나 버스가 편리하기 때문에, 자동차를 이용할 기회는 별로 많지 않다. 즉 자동차를 가지는 것은 경제적으로 마이너스인 쪽이 **21** .
> **22** , 자동차를 가지고 싶다고는 생각하지 않지만, 필요할 때에 이용하고 싶다고 하는 사람도 있다. 그 때문에 카 셰어링이 생겨난 것이다. 카 셰어링은 앱으로 예약 **23** 24시간 이용 가능하다. 가게에 가지 않아도 근처에 있는 주차장에 가면, 바로 자동차를 빌릴 수 있는 것이다. 이용 시간도 15분 또는 30분마다 이용할 수 있어서, 물건을 사러 갈 때 등 간단하게 사용할 수 있다.
> 이러한 비즈니스는 매년 번성해지고 있으며, 회원수도 증가하고 있다. 지금, 가장 주목을 받고 있는 서비스이다.

| 해설 | **19**

1 누구   2 저것   3 어느 것   4 이것

문맥에 맞는 지시어를 고르는 문제이다. 앞 부분의 카 셰어링을 지시하고 있으므로 빈칸에 들어갈 지시어로 알맞은 것은 4 これ(이것)이다.

표현 정리 誰(だれ) 누구 | あれ 저것 | どれ 어느 것 | これ 이것

20

1 증가해 버린다   2 증가하기 시작하고 있다   3 증가할지도 모른다   4 증가할 일은 없다

문맥에 맞는 문법 표현을 고르는 문제이다. 앞 부분에 最近は車を持つことで不便なことが増えているため(최근에는 자동차를 가지는 것으로 불편한 일이 늘어나고 있기 때문에)를 보면 문맥상 자동차를 가지고 싶어 하지 않는 사람이 증가하고 있다는 것이 뒷부분에 오는 것이 자연스럽다. 따라서 2 増えてきている(증가하기 시작하고 있다)가 정답입니다.

표현 정리 ~てしまう ~해 버리다 | ~てくる ~해오다, ~해지다, ~하기 시작하다 | ~かもしれない ~일지도 모른다 | ~ことはない ~일은 없다, ~할 필요는 없다

21

1 많아도 상관없다   2 많다고 한다   3 많지 않아도 좋다   4 많은 것은 아니다

문맥에 맞는 문법 표현을 고르는 문제이다. 앞 부분에서 자동차를 가지면 안 좋은 이유를 설명하고 있으므로 나쁜 일 쪽이 많다고 앞의 내용과 이어지도록, 즉 이러한 의미라고 설명하는 표현이 오는 것이 자연스럽다. 따라서 2 多いということだ(많다고 한다)가 정답이다.

> **표현 정리** 〜ても構(かま)わない ~해도 상관없다 | 〜ということだ ~라고 한다, ~라는 것이다 | 〜なくてもいい ~하지 않아도 된다 | 〜わけではない (반드시) ~인 것은 아니다

22

1 그래서   2 게다가   3 하지만   4 왜냐하면

문맥에 맞는 접속사를 고르는 문제이다. 빈칸 뒤에서 ~라고 말하는 사람도 있다며 부가적인 설명을 하고 있다. 따라서 빈칸에 들어갈 접속사로 알맞은 것은 2 それに(게다가)이다.

> **표현 정리** そこで 그래서 | それに 게다가 | ところが 하지만 | なぜなら 왜냐하면

23

1 하기 위해서   2 하지 않고   3 하는 것만으로   4 할 때마다

문맥에 맞는 문법 표현을 고르는 문제이다. 카 셰어링에 대한 특징을 말하는 부분으로 앱으로 예약하는 것만으로 24시간 이용 가능하다는 것을 나타내는 것이 문맥상 가장 자연스럽니다. 따라서 3 するだけで(하는 것만으로)가 정답이다.

> **표현 정리** 〜ため ~하기 위해서 | 〜ずに ~하지 않고 | 〜だけで ~만으로 | 〜たびに ~마다

단어 町(まち) 동네, 마을 | 歩(ある)く 걷다 | カーシェアリング 카 셰어링 | アプリ 앱 | 会員(かいいん) 회원 | サービス 서비스 | 年代(ねんだい) 연대 | 頃(ころ) 적 | 若者(わかもの) 젊은이 | 欲(ほ)しい 원하다, 갖고 싶다 | 地位(ちい) 지위 | 不便(ふべん)だ 불편하다 | 増(ふ)える 늘다, 증가하다 | 都会(とかい) 도시 | 便利(べんり)だ 편리하다 | 利用(りよう) 이용 | 機会(きかい) 기회 | 経済的(けいざいてき)に 경제적으로 | マイナス 마이너스 | 生(う)まれる 태어나다, 생기다 | 可能(かのう) 가능 | 近所(きんじょ) 근처 | すぐに 바로 | 借(か)りる 빌리다 | 〜ごとに ~마다 | 年々(ねんねん) 해마다 | 盛(さか)んだ 번성하다 | 数(すう) 수 | 注目(ちゅうもく) 주목

기초 필수 문법 집중 공략
N3 문법을 본격적으로 학습하기 전에 꼭 알아야 할 기초 필수 문법을 정리하였습니다.

1 조사

조사란?
조사란 보조 역할을 하는 품사로서 문장을 자연스럽게 만들어 주는 역할을 한다. 이러한 조사를 사용하여 문장을 연결하면 보다 매끄럽고 좋은 문장을 만들 수 있다.

01 から ~에서, ~부터, ~에게

시작점을 나타내거나 누구에게 어떠한 것을 받는다고 할 때 사용한다.

会社から歩いて行きます。 회사에서 걸어서 갑니다.
この財布はお母さんからもらいました。 이 지갑은 어머니에게 받았습니다.

02 まで ~까지

시간적인 완료 시점이나 공간적인 도착 시점을 나타낼 때 사용한다.

💡**TIP** 「までに ~까지」는 まで보다 좀 더 명확한 기한 또는 완료 시점을 나타낸다.

駅から家までどのくらいかかりますか。 역에서 집까지 어느 정도 걸립니까?
3時までに課題を提出してください。 3시까지 과제를 제출해 주세요.

03 も ~도, ~이나

같은 내용을 나열하거나 예상외로 수량이 많다는 것을 표현할 때 사용한다.

最近は野菜も果物も高い。 최근에는 야채도 과일도 비싸다.
無料のサンプル商品が3つも入っている。 무료 샘플 상품이 3개나 들어있다.

04 より ~보다

두 가지 대상을 비교할 때 사용한다.

自転車より電車が楽だ。 자전거보다 전철이 편하다.
英語より日本語の方が簡単です。 영어보다 일본어가 더 간단합니다.

05 こそ ~야말로

긍정적 의미로 사용되며 강조하는 역할을 한다.

こちら**こそ**どうぞよろしくお願いします。 이쪽**이야말로** 잘 부탁드립니다.
私**こそ**すみません。 저**야말로** 죄송합니다.

06 ずつ ~씩

대부분 수량을 나타내는 단어에 붙어 같은 양을 균등하게 나누거나 반복하는 상태를 나타낼 때 사용한다.

一人、一つ**ずつ**持って行ってください。 한 사람당 한 개**씩** 가지고 가주세요.
テスト用紙を一枚**ずつ**取って後ろに渡してください。 시험 용지를 한 장**씩** 가지고 뒤로 건네주세요.

07 しか ~밖에

주관적인 관점에서의 표현으로 주어진 수량이 부족하다 느끼는 경우에 사용한다.

TIP 「동사 기본형 + しかない」는 '~할 수밖에 없다'라고 활용된다는 점도 알아두자. p.219 기초 확인 문법

教科書がまだ届いていなくて、今はノート**しか**ない。
교과서가 아직 도착하지 않아서 지금은 노트**밖에** 없다.
私は料理をあまりしないので調味料は塩**しか**ない。
나는 요리를 그다지 안 하기 때문에 조미료는 소금**밖에** 없다.

08 とか ~라든지, ~라든가 [기출]

대표적인 예를 이야기할 때 사용하며, 「~とか~とか」의 형태로 열거할 수도 있다.

コナン**とか**ドラえもん**とか**のアニメが人気です。
코난**이라든가** 도라에몽**이라든가**의 애니메이션이 인기입니다.
道が分からない時は、人に聞く**とか**ネットで調べる**とか**してください。
길을 모를 때에는 다른 사람에게 묻는다**든지** 인터넷으로 찾는다**든지** 해주세요.

09 や ~이나

복수의 명사를 연결할 때 사용한다. 「AやB」 형태로 A와 B 이외에도 다른 것이 더 있다는 뉘앙스이다.

デパート**や**スーパーで買い物をします。 백화점**이나** 슈퍼마켓에서 쇼핑을 합니다.
私の趣味は小説**や**漫画を読むことです。 제 취미는 소설**이나** 만화를 읽는 것입니다.

10 くらい・ぐらい 정도

최소한의 정도를 대략적으로 나타낼 때 사용한다.

> **TIP** 조사 이외에서 명사로서도 활용이 가능하다.

食費は毎月3万円**くらい**かかる。 식비는 매달 3만 엔 **정도** 든다.
昼休みに2時間**くらい**昼寝をした。 점심시간에 2시간 **정도** 낮잠을 잤다.

11 ほど 정도, 만큼

어떤 일의 정도를 강조할 때 사용한다.

> **TIPS** 조사 이외에서 명사로서도 활용이 가능하다.

君**ほど**信頼できる人はいない。 너**만큼** 신뢰할 수 있는 사람은 없다.
合格通知書をもらって、飛び上がる**ほど**嬉しかった。 합격 통지서를 받고 날아갈 **정도**로 기뻤다.

12 ばかり 만, 뿐

언급된 대상 외에 다른 것도 있지만, 이 대상에 가장 많은 시간이나 감정, 부분을 차지하는 경우에 사용한다.

最近、彼女の事**ばかり**考えている。 최근 그녀**만** 생각하고 있다.
今年の夏は、友達と遊ばないで一人で海**ばかり**行った。 올해 여름은 친구와 놀지 않고 혼자서 바다**만** 갔다.

13 だけ 만, 뿐, 만큼

객관적 사실에 초점을 두어 범위와 수량을 한정할 때 사용한다.

> **TIP** 명사뿐만 아니라 형용사, 동사에게 접속하여「できるだけ 가능한 한」「好きなだけ 좋아하는 만큼」이라고도 사용할 수 있다.

このカフェは冷たい飲み物**だけ**売っている。 이 카페는 차가운 음료**만** 팔고 있다.
ここからお菓子を好きな**だけ**持って行ってください。 여기에서 과자를 좋아하는 **만큼** 가지고 가주세요.

14 でも ~라도

다른 선택지도 있지만 하나를 예를 들어 제안하거나 의뢰하는 경우에 사용한다.

今日の夕飯はラーメン**でも**食べるか。 오늘 저녁밥은 라멘이**라도** 먹을까?
食後にコーヒー**でも**どうですか。 식후에 커피**라도** 어떠세요?

15 など ~등

한자로 「等」라고 표기하며, 비슷한 내용을 나열하거나 어떤 내용에 대한 예시를 나타낼 때 사용한다.

TIP 조사 이외에서 명사로서도 활용이 가능하다.

スーパーで牛肉、野菜、お菓子**など**を買いました。 슈퍼마켓에서 소고기, 채소, 과자 **등**을 샀습니다.

お茶やコーヒー**など**どうですか。 차나 커피 **등** 어떻습니까?

16 か ~인가, ~인지

의문사와 함께 쓰여 불확실한 것을 나타낼 때 사용한다. 그리고 두 가지를 나열하고 그중 어느 하나라는 뉘앙스가 있다.

どこ**か**遠く旅行に行きたい。 어딘**가** 멀리 여행하러 가고 싶다.

彼とは一度**か**二度会ったことがある。 그와는 한 번**인가** 두 번 만난 적이 있다.

✓ 최신 기출 경향 알아보기!

| 문제 |　① 何かいいことがあったのか、彼はうれしそうな顔（　　　）している。
　　　　　② 妹がくれたチョコレートは、私（　　　）甘すぎて全部食べられなかった。
　　　　　③ 服装は自由だったが、私はスーツ（　　　）大学の入学式に参加した。

| 정답 |　① **を** 뭔가 좋은 일이 있었던 것인지, 그는 기쁜 듯한 얼굴 (을) 하고 있다
　　　　　② **には** 여동생이 준 초콜릿은, 나 (에게는) 너무 달아서 전부 먹지 못했다.
　　　　　③ **で** 복장은 자유였지만, 나는 수트 (로) 대학 입학식에 참가 했다.

2 수수표현

수수표현이란?
수수표현이란 주거나 받는 동작을 가리키는 말이다. 주는 대상과 받는 대상에 따라서 일본어에서는 3가지 표현으로 구분하여 사용한다.

01 ~てあげる (내가, 남이 남에게) ~해 주다

나 혹은 상대방이 제3자에게 도움이 되는 일이나 어떠한 행동을 해 주는 경우에 사용한다.

💡**TIP** 겸양 표현「~てさしあげる ~해 드리다」도 함께 알아두자.

접속 　동사 て형
　　　教_{おし}えてあげる 가르쳐 주다

妹_{いもうと}にマフラーを作_{つく}ってあげた。 여동생에게 목도리를 **만들어 주었다**.
子供_{こども}に絵本_{えほん}を読_よんであげます。 아이에게 그림책을 **읽어 줍니다**.
荷物_{にもつ}を持_もって差_さし上_あげます。 짐을 **들어드릴게요**.

02 ~てくれる (남이 나, 내가 속한 그룹에게) ~해 주다

상대방이 나 혹은 내가 속한 그룹에게 자발적으로 어떠한 행동을 해 준 경우에 사용한다.

💡**TIP** 존경 표현「~てくださる ~해 주시다」도 함께 알아두자.

접속 　동사 て형
　　　話_{はな}してくれる 이야기해 주다

友達_{ともだち}が怒_{おこ}った理由_{りゆう}を私_{わたし}に話_{はな}してくれた。 친구가 화낸 이유를 나에게 **이야기해 주었다**.
田中_{たなか}さんが車_{くるま}で駅_{えき}まで送_{おく}ってくれました。 다나카 씨가 차로 역까지 **데려다주었습니다**.
多_{おお}くの方_{かた}が協力_{きょうりょく}してくださいました。 많은 분이 **협력해 주셨습니다**.

03 ～てもらう ~해 받다, ~해 주다

내가 상대방에게 부탁하여 상대방이 해 준 경우에 많이 사용한다. '~해 받다'라고 직역하면 어색한 경우가 많다. 그러므로 '~해 주다'로 자연스럽게 해석하되, 겸양의 의미가 있다는 것을 기억해두자.

💡**TIP** 겸양 표현 「～ていただく ~해 받다」도 함께 알아두자.

접속　동사 て형
　　　見(み)せてもらう 보여 주다(받다)

部屋(へや)の片付(かたづ)けをお母(かあ)さんに手伝(てつだ)ってもらった。
방 정리를 어머니가 도와주었다. (직역 : 방 정리를 어머니에게 도와 받았다.)

知(し)らない人(ひと)に道(みち)を教(おし)えてもらいました。
모르는 사람이 길을 가르쳐 주었습니다. (직역 : 모르는 사람에게 길을 가르쳐 받았습니다.)

この資料(しりょう)を見(み)ていただきたいです。이 자료를 봐 주셨으면 좋겠습니다. (직역 : 이 자료를 봐 받고 싶습니다.)

3 수동형/사역형/사역수동형

01 수동형 ~당하다, ~해지다, ~되다

기본적으로 '당하다'라고 해석되며 우리말에서 수동형은 거의 쓰이지 않기 때문에 문장에 따라서 의역될 수 있다.

① 피해를 당한 경우 : 내가 피해를 본 상황에 사용한다. 피해의 수동(내가 어떠한 피해를 본 상황)의 경우 [대상 ⊕ に ⊕ 수동형]의 문장을 [대상 ⊕ が ⊕ 기본형]의 형태로 바꾸면 해석이 쉬워진다.

② 주어가 직접적인 영향을 받는 경우 : 주로 「〜によって ~에 의해서」, 「〜から ~로부터」와 함께 사용한다.

③ 자발 : 의도하지 않은 상태에서 저절로 어떤 동작이나 행위가 발생한 경우에 사용한다.

④ 존경 : '~하시다'로 해석되어 존경 표현의 역할을 한다.

접속   1그룹 う단 ➡ あ단 ⊕ れる ★う로 끝나는 경우는 あ가 아닌 わ로 변경 후 ⊕ れる
　　　　作る 만들다 ➡ 作られる 만들어지다

　　　　2그룹 る 빼고 ⊕ られる
　　　　ほめる 칭찬하다 ➡ ほめられる 칭찬받다

　　　　3그룹
　　　　する 하다 ➡ される 당하다
　　　　くる 오다 ➡ こられる 옴을 당하다

---

① 弟に私のプリンを**食べられた**。 남동생이 내 푸딩을 **먹었다**. (직역 : 남동생에게 내 푸딩을 **먹혔다**.)

② この絵は世界的に有名な画家によって**描かれました**。
　 이 그림은 세계적으로 유명한 화가에 의해서 **그려졌습니다**.

③ 雨に**降られて**服が全部濡れました。
　 비를 **맞아서** 옷이 전부 젖었습니다. (직역 : 비에 **옴을 당해서** 옷이 전부 젖었습니다.)

④ 私が中学生のとき、担任だった先生が**結婚された**。
　 내가 중학생일 때, 담임이었던 선생님이 **결혼하셨다**.

02 사역형 ~시키다, ~하게 하다

상대방에게 어떤 행동을 시킬 때 사용하는 표현이다. 주로 명령이나 허락, 감정 유발의 의미로 사용한다.

접속　1그룹 う단 ➔ あ단 ＋ せる ★う로 끝나는 경우는 아가 아닌 わ로 변경 후 ＋ せる
飲む 마시다 ➔ 飲ませる 마시게 하다

2그룹 る 빼고 ＋ させる
起きる 일어나다 ➔ 起きさせる 일어나게 하다

3그룹
する 하다 ➔ させる 시키다
くる 오다 ➔ こさせる 오게 하다

妹に荷物を全部**持たせる**。여동생에게 짐을 전부 **들게 한다**. (명령)
この光は誰にも**消させない**。이 빛은 누구에게도 **끄게 하지 않겠다**. (허락)
姉は風邪をひいて、両親を**心配させました**。언니는 감기에 걸려서, 부모님을 **걱정하게 했습니다**. (감정 유발)

03 사역수동형 억지로 ~하다(어쩔 수 없이 ~하다), ~하게 되다

말하는 사람의 의지와는 상관없이 누군가가 시켜 마지못해 행동을 하는 경우에 사용한다. 또는 외부의 자극에 의해 어떤 행동을 하게 되다라는 의미로 사용한다.

접속　1그룹 う단 ➔ あ단 ＋ せられる・される
★す로 끝나는 경우는 される로 변형되지 않음
★う로 끝나는 경우는 아가 아닌 わ로 변경 후 ＋ せられる・される
行く 가다 ➔ 行かせられる・行かされる 억지로 가다

2그룹 る 빼고 ＋ させられる
考える 생각하다 ➔ 考えさせられる 생각하게 되다

3그룹
する 하다 ➔ させられる 어쩔 수 없이 하다
くる 오다 ➔ こさせられる 어쩔 수 없이 오다

先輩に飲み会の代金を**支払わされた**。선배가 **억지로** 회식비를 **지불하게 했다**.
文化祭で女子の制服を**着させられた**。학교 축제에서 **어쩔 수 없이** 여자 교복을 **입게 되었다**.
親に休みの日も**勉強させられた**。부모님이 시켜서 쉬는 날도 **억지로 공부했다**.

4 추측/전문 표현

추측 표현이란?
추측 표현이란 어떠한 근거로 미래를 예상하거나 불확실한 판단을 표현하는 말을 가리킨다. 일본어에서는 뉘앙스에 따라 4가지 표현으로 구분하여 사용한다.

전문 표현이란?
전문 표현이란 남에게 들은 것이나 어떤 매체를 통하여 얻은 사실이나 정보를 전달하는 것을 가리킨다.

01 〜そうだ (전문) ~라고 한다

타인이나 매체를 통해 얻은 정보를 그대로 전달할 때 사용한다. 종조사 よ를 붙이거나 정중형(そうです)로만 활용이 가능하다. 그외의 な형용사 활용은 불가하다.

접속

동사 보통형	い형용사 보통형
来るそうだ 온다고 한다	重いそうだ 무겁다고 한다
な형용사 보통형	명사 보통형
有名だそうだ 유명하다고 한다	日本人だそうだ 일본인이라고 한다

彼は来月4年間付き合った彼女と**結婚するそうだ**。 그는 다음 달에 4년간 사귄 여자친구와 **결혼한다고 한다**.
彼女は今週、バイトがあるから**忙しいそうだ**。 그녀는 이번 주 아르바이트가 있기 때문에 **바쁘다고 한다**.

02 〜そうだ (양태) ~일(할) 것 같다, ~처럼 보인다

어떤 대상을 보자마자 느낀 감정이나 생각을 나타낼 때 사용한다. な형용사처럼 활용이 가능하다.

접속

(긍정)

동사 ます형
(涙が)出そうだ (눈물이) 나올 것 같다

い형용사 어간
おいしそうだ 맛있어 보인다
★ いい・よい 좋다 → よさそうだ 좋아 보인다
  ない 없다 → なさそうだ 없을 것 같다

な형용사 어간
真面目そうだ 성실할 것 같다

(부정)

동사 ない형 ⊕ なさそうだ
降らなさそうだ 내리지 않을 것 같다

い형용사 어간 ⊕ くなさそうだ
忙しくなさそうだ 바쁘지 않을 것 같다

な형용사 어간 ⊕ じゃ(では)なさそうだ
便利じゃなさそうだ 편리하지 않을 것 같다

💡**TIP** 동사의 경우 〜そうに(も)ない・〜そうもない로도 부정형을 표현할 수 있다. ▶p.241 기출문법

明日からは、梅雨も明け、**暑くなりそうです**。 내일부터는, 장마도 그치고 **더워질 것 같습니다**.
今月は残業が多くて今にも**倒れそうだ**。 이번 달은 야근이 많아서 당장이라도 **쓰러질 것 같다**.
息子は**面白くなさそうな**顔をしている。 아들은 **재미없는 듯한** 얼굴을 하고 있다.

03 ~ようだ ~인(한) 것 같다

어떤 대상을 보고 주관적인 근거와 생각에 의해 판단한 내용을 표현할 때 사용한다. な형용사처럼 활용이 가능하다.

> **TIP** 명사 + のようだ의 형태로 어떤 사물에 비유하여 표현할 수 있다.

접속　동사 보통형　　　　　　　　　　　　　い형용사 보통형
　　　忘(わす)れたようだ 잊은 것 같다　　　面白(おもしろ)いようだ 재미있는 것 같다

　　　な형용사 명사 수식형　　　　　　　　명사 명사 수식형
　　　簡単(かんたん)なようだ 간단한 것 같다　　　人形(にんぎょう)のようだ 인형인 것 같다

私(わたし)がいつも行(い)っているスーパーは、今日(きょう)は休(やす)みのようだ。 내가 항상 가는 슈퍼는 오늘은 **휴일인 것 같다**.
救急車(きゅうきゅうしゃ)が多(おお)いですね。あそこで交通事故(こうつうじこ)があったようです。
구급차가 많네요. 저기서 교통사고가 **있었던 것 같습니다**.
娘(むすめ)はまるで天使(てんし)のようにかわいい。 딸은 마치 **천사인 것 같이** 귀엽다. (비유)

04 ~みたいだ ~인(한) 것 같다

「~ようだ」의 회화체로 의미상의 차이가 없다. 다만, 접속 형태가 다르므로 접속에 주의하자. 또한 な형용사처럼 활용이 가능하다.

접속　동사 보통형　　　　　　　　　　　　　い형용사 보통형
　　　別(わか)れたみたいだ 헤어진 것 같다　　　寂(さび)しいみたいだ 외로운 것 같다

　　　な형용사 보통형 ★현재 긍정의 경우 だ 빼고 접속　　명사 보통형 ★현재 긍정의 경우 だ 빼고 접속
　　　必要(ひつよう)みたいだ 필요한 것 같다　　　石(いし)みたいだ 돌 같다

彼(かれ)は私(わたし)より、あの人(ひと)の方(ほう)が好(す)きみたいだ。 그는 나보다, 저 사람 쪽을 **더 좋아하는 것 같다**.
このホテルはお城(しろ)みたいに美(うつく)しい。 이 호텔은 **성같이** 아름답다. (비유)

05 ～らしい (전문) ~라고 한다

어디선가 전해 들은 말 등의 다소 객관적인 근거, 정보를 바탕으로 말을 전달할 때 사용한다. 화제에 대한 화자의 관심도가 낮고, 낮은 확신으로 말을 전달하는 것이 특징이며, い형용사처럼 활용이 가능하다.

접속	동사 보통형		い형용사 보통형
	帰る(かえる)らしい 돌아간다고 한다		高い(たかい)らしい 비싸다고 한다
	な형용사 보통형 ★현재 긍정의 경우 だ 빼고 접속		명사 보통형 ★현재 긍정의 경우 だ 빼고 접속
	大変(たいへん)らしい 힘들다고 한다		先生(せんせい)らしい 선생님이라고 한다

彼(かれ)は来月(らいげつ)、日本(にほん)へ**帰国(きこく)するらしい**。 그는 다음 달, 일본에 **귀국한다고 한다**.
あの店(みせ)のチャーハンはとても**おいしいらしい**。 저 가게의 볶음밥은 몹시 **맛있다고 한다**.

06 ～らしい (추측) ~한 것 같다

어디선가 전해 들은 말 등의 다소 객관적인 근거, 정보를 바탕으로 불확실한 추측을 하는 경우에 사용한다. 책임감이나 부담감을 동반하지 않는 가벼운 추측형 발언을 할 때 사용되는 것이 특징이다.

💡TIP 명사와 접속할 경우 '~답다'라고 해석되는 경우도 있다. 🔍 p.239 기출문법

접속	동사 보통형		い형용사 보통형
	降(ふ)るらしい 내리는 것 같다		忙(いそが)しいらしい 바쁜 것 같다
	な형용사 보통형 ★현재 긍정의 경우 だ 빼고 접속		명사 보통형 ★현재 긍정의 경우 だ 빼고 접속
	元気(げんき)らしい 건강한 것 같다		工事中(こうじちゅう)らしい 공사중인 것 같다

部屋(へや)から音(おと)がした。**誰(だれ)かいるらしい**。 방에서 소리가 났다. **누군가 있는 것 같다**.
人(ひと)がたくさん並(なら)んでいる。この店(みせ)は**有名(ゆうめい)らしい**。 사람이 많이 줄 서 있다. 이 가게는 **유명한 것 같다**.

5 가정 표현

가정 표현이란?
가정 표현이란 '~면'이라고 해석되는 표현으로, 사실이 아니거나 아직 일어나지 않은 일 또는 조건 등을 표현하는 말이다. 일본어에서는 뉘앙스에 따라 4가지 표현으로 구분하여 사용한다.

01 ～と ~하면(반드시), ~했더니

주로 자연 현상, 불변의 진리, 필연적인 사실, 반복적인 습관 등 당연한 일에 사용한다. 그래서 '~하면 반드시 ~한다'라는 뉘앙스가 있다. 단 뒤 문장이 과거형으로 올 경우, '~했더니'로 해석한다.

접속	동사 보통형 현재	い형용사 보통형 현재
	降(ふ)ると (비, 눈 등이) 내리면	寒(さむ)いと 추우면
	な형용사 보통형 현재	명사 보통형 현재
	静(しず)かだと 조용하면	春(はる)だと 봄이면

日本(にほん)に3月(がつ)に行(い)くと、花見(はなみ)ができます。 일본에 3월에 **가면**, 꽃구경을 할 수 있습니다.
窓(まど)を開(あ)けると雨(あめ)が降(ふ)っていた。 창문을 **열었더니** 비가 내리고 있었다.

02 ～ば ~하면(조건)

'A하면 B한다'라고 조건을 내걸지만, 그 안에는 'A하지 않으면 B 안한다'는 뜻을 내포한다. 주로 예상 가능한 2가지 상황 중, 어느 쪽을 선택할지 결정하지 못한 상황에서 사용하며, 또한 속담이나 실제로 일어나기 어려운 일을 예로 들 때에도 사용한다.

접속	동사 가정형	い형용사 가정형
	行(い)けば 가면	安(やす)ければ 싸면
	な형용사 가정형	명사 가정형
	楽(らく)ならば 편하면	秋(あき)ならば 가을이면

たくさん食(た)べれば太(ふと)ります。 많이 **먹으면** 살찝니다.
部屋(へや)が暑(あつ)ければ窓(まど)を開(あ)けてください。 방이 **더우면** 창문을 여세요.
ちりも積(つ)もれば山(やま)となる。 먼지도 **쌓이면** 산이 된다. (속담 : 티끌 모아 태산)

03 〜なら ~라면

상대방이 말한 내용에 대해서 조언, 추천, 제안, 권유를 할 때 주로 사용한다.

> **TIP** 1인칭 주어인 「私(わたし)」와 붙어 「私(わたし)なら 나라면」의 형태로 쓰기도 하지만, 「私なら」의 경우 윗사람에게 사용하지 않는 것이 좋다.

접속
동사 보통형
考(かんが)えるなら 생각한다면

い형용사 보통형
暑(あつ)いなら 덥다면

な형용사 보통형 ★현재 긍정의 경우 だ 빼고 접속
不便(ふべん)なら 불편하다면

명사 보통형 ★현재 긍정의 경우 だ 빼고 접속
仕事(しごと)なら 일이라면

プロポーズを**するなら**指輪(ゆびわ)を買(か)ったほうがいいです。 프러포즈를 **한다면** 반지를 사는 것이 좋습니다.
頭(あたま)が**痛(いた)いなら**、家(いえ)に帰(かえ)ってもいいですよ。 머리가 **아프면**, 집에 돌아가도 좋습니다.

04 〜たら ~면, ~하고 나서, ~했더니

'A라는 상황이 완료된다면 B다'를 나타내는 표현으로, 가정 표현 중 가장 폭넓게 쓰는 구어체 표현이다. 과거형으로 접속하지만 이때 의미는 '~면'이며, '~하고 나서'로 해석해도 이상하지 않다. 단, 뒤 문장이 과거형으로 올 경우, 'A했더니 B했다'로 해석하며 이미 일어난 일에 대해 말하는 표현이 된다.

접속
동사 보통형 과거
来(き)たら 오면

い형용사 보통형 과거
早(はや)かったら 빠르면

な형용사 보통형 과거
安全(あんぜん)だったら 안전하면

명사 보통형 과거
子供(こども)だったら 아이이면

家(いえ)に**着(つ)いたら**、連絡(れんらく)してください。 집에 **도착하면**, 연락 주세요.
薬(くすり)を**飲(の)んだら**熱(ねつ)が下(さ)がった。 약을 **먹었더니** 열이 내렸다.

6 경어

경어란?
경어는 일본식 표현으로 존경어 ⊕ 겸양어 ⊕ 정중어(です・ます)를 가리키는 말이다.

존경어 | 상대방을 높여주는 말로 한국어로 예를 들면 하시다, 드시다 등이 있다.

겸양어 | 나를 낮추는 말로 한국어 겸양어가 거의 없지만 예를 들면 드리다, 여쭈다 등이 있다.

01 특수 경어 표현

특수 경어란 기본형의 형태가 사라지고 완전히 새로운 단어가 되는 존경어와 겸양어를 가리킨다. 이런 특수 경어는 규칙이 없기 때문에 통째로 암기를 해야 한다.

존경어 (상대를 높임)	기본형	겸양어 (나를 낮춤)
いらっしゃる 계시다 [기출]	いる 있다	おる 있다
いらっしゃる 가시다, 오시다 [기출]	行く 가다 来る 오다	参る 가다, 오다
おっしゃる 말씀하시다 [기출]	言う 말하다	申す・申し上げる 말씀드리다
ご覧になる 보시다 [기출]	見る 보다	拝見する 보다
召し上がる 드시다	食べる 먹다 飲む 마시다	いただく 먹다, 마시다 [기출]
なさる 하시다	する 하다	いたす 하다 [기출]
ご存じだ 아시다	知る 알다	存じる 알다
—	思う 생각하다	存じる 생각하다
—	会う 만나다	お目にかかる 뵙다 [기출]
—	聞く 듣다, 묻다 訪ねる 찾다, 방문하다	伺う 여쭙다, 찾아뵙다 [기출]
—	もらう 받다	いただく 받다
—	あげる 주다	差し上げる 드리다
くださる 주시다	くれる 주다	—

山田やまださんは**いらっしゃいますか**。 야마다 씨는 **계십니까?**(존경어)
お客きゃくさま様の**おっしゃる**通とおりです。 고객님께서 **말씀하시는** 대로입니다.(존경어)
会かい議ぎの資し料りょうは**ご覧らんになりましたか**。 회의 자료는 **보셨습니까?**(존경어)
お目めにかかれて嬉うれしいです。 **만나 뵐 수 있어서** 기쁩니다.(겸양어)
本ほん日じつの午ご後ご、そちらに**伺うかがいます**。 오늘 오후, 그쪽으로 **찾아뵙겠습니다**.(겸양어)
部ぶ長ちょうから旅りょ行こうのお土み産やげを**いただきました**。 부장님으로부터 여행의 기념품을 **받았습니다**.(겸양어)

02 お(ご) ➕ ます형/명사 ➕ する・いたす ~해 드리다

겸양 표현으로 윗사람 앞이나 격식을 차리는 자리에서 나의 행동을 낮출 때 사용한다. 「する」보다 「いたす」가 더 정중한 표현이다.

접속	동사 ます형	명사
	お持もちする 들어 드리다	ご説せつ明めいする 설명드리다

タクシーを**お呼よびしましょうか**。 택시를 **불러드릴까요?**
空あいているお部へ屋やを**お調しらべいたします**。 비어 있는 방을 **찾아 드리겠습니다**.

03 お(ご) ➕ ます형/명사 ➕ になる ~하시다

상대방이 어떠한 행동을 하는 것을 높여 표현할 때 사용한다. 주의할 점은 조사 「に」를 함께 쓴다는 점이다.

접속	동사 ます형	명사
	お聞きになる 들으시다	ご出しゅっ席せきになる 출석하시다

ご注ちゅう文もんは**お決きまりになりましたか**。 주문은 **결정되셨습니까?**
担たん当とう者しゃの方かたは**お帰かえりになりましたか**。 담당자분은 **돌아가셨습니까?**

04 お(ご) ➕ ます형/명사 ➕ ください ~해 주십시오

「～てください ~해 주세요」보다 정중하게 말할 때 사용한다.

접속	동사 ます형	명사
	お待まちください 기다려 주십시오	ご注ちゅう意いください 주의해 주십시오

こちらに**お座すわりください**。 이쪽에 **앉아 주십시오**.
何なにかご質しつ問もんがあれば、**ご連れん絡らくください**。 뭔가 질문이 있으면, **연락해 주십시오**.

05 ございます 있습니다(정중어)

「ある 있다」의 정중어 「ござる」에서 파생된 표현이다. ます형태는 「ござります」가 아닌 「ございます」라는 것에 유의하자.

접속   変更がございます 변경이 있습니다 / 部屋にございます 방에 있습니다

あなたにお聞きしたいことが**ございます**。 당신에게 묻고 싶은 것이 **있습니다**.
お手洗いはこちらを右に曲がった所に**ございます**。 화장실은 이쪽을 오른쪽으로 돌아간 곳에 **있습니다**.

06 ～でございます '입니다'의 정중한 표현

「～です ~입니다」의 정중한 표현으로 격식을 차리는 자리 혹은 윗사람에게 이야기하는 경우에 사용한다.

접속   명사
       コーヒーでございます 커피입니다 / 鈴木でございます 스즈키입니다

こちらのメニューが今日のおすすめ**でございます**。 이쪽의 메뉴가 오늘의 추천**입니다**.
お値段が1,200円**でございます**。 가격이 1,200엔**입니다**.

07 ～させてください ~하게 해 주세요 [기출]

자신이 원하는 어떠한 행동을 하기 위해서 상대방의 허락을 구하는 표현이다.

접속   동사 사역형
       やらせてください 하게 해 주세요.

東京タワーの前で写真を**撮らせてください**。 도쿄 타워 앞에서 사진을 **찍게 해주세요**.
ここで**働かせてください**。 여기서 **일하게 해주세요**.

08 〜させてもらう・〜させていただく ~하겠다, ~하겠습니다 기출

'~하게 하다(사역형)'와 '받다'가 결합된 표현으로 직역하면 '~하게 함을 받다'가 된다. 즉, 내가 어떠한 행동을 하는 것에 대해 상대방의 허락을 받겠다는 정중한 뉘앙스로 사용된다. させていただく는 させていただきます의 형태로 '(제가)~하겠습니다'라고 말할 때 비지니스 상황에서 자주 사용한다.

💡TIP 「もらう」보다 정중하게 이야기할 때에는 「いただく」를 사용한다.

접속　동사 사역형
　　　休ませていただく 쉬겠다

喉が渇いたので、友達の飲み物を飲ませてもらった。
목이 말라서, 친구의 음료를 마셨다.(직역 : 목이 말라서 친구의 음료를 마시게 해 받았다).

今日から私が担当させていただきます。
오늘부터 제가 담당하도록 하겠습니다.(직역 : 오늘부터 제가 담당해 받겠습니다).

09 〜てもらえませんか ~해 줄 수 없습니까? 기출

상대방에게 정중하게 부탁할 때 사용하는 표현이다.

접속　동사 て형
　　　貸してもらえませんか 빌려 주실 수 없습니까?

私の話を聞いてもらえませんか。제 이야기를 들어 주실 수 없습니까?

ちょっと、静かにしてもらえませんか。조금, 조용히 해 줄 수 없습니까?

10 〜ていただけませんか ~해 주실 수 없겠습니까? 기출

상대방에게 부탁하는 표현으로「〜てもらえませんか」보다 훨씬 정중하게 이야기하는 경우에 사용한다.

접속　동사 て형
　　　教えていただけませんか 가르쳐 주실 수 없겠습니까?

新しいパソコンを買っていただけませんか。새로운 컴퓨터를 사 주실 수 없겠습니까?

加藤さんに今日、私が来たことを伝えていただけませんか。
카토 씨에게 오늘, 제가 온 것을 전해 주실 수 없겠습니까?

7 기초 확인 문법

01 〜から ~때문에, ~니까

주로 주관적이거나 개인적인 이유를 나타낼 때 사용한다. 남발하는 경우 핑계를 대는 느낌을 주므로 사용에 주의하자.

접속
동사 보통형
食(た)べたから 먹었기 때문에

い형용사 보통형
遅(おそ)いから 느리기 때문에

な형용사 보통형
有名(ゆうめい)だから 유명하기 때문에

명사 보통형
会社(かいしゃ)だから 회사이기 때문에

昨日(きのう)、遅(おそ)く**寝(ね)たから**学校(がっこう)に遅刻(ちこく)してしまった。 어제, 늦게 **잤기 때문에** 학교에 지각해 버렸다.
夏(なつ)**だから**食材(しょくざい)が腐(くさ)りやすい。 **여름이기 때문에** 식자재가 썩기 쉽다.

02 〜ので ~때문에, ~니까

주로 객관적인 이유(인과관계, 사실관계 등)을 나타낼 때 사용하며 「〜から ~때문에」보다는 정중한 느낌을 준다.

접속
동사 보통형
来(く)るので 오기 때문에

い형용사 보통형
うれしいので 기쁘기 때문에

な형용사 명사 수식형
簡単(かんたん)なので 간단하기 때문에

명사 보통형 ★현재 긍정의 경우 だ 빼고 ⊕ な
学校(がっこう)なので 학교이기 때문에

このデザインは**派手(はで)なので**もう少(すこ)しシンプルにしてください。
이 디자인은 **화려하기 때문에** 조금 더 심플하게 해주세요.
明日(あした)も**仕事(しごと)なので**今日(きょう)は早(はや)めに帰(かえ)りたいです。 내일도 **일이 있어서** 오늘은 일찍 돌아가고 싶습니다.

03 〜のに ~인데도, ~텐데

예상과는 다른 결과가 발생했을 때 사용한다.

접속	동사 보통형	い형용사 보통형
	待ったのに 기다렸는데	低いのに 낮은데
	な형용사 명사 수식형	명사 보통형 ★현재 긍정의 경우 だ 빼고 ⊕ な
	危険なのに 위험한데	試験なのに 시험인데

あの子は**痩せているのに**よく食べる。 저 애는 **말랐는데도** 잘 먹는다.
まだ**幼いのに**しっかりしている。 아직 **어린데도** 착실하다.

04 〜けど・〜けれど ~이지만

「〜けど」와 「〜けれど」는 둘 다 '~이지만, ~인데'의 뜻으로 해석되나, 「けれど」가 더 정중한 느낌을 주어 격식이 필요한 장면에서 사용한다.

💡TIP 같은 의미로 「〜が ~지만」도 있다는 것도 함께 알아두자.

접속	동사 보통형	い형용사 보통형
	反対するけど 반대하지만	甘いけど 달지만
	な형용사 보통형	명사 보통형
	きれいだけど 예쁘지만	警察だけど 경찰이지만

母は普段は**優しいけど**、怒ると怖いです。 어머니는 평소에는 **상냥하지만**, 화내면 무섭습니다.
韓国料理はすごく**辛いけど**おいしい。 한국 요리는 매우 **맵지만** 맛있다.

05 〜がする (느낌이) 들다/나다

어떠한 감정이나 감각을 느끼고 이를 표현하는 경우에 사용한다.

접속	(감각)명사 ★주로 匂い 냄새・香り 향기・音 소리・味 맛・気 기분 등과 같은 명사와 접속한다.
	カレーの匂いがする 카레 냄새가 난다

このお菓子はキャラメルの**味がする**。 이 과자는 캐러멜 **맛이 난다**.
家の外から大きな**音がした**。 집 밖에서 큰 **소리가 났다**.

06 〜しかない ~할 수밖에 없다

선택지가 없거나 제한적인 상황으로 그 행동을 할 수밖에 없다고 할 때 사용한다.

접속	동사 기본형
	中止するしかない 중지할 수밖에 없다

誰もリーダーをやらないなら私が**やるしかない**。 아무도 리더를 하지 않는다면 내가 **할 수밖에 없다**.
そのイベントは今日までなので今日**行くしかない**。 그 이벤트는 오늘까지이기 때문에 오늘 **갈 수밖에 없다**.

07 〜にする ~로 하다

여러 선택지 중 하나를 결정할 때 사용한다. 주로 쇼핑이나 메뉴를 정할 때 사용한다.

접속	명사
	コーラにする 콜라로 하다

A「まなちゃんは何飲む?」 마나짱은 뭐 마실래?
B「私はまず**ビールにする**。」 나는 우선 **맥주로 할래**.
やっぱり、さっき見た白い**テレビにします**。 역시, 아까 본 하얀 **TV로 하겠습니다**.

08 〜によると・〜によれば ~에 의하면, ~에 따르면

전달하는 내용의 출처나 근거를 나타낼 때 사용한다. 전문 표현인 「〜そうだ・〜らしい ~라고 한다」와 함께 쓰이는 경우가 많다.

접속	명사
	ニュースによると 뉴스에 의하면

研究によると、この病気は子供にかかりやすいらしい。 **연구에 의하면**, 이 병은 아이들에게 걸리기 쉽다고 한다.
天気予報によれば、明日は大雪だそうだ。 **일기예보에 따르면**, 내일은 폭설이라고 한다.

09 ～ことになる ~하게 되다

타인의 의지로 예정, 계획이 결정된다는 의미로 사용한다. 또는 자신의 의지로 결정한 것이라고 부드럽게 말하는 뉘앙스이다.

접속　동사 기본형
　　　出張することになる 출장가게 되다

僕たち、来年結婚することになりました。 저희들, 내년에 **결혼하게 되었습니다**.
来月、引っ越しすることになりました。 다음 달, **이사를 하게 되었습니다**.

10 ～ため(に) ~위해서

어떠한 행동을 하는 목적을 나타낼 때 사용한다. 「～ためだ ~위해서다」와 「～ための ~위한」 형태도 함께 기억해두자.

접속　동사 기본형　　　　　　　　　　　명사 ⊕ の
　　　試験に受かるため 시험에 합격하기 위해서　　就職のため 취직을 위해서

家族のために料理を作る。 **가족을 위해서** 요리를 만든다.
将来、家を**買うため**お金を貯める。 장래 집을 **사기 위해서** 돈을 저축한다.

11 ～ため(に) ~때문에

원인과 이유를 나타낼 때 사용한다. 딱딱한 문어체로, 객관적인 사실을 전달하는 신문이나 논문, 뉴스 등에서 자주 등장한다. 일상적인 회화에서는 거의 사용하지 않는다. 「～ためだ ~때문이다」와 「～ためか ~때문인지」 형태도 함께 기억해두자.

💡TIP 「から・ので」와 비교해서 격식 있는 뉘앙스이다.

접속　동사 보통형　　　　　　　　　　　い형용사 보통형
　　　ぶつかったため 부딪혔기 때문에　　　　遠いため 멀기 때문에

　　　な형용사 명사 수식형　　　　　　　　명사 명사 수식형
　　　親切なため 친절하기 때문에　　　　　事故のため 사고 때문에

今日はみんなで遊びに行く予定だったが、**雨のため**中止になった。
오늘은 다 같이 놀러 갈 예정이었지만, **비 때문에** 중지되었다.
最近**忙しいため**、彼女に全然会えていない。 최근에 **바쁘기 때문에**, 여자친구를 전혀 만나지 못하고 있다.

12 ～な ~하지 마(금지) 기출

강한 어조로 어떠한 행위를 하지 않도록 명령할 때 사용한다. 주로 부모가 자식에게, 선생님이 학생에게 혹은 친한 친구 사이 등 정중함을 갖출 필요가 없는 관계에서 사용하는 표현이다.

| 접속 | 동사 기본형 |

あきらめるな 포기하지 마

ここに座るな。 여기에 앉지 마.
作品に触るな。 작품에 손대지 마.

13 ～出す (갑자기) ~하기 시작하다

예기치 못한 상태에서 갑작스럽게 어떠한 동작이 시작된 경우에 사용한다.

> **TIP** 같은 의미를 가진 「～始める ~하기 시작하다」는 서서히 시작되는 행동일 때 사용한다는 점에서 차이가 있다.

| 접속 | 동사 ます형 |

泣き出す 울기 시작하다

その女性はいきなり怒り出した。 그 여성은 갑자기 화를 내기 시작했다.
突然雨が降り出して、びしょびしょに濡れてしまった。 갑자기 비가 내리기 시작해서 흠뻑 젖어버렸다.

14 ～ながら ~하면서

같은 타이밍에 두 가지 행동을 동시에 진행할 때 사용한다.

| 접속 | 동사 ます형 |

歌を歌いながら踊る 노래를 부르면서 춤추다

テレビを見ながらご飯を食べる。 TV를 보면서 밥을 먹는다.
音楽を聴きながら歩く。 음악을 들으면서 걷는다.

15 〜たことがある ~한 적이 있다

과거의 경험을 나타내는 표현이다.

> **TIP** 부정형은 「〜たことがない ~한 적이 없다」로 표현한다. 「〜たこともある ~한 적도 있다」라고 조사를 변경하여 표현할 수도 있다.

접속　동사 た형
　　　住んだことがある 산 적이 있다

私は一度ヨーロッパに行ったことがある。 나는 한 번 유럽에 간 적이 있다.

ユナさんはバンジージャンプをしたことがありますか。 유나 씨는 번지점프를 한 적이 있습니까?

16 〜たり〜たり ~하거나 ~하거나

여러 선택지 중 대표적인 2, 3가지를 이야기할 때 사용한다. 과거형과 접속하지만 의미는 과거가 아니다.

접속　동사 た형
　　　本を読んだり音楽を聞いたり 책을 읽거나 음악을 듣거나

週末のデートは映画を見たりカフェに行ったりしたい。
주말 데이트는 영화를 보거나 카페에 가거나 하고 싶다.
仕事が終わった後は、運動をしたり友達に会ったりします。
일이 끝난 후는, 운동을 하거나 친구를 만나거나 합니다.

17 〜ちゃう・〜じゃう ~해 버리다 [기출]

「〜てしまう・〜でしまう ~해 버리다」의 회화체로 어떤 일을 끝마친 경우나, 지난 일에 대한 후회나 유감을 나타낼 때 사용한다.

접속　동사 て형
　　　買っちゃう 사 버리다

昨日買った漫画を全部読んじゃった。 어제 산 만화를 전부 읽어버렸다.
家に教科書を忘れてきちゃった。 집에 교과서를 잊고 와버렸다.

18 ～てから ~하고 나서 기출

연관성이 있는 두 행위가 시간적인 순서대로 연달아서 일어나는 경우에 사용한다.

접속 동사 て형
　　　考(かんが)えてから 생각하고 나서

明日(あした)の予定(よてい)を**確認(かくにん)してから**伝(つた)えます。 내일 예정을 **확인하고 나서** 전하겠습니다.
靴(くつ)を**脱(ぬ)いでから**部屋(へや)に入(はい)ってください。 신발을 **벗고 나서** 방에 들어오세요.

19 ～てはだめだ ~해서는 안 된다

어떤 행동을 해서는 안 된다고 하는 경우에 사용한다. 캐주얼한 표현으로 상대에게 간단하게 행동을 금지하거나 충고할 때 사용할 수 있다.

> **TIP** 회화체로 바꾸면 「～ちゃ(じゃ)だめだ」이다.

접속 동사 て형
　　　飲(の)んではだめだ 마셔서는 안 된다

嘘(うそ)を**ついてはだめだ**。 거짓말을 **해서는 안 된다**.
まだ終(お)わっていない。最後(さいご)まで**諦(あきら)めてはだめだ**。 아직 끝나지 않았다. 마지막까지 **포기해서는 안 된다**.

20 ～てはならない ~해서는 안 된다

다소 딱딱한 표현으로 법이나, 보편적으로 금지되는 행위에 대해 사용한다.

> **TIP** 「～てはいけない」와 같은 의미이다.

접속 동사 て형
　　　残(のこ)してはならない 남겨서는 안 된다

眠(ねむ)くても、運転中(うんてんちゅう)は絶対(ぜったい)に**寝(ね)てはならない**。 졸려도 운전 중에는 절대로 **자면 안 된다**.
図書館(としょかん)では大(おお)きい声(こえ)で**話(はな)してはならない**。 도서관에서는 큰 목소리로 **이야기해서는 안 된다**.

21　〜てほしい (남이) ~해 주길 바란다, ~해 주었으면 한다

내가 상대방에게 바라는 일이 있거나 요구, 부탁을 할 때 사용한다.

> **TIP** 부정형은 간접적인 뉘앙스의 「〜てほしくない ~하길 원하지 않는다」와 직접적인 뉘앙스의 「〜ないでほしい ~안 했으면 좋겠다」가 있다.

접속　동사 て형
　　　教えてほしい 가르쳐 줬으면 좋겠다

恋人がほしいので、誰かいい人を**紹介してほしい**。
애인이 생겼으면 좋겠어서, 누군가 좋은 사람을 **소개해 줬으면 한다**.

あなたに会社を**やめてほしくない**。 당신이 회사를 **그만두길 원하지 않는다**.
この事は、他の人には**言わないでほしい**。 이 일은, 다른 사람에게는 **말하지 않아 주었으면 한다**.

22　〜てもいい ~해도 된다(허가)

어떠한 행동에 대한 허가, 허락을 하는 표현이다. 주로 「〜てもいいですか ~해도 됩니까?」 형태로 허락을 구하는 표현으로 많이 사용한다.

접속　동사 て형
　　　吸ってもいい (담배를) 피워도 된다

先生の許可をもらったら携帯を**使ってもいいです**。 선생님의 허가를 받으면 휴대전화를 **사용해도 됩니다**.
すみません。この服、**着てみてもいいですか**。 죄송합니다. 이 옷, **입어 봐도 됩니까?**

23　〜なくてもいい ~하지 않아도 된다(허가)

「〜てもいい」의 반대 표현으로 어떠한 행동을 할 필요가 없다는 것을 나타낼 때 사용한다.

접속　동사 ない형
　　　行かなくてもいい 가지 않아도 된다

それはN1の文法なので、今はまだ**知らなくてもいい**。 그것은 N1 문법이기 때문에 지금은 아직 **몰라도 된다**.
まだ時間があるので**急がなくていいですよ**。 아직 시간이 있기 때문에 **서두르지 않아도 돼요**.

24 ~なくて ~하지 않아서(이유)

원인과 이유를 나타내는 표현으로, 앞 문장의 일을 하지 않아서 뒤 문장의 결과가 초래된 경우에 사용한다.

접속　동사 ない형
　　　書かなくて 적지 않아서

旅行に行けなくて残念だ。 여행에 **갈 수 없어서** 유감이다.
お店の予約をしていなくて先輩に怒られた。 가게의 예약을 **하지 않아서** 선배에게 혼났다.

25 ~ないで ~하지 않고(문장의 연결)

어떠한 일을 하지 않은 상태에서 다른 행동을 하는 경우에 사용한다. 「~なくて ~하지 않아서」와 혼동되지 않도록 주의하자.

TIP 문장 끝에 사용할 때는 '~하지 마'라는 금지의 의미가 있다.

접속　동사 ない형
　　　払わないで 지불하지 않고

朝ごはんを食べないで来ました。 아침밥을 **먹지 않고** 왔습니다.
昨日は寝ないでテスト勉強をした。 어제는 **자지 않고** 테스트 공부를 했다.

26 ~ず(に) ~하지 않고, ~하지 말고

앞의 어떠한 행동을 하지 않고 일을 진행하는 경우에 사용한다.

TIP 「~ないで ~하지 않고」와 같은 의미지만, 좀 더 정중하다.

접속　동사 ない형 ★する는 しずに가 아니라 せずに로 활용
　　　待たずに 기다리지 않고

昨日は夜までバイトがあったので寝ずに課題をした。
어제는 밤까지 아르바이트가 있었기 때문에 **자지 않고** 과제를 했다.
営業時間を調べずに行ったら今日は営業していなかった。
영업시간을 **찾아보지 않고** 갔더니 오늘은 영업하고 있지 않았다.

27 ～なくてはならない ~하지 않으면 안 된다

개인적인 판단으로 당연히 어떠한 행동을 해야 한다는 필요성을 나타낼 때 사용하며, 문어체이다.

접속 동사 ない형
　　　　従わなくてはならない 따르지 않으면 안 된다

親はいつも子供を**守らなくてはならない**。 부모는 항상 아이를 **지키지 않으면 안 된다**.
外国語が上手になるためには毎日その言語で**話さなくてはならない**。
외국어를 잘하게 되기 위해서는 매일 그 언어로 **이야기하지 않으면 안 된다**.

28 ～なくてはいけない ~하지 않으면 안 된다

「～なくてはならない」와 같은 의미로 사용되는 구어체이다. 또한 「なくては」 부분을 「なくちゃ」로 바꾸어 말하면 좀 더 캐주얼한 회화체가 된다.

💡**TIP** 비슷한 의미로 사용되는 「～ないといけない ~하지 않으면 안 된다」도 함께 알아두자.

접속 동사 ない형
　　　　反省しなくてはいけない 반성하지 않으면 안 된다

もうすぐ試験だから、**勉強しなくてはいけない**。이제 곧 시험이기 때문에, **공부하지 않으면 안 된다**.
そろそろ夏休みが終わるので、宿題を**しなくてはいけない**。
슬슬 여름방학이 끝나기 때문에, 숙제를 **하지 않으면 안 된다**.

29 ～なければならない ~하지 않으면 안 된다

법이나 규칙, 의무 등 일반적인 판단이나 사회적인 상식으로 규정되어 있는 사실을 나타낼 때 사용하며, 문어체이다.

접속 동사 ない형
　　　　片づけなければならない 정리하지 않으면 안 된다

今日までに図書館で借りた本を**返さなければならない**。
오늘까지 도서관에서 빌린 책을 **반납하지 않으면 안 된다**.
私の住んでいる地域では、ゴミを白い袋に**入れなければならない**。
내가 살고 있는 지역에서는 쓰레기를 흰 봉지에 **넣지 않으면 안 된다**.

30 ~なければいけない ~하지 않으면 안 된다

「~なければならない」와 같은 의미로 사용되는 구어체이다. 「なければ」부분을 「なきゃ」로 바꾸어 말하면 좀 더 캐주얼한 회화체가 된다.

접속 동사 ない형
払わなければならない 지불하지 않으면 안 된다

海外旅行に行く時は必ずパスポートを持って**行かなければいけない**。
해외 여행에 갈 때는 반드시 여권을 가지고 **가지 않으면 안 된다**.
この会社では仕事をする時、英語で**話さなければいけない**。
이 회사에서는 일을 할 때, 영어로 **말하지 않으면 안 된다**.

31 ~つもりだ ~할 예정, 생각이다

변동 가능성이 있는 앞으로의 예정, 혼자만의 생각 등을 나타내는 표현이다. 또한 어떠한 행동을 하려는 의사나 의지, 결심을 나타내기도 한다.

💡**TIP** 「~つもりはない ~할 예정, 생각은 없다」도 함께 알아두자.

접속 동사 기본형 　　　　　　　　　　　　동사 ない형
参加するつもりだ 참가할 예정이다　　　　言わないつもりだ 말하지 않을 예정이다

来週、クラスのみんなでピクニックに**行くつもりです**。다음 주, 반의 모두와 같이 소풍에 **갈 예정입니다**.
ダイエットを始めたから、夜遅く**食べないつもりだ**。다이어트를 시작했기 때문에 밤늦게 **안 먹을 생각이다**.

32 いくら・どんなに ~ても 아무리 ~해도

수량이나 정도가 아무리 심하더라도 상황에는 어떠한 영향도 주지 않을 때 사용한다.

접속 동사 て형 　　　　　　　　　　　　　　い형용사 て형
いくら謝っても 아무리 사과해도　　　　　いくら安くても 아무리 싸도

　　　 な형용사 て형　　　　　　　　　　　　　명사 て형
いくら危険でも 아무리 위험해도　　　　　いくら美人でも 아무리 미인이어도

いくら忙しくても連絡はしてほしい。**아무리 바빠도** 연락은 해줬으면 한다.
どんなに走ってもゴールはまだ見えない。**아무리 달려도** 결승점은 아직 보이지 않는다.

33 たとえ 〜ても 설령 ~해도

어떠한 상황이 발생하더라도 결과에는 영향을 주지 않을 때 사용한다.

접속
동사 て형
たとえ失敗しても 설령 실패해도

い형용사 て형
たとえ高くても 설령 비싸도

な형용사 て형
たとえ好きでも 설령 좋아해도

명사 て형
たとえ一回でも 설령 한 번이라도

たとえ時間が**あっても**私はそこに行きたくない。**설령** 시간이 **있어도** 나는 거기에 가고 싶지 않다.
たとえ彼女の言ったことが嘘でも私は彼女を信じる。**설령** 그녀가 한 말이 **거짓말이라도** 나는 그녀를 믿는다.

34 〜ても構わない ~해도 상관없다

「構う 상관하다」라는 동사를 활용한 문법이다. 어떤 행동을 해도 문제없다는 의미로 사용되며, 주로 회사나 윗사람에게 사용하는 표현이다.

💡 **TIP** 좀 더 캐주얼한 표현으로는 「〜ても大丈夫だ ~해도 괜찮다」가 있다.

접속
동사 て형
座っても構わない 앉아도 상관없다

い형용사 て형
遠くても構わない 멀어도 상관없다

な형용사 て형
不便でも構わない 불편해도 상관없다

명사 て형
誰でも構わない 누구라도 상관없다

少しくらいなら**遅れても構いません**。 조금 정도라면 **늦어도 상관없습니다**.
大変でも構わないから、一人暮らしをしてみたい。 **힘들어도 상관없기** 때문에, 혼자 살아보고 싶다.

35 〜なくても構わない ~하지 않아도 상관없다

「〜てもかまわない」의 반대 표현으로 어떠한 행동을 할 필요가 없다는 것을 나타낸다. 앞서 학습한 「〜なくてもいい ~하지 않아도 된다」보다는 조심스러운 느낌을 준다.

접속
동사 ない형
来なくても構わない 오지 않아도 상관없다

い형용사 ない형
おいしくなくても構わない 맛있지 않아도 상관없다

な형용사 ない형
好きじゃなくても構わない 좋아하지 않아도 상관없다

명사 ない형
一番じゃなくても構わない 1위가 아니어도 상관없다

給料は**高くなくても構わない**から、残業がないところがいいな。
급여는 **높지 않아도 상관없으니까**, 야근이 없는 곳이 좋겠네.
遅れそうなので**待たなくても構いません**。 늦을 것 같으니 **기다리지 않아도 상관없습니다**.

36 〜間に ~사이에

시간의 범위를 나타내는 표현으로 언급된 기간 중 한 지점에서 상태나 행동이 끝나는 경우에 사용한다. 주로 특정한 시간 내에 발생한 동작이나 상태를 나타낸다.

접속
동사 보통형 현재, 동사 진행형
休む間に 쉬는 사이에   休んでいる間に 쉬고 있는 사이에

い형용사 보통형 현재
若い間に 젊을 때에

な형용사 어간 + な
暇な間に 한가할 때에

명사 + の
冬休みの間に 겨울 방학일 때에

バスを**待っている間に**ゲームをした。 버스를 **기다리고 있는 사이에** 게임을 했다.
勉強している間に、お母さんが夕飯を作ってくれた。 **공부하고 있는 사이에** 어머니가 저녁밥을 만들어 주었다.

37 〜かどうか ~인지 아닌지, ~인지 어떤지

의문, 망설임을 나타내는 표현이다.

💡TIP 의문사와 함께 쓰이는 「〜か ~인지」와 달리, 「〜かどうか」는 의문사와 함께 쓰지 않으므로 주의하자.

접속
동사 보통형
買うかどうか 살지 말지

い형용사 보통형
良かったかどうか 좋았는지 어땠는지

な형용사 보통형 ★현재 긍정의 경우 だ 빼고 접속
安全かどうか 안전한지 어떤지

명사 보통형 ★현재 긍정의 경우 だ 빼고 접속
彼氏かどうか 남자친구인지 아닌지

今日サークルの集まりに**行くかどうか**迷う。 오늘 동호회 모임에 **갈지 말지** 망설인다.
建物の中にいると外が**暑いかどうか**分からない。 건물 안에 있으면 밖이 **더운지 어떤지** 모른다.

38 〜かもしれない ~일지도 모른다

무언가를 추측하는 경우에 사용하는 표현이다. 다만 판단의 근거나 확신이 적어 불확실한 대상에 대해 이야기할 때 사용한다.

접속
동사 보통형
合格できるかもしれない 합격할지도 모른다

い형용사 보통형
冷たいかもしれない 차가울지도 모른다

な형용사 보통형 ★현재 긍정의 경우 だ 빼고 접속
嫌いかもしれない 싫어할지도 모른다

명사 보통형 ★현재 긍정의 경우 だ 빼고 접속
犯人かもしれない 범인일지도 모른다

仕事がたくさんあるので帰るのが**遅くなるかもしれない**。 일이 많이 있기 때문에 돌아가는 것이 **늦어질지도 모른다**.
夜は**寒いかもしれない**から上着を持っていきましょう。 밤은 **추울지도 모르기** 때문에 겉옷을 가지고 갑시다.

39 〜し ~하고, ~해서

여러 가지 일 중에서 서로 관련 있는 것을 시간적인 순서와 관계없이 나열할 때 사용한다. 또한 이유를 거듭 말할 때도 사용한다.

접속	동사 보통형 日本語も話せるし 일본어도 말할 수 있고	い형용사 보통형 多いし 많고
	な형용사 보통형 複雑だし 복잡하고	명사 보통형 医者だし 의사이고

彼は背が**高いし**、**優しいし**、面白いので人気だ。 그는 키가 **크고**, **상냥하고**, 재미있기 때문에 인기가 있다.
熱も**あるし**、頭も**痛いし**、今日のパーティーには参加できません。
열도 **있고**, 머리도 **아프고**, 오늘 파티에는 참가할 수 없습니다.

40 〜んです・〜のです ~거든요, ~요

주로 문장을 강조하여 설명하거나 해설할 때 사용한다. 또한 핑계나 변명, 이유를 말할 때도 쓸 수 있다.

> **TIP** 「〜んです」는 회화체이며, 「〜のです」는 문어체이다.

접속	동사 보통형 忘れるんです 잊어버리거든요	い형용사 보통형 怖いんです 무서워요
	な형용사 명사 수식형 立派なんです 훌륭해요	명사 보통형 ★현재 긍정의 경우 だ 빼고 ⊕ な 長所なんです 장점이에요

うちの息子は頭が**いいんです**。 우리 아들은 머리가 **좋거든요**.
実は、あそこで働いている人は私の**兄なんです**。 사실은, 저기서 일하고 있는 사람은 제 **형이에요**.

8 접속사
글의 문법 유형에서 접속사를 고르는 문제가 자주 출제되므로 뉘앙스별로 의미 잘 파악해두자.

접속사란?
접속사란 문장과 문장, 또는 구절과 구절, 단어와 단어를 서로 자연스럽게 연결하기 위해서 사용하는 품사이다. 접속사는 뉘앙스에 따라 크게 순접, 역접, 보충, 조건, 선택, 결론, 전환 등과 같이 구분하여 사용한다.

---

01 순접

したがって 따라서
年を取ると体が弱くなる。**したがって**、病気になりやすい。
나이를 먹으면 몸이 약해 진다. **따라서** 병이 들기 쉽다.

すると 그러자
外で突然大きな音がした。**すると**、赤ちゃんが泣き出した。
밖에서 갑자기 큰 소리가 났다. **그러자** 아기가 울기 시작했다.

そこで 그래서
台風が近づいているらしい。**そこで**、食料や水、ライトなどを買いに行くことにした。
태풍이 다가오고 있다고 한다. **그래서** 식량이나 물, 라이트 등을 사러 가기로 했다.

そのため 그 때문에
会議に遅れました。**そのため**、上司に怒られました。
회의에 늦었습니다. **그 때문에** 상사에게 혼났습니다.

それで 그래서
風邪を引いてしまいました。**それで**、今日は仕事を休みます。
감기에 걸려버렸습니다. **그래서** 오늘은 일을 쉽니다.

だから 그러니까
飛行機の時間までに間に合いそうにないです。**だから**、急いでください。
비행기 시간까지 제시간에 못 갈 것 같아요. **그러니까** 서둘러 주세요.

ですから 그러므로
私はもう大丈夫です。**ですから**、安心してください。
저는 이제 괜찮습니다. **그러므로** 안심하세요.

02 역접

けれど・けれども 하지만

私の父は日本人で母は韓国人です。けれども、日本語が話せません。
나의 아빠는 일본인이고 엄마는 한국인입니다. 하지만 일본어를 말할 수 없습니다.

しかし 그러나

海外に引っ越したい。しかし、それを実現するのは簡単じゃない。
해외로 이사하고 싶다. 그러나 그것을 실현하는 것은 간단하지 않다.

それでも 그래도

その試合は、すでに負けが決まっていた。それでも選手たちは最後まで走り続けた。
그 시합은 이미 패배가 결정되어 있었다. 그래도 선수들은 마지막까지 계속 달렸다.

それなのに 그런데도

何度も発表の練習をした。それなのに、緊張してうまく話せなかった。
몇 번이고 발표 연습을 했다. 그런데도 긴장해서 잘 말하지 못했다.

それにしては 그런 것 치고는

彼は入社してまだ3ヶ月ですよね。それにしては、仕事を覚えるのが早いですね。
그는 입사하고 아직 3개월이죠? 그런 것 치고는 일을 배우는 것이 빠르네요.

それにしても 그렇다고 해도

日本の夏は蒸し暑い。それにしても、今年は特別暑く感じる。
일본의 여름은 무덥다. 그렇다고 해도 올해는 특별히 덥게 느껴진다.

だが・ですが 하지만

毎日、日本語のニュースを聞いている。だが、早くてちっとも理解できない。
매일 일본어 뉴스를 듣고 있다. 하지만 빨라서 조금도 이해할 수 없다.

でも 그렇지만

指輪がほしい。でも、指輪を買うほどのお金がない。
반지를 갖고 싶다. 그렇지만 반지를 살 만큼의 돈이 없다.

ところが 그런데, 그러나

ここは一方通行のはずです。ところが、前から車が来たんです。
이곳은 일방통행임에 틀림없어요. 그런데, 앞에서 차가 온 거예요.

03 보충

および 및

たつやさん、ゆいさん、**および**ご家族の皆さま、ご結婚おめでとうございます。
타츠야 씨, 유이 씨 **및** 가족 여러분, 결혼 축하드립니다.

さらに 게다가

中国語を書くのは難しい。**さらに**、発音するのも難しい。
중국어를 쓰는 것은 어렵다. **게다가** 발음하는 것도 어렵다.

しかも 게다가

このレストランは、とてもおいしいし、サービスがいい。**しかも**安い。
이 레스토랑은 매우 맛있고, 서비스가 좋다. **게다가** 저렴하다.

そして 그리고

彼のお母さんは、優しくて、きれいです。**そして**料理も上手です。
그의 어머니는 친절하고, 예쁩니다. **그리고** 요리도 잘합니다.

そのうえ 더구나

彼女は可愛い。**そのうえ**、真面目で性格もいい。 그녀는 귀엽다. **더구나** 성실하고 성격도 좋다.

それから 그 다음에, 그러고 나서

だいたい毎日夜8時に帰宅し、**それから**ご飯を食べて、11時くらいに寝ます。
대체로 매일 밤 8시에 귀가해서, **그 다음에** 밥을 먹고, 11시 정도에 잡니다.

それに 게다가, 더욱이

このスーツの方が似合っていると思います。**それに**、こっちの方が長く着られそうです。
이 정장 쪽이 어울린다고 생각해요. **게다가** 이쪽이 오래 입을 수 있을 것 같아요.

ただ・ただし 단, 다만

この家は、駅までの距離も近いし、いいですね。**ただ**、目の前の高速道路が気になります。
이 집은 역까지의 거리도 가깝고 좋네요. **다만**, 눈앞의 고속도로가 신경 쓰여요.

ちなみに 참고로, 덧붙여서

A「買い物に行くけど食べたいものある？」 쇼핑하러 가는데 먹고 싶은 거 있어?
B「すっぱい果物が食べたい。**ちなみに**、レモン以外ね。」 신 과일이 먹고 싶어. **참고로**, 레몬 이외에.

04 설명

なぜなら 왜냐하면

私は漫画が好きです。**なぜなら**、面白いからです。 저는 만화를 좋아합니다. **왜냐하면** 재미있기 때문입니다.

つまり 즉

私は小さな島に住んでいるが、ここも東京だ。**つまり**、東京にも島があるのだ。
나는 작은 섬에 살고 있지만, 이곳도 도쿄다. **즉**, 도쿄에도 섬이 있는 것이다.

ということは 그렇다는 것은, 즉

1050 1051 1052 1055… 私の受験番号がない。**ということは**、私は不合格だ。
1050 1051 1052 1055... 내 수험번호가 없다. **그렇다는 것은**, 나는 불합격이다.

例えば 예를 들면

私は今までたくさんの国を旅行した。**たとえば**、スペイン、フランス、インドなどがある。
나는 지금까지 많은 나라를 여행했다. **예를 들면** 스페인, 프랑스, 인도 등이 있다.

05 조건

そうすれば 그러면

いつも笑顔でいよう。**そうすれば**幸せになれるかもしれない。
항상 웃는 얼굴로 있자. **그러면** 행복해질 수 있을지도 몰라.

それでは 그럼

おいしいランチでしたね。**それでは**、そろそろ職場に戻りましょうか。
맛있는 런치였네요. **그럼** 슬슬 직장에 돌아갈까요?

それなら 그렇다면

A「お腹空いた。」 배고파.
B「**それなら**これ食べる？」 **그렇다면** 이거 먹을래?

では 그럼

A「すみません、声が聞こえませんでした。」 실례합니다. 목소리가 들리지 않았습니다.
B「**では**、もう一度言います。」 **그럼**, 다시 한번 말하겠습니다.

06 선택

あるいは 혹은

遅刻する場合、本人**あるいは**親からの連絡が必要です。
지각하는 경우, 본인 **혹은** 부모로부터의 연락이 필요합니다.

それとも 아니면

何食べたい？ラーメン？ハンバーガー？**それとも**ピザ？ 뭐 먹고 싶어? 라멘? 햄버거? **아니면** 피자?

または 또는

会場は大変混雑しますので、バス**または**電車で来てください。
회장은 매우 혼잡하기 때문에, 버스 **또는** 전철로 와 주세요.

もしくは 혹은

楽しみにしていたコンサートだが、大雨のため来週**もしくは**再来週に延期されそうだ。
기대하고 있었던 콘서트인데, 폭우 때문에 다음 주 **혹은** 다다음 주로 연기될 것 같다.

07 전환

ところで 그런데

ところで、私たちは何の話をしていましたっけ？ **그런데**, 우리는 무슨 이야기를 하고 있었죠?

기출문법 집중 공략

|2010년부터 최신 JLPT까지 출제된 기출 문법 접속 품사별로 정리했습니다.

1 명사와 접속

01 ～って ① ~라고 (하는), ~라는 ② ~은/는 ③ ~란, ~라고 하는 것은

여러 가지 뜻이 있으므로 문장에 따라 알맞게 해석을 해야 한다.
① 「～という ~라고 하는」의 회화체이며 어떠한 화제 대해 이야기할 때 사용한다.
② 「は ~은/는」의 회화체이며 주어 뒤에 사용한다.
③ 「～とは・～というのは ~란, ~라고 하는 것은」의 회화체이며 무언가를 정의를 할 때 사용한다.

💡TIP 「～という ~라고 한다」의 회화체로 '~라고 해, ~래'라고 다른 사람으로부터 들은 정보를 제3자에게 전달할 때도 사용한다. 다만, 이때는 여러 품사(명사, い형용사, な형용사, 동사의 보통형)와 접속이 가능하다.

접속 ①②③ 명사
　　　愛(あい)って 사랑이라는, 사랑은, 사랑이란

① すみません、「星(ほし)の王子様(おうじさま)」って本(ほん)ありますか。저기요, '어린 왕자'라는 책 있습니까?
② 日本語(にほんご)ってどうすれば上手(じょうず)になりますか。일본어는 어떻게 하면 잘하게 됩니까?
③ カフェラテって牛乳(ぎゅうにゅう)にエスプレッソを入(い)れたものです。카페 라테란 우유에 에스프레소를 넣은 것입니다.
先生(せんせい)もみんなに早(はや)く会(あ)いたいって。선생님도 모두를 빨리 만나고 싶대.

02 ～として ~로서

신분이나 입장, 자격, 위치를 나타낼 때 사용한다.

💡TIP 「～としても ~로서도」, 「～としては ~로서는」 등 뒷부분에 조사를 붙여 사용할 수도 있다.

접속 명사
　　　大統領(だいとうりょう)として 대통령으로서

私(わたし)は今(いま)中国(ちゅうごく)で、日本語(にほんご)の教師(きょうし)として働(はたら)いている。나는 지금 중국에서 일본어 교사로서 일하고 있다.
大人(おとな)として、恥(は)ずかしくない行動(こうどう)をとる。어른으로서 부끄럽지 않은 행동을 취한다.

03 〜において ~에서, ~에 있어서

행동이나 사건이 일어나는 장소나 시간, 상황 등을 나타낼 때 사용하며 「で ~에서」와 비슷한 의미로 해석된다. 또한 '그것에 관해서, 그 점에 있어서'라는 의미로 어떠한 영역을 나타낼 때도 사용한다.

접속 명사
国際社会において 국제 사회에 있어서

数学において 小林さんがクラス1位だ。 수학에 있어서 코바야시 씨가 반 1등이다.

ダイエットをすることにおいて 一番大切なことは続けることだ。
다이어트를 하는 것에 있어서 가장 중요한 것은 계속하는 것이다.

04 〜に比べて/〜と比べて ~에 비해서/~와/과 비교해서

「比べる 비교하다」라는 동사에서 파생된 문법으로, 대비되거나 비교되는 두 사항에 대해서 이야기할 때 사용한다. 문법을 중심으로 앞뒤 문장에 대비, 비교되는 내용이 온다.

💡 **TIP** 더 정중한 표현 「〜に比べ/〜と比べ」도 함께 알아두자.

접속 명사
去年に比べて 작년에 비해서 / 兄と比べて 오빠와 비교해서

一般的に男性に比べて 女性の寿命がもっと長い。 일반적으로 남성에 비해서 여성의 수명이 좀 더 길다.
私と比べて、彼はサッカーが上手だ。 나와 비교해서 그는 축구를 잘한다.

05 〜に対して ~에 대해서, ~에게

① 대상이나 상대방에 대한 감정이나 행동을 나타낼 때 사용한다.
② 대조, 대비되는 앞 문장과 뒤 문장을 설명할 때 사용한다. 이때 '~에 비해서'라고 해석할 수 있다.

💡 **TIP** 더 정중한 표현 「〜に対し」와 명사를 수식하는 「〜に対する ~에 대한」도 함께 알아두자.

접속 명사
先生に対して 선생님에게

年上の人に対しては丁寧な言葉を使った方がいい。 연상의 사람에게는 정중한 단어를 사용하는 편이 좋다.
みんなが遊んでいるのに対し、彼は一人で真面目に勉強している。
모두가 놀고 있는 것에 비해, 그는 혼자서 성실하게 공부하고 있다.

06 ～について ~에 대해서, ~에 관해서

어떠한 주제에 대해 말하거나 생각을 나타낼 때 사용한다.

💡**TIP** 명사를 수식할 때는 「～についての ~에 대한」 형태로 사용된다.

접속 명사
歴史について 역사에 대해서

私の教授は30年間物理学について研究している。 나의 교수님은 30년간 물리학에 관해서 연구하고 있다.
この事件について知っていることを全部話してください。
이 사건에 관해서 알고 있는 것을 전부 얘기해 주세요.

07 ～にとって ~에(게) 있어서, ~에게

어떤 대상의 관점 혹은 입장에서의 생각과 판단을 나타낼 때 사용한다.

접속 명사
彼女にとって 그녀에게 있어서

会社にとって、今回のプロジェクトはとても重要だ。 회사에 있어서, 이번 프로젝트는 몹시 중요하다.
私にとって、一番大事なものは家族です。 나에게 있어서, 가장 중요한 것은 가족입니다.

08 ～によって ① ~에 의해 ② ~에 따라

주로 두 가지 의미로 사용되는 문법으로 ①이유와 원인 ②수단과 방법을 나타낼 때 사용한다.

💡**TIP** 더 정중한 표현 「～により」와 명사를 수식하는 「～による ~에 의한」도 함께 알아두자.

접속 명사
インターネットの発達によって 인터넷 발달에 의해 / 国によって 나라에 따라

① 今日は台風によって学校が休みになった。 오늘은 태풍에 의해 학교가 쉬게 되었다.
② この店は時間によってメニューが変わる。 이 가게는 시간에 따라 메뉴가 변한다.

09 〜のほかに ~외에

「他 외, 밖, 다른 것」에서 파생된 문법으로, 앞에 언급된 것 외에 다른 것도 있다는 것을 나타낼 때 사용한다.

접속 명사
その本のほかに 그 책 외에

海に行きたい理由は写真を撮ること**のほかに**もありますか。
바다에 가고 싶은 이유는 사진을 찍는 것 **외에**도 있습니까?

そのテキスト**の他に**もおすすめのテキストがあります。
그 교과서 **외에**도 추천하는 교과서가 있습니다.

10 〜による・〜によって違う ~에 달렸다, ~에 따라 다르다

주어는 뒤에 제시된 내용과 조건에 따라 달라지는 경우에 사용한다. 「違う」 대신에 「異なる 다르다 / 変わる 변하다」가 오는 경우도 있다.

💡**TIP** 「〜は〜による」가 좀 더 딱 잘라 말하는 뉘앙스이다.

접속 명사
成績によって違う 성적에 따라 다르다

好きな異性のタイプは人**によって違う**。 좋아하는 이성 타입은 사람**에 따라 다르다**.

お店の売り上げは曜日**による**。 가게의 매출은 요일**에 따라 다르다**.

11 〜らしい ~답다

앞에 오는 명사 자체의 성질을 나타낼 때 사용한다.

접속 명사
子供らしい 아이답다

彼は男**らしくて**とても頼もしい人だ。 그는 남자**답고** 매우 믿음직한 사람이다.

これからは自分**らしく**やりたいことをやりながら生きたい。
앞으로는 나**답게** 하고 싶은 것을 하면서 살고 싶다.

12 〜を中心に・〜を中心として ~을/를 중심으로

앞에 오는 명사가 핵심이 되어 어떠한 일이 발생될 때 사용한다.

접속　명사
東京を中心に 도쿄를 중심으로

このゲームは若者**を中心に**人気を集めている。 이 게임은 젊은이**를 중심으로** 인기를 모으고 있다.
この授業では、文法ではなく会話**を中心に**教えている。
이 수업에서는, 문법이 아니라 회화**를 중심으로** 가르치고 있다.

2 형용사와 접속

13 〜がる (다른 사람이) ~워하다, ~해하다

내가 아닌 제3자의 감정이나 기분을 나타내는 표현이다.

접속　い형용사 어간　　　　　　　　　　な형용사 어간
　　　寒がる 추워하다　　　　　　　　不思議がる 신기해하다

彼女は仕事中に話しかけられるのをとても**嫌がって**いる。
그녀는 일하는 중에 말을 거는 것을 매우 **싫어하고** 있다.
あの子は友達が持っている物を何でも**欲しがる**。
저 애는 친구가 가지고 있는 것을 뭐든지 **갖고 싶어 한다**.

3 동사와 접속

14 ～といけないから・ので ~하면 안 되기 때문에

발생해서는 안 되는 일에 대해 이야기할 때 사용한다.

💡**TIP** 「동사 て형 ➕ てはいけない」도 같은 의미이므로 함께 알아두자.

접속　동사 기본형
　　　体が冷えるといけないので 몸이 차가워지면 안 되기 때문에

遅刻するといけないので早めに家を出ます。 지각하면 안 되기 때문에 일찍 집을 나섭니다.
風邪をひくといけないから、マフラーをしなさい。 감기에 걸리면 안 되기 때문에, 목도리를 하세요.

15 ～には ~하기 위해서는, ~하기에는

어떤 행동을 하기 위해서라는 목적을 나타낼 때 사용한다.

접속　동사 기본형
　　　会うには 만나기 위해서는

車を運転するには、免許を取らなければならない。 차를 운전하기 위해서는, 면허를 따지 않으면 안 된다.
この部屋は二人で住むには狭すぎると思う。 이 방은 둘이서 살기에는 너무 좁다고 생각한다.

16 ～そうに(も)ない・～そうもない ~할 것 같지(도) 않다

양태 표현인 「～そうだ ~일 것 같다」에서 파생된 문법으로, 그러한 사건이 일어날 가능성이 적음을 나타낼 때 사용한다.

접속　동사 ます형
　　　終わりそうにない 끝날 것 같지 않다

明日は家族でキャンプをする予定だったが、大雨でできそうもない。
내일은 가족끼리 캠프를 할 예정이었지만, 폭우로 할 수 있을 것 같지도 않다.
先月、会社をたくさん休んだから今月は休みをもらえそうにない。
지난달, 회사를 많이 쉬었기 때문에 이번 달은 휴가를 받을 수 있을 것 같지 않다.

17 ～たがる (다른 사람이) ~하고 싶어 하다

희망표현 「～たい ~하고 싶다」와 「～がる ~워하다, ~해하다」가 접속한 형태로, 내가 아닌 제3자가 어떤 행동을 하고 싶어 하는 경우나 희망을 나타낼 때 사용한다.

💡**TIP** 윗사람의 행동에 대해서는 사용하지 않는 것이 좋다.

접속　동사 ます형
　　　知りたがる 알고 싶어 하다

うちの犬はいつも外に**出たがる**ので困っている。 우리 개는 항상 밖에 **나가고 싶어 하기** 때문에 곤란하다.
遠くに住んでいる祖父は、まごにいつも**会いたがっている**。
멀리 살고 있는 할아버지는 손자를 항상 **보고 싶어 하고** 있다.

18 ～終わる 다 ~하다

어떠한 행동이 모두 마무리되거나 끝난 경우에 사용한다.

💡**TIP** 자연현상이나 생리적인 현상에는 사용할 수 없다. 이 경우 「동사 ます형 ➕ 止む 다 ~그치다」를 사용하는 것이 자연스럽다.
✗ 雨が降り終わる 비가 그치다　/ 赤ちゃんが泣き終わる 아기가 다 울다
○ 雨が降り止む 비가 그치다　/ 赤ちゃんが泣き止む 아기가 다 울다

접속　동사 ます형
　　　見終わる 다 보다

飲み終わったペットボトルはゴミ箱に捨ててください。 **다 마신** 페트병은 쓰레기통에 버려 주세요.
3ヶ月かかってやっと卒業論文を**書き終わった**。 3개월 걸려서 겨우 졸업 논문을 **다 썼다**.

19 ～続ける 계속 ~하다

어떠한 행동이나 관습, 습관 등이 계속되는 것을 의미한다.

접속　동사 ます형
　　　減り続ける 계속 줄다

彼は休憩時間が終わった後も、ゲームを**し続けている**。
그는 휴식 시간이 끝난 후에도, 게임을 **계속하고 있다**.
一日中、娘からの連絡を**待ち続けた**けれども連絡はなかった。
하루 종일, 딸로부터의 연락을 **계속 기다렸**지만 연락은 없었다.

20 ～直す 다시 ~하다

원하는 결과 혹은 올바른 결과를 위해 다시 한번 같은 행동을 반복하는 경우에 사용한다.

접속 동사 ます형
　　　やり直す 다시 하다

家に帰ってテストをもう一度**解き直す**。 집에 돌아가서 테스트를 한 번 더 **다시 푼다**.
料理が冷めたから、電子レンジでもう一度**温め直します**。
요리가 식었기 때문에, 전자레인지로 한 번 더 **다시 데웁니다**.

21 ～たばかりだ 막 ~했다, ~한지 얼마 안 되다

주관적인 관점에서 어떤 행동이 끝난지 얼마 되지 않았음을 나타낼 때 사용한다.

💡**TIP** 연결형으로「～たばかりで ~한지 얼마 안 되어서」라고도 활용한다.

접속 동사 た형
　　　生まれたばかりだ 태어난지 얼마 안 되다

あの女の子はこの町に**引っ越してきたばかりだ**。 저 여자아이는 이 동네에 **이사 온 지 얼마 안 됐다**.
ご飯を**食べたばかり**なのでお腹は空いていないです。
밥을 **먹은 지 얼마 안 되었**기 때문에, 배는 고프지 않습니다.

22 ～たまま ~한 채(로)

어떠한 행동을 계속 유지하고 있는 상태에서 다른 행동을 하는 경우에 사용한다.

💡**TIP** 「동사 ない형 ➕ ないまま ~하지 않은 채로」도 함께 알아두자.

접속 동사 た형
　　　ドアを開けたまま 문을 연 채로

昨日、疲れすぎたから化粧を**したまま**寝てしまった。 어제 너무 피곤해서 화장을 **한 채로** 자버렸다.
会社のパソコンを**つけたまま**退勤してしまった。 회사의 컴퓨터를 **켠 채로** 퇴근해 버렸다.
鍵を**かけないまま**家を出てきてしまった。 열쇠를 **잠그지 않은 채로** 집을 나와버렸다.

23 ～たらどうか ~하는 것이 어떤가

상대방에게 ~하는 것이 좋다고 어떠한 사안을 가볍게 제안하거나 조언할 때 사용한다.

💡TIP 좀 더 정중한 표현으로는 「～たらいかがですか ~하는 것이 어떠십니까?」가 있다.

접속　동사 た형
　　　　誘(さそ)ったらどうか 권유하는 것이 어떤가

そんなに大(たい)変(へん)なら、バイトを減(へ)らしたらどうですか。 그렇게 힘들다면, 알바를 **줄이는 것이 어떻습니까?**
何(なに)か心(しん)配(ぱい)なことがあるなら、お母さんに相(そう)談(だん)したらどうですか。
무언가 걱정인 일이 있다면 어머니께 **상담하는 것이 어떻습니까?**

24 ～てもおかしくない ~해도 이상하지 않다

「おかしい 이상하다」에서 파생된 문법으로, 어떠한 행위나 발생하는 일에 대해 당연스럽게 여기거나 이상하지 않다고 느끼는 경우에 사용한다.

💡TIP 「いつ 언제」라는 의문사가 앞 부분에 오는 경우가 많다.

접속　동사 て형
　　　　倒(たお)れてもおかしくない 쓰러져도 이상하지 않다

いつ戦(せん)争(そう)が起(お)きてもおかしくないほど、両(りょう)国(こく)の関(かん)係(けい)が悪(あっ)化(か)した。
언제 전쟁이 **일어나도 이상하지 않을** 정도로, 양국의 관계가 악화되었다.
この携(けい)帯(たい)は10年(ねん)以(い)上(じょう)使(つか)っているので、いつ壊(こわ)れてもおかしくない。
이 휴대전화는 10년 이상 사용 중이기 때문에 언제 **부서져도 이상하지 않다.**

25 ～ても不(ふ)思(し)議(ぎ)じゃない ~해도 이상하지 않다

「不(ふ)思(し)議(ぎ)だ 불가사의하다, 이상하다」에서 파생된 문법으로, 어떠한 일이 발생한 것에 대해 의심할 여지가 없는 경우에 사용한다.

💡TIP 「～てもおかしくない」와 같은 의미이다.

접속　동사 て형
　　　　怒(おこ)っても不(ふ)思(し)議(ぎ)じゃない 화내도 이상하지 않다

この会(かい)社(しゃ)はいつ倒(とう)産(さん)しても不(ふ)思(し)議(ぎ)じゃない状(じょう)況(きょう)だ。 이 회사는 언제 **도산해도 이상하지 않은** 상황이다.
この作(さく)品(ひん)は素(す)晴(ば)らしいので、作(さく)品(ひん)賞(しょう)をもらっても不(ふ)思(し)議(ぎ)じゃない。
이 작품은 훌륭하기 때문에, 작품상을 **받아도 이상하지 않다.**

26 ～ないうちに ~하기 전에

현재 상태가 다른 상태로 바뀌기 전에라는 뜻으로 다른 상태가 일어나면 곤란하다는 의미가 내포되어 있다.

접속　동사 ない형
　　　暗(くら)くならないうちに 어두워지기 전에

料理が冷(さ)めないうちに食べてください。요리가 식기 전에 먹으세요.
忘(わす)れないうちにスケジュールを確認(かくにん)しておきましょう。잊기 전에 스케줄을 확인해 둡시다.

27 ～(よ)うとする ~하려고 하다

어떠한 행동을 하려고 하는 적극적인 의지를 나타내거나 어떠한 행동을 하기 바로 직전을 나타낼 때 사용한다.

💡**TIP** 부정 표현인「～(よ)うとしない ~하려고 하지 않다」도 함께 알아두자.

접속　동사 의지형
　　　道(みち)を渡(わた)ろうとする 길을 건너려고 하다

嫌(いや)なことは、忘(わす)れようとしてもなかなか忘(わす)れられない。
기분 나쁜 일은, 잊어버리려고 해도 좀처럼 잊혀지지 않는다.
気(き)が付(つ)くと夏休(なつやす)みが終(お)わろうとしている。정신을 차려보니 여름방학이 끝나려고 하고 있다.

28 ～ことだ ~해야 한다, ~하는 것이 좋다

어떠한 일을 하는 것이 낫다고 조언이나 충고할 때 사용한다.

💡**TIP** 해당 문법은 단순하게「こと」는 '일, 것'이라고 해석한「～ことだ ~것이다」라는 표현과는 다르다.

접속　동사 보통형 현재
　　　頑張(がんば)ることだ 열심히 하는 것이 좋다 / 頼(たよ)らないことだ 의지하지 않는 것이 좋다

勝(か)ちたいなら、きちんと練習(れんしゅう)することだ。이기고 싶다면, 제대로 연습해야 한다.
何(なに)か言(い)われても気(き)にしないことだ。무언가 말을 들어도 신경쓰지 않는 것이 좋다.

29 〜ことにする/〜ことにしている ~하기로 하다/~하기로 하고 있다

자신의 의지로 어떤 일을 하기로 결심, 결정한 경우에 사용한다. 진행형으로 쓰는 경우, 현재 반복적으로 하는 일이나 습관을 나타내기도 한다.

접속 동사 보통형 현재
調(しら)べることにする 조사하기로 하다 / 飲(の)まないことにしている 마시지 않기로 하고 있다

体(からだ)に悪(わる)いので、もうタバコは吸(す)わないことにした。 몸에 나쁘기 때문에, 이제 담배는 **피우지 않기로 했다**.
私(わたし)は朝(あさ)5時(じ)に起(お)きてジョギングすることにしている。 나는 아침 5시에 일어나서 **조깅하기로 하고 있다**.

30 〜ように/〜ないように ~하도록/~하지 않도록

목적이나 의도를 나타내는 표현으로 동사 가능형과 접속하는 경우가 많다.

> **TIP** 「〜ようにする ~하도록 하다」, 「〜ように言う ~하도록 말하다」 「〜ように言(い)われる ~하도록 듣다」 등과 같이 활용하여 어떠한 행동을 지시, 명령, 충고, 부탁을 하거나 받을 때도 사용한다.

접속 동사 보통형 현재, 동사 가능형
待(ま)たないように 기다리지 않도록 / 上手(じょうず)に話(はな)せるように 능숙하게 말할 수 있도록

後(うし)ろの席(せき)まで聞(き)こえるように大(おお)きな声(こえ)で話(はな)す。 뒷자리까지 **들리도록** 큰 목소리로 이야기한다.
忘(わす)れ物(もの)をしないようにしてください。 물건을 **잃어버리지 않도록** 해 주세요.

31 〜ところだ ① 막 ~하려는 참이다 ② ~하고 있는 중이다 ③ 막 ~했다, ~한 참이다

접속 형태에 따라서 나타내는 시제 ①미래 ②현재 진행 ③과거로 의미가 달라지므로 주의하자.

① 동사 기본형과 접속하여 동작을 하기 직전 상황을 나타낼 때 사용한다.
② 동사 진행형과 접속하여 동작을 진행을 나타낼 때 사용한다.
③ 동사 과거형과 접속하여 동작이 막 끝났다는 것을 나타낸다.

접속 ① 동사 기본형
出(で)かけるところだ 막 외출하려는 참이다

② 동사 진행형
食(た)べているところだ 먹고 있는 중이다

③ 동사 た형
出発(しゅっぱつ)したところだ 막 출발한 참이다

① 今(いま)からお風呂(ふろ)に入(はい)るところです。 지금부터 **막 목욕하려는 참입니다**.
② 子供(こども)たちのためにご飯(はん)を作(つく)っているところです。 아이들을 위해서 밥을 **만들고 있는 중입니다**.
③ ちょうど今(いま)、待(ま)ち合(あ)わせの場所(ばしょ)に着(つ)いたところです。 마침 지금, 약속 장소에 **도착한 참입니다**.

32 ~ことで ~한 일로, ~것으로

어떠한 계기로 인해 결과나 상황이 발생한 경우에 사용하며, 이때 결과나 상황을 강조하는 뉘앙스로 쓰인다.

접속　동사 보통형
　　　読(よ)むことで 읽는 것으로

彼女(かのじょ)がチームに入(はい)ったことでチームの雰囲気(ふんいき)がすごく良(よ)くなった。
그녀가 팀에 **들어온 일로** 팀의 분위기가 굉장히 좋아졌다.
動物(どうぶつ)を飼(か)うことで心(こころ)が落(お)ち着(つ)く。 동물을 **기르는 것으로** 마음이 안정된다.

4 품사 2개와 접속

33 ~たびに ~할 때마다

어떤 행동을 할 때마다 항상 동일한 일이 발생하는 경우에 사용한다.

접속　동사 기본형　　　　　　　　　명사 ➕ の
　　　訪(たず)ねるたびに 방문할 때마다　　旅行(りょこう)のたびに 여행할 때마다

あの二人(ふたり)は仲(なか)が悪(わる)くて会(あ)うたびにケンカする。 저 두 사람은 사이가 나빠서 **만날 때마다** 싸운다.
父(ちち)は出張(しゅっちょう)のたびに、お土産(みやげ)を買(か)ってきてくれる。 아버지는 **출장에 갈 때마다**, 기념품을 사 와 준다.

34 ~にしたがって ~에 따라서

「従(したが)う 따르다」라는 동사에서 파생된 문법으로, 앞 문장의 내용이 변화함에 따라 뒤 문장의 내용도 변화한다는 의미로 사용된다.

💡TIP 더 정중한 표현 「~にしたがい」도 함께 알아두자.

접속　동사 기본형　　　　　　　　　　　명사
　　　年(とし)を取(と)るにしたがって 나이를 먹음에 따라서　　指示(しじ)にしたがって 지시에 따라서

説明書(せつめいしょ)にしたがって棚(たな)を組(く)み立(た)てる。 **설명서에 따라서** 선반을 조립한다.
会社(かいしゃ)が成長(せいちょう)するにしたがい、社員数(しゃいんすう)も増(ふ)えました。 회사가 **성장함에 따라서,** 사원수도 늘었습니다.

5 여러 품사와 접속

35 ～ば～ほど ~(하)면 ~(할)수록

어떠한 행동이나 감정이 반복됨에 따라 그 결과의 정도가 세지거나 강해지는 경우에 사용한다.

접속   동사 가정형/동사 기본형 ➕ ほど
考(かんが)えれば考(かんが)えるほど 생각하면 생각할수록

い형용사 가정형/い형용사 기본형 ➕ ほど
冷(つめ)たければ冷(つめ)たいほど 차가우면 차가울수록

な형용사 어간 ➕ であれば/な형용사 어간 ➕ な ➕ ほど
簡単(かんたん)であれば簡単(かんたん)なほど 간단하면 간단할수록

ビジネスメールの返信(へんしん)は**早(はや)ければ早(はや)いほど**いい。 비즈니스 메일의 답장은 **빠르면 빠를수록** 좋다.
魚(さかな)は**新鮮(しんせん)であれば新鮮(しんせん)なほど**おいしい。 생선은 **신선하면 신선할수록** 맛있다.

36 ～ことか ~한가, ~란 말인가

말하는 사람의 감탄이나 탄식을 나타낼 때 사용한다. 앞에「どんなに・どれほど 얼마나」라는 부사와 호응하는 경우가 많다.

접속   동사 보통형
どんなに心配(しんぱい)したことか 얼마나 걱정했던가

い형용사 보통형
どんなに悲(かな)しかったことか 얼마나 슬펐었단 말인가

な형용사 명사 수식형
どれほど幸(しあわ)せなことか 얼마나 행복한가

私(わたし)は試合(しあい)に負けてどれほど**悔(くや)しかったことか**。 나는 시합에 져서 얼마나 **분했던가**.
この日(ひ)をどれほど**待(ま)っていたことか**。 이날을 얼마나 **기다렸던가**.

37 ～間 ~사이에, ~동안에

시간의 범위를 나타내는 표현으로 언급된 기간 내내 행동이나 상태가 지속되는 상황을 나타낼 때 사용한다. 모든 품사와 접속은 가능하지만, 주로 동사 또는 명사와 접속하여 사용한다.

TIP 「～間に ~사이에」와 비슷하지만 뉘앙스 차이가 있다. p.229 기출필수 문법

접속

동사 기본형, 동사 진행형
生きている間 살아 있는 동안에

い형용사 보통형 현재
寒い間 추울 동안에

な형용사 어간 + な
静かな間 조용할 동안에

명사 + の
夏休みの間 여름방학 동안에

私が仕事を**している間**、子供は幼稚園にいます。 제가 일을 **하고 있는 동안에**, 아이는 유치원에 있습니다.

留守の間、しばらくうちのペットを預かっていただけませんか。
부재중일 동안에 잠시 제 반려동물을 맡아 주실 수 없겠습니까?

38 ～一方で ~하는 한편(으로)

두 가지 의미로 사용되는 문법으로 ① '~반면에'라는 의미로 두 개의 대상에 대한 대비를 나타내거나, ② '~하면서'라는 의미로 하나의 대상의 다른 측면을 나타낼 때 사용한다.

접속

동사 보통형
あこがれる一方で 동경하는 한편으로

い형용사 보통형
優しい一方で 상냥한 한편으로

な형용사 보통형 ★현재 긍정의 경우 だ 빼고 + な·である
残念な一方で 유감인 한편으로

명사 보통형 ★현재 긍정의 경우 だ 빼고 + である
作家である一方で 작가인 한편으로

スマートフォンは**便利な一方で**、使い方が難しい。 스마트폰은 **편리한 한편**, 사용법이 어렵다.

物価が**上がる一方で**、給料は上がらないので生活が厳しい。
물가가 **오르는 한편**, 급여는 오르지 않기 때문에 생활이 힘들다.

39 〜うちに ~동안에, ~사이에

지금 상황이 변하기 전이라는 뉘앙스를 가지며, 행동이 시작되고 끝나는 시점이 명확하지 않는 경우에 주로 사용한다.

접속　**동사 기본형, 동사 진행형**
　　　寝ているうちに 자고 있는 동안에

　　　な형용사 어간 ⊕ な
　　　元気なうちに 건강할 동안에

　　　い형용사 기본형
　　　暖かいうちに 따뜻할 동안에

　　　명사 ⊕ の
　　　独身のうちに 독신일 때

若いうちに、色々なことを経験しておいた方がいいですよ。
젊을 동안에, 여러 가지 일을 경험해 두는 편이 좋아요.

桜が**咲いているうちに**公園に見に行きたいです。 벚꽃이 **피어 있을 동안에** 공원에 보러 가고 싶습니다.

40 〜おかげで/〜おかげだ ~덕분에/~덕분이다

어떠한 것 덕분에 좋은 결과가 나왔을 때 사용하는 문법이다.

접속　**동사 보통형**
　　　シートベルトをしたおかげで 안전벨트를 한 덕분에

　　　な형용사 명사 수식형
　　　有名なおかげで 유명한 덕분에

　　　い형용사 보통형
　　　広いおかげで 넓은 덕분에

　　　명사 명사 수식형
　　　あなたのおかげで 당신 덕분에

先生のおかげでJLPT N3に**合格**することができました。 **선생님 덕분에** JLPT N3에 합격할 수 있었습니다.
友達が引っ越しを**手伝ってくれたおかげで**、スムーズに作業が進みました。
친구가 이사를 **도와준 덕분에**, 원활하게 작업이 진행되었습니다.

41 〜ことから ~로 인해, ~때문에, ~이유로

앞 문장의 내용이 이유, 근거가 되어 어떠한 상황이 발생하거나 판단한 경우에 사용한다.

접속　**동사 보통형**
　　　違うことから 다르기 때문에

　　　な형용사 보통형 ★현재 긍정의 경우 だ 빼고 ⊕ な・である
　　　にぎやかなことから 번화해서

　　　い형용사 보통형
　　　低いことから 낮기 때문에

　　　명사 보통형 ★현재 긍정의 경우 だ 빼고 ⊕ である
　　　隣であることから 옆이어서

彼女はうさぎに**似ていることから**「うさぎちゃん」と呼ばれている。
그녀는 토끼를 **닮아서** '우사기쨩'이라고 불리고 있다.
私は英語が**話せることから**海外での仕事が増えた。 나는 영어를 **말할 수 있기 때문에** 해외에서의 일이 늘었다.

42 ~せいで/~せいか ~탓에/~탓인지

어떠한 원인으로 인해 좋지 않은 결과가 발생한 경우에 사용한다.

접속
- **동사 보통형**
  働いたせいで 일한 탓에
- **い형용사 보통형**
  汚いせいで 더러운 탓에
- **な형용사 명사 수식형**
  消極的なせいで 소극적인 탓에
- **명사 ⊕ の**
  時差のせいで 시차 탓에

渋滞のせいで、飛行機に乗れませんでした。 정체 탓에, 비행기를 타지 못 했습니다.
さっきホラー映画を見たせいか、なかなか眠れない。 아까 공포 영화를 본 탓인지, 좀처럼 잠들 수 없다.

43 ~だけでなく ~뿐만 아니라

앞에 언급하는 것뿐만 아니라 다른 것도 더 있다 말할 때 사용한다.

💡**TIP** 「~ばかりでなく」도 같은 의미의 문법이므로 함께 알아두자. 🔍 p.256 기출문법

접속
- **동사 보통형**
  話すだけでなく 이야기할 뿐만 아니라
- **い형용사 보통형**
  美しいだけでなく 아름다울 뿐만 아니라
- **な형용사 명사 수식형**
  不安なだけでなく 불안할 뿐만 아니라
- **명사 보통형** ★현재 긍정의 경우 だ 빼고 접속
  肉だけでなく 고기뿐만 아니라

彼女は歌が上手なだけでなくダンスも上手だ。 그녀는 노래를 **잘 할 뿐만 아니라** 춤도 잘 춘다.
コーヒーだけでなく紅茶やチョコレートにもカフェインは入っています。
커피뿐만 아니라 홍차와 초콜릿에도 카페인은 들어 있습니다.

44 ~だろう ~겠지, ~일 것이다

어떤 일에 대해 단정 짓기 어려운 경우나 추측할 때 사용한다. 「~だろうと思う ~일 것이라고 생각하다」라는 형태로 출제된 적도 있다.

💡**TIP** 더 정중한 표현 「~でしょう ~겠죠」도 함께 알아두자.

접속
- **동사 보통형**
  寝ているだろう 자고 있겠지
- **い형용사 보통형**
  賢いだろう 똑똑하겠지
- **な형용사 보통형** ★현재 긍정의 경우 だ 빼고 접속
  変だろう 이상하겠지
- **명사 보통형** ★현재 긍정의 경우 だ 빼고 접속
  きっとキムさんだろう 분명 김 씨겠지

夜12時の電車が多分、**終電だろう**。 밤 12시의 전철이 아마도, **막차일 것이다**.
何年経っても私たちの関係は**変わらないだろう**。 몇 년이 지나도 우리들의 관계는 **변하지 않겠지**.

45 〜だろうか ~인가, ~일까

아직 일어나지 않은 일에 대해 확신이 없는 경우나 단순히 진위를 가리는 의문문에 사용한다. 좀 더 정중한 표현으로는 「〜でしょうか ~인 것일까요?」가 있다.

> **TIP** 「〜のだろうか ~인 것인가, ~것 일까」의 경우는 강조 표현으로 어떠한 일에 대해 걱정하거나 불안해 하는 뉘앙스가 담긴 의문문에서 사용한다.

접속   **동사 보통형**　　　　　　　　　　　　　　　　**い형용사 보통형**

　　　できるだろうか 할 수 있을까　　　　　　　　おいしいだろうか 맛있을까

　　　な형용사 보통형 ★현재 긍정의 경우 だ 빼고 접속　　**명사 보통형** ★현재 긍정의 경우 だ 빼고 접속

　　　有名(ゆうめい)だろうか 유명한가　　　　　　　　知(し)り合(あ)いだろうか 아는 사이인가

彼(かれ)の言(い)っていることを本当(ほんとう)に信(しん)じてもいいだろうか。 그가 말하는 것을 정말로 **믿어도 되는 걸까?**

連絡(れんらく)もしないで、彼女(かのじょ)は一体(いったい)どこに**いるのだろうか**。 연락도 하지 않고, 그녀는 도대체 어디에 **있는 것일까?**

46 〜という ~라고 하는, ~라고 한다

주로 잘 모르는 대상의 명칭이나 내용을 이야기하거나 묻고자 할 때 사용한다.

접속   **동사 보통형**　　　　　　　　　　　　　　　　**い형용사 보통형**

　　　入院(にゅういん)したという 입원했다고 하는, 입원했다고 한다　　怖(こわ)いという 무섭다고 하는, 무섭다고 한다

　　　な형용사 보통형　　　　　　　　　　　　　　**명사 보통형** ★현재 긍정의 경우 だ 빼고 접속

　　　わがままだという 제멋대로라고 하는, 제멋대로라고 한다　　パソコンという 컴퓨터라고 하는, 컴퓨터라고 한다

友達(ともだち)が大学(だいがく)を退学(たいがく)したという事実(じじつ)を知(し)った。 친구가 대학교를 **자퇴했다고 하는** 사실을 알았다.

「달다」は日本語(にほんご)で「甘(あま)い」という。 '달다'는 일본어로 '아마이'라고 한다.

47 ～ということだ ① ~라고 한다 ② ~라는 것이다

두 가지 의미로 사용되는 문법으로 ①전해 들은 이야기를 격식 있게 그대로 전달할 때나 ②즉 이러한 의미라고 설명할 때 사용한다.

접속 **동사 보통형**
  晴れるということだ 날씨가 갠다고 한다

  い형용사 보통형
  危ないということだ 위험하다고 한다

  な형용사 보통형 ★현재 긍정의 경우 だ 빼고 접속 가능
  無駄だということだ 소용없다고 한다

  명사 보통형 ★현재 긍정의 경우 だ 빼고 접속 가능
  公務員(だ)ということだ 공무원이라고 한다

① 今も寒いが、午後はもっと**寒くなるということだ**。 지금도 춥지만, 오후는 더 **추워진다고 한다**.
② 課長に「明日からは来なくていい」と言われた。つまりこれは**クビということだ**。
과장님에게 '내일부터는 안 와도 된다'라는 말을 들었다. 즉 이것은 **해고라는 것이다**.

48 ～という点で ~라는 점에서

어떠한 내용에 대해서 평가, 비교하거나 같은 점 혹은 다른 점에 대해 이야기할 때 사용한다.

접속 **동사 보통형**
  買うという点で 산다고 하는 점에서

  い형용사 보통형
  しつこいという点で 끈질기다는 점에서

  な형용사 보통형
  丁寧だという点で 정중하다는 점에서

  명사 보통형 ★현재 긍정의 경우 だ 빼고 접속
  外国人という点で 외국인이라는 점에서

うちの会社のサービスは**オンラインという点で**利用者に好まれている。
우리 회사의 서비스는 **온라인이라는 점에서** 이용자에게 호감을 사고 있다.
彼と私は動物が**好きだという点で**似ている。 그와 나는 동물을 **좋아한다는 점에서** 닮아 있다.

49 〜としたら ~라고 한다면

만약 실제로 어떤 일이 일어났다고 가정하는 경우에 사용한다. 뒷부분에는 판단이나 추량, 의문을 나타내는 표현이 주로 온다.

> **TIP** 「〜とすれば・〜とすると」도 같은 의미이므로 함께 알아두자.

접속　**동사 보통형**
　　　死ぬとしたら 죽는다고 한다면

　　　い형용사 보통형
　　　難しいとしたら 어렵다고 한다면

　　　な형용사 보통형
　　　重要だとしたら 중요하다고 한다면

　　　명사 보통형
　　　日曜日だとしたら 일요일이라고 한다면

もし、ソファーを**買うとしたら**部屋のどこに置くつもりですか。
만약, 소파를 **산다고 한다면** 방의 어디에 둘 생각입니까?

1週間に3日が**休みだとしたら**、十分にリフレッシュできるだろう。
일주일에 3일이 **휴일이라고 한다면**, 충분히 리프레시 할 수 있겠지.

50 〜としても ~라고 해도, ~라고 할지라도

어떠한 상황이 발생하여도 큰 영향이나 변화가 없을 것을 나타내는 경우에 사용한다.

접속　**동사 보통형**
　　　失敗したとしても 실패했다고 해도

　　　い형용사 보통형
　　　悪いとしても 나쁘다고 해도

　　　な형용사 보통형
　　　素敵だとしても 멋지다고 해도

　　　명사 보통형
　　　年下だとしても 연하라고 해도

今回の試合に**負けたとしても**、また次に頑張ればいい。
이번 시합에 **졌다고 해도**, 또 다음에 열심히 하면 된다.

たとえ**冗談だとしても**言っていいことと悪いことがある。
설령 **농담이라고 해도** 말해도 되는 것과 안 되는 것이 있다.

51 〜など・〜なんか・〜なんて ① ~등 ② ~따위, ~같은 것 ③ ~하다니

① 열거하거나 예를 들어 설명하는 경우에 사용한다. 명사에만 접속한다.

② 상대 혹은 특정 대상을 경시하거나, 본인을 낮춰 겸손하게 이야기하는 상황에서 사용한다. 명사에만 접속한다.

③ 어떠한 일이 일어난 것에 대해 놀라거나 감탄하는 경우, 의외라고 생각하는 경우에 사용한다. 모든 품사의 보통형에 접속한다. なんて만 해당한다.

TIP 「など」는 문어체, 「なんか」, 「なんて」는 구어체로 많이 사용된다. 「なんて」 뒤에는 조사가 올 수 없다.

접속　동사 보통형　　　　　　　　　　　い형용사 보통형
　　　付き合うなんて 사귀다니　　　　厳しいなんて 엄격하다니

　　　な형용사 보통형　　　　　　　　명사 보통형
　　　幸せだなんて 행복하다니　　　　花など 꽃 등 / 私なんか 나 따위 / 月曜日だなんて 월요일이라니

① サッカーやバスケなどチームで戦うスポーツは楽しいです。
축구와 농구 등 팀으로 싸우는 스포츠는 즐겁습니다.

② 結婚なんかしなくても一人で生きていける。 결혼 따위 하지 않아도 혼자서 살아갈 수 있다.

③ 姉が子供を産んだなんて不思議な気持ちだ。 누나가 아이를 낳다니 이상한 기분이다.

52 〜はずだ ~일 것이다

어떠한 근거를 바탕으로 화자가 굳게 믿고 그러할 것이라고 확신하는 경우에 사용한다. 「〜かもしれない ~일지도 모른다」에 비해 화자의 확신 정도는 상당히 높다.

접속　동사 보통형　　　　　　　　　　　い형용사 보통형

　　　閉まっているはずだ 닫혀있을 것이다　　つまらないはずだ 재미없을 것이다

　　　な형용사 명사 수식형　　　　　　　　명사 명사 수식형

　　　きれいなはずだ 깨끗할 것이다　　　　弁護士のはずだ 변호사일 것이다

彼女は甘いものが好きだから、ケーキをあげたら喜ぶはずだ。
그녀는 단것을 좋아하니까, 케이크를 주면 기뻐할 것이다.

彼はアメリカに10年住んでいたので、きっと英語が上手なはずだ。
그는 미국에서 10년 살았기 때문에, 분명 영어를 잘 할 것이다.

53 〜はずがない ~일 리가 없다

말하는 사람이 강한 확신을 가지고 '절대 ~일 리 없다'고 가능성을 부정할 때 사용한다.

접속　동사 보통형
　　　　忘（わす）れるはずがない 잊을 리가 없다

　　　　い형용사 보통형
　　　　辛（から）いはずがない 매울 리가 없다

　　　　な형용사 명사 수식형
　　　　大丈夫（だいじょうぶ）なはずがない 괜찮을 리가 없다

　　　　명사 명사 수식형
　　　　社長（しゃちょう）のはずがない 사장일 리가 없다

こんなに大（おお）きいハンバーガー、一人（ひとり）で食（た）べられるはずがない。
이렇게 큰 햄버거, 혼자서 **먹을 수 있을 리가 없다**.

お店（みせ）にこんなに人（ひと）が並（なら）んでいるのだから、**まずいはずがない**。
가게에 이렇게 사람이 줄서 있으니까, **맛없을 리가 없다**.

54 〜ばかりでなく ~뿐만 아니라

앞 문장 내용 뿐만 아니라 뒤 문장의 내용도 있다는 것을 나타낼 때 사용하며, 이때 뒤 문장을 더 강조하는 뉘앙스로 사용한다.

> **TIP** 「〜だけでなく」도 같은 의미의 문법이므로 함께 알아두자. ▶ p.251 기출문법

접속　동사 보통형
　　　　習（なら）うばかりでなく 배울 뿐만 아니라

　　　　い형용사 보통형
　　　　強（つよ）いばかりでなく 강할 뿐만 아니라

　　　　な형용사 명사 수식형
　　　　楽（らく）なばかりでなく 편할 뿐만 아니라

　　　　명사 (⊕ である)
　　　　中国語（ちゅうごくご）ばかりでなく 중국어뿐만 아니라

このテーマパークは子供（こども）ばかりでなく大人（おとな）も楽（たの）しむことができる。
이 테마파크는 **아이뿐만 아니라** 어른도 즐길 수 있다.

鈴木（すずき）さんはきれいなばかりでなく、頭（あたま）もいいし、性格（せいかく）もいい。
스즈키 씨는 **예쁠 뿐만 아니라** 머리도 좋고, 성격도 좋다.

55 〜ようなら ~할 것 같으면

추측 표현인「〜ようだ」의 가정형으로 상대방의 기분이나 상황을 생각하여 정중하게 표현할 때 사용한다.「ない」형에 접속하여「〜ないようなら ~하지 않을 것 같으면」으로 활용하기도 한다.

접속　동사 보통형 현재　　　　　　　　　い형용사 보통형 현재
　　　遅(おく)れるようなら 늦을 것 같으면　　難(むずか)しいようなら 어려울 것 같으면

　　　な형용사 어간 ⊕ な, な형용사 ない형　　명사 ⊕ の, 명사 ない형
　　　複雑(ふくざつ)なようなら 복잡할 것 같으면　　留守(るす)のようなら 부재중일 것 같으면

忙(いそが)しいようなら また今度(こんどうかが)伺います。**바쁠 것 같으면** 다음번에 다시 찾아뵙겠습니다.
一人(ひとり)で運(はこ)べないようなら 私(わたし)が手伝(てつだ)います。혼자서 **못 옮길 것 같으면** 제가 돕겠습니다.

기출문법
실전 연습 문제 ①

시간 28분 이내
채점 　/23

問題1　つぎの文の（　　　）に入れるのに最もよいものを、1・2・3・4から一つえらびなさい。

1　家に（　　　）、部長に残業してくれと言われた。
　　1　帰るまでに　　2　帰ろうとしたら　　3　帰ることのほかに　　4　帰ろうとして

2　夏休みなので家族は旅行に行き（　　　）が、仕事が忙しくて難しいだろう。
　　1　すぎる　　　　2　そうにない　　　　3　がちだ　　　　　　4　たがる

3　日本語の勉強の仕方（　　　）、先生に相談しました。
　　1　について　　　2　にとって　　　　　3　に比べて　　　　　4　にしたがって

4　日本のアニメは日本（　　　）世界でも人気がある。
　　1　に対して　　　2　を通して　　　　　3　というよりも　　　4　だけでなく

5　締め切りを過ぎる（　　　）から、時間のある時にやっておこう。
　　1　ところだ　　　2　といけない　　　　3　わけだ　　　　　　4　ということだ

6　昨日遅くまでゲームをしていた（　　　）、朝寝坊してしまった。
　　1　だけで　　　　2　せいで　　　　　　3　おかげで　　　　　4　としても

7 携帯電話の発達（　　　）簡単にどこでも買い物できる時代になった。

　　1　に関して　　　2　でさえ　　　3　のうちに　　　4　によって

8 さっき部屋を片づけた（　　　）、母にトイレ掃除を頼まれた。

　　1　つもりなのに　　2　一方で　　　3　ばかりなのに　　4　途中で

9 こんなに宿題が残っているのに、遊びに行ける（　　　）よ。

　　1　はずがない　　　2　かもしれない　　3　はずだ　　　4　ほかない

10 彼は大学を卒業できていない（　　　）、今年就職するのは難しいだろう。

　　1　うちに　　　2　ことから　　　3　まま　　　4　ばかりでなく

11 昨日、入社したジョンさん（　　　）3ヶ国語もペラペラなんだよ。

　　1　って　　　2　のわりに　　　3　はもちろん　　　4　にとって

12 友達　「冬休みに北海道へ旅行する（　　　）、何がしたい？」
　　　私　　「雪祭りに行ったり、カニを食べたりしたいな。」

　　1　とともに　　　2　べきだけど　　　3　たびに　　　4　としたら

13 (会社で)
　　田中　　　　　「本日、中村部長と約束した田中と申します。」
　　中村部長の部下「田中様ですね。中村はすぐ（　　　）のでこちらでお待ちください。」

　　1　いたします　　　2　おります　　　3　参ります　　　4　いらっしゃいます

정답　1② 2④ 3① 4④ 5② 6② 7④ 8③ 9① 10② 11① 12④ 13③

問題2 つぎの文の ___★___ に入る最もよいものを、1・2・3・4から一つえらびなさい。

(問題(れい)例)

つくえの ___ ___ ___★___ ___ あります。

1　が　　　2　に　　　3　下　　　4かばん

(解答(かいとう)のしかた)

1. 正しい答えはこうなります。

つくえの ___ ___ ___★___ ___ あります。
3　下　　2　に　　4　かばん　　1　が

2. ___★___ に入る番号(ばんごう)を解答(かいとう)用紙にマークします。

(解答(かいとう)用紙)　(例(れい))　①　②　③　●

14　今回の地震は ___ ___ ___★___ ___ を与えた。
　　1　東北地方(とうほく)　　2　日本全体に　　3　を中心に　　4　被害

15　私は ___ ___ ___★___ ___ 結婚するかと聞かれて困っている。
　　1　たびに　　2　いつ　　3　会う　　4　家族に

16　こんな簡単な ___ ___★___ ___ ___ ですね。
　　1　あなた　　2　らしくない　　3　するなんて　　4　間違いを

17 その本を ＿＿＿ ＿＿＿ ＿★＿ ＿＿＿ ください。

　　1　私に　　　　2　終わったら　　3　読み　　　　4　貸して

18 友達が ＿＿＿ ＿＿＿ ＿★＿ ＿＿＿ 予想より早く終わった。

　　1　くれた　　　2　手伝だって　　3　宿題が　　　4　おかげで

問題3 つぎの文章を読んで、文章全体の内容を考えて、 19 から 23 の中に入る最もよいものを、1・2・3・4から一つえらびなさい。

下の文章は、留学生が書いた日記です。

日本料理店での思い出

　昨日は彼女の誕生日だったので、彼女が以前から 19 いた高級すき焼き店(注1)へ行きました。予約した時間に店の中に入ると、着物を着た女性が笑顔で私達を迎え、席へ案内してくれました。テーブルの真ん中には、なべが置いてありました。私達が席に座ると、店員はこれから作ってくれるすき焼きのことについて説明をしながら、料理をしてくれました。その様子を見て、私はびっくりしました。

　 20 、私の国にもなべ料理店がたくさんありますが、店員が客の目の前でなべ料理を作ってくれる店は今まで行ったことがありませんでした。なので、このような親切なサービスをうれしく思いました。

　初めに、店員はなべを 21 。牛肉を一枚ずつ丁寧(ていねい)に広げてなべの中に入れ、30秒くらいすると私達の食器に分け、生卵(なまたまご)に付けて食べるとおいしいと教えて 22 。なべから出したばかりのあつあつの肉を生卵に付けて食べたら、とてもおいしかったです。

　次に、温めた野菜を食器に盛(も)ってくれました。店員のおかげでゆっくり過ごすことができました。料理もおいしい 23 サービスも良く、最高の思い出ができたと彼女も喜んでいました。

(注1) すき焼き：浅いなべで牛肉や野菜を煮たり焼いたりする日本のなべ料理。

19
1 行けなくて　　2 行きたくて　　3 行きたがって　　4 行ってきて

20
1 ですから　　2 そして　　3 けれども　　4 もちろん

21
1 温め始めました　　　　　　2 温めすぎました
3 温め終わりました　　　　　4 温め直しました

22
1 あげました　　2 くれました　　3 やりました　　4 みました

23
1 うえに　　2 ために　　3 ついでに　　4 うちに

해설집 p.48

정답　19 ③　20 ④　21 ①　22 ②　23 ①

기출문법 실전 연습 문제②

問題1 つぎの文の（　　）に入れるのに最もよいものを、1・2・3・4から一つえらびなさい。

1 日本にいる（　　）、おいしいものをたくさん食べておきたい。
　　1 までに　　2 ころに　　3 うちに　　4 ために

2 この前の会議の（　　）、確認したいことがある。
　　1 ことで　　2 せいで　　3 あいだに　　4 ように

3 きちんと約束したから、彼は来る（　　）。
　　1 つもりだ　　2 だけだ　　3 ものだ　　4 はずだ

4 海外での暮らしは、楽しいことがある（　　）、辛いことも多い。
　　1 ことから　　2 という点で　　3 一方で　　4 場合

5 先輩に部活の相談をしたら、いろんな練習を（　　）とアドバイスをもらった。
　　1 したらどうか　　2 しながら　　3 してくれる　　4 してもらう

6 外国語は、勉強（　　）するほど難しく感じる。
　　1 すれば　　2 したら　　3 すると　　4 するなら

7 少し汚れているが、私（　　）これはとても大切な写真だ。
　　1 に対して　　2 にとって　　3 に関して　　4 について

8 空港での買い物も楽しんで、これから飛行機に乗る（　　　）。
1　おかげだ　　　2　ことだ　　　3　ばかりだ　　　4　ところだ

9 冬になる（　　　）暗くなるのが早くなってきた。
1　にわたって　　2　にしたがって　　3　に反して　　4　によって

10 （学校で）
さな「この机、すごく古いよね。使いたくないなあ。」
もも「本当だ！いつ（　　　　　）ね。違う机にしよう。」
1　壊れるだろうと思う　　　　　2　壊れても大丈夫だ
3　壊れることになりそうだ　　　4　壊れても不思議じゃない

11 （カフェで）
高木「こんにちは！あら、中田さんはまだいらっしゃらないですか。」
山田「電話があって、少し遅くなると（　　　）いました。」
1　申して　　2　おっしゃって　　3　なさって　　4　存じられて

12 （電話で）
田中　「すみませんが、今週中に資料を（　　　）。」
A社の社員「かしこまりました。すぐに準備してお送りします。」
1　送っていただけませんか　　　2　お送りいたしませんか
3　お送りなさいますか　　　　　4　送らせてください

13 （会社で）
私　「契約書を（　　　）。問題ないと思います。」
B社の社員「それでは、このまま契約するということでよろしいですか。」
1　参りました　　　　　　　2　拝見しました
3　お目にかかりました　　　4　ご覧になりました

정답　1③　2①　3④　4③　5①　6①　7②　8④　9②　10④　11②　12①　13②

問題2 つぎの文の ___★___ に入る最もよいものを、1・2・3・4から一つえらびなさい。

(問題例)

　　つくえの ____ ____ __★__ ____ あります。

　　1　が　　　2　に　　　3　下　　　4　かばん

(解答のしかた)

1．正しい答えはこうなります。

| つくえの ____ ____ __★__ ____ あります。 |
| 3　下　　2　に　　4　かばん　　1　が |

2．__★__ に入る番号を解答用紙にマークします。

(解答用紙)　(例)　①　②　③　●

14　明日は ____ ____ __★__ ____ 休みになるはずだ。

　　1　台風が　　　2　学校は　　　3　来る　　　4　から

15　____ __★__ ____ ____ へ旅行に行きたい。

　　1　国　　　2　若い　　　3　うちに　　　4　いろんな

16　彼は社長としても素晴らしいが、____ ____ __★__ ____ 。

　　1　人間　　　2　素晴らしい　　　3　一人の　　　4　としても

17 「10年やって売れないんだから、もう ____ ____ ★ ____ ？」と言われ続けた友人は、40歳を過ぎて有名な歌手になった。

1　やめて　　　2　就職したら　　　3　なんて　　　4　音楽活動

18 今日、先生に ____ ★ ____ ____ 、日本語も教えていただいた。

1　もらった　　2　連れて行って　　3　ばかりでなく　　4　いいレストランに

問題3 つぎの文章を読んで、文章全体の内容を考えて、 19 から 23 の中に入る最もよいものを、1・2・3・4から一つえらびなさい。

下の文章は、水泳教室からもらったお知らせです。

会員のみなさまへ

さくら水泳教室

　いつもご利用いただきありがとうございます。冷たい秋の風が気持ちよく感じる季節になりました。いよいよスポーツの秋ですね。

　さくら水泳教室では、みなさんが安全に気持ちよく過ごせるように頑張っています。また、みなさんの健康のために1時間ごとに、水が汚れていない 19 チェックしています。そこで、ご利用のみなさんにお願いがあります。

　まず、プールに入る前にトイレに行きましょう。水に入ると体が冷えて、トイレに行きたがる人が 20 。

　次に、ストレッチをしましょう。特に、午前中はまだ体が固いことがあります。 21 、けがをしやすいので注意してください。ストレッチが終わったら、シャワーを浴びましょう。日 22 冷たく感じる時もありますが、プールの水を汚さないためにも必要なことなので、頭から足までよく洗いましょう。

　最後に、決められた場所で、飲んだり食べたりしましょう。プールの中に入る時は周りに気をつけて静かに入りましょう。また、体の具合が良くない場合、無理せずにゆっくり休んでください。 23 のマナーを守って楽しい時間を過ごしてください。

　さくら水泳教室からのお願いでした。

19
1 かどうか　　　2 かどこか　　　3 か何か　　　4 か誰か

20
1 少なくないようです　　　2 少ないようです
3 少ないはずがないです　　　4 少なくなるそうです

21
1 または　　　2 それでも　　　3 そのため　　　4 しかし

22
1 にとって　　　2 において　　　3 にくらべて　　　4 によって

23
1 あちら　　　2 それら　　　3 これら　　　4 どちら

정답　19 ①　20 ①　21 ③　22 ④　23 ③

기출문법
실전 연습 문제③

시간 28분 이내
채점　/23

問題1　つぎの文の（　　　）に入れるのに最もよいものを、1・2・3・4から一つえらびなさい。

1　今日は朝から仕事なので、部屋を片付けない（　　　）出かけた。
　　1　ながら　　　　2　まま　　　　3　なんて　　　　4　ように

2　韓国はインド（　　　）人口が少ない。
　　1　に反して　　　2　に対して　　3　によって　　　4　に比べて

3　初めての試合で負けない（　　　）たくさん練習した。
　　1　みたいに　　　2　というより　3　うえに　　　　4　ように

4　しばらく会わない（　　　）、彼女はますますきれいになっていた。
　　1　だけでなく　　2　つもりで　　3　うちに　　　　4　ように

5　木村「田中さん、佐藤さん（　　　）人から連絡がありましたよ。」
　　　田中「ありがとう、後で連絡しておくよ。」
　　1　として　　　　2　とともに　　3　といえば　　　4　という

6　一生懸命努力した（　　　）すぐに結果が出るとは限らない。
　　1　としたら　　　2　という点で　3　まま　　　　　4　としても

7 今、電話に出られないので、またかけ（　　　）。
1　直します　　2　変えます　　3　続けます　　4　終わります

8 風邪を引いた時は家でゆっくり休む（　　　）。
1　わけがない　　2　ことがある　　3　ことだ　　4　でしょうか

9 雨が降る（　　　）傘を持って行った方がいいです。
1　と　　2　なんて　　3　につれて　　4　ようなら

10 今日のテストのためにどんなに頑張って勉強した（　　　）。
1　おかげだ　　2　ところだ　　3　だろうか　　4　ことか

11 部下「社長、今日の夕食は何を（　　　）。」
社長「そうだね、今日の夕食は焼肉にしようかな。」
1　いただきますか　　　　　　2　召し上がりますか
3　うかがいますか　　　　　　4　お食べしますか

12 お客様、ご来店（　　　）時はご予約ください。
1　いたす　　2　いらっしゃる　　3　なさる　　4　参る

13 先生にテストで分からない問題を（　　　）。
1　伺った　　2　申した　　3　ご覧になった　　4　お聞きになった

해설집 p.53

정답　1② 2④ 3④ 4③ 5④ 6④ 7① 8③ 9④ 10④ 11② 12③ 13①

問題2 つぎの文の ___★___ に入る最もよいものを、1・2・3・4から一つえらびなさい。

(問題例)

つくえの ____ ____ _★_ ____ あります。

1 が　　2 に　　3 下　　4 かばん

(解答のしかた)

1．正しい答えはこうなります。

| つくえの ____ ____ _★_ ____ あります。 |
| 3 下　2 に　4 かばん　1 が |

2． _★_ に入る番号を解答用紙にマークします。

(解答用紙)　(例)　① ② ③ ●

14　この町は ____ _★_ ____ ____ なった。
　　1 静かに　　2 昔　　3 に比べて　　4 とても

15　説明書によると、この薬は ____ ____ _★_ ____ ことだ。
　　1 飲めば　　2 いい　　3 という　　4 朝に

16　昨日、夫 ____ ____ _★_ ____ しまったことを後悔している。
　　1 冷たい　　2 とって　　3 に対して　　4 態度を

17 母は大好きな ＿＿＿ ★ ＿＿＿ ＿＿＿ 嬉しがった。
　　1　少女のように　　2　俳優が　　　　3　登場すると　　　　4　舞台に

18 早く仕事を ＿＿＿ ＿＿＿ ★ ＿＿＿ ことが重要だ。
　　1　には　　　　　　2　協力する　　　3　終わらせる　　　　4　みんなで

問題3 つぎの文章を読んで、文章全体の内容を考えて、 19 から 23 の中に入る最もよいものを、1・2・3・4から一つえらびなさい。

下の文章は、留学生が書いた作文です。

笑いと健康

キム　スヒョン

　先日、日本で昔から伝えられてきている「狂言」と呼ばれる舞台を、見に行った。狂言とは、うそをついて人の心を迷わせることだ。狂言の舞台では、歌やダンスがあまりなく言葉を中心とする。ほとんどの話題は日常生活で起こる出来事、または人が心の中に持っている要求や立派に見せたがることについてだ。

　私が見たのは、高い地位にいる人が、バカな事をして低い地位の人に 19 と言う話だった。 20 は、どんなに高い地位の人でも自分たちとあまり変わらないことを示している。このようなことを話題にして、笑いの舞台にしてしまうことに驚いた。

　ずっと昔は、低い地位の人たちが狂言を楽しんでいたようだが、後に高い地位にいる人たちが楽しむようになったらしい。 21 、現代では誰もが見に行ける舞台として続いている。

　ところで、昔から笑うことは健康に良いことだと言われている。最近、発表された実験結果 22 、笑うと血の流れが良くなるらしいのだ。 23 幸せを感じたり、気分が良くなったり、痛みや不安を少なくする効果もあるそうだ。

　見ている人を笑わせてくれる狂言も、毎日の生活の中で生まれる笑いも健康への効果は同じのようだ。

19
1　笑わせる　　2　笑わされる　　3　笑わせられる　　4　笑われる

20
1　あの話　　2　どの話　　3　その話　　4　この話

21
1　もしくは　　2　なぜなら　　3　しかし　　4　そして

22
1　にすると　　2　というと　　3　によると　　4　というより

23
1　そのうえ　　2　このため　　3　ところが　　4　けれども

실전 연습 문제 ④

問題1 つぎの文の（　　）に入れるのに最もよいものを、1・2・3・4から一つえらびなさい。

1 さっき、あと10分で到着すると言っていたから、もうそろそろ来る（　　）。
  1　つもりだ　　2　はずだ　　3　ようだ　　4　らしい

2 先日、初めて友達の家を訪ねたが、彼女（　　）部屋のデザインであった。
  1　による　　2　などの　　3　らしい　　4　のあいだ

3 子供がまったく野菜を食べ（　　）ので、困っている。
  1　ようとしない　　2　ようとする　　3　ようにしない　　4　ようにする

4 このレストランは季節（　　）メニューが変わる。
  1　によって　　2　において　　3　に対して　　4　に関して

5 最後まであきらめずに試合ができたのは、応援してくれた家族の（　　）。
  1　せいだ　　2　ことだ　　3　おかげだ　　4　だけだ

6 母「明日、お母さんの友達が家に遊びに来るよ。」
　　娘「今の（　　）、部屋を片付けておこう。」
  1　ところで　　2　うちに　　3　まま　　4　ようなら

7 私はアルバイト（　　　）この居酒屋で働いている。
　1　に対して　　　2　において　　　3　として　　　4　みたいに

8 お気に入りのバッグが壊れたのは、犬にかまれた（　　　）。
　1　ばかりだ　　　2　せいだ　　　3　らしい　　　4　そうだ

9 自分に似合う服を見つける（　　　）、いろんなデザインの服を着てみたいと思っている。
　1　けど　　　2　ため　　　3　ので　　　4　しか

10 この国の多くの国民は今の政治（　　　）不満を持っている。
　1　に比べて　　　2　にとって　　　3　に反して　　　4　に対して

11 昨日の試合は、どちらが（　　　）試合だった。
　1　勝ってはだめな　　　　　　2　勝ってはいけない
　3　勝ったことがない　　　　　4　勝ってもおかしくない

12 （家で）
妻「今日、山田さんから果物を（　　　）のよ。」
夫「そうなの？じゃあ、今度会ったらお礼を言わないとね。」
　1　差し上げた　　　2　くださった　　　3　いただいた　　　4　召し上がった

13 （電話で）
山下「もしもし、今日、担当者の方は（　　　）。」
社員「申し訳ありません、今外出しております。」
　1　おりますか　　　　　　　　2　いらっしゃいますか
　3　おっしゃいますか　　　　　4　存じていますか

정답　1② 2③ 3① 4① 5③ 6② 7③ 8② 9② 10④ 11④ 12③ 13②

問題2 つぎの文の ___★___ に入る最もよいものを、1・2・3・4から一つえらびなさい。

(問題例)

つくえの ___ ___ _★_ ___ あります。

1　が　　　2　に　　　3　下　　　4　かばん

(解答のしかた)

1．正しい答えはこうなります。

つくえの ___ ___ _★_ ___ あります。
3　下　　2　に　　4　かばん　　1　が

2．___★___ に入る番号を解答用紙にマークします。

(解答用紙)　(例)　① 　② 　③ 　●

14　あなた ___ ___ _★_ ___ にとっては大事なことかもしれない。

1　誰か　　　2　大事じゃない　　　3　にとって　　　4　ことでも

15　入社式は、___ ___ _★_ ___ 予定です。

1　において　　　2　大ホール　　　3　行われる　　　4　2階の

16　宿題がまだ残っているが、___ ___ _★_ ___。

1　ことにした　　　2　ので　　　3　もう寝る　　　4　疲れた

17 ＿＿＿ ★ ＿＿＿ ＿＿＿ 人はいませんか。
　1　知っている　　2　について　　3　詳しく　　4　ヨーロッパの歴史

18 雨が＿＿＿ ★ ＿＿＿ ＿＿＿ いたサッカーの試合が中止になった。
　1　せいで　　2　楽しみ　　3　降った　　4　にして

問題3 つぎの文章を読んで、文章全体の内容を考えて、 19 から 23 の中に入る最もよいものを、1・2・3・4から一つえらびなさい。

下の文章は、留学生が書いた作文です。

文化と迷信

　皆さんは知っている迷信がありますか。迷信とは明らかな事ではないのに昔から伝わってきた話のことです。そして、この迷信は社会のルールや習慣などと深い関係があります。 19 、迷信はどこの国にもあります。

　私が和歌山県へ旅行に行った時の話です。山道を歩いているとおばあさんに出会って、少し話をしました。別れる時に、庭のミカンを急いで取って「はい、どうぞ」と言って4つくれました。 20 すぐに「あら、ごめん！4は死だから良くなかったわ！」と言い、ミカンを一つ足して「お土産ね」と私に 21 。私はおばあさんが言っている意味がよく分かりませんでした。 22 を日本語の先生に話したら「4」は「死」と発音が同じなので、日本では良くない数字だと思われがちだと教えてくれました。

　このことを知って、以前からおかしいと思っていた事が 23 。私のアパートには1階の103号室の隣は105号室で、3階までの全てが1号室、2号室、3号室…と書いてあって、次は5号室になっています。

　この話は、発音から想像する良くないイメージの迷信ですが、良い迷信も悪い迷信も人々の生活の中で生まれたもので、その国の文化や考えと近い関係があります。ですから、その国のことをもっと知るのに良い方法だと思いました。

　ぜひ、あなたの国の迷信を教えてください。

19
1 また　　　　2 けれども　　　3 なぜなら　　　4 ですから

20
1 だから　　　2 つまり　　　　3 ところが　　　4 または

21
1 もらいました　2 あげました　　3 くれました　　4 しました

22
1 昔の話　　　2 あんな話　　　3 どんな話　　　4 この話

23
1 明らかに話しました　　　　2 明らかになりました
3 明らかに言いました　　　　4 明らかに見えました

해설집 p.59

정답　19 ④　20 ③　21 ③　22 ④　23 ②

핵심문법 집중 공략

2010년부터 최신 JLPT까지의 출제 문제 내 모든 문법을 분석하여 N3 레벨의 출제 예상 핵심 문법을 품사별로 정리하였습니다.

1 명사와 접속

01 〜から〜にかけて ~부터 ~에 걸쳐서

시간이나 공간의 시작점과 끝 지점의 범위를 나타낼 때 사용한다.

TIP 「〜にわたって ~에 걸쳐서」와 달리 끝 지점의 범위가 확실하게 명시되어 있다. ▶ p.285 핵심문법

접속 **명사**
年末から年始にかけて 연말부터 연초에 걸쳐서

今晩**から**明日の朝**にかけて**、激しい雨が降るらしい。
오늘 밤**부터** 내일 아침**에 걸쳐서**, 세찬 비가 내린다고 한다.

関東**から**東北**にかけて**、桜が咲き始めました。
관동 지방**부터** 동북 지방**에 걸쳐서**, 벚꽃이 피기 시작했습니다.

02 〜だらけ ~투성이

어떠한 것이 지나치게 많아 부정적인 느낌을 주거나 불만을 갖는 경우에 주로 사용한다.

접속 **명사** ★주로 血 피·泥 진흙·傷 상처·間違い 실수·借金 빚·嘘 거짓말 등과 같은 명사와 접속한다.
傷だらけ 상처투성이

彼は掃除が嫌いだから部屋がごみ**だらけ**だ。 그는 청소를 싫어하기 때문에 방이 쓰레기**투성이**다.
あの人の話は嘘**だらけ**だから、あまり信用しない方がいいよ。
저 사람의 이야기는 거짓말**투성이**니까, 그다지 신용하지 않는 편이 좋아.

03 ～(で)さえ ~조차

극단적인 예시로 들어서 다른 것도 그럴 것이라는 뉘앙스이다. 말하는 사람의 놀라움과 황당함을 나타내며, 부정적인 의미로 쓰이는 경우가 많다.

💡**TIP** 「～でさえ」는 강조 표현이다.

접속 명사
　　　親友(で)さえ 친한 친구조차

学年1位の子でさえ医学部に合格できなかった。 학년 1위의 아이조차 의학부에 합격하지 못했다.
あの頃は貧しくて、住む家でさえなかった。 그 시절은 가난해서, 살 집조차 없었다.

04 ～というと・～といえば・～といったら ~라고 하면, ~라고 말하자면

어떠한 일의 대표적인 예나 그것에 대해서 바로 생각나는 것을 이야기할 때 사용한다.

접속 명사
　　　プロポーズといえば 프러포즈라고 하면

夏といえば、すぐにかき氷が頭に浮かんでくる。
여름이라고 하면, 바로 빙수가 머리에 떠오른다.
韓国料理というと辛い料理が多いイメージだが、辛くない料理も多い。
한국 요리라고 하면 매운 요리가 많은 이미지이지만, 맵지 않은 요리도 많다.

05 ～とは ~란

어떠한 것을 설명하거나 정의를 내릴 때 사용하며, 비교적 딱딱한 표현이다. 보통 「～とは～ことだ ~란 ~라는 것이다」 형태로 사용되는 경우가 많다.

💡**TIP** 「～というのは ~라는 것은」도 같은 의미로 사용되므로 함께 알아두자.

접속 명사
　　　自由とは 자유란

私にとって幸せとは、人を幸せにすることだ。 나에게 있어서 행복이란, 타인을 행복하게 하는 것이다.
氷とは、水が個体に変わった状態のものである。 얼음이란, 물이 고체로 변한 상태의 것이다.

06 ～に関して ~에 관해서

「～について」에 비해 딱딱한 표현으로 어떠한 주제에 대해 이야기할 때 사용한다.

💡**TIP** 「～に関しては ~에 관해서는」과 「～に関しての・～に関する ~에 관한」이라는 형태도 함께 알아 두자.

접속　명사

このプロジェクトに関して 이 프로젝트에 관해서

12月に行われるJLPT**に関しての**情報を調べる。 12월에 시행되는 JLPT**에 관한** 정보를 조사한다.
会議の内容**に関しては**外部の人に言わないでください。
회의의 내용**에 관해서는** 외부의 사람에게 말하지 말아 주세요.

07 ～につき ① ~당 ② ~이므로, ~때문에

① 소요되는 비용이나 시간, 비율 등을 나타낼 때 사용한다.
② 문어체로 이유나 원인을 나타낼 때 사용한다. 주로 게시판이나 안내문, 통지 등의 딱딱한 형식에서 자주 쓰인다.

접속　명사

一人につき 한 사람 당 / 出張につき 출장이므로

① ここの駐車場は1時間**につき**400円です。 여기 주차장은 1시간**당** 400엔입니다.
② ただいま工事中**につき**通ることができません。 현재 공사 중**이므로** 지나갈 수 없습니다.

08 ～に反して ~에 반해서, ~와/과 반대로

예상, 기대, 의도와는 정반대되는 결과가 발생했을 때 사용한다. 또는 룰이나 규칙 등을 위반하다라는 의미도 있다.

💡**TIP** 명사를 수식하는 「～に反する ~에 반하는」도 함께 알아두자.

접속　명사

期待に反して 기대와 반대로

みんなの予想**に反して**Bチームがaチームに勝った。 모두의 예상**과 반대로** B 팀이 A 팀에게 이겼다.
彼女は学校の規則**に反して**髪の毛を茶色にした。 그녀는 학교의 규칙**에 반해서** 머리카락을 갈색으로 했다.

09 ～にわたって ~에 걸쳐서

전체 범위에 걸쳐서 어떠한 일이 발생할 때 사용하며, 시간적 범위, 공간적 범위 모두 사용할 수 있다. 구체적인 범위를 나타내는 「～にかけて ~에 걸쳐서」와 뉘앙스 차이가 있다.

💡**TIP** 명사를 수식하는 「～にわたる ~에 걸친」도 함께 알아두자.

접속 명사

長年にわたって 오랜 기간에 걸쳐서

この道の渋滞は10キロにわたって続いている。 이 길의 정체는 10킬로에 걸쳐서 계속되고 있다.
三日間にわたる試験が、昨日ついに終わった。 3일간에 걸친 시험이, 어제 마침내 끝났다.

10 ～ぬきで ~빼고, ~제외하고

「抜く 빼다」라는 동사에서 파생된 문법으로, 본래는 포함되는 내용 혹은 물건을 생략하는 경우에 사용한다.

접속 명사

きゅうりぬきで 오이 빼고

今日の会議は、私ぬきで先に始めてください。 오늘의 회의는, 저 빼고 먼저 시작해 주세요.
お寿司はすべてワサビ抜きでお願いします。 초밥은 전부 고추냉이 빼고 부탁드립니다.

11 ～はもちろん～も ~은/는 물론 ~도

「もちろん 물론」이라는 부사에서 파생된 문법으로, 「AはもちろんBも」에서 A는 말할 것도 없이 당연하며, B 또한 A와 동일한 정도라는 것을 나타낼 때 사용한다.

접속 명사

子供はもちろん大人も 아이는 물론 어른도

このホテルにはプールはもちろんジムもあります。 이 호텔에는 수영장은 물론 헬스장도 있습니다.
彼女は平日はもちろん、休日も働いている。 그녀는 평일은 물론, 휴일도 일하고 있다.

12 ～向き/～向きだ ~용/~용이다

어떠한 대상에 알맞거나 적합한 경우에 사용한다. 문장에 따라 '~에 적합(하다)'라고 해석하는 것이 더 자연스러울 수 있다.

💡TIP 명사를 수식하는 「～向きの ~에 적합한」도 함께 알아두자.

접속 　명사
　　　経験者向き 경험자용

彼女の声はアニメ向きの声です。 그녀의 목소리는 애니메이션에 적합한 목소리입니다.
この問題は、N3学習者向きだ。 이 문제는, N3 학습자에 적합하다.

13 ～向け(に)/～向けだ ~용, 대상(으로)/~용, 대상이다

애초에 어떠한 대상을 위해 만들어지거나, 의도가 분명한 경우에 사용한다. 문장에 따라 '~대상(이다)'라고 해석하는 것이 더 자연스러울 수 있다.

💡TIP 명사를 수식하는 「～向けの ~대상의」도 함께 알아두자.

접속 　명사
　　　子供向け 어린이 대상

この博物館には外国人向けのパンフレットが置いてある。
이 박물관에는 외국인 대상의 팸플릿이 놓여 있다.
学校近くに学生向けに建てられたアパートがいくつかある。
학교 근처에 학생 대상으로 세워진 아파트가 몇 개인가 있다.

14 ～を込めて ~을/를 넣어서, ~을/를 담아서

기분이나 힘 등을 넣어서 어떤 행동을 한다고 할 때 사용한다. 주로 앞에는 사랑, 애정, 경의하는 마음, 바램, 소원 등을 나타내는 명사가 온다.

접속 　명사
　　　心を込めて 마음을 담아서

感謝の気持ちを込めて手紙を書く。 감사의 마음을 담아서 편지를 쓰다.
お母さんが愛情を込めて弁当を作ってくれた。 엄마가 애정을 담아서 도시락을 만들어주었다.

15 〜をする ~(모습)을/를 하다

'~을/를 하다'라고 직역하면 되지만, 주로 대상의 모양·색·모습 등 외견적인 모습을 나타내는 특정 명사와 접속한다.

💡**TIP** 주로 진행형 형태(〜をしている)로 사용한다.

접속 명사

いい声をしている 좋은 목소리를 하고 있다

彼女、さっきから悲しそうな顔をしているね。 그녀 아까부터 슬픈 얼굴을 하고 있네.
この人形は青い目をしている。 이 인형은 파란 눈을 하고 있다.

---

16 〜を通じて・〜を通して ① ~을/를 통해서 ② ~내내

「通じる 통하다」와 「通す 통하게 하다」라는 동사에서 파생된 문법으로, 두 가지 의미로 사용된다.

① 어떠한 수단이나 매개체를 통해서 일을 진행할 때에 사용한다.
② 시간이나 시기를 나타내는 명사와 함께 쓰여 어느 일정 기간 동안 끊기지 않고 계속이라는 의미로 사용된다.

접속 명사

インターネットを通して 인터넷을 통해서 / 1年を通じて 1년 내내

① 知り合いを通じてこのサークルに入った。 지인을 통해서 이 동아리에 들어왔다.
② この街には様々な花が植えられていて、四季を通じて景色が楽しめます。
　이 거리에는 여러 가지 꽃이 심어져 있어서, 사계절 내내 경치를 즐길 수 있습니다.

---

17 〜をもとに(して) ~을/를 바탕으로 (해서), ~을/를 토대로 (해서)

앞에 오는 명사를 기준으로 하거나 소재나 재료를 참고하여 어떤 동작을 하는 경우에 사용한다.

접속 명사

体験をもとにして 체험을 바탕으로 해서

この映画は漫画をもとに作られた。 이 영화는 만화를 바탕으로 만들어졌다.
アンケート結果をもとにこれからの対策を考えましょう。 앙케트 결과를 토대로 앞으로의 대책을 생각합시다.

2 동사와 접속

18 〜こと ~할 것

강한 뉘앙스의 표현으로 어떠한 내용을 지시하거나 규칙 등을 나타낼 때 사용한다.

> 💡TIP 「こと 것, 일」은 원래 추상적인 것을 지칭하는 명사이다.

접속 동사 보통형 현재
汚<small>よご</small>さないこと 더럽히지 않을 것

廊下<small>ろうか</small>では何<small>なに</small>があっても絶対<small>ぜったい</small>に走<small>はし</small>らないこと。복도에서는 무슨 일이 있어도 절대로 **뛰지 않을 것**.
友達<small>ともだち</small>との約束<small>やくそく</small>はやぶらないこと。친구와의 약속은 **어기지 않을 것**.

19 〜ことはない ~할 필요는 없다

어떤 행동을 해야 할 의무나, 필요성은 없다는 것을 나타낼 때 사용한다. 앞부분에 「わざわざ 일부러」가 오는 경우가 많다.

접속 동사 기본형
謝<small>あやま</small>ることはない 사과할 필요는 없다

先輩<small>せんぱい</small>をそんなに怖<small>こわ</small>がることはないですよ。선배를 그렇게 **무서워할 필요는 없어요**.
電話<small>でんわ</small>でやり取<small>と</small>りをすれば、わざわざここまで来<small>く</small>ることはない。
전화로 주고받으면, 일부러 여기까지 **올 필요는 없다**.

20 〜べきだ ~해야 한다

어떠한 행동을 하는 것이 상식적으로 당연하고 마땅한 경우에 사용한다. 주로 상대방에게 ~해야 한다고 조언할 때 사용한다.

> 💡TIP 법률이나 규칙 등에 관련하여 말할 때는 사용하지 않는다. 이때는 「〜なければならない ~하지 않으면 안 된다, ~해야 한다」를 사용하자.

접속 동사 기본형 ★する는 するべきだ・すべきだ 모두 가능
責任<small>せきにん</small>を取<small>と</small>るべきだ 책임을 져야 한다

周<small>まわ</small>りに困<small>こま</small>っている人<small>ひと</small>がいたら助<small>たす</small>けるべきだ。주위에 곤란해하는 사람이 있으면 **도와야 한다**.
自分<small>じぶん</small>が悪<small>わる</small>いことをしたのなら先<small>さき</small>に謝<small>あやま</small>るべきだ。자신이 나쁜 짓을 한 거라면 먼저 **사과해야 한다**.

21 ～べきではない ~해서는 안 된다, ~하지 않는 편이 좋다

강력한 권고나 강제성을 갖는 금지 표현이 아닌 어떠한 행동을 하지 않는 것이 좋다는 정도의 충고나 조언에 해당한다.

접속　동사 기본형 ★するは するべきではない・すべきではない 모두 가능
　　　疑(うた)うべきではない 의심해서는 안 된다

人(ひと)を見(み)た目(め)で判断(はんだん)するべきではない。 사람을 겉보기로 **판단해서는 안 된다**.
自分(じぶん)がされて嫌(いや)なことは相手(あいて)にも**すべきではない**。 자신이 당해서 싫은 것은 상대에게도 **해서는 안 된다**.

22 ～ほかない ~할 수밖에 없다

남아있는 방법이 없어서 그렇게 하는 것 말고는 다른 방법이 없는 경우에 사용한다.

접속　동사 기본형
　　　待(ま)つほかない 기다릴 수밖에 없다

好(す)きな服(ふく)なのに、やぶれて着(き)られなくなったので**捨(す)てるほかない**。
좋아하는 옷인데 찢어져서 입을 수 없게 되었기 때문에 **버릴 수밖에 없다**.
終電(しゅうでん)が終(お)わったのでタクシーで**帰(かえ)るほかない**。 막차가 끝났기 때문에 택시로 **돌아갈 수밖에 없다**.

23 ～かける/～かけの ① ~하다 말다/~하다 만 ② ~할 뻔하다/~할 뻔한

두 가지 의미로 사용되는 문법이다.
① 어떤 행동을 끝내지 못하고 도중에 멈춘 상태나 아직 끝내지 않은 상태를 나타낼 때 사용한다.
② 어떤 행동을 할 뻔한 직전의 상태를 말할 때 사용한다.

TIP 두 가지 의미로 해석이 되지 않아 어색한 문장의 경우는 '~하기 시작하다'라고 해석하면 자연스럽다.
雨(あめ)が止(や)んで空(そら)が晴(は)れかけてきた。 비가 그치고 하늘이 맑아지기 시작했다.

접속　동사 ます형
　　　読(よ)みかけの本(ほん) 읽다 만 책 / ぶつかりかける 부딪칠 뻔했다

① 家(いえ)にまだ**食(た)べかけの**ケーキが残(のこ)っている。 집에 아직 **먹다 만** 케이크가 남아있다.
② 自転車(じてんしゃ)に乗(の)っていたら、急(きゅう)に人(ひと)が出(で)てきて**転(ころ)びかけた**。
　 자전거를 타고 있었더니, 갑자기 사람이 나와서 **넘어질 뻔했다**.

24 ~かねない ~할지도 모른다

다소 딱딱한 표현으로 부정적인 결과나 좋지 않은 결과가 나올 수 있음을 나타낼 때 사용한다.

> **TIP** 「~かもしれない ~일지도 모른다」는 같은 의미이지만, 긍정적, 부정적 상황 모두의 경우 사용할 수 있다.

접속   동사 ます형
　　　招きかねない 초래할지도 모른다

不況が続くと、会社が**倒産しかねない**。 불황이 계속되면, 회사가 **도산할지도 모른다**.
安全確認をしっかりしないと、いつか事故が**起こりかねませんよ**。
안전 확인을 제대로 하지 않으면, 언젠가 사고가 **일어날지도 몰라요**.

25 ~がたい ~하기 힘들다, ~하기 어렵다

심리적으로 어떤 행동을 하려고 해도 하기 어려운 경우에 사용한다. 다만, 능력적으로 불가능하다는 의미로는 사용하지 않는다.

접속   동사 ます형 ★주로 信じる 믿다・許す 용서하다・理解する 이해하다・受け入れる 받아 들이다・想像する 상상하다 등과 같은 동사와 접속한다.
　　　信じがたい 믿기 힘들다

クラスメイトをいじめることは本当に**許しがたい**。 같은 반 친구를 괴롭히는 것은 정말로 **용서하기 힘들다**.
わざわざ危険な地域に旅行に行くなんて**理解しがたい**。 일부러 위험한 지역에 여행을 가다니 **이해하기 어렵다**.

26 ~きる ① 다 ~하다 ② 매우 ~하다

두 가지 의미로 사용되는 문법으로 ① 어떠한 행동을 전부 끝마쳤을 때나 ② 어떠한 상태가 극한에 이르렀을 때 사용한다.

접속   동사 ます형
　　　覚えきる 다 외우다

① 給料日はまだなのに、もうお金を全部**使い切ってしまった**。 급여일은 아직인데, 벌써 돈을 전부 **다 써버렸다**.
② 母親は毎日家事や子育てが忙しく、**疲れきっている**。 어머니는 매일 가사와 육아가 바빠서, **매우 지쳐 있다**.

27 ～きれる/～きれない 다 ~할 수 있다/다 ~할 수 없다

「~きる 다 ~하다, 매우 ~하다」의 가능형으로 어떤 행동을 전부 할 수 있다, 할 수 없다고 말하고 싶을 때 사용한다.

💡**TIP** 「売り切れる 매진되다, 다 팔리다」는 문법적으로 분석하는 것이 아닌 하나의 단어로서 외워두자.

접속 동사 ます형
　　　読みきれない 다 읽을 수 없다

料理を作りすぎて、一人では全部食べきれなかった。 요리를 너무 만들어서, 혼자서는 전부 **다 먹을 수 없었다**.
今年の目標は200mが泳ぎきれるようになることです。 올해의 목표는 200m를 **다 헤엄칠 수** 있게 되는 것입니다.

28 ～っこない (절대로) ~할 리가 없다

화자의 강한 확신으로 어떠한 일이 절대로 일어나지 않을 것이라 확신하는 경우에 사용한다.

💡**TIP** 주로 '~할 수 있을 리가 없다'라는 형태로 쓰여 동사 가능형과 접속하는 경우가 많다.

접속 동사 ます형
　　　できっこない 할 수 있을 리가 없다

あんな高いバッグなんて買えっこない。 저런 비싼 가방이라니 **살 수 있을 리가 없다**.
力の弱い私が、こんな重い荷物を運べっこない。 힘이 약한 내가, 이런 무거운 짐을 **옮길 수 있을 리가 없다**.

29 ～っぱなし ~한 채

어떠한 동작이 방치된 채 그 동작이 현재 상태까지 계속되는 경우에 사용한다. 이때 말하는 사람의 부정적인 감정이 담겨있는 경우가 많다.

접속 동사 ます형
　　　開けっぱなし 연 채

昨日またテレビを付けっぱなしで寝てしまった。 어제 또 TV를 **켠 채**로 자 버렸다.
夫は何度注意しても靴下を脱ぎっぱなしで片づけない。
남편은 몇 번 주의를 해도 양말을 **벗어 놓은 채**로 정리하지 않는다.

30 ～たとたん(に) ~하자마자, ~하는 순간

앞 문장의 동작이 이루어지자마자 뒤 문장의 내용이 예상치 못하게 바로 일어나는 경우에 사용한다.

접속 동사 た형

立ったとたん 일어서자마자

さっきまで晴れていたのに、私が外に出たとたん雨が降ってきた。
아까까지 맑았는데, 내가 밖에 **나가자마자** 비가 내려 왔다.

犯人は警察と目が合ったとたん逃げた。 범인은 경찰과 눈이 **맞은 순간** 도망쳤다.

31 ～たほうがいい ~하는 편이 좋다

상대방에게 조언을 하거나 권유할 때 사용한다. 과거형과 접속하지만 의미는 과거가 아니다.

💡 **TIP** 반대 표현으로 「동사 ない형 ➕ ないほうがいい ~하지 않는 편이 좋다」도 함께 알아두자.

접속 동사 た형

やめたほうがいい 그만두는 편이 좋다

寒いならジャケットを着たほうがいい。 추우면 재킷을 **입는 편이 좋다**.
疲れている時は家でゆっくり休んだほうがいい。 피곤할 때는 집에서 푹 **쉬는 편이 좋다**.
うわさは大体嘘だからあまり信じないほうがいい。
소문은 대체로 거짓말이기 때문에 그다지 **믿지 않는 편이 좋다**.

32 ～ていく ~해 가다, ~해지다

시간의 흐름(현재-미래)에 따라 일의 정도가 강해지거나, 계속 진행되는 상태를 나타낼 때 사용한다. 또한 실제로 어디로 가는 경우에도 사용한다.

접속 동사 て형

慣れていく 익숙해져 가다

私は運動のために、毎日会社まで歩いていく。 나는 운동을 위해서, 매일 회사까지 **걸어간다**.
今日も寒いが、明日からもっと寒くなっていくだろう。 오늘도 춥지만, 내일부터는 더 **추워지**겠지.

33 ～てからでないと・～てからでなければ ~하고 나서가 아니면

앞 문장의 행동을 먼저 한 후가 아니면 뒤 문장의 행동을 할 수 없다는 의미이다.

접속　동사 て형
　　　二十歳(はたち)になってからでないと 20살이 되고 나서가 아니면

この宿題(しゅくだい)が終(お)わってからでないと、遊(あそ)びに行くことができない。
이 숙제가 **끝나고 나서가 아니면**, 놀러 갈 수 없다.

私(わたし)は、お風呂(ふろ)に入(はい)ってからでなければ寝(ね)られない。 나는 **목욕하고 나서가 아니면** 잘 수 없다.

34 ～てくる ~해 오다, ~해지다, ~하기 시작하다

시간의 흐름(과거-현재)에 따라 상태가 변화하는 것을 나타낼 때 사용한다. 또는 실제로 어디에서 온 경우에도 사용한다.

접속　동사 て형
　　　送(おく)ってくる 보내 오다

お昼(ひる)に薬(くすり)を飲(の)んだのでそろそろ薬が効(き)いてくるはずだ。
점심때 약을 먹었기 때문에 슬슬 약이 **듣기 시작할** 것이다.

工事(こうじ)が進(すす)んで、町(まち)の雰囲気(ふんいき)が変化(へんか)してきた。 공사가 진행되어, 동네의 분위기가 **변화하기 시작했다**.

35 ～てはいけないから・ので ~해서는 안 되기 때문에

화자의 기준에서 바람직하지 않은 행동이나 상황에 도달하지 않도록 주의하거나 조언, 행동 지침 등을 나타낼 때 사용한다.

접속　동사 て형
　　　忘(わす)れてはいけないから 잊어서는 안 되기 때문에

ダイエット中(ちゅう)は油(あぶら)の多(おお)い食(た)べ物(もの)を食(た)べてはいけないので野菜(やさい)を食(た)べる。
다이어트 중은 기름기가 많은 음식을 **먹어서는 안 되기 때문에** 야채를 먹는다.

ここではたばこを吸(す)ってはいけないので喫煙室(きつえんしつ)で吸(す)ってください。
여기에서는 담배를 **피워서는 안 되기 때문에** 흡연실에서 펴주세요.

36 ~てはじめて ~해서 처음으로, ~나서야 비로소

앞 문장의 조건이 충족되어야 뒤 문장의 내용이 가능한 경우에 사용한다. 주로 뒤 문장에는 지금까지 경험하지 못했던 것이나 알지 못했던 것을 알게 되었다고 하는 문장이 온다.

접속　동사 て형
　　　親になってはじめて 부모가 되고 나서야 비로소

子供を産んではじめて母の大変さが分かりました。 아이를 **낳고 나서야 비로소** 엄마의 힘듦을 알았습니다.
30代に**なってはじめて**ビールのおいしさが分かるようになりました。
30대가 **되고 나서야 비로소** 맥주의 맛있음을 알게 되었습니다.

37 ~てもらってもいいですか ~해 주시겠습니까?, ~해 주시겠어요?

직역하면 「~해 받아도 좋습니까?」으로 의미를 파악하기 어렵기 때문에 해당 문법을 통째로 암기하는 것을 추천한다. 상대방에게 정중하게 어떠한 행동을 부탁할 때 사용한다.

접속　동사 て형
　　　伝えてもらってもいいですか 전해주시겠습니까?

高橋さん、これを取引先に**届けてもらってもいいですか**。
타카하시 씨, 이것을 거래처에 **전달해 주시겠습니까?**
すみません。食べ終わったお皿を**片付けてもらってもいいですか**。
저기요. 다 먹은 접시를 **치워 주시겠어요?**

38 ~てよかった ~해서 다행이다

과거의 행동에 대해서 긍정적으로 평가하거나 이미 한 행동에 대해 안심하는 경우에 사용한다.

💡TIP 반대 표현「동사 ない형 ⊕ なくてよかった ~하지 않아서 다행이다」도 함께 알아두자.

접속　동사 て형
　　　見つかってよかった 찾게 되서 다행이다

先週は熱が出て大変だったけど、**元気になってよかった**ね。
지난주는 열이 나서 힘들었지만, **건강해져서 다행이네.**
なんとか約束の時間に**間に合ってよかった**。 어떻게든 약속 시간에 **맞춰서 다행이다.**

39 〜ないではいられない・〜ずにはいられない ~하지 않을 수 없다

어떠한 행동이 하고 싶다는 마음이 커서 참지 못하고 자연스럽게 행한 경우에 사용한다. 이 행동을 하는 것에 거부감이 없는 상황에 사용한다.

접속　동사 ない형 ★する는 しずに가 아니라 せずに로 활용
　　　笑わずにはいられない 웃지 않을 수 없다

私の好きなアイドルがコンサートをするなんて行かないではいられない。
내가 좋아하는 아이돌이 콘서트를 하다니 **가지 않을 수 없다**.

外国で働いている息子のことを考えると、心配せずにはいられない。
외국에서 일하고 있는 아들을 생각하면, **걱정하지 않을 수 없다**.

40 〜(よ)うと(も)しない ~하려고(도) 하지 않는다

「〜(よ)うとしない ~하려고 하지 않다」와 동일한 의미이나, 조금의 의사도 보이지 않는 것에 대한 비판의 뉘앙스가 강하다.

접속　동사 의지형
　　　動こうともしない 움직이려고도 하지 않는다

彼女は自分がミスをしたのに謝ろうともしない。 그녀는 자신이 실수를 했는데 **사과하려고도 하지 않는다**.
彼は私の話を聞こうともせずに自分の意見だけを言った。
그는 내 이야기를 **들으려고도 하지 않고** 자신의 의견만을 말했다.

41 〜させておく ~하게 두다, ~하게 한다

「〜ておく ~해 두다, ~해 놓다」의 활용 문법으로 동사 사역형에 접속한다. 상대방이 하는 행동을 그대로 하게 두거나 누군가에게 행동을 지시해서 미리 준비시키고 싶을 때 사용한다.

접속　동사 사역형
　　　行かせておく 가게 두다

会議のために必要な資料を部下に用意させておきます。 회의를 위해서 필요한 자료를 부하에게 **준비하게 합니다**.
息子の将来のために英語を習わせておく。 아들의 장래를 위해서 영어를 **익히게 한다**.

42 ～ばいいのに ~하면 좋을 텐데

「～ばいい ~하면 좋다」와 「～のに ~텐데」가 접속한 문법이다. 화자가 원하는 것과는 다른 상황이 발생한 것을 유감스럽게 생각하거나, 누군가가 어떠한 행동을 취한 것에 대해 비난하는 경우에 사용한다.

💡TIP 같은 의미로 사용되는 문법 「동사 た형 ➕ たらいいのに ~하면 좋을 텐데」도 함께 알아두자.

접속 동사 가정형
　　　来ればいいのに 오면 좋을 텐데

一週間に休みが3日あればいいのになあ。 일주일에 휴일이 3일 있으면 좋을 텐데.
あの二人、あんなに仲がいいなら付き合えばいいのに。 저 두 사람, 저렇게 사이가 좋으면 사귀면 좋을 텐데.

43 ～ばよかった(のに) ~하면 좋았을 텐데

결과가 바람직하지 않거나 좋지 않은 경우, 이 일이 발생한 원인에 대한 후회, 비난을 나타낼 때 사용한다.

💡TIP 같은 의미로 사용되는 문법 「동사 た형 ➕ たらよかったのに ~하면 좋았을 텐데」도 함께 알아두자.

접속 동사 가정형
　　　言えばよかったのに 말하면 좋았을 텐데

子供の頃に、もっと勉強しておけばよかった。 어릴 때, 좀 더 공부해두면 좋았을 텐데.
そんなにカメラが欲しかったなら、買えばよかったのに。 그렇게 카메라를 갖고 싶었으면, 사면 좋았을 텐데.

44 ～ことがある ~할 때가 있다, ~할 경우가 있다

현재에도 반복되는 일을 나타낼 때 사용하며, 항상은 아니지만 종종 그럴 때가 있다는 뉘앙스이다.

💡TIP 「～こともある ~할 때도 있다」로 조사를 바꿔서 활용할 수도 있다.

접속 동사 보통형 현재
　　　寝坊することがある 늦잠 잘 때가 있다

海外での生活に不満はないが、時々国に帰りたいと思うことがある。
해외에서의 생활에 불만은 없지만, 때때로 모국에 돌아가고 싶다고 생각할 때가 있다.
普段は妻がご飯を作るが、たまには私が作ることもある。
평상시는 아내가 밥을 만들지만, 가끔은 내가 만들 때도 있다.

45 ～ことになっている ~하게 되어 있다

주로 정해져 있는 규칙, 예정이나 이전부터 당연하게 시행되고 있는 일(관습)을 나타낼 때 사용한다.

접속　동사 보통형 현재
　　　集合することになっている 집합하기로 되어 있다

午前7時から9時までの6号車は女性だけが**乗れることになっている**。
오전 7시부터 9시까지의 6호차는 여성만이 **탈 수 있게 되어 있다**.

シンガポールでは道にごみを捨てては**いけないことになっている**。
싱가포르에서는 길에 쓰레기를 버려서는 **안 되게 되어있다**.

46 ～わけにはいかない ~(할) 수는 없다

하고 싶지만 이유나 사정이 있어 어떠한 행동을 할 수 없는 경우에 사용한다. 단순히 능력 등을 할 수 없다는 가능형 표현이 아니라는 것에 주의하자.

접속　동사 보통형 현재
　　　負けるわけにはいかない 질 수는 없다

働く人が足りないから**休むわけにはいかない**。 일할 사람이 부족하기 때문에 **쉴 수는 없다**.
親友の結婚式には**行かないわけにはいかない**。 친한 친구의 결혼식에는 **가지 않을 수는 없다**.

3 품사 2개와 접속

47 ～か何か ~인가 뭔가, ~인지 뭔지

앞 문장의 대상과 비슷하거나 그 부류에 속한 것으로 추정할 때 사용한다. 또는 불확실한 짐작을 나타낼 때 사용한다.

접속　동사 보통형　　　　　　　　명사
　　　食べるか何か 먹던지 뭔가　　野菜か何か 채소인가 뭔가

のどが渇いたな。**お茶か何か**ある？　목이 마르네. **차든가 뭔가** 있어?
彼は病院に**行くか何か**で学校を休むそうだ。그는 병원에 **간다든지 뭔가**로 학교를 쉰다고 한다.

48 ~がちだ (자주)~하다, ~하는 경향이 있다

주로 부정의 뉘앙스로 사용하며, 좋지 않은 결과가 발생하기 쉽다는 것을 나타낼 때 사용한다.

> **TIP** な형용사처럼 활용 가능하다.

접속	동사 ます형	명사
	遅(おく)れがちだ 자주 늦는다	留守(るす)がちだ 집을 자주 비운다

彼女(かのじょ)は疲(つか)れると周(まわ)りの人(ひと)に文句(もんく)を**言(い)いがちだ**。 그녀는 지치면 주위의 사람에게 불평을 **말하는 경향이 있다**.

私(わたし)は子供(こども)の頃(ころ)から体(からだ)が弱(よわ)く**病気(びょうき)がちで**、あまり友達(ともだち)と遊(あそ)んだことがない。
나는 아이 때부터 몸이 약해서 **자주 아파서**, 그다지 친구와 논 적이 없다.

49 ~ごとに ~(할 때)마다

주로 수량사에 붙어 반복적인 시간의 간격을 나타낼 때 사용한다.

접속	동사 기본형	명사
	(経験(けいけん)を)重(かさ)ねるごとに (경험을) 쌓을 때마다	グループごとに 그룹마다

日本(にほん)へ来(き)てから、**2年(ねん)ごとに引(ひ)っ越(こ)しをしている**。 일본에 오고 나서, **2년마다** 이사를 하고 있다.

人(ひと)は、失敗(しっぱい)を**するごとに**少(すこ)しずつ成長(せいちょう)していく。 사람은, 실패를 **할 때마다** 조금씩 성장해간다.

50 ~最中(さいちゅう)に 한창 ~일 때

어떠한 동작이 가장 활발하게 진행되고 있을 때나 가장 피크일 때를 의미한다. 또한 서술형「~最中(さいちゅう)だ ~한창이다」으로도 활용이 가능하다.

> **TIP** 운동하다, 게임하다 등과 같은 행동을 나타내는 동작동사와 함께 사용한다.

접속	동사 진행형	명사 ⊕ の
	勉強(べんきょう)している最中(さいちゅう)に 한창 공부하고 있을 때	会議(かいぎ)の最中(さいちゅう)に 한창 회의 중일 때

ホラー映画(えいが)を**見(み)ている最中(さいちゅう)に**急(きゅう)にベルが鳴(な)ってびっくりした。
한창 호러 영화를 **보고 있을 때** 갑자기 초인종이 울려서 깜짝 놀랐다.

私(わたし)の家(いえ)は**食事(しょくじ)の最中(さいちゅう)に**テレビを見(み)てはいけない決(き)まりだ。
우리 집은 **한창 식사 중일 때** TV를 봐서는 안 되는 게 룰이다.

51 ～うえで ~하고 나서, ~한 후에

「～た後で ~한 후에」에 비해 딱딱한 표현이며, 일의 순서를 나타낼 때 사용한다. 우선적으로 앞부분에 오는 일을 하고 그 결과에 따라 뒷부분의 일을 한다는 뉘앙스이다.

접속
- 동사 た형
  - 相談したうえで 상담하고 나서
- 명사 ＋ の
  - 確認のうえで 확인한 후에

多くの人から意見を聞いたうえで結論を出す。 많은 사람으로부터 의견을 들은 후에 결론을 낸다.
全ての内容を承知のうえで仕事を進めております。 모든 내용을 잘 알아들은 후에 일을 진행하고 있습니다.

52 ～(て)以来 ~한 이래

어떠한 상태나 동작이 시행되고 나서 지금까지 계속 그 상태나 동작이 유지되거나 계속되는 경우에 사용한다. 그리고 가까운 과거에는 사용하지 않는다는 점에 주의하자.

접속
- 동사 て형
  - 彼と付き合って以来 그와 사귄 이래
- 명사 ＋ 以来
  - 正月以来 설날 이래

妻と結婚して以来、毎日とても幸せだ。 아내와 결혼한 이래, 매일 매우 행복하다.
同級生とは卒業以来、会っていない。 동급생이랑은 졸업한 이래 만나고 있지 않다.

53 ～てしかたがない・～てしょうがない ~해서 어쩔 줄 모르겠다, 너무 ~하다

「しかたない・しょうがない 어쩔 수 없다」라는 표현에서 파생된 문법이다. 감정이나 감각을 스스로 조절할 수 없거나 억누를 수 없는 상태를 나타낼 때 사용한다.

접속
- 동사 て형
  - お腹が空いてしかたがない 너무 배가 고프다
- い형용사 て형
  - 悲しくてしかたがない 너무 슬프다
- な형용사 て형
  - 暇でしかたがない 너무 한가하다

彼女に会えると思うと、嬉しくてしかたがない。 그녀를 만날 수 있다고 생각하면, 너무 기쁘다.
面接の結果が気になってしょうがない。 면접의 결과가 궁금해서 어쩔 줄 모르겠다.

54 〜でしかない ~일 뿐이다, ~라고밖에 말할 수 없다

「〜だ ~이다」의 강조 용법으로 쓰이는 표현이다.

접속　な형용사 어간　　　　　　　　　　　　　　　명사
　　　無駄でしかない 낭비일 뿐이다　　　　　　　言い訳でしかない 변명일 뿐이다

いよいよ明日は彼女との初デートだ。楽しみでしかない。
드디어 내일은 그녀와의 첫 데이트다. **기대된다고밖에 말할 수 없다**.

運転免許を持っているけど、運転するたびに不安でしかない。
운전면허를 가지고 있지만, 운전할 때마다 **불안할 뿐이다**.

55 〜ついでに ~하는 김에

어떠한 일을 하는 김에 다른 일도 함께 한다는 것을 나타낼 때 사용한다.

접속　동사 기본형, 동사 た형　　　　　　　　　　명사 + の
　　　作るついでに 만드는 김에　　　　　　　　　散歩のついでに 산책 하는 김에

学校に行くついでに、図書館に本を返しに行った。 학교에 **가는 김에** 도서관에 책을 반납하러 갔다.
ズボンを買ったついでに上に合う服も買った。 바지를 **산 김에** 위에 맞는 옷도 샀다.

56 〜通り(に)・〜通り(に) ~대로

주로 앞에 언급한 내용에 따르거나 그대로 어떠한 동작을 하는 경우에 사용한다.

💡TIP 명사에 바로 접속되었을 경우 「通り」가 된다는 것에 주의하자.

접속　동사 기본형, 동사 た형　　　　　　　　　　명사 + の + 通り(に) / 명사 + 通り(に)
　　　話した通りに 이야기한 대로　　　　　　　　説明書の通り 설명서대로 / 希望通り 희망대로

レシピ通りに作ったらおいしくできた。 **레시피대로** 만들었더니 맛있게 만들어졌다.
最初に計画した通りにプロジェクトを進めていく。 처음에 **계획한 대로** 프로젝트를 진행해 간다.

57 ～ところへ・～ところに ~하는 상황에, ~할 때에

어떠한 동작이 이루어지는 시간이나 장소 상태 등을 나타낼 때 사용한다.

접속　동사 기본형, 동사 진행형, 동사 た형　　　　　　　い형용사 기본형
　　　終わったところに 끝났을 때　　　　　　　　　　忙しいところに 바쁠 때에

ぐっすり寝ているところに、友達から電話がかかってきた。 푹 자고 있을 때에, 친구로부터 전화가 걸려왔다.
こっそりゲームしているところへ、母が部屋のドアを開けた。
몰래 게임을 하고 있을 때에 엄마가 방 문을 열었다.

58 ～途中で・～途中に ~도중에

어떤 행동이 이루어지는 도중을 나타내는 문법이다. 「途中で」는 뒷부분에 도중에 한 동작이 오고, 「途中に」는 뒷부분에 존재 상태(ある/いる)와 함께 쓰는 경우가 많다.

접속　동사 기본형, 동사 진행형　　　　　　　　　　명사(+ の)
　　　帰る途中で 돌아가는 도중에　　　　　　　　　演奏の途中で 연주 도중에

家に帰る途中に新しくできたデパートがある。 집에 돌아가는 도중에 새로 생긴 백화점이 있다.
教授の説明を聞いていたが、話の途中で分からなくなった。
교수의 설명을 듣고 있었지만, 이야기 도중에 알 수 없게 되었다.

59 ～とともに ① ~와/과 함께 ② ~동시에

한자로는「～と共に」라고 표기하며, 두 가지 의미로 사용된다.
① 앞 문장 내용의 변화에 따라 뒤 문장의 내용도 함께 바뀌는 경우에 사용한다.
② 두 가지 일이나 상태가 동시에 존재하거나 발생하는 경우를 나타내기도 한다.

TIP「사람 + とともに」의 경우「～と一緒に ~와/과 함께」로 바꾸어 말할 수 있다.

접속　동사 기본형　　　　　　　명사(+ である)
　　　迎えるとともに 맞이함과 동시에　　先生であるとともに 선생님인 동시에 / 家族とともに 가족과 함께

① 時間が経つとともに痛みが良くなっていく。 시간이 지남과 동시에 아픔이 좋아져 간다.
② 彼女は医者であるとともに弁護士でもある。 그녀는 의사인 동시에 변호사기도 하다.
　全国1位になるため仲間とともにたくさん努力をしてきた。
　전국 1위가 되기 위해서 동료와 함께 많이 노력을 해왔다.

60 ~に限(かぎ)る ~(하는 것)이/가 최고다

말하는 사람의 주관적인 판단으로 가장 좋은 선택지라고 생각하는 경우에 사용한다. 「限(かぎ)る 한정하다」라는 동사를 사용하기 때문에 '~에 한정하다'라고 직역도 가능하다.

접속	동사 보통형 현재	명사
	休(やす)むに限(かぎ)る 쉬는 것이 최고다	寒(さむ)い日(ひ)はおでんに限(かぎ)る 추운 날은 어묵이 최고다

仕事(しごと)終(お)わりは、やっぱり冷(つめ)たい**ビールに限(かぎ)る**ね。일이 끝난 후에는, 역시 차가운 **맥주가 최고네**.
映画(えいが)はテレビで見(み)るよりスクリーンで**見(み)るに限(かぎ)る**。영화는 TV로 보기 보다 스크린으로 **보는 것이 최고다**.

61 ~につれて ~에 따라(서), ~에 더불어

앞부분의 상황이 원인 또는 근거가 되어 뒷부분의 상황이 초래되는 경우 사용한다. 즉 앞부분의 변화에 따라 뒷부분도 변한다는 의미이다.

💡**TIP** 같은 의미로 사용되는 문법 「~にしたがって ~에 따라서」도 함께 알아두자. 🔍 p.247 기출문법

접속	동사 기본형	명사
	近(ちか)づくにつれて 가까워짐에 따라	成長(せいちょう)につれて 성장에 따라서

本(ほん)を**読(よ)むにつれて**、主人公(しゅじんこう)の気持(きも)ちが伝(つた)わってきた。책을 **읽음에 따라**, 주인공의 마음이 전해져 왔다.
時代(じだい)の**変化(へんか)につれて**新(あたら)しい言葉(ことば)も増(ふ)えている。시대의 **변화에 따라서** 새로운 말도 증가하고 있다.

62 ~ほど~はない ~만큼 ~한 것은 없다

주관적 관점에서 가장 좋다고 생각하는 경우에 사용한다. 객관적 사실에 대해서는 사용하지 않는다.

💡**TIP** 「ほど」 대신에 「くらい」를 사용할 수 있다.

접속	동사 보통형 + こと + ほど/명사 + はない	명사 + ほど/명사 + はない
	おいしいものを食(た)べることほど幸(しあわ)せなことはない 맛있는 것을 먹는 것만큼 행복한 것은 없다	彼(かれ)ほどかっこいい男(おとこ)はいない 그만큼 멋있는 남자는 없다

行(い)きたかった大学(だいがく)に**合格(ごうかく)できたことほど嬉(うれ)しいことはない**。
가고 싶었던 대학에 합격할 수 있었던 것만큼 기쁜 것은 없다.
健康(けんこう)ほど大事(だいじ)なものはない。건강만큼 소중한 것은 없다.

63 ～をきっかけに ~을/를 계기로

이전과는 다른 일이나 새로운 일을 하게 된 계기, 기점, 동기를 나타낼 때 사용한다.

> **TIP** 조사 が를 사용한「～がきっかけで ~이/가 계기로」의 형태도 함께 알아두자.

접속 동사 た형 ❶ こと・の ❶ をきっかけに　　　　　명사 ❶ をきっかけに
　　　見たことをきっかけに 본 것을 계기로　　　結婚をきっかけに 결혼을 계기로

同じクラスになったことをきっかけに好きな子に話しかけた。
같은 반이 된 것을 계기로 좋아하는 애에게 말을 걸었다.

ユーチューブにあげた動画をきっかけに有名になった。 유튜브에 올린 동영상을 계기로 유명해졌다.

4 여러 품사와 접속

64 ～うえに ~인 데다가

한자로는「～上に」라고 표기되며, 어떠한 특징에 더해서 다른 특징이 있다고 말하는 경우에 사용한다. 이때 앞부분이 좋은 점이라면 뒷부분도 좋은 점, 앞부분이 나쁜 점이라면 뒷부분도 나쁜 점으로 통일되어야 한다.

접속 동사 보통형　　　　　　　　　　　　　　い형용사 보통형
　　　人気があるうえに 인기가 있는 데다가　　かわいいうえに 귀여운 데다가

　　　な형용사 보통형 ★현재 긍정의 경우 だ 빼고 ❶ な・である　　명사 보통형 ★현재 긍정의 경우 だ 빼고 ❶ の・である
　　　きれいなうえに 예쁜 데다가　　　　　　　　　　　　　　寝不足のうえに 수면 부족인 데다가

この服は安いうえにデザインもいいので、とても売れている。
이 옷은 싼 데다가 디자인도 좋기 때문에, 엄청 팔리고 있다.

あの人は嘘をつくうえに約束を守らない最低の人だ。
저 사람은 거짓말을 하는 데다가 약속도 지키지 않는 형편없는 사람이다.

65 〜かと思った ~인 줄 알았다

예상했던 내용, 상황과는 다른 결과였거나 사실과는 다르게 오해하고 있었던 경우에 사용한다.

접속　동사 보통형
　　　遅れるかと思った 늦는 줄 알았다

　　　い형용사 보통형
　　　甘いかと思った 단 줄 알았다

　　　な형용사 보통형 ★현재 긍정의 경우 だ 빼고 접속
　　　便利かと思った 편리한 줄 알았다

　　　명사 보통형 ★현재 긍정의 경우 だ 빼고 접속
　　　雪かと思った 눈인줄 알았다

彼はとても日本語が上手なので、最初日本人かと思った。
그는 매우 일본어를 잘해서, 처음에 일본인인 줄 알았다.

息子はやっと起きたかと思ったが、またすぐに寝てしまった。
아들은 겨우 일어난 줄 알았지만, 다시 금방 자버렸다.

66 〜かのようだ/〜かのように/〜かのような 마치 ~인 것 같다/마치 ~인 것 처럼/마치 ~인 것 같은

실제로는 그렇지 않으나 마치 그러한 듯 느끼는 경우에 사용한다. 또한 ~인 것 같다고 비유할 때 사용하기도 한다.

접속　동사 보통형
　　　昔に戻ったかのように 옛날로 돌아간 것처럼

　　　い형용사 보통형
　　　軽いかのように 가벼운 것처럼

　　　な형용사 보통형 ★현재 긍정의 경우 だ 빼고 ➕である
　　　丈夫であるかのように 튼튼한 것처럼

　　　명사 보통형 ★현재 긍정의 경우 だ 빼고 ➕である
　　　プロであるかのように 프로인 것처럼

今日はとても寒く、風も強いので冬であるかのようだ。
오늘은 몹시 춥고, 바람도 강하기 때문에 마치 겨울인 것 같다.

彼女は私が解けなかった問題をまるで簡単であるかのように解いた。
그녀는 내가 풀지 못 한 문제를 마치 간단한 것처럼 풀었다.

67 ～からこそ ~이기 때문에, ~이니까

어떤 행동이나 감정이 발생한 주관적인 이유나 원인을 강조한 표현이다. 이유는 바로 그것이고 그것 이외에 없다는 뉘앙스가 있다.

접속

동사 보통형
友達(ともだち)がいるからこそ 친구가 있기 때문에

い형용사 보통형
明(あか)るいからこそ 밝기 때문에

な형용사 보통형
親切(しんせつ)だからこそ 친절하기 때문에

명사 보통형
彼(かれ)だからこそ 그이기 때문에

今(いま)だからこそ言(い)えるけど、あの時(とき)の生活(せいかつ)は本当(ほんとう)に大変(たいへん)でした。
지금이니까 말할 수 있지만, 그때의 생활은 정말로 힘들었습니다.

一人暮(ひとりぐ)らしをしたからこそ、家族(かぞく)の大切(たいせつ)さが分(わ)かった。 자취를 **했기 때문에**, 가족의 소중함을 알았다.

68 ～からといって ~라고 해서

앞 문장의 내용이 반드시 뒤 문장의 내용을 결정하는 것이 아니라는 것을 나타낼 때 사용한다.

💡**TIP** 뒷부분에는「～とは限(かぎ)らない ~라고는 할 수 없다」,「～わけではない 반드시 ~인 것은 아니다」,「～はよくない ~은/는 좋지 않다」,「～とは言(い)えない ~라고는 할 수 없다」와 같은 부분 부정표현이 오는 경우가 많다.

접속

동사 보통형
頑張(がんば)ったからといって 열심히 했다고 해서

い형용사 보통형
若(わか)いからといって 젊다고 해서

な형용사 보통형
嫌(きら)いだからといって 싫어한다고 해서

명사 보통형
年上(としうえ)だからといって 연상이라고 해서

大学生(だいがくせい)だからといって、みんな頭(あたま)がいいわけではない。 **대학생이라고 해서**, 모두 머리가 좋은 것은 아니다.
欲(ほ)しいからといって、何(なん)でも買(か)ったらお金(かね)が無(な)くなってしまう。
갖고 싶다고 해서, 무엇이든 사면 돈이 없어져 버린다.

69 ～代わり(に) ~대신에

누군가의 역할을 대신에 하거나 어떠한 대가로 일을 하는 경우에 사용한다.

> **TIP** 「その代わりに 그 대신에」라고 접속사로도 쓰이므로 함께 알아두자.

접속　동사 보통형
　　　電話する代わりに 전화하는 대신에

　　　い형용사 보통형
　　　古い代わりに 오래된 대신에

　　　な형용사 명사 수식형
　　　不便な代わりに 불편한 대신에

　　　명사 명사 수식형
　　　部長の代わりに 부장님 대신에

私が食器を**洗う代わりに**あなたは洗濯物を干してきて。 내가 식기를 **씻는 대신에** 당신은 세탁물을 말리고 와줘.
本日欠席の**山田さんの代わりに**発表させていただきます。 오늘 결석인 **야마다 씨 대신에** 발표하겠습니다.

70 ～くせに ~한 주제에, ~한데도

부적정인 뉘앙스로 사용되며 주로 대상을 비난, 경멸하거나 불만을 표현하는 표현이다.

접속　동사 보통형
　　　何もしないくせに 아무것도 안 하는 주제에

　　　い형용사 보통형
　　　貧しいくせに 가난한 주제에

　　　な형용사 명사 수식형
　　　下手なくせに 못하는 주제에

　　　명사 명사 수식형
　　　アマチュアのくせに 아마추어 주제에

彼は**年下のくせに**、私と話す時は敬語を使わない。 그는 **연하인 주제에**, 나와 얘기할 때는 경어를 쓰지 않는다.
彼は彼女が**いるくせに**他の女性とも会っている。 그는 여자친구가 **있는데도** 다른 여성과도 만나고 있다.

71 ～さえ～ば ~만 ~(하)면

앞 문장에 제시된 조건 하나만 갖추면 뒤 문장이 성립하는 경우에 사용한다.

접속　동사 ます형 + さえすれば
　　　生きていさえすれば 살아 있기만 하면

　　　い형용사 어간 + くさえあれば
　　　おいしくさえあれば 맛있기만 하면

　　　な형용사 어간 + でさえあれば
　　　健康でさえあれば 건강하기만 하면

　　　명사 + さえ + 가정형
　　　自分さえよければ 자기만 좋으면

古い家でも**きれいでさえあれば**住むことができます。 오래된 집이어도 **깨끗하기만 하면** 살 수 있습니다.
時間さえあれば私も参加したいのですが。 **시간만 있으면** 저도 참가하고 싶은데요.

72　～じゃない・～じゃん　~잖아, ~이지?

평서문에서는 말하는 사람의 의견을 강조하는 역할을 하며, 의문문에서는 확인하거나 동의를 구하는 역할을 한다.

💡 TIP 「じゃん」은 회화체이다.

접속

동사 보통형
ここにあったじゃない 여기에 있었잖아

い형용사 보통형
汚(きたな)いじゃない 더럽잖아

な형용사 보통형 ★현재 긍정의 경우 だ 빼고 접속
退屈(たいくつ)じゃない 지루하잖아

명사 보통형 ★현재 긍정의 경우 だ 빼고 접속
お化(ば)けじゃない 귀신이잖아

早(はや)く起(お)きなさいって**言(い)ったじゃない**。 일찍 일어나라고 **말했잖아**.

そのスカート、すごい**かわいいじゃん**。 그 치마, 엄청 **귀엽잖아**.

73　～たって・～だって　~해봤자, ~해도, ~라도

주로 어떠한 행동을 해도 이미 늦었거나 달리 방법이 없는 경우에 사용한다.

💡 TIP 「だって」는 단순한 접속사로 사용되는 경우, '왜냐하면'이라는 의미가 있다.
　　A「なんで外(そと)にある洗濯物(せんたくもの)を中(なか)に入(い)れなかったの?」 왜 밖에 있는 세탁물을 안으로 들이지 않았어?
　　B「だって、雨(あめ)降(ふ)ると思(おも)わなかったから。」 왜냐하면 비 내릴 거라고 생각 안했으니까.

접속

동사 た형 ➕ たって
泣(な)いたって 울어봤자

い형용사 어간 ➕ くたって
暑(あつ)くたって 덥다고 해도

な형용사 어간 ➕ だって
真面目(まじめ)だって 성실해도

명사 ➕ だって
休日(きゅうじつ)だって 휴일이라도

いくら**頑張(がんば)ったって**、上手(うま)くできないのであきらめる。 아무리 **노력해봤자**, 잘되지 않아서 포기한다.

日本(にほん)では**大人(おとな)だって**、アニメをよく見(み)る。 일본에서는 **어른이라도**, 애니메이션을 자주 본다.

74 ちっとも〜ない 조금도 ~않다

「ちっとも 조금도」는 「〜ない」, 「〜ません」 등의 부정표현을 동반하여 그 부정의 의미를 강조할 때 사용한다. 이 표현은 일상 회화에서 쓰이는 가벼운 회화체이다.

> **TIP** 「ちっとも」 대신에 「少しも 조금도」를 사용할 수도 있다.

접속
- **동사 ない형**
  ちっとも合わない 조금도 맞지 않는다
- **い형용사 ない형**
  ちっとも嬉しくない 조금도 기쁘지 않다
- **な형용사 ない형**
  ちっとも静かではない 조금도 조용하지 않다

このレストランは雑誌で紹介されていたので期待していたが、**ちっともおいしくなかった**。
이 레스토랑은 잡지에서 소개되어 있었기 때문에 기대하고 있었지만, **조금도 맛있지 않았다**.

私と姉は顔が**ちっとも似ていない**ので姉妹に見えない。
나와 언니는 얼굴이 **조금도 닮지 않았**기 때문에 자매로 보이지 않는다.

75 〜っけ ~였던가?

상대방에게 기억나지 않는 것에 대해 질문을 하거나 확인을 하는 경우에도 사용하지만, 혼잣말을 할 때도 쓸 수 있다.

> **TIP** 「〜ましたっけ ~했었었죠?」 또는 「〜でしたっけ ~였었죠?」로도 활용 가능하다.

접속
- **동사 보통형**
  送ったっけ 보냈었나?
- **い형용사 보통형**
  寒かったっけ 추웠었나?
- **な형용사 보통형**
  好きだったっけ 좋아했었나?
- **명사 보통형**
  土曜日だったっけ 토요일이었나?

佐藤さん、トマトが**食べられなかったっけ**。사토 씨, 토마토를 **못 먹었던가?**

さっき課長は、何時に会議があるって**言ってましたっけ**。아까 과장님은, 몇 시에 회의가 있다고 **말했었죠?**

76 ~っぽい ~경향이 강하다, ~처럼 보이다

어떠한 상태의 정도나 경향, 느낌, 성질 등이 강한 경우에 혹은 그런 식으로 보이는 경우에 사용한다.

접속　**동사 ます형**
　　　飽きっぽい 금방 싫증 나다

　　　い형용사 어간
　　　安っぽい 싸 보인다

　　　명사
　　　子供っぽい 어린애 같다

彼女はまだ小学生なのにすごく**大人っぽい**。 그녀는 아직 초등학생인데도 엄청 **어른처럼 보인다**.
私は**油っぽい**ものを食べると、気持ちが悪くなる。 나는 **기름진** 것을 먹으면, 속이 안 좋아진다.

77 ~でしょうか ~할까요?, ~일까요?

정중한 의문형인「~ですか ~입니까?」보다 더욱 정중한 표현이다.

접속　**(お) ⊕ 동사 ます형**
　　　お出かけでしょうか 외출이실까요?

　　　い형용사 보통형
　　　よろしいでしょうか 괜찮으실까요?

　　　な형용사 보통형 ★현재 긍정의 경우 だ 빼고 접속
　　　安全でしょうか 안전할까요?

　　　명사 보통형 ★현재 긍정의 경우 だ 빼고 접속
　　　ご利用でしょうか 이용하실까요?

お客様、何か**お探しでしょうか**。 손님, 무언가 **찾고 계실까요?**
お店のポイントカードは**お持ちでしょうか**。 가게의 포인트 카드는 **가지고 계실까요?**

78 ~というより(も) ~라기보다(도)

앞 문장의 내용이라기보다는 차라리 뒤 문장의 내용이 적당하다는 것을 나타낼 때 사용한다.

접속　**동사 보통형**
　　　疲れたというよりも 지쳤다기보다도

　　　い형용사 보통형
　　　悔しいというよりも 분하다고 하기보다도

　　　な형용사 보통형 ★현재 긍정의 경우 だ 빼고 접속 가능
　　　面倒(だ)というよりも 귀찮다고 하기보다도

　　　명사 보통형 ★현재 긍정의 경우 だ 빼고 접속 가능
　　　歌手(だ)というよりも 가수라기보다도

このカクテルは**お酒というよりも**むしろジュースみたいに甘い。
이 칵테일은 **술이라기보다도** 오히려 주스처럼 달다.
彼女は**かわいいというより**きれいだ。 그녀는 **귀엽다기보다** 예쁘다.

79 〜といっても ~라고 해도

앞 문장의 내용이 실제와는 다른 경우에 사용하며, 크게 중요하지 않거나 문제가 없다는 것을 나타낸다.

접속　동사 보통형
　　　増えたといっても 늘었다고 해도

　　　い형용사 보통형
　　　安いといっても 싸다고 해도

　　　な형용사 보통형 ★현재 긍정의 경우 だ 빼고 접속 가능
　　　暇だといっても 한가하다고 해도

　　　명사 (보통형)
　　　知り合いだといっても 아는 사이라고 해도

ピアノを弾けるといってもたった1曲だけです。 피아노를 칠 수 있다고 해도 단 1곡뿐입니다.
彼は有名だといってもこの地域だけの話です。 그는 유명하다고 해도 이 지역만의 이야기입니다.

80 〜と言われている ~라고 불리고 있다, ~라고 한다

「言う 말하다」의 수동형 활용 문법으로 주로 소수가 아닌 다수에게 어떠한 이름이나 특징으로 불리는 경우나 입을 모아 그렇게 말하는 경우에 사용한다.

접속　동사 보통형
　　　出ると言われている 나온다고 한다

　　　い형용사 보통형
　　　怖いと言われている 무섭다고 한다

　　　な형용사 보통형 ★현재 긍정의 경우 だ 빼고 접속 가능
　　　深刻(だ)と言われている 심각하다고 한다

　　　명사 보통형 ★현재 긍정의 경우 だ 빼고 접속 가능
　　　観光スポット(だ)と言われている
　　　관광 스폿이라고 불리고 있다

朝にリンゴを食べることは健康に良いと言われている。 아침에 사과를 먹는 것은 건강에 좋다고 한다.
A大学の試験はすごく難しいと言われている。 A 대학의 시험은 매우 어렵다고 한다.

81 〜とのことだ ~라고 한다

전문 표현의 하나로서, 전해 들은 내용이나 정보를 그대로 인용하거나 전달할 때 사용한다. 비슷한 표현으로 「〜ということだ ①(전문) ~라고 한다 ②(설명) ~라는 것이다」가 있으나, 〜とのことだ는 전문의 쓰임새만 가지며 〜ということだ보다 비즈니스에서 사용되는 딱딱하고 정중한 표현이다.

접속　동사 보통형, 동사 진행형
　　　捕まったとのことだ 잡혔다고 한다

　　　い형용사 보통형
　　　苦いとのことだ 쓰다고 한다

　　　な형용사 보통형 ★현재 긍정의 경우 だ 빼고 접속 가능
　　　重要(だ)とのことだ 중요하다고 한다

　　　명사 보통형 ★현재 긍정의 경우 だ 빼고 접속 가능
　　　男性(だ)とのことだ 남성이라고 한다

先生によると明日は休校だとのことだ。 선생님에 따르면 내일은 휴교라고 한다.
ニュースによると犯人は殺害を認めたとのことだ。 뉴스에 의하면 범인은 살해를 인정했다고 한다.

82 ～とは限(かぎ)らない ~라고는 (단정)할 수 없다

어떤 상황에 대해서 단정 지을 수 없으며 예외 상황이 있을 수 있음을 나타낸다.

> **TIP** 「～からといって ~라고 해서」와 「必(かなら)ず 반드시 / 必(かなら)ずしも 반드시 / 全部(ぜんぶ) 전부 / すべて 전부 / いつも 항상 / みんな 모두 / 誰(だれ)でも 누구라도」라는 표현과 함께 쓰이는 경우가 많다.

접속
동사 보통형	い형용사 보통형
成功(せいこう)するとは限(かぎ)らない 성공한다고는 할 수 없다	うまいとは限(かぎ)らない 잘한다고는 할 수 없다

な형용사 보통형 ★현재 긍정의 경우 だ 빼고 접속 가능	명사 보통형 ★현재 긍정의 경우 だ 빼고 접속 가능
大丈夫(だいじょうぶ)(だ)とは限(かぎ)らない 괜찮다고는 할 수 없다	いい物(もの)(だ)とは限(かぎ)らない 좋은 물건이라고는 할 수 없다

横断歩道(おうだんほどう)を渡(わた)る時(とき)、青信号(あおしんごう)だからといって必(かなら)ず安全(あんぜん)だとは限(かぎ)らない。
횡단보도를 건널 때, 초록불이라고 해서 반드시 **안전하다고는 할 수 없다**.

大人(おとな)が言(い)うことがすべて正(ただ)しいとは限(かぎ)らない。 어른이 말하는 것이 전부 **옳다고는 할 수 없다**.

83 ～ないことはない ~하지 않는 것은 아니다

이중 부정표현으로 긍정을 나타낸다. 단정적인 뉘앙스가 아닌 부드럽게 돌려 말하는 표현으로 조심스러운 뉘앙스를 갖는다. 동사의 경우, 가능형의 부정형과 접속하는 경우가 많다.

접속
동사 ない형	い형용사 ない형
買(か)えないことはない 살 수 없는 것은 아니다	面白(おもしろ)くないことはない 재미있지 않은 것은 아니다

な형용사 어간 ⊕ で	명사 ⊕ で
好(す)きでないことはない 좋아하지 않는 것은 아니다	美人(びじん)でないことはない 미인이 아닌 것은 아니다

会社(かいしゃ)まで1時間(じかん)30分(ぷん)かかるが、通(かよ)えないことはない。 회사까지 1시간 30분 걸리지만, **다니지 못할 것은 아니다**.

チョコレートは食(た)べられないことはないけど、好(す)きではない。
초콜릿은 **먹을 수 없는 것은 아니지만**, 좋아하지는 않는다.

84 ～に決まっている 반드시, 당연히 ~이다, ~할 게 뻔하다

「決まる 정해지다」라는 동사에서 파생된 문법으로 어떠한 이유로 당연하게 그렇게 될 것이라고 확신하는 경우에 사용한다.

접속　동사 보통형
　　　太るに決まっている 살찔 게 뻔하다

い형용사 보통형
眠いに決まっている 졸릴 게 뻔하다

な형용사 보통형 ★현재 긍정의 경우 だ 빼고 접속
無理に決まっている 무리일 게 뻔하다

명사 보통형 ★현재 긍정의 경우 だ 빼고 접속
合格に決まっている 반드시 합격할 것이다

毎日、ファストフードばかり食べていたら、**病気になるに決まっている**。
매일 패스트푸드만 먹고 있으면, **병이 들 게 뻔하다**.

パクさんは車を7台も持っているから、**お金持ちに決まっている**。
박 씨는 차를 7대나 가지고 있으니까, **당연히 부자일 것이다**.

85 ～に違いない ~것이 틀림없다, 틀림없이 ~일 것이다

아직 일어나지 않은 일에 대해 강한 확신을 갖고 말하는 경우에 사용하며 「～に相違ない」보다 회화체로 많이 사용된다.

접속　동사 보통형
　　　(秘密が)あるに違いない (비밀이) 있음에 틀림없다

い형용사 보통형
おいしいに違いない 틀림없이 맛있을 것이다

な형용사 보통형 ★현재 긍정의 경우 だ 빼고 접속
にぎやかに違いない 틀림없이 번화할 것이다

명사 보통형 ★현재 긍정의 경우 だ 빼고 접속
娘に違いない 딸임에 틀림없다

彼女はいつも遅刻するから、今日も**遅刻するに違いない**。
그녀는 항상 지각하기 때문에, 오늘도 **틀림없이 지각할 것이다**.

田中さんは朝からずっとせきをしているので、**風邪をひいているに違いない**。
다나카 씨는 아침부터 계속 기침을 하고 있기 때문에, **감기에 걸린 것이 틀림없다**.

86 〜に相違(そうい)ない ~것이 틀림없다, 틀림없이 ~일 것이다

「〜に違(ちが)いない」의 문어체로 말하는 사람이 자신감을 가지고 자신의 강한 확신과 판단을 말할 때 사용한다.

접속
- 동사 보통형
  盗(ぬす)まれたに相違(そうい)ない 틀림없이 도난당했을 것이다
- い형용사 보통형
  楽(たの)しいに相違(そうい)ない 틀림없이 즐거울 것이다
- な형용사 보통형 ★현재 긍정의 경우 だ 빼고 접속
  困難(こんなん)に相違(そうい)ない 틀림없이 곤란할 것이다
- 명사 보통형 ★현재 긍정의 경우 だ 빼고 접속
  嘘(うそ)に相違(そうい)ない 거짓말임이 틀림없다

誰(だれ)のノートか分(わ)からないが、この字(じ)は**キムさんに相違(そうい)ない**。
누구의 노트인지 모르지만, 이 글자는 **김 씨임이 틀림없다**.

彼(かれ)がそんなことをするはずがない。彼(かれ)に何(なに)か深(ふか)い事情(じじょう)が**あるに相違(そうい)ない**。
그가 그런 짓을 할 리가 없다. 그에게 **틀림없이** 뭔가 깊은 사정이 **있을 것이다**.

87 〜のでしょうか・〜んでしょうか ~인 걸까요?

상대방에게 어떠한 의문에 대해서 정중하게 질문하거나 설명을 요구하는 표현이다.

접속
- 동사 보통형
  役(やく)に立(た)つのでしょうか 도움이 되는 걸까요?
- い형용사 보통형
  良(い)いのでしょうか 좋은 걸까요?
- な형용사 명사 수식형
  必要(ひつよう)なのでしょうか 필요한 걸까요?
- 명사 보통형 ★현재 긍정의 경우 だ 빼고 ➕ な
  ルールなのでしょうか 룰인 걸까요?

もし、地震(じしん)が来(き)たらどこに逃(に)げれば**いいのでしょうか**。만약, 지진이 오면 어디로 도망치면 **좋은 걸까요?**
この薬(くすり)を飲(の)んだら熱(ねつ)は**下(さ)がるんでしょうか**。이 약을 먹으면 열은 **내려가는 걸까요?**

88 (〜は)〜ほど〜ない ~정도 ~아니다, ~만큼 ~지 않다

주어와「ほど」앞에 오는 대상의 정도가 크게 다르지는 않지만, 주어와 비교하여 그에 미치지는 못하는 경우에 사용한다.

접속
- 명사 ➕ ほど/동사 ない형
  彼(かれ)ほど連絡(れんらく)を取(と)っていない
  그만큼 연락을 하고 있지 않다
- 명사 ➕ ほど/い형용사 ない형
  日本(にほん)はカナダほど大(おお)きくない
  일본은 캐나다만큼 크지 않다
- 명사 ➕ ほど/な형용사 ない형
  田中(たなか)さんは木村(きむら)さんほど親切(しんせつ)じゃない 다나카 씨는 기무라 씨만큼 친절하지 않다

こ**のドラマのシーズン2は最初(さいしょ)のシーズンほど面白(おもしろ)くない**。이 드라마의 시즌 2**는** 첫 시즌**만큼 재밌지 않다**.
今回(こんかい)**のイベントは前回(ぜんかい)ほどお客(きゃく)さんが来(こ)なかった**。이번 이벤트**는** 지난번**만큼** 손님이 **오지 않았다**.

89 〜もの・〜もん ~인(한)걸, ~란 말이야

주관적인 원인이나 이유를 나타낼 때 사용한다. 비교적 여성 혹은 아이들이 많이 사용하는 회화체이다.

💡**TIP** 「〜んだもの・〜んだもん」형태로 많이 활용된다.

접속	동사 보통형	い형용사 보통형
	そう感(かん)じたもん 그렇게 느꼈는 걸	重(おも)いもん 무거운 걸
	な형용사 보통형	명사 보통형
	大切(たいせつ)だもん 소중한 걸	子供(こども)だもん 아이인 걸

A 「ずっとそのお菓子(かし)を食(た)べてるね。」 계속 그 과자를 먹고 있네.
B 「だって**おいしいんだもの**。」 그치만 **맛있는걸**.

A 「どうして学校(がっこう)に行(い)きたくないの？」 어째서 학교에 가고 싶지 않은 거야?
B 「授業(じゅぎょう)が**つまらないんだもん**。」 수업이 **재미없단 말이야**.

90 〜ものだから ~이니까, ~라서

주관적인 원인과 이유를 강하게 나타내는 표현으로 주로 자신의 정당성을 주장하는 경우에 사용한다. 자칫 핑계를 대는 느낌을 주므로 사용에 주의해야 한다.

💡**TIP** 회화체로「もんだから」라고 사용되며, 정중형으로「ものですから」로 활용할 수 있다.

접속	동사 보통형	い형용사 보통형
	壊(こわ)れたものだから 부서졌으니까	狭(せま)いものだから 좁으니까
	な형용사 명사 수식형	명사 보통형 ★현재 긍정의 경우 だ 빼고 ➕な
	複雑(ふくざつ)なものだから 복잡하니까	学生(がくせい)なものだから 학생이니까

うちは子供(こども)が4人(にん)も**いるものだから**、毎月食費(まいつきしょくひ)がたくさんかかります。
우리 집은 아이가 4명이나 **있어서**, 매달 식비가 많이 듭니다.

一人暮(ひとりぐ)らしなものだから自由(じゆう)に暮(く)らしている。 **혼자서 사니까** 자유롭게 살고 있다.

91 〜も〜ば〜も ~도 ~하고 ~도

비슷한 성질 혹은 특징, 내용을 열거할 때 사용한다.

접속 명사 ⊕ も ⊕ 동사 가정형 ⊕ 명사 ⊕ も
タバコも吸わなければお酒も 담배도 피우지 않고 술도

명사 ⊕ も ⊕ い형용사 가정형 ⊕ 명사 ⊕ も
性格も良ければ頭も 성격도 좋고 머리도

명사 ⊕ も ⊕ な형용사 가정형 ⊕ 명사 ⊕ も
色も好きならばデザインも
색도 좋아하고 디자인도

명사 ⊕ も ⊕ 명사 가정형 ⊕ 명사 ⊕ も
だます方もだます方ならばだまされる方も
속이는 쪽도 속이는 쪽이고 속임 당하는 쪽도

みかんは**甘いものもあれば酸っぱいものも**ある。 귤은 **단것도 있고 신 것도** 있다.
人生は**楽しいこともあれば辛いことも**ある。 인생은 **즐거운 일도 괴로운 일도** 있다.

92 〜わけがない ~할 리가 없다

어떠한 일이나 상황이 절대 그렇게 될 가능성이 없음을 강하게 부정할 때 사용한다. 비슷한 표현으로 「〜はずがない ~일 리가 없다」가 있다. 다만 〜はずがない가 명확한 이유나 근거를 바탕으로 사용하는 반면, 〜わけがない는 이유나 근거가 없어도 사용 가능하다.

💡**TIP** 조사「が」를 생략해서 사용하기도 한다.

접속 동사 보통형
売れるわけがない 팔릴 리가 없다

い형용사 보통형
悪いわけがない 나쁠 리가 없다

な형용사 보통형 ★현재 긍정의 경우 だ 빼고 ⊕ な·である
上手なわけがない 잘할 리가 없다

명사 보통형 ★현재 긍정의 경우 だ 빼고 ⊕ の·である
社長のわけがない 사장일 리가 없다

どんなに働いても私には家が**買えるわけがない**。 아무리 일해도 나에게는 집을 **살 수 있을 리가 없다**.
兄は今朝、出張でインドに行ったからここに**いるわけがない**。
형은 오늘 아침, 출장으로 인도에 갔으니까 여기에 **있을 리가 없다**.

93 ～わけだ ~하는 게 당연하다, (당연히) ~할 만도 하다, ~것이다

어떠한 이유나 원인, 사실 때문에 그랬구나라고 납득한 경우에 사용한다.

💡**TIP** 「それで・だから・どうりで 그래서」와 같은 접속사가 앞 부분에 오는 경우가 많다.

접속
동사 보통형
任せた**わけだ** 맡길 만도 하다

い형용사 보통형
忙しい**わけだ** 바쁜 게 당연하다

な형용사의 명사 수식형
ぺらぺらな**わけだ** 유창할 만도 하다

명사 + な
渋滞な**わけだ** 정체일 만도 하다

A 「先生結婚したんだって。」 선생님, 결혼하셨대.
B 「あー、それで最近ずっと**笑顔なわけだ**。」 아, 그래서 최근에 계속 **웃는 얼굴인 거구나**.

A 「近くでお祭りがあるんだって。」 근처에서 축제가 있대.
B 「あー、だからこんなに人が**多いわけだ**。」 아, 그래서 이렇게 사람이 **많은 거구나**.

94 ～わけではない (반드시) ~인 것은 아니다

반드시, 항상, 꼭 그러한 것은 아니다는 의미로, 어떠한 일을 단정할 수 없는 경우에 사용하며 주로 부분 부정의 역할을 한다.

접속
동사 보통형
考えた**わけではない** 생각했던 것은 아니다

い형용사 보통형
軽い**わけではない** 가벼운 것은 아니다

な형용사의 명사 수식형
嫌いな**わけではない** 싫어하는 것은 아니다

명사 + な
不可能な**わけではない** 불가능한 것은 아니다

サッカー選手だからといって、毎回100%ゴールを**決めることができるわけではない**。
축구 선수라고 해도 매번 100% 골을 **넣을 수 있는 것은 아니다**.

彼氏のことは好きだが、毎日**会いたいわけではない**。 남자친구는 좋아하지만, 매일 **만나고 싶은 것은 아니다**.

95 ～わりに(は) ~한 것치고(는), ~에 비해서(는)

어떠한 상황이 예상했던 것과는 달리, 의외로 다른 상황일 때 사용한다. 주로 회화체에서 사용하며, 긍정적인 평가로도 부정적인 평가로도 둘 다 사용 가능하다.

접속
동사 보통형
負_まけたわりには 진 것치고는

い형용사 보통형
広_{ひろ}いわりには 넓은 것치고는

な형용사의 명사 수식형
大変_{たいへん}なわりには 힘든 것치고는

명사 명사 수식형
中古_{ちゅうこ}のわりには 중고 치고는

このレストランは**高_{たか}いわりには**あまりおいしくなかった。 이 레스토랑은 **비싼 것치고는** 그다지 맛있지 않았다.

うちの祖父_{そふ}は**年_{とし}のわりに**元気_{げんき}で若_{わか}く見_みえる。 우리 할아버지는 **나이에 비해서** 건강하고 젊게 보인다.

핵심문법 실전 연습 문제 ①

시간 28분 이내　채점　/23

問題1 つぎの文の（　　）に入れるのに最もよいものを、1・2・3・4から一つえらびなさい。

1　道で転んだら、足が傷（　　）になってしまった。
　　1　だけ　　　　2　なんか　　　　3　だらけ　　　　4　おかげ

2　この商品（　　）は、説明書をよく読んで使ってください。
　　1　に比べて　　2　によって　　　3　にとって　　　4　に関して

3　山下「木村さん、料理が得意だと聞きました。」
　　木村「得意（　　）、なんでも作れるわけではありませんよ。」
　　1　というと　　2　といっても　　3　といっては　　4　というのは

4　朝は、子供（　　）のテレビ番組が多い。
　　1　だけ　　　　2　しか　　　　　3　むけ　　　　　4　のみ

5　この服の色は、黒（　　）濃い緑に近い色だ。
　　1　はもちろん　2　をもとにして　3　にかぎる　　　4　というより

6　今日、息子はたくさん泳いだので、布団に（　　）とたんにすぐに寝てしまった。
　　1　入り　　　　2　入る　　　　　3　入って　　　　4　入った

7　外を見たら雪が降っていた。だからこんなに寒い（　　）。
　　1　ようだ　　　2　そうだ　　　　3　わけだ　　　　4　つもりだ

8 あや「キャンプ（　　　）みんなの仲が深まったね。」
　　みき「そうだね。これからの活動が楽しみだね。」
　　1　ごとに　　　　2　を中心に　　　　3　を通じて　　　　4　のたびに

9 誕生日を迎える（　　　）、家族と撮った写真が増えていく。
　　1　ように　　　　2　ために　　　　3　ついでに　　　　4　ごとに

10 昨日のコンサートが楽し過ぎて、まるで夢をみている（　　　）。
　　1　べきだった　　2　かのようだった　　3　ばかりだった　　4　ものだった

11 彼は人によく「授業中に寝るな」と注意する（　　　）、自分は居眠りをしている。
　　1　せいで　　　　2　くせに　　　　3　ばかりで　　　　4　たびに

12 インターネットに書かれていることがすべて本当のこととは（　　　）。
　　1　ほかない　　　2　限らない　　　　3　違いない　　　　4　わけがない

13 北海道には30キロ（　　　）日本一長い直線道路がある。
　　1　にわたる　　　2　による　　　　3　に対する　　　　4　に関する

정답　1③　2④　3②　4③　5④　6④　7③　8③　9④　10②　11②　12②　13①

問題2 つぎの文の ___★___ に入る最もよいものを、1・2・3・4から一つえらびなさい。

(問題例)

つくえの ____ ____ ★ ____ あります。

1　が　　　　2　に　　　　3　下　　　　4　かばん

(解答のしかた)

1．正しい答えはこうなります。

| つくえの ____ ____ ★ ____ あります。 |
| 3　下　　2　に　　4　かばん　　1　が |

2．___★___ に入る番号を解答用紙にマークします。

(解答用紙)　(例)　①　②　③　●

14　昔の ____ ____ ★ ____ 今の成功がある。

　　1　経験が　　　2　からこそ　　　3　つらい　　　4　ある

15　____ ____ ★ ____ を起こさないわけではない。

　　1　事故　　　2　からといって　　　3　運転している　　　4　長年

16　____ ____ ★ ____ が、意外と近かった。

　　1　遠い　　　2　友達の家まで　　　3　もっと　　　4　かと思った

17 私は＿＿＿ ★ ＿＿＿ ＿＿＿ 性格だ。

1　気になったことや　　　　　2　調べずにはいられない
3　分からないことが　　　　　4　あると

18 ＿＿＿ ★ ＿＿＿ ＿＿＿ 思いもしなかった。

1　するとは　　2　上に　　3　寝坊をした　　4　忘れ物まで

問題3 つぎの文章を読んで、文章全体の内容を考えて、 19 から 23 の中に入る最もよいものを、1・2・3・4から一つえらびなさい。

下の文章は、留学生が書いた作文です。

待ち合わせ

シンチャイ

　週末、日本の友だちと遊ぶ約束をしました。私は、約束した時間 19 10時ちょうどに待ち合わせ場所に着きました。 20 、友達はもう来ていたので、遅刻したのかなと心配になりました。友達に聞くと10分前には 21 。
日本では、待ち合わせの5分から10分前に行動する習慣があるそうです。一方で、私の国では、少し時間にルーズなところがあります。なので、私はいつも少しぐらい約束時間に遅れてもいいと思っていました。しかし、日本では約束時間を守るように 22 。
　また、ある日、約束の時間に遅れそうだったので急いでいました。ずいぶん慌てていた 23 、横から走ってくる自転車に気づくことができず、ぶつかってケガをしてしまいました。もし、もう少し早く家を出ていたら、ケガをしなかったのにと反省しました。
　このことをきっかけに私は約束時間に対する考えが少し変わりました。これからは私のためにも相手のためにも時間をきちんと守るようにします。

19
1 代わりに　　　2 たびに　　　3 通りに　　　4 ごとに

20
1 だから　　　2 または　　　3 それなら　　　4 ところが

21
1 来ていたそうです　　　2 来ていたはずです
3 来ていたからです　　　4 来ていたばかりです

22
1 気をつけましょう　　　2 気をつけなければなりません
3 気をつけなさい　　　4 気をつけなくてもいいです

23
1 おかげか　　　2 せいか　　　3 ばかりでなく　　　4 からといって

정답　19 ③　20 ④　21 ①　22 ②　23 ②

핵심문법 실전 연습 문제 ②

시간 28분 이내　채점 /23

問題1 つぎの文の（　　）に入れるのに最もよいものを、1・2・3・4から一つえらびなさい。

1 部屋を出る時はドアを（　　）っぱなしにしないで、ちゃんと閉めてください。
1　開ける　　　2　開けて　　　3　開け　　　4　開けた

2 A「この靴は（　　）。歩いたら足が痛くて、一回しか履けなかったよ。」
B「それはもったいないね。」
1　買わないといけない　　　2　買わなければよかった
3　買わなければならない　　　4　買わなければいい

3 レジのお金が合わないので、どこかで計算を間違えている（　　）。
1　に違いない　　　2　ことはない　　　3　ばかりだ　　　4　はずがない

4 こんなにたくさん買い物したから、冷蔵庫に入り（　　）。
1　っぱなしだ　　　2　そうだ　　　3　がちだ　　　4　っこない

5 A「日本（　　）、何をイメージしますか。」
B「私は寿司をイメージします。」
1　といえば　　　2　とともに　　　3　によれば　　　4　になっても

6 技術の進歩により、われわれの生活はどんどん（　　）だろう。
1　変わってもいい　　2　変わっていく　　3　変わっていただく　　4　変わってほしい

7 1年くらい実家に帰っていないので、家族に（　　）。
1　会いたくてしょうがない　　　2　会うことだ
3　会ってよかった　　　4　会ってもらえませんか

8 ちょうどお風呂に入ろうとしていた（　　　）ベルが鳴りました。
　1　からといって　　2　ところへ　　3　としても　　4　最中に

9 肉じゃが（　　　）肉とじゃがいもを醤油などと一緒に煮た、日本の家庭料理だ。
　1　として　　2　さえ　　3　でも　　4　とは

10 学校で地震が起きたら、先生の指示の（　　　）行動する。
　1　通りに　　2　あいだに　　3　ほかに　　4　うえに

11 何度注意しても聞かないので、好きに（　　　）ことにした。
　1　しておく　　2　させておく　　3　されておく　　4　しないでおく

12 実際に（　　　）はじめて、想像よりも大変だということに気付いた。
　1　練習すると　　2　練習すれば　　3　練習するから　　4　練習して

13 もうすぐ出かけるのに、夫が準備を（　　　）ので怒った。
　1　しようともしない
　2　するわけがない
　3　しようとする
　4　するわけではない

정답　1③　2②　3①　4④　5①　6②　7①　8②　9④　10①　11②　12④　13①

問題2 つぎの文の ★ に入る最もよいものを、1・2・3・4から一つえらびなさい。

(問題例)

つくえの ___ ___ ★ ___ あります。

1 が　　2 に　　3 下　　4 かばん

(解答のしかた)

1．正しい答えはこうなります。

| つくえの ___ ___ ★ ___ あります。 |
| 3 下　2 に　4 かばん　1 が |

2． ★ に入る番号を解答用紙にマークします。

(解答用紙)　(例)　① ② ③ ●

14　___ ★ ___ ___ から、ゲームをするつもりだ。

1 かけの　　2 やり　　3 終わらせて　　4 レポートを

15　友達の家へ遊びに行ったら ___ ___ ★ ___ 用意されていた。

1 きれない　　2 ほどの　　3 料理が　　4 食べ

16　彼女は ___ ___ ★ ___ を手伝ってくれない。

1 くせに　　2 まったく　　3 暇な　　4 私の仕事

17 今までバイトさえしたことがなかったので、就職して ＿＿＿ ★ ＿＿＿ ＿＿＿。

　　1　分かりました　　2　はじめて　　3　働くことの　　4　大変さが

18 寝坊しない ＿＿＿ ＿＿＿ ★ ＿＿＿ をセットする。

　　1　ごとに　　2　10分　　3　アラーム　　4　ように

問題3 つぎの文章を読んで、文章全体の内容を考えて、 19 から 23 の中に入る最もよいものを、1・2・3・4から一つえらびなさい。

下の文章は、クリスマスについての記事です。

クリスマスの過ごし方

12月 19 、やはりクリスマスを浮かべる人は多いのではないでしょうか。12月に入ると街はクリスマスソングが流れてイルミネーションが輝き出し、とても楽しい気分になります。12月25日のクリスマスの過ごし方は、 20 違うことがたくさんあります。

日本のクリスマスは、いつもより少しおしゃれして恋人と楽しむ日として知られています。この日、プロポーズをするために景色のいいホテルを予約する人も少なくないでしょう。一方で、欧米のクリスマスは家族と一緒に過ごすのが一般的です。 21 、24日の午後から25日は、ほとんどのお店が閉まり、街は静かです。

22 、日本はクリスマスの日も営業する店が多く、街は賑やかです。特に、クリスマスケーキを買おうとする人たちで店の前は混雑しています。ところが、日本ではカラフルなケーキを 23 、海外では焼き菓子やパウンドケーキなどを食べる習慣があります。

そして、日本ではクリスマスはお正月前の楽しいイベントの一つとして考えられていますが、アメリカやヨーロッパでは一年で最も大切にされている行事です。このように世界のクリスマスの過ごし方は様々です。今年はいつもと違うクリスマスを過ごしてみるのはいかがですか。

19
1　といっても　　2　としたら　　3　とともに　　4　といえば

20
1　国によって　　2　国について　　3　国にとって　　4　国において

21
1　それでも　　2　しかも　　3　あるいは　　4　また

22
1　それでは　　2　ただし　　3　そして　　4　それとも

23
1　食べるのについて　　　　2　食べるのに比べて
3　食べるのに関して　　　　4　食べるのにわたって

해설집 p.66

정답　19 ④　20 ①　21 ④　22 ③　23 ②

핵심문법 실전 연습 문제 ③

問題1 つぎの文の（　　）に入れるのに最もよいものを、1・2・3・4から一つえらびなさい。

1 空港の駐車場は一日（　　）3,000円がかかる。
　1　により　　　2　において　　　3　につき　　　4　にとって

2 会社の規則（　　）会社のパソコンを家に持って帰ってしまった。
　1　に反して　　2　に関して　　　3　によって　　　4　について

3 梅雨の季節だからといって、毎日雨が降る（　　）。
　1　わけだ　　2　わけにはいかない　3　わけがない　4　わけではない

4 映画を見ている（　　）うるさくされると腹が立つ。
　1　うえに　　　2　最中に　　　3　通りに　　　4　ごとに

5 男「あの映画、面白くないよね。」
　女「そうかな、面白く（　　）と思うけど。」
　1　ないときもある　　　　　　2　ないことはない
　3　ないこともある　　　　　　4　ないことになる

6 自分の弁当を作る（　　）夫の分も作っている。
　1　一方で　　　2　わりに　　　3　といっても　　　4　ついでに

7 この漢字は日本人（　　）書けない難しい漢字だ。
　1　でから　　　2　でさえ　　　3　でしか　　　4　でまで

8 母「野菜を残さず全部食べなさい！」
息子「おいしくないから食べたくないよ。」
母「でも、野菜は体にいいから毎日食べる（　　　）。」
1　べきだよ　　　2　はずだよ　　　3　ようだよ　　　4　べきではないよ

9 彼女は最近、学校を休み（　　　）なので心配だ。
1　まま　　　2　ぶり　　　3　より　　　4　がち

10 両親が反対しているので、ペットを飼うのは諦める（　　　）。
1　わけがない　　　2　はずがない　　　3　ほかない　　　4　だけじゃない

11 新しい部屋は引っ越す前の部屋（　　　）広くない。
1　さえ　　　2　ほど　　　3　だけ　　　4　こそ

12 初めてのフルマラソンを最後まで走り（　　　）。
1　きった　　　2　直した　　　3　おいた　　　4　出した

13 海外に住んでみた（　　　）自分の国の良さが分かるんだよ。
1　かのような　　　2　ことから　　　3　といっても　　　4　からこそ

정답　1③　2①　3④　4②　5②　6④　7②　8①　9④　10③　11②　12①　13④

問題2 つぎの文の ★ に入る最もよいものを、1・2・3・4から一つえらびなさい。

(問題例)

つくえの ___ ___ ★ ___ あります。

1　が　　　2　に　　　3　下　　　4　かばん

(解答のしかた)

1．正しい答えはこうなります。

つくえの ___ ___ ★ ___ あります。
3　下　2　に　4　かばん　1　が

2． ★ に入る番号を解答用紙にマークします。

(解答用紙) | (例) | ① | ② | ③ | ● |

---

14 ___ ___ ★ ___ 頭をぶつけてしまった。

1　机の角に　　2　とたんに　　3　立ち上がった　　4　椅子から

15　あの二人はまだ結婚していないはずだが、___ ___ ★ ___ ___ 。

1　一緒に　　2　暮らしている　　3　夫婦である　　4　かのように

16　彼の話は ___ ___ ★ ___ 確かめる必要がある。

1　だらけで　　2　本当か　　3　どうか　　4　嘘

17 ちょっと ____ ____ ★ ____ 親戚の家に寄った。
　1　来た　　　2　買い物に　　3　近くの　　4　ついでに

18 あれ、今 ____ ★ ____ ____ 。忘れちゃった。
　1　言おう　　2　何と　　　3　とした　　4　っけ

問題3 つぎの文章を読んで、文章全体の内容を考えて、 19 から 23 の中に入る最もよいものを、1・2・3・4から一つえらびなさい。

下の文章は、留学生が書いた作文です。

日本人がよく使う言葉

ジョンソン

　日本で生活していると、「すみません」という言葉が聞こえてくることがあります。この前、座る場所がない満員の電車でお年寄りに「ここに座ってください」と言いました。その時、返事として「すみません」と 19 。私は、どうして謝っているのか分かりませんでした。今のは「ありがとう」じゃないの？と思ったからです。友達に聞いてみると、日本人は様々な場面で「すみません」と 20 。

　 21 、レストランで店員を呼ぶ時や、おみやげをもらった時、謝りたい時にも「すみません」と言います。なので、日本人はどこにいても、誰といてもいつも謝っている印象があります。何か間違ったことをしていない時でも「すみません」と言うのは、少しおかしいなと思いました。私の国では、「ありがとう」はよく使いますが、「すみません」は必要な時以外はほとんど使いません。

　 22 、日本のこのような文化は相手に対しての感謝の気持ちが大きく、その気持ちを 23 そう言うのかもしれないと思いました。それからは「すみません」という言葉を使うことも悪いことではないと思い、私も自然に「すみません」と言うようになりました。他の国では見られない、この日本らしい言葉がとても気に入りました。

19
1　言わされました　　2　言えました　　3　言わせました　　4　言われました

20
1　言うつもりです　　2　言うそうです　　3　言いそうです　　4　言うようにします

21
1　したがって　　2　たとえば　　3　そのうえ　　4　すると

22
1　しかし　　2　そして　　3　だから　　4　それでは

23
1　伝えてから　　　　　　　　　2　伝えるからといって
3　伝えたいからこそ　　　　　　4　伝えたいくせに

해설집 p.69

정답　19 ④　20 ②　21 ②　22 ①　23 ③

핵심문법 실전 연습 문제 ④

問題1 つぎの文の（　）に入れるのに最もよいものを、1・2・3・4から一つえらびなさい。

1 今日は自転車に乗る（　　　）会社まで歩いて行った。
　1　ついでに　　　2　代わりに　　　3　一方で　　　4　としたら

2 私はひま（　　　）どこに旅行に行こうか、考えています。
　1　をもとに　　　2　につき　　　3　というより　　　4　さえあれば

3 森「中田さん、今日は部長（　　　）飲みに行こうよ。」
　中田「そうだね。たまにはそれもいいかもね。」
　1　向けに　　　2　さえ　　　3　ぬきで　　　4　とともに

4 夜、眠れない時はお湯を飲んだ（　　　）よ。
　1　ほうがいい　　　2　おかげだ　　　3　に相違ない　　　4　とのことだ

5 （レストランで）
　客「テーブルにお皿がいっぱいだね。すみません！空いたお皿（　　　）。」
　店員「はい、かしこまりました。」
　1　下げてもらってもいいですか　　　2　下げてもかまいませんか
　3　下げてあげませんか　　　4　下げてさしあげますか

6 生活のリズムが悪いと病気になり（　　　）よ。
　1　かける　　　2　きる　　　3　終わる　　　4　かねない

7 駅で財布をなくしたけど、（　　　　）。
  1　見つかってもおかしくない　　　2　見つかってしかたがない
  3　見つかってよかった　　　　　　4　見つかっても大丈夫だ

8 来週の金曜日からアメリカへ出張に（　　　　）ことになっている。
  1　行こう　　　2　行く　　　3　行った　　　4　行って

9 論文を提出して（　　　　）、卒業できない決まりだ。
  1　からでないと　　2　からこそ　　3　以来　　　4　はじめて

10 おいしいものを食べること（　　　　）幸せなことはない。
  1　ばかり　　　2　だらけ　　　3　ほど　　　4　さえ

11 やっぱり映画は家で見るより映画館で見る（　　　　）。
  1　はずがない　　2　わけがない　　3　に決まっている　　4　に限る

12 明日は試験があるから、学校を休む（　　　　）。
  1　わけにはいかない　　　　　2　ことがある
  3　ことはない　　　　　　　　4　しかない

13 どんなに怒っても、悪い言葉を（　　　　）。
  1　言ってしまった　　　　　　2　言うべきではない
  3　言うつもりだ　　　　　　　4　言ってもよさそうだ

해설집 p.70

정답　1② 2④ 3③ 4① 5① 6④ 7③ 8② 9① 10③ 11④ 12① 13②

問題2 つぎの文の ＿＿★＿＿ に入る最もよいものを、1・2・3・4から一つえらびなさい。

(問題例)

つくえの ＿＿＿ ＿＿＿ ＿★＿ ＿＿＿ あります。

1　が　　　2　に　　　3　下　　　4　かばん

(解答のしかた)

1．正しい答えはこうなります。

つくえの ＿＿＿ ＿＿＿ ＿★＿ ＿＿＿ あります。
3　下　　2　に　　4　かばん　　1　が

2．＿★＿ に入る番号を解答用紙にマークします。

(解答用紙)　(例)　① ② ③ ●

14　まだ小さい ＿＿＿ ＿★＿ ＿＿＿ ＿＿＿ なんか分かりっこないよ。

　　1　そんな　　　2　子供に　　　3　言葉　　　4　難しい

15　妹は来年の春 ＿＿＿ ＿★＿ ＿＿＿ ＿＿＿ 留学する予定だ。

　　1　イギリスに　2　から　　　　3　かけて　　4　秋に

16　もったいないから、＿＿＿ ＿＿＿ ＿★＿ ＿＿＿ するな。

　　1　食器を　　　2　水を　　　　3　洗う時に　4　出しっぱなしに

17 これからの時代を＿＿＿＿ ＿＿＿＿ ★＿＿＿ ＿＿＿＿ 重要な課題だ。

1　環境問題は　　　2　私たち　　　3　にとって　　　4　生きていく

18 できるだけ、＿＿＿＿ ＿＿＿＿ ★＿＿＿ ＿＿＿＿ ようにしている。

1　怒りっぽい　　　2　一緒に　　　3　いない　　　4　人とは

問題3 つぎの文章を読んで、文章全体の内容を考えて、19 から 23 の中に入る最もよいものを、1・2・3・4から一つえらびなさい。

下の文章は、留学生が書いた作文です。

自動販売機

マリア

　私は、毎日自動販売機でコーヒーやお茶を買います。とても便利で、いつでもどこでも買うことができるのでよく利用します。私の国では冷たい飲み物 19 買うことができないのに対し、日本ではいろいろな物を買うことができるのでびっくりしました。

　最近は、珍しい自動販売機が増えていて、ピザやギョーザ、ケーキや果物など買えないものがないくらいです。このような新しい自動販売機をいろいろな所で見ることが 20 。

　先日、アクセサリーの自動販売機で彼女に指輪を買っている男性を見ました。指輪を買うために男性1人で店に入るのは少し勇気が要ります。 21 、誰でも自由に買えるこの自動販売機はいいなと思いました。

　冷凍技術の発展 22 、自動販売機は冷凍商品も販売できるようになりました。それで、一人暮らしをする人や高齢者にも多く利用されるようになり、役立っています。

　また最近では、現金が 23 電子マネーなどで支払うこともできます。このように町のあちらこちらに自動販売機が当たり前のようにあることは、世界ではとても珍しいことなのです。

19
1 だらけ　　　2 くらい　　　3 ほど　　　4 しか

20
1 できるようです　　　3 できるかもしれません
3 できるようになります　　　4 できるようになりました

21
1 それでも　　　2 そのうえ　　　3 だから　　　4 しかし

22
1 のせいで　　　2 につき　　　3 により　　　4 について

23
1 なくなって　　　2 なくても　　　3 ないで　　　4 ないのに

정답　19 ④　20 ④　21 ③　22 ③　23 ②

JLPT 합격노하우 **yuhadayo.com**

독해

독해 집중 공략

문제4 단문 내용이해
문제5 중문 내용이해
문제6 장문 내용이해
문제7 정보검색

독해 공략 포인트 알아보기

합격에 가까워지는
독해 문제풀이 꿀팁

⚙ N3 독해 문제 유형은 크게 내용이해, 정보 검색 두 가지로, 각 지문마다 1개~4개의 문제가 출제된다. 그중 내용이해는 단문, 중문, 장문으로 구성된다. 다양한 주제가 독해 지문으로 나오기 때문에 단어와 문법을 꼼꼼히 학습해두어야 한다.

1 지문부터 무작정 읽지 않도록 하자.

지문의 내용을 파악하는 것도 중요하지만, 문제의 정답을 맞히는 것이 우선이라는 것을 기억하자. 그러므로 문제를 먼저 읽고 질문의 요지를 파악한 뒤, 지문을 읽는 것이 가장 효율적이다. 만약 문제가 2개 이상인 경우에는 우선 첫 번째 문제만을 확인하고 지문에서 정답에 대한 단서를 찾도록 하자. 보통은 지문의 순서에 따라 문제가 출제되기 때문에 ① 문제 읽기 → ② 지문에서 정답 단서 확인, 이 순서대로 문제풀이를 진행하는 것이 좋다.

2 독해 문제풀이에 충분한 시간을 배분하자.

문자어휘와 문법 문제를 빠르게 풀이 한 뒤, 독해파트의 시간을 적절히 배분하는 것이 중요하다. 지문 읽기에 충분한 시간을 할애하여 차근차근 지문의 내용을 파악한 뒤 문제를 풀어나가야 한다.

3 접속사에 유의하면서 지문을 읽자.

접속사는 문맥의 흐름을 바꾸는 중요한 키워드이다. 특히 필자의 주장을 말하는 문장 앞에는 しかし 하지만・ところが 그런데・だから 그래서・したがって 따라서・つまり 즉 등과 같은 접속사가 나오는 경우가 많으니 특히 주의해서 읽도록 하자.

4 선택지 함정을 조심하자.

지문에 언급이 없는 선택지는 대부분 오답이다. 그리고 극단적인 이야기를 하는 선택지 또한 오답일 확률이 높다. 또한 선택지에서 유의어로 대체된 부분을 잘 확인하자. 지문에 나온 단어와 비슷한 의미를 가진 단어가 선택지에 나오는 경우가 있다는 것도 잘 알아두자.

독해 질문 유형 알아보기

1 **주장을 묻는 문제**

필자의 주장이나 의견, 생각을 묻는 문제로 주로 내용이해 유형에서 출제된다. 전체의 흐름을 파악하는 것도 중요하지만, 필자의 주장은 대부분 마지막에 나오는 경우가 많다. 그러므로 마지막 단락과 문장에서 정답이 되는 포인트를 잘 찾아서 읽도록 하자.

> **문제 예시**
>
> この文章で一番言いたいことは何か。 이 문장에서 가장 말하고 싶은 것은 무엇인가?
> = 一番伝えたい 가장 전하고 싶은
> = 最も言いたい 가장 말하고 싶은
>
> 筆者の意見と合うものはどれか。 필자의 의견과 맞는 것은 어느 것인가?
> = 考え 생각
> = 主張 주장

2 **이유를 묻는 문제**

특정 키워드에 대한 이유를 묻는 문제로 주로 내용이해 유형에서 출제된다. 지문 안에 理由として・から・だから・ので・くて・なぜなら・なぜかというと・ため 등과 같은 표현이 나온다면 정답과 가까운 문장이기 때문에 유의해서 읽도록 하자.

> **문제 예시**
>
> なぜコンビニが増えていると言っているか。 왜 편의점이 늘어나고 있다고 말하고 있는가?
> = どうして 왜, 어째서
>
> 商品が売れていない理由は何か。 상품이 팔리지 않는 이유는 무엇인가?

3 **밑줄에 관한 문제**

지문 안에 밑줄 친 부분에 대한 의미를 찾는 문제로 주로 내용이해 유형에서 출제된다. 밑줄 위치와 의미를 정확히 파악하고 앞뒤 문장을 잘 살펴 정답이 되는 포인트를 찾도록 하자.

> **문제 예시**
>
> 始めましたとあるが、何を始めたのか。 시작했습니다라고 있는데, 무엇을 시작했는가?
>
> 同感だとあるが、どういう意味か。 동감이다라고 있는데, 어떠한 의미인가?

4 **지시어에 관한 문제**

지문 안에 밑줄 친 지시어에 대한 의미를 찾는 문제로 주로 내용이해 유형에서 출제된다. この·その·あの·これ·それ·あれ·こんな·そんな·あんな·このような·そのような 등의 지시어 앞부분에 정답을 유추할 수 있는 포인트가 있으므로 유의하여 읽도록 하자.

> **문제 예시**
> これとあるが、それは何(なに)か。 이것이라고 있는데, 그것은 무엇인가?
> そうは思(おも)わないとあるが、どういう意味(いみ)か。 그렇게는 생각하지 않는다라고 있는데 어떠한 의미인가?

5 **OX 문제**

지문의 내용에 맞는 것과 맞지 않는 것, 그리고 올바른 것과 올바르지 않은 것을 고르는 문제로 주로 내용이해 유형에서 출제된다. 선택지와 지문의 내용을 비교하면서 소거법으로 정답을 고르도록 하자. 또한 지문에 언급이 없는 내용은 오답일 확률이 높다는 것도 함께 알아두자.

> **문제 예시**
> 本文(ほんぶん)の内容(ないよう)と合(あ)っているものは何(なに)か。 본문의 내용과 맞는 것은 무엇인가?
> ⇔ 合(あ)っていない 맞지 않는
> ⇔ 間違(まちが)っている 틀린, 잘못된
> この文章(ぶんしょう)について正(ただ)しくないのはどれか。 이 문장에 대해서 올바르지 않은 것은 어느 것인가?
> ⇔ 正(ただ)しい 올바른

6 **정보 파악 문제**

지문 안의 정보를 파악하여 정답을 고르는 문제로 주로 정보검색 유형에서 출제된다. 전체적인 내용을 파악해야 하는 경우도 있지만, 특정 키워드에 대한 정보만을 묻는 문제가 대부분이다. 그러므로 지문에서 그 조건에 해당하는 부분만 읽어도 문제를 풀 수 있다.

> **문제 예시**
> キムさんが最初(さいしょ)にすることは何(なに)か。 김 씨가 처음에 하는 일은 무엇인가?
> 子供一人(こどもひとり)はいくら払(はら)うか。 어린이 1명은 얼마 지불하는가?
> 申(もう)し込(こ)みするためにはどうすればいいのか。 신청하기 위해서는 어떻게 하면 좋은가?
> = 何(なに)をしなければいけないか 무엇을 해야 하는가?
> = どうしなければならないか 어떻게 해야 하는가?

> 독해 집중 공략

문제 4 단문 내용이해

독해 단문은 150~200자 정도의 짧은 지문을 읽고 정답을 고르는 문제로 지문 4개와 각 지문마다 문제 1개가 출제된다. 생활, 업무, 직업, 학습 등 다양한 주제로 한 설명문, 지시문, 메일 등이 지문 내용으로 나온다.

이렇게 풀자 ✏️

우선 문제를 확인한 후 어떠한 문제 유형인지 파악하는 것이 좋다. 필자의 주장이나 이유를 묻는 문제, 전체 내용을 묻는 문제라면 지문을 모두 읽고 정답이 되는 단서를 찾도록 하자. 다만, 밑줄에 관한 문제의 경우 밑줄 친 부분의 앞뒤 문장으로 정답이 되는 단서를 찾도록 하자. 단문에서 시간을 많이 써버리면 뒷부분의 독해 문제를 푸는 시간이 부족할 수 있기 때문에 단문은 가능한 한 3분 이내에 문제를 풀 수 있도록 연습이 필요하다.

문제유형 예시 ⏱ 시간 3분 이내

問題4 つぎの文章を読んで、質問に答えなさい。答えは、1・2・3・4から最もよいものを一つえらびなさい。

　最近は夏になっても、あまりセミの声を聞かなくなった。昔はセミの声がうるさすぎて、窓を閉めたことがよくあった。日本ではセミが減っている地域もあるが、増えている地域もあるらしい。その原因はセミが育つ環境が破壊されているからだという人もいるが、はっきりとわかっていない。セミの声はうるさかったが、セミの声がきこえないと夏が来た気があまりしなくて、なぜか寂しい。

(注1) セミ：大きな声で鳴く虫、日本では夏によく見られる。

[1] この文の内容について、正しいのはどれか。

1　セミの声はうるさいので、セミが減ってうれしい。
2　セミが育つような環境をもっと作るべきだ。
3　セミの声がうるさすぎて、困っている。
4　セミの声が聞こえると夏が来た気がする。

문제 4 다음 문장을 읽고, 질문에 답하세요. 답은, 1·2·3·4에서 가장 알맞은 것을 하나 고르세요.

|정답| ④

|해석|
> 요즘은 여름이 되어도 그다지 매미 소리를 듣지 않게 되었다. 옛날에는 매미 소리가 너무 시끄러워서 창문을 닫은 적이 자주 있었다. 일본에서는 매미가 줄어들고 있는 지역도 있지만, 증가하고 있는 지역도 있다고 한다. 그 원인은 매미가 자라는 환경이 파괴되고 있기 때문이라는 사람도 있지만 확실하게 알려져 있지 않다. 매미 소리는 시끄러웠지만 매미 소리가 들리지 않으면 여름이 온 것 같지 않아서 왠지 쓸쓸하다.
>
> (주석1) 매미: 큰 소리로 우는 벌레, 일본에서는 여름에 흔히 볼 수 있다.

이 글의 내용에 대해서 올바른 것은 무엇인가?
1 매미 소리는 시끄럽기 때문에 매미가 줄어 기쁘다.
2 매미가 자랄 수 있는 환경을 더 만들어야 한다.
3 매미 소리가 너무 시끄러워서 곤란하다.
4 매미 소리가 들리면 여름이 온 것 같은 기분이 든다.

|해설| 매미 소리는 시끄럽지만 들리지 않으면 여름이 온 것 같지 않아 쓸쓸하다고 했으므로 정답은 4번이다. 또한 매미 소리는 시끄럽다고는 했지만 1번과 3번에 대한 언급은 없으므로 정답은 아니다. 그리고 매미가 줄고 있는 이유가 자랄 수 있는 환경이 부족해서라고 주장하는 사람들도 있다고 했지만 확실하게 알려져 있지 않다고 했으므로 2번도 정답이 아니다.

|단어| 最近(さいきん) 요즘 | セミ 매미 | 昔(むかし) 옛날, 예전 | 窓(まど) 창문 | 閉(し)める 닫다 | ～たことがある ~한 적이 있다 | 減(へ)る 줄다 | 地域(ちいき) 지역 | 増(ふ)える 늘다 | 原因(げんいん) 원인 | 育(そだ)つ 자라다 | 環境(かんきょう) 환경 | 破壊(はかい) 파괴 | 寂(さび)しい 외롭다, 쓸쓸하다 | 鳴(な)く (새, 벌레, 짐승 등이) 울다 | 虫(むし) 벌레

단문 내용이해
실전 연습 문제

⏱ 지문당 3분 이내
채점 　　/14

問題4　つぎの文章を読んで、質問に答えなさい。答えは、1・2・3・4から最もよいものを一つえらびなさい。

(1)

　歯磨きは食事の後にすることが多い。もちろん食後の歯磨きは基本だ。しかし、口の中は、何も食べていない、寝ている時間に一番汚れる。そのため、朝起きてできるだけすぐ、朝食を食べる前に歯を磨く方がいい。そして、夜寝る前にも歯をしっかり磨いて、口の中をきれいにしておくことも非常に大切だ。効果的に歯磨きをするには、1日に何回歯磨きをするかより、いつ歯磨きをするかの方が重要だ。

1 効果的な歯磨きについて、正しいものはどれか。

1　何も食べていないほうが口の中が汚れにくいので、あまり間食はしないほうがいい。
2　朝起きてすぐと夜寝る前に歯磨きをすれば、他の機会に歯磨きをする必要はない。
3　睡眠中に最も口の中が汚れるため、その前後の歯磨きが大事だ。
4　できるだけたくさんの回数、歯磨きをする以外に効果的な方法はない。

(2)

　ある冬の寒い日、アパートのドアの前で子猫が鳴いていた。私のアパートでは動物を飼ってはいけないことになっているので、子猫を部屋に入れるわけにはいかなかった。子猫は10分くらい鳴き続けていたが、そのうち、鳴き声が聞こえなくなった。どうしたのかと外に出てみると、子猫はもういなかった。家に入れられなくても、ごはんをあげればよかったとかわいそうな気持ちになった。

2 外に出たのは、なぜか。

1　子猫がずっと泣き続けていたので、かわいそうになったから
2　子猫の声が聞こえなくなったことを不思議に思ったから
3　家の外で子猫にごはんをあげようと思ったから
4　元気がなくなった子猫を助けて、面倒を見ようと思ったから

(3)

レジ袋有料化のお知らせ

　当店では7月1日からプラスチック製のレジ袋が有料化になります。地球にやさしい環境づくりのため、マイバッグをお持ちください。レジ袋が必要な方は、店員に声をかけてください。レジ袋は税込みで小サイズ2円、中サイズ3円、大サイズ5円で販売しています。ただし、お弁当を買われたお客様には、専用のレジ袋を無料でお渡しします。

　また、プレゼント用の紙製の袋は料金は変わらず、今までどおり1枚税込み10円で販売しています。

　ご理解、ご協力をお願いします。

グリーンスーパーみどり

3 このお知らせの内容について、正しいのはどれか。

1　7月からマイバッグを持ってこない人は買い物をすることができない。
2　レジ袋の料金には全て税金が含まれている。
3　7月から紙製の袋が有料になる。
4　弁当を買った客は、有料のレジ袋を無料でもらえる。

(4)

キムさんへ

お疲れ様です。

明日の新製品に関する報告会議の資料を読みました。新製品の説明は修正してもらったものでかまいませんが、写真を付けた方がもっと良くなると思います。明日までに写真を資料に入れることはできますか。

会議は午後からなので、明日の午前中までに新しい資料を送ってもらえれば、こちらでコピーしておきます。もし間に合わない場合は、すぐに連絡してください。今の資料をコピーします。

中村(なかむら)

4 この後、キムさんが最初にすることは何か。

1 中村(なかむら)さんに送る資料に新製品の写真をつける。
2 明日の午前中までに新しい資料を送る。
3 新製品の説明がわかりにくいので修正する。
4 中村(なかむら)さんの代わりに資料をコピーする。

(5)

　郵便局に行くと新しく発売された切手を見てしまう。郵便局にはその時代や季節に合わせたすてきなデザインの切手が発売されていて、目を楽しませてくれる。中には数量限定の切手を集める人もいるそうだ。コンビニでも切手を売っているが、いつも同じ柄(がら)なので、買い物のついでに買うことはない。夏は花火、冬は雪景色など、その時その時を楽しめるデザインの切手は郵便局でしか売っていない。そして、そんな切手を見ていると、楽しくなって欲しくなってしまう。そうして、必要がないのについ買ってしまう。

5 ついい買ってしまうのはなぜか。

1　数が限定されているめずらしい切手を集めているから
2　新しく発売された切手のほうが、きれいだから
3　時代や季節に合ったデザインがすてきだから
4　コンビニに買い物に行ったついでに買えるから

(6)

　私は勉強や仕事中に眠たくなるとコーヒーを飲む。コーヒーを飲むと目が開いて、集中力が高まる気がする。これはコーヒーに含まれているカフェインの効果だと言われている。それ以外にも、痛みを弱くしてくれる、疲れをとってくれる、体の中の悪いものを外に出す手助けをしてくれるなど、様々ないい効果があり、薬にも使われている。しかし、なんでもとりすぎは健康に良くない。カフェインをとりすぎると、眠れなくなったり、頭痛になったりすることもある。カフェインはお茶や紅茶(こうちゃ)、ココア、コーラにも含まれているので、とりすぎに注意しなければいけない。

6 この文の内容について、間違っているものはどれか。

1　カフェインをとることで、痛みを和らげることができる。
2　カフェインにはたくさんの健康にいい効果があることがわかっている。
3　カフェインはとればとるほどいい効果を受けられるというわけではない。
4　カフェインはお茶やコーラなどの飲み物にのみ含まれている。

(7)

川中よしお様

この度はABCショップをご利用いただきありがとうございます。

9月1日にご注文された商品の発送についてご連絡いたします。1日10個しか作れない人気商品のため、商品が届くまで3カ月ほどいただいております。お待たせして、大変申しわけございません。商品ができあがりましたら、すぐに送らせていただきます。

もしキャンセルを希望される場合は、9月20日までにこのメールにご返信ください。キャンセルはメールのみで受け付けております。

ABCショップ　森本

7 この文の内容について、正しいのはどれか。

1　9月に注文を受けたが、人気商品で売り切れたため、キャンセルしてほしい。

2　この商品は1日に10個だけ販売している限定商品で、9月1日の注文分は9月20日に届く。

3　9月20日までには商品ができあがる予定だが、届くのは3月ごろだ。

4　9月20日までにメールで連絡すれば、キャンセルすることができる。

(8)

古着の回収ボックスについてのお願い
（ふるぎ）

古着の回収にご協力いただき、ありがとうございます。

古着の中にはリサイクルできないものがあり、そのような古着は回収していません。以下の古着はリサイクルできないので、回収ボックスに入れないでください。

・汚れていたり、破れていたりしてそのままでは着られない服
・下着やくつ下（ただし、未使用のものは除く）
・布団、カーペット、クッション、タオル

この回収ボックスに入れる前にもう一度、古着の分別の確認をお願いします。

8 回収ボックスに入れていいものはどれか。

1　小さすぎるスカート、新しいタオル、洗濯していないシャツ
2　小さすぎるスカート、新しい下着、一度もはいていないズボン
3　新しいくつ下、穴が開いたシャツ、一度もはいていないズボン
4　新しいくつ下、ボタンが取れた上着、洗濯したカーペット

(9)

台風による休校のお知らせ

学生のみなさん

現在、台風20号が日本に接近しています。今日の夜から明日の朝にかけて、県内(けんない)に最接近することが予想されています。そのため、明日9月18日（水）の午前中の授業は休校にします。学校は休みですが、危険ですからできるだけ外出しないで、家にいてください。

午後からの授業については午前10時までにホームページでお知らせします。

ABC日本語学校

9 このお知らせの内容について、正しいのはどれか。

1　火曜日の夜から台風に気をつけないといけない。

2　明日は午前も午後も学校が休みになる。

3　台風の時は危険なので、家にいない方がいい。

4　午後の授業について学校からメールで連絡が来る。

(10)

　日常生活で「すみません」という言葉をよく使う人は多いのではないでしょうか。海外の人は、日本人はなぜそんなにすぐに謝るのだろうと思うかもしれません。しかし、日本語の「すみません」は「ありがとう」の意味を含んでいる場合があるので、ただ単に謝っているわけではないことがあります。とはいえ、「すみません」と同時に頭を下げる姿を見れば、謝っているように見えてしまって当然です。本当に感謝の気持ちを伝えたい時は「すみません」ではなく「ありがとう」と言った方が、気持ちが伝わるでしょう。

10　「すみません」の使い方について、筆者がどう考えているか。

1　「すみません」という言葉を使いすぎると、本当に謝りたい時に気持ちが伝わらない。
2　本当に謝りたいときは「すみません」というだけでなく、頭を下げた方がいい。
3　感謝の気持ちを表したいなら「すみません」の代わりに、「ありがとう」と言おう。
4　謝罪の気持ちを示す時は「すみません」よりは「ありがとう」と言うべきだ。

(11)

マリアさん、こんにちは。

元気ですか。

去年の夏休みのキャンプを覚えていますか。楽しかったですね。

私は今年もキャンプに参加しますが、マリアさんも参加しませんか。

キャンプは8月10日から12日まで東京キャンプ場で行われます。参加費は去年と同じ3万円ですが、参加したことがある人は5,000円安くなるそうです。もしマリアさんが参加するなら、私が一緒に申し込みをしておきますよ。

申し込みは来週の水曜日までなので、その前に返事をください。

たかこ

11 この文の内容について、正しいのはどれか。

1　マリアさんはキャンプに参加する予定だ。

2　マリアさんのキャンプ参加費は3万円だ。

3　キャンプは2日間で東京キャンプ場でする。

4　申し込みは水曜日までにたかこさんがする。

(12)

　父は会社を退職してから、家にいる時間が増えた。特に趣味の無い父は、毎日家で暇そうにしている。少し前に、医者からもっと運動するように言われたらしい。それで、最初は色々と運動していたみたいだが、徐々に面倒になったらしく、しなくなった。そんな父を心配して、犬を飼うことにした。最初、父は面倒だと反対していた。しかし、飼ってみるとだんだん可愛くなってきたみたいで、今では、父は面倒くさいと言いながら、毎日楽しそうに犬と散歩している。最近は、少し遠くの公園にも行っているらしい。そこで友達もできたらしく、ずいぶんと元気そうだ。犬を飼ってよかった。

12　筆者が犬を飼ってよかったと思っているのはなぜか。

1　父は犬が嫌いなので飼うことに反対していたが、徐々に可愛いと思うようになったから
2　犬を飼ってから、面倒くさそうに運動するようになったから
3　犬のおかげで元気になって、新しく友達を作ろうとするから
4　犬の世話をするようになって、父が積極的になって楽しそうだから

(13)

大山さん、お疲れさまです。

さきほど、急に部長から明日A市に出張するように言われました。申しわけありませんが、明日のミーティングを違う日に変えていただけませんか。

今週なら、水曜日と木曜日の午後が空いています。来週なら月曜日の午前以外は空いています。明日は出張で忙しいので、連絡をもらっても返信できないと思います。できれば、今日中に返信をお願いします。

中村

13 中村さんがメールで大山さんに伝えたいこととして、正しいのはどれか。

1　自分の代わりに明日の出張に行ってほしいこと
2　明日は忙しいのでミーティングを来週にしたいこと
3　ミーティングの予定を変えてほしいこと
4　部長がミーティングをキャンセルしたこと

(14)

点検(てんけん)のお知らせ

このエレベーターを安全に使っていただくために、半年に一回の定期点検を行います。

点検の日時：2月5日（火）午後3時から4時まで

（予定時間よりも長くなる場合もあります。）

この時間はエレベーターを使うことができませんので、階段をお使いください。

ご不便をおかけしますが、ご協力をお願いいたします。

エレベーターセンター東京(とうきょう)

14 このお知らせの内容について、正しいのはどれか。

1 エレベーターの点検は1時間よりも長くなることもある。
2 エレベーターが使えない時間は、ほかの階に行くことができない。
3 2月5日は一日中エレベーターが使えないので、階段を使わなければいけない。
4 この次のエレベーターの点検は、9月ごろの予定だ。

> 독해 집중 공략

문제 5 중문 내용이해

독해 중문은 단문보다 조금 긴 350자 정도의 지문을 읽고 정답을 고르는 문제로 지문 2개와 각 지문마다 문제 3개가 출제된다. 논평, 에세이 등이 지문으로 나오며 세부 내용 또는 필자의 주장을 묻는 문제가 많이 출제된다.

이렇게 풀자 ✏️

각 단락의 내용을 무엇인지 정확히 이해하는 것이 중요하다. 보통은 지문 내용 흐름대로 문제가 출제되기 때문에 지문을 처음부터 끝까지 읽으면서 문제를 순서대로 풀면 된다. 다만, 밑줄 관련 문제가 꼭 출제되기 때문에 밑줄 친 부분의 앞뒤 문맥을 잘 읽고 문제를 풀도록 하자. 또한 필자의 생각이나 주장을 묻는 문제의 경우는 마지막 단락을 유의 깊게 읽으면 정답의 단서를 발견할 수 있다.

문제유형 예시   ⏱ 시간 6분 이내

問題5 つぎの文章を読んで、質問に答えなさい。答えは、1・2・3・4から最もよいものを一つえらびなさい。

　毎年、日本では3月の終わりから4月の始めに桜が咲きます。桜と言えば、花見です。この時期は、公園の桜の木の下で飲んだり、食べたりしてパーティーをしている人がたくさんいます。毎年、①そんな花見を楽しみにしている人も多いでしょう。

　しかし、私の家族は人が多いところが嫌いです。「花見に行こう」と言っても、パーティーの準備をしません。近くの公園や川沿いに咲く桜の木々の下をドライブするだけです。毎年花見に行く場所は桜の木がピンクのトンネルを作っていて、とてもきれいです。桜を見ながら飲んだり、食べたりしなくても、きれいな桜の花を見ているだけで、②春を感じることができます。

　それでも、ときどき桜を見ながら食事がしたいと思います。そんな時は人があまりいない近所の小さな公園にお弁当を持っていって、静かに花見をします。桜を楽しむ方法はパーティーだけではありません。たまには違う方法で桜を楽しむのもいいかもしれません。

1 ①そんな花見とはどんな花見のことか。

1　3月から4月に公園の桜を見学する。
2　公園の桜の木の下で休けいする。
3　桜の木の下でコンサートをする。
4　桜の花を見ながらみんなで食事をする。

2 ②春を感じることができますとあるが、何をすると感じることができるのか。

1　桜の花を見る。
2　公園をドライブする。
3　トンネルを作る。
4　お弁当を持って、公園に行く。

3 「私」は花見についてどう考えているか。

1　飲んだり食べたりするために、花見に行かなければいけない。
2　飲んだり食べたりできなければ、花見をする意味がない。
3　花見を楽しむ方法はパーティーだけでなく、いろいろある。
4　花見を楽しむために、きれいな桜の木を探さなければいけない。

| 문제 5 | 다음 문장을 읽고, 질문에 답하세요. 답은, 1·2·3·4에서 가장 알맞은 것을 하나 고르세요.

| 정답 | 1 ④   2 ①   3 ③

| 해석 |

> 매년 일본에서는 3월 말부터 4월 초에 벚꽃이 핍니다. 벚꽃 하면, 꽃놀이입니다. 이 시기는 공원의 벚꽃 나무 아래에서 마시거나, 먹거나 하고 파티를 하는 사람이 많이 있습니다. 매년 ①그런 꽃놀이를 기대하고 있는 사람도 많을 것입니다.
> 하지만, 우리 가족은 사람이 많은 곳을 싫어합니다. "꽃놀이 가자"라고 해도, 파티 준비를 하지 않습니다. 근처 공원이나 강가에 피는 벚꽃 나무들 아래를 드라이브할 뿐입니다. 매년 꽃놀이를 가는 장소는 벚꽃 나무가 분홍색 터널을 만들고 있어서, 매우 예쁩니다. 벚꽃을 보면서 마시거나, 먹거나 하지 않아도, 예쁜 벚꽃을 보고 있는 것만으로 ②봄을 느낄 수 있습니다.
> 그래도 가끔 벚꽃을 보면서 식사를 하고 싶다고 생각합니다. 그럴 때는 사람이 별로 없는 근처 작은 공원에 도시락을 가져가서, 조용히 꽃놀이를 합니다. 벚꽃을 즐기는 방법은 파티뿐만이 아닙니다. 가끔은 다른 방법으로 벚꽃을 즐기는 것도 좋을지도 모릅니다.

1 ①그런 꽃놀이는 어떤 꽃놀이를 말하는가?
1 3월에서 4월에 공원의 벚꽃을 견학한다.
2 공원의 벚꽃 나무 밑에서 휴식한다.
3 벚꽃 나무 밑에서 콘서트를 한다.
4 벚꽃을 보면서 다 같이 식사를 한다.

2 ②봄을 느낄 수 있다고 했는데 무엇을 하면 느낄 수 있는가?
1 벚꽃을 본다.
2 공원을 드라이브한다.
3 터널을 만든다.
4 도시락을 가지고 공원에 간다.

3 '나'는 꽃놀이에 대해 어떻게 생각하는가?
1 마시거나 먹거나 하기 위해 꽃놀이를 가야 한다.
2 마시거나 먹거나 하지 못하면 꽃놀이를 하는 의미가 없다.
3 꽃놀이를 즐기는 방법은 파티뿐만 아니라 여러 가지가 있다.
4 꽃놀이를 즐기기 위해서 예쁜 벚꽃 나무를 찾아야 한다.

| 해설 | **1** ①그런 꽃놀이는 공원의 벚꽃 나무 아래에서 마시거나 먹는 꽃놀이를 의미하므로 4번이 정답이다.

2 벚꽃을 보면서 마시거나 먹지 않아도, 보고 있는 것만으로도 봄을 느낄 수 있다고 했으므로 1번이 정답이다.

3 '나'는 벚꽃을 즐기는 방법은 벚꽃을 보며 먹고 마시는 파티뿐만이 아니라 여러 가지가 있으며, 가끔은 다른 방법으로 벚꽃을 즐기는 게 좋을지도 모른다고 했으므로 3번이 정답이다.

| 단어 | 毎年(まいとし) 매년 | 終(お)わり 끝, 마지막 | 始(はじ)め 시작 | 桜(さくら) 벚꽃 | 咲(さ)く 피다 | 花見(はなみ) 꽃놀이 | 時期(じき) 시기 | 準備(じゅんび) 준비 | 近(ちか)い 가깝다 | 川沿(かわぞ)い 강가 | ドライブ 드라이브 | 場所(ばしょ) 장소 | トンネル 터널 | 春(はる) 봄 | 感(かん)じる 느끼다 | ときどき 가끔, 때때로 | 食事(しょくじ) 식사 | 近所(きんじょ) 근처 | お弁当(べんとう) 도시락 | 静(しず)かだ 조용하다 | 楽(たの)しむ 즐기다 | 方法(ほうほう) 방법 | たまに 가끔 | 違(ちが)う 다르다 | 休(きゅう)けい 휴식 | コンサート 콘서트

問題5 つぎの文章を読んで、質問に答えなさい。答えは、1・2・3・4から最もよいものを一つえらびなさい。

(1)

　キウイフルーツを1個食べるだけで、1日に必要なビタミンCが取れる。健康にも、美容にも良いので、日本では人気があるフルーツだ。スーパーでは一年中キウイフルーツが売られている。

　そのほとんどはニュージーランドから輸入されている。キウイと言う名前は、ニュージーランドにしかいないキウイバードと言う鳥に見た目が似ているからだ。

　しかし、キウイフルーツは健康にもいいし、おいしいので好きだという人もいれば、酸っぱいから好きじゃないという人もいる。酸っぱくて食べにくいと感じるのは、キウイフルーツが甘くなる前に食べてしまっているからかもしれない。少し柔らかくなるまで待てば、①そういう人でも甘くておいしいキウイフルーツが食べられる。

　さらに、より多くの栄養を取りたい人は②皮を食べると良いという。皮は、味は別として、それ以外の部分に劣（おと）らず栄養が豊富（ほうふ）らしい。まず、1日1個、キウイフルーツを食べることからはじめてみようと思う。

1 ①そういう人とあるが、どういう人か。

1 キウイフルーツは甘くて好きだという人
2 キウイフルーツの味があまり好きではない人
3 キウイフルーツは健康にいいが、皮は食べたくないという人
4 キウイフルーツを硬いままで食べたくない人

2 ②皮について、正しいのはどれか。

1 中身と同じくらい味もよく、栄養もたくさんある。
2 酸っぱくて食べにくいが、栄養は豊富に含まれている。
3 栄養は中身に負けないくらいたくさんあるが、あまりおいしくない。
4 味はまあまあだが、栄養はそれ以外の部分より少ない。

3 本文の内容と合わないものはどれか。

1 キウイはニュージーランドにいる鳥の名前だ。
2 キウイフルーツは美容には良いが、栄養が少ない果物だ。
3 季節に関係なく、キウイフルーツはスーパーで買える。
4 キウイフルーツ1個食べれば、その日のビタミンCは足りる。

(2)

　知り合いの家に訪問する時に「これ、①つまらないものですが、どうぞ。」と言って、お土産を渡す。これは、相手に対して「立派なあなたにとっては大したものではない」という気持ちを表すために使われる言葉だ。これを初めて聞いた外国人は「時間がなくてこれしか用意できなかった」という言い訳や「期待通りでないために怒られたくない」という気持ちの表れと思う人がいるが、そういうわけではない。

　本来「つまらない」は、面白くない、価値がないという意味だ。最近では「つまらない」という言葉を、そのまま理解して「つまらないなら、持って来ないでほしい」と思う人もいるため、「つまらないものですが」を使う人が②少なくなってきているらしい。

　その代わりに、「ほんの気持ちですが」や「心ばかりですが」が使える。これらは小さなお土産に使うことが多い。お土産が食べ物の場合は「お口に合えばいいのですが」と言うことができる。

4 ①「つまらないものですが」というのは、なぜか。

1　お土産が期待通りではないと、あげた人に怒られてしまうから
2　時間がなくていいものが用意できなかった言い訳をしたいから
3　つまらないものだと思われて、誤解されたくないから
4　お土産を渡す人に対する尊敬の気持ちを表したいから

5 ②少なくなってきているとあるが、なぜか。

1　「つまらない」の意味が間違って伝わると困るから
2　「つまらない」ではなく、「つもらない」が正しい言い方だから
3　本当に「つまらない」ものを持ってくる人が増えているから
4　「つまらない」お土産が少なくなってきているから

6 この文の内容と合うものはどれか。

1　「つまらないものですが」は、立派なあなたにふさわしいものだという意味で使われる。
2　「つまらないものですが」と言ってお土産を渡すことは、相手に対して失礼なことだ。
3　訪問した相手にお土産を渡すときの言い方が最近は変わってきている。
4　お土産の種類によって、あいさつの仕方を変えなければならない。

(3)

　最近、駅の前やスーパーに同じ自転車が何台か止まっているのを見たことがないだろうか。あれは「自転車シェアリング」というここ数年で始まった新しいサービスだ。

　「自転車シェアリング」とは、自転車を好きな場所で、好きな時間に借りられるサービスのことである。自転車を借りるサービスとして、「レンタサイクル」もあるが、レンタサイクルの場合、場所や時間を決めてから受付で借りる必要がある。また、レンタサイクルは借りた場所で返す必要があるが、自転車シェアリングの場合、違う場所でも返すことができる。さらに、レンタサイクルは最低でも3時間からの貸し出しがほとんどだが、自転車シェアリングは5分などの短い時間でも借りられる。

　とても便利なこのサービスには問題もある。外国では、どこでも好きな場所に返すことができることから、道にたくさんの自転車が置きっぱなしにされて、通行人の邪魔になることが問題になった。また、壊した自転車をそのままにする人、自転車を盗んでしまう人もいたようだ。①これらを解決するために、自転車にGPSという場所がわかる機械を付けて、自転車がどこに、どんな状態であるのかを確認できるようにしているそうだ。

　自転車は健康や環境にいいし、災害がある時にも使える。自転車シェアリングのサービスはこれからも続いていくだろう。長く利用できるように、私たち一人一人がマナーを守って利用していく必要がある。

7 「自転車シェアリング」とは何か。

1 自分の都合に合わせて自転車を借りるサービスのこと
2 駅などの受付で自転車を借りるサービスのこと
3 同じ自転車をたくさん駅の前やスーパーに止めること
4 自転車を長時間好きなだけ借りられるサービスのこと

8 ①これらとは何か。

1 自転車をどこでも好きな場所に返してしまうこと
2 大量の自転車のせいで通行しにくいこと
3 自転車がすぐに壊れてしまうこと
4 盗まれた自転車が人々の迷惑になること

9 この文について、正しいものはどれか。

1 自転車シェアリングよりレンタサイクルの方が便利である。
2 自転車シェアリングでは、返す場所のみ決まっていない。
3 自転車シェアリングは災害のためのサービスだ。
4 利用者が気をつけることでこのサービスの問題は少なくなる。

(4)

　外出する時に雨が降っていたら、傘を差すか、差さないか。日本では少しの雨でも傘を差す人がとても多い。折りたためる小さい傘をいつも持ち歩いている人も多いし、コンビニでも300円くらいで傘が売られているので、急な雨でもすぐ傘が差せる。雨が降っている時に傘を差していないと、①不思議に思われるだろう。

　では、外国の人たちはいつも傘を差さずに濡れて歩いているのだろうか。もちろん、そのような人もいるが、②傘を差す習慣がない国の人たちは雨が降ったら、外出しなかったり、近くの店に入って止むのを待つそうだ。そして、多少ぬれても気にしないことが多い。日本と違い、雨が長時間続くことが少なく、空気が乾燥しているので服がぬれてもかわきやすいためだ。また、風が強い気候の国では、傘を差している方が危ないので傘を差さない方がいいという。

　日本人にとって、雨が降っている時に傘を差さないで歩くことはおかしいことかもしれないが、他の国の人たちにとってはそうでないかもしれない。

10　①不思議とあるが、何が不思議なのか。

1　少しの雨でも傘を差す人がたくさんいること
2　雨が降っているのに、傘を差すかどうか迷っていること
3　傘を持ち歩く人が多いのに、コンビニで傘を売っていること
4　傘はすぐに手に入るのに、傘を差さないで雨の中を歩いていること

11　②傘を差す習慣がない国で、傘があまり使われないのはなぜか。

1　少しくらいぬれても気にしない、のんびりした性格の人が多いから
2　日本とは気候が違い、傘を差す必要がない場合が多いから
3　急に雨が降ってきても、すぐに入れる店がたくさんあるから
4　傘を差していると、前がよく見えずに人にぶつかって危ないから

12　この文の内容と合わないものはどれか。

1　日本の習慣と他の国の習慣が違う場合がある。
2　日本人のようにどの国の人も雨の日は傘を差すべきだ。
3　日本人の中には常に傘を携帯している人もいる。
4　風が強い日に傘を差すのは危険だからやめた方がいい。

(5)

　銭湯を知っているだろうか。銭湯とは公共の大きいお風呂のことで、江戸時代から多くの人々に利用され、親しまれてきた。

　しかし、今①銭湯の利用者は大きく減少している。現代ではほぼ全てのうちにお風呂があるため、わざわざ銭湯に行かなくなったことが理由の一つだと言われている。他にも、「スーパー銭湯」というお風呂に入るだけではなく、食事をしたり、マンガを読んだりできる施設ができたこと、銭湯を運営する人が年を取ってしまったことなどもそうだ。そのため、特に若い人は銭湯にはほとんど行かなくなってしまったらしい。

　そこで、主に銭湯が好きな若い人達が集まって、銭湯をもう一度人気がある施設にしようというグループを作った。②このグループは、銭湯をもっと楽しい場所にしようと考えた。まず、銭湯の中を明るくて清潔な雰囲気にして、誰でも来やすいようにした。そして、銭湯に来てくれた人にカードを渡して、そこにスタンプを押していくというゲームを始めた。色々な銭湯に行ってスタンプを集めたら、ペンやタオルなどがもらえるこのゲームは、子どもでも楽しめると人気だ。さらに、銭湯で簡単な運動ができるイベントも開催して、お風呂以外も楽しめるようにした。運動した後はそのままお風呂に入ることができるので、とても便利だ。

　そして、利用者に、これらの情報をSNSなどで他の人に教えてもらうようにした。そのおかげで、今、銭湯に行く人が少しずつ増えてきている。銭湯は今、昔から来ている人も、新しく来る人も、みんなが楽しめるような施設に変わりつつある。

13 ①銭湯の利用者は大きく減少しているとあるが、なぜか。

1　銭湯がスーパー銭湯に変わってしまったから
2　銭湯の利用者が年を取ってしまったから
3　うちにお風呂があるのが一般的になったから
4　全ての若い人が銭湯に興味がなくなってしまったから

14 ②このグループがしていないことはどれか。

1　銭湯の雰囲気を変えて、明るく清潔にした。
2　スタンプを集めた子どもに景品をわたした。
3　銭湯を入浴以外のことも楽しめる場所に変えた。
4　SNSなどを使ってイベントなどの情報を他の人に教えた。

15 この文の内容と合うものはどれか。

1　このグループは、銭湯がなくならないように様々な努力をしている。
2　銭湯で食事をしたり運動したりできるようになった。
3　以前からの利用者は銭湯にあまり来なくなった。
4　このグループのおかげで、銭湯の数は徐々に増えつつある。

(6)

　ある朝、私の前を友人が歩いていました。私は後ろから「おはよう」とあいさつをしましたが、返事がありませんでした。①あれっと思って、肩をたたくと、友人はびっくりしてこちらをみました。友人はイヤホンで音楽を聴いていて、私の声が聞こえなかったようです。

　あの時の友人は後ろから自転車や車が来ていても、全く気づかなかったでしょう。私は②危険だと思いました。友人のように音楽を聴きながら外を歩いている人は多いですが、イヤホンをしていると周りの音がほとんど聞こえないため、音による情報を得ることができず、すぐに反応することができません。

　それでも、音楽を聴きながら、歩いたり、ジョギングしたりしたい人におすすめのイヤホンがあります。耳を完全にふさがない、骨から音を伝えるイヤホンや外の音を取り込むことができるイヤホンです。外を歩く時だけでも、③このようなイヤホンを使った方が安全でいいと思います。

16 ①あれっと思ったのはなぜか。

1 友人が朝早く歩いていたから
2 友人が私の前を歩いていたから
3 友人があいさつをしてくれなかったから
4 友人がびっくりして驚いていたから

17 ②危険とあるが、なぜ危険なのか。

1 イヤホンで音楽を聞いていると、友達の声に気付かず、コミュニケーションがとれないから
2 外の音が聞こえないと、事故にあうかもしれないから
3 音による情報がないと、その日のニュースなどを知ることができないから
4 友人のような人が増えると、あいさつを返してくれない人が多くなるから

18 ③このようなイヤホンとはどんなイヤホンか。

1 歩いたり、ジョギングしたりするときに邪魔にならないイヤホン
2 耳を完全にふさがなくても、音が大きく聞こえるイヤホン
3 外の音を吸収して、音楽を聞きやすくしてくれるイヤホン
4 耳をふさがないで、周りの音も音楽も聞こえるイヤホン

(7)

　財布にポイントカードを入れている人は多い。ポイントを集めると、いろいろなサービスを受けられたり、お金の代わりに使ったりすることができる。最近では、ポイントがデジタル化して、クレジットカード(注1)と一緒になっている場合が多い。クレジットカードで買い物すると自動的にポイントが集まるようになっていて、①とても便利だ。

　昔は紙のポイントカードが多くて、買い物の値段によってスタンプを押してくれた。あるカフェでは、コーヒーを一杯飲むと、スタンプを1つ押してくれて、スタンプが10個集まると、コーヒーが一杯無料で飲めた。しかし、10個集めなければ、②サービスが受けられない。だから、そのスタンプを10個集めるために、同じカフェに行かなければならなかった。あと1個なのにポイントカードが使える期間が終わってしまったこともある。

　それでも、ポイントカードにスタンプを押してもらう楽しみがあった。紙のポイントカードは不便だけれど、③なくならないでほしいと思う。

(注1) クレジットカード：お金の代わりに買い物する時に使うカード。

19 ①とても便利だとあるが、何が便利なのか。

1　クレジットカードでいろいろなサービスが受けられること
2　クレジットカードで買い物するとポイントがもらえること
3　ポイントカードがお金の代わりに使えること
4　ポイントカードがデジタル化したこと

20 ②サービスが受けられないとあるが、どのようなサービスを受けられないのか。

1　スタンプを1つ押してくれる。
2　スタンプが10個集まる。
3　無料でコーヒーが飲める。
4　無料でポイントが使える。

21 ③なくならないでほしいとあるが、どうしてそう思うのか。

1　財布にポイントカードがたくさん入れられて、便利だから
2　買い物をしたらポイントが自然に集まって、便利だから
3　ポイントカードにスタンプを押してもらえるのが楽しいから
4　ポイントカードを持ってカフェに行くのが楽しいから

(8)

　家具の店に行くと、様々な柄、大きさのカーテンが売られていて、見ているだけで楽しい。カーテンを変えると部屋の雰囲気も大きく変わる。

　カーテンは外から家の中が見えないようにしたり、外からの光をさえぎったりする時に使うものだが、最近では、カーテンは光以外もさえぎってくれる。

　例えば、暑い日にカーテンを閉めると、太陽の熱をさえぎってくれて、部屋が少し涼しくなる。私の家のカーテンはそれだけではなく花粉や紫外線もさえぎってくれる。だから、春や夏は昼の時間も部屋のカーテンを閉めるようにしている。

　しかし、カーテンを閉めると、部屋の中が暗くなり、狭く感じるという問題もある。私も以前それで悩んでいた。そこで、カーテンを茶色から壁と同じ、薄い水色に変えてみた。カーテンを変えただけで、問題がすべて解決して、部屋がとても快適になった。ただ、これだと冬は寒そうに見える。これからは気分や季節に合わせて、カーテンを<u>変えてみよう</u>と思う。

(注1) 花粉：植物から出る粉。
(注2) 紫外線（UV: ultraviolet）：目に見えない太陽からの光で、紫外線を浴びると日焼けする。

22 「私」の家で使っているカーテンはどんなカーテンか。

1　太陽の熱や花粉はさえぎるが、光はさえぎらない明るいカーテン
2　光や太陽の熱、花粉をさえぎる壁と同じ色のカーテン
3　夏に部屋の中に熱が入らないようにする機能がある暗い色のカーテン
4　部屋を快適にしてくれるが、光しかさえぎらない、暗い色のカーテン

23 変えてみようとあるが、「私」はカーテンをどのように変えるか。

1　部屋の中が暗く感じるので、壁の色と同じ明るい色のカーテンにする。
2　冬になったらカーテンの色を明るい色から暖かそうな色に変える。
3　夏は見ていて楽しい気分になる、柄の入ったカーテンにする。
4　紫外線が強い季節になったら、日焼けしないように濃い色のカーテンにする。

24 この文の内容と合うものはどれか。

1　部屋のカーテンは、機能だけではなく部屋の雰囲気が明るくなるような柄のものを選ぶといい。
2　カーテンが暑い日に熱をさえぎってくれるので、エアコンがいらない。
3　私の家のカーテンは朝から晩まで1年中閉まっている。
4　最近のカーテンは機能が増えて、より快適に暮らせるようになってきた。

(9)

　あるコンビニを通ると、いつもパトカー(注1)がとまっていた。私はこのコンビニには警察官がいつも見回りに来ているなと思っていた。

　日本のパトカーは上側が白色、下側が黒色をしていて、遠くからでもすぐにパトカーだとわかる。車を運転している時にパトカーを見つけると、交通ルールを守って運転していても緊張する。私はいつもそのコンビニを通るたびに緊張していた。

　ある日、また同じコンビニにパトカーがとまっていた。①そのパトカーをよく見ると、車の中に警察官ではなく、人形が座っていた。②おどろいて、もう一度見たが、やはり人形だった。その後、違うコンビニでも人形が乗ったパトカーがとめてあった。それから、そのようなパトカーをコンビニ以外の他の場所でも何台か見た。

　それは、使わなくなったパトカーを目立つ場所におくという③交通安全のための取り組みだった。今では、もうコンビニにとまっているパトカーにはおどろかないが、コンビニのパトカーを見るたびに安全運転に気をつけようと思う。

(注1) パトカー（パトロールカー）：警察官が乗っている車。

25 ①そのパトカーとはどのパトカーか。

1　いつものコンビニに駐車しているパトカー
2　コンビニに見回りに来ているパトカー
3　いつもと違うコンビニにとまっていたパトカー
4　コンビニではない場所にとまっていたパトカー

26 ②おどろいてとあるが、なぜおどろいたのか。

1　パトカーに警察官が乗っていたから
2　パトカーに人形が乗っていたから
3　コンビニに何台もパトカーがとまっていたから
4　すべてのコンビニにパトカーがとまっていたから

27 ③交通安全のための取り組みとあるが、どんな取り組みか。

1　警察官がいつも同じコンビニを見回り、安全を確認する取り組み
2　使わなくなったパトカーに人形を乗せて、運転手を驚かせる取り組み
3　パトカーをコンビニにとめて、警察官が交通ルールを守るように言う取り組み
4　パトカーを目立つ場所において、運転手に安全運転に気をつけさせる取り組み

(10)

　私の家のカレンダーは、日曜日から一週間が始まっています。ある日、自分の手帳を見ていると、月曜日が一週間の始めの日になっていました。その時初めて、カレンダーには日曜始まりと月曜始まりのものがあると気づきました。それで、先日の母との会話を思い出しました。

　母は「来週の日曜日に一緒にデパートに買い物に行こう」と買い物に誘ってくれました。母は毎月一回、私とデパートに行くのを楽しみにしています。私は手帳を見て「その日はバイトが休みだからいいよ」と返事をしました。私の手帳では来週の日曜は15日の日曜になっていましたが、母の見ていたカレンダーでは8日の日曜でした。①母が誘ってくれた日曜日は一日中バイトが入っていました。

　私は、急いで母に謝りに行きました。母は「しょうがないね」と言って、②悲しそうな顔をしていました。今度から約束する時は、一緒のカレンダーを見ながら、曜日だけでなく日にちも確かめようと反省しました。

28 ①母が誘ってくれた日に「私」は何をする予定か。

1 バイトが休みだから、母とデパートに買い物に行く。
2 バイトは休みだけれど、母とデパートに行かない。
3 午前中にバイトをする。
4 午前も午後もバイトをする。

29 ②悲しそうな顔とあるが、どうして悲しそうな顔になったのか。

1 デパートに行く約束を守るつもりがなかったから
2 デパートに行く約束をすっかり忘れていたから
3 8日の日曜日にデパートに一緒に行けなくなったから
4 15日の日曜日にデパートに一緒に行けなくなったから

30 この文の内容と合わないものはどれか。

1 カレンダーには日曜始まりと月曜始まりのものがある。
2 母が見ていたカレンダーは日曜始まりのものだった。
3 母と私は毎月第一日曜日に一緒にデパートに行く。
4 約束をする時は曜日と日にちの両方を確かめなければいけない。

(11)

　①就活、婚活、終活など、「〜活」という言葉がよく使われる。これらの「〜活」は、〜をするための活動と言う意味がある。就活は就職するために行う活動、婚活は結婚をするための活動、終活は人生の終わりの準備のための活動を意味する。その時代に必要な活動が「〜活」という言葉を作ってきた。

　就活という言葉は、就職が難しい時代に生まれた。日本の景気が悪くなって、以前のように簡単に就職できなくなったため、就職するためには努力が必要となった。そのような努力が就職活動、つまり、就活と呼ばれた。近年では、終活が②注目されている。高齢化社会で、人生の終わりを考える人が増えたためだ。

　しかし、よく考えると、私たちは毎日生きるために活動をしている。その活動を生活という。人間は生きている間、活動をやめることはできない。これから、どんな「〜活」という新しい言葉が生まれるのか、楽しみだ。

31 ①就活はどんな活動か。

1　就職しながら勉強をするための活動
2　就職してから職場で必要な活動
3　就職先を見つけるためにする活動
4　就職先を上手くやめるためにする活動

32 ②注目されているとあるが、なぜか。

1　終活が必要な人たちが増えているから
2　若い人の間で終活が流行っているから
3　就活と終活が同じ読み方だから
4　終活は簡単にできて、面白いから

33 この文の内容に正しくないのはどれか。

1　結婚することを目指して行う活動を婚活という。
2　就活をしなければ、就職することができない。
3　その時代に必要とされた活動が新しい言葉を生んだ。
4　人間は毎日生活という活動をしている。

(12)

　私には2歳年下の妹がいます。小さいころ、妹はいつも私の後をついて来て、私と同じことをしようとしました。そんな妹の姿はとても可愛かったですが、私は妹のことがあまり好きじゃありませんでした。

　妹は、自分が食べているお菓子があっても、私が食べているものを食べたいと言いました。使っていないおもちゃも、私が使い出すとすぐに「ちょうだい」と言ってきました。①そんな時、母はいつも「お姉ちゃんなんだから、我慢しなさい。」と言いました。それで、私は嫌だったけれど母に怒られたくないので、妹が欲しいというものを何でもあげました。私は妹と一緒にいると、いつも良いことがありませんでした。それで、できるだけ②妹と一緒に行動しないようにしました。

　そんな私と妹も大学生になり、一緒に部屋を借りて住むことになりました。妹はいつも部屋の掃除をしたり、食事を作ったりしてくれます。今では、妹の方が姉のようにしっかりしています。私はいつも妹と一緒ですが、③感謝することばかりです。子どもの時は妹にあげるばかりだったけれど、今は妹からもらってばかりいます。

34 ①そんな時とは、どんな時か。

1　「私」が使っていないおもちゃで遊んだ時
2　妹が「私」のものを欲しがった時
3　「私」が妹のお菓子を食べていた時
4　妹が「私」のものを使っている時

35 ②妹と一緒に行動しないとあるが、なぜか。

1　妹と一緒にいると、いつも母に怒られていたから
2　妹がすぐに私の真似をして嫌だったから
3　妹といると、嫌なことがたくさんあったから
4　妹は母から欲しいものは何でももらっていたから

36 ③感謝とあるが、何に感謝しているのか。

1　親が大学の学費を払ってくれていること
2　親に部屋の家賃を払ってもらっていること
3　妹が「私」の世話をしてくれていること
4　妹が「私」に世話をしてもらっていること

(13)

　私の住んでいる町は都会で、夜でも星があまり見えません。それは、電気の光が明るくて、空が暗くならないからです。きれいな星を見たいなら、都会から離れなければいけません。

　私は夏休みにきれいな星を見るために、友人を誘って星空(ほしぞら)を見るツアー(注1)に参加しました。ツアーに申し込んだ時に、夏の星座(せいざ)(注2)が説明された本をもらいました。友人とその本を見ながら、「天気が良いといいね。」と楽しみにしていました。

　ツアーの日は、雲が全くない晴れた日で、月がきれいでした。私が「月がきれいだね。」と言うと、友人は「そうだね。でも、思ったより星が少ないね。」と言いました。

　その時、ツアーガイドが「今日は月が明るくて、星が少し見えにくいですね。」と言いました。それを聞いて、私は電気の明かりが少なくても、月の光で星は見えにくくなるのか、と①驚きました。それでも、ツアーでは都会よりきれいな星をたくさん見ることができました。季節ごとに星座は変わるので、今度は違う季節に来てみようと思いました。

(注1) ツアー：観光旅行。
(注2) 星座(せいざ)：星と星を結んで、動物や人を表したもの。

[37]「私」はなぜ星を見るツアーに参加したのか。

1 「私」の町は天気が悪い日が多くて星が見えづらいから
2 都会は夜でも明るくて星が見えないから
3 「私」は友人に誘われたから
4 どうしても夏の星座が見たかったから

[38] ①驚きましたとあるが、どうして驚いたのか。

1 思っていたより電気の明かりが少なかったから
2 都会から離れても星は見えにくいと分かったから
3 思っていたよりも星が少なかったから
4 月のせいで、星が見えにくかったから

[39] 「私」はツアーについてどう思っているか。

1 星があまり見られなかったので、もう参加しない。
2 月が明るい時は、もう参加しない。
3 違う星座を見える時期に、また参加しよう。
4 星座が全然見つけられなかったので、また参加しよう。

독해 집중 공략

문제 6 장문 내용이해

독해 장문은 550자 정도의 긴 지문을 읽고 정답을 고르는 문제로 지문 1개와 문제 4개가 출제된다. 수필, 논평, 에세이 등이 지문으로 나오며 세부 내용 또는 필자의 주장을 묻는 문제가 많이 출제된다.

이렇게 풀자

긴 문장을 읽어야 하기 때문에 집중력이 자칫 흐트러지기 쉽지만, 장문 문제는 독해 파트에서 가장 배점이 클 것으로 예상되므로 앞에서 절약한 시간을 해당 문제에 투자하여 풀도록 하자. 또한 지문의 전체 내용을 파악하고 있지 않으면 풀지 못하는 문제도 있기 때문에 각 단락의 내용과 키워드를 파악하면서 읽도록 하자. 보통은 지문 내용 흐름대로 문제가 출제되기 때문에 지문을 처음부터 끝까지 읽으면서 문제 순서대로 풀면 된다.

문제유형 예시　　　　　　　　　　　　　　　　　　　　　　　시간 10분 이내

問題6　つぎの文章を読んで、質問に答えなさい。答えは、1・2・3・4から最もよいものを一つえらびなさい。

　　コインランドリーの便利な点は、時間や天気に関係なく、好きな時に洗濯ができるということだけではない。コインランドリーを利用する人たちは、①家で洗うことが難しいものを持ってくる。例えば、布団や毛布、カーペットのような大きなものだ。以前は自分の家の洗濯機で洗えないものでも、大きい機械があるコインランドリーに行けば、短時間できれいにすることができた。そして、最近はスニーカー専用の洗濯機もあって、自分で洗うのが面倒な人は、コインランドリーに行けば全部自動でやってもらえる。

　　昔のコインランドリーは狭くて暗くて、汚いイメージがあった。しかし、最近のコインランドリーは店内が明るくてきれいで、誰でも入りやすい。また、中にカフェがあって、飲み物を飲みながら待つことができる店もある。さらに、オンラインで自分の家にいながら洗濯機の待ち時間や、空きを確認できたりするサービスもある。昔は、コインランドリーというのは洗濯機がない人たちが利用するものだった。今は家に洗濯機がある人が増えたのだから、コインランドリーを使う人は減ったと思うだろう。しかし、近年こうした店が増えて、利用者は逆に増えているそうだ。ただ服を

洗うだけの場所から、もっと色々なサービスを受けるために、コインランドリーの利用目的が変わってきたからだ。コインランドリーは社会のニーズに応えて、新しいサービスを取り入れながら発展しているのだ。

1 ①家で洗うことが難しいものとは、どんなものか。

1　部屋のカーペット　　　　　2　自分で洗えない高価な服
3　毎日使っているバスマット　　4　ペット用の毛布

2 今のコインランドリーで行っていないサービスはどれか。

1　待ち時間にカフェでコーヒーが飲める。
2　自分の家に洗濯物を取りに来てくれる。
3　オンラインでコインランドリーの情報がわかる。
4　自動で靴を洗ってくれる。

3 コインランドリーは昔と比べてどう変わったか。

1　コインランドリーを使う人が減った。
2　洗濯機が大きくなった。
3　待ち時間が減って、好きなときに洗濯できるようになった。
4　待ち時間も楽しめるようになった。

4 コインランドリーが増えているのはなぜか。

1　天気が悪い日が増えて、コインランドリーを使う人が増えたから
2　洗濯機を買わない人が増えて、利用者が増えたから
3　利用者のコインランドリーに行く目的が変わってきたから
4　車を持っている人が増えて、郊外の店も増えたから

문제 6 다음 문장을 읽고, 질문에 답하세요. 답은, 1·2·3·4에서 가장 알맞은 것을 하나 고르세요.

정답 | 1 ① | 2 ② | 3 ④ | 4 ③

해석

> 셀프 빨래방의 편리한 점은 시간이나 날씨에 관계없이 원할 때 세탁이 가능하다는 것뿐만이 아니다. 셀프 빨래방을 이용하는 사람들은 ①집에서 빨기 어려운 물건을 가져온다. 예를 들어 이불이나 담요, 카펫 같은 큰 것들이다. 이전에는 자신의 집의 세탁기로 빨 수 없는 것이더라도 큰 기계가 있는 셀프 빨래방에 가면 단시간에 깨끗하게 할 수 있었다. 그리고 요즘은 운동화 전용의 세탁기도 있어 자기가 빠는 게 귀찮은 사람은 셀프 빨래방에 가면 전부 자동으로 해 준다.
>
> 옛날의 셀프 빨래방은 좁고 어둡고 더러운 이미지가 있었다. 하지만 요즘 셀프 빨래방은 가게 안이 밝고 깨끗해 누구나 들어가기 쉽다. 또한 안에 카페가 있어 음료를 마시며 기다릴 수 있는 가게도 있다. 게다가 온라인으로 자신의 집에 있으면서 세탁기 대기시간이나 빈자리를 확인하거나 할 수 있는 서비스도 있다. 옛날에는 셀프 빨래방이라고 하는 것은 세탁기가 없는 사람들이 이용하는 것이었다. 지금은 집에 세탁기가 있는 사람이 늘었기 때문에 셀프 빨래방을 쓰는 사람은 줄었다고 생각할 것이다. 그러나, 최근 이러한 가게가 늘어나서 이용자는 반대로 증가하고 있다고 한다. 단지 옷을 빨기만 하는 장소에서 더 다양한 서비스를 받기 위해 셀프 빨래방의 이용목적이 바뀌기 시작했기 때문이다. 셀프 빨래방은 사회의 요구에 부응해 새로운 서비스를 도입하면서 발전하고 있는 것이다.

1 ①집에서 빨기 어려운 것은 어떤 것인가?
  1 방의 카펫
  2 자신이 빨 수 없는 고가의 옷
  3 매일 사용하고 있는 목욕 매트
  4 반려동물용 담요

2 지금의 셀프 빨래방에서 하지 않는 서비스는 어떤 것인가?
  1 대기 시간에 카페에서 커피를 마실 수 있다.
  2 자기 집에 빨래를 가지러 와 준다.
  3 온라인으로 빨래방의 정보를 알 수 있다.
  4 자동으로 신발을 빨아준다.

3 셀프 빨래방은 옛날과 비교해서 어떻게 달라졌나?
  1 빨래방을 쓰는 사람이 줄었다.
  2 세탁기가 커졌다.
  3 대기 시간이 줄어 원할 때 세탁할 수 있게 되었다.
  4 대기시간도 즐길 수 있게 되었다.

4 셀프 빨래방이 늘고 있는 것은 왜인가?
  1 날씨가 안 좋은 날이 늘어나면서 빨래방을 쓰는 사람들이 늘었기 때문에
  2 세탁기를 사지 않는 사람들이 늘고 이용자가 늘었기 때문에
  3 이용자의 빨래방에 가는 목적이 바뀌기 시작했기 때문에
  4 차를 가지고 있는 사람들이 늘고 교외의 가게도 늘었기 때문에

| 해설 | **1** 지문의 ①집에서 빨기 어려운 것은 이불이나 담요, 카펫 등 부피가 커서 집에 있는 세탁기로 세탁하기 어려운 것을 의미하므로 정답은 1번이다.

2 요즘 빨래방은 안에 카페가 있어 음료를 마시며 기다릴 수 있는 가게도 있다고 했으므로 1번은 맞는 말이다. 온라인으로 세탁기 대기시간이나 빈자리를 확인할 수 있다고도 했으므로 3번도 맞는 말이다. 또한 최근에는 운동화 전용 세탁기가 있어 전부 자동으로 해준다고 했으므로 4번 역시 맞는 말이다. 본문에 집으로 빨래를 가지러 와준다는 내용은 없으므로 2번이 정답이다.

3 최근 빨래방 이용자가 증가하고 있다고 했으므로 1번은 정답이 아니다. 2번과 3번은 지문에서 확인할 수 없는 내용이므로 정답이 될 수 없다. 요즘의 빨래방은 가게 안에 카페가 있거나 온라인으로 세탁기 대기시간, 빈자리 등을 확인할 수 있다고 했으므로 대기시간을 즐길 수 있게 되었다고 한 4번이 정답이다.

4 최근에 빨래방 이용자 수가 증가한 이유는 빨래방이 옷을 빨기만 하는 장소에서 더 다양한 서비스를 받을 수 있는 곳으로 이용 목적이 변화했기 때문이다. 따라서 정답은 3번이다.

| 단어 | コインランドリー 셀프 빨래방 | 洗濯(せんたく) 세탁 | 布団(ふとん) 이불 | 毛布(もうふ) 담요 | カーペット 카펫 | 洗濯機(せんたくき) 세탁기 | 洗(あら)う 씻다 | 機械(きかい) 기계 | 短時間(たんじかん) 단시간 | スニーカー 운동화 | 専用(せんよう) 전용 | 面倒(めんどう)だ 귀찮다, 성가시다 | 狭(せま)い 좁다 | 汚(きたな)い 더럽다 | オンライン 온라인 | 空(あ)き 빈 곳, 빈자리 | サービス 서비스 | 増(ふ)える 늘어나다 | 減(へ)る 줄어들다 | 逆(ぎゃく)に 반대로 | 目的(もくてき) 목적 | 社会(しゃかい) 사회 | ニーズ 니즈, 요구 | 応(こた)える 응하다 | 新(あたら)しい 새롭다 | 取(と)り入(い)れる 도입하다 | 発展(はってん) 발전 | 高価(こうか) 고가 | バスマット 욕실용 매트 | ペット 반려동물 | 情報(じょうほう) 정보 | 郊外(こうがい) 교외

問題6 つぎの文章を読んで、質問に答えなさい。答えは、1・2・3・4から最もよいものを一つえらびなさい。

(1)
　太陽の光のエネルギーから電力を作ることを太陽光発電という。太陽の光は①ソーラーパネルによって電力に変えられる。太陽光発電は、発電する時に二酸化炭素（CO_2）を出さないため、地球にやさしい発電の方法である。そのうえ、太陽は石炭や石油のように将来、なくなる心配がない。

　太陽光発電のほかに、②自然を利用した発電方法は、ダムの水を利用した水力発電や風車の風を利用した風力発電がある。しかし、これらの発電方法は、ダムや風車を建てる場所を探すことが難しい。それに対して、太陽光発電は太陽の下であればどこでもソーラーパネルを設置できて、その管理も簡単である。そのため、個人で、屋根に太陽光発電を設置する家庭も増えている。

　このように、太陽光発電には良い点が多いが、良くない点もある。太陽光発電は、火力発電や原子力発電に比べて、発電価格が高い。さらに、太陽光発電は太陽がない時は発電できない。つまり、天気が悪い日や夜の間は使用できないし、一年を通して晴れの日が少ない地域では発電量が少なくなる。また、太陽の光がなくなる心配はないが、ソーラーパネルは25～30年で新しくする必要がある。

　このような問題点があるため、太陽光発電よりも、自然にやさしくない火力発電や原子力発電が多くの国で使われ続けている。将来的に太陽光発電が天気や季節に関係なく安定して使えるようになれば、もっと多くの国で使われるようになるだろう。

1 ①ソーラーパネルとは、どのようなパネルか。

1　電力を作るために燃やすパネル
2　電力を家に送るためのパネル
3　太陽の熱を火力に変えるパネル
4　太陽の光を電力に変えるパネル

2 ②自然を利用した発電方法でないものは、どれか。

1　水力発電
2　火力発電
3　太陽光発電
4　風力発電

3 太陽光発電が他の発電方法よりも良い点はどれか。

1　限られたエネルギーのため、電力を大切に使うことができる。
2　発電するのに他の方法よりお金がかからない。
3　太陽の光が受けられれば、どこでも発電システムを設置できる。
4　ソーラーパネルはいつまでも使用することができる。

4 多くの国で、まだ火力発電や原子力発電が使われているのはなぜか。

1　ソーラーパネルは価格が高くて買える人が少ないから
2　天候が不安定な国では、電気が効率よく作れないから
3　太陽光発電は環境にあまりやさしくないから
4　ソーラーパネルはすぐに使えなくなってしまうから

(2)

　私の祖母は物を持つことをあまり好まない性格だった。1人暮らしの部屋の中には、必要最低限の生活用品と家族や友人からもらった旅のお土産があるくらいで、雑誌や余分な食器などは置いていなかった。洋服も、もらいものや昔買ったものを大事に使って、新しい物はほとんど買わなかった。戦争の前に生まれた祖母は、3歳のころに父が病気で亡くなったために家が貧しく、子供のころから働いていた。そういった苦労をしたせいか、祖母のお金の使い方というのは、とにかく無駄遣いをしない、というのがモットーだった。
(注1)

　しかし、節約していたからといって、つまらない生活を送っていたわけではない。孫が来た日はケーキを買って一緒に食べたり、誰かと一緒に出かけたときは、何か小さなお土産を買ったりした。そういった出費は、祖母にとっては無駄遣いではなかったようだし、祖母はこうした小さなことで満足できる人だった。

　そんな祖母でも、人生の中で何回かは大きな買い物をすることもあった。自分へのごほうびにダイヤの指輪を買ったこともあるし、金のネックレスを買ったこともあった。子供が困ったときには、決して少なくはないお金を、快く出してあげた。そして、自分の葬式代は自分で用意した。
(注2)(注3)

　祖母は決してお金を使うことが嫌いだったわけではなく、①お金の使い方に対する「美意識」を持っていたのだろう。お金をどうやって使うのが自分にとって正しいのかということを常に考えていたような気がする。

(注1) モットー：その人が大事にしている考え方。
(注2) ごほうび：その人をほめるためにあげるもの。
(注3) 葬式：人が亡くなったときに行う式。

[5] 祖母の部屋に置いていなかったものは何か。

1 もらった旅行のお土産
2 昔買った雑誌
3 生活に必要な道具
4 人からもらった服

[6] 祖母は節約しながら生活することについてどう思っていたか。

1 つまらない生活を送っていると思っていた。
2 誰かと一緒にいて使うお金は無駄遣いだと思っていた。
3 小さなお土産やケーキを買うことで満足していた。
4 あまりお金が使えなくて、満足することは少なかった。

[7] 祖母が大きな買い物をするのはどんなときか。

1 親戚の人が亡くなったとき
2 気分が良くなったとき
3 他の人にアクセサリーが欲しいと言われたとき
4 自分をほめてあげたいとき

[8] ①お金の使い方に対する美意識とは、どんなことか。

1 お金を使うのを嫌うこと
2 自分が正しいと思うことにお金を使うこと
3 できるだけ他の人のためにお金を使うこと
4 自分のためだけにお金を使うこと

(3)

　近年、日本では「あおり運転」による事故が増えている。あおり運転とは、前の車に近づいて運転したり、わざと前に出て急にスピードを落としたりして、他の車に迷惑をかける運転のことだ。①こういった運転をする人は、他の車に追い越されたり、自分の前をゆっくり走られたりすると、自分の運転を邪魔されたと感じ、怒りを感じて相手に迷惑をかけようとするのだそうだ。

　このような運転は迷惑がかかるだけではなく、事故の原因にもなることがあり、非常に危険だ。「あおり運転」をすると警察に捕まり、罰金を取られ、場合によっては免許取り消しになったり、刑務所に入れられることもあるのだが、それでも「あおり運転」をする車はなかなか減らない。

　最近は②ドライブレコーダーを自分の車につける人が増えている。ドライブレコーダーというのは、車の前や後ろにつけるビデオカメラで、運転を記録できるものだ。「あおり運転」をされたことが原因で事故になっても、誰が悪いのかを証明するのは困難だが、これがあれば、どうやって事故になったのか、誰が悪いのかを、後からビデオで見ることができるからだ。また、事故にあわなくてもドライブレコーダーをつけていることで、「あおり運転」をする気持ちをなくさせ、事故を防止することができる。「あおり運転」が減らない以上、私たちは「あおり運転」をさせない工夫する必要があるだろう。

(注1) 追い越す：後ろから来た人や車が、先に行くこと。
(注2) 罰金：ルールに守らなかった人が払わなければいけないお金。
(注3) 刑務所：法律を破り、悪い事をした人が入る場所。

9　①こういった運転とは、どのような運転か。

1　前を走っている車を追い越すこと
2　ルールで決められた速度で走ること
3　危険を感じたときに速度を落とすこと
4　前の車から離れないで走ること

10　あおり運転について正しい説明はどれか。

1　交通ルールではあおり運転をしていいことになっている。
2　あおり運転は、危険なので法律で禁止されている。
3　あおり運転をされた人は罰金や免許取り消しになる。
4　あおり運転をする人は絶対に事故を起こさない。

11　②ドライブレコーダーを自分の車につける人が増えているのはなぜか。

1　「あおり運転」をする車を見つけ、記録して後で警察に伝えるため
2　後からビデオで見て、どんな運転が危険かを学ぶため
3　事故にあったときに、「あおり運転」をされたことを警察に伝えるため
4　車の調子がいいかどうかを確認するため

12　ドライブレコーダーについて書かれた内容で、正しいものはどれか。

1　車の前にしかつけられないので、後ろからぶつけられたら誰が悪いのかわからない。
2　最近はドライブレコーダーをつける人が増えたことで、「あおり運転」が減った。
3　事故の記録だけではなく、「あおり運転」による事故を防ぐ効果もある。
4　「あおり運転」をする人は、ドライブレコーダーの有無にかかわらず迷惑をかけるので、つける意味がない。

(4)

　ブロッコリーは美容や健康に役立つ栄養をたくさん含んだ野菜だ。特に、ビタミンC、たんぱく質、鉄分、マグネシウムなどの栄養素が多く含まれている。ビタミンCは、病気の予防や美容にいいと言われているし、たんぱく質は、体をつくり、マグネシウムは骨や歯を強くし、鉄分は体中に酸素を運ぶなど、これらは体にとって、大切な栄養素だ。

　ブロッコリーは、日本では冬に採れる野菜だが、外国から輸入しているので、スーパーで年中売られている。では、たくさん売られているブロッコリーの中から、どうやったら①新鮮なブロッコリーを選べるだろうか。まず、ブロッコリーの色を見ることが大切だ。黄色のブロッコリーではなく、できるだけ濃い緑色のブロッコリーを選んだ方がいい。次に、ブロッコリーのつぼみを見よう。つぼみが柔らかくなくて、しっかりと集まっているものがいい。最後に、茎の中に隙間がないかを見よう。ブロッコリーは成長しすぎると、茎に隙間ができることがある。成長しすぎたブロッコリーは固くなって、味も少し悪くなる。新鮮なブロッコリーを選んだら、②調理方法にも気をつけた方がいい。ブロッコリーはあまり調理しすぎると、栄養がなくなってしまう。できるだけ、短い時間で調理した方がいい。お湯で調理すると栄養がお湯に流れ出てしまうので、電子レンジで調理するのがおすすめだ。新鮮なブロッコリーを正しく調理すれば、たくさんの栄養をブロッコリーから得ることができる。

(注1) つぼみ：花が咲く前の段階。
(注2) 茎：植物の根からのびた長い部分。
(注3) 隙間：物と物との間が少し空いていること。

13 肌をきれいにしたい人はどの栄養素を取った方がいいか。

1　ビタミンC
2　たんぱく質
3　マグネシウム
4　鉄分

14 どのようなものが①新鮮なブロッコリーか。

1　鮮やかな緑色で、つぼみが広がったもの
2　薄い黄緑色で、つぼみがしっかりしたもの
3　茎に隙間があって、明るい黄色のもの
4　つぼみが集まっていて、茎がしっかりしたもの

15 ②調理方法にも気をつけた方がいいとあるが、どんな調理方法がいいか。

1　短時間で、栄養が逃げない方法
2　長時間で、ゆっくり栄養を閉じ込める方法
3　時間をかけて、栄養を取り出す方法
4　時間に関係なく、栄養が増える方法

16 この文のブロッコリーの説明と合わないのは、どれか。

1　日本で作られたブロッコリーは冬に売られている。
2　新鮮なブロッコリーを選ぶにはつぼみと茎と色を見るべきだ。
3　ブロッコリーは成長しすぎると、柔らかくなってしまう。
4　調理方法に気をつけないと、ブロッコリーの栄養が減る。

(5)

　枕(まくら)は、私たちの生活の質に大きくかかわっている。それは、枕が合わないと、睡眠に問題が起こったり、体が痛くなったりするからだ。よくテレビやインターネットで紹介されているのは、最新の研究をもとにした枕だ。そういうものはたいていいい素材(そざい)を使っていて、値段も1万円から数万円することが多い。しかし、実際に高級な枕を買った人の意見を聞いてみると、必ずしも満足しているわけではなさそうだ。

　枕を販売している会社のホームページによると、枕を選ぶ時は、枕の高さ、大きさ、素材、形、硬(かた)さの5つの点に気をつけるといいそうだ。素材は羽毛(うもう)(注1)の柔らかいものから植物の実などの硬いものまであり、形も様々なものが売られているが、高さ以外の4つは自分が好きなものやリラックスできるものを選べばいいという。しかし、高さだけは使う人の体の大きさと寝る時の姿勢(しせい)(注2)から、選ばなければいけない。まず、体の大きさについて、体が大きい人には高い枕が向いているが、体が小さい子どもや女性には低い枕が向いている。次に、寝る時の姿勢が上向きの人は、上を向いて寝た時に首の骨がきれいなSの字になるような高さの枕がいい。横向きに寝る人は、横を向いて寝た時に首の骨から頭までまっすぐになる高さの枕がいい。

　高級な枕を買っても睡眠に問題がある人は、高さが合っていないのかもしれない。逆に、自分に合う枕であれば、数千円の安い枕でも首や肩が痛くならずに質のいい睡眠を取ることができる。

(注1) 羽毛(うもう)：鳥のはね。
(注2) 姿勢(しせい)：体を保つ様子。

17 テレビなどでよく見る枕は、どんな枕か。

1　新しい研究を参考にした値段が高い枕
2　みんなが満足できるいい素材を使った枕
3　研究者に作ってもらった高級な枕
4　昔から使われている体にいい枕

18 枕選びの説明で正しいのは、どれか。

1　枕の素材はできるだけ柔らかいものがいい。
2　自分の体にあった形の枕を選んだほうがいい。
3　枕の素材や硬さは自分がリラックスできて、好きなものを選べばいい。
4　高さ、大きさ、素材、形、硬さの5点に気を付けて、ホームページで選ぶ。

19 枕の高さを選ぶ時に重要な点は、どれか。

1　上を向いて寝る女性は、頭から首の骨がまっすぐになる低い枕を選ぶ。
2　上を向いて寝る体の大きい人は、首の骨がS字になる高い枕を選ぶ。
3　横を向いて寝る子供は、首の骨がS字になる高いものを選ぶ。
4　横を向いて寝る男性は、頭の骨から首の骨までまっすぐになる高い枕を選ぶ。

20 高級な枕について正しい内容のものはどれか。

1　高さが合っていなければよく寝られない。
2　高さ、大きさ、素材、形、硬さの5つがすべて良い。
3　値段が高ければ高いほどよく寝られる。
4　素材がいいだけで、質はあまり良くない。

(6)

　最近の小学生を見ると、名札をつけないで登下校をしていることに気付く。昔は、家を出てから帰るまで、小学生は自分の名前が書かれた名札を胸につけていた。名札を忘れて学校に行くと、先生に怒られたものだ。先生にとって、名札は子どもたちの名前を覚えるために便利なものだった。

　しかし、先日、知られたくない人にも名前が知られてしまうので、名札をやめようという学校が最近増えてきたというニュースを目にした。名札を廃止した学校もあれば、①学校の中だけで名札をつける学校もあるらしい。知らない人に自分の名前を呼ばれて、「お菓子をあげよう」とか、「お母さんが呼んでいるよ。車で乗せて行ってあげる」などと言われたら、「この人は自分の名前を知っている。お母さんやお父さんの知り合いかもしれない」と思うかもしれない。小さな子どもなら素直にその人について行ってしまい、危険な目に合うおそれもある。それに、名前から家や他の情報が知られて、悪いことに使われてしまう可能性もある。近年は、日本の社会全体で、客や社員の個人情報の管理が厳しくなってきているが、大人だけでなく、子どもの個人情報も守られなければいけない。

　昔、名札を胸につけて小学校に通っていた人たちは、日本はそんなに危険な社会になったのか、と少し驚くかもしれないが、社会の変化とともに、子どもたちを守るためのルールも変えていかなければいけないのだろう。

(注1) 廃止：やめて、行わなくなること。

21 昔の小学生と名札について、正しいものはどれか。

1 登下校のときは名札をつけていなかった。
2 名札はいつもつけていなければならなかった。
3 小学生同士で名前を覚えるために名札をつけていた。
4 町の人みんなに名前がわかるように名札をつけていた。

22 ①学校の中だけで名札をつけるとあるが、どうしてか。

1 子どもが先生たちの顔と名前を早く覚えられるから
2 先生がすべての子どもの名札を作るのが大変だから
3 学校の外の人に子どもたちの名前がわかってしまうから
4 地域の関係のない大人に子どもたちの名前を呼んでもらえるから

23 名前が知られてしまうと、どのようなことが起こるかもしれないか。

1 子どもたちが危険な時に、近所の大人が助けることができる。
2 近所の同じ名前の子どもと間違えられて、困ったことになる。
3 知らない子どもでも他の子どもたちと仲良くできる。
4 知らない人が子どもたちに近づいて、危険なことになる。

24 登下校時に名札をつける小学生が少なくなってきていることについて、筆者はどう考えているか。

1 昔名札をつけていたので、名札がなくなるのは寂しく思う。
2 日本は子供の名前を教えられない危険な社会になってしまった。
3 先生が名前を覚えられなくなるので、名札はなくさないでほしい。
4 年齢にかかわらず、住所や名前が知られないように気をつけなければならない。

문제 7 정보검색

독해 정보검색은 600자 정도의 광고, 팸플릿, 전단지, 안내문 등의 지문을 읽고 정답을 고르는 문제로 지문 1개와 문제 2개가 출제된다.

이렇게 풀자

지문 전체를 읽을 필요는 없다. 주로 문제에는 주어진 상황이나 조건이 나오기 때문에 지문에서 문제와 선택지에 나와있는 키워드를 얼마나 빨리 찾아서 정답을 고르는지가 중요하다. 예를 들어 가격에 대해 묻는 문제라면 지문에서 가격 정보 부분만 확인하면 된다. 다만, 지문에서 ★・・*・※・注・ただし・のみ・以外・必ず 등과 같은 기호나 표현이 나온다면 정답에 관련된 정보일 수 있으므로 주의해서 읽도록 하자.

문제유형 예시

⏱ 시간 6분 이내

問題7　右のページは、地域のカラオケ大会の参加者を募集する広告である。これを読んで、下の質問に答えなさい。答えは、1・2・3・4から最もよいものを一つえらびなさい。

1 38歳の山本さんは、小学生の娘と中学生の息子とカラオケ大会に参加しようと思っている。3人で参加する場合、山本さんは参加費をいくら払えばいいか。

1　3,000円　　2　3,500円　　3　4,000円　　4　5,000円

2 次のうち、広告の内容として正しいものはどれか。

1　音楽やマイクの確認のために、大会の前日に練習がある。
2　大人の部と子供の部の結果発表は別々に行われる。
3　当日キャンセルしたら、参加費は返ってこない。
4　申し込みをする前に、参加費を支払わなければならない。

第18回 山田町カラオケ大会
参加者募集のお知らせ

日程：6月19日（土）午後1時～3時半
　　大人の部：午後1時から2時まで
　　子供の部：午後2時から午後3時まで
　　　　　（午後3時から結果発表を行います）

★音楽やマイクの確認のため、大会当日の午前中に1時間ほど練習があります。

場所：山田町公民館 第1ホール

参加費：大人 2,000円　子供（小学生）1,000円　小学生未満 500円 定員：大人15名　子供（小学生・小学生未満）15名

賞（大人の部、子供の部それぞれ）：1位 現金5万円 2位 現金3万円 3位 現金1万円

特別賞：米10キロ

申し込み方法
下記メールアドレスに、氏名、年齢、住所、電話番号、希望する曲名を記入して送信してください。
yamada_karaoke@mail.com

担当者から支払い方法についてお知らせします。
申し込み締め切り：6月12日（土）午前11時まで

※申し込み締め切り前でも、定員になったら、受付を終了します。
※当日キャンセルした場合、参加費の返金はできませんのでご理解ください。

皆様のご参加をお待ちしています。
　山田町　地域ふれあい会　森山

문제 7 오른쪽 페이지는, 지역 노래방 대회의 참가자를 모집하는 광고이다. 이것을 읽고, 아래의 질문에 답하세요. 답은, 1·2·3·4 중 가장 알맞은 것을 하나 고르세요.

| 정답 | 1 ④   2 ③

| 해석 | **1** 38세의 야마모토 씨는 초등학생 딸과 중학생 아들과 노래방 대회에 참가하려고 생각하고 있다. 3명이서 참가할 경우 야마모토 씨는 참가비를 얼마 내면 좋을까?
　　1 3,000엔　　　　2 3,500엔　　　　3 4,000엔　　　　4 5,000엔

2 다음 중 광고의 내용으로서 올바른 것은 어떤 것인가?
　1 음악이나 마이크의 확인을 위해 대회의 전날에 연습이 있다.
　2 성인부와 어린이부의 결과 발표는 따로 진행된다.
　3 당일 취소하면 참가비는 돌아오지 않는다.
　4 신청을 하기 전에 참가비를 지불해야 한다.

제18회 야마다 마을 노래방 대회
참가자 모집의 공지

일정 : 6월 19일(토) 오후 1시 ~ 3시 반
　성인부 : 오후 1시부터 2시까지
　어린이부 : 오후 2시부터 오후 3시까지
　　　(오후 3시부터 결과 발표를 합니다.)
★음악이나 마이크의 확인을 위해, 대회 당일의 오전 중에 1시간 정도 연습이 있습니다.

장소 : 야마다 마을 공민관 제1홀
참가비 : 성인 2,000엔 어린이(초등학생) 1,000엔 초등학생 미만 500엔
정원 : 성인 15명 어린이(초등학생·초등학생 미만) 15명
상(성인부, 어린이부 각각) : 1위 현금 5만엔 2위 현금 3만엔 3위 현금 1만엔
특별상 : 쌀 10킬로

신청 방법
아래 이메일 주소에 성명, 연령, 주소, 전화번호, 희망하는 곡명을 기입하여 송신해 주시기 바랍니다.
yamada_karaoke@mail.com

담당자가 결제 방법에 대해 알려드리겠습니다.
신청 마감 : 6월 12일(토) 오전 11시까지

※신청 마감 전이라도 정원이 차면 접수가 종료됩니다.
※당일 취소한 경우 참가비의 환불이 불가하므로 이해해 주시기 바랍니다.

여러분의 참가를 기다리고 있겠습니다.
야마다 마을 지역 교류회 모리야마

| 해설 | **1** 야마다 마을 노래방 대회의 참가비는 성인 2,000엔, 초등학생 1,000엔, 초등학생 미만 500엔이다. 야마모토 씨와 중학생 아들은 성인 요금에 속하므로 각 2,000엔씩 총 4,000엔, 초등학생 딸은 초등학생 어린이 요금 1,000엔을 적용하면 된다. 합계는 5,000엔이므로 4번이 정답이다.

2 대회 전 연습은 당일 오전 중에 1시간 정도 예정되어 있으므로 1번은 틀린 말이다. 성인부와 어린이부의 결과 발표와 표창식을 함께 하므로 2번도 틀린 말이다. 신청하기 전에 참가비를 지불해야 하는 것은 아니므로 4번 역시 틀린 말이다. 당일 취소한 경우 참가비 환불이 불가하다고 했으므로 3번이 광고 내용에 맞는 말로 정답이다.

| 단어 | 地域(ちいき) 지역 | カラオケ 노래방 | 大会(たいかい) 대회 | 参加者(さんかしゃ) 참가자 | 募集(ぼしゅう) 모집 | お知(し)らせ 공지 | 結果(けっか) 결과 | 発表(はっぴょう) 발표 | 表彰式(ひょうしょうしき) 표창식 | 音楽(おんがく) 음악 | マイク 마이크 | 練習(れんしゅう) 연습 | 都合(つごう) 형편, 사정 | 公民館(こうみんかん) 공민관(시, 읍, 면의 주민을 위한 회관) | ホール 홀, 회관 | 小学生(しょうがくせい) 초등학생 | 未満(みまん) 미만 | 賞(しょう) 상 | 現金(げんきん) 현금 | 特別(とくべつ) 특별 | 米(こめ) 쌀 | キロ 킬로(kg) | 記入(きにゅう) 기입 | 送信(そうしん) 송신 | 締(し)め切(き)り 마감 | 返金(へんきん) 환불 | 触(ふ)れ合(あ)い 접촉, 교류

問題7

右のページは、旅行会社のパンフレットにのっているツアーの情報である。これを読んで、下の質問に答えなさい。答えは、1・2・3・4から最もよいものを一つえらびなさい。

(1)

1 木村さんは夏休みに、友達と3人で沖縄に旅行に行こうと思っている。予算は1人4万円の予定だが、予算内で旅行をするためには、何日に出発すればいいか。

1　8月4日
2　8月24日
3　9月3日
4　9月9日

2 次の中で、ツアーの内容について正しく述べているものはどれか。

1　行きと帰りで、飛行機の燃料代が2,500円ずつかかる。
2　レンタカーを借りる際には、車1台につき保険代として1,000円を払わなければならない。
3　このツアーは、ホテルによって料金が違う。
4　ホテルには、朝食つきとそうでないものがある。

この夏は沖縄に行こう!!

格安33,000円～！
夏の沖縄を楽しみませんか。

◆飛行機代とホテル代がセットになったお得なツアーです。

さんさんホテル、ちゅら海ホテル、国際ビーチホテルの3つからホテルが選べます。

（各ホテルとも朝食付き）

◆レンタカーつき

空港からレンタカーの店まで、無料のバスが出ています。

レンタカーを借りる際に、運転手1人につき1,000円の保険に加入していただきます。

【※注意】
・飛行機の燃料代片道2,500円（往復5,000円）が別料金としてかかります。
・出発日の3日前までにキャンセルした場合、キャンセル料はかかりません。
2日前のキャンセルは代金の30％、前日のキャンセルは代金の50％、当日のキャンセルは代金の全額をキャンセル料としていただきます。

おひとり様　3日間の旅行代金

A：33,000円　B：38,000円　C：42,000円　D：50,000円

ツアー料金カレンダー

（例：出発日がAの場合、2日目、3日目がB・C・Dでも、Aの料金になります）

8月

1	2	3	4	5	6	7
B	B	B	B	C	C	C
8	9	10	11	12	13	14
C	C	C	D	D	D	D
15	16	17	18	19	20	21
D	D	D	D	D	D	D
22	23	24	25	26	27	28
C	C	C	C	D	D	D
29	30	31				
B	B	B				

9月

			1	2	3	4
			A	A	B	B
5	6	7	8	9	10	11
A	A	A	A	A	B	B
12	13	14	15	16	17	18
A	A	A	A	A	B	B
19	20	21	22	23	24	25
A	A	A	A	A	B	B
26	27	28	29	30		
A	A	A	A	A		

問題7　右のページは、水族館のイベントのお知らせである。これを読んで、下の質問に答えなさい。答えは、1・2・3・4から最もよいものを一つえらびなさい。

(2)

3　ダナさんは今週の土曜日、午後12時に水族館の入口で待ち合わせをすることにした。ダナさんは友人と最初にどのイベントに参加できるか。

1　A
2　B
3　C
4　D

4　前田さんは日曜日に中学生の友人と2人で午前11時に水族館に来た。これから参加可能なすべてのイベントに参加したら、入場料とあわせて1人いくらかかるか。

1　1,500円
2　1,800円
3　3,600円
4　3,800円

イベントに参加して、もっと水族館を楽しもう！

A　水族館　無料案内

水族館の係員の説明を聞きながら、水族館の中を歩きます。約1時間かかります。

出発時間

①午前10時～

②午後12時～

③午後3時半～

※出発時間の10分前に受付前に来てください。

B　水族館クイズ大会

水族館にいる生き物についてのクイズに答えて、プレゼントをもらおう。

毎週土・日　午後2時～3時

場所　水族館大ホール

C　イルカショー

イルカたちの楽しいショーが見られます。

　平日1回　午後1時半～2時半

土・日2回　①午前11時～12時

　　　　　　②午後1時～2時

場所　屋外ホール

(大人500円／子ども200円)

D　ふれあいタイム

かわいいペンギンに触ったり、えさをあげたりできます。

時間　午後3時～（約30分）

場所　ペンギン広場

(大人300円／子ども100円)

ひまわり水族館

AM 9:30～PM 5:00（毎週火曜日休み）

電話：012-345-6789

入場料　大人3,000円／子ども（中学生以下）1,500円

問題7　右のページは、スーパーの広告である。これを読んで、下の質問に答えなさい。
答えは、1・2・3・4から最もよいものを一つえらびなさい。

(3)

5 谷内さんはカレーを作るために牛肉を買いたいと思っている。一番安く牛肉が買えるのは、いつか。

1　7月1日 AM 10：00〜11：00
2　7月1日 PM 7：00〜8：00
3　7月2日 AM 10：00〜11：00
4　7月2日 PM 7：00〜8：00

6 横川さんは3日午前10時半にこのスーパーでバナナ1袋と牛乳1本、牛肉300gを買った。いくら払ったか。

1　420円
2　700円
3　738円
4　820円

週末セール　7月1日(金)〜3日(日)

今週のスペシャル商品　（税込み価格）

コーラ	1本	80円	牛肉	100グラム	200円
牛乳	1本	120円	うどん	1袋	60円
キャベツ	1個	150円	バナナ	1袋	100円
にんじん	3本	150円	食パン	1袋(5枚入)	100円

★金　タイムサービス（午後7時〜8時）　肉・魚20％引き

★土・日　早朝タイムサービス（午前10時〜11時）　全商品10％引き

スーパー　レインボー
平日 午前9：30〜午後8：00
土・日 午前10：00〜午後8：00
木曜日定休

問題7　右のページは、映画館の上映スケジュールである。これを読んで、下の質問に答えなさい。答えは、1・2・3・4から最もよいものを一つえらびなさい。

(4)

[7] 井出さんは今日の午後1時半に学校が終わった後、映画を見ようと思っている。井出さんの学校から映画館までは歩いて15分ほどかかる。夕方5時半からアルバイトがあるので、その30分前には映画館を出たい。井出さんが最初から最後まで見られるのはどの映画か。

1　氷の世界
2　火のサムライ
3　カッタマン・リターンズ
4　恋する猫

[8] 田中さんは、今度の水曜日に大学の友達の林さんと一緒に映画を見に行く予定だ。田中さんは今回、林さんの映画代も出そうと思っている。映画の料金は2人でいくらか。田中さんは男性、林さんは女性である。

1　3,600円
2　3,300円
3　3,000円
4　2,700円

	スクリーン１	スクリーン２	スクリーン３	スクリーン４
10:00	10:00-12:00 「氷の世界」	10:15-12:45 「火のサムライ」	10:30-12:30 「カッタマン・リターンズ」	
12:00				
				13:00-15:15 「恋する猫」
14:00		14:10-16:40 「火のサムライ」	15:05-17:05 「カッタマン・リターンズ」	
16:00	16:00-18:00 「氷の世界」			
18:00				18:45-21:00 「恋する猫」
			19:15-21:15 「カッタマン・リターンズ」	
20:00				

★「氷の世界」南極の自然を5年間かけて撮ったドキュメンタリー
★「火のサムライ」日本の危機を救ったサムライの感動ストーリー
★「カッタマン・リターンズ」人気アニメ「カッタマン」の映画化
★「恋する猫」恋をした猫がさまざまな事件を起こすコメディ

料金
一般：1,800円
大学生：1,500円
高校生以下：1,000円
※毎週水曜日のレディースデーは、女性の料金が300円引きとなります。(大学生未満は割引されません)

問題7 右のページは、コインランドリーの料金表である。これを読んで、下の質問に答えなさい。答えは、1・2・3・4から最もよいものを一つえらびなさい。

(5)

9 清水さんは毛布2枚と布団1枚を洗いたい。何kgの洗濯機でいくら払うか。清水さんはプリペイドカードを持っている。

1　18kgの洗濯機で、600円
2　18kgの洗濯機で、660円
3　25kgの洗濯機で、800円
4　25kgの洗濯機で、720円

10 キムさんは服を洗濯機で洗濯した後に16kgの乾燥機を使った。午後2時に洗濯を始めて、何時ごろに全て終わったか。

1　午後2時40分ごろ
2　午後3時10分ごろ
3　午後3時30分ごろ
4　午後4時10分ごろ

『洗濯機の使い方』

洗濯機の大きさ	値段	1回に洗える量（種類別の量）		
		毛布	布団	服
11kg	400円	1枚	1枚	1-2日分
18kg	600円	2枚	2枚	3-4日分
25kg	800円	4枚	3枚	5-6日分

『乾燥機の使い方』

	料金（10分）	乾燥するもの	時間
16kg	100円	一般の服	40分
23kg	200円	毛布・布団	60分

【※注意】
・1回で洗える量について、11kgの洗濯機は、毛布1枚が入る量です。
・洗濯は1回約30分かかります。
・乾燥機の3分の1くらいの量のものを入れてください。入れすぎると、乾きにくいです。
・お得なプリペイドカード：プリペイドカードで払うと、10％引きになります。

コインランドリー　ドライマート

問題7　右のページは、アルバイト募集の広告である。これを読んで、下の質問に答えなさい。答えは、1・2・3・4から最もよいものを一つえらびなさい。

(6)

11　大学生の田中さんは、冬休みの間だけ、アルバイトをしたいと思っている。次の求人広告の中で、田中さんが応募できないアルバイトはどれか。田中さんにアルバイトの経験はない。

1　郵便局のバイト
2　テストのバイト
3　ホテルのバイト
4　デパートのバイト

12　次のうち、求人広告の内容と合わないものはどれか。

1　郵便局のバイトは、はがきを近所の家に配る仕事だ。
2　テストのバイトでは、服装に制限がある。
3　ホテルのバイトでは、近くに住んでいる人でなくても応募できる。
4　デパートのバイトに応募するとき、履歴書を送らなくてもいい。

郵便局の仕分けスタッフ

内容：はがきの仕分け
配達のために、郵便局ではがきを住所ごとに分ける簡単な作業です。
未経験OK

時間：12月29日~1月3日 9:00~18:00
時給：1,000円
場所：山田町郵便局
※交通費お支払い
※残業なし
応募方法：履歴書を下に書いてある住所まで送ってください。

千葉県山田町1-3-7　山田町郵便局
担当　045-123-4567　石田

テスト会場のスタッフ

内容：テスト会場で受験者の案内や受付、テスト用紙の確認、会場の設置などをしていただきます。
未経験OK

時間：12月25日（日）8:00~14:00
給与：日給10,000円
場所：北山大学　千葉キャンパス
※当日は黒のスーツを着用していただきます。
応募方法：メールで履歴書を送ってください。
担当者から面接についてご連絡差し上げます。
連絡先：nihongotest@mail.com

ホテルのそうじ

内容：スキー場近くのホテルで、そうじを担当していただきます。無料で宿泊場所を提供するので、遠くから来た方でも仕事ができます。冬のリゾートで働いてみませんか。
未経験でも大丈夫です！

時間：12月29日~1月4日
　　　10:00~19:00 (休けい1時間)
時給：900円
場所：新潟県のスキーリゾートホテル
応募方法：メールで履歴書を送ってください。オンライン面接のご案内をします。
※自宅からホテルまでの交通費はお支払いします。

新潟県みずうみ市　リゾートホテル　よねやま
連絡先 skiiresort_yoneyama125@yapoo.com
佐々木

デパートの販売スタッフ

内容：クリスマスケーキや正月の飾りなどの販売フロアで、接客を担当していただきます。
アルバイト経験のある方を募集します。

時間：12月22日~1月5日 8:00~21:00のうち、5時間以上(8時間以上勤務の場合、休けい1時間)
週3日以上来られる方

時給：950円
場所：丸山デパート1階
応募方法：下に書いてあるサイトからご応募ください。
https://www.jinzai_touroku15784_entry

人材サポートセンター
千葉部署　担当　山口

청해

청해 문제유형 집중 공략

- **문제1** 과제이해
- **문제2** 포인트이해
- **문제3** 개요이해
- **문제4** 발화표현
- **문제5** 즉시응답

청해 공략 포인트 알아보기

합격에 가까워지는
청해 문제풀이 꿀팁

⚙ N3 청해 문제 유형은 과제이해, 포인트이해, 개요이해, 발화표현, 즉시응답 5가지가 있다. 다양한 주제에 관한 회화나 안내 방송, 강의 등을 듣고 질문에 대한 답을 찾는 문제가 출제된다. 선택지는 문제 용지에 적혀있는 경우도 있지만, 적혀있지 않은 문제 유형도 있다. 그렇기 때문에 듣기에 상당한 집중력이 요구된다.

1 회화체에 대해서 알아두자.

일본어에는 문서상에서 많이 사용하는 문어체와 회화에서 많이 사용하는 회화체(구어체)가 있다. 특히 회화체를 이해하지 못하면 청해 문제를 푸는 데 있어서 어려움이 있을 수 있으니 이러한 회화체를 잘 학습해두도록 하자.

2 중요한 포인트가 되는 부분은 들으면서 메모를 하자.

본문의 중요한 포인트가 되는 부분, 질문에서 묻고 있는 것은 음성을 들으면서 메모하는 것이 좋다. 예를 들어 성별과 먼저 하는 행동인지 나중에 하는 행동인지, 핵심 단어 등을 적어두면 헷갈리지 않고 수월하게 정답을 찾을 수 있다.

3 선택지를 미리 읽어두자.

모든 문제 유형은 처음에 문제에 대한 설명과 예시 문제가 나온다. 이미 문제 유형을 모두 파악하고 있다면, 이 시간에 문제 용지에 나와 있는 선택지와 그림을 미리 파악해두는 것이 좋다.

4 답은 문제가 끝남과 동시에 답안지에 마킹하자.

청해의 경우는 마킹하는 시간이 따로 주어지지 않기 때문에 문제가 끝나는 동시에 답안지에 마킹해야 한다. 헷갈리는 문제라도 우선 마킹하고 다음 문제에 집중하는 것이 좋다.

5 못 들은 부분은 과감히 포기하자.

듣지 못한 부분 때문에 한 문제를 잡고 있는 것은 다음 문제에 안 좋은 영향을 끼칠 수 있다. 과감히 그 문제는 버리고 다음 문제를 집중해서 듣는 것이 득점으로 이어진다.

청해에 잘 나오는 회화체 알아보기

1 축약어

회화에서는 말을 짧게 줄여 말하는 경우가 많다. 이런 축약어의 경우는 형태와 발음이 변하기 때문에 유의해서 듣고 의미를 잘 파악해야 한다.

01 ている・でいる → てる・でる ~하고 있다

雨が降っている → 雨が降ってる 비가 내리고 있다
本を読んでいる → 本を読んでる 책을 읽고 있다

02 ておく・でおく → とく・どく ~해 두다, ~해 놓다

ケーキを買っておく → ケーキを買っとく 케이크를 사 두다
料理を頼んでおく → 料理を頼んどく 요리를 주문해 두다

03 てしまう・でしまう → ちゃう・じゃう ~해 버리다

ゲームに負けてしまう → ゲームに負けちゃう 게임에 져 버리다
お酒を飲んでしまう → お酒を飲んじゃう 술을 마셔 버리다

04 ていく・でいく → てく・でく ~해 가다

傘を持っていく → 傘を持ってく 우산을 가지고 가다
ちょっと遊んでいく? → ちょっと遊んでく? 좀 놀다 갈래?

05 なければならない → なきゃ ~하지 않으면 안 된다

早く行かなければならない → 早く行かなきゃ 빨리 가지 않으면 안 된다

06 なくてはいけない → なくちゃ ~하지 않으면 안 된다

勉強しなくてはいけない → 勉強しなくちゃ 공부하지 않으면 안 된다

07 かもしれない ➡ かも ~일지도 모른다

おいしいかもしれない ➡ おいしい**かも** 맛있을 지도 모른다

2 촉음 っ으로 발음 변화

회화체에서는 기존의 발음이 촉음이 되어 발음되는 경우가 있다.

01 こちら ➡ こっち 이쪽

　　そちら ➡ そっち 그쪽

　　あちら ➡ あっち 저쪽

　　どちら ➡ どっち 어느 쪽

02 そうか ➡ そっか 그렇구나

03 とても ➡ とっても 매우, 엄청

04 やはり ➡ やっぱり 역시

05 ばかり ➡ ばっか 만, 뿐

3　ん으로 발음 변화

기존의 발음이 ん 발음으로 변화되는 경우가 있다.

01 동사 가능형의 れ ➜ ん

信じられない ➜ 信じらんない 믿을 수 없다

02 동사 부정형의 ら ➜ ん

わからない ➜ わかんない 모르겠다

03 동사 기본형의 る ➜ ん

知っているの？ ➜ 知ってんの？ 알고 있어?

04 のです ➜ んです　~거예요(이유, 강조)

好きなのです ➜ 好きなんです 좋아하거든요

どうしたのですか ➜ どうしたんですか 무슨 일이에요?

05 あまり ➜ あんまり 별로

4　기타 구어체

01 동사 가능형 ら 생략

食べられる ➜ 食べれる 먹을 수 있다

02 いう ➜ ゆう 말하다

これなんというの？ ➜ これなんとゆうの？ 이거 뭐라고 말해?

03 では ➡ じゃ

それでは ➡ それじゃ 그럼
一人(ひとり)ではありません ➡ 一人(ひとり)じゃありません 혼자가 아닙니다

04 と/は ➡ って ~라고, ~은/는

遅(おく)れると言(い)ってたよ ➡ 遅(おく)れるって言(い)ってたよ 늦는다고 말했었어
愛(あい)は何(なん)ですか ➡ 愛(あい)って何(なん)ですか 사랑은 무엇입니까?

5 악센트에 따른 의미 변화

01 でしょう

うそでしょう↘ 거짓말일 것입니다, 거짓말이겠죠(추측)
うそでしょう↗ 거짓말이죠?!(확인)

02 だろう

合格(ごうかく)だろう↘ 합격일 것이다, 합격이겠지(추측)
合格(ごうかく)だろう↗ 합격이지?!(확인)

03 ~?

食(た)べてもいい？↗ 먹어도 돼? (허락 구할 때)
食(た)べてもいい。↘ 먹어도 돼. (허가 할 때)

窓(まど)を閉(し)めてくれる？↗ 창문을 닫아 줄래? (의문문)
窓(まど)を閉(し)めてくれる。↘ 창문을 닫아 준다. (평서문)

청해 집중 공략

문제 1 과제이해

과제이해는 두 사람의 대화 안에서 구체적인 정보를 듣고 정답을 고르는 문제로 총 6문제가 출제된다. 질문으로는 주로 남녀 중 먼저 무엇을 해야 하는지, 나중에 무엇을 해야 하는지를 묻는 문제가 많다.

이렇게 풀자

별도로 선택지를 읽을 시간이 주어지지 않기 때문에 예시 문제가 나올 때나 문제 사이의 틈을 이용해서 미리 선택지를 읽고 포인트를 파악해두는 것이 좋다. 또한 첫 번째 질문을 들을 때 어떤 사람이 언제 무엇을 해야 하는지 질문의 요지를 잘 듣도록 하자. 그리고 질문에서 요구하는 부분에만 초점을 맞춰 대화문을 듣고 정답을 고르자.

문제 흐름

❶ **상황을 설명하는 문장과 질문**이 나온다.
❷ **본문**이 나온다.
❸ **질문**이 나온다.

* 문제 용지에는 그림이나 비교적 짧은 선택지가 적혀 있다.

질문유형 예시

상황 설명문

会社で男の人と女の人が話しています。 회사에서 남자와 여자가 이야기하고 있습니다.

① 가장 먼저 하는 일을 묻는 질문

男の人は**最初に**何をしますか。 남자는 처음에 무엇을 합니까?
女の人はこのあと**まず**何をしなければなりませんか。 여자는 이후 먼저 무엇을 하지 않으면 안 됩니까?

② 나중에 무엇을 해야 하는지 묻는 질문

男の人は**この後**、どうしますか。 남자는 이다음에, 어떻게 합니까?
女の人は**これから**何をしますか。 여자는 앞으로 무엇을 합니까?
学生は**学校が終わったあと**、何をしますか。 학생은 학교가 끝난 후, 무엇을 합니까?

③ 기타 과제이해 질문

女の人は**明日何時までに**行かなければなりませんか。 여자는 내일 몇 시까지 가지 않으면 안 됩니까?

문제유형 예시

もんだい
問題1

問題1では、まず質問を聞いてください。それから話を聞いて、問題用紙の1から4の中から、最もよいものを一つえらんでください。

1ばん

1　お菓子とジュースを買いに行く
2　お皿とコップを買いに行く
3　部屋を掃除する
4　料理を手伝う

문제 1 문제1에서는, 먼저 질문을 들어주세요. 그리고 이야기를 듣고, 문제 용지의 1부터 4 중에서, 가장 알맞은 것을 하나 고르세요.

| 정답 | ②

| 해석 |

男の人と女の人が話しています。男の人はこの後まず何をしなければなりませんか。

F : 今夜のパーティーの準備、もう終わった？
M : うん、お菓子とジュースも買ってきたよ。
F : お皿とコップはちゃんと20人分あるよね？
M : あ、用意するの忘れてた。今から買ってくるよ。
F : ありがとう。でも先に部屋の掃除したほうがいいよね。私これから晩ご飯の料理で忙しいから、掃除もお願いしていい？
M : うーん、パーティーの部屋はもうきれいだし、掃除しなくていいんじゃない？
F : そう？じゃあ掃除はしなくていいよ。帰ってきたら料理手伝ってね。
M : うん、分かった。

男の人はこの後まず何をしなければなりませんか。
1 お菓子とジュースを買いに行く
2 お皿とコップを買いに行く
3 部屋を掃除する
4 料理を手伝う

남자와 여자가 이야기하고 있습니다. 남자는 이후에 먼저 무엇을 해야 합니까?

F : 오늘 밤의 파티 준비, 벌써 끝났어?
M : 응. 과자랑 주스도 사 왔어.
F : 접시와 컵은 제대로 20인분 있지?
M : 아, 준비하는 거 잊고 있었어. 지금부터 사 올게.
F : 고마워. 그래도 먼저 방 청소하는 편이 좋겠어. 나 지금부터 저녁식사의 요리로 바쁘니까 청소도 부탁해도 될까?
M : 음... 파티방은 이미 깨끗하고, 청소 안 해도 되지 않을까?
F : 그래? 그럼 청소는 안 해도 돼. 돌아오면 요리 도와줘.
M : 응. 알았어.

남자는 이후에 먼저 무엇을 해야 합니까?
1 과자와 주스를 사러 간다
2 접시와 컵을 사러 간다
3 방을 청소한다
4 요리를 돕는다

| 해설 | 남자가 이후에 해야 할 일을 묻는 문제이다. 여자가 남자에게 접시와 컵에 대해서 묻자 남자가 用意するの忘れてた。今から買ってくるよ。(준비하는 걸 잊고 있었어. 지금부터 사 올게)라고 대답했기 때문에 2번 접시와 컵을 사러 간다가 정답이다. 과자와 주스는 이미 사 왔다고 여자가 말했으므로 1번은 정답이 아니고, 여자가 청소도 부탁했지만 남자가 파티방은 이미 깨끗하다고 대답해서 여자가 청소는 하지 않아도 된다고 했으므로 3번은 정답이 아니다. 또한 접시와 컵을 사 온 후에 요리를 도와달라고 했기 때문에 4번도 정답이 아니다.

| 단어 | 今夜(こんや) 오늘 밤 | 準備(じゅんび) 준비 | お菓子(かし) 과자 | お皿(さら) 접시 | コップ 컵 | ~人分(にんぶん) ~인분 | 用意(ようい) 준비 | 忘(わす)れる 잊다 | 先(さき)に 먼저 | 掃除(そうじ) 청소 | 晩御飯(ばんごはん) 저녁밥 | お願(ねが)いする 부탁하다 | 手伝(てつだ)う 돕다

問題1

問題1では、まず質問を聞いてください。それから話を聞いて、問題用紙の1から4の中から、最もよいものを一つえらんでください。

1ばん

1　美容院
2　服屋
3　喫茶店
4　映画館

2ばん

1 駅へチケットを買いに行く
2 旅行会社へチケットを買いに行く
3 電話でチケットを予約する
4 インターネットでチケットを探す

3ばん

1 メニューの金額と営業時間
2 メニューの金額とお店の写真
3 営業時間とお店の写真
4 お店の写真

4ばん

🎧 과제이해_실전연습문제_4번.mp3

1　6時
2　7時
3　8時
4　9時

5ばん

🎧 과제이해_실전연습문제_5번.mp3

1　家にスマホを取りに行く
2　パソコンの部屋に行く
3　先生の部屋に行く
4　次の授業の教室に行く

6ばん

1 資料の写真を増やす
2 資料を作り直す
3 発表の練習をする
4 会議室の準備をする

청해 집중 공략

문제 2 포인트이해

포인트 이해는 두 사람의 대화 또는 한 사람이 하는 말을 듣고 질문에서 요구하는 핵심 포인트를 이해하고 정답을 고르는 문제로 총 6문제가 출제된다. 질문으로는 주로 「なぜ・どうして 왜」라는 의문사가 사용되어 이유를 묻는 문제가 많다. 그리고 何 무엇・どこ 어디・どんな 어떤・いつ 언제 등과 같은 의문사가 사용되어 질문 형태가 다양하다.

이렇게 풀자

첫 질문이 나올 때에 질문에서 요구하는 것이 무엇인지 잘 듣도록 하자. 포인트이해 문제는 선택지 읽는 시간이 주어지기 때문에 그 시간 동안 정확하게 읽고 내용을 잘 파악해두어야 한다. 그 후 이야기를 들으면서 정답을 고르면 된다. 또한 이야기에서 구체적인 정보가 나올 경우는 메모를 해두면서 듣는 습관을 기르도록 하자.

문제 흐름

① **상황을 설명하는 문장과 질문**이 나온다.
② **선택지를 읽는 시간(20초)**이 주어진다.
③ **본문**이 나온다.
④ **질문**이 나온다.

* 문제 용지에는 선택지가 적혀 있다.

질문유형 예시

상황 설명문

男の人と女の人がお店で話しています。 남자와 여자가 가게에서 이야기하고 있습니다.

❶ 이유를 묻는 질문

男の人は**どうして**洗濯機を買いませんか。 남자는 왜 세탁기를 사지 않습니까?

女の人は**なぜ**飲み会に行けませんか。 여자는 왜 회식에 갈 수 없습니까?

男の人が今週忙しい**理由**は何ですか。 남자가 이번 주 바쁜 이유는 무엇입니까?

女の人は**何のために**ジムに通い始めましたか。 여자는 무엇을 위해서 헬스장에 다니기 시작했습니까?

❷ 기타 포인트 이해 질문

男の人は**何が一番問題**だと言っていますか。 남자는 무엇이 가장 문제라고 말하고 있습니까?

二人は**来週の日曜日**に何をしますか。 두 사람은 다음 주 일요일에 무엇을 합니까?

문제유형 예시

기본 버전 MP3 　　배속 버전 MP3

問題2
もんだい

問題2では、まず質問を聞いてください。そのあと、問題用紙を見てください。読む時間があります。それから話を聞いて、問題用紙の1から4の中から、最もよいものを一つえらんでください。

1ばん

🎧 포인트이해_문제유형_예시.mp3

1　授業が終わったから
2　風邪をひいたから
3　夜遅く寝て疲れたから
4　夜遅くまで勉強したいから

문제 2 문제2에서는, 먼저 질문을 들어주세요. 그 후, 문제 용지를 봐주세요. 읽을 시간이 있습니다. 그리고 이야기를 듣고, 문제 용지의 1부터 4중에서, 가장 알맞은 것을 하나 고르세요.

정답 ③

해석

男の人と女の人が学校で話しています。男の人はどうして家に帰ろうと言っていますか。

F：鈴木君、おはよう。これから授業？
M：いや、今日はもう家に帰ろうって思ってるんだ。
F：え、どうして？もう授業終わったの？
M：いや、少し具合が悪くて。
F：大丈夫？もしかして風邪とかひいたの？
M：風邪じゃないから大丈夫だよ。昨日の夜遅くまで勉強して疲れちゃっただけだから。
F：そうなんだ、風邪ひいたのかと思ったよ。最近風邪が流行ってるみたいだから、気を付けてね。
M：うん、ありがとう。それじゃまたね。

男の人はどうして家に帰ろうと思っていますか。
1 授業が終わったから
2 風邪をひいたから
3 夜遅く寝て疲れたから
4 夜遅くまで勉強したいから

남자와 여자가 학교에서 이야기하고 있습니다. 남자는 왜 집에 돌아가려고 생각하고 있습니까?

F : 스즈키 군 좋은 아침. 이제부터 수업?
M : 아니. 오늘은 이제 집에 가려고 생각하고 있어.
F : 어, 왜? 벌써 수업 끝났어?
M : 아니. 조금 몸 상태가 나빠서.
F : 괜찮아? 혹시 감기라든지 걸린 거야?
M : 감기 아니니까 괜찮아. 어젯밤 늦게까지 공부해서 피곤한 것 뿐이니까.
F : 그렇구나. 감기 걸린 건가 하고 생각했어. 요즘 감기가 유행하는 것 같으니까 조심해.
M : 응, 고마워. 그럼 다음에 봐.

남자는 왜 집에 가려고 생각하고 있습니까?
1 수업이 끝났으니까
2 감기에 걸렸으니까
3 밤늦게 자서 피곤하니까
4 밤늦게까지 공부하고 싶으니까

해설 남자가 왜 집에 가려고 생각하는지 묻는 문제이다. 남자가 집에 가려고 생각하고 있다고 하자 여자가 수업이 끝나서인지 물었는데, 이에 대해 남자는 몸 상태가 나쁘다고 대답했으므로 1번은 정답이 아니다. 또한 여자가 감기에 걸린 것이냐고 묻자 아니라고 대답했으므로 2번도 정답이 아니다. 昨日の夜遅くまで勉強して疲れちゃっただけ(어젯밤 늦게까지 공부해서 피곤해진 것뿐)이라고 했으므로 3번이 정답이다.

단어 おはよう 좋은 아침, 안녕(아침 인사말) | 終(お)わる 끝나다 | 具合(ぐあい)が悪(わる)い 몸 상태가 나쁘다 | 大丈夫(だいじょうぶ)だ 괜찮다 | もしかして 혹시 | 風邪(かぜ)をひく 감기에 걸리다 | 夜(よる) 밤 | 遅(おそ)い 늦다 | 疲(つか)れる 피곤하다, 지치다 | 流行(はや)る 유행하다 | ~みたいだ ~인 것 같다 | 気(き)を付(つ)けて 조심해 | それじゃ 그러면 | またね 또 보자

問題2

問題2では、まず質問を聞いてください。そのあと、問題用紙を見てください。読む時間があります。それから話を聞いて、問題用紙の1から4の中から、最もよいものを一つえらんでください。

1ばん

1　うるさかったから
2　古かったから
3　部屋が小さかったから
4　駅が遠かったから

2ばん

1　テレビを見た
2　映画を見た
3　電車で出かけた
4　車で旅行に行った

3ばん

1　テストの勉強があるから
2　アルバイトがあるから
3　宿題があるから
4　部活があるから

4ばん

1 アクセサリー
2 お菓子（かし）
3 コップ
4 コーヒー豆（まめ）

5ばん

1 きれいなところ
2 駅（えき）に近（ちか）いところ
3 近（ちか）くのジムの中（なか）で一番（いちばん）安（やす）いところ
4 水（みず）が無料（むりょう）で飲（の）めるところ

6ばん

1 しゃがむ
2 地震が終わるまで待つ
3 かばんを持って移動する
4 壁の近くを通る

청해 집중 공략

문제 3 개요이해

개요이해는 두 사람의 대화 또는 한 사람이 하는 말을 듣고 이야기하는 사람의 주장이나 생각을 파악하는 문제로 총 3문제가 출제된다. 문제지에 아무것도 나와있지 않고 음성으로만 나오기 때문에 난이도가 높다. 질문에는 주로 무엇에 대해서 이야기하고 있는지, 어떻게 생각하고 있는지, 말하고 싶은 내용은 무엇인지, 전하고 싶은 내용은 무엇인지 등 전체 내용의 개요를 묻는 문제가 많다.

이렇게 풀자

질문과 선택지는 마지막에 단 한 번 음성으로만 나오기 때문에 집중해서 잘 들어야 한다. 질문은 구체적인 부분을 묻는 것이 아닌 이야기 내용의 주제와 말하는 이의 주장을 묻는 문제가 주로 출제된다. 그러므로 이야기의 전체적인 흐름을 잘 이해하면서 듣도록 하자.

문제 흐름

① **상황을 설명하는 문장**이 나온다.
② **본문**이 나온다.
③ **질문**이 나온다.
④ **선택지(4개)**가 나온다.

질문과 선택지는 음성으로만 나온다는 점에 유의하자.
* **문제 용지에는 아무것도 적혀 있지 않다.**

질문유형 예시

상황 설명문
ラジオで女の人が話しています。 라디오에서 여자가 이야기하고 있습니다.

① 전체 내용의 개요를 묻는 질문

男の人は**主に何について**話していますか。 남자는 주로 무엇에 대해서 이야기하고 있습니까?
女の人が**伝えたいこと**は何ですか。 여자가 전하고 싶은 것은 무엇입니까?
この人が**言いたいこと**は何ですか。 이 사람이 말하고 싶은 것은 무엇입니까?

정답 해설집 p.55

문제유형 예시

기본 버전 MP3
배속 버전 MP3

もんだい
問題3

問題3では、問題用紙に何もいんさつされていません。この問題は、ぜんたいとしてどんなないようか聞く問題です。話の前に質問はありません。まず話を聞いてください。それから、質問とせんたくしを聞いて、1から4の中から、最もよいものを一つえらんでください。

🎧 개요이해_문제유형_예시.mp3

ーメモー

문제 3 문제3에서는, 문제 용지에 아무것도 인쇄되어 있지 않습니다. 이 문제는, 전체로서 어떤 내용인지 듣는 문제입니다. 이야기 전에 질문은 없습니다. 먼저 이야기를 들어주세요. 그리고, 질문과 선택지를 듣고, 1부터 4 중에서, 가장 알맞은 것을 하나 고르세요.

| 정답 | ①

| 해석 |

男の人と女の人が話しています。

F：駅の近くに新しいレストランができたの、知ってる?
M：そこなら昨日行ってきたよ。
F：本当?どうだった?やっぱりおいしかった?
M：うーん、パスタ食べたんだけど、あんまり…。
F：えー、本当に?写真見るとおいしそうなのに。
M：写真見て「おいしそうだな」って思って行ったんだけど、全然だめだったよ。まあ、安いし量は多いんだけど、まずかったらまた食べたいとは思わないよね。
F：そうだね。写真だとすごくおいしそうだから、意外だよ。

男の人は何について話していますか。
1　料理の味
2　料理の量
3　料理の値段
4　料理の写真

남자와 여자가 이야기하고 있습니다.

F : 역의 근처에 새로운 레스토랑이 생긴 거, 알고 있어?
M : 거기라면 어제 다녀왔어.
F : 정말? 어땠어? 역시 맛있었어?
M : 음. 파스타 먹었는데 별로...
F : 어라, 정말? 사진 보니까 맛있어 보이는데.
M : 사진 보고 '맛있어 보이네'라고 생각하고 갔지만, 전혀 아니었어. 뭐, 싸고 양은 많지만, 맛이 없으면 또 먹고 싶다고는 생각 들지 않네.
F : 그렇지. 사진으로는 너무 맛있어 보여서 의외네.

남자는 무엇에 대해 이야기하고 있습니까?
1 요리의 맛
2 요리의 양
3 요리의 값
4 요리의 사진

| 해설 | 남자가 무엇에 대해 이야기하고 있는지 묻는 문제이다. 남자는 写真見て「おいしそうだな」って思って行ったんだけど、全然だめだったよ(사진 보고 '맛있어 보이네'라고 생각하고 갔지만, 전혀 아니었어)라고 말한 후 安いし量は多いんだけど、まずかったらまた食べたいとは思わないよね(싸고 양은 많지만, 맛이 없으면 또 먹고 싶다고는 생각 들지 않네)라고 말하며 맛에 대해 여러 번 이야기하고 있다. 따라서 정답은 1번 요리의 맛이다. 나머지 선택지는 언급은 했지만 남자가 말하는 내용의 중심은 아니므로 정답이 아니다.

| 단어 | 新(あたら)しい 새롭다 | できる 생기다 | やっぱり 역시 | パスタ 파스타 | あんまり 별로 | 写真(しゃしん) 사진 | 全然(ぜんぜん) 전혀 | だめだ 아니다, 별로다 | 量(りょう) 양 | まずい 맛없다 | 意外(いがい) 의외 | 味(あじ) 맛 | 値段(ねだん) 가격

問題3

기본 버전 MP3    배속 버전 MP3

問題3では、問題用紙に何もいんさつされていません。この問題は、ぜんたいとしてどんなないようか聞く問題です。話の前に質問はありません。まず話を聞いてください。それから、質問とせんたくしを聞いて、1から4の中から、最もよいものを一つえらんでください。

―メモ―

1   🎧 개요이해_실전연습문제_1번.mp3

2   🎧 개요이해_실전연습문제_2번.mp3

3   🎧 개요이해_실전연습문제_3번.mp3

4   🎧 개요이해_실전연습문제_4번.mp3

5 🎧 개요이해_실전연습문제_5번.mp3

6 🎧 개요이해_실전연습문제_6번.mp3

정답 해설집 p.104~107

문제 4 발화표현

발화표현은 상황 설명과 질문을 듣고 그림의 상황에 가장 적합한 문장을 고르는 문제로 총 4문제가 출제된다. 그림 안의 화살표로 가리키고 있는 사람이 다음에 해야 할 말이 정답이 된다. 그러므로 화살표의 위치를 잘 파악해야 한다.

이렇게 풀자

상황 설명이 나올 때 그림을 잘 보고 빨리 분석해야 한다. 화살표가 누구를 가리키고 있는지 확인 후, 그 사람이 다음에 해야 할 적절한 말을 듣고 고르면 된다. 누가 누구에게 하는 말인지에 유의해서 바로 이어지는 질문과 선택지를 잘 듣도록 하자. 이때 질문과 선택지는 단 한 번만 음성으로 나오기 때문에 집중해서 들어야 한다.

문제 흐름

① **상황을 설명하는 문장**이 나온다.
② **질문**이 나온다.
③ **선택지(3개)**가 나온다.

질문과 선택지는 음성으로만 나온다는 점에 유의하자.
* **문제 용지에는 그림이 제시되어 있다.**

질문유형 예시

상황 설명문

授業(じゅぎょう)に遅刻(ちこく)しました。 수업에 지각했습니다.

カフェで店員(てんいん)が注文(ちゅうもん)を受(う)けています。 카페에서 점원이 주문을 받고 있습니다.

→ 다양한 상황이 주어진다.

❶ 다음해야 할 말을 묻는 질문

何(なん)と言(い)いますか。 뭐라고 말합니까?
友達(ともだち)は何(なん)と言(い)いますか。 친구는 뭐라고 말합니까?

문제유형 예시

もんだい
問題4

問題4では、えを見ながら質問を聞いてください。やじるし（➡）の人は何と言いますか。1から3の中から、最もよいものを一つえらんでください。

1ばん

🎧 발화표현_문제유형_예시.mp3

| 문제 4 | 문제4에서는, 그림을 보면서 질문을 들어 주세요. 화살표(➡)의 사람은 뭐라고 말합니까? 1부터 3 중에서, 가장 알맞은 것을 하나 고르세요.

| 정답 | ③

| 해석 |

図書館でうるさくしてはいけません。うるさくしている人に注意したいです。何と言いますか。

1 すみません、もう帰る時間ですよ。
2 すみません、もっと大きな声で話してください。
3 すみません、静かにしてください。

여자 : 도서관에서 시끄럽게 하면 안 됩니다. 시끄럽게 하고 있는 사람에게 주의 주고 싶습니다. 뭐라고 말할까요?

1 실례합니다, 이제 돌아갈 시간이에요.
2 실례합니다, 더 큰 소리로 말해 주세요.
3 실례합니다, 조용히 해주세요.

| 해설 | 시끄럽게 하고 있는 사람에게 조용히 해달라고 주의를 주고 싶으므로 정답은 3번이다. 1번은 다른 사람이 돌아가길 원할 때 하는 말이며 2번은 상대방의 목소리가 작아서 들리지 않을 때 하는 말이므로 정답이 아니다.

| 단어 | 図書館(としょかん) 도서관 | うるさい 시끄럽다 | 注意(ちゅうい)する 주의하다, 주의를 주다 | 帰(かえ)る 돌아가다 | 時間(じかん) 시간 | もっと 더욱, 좀 더 | 大(おお)きな 큰 | 声(こえ) 목소리 | 話(はな)す 말하다 | 静(しず)かだ 조용하다

발화표현
실전 연습 문제

채점 　　/8

기본 버전 MP3 　　배속 버전 MP3

問題4

問題4では、えを見ながら質問を聞いてください。やじるし（➡）の人は何と言いますか。
1から3の中から、最もよいものを一つえらんでください。

1ばん

🎧 발화표현_실전연습문제_1번.mp3

2ばん

🎧 발화표현_실전연습문제_2번.mp3

3ばん

🎧 발화표현_실전연습문제_3번.mp3

4ばん

5ばん

6ばん

> 청해 집중 공략

문제 5 즉시응답

즉시응답은 두 사람의 대화가 자연스럽게 이어질 수 있도록 나머지 한 사람의 적절한 대답을 고르는 문제로 총 9문제가 출제된다. 문제지에 아무것도 나와있지 않으며 음성만을 듣고 문제를 골라야 한다. 또한 빠른 템포로 문제가 이어지기 때문에 순간 집중력과 빠른 판단이 요구된다.

이렇게 풀자

AB형식의 짧은 대화이기 때문에 첫 번째 말하는 사람의 말을 잘 듣고 짧은 순간에 상황을 잘 파악해야 한다. 그리고 이어지는 3개의 대답을 듣고 바로 정답을 골라야 한다. 헷갈린다고 해도 고민할 시간이 없기 때문에 그 문제는 감으로 찍고 다음 문제로 넘어가도록 하자. 그래야 다음 문제를 놓치지 않을 수 있다.

* 경어나 인사말과 같은 정해진 문구가 출제되는 경우가 있기 때문에 평소에 꾸준히 경어와 인사말을 학습해두자.

문제 흐름

① **한 사람의 말**이 나온다.
② **선택지(3개)**가 나온다.

모두 음성으로만 나온다는 점에 유의하자.
* **문제 용지에는 아무것도 적혀 있지 않다.**

문제유형 예시

もんだい
問題5

問題5では、問題用紙に何もいんさつされていません。まず文を聞いてください。それから、そのへんじを聞いて、1から3の中から、最もよいものを一つえらんでください。

🎧 즉시응답_문제유형_예시.mp3

―メモ―

문제 5 문제5에서는, 문제 용지에 아무것도 인쇄되어 있지 않습니다. 먼저 문장을 들어 주세요. 그리고, 그 대답을 듣고, 1부터 3 중에서, 가장 알맞은 것을 하나 고르세요.

| 정답 | ①

| 해석 |

疲(つか)れたね。そろそろ休(やす)まない？	피곤하네. 슬슬 쉬지 않을래?
1 うん、休(やす)もう。 2 はい、お願(ねが)い。 3 うん、休(やす)むよ。	1 응, 쉬자. 2 네, 부탁해요. 3 응, 쉴 거야.

| 해설 | 말하는 사람이 듣는 사람에게 함께 쉬자고 권유하고 있기 때문에 정답은 1번이다. 2번은 말하는 사람이 뭔가를 대신해 줄 때 듣는 사람이 하는 말이며 2번은 함께 쉬자는 권유에 대한 대답은 아니므로 정답이 아니다.

| 단어 | 疲(つか)れる 지치다, 피곤하다 | そろそろ 슬슬 | 休(やす)む 쉬다 | お願(ねが)い 부탁해

問題5

問題5では、問題用紙に何もいんさつされていません。まず文を聞いてください。それから、そのへんじを聞いて、1から3の中から、最もよいものを一つえらんでください。

ーメモー

| 1 | 🎧 즉시응답_실전연습문제_1번.mp3 |

| 2 | 🎧 즉시응답_실전연습문제_2번.mp3 |

| 3 | 🎧 즉시응답_실전연습문제_3번.mp3 |

| 4 | 🎧 즉시응답_실전연습문제_4번.mp3 |

| 5 | 🎧 즉시응답_실전연습문제_5번.mp3 |

| 6 | 🎧 즉시응답_실전연습문제_6번.mp3 |

| 7 | 🎧 즉시응답_실전연습문제_7번.mp3 |

| 8 | 🎧 즉시응답_실전연습문제_8번.mp3 |

| 9 | 🎧 즉시응답_실전연습문제_9번.mp3 |

| 10 | 🎧 즉시응답_실전연습문제_10번.mp3 |

11 🎧 즉시응답_실전연습문제_11번.mp3

12 🎧 즉시응답_실전연습문제_12번.mp3

13 🎧 즉시응답_실전연습문제_13번.mp3

14 🎧 즉시응답_실전연습문제_14번.mp3

15 🎧 즉시응답_실전연습문제_15번.mp3

16 🎧 즉시응답_실전연습문제_16번.mp3

17 🎧 즉시응답_실전연습문제_17번.mp3

정답 해설집 p.110~113

초판 1쇄 발행 2024년 4월 15일
4쇄 발행 2025년 10월 1일

지은이 유하다요컨텐츠개발팀
펴낸곳 ㈜유하다요
펴낸이 전유하
책임편집 정설
디자인 최한솔

정가 26,800원
ISBN 979-11-91687-33-0 (03730)

Copyright ⓒ ㈜유하다요
이 책에 대한 저작권은 주식회사 유하다요에 있으므로 무단 전재, 배포, 복제 및 사용을 금합니다. 이 책의 전부 또는 일부를 인용 및 발췌하여 사용하려면 저작권자 주식회사 유하다요의 서면 동의를 받아야 합니다. 잘못 만든 책은 구입한 서점 또는 본사에서 바꿔드립니다.

주소 서울특별시 송파구 풍성로 77, C동 3층
홈페이지 https://yuhadayo.com/
교재 관련 문의 02)470-6845

일본어는 유하다요로 충분합니다!

일본어 전문 인강 유하다요의
체계적인 학습 커리큘럼

기초

기초 입문 부터, 회화, 단어 복습까지 체계적인 3-STEP 커리큘럼

- **STEP 1 기초 입문** 히라가나부터 기초 표현 배우기
- **STEP 2 회화 연습** 실제로 쓰이는 기초 회화 연습하기
- **STEP 3 단어 복습** 철저한 반복 학습으로 단어 외우기

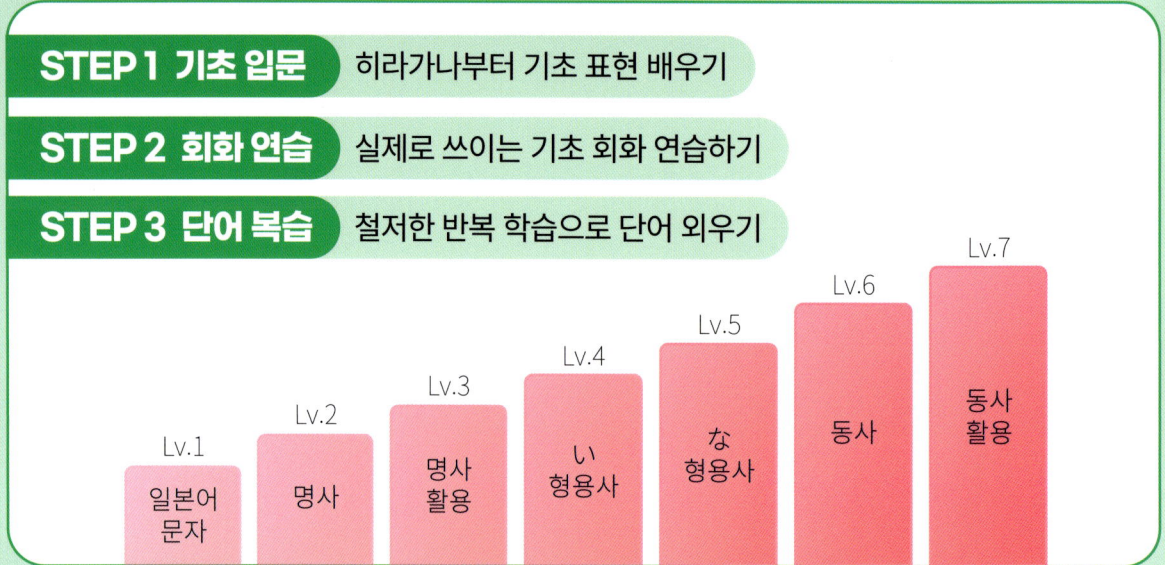

한자

기초부터 실전까지 일본어 상용한자 1026자 30일 완성 커리큘럼

쉽게 배우는 일본어 유하다요 yuhadayo.com

최신경향
종합서

유하다요

JLPT
N3
일본어능력시험

한 권 스피드 합격

해설집

유하다요

유하다요

JLPT
N3

언어지식·독해·청해

한 권 스피드 합격

해설집

유하다요

문자어휘

한자읽기

한자읽기 기출단어 기본 다지기① 22p

| 1 ② | 2 ① | 3 ① | 4 ② | 5 ② |
| 6 ① | 7 ② | 8 ① | 9 ② | 10 ② |

1 소형

해설 小型는 **2 こがた**라고 훈독으로 읽는다. 小는 しょう라는 음독도 있지만, 小型는 こ로 읽어야 한다.

2 가늘다

해설 細いー는 **1 ほそい**라고 훈독으로 읽는다. 細는 細かい라고 표기하면 こまかい(자잘하다)라는 훈독도 있지만, 細い는 ほそい라고 읽어야 한다.

3 횡단

해설 横断는 **1 おうだん**이라고 음독으로 읽는다. 장음에 주의하자.

4 어렵다

해설 難しい는 **2 むずかしい**라고 훈독으로 읽는다.

5 용기, 그릇

해설 容器는 **2 ようき**라고 음독으로 읽는다.

6 호흡

해설 呼吸는 **1 こきゅう**라고 음독으로 읽는다.

7 나머지

해설 残りは **2 のこり**라고 훈독으로 읽는다.

8 나다, 자라다

해설 生える는 **1 はえる**라고 훈독으로 읽는다.

9 바위

해설 岩는 **2 いわ**라고 훈독으로 읽는다.

10 종류

해설 種類는 **2 しゅるい**라고 음독으로 읽는다.

한자읽기 기출단어 실전 연습 문제① 23p

| 1 ② | 2 ① | 3 ④ | 4 ② | 5 ① |
| 6 ② | 7 ③ | 8 ④ | | |

문제1 _____의 말의 읽는 법으로서 가장 알맞은 것을, 1·2·3·4 에서 하나 고르세요.

1 선물을 포장지로 싸서 친구에게 주었다.

해설 包んでは **2 つつんで**라고 훈독으로 읽고 동사 て형이다.

단어 ラッピング 랩핑, 포장 | 用紙(ようし) 용지 | 包(つつ)む 포장하다 | 弾(はず)む 튀다 | 囲(かこ)む 둘러싸다 | 遊(あそ)ぶ 놀다

2 옛날부터 혈압이 높기 때문에 건강 관리가 중요하다.

해설 血圧는 **1 けつあつ**라고 음독으로 읽는다.

단어 血圧(けつあつ) 혈압 | 健康管理(けんこうかんり) 건강 관리 | 重要(じゅうよう)だ 중요하다

3 남보다 노력하지 않으면 좋은 성과를 얻을 수 없다.

해설 努力는 **4 どりょく**라고 음독으로 읽는다.

단어 努力(どりょく) 노력 | 成果(せいか) 성과 | 得(え)る 얻다 | 権力(けんりょく) 권력 | 能力(のうりょく) 능력 | 体力(たいりょく) 체력

4 내 고향은 자연이 풍부한 곳이다.

해설 自然는 **2 しぜん**이라고 음독으로 읽는다. 自는 じ라는 음독도 있지만 自然은 し로 읽어야 한다.

단어 故郷(こきょう) 고향 | 自然(しぜん) 자연 | 豊(ゆた)かだ 풍부하다 | 事前(じぜん) 사전 | 新鮮(しんせん) 신선

5 대학의 이문화 교류 프로그램에 참가하기로 했다.

해설 交流는 **1 こうりゅう**라고 음독으로 읽는다.

단어 異文化(いぶんか) 이문화 | 交流(こうりゅう) 교류 | プログラム 프로그램 | 参加(さんか)する 참가하다 | ~ことにする ~하기로 하다 | 合流(ごうりゅう) 합류

6 설마 자신이 <u>의심받</u>다니 생각지도 않았다.

해설 疑われる는 **2 うたがわれる**라고 훈독으로 읽고 수동형이다.
단어 まさか 설마 | 疑(うたが)う 의심하다 | 使(つか)う 사용하다 | 会(あ)う 만나다

7 올해는 관광객 <u>증감</u>이 심한 1년이었다.

해설 増減는 **3 ぞうげん**이라고 음독으로 읽는다.
단어 今年(ことし) 올해 | 観光客(かんこうきゃく) 관광객 | 増減(ぞうげん) 증감 | 激(はげ)しい 격하다, 심하다 | 草原(そうげん) 초원

8 작년에 <u>비하</u>면 올해 매출은 꽤 기대된다.

해설 比べる는 **4 くらべる**라고 훈독으로 읽는다.
단어 去年(きょねん) 작년 | 比(くら)べる 비교하다 | 売(う)り上(あ)げ 매출, 매상 | かなり 꽤 | 期待(きたい) 기대 | 滑(すべ)る 미끄러지다 | 並(なら)べる 줄세우다 | 述(の)べる 서술하다

한자읽기 기출단어 기본 다지기② 26p

| 1 ① | 2 ① | 3 ② | 4 ② | 5 ① |
| 6 ② | 7 ② | 8 ② | 9 ① | 10 ① |

1 바꾸다, 교환하다

해설 換える는 **1 かえる**라고 훈독으로 읽는다.

2 기계

해설 機械는 **1 きかい**라고 음독으로 읽는다.

3 확실히

해설 確かには **2 たしかに**라고 훈독으로 읽는다.

4 밑줄

해설 下線는 **2 かせん**이라고 음독으로 읽는다. 下는 げ라는 음독도 있지만, 下線는 か로 읽어야 한다.

5 금연

해설 禁煙는 **1 きんえん**이라고 음독으로 읽는다.

6 구르다, 넘어지다

해설 転ぶ는 **2 ころぶ**라고 훈독으로 읽는다.

7 조퇴

해설 早退는 **2 そうたい**라고 음독으로 읽는다.

8 공통

해설 共通는 **2 きょうつう**라고 음독으로 읽는다.

9 독립

해설 独立는 **1 どくりつ**라고 음독으로 읽는다.

10 전하다

해설 伝える는 **1 つたえる**라고 훈독으로 읽는다.

한자읽기 기출단어 실전 연습 문제② 27p

| 1 ④ | 2 ② | 3 ③ | 4 ① | 5 ④ |
| 6 ① | 7 ② | 8 ② | | |

문제1 _____의 말의 읽는 법으로서 가장 알맞은 것을, 1・2・3・4에서 하나 고르세요.

1 <u>점심 식사</u> 후에 거래처와의 사전 미팅이 예정되어 있습니다.

해설 昼食는 **4 ちゅうしょく**라고 음독으로 읽는다.
단어 昼食(ちゅうしょく) 점심 식사 | 取引先(とりひきさき) 거래처 | 打(う)ち合(あ)わせ 미리 상의함, 사전 미팅 | 予定(よてい)する 예정하다 | 夜食(やしょく) 야식 | 夕食(ゆうしょく) 저녁 식사 | 朝食(ちょうしょく) 조식

2 월말에는 항상 <u>늦은</u> 시간까지 야근하지 않으면 안 된다.

해설 遅い는 **2 おそい**라고 훈독으로 읽는다.
단어 月末(げつまつ) 월말 | 遅(おそ)い 늦다 | 残業(ざんぎょう) 야근, 잔업 | 短(みじか)い 짧다 | 早(はや)い 빠르다 | 長(なが)い 길다

3 이 레스토랑은 매우 인기가 있어서 좀처럼 <u>예약</u>을 할 수 없다.

해설 予約는 **3 よやく**라고 음독으로 읽는다.
단어 人気(にんき) 인기 | 予約(よやく) 예약 | なかなか 좀처럼 | 取(と)る 잡다 | 予防(よぼう) 예방 | 予定(よてい) 예정 | 予想(よそう) 예상

4 그녀는 요리를 만드는 것보다 먹는 것을 더 <u>잘한다</u>.

해설 　得意는 **1 とくい**라고 음독으로 읽는다.
단어 　作(つく)る 만들다 | ～より ~보다 | 方(ほう) 쪽, 편 | 得意(とくい)だ 잘하다 | 特技(とくぎ) 특기 | 特別(とくべつ) 특별 | 得点(とくてん) 득점

5 친구와 놀 약속을 했었지만, 급한 일로 연기가 되었다.

해설 　遊ぶ는 **4 あそぶ**라고 훈독으로 읽는다.
단어 　遊(あそ)ぶ 놀다 | 約束(やくそく) 약속 | 急(きゅう)だ 급하다 | 延期(えんき) 연기 | 並(なら)ぶ 줄서다 | 運(はこ)ぶ 옮기다 | 呼(よ)ぶ 부르다

6 할아버지는 <u>수술</u>을 받고 이전보다도 건강해졌다.

해설 　手術는 **1 しゅじゅつ**라고 음독으로 읽는다.
단어 　祖父(そふ) 조부, 할아버지 | 手術(しゅじゅつ) 수술 | 受(う)ける 받다 | 以前(いぜん) 이전 | 元気(げんき)だ 건강하다, 잘 지내다

7 일기 예보에 따르면 내일은 매우 <u>차가워진다</u>고 한다.

해설 　冷える는 **2 ひえる**라고 훈독으로 읽는다.
단어 　天気予報(てんきよほう) 일기 예보 | ～によると ~에 따르면 | 冷(ひ)える 차가워지다, 추워지다 | 覚(おぼ)える 외우다 | 消(き)える 사라지다 | 答(こた)える 대답하다

8 <u>혈액형</u>과 성격은 깊은 관계가 있다고 믿는 사람도 있다.

해설 　血液型는 **2 けつえきがた**라고 음독으로 읽는다. 型의 음독은 かた이지만 血液 뒤에 올 때는 がた라는 탁음이 된다.
단어 　血液型(けつえきがた) 혈액형 | 性格(せいかく) 성격 | 深(ふか)い 깊다 | 関係(かんけい) 관계 | 信(しん)じる 믿다

한자읽기 기출단어 기본 다지기③　　30p

1 ②	2 ①	3 ①	4 ①	5 ②
6 ②	7 ②	8 ①	9 ①	10 ②

1 상대

해설 　相手는 **2 あいて**라고 훈독으로 읽는다. 相는 そう라는 음독도 있지만, 相手는 あい로 읽어야 한다.

2 바꾸다, 교환하다

해설 　替える는 **1 かえる**라고 훈독으로 읽는다.

3 집중

해설 　集中는 **1 しゅうちゅう**라고 음독으로 읽는다.

4 얕다

해설 　浅い는 **1 あさい**라고 훈독으로 읽는다.

5 선수

해설 　選手는 **2 せんしゅ**라고 음독으로 읽는다.

6 (눈짓, 몸짓, 소리 등의) 신호

해설 　合図는 **2 あいず**라고 훈독으로 읽는다. 合는 ごう라는 음독도 있지만, 合図는 あい로 읽어야 한다.

7 웃는 얼굴

해설 　笑顔는 **2 えがお**라고 훈독으로 읽는다. 笑는 しょう라는 음독도 있지만, 笑顔는 え로 읽어야 한다.

8 나누어 주다, 배포하다

해설 　配る는 **1 くばる**라고 훈독으로 읽는다.

9 타인

해설 　他人는 **1 たにん**라고 음독으로 읽는다. 人는 じん라는 음독도 있지만, 他人는 にん로 읽어야 한다.

10 평일

해설 　平日는 **2 へいじつ**라고 음독으로 읽는다. 日는 にち라는 음독도 있지만, 平日는 じつ로 읽어야 한다.

한자읽기 기출단어 실전 연습 문제③　　31p

1 ④	2 ①	3 ③	4 ④	5 ②
6 ③	7 ②	8 ①		

문제　_____의 말의 읽는 법으로서 가장 알맞은 것을, 1・2・3・4에서 하나 고르세요.

1 일본에서는 밥을 먹을 때 젓가락을 사용하는 것이 <u>일반적</u>이다.

해설 　一般的는 **4 いっぱんてき**라고 음독으로 읽는다. 촉음과 반탁음에 주의하자.
단어 　箸(はし) 젓가락 | 一般的(いっぱんてき)だ 일반적이다

2 오늘은 개인적인 <u>사정</u>이 있어서 회사를 쉬었습니다.

해설 事情는 **1 じじょう**라고 음독으로 읽는다. 탁음에 주의하자.

단어 個人的(こじんてき)だ 개인적이다 ｜ 事情(じじょう) 사정

3 내 집을 세우기 위해 우선 1000만 엔을 <u>저금</u>하려고 한다.

해설 貯金는 **3 ちょきん**라고 음독으로 읽는다.

단어 マイホーム 마이홈, 내 집 ｜ 建(た)てる 세우다 ｜ ～ため ~위해서 ｜ まず 우선, 먼저 ｜ 貯金(ちょきん) 저금 ｜ ～ようと思(おも)う ~하려고 생각하다

4 경제 악화가 계속되어 세계적으로 과거 최고 <u>실업률</u>이다.

해설 失業는 **4 しつぎょう**라고 음독으로 읽는다.

단어 経済(けいざい) 경제 ｜ 悪化(あっか) 악화 ｜ 続(つづ)く 계속되다 ｜ 世界的(せかいてき)だ 세계적이다 ｜ 過去(かこ) 과거 ｜ 最高(さいこう) 최고 ｜ 失業率(しつぎょうりつ) 실업률 ｜ 実業(じつぎょう) 실업 ｜ 卒業(そつぎょう) 졸업

5 오후 3시 <u>이후</u>에 손님이 옵니다.

해설 以降는 **2 いこう**라고 음독으로 읽는다.

단어 午後(ごご) 오후 ｜ 以降(いこう) 이후 ｜ お客様(きゃくさま) 손님 ｜ 以後(いご) 이후 ｜ 以前(いぜん) 이전

6 태풍 피해로 집 창문이 <u>깨졌습니다</u>.

해설 割れる는 **3 われ**라고 훈독으로 읽고 동사 ます형이다.

단어 台風(たいふう) 태풍 ｜ 被害(ひがい) 피해 ｜ 窓(まど) 창문 ｜ 割(わ)れる 깨지다 ｜ 壊(こわ)れる 부서지다 ｜ 揺(ゆ)れる 흔들리다 ｜ 別(わか)れる 헤어지다

7 내일부터 일주일 동안 미국 <u>출장</u> 때문에 출근 안 합니다.

해설 出張는 **2 しゅっちょう**라고 음독으로 읽는다. 出의 음독은 しゅつ이지만 出張는 しゅっ라는 촉음이 된다.

단어 出張(しゅっちょう) 출장 ｜ ～ため ~때문에 ｜ 出勤(しゅっきん) 출근 ｜ 主張(しゅちょう) 주장

8 병 뚜껑이 <u>단단해서</u> 열리지 않는다.

해설 固くて는 **1 かたくて**라고 훈독으로 읽고 い형용사의 연결형이다.

단어 びん 병 ｜ ふた 뚜껑 ｜ 固(かた)い 단단하다, 딱딱하다 ｜ 開(あ)く 열리다 ｜ 軽(かる)い 가볍다 ｜ 荒(あら)い 거칠다 ｜ きつい 꽉 끼다, 심하다

표기

표기 기출단어 기본 다지기① 36p

| 1 ② | 2 ① | 3 ② | 4 ① | 5 ② |
| 6 ① | 7 ① | 8 ① | 9 ① | 10 ② |

1 반드시

해설 かならずは **2 必ず**라고 표기한다.

2 제복

해설 せいふくは **1 制服**라고 표기한다.

3 검사

해설 けんさは **2 検査**라고 표기한다.

4 맡기다

해설 あずける는 **1 預ける**라고 표기한다.

5 규칙

해설 きそくは **2 規則**라고 표기한다.

6 전언

해설 でんごんは **1 伝言**이라고 표기한다.

7 딸

해설 むすめは **1 娘**라고 표기한다. 1번은 妹(いもうと) 여동생이라는 단어이다.

8 명령

해설 めいれいは **1 命令**라고 표기한다.

9 반대, 거꾸로

해설 ぎゃくは **1 逆**라고 표기한다.

10 약국

해설 やっきょくは **2 薬局**라고 표기한다.

표기 기출단어 실전 연습 문제① — 37p

1 ①	2 ③	3 ④	4 ③	5 ①
6 ②				

문제2 _____의 말을 한자로 쓸 때, 가장 알맞은 것을, 1·2·3·4 에서 하나 고르세요.

1 건강을 위해서는 담배를 <u>피우지 않는</u> 것이 좋아.

해설 すわないは **1 吸わない**라고 표기하고 동사 부정형이다. 3, 4번은 없는 단어이다.

단어 健康(けんこう) 건강 | ~ために ~위해서 | タバコを吸(す)う 담배를 피우다 | 扱(あつか)う 취급하다

2 요즘 일이 바쁘고 스트레스가 쌓여서 <u>위</u>가 아프다.

해설 いは **3 胃**라고 표기한다.

단어 最近(さいきん) 최근 | 忙(いそが)しい 바쁘다 | ストレスがたまる 스트레스가 쌓이다 | 胃(い) 위 | 痛(いた)い 아프다 | 肩(かた) 어깨 | 胸(むね) 가슴 | 腹(はら) 배

3 주말에는 친구 집에 <u>묵</u>을 예정입니다.

해설 とまるは **4 泊まる**라고 표기한다. 1, 2, 3번도 とまる라고 읽지만 뜻이 다르다. 1번은 없는 단어이다.

단어 週末(しゅうまつ) 주말 | 泊(と)まる 묵다, 숙박하다 | 予定(よてい) 예정 | 止(と)まる 멈추다 | 停(と)まる 정지하다

4 나의 아버지는 성실하고 상냥한 <u>성격</u>이다.

해설 せいかくは **3 性格**라고 표기한다. 1번도 せいかく 라고 읽지만 뜻이 다르다. 2, 4번은 없는 단어이다.

단어 父(ちち) 아버지 | 真面目(まじめ)だ 성실하다 | 優(やさ)しい 상냥하다 | 性格(せいかく) 성격 | 正確(せいかく) 정확

5 여름 방학 자유 연구는 개미 <u>관찰</u> 일기를 쓰기로 결정했습니다.

해설 かんさつは **1 観察**라고 표기한다. 2, 3, 4번은 없는 단어이다.

단어 夏休(なつやす)み 여름 방학 | 自由(じゆう) 자유 | 研究(けんきゅう) 연구 | アリ 개미 | 観察(かんさつ) 관찰 | 日記(にっき) 일기 | 決(き)める 결정하다

6 도쿄의 지하철은 세계에서도 <u>복잡</u>한 지하철 중 하나다.

해설 ふくざつなは **2 複雑な**라고 표기하고 な형용사 명사 수식형이다. 1, 3, 4번은 없는 단어이다.

단어 東京(とうきょう) 도쿄 | 地下鉄(ちかてつ) 지하철 | 世界(せかい) 세계 | 複雑(ふくざつ)だ 복잡하다

표기 기출단어 기본 다지기② — 40p

1 ①	2 ①	3 ①	4 ②	5 ①
6 ①	7 ②	8 ①	9 ①	10 ②

1 안쪽, 내면

해설 うちがわは **1 内側**라고 표기한다. 2번은 外側(そとがわ)는 바깥쪽, 외면이라는 단어이다.

2 최초, 맨 처음

해설 さいしょは **1 最初**라고 표기한다. 2번은 最小(さいしょう) 최소 라는 단어이다.

3 번역하다

해설 やくすは **1 訳す**라고 표기한다.

4 맞다, 적중하다

해설 あたるは **2 当たる**라고 표기한다.

5 관계

해설 かんけいは **1 関係**라고 표기한다.

6 짜다, (다리를)꼬다

해설 くむは **1 組む**라고 표기한다. 2번은 込(こ)む 붐비다라는 단어이다.

7 승차

해설 じょうしゃは **2 乗車**라고 표기한다.

8 파도

해설 なみは **1 波**라고 표기한다. 2번은 涙(なみだ) 눈물이라는 단어이다.

9 잠자다, 잠들다

해설 ねむるは **1 眠る**라고 표기한다. 2번 寝(ね)る 자다라는 단어이다.

10 수출

해설 ゆしゅつは **2 輸出**라고 표기한다.

표기 기출단어 실전 연습 문제② 41p

| 1 ③ | 2 ④ | 3 ① | 4 ② | 5 ② |
| 6 ② | | | | |

문제2 _____ 의 말을 한자로 쓸 때, 가장 알맞은 것을, 1·2·3·4에서 하나 고르세요.

1 폭우의 영향으로 어제부터 정전이 계속되고 있다.

해설 ていでんは **3 停電**이라고 표기한다. 1, 2, 4번은 한자 모양은 비슷하지만 없는 단어이다.

단어 大雨(おおあめ) 폭우 | 影響(えいきょう) 영향 | 停電(ていでん) 정전 | 続(つづ)く 계속되다

2 저 섬은 수십 년도 전부터 사람이 살지 않았다.

해설 しまは **4 島**라고 표기한다.

단어 島(しま) 섬 | 何十年(なんじゅうねん) 몇 십 년 | 住(す)む 살다 | 岩(いわ) 바위 | 泡(あわ) 거품 | 鳥(とり) 새

3 주간지에 실린 유명한 카페에 가보고 싶다.

해설 しゅうかんしは **1 週刊誌**라고 표기한다. 2, 3, 4번은 없는 단어이다.

단어 週刊誌(しゅうかんし) 주간지 | 載(の)る 실리다 | 有名(ゆうめい)だ 유명하다

4 제일 희망하는 대학에 합격해서 울 정도로 기쁘다.

해설 なくは **2 泣く**라고 표기한다. 1, 3, 4번은 없는 단어이다.

단어 第一(だいいち) 제일 | 希望(きぼう) 희망 | 合格(ごうかく) 합격 | 泣(な)く 울다 | ほど 만큼, 정도 | 嬉(うれ)しい 기쁘다

5 사고로 입원해 있었지만, 드디어 내일 퇴원할 수 있게 되었다.

해설 たいいんは **2 退院**이라고 표기한다. 1, 3번은 없는 단어이다.

단어 事故(じこ) 사고 | 入院(にゅういん) 입원 | やっと 겨우, 드디어 | 退院(たいいん) 퇴원 | 隊員(たいいん) 대원

6 두통이 심해서 약을 먹었더니 좋아졌다.

해설 ずつうは **2 頭痛**이라고 표기한다. 1번은 없는 단어이다.

단어 頭痛(ずつう) 두통 | ひどい 심하다 | 薬(くすり)を飲(の)む 약을 먹다 | 良(よ)い 좋다 | 腹痛(ふくつう) 복통 | 腰痛(ようつう) 요통

표기 기출단어 기본 다지기③ 44p

| 1 ① | 2 ② | 3 ② | 4 ① | 5 ② |
| 6 ② | 7 ② | 8 ① | 9 ② | 10 ② |

1 옮다, 옮겨지다

해설 うつるは **1 移る**라고 표기한다.

2 감소

해설 げんしょうは **2 減少**라고 표기한다.

3 복수

해설 ふくすうは **2 複数**라고 표기한다.

4 포개다, 겹치다

해설 かさねるは **1 重ねる**라고 표기한다.

5 믿다

해설 しんじるは **2 信じる**라고 표기한다.

6 따뜻하게 하다, 데우다

해설 あたためるは **2 温める**라고 표기한다.

7 원료

해설 げんりょうは **2 原料**라고 표기한다.

8 매다, 묶다, 잇다

해설 むすぶは **1 結ぶ**라고 표기한다.

9 법률

해설 ほうりつは **2 法律**라고 표기한다.

10 정상

해설 せいじょうは **2 正常**이라고 표기한다.

표기 기출단어 실전 연습 문제③ 45p

| 1 ③ | 2 ④ | 3 ① | 4 ④ | 5 ② |
| 6 ② | | | | |

문제2 _____의 말을 한자로 쓸 때, 가장 알맞은 것을, 1·2·3·4에서 하나 고르세요.

1 아직 다 쓰지 않았으니까 <u>지우지</u> 마세요.

해설 けさないで는 **3 消さないで**라고 표기하고 동사 부정형의 연결형이다.

단어 全部(ぜんぶ) 전부 | 書(か)く 쓰다 | 消(け)す 지우다 | 示(しめ)す 나타내다, 보이다 | 流(なが)す 흘리다 | 隠(かく)す 숨기다

2 여기는 <u>주차</u>금지입니다. 저쪽에 세워주세요.

해설 ちゅうしゃ는 **4 駐車**라고 표기한다. 1, 2번은 없는 단어이다.

단어 駐車(ちゅうしゃ) 주차 | 禁止(きんし) 금지 | 止(と)める 멈추다, 세우다 | 駐輪(ちゅうりん) 자전거를 세워둠

3 마라톤 대회에서 신<u>기록</u>을 내고 우승했다.

해설 きろく는 **1 記録**라고 표기한다. 2, 3, 4번은 없는 단어이다.

단어 マラソン 마라톤 | 大会(たいかい) 대회 | 新記録(しんきろく)を出(だ)す 신기록을 내다 | 優勝(ゆうしょう)する 우승하다

4 예습과 <u>복습</u>은 공부에 있어서 매우 중요하다.

해설 ふくしゅう는 **4 復習**라고 표기한다. 1, 2, 3번은 없는 단어이다.

단어 予習(よしゅう) 예습 | 復習(ふくしゅう) 복습 | ～において ~에 있어서 | 大切(たいせつ)だ 중요하다

5 지도는 <u>안내소</u>에 있습니다. 자유롭게 가져가세요.

해설 あんない는 **2 案内**라고 표기한다. 1, 3, 4번은 없는 단어이다.

단어 地図(ちず) 지도 | 案内所(あんないじょ) 안내소 | ご自由(じゆう)に 자유롭게 | 取(と)る 집다, 가져가다

6 <u>건강</u>을 위해서 매일 2시간 걷도록 하고 있다.

해설 けんこう는 **2 健康**라고 표기한다. 1, 3, 4번은 없는 단어이다.

단어 健康(けんこう) 건강 | ～のために ~을/를 위해서 | 毎日(まいにち) 매일 | 歩(ある)く 걷다 | ～ようにする ~하도록 하다

문맥규정

문맥규정 기출단어 기본 다지기①   52p

| 1 ② | 2 ② | 3 ② | 4 ① | 5 ② |
| 6 ② | 7 ② | 8 ① | 9 ① | 10 ① |

1 작년과 (비교)하면 올해 쪽이 더 덥다.

1 경쟁   **2 비교**

해설 선택지는 모두 명사이다. 그중 문맥상 가장 자연스러운 것은 **2 比較**이다. 1번은 문맥상 어색하다.

단어 去年(きょねん) 작년 | 比較(ひかく) 비교 | 暑(あつ)い 덥다 | 競争(きょうそう) 경쟁

2 1점 (차)로 시험에 떨어져 버렸다.

1 사이   **2 차**

해설 선택지는 모두 명사이다. 그중 문맥상 가장 자연스러운 것은 **2 差**이다. 1은 문맥상 어색하다.

단어 差(さ) 차 | 試験(しけん) 시험 | 落(お)ちる 떨어지다 | ～てしまう ~해 버리다 | 間(あいだ) 사이

3 뭐라고 하든지 나는 (아무렇지도 않으)니깐 신경쓰지마.

1 튼튼함   **2 아무렇지도 않음**

해설 선택지는 모두 な형용사의 어간이다. 그중 문맥상 가장 자연스러운 것은 **2 平気**이다. 1번은 문맥상 어색하다.

단어 平気(へいき)だ 아무렇지도 않다 | 気(き)にする 신경쓰다 | 丈夫(じょうぶ)だ 튼튼하다

4 이 나라는 석유나 석탄 등 (자원)이 풍부하다.

1 자원   2 문화

해설 선택지는 모두 명사이다. 그중 문맥상 가장 자연스러운 것은 **1 資源**이다. 2번은 문맥상 어색하다.

단어 石油(せきゆ) 석유 | 石炭(せきたん) 석탄 | 資源(しげん) 자원 | 豊(ゆた)かだ 풍부하다 | 文化(ぶんか) 문화

5 그는 (의지)가 굳세고 한 번 정한 것은 절대로 바꾸지 않는다.

1 의견   **2 의지**

해설 선택지는 모두 명사이다. 그중 문맥상 가장 자연스러운 것은 **2 意志**이다. 1번은 문맥상 어색하다.

단어 意志(いし) 의지 | 固(かた)い 단단하다, 굳다 | 一度(いちど) 한 번 | 決(き)める 정하다 | 絶対(ぜったい)に 절대로 | 変(か)える 바꾸다 | 意見(いけん) 의견

| 6 | 의견이 (제각각)이라서 이야기가 하나로 모아지지 않는다. |

1 술술　　　　　　　　　　**2 제각각**

해설　선택지는 모두 부사이다. 그중 문맥상 가장 자연스러운 것은 **2 ばらばら**이다. 1번은 문맥상 어색하다.

단어　意見(いけん) 의견 | ばらばら 제각각, 뿔뿔이 | まとまる 하나로 모아지다 | ぺらぺら (거침없이) 술술, (종이 넘길 때) 펄럭펄럭

| 7 | 프로모션 결과를 상사에게 (보고)했다. |

1 제안　　　　　　　　　　**2 보고**

해설　선택지는 모두 명사이다. 그중 문맥상 가장 자연스러운 것은 **2 報告**이다. 1번은 문맥상 어색하다.

단어　プロモーション 프로모션 | 結果(けっか) 결과 | 上司(じょうし) 상사 | 報告(ほうこく) 보고 | 提案(ていあん) 제안

| 8 | 결혼식 (다음날), 신혼여행을 위해 오키나와로 향해서 갔다. |

1 다음날　　　　　　　　　　2 전날

해설　선택지는 모두 명사이다. 그중 문맥상 가장 자연스러운 것은 **1 翌日**이다. 2번은 문맥상 어색하다.

단어　結婚式(けっこんしき) 결혼식 | 翌日(よくじつ) 다음날 | 新婚旅行(しんこんりょこう) 신혼여행 | 沖縄(おきなわ) 오키나와(일본 지명) | 向(む)かう 향해서 가다 | 前日(ぜんじつ) 전날

| 9 | (희망)하고 있던 회사에 취직할 수 있었다. |

1 희망　　　　　　　　　　2 기대

해설　선택지는 모두 명사이다. 그중 문맥상 가장 자연스러운 것은 **1 希望**이다. 2번은 문맥상 어색하다.

단어　希望(きぼう) 희망 | 就職(しゅうしょく) 취직 | 期待(きたい) 기대

| 10 | 졸려서 (하품)이 멈추지 않는다. |

1 하품　　　　　　　　　　2 땀

해설　선택지는 모두 명사이다. 그중 문맥상 가장 자연스러운 것은 **1 あくび**이다. 2번은 문맥상 어색하다.

단어　眠(ねむ)い 졸리다 | あくび 하품 | 止(と)まる 멈추다 | あせ 땀

문맥규정 기출단어 실전 연습 문제①	54p
1 ④　　2 ②　　3 ③　　4 ①　　5 ②	
6 ①　　7 ④　　8 ③　　9 ①　　10 ③	
11 ④	

문제3　(　　　)에 넣기에 가장 알맞은 것을, 1·2·3·4에서 하나 고르세요.

| 1 | 폭우 탓에 비행기가 갑자기 (캔슬)되었다. |

1 컷　　　　　　　　　　2 시스템
3 클레임　　　　　　　　　**4 캔슬**

해설　선택지는 모두 카타카나어이다. 그중 문맥상 가장 자연스러운 것은 **4 キャンセル**이다. 1, 2, 3번은 문맥상 어색하다.

단어　大雨(おおあめ) 폭우 | ～せいで ~탓에 | 飛行機(ひこうき) 비행기 | 急(きゅう)に 갑자기 | キャンセル 캔슬, 취소 | カット 컷 | システム 시스템 | クレーム 클레임

| 2 | 퍼즐 조각이 (딱) 맞았다. |

1 완전히　　　　　　　　　**2 딱 들어맞는 모양**
3 제대로　　　　　　　　　4 깜빡 잊은 모양

해설　선택지는 모두 부사이다. 그중 문맥상 가장 자연스러운 것은 **2 ぴったり**이다. 1, 3, 4번은 문맥상 어색하다. 1번 すっかり(완전히)는 한국어 해석상 정답이 될 것 같지만 すっかり忘れる(완전히 잊다)로 사용되므로 정답이 아니다.

단어　パズル 퍼즐 | ピース 피스, 조각 | ぴったり 딱, 딱 들어 맞는 모양 | 合(あ)う 맞다 | すっかり 완전히 | しっかり 제대로, 확실히 | うっかり 깜빡 잊은 모양

| 3 | 오후부터 출장을 가게 되어서 회의를 (연기)하기로 했다. |

1 예약　　　　　　　　　　2 지각
3 연기　　　　　　　　　　4 연장

해설　선택지는 모두 명사이다. 그중 문맥상 가장 자연스러운 것은 **3 延期**이다. 1, 2, 4번은 문맥상 어색하다.

단어　午後(ごご) 오후 | 出張(しゅっちょう) 출장 | ～ことになる ~하게 되다 | 会議(かいぎ) 회의 | 延期(えんき) 연기 | ～ことにする ~하기로 하다 | 予約(よやく) 예약 | 遅刻(ちこく) 지각 | 延長(えんちょう) 연장

| 4 | 이 (토지)는 넓고 저렴하기 때문에 여기에 집을 짓고 싶습니다. |

1 토지　　　　　　　　　　2 방
3 가정　　　　　　　　　　4 공원

해설　선택지는 모두 명사이다. 그중 문맥상 가장 자연스러운 것은 **1 土地**이다. 2, 3, 4번은 문맥상 어색하다.

단어　土地(とち) 토지 | 広(ひろ)い 넓다 | 安(やす)い 싸다 | 建(た)てる 세우다 | 家庭(かてい) 가정 | 公園(こうえん) 공원

| 5 | (쓸데없는) 시간을 보내지 않도록 계획을 세워서 진행하자. |

1 열중인　　　　　　　　　**2 쓸데없는**
3 만족스러운　　　　　　　　4 귀찮은

해설　선택지는 모두 な형용사의 명사 수식형이다. 그중 문맥상 가장 자연

스러운 것은 **2 無駄な**이다. 1, 3, 4번은 문맥상 어색하다.

단어　無駄(むだ)だ 쓸데없다｜過(す)ごす 보내다｜~ないように ~하지 않도록｜計画(けいかく)を立(た)てる 계획을 세우다｜進(す)める 진행하다｜夢中(むちゅう)だ 열중이다｜満足(まんぞく)だ 만족스럽다｜面倒(めんどう)だ 귀찮다

---

6 무서운 영화를 보고 심장이 (두근두근) 하고 있다.

1 두근두근　　　　　2 휘청휘청
3 점점　　　　　　　4 더욱더

해설　선택지는 모두 부사이다. 그중 문맥상 가장 자연스러운 것은 **1 どきどき**이다. 2, 3, 4번은 문맥상 어색하다.

단어　怖(こわ)い 무섭다｜映画(えいが) 영화｜心臓(しんぞう) 심장｜どきどき 두근두근｜ふらふら 휘청휘청｜どんどん 점점, 계속｜ますます 점점 더, 더욱더

---

7 흰 셔츠에 (얼룩) 이 져 있다.

1 구멍　　　　　　　2 습관, 버릇
3 무늬　　　　　　　**4 얼룩**

해설　선택지는 모두 명사이다. 그중 문맥상 가장 자연스러운 것은 **4 しみ**이다. 1, 2, 3번은 문맥상 어색하다.

단어　白(しろ)い 하얗다｜シャツ 셔츠｜しみがつく 얼룩이 지다｜付(つ)く 붙다｜穴(あな) 구멍｜癖(くせ) 습관, 버릇｜がら 무늬

---

8 처음 온 거리라서 길을 (헤매어) 버렸다.

1 잃고　　　　　　　2 의심하고
3 헤매고　　　　　4 쫓아가고

해설　선택지는 모두 동사 て형이다. 그중 문맥상 가장 자연스러운 것은 **3 迷って**이다. 1, 2, 4번은 문맥상 어색하다. 1번 失う(잃다)는 한국어 해석상 정답이 될 것 같지만 記憶を失う(기억을 잃다)로 사용되므로 정답이 아니다.

단어　初(はじ)めて 처음｜街(まち) 거리｜道(みち)に迷(まよ)う 길을 헤매다｜失(うしな)う 잃다｜疑(うたが)う 의심하다｜追(お)う 쫓아가다

---

9 어머니에게 된장국의 (레시피)를 배웠기 때문에 바로 만들어 보았다.

1 레시피　　　　　2 스프
3 칼로리　　　　　　4 메뉴

해설　선택지는 모두 카타카나어이다. 그중 문맥상 가장 자연스러운 것은 **1 レシピ**이다. 2, 3, 4번은 문맥상 어색하다.

단어　母(はは) 어머니｜みそ汁(しる) 된장국｜レシピ 레시피｜教(おそ)わる 배우다｜すぐに 바로｜スープ 스프｜カロリー 칼로리｜メニュー 메뉴

---

10 아직 사용할 수 있는데 버려 버리다니 (아까워).

1 말도 안 된다　　　　2 어쩔 수 없다
3 아깝다　　　　　4 귀찮다

해설　선택지는 모두 い형용사이다. 그중 문맥상 가장 자연스러운 것은 **3 もったいない**이다. 1, 2, 4번은 문맥상 어색하다.

단어　使(つか)う 사용하다｜捨(す)てる 버리다｜なんて ~하다니｜もったいない 아깝다｜ありえない 말도 안 된다｜しかたない 어쩔 수 없다｜めんどうくさい 귀찮다

---

11 (정체)가 심해서 집까지 5시간이나 걸렸다.

1 고장　　　　　　　2 외출
3 수리　　　　　　　**4 (교통)정체**

해설　선택지는 모두 명사이다. 그중 문맥상 가장 자연스러운 것은 **4 渋滞**이다. 1, 2, 3번은 문맥상 어색하다.

단어　渋滞(じゅうたい) (교통)정체｜ひどい 심하다｜かかる 걸리다｜故障(こしょう) 고장｜外出(がいしゅつ) 외출｜修理(しゅうり) 수리

문맥규정 기출단어 기본 다지기② 59p

1 ②　**2** ①　**3** ①　**4** ①　**5** ②

---

1 수상한 사람이 집 앞에서 (어슬렁어슬렁) 거리고 있다.

1 꾸벅꾸벅　　　　　**2 어슬렁어슬렁**

해설　선택지는 모두 부사이다. 그중 문맥상 가장 자연스러운 것은 **2 うろうろ**이다. 1번은 문맥상 어색하다.

단어　怪(あや)しい 수상하다｜うろうろ 어슬렁어슬렁, 우왕좌왕｜うとうと 꾸벅꾸벅

---

2 이전에는 악세사리 (디자인) 일을 했었습니다.

1 디자인　　　　　2 아이디어

해설　선택지는 모두 카타카나어이다. 그중 문맥상 가장 자연스러운 것은 **1 デザイン**이다. 2은 문맥상 어색하다.

단어　以前(いぜん) 이전｜アクセサリー 악세사리｜デザイン 디자인｜アイデア 아이디어

---

3 그녀는 다이어트 (목적)으로 마라톤을 시작했다.

1 목적　　　　　　2 목표

해설　선택지는 모두 명사이다. 그중 문맥상 가장 자연스러운 것은 **1 目的**이다. 2번은 문맥상 어색하다.

단어　ダイエット 다이어트｜目的(もくてき) 목적｜マラソン 마라톤｜始(はじ)める 시작하다｜目標(もくひょう) 목표

4 신발 (밑바닥)에 껌이 붙어서 안 떼져.

1 밑바닥　　　　　2 근처

해설　선택지는 모두 명사이다. 그중 문맥상 가장 자연스러운 것은 **1 底**이다. 2번은 문맥상 어색하다.

단어　底(そこ) 밑바닥 | 付(つ)く 붙다 | 取(と)る 떼다, 잡다 | 辺(へん) 근처, 부근

5 부탁이니깐 어머니에게는 (비밀)로 해 줘.

1 금지　　　　　**2 비밀**

해설　선택지는 모두 명사이다. 그중 문맥상 가장 자연스러운 것은 **2 内緒**이다. 1번은 문맥상 어색하다.

단어　内緒(ないしょ) 비밀 | 禁止(きんし) 금지

문맥규정 기출단어 실전 연습 문제② 60p

1 ①	2 ②	3 ④	4 ②	5 ①
6 ④	7 ②	8 ④	9 ③	10 ①
11 ③				

문제3　(　　)에 넣기에 가장 알맞은 것을, 1·2·3·4에서 하나 고르세요.

1 태양의 빛 (에너지)를 사용해서 전기를 만든다.

1 에너지　　　　　2 에어, 공기
3 머니, 돈　　　　　4 커버

해설　선택지는 모두 카타카나어이다. 그중 문맥상 가장 자연스러운 것은 **1 エネルギー**다. 2, 3, 4번은 문맥상 어색하다.

단어　太陽(たいよう) 태양 | 光(ひかり) 빛 | エネルギー 에너지 | 使(つか)う 사용하다 | 電気(でんき) 전기 | 作(つく)る 만들다 | エアー 에어, 공기 | マネー 머니, 돈 | カバー 커버

2 그는 거짓말만 하기 때문에 이제 (믿을 수 없다).

1 연기할 수 없다　　　　　**2 믿을 수 없다**
3 느낄 수 없다　　　　　4 대답할 수 없다

해설　선택지는 모두 동사이다. 그중 문맥상 가장 자연스러운 것은 **2 信じられない**이다. 1, 3, 4번은 문맥상 어색하다.

단어　うそつく 거짓말하다 | ばかり 만, 뿐 | 信(しん)じる 믿다 | 演(えん)じる 연기하다 | 感(かん)じる 느끼다 | 答(こた)える 대답하다

3 요즘 살이 쪘기 때문에 식사 (제한)하고 다이어트를 합니다.

1 재현　　　　　2 감소
3 증가　　　　　**4 제한**

해설　선택지는 모두 명사이다. 그중 문맥상 가장 자연스러운 것은 **4 制限**이다. 1, 2, 3번은 문맥상 어색하다.

단어　最近(さいきん) 최근, 요즘 | 太(ふと)る 살찌다 | 食事(しょくじ) 식사 | 制限(せいげん) 제한 | ダイエット 다이어트 | 再現(さいげん) 재현 | 減少(げんしょう) 감소 | 増加(ぞうか) 증가

4 하루 3번 (제대로) 양치를 하고 있기 때문에 충치가 하나도 없다.

1 딱 잘라　　　　　**2 제대로**
3 실망한 모양　　　　　4 산뜻한 모양, 전혀

해설　선택지는 모두 부사이다. 그중 문맥상 가장 자연스러운 것은 **2 しっかり**이다. 1, 3, 4번은 문맥상 어색하다.

단어　一日(いちにち) 하루 | しっかり 제대로, 확실히 | 歯磨(はみが)き 양치질 | 虫歯(むしば) 충치 | きっぱり 딱 잘라 | がっかり 실망한 모양 | さっぱり 산뜻한 모양, 전혀

5 저는 앉아서 컴퓨터를 할 때는 (자세)를 항상 신경 쓰고 있습니다.

1 자세　　　　　2 태도
3 환영　　　　　4 의자

해설　선택지는 모두 명사이다. 그중 문맥상 가장 자연스러운 것은 **1 姿勢**이다. 2, 3, 4번은 문맥상 어색하다.

단어　座(すわ)る 앉다 | 姿勢(しせい) 자세 | 気(き)にする 신경 쓰다 | 態度(たいど) 태도 | 歓迎(かんげい) 환영 | 椅子(いす) 의자

6 선배에게 받은 (조언)은 매우 도움이 되었다.

1 바이러스　　　　　2 인터뷰
3 아르바이트　　　　　**4 어드바이스, 조언**

해설　선택지는 모두 카타카나어이다. 그중 문맥상 가장 자연스러운 것은 **4 アドバイス**이다. 1, 2, 3번은 문맥상 어색하다.

단어　先輩(せんぱい) 선배 | アドバイス 어드바이스, 조언 | 役(やく)に立(た)つ 도움되다 | ウイルス 바이러스 | インタビュー 인터뷰 | アルバイト 아르바이트

7 친구에게 심한 일을 당했지만, 사과했기 때문에 (용서하)기로 했습니다.

1 시험하다　　　　　**2 용서하다**
3 부탁하다　　　　　4 되돌리다

해설　선택지는 모두 동사이다. 그중 문맥상 가장 자연스러운 것은 **2 許す**이다. 1, 3, 4번은 문맥상 어색하다.

단어　ひどい 심하다 | 謝(あやま)る 사과하다 | 許(ゆる)す 용서하다 | 試(ため)す 시험하다 | 頼(たの)む 부탁하다 | 戻(もど)す 되돌리다

8 여행을 계획했는데 머무는 일수가 많아서 (요금) 이 비싸졌습니다.

1 날짜　　　　　　　　　2 짐
3 현금　　　　　　　　　**4 요금**

해설　선택지는 모두 명사이다. 그중 문맥상 가장 자연스러운 것은 **4 料金**이다. 1, 2, 3번은 문맥상 어색하다.

단어　計画(けいかく) 계획 | 泊(と)まる 머물다, 숙박하다 | 日数(にっすう) 일수 | 料金(りょうきん) 요금 | 日付(ひづけ) 날짜 | 荷物(にもつ) 짐 | 現金(げんきん) 현금

9 평일의 가게는 사람이 적고 (텅텅) 이어서 지내기 쉬웠습니다.

1 아슬아슬　　　　　　　2 싱글벙글
3 텅텅 빈 모양　　　　　4 바싹 마른 모양

해설　선택지는 모두 부사이다. 그중 문맥상 가장 자연스러운 것은 **3 がらがら**이다. 1, 2, 4번은 문맥상 어색하다.

단어　平日(へいじつ) 평일 | 少(すく)ない 적다 | がらがら 텅텅 빈 모양 | 過(す)ごす 지내다, 보내다 | ぎりぎり 아슬아슬 | にこにこ 싱글벙글 | からから 바싹 마른 모양, 바싹바싹

10 경제 (발전) 에 의해서 국민 생활이 풍족해졌다.

1 발전　　　　　　　　　2 진전
3 진행　　　　　　　　　4 발생

해설　선택지는 모두 명사이다. 그중 문맥상 가장 자연스러운 것은 **1 発展**이다. 2, 3, 4번은 문맥상 어색하다.

단어　経済(けいざい) 경제 | 発展(はってん) 발전 | ～によって ~에 의해,~에 따라 | 国民生活(こくみんせいかつ) 국민 생활 | 豊(ゆた)かだ 풍부하다 | 進展(しんてん) 진전 | 進行(しんこう) 진행 | 発生(はっせい) 발생

11 시합 전에는 (이미지) 트레이닝을 하는 것이 매우 중요합니다.

1 포즈　　　　　　　　　2 데미지
3 이미지　　　　　　　　4 브레이크

해설　선택지는 모두 카타카나어이다. 그중 문맥상 가장 자연스러운 것은 **3 イメージ**이다. 1, 2, 4번은 문맥상 어색하다.

단어　試合(しあい) 시합 | イメージトレーニング 이미지 트레이닝 | 重要(じゅうよう)だ 중요하다 | ポーズ 포즈 | ダメージ 데미지, 상처 | ブレーキ 브레이크

문맥규정 기출단어 기본 다지기③　　　65p

1 ①　　2 ②　　3 ①　　4 ②　　5 ①

---

1 시합에서 져서 매우 (분한) 기분이 들었다.

1 분한　　　　　　　　　2 기쁜

해설　선택지는 모두 い형용사이다. 그중 문맥상 가장 자연스러운 것은 **1 くやしい**이다. 2번은 문맥상 어색하다.

단어　試合(しあい) 시합 | 負(ま)ける 지다 | くやしい 분하다 | 思(おも)いをする 기분이 들다, 느낌이 들다 | うれしい 기쁘다

2 해외여행에 가기 위해 엔을 달러로 (환전) 했다.

1 교환　　　　　　　　　**2 환전**

해설　선택지는 모두 명사이다. 그중 문맥상 가장 자연스러운 것은 **2 両替**이다. 1은 문맥상 어색하다.

단어　海外旅行(かいがいりょこう) 해외여행 | ～ために ~위해 | 円(えん) 엔(일본 통화) | ドル 달러(미국 통화) | 両替(りょうがえ) 환전 | 交換(こうかん) 교환

3 소풍이 비 때문에 중지가 되어 (실망) 했다.

1 실망　　　　　　　　　2 깜빡

해설　선택지는 모두 부사이다. 그중 문맥상 가장 자연스러운 것은 **1 がっかり**이다. 2번은 문맥상 어색하다.

단어　遠足(えんそく) 소풍 | ～ため ~때문에 | 中止(ちゅうし) 중지 | がっかり 실망한 모양 | うっかり 깜빡

4 이 지역 산업은 (주로) 농업입니다.

1 특히　　　　　　　　　**2 주로**

해설　선택지는 모두 부사이다. 그중 문맥상 가장 자연스러운 것은 **2 主に**이다. 1번은 문맥상 어색하다.

단어　地域(ちいき) 지역 | 産業(さんぎょう) 산업 | 主(おも)に 주로 | 農業(のうぎょう) 농업 | 特(とく)に 특히

5 최근에 시간이 (지나는) 것이 빠르다고 느낀다.

1 지나다　　　　　　　　2 가지다

해설　선택지는 모두 동사이다. 그중 문맥상 가장 자연스러운 것은 **1 たつ**이다. 2번은 문맥상 어색하다.

단어　最近(さいきん) 최근 | たつ 지나다 | 早(はや)い 빠르다 | 感(かん)じる 느끼다 | もつ 가지다, 들다

문맥규정 기출단어 실전 연습 문제③　　　66p

1 ④	2 ②	3 ①	4 ④	5 ②
6 ④	7 ③	8 ①	9 ③	10 ④
11 ②				

문제3 (　　)에 넣기에 가장 알맞은 것을, 1·2·3·4에서 하나

고르세요.

---

1 여행 기념품입니다. 여러분이서 (나눠서) 드세요.

1 맡아서 2 둘러싸서
3 부어서 **4 나눠서**

해설 선택지는 모두 동사 て형이다. 그중 문맥상 가장 자연스러운 것은 **4 分けて**이다. 1, 2, 3번은 문맥상 어색하다.

단어 お土産(みやげ) 기념품, 선물 | 皆(みな)さん 여러분 | 分(わ)ける 나누다 | 預(あず)かる 맡다 | 囲(かこ)む 둘러싸다 | 注(そそ)ぐ 붓다

---

2 수업에서는 (적극적으로) 발언하는 것이 중요합니다.

1 정기적으로 **2 적극적으로**
3 소극적으로 4 전체적으로

해설 선택지는 모두 부사이다. 그중 문맥상 가장 자연스러운 것은 **2 積極的に**이다. 1, 3, 4번은 문맥상 어색하다.

단어 授業(じゅぎょう) 수업 | 積極的(せっきょくてき)に 적극적으로 | 発言(はつげん) 발언 | 大切(たいせつ)だ 중요하다 | 定期的(ていきてき)に 정기적으로 | 消極的(しょうきょくてき)に 소극적으로 | 全体的(ぜんたいてき)に 전체적으로

---

3 20주년 (기념) 굿즈를 사기 위해서 아침부터 줄섰다.

1 기념 2 기억
3 기회 4 공개

해설 선택지는 모두 명사이다. 그중 문맥상 가장 자연스러운 것은 **1 記念**이다. 2, 3, 4번은 문맥상 어색하다.

단어 周年(しゅうねん) 주년 | 記念(きねん) 기념 | グッズ 굿즈, 기념품 | 並(なら)ぶ 줄서다 | 記憶(きおく) 기억 | 機会(きかい) 기회 | 公開(こうかい) 공개

---

4 졸업 논문의 (테마) 는 정치와 경제에 관한 것입니다.

1 플랜 2 스태프
3 서비스 **4 테마**

해설 선택지는 모두 카타카나어이다. 그중 문맥상 가장 자연스러운 것은 **4 テーマ**이다. 1, 2, 3번은 문맥상 어색하다.

단어 卒業論文(そつぎょうろんぶん) 졸업논문 | テーマ 테마 | 政治(せいじ) 정치 | 経済(けいざい) 경제 | ~について ~에 대해서 | プラン 플랜, 계획 | スタッフ 스태프, 직원 | サービス 서비스

---

5 점원 "계산은 어떻게 하시겠어요?"
손님 "계산은 (따로따로) 부탁드립니다."

1 특별히 **2 따로따로**
3 이득이게 4 애매하게

해설 선택지는 모두 부사이다. 그중 문맥상 가장 자연스러운 것은 **2 別々に**이다. 1, 4번은 문맥상 어색하다. 3번 お得에는 상품의 가격과 관련된 단어이지만 お得な商品(저렴한 상품) 등으로 사용되므로 정답이 아니다.

단어 店員(てんいん) 점원 | お会計(かいけい) 계산 | どう 어떻게 | なさる 하시다(존경어) | 客(きゃく) 손님 | 別々(べつべつ)に 따로따로 | 特別(とくべつ)に 특별히 | お得(とく)だ 이득이다 | あいまいに 애매하게

---

6 요즘 더위 탓에 몸 상태가 (이상하다).

1 수상하다 2 가난하다
3 험하다 **4 이상하다**

해설 선택지는 모두 い형용사이다. 그중 문맥상 가장 자연스러운 것은 **4 おかしい**이다. 1, 2, 3번은 문맥상 어색하다.

단어 最近(さいきん) 최근, 요즘 | 暑(あつ)さ 더위 | ~せいで ~탓에 | 体(からだ) 몸 | 調子(ちょうし) 상태 | おかしい 이상하다 | あやしい 수상하다 | まずしい 가난하다 | けわしい 험하다

---

7 다나카 씨가 다음 달 결혼한다고 하는 (소문) 을 들었다.

1 변명 2 연락
3 소문 4 냄새

해설 선택지는 모두 명사이다. 그중 문맥상 가장 자연스러운 것은 **3 うわさ**이다. 1, 2, 4번은 문맥상 어색하다.

단어 来月(らいげつ) 다음 달 | 結婚(けっこん) 결혼 | うわさ 소문 | 言(い)い訳(わけ) 핑계, 변명 | 連絡(れんらく) 연락 | におい 냄새

---

8 선배를 (따라잡기) 위해서 몇 배나 노력하자라고 결심했다.

1 따라잡다 2 제시간에 맞다
3 이사하다 4 반복하다

해설 선택지는 모두 동사이다. 그중 문맥상 가장 자연스러운 것은 **1 追いつく**이다. 2, 3, 4번은 문맥상 어색하다.

단어 先輩(せんぱい) 선배 | 追(お)いつく 따라잡다 | ~ために ~위해서 | 何倍(なんばい) 몇 배 | 努力(どりょく)する 노력하다 | 決(き)める 정하다, 결심하다 | 間(ま)に合(あ)う 제시간에 맞다 | 引(ひ)っ越(こ)す 이사하다 | 繰(く)り返(かえ)す 반복하다

---

9 이 가전 제품은 모두 (리사이클) 샵에서 구입했습니다.

1 아이돌 2 서비스
3 리사이클 4 글로벌

해설 선택지는 모두 카타카나어이다. 그중 문맥상 가장 자연스러운 것은 **3 リサイクル**이다. 일반 소비자로부터 위탁받은 중고 가구나 가전, 그 외 물품을 판매하는 가게를 リサイクルショップ(중고 판매 가게, 리사이클 숍)이라고 한다. 1, 2, 4번은 문맥상 어색하다.

단어 家電(かでん) 가전 제품 | すべて 모두 | リサイクルショップ 리

사이클 숍(중고 판매 가게) | 購入(こうにゅう) 구입 | アイドル 아이돌 | サービス 서비스 | グローバル 글로벌

---

10 장거리 연애인 탓에 (헤어질) 수밖에 없었다.

1 신경 쓰이다 2 사귀다
3 버리다 **4 헤어지다**

해설 선택지는 모두 동사이다. 그중 문맥상 가장 자연스러운 것은 **4 別れる**이다. 1, 2, 3번은 문맥상 어색하다.

단어 遠距離(えんきょり) 원거리, 장거리 | 恋愛(れんあい) 연애 | ~せいで ~탓에 | 別(わか)れる 헤어지다 | ~しかない ~할 수밖에 없다 | 気(き)になる 궁금하다, 신경 쓰이다 | 付(つ)き合(あ)う 사귀다 | 捨(す)てる 버리다

---

11 이 음악을 들으면 (그리운) 기분이 든다.

1 자세하다 **2 그립다**
3 분하다 4 아깝다

해설 선택지는 모두 형용사이다. 그중 문맥상 가장 자연스러운 것은 **2 なつかしい**이다. 1, 3, 4번은 문맥상 어색하다.

단어 音楽(おんがく) 음악 | 懐(なつ)かしい 그립다 | 気持(きも)ち 기분 | 詳(くわ)しい 자세하다 | 悔(くや)しい 분하다 | 惜(お)しい 아깝다

유의표현

유의표현 기출단어 기본 다지기① 74p

1 ① **2** ② **3** ② **4** ② **5** ②

---

1 이 바지 조금 작습니다만, 다른 <u>사이즈</u>는 있습니까?

1 크기 2 길이

해설 サイズ(사이즈)는 **1 大きさ(크기)**와 의미가 가장 가깝다.

단어 ズボン 바지 | 少(すこ)し 조금 | 小(ちい)さい 작다 | 他(ほか) 외, 밖, 다른 것 | サイズ 사이즈 | 大(おお)きさ 크기 | 長(なが)さ 길이

---

2 부장님은 일에서 실수한 사람에게 항상 <u>호통치고</u> 있다.

1 불만을 말하고 **2 큰 소리로 화내고**

해설 怒鳴って(호통치고)는 **2 大きい声で怒って(큰 소리로 화내고)**와 의미가 가장 가깝다

단어 部長(ぶちょう) 부장님 | ミス 실수 | 怒鳴(どな)る 호통치다, 야단치다 | 文句(もんく) 불만 | 大(おお)きい 크다 | 声(こえ) 목소리 | 怒(おこ)る 화내다

---

3 최근에 휘발유 <u>가격</u>이 10년 전의 2배가 되어 있다.

1 가치 **2 가격**

해설 価格(가격)은 **2 値段(가격)**과 의미가 가장 가깝다.

단어 最近(さいきん) 최근 | ガソリン 휘발유, 가솔린 | 価格(かかく) 가격 | ~倍(ばい) ~배 | 価値(かち) 가치 | 値段(ねだん) 가격

---

4 늦을 때는 반드시 <u>보고해</u> 주세요.

1 배워 **2 알려**

해설 報告して(보고해)는 **2 知らせて(알려)**와 의미가 가장 가깝다.

단어 遅(おく)れる 늦다 | 必(かなら)ず 반드시 | 報告(ほうこく) 보고 | 教(おそ)わる 배우다 | 知(し)らせる 알리다

---

5 감기에 걸렸지만 조금 쉬었더니 <u>꽤</u> 좋아졌다.

1 어느 새인가 **2 매우**

해설 ずいぶん(꽤)는 **2 非常に(매우)**와 의미가 가장 가깝다.

단어 風邪(かぜ)をひく 감기에 걸리다 | 少(すこ)し 조금 | 休(やす)む 쉬다 | ずいぶん 꽤 | いつの間(ま)にか 어느 새인가 | 非常(ひじょう)に 매우, 상당히

유의표현 기출단어 실전 연습 문제① 75p

1 ④ **2** ② **3** ③ **4** ① **5** ①

문제4 _____ 에 의미가 가장 가까운 것을, 1・2・3・4에서 하나 고르세요.

---

1 <u>평소</u>부터 방을 청소하도록 하고 있다.

1 주말 2 가끔
3 때때로 **4 항상, 언제나**

해설 普段(평소)는 **4 いつも(항상, 언제나)**와 의미가 가장 가깝다.

단어 普段(ふだん) 평소 | 掃除(そうじ) 청소 | ~ように ~하도록 | 週末(しゅうまつ) 주말 | たまに 가끔 | ときどき 때때로 | いつも 항상, 언제나

---

2 옛날에는 아침 일찍 일어나지 못해서 자주 <u>학교를 땡땡이쳤다</u>.

1 수업을 잤었다 **2 수업을 쉬었다**
3 학교를 퇴학했다 4 학교를 이동했다

해설 学校をサボった(학교를 땡땡이쳤다)는 **2 授業を休んだ(수업을 쉬었다)**와 의미가 가장 가깝다.

단어 昔(むかし) 옛날 | 朝早(あさはや)く 아침 일찍 | 起(お)きる 일어나다 | サボる 땡땡이치다 | 授業(じゅぎょう) 수업 | 寝(ね)る 자다 | 休(やす)む 쉬다 | 退学(たいがく) 퇴학 | 移動(いどう) 이동

> **3** 이번 달은 스케줄이 꽉 차서 놀 시간이 없다.
>
> 1 약속 2 용무
> **3 예정** 4 시각

해설 スケジュール(스케줄)은 **3 予定(예정)**과 의미가 가장 가깝다.
단어 今月(こんげつ) 이번 달 | スケジュール 스케줄 | いっぱいだ 가득이다 | 遊(あそ)ぶ 놀다 | 約束(やくそく) 약속 | 用事(ようじ) 용무 | 予定(よてい) 예정 | 時刻(じこく) 시각

> **4** 다나카 씨는 절대로 파티에 올 거라고 생각합니다.
>
> **1 반드시** 2 나중에
> 3 바로 4 아마

해설 絶対に(절대로)는 **1 かならず(반드시)**와 의미가 가장 가깝다.
단어 絶対(ぜったい)に 절대로 | パーティー 파티 | 必(かなら)ず 반드시 | あとで 나중에 | すぐに 바로 | たぶん 아마

> **5** 이 영화는 지루해서 잠들어 버렸다.
>
> **1 재미없어서** 2 그리워서
> 3 이상해서 4 드물어서

해설 退屈で(지루해서)는 **1 つまらなくて(재미없어서)**와 의미가 가장 가깝다.
단어 映画(えいが) 영화 | 退屈(たいくつ)だ 지루하다 | 寝(ね)る 자다 | つまらない 재미없다 | 懐(なつ)かしい 그립다 | おかしい 이상하다 | 珍(めずら)しい 드물다

유의표현 기출단어 기본 다지기② 79p

| 1 ① | 2 ① | 3 ② | 4 ① | 5 ② |
| 6 ① | 7 ② | 8 ① | 9 ② | 10 ① |

1 배가 몹시 고파서 전혀 힘이 안 나.

1 배가 고프다 2 배가 아프다

해설 ペコペコ(몹시 고파)는 **1 おなかが空いた(배가 고프다)**와 의미가 가장 가깝다.
단어 お腹(なか) 배 | ペコペコだ (배가) 몹시 고프다 | 全然(ぜんぜん) 전혀 | おなかが空(す)く 배가 고프다 | 痛(いた)い 아프다

2 도움을 받았기 때문에 사례의 마음을 전하고 싶다.

1 감사 2 감동

해설 お礼(사례)는 **1 感謝(감사)**와 의미가 가장 가깝다
단어 助(たす)ける 돕다, 구조하다 | お礼(れい) 사례 | 気持(きも)ち 마음, 기분 | 伝(つた)える 전하다 | 感謝(かんしゃ) 감사 | 感動(かんどう) 감동

3 여기는 위험하기 때문에 횡단 금지다.

1 줄 서면 안 된다 **2 건너서는 안 된다**

해설 横断禁止だ(횡단 금지다)는 **2 渡ってはいけない(건너서는 안 된다)**와 의미가 가장 가깝다.
단어 危(あぶ)ない 위험하다 | 横断禁止(おうだんきんし) 횡단 금지 | 並(なら)ぶ 줄을 서다, 늘어서다 | 渡(わた)る 건너다 | ~てはいけない ~해서는 안 된다

4 댄스 대회에 출전하기 위해서 매일 트레이닝하고 있다.

1 연습 2 공부

해설 トレーニング은 **1 練習(연습)**과 의미가 가장 가깝다.
단어 ダンス 댄스, 춤 | 大会(たいかい) 대회 | 出場(しゅつじょう) 출장, 출전 | ~ために ~위해서 | 毎日(まいにち) 매일 | トレーニング 트레이닝 | 練習(れんしゅう) 연습

5 하늘에 별이 반짝 반짝하고 빛나고 있다.

1 비어 **2 빛나고**

해설 かがやいて(빛나고)는 **2 光って(빛나고)**와 의미가 가장 가깝다.
단어 空(そら) 하늘 | 星(ほし) 별 | キラキラ 반짝반짝 | かがやく 빛나다 | 空(す)く 비다 | 光(ひか)る 빛나다

6 그녀는 전혀 내 이야기를 들어주지 않는다.

1 전혀 2 가끔

해설 まったく(전혀)는 **1 ぜんぜん(전혀)**와 의미가 가장 가깝다.
단어 まったく 전혀, 완전히 | 僕(ぼく) 나, 저(남자가 사용) | 全然(ぜんぜん) 전혀 | 時々(ときどき) 가끔

7 할아버지 오랜만이야. 변함없이 잘 지내보여서 다행이야.

1 전과 다르게 **2 전과 같이**

해설 あいかわらず(변함없이)는 **2 前と同じで(전과 같이)**와 의미가 가장 가깝다
단어 久(ひさ)しぶりだ 오랜만이다 | あいかわらず 변함없이 | 違(ちが)う 다르다 | 同(おな)じだ 같다

8 3일간 계속된 고열이 겨우 내려갔다.

1 겨우 2 슬슬

해설 ようやく(겨우)는 **1 やっと(겨우)**와 의미가 가장 가깝다.
단어 続(つづ)く 계속되다 | 高熱(こうねつ) 고열 | ようやく 겨우 | 下(さ)がる 내려가다 | やっと 겨우 | そろそろ 슬슬

9 뉴스에서 본 범인은 입을 다물고 아래를 향하고 있었다.

1 무서운 얼굴을 하고 **2 아무것도 말하지 않고**

해설 黙って(입을 다물고)는 **2 何も話さないで(아무것도 말하지 않고)**와 의미가 가장 가깝다.

단어 犯人(はんにん) 범인 | 黙(だま)る 입을 다물다, 침묵하다 | 下(した) 아래 | 向(む)く 향하다

10 여러 사람과 <u>단체</u>로 여행에 갔다.

1 그룹(으)　　　　　　2 코스

해설 団体(だんたい)는 **2 グループ(그룹)**과 의미가 가장 가깝다.
단어 色(いろ)んな 여러, 다양한 | グループ 그룹 | コース 코스

유의표현 기출단어 실전 연습 문제② 　　81p

1 ②　**2** ④　**3** ④　**4** ③　**5** ②

문제4　_____ 에 의미가 가장 가까운 것을, 1·2·3·4에서 하나 고르세요.

1 이 일을 빨리 끝내고 점심 먹으러 가자.

1 하나로 모아서　　　　**2 끝내고**
3 제출하고　　　　　　4 시작하고

해설 済ませて(끝내고)는 **2 終わらせて(끝내고)**와 의미가 가장 가깝다.
단어 仕事(しごと) 일 | 早(はや)い 빠르다 | 済(す)ませる 끝내다, 마치다 | 昼(ひる)ご飯(はん) 점심밥 | まとめる 하나로 모으다 | 終(お)わらせる 끝내다 | 提出(ていしゅつ)する 제출하다 | 始(はじ)める 시작하다

2 우리 <u>키친</u>은 최신 기능이 붙어 있다.

1 방　　　　　　　　　2 화장실
3 식당　　　　　　　　**4 부엌**

해설 キッチン(키친)은 **4 台所(부엌)**과 의미가 가장 가깝다.
단어 キッチン 키친 | 最新機能(さいしんきのう) 최신 기능 | つく 붙다 | トイレ 화장실 | 食堂(しょくどう) 식당 | 台所(だいどころ) 부엌

3 그는 1시간 이상 혼자서 <u>수다 떨었다</u>.

1 놀았다　　　　　　　2 여행했다
3 전화했다　　　　　　**4 이야기했다**

해설 喋った(수다 떨었다)는 **4 話した(이야기했다)**와 의미가 가장 가깝다.
단어 以上(いじょう) 이상 | 一人(ひとり)で 혼자서 | 喋(しゃべ)る 수다 떨다 | 遊(あそ)ぶ 놀다 | 電話(でんわ) 전화 | 話(はな)す 이야기하다

4 급한 회의로 오후 볼 일을 <u>연기</u>할 수밖에 없었다.

1 예정보다 빨리 시작하는 것　　2 예정보다 늦게 끝나는 것
3 나중의 다른 날에 하는 것　　4 나중에 중지하는 것

해설 延期(연기)는 **3 後의 별의 日에 やること(나중의 다른 날에 하는 것)**과 의미가 가장 가깝다.
단어 急(きゅう)だ 급하다 | 会議(かいぎ) 회의 | 午後(ごご) 오후 | 用事(ようじ) 용무 | 延期(えんき) 연기 | 予定(よてい) 예정 | 後(あと) 후 | 別(べつ)の 다른 | 中止(ちゅうし)する 중지하다

5 그는 <u>모두</u> 솔직하게 이야기해 주었다.

1 대체로　　　　　　　**2 전부**
3 겨우　　　　　　　　4 한 번

해설 すべて(모두)는 **2 全部(전부)**와 의미가 가장 가깝다.
단어 すべて 모두, 다 | 正直(しょうじき)だ 솔직하다 | 話(はな)す 이야기하다, 말하다 | だいたい 대체로 | 全部(ぜんぶ) 전부 | やっと 겨우 | 一度(いちど) 한 번

유의표현 기출단어 기본 다지기③ 　　85p

1 ②　**2** ①　**3** ①　**4** ②　**5** ②
6 ①　**7** ①　**8** ①　**9** ②　**10** ②

1 이 나라는 <u>연중</u> 따뜻하다.

1 거의　　　　　　　　**2 항상**

해설 年中(연중, 늘)은 **2 いつも(항상)**과 의미가 가장 가깝다.
단어 年中(ねんじゅう) 연중, 늘 | 温(あたた)かい 따뜻하다 | ほとんど 거의 | いつも 항상

2 태양이 매우 <u>눈부셔서</u> 선글라스를 썼다.

1 너무 밝아서　　　　2 너무 강해서

해설 まぶしくて(눈부셔서)는 **1 明るすぎて(너무 밝아서)**와 의미가 가장 가깝다
단어 太陽(たいよう) 태양 | まぶしい 눈부시다 | サングラス 선글라스 | かける 쓰다 | 明(あか)るい 밝다 | 強(つよ)い 강하다 | 〜すぎる 너무 〜하다

3 지각한 <u>이유</u>를 알려 주세요.

1 이유　　　　　　　2 수단

해설 わけ(이유)는 **1 理由(이유)**와 의미가 가장 가깝다.
단어 遅刻(ちこく) 지각 | わけ 이유, 사정 | 理由(りゆう) 이유 | 手段(しゅだん) 수단

4 <u>다음 해</u> 가을쯤에는 아이가 태어날 예정이다.

1 전년	**2 다음 해**

해설 翌年(다음 해)는 **2 次の年(다음 해)**와 의미가 가장 가깝다.

단어 翌年(よくとし) 다음 해 | 秋(あき)ごろ 가을쯤 | 生(う)まれる 태어나다 | 予定(よてい) 예정 | 前(まえ) 전 | 年(とし) 년 | 次(つぎ) 다음

5 신상품에 대한 안을 다음 회의까지 생각해 주세요.

1 힌트	**2 아이디어**

해설 案(안, 생각)은 **2 アイデア(아이디어)**와 의미가 가장 가깝다.

단어 新商品(しんしょうひん) 신상품 | ~について ~에 대해서 | 案(あん) 안, 생각 | 次(つぎ) 다음 | 会議(かいぎ) 회의 | ~までに ~까지 | 考(かんが)える 생각하다 | ヒント 힌트 | アイデア 아이디어

6 생일날에 받았던 목걸이가 매우 마음에 들다.

1 좋아하다	2 특별하다

해설 気に入っている(마음에 들다)는 **1 好きだ(좋아하다)**와 의미가 가장 가깝다.

단어 誕生日(たんじょうび) 생일 | ネックレス 목걸이 | 気(き)に入(い)る 마음에 들다 | 好(す)きだ 좋아하다 | 特別(とくべつ)だ 특별하다

7 밤이 샐 때까지 공사를 끝내지 않으면 안 된다.

1 끝나다	2 시작되다

해설 明ける(새다)는 **1 おわる(끝나다)**와 의미가 가장 가깝다

단어 明(あ)ける (날이) 새다, 기간이 끝나다 | 工事(こうじ) 공사 | 終(お)える 끝내다 | ~なければならない ~하지 않으면 안 된다 | 終(お)わる 끝나다 | 始(はじ)まる 시작되다

8 이 스포츠 룰은 매우 단순하다.

1 알기 쉽다	2 알기 어렵다

해설 単純だ(단순하다)는 **1 わかりやすい(알기 쉽다)**와 의미가 가장 가깝다.

단어 スポーツ 스포츠 | ルール 룰 | 単純(たんじゅん)だ 단순하다 | わかる 알다 | ~やすい ~하기 쉽다 | ~にくい ~하기 어렵다

9 몇 번 실패해도 그는 포기하지 않았다.

1 사과하지 않았다	**2 그만두지 않았다**

해설 あきらめなかった(포기하지 않았다)는 **2 やめなかった(그만두지 않았다)**와 의미가 가장 가깝다.

단어 何度(なんど) 몇 번 | 失敗(しっぱい) 실패 | ~ても ~해도 | あやまる 사과하다 | やめる 그만두다

10 한번 더 확인해 주세요.

1 인터뷰해	**2 체크해**

해설 確かめて(확인해)는 **2 チェックして(체크해)**와 의미가 가장 가깝다.

단어 もう一度(いちど) 한 번 더 | 確(たし)かめる 확인하다 | インタビュー 인터뷰 | チェック 체크

유의표현 기출단어 실전 연습 문제③　87p

1 ②　**2** ③　**3** ①　**4** ④　**5** ①

문제4 ＿＿＿＿＿ 에 의미가 가장 가까운 것을, 1・2・3・4에서 하나 고르세요.

1 오랜만에 손자를 만나니 너무 기대된다.

1 여동생의 딸	**2 딸의 아들**
3 엄마의 남동생	4 형, 오빠의 아들

해설 まご(손자)는 **2 娘の息子(딸의 아들)**과 의미가 가장 가깝다.

단어 久(ひさ)しぶり 오랜만 | まご 손자 | 楽(たの)しみ 기대 | 妹(いもうと) 여동생 | 娘(むすめ) 딸 | 母(はは) 어머니, 엄마 | 弟(おとうと) 남동생 | 兄(あに) 형, 오빠 | 息子(むすこ) 아들

2 이 문제를 해결하는 것은 수월하다.

1 귀찮다	2 힘들다
3 간단하다	4 잘한다

해설 楽だ(쉽다)는 **3 簡単だ(간단하다)**와 의미가 가장 가깝다.

단어 問題(もんだい) 문제 | 解決(かいけつ)する 해결하다 | 楽(らく)だ 편하다, 수월하다 | 面倒(めんどう)だ 귀찮다 | 大変(たいへん)だ 힘들다 | 簡単(かんたん)だ 간단하다 | 上手(じょうず)だ 잘하다

3 아까 전화를 해서 내일 만나기로 했다.

1 조금 전에	2 어제
3 바로	4 즉시

해설 さっき(아까)는 **1 少し前に(조금 전에)**와 의미가 가장 가깝다.

단어 さっき 아까 | 少(すこ)し前(まえ)に 조금 전에 | すぐ 바로 | さっそく 즉시

4 어젯밤에 두려운 꿈을 꿨다.

1 신기한	2 즐거운
3 이상한	**4 무서운**

해설 おそろしい(두려운)은 **4 こわい(무서운)**과 의미가 가장 가깝다.

단어 夜(よる) 밤 | 恐(おそ)ろしい 무섭다 | 不思議(ふしぎ)だ 신기하다 | 楽(たの)しい 즐겁다 | 変(へん)だ 이상하다 | 怖(こわ)い 무섭다

5 비가 내려서 <u>당황해서</u> 집에 돌아왔습니다.

1 서두른 모양으로　　　3 지친 모양으로
2 화난 모양으로　　　　　4 놀란 모양으로

해설　あわてて(당황해서)는 **1** 急いだようすで(서두른 모양으로)와 의미가 가장 가깝다.

단어　あわてる 당황하다, 허둥지둥하다 | 急(いそ)ぐ 서두르다 | ようす 모양 | 疲(つか)れる 지치다, 피곤하다 | 怒(おこ)る 화내다 | 驚(おどろ)く 놀라다

용법

용법 기출단어 기본 다지기① 92p

1 ①　**2** ①　**3** ②　**4** ②　**5** ①

1 교류

1 매월 한 번, 이문화 <u>교류</u> 파티가 열리고 있다.
2 <u>교류</u>유학을 위해 열심히 일본어를 공부하고 있다.

해설　交流(교류)를 가장 올바르게 사용한 것은 **1번**이다. 2번은 交換(교환)을 사용하는 것이 알맞다.

단어　交流(こうりゅう) 교류 | 異文化(いぶんか) 이문화 | 開(ひら)く 열리다 | 留学(りゅうがく) 유학 | ～ために ~위해서 | 一生懸命(いっしょうけんめい) 열심히 | 交換(こうかん) 교환

2 추월하다

1 결승점 직전에서 1위였던 선수를 <u>추월해서</u> 우승했다.
2 범인을 <u>추월했지만</u> 도망쳐 버렸다.

해설　追い抜く(추월하다)를 가장 올바르게 사용한 것은 **1번**이다. 2번은 追いつく(따라잡다)를 사용하는 것이 알맞다.

단어　追(お)い抜(ぬ)く 추월하다, 앞지르다 | ゴール 결승점, 골 | 直前(ちょくぜん) 직전 | ～位(い) ~위 | 選手(せんしゅ) 선수 | 優勝(ゆうしょう) 우승 | 犯人(はんにん) 범인 | 逃(に)げる 도망가다 | 追(お)いつく 따라잡다

3 나른하다

1 기대했던 콘서트가 중지가 돼서 <u>나른했다</u>.
2 감기로 몸이 <u>나른하기</u> 때문에 회사를 쉬겠습니다.

해설　だるい(나른하다)를 가장 올바르게 사용한 것은 **2번**이다. 1번은 残念だ(유감이다), 悲しい(슬프다)를 사용하는 것이 알맞다.

단어　だるい 나른하다 | 楽(たの)しみにする 기대하다 | コンサート 콘서트 | 中止(ちゅうし) 중지 | 風邪(かぜ) 감기 | 体(からだ) 몸 | 休(やす)む 쉬다 | 残念(ざんねん)だ 유감이다 | 悲(かな)しい 슬프다

4 채워 넣다

1 인생 경험을 <u>채워 넣으면</u> 커리어 향상하기 쉬워진다.
2 내일 이사하기 때문에 박스에 짐을 <u>채워 넣는다</u>.

해설　詰める(채워 넣다)를 가장 올바르게 사용한 것은 **2번**이다. 1번은 積む(쌓다)를 사용하는 것이 알맞다.

단어　詰(つ)める 채워 넣다 | 人生(じんせい) 인생 | 経験(けいけん) 경험 | キャリアアップ 커리어 향상 | ～やすい ~하기 쉽다 | 引(ひ)っ越(こ)し 이사 | 箱(はこ) 상자 | 荷物(にもつ) 짐 | 積(つ)む 쌓다

5 싱글벙글

1 아기가 <u>싱글벙글</u>하면서 나를 봤다.
2 <u>싱글벙글</u>하고 있으면 회의에 늦을거야.

해설　にこにこ(싱글벙글)을 가장 올바르게 사용한 것은 **1번**이다. 2번은 のろのろ(느릿느릿)을 사용하는 것이 알맞다.

단어　にこにこ 싱글벙글, 생긋생긋 | 赤(あか)ちゃん 아기 | ～ながら ~하면서 | 会議(かいぎ) 회의 | 遅(おく)れる 늦다 | のろのろ 느릿느릿

용법 기출단어 실전 연습 문제① 93p

1 ①　**2** ②　**3** ④　**4** ①　**5** ②

문제5　다음 말의 사용법으로서 가장 알맞은 것을, 1·2·3·4에서 하나 고르세요.

1 정리

1 책상을 <u>정리</u>하고 있었더니 그리운 사진이 나왔다.
2 이 컴퓨터는 <u>정리</u>하면 아직 사용할 수 있을 것 같다.
3 매일 3번 식사 후는 반드시 이를 <u>정리</u>하고 있다.
4 시계 바늘을 <u>정리</u>해서 시각을 맞추다.

해설　整理(정리)를 가장 올바르게 사용한 것은 **1번**이다. 2번은 修理(수리), 3번은 歯を磨く(이를 닦다), 4번은 調整(조정)을 사용하는 것이 알맞다.

단어　整理(せいり) 정리 | 机(つくえ) 책상 | なつかしい 그립다 | 写真(しゃしん) 사진 | 食事(しょくじ) 식사 | 後(あと) 후 | 必(かなら)ず 반드시 | 歯(は) 이 | 時計(とけい) 시계 | 針(はり) 바늘 | 時刻(じこく) 시각 | 合(あ)わせる 맞추다 | 修理(しゅうり) 수리 | 磨(みが)く 닦다 | 調整(ちょうせい) 조정

2 번성하다

1 콘서트 팜플렛 판매량이 <u>번성했다</u>.
2 호주는 자연이 풍부해서 관광업이 <u>번성하다</u>.
3 뉴스에 의하면 오늘부터 날씨가 <u>번성해진다</u>고 한다.
4 친구가 듣던 음악이 <u>번성해서</u> 제목을 물어봤다.

해설 盛んだ(번성하다)를 가장 올바르게 사용한 것은 **2번**이다. 1번은 増える(늘다)・減る(줄다), 3번은 晴(は)れる(날이 개다), 4번은 気になる(궁금하다)를 사용하는 것이 알맞다.

단어 盛(さか)んだ 번성하다 | パンフレット 팜플렛 | 販売量(はんばいりょう) 판매량 | オーストラリア 호주 | 自然(しぜん) 자연 | 豊(ゆた)かだ 풍부하다 | 観光業(かんこうぎょう) 관광업 | ~によると ~에 의하면 | 天気(てんき) 날씨 | 音楽(おんがく) 음악 | タイトル 타이틀, 제목 | 増(ふ)える 늘다 | 減(へ)る 줄다 | 晴(は)れる 날이 개다, 맑다 | 気(き)になる 궁금하다, 신경 쓰이다

3 이상하다

1 여기는 <u>이상하기</u> 때문에 깨끗하게 청소해 주세요.
2 언니에게 옷을 받았지만, 사이즈가 <u>이상해서</u> 입을 수 없다.
3 저 교수의 연구는 세계적으로 <u>이상한</u> 평가를 받았다.
4 올 여름 더위는 <u>이상해서</u> 에어컨이 없으면 안 된다.

해설 異常だ(이상하다)는 정상이 아니다라는 의미이며, 가장 올바르게 사용한 것은 **4번**이다. 1번은 汚い(더럽다), 2번은 合わない(맞지 않다)・小さい(작다)・大きい(크다), 3번은 高い(높다)를 사용하는 것이 알맞다.

단어 異常(いじょう)だ 이상하다, 정상이 아니다 | 掃除(そうじ) 청소 | 姉(あね) 언니, 누나 | 服(ふく) 옷 | 着(き)る 입다 | 教授(きょうじゅ) 교수 | 研究(けんきゅう) 연구 | 世界的(せかいてき)に 세계적으로 | 評価(ひょうか) 평가 | 今年(ことし) 올해 | 夏(なつ) 여름 | 暑(あつ)さ 더위 | エアコン 에어컨 | 汚(きたな)い 더럽다 | 合(あ)う 맞다 | 小(ちい)さい 작다 | 大(おお)きい 크다

4 친하다

1 다나카 씨와는 <u>친하기</u> 때문에 자주 함께 논다.
2 오랜만에 고등학교 때의 친구를 만나서 <u>친했다</u>.
3 저는 패션에 대해서 별로 <u>친하지</u> 않다.
4 <u>친한</u> 일이 있으면 언제든지 상담해 주세요.

해설 親しい(친하다)를 가장 올바르게 사용한 것은 **1번**이다. 2번은 嬉しい(기쁘다), 3번은 詳しい(잘 알다, 상세하다), 4번은 困ったこと(곤란한 일)을 사용하는 것이 알맞다.

단어 親(した)しい 친하다 | 一緒(いっしょ)に 같이 | 遊(あそ)ぶ 놀다 | 久(ひさ)しぶりに 오랜만에 | ファッション 패션 | ~について ~에 대해서 | いつでも 언제든지 | 相談(そうだん) 상담 | 嬉(うれ)しい 기쁘다 | 詳(くわ)しい 잘 알다, 상세하다 | 困(こま)る 곤란하다

5 휘청휘청

1 <u>휘청휘청</u> 수업 시간에 맞춰서 선생님께 혼나지 않았다.
2 술을 너무 많이 마셔서 걸을 때 몸이 <u>휘청휘청</u> 하고 있다.
3 이 아르바이트는 <u>휘청휘청</u> 손님이 와서 쉴 시간이 없다.
4 일요일은 <u>휘청휘청</u> 쉬고 내일부터 다시 힘내겠습니다.

해설 ふらふら(휘청휘청)을 가장 올바르게 사용한 것은 **2번**이다. 1번은 ぎりぎり(아슬아슬), 3번은 ずっと(계속), 4번은 ゆっくり(푹)을 사용하는 것이 알맞다.

단어 ふらふら 휘청휘청 | 授業(じゅぎょう) 수업 | 間(ま)に合(あ)う 시간에 맞추다 | 怒(おこ)る 화내다 | 歩(ある)く 걷다 | 体(からだ) 몸 | がんばる 힘내다 | ぎりぎり 아슬아슬 | ずっと 계속 | ゆっくり 푹, 천천히

용법 기출단어 기본 다지기② 96p

1 ① **2** ② **3** ① **4** ② **5** ②

1 마감

1 레포트 마감을 지켜서 제출했다.
2 매번 보고 있던 드라마가 오늘로 마감이라서 쓸쓸하다.

해설 締め切り(마감)를 가장 올바르게 사용한 것은 **1번**이다. 2번은 最後(마지막)・最終回(최종회)를 사용하는 것이 알맞다.

단어 締(し)め切(き)り 마감 | 守(まも)る 지키다 | 提出(ていしゅつ) 제출 | 毎回(まいかい) 매번 | 寂(さび)しい 쓸쓸하다, 외롭다 | 最後(さいご) 마지막 | 最終回(さいしゅうかい) 최종회

2 성격

1 이 차의 <u>성격</u>은 전기로 움직인다는 점이다.
2 그녀는 성실한 <u>성격</u>이라서 이 일에 맞는다.

해설 性格(성격)을 가장 올바르게 사용한 것은 **2번**이다. 1번은 特徴(특징)을 사용하는 것이 알맞다.

단어 性格(せいかく) 성격 | 車(くるま) 차 | 電気(でんき) 전기 | 真面目(まじめ)だ 성실하다 | 仕事(しごと) 일 | 向(む)いている 맞다, 적합하다 | 特徴(とくちょう) 특징

3 갑자기

1 수업 중에 <u>갑자기</u> 졸려 졌습니다.
2 그는 반에서 <u>갑자기</u> 재미있다고 생각한다.

해설 急に(갑자기)을 가장 올바르게 사용한 것은 **1번**이다. 2번은 一番(가장)을 사용하는 것이 알맞다.

단어 急(きゅう)に 갑자기 | 授業中(じゅぎょうちゅう) 수업 중 | 眠(ねむ)い 졸리다 | クラス 반 | 面白(おもしろ)い 재미있다 | ~と思(おも)う ~라고 생각한다 | 一番(いちばん) 가장, 제일

4 구부리다

1 오른쪽으로 <u>구부리면</u> 우체국이 있습니다.
2 할아버지는 허리를 <u>구부리고</u> 걷고 있습니다.

해설 曲げる(구부리다)를 가장 올바르게 사용한 것은 **2번**이다. 1번은 曲がる(돌다)를 사용하는 것이 알맞다.

단어 曲(ま)げる 구부리다 | 右(みぎ) 오른쪽 | 郵便局(ゆうびんきょく) 우체국 | 祖父(そふ) 할아버지 | 腰(こし) 허리 | 歩(ある)く 걷다 | 曲(ま)がる 돌다, 굽다

5 데치다

1 집에 돌아와서 목욕을 하고 몸을 데쳤다.
2 뜨거운 물에 채소와 두부를 데쳐서 먹는다.

해설 ゆでる(데치다)를 가장 올바르게 사용한 것은 **2번**이다. 1번은 温める(따뜻하게 하다)를 사용하는 것이 알맞다.

단어 ゆでる 데치다, 삶다 | お風呂(ふろ)に入(はい)る 목욕을 하다 | お湯(ゆ) 뜨거운 물 | 野菜(やさい) 채소 | 豆腐(とうふ) 두부 | 温(あたた)める 따뜻하게 하다, 데우다

용법 기출단어 실전 연습 문제② 97p

1 ① 2 ④ 3 ② 4 ② 5 ②

문제5 다음 말의 사용법으로서 가장 알맞은 것을, 1·2·3·4에서 하나 고르세요.

1 모집

1 집 근처 카페에서 아르바이트 모집을 하고 있다.
2 매주 월요일과 목요일은 일반쓰레기 모집이 있습니다.
3 1명의 구인에 대해 100명의 모집이 있었다고 한다.
4 저의 취미는 영화 팸플릿을 모집하는 것입니다.

해설 募集(모집)을 가장 올바르게 사용한 것은 **1번**이다. 2번은 収集(수집), 3번은 応募(응모), 4번은 集める(모으다)·収集(수집)를 사용하는 것이 알맞다.

단어 募集(ぼしゅう) 모집 | 近(ちか)く 근처 | 毎週(まいしゅう) 매주 | 月曜日(げつようび) 월요일 | 木曜日(もくようび) 목요일 | 一般(いっぱん)ごみ 일반 쓰레기 | 求人(きゅうじん) 구인 | ~に対(たい)して ~에 대해서 | 趣味(しゅみ) 취미 | パンフレット 팸플릿 | 収集(しゅうしゅう) 수집 | 応募(おうぼ) 응모 | 集(あつ)める 모으다

2 소비

1 고기는 야채에 비해서 소비하는데에 시간이 걸린다.
2 사용하지 않게 된 컴퓨터 데이터를 소비한다.
3 저는 운동을 하는 것으로 스트레스를 소비하고 있습니다.
4 이 오래된 에어컨은 전기를 다량으로 소비한다.

해설 消費(소비)를 가장 올바르게 사용한 것은 **4번**이다. 1번은 消化(소화), 2번은 削除(삭제), 3번은 発散(발산)·解消(해소)을 사용하는 것이 알맞다.

단어 消費(しょうひ) 소비 | 肉(にく) 고기 | 野菜(やさい) 채소 | ~に比(くら)べて ~에 비해서 | かかる 걸리다 | データ 데이터 | ストレス 스트레스 | 古(ふる)い 오래되다 | エアコン 에어컨 | 電気(でんき) 전기 | 多量(たりょう) 다량, 많은 양 | 消化(しょうか) 소화 | 削除(さくじょ) 삭제 | 発散(はっさん) 발산 | 解消(かいしょう) 해소

3 이동

1 어렸을 때부터 장래에는 해외에 이동하는 것이 꿈이었습니다.
2 도쿄에서 오사카까지 신칸센으로 이동합니다.
3 그는 다이어트를 위해서 매일 이동하고 있습니다.
4 이 문은 가까이 가면 이동으로 열립니다.

해설 移動(이동)을 가장 올바르게 사용한 것은 **2번**이다. 1번은 移住(이주), 3번은 運動(운동), 4번은 自動(자동)을 사용하는 것이 알맞다.

단어 移動(いどう) 이동 | 幼(おさな)い 어리다 | 頃(ころ) 쯤, 적 | 将来(しょうらい) 장래 | 海外(かいがい) 해외 | 夢(ゆめ) 꿈 | 東京(とうきょう) 도쿄(일본 지명) | 大阪(おおさか) 오사카(일본 지명) | 新幹線(しんかんせん) 신칸센(일본 고속 열차) | ダイエット 다이어트 | ~ため ~위해서 | ドア 문 | 近(ちか)づく 가까이 가다 | 開(ひら)く 열리다 | 移住(いじゅう) 이주 | 運動(うんどう) 운동 | 自動(じどう) 자동 | 大(おお)きい 크다

4 위로하다

1 시험에 합격했기 때문에 가족끼리 외식하고 위로했다.
2 친구가 풀이 죽어 있어서 술을 마시면서 위로해 주었다.
3 할아버지는 내일 90살 생일을 위로합니다.
4 서류가 제각각이 되지 않도록 클립으로 위로했다.

해설 慰める(위로하다)를 가장 올바르게 사용한 것은 **2번**이다. 1번은 祝う(축하하다), 3번은 迎える(맞이하다), 4번은 留める(고정시키다)를 사용하는 것이 알맞다.

단어 慰(なぐさ)める 위로하다 | 試験(しけん) 시험 | 合格(ごうかく) 합격 | 家族(かぞく)で 가족끼리 | 外食(がいしょく) 외식 | 落(お)ち込(こ)む 풀이 죽다 | 祖父(そふ) 할아버지, 조부 | ~歳(さい) ~세 | 書類(しょるい) 서류 | ばらばら 제각각 | ~ように ~하도록 | クリップ 클립 | 祝(いわ)う 축하하다 | 迎(むか)える 맞이하다 | 留(と)める 고정시키다

5 만원

1 설날 비행기 좌석은 만원이어서 고속 버스를 예약했다.
2 요가 수업은 인기가 많기 때문에 이미 만원 상태였다.
3 이번 모집은 만원에 달했기 때문에 종료하겠습니다.
4 은행의 주차장이 만원이었기 때문에 주차할 수 없어서 곤란했다.

해설 満員(만원)을 가장 올바르게 사용한 것은 **2번**이다. 1번은 満席(만석), 3번은 定員(정원), 4번은 満車(만차)를 사용하는 것이 알맞다.

단어 満員(まんいん) 만원 | 正月(しょうがつ) 정월, 설 | 飛行機(ひこうき) 비행기 | 座席(ざせき) 좌석 | 高速(こうそく)バス 고속 버스 | 予約(よやく) 예약 | ヨガ 요가 | 教室(きょうしつ) 교실 | 人気(にんき) 인기 | 状態(じょうたい) 상태 | 今回(こんかい) 이번 | 募集(ぼしゅう) 모집 | 達(たっ)する 달하다 | 終了(しゅうりょう) 종료 | 銀行(ぎんこう) 은행 | 駐車場(ちゅうしゃじょう) 주차장 | 困(こま)る 곤란하다 | 満席(まんせき) 만석 | 定員(ていいん) 정원 | 満車(まんしゃ) 만차

용법 기출단어 기본 다지기③   100p

| 1 ① | 2 ② | 3 ② | 4 ② | 5 ② |

1   떼다, 놓다

1 아름다운 장소로부터 눈을 뗄 수가 없다.
2 쓰레기가 떨어져 있으니 떼(놓아) 주세요.

해설   離す(떼다, 놓다)를 가장 올바르게 사용한 것은 **1번**이다. 2번은 拾う(줍다)를 사용하는 것이 알맞다.

단어   離(はな)す 떼다, 놓다 | 美(うつく)しい 아름답다 | 場所(ばしょ) 장소 | ゴミ 쓰레기 | 落(お)ちる 떨어지다 | 拾(ひろ)う 줍다

2   지시

1 피아노 선생님의 지시 덕분에 음악 대학에 합격했다.
2 상사로부터의 지시에 따라서 일을 진행하고 있습니다.

해설   指示(지시)를 가장 올바르게 사용한 것은 **2번**이다. 1번은 指導(지도)를 사용하는 것이 알맞다.

단어   指示(しじ) 지시 | ~おかげで ~덕분에 | 合格(ごうかく) 합격 | 上司(じょうし) 상사 | ~に従(したが)って ~에 따라서 | 進(すす)める 진행하다 | 指導(しどう) 지도

3   꼭 닮은 모양

1 옷 사이즈가 몸에 꼭 닮게 맞는다.
2 그 자매는 얼굴도 말투도 꼭 닮았다.

해설   そっくり(꼭 닮은 모양)을 가장 올바르게 사용한 것은 **2번**이다. 1번은 ぴったり(딱)을 사용하는 것이 알맞다.

단어   そっくり 꼭 닮은 모양 | 服(ふく) 옷 | サイズ 사이즈 | 体(からだ) 몸 | 合(あ)う 맞다 | 姉妹(しまい) 자매 | 顔(かお) 얼굴 | 話(はな)し方(かた) 말투, 말하는 법 | ぴったり 딱, 꼭 들어맞는 모양

4   맡기다

1 냉장고에 맡겨 두었던 쥬스가 없어졌다.
2 체크인 전에 짐을 호텔에 맡기다.

해설   預ける(맡기다)를 가장 올바르게 사용한 것은 **2번**이다. 1번은 保管する(보관하다)・入れる(넣다)를 사용하는 것이 알맞다.

단어   預(あず)ける 맡기다 | 冷蔵庫(れいぞうこ) 냉장고 | ~ておく ~해 두다, 놓다 | なくなる 없어지다 | 荷物(にもつ) 짐 | 保管(ほかん)する 보관하다 | 入(い)れる 넣다

5   조퇴

1 전철이 늦어지고 있어서 30분 정도 조퇴할 것 같습니다.
2 몸 상태가 좋지 않기 때문에 오늘은 조퇴하겠습니다.

해설   早退(조퇴)를 가장 올바르게 사용한 것은 **2번**이다. 1번은 遅刻(지각)를 사용하는 것이 알맞다.

단어   早退(そうたい) 조퇴 | 電車(でんしゃ) 전철 | 遅(おく)れる 늦다 | ~ぐらい ~정도 | ~そうだ ~할 것 같다 | 体調(たいちょう)が悪(わる)い 몸 상태가 안 좋다 | ~させていただく 하겠다(겸양어) | 遅刻(ちこく) 지각

용법 기출단어 실전 연습 문제③   101p

| 1 ④ | 2 ④ | 3 ③ | 4 ② | 5 ① |

문제5   다음 말의 사용법으로서 가장 알맞은 것을, 1・2・3・4에서 하나 고르세요.

1   발전

1 파리에서 세계로 새로운 패션을 발전하고 있습니다.
2 주말마다 피아노를 배우고 있지만, 좀처럼 발전하지 않는다.
3 역 앞에 건설중인 건물이 다음 달 드디어 발전한다고 한다.
4 산업 발전에 의해 사람들의 생활은 이전보다 풍족해졌다.

해설   発展(발전)을 가장 올바르게 사용한 것은 **4번**이다. 1번은 発信(발신), 2번은 上達(숙달됨, 능력이 향상됨), 3번은 完成(완성)을 사용하는 것이 알맞다.

단어   発展(はってん) 발전 | パリ 파리(지명) | 世界(せかい) 세계 | 新(あたら)しい 새롭다 | ファッション 패션 | 毎週末(まいしゅうまつ) 주말마다 | ピアノ 피아노 | 習(なら)う 배우다 | なかなか 좀처럼 | 駅前(えきまえ) 역 앞 | 建設中(けんせつちゅう) 건설중 | ついに 드디어 | 産業(さんぎょう) 산업 | ~により ~에 의해 | 人々(ひとびと) 사람들 | 生活(せいかつ) 생활 | 以前(いぜん) 이전 | 豊(ゆた)かだ 풍족하다, 풍부하다 | 発信(はっしん) 발신 | 上達(じょうたつ) 숙달됨, 능력이 향상됨 | 完成(かんせい) 완성

2   제한

1 대통령은 예산에 대해서 상당한 제한을 가지고 있다.
2 1개월에 사용할 수 있는 신용카드 제한액은 10만 엔으로 하고 있다.
3 마라톤에서 체력의 제한을 느껴서 마지막까지 달릴 수 없었습니다.
4 이 도로의 자동차 제한속도는 시속 60km이다.

해설   制限(제한)을 가장 올바르게 사용한 것은 **4번**이다. 1번은 権限(권한), 2번은 限度(한도), 3번은 限界(한계)을 사용하는 것이 알맞다.

단어   制限(せいげん) 제한 | 大統領(だいとうりょう) 대통령 | 予算(よさん) 예산 | かなり 꽤, 제법 | 持(も)つ 들다, 가지다 | 使用(しよう) 사용 | ~ヶ月(かげつ) ~개월 | クレジットカード 신용카드 | 額(がく) 액 | マラソン 마라톤 | 体力(たいりょく) 체력 | 感(かん)じる 느끼다 | 最後(さいご) 최후, 마지막 | 走(はし)る 달리다 | 道路(どうろ) 도로 | 速度(そくど) 속도 | 時速(じそく) 시속 | 権限(けんげん) 권한 | 限度(げんど) 한도 | 限界(げんかい) 한계

3 효과

1 열심히 공부하고 있지만 좀처럼 효과가 오르지 않는다.
2 매일 아침 조깅을 한 효과 1개월만에 3kg 빠졌습니다.
3 감기에 걸렸기 때문에 약을 먹었더니 금방 효과가 나왔습니다.
4 수면 부족과 피로가 효과로 인플루엔자에 걸려 버렸다.

해설 効果(효과)를 가장 올바르게 사용한 것은 **3번**이다. 1번은 成績(성적), 2번은 結果(결과), 4번은 原因(원인)을 사용하는 것이 알맞다.

단어 効果(こうか) 효과 | 一生懸命(いっしょうけんめい) 열심히 | 上(あ)がる 오르다 | 毎朝(まいあさ) 매일 아침 | ジョギング 조깅 | やせる 살빼다, 살 빠지다 | 風邪(かぜ) 감기 | 薬(くすり) 약 | 睡眠不足(すいみんぶそく) 수면부족 | 疲(つか)れ 피로 | 成績(せいせき) 성적 | 結果(けっか) 결과 | 原因(げんいん) 원인

4 빔

1 오후부터 비가 오니까 빨래를 비워 둡시다.
2 재활용을 위해서 빈 병은 이쪽에 버려주세요.
3 최근 바빠서 빈 날이 하나도 없다.
4 이 일은 비었기 때문에 모르는 일이나 실수가 많다.

해설 空(빔)을 가장 올바르게 사용한 것은 **2번**이다. 1번은 取り込む(거두어 들이다), 3번은 休みの日(쉬는 날), 4번은 初めて(처음)을 사용하는 것이 알맞다.

단어 空(から) 빔 | 洗濯物(せんたくもの) 세탁물, 빨래 | リサイクル 재활용 | ビン 병 | 捨(す)てる 버리다 | 最近(さいきん) 최근 | 忙(いそが)しい 바쁘다 | 分(わ)かる 알다, 이해하다 | ミス 실수 | 多(おお)い 많다 | 取(と)り込(こ)む 거두어 들이다 | 休(やす)みの日(ひ) 쉬는 날 | 初(はじ)めて 처음

5 경유

1 우리는 프랑스를 경유해서 이탈리아로 갑니다.
2 이 사건이 일어난 경유를 자세히 조사하다.
3 갑자기 긴 머리를 짧게 자른 경유는 무엇입니까?
4 이번 실패는 나에게 있어서 매우 좋은 경유가 되었다.

해설 経由(경유)를 가장 올바르게 사용한 것은 **1번**이다. 2번은 経緯(경위), 3번은 理由(이유), 4번은 経験(경험)을 사용하는 것이 알맞다.

단어 経由(けいゆ) 경유 | フランス 프랑스 | イタリア 이탈리아 | 事件(じけん) 사건 | 起(お)きる 일어나다 | 詳(くわ)しい 자세하다, 상세하다 | 調(しら)べる 조사하다 | 急(きゅう)に 갑자기 | 長(なが)い 길다 | 髪(かみ) 머리(카락) | 短(みじか)い 짧다 | 今回(こんかい) 이번 | 失敗(しっぱい) 실패 | ～にとって ~에(게) 있어서 | 経緯(けいい) 경위 | 理由(りゆう) 이유 | 経験(けいけん) 경험

한자읽기

한자읽기 핵심단어 기본 다지기　　147p

1 ②	2 ②	3 ①	4 ①	5 ①
6 ①	7 ②	8 ①	9 ①	10 ①
11 ①	12 ②	13 ①	14 ②	15 ①

1 악수

해설 握手는 **2 あくしゅ**라고 음독으로 읽는다.

2 굽다

해설 焼く는 **2 やく**라고 훈독으로 읽는다.

3 일상

해설 日常는 **1 にちじょう**라고 음독으로 읽는다. 日는 ひ라는 훈독도 있지만, 日常는 にち로 읽어야 한다.

4 진짜, 실물

해설 本物는 **1 ほんもの**라고 훈독으로 읽는다. 物는 ぶつ라는 음독도 있지만, 本物는 もの로 읽어야 한다.

5 가난하다

해설 貧しい는 **1 まずしい**라고 훈독으로 읽는다.

6 상담

해설 相談는 **1 そうだん**이라고 음독으로 읽는다. 장음에 주의하자.

7 꺾다, 접다, 굽히다

해설 折る는 **2 おる**라고 훈독으로 읽는다.

8 응모

해설 応募는 **1 おうぼ**라고 음독으로 읽는다.

9 되돌아가다(오다)

해설 返る는 **1 かえる**라고 훈독으로 읽는다.

10 안이

해설 安易는 **1 あんい**라고 음독으로 읽는다. 易는 えき라는 음독도 있지만, 安易는 い로 읽어야 한다.

11 고가

해설 高価는 **1 こうか**라고 음독으로 읽는다.

12 광장

해설 広場는 **2 ひろば**라고 훈독으로 읽는다. 場는 じょう라는 음독도 있지만, 広場는 ば로 읽어야 한다.

13 모퉁이, 귀퉁이

해설 角는 **1 かど**라고 훈독으로 읽는다.

14 응용

해설 応用는 **2 おうよう**라고 음독으로 읽는다.

15 개찰

해설 改札는 **1 かいさつ**라고 음독으로 읽는다.

한자읽기 핵심단어 실전 연습 문제① 149p

| 1 ③ | 2 ④ | 3 ③ | 4 ① | 5 ④ |
| 6 ② | 7 ③ | 8 ③ | | |

문제1 _____의 말의 읽는 법으로서 가장 알맞은 것을, 1·2·3·4에서 하나 고르세요.

1 이 부근은 밤에는 너무 어둡고 불빛이 없어서 위험하다.

해설 辺りと **3 あたり**라고 훈독으로 읽는다.

단어 辺(あた)り 부근 | 暗(くら)い 어둡다 | 明(あ)かり 불빛 | 危(あぶ)ない 위험하다 | 通(とお)り 거리 | 周(まわ)り 주위

2 저 유명한 화가의 작품을 미술관에서 볼 수 있게 되었다.

해설 画家는 **4 がか**라고 음독으로 읽는다.

단어 有名(ゆうめい)だ 유명하다 | 画家(がか) 화가 | 作品(さくひん) 작품 | 美術館(びじゅつかん) 미술관 | 絵画(かいが) 그림

3 구체적인 일정은 아직 정해지지 않았습니다.

해설 具体的는 **3 ぐたいてき**라고 음독으로 읽는다.

단어 具体的(ぐたいてき)だ 구체적이다 | 日程(にってい) 일정 | 決(き)まる 정해지다, 결정되다

4 지진이 일어났을 때는 당황하지 말고 침착하게 행동합시다.

해설 慌てないで는 **1 あわてないで**라고 훈독으로 읽고 동사 ない형+ないで(~하지 않고)의 접속 형태이다.

단어 地震(じしん) 지진 | 起(お)きる 일어나다 | 慌(あわ)てる 당황하다 | 落(お)ち着(つ)く 진정하다, 침착하다 | 行動(こうどう) 행동 | 当(あ)てる 맞추다 | 建(た)てる 세우다 | 育(そだ)てる 키우다

5 지난번 시험은 의외로 간단했다.

해설 案外는 **4 あんがい**라고 음독으로 읽는다.

단어 試験(しけん) 시험 | 案外(あんがい) 의외(로) | 簡単(かんたん)だ 간단하다

6 친구에게 빌린 책을 더럽히고 말았다.

해설 汚して는 **2 よごして**라고 훈독으로 읽고 동사 て형이다.

단어 借(か)りる 빌리다 | 汚(よご)す 더럽히다 | 無(な)くす 없애다 | 壊(こわ)す 부수다 | 濡(ぬ)らす 적시다

7 날씨가 좋아서 두꺼운 이불을 세탁해서 말렸다.

해설 干した는 **3 ほした**라고 훈독으로 읽고 동사 과거형이다.

단어 天気(てんき) 날씨 | 厚(あつ)い 두껍다 | 布団(ふとん) 이불 | 洗濯(せんたく) 세탁 | 干(ほ)す 말리다 | 指(さ)す 가리키다 | 乾(かわ)かす 말리다

8 유학 중에는 어머니의 손수 만든 요리가 그리웠다.

해설 恋しかった는 **3 こいしかった**라고 훈독으로 읽고 い형용사 과거형이다.

단어 留学中(りゅうがくちゅう) 유학 중 | 母(はは) 어머니 | 手料理(てりょうり) 손수 만든 요리 | 恋(こい)しい 그립다 | 楽(たの)しい 즐겁다 | 苦(くる)しい 괴롭다 | 悲(かな)しい 슬프다

한자읽기 핵심단어 실전 연습 문제② 150p

| 1 ② | 2 ④ | 3 ① | 4 ② | 5 ② |
| 6 ④ | 7 ① | 8 ④ | | |

문제1 _____의 말의 읽는 법으로서 가장 알맞은 것을, 1·2·3·4에서 하나 고르세요.

1 중학교 시절에 장거리 마라톤 대회에서 우승했다.

해설 大会는 **2 たいかい**라고 음독으로 읽는다. 大는 だい라는 음독도 있지만 大会는 たい로 읽어야 한다.

단어 中学(ちゅうがく) 중학교 | 時代(じだい) 시대, 시절 | 長距離(ち

ょうきょり) 장거리 | マラソン 마라톤 | 大会(たいかい) 대회 | 優勝(ゆうしょう)する 우승하다 | 大概(たいがい) 대개

2 오랫동안 씻지 않아서 매우 냄새납니다.

해설 臭いは **4 くさい**라고 훈독으로 읽는다.

단어 洗(あら)う 씻다 | 臭(くさ)い 냄새나다 | 暗(くら)い 어둡다 | 若(わか)い 젊다 | 匂(にお)い 냄새

3 주방에서 사용할 실용적인 도구를 가게에서 샀습니다.

해설 実用的なは **1 じつようてきな**라고 음독으로 읽고 な형용사의 명사 수식형이다.

단어 キッチン 키친, 주방 | 実用的(じつようてき)だ 실용적이다 | 道具(どうぐ) 도구 | 信用的(しんようてき)だ 신용적이다 | 活用的(かつようてき)だ 활용적이다

4 채소를 맛있게 먹는 방법을 배웠습니다.

해설 教わりは **2 おそわり**라고 훈독으로 읽고 동사 ます형이다.

단어 野菜(やさい) 채소 | おいしく 맛있게 | 方法(ほうほう) 방법 | 教(おそ)わる 가르침을 받다, 배우다 | 関(かか)わる 관계되다, 상관하다 | 加(くわ)わる 더해지다 | 断(ことわ)る 거절하다

5 일본의 수도인 도쿄는 번화하지만 물가가 비싸.

해설 首都는 **2 しゅと**라고 음독으로 읽는다. 首는 しょう라는 음독도 있지만 首都는 しゅと로 읽어야 한다.

단어 首都(しゅと) 수도 | にぎやかだ 번화하다 | 東京(とうきょう) 도쿄(일본 지명) | 物価(ぶっか) 물가

6 전화를 했지만 응답이 없어서 다른 방법으로 연락했습니다.

해설 応答는 **4 おうとう**라고 음독으로 읽는다.

단어 応答(おうとう) 응답 | 連絡(れんらく)する 연락하다 | 応用(おうよう) 응용 | 返答(へんとう) 대답

7 행사가 많은 달이어서 지출이 많았다.

해설 支出는 **1 ししゅつ**라고 음독으로 읽는다.

단어 月(つき) 달 | 支出(ししゅつ) 지출 | 多(おお)い 많다

8 물건을 너무 많이 넣어서 봉지가 찢어졌다.

해설 破れたは **4 やぶれた**라고 훈독으로 읽고 동사 과거형이다.

단어 入(い)れる 넣다 | 袋(ふくろ) 주머니, 봉지 | 破(やぶ)れる 찢어지다 | 壊(こわ)れる 부서지다 | 潰(つぶ)れる 찌부러지다 | 離(はな)れる 멀어지다

한자읽기 핵심단어 실전 연습 문제③ 151p

1 ②   2 ④   3 ③   4 ①   5 ①
6 ④   7 ④   8 ②

문제1 _____의 말의 읽는 법으로서 가장 알맞은 것을, 1・2・3・4에서 하나 고르세요.

1 리포트는 인터넷에서 인용해서 쓰면 안됩니다.

해설 引用는 **2 いんよう**라고 음독으로 읽는다.

단어 レポート 리포트 | 引用(いんよう) 인용 | ~てはいけない ~해서는 안 된다

2 오늘 멋진 파티에 초대해 주셔서 감사합니다.

해설 本日は **4 ほんじつ**라고 음독으로 읽는다.

단어 本日(ほんじつ) 금일, 오늘 | すばらしい 훌륭하다 | 招待(しょうたい) 초대하다 | ~ていただく ~해 받다(겸양어)

3 살 빼고 싶다면 운동이 효과적이다.

해설 効果的는 **3 こうかてき**라고 음독으로 읽는다.

단어 やせる 살 빼다 | 運動(うんどう) 운동 | 効果的(こうかてき)だ 효과적이다

4 자세한 내용은 내일 회의에서 정합시다.

해설 詳しいは **1 くわしい**라고 훈독으로 읽는다.

단어 詳(くわ)しい 자세하다, 상세하다 | 内容(ないよう) 내용 | 会議(かいぎ) 회의 | 決(き)める 정하다 | 険(けわ)しい 험하다 | 騒(さわ)がしい 소란스럽다 | 激(はげ)しい 격하다

5 이번 주말에 큰 국제회의가 행해지기 때문에 이 길은 지날 수 없게 된다고 한다.

해설 行われるは **1 おこなわれる**라고 훈독으로 읽고 수동형이다.

단어 今週末(こんしゅうまつ) 이번 주말 | 国際(こくさい) 국제 | 会議(かいぎ) 회의 | 行(おこな)う 행하다 | 通(とお)る 지나다, 통과하다 | ~そうだ ~라고 한다 | 戦(たたか)う 싸우다 | 言(い)う 말하다 | 扱(あつか)う 다루다

6 중화 요리를 먹을 때는 작은 접시에 옮겨서 먹는 것이 매너입니다.

해설 移しては **4 うつして**라고 훈독으로 읽고 동사의 て형이다.

단어 中華料理(ちゅうかりょうり) 중화요리 | 小皿(こざら) 작은 접시 | 移(うつ)す 옮기다 | マナー 매너 | 降(お)ろす 내리다 | 残(の

こ)す 남기다 | 回(まわ)す 돌리다

7 그는 상사의 명령에 따를 수밖에 없었다.

해설 従うは **4 したがう**라고 훈독으로 읽는다.

단어 上司(じょうし) 상사 | 命令(めいれい) 명령 | 従(したが)う 따르다 | ～しかない ~할 수밖에 없다 | 補(おぎな)う 보충하다 | 疑(うたが)う 의심하다 | 扱(あつか)う 다루다

8 이 잡지에 실려 있는 레스토랑에 가보고 싶다.

해설 載ってる **2 のって**라고 훈독으로 읽고 동사 て형이다.

단어 雑誌(ざっし) 잡지 | 載(の)る 실리다 | 折(お)る 꺾다, 접다 | 立(た)つ 서다 | 売(う)る 팔다

한자읽기 핵심단어 실전 연습 문제④   152p

1 ③ 2 ① 3 ② 4 ④ 5 ②
6 ① 7 ① 8 ④

문제Ⅰ _____의 말의 읽는 법으로서 가장 알맞은 것을, 1・2・3・4에서 하나 고르세요.

1 아이스를 천천히 먹으면 녹기 때문에 빨리 먹는 것이 좋다.

해설 溶けるは **3 とける**라고 훈독으로 읽는다.

단어 ゆっくり 천천히 | 溶(と)ける 녹다 | ～た方(ほう)がいい ~하는 편이 좋다 | 抜(ぬ)ける 빠지다 | かける 걸다 | 避(さ)ける 피하다

2 신호가 파랑이 되면 길을 건널 수 있습니다.

해설 青は **1 あお**라고 훈독으로 읽는다.

단어 信号(しんごう) 신호 | 青(あお) 파랑 | 渡(わた)る 건너다 | 赤(あか) 빨강 | 緑(みどり) 초록 | 白(しろ) 하양

3 오늘 회의에 많은 대단한 사람이 출석하기 때문에 긴장됩니다.

해설 偉いは **2 えらい**라고 훈독으로 읽는다.

단어 偉(えら)い 대단하다 | 出席(しゅっせき) 출석 | 緊張(きんちょう)する 긴장되다, 긴장하다 | 遠(とお)い 멀다 | 固(かた)い 딱딱하다 | 狭(せま)い 좁다

4 이 부근은 비슷한 풍경이 많아서 미아가 되기 쉽다.

해설 迷子は **4 まいご**라고 음독으로 읽는다. 迷는 めい라는 음독도 있지만 迷子은 まい로 읽어야 한다. 또한 子의 음독은 こ이지만 迷子는

ご라는 탁음이 된다.

단어 辺(あた)り 부근 | 同(おな)じ 같은 | 風景(ふうけい) 풍경 | 多(おお)い 많다 | 迷子(まいご) 미아

5 큰 소리가 들렸기 때문에 소리가 난 방향을 향했다.

해설 向いたは **2 むいた**라고 훈독으로 읽고 동사 과거형이다.

단어 大(おお)きな 큰 | 音(おと) 소리 | 聞(き)こえる 들리다 | 方向(ほうこう) 방향 | 向(む)く 향하다 | 書(か)く 쓰다 | 泣(な)く 울다 | 浮(う)く 뜨다

6 시험 공부를 열심히 했으니까 점수가 좋을 것이다.

해설 点数は **1 てんすう**라고 음독으로 읽는다.

단어 一生懸命(いっしょうけんめい)だ 열심히다 | 点数(てんすう) 점수 | ～はずだ ~일 것이다

7 현관에 있는 이 그림은 매우 유명한 것입니다.

해설 絵画は **1 かいが**라고 음독으로 읽는다.

단어 玄関(げんかん) 현관 | 絵画(かいが) 그림 | 有名(ゆうめい)だ 유명하다 | 映画(えいが) 영화

8 부자와 가난한 사람의 차가 커지고 있다.

해설 貧しいは **4 まずしい**라고 훈독으로 읽는다.

단어 お金持(かねも)ち 부자 | 貧(まず)しい 가난하다 | 差(さ) 차이 | 大(おお)きい 크다 | 寂(さび)しい 외롭다 | 怪(あや)しい 수상하다 | 悔(くや)しい 분하다

한자읽기 핵심단어 실전 연습 문제⑤   153p

1 ② 2 ③ 3 ① 4 ③ 5 ④
6 ① 7 ② 8 ④

문제Ⅰ _____의 말의 읽는 법으로서 가장 알맞은 것을, 1・2・3・4에서 하나 고르세요.

1 이 길은 현재, 공사중이어서 지나갈 수 없습니다.

해설 現在は **2 げんざい**라고 음독으로 읽는다.

단어 道(みち) 길 | 現在(げんざい) 현재 | 工事中(こうじちゅう) 공사중 | 通(とお)る 지나가다, 통과하다 | 健在(けんざい) 건재

2 오늘 공휴일이라서 오랜만에 가족끼리 식사하러 가기로 했다.

해설 祝日는 3 **しゅくじつ**라고 음독으로 읽는다. 日는 にち라는 음독도 있지만 祝日는 じつ로 읽어야 한다.

단어 祝日(しゅくじつ) 공휴일 | 久(ひさ)しぶり 오래간만 | 食事(しょくじ) 식사 | 終日(しゅうじつ) 온종일

3 아직 경험이 얕기 때문에 선배에게 가르침 받으면서 일을 하고 있습니다.

해설 浅いと 1 **あさい**라고 훈독으로 읽는다.

단어 経験(けいけん) 경험 | 浅(あさ)い 얕다 | 先輩(せんぱい) 선배 | 教(おし)える 가르치다 | 深(ふか)い 깊다 | 細(ほそ)い 가늘다 | 緩(ゆる)い 느슨하다

4 방을 청소하지 않으면 안 되는 것이 가장 귀찮다.

해설 面倒臭いと 3 **めんどうくさい**라고 음독과 훈독을 섞어 읽는다. 面倒는 음독, 臭い는 훈독으로 읽는다. 장음과 탁음에 주의하자.

단어 掃除(そうじ) 청소 | 面倒臭(めんどうくさ)い 귀찮다

5 모두에게 중대한 보고가 있습니다.

해설 重大なと 4 **じゅうだいな**라고 음독으로 읽고 な형용사의 명사 수식형이다. 大는 たい라는 음독도 있지만 重大는 だい로 읽어야 한다.

단어 重大(じゅうだい)だ 중대하다 | 報告(ほうこく) 보고

6 이 병원 외과 선생님은 매우 유명하다고 들었다.

해설 外科는 1 **げか**라고 음독으로 읽는다. 外는 がい라는 음독도 있지만 外科는 げ로 읽어야 한다.

단어 病院(びょういん) 병원 | 外科(げか) 외과 | 有名(ゆうめい)だ 유명하다 | 結果(けっか) 결과

7 이 표는 전국의 대학 진학률을 나타낸 것입니다.

해설 表したと 2 **あらわした**라고 훈독으로 읽고 동사 과거형이다.

단어 表(ひょう) 표 | 全国(ぜんこく) 전국 | 進学率(しんがくりつ) 진학률 | 表(あらわ)す 나타내다 | 示(しめ)す 가리키다, 보이다 | 起(お)こす 일으키다 | 倒(たお)す 쓰러뜨리다

8 우연히 동네에서 옛날 친구를 만나서 너무 그리웠다.

해설 偶然은 4 **ぐうぜん**이라고 음독으로 읽는다.

단어 偶然(ぐうぜん) 우연 | 昔(むかし) 옛날 | 友人(ゆうじん) 친구 | 懐(なつ)かしい 그립다 | 当然(とうぜん) 당연 | 必然(ひつぜん) 필연 | 突然(とつぜん) 돌연

표기

표기 핵심단어 기본 다지기 154p

| 1 ① | 2 ② | 3 ① | 4 ② | 5 ① |
| 6 ① | 7 ② | 8 ② | 9 ① | 10 ② |

1 급료

해설 きゅうりょう는 1 **給料**라고 표기한다. 2번은 給与(きゅうよ) 급여라는 단어이다.

2 발자국

해설 あしあと는 2 **足跡**라고 표기한다.

3 기뻐하다

해설 よろこぶ는 1 **喜ぶ**라고 표기한다.

4 평균

해설 へいきん은 2 **平均**이라고 표기한다.

5 가루

해설 こな는 1 **粉**이라고 표기한다.

6 늘다

해설 ふえる는 1 **増える**라고 표기한다.

7 빚

해설 しゃっきん은 2 **借金**이라고 표기한다.

8 이후

해설 いご는 2 **以後**라고 표기한다. 1번은 以降(いこう) 이후라는 단어이다.

9 깊다

해설 ふかい는 1 **深い**라고 표기한다.

10 장사

해설 しょうばい는 2 **商売**라고 표기한다.

표기 핵심단어 실전 연습 문제① 155p

1 ② **2** ① **3** ④ **4** ② **5** ③
6 ①

문제2 _____의 말을 한자로 쓸 때, 가장 알맞은 것을, 1・2・3・4에서 하나 고르세요.

1 이 동네는 내가 이전 살던 때와는 달라져 버렸다.

해설 いぜんは **2 以前**이라고 표기한다. 1, 3, 4번은 없는 단어이다.
단어 町(まち) 마을 | 以前(いぜん) 이전 | 住(す)む 살다 | 頃(ころ) 쯤 | 変(か)わる 변하다

2 여기서 담배 피우는 것은 금지되어 있다.

해설 きんしは **1 禁止**라고 표기한다. 2, 3, 4번은 없는 단어이다.
단어 たばこ 담배 | 吸(す)う 피우다 | 禁止(きんし) 금지

3 부부끼리 대화할 때는 되도록 감정적이 되지 않도록 하고 있다.

해설 かんじょうてきは **4 感情的**이라고 표기한다. 1, 2, 3번은 없는 단어이다.
단어 夫婦(ふうふ) 부부 | 話(はな)し合(あ)う 서로 이야기하다 | 感情的(かんじょうてき)だ 감정적이다

4 생각하는 것만으로는 아무것도 변하지 않기 때문에 우선은 행동하는 것이 중요하다.

해설 こうどうするは **2 行動する**라고 표기한다. 1, 3, 4번은 없는 단어이다.
단어 考(かんが)える 생각하다 | 変(か)わる 변하다 | 大切(たいせつ)だ 중요하다 | 行動(こうどう)する 행동하다

5 아이가 혼자 컵에 우유를 따르는 것을 옆에서 보고 있다.

해설 そそぐは **3 注ぐ**이라고 표기한다. 1, 2, 4번은 없는 단어이다.
단어 牛乳(ぎゅうにゅう) 우유 | 注(そそ)ぐ 쏟다 | 隣(となり) 옆

6 이 그림은 강물이 흐르는 모습이 세세하게 그려져 있다.

해설 ながれるは **1 流れる**라고 표기한다.
단어 絵(え) 그림 | 流(なが)れる 흐르다 | 様子(ようす) 상태 | 細(こま)かい 상세하다 | 描(えが)く 그리다 | 潰(つぶ)れる 찌부러지다 | 濡(ぬ)れる 젖다 | 汚(よご)れる 더러워지다

표기 핵심단어 실전 연습 문제② 156p

1 ④ **2** ③ **3** ④ **4** ② **5** ①
6 ②

문제2 _____의 말을 한자로 쓸 때, 가장 알맞은 것을, 1・2・3・4에서 하나 고르세요.

1 이 동물원에서는 말에게 먹이를 주는 체험이 인기다.

해설 うまは **4 馬**라고 표기한다.
단어 動物園(どうぶつえん) 동물원 | 馬(うま) 말 | エサ 먹이 | 体験(たいけん) 체험 | 人気(にんき)だ 인기있다 | 豚(ぶた) 돼지 | 牛(うし) 소 | 猫(ねこ) 고양이

2 내일부터 새로운 학기가 시작되니까 오늘은 일찍 자자.

해설 がっきは **3 学期**라고 표기한다. 1번도 がっき라고 읽지만 뜻이 다르다. 2, 4번은 없는 단어이다.
단어 新(あたら)しい 새롭다 | 学期(がっき) 학기 | 始(はじ)まる 시작되다 | 早(はや)い 빠르다 | 寝(ね)る 자다 | 楽器(がっき) 악기

3 겨울이 되고 태양이 지는 시간이 빨라졌다.

해설 たいようは **4 太陽**라고 표기한다. 1, 2, 3번은 없는 단어이다.
단어 冬(ふゆ) 겨울 | 太陽(たいよう) 태양 | 沈(しず)む 가라앉다, 지다 | 時間(じかん) 시간 | 早(はや)い 빠르다

4 다나카 씨는 사람들 앞에 나서는 것이 잘 못했는데 가수가 되다니 의외다.

해설 いがいだは **2 意外**라고 표기한다. 1번도 いがいだ라고 읽지만 뜻이 다르다.
단어 人前(ひとまえ) 사람들 앞, 남 앞 | 苦手(にがて)だ 못하다 | 歌手(かしゅ) 가수 | 意外(いがい)だ 의외다 | 以外(いがい)だ 이외다 | 案外(あんがい)だ 예상 외다 | 例外(れいがい)だ 예외이다

5 화를 억누르려면 천천히 심호흡을 하는 것이 좋다고 한다.

해설 おさえるは **1 抑える**라고 표기한다.
단어 怒(いか)り 분노, 화 | 抑(おさ)える 억제하다, 억누르다 | 怒(おこ)る 화내다 | 深呼吸(しんこきゅう) 심호흡 | 迎(むか)える 맞이하다 | 加(くわ)える 더하다 | 与(あた)える 주다

6 소파 밑에 펜이 떨어져 버렸지만 손을 뻗으면 잡을 수 있었다.

해설 のばすは **2 伸ばす**라고 표기한다. 3번도 のばす라고 읽지만 뜻이

다르다. 1번은 없는 단어이다.
단어 落(お)ちる 떨어지다 | 伸(の)ばす 펴다, 뻗다 | 取(と)る 잡다, 취하다 | 延(の)ばす (기간을) 연장하다 | 飛(と)ばす 날리다

표기 핵심단어 실전 연습 문제③ 157p

1 ③　2 ④　3 ④　4 ②　5 ①
6 ④

문제2 _____의 말을 한자로 쓸 때, 가장 알맞은 것을, 1·2·3·4에서 하나 고르세요.

1 이 기름은 칼로리가 낮다고 한다.

해설 あぶらは 3 油라고 표기한다.
단어 汗(あせ) 땀 | 湯(ゆ) 뜨거운 물, 탕 | 油(あぶら) 기름 | 泡(あわ) 거품

2 교토는 옛날의 아름다운 건물이 지금도 남아 있다.

해설 うつくしい 는 4 美しい라고 표기한다.
단어 京都(きょうと) 교토 | 昔(むかし) 옛 | 美(うつく)しい 아름답다 | 建物(たてもの) 건물 | 残(のこ)る 남다 | 親(した)しい 친하다 | 楽(たの)しい 즐겁다 | 恋(こい)しい 그립다

3 품위가 있는 말을 하도록 어렸을 적부터 부모님께 교육 받았다.

해설 じょうひんな는 4 上品な라고 표기하고 な형용사의 명사 수식형이다. 1, 2, 3번은 없는 단어이다.
단어 上品(じょうひん)だ 품위가 있다 | 言葉(ことば) 말 | 話(はな)す 말하다 | 頃(ころ) 쯤, 적 | 両親(りょうしん) 부모님 | 教育(きょういく)する 교육하다 | 商品(しょうひん) 상품

4 옛날부터 단어를 암기하는 것을 못했다.

해설 あんきする는 2 暗記する라고 표기한다. 1, 3, 4번은 없는 단어이다.
단어 昔(むかし) 옛날 | 単語(たんご) 단어 | 暗記(あんき)する 암기하다 | 苦手(にがて)だ 못하다

5 뒤차가 앞차를 앞지르려고 다가왔다.

해설 おいこそう는 1 追い越そう라고 표기하고 동사 의지형이다. 2, 3, 4번은 없는 단어이다.
단어 後(うし)ろ 뒤 | 追(お)い越(こ)す 추월하다, 앞지르다 | 近(ちか)づく 접근하다, 가까워지다

6 계산은 카드로도 가능하지만 현금으로 지불하면 저렴해집니다.

해설 かいけいは 4 会計라고 표기한다. 1번과 2번은 없는 단어이다.
단어 会計(かいけい) 계산 | 可能(かのう)だ 가능하다 | 現金(げんきん) 현금 | 払(はら)う 지불하다 | 合計(ごうけい) 합계

표기 핵심단어 실전 연습 문제④ 158p

1 ②　2 ④　3 ①　4 ③　5 ④
6 ①

문제2 _____의 말을 한자로 쓸 때, 가장 알맞은 것을, 1·2·3·4에서 하나 고르세요.

1 사회 초년생은 새로운 환경에서 고생할지도 모릅니다.

해설 くろうは 2 苦労라고 표기한다. 1번과 4번은 없는 단어이다.
단어 新社会人(しんしゃかいじん) 사회 초년생 | 新(あたら)しい 새롭다 | 環境(かんきょう) 환경 | 苦労(くろう) 고생 | 疲労(ひろう) 피로

2 여기는 깊으니까 저쪽에서 수영하세요.

해설 ふかい는 4 深い라고 표기한다. 3번은 없는 단어이다.
단어 深(ふか)い 깊다 | 泳(およ)ぐ 헤엄치다 | 浅(あさ)い 얕다 | 濃(こ)い 짙다

3 일본의 주요한 수출품은 자동차 부품이다.

해설 しゅようなは 1 主要な라고 표기하고 な형용사 명사 수식형이다. 2번과 3번은 없는 단어이다.
단어 主要(しゅよう)だ 주요하다 | 輸出品(ゆしゅつひん) 수출품 | 自動車(じどうしゃ) 자동차 | 部品(ぶひん) 부품 | 重要(じゅうよう)だ 중요하다

4 장마철이 되어서 빨래가 전혀 마르지 않는다.

해설 かわかない는 3 乾かない라고 표기하고 동사 부정형이다. 1번은 없는 단어이다.
단어 梅雨(つゆ) 장마 | 洗濯物(せんたくもの) 세탁물 | 乾(かわ)く 마르다 | 招(まね)く 초대하다 | 焼(や)く 굽다

5 급한 볼일이 생겨 버려서 예약을 취소할 수밖에 없었다.

해설 とりけす는 4 取り消す라고 표기한다. 2번은 없는 단어이다.
단어 急用(きゅうよう) 급한 볼일 | 約束(やくそく) 약속 | 取(と)り消

단어 (け)す 취소하다 | ~しかない ~할 수밖에 없다 | 取(と)り出(だ)す 꺼내다 | 取(と)り戻(もど)す 되찾다, 회복하다

6 경찰에 의해 <u>훈련</u>된 개가 범인을 발견했다고 한다.

해설 くんれん은 **1 訓練**이라고 표기한다. 2번과 4번은 없는 단어이다.

단어 警察(けいさつ) 경찰 | 訓練(くんれん) 훈련 | 犯人(はんにん) 범인 | 見(み)つける 찾다, 발견하다 | 試練(しれん) 시련

표기 핵심단어 실전 연습 문제⑤ 159p

1 ①   2 ③   3 ④   4 ②   5 ②
6 ②

문제2 _____의 말을 한자로 쓸 때, 가장 알맞은 것을, 1·2·3·4에서 하나 고르세요.

1 그는 일본을 <u>대표</u>하는 야구선수로 세계에서도 유명하다.

해설 だいひょう는 **1 代表**라고 표기한다. 2, 3, 4번은 없는 단어이다.

단어 代表(だいひょう)する 대표하다 | 野球選手(やきゅうせんしゅ) 야구선수 | 世界(せかい) 세계 | 有名(ゆうめい)だ 유명하다

2 다이어트 효과가 나서 바지가 <u>느슨</u>해졌다.

해설 ゆるく는 **3 緩く**라고 표기하고 い형용사+なる와 접속하는 형태이다. 1번과 2번은 없는 단어이다.

단어 効果(こうか) 효과 | 緩(ゆる)い 느슨하다 | 細(ほそ)い 가늘다

3 이 일은 누구라도 할 수 있는 <u>단순</u>한 작업입니다.

해설 たんじゅんな는 **4 単純**な라고 표기한다. 1번은 없는 단어이다.

단어 単純(たんじゅん)だ 단순하다 | 作業(さぎょう) 작업 | 順調(じゅんちょう)だ 순조롭다 | 簡単(かんたん)だ 간단하다

4 채소나 과일 껍질을 <u>벗기</u>는데 편리한 칼을 샀다.

해설 むく는 **2 剥く**라고 표기한다. 3번도 むく라고 읽지만 뜻이 다르다.

단어 野菜(やさい) 채소 | 果物(くだもの) 과일 | 皮(かわ) 껍질 | 剥(む)く 벗기다 | 便利(べんり)だ 편리하다 | 巻(ま)く 말다 | 向(む)く 향하다 | 除(のぞ)く 제거하다

5 담배를 <u>내던지</u>는 것은 금지되어 있다.

해설 なげすてる는 **2 投げ捨てる**라고 표기한다. 1, 3, 4번은 없는 단어이다.

단어 投(な)げ捨(す)てる 내던지다 | 禁止(きんし) 금지

6 <u>갑자기</u> 강한 바람이 불어서 우산이 부서졌다.

해설 とつぜん은 **2 突然**이라고 표기한다. 1번은 없는 단어이다.

단어 突然(とつぜん) 돌연, 갑자기 | 吹(ふ)く 불다 | 傘(かさ) 우산 | 壊(こわ)れる 부서지다 | 偶然(ぐうぜん) 우연히 | 自然(しぜん) 자연

문맥규정

문맥규정 핵심단어 기본 다지기 160p

1 ①   2 ②   3 ②   4 ②   5 ①
6 ②   7 ②   8 ①   9 ①   10 ①

1 저 호텔은 겉보기는 낡았지만 안은 (청결하다).

1 청결하다   2 불만이다

해설 선택지는 모두 な형용사이다. 그중 문맥상 가장 자연스러운 것은 **1 清潔だ**이다. 2번은 문맥상 어색하다.

단어 見(み)た目(め) 겉보기 | 古(ふる)い 낡다, 오래되다 | 清潔(せいけつ)だ 청결하다 | 不満(ふまん)だ 불만이다

2 여기에서 (잠깐) 기다려 주세요.

1 언제까지나   **2 잠깐**

해설 선택지는 모두 부사이다. 그중 문맥상 가장 자연스러운 것은 **2 しばらく**이다. 1은 문맥상 어색하다.

단어 しばらく 잠깐, 당분간 | 待(ま)つ 기다리다 | お~ください '~해 주세요' 존경어

3 선생님에게 (힌트)를 받고 답을 알았다.

1 가이드   **2 힌트**

해설 선택지는 모두 카타카나어이다. 그중 문맥상 가장 자연스러운 것은 **2 ヒント**이다. 1번은 문맥상 어색하다.

단어 ヒント 힌트 | 答(こた)え 답 | わかる 알다, 이해하다 | ガイド 가이드

4 이것은 어릴 적부터의 (버릇) 이다.

1 거짓말   **2 버릇**

해설 선택지는 모두 명사이다. 그중 문맥상 가장 자연스러운 것은 **2 くせ**이다. 1번은 문맥상 어색하다.

단어 ~ころ 적, 때 | うそ 거짓말 | くせ 버릇, 습관

5 이 일은 양이 많아서 시간이 (걸린다).

1 걸리다　　　　2 빌리다

해설　선택지는 모두 동사이다. 그중 문맥상 가장 자연스러운 것은 **1 かかる**이다. 2번은 문맥상 어색하다.

단어　仕事(しごと) 일 | 量(りょう) 양 | 多(おお)い 많다 | かかる 걸리다 | 借(か)りる 빌리다

6 도쿄 지하철은 매우 (복잡) 하다.

1 힘들　　　　**2 복잡**

해설　선택지는 모두 な형용사의 어간이다. 그중 문맥상 가장 자연스러운 것은 **2 複雑**이다. 1번은 문맥상 어색하다.

단어　地下鉄(ちかてつ) 지하철 | 大変(たいへん)だ 힘들다 | 複雑(ふくざつ)だ 복잡하다

7 처음으로 아이에게 편지를 받아서 (감동) 했다.

1 감사　　　　**2 감동**

해설　선택지는 모두 명사이다. 그중 문맥상 가장 자연스러운 것은 **2 感動**이다. 1번은 문맥상 어색하다.

단어　初(はじ)めて 처음으로 | 手紙(てがみ) 편지 | 感動(かんどう) 감동 | 感謝(かんしゃ) 감사

8 방 전기가 (갑자기) 꺼졌다.

1 갑자기　　　　2 꽤

해설　선택지는 모두 부사이다. 그중 문맥상 가장 자연스러운 것은 **1 突然**이다. 2번은 문맥상 어색하다.

단어　電気(でんき) 전기 | 突然(とつぜん) 돌연, 갑자기 | 消(き)える 꺼지다, 사라지다 | 結構(けっこう) 꽤

9 선배에게 부탁받은 일을 (떠맡기) 로 했다.

1 떠맡다　　　　2 수취하다

해설　선택지는 모두 동사이다. 그중 문맥상 가장 자연스러운 것은 **1 引き受ける**이다. 2번은 문맥상 어색하다.

단어　先輩(せんぱい) 선배 | 頼(たの)む 부탁하다 | 引(ひ)き受(う)ける 떠맡다, 책임지고 맡다 | ~ことにする ~하기로 하다 | 受(う)け取(と)る 받다, 수취하다

10 전국 1위를 (목표) 로 열심히 하겠습니다.

1 목표　　　　2 결과

해설　선택지는 모두 명사이다. 그중 문맥상 가장 자연스러운 것은 **1 目標**이다. 2번은 문맥상 어색하다.

단어　全国(ぜんこく) 전국 | ~位(い) ~위 | 目標(もくひょう) 목표 | 頑張(がんば)る 열심히 하다 | 結果(けっか) 결과

문맥규정 핵심단어 실전 연습 문제①　　162p

1 ③　**2** ④　**3** ④　**4** ④　**5** ②
6 ④　**7** ③　**8** ②　**9** ①　**10** ③
11 ④

문제3　(　　　)에 넣기에 가장 알맞은 것을, 1・2・3・4에서 하나 고르세요.

1 최근 예쁘게 사진을 찍을 수 있는 앱의 (애용자) 가 늘고 있다.

1 담당자　　　　2 착용자
3 애용자　　　　4 책임자

해설　선택지는 모두 명사이다. 그중 문맥상 가장 자연스러운 것은 **3 愛用者**이다. 1, 2, 4번은 문맥상 어색하다.

단어　最近(さいきん) 최근 | 写真(しゃしん) 사진 | 撮(と)る 찍다 | 愛用者(あいようしゃ) 애용자 | 増(ふ)える 늘다 | 担当者(たんとうしゃ) 담당자 | 着用者(ちゃくようしゃ) 착용자 | 責任者(せきにんしゃ) 책임자

2 문제를 풀 시간이 부족해서 합격하지 못한 것이 (분했다).

1 미웠다　　　　2 아까웠다
3 슬펐다　　　　**4 분했다**

해설　선택지는 모두 い형용사의 과거형이다. 그중 문맥상 가장 자연스러운 것은 **4 悔しかった**이다.

단어　問題(もんだい) 문제 | 解(と)く 풀다 | 足(た)りない 부족하다 | 合格(ごうかく)だ 합격하다 | 悔(くや)しい 분하다 | 憎(にく)い 밉다 | おしい 아깝다 | 悲(かな)しい 슬프다

3 늦잠을 잤기 때문에 버스로 가는 것보다 전철로 가는 편이 (확실하다).

1 자유롭다　　　　2 위험하다
3 이득이다　　　　**4 확실하다**

해설　선택지는 모두 형용사이다. 그중 문맥상 가장 자연스러운 것은 **4 確実だ**이다. 1, 2, 3번은 문맥상 어색하다.

단어　寝坊(ねぼう)する 늦잠자다 | 確実(かくじつ)だ 확실하다 | 自由(じゆう)だ 자유롭다 | 危険(きけん)だ 위험하다 | お得(とく)だ 이득이다

4 매년 새해가 (밝을) 때 마다 올해야말로 다이어트를 하기로 정하고 있다.

1 맞이하다　　　　2 열다
3 넘다　　　　**4 밝다**

30

해설 선택지는 모두 동사이다. 그중 문맥상 가장 자연스러운 것은 **4 明ける**이다. 새해가 되었다고 표현할 때 年が明ける(새해가 밝다)라는 표현을 사용한다.

단어 毎年(まいとし) 매년 | 新年(しんねん) 새해 | 明(あ)ける (날이) 밝다 | 今年(ことし) 올해 | 決(き)める 정하다 | 迎(むか)える 맞이하다 | 開(あ)ける 열다 | 越(こ)える 넘다

---

5 보고서의 한자가 틀렸습니다. (다시 써) 주세요.

1 다시 읽고
2 다시 쓰고
3 다시 걸고
4 다시 세우고

해설 선택지는 모두 동사 て형이다. 그중 문맥상 가장 자연스러운 것은 **2 書き直して**이다. 1, 3, 4번은 문맥상 어색하다.

단어 報告書(ほうこくしょ) 보고서 | 漢字(かんじ) 한자 | 間違(まちが)う 틀리다 | 書(か)き直(なお)す 고쳐쓰다 | 読(よ)み直(なお)す 다시 읽다 | かけ直(なお)す 다시 걸다 | 立(た)て直(なお)す 다시 세우다

---

6 실력을 (업) 하기 위해서 매일 연습을 한다.

1 오버
2 클릭
3 아웃
4 업

해설 선택지는 모두 카타카나어이다. 그중 문맥상 가장 자연스러운 것은 **4 アップ**이다. 1, 2, 3번은 문맥상 어색하다.

단어 実力(じつりょく) 실력 | アップ 업 | 練習(れんしゅう) 연습 | オーバー 오버 | クリック 클릭 | アウト 아웃

---

7 이 놀이공원은 어린이날에만 어린이 (입장) 이 무료입니다.

1 승차
2 순번
3 입장
4 활동

해설 선택지는 모두 명사이다. 그중 문맥상 가장 자연스러운 것은 **3 入場**이다. 1, 2, 4번은 문맥상 어색하다.

단어 遊園地(ゆうえんち) 놀이동산 | 入場(にゅうじょう) 입장 | 無料(むりょう) 무료 | 乗車(じょうしゃ) 승차 | 順番(じゅんばん) 순번, 차례 | 活動(かつどう) 활동

---

8 1년 동안 모은 (용돈) 으로 가장 좋아하는 만화책을 전부 샀다.

1 버릇
2 용돈
3 소문
4 기념품

해설 선택지는 모두 명사이다. 그중 문맥상 가장 자연스러운 것은 **2 おこづかい**이다. 1, 3, 4번은 문맥상 어색하다.

단어 一年間(いちねんかん) 1년간 | 貯(た)める 저축하다, 모으다 | おこづかい 용돈 | 全部(ぜんぶ) 전부 | くせ 버릇 | うわさ 소문 | お土産(みやげ) 기념품

---

9 회의에 늦었기 때문에 (어쩔 수 없이) 택시로 향했다.

1 어쩔 수 없이
2 터무니없이
3 아깝게
4 재미없게

해설 선택지는 모두 い형용사의 부사 활용이다. 그중 문맥상 가장 자연스러운 것은 **1 しょうがなく**이다. 2, 3, 4번은 문맥상 어색하다.

단어 会議(かいぎ) 회의 | 間(ま)に合(あ)う 제시간에 맞다 | しょうがない 어쩔 수 없다 | 向(む)かう 향하다 | とんでもない 터무니없다 | もったいない 아깝다 | つまらない 재미없다

---

10 태풍이 온다고 뉴스에서 말했기 때문에 (걱정되서) 밤에 잠을 잘 못잤다.

1 귀찮아서
2 번성해서
3 걱정되서
4 풍부해서

해설 선택지는 모두 な형용사의 연결형이다. 그중 문맥상 가장 자연스러운 것은 **3 心配で**이다. 1, 2, 4번은 문맥상 어색하다.

단어 台風(たいふう) 태풍 | 心配(しんぱい)だ 걱정이다 | 面倒(めんどう)だ 귀찮다 | 盛(さか)んだ 번성하다 | 豊(ゆた)かだ 풍부하다

---

11 시골에서는 별이 많이 (빛나고) 있지만, 도시에서는 좀처럼 볼 수 없다.

1 남고
2 눈치채고
3 뜨고
4 빛나고

해설 선택지는 모두 동사 て형이다. 그중 문맥상 가장 자연스러운 것은 **4 かがやいて**이다. 3번은 한국어 해석상 정답이 될 것 같지만 水に浮く(물에 뜨다) 등으로 사용되므로 정답이 아니다.

단어 田舎(いなか) 시골 | 星(ほし) 별 | 輝(かがや)く 빛나다 | 都会(とかい) 도시 | 残(のこ)る 남다 | 気付(きづ)く 눈치채다 | 浮(う)く 뜨다

문맥규정 핵심단어 실전 연습 문제② 164p

1 ② 2 ① 3 ④ 4 ① 5 ④
6 ① 7 ④ 8 ① 9 ① 10 ①
11 ②

문제3 ( )에 넣기에 가장 알맞은 것을, 1·2·3·4에서 하나 고르세요.

1 장래, 자신의 가게를 내고 싶기 때문에 대학에서 (경영) 에 대해 배웠다.

1 계산
2 경영
3 취업
4 관광

해설 선택지는 모두 명사이다. 그중 문맥상 가장 자연스러운 것은 **2 経営**

이다. 1, 3, 4번은 문맥상 어색하다.

단어 将来(しょうらい) 장래 | 経営(けいえい) 경영 | 学(まな)ぶ 배우다 | 計算(けいさん) 계산 | 就職(しゅうしょく) 취직 | 観光(かんこう) 관광

---

2 태풍으로 지붕이 부서지고 물이 떨어져서 서둘러 (양동이) 를 준비했다.

1 양동이　　　　　　　　2 유리
3 컵　　　　　　　　　　4 공

해설 선택지는 모두 카타카나어이다. 그중 문맥상 가장 자연스러운 것은 **1 バケツ**이다. 2, 3, 4번은 문맥상 어색하다.

단어 台風(たいふう) 태풍 | 屋根(やね) 지붕 | 壊(こわ)れる 부서지다 | 落(お)ちる 떨어지다 | 急(いそ)ぐ 서두르다 | バケツ 양동이 | 用意(ようい)する 준비하다 | グラス 유리 | コップ 컵 | ボール 공

---

3 교통사고를 (막기) 위해서 새로운 법률이 생겼습니다.

1 떠들다　　　　　　　　2 지키다
3 도망치다　　　　　　　**4 막다**

해설 선택지는 모두 동사이다. 그중 문맥상 가장 자연스러운 것은 **4 防ぐ**이다. 1, 2, 3번은 문맥상 어색하다.

단어 交通事故(こうつうじこ) 교통사고 | 防(ふせ)ぐ 막다 | 新(あたら)しい 새롭다 | 法律(ほうりつ) 법률 | 騒(さわ)ぐ 떠들다 | 守(まも)る 지키다 | 逃(に)げる 도망치다

---

4 쌍둥이 친구는 얼굴이 (똑같기) 때문에 구별하는 것이 힘들다.

1 똑 닮은 모양　　　　2 실망하는 모양
3 몰래　　　　　　　　　4 가득

해설 선택지는 모두 부사이다. 그중 문맥상 가장 자연스러운 것은 **1 そっくり**이다. 2, 3, 4번은 문맥상 어색하다.

단어 双子(ふたご) 쌍둥이 | 顔(かお) 얼굴 | そっくり 똑닮은 모양 | 区別(くべつ)する 구별하다 | 大変(たいへん)だ 힘들다 | がっかり 실망하는 모양 | こっそり 몰래 | ぎっしり 가득

---

5 레스토랑을 예약했지만, 예정이 바뀌어서 예약을 (취소했다).

1 꺼냈다　　　　　　　　2 설치했다
3 집어들었다　　　　　　**4 취소했다**

해설 선택지는 모두 동사의 과거형이다. 그중 문맥상 가장 자연스러운 것은 **4 取り消した**이다. 1, 2, 3번은 문맥상 어색하다.

단어 予約(よやく)する 예약하다 | 予定(よてい) 예정 | 変(か)わる 변하다 | 取(と)り消(け)す 취소하다 | 取(と)り出(だ)す 꺼내다 | 取(と)り付(つ)ける 달다, 설치하다 | 取(と)り上(あ)げる 집어들다

---

6 겨울에는 (건조) 하기 쉬워서 크림을 항상 사용한다.

1 건조　　　　　　　　2 감상
3 방송　　　　　　　　　4 건강

해설 선택지는 모두 명사이다. 그중 문맥상 가장 자연스러운 것은 **1 乾燥**이다. 2번은 읽는 법은 같지만 뜻이 다르다. 3, 4번은 문맥상 어색하다.

단어 乾燥(かんそう) 건조 | 感想(かんそう) 감상 | 放送(ほうそう) 방송 | 健康(けんこう) 건강

---

7 아주 매운 음식에 (도전) 했지만, 너무 매워서 먹을 수가 없었다.

1 체크아웃　　　　　　　2 스타트
3 브레이크　　　　　　　**4 챌린지, 도전**

해설 선택지는 모두 카타카나어이다. 그중 문맥상 가장 자연스러운 것은 **4 チャレンジ**이다. 1, 2, 3번은 문맥상 어색하다.

단어 辛(から)い 맵다 | チャレンジ 챌린지, 도전 | チェックアウト 체크아웃 | スタート 스타트, 시작 | ブレーキ 브레이크

---

8 도쿄에 온 (목적) 은 많이 관광을 하기 위해서이다.

1 목적　　　　　　　　2 견학
3 목표　　　　　　　　　4 사정

해설 선택지는 모두 명사이다. 그중 문맥상 가장 자연스러운 것은 **1 目的**이다. 2, 3, 4번은 문맥상 어색하다.

단어 東京(とうきょう) 도쿄 | 目的(もくてき) 목적 | 観光(かんこう)する 관광하다 | 見学(けんがく) 견학 | 目標(もくひょう) 목표 | 事情(じじょう) 사정

---

9 일이 없어서 경제적으로 매우 (힘들다).

1 괴롭다　　　　　　　2 슬프다
3 춥다　　　　　　　　　4 외롭다

해설 선택지 모두 い형용사이다. 그중 문맥상 가장 자연스러운 것은 **1 苦しい**이다. 생활이 어렵거나 경제적으로 힘든 상황을 말할 때 苦しい라는 표현을 사용한다. 2, 3, 4번은 문맥상 어색하다.

단어 経済的(けいざいてき)だ 경제적이다 | 苦(くる)しい 괴롭다, 고통스럽다 | 悲(かな)しい 슬프다 | 寒(さむ)い 춥다 | 寂(さび)しい 외롭다

---

10 이 지방은 토지가 넓기 때문에 농업이 (번성합니다).

1 번성합니다　　　　　2 열심입니다
3 잘합니다　　　　　　　4 화려합니다

해설 선택지는 모두 な형용사이다. 그중 문맥상 가장 자연스러운 것은 **1 盛んです**이다. 2, 3, 4번은 문맥상 어색하다.

단어 地方(ちほう) 지방 | 土地(とち) 토지 | 広(ひろ)い 넓다 | 農業(の

うぎょう) 농업 | 盛(さか)んだ 번성하다 | 熱心(ねっしん)だ 열심이다 | 得意(とくい)だ 잘하다, 자신이 있다 | 派手(はで)だ 화려하다

11 바다의 (밑바닥)에는 신기한 물고기가 많이 있다.

1 뒤　　　　　　　　　　2 밑바닥
3 벽　　　　　　　　　　4 밖

해설　선택지는 모두 명사이다. 그중 문맥상 가장 자연스러운 것은 **2 底**이다. 1, 3, 4번은 문맥상 어색하다.

단어　海(うみ) 바다 | 底(そこ) 밑(바닥) | 不思議(ふしぎ)だ 신기하다 | 魚(さかな) 물고기 | 裏(うら) 뒤, 뒷면 | 壁(かべ) 벽 | 外(そと) 밖

문맥규정 핵심단어 실전 연습 문제③　166p

1 ③　2 ①　3 ②　4 ①　5 ④
6 ③　7 ②　8 ①　9 ④　10 ④
11 ①

문제3 (　　)에 넣기에 가장 알맞은 것을, 1・2・3・4에서 하나 고르세요.

1 술을 너무 많이 마셔서 돌아오는 길에 (휘청휘청) 한다.

1 어슬렁어슬렁　　　　　2 보송보송
3 휘청휘청　　　　　　　4 욱신욱신

해설　선택지는 모두 부사이다. 그중 문맥상 가장 자연스러운 것은 **3 ふらふら**이다. 1, 2, 4번은 문맥상 어색하다.

단어　お酒(さけ) 술 | 帰(かえ)る 돌아가다 | ふらふら 휘청휘청 | さらさら 보송보송 | ぶらぶら 어슬렁어슬렁 | ずきずき 욱신욱신

2 집주인에게 이번 달 분의 (집세)를 지불하러 간다.

1 집세　　　　　　　　　2 급여
3 세금　　　　　　　　　4 빚

해설　선택지는 모두 명사이다. 그중 문맥상 가장 자연스러운 것은 **1 家賃**이다. 2, 3, 4번은 문맥상 어색하다.

단어　大家(おおや)さん 집주인 | 今月(こんげつ) 이번 달 | 払(はら)う 지불하다 | 家賃(やちん) 집세 | 給料(きゅうりょう) 급여 | 税金(ぜいきん) 세금 | 借金(しゃっきん) 빚

3 의자에 앉고 싶었지만 노인이 있어서 앉는 것을 (참았다).

1 자랑했다　　　　　　　2 참았다
3 관찰했다　　　　　　　4 발차했다

해설　선택지는 모두 명사이다. 그중 문맥상 가장 자연스러운 것은 **2 我慢する**이다. 1, 3, 4번은 문맥상 어색하다.

단어　椅子(いす) 의자 | 座(すわ)る 앉다 | 年寄(としよ)り 노인 | 我慢(がまん)する 참다, 견디다 | 自慢(じまん)する 자랑하다 | 観察(かんさつ) 관찰 | 発車(はっしゃ)する 발차하다, 차가 출발하다

4 매우 인기있는 가게라서 (빨리) 가서 줄 선다.

1 빨리　　　　　　　　　2 적게
3 늦게　　　　　　　　　4 처음으로

해설　선택지는 모두 부사이다. 그중 문맥상 가장 자연스러운 것은 **1 早めに**이다. 2, 3, 4번은 문맥상 어색하다.

단어　人気(にんき) 인기 | 早(はや)めに 일찌감치, 빨리 | 並(なら)ぶ 줄을 서다, 늘어서다 | 少(すく)なめに 적게 | 遅(おそ)めに 늦게, 느직이 | 初(はじ)めに 처음으로

5 (힌트)가 없으면 어려운 퀴즈는 풀 수 없다.

1 센터　　　　　　　　　2 매너
3 케이스　　　　　　　　4 힌트

해설　선택지는 모두 카타카나어이다. 그중 문맥상 가장 자연스러운 것은 **4 ヒント**이다. 1, 2, 3번은 문맥상 어색하다.

단어　ヒント 힌트 | 難(むずか)しい 어렵다 | クイズ 퀴즈 | 解(と)く 풀다 | センター 센터 | マナー 매너 | ケース 케이스

6 상상했던 크기와 달라서 너무 (실망) 했다.

1 한가로이　　　　　　　2 산뜻한 모양
3 실망한 모양　　　　　　4 듬뿍

해설　선택지는 모두 부사이다. 그중 문맥상 가장 자연스러운 것은 **3 がっかり**이다. 1, 2, 4번은 문맥상 어색하다.

단어　想像(そうぞう)する 상상하다 | 大(おお)きさ 크기 | 違(ちが)う 틀리다 | がっかり 실망한 모양 | のんびり 한가로이 | さっぱり 산뜻한 모양 | たっぷり 듬뿍

7 (체력)을 기르기 위해 매일 20분 정도 조깅을 한다.

1 권력　　　　　　　　　2 체력
3 동력　　　　　　　　　4 활력

해설　선택지는 모두 명사이다. 그중 문맥상 가장 자연스러운 것은 **2 体力**이다. 1, 3, 4번은 문맥상 어색하다.

단어　体力(たいりょく)をつける 체력을 기르다 | ジョギング 조깅 | 権力(けんりょく) 권력 | 動力(どうりょく) 동력 | 活力(かつりょく) 활력

8 이 옷은 (느슨하기) 때문에 작은 사이즈를 주세요.

| 1 느슨하다 | 2 꽉 끼다 |
| 3 나른하다 | 4 좁다 |

해설 　선택지는 모두 い형용사이다. 그중 문맥상 가장 자연스러운 것은 **1 ゆるい**이다. 2, 3, 4번은 문맥상 어색하다.

단어 　緩(ゆる)い 느슨하다 | きつい 꽉 끼다 | だるい 나른하다 | 狭(せま)い 좁다

9 (물가)가 점점 오르고 있기 때문에 매우 살기 힘들다.

| 1 원가 | 2 재료 |
| 3 가치 | **4 물가** |

해설 　선택지는 모두 명사이다. 그중 문맥상 가장 자연스러운 것은 **4 物価**이다. 1, 2, 3번은 문맥상 어색하다.

단어 　物価(ぶっか) 물가 | 上(あ)がる 오르다, 올라가다 | 住(す)む 살다 | 原価(げんか) 원가 | 材料(ざいりょう) 재료 | 価値(かち) 가치

10 문을 (노크) 하고 나서 들어가는 것이 상식입니다.

| 1 프라이버시 | 2 체크 |
| 3 락커 | **4 노크** |

해설 　선택지는 모두 카타카나어이다. 그중 문맥상 가장 자연스러운 것은 **4 ノック**이다. 1, 2, 3번은 문맥상 어색하다.

단어 　ドア 문 | ノック 노크 | 常識(じょうしき) 상식 | プライバシー 프라이버시, 사생활 | チェック 체크 | ロッカー 락커, 사물함

11 비가 그쳤기 때문에 우산을 (접고) 집으로 돌아왔다.

| **1 접고** | 2 바라고 |
| 3 싸고 | 4 끼고 |

해설 　선택지는 모두 동사 て형이다. 그중 문맥상 가장 자연스러운 것은 **1 たたんで**이다. 2, 3, 4번은 문맥상 어색하다.

단어 　やむ 멈추다, 그치다 | 傘(かさ) 우산 | 畳(たた)む 접다 | 望(のぞ)む 바라다 | 包(つつ)む 싸다, 포장하다 | 挟(はさ)む 끼다

문맥규정 핵심단어 실전 연습 문제④　　168p

1 ②　2 ③　3 ②　4 ③　5 ①
6 ④　7 ②　8 ④　9 ①　10 ②
11 ④

문제3 ( )에 넣기에 가장 알맞은 것을, 1·2·3·4에서 하나 고르세요.

---

1 늦잠을 자서 당황해서 집을 (뛰쳐나왔)지만, 버스 시간에 늦었다.

| 1 춤추기 시작했다 | **2 뛰쳐나왔다** |
| 3 불러냈다 | 4 꺼냈다 |

해설 　선택지는 모두 동사의 과거형이다. 그중 문맥상 가장 자연스러운 것은 **2 飛び出した**이다. 1, 3, 4번은 문맥상 어색하다.

단어 　寝坊(ねぼう)する 늦잠자다 | あわてる 당황하다 | 飛(と)び出(だ)す 뛰쳐나오다 | 間(ま)に合(あ)う 제 시간에 맞다 | 踊(おど)り出(だ)す 춤추기 시작하다 | 呼(よ)び出(だ)す 불러내다, 호출하다 | 引(ひ)き出(だ)す 꺼내다

2 모두의 의견이 (제각각) 이어서 하나로 모으는 것이 어렵다.

| 1 안달복달 | 2 우왕좌왕 |
| **3 제각각** | 4 꾸물꾸물 |

해설 　선택지는 모두 부사이다. 그중 문맥상 가장 자연스러운 것은 **3 ばらばら**이다. 1, 2, 4번은 문맥상 어색하다.

단어 　みんな 모두 | 意見(いけん) 의견 | ばらばら 제각각, 뿔뿔이 | 一(ひと)つ 하나 | まとめる 하나로 모으다 | 難(むずか)しい 어렵다 | いらいら 안달복달, 짜증이 난 상태 | うろうろ 우왕좌왕 | のろのろ 꾸물꾸물

3 (요전에) 메일로 부탁드린 건은 어떻게 되었습니까?

| 1 당분간 | **2 요전에** |
| 3 평소 | 4 즉시 |

해설 　선택지는 모두 부사이다. 그중 문맥상 가장 자연스러운 것은 **2 このあいだ**이다. 1, 3, 4번은 문맥상 어색하다.

단어 　このあいだ 요전에 | お願(ねが)いする 부탁하다(겸양어) | 件(けん) 건 | どう 어떻게 | なる 되다 | しばらく 당분간 | 普段(ふだん) 평소 | さっそく 즉시

4 영화관에서는 휴대전화의 사용이 (금지) 되어 있다.

| 1 금연 | 2 민폐 |
| **3 금지** | 4 명령 |

해설 　선택지는 모두 명사이다. 그중 문맥상 가장 자연스러운 것은 **3 禁止**이다. 1, 2, 4번은 문맥상 어색하다.

단어 　映画館(えいがかん) 영화관 | 携帯電話(けいたいでんわ) 휴대전화 | 使用(しよう) 사용 | 禁止(きんし) 금지 | 禁煙(きんえん) 금연 | 迷惑(めいわく) 민폐 | 命令(めいれい) 명령

5 나는 옛날부터 (뻔뻔한) 사람과는 친해질 수 없다.

| **1 뻔뻔하다** | 2 슬프다 |
| 3 부럽다 | 4 험하다 |

해설 선택지는 모두 い형용사이다. 그중 문맥상 가장 자연스러운 것은 1 ずうずうしいいけ다. 2, 3, 4번은 문맥상 어색하다.
단어 昔(むかし) 옛날 | 図々(ずうずう)しい 뻔뻔하다 | 仲良(なかよ)い 사이 좋다 | 悲(かな)しい 슬프다 | 羨(うらや)ましい 부럽다 | 険(けわ)しい 험하다

6	나의 집은 (완만한) 언덕을 오르면 바로 있다.
1 명백한	2 지루한
3 태연한	**4 완만한**

해설 선택지는 모두 な형용사의 명사 수식형이다. 그중 문맥상 가장 자연스러운 것은 4 なだらかな이다. 1, 2, 3번은 문맥상 어색하다.
단어 なだらかだ 완만하다 | 坂(さか) 언덕 | 登(のぼ)る 오르다 | すぐ 바로 | 明(あきら)かだ 명백하다 | 退屈(たいくつ)だ 지루하다 | 平気(へいき)だ 태연하다, 아무렇지도 않다

7	코로나의 영향으로 관광객이 (줄어) 버렸다.
1 묶고	**2 줄고**
3 늘고	4 펴지고, 자라고

해설 선택지는 모두 동사 て형이다. 그중 문맥상 가장 자연스러운 것은 2 減って이다.
단어 コロナ 코로나 | 影響(えいきょう) 영향 | 観光客(かんこうきゃく) 관광객 | 減(へ)る 줄다 | 結(むす)ぶ 묶다 | 増(ふ)える 늘다, 증가하다 | 伸(の)びる 펴지다, 자라다

8	오늘 중으로 리포트를 완성해야 하니까 (말 걸지 마아) 주세요.
1 배웅하지 않고	2 완성시키지 않고
3 의논하지 않고	**4 말 걸지 않고**

해설 선택지는 모두 동사 ない형+ないで(~하지 않고)의 접속 형태이다. 그중 문맥상 가장 자연스러운 것은 4 話しかけないで이다. 1, 2, 3번은 문맥상 어색하다.
단어 レポート 리포트 | 完成(かんせい)する 완성하다 | 話(はな)しかける 말을 걸다 | 見送(みおく)る 배웅하다 | 仕上(しあ)げる 완성시키다 | 話(はな)し合(あ)う 의논하다

9	이 (퀴즈)의 정답은 무엇일까요? 맞춰 보세요.
1 퀴즈	2 서비스
3 테마, 주제	4 유머

해설 선택지는 모두 카타카나어이다. 그중 문맥상 가장 자연스러운 것은 1 クイズ이다. 2, 3, 4번은 문맥상 어색하다.
단어 クイズ 퀴즈 | 正解(せいかい) 정답 | 当(あ)てる 맞히다 | サービス 서비스 | テーマ 테마, 주제 | ユーモア 유머

10	친척 아주머니로부터 백화점 (상품)을 받았다.
1 광고	**2 상품**
3 교환	4 신청

해설 선택지는 모두 접미어이다. 그중 문맥상 가장 자연스러운 것은 2 商品이다. 1, 3, 4번은 문맥상 어색하다.
단어 親戚(しんせき) 친척 | おばさん 아주머니, 숙모 | 商品(しょうひん) 상품 | 広告(こうこく) 광고 | 交換(こうかん) 교환 | 申請(しんせい) 신청

11	영어 논문을 (참고)로 기사를 썼다.
1 선전	2 증명
3 의문	**4 참고**

해설 선택지는 모두 명사이다. 그중 문맥상 가장 자연스러운 것은 4 参考이다. 1, 2, 3번은 문맥상 어색하다.
단어 論文(ろんぶん) 논문 | 参考(さんこう) 참고 | 記事(きじ) 기사 | 宣伝(せんでん) 선전 | 証明(しょうめい) 증명 | 疑問(ぎもん) 의문

문맥규정 핵심단어 실전 연습 문제⑤   170p

1 ②	2 ④	3 ②	4 ①	5 ③
6 ②	7 ②	8 ④	9 ②	10 ③
11 ④				

문제3 (　　　)에 넣기에 가장 알맞은 것을, 1·2·3·4에서 하나 고르세요.

1	이 짐은 저기 (창고)에 넣어두세요.
1 (밑)바닥	**2 창고**
3 제품	4 세탁기

해설 선택지는 모두 명사이다. 그중 문맥상 가장 자연스러운 것은 2 倉庫이다. 1, 3, 4번은 문맥상 어색하다.
단어 荷物(にもつ) 짐 | 倉庫(そうこ) 창고 | 入(い)れる 넣다 | 底(そこ) (밑)바닥 | 製品(せいひん) 제품 | 洗濯機(せんたくき) 세탁기

2	(젊을) 때 유학하는 것에 도전하면 좋을 것이다.
1 똑똑하다	2 가난하다
3 얕다	**4 젊다**

해설 선택지는 모두 い형용사이다. 그중 문맥상 가장 자연스러운 것은 4 若い이다. 1, 2, 3번은 문맥상 어색하다.
단어 若(わか)い 젊다 | 留学(りゅうがく)する 유학하다 | チャレンジ 챌린지, 도전 | 賢(かしこ)い 똑똑하다 | 貧(まず)しい 가난하다 | 浅(あさ)い 얕다

3 나는 아직 이 시험의 점수에 (만족) 하지 않았어.

1 합격
2 만족
3 행복
4 부자유, 자유롭지 않음

해설 　선택지는 모두 명사이다. 그중 문맥상 가장 자연스러운 것은 **2 満足**이다. 1, 3, 4번은 문맥상 어색하다.

단어 　試験(しけん) 시험 | 点数(てんすう) 점수 | 満足(まんぞく) 만족 | 合格(ごうかく) 합격 | 幸福(こうふく) 행복 | 不自由(ふじゆう) 부자유, 자유롭지 않음

4 더러우니까 이 유리창을 (닦아) 주세요.

1 닦고
2 쓸고
3 비고
4 당기고

해설 　선택지는 모두 동사의 て형이다. 그중 문맥상 가장 자연스러운 것은 **1 ふいて**이다. 2, 3, 4번은 문맥상 어색하다.

단어 　汚(きたな)い 더럽다 | 窓(まど) 창문 | 拭(ふ)く 닦다 | 掃(は)く 쓸다 | 空(す)く 비다 | 引(ひ)く 당기다

5 죄송합니다만, 남은 요리를 (가지고 가고 싶) 습니다만, 괜찮습니까?

1 보고 가고 싶다
2 받아들이고 싶다
3 가지고 가고 싶다
4 기다려보고 싶다

해설 　선택지는 모두 동사의 ます형+たい(~하고 싶다)의 접속 형태이다. 그중 문맥상 가장 자연스러운 것은 **3 持ち帰りたい**이다. 1, 2, 4번은 문맥상 어색하다.

단어 　残(のこ)る 남다 | 持(も)ち帰(かえ)る 가지고 가다, 테이크 아웃하다 | 見(み)ていく 보고 가다 | 受(う)け入(い)れる 받아들이다 | 待(ま)ってみる 기다려 보다

6 많은 (팬) 이 콘서트 후, 밖에서 기다려 주었다.

1 아나운스
2 팬
3 프로
4 에너지

해설 　선택지는 모두 카타카나어이다. 그중 문맥상 가장 자연스러운 것은 **2 ファン**이다. 1, 3, 4번은 문맥상 어색하다.

단어 　多(おお)い 많다 | ファン 팬 | 待(ま)つ 기다리다 | アナウンス 아나운스, 방송 | プロ 프로 | エネルギー 에너지

7 제대로 준비했으니까 발표는 (잘 되) 겠지.

1 조심하다
2 잘 되다
3 몸에 익히다
4 신경 쓰이다

해설 　선택지는 모두 관용표현이다. 그중 문맥상 가장 자연스러운 것은 **2 うまくいく**이다. 1, 3, 4번은 문맥상 어색하다.

단어 　しっかりと 제대로 | 準備(じゅんび)する 준비하다 | 発表(はっぴょう) 발표 | うまくいく 잘 되다 | 気(き)を付(つ)ける 조심하다, 주의하다 | 身(み)につける 몸에 익히다 | 気(き)になる 신경 쓰이다

8 어제부터 (이) 가 흔들려서 곧 빠질 것 같다.

1 기분
2 숨
3 머리
4 이, 이빨

해설 　선택지는 모두 명사이다. 그중 문맥상 가장 자연스러운 것은 **4 歯**이다. 1, 2, 3번은 문맥상 어색하다.

단어 　歯(は) 이, 이빨 | ぐらぐらする 흔들거리다 | 抜(ぬ)ける 빠지다 | 気(き) 기, 기운 | 息(いき) 숨 | 髪(かみ) 머리카락

9 이렇게 고급스러운 식재료가 슈퍼에서 팔리고 있다니 (드물다).

1 그립다
2 드물다
3 눈부시다
4 깊다

해설 　선택지는 모두 い형용사이다. 그중 문맥상 가장 자연스러운 것은 **2 めずらしい**이다. 1, 3, 4번은 문맥상 어색하다.

단어 　高級(こうきゅう)だ 고급이다 | 食材(しょくざい) 식재료 | 売(う)る 팔다 | 珍(めずら)しい 드물다, 별일이다 | 恋(こい)しい 그립다 | 眩(まぶ)しい 눈부시다 | 深(ふか)い 깊다

10 그는 시험에 합격하기 위해 (열심히) 교수님의 이야기를 듣고 있다.

1 감정적으로
2 추상적으로
3 열심히
4 복잡하게

해설 　선택지는 모두 부사이다. 그중 문맥상 가장 자연스러운 것은 **3 熱心に**이다. 1, 2, 4번은 문맥상 어색하다.

단어 　試験(しけん) 시험 | 合格(ごうかく) 합격 | 熱心(ねっしん)に 열심히 | 教授(きょうじゅ) 교수 | 話(はなし) 이야기 | 感情的(かんじょうてき)に 감정적으로 | 抽象的(ちゅうしょうてき)に 추상적으로 | 複雑(ふくざつ)に 복잡하게

11 면을 5분 (삶은) 후에 스프를 넣어주세요.

1 키웠다
2 옮겼다
3 구웠다
4 삶았다

해설 　선택지는 모두 동사의 과거형이다. 그중 문맥상 가장 자연스러운 것은 **4 ゆでた**이다. 1, 2, 3번은 문맥상 어색하다.

단어 　麺(めん) 면 | 茹(ゆ)でる 삶다 | 後(あと) 후 | スープ 스프 | 育(そだ)てる 키우다 | 移(うつ)す 옮기다 | 焼(や)く 굽다

유의표현

유의표현 핵심단어 기본 다지기　172p

1 ②　**2** ①　**3** ②　**4** ①　**5** ②

1 이 가게의 빵은 매일 매진된다.

1 전부 팔리지 않는다　　**2 전부 팔리다**

해설　売り切れる(매진되다)는 **2 全部売れる(다 팔리다)**와 의미가 가장 가깝다.

단어　店(みせ) 가게｜パン 빵｜毎日(まいにち) 매일｜売(う)り切(き)れる 매진되다｜全部(ぜんぶ) 다, 전부｜売(う)れる 팔리다

2 지도에서 자신의 위치를 확인하다.

1 장소　　2 성적

해설　位置(위치)는 **1 場所(장소)**와 의미가 가장 가깝다

단어　地図(ちず) 지도｜自分(じぶん) 자신｜位置(いち) 위치｜確(たし)かめる 확인하다｜場所(ばしょ) 장소｜成績(せいせき) 성적

3 이제 게임은 끝으로 하렴.

1 처음　　**2 끝**

해설　おしまい(끝)은 **2 おわり(끝)**과 의미가 가장 가깝다.

단어　もう 이제, 더 이상｜おしまい 끝｜~なさい ~하렴｜はじめて 처음｜おわり 끝

4 저는 암기하는 것을 잘 못합니다.

1 외우다　　2 가르치다

해설　暗記する(암기하는)는 **1 覚える(외우다)**와 의미가 가장 가깝다.

단어　暗記(あんき)する 암기하다｜苦手(にがて)だ 잘 못한다｜覚(おぼ)える 외우다｜教(おし)える 가르치다

5 야마다 씨는 반대 쪽으로 갔습니다.

1 밖　　**2 반대**

해설　逆(반대)는 **2 反対(반대)**와 의미가 가장 가깝다.

단어　逆(ぎゃく) 반대｜外(そと) 밖｜反対(はんたい) 반대

유의표현 핵심단어 실전 연습 문제①　173p

1 ③　**2** ②　**3** ①　**4** ①　**5** ④

문제4　_____ 에 의미가 가장 가까운 것을, 1·2·3·4에서 하나 고르세요.

1 스타일도 좋고 부자라니 정말 부럽다.

1 재미있다고 생각한다　　2 싫다고 생각한다
3 좋다고 생각한다　　4 유명하다고 생각한다

해설　うらやましい(부럽다)는 **3 良いと思う(좋다고 생각한다)**와 의미가 가장 가깝다.

단어　スタイル 스타일｜良(い)い 좋다｜お金持(かねも)ち 부자｜~なんて ~하다니｜本当(ほんとう)に 정말｜うらやましい 부럽다｜面白(おもしろ)い 재밌다｜嫌(いや)だ 싫다｜有名(ゆうめい)だ 유명하다

2 해외 여행을 가기 위해서 여권을 새로 만들어야 한다.

1 면허증　　**2 여권**
3 사전　　4 상품권

해설　パスポート(여권)은 **2 旅券(여권)**과 의미가 가장 가깝다.

단어　海外旅行(かいがいりょこう) 해외 여행｜パスポート 여권｜新(あたら)しい 새롭다｜免許証(めんきょしょう) 면허증｜旅券(りょけん) 여권｜辞書(じしょ) 사전｜商品券(しょうひんけん) 상품권

3 맨션 집주인에게 이사 인사를 했다.

1 오너　　2 리더
3 멤버　　4 파트너

해설　大家さん(집주인)은 **1 オーナー(오너)**와 의미가 가장 가깝다.

단어　大家(おおや)さん 집주인｜引(ひ)っ越(こ)し 이사｜挨拶(あいさつ) 인사｜オーナー 오너｜リーダー 리더｜メンバー 멤버｜パートナー 파트너

4 위험한 장소로부터 안전한 장소로 피난하다.

1 도망치다　　2 줄서다
3 전하다　　4 남다

해설　避難する(피난하다)는 **1 逃げる(도망치다)**과 의미가 가장 가깝다.

단어　危険(きけん)だ 위험하다｜場所(ばしょ) 장소｜安全(あんぜん)だ 안전하다｜避難(ひなん)する 피난하다｜逃(に)げる 도망치다｜並(なら)ぶ 줄서다｜伝(つた)える 전하다｜残(のこ)る 남다

5 제가 다니고 있는 학교에는 엄격한 룰이 있습니다.

1 명령　　2 조건
3 상식　　**4 규칙**

해설　ルール(룰)은 **4 規則(규칙)**과 의미가 가장 가깝다.

단어 通(かよ)う 통하다, 다니다 | 厳(きび)しい 엄격하다 | 命令(めいれい) 명령 | 条件(じょうけん) 조건 | 常識(じょうしき) 상식 | 規則(きそく) 규칙

유의표현 핵심단어 실전 연습 문제② 174p

1 ③   2 ④   3 ②   4 ①   5 ④

문제4 _____ 에 의미가 가장 가까운 것을, 1·2·3·4에서 하나 고르세요.

1 모두에게 회수한 앙케트 결과를 정리한다.

1 시작한   2 버린
3 모은   4 나누어 준

해설 回収した(회수한)는 **3 集めた(모은)**과 의미가 가장 가깝다.
단어 みんな 모두 | 回収(かいしゅう)する 회수하다 | アンケート 앙케트 | 結果(けっか) 결과 | まとめる 정리하다 | 始(はじ)める 시작하다 | 捨(す)てる 버리다 | 集(あつ)める 모은 | 配(くば)る 나누어 주다

2 갑자기 비가 <u>주룩주룩</u> 내리기 시작했다.

1 약하게   2 상냥하게
3 길게   **4 격하게**

해설 ざあざあ(주룩주룩)은 **4 激しく(격하게)**와 의미가 가장 가깝다.
단어 いきなり 갑자기 | ざあざあ 주룩주룩(비가 세차게 내리는 모양) | 降(ふ)る 내리다 | 弱(よわ)い 약하다 | 優(やさ)しい 착하다 | 重(おも)い 무겁다 | 激(はげ)しい 격하다

3 세상에 <u>결점</u>이 없는 사람은 없을 것이다.

1 좋은 점   **2 안 좋은 점**
3 좋아하는 점   4 싫어하는 점

해설 欠点(결점)는 **2 よくないところ(안 좋은 점)**과 의미가 가장 가깝다.
단어 世(よ)の中(なか) 세상 | 欠点(けってん) 결점 | いい 좋다 | ところ 점 | 好(す)きだ 좋아하다 | 嫌(きら)いだ 싫어하다

4 여름방학의 가장 큰 <u>추억</u>은 가족과 하와이에 간 것입니다.

1 기억   2 기록
3 인상   4 감동

해설 思い出(추억)은 **1 記憶(기억)**과 의미가 가장 가깝다.
단어 夏休(なつやす)み 여름휴가 | 一番(いちばん) 가장 | 思(おも)い出(で) 추억 | 記憶(きおく) 기억 | 記録(きろく) 기록 | 印象(いんしょう) 인상 | 感動(かんどう) 감동

5 출장에 사용한 비용은 <u>영수증</u>과 함께 제출해 주세요.

1 청구서   2 증명서
3 보고서   **4 영수증**

해설 レシート(영수증)은 **4 領収書(영수증)**과 의미가 가장 가깝다.
단어 出張(しゅっちょう) 출장 | 費用(ひよう) 비용 | レシート 영수증 | 提出(ていしゅつ)する 제출하다 | 請求書(せいきゅうしょ) 청구서 | 証明書(しょうめいしょ) 증명서 | 報告書(ほうこくしょ) 보고서 | 領収書(りょうしゅうしょ) 영수증

유의표현 핵심단어 실전 연습 문제③ 175p

1 ①   2 ④   3 ②   4 ①   5 ④

문제4 _____ 에 의미가 가장 가까운 것을, 1·2·3·4에서 하나 고르세요.

1 그는 확실히 <u>성질이 급하</u>지만, 나쁜 사람은 아니다.

1 바로 화내다   2 바로 울다
3 바로 잊다   4 바로 그만두다

해설 短気だ(성질이 급하다)는 **1 すぐ怒る(바로 화내다)**와 의미가 가장 가깝다.
단어 たしかに 확실히 | 短気(たんき)だ 성질이 급하다 | すぐ 바로 | 怒(おこ)る 화내다 | 泣(な)く 울다 | 忘(わす)れる 잊다 | やめる 그만두다

2 저는 일본 만화와 드라마에 <u>흥미</u>가 있습니다.

1 취미   2 걱정
3 안심   **4 관심**

해설 興味(흥미)는 **4 関心(관심)**과 의미가 가장 가깝다.
단어 漫画(まんが) 만화 | 興味(きょうみ) 흥미 | 趣味(しゅみ) 취미 | 心配(しんぱい) 걱정 | 安心(あんしん) 안심 | 関心(かんしん) 관심

3 병원에서 알레르기가 있는지 없는지 <u>검사했다</u>.

1 찾았다   **2 조사했다**
3 공부했다   4 가르쳤다

해설 検査した(검사했다)는 **2 調べた(조사했다)**와 의미가 가장 가깝다.
단어 病院(びょういん) 병원 | アレルギー 알레르기 | 検査(けんさ)する 검사하다 | 探(さが)す 찾다 | 調(しら)べる 조사하다, 알아보다 | 教(おし)える 가르치다

> **4** 이번 테스트 정답은 홈페이지에서 확인해 주세요.
>
> 1 답 2 질문
> 3 결과 4 성적

해설 正答(정답)은 **1 答え(답)**과 의미가 가장 가깝다.

단어 今回(こんかい) 이번 | 正答(せいとう) 정답 | ホームページ 홈페이지 | 確認(かくにん)する 확인하다 | 答(こた)え 답 | 質問(しつもん) 질문 | 結果(けっか) 결과 | 成績(せいせき) 성적

> **5** 매일 집 근처에 있는 그라운드를 달리고 있습니다.
>
> 1 체육관 2 주차장
> 3 공원 **4 운동장**

해설 グラウンド(그라운드)는 **4 運動場(운동장)**과 의미가 가장 가깝다.

단어 毎日(まいにち) 매일 | 近(ちか)く 근처 | グラウンド 그라운드, 운동장 | 走(はし)る 달리다 | 体育館(たいいくかん) 체육관 | 駐車場(ちゅうしゃじょう) 주차장 | 公園(こうえん) 공원 | 運動場(うんどうじょう) 운동장

유의표현 핵심단어 실전 연습 문제④ 176p

1 ① 2 ③ 3 ② 4 ① 5 ④

문제4 _____ 에 의미가 가장 가까운 것을, 1・2・3・4에서 하나 고르세요.

> **1** 그는 작년에 바다를 횡단해서 미국에 갔다.
>
> **1 건너서** 2 달려서
> 3 헤엄쳐서 4 날아서

해설 横断して(횡단해서)는 **1 渡って(건너서)**와 의미가 가장 가깝다.

단어 去年(きょねん) 작년 | 横断(おうだん)する 횡단하다 | 渡(わた)る 건너다 | 走(はし)る 달리다 | 泳(およ)ぐ 헤엄치다 | 飛(と)ぶ 날다

> **2** 그녀는 반에서 가장 친한 친구이다.
>
> 1 머리가 좋은 2 성격이 좋은
> **3 사이가 좋은** 4 성적이 좋은

해설 親しい(친한)은 **3 仲がいい(사이가 좋은)**과 의미가 가장 가깝다.

단어 クラス 클래스, 반 | 親(した)しい 친하다 | 頭(あたま) 머리 | いい 좋다 | 性格(せいかく) 성격 | 仲(なか) 사이 | 成績(せいせき) 성적

> **3** 이번 이벤트에는 다양한 아티스트가 참가한다.
>
> 1 예쁜 **2 여러 가지**
> 3 국제적인 4 훌륭한

해설 さまざまな(다양한)은 **2 いろいろな(여러 가지)**와 의미가 가장 가깝다.

단어 イベント 이벤트 | さまざまだ 다양하다 | 参加(さんか) 참가 | きれいだ 예쁘다 | いろいろな 여러 가지 | 国際的(こくさいてき)だ 국제적이다 | 立派(りっぱ)だ 훌륭하다

> **4** 같은 만화를 몇 번이나 읽었더니 질려 버렸다.
>
> **1 지루해졌다** 2 지쳐버렸다
> 3 헤매고 말았다 4 짜증이 났다

해설 あきてしまった(질려 버렸다)는 **1 たいくつになった(지루해졌다)**와 의미가 가장 가깝다.

단어 同(おな)じ 같은 | 漫画(まんが) 만화 | 何回(なんかい) 몇 번 | あきる 질리다 | 退屈(たいくつ)だ 지루하다 | 疲(つか)れる 지치다 | 迷(まよ)う 헤매다 | いらいらする 짜증나다

> **5** 내일까지 영어 단어 10개를 암기하지 않으면 안 된다.
>
> 1 읽지 않으면 2 쓰지 않으면
> 3 복습하지 않으면 **4 외우지 않으면**

해설 暗記しなければ(암기하지 않으면)은 **4 覚えなければ(외우지 않으면)**과 의미가 가장 가깝다.

단어 英単語(えいたんご) 영단어 | 暗記(あんき)する 암기하다 | 読(よ)む 읽다 | 書(か)く 쓰다 | 復習(ふくしゅう)する 복습하다 | 覚(おぼ)える 외우다

유의표현 핵심단어 실전 연습 문제⑤ 177p

1 ① 2 ① 3 ④ 4 ② 5 ③

문제4 _____ 에 의미가 가장 가까운 것을, 1・2・3・4에서 하나 고르세요.

> **1** 햄버거를 주문하면 커피를 공짜로 마실 수 있다.
>
> **1 무료** 2 유료
> 3 세트 4 할인

해설 ただ(공짜)는 **1 無料(무료)**와 의미가 가장 가깝다.

단어 ハンバーガー 햄버거 | 頼(たの)む 주문하다, 부탁하다 | ただ 공짜, 그냥 | 無料(むりょう) 무료 | 有料(ゆうりょう) 유료 | セット 세트 | 割引(わりびき) 할인

> **2** 선수들을 때로는 엄하게 때로는 상냥하게 <u>지도</u>한다.
>
> 1 가르치다   2 배우다
> 3 조사하다   4 생각하다

해설 　指導する(지도하다)는 **1 教える(가르치다)**와 의미가 가장 가깝다.

단어 　選手(せんしゅ) 선수 ｜ 時(とき)には 때로는 ｜ 厳(きび)しい 엄하다 ｜ 優(やさ)しい 상냥하다 ｜ 指導(しどう)する 지도하다 ｜ 教(おし)える 가르치다 ｜ 習(なら)う 배우다 ｜ 調(しら)べる 조사하다 ｜ 思(おも)う 생각하다

> **3** 그는 아까부터 <u>입 다물고</u> 책을 읽고 있다.
>
> 1 자지 않고   2 아무것도 먹지 않고
> 3 이야기를 듣지 않고   **4 아무것도 말하지 않고**

해설 　黙って(입 다물고)는 **4 何も言わないで(아무것도 말하지 않고)**와 의미가 가장 가깝다.

단어 　さっき 아까 ｜ 黙(だま)る 입 다물다, 말을 하지 않다 ｜ 寝(ね)る 자다 ｜ ～ないで ~하지 않고 ｜ 何(なに)も 아무것도 ｜ 食(た)べる 먹다 ｜ 話(はなし) 이야기 ｜ 聞(き)く 듣다 ｜ 言(い)う 말하다

> **4** 이 병의 <u>주된</u> 원인은 스트레스이다.
>
> 1 효과적인   **2 대표적인**
> 3 구체적인   4 중요한

해설 　おもな(주된)은 **2 代表的な(대표적인)**과 의미가 가장 가깝다.

단어 　病気(びょうき) 병 ｜ おもな 주된 ｜ 原因(げんいん) 원인 ｜ ストレス 스트레스 ｜ 効果的(こうかてき)だ 효과적이다 ｜ 代表的(だいひょうてき)だ 대표적이다 ｜ 具体的(ぐたいてき)だ 구체적이다 ｜ 重要(じゅうよう)だ 중요하다

> **5** 이 두 가지에는 많은 <u>공통점</u>이 있습니다.
>
> 1 이상한 점   2 굉장한 점
> **3 같은 점**   4 다른 점

해설 　共通点(공통점)은 **3 同じところ(같은 점)**과 의미가 가장 가깝다.

단어 　二(ふた)つ 두 가지, 두 개 ｜ たくさん 많이 ｜ 共通点(きょうつうてん) 공통점 ｜ 変(へん)だ 이상하다 ｜ ところ 점 ｜ すごい 굉장하다 ｜ 同(おな)じ 같은 ｜ 違(ちが)う 다르다, 틀리다

용법

용법 핵심단어 기본 다지기　　　　178p

1 ②　**2** ①　**3** ②　**4** ②　**5** ①

> **1** 집합
>
> 1 공부에 <u>집합</u>하기 위해서 휴대전화 전원을 껐다.
> **2 <u>집합</u>할 장소와 시간을 메일로 보내겠습니다.**

해설 　集合(집합)을 가장 올바르게 사용한 것은 **2번**이다. 1번은 集中(집중)을 사용하는 것이 알맞다.

단어 　集中(しゅうちゅう) 집중 ｜ ～ために ~위해서 ｜ 携帯(けいたい) 휴대전화 ｜ 電源(でんげん) 전원 ｜ 切(き)る 끄다, 자르다 ｜ 場所(ばしょ) 장소 ｜ 送(おく)る 보내다 ｜ 集中(しゅうちゅう) 집중

> **2** 느슨하다, 헐겁다
>
> **1 바지가 <u>느슨하기</u> 때문에 벨트를 했다.**
> 2 이 방은 깨끗하고 <u>느슨하다</u>.

해설 　ゆるい(느슨하다, 헐겁다)를 가장 올바르게 사용한 것은 **1번**이다. 2번은 広い(넓다)등을 사용하는 것이 알맞다.

단어 　ゆるい 느슨하다, 헐겁다 ｜ ズボン 바지 ｜ ベルト 벨트 ｜ 広(ひろ)い 넓다

> **3** 완만하다
>
> 1 이 도서관은 <u>완만하고</u> 집에서 가깝다.
> **2 <u>완만한</u> 언덕을 오르면 예쁜 야경을 볼 수 있다.**

해설 　なだらかだ(완만하다)를 가장 올바르게 사용한 것은 **2번**이다. 1번은 静かだ(조용하다)를 사용하는 것이 알맞다.

단어 　なだらかだ 완만하다 ｜ 図書館(としょかん) 도서관 ｜ 近(ちか)い 가깝다 ｜ 坂(さか) 언덕 ｜ 登(のぼ)る 오르다 ｜ 夜景(やけい) 야경 ｜ 静(しず)かだ 조용하다

> **4** 감소
>
> 1 세일로 옷 가격이 <u>감소</u>했다.
> **2 유원지 이용자 수가 10% <u>감소</u>했다.**

해설 　減少(감소)를 가장 올바르게 사용한 것은 **2번**이다. 1번은 値下げ(가격 인하)를 사용하는 것이 알맞다.

단어 　減少(げんしょう) 감소 ｜ セール 세일 ｜ 服(ふく) 옷 ｜ 遊園地(ゆうえんち) 유원지 ｜ 利用者(りようしゃ) 이용자 ｜ 数(すう) 수 ｜ 値下(ねさ)げ 가격 인하

> **5** 진정되다, 안정되다
>
> **1 이 노래를 들으면 마음이 <u>진정되고</u> 릴랙스할 수 있다.**
> 2 친구와 카페에서 <u>진정하고</u>나서 영화를 보러 간다.

해설 　落ち着く(진정되다, 안정되다)를 가장 올바르게 사용한 것은 **1번**이다. 2번은 落ち合う(만나다, 합류하다)를 사용하는 것이 알맞다.

단어 　落(お)ち着(つ)く 진정되다, 안정되다 ｜ 曲(きょく) 곡 ｜ 聞(き)く 듣다, 묻다 ｜ リラックス 릴랙스 ｜ 映画(えいが) 영화 ｜ 落(お)ち合(あ)う 만나다, 합류하다

용법 핵심단어 실전 연습 문제① 179p

1 ③ **2** ② **3** ① **4** ④ **5** ②

문제5 다음 말의 사용법으로서 가장 알맞은 것을, 1·2·3·4에서 하나 고르세요.

1 행선지

1 이제 곧 공항 <u>행선지</u>의 마지막 열차가 도착합니다.
2 저 사건의 범인의 <u>행선지</u>는 아직 모르고 있다.
3 그는 <u>행선지</u>를 정하지 않고 혼자서 여행을 나갔습니다.
4 메일의 <u>행선지</u>를 틀리지 않도록 주의하다.

해설 行き先(행선지)을 가장 올바르게 사용한 것은 **3번**이다. 1번은 行き(~행), 2번은 行方(행방), 4번은 宛先(수신인의 주소)를 사용하는 것이 알맞다.

단어 行(い)き先(さき) 행선지, 목적지 | もうすぐ 이제 곧 | 空港(くうこう) 공항 | 列車(れっしゃ) 열차 | 到着(とうちゃく) 도착 | 事件(じけん) 사건 | 犯人(はんにん) 범인 | 決(き)める 정하다 | ~ずに ~하지 않고 | 一人(ひとり)で 혼자서 | 旅(たび)に出(で)る 여행을 나가다 | メール 메일 | 間違(まちが)える 틀리다 | 注意(ちゅうい) 주의 | 行(ゆ)き ~행 | 行方(ゆくえ) 행방 | 宛先(あてさき) 수신인의 주소

2 잘하다, 맛있다

1 옆 방은 항상 밤이 되면 <u>잘하기/맛있기</u> 때문에 잠들 수 없다.
2 다나카 씨는 영어도 잘하고 중국어도 <u>잘합니다</u>.
3 일본어 스피치 콘테스트에서 우승할 수 있어서 <u>잘했다/맛있었다</u>.
4 나는 <u>잘하는/맛있는</u> 커피보다 진한 커피 쪽을 좋아한다.

해설 うまい(잘하다)를 가장 올바르게 사용한 것은 **2번**이다. 1번은 うるさい(시끄럽다), 3번은 嬉しい(기쁘다), 4번은 薄い(연하다)를 사용하는 것이 알맞다.

단어 うまい 잘하다, 맛있다 | となり 옆, 이웃 | 眠(ねむ)る 잠들다 | 英語(えいご) 영어 | 上手(じょうず)だ 잘하다 | 中国語(ちゅうごくご) 중국어 | スピーチ 스피치 | コンテスト 콘테스트 | 優勝(ゆうしょう) 우승 | 濃(こ)い 진하다 | うるさい 시끄럽다 | 嬉(うれ)しい 기쁘다 | 薄(うす)い 연하다

3 일반적

1 <u>일반적</u>으로 일본인은 초밥을 좋아하는 사람이 많다고 알려져 있다.
2 스트레스 때문에 <u>일반적</u>으로 화내는 일이 많아졌다.
3 TV에서 상품을 선전하면 매상 업에 <u>일반적</u>이다.
4 영어 실력을 올리기 위해서 <u>일반적</u>으로 영어로 말하도록 하고 있다.

해설 一般的(일반적)을 가장 올바르게 사용한 것은 **1번**이다. 2번은 感情的(감정적), 3번은 効果的(효과적), 4번은 積極的(적극적)을 사용하는 것이 알맞다.

단어 一般的(いっぱんてき) 일반적 | 寿司(すし) 초밥 | 言(い)われている 말해지고 있다, 알려져 있다 | ストレス 스트레스 | ~せいで ~탓에 | 怒(おこ)る 화내다 | 商品(しょうひん) 상품 | 宣伝(せんでん) 선전 | 売上(うりあげ) 매상 | アップ 업 | 実力(じつりょく) 실력 | 上(あ)げる 올리다 | 感情的(かんじょうてき) 감정적 | 効果的(こうかてき) 효과적 | 積極的(せっきょくてき) 적극적

4 옮기다

1 친구에게 속아서 돈을 <u>옮기고</u> 말았다.
2 선생님에게 부탁해서 리포트의 마감을 <u>옮겨</u> 받았다.
3 항상 사람을 <u>옮기기</u>만 해서는 친구가 생기지 않아요.
4 아이의 감기가 어느샌가 나에게도 <u>옮아</u> 버렸다.

해설 移る(옮기다)를 가장 올바르게 사용한 것은 **4번**이다. 1번은 失う(잃다), 2번은 延ばす(늘리다), 3번은 疑う(의심하다)를 사용하는 것이 알맞다.

단어 移(うつ)る 옮기다, 이동하다 | だます 속이다 | 頼(たの)む 부탁하다 | レポート 리포트 | 締(し)め切(き)り 마감 | ばかり 만 | できる 생기다 | 風邪(かぜ) 감기 | いつの間(ま)にか 어느 샌가 | 失(うしな)う 잃다 | 延(の)ばす 연장시키다, 늘리다 | 疑(うたが)う 의심하다

5 어울리다

1 사이즈가 안 <u>어울려요</u>. 더 큰 거 있어요?
2 귀여운 스커트네요. 잘 <u>어울려요</u>.
3 지금부터 뛰면 <u>어울려요</u>. 서둘러 주세요.
4 나는 아버지와 <u>어울린다</u>고 어렸을 때부터 많이 들어 왔다.

해설 似合う(어울리다)를 가장 올바르게 사용한 것은 **2번**이다. 1번은 合う(맞다), 3번은 間に合う(제시간에 맞다), 4번은 似ている(닮았다)를 사용하는 것이 알맞다.

단어 似合(にあ)う 어울리다 | サイズ 사이즈 | かわいい 귀엽다 | スカート 스커트 | 走(はし)る 달리다 | 急(いそ)ぐ 서두르다 | 父(ちち) 아버지 | 合(あ)う 맞다 | 間(ま)に合(あ)う 제 시간에 맞다 | 似(に)る 닮다

용법 핵심단어 실전 연습 문제② 180p

1 ④ **2** ① **3** ③ **4** ③ **5** ④

문제5 다음 말의 사용법으로서 가장 알맞은 것을, 1·2·3·4에서 하나 고르세요.

1 고개숙여 인사하다

1 그는 실수를 했는데도 언제까지나 <u>고개숙여 인사하지 않았다</u>.

2 그녀에게 뭔가 고개숙여 인사하고 싶은데, 무엇을 주면 좋을까요?
3 내일은 부장님 생일입니다. 여러분 함께 고개숙여 인사합시다.
4 설령 시합에 졌다고 해도, 마지막은 상대 팀에게 고개숙여 인사하는 것이 룰이다.

해설　おじぎをする(고개숙여 인사하다)를 가장 올바르게 사용한 것은 **4번**이다. 1번은 謝る(사과하다), 2번은 お礼をする(답례를 하다), 3번은 お祝いする(축하하다)를 사용하는 것이 알맞다.

단어　おじぎをする 고개숙여 인사하다, 절하다｜ミス 실수｜いつまでたっても 언제까지나｜部長(ぶちょう) 부장｜誕生日(たんじょうび) 생일｜たとえ 설령｜試合(しあい) 시합｜負(ま)ける 지다｜最後(さいご) 마지막｜相手(あいて) 상대｜チーム 팀｜謝(あやま)る 사과하다｜お礼(れい) 답례｜祝(いわ)う 축하하다

2 레저

1 내년에 이 동네에 새로운 레저 건물이 생긴다고 한다.
2 외출한 곳에서 돈을 쓴 경우에는 반드시 레저를 받아 오세요.
3 이 영화는 코미디와 연애가 레저하고 있어서 매우 인기가 있다.
4 돌아가기 전에 호텔 프런트에서 레저를 하세요.

해설　レジャー(레저)를 가장 올바르게 사용한 것은 **1번**이다. 2번은 レシート(영수증), 3번은 ミックス(믹스), 4번은 チェックアウト(체크아웃)을 사용하는 것이 알맞다.

단어　レジャー 레저｜来年(らいねん) 내년｜町(まち) 동네｜新(あたら)しい 새롭다｜建物(たてもの) 건물｜外出先(がいしゅつさき) 외출한 곳｜場合(ばあい) 경우｜必(かなら)ず 반드시｜映画(えいが) 영화｜コメディー 코미디｜恋愛(れんあい) 연애｜人気(にんき) 인기｜フロント 프런트｜レシート 영수증｜ミックス 믹스｜チェックアウト 체크아웃

3 어슬렁어슬렁, 흔들흔들

1 이 애니메이션이 인기 있는 이유는 어슬렁어슬렁/흔들흔들 시키는 장면이 있기 때문이다.
2 매일 늦게까지 공부하고 있어서 잠이 부족해서 어슬렁어슬렁/흔들흔들이다.
3 약속 시간보다 일찍 도착했으니 동네를 어슬렁어슬렁하고 있자.
4 부모님은 일이 바쁘셔서 식사 시간은 항상 어슬렁어슬렁/흔들흔들이다.

해설　ぶらぶら(어슬렁어슬렁, 빈둥빈둥)을 가장 올바르게 사용한 것은 **3번**이다. 1번은 はらはら(조마조마), 2번은 ふらふら(휘청휘청), 4번은 ばらばら(제각각)을 사용하는 것이 알맞다.

단어　ぶらぶら 어슬렁어슬렁, 흔들흔들｜理由(りゆう) 이유｜場面(ばめん) 장면｜寝不足(ねぶそく) 수면 부족｜約束(やくそく) 약속｜早(はや)い 빠르다｜着(つ)く 도착하다｜両親(りょうしん) 부모님｜忙(いそが)しい 바쁘다｜食事(しょくじ) 식사｜はらはら 조마조마｜ふらふら 휘청휘청｜ばらばら 뿔뿔이, 제각각

4 의논하다

1 그가 의논하면 멈추지 않기 때문에 항상 회의가 길어진다.
2 그녀는 뱃속의 아기에게 의논하고 있었다.
3 TV에서 정치인들이 환경 문제에 대해 의논하고 있었다.
4 부장이 의논하자 모두 입을 다물고 있어서 과장이 내용을 정리했다.

해설　話し合う(의논하다)를 가장 올바르게 사용한 것은 **3번**이다. 1번은 話し出す(말을 꺼내다), 2번은 話しかける(말을 걸다), 4번은 話し終わる(말이 끝나다)를 사용하는 것이 알맞다.

단어　話(はな)し合(あ)う 의논하다｜止(と)まる 멈추다｜会議(かいぎ) 회의｜お腹(なか) 배｜赤(あか)ちゃん 아기｜政治家(せいじか) 정치가｜環境問題(かんきょうもんだい) 환경 문제｜黙(だま)る 입을 다물다｜課長(かちょう) 과장｜内容(ないよう) 내용｜まとめる 정리하다｜話(はな)し出(だ)す 말을 꺼내다｜話(はな)しかける 말을 걸다｜話(はな)し終(お)わる 말이 끝나다

5 유행하다

1 아이의 치아가 유행하기 시작했기 때문에 양치질을 제대로 해야 한다.
2 유행해서 살고 있는 할아버지를 5년 만에 만나러 간다.
3 커튼 사러 가기 전에 사이즈를 유행하고 가야 한다.
4 나의 아버지는 젊은이들 사이에서 유행하는 음악을 듣는 것을 좋아한다.

해설　流行る(유행하다)를 가장 올바르게 사용한 것은 **4번**이다. 1번은 生える(자라다), 2번은 離れる(떨어지다), 3번은 測る(재다)를 사용하는 것이 알맞다.

단어　流行(はや)る 유행하다｜歯(は) 치아｜歯(は)みがき 양치질｜暮(く)らす 살다｜祖父(そふ) 조부｜~ぶりに ~만에｜若者(わかもの) 젊은이(들)｜音楽(おんがく) 음악｜生(は)える 자라다｜離(はな)れる 떨어지다｜測(はか)る 재다, 측정하다

용법 핵심단어 실전 연습 문제③　　181p

1 ②　　**2** ③　　**3** ①　　**4** ③　　**5** ④

問題5　다음 말의 사용법으로서 가장 알맞은 것을, 1・2・3・4에서 하나 고르세요.

1 취직

1 직장까지 아침 6시 반에 취직해야 한다.
2 대학을 졸업한 뒤에는 도쿄에 있는 회사에 취직했다.
3 부장님이 다음 달로 취직한다고 해서 매우 유감이다.
4 일에서 성과를 내면 그만큼 빨리 취직한다.

해설　就職(취직)을 가장 올바르게 사용한 것은 **2번**이다. 1번은 出勤(출근), 3번은 退職(퇴직), 4번은 昇進(승진)을 사용하는 것이 알맞다.

단어　就職(しゅうしょく) 취직｜職場(しょくば) 직장｜半(はん) 반｜卒業(そつぎょう) 졸업｜後(ご) 후｜東京(とうきょう) 도쿄(일본 지명)｜残念(ざんねん)だ 유감이다｜成果(せいか) 성과｜その分(ぶん) 그 만큼｜出勤(しゅっきん) 출근｜退職(たいしょく) 퇴직

| 昇進(しょうしん) 승진

---

2 수상하다

1 야마다 선생님은 항상 <u>수상하기</u> 때문에 학생들에게 인기가 있다.
2 요즘은 너무 <u>수상해서</u> 친구들과 놀 시간도 없다.
3 집 근처에 <u>수상한</u> 사람이 있어서 경찰에 연락했다.
4 <u>수상하게</u> 생긴 가게가 인기여서 항상 사람들이 줄을 서 있다.

해설 あやしい(수상하다)를 가장 올바르게 사용한 것은 **3번**이다. 1번은 優(やさ)しい(상냥하다), 2번은 忙(いそが)しい(바쁘다), 4번은 新(あたら)しい(새롭다)를 사용하는 것이 알맞다.

단어 あやしい 수상하다 | 人気(にんき) 인기 | 最近(さいきん) 최근 | 遊(あそ)ぶ 놀다 | 近(ちか)く 근처 | 警察(けいさつ) 경찰 | 連絡(れんらく) 연락 | 並(なら)ぶ 줄서다 | 優(やさ)しい 상냥하다 | 忙(いそが)しい 바쁘다 | 新(あたら)しい 새롭다

---

3 동석

1 내일 회의에는 영어를 말할 수 있는 직원이 동석할 예정이다.
2 그는 오늘 수업에 <u>동석</u>했기 때문에 나중에 연락해 보려고 한다.
3 콘서트 티켓은 <u>동석</u>이 있으면 당일에도 살 수 있다.
4 오늘은 반 전원이 <u>동석</u>해서 결석한 사람이 없다.

해설 同席(동석)을 가장 올바르게 사용한 것은 **1번**이다. 2번은 欠席(결석), 3번은 空席(공석), 4번은 出席(출석)을 사용하는 것이 알맞다.

단어 同席(どうせき) 동석 | 会議(かいぎ) 회의 | 社員(しゃいん) 사원 | 予定(よてい) 예정 | 授業(じゅぎょう) 수업 | 後(あと)で 나중에 | 連絡(れんらく) 연락 | コンサート 콘서트 | チケット 티켓 | 当日(とうじつ) 당일 | クラス 반, 클래스 | 全員(ぜんいん) 전원 | 欠席(けっせき) 결석 | 空席(くうせき) 공석, 빈 자리 | 出席(しゅっせき) 출석

---

4 꼭 닮은 모양

1 길이 막혔지만, 시간 <u>꼭 닮게</u> 도착해서 다행이다.
2 미아가 되지 않도록 아이의 손을 <u>꼭 닮게</u> 잡는다.
3 나는 얼굴도 성격도 아버지를 <u>꼭 닮았다고</u> 모두에게 듣는다.
4 그의 사고방식이나 행동은 매우 <u>꼭 닮아서</u> 존경할 수 있다.

해설 そっくり(꼭 닮은 모양)를 가장 올바르게 사용한 것은 **3번**이다. 1번은 ぴったり(딱 맞는 모양), 2번은 しっかり(확실히, 제대로), 4번은 立派(りっぱ)だ(훌륭하다)를 사용하는 것이 알맞다.

단어 そっくり 꼭 닮은 모양 | 道(みち)が混(こ)む 길이 막히다 | 到着(とうちゃく) 도착 | 迷子(まいご) 미아 | つかむ 잡다 | 顔(かお) 얼굴 | 性格(せいかく) 성격 | 父親(ちちおや) 아버지 | 考(かんが)え方(かた) 사고 방식 | 行動(こうどう) 행동 | 尊敬(そんけい) 존경 | ぴったり 딱 맞는 모양 | しっかり 확실히, 제대로 | 立派(りっぱ)だ 훌륭하다

---

5 깨지다

1 친구와는 아까 역에서 <u>깨졌기</u> 때문에 지금은 함께 있지 않다.
2 그 형제는 둘이서 과자를 잘 <u>깨져서</u> 사이좋게 먹었다.
3 이 종이는 <u>깨지기</u> 쉬워서 아이가 즐겁게 가지고 놀 수 있다.
4 산지 얼마 안 된 컵인데 <u>깨져</u> 버려서 슬프다.

해설 割れる(깨지다)를 가장 올바르게 사용한 것은 **4번**이다. 1번은 別れる(헤어지다), 2번은 分ける(나누다), 3번은 破れる(찢어지다)를 사용하는 것이 알맞다.

단어 割(わ)れる 깨지다 | さっき 아까 | 一緒(いっしょ) 함께 | 兄弟(きょうだい) 형제 | 二人(ふたり)で 둘이서 | 上手(じょうず)に 잘, 능숙하게 | 仲良(なかよ)く 사이좋게 | 紙(かみ) 종이 | ~やすい ~하기 쉽다 | ~たばかり ~한지 얼마 안 됨, 막 ~함 | コップ 컵 | 悲(かな)しい 슬프다 | 別(わか)れる 헤어지다 | 分(わ)ける 나누다 | 破(やぶ)れる 찢어지다

용법 핵심단어 실전 연습 문제④ 182p

1 ①   2 ②   3 ①   4 ④   5 ③

문제5 다음 말의 사용법으로서 가장 알맞은 것을, 1·2·3·4에서 하나 고르세요.

---

1 진보

1 기술이 <u>진보</u>하여 우리의 생활이 점점 편리해지고 있다.
2 피곤해서 발이 아프지만 조금만 더 <u>진보</u>하면 목적지에 도착한다.
3 약간의 트러블이 있었지만, 지금은 예정대로 <u>진보</u>하고 있다.
4 회사에서는 국내뿐 아니라 해외로의 <u>진보</u>도 생각하고 있다.

해설 進歩(진보)를 가장 올바르게 사용한 것은 **1번**이다. 2번은 進める(나아가다), 3번은 進行(진행), 4번은 進出(진출)을 사용하는 것이 알맞다.

단어 進歩(しんぽ) 진보 | 技術(ぎじゅつ) 기술 | 生活(せいかつ) 생활 | どんどん 점점 | 便利(べんり)だ 편리하다 | 疲(つか)れる 지치다 | 足(あし) 발 | 痛(いた)い 아프다 | もう少(すこ)し 조금 더 | 目的地(もくてきち) 목적지 | 到着(とうちゃく) 도착 | 予定(よてい) 예정 | ~通(どお)り ~대로 | 国内(こくない) 국내 | ~だけでなく ~뿐만 아니라 | 海外(かいがい) 해외 | 考(かんが)える 생각하다 | 進(すす)める 나아가다 | 進行(しんこう) 진행 | 進出(しんしゅつ) 진출

---

2 칠칠치 못하다

1 재료가 <u>칠칠치 못하기</u> 때문에, 이 요리는 못 만들 거라고 생각하다.
2 다나카 씨는 복장이 <u>칠칠치 못하기</u> 때문에 인상이 별로 좋지 않다.
3 감기에 걸린 것 같아서 일어났더니 몸이 <u>칠칠치 못하다</u>.
4 학창시절의 친구와 <u>칠칠치 못한</u> 이야기를 하면서 술을 마셨다.

해설 だらしない(칠칠치 못하다)는 행동이나 복장에 대해서 사용하는 표현으로 가장 올바르게 사용한 것은 **2번**이다. 1번은 足りない(부족

하다), 3번은 だるい(나른하다), 4번은 くだらない(시시하다)를 사용하는 것이 알맞다.

단어 だらしない 칠칠치 못하다 | 材料(ざいりょう) 재료 | 服装(ふくそう) 복장 | 印象(いんしょう) 인상 | 風邪(かぜ)をひく 감기에 걸리다 | 起(お)きる 일어나다 | 学生時代(がくせいじだい) 학창시절 | 足(た)りない 부족하다 | だるい 나른하다 | くだらない 시시하다, 재미 없다

3 불안

1 공부는 했지만 시험에서 좋은 점수를 받을 수 있을지 불안하다.
2 그는 일의 내용에 불안이 있는 듯이 항상 불평하고 있다.
3 무사히 수술이 끝났다고 하는 연락이 와서 불안하다.
4 행복해 보이는 사람이라도 자신을 불안하다고 생각하는 사람은 있다.

해설 不安(불안)을 가장 올바르게 사용한 것은 **1번**이다. 2번은 不満(불만), 3번은 安心(안심), 4번은 不幸(불행)을 사용하는 것이 알맞다.

단어 不安(ふあん) 불안 | 点(てん) 점 | 取(と)る 취하다, 따다 | 内容(ないよう) 내용 | 文句(もんく) 불평 | 無事(ぶじ)に 무사히 | 手術(しゅじゅつ) 수술 | 終(お)わる 끝나다 | 連絡(れんらく) 연락 | 幸(しあわ)せだ 행복하다 | 自分(じぶん) 자신 | 不満(ふまん) 불만 | 安心(あんしん) 안심 | 不幸(ふこう) 불행

4 (물에) 빠지다

1 다음 주 시험을 위해서 교과서에 있는 단어를 모두 빠진다.
2 버스 시간에 빠지면 안되기 때문에 일찍 집을 나선다.
3 테이블에 부딪힌 탓에 커피가 빠져 버렸다.
4 이 강은 의외로 깊기 때문에 수영을 잘하는 사람이어도 빠진다.

해설 おぼれる(물에 빠지다)를 가장 올바르게 사용한 것은 **4번**이다. 1번은 覚える(외우다), 2번은 遅れる(늦다), 3번은 こぼれる(흘리다)를 사용하는 것이 알맞다.

단어 おぼれる (물에) 빠지다 | 来週(らいしゅう) 다음주 | 教科書(きょうかしょ) 교과서 | 単語(たんご) 단어 | 全(すべ)て 전부, 모두 | 早(はや)めに 빨리 | テーブル 테이블 | ぶつかる 부딪치다 | ~せいで ~탓에 | 川(かわ) 강 | 意外(いがい)と 의외로 | 深(ふか)い 깊다 | 泳(およ)ぎ 수영 | 得意(とくい)だ 잘하다, 자신이 있다 | 覚(おぼ)える 외우다 | 遅(おく)れる 늦다 | こぼれる 흘리다

5 매진되다

1 오늘 주문한 상품은 내일 가게에서 매진될 수 있다.
2 이 대학은 매년 많은 유학생을 매진되고 있습니다.
3 그 콘서트 티켓은 발매하고 바로 매진되었다.
4 그녀는 가게에 있는 모든 상품을 현금으로 매진되었다.

해설 売り切れる(매진되다)를 가장 올바르게 사용한 것은 **3번**이다. 1번은 受け取る(수취하다), 2번은 受け入れる(받아 들이다), 4번은 買い取る(사들이다)를 사용하는 것이 알맞다.

단어 売(う)り切(き)れる 다 팔리다, 매진되다 | 注文(ちゅうもん) 주문 | 商品(しょうひん) 상품 | 毎年(まいとし) 매년 | 大勢(おおぜい) 많은 사람 | 留学生(りゅうがくせい) 유학생 | 発売(はつばい) 발매 | すぐに 바로 | 全(すべ)て 모두 | 現金(げんきん) 현금 | 受(う)け取(と)る 수취하다 | 受(う)け入(い)れる 받아 들이다 | 買(か)い取(と)る 사들이다, 매입하다

용법 핵심단어 실전 연습 문제⑤   183p

1 ②   **2** ①   **3** ④   **4** ②   **5** ④

문제5 다음 말의 사용법으로서 가장 알맞은 것을, 1·2·3·4에서 하나 고르세요.

1 흔들흔들

1 그가 1시간 이상 기다리게 해서 흔들흔들 합니다.
2 큰 지진이 와서 집 전체가 흔들흔들 흔들렸다.
3 이 가게는 주말에 가면 붐비지만 평일은 흔들흔들이다.
4 작은 목소리로 흔들흔들 말하지 말고 확실히 말하세요.

해설 ぐらぐら(흔들흔들)을 가장 올바르게 사용한 것은 **2번**이다. 1번은 いらいら(안달복달), 3번은 がらがら(텅텅), 4번은 ぶつぶつ(중얼중얼)을 사용하는 것이 알맞다.

단어 ぐらぐら 흔들흔들 | 以上(いじょう) 이상 | 待(ま)たされる 기다리게 하다, 어쩔 수 없이 기다리다(사역 수동형) | 大(おお)きな 큰 | 地震(じしん) 지진 | 全体(ぜんたい) 전체 | ゆれる 흔들리다 | 週末(しゅうまつ) 주말 | 混(こ)む 붐비다 | 平日(へいじつ) 평일 | 小(ちい)さい 작다 | 声(こえ) 목소리 | はっきり 확실히 | いらいら 안달복달, 짜증이 난 상태 | がらがら 텅텅 | ぶつぶつ 중얼중얼

2 클립

1 클립이 빠져서 중요한 서류가 바닥에 흩어졌다.
2 겨울은 피부가 건조하기 쉽기 때문에 클립을 바르면 좋습니다.
3 죄송합니다만, 한자의 틀린 부분이 있는지 없는지 클립해 주세요.
4 이 수업에서는 클립에 맞춰 자유로운 회화 연습을 합니다.

해설 クリップ(클립)을 가장 올바르게 사용한 것은 **1번**이다. 2번은 クリーム(크림), 3번은 チェック(체크), 4번은 テーマ(주제)를 사용하는 것이 알맞다.

단어 クリップ 클립 | 取(と)れる 빠지다 | 大事(だいじ)だ 중요하다 | 書類(しょるい) 서류 | 床(ゆか) 바닥 | 散(ち)らかる 흩어지다 | 冬(ふゆ) 겨울 | 肌(はだ) 피부 | 乾燥(かんそう) 건조 | ぬる 바르다 | 漢字(かんじ) 한자 | 間違(まちが)い 틀린 곳, 잘못 | 授業(じゅぎょう) 수업 | 合(あ)わせる 맞추다 | 自由(じゆう)だ 자유롭다 | 会話(かいわ) 회화 | 練習(れんしゅう) 연습 | クリーム 크림 | チェック 체크 | テーマ 주제

3 느낌이 들다

1 이 기계를 사용하기 전에 느낌이 드는 것이 있습니까?

2 새로 산 가방이 <u>느낌이 들어서</u> 매일 사용하고 있다.
3 나는 학생 때부터 그가 <u>느낌이 들고</u> 있다.
4 오늘 밤은 별이 떠 있기 때문에 내일은 맑을 것 같은 <u>느낌이 든다</u>.

해설 気がする(느낌이 들다)를 가장 올바르게 사용한 것은 **4번**이다. 1번은 気を付ける(조심하다), 2번은 気に入る(마음에 들다), 3번은 気になる(신경 쓰이다)를 사용하는 것이 알맞다.

단어 気(き)がする 느낌이 들다 | 機械(きかい) 기계 | 頃(ころ) 쯤, 적 | 星(ほし) 별 | 晴(は)れる 날이 개다, 맑다 | 気(き)を付(つ)ける 조심하다 | 気(き)に入(い)る 마음에 들다 | 気(き)になる 신경 쓰이다

4 연휴

1 이번 주는 시험이 있어서 5일 <u>연휴</u>로 안 자고 공부하고 있다.
2 3일 <u>연휴</u>는 여행을 갈지 집에서 푹 쉴지 고민하고 있다.
3 회의가 예상보다 길어져서 그녀에게 <u>연휴</u>하는 것이 늦어졌다.
4 10분 정도 <u>연휴</u>하고 나서 또 일을 시작한다.

해설 連休(연휴)를 가장 올바르게 사용한 것은 **2번**이다. 1번은 連続(연속), 3번은 連絡(연락), 4번은 休憩(휴게)를 사용하는 것이 알맞다.

단어 連休(れんきゅう) 연휴 | 今週(こんしゅう) 이번 주 | 試験(しけん) 시험 | ゆっくり 푹 | 悩(なや)む 고민하다 | 会議(かいぎ) 회의 | 予想(よそう) 예상 | 遅(おそ)い 늦다 | くらい 정도 | 始(はじ)める 시작하다 | 連続(れんぞく) 연속 | 連絡(れんらく) 연락 | 休憩(きゅうけい) 휴게

5 젊다

1 <u>젊은</u> 치마보다 긴 치마가 더 잘 어울려요.
2 그 과일은 아직 <u>젊기</u> 때문에 먹어도 맛이 없습니다.
3 이 산은 <u>젊기</u> 때문에 초심자라도 간단히 오를 수 있습니다.
4 <u>젊었을</u> 때는 운동을 잘했지만 지금은 전혀 못한다.

해설 若い(젊다)를 가장 올바르게 사용한 것은 **4번**이다. 1번은 短い(짧다), 2번은 渋い(떫다), 3번은 低い(낮다)를 사용하는 것이 알맞다.

단어 若(わか)い 젊다 | スカート 스커트, 치마 | 似合(にあ)う 어울리다 | 果物(くだもの) 과일 | 山(やま) 산 | 初心者(しょしんしゃ) 초심자 | 簡単(かんたん)に 간단히 | 登(のぼ)る 오르다 | 運動(うんどう) 운동 | 得意(とくい)だ 잘하다 | 全(まった)く 전혀 | 短(みじか)い 짧다 | 渋(しぶ)い 떫다 | 低(ひく)い 낮다

문법

기출문법 실전 연습 문제① 258p

문제1
1 ② 2 ④ 3 ① 4 ④ 5 ②
6 ② 7 ④ 8 ③ 9 ① 10 ②
11 ① 12 ④ 13 ③

문제2
14 ② 15 ① 16 ③ 17 ① 18 ④

문제3
19 ③ 20 ④ 21 ① 22 ② 23 ①

문제1 다음 문장의 (　　)에 넣기에 가장 알맞은 것을, 1·2·3·4에서 하나 고르세요.

1 집에 (돌아가려고 했더니), 부장님에게 야근해줘라고 들었다.

1 돌아갈 때까지
2 돌아가려고 했더니
3 돌아가는 것 외에
4 돌아가려고 해서

해설　문맥상 알맞은 표현은 **2 帰ろうとしたら**이다. 뒤 문장과 자연스럽게 연결되기 위해서는 동사 의지형+ようとする(~하려고 하다)+たら(~했더니)라는 문법이 가장 적합하다.

단어　うち 우리집, 내 집 ｜ 帰(かえ)る 돌아가다, 돌아오다 ｜ ~ようとする ~하려고 하다 ｜ ~たら ~했더니, ~면 ｜ 部長(ぶちょう) 부장님 ｜ 残業(ざんぎょう) 야근 ｜ ~と言(い)われる ~라고 듣다 ｜ ~までに ~까지 ｜ こと 것, 일 ｜ ~のほかに ~외에

2 여름 방학이어서 가족은 여행에 가고 (싶어 하)지만, 일이 바빠서 어려울 것이다.

1 너무 ~하다
2 ~것 같지 않다
3 ~하는 경향이 있다
4 ~하고 싶어 하다

해설　문맥상 알맞은 표현은 **4 たがる**이다. 모두 동사 ます형과 접속이 되는 문법이지만, 뒤 문장과 자연스럽게 연결되기 위해서는 동사 ます형+たがる(~하고 싶어 하다)라는 문법이 가장 적합하다.

단어　夏休(なつやす)み 여름 방학, 여름 휴가 ｜ ~たがる ~하고 싶어 하다 ｜ 仕事(しごと) 일 ｜ 忙(いそが)しい 바쁘다 ｜ 難(むずか)しい 어렵다 ｜ ~だろう ~일 것이다, ~겠지 ｜ ~すぎる 너무 ~하다 ｜ ~そうにない ~일 것 같지 않다 ｜ ~がちだ ~하는 경향이 있다

3 일본어 공부하는 방법 (에 대해서) 선생님에게 상담했습니다.

1 ~에 대해서
2 ~에(게) 있어서
3 ~에 비해서
4 ~에 따라서

해설　문맥상 알맞은 표현은 **1 について**이다. 모두 명사와 접속이 되는 문법이지만, 앞 문장과 자연스럽게 연결되기 위해서는 명사+について(~에 대해서)라는 문법이 가장 적합하다.

단어　仕方(しかた) 하는 방법 ｜ 相談(そうだん) 상담 ｜ ~について ~에 대해서 ｜ ~にとって ~에(게) 있어서 ｜ ~に比(くら)べて ~에 비해서 ｜ ~にしたがって ~에 따라서

4 일본의 애니메이션은 일본 (뿐만 아니라) 세계에서도 인기가 있다.

1 ~에 대해서
2 ~을/를 통해서
3 ~라고 하기 보다도
4 ~뿐만 아니라

해설　문맥상 알맞은 표현은 **4 だけでなく**이다. 모두 명사와 접속이 되는 문법이지만, 뒤 문장과 자연스럽게 연결되기 위해서는 명사+だけでなく(~뿐만 아니라)라는 문법이 가장 적합하다.

단어　アニメ(アニメーション의 줄임말) 애니메이션 ｜ ~だけでなく ~뿐만 아니라 ｜ 世界(せかい) 세계 ｜ 人気(にんき) 인기 ｜ ~に対(たい)して ~에 대해서 ｜ ~を通(とお)して ~을/를 통해서 ｜ ~というよりも ~라고 하기 보다도

5 마감을 지나 (면 안되기) 때문에 시간이 있을 때에 해두자.

1 막 ~하려는 참이다
2 ~하면 안된다
3 ~하는 게 당연하다
4 ~라고 한다, ~라는 것이다

해설　문맥상 알맞은 표현은 **2 といけない**이다. 모두 동사 기본형과 접속이 되는 문법이지만, 앞 문장과 자연스럽게 연결되기 위해서는 동사 기본형+といけない(~하면 안 된다)라는 문법이 가장 적합하다.

단어　締(し)め切(き)り 마감 ｜ 過(す)ぎる 넘기다, 지나다 ｜ ~といけない ~하면 안 된다 ｜ 時間(じかん) 시간 ｜ やる 하다 ｜ ~しておく ~해 두다 ｜ ~ところだ 막 ~하려는 참이다 ｜ ~わけだ ~하는 게 당연하다 ｜ ~ということだ ~라고 한다, 라는 것이다

6 어제 늦게까지 게임을 하고 있었던 (탓)에 늦잠을 자고 말았다.

1 ~뿐으로
2 ~탓에
3 ~덕분에
4 ~라고 해도

해설　문맥상 알맞은 표현은 **2 せいで**이다. 모두 동사의 보통형과 접속이 되는 문법이지만, 뒤 문장과 자연스럽게 연결되기 위해서는 동사의 명사 수식형+せいで(~탓에)라는 문법이 가장 적합하다.

단어　遅(おそ)い 늦다 ｜ ゲーム 게임 ｜ ~せいで ~탓에 ｜ 朝寝坊(あさ

단어 ねぼう) 늦잠 | ~だけで ~뿐으로 | ~おかげで ~덕분에 | ~としても ~라고 해도

---

7 휴대폰의 발달 (　에 의해서　) 간단하게 어디에서도 쇼핑할 수 있는 시대가 되었다.

1 ~에 관해서　　　　　2 ~조차
3 ~동안에　　　　　　**4 ~에 의해서**

해설 문맥상 알맞은 표현은 **4 によって**이다. 모두 명사와 접속이 되는 문법이지만, 뒤 문장과 자연스럽게 연결되기 위해서는 명사+によって(~에 의해서)라는 문법이 가장 적합하다.

단어 携帯電話(けいたいでんわ) 휴대폰 | 発達(はったつ) 발달 | ~によって ~에 의해, ~에 따라 | 簡単(かんたん)だ 간단하다 | 買(か)い物(もの) 쇼핑 | 時代(じだい) 시대 | ~に関(かん)して ~에 관해서 | ~でさえ ~조차 | ~うちに ~동안에

---

8 아까 방을 (　막 정리했는데　) 엄마에게 화장실 청소를 부탁받았다.

1 ~생각, 예정인데　　　2 ~한편으로
3 막 ~했는데　　　　　4 ~도중에

해설 문맥상 알맞은 표현은 **3 ばかりなのに**이다. 2, 3번은 모두 동사 た형과 접속이 되는 문법이지만, 뒤 문장과 자연스럽게 연결되기 위해서는 동사 た형+ばかり(막 ~ 했다)라는 문법이 가장 적합하다. 4번은 동사 기본형 또는 명사+の 형태와 접속이 되는 문법이다.

단어 さっき 아까 | 片付(かたづ)ける 정리하다 | ~ばかりだ 막~했다 | 掃除(そうじ) 청소 | 頼(たの)む 부탁하다 | ~つもりだ ~생각, 예정이다 | ~一方(いっぽう)で ~한편으로 | ~途中(とちゅう)で ~도중에

---

9 이렇게 숙제가 남아 있는데 놀러 갈 수 있 (　을 리가 없어　).

1 ~일 리가 없다　　　2 ~일지도 모른다
3 ~일 것이다　　　　　4 ~할 수밖에 없다

해설 문맥상 알맞은 표현은 **1 はずがない**이다. 모두 동사 기본형과 접속이 되는 문법이지만, 앞 문장과 자연스럽게 연결되기 위해서는 동사 기본형+はずがない(~일 리가 없다)라는 문법이 가장 적합하다.

단어 宿題(しゅくだい) 숙제 | 残(のこ)る 남다 | 遊(あそ)ぶ 놀다 | ~はずがない ~일 리가 없다 | ~かもしれない ~일지도 모른다 | ~はずだ ~일 것이다 | ~ほかない ~할 수밖에 없다

---

10 그는 대학을 졸업하지 못한 (　것으로 인해　) 올해 취직하는 것은 어려울 것이다.

1 ~하기 전에　　　　　**2 ~로 인해**
3 ~채로　　　　　　　　4 ~뿐만 아니라

해설 문맥상 알맞은 표현은 **2 ことから**이다. 모두 동사 ない형과 접속이 되는 문법이지만, 뒤 문장과 자연스럽게 연결되기 위해서는 동사 ない형+ことから(~로 인해)라는 문법이 가장 적합하다.

단어 卒業(そつぎょう) 졸업 | ~ことから ~로 인해 | 今年(ことし) 올해 | 就職(しゅうしょく) 취직 | 難(むずか)しい 어렵다 | (동사 ない형) ~うちに ~하기 전에 | ~まま ~채로 | ~ばかりでなく ~뿐만 아니라

---

11 어제, 입사한 존 씨 (　는　) 3개 국어나 유창하게 말해.

1 ~은/는　　　　　　　2 ~에 비해서
3 ~은/는 물론　　　　　4 ~에(게) 있어서

해설 문맥상 알맞은 표현은 **1 って**이다. 모두 명사와 접속이 되는 문법이지만, 앞 문장과 자연스럽게 연결되기 위해서는 명사+って(~은/는)이라는 문법이 가장 적합하다.

단어 入社(にゅうしゃ) 입사 | ~って ~은/는 | ~ヶ国語(かこくご) ~개 국어 | ペラペラ 술술, 외국어가 유창한 모양 | ~のわりに ~에 비해서 | ~はもちろん ~은/는 물론 | ~にとって ~에(게) 있어서

---

12 친구 "겨울방학에 홋카이도로 여행 간다 (　고 한다면　) 무엇을 하고 싶어?"
나 "눈 축제에 가거나 게를 먹거나 하고 싶어."

1 ~와/과 함께　　　　　2 ~해야 하지만
3 ~할 때마다　　　　　**4 ~라고 한다면**

해설 문맥상 알맞은 표현은 **4 としたら**이다. 모두 동사 기본형과 접속이 되는 문법이지만, 뒤 문장과 자연스럽게 연결되기 위해서는 동사 기본형+としたら(~라고 한다면)라는 문법이 가장 적합하다.

단어 冬休(ふゆやす)み 겨울 방학 | 北海道(ほっかいどう) 홋카이도(일본 지명) | ~としたら ~라고 한다면 | 雪祭(ゆきまつ)り 눈 축제 | カニ 게 | ~とともに ~와/과 함께 | ~べきだけど ~해야 하지만 | ~たびに ~할 때마다

---

13 (회사에서)
다나카 "오늘, 나카무라 부장님과 약속한 다나카라고 합니다."
나카무라 부장의 부하 "다나카 님이시군요. 나카무라는 곧 (　오　) 니까 이쪽에서 기다려 주세요."

1 합니다(겸양어)
2 있습니다(겸양어)
3 갑니다, 옵니다(겸양어)
4 가십니다, 오십니다, 계십니다(존경어)

해설 문맥상 알맞은 표현은 **3 参ります**이다. 앞 문장과 자연스럽게 연결되기 위해서는 参る('가다, 오다'의 겸양어)라는 경어가 가장 적합하다.

단어 本日(ほんじつ) 금일, 오늘 | 約束(やくそく) 약속 | 申(もう)す 말하다(겸양어) | ~様(さま) 님 | すぐ 곧 | 参(まい)る 가다, 오다(겸양어) | お+동사 ます형+ください ~해 주세요 | 待(ま)つ 기다리다 | いたす 하다(겸양어) | おる 있다(겸양어) | いらっしゃる 가시다, 오시다, 계시다(존경어)

문제 2 다음 문장의 ＿＿★＿＿ 에 들어갈 가장 알맞은 것을, 1・2・3・4에서 하나 고르세요.

> **14** 이번 지진은 <u>동북 지방</u> <u>을 중심으로</u> ★<u>일본 전체에</u> <u>피해</u>를 주었다.
>
> 1 동북 지방　　　　　　　　**2 일본 전체에**
> 3 을/를 중심으로　　　　　　4 피해

해설　3번 を中心に 앞에는 명사가 와야 하고 문맥상 '동북지방을 중심으로' 가 자연스럽기 때문에 1-3번으로 연결된다. 그리고 뒤 문장 を与えた(을/를 주었다) 앞부분에도 명사가 오는 것이 적절하므로 '피해를 주다'로 연결된다. 따라서 1-3-2-4로 문장을 만들면 정답은 **2 日本全体に**가 정답이다.

단어　今回(こんかい) 이번｜地震(じしん) 지진｜東北地方(とうほくちほう) 동북 지방｜~を中心(ちゅうしん)に ~을/를 중심으로｜全体(ぜんたい) 전체｜被害(ひがい) 피해｜与(あた)える 주다

> **15** 나는 <u>가족을</u> <u>만날</u> ★<u>때마다</u> <u>언제</u> 결혼하는지라고 물어서 곤란해 하고 있다.
>
> **1 할 때마다**　　　　　　　2 언제
> 3 만나다　　　　　　　　　4 가족에

해설　'~을/를 만나다'는 ~に会う이기 때문에 4-3번으로 연결된다. 그리고 たびに 앞에는 동사 기본형이 와야하기 때문에 4-3-1번으로 연결된다. 그리고 뒤 문장 結婚するか(결혼하는지) 앞부분에 いつ(언제)가 오는 것이 적절하므로 '언제 결혼하는지'로 연결된다. 따라서 4-3-1-2로 문장을 만들면 **1 たびに**가 정답이다.

단어　~に会(あ)う ~을/를 만나다｜~たびに ~할 때마다｜いつ 언제｜結婚(けっこん) 결혼｜~か ~하는지｜聞(き)く 듣다, 묻다｜困(こま)る 곤란하다

> **16** 이런 간단한 <u>실수를</u> ★<u>하다니</u> <u>당신</u> <u>답지 않네요</u>.
>
> 1 당신　　　　　　　　　　2 답지 않다
> **3 하다니**　　　　　　　　　4 실수를

해설　な형용사 뒤에는 명사가 와야 하고 문맥상 '간단한 실수를'이 자연스럽기 때문에 4번이 제일 먼저 나온다. 그리고 を 뒤에 동사가 오는 것이 적절하므로 4-3번으로 연결된다. 2번 らしくない는 앞에 명사가 나와야 하기 때문에 1-2로 연결된다. 따라서 4-3-1-2로 문장을 만들면 **3 するなんて**가 정답이다.

단어　簡単(かんたん)だ 간단하다｜間違(まちが)い 실수｜なんて ~하다니｜あなた 당신｜~らしい ~답다

> **17** 그 책을 <u>읽는 게</u> <u>끝나면</u> ★<u>저에게</u> <u>빌려 주세요</u>.
>
> **1 저에게**　　　　　　　　　2 끝나면
> 3 읽다(ます형)　　　　　　　4 빌리고

해설　'~하는 것이 끝나다' 라는 동사 ます형 + 終わる이기 때문에 3-2번으로 연결된다. 그리고 뒷부분의 ください(주세요) 앞에 동사 て형이 와서 '~해 주세요'라고 연결되는 것이 자연스럽고, 貸してください(빌려주세요)의 앞 부분에 私に(나에게)가 오는 것이 적절하다. 따라서 3-2-1-4로 문장을 만들면 **1 私に**가 정답이다.

단어　その 그｜本(ほん) 책｜読(よ)む 읽다｜終(お)わる 끝나다｜~たら ~면｜貸(か)す 빌려주다

> **18** 친구가 <u>도와 준</u> ★<u>덕분에</u> <u>숙제가</u> 예상보다 빨리 끝났다.
>
> 1 준　　　　　　　　　　　2 도와
> 3 숙제가　　　　　　　　　**4 덕분에**

해설　'~해 주다'는 ~てくれた이며, 문맥상 '도와준 덕분에'가 자연스럽기 때문에 2-1-4번으로 연결된다. 예상보다 일찍 끝났다(예상보다 빨리 끝났다)의 앞에는 '무엇'이 예상보다 빨리 끝났는지 나오는 것이 적절하므로 宿題が(숙제가)가 오는 것이 적절하다. 따라서 2-1-4-3로 문장을 만들면 **4 おかげで**가 정답이다.

단어　手伝(てつだ)う 돕다, 거들다｜~てくれる (남이 나에게) ~해 주다｜~おかげで ~덕분에｜宿題(しゅくだい) 숙제｜予想(よそう) 예상｜早(はや)い 빠르다｜終(お)わる 끝나다

문제3　다음 문장을 읽고, 문장 전체 내용을 생각해서, 19 부터 23 안에 들어갈 가장 알맞은 것을, 1・2・3・4에서 하나 고르세요.

> 아래의 문장은 유학생이 쓴 일기입니다.
>
> **일본의 음식점의 추억**
>
> 　어제는 여자친구의 생일이었기 때문에, 여자친구가 예전부터 19 있었던 고급 스키야키 가게에 갔습니다. 예약한 시간에 가게 안으로 들어갔더니, 기모노를 입은 여성이 웃는 얼굴로 우리들을 마중 나와, 자리로 안내해 주었습니다. 테이블의 한 가운데에는 냄비가 놓여 있었습니다. 우리들이 자리에 앉았더니, 점원은 앞으로 만들어 줄 스키야키에 대해서 설명하면서, 요리를 해 주었습니다. 그 모습을 보고, 저는 깜짝 놀랐습니다.
> 　 20 , 우리나라에도 전골 요리 가게가 많이 있습니다만, 점원이 손님의 눈앞에서 전골 요리를 만들어 주는 가게는 지금까지 간 적이 없었습니다. 그래서 이러한 친절한 서비스를 기쁘게 생각했습니다.
> 　처음에 점원은 냄비를 21 . 소고기를 한 장씩 정성스럽게 펼쳐 냄비의 안에 넣고, 30초 정도 지났더니 우리들의 식기에 나누어, 날달걀에 찍어 먹으면 맛있다고 알려 22 . 냄비에서 막 꺼낸 따끈따끈한 고기를 날달걀에 찍어 먹었더니 정말 맛있었습니다.
> 　다음으로, 데운 채소를 식기에 담아 주었습니다. 점원 덕분에 느긋하게 지낼 수 있었습니다. 요리도 맛있 23 서비스도 좋아서 최고의 추억이 생겼다고 여자친구도 기뻐했습니다.
>
> (주석1) 스키야키 : 얕은 냄비로 소고기나 야채를 졸이거나 굽는 일본의 냄비 요리.

> **19**　1 갈 수 없어서　　　　　2 가고 싶어서
> 　　　**3 가고 싶어 하고**　　　　4 갔다 오고

해설　문맥에 맞는 문법 표현을 고르는 문제이다. 앞부분에 昨日は彼女の誕生日だったので、彼女が以前から(어제는 여자친구의 생일이었기 때문에, 여자친구가 예전부터)를 보면 문맥상 그녀가 가고 싶어

48

했다는 것이 뒷부분에 오는 것이 자연스럽다. 따라서 **3 行きたがって**가 정답이다.

표현 ～なくて ~하지 않아서 | ～たい ~하고 싶다 | ～たがる (남이) ~하고 싶어 하다 | ～てくる ~하고 오다

20   1 그러니까   2 그리고
        3 그렇지만   **4 물론**

해설 문맥에 맞는 접속사를 고르는 문제이다. 빈칸 앞에서 일본 전골 가게에 대한 내용이 나오고, 빈칸 뒤에 우리나라에도 전골 요리 가게가 많이 있지만, 손님의 눈앞에서 전골 요리를 만들어주는 가게는 없다고 말하고 있다. 따라서 **4 もちろん**이 정답이다.

표현 ですから 그러니까 | そして 그리고 | けれども 그렇지만 | もちろん 물론

21   **1 데우기 시작했습니다**   2 너무 데웠습니다
        3 다 데웠습니다   4 다시 데웠습니다

해설 문맥에 맞는 문법 표현을 고르는 문제이다. 모두 温める(데우다)라는 동사 ます형과 접속한 문말 표현으로 빈칸 앞부분에서 初めに、店員はなべを(처음에 점원은 냄비를)라고 했으므로 처음으로 데우기 시작했다고 말하는 것이 자연스럽다. 따라서 **1 温め始ました**가 정답이다.

표현 ～始(はじ)める ~하기 시작하다 | ～すぎる 너무 ~하다 | ～終(お)わる 다 ~하다 | ～直(なお)す 다시 ~하다

22   1 (내가 남에게) 주었습니다   **2 (남이 나에게) 주었습니다**
        3 했습니다   4 봤습니다

해설 문맥에 맞는 문법 표현을 고르는 문제이다. 점원이 어떻게 먹으면 맛있는지 알려주었다고 하는 것이 문맥상 가장 자연스럽다. 따라서 **2 くれました**가 정답이다.

표현 ～てあげる (내가 남에게) ~해 주다 | ～てくれる (남이 나에게) ~해 주다 | やる 하다 | みる 보다

23   **1 ~인 데다가**   2 ~하기 위해서
        3 ~하는 김에   4 ~사이에

해설 문맥에 맞는 문법 표현을 고르는 문제이다. 요리도 맛있는 데다가 서비스도 좋아서 최고의 추억이 생겼다고 하는 것이 문맥상 가장 자연스럽다. 따라서 **1 うえに**가 정답이다.

표현 ～うえに ~인 데다가 | ～ために ~하기 위해서 | ～ついでに ~하는 김에 | ～うちに ~사이에

단어 留学生(りゅうがくせい) 유학생 | 日記(にっき) 일기 | 日本料理店(にほんりょうりてん) 일본 음식점 | 思(おも)い出(で) 추억 | 誕生日(たんじょうび) 생일 | 以前(いぜん) 이전 | 高級(こうきゅう) 고급 | すき焼(や)き 스키야키 | 予約(よやく) 예약 | 入(はい)る 들어가다 | 着物(きもの) 기모노(일본 전통 옷) | 着(き)る 입다 | 女性(じょせい) 여성 | 笑顔(えがお) 웃는 얼굴 | 迎(むか)える 맞이하다 | 席(せき) 자리 | 案内(あんない) 안내 | テーブル 테이블

| 이블 | 真(ま)ん中(なか) 한가운데 | なべ 냄비 | 置(お)く 두다 | 店員(てんいん) 점원 | ～について ~에 대해서 | 説明(せつめい) 설명 | 様子(ようす) 모습 | びっくりする 놀라다 | 国(くに) 나라 | 客(きゃく) 손님 | 目(め)の前(まえ) 눈앞 | なので 그러므로 | 親切(しんせつ)だ 친절하다 | サービス 서비스 | うれしい 기쁘다 | 初(はじ)めに 처음으로 | 牛肉(ぎゅうにく) 소고기 | 一枚(いちまい) 한 장 | ～ずつ ~씩 | 丁寧(ていねい)だ 정중하다 | 広(ひろ)げる 넓히다 | 秒(びょう) 초 | 食器(しょっき) 식기 | 分(わ)ける 나누다 | 生卵(なまたまご) 날달걀 | 付(つ)ける 묻히다 | ～ばかりだ 막 ~한 참이다 | あつあつ 매우 뜨거운 모양 | 次(つぎ)に 다음으로 | 野菜(やさい) 채소 | 盛(も)る 담다 | ～おかげで ~덕분에 | ゆっくり 천천히 | 過(す)ごす 지내다, 보내다 | 最高(さいこう) 최고 | 喜(よろこ)ぶ 기뻐하다 | 浅(あさ)い 얕다 | 煮(に)る 익히다, 끓이다 | 焼(や)く 굽다

기출문법 실전 연습 문제②   264p

문제1
1 ③   2 ①   3 ④   4 ③   5 ①
6 ①   7 ②   8 ④   9 ②   10 ④
11 ②   12 ①   13 ②

문제2
14 ④   15 ③   16 ④   17 ①   18 ②

문제3
19 ①   20 ①   21 ②   22 ④   23 ③

문제 문제1 다음 문장의 (　　) 에 넣기에 가장 알맞은 것을, 1・2・3・4에서 하나 고르세요.

1 일본에 있는 (동안에) 맛있는 것을 많이 먹어 두고 싶다.

1 ~까지   2 ~쯤에
3 ~동안에   4 ~위해서, ~때문에

해설 문맥상 알맞은 표현은 **3 うちに**이다. 2, 3, 4번은 모두 동사 기본형에 접속이 되는 문법이지만, 앞 문장과 자연스럽게 연결되기 위해서는 동사 기본형+うちに(~하는 동안에)라는 문법이 가장 적합하다. 1번은 동사 명사에 접속하는 조사이다.

단어 ～うちに ~동안에 | 美味(おい)しい 맛있다 | ～ておく ~해 두다 | ～までに ~까지 | ～ころに ~쯤에 | ～ために ~위해서, ~때문에

2 얼마 전 회의의 (일로) 확인하고 싶은 것이 있다.

1 ~한 일로   2 ~탓에
3 ~사이에   4 ~처럼

해설 문맥상 알맞은 표현은 **1 ことで**이다. 모두 명사+の 형태와 접속이

되는 문법이지만, 뒤 문장과 자연스럽게 연결되기 위해서는 명사+の+ことで(~한 일로)라는 문법이 가장 적합하다.

단어　この前(まえ) 얼마 전 | 会議(かいぎ) 회의 | ~ことで ~한 일로 | 確認(かくにん) 확인 | ~せいで ~탓에 | ~あいだに ~사이에 | ~ように ~처럼

3 분명히 약속했으니까 그가 올 (것이다).

1 ~생각, 예정이다　　　　2 ~뿐이다
3 ~것이다　　　　　　　**4 ~일 것이다**

해설　문맥상 알맞은 표현은 **4 はずだ**이다. 모두 동사 기본형과 접속이 되는 문법이지만, 앞 문장과 자연스럽게 연결되기 위해서는 동사 기본형+はずだ(~일 것이다)라는 문법이 가장 적합하다.

단어　きちんと 분명히 | 約束(やくそく) 약속 | ~はずだ ~일 것이다 | ~つもりだ ~생각, 예정이다 | ~だけだ ~뿐이다 | ~ものだ ~것이다

4 해외에서의 생활은 즐거운 일이 있는 (한편으로), 괴로운 일도 많다.

1 ~로 인해, ~때문에　　　2 ~라는 점에서
3 ~한편으로　　　　　　4 경우

해설　문맥상 알맞은 표현은 **3 一方で**이다. 모두 동사 기본형과 접속이 되는 문법이지만, 뒤 문장과 자연스럽게 연결되기 위해서는 동사 기본형+一方で(한편으로)라는 문법이 가장 적합하다.

단어　海外(かいがい) 해외 | 暮(く)らし 생활 | 楽(たの)しい 즐겁다 | ~一方(いっぽう)で ~한편으로 | 辛(つら)い 괴롭다 | 多(おお)い 많다 | ~ことから ~로 인해, ~때문에 | ~という点(てん)で ~라는 점에서 | 場合(ばあい) 경우

5 선배에게 동아리 활동의 상담을 했더니, 다양한 연습을 (하는 것이 어떨까) 하고 조언을 받았다.

1 하는 것이 어떨까　　　2 하면서
3 해 주다　　　　　　　4 해 받다

해설　문맥상 알맞은 표현은 **1 たらどうか**이다. 뒤 문장과 자연스럽게 연결되기 위해서는 동사 ます형+たらどうか(~하는 것이 어떨까)라는 문법이 가장 적합하다.

단어　先輩(せんぱい) 선배 | 部活(ぶかつ) 부활동, 동아리활동 | 相談(そうだん) 상담 | 練習(れんしゅう) 연습 | ~たらどうか ~하는 것이 어떨까 | アドバイス 어드바이스, 조언 | ~ながら ~하면서 | ~てくれる ~해 주다 | ~てもらう ~해 받다

6 외국어는 공부 (하면) 할수록 어렵게 느껴진다.

1 하면　　　　　　　　2 하면
3 하면　　　　　　　　4 한다면

해설　문맥상 알맞은 표현은 **1 すれば**이다. 2, 3번도 한국어 해석상 정답이 될 것 같지만, ~ば~ほど(~하면 할수록)라고 연결하여 사용하는 문법이 있기 때문에 정답이 아니다.

단어　外国語(がいこくご) 외국어 | ~ば~ほど ~하면 ~할 수록 | 難(むずか)しい 어렵다 | 感(かん)じる 느끼다 | ~たら ~면 | ~と ~면 | ~なら ~면

7 조금 더러워져있지만, 나 (에게 있어서) 이것은 매우 소중한 사진이다.

1 ~에 대해서　　　　　**2 ~에(게) 있어서**
3 ~에 관해서　　　　　4 ~에 대해서

해설　문맥상 알맞은 표현은 **2 にとって**이다. 모두 명사와 접속이 되는 문법이지만, 뒤 문장과 자연스럽게 연결되기 위해서는 명사+にとって(~에(게) 있어서)라는 문법이 가장 적합하다.

단어　汚(よご)れる 더러워지다 | ~にとって ~에(게) 있어서 | 大切(たいせつ)だ 소중하다 | 写真(しゃしん) 사진 | ~に対(たい)して ~에 대해서 | ~に関(かん)して ~에 관해서 | ~について ~에 대해서

8 공항에서의 쇼핑도 즐기고 이제부터 비행기에 탈 (참이다).

1 ~덕분이다　　　　　　2 ~하는 것이 좋다
3 ~뿐이다　　　　　　　**4 막 ~하려는 참이다**

해설　문맥상 알맞은 표현은 **4 ところだ**이다. 모두 동사 기본형과 접속이 되는 문법이지만, 앞 문장과 자연스럽게 연결되기 위해서는 동사 기본형+ところだ(막 ~하려는 참이다)라는 문법이 가장 적합하다.

단어　空港(くうこう) 공항 | 買(か)い物(もの) 쇼핑 | 楽(たの)しむ 즐기다 | 飛行機(ひこうき) 비행기 | 乗(の)る 타다 | ~ところだ 막 ~하려는 참이다 | ~おかげだ ~덕분이다 | ~ことだ ~하는 것이 좋다 | ~ばかりだ 뿐이다

9 겨울이 됨 (에 따라서) 어두워지는 것이 빨라졌다.

1 ~에 걸쳐서　　　　　**2 ~에 따라서**
3 ~에 반해서　　　　　4 ~에 의해, ~에 따라

해설　문맥상 알맞은 표현은 **2 にしたがって**이다. 뒤 문장과 자연스럽게 연결되기 위해서는 동사 기본형+にしたがって(~에 따라서)라는 문법이 가장 적합하다. 1, 3, 4번은 명사와 접속이 되는 문법이다.

단어　冬(ふゆ) 겨울 | ~になる ~이/가 되다 | ~にしたがって ~에 따라서 | 暗(くら)い 어둡다 | 早(はや)い 빠르다 | ~にわたって ~에 걸쳐서 | ~に反(はん)して ~에 반해서 | ~によって ~에 의해, ~에 따라

10 (학교에서)
사나 "이 책상, 너무 오래됐지? 쓰고 싶지 않네."
모모 "정말이다! 언제 (부서져도 이상하지 않) 아. 다른 책상으로 하자."

1 부서질 거라고 생각한다　　2 부서져도 괜찮다
3 부서지게 될 것 같다　　　**4 부서져도 이상하지 않다**

해설　문맥상 알맞은 표현은 **4 壊れても不思議じゃない**이다. 앞 문장과 자연스럽게 연결되기 위해서는 ~ても不思議じゃない(~해도

이상하지 않다)라는 문법이 가장 적합하다.

단어 机(つくえ) 책상 | 古(ふる)い 오래되다 | 使(つか)う 사용하다 | 壊(こわ)れる 부서지다 | ~ても不思議(ふしぎ)じゃない ~해도 이상하지 않다 | 違(ちが)う 다르다 | ~だろう ~겠지, ~것이다 | ~と思(おも)う ~라고 생각하다 | ~ても大丈夫(だいじょうぶ)だ ~해도 괜찮다 | ~ことになりそうだ ~하게 될 것 같다

---

11 (카페에서)
타카기 "안녕하세요! 어머, 나카타 씨는 아직 안 계시나요?"
야마다 "전화가 와서 조금 늦을 거라고 (말씀하셨)어요."

1 말하(겸양어)   **2 말씀하셨(존경어)**
3 하셨(존경어)   4 비문법적 표현

해설 문맥상 알맞은 표현은 **2 おっしゃって**이다. 야마다 씨가 나카타 씨가 전화로 늦을 거라고 말했다는 것을 전달하는 상황이므로, 대화의 흐름 상 자연스럽게 연결되기 위해 おっしゃる('말하다'의 존경어)라는 경어가 가장 적합하다. 1번은 겸양어로 남이 말한 행동에 대해서는 사용하지 않고, 3번과 4번은 문맥상 맞지 않으므로 정답이 아니다.

단어 いらっしゃる 계시다(존경어) | 電話(でんわ) 전화 | 少(すこ)し 조금 | 遅(おそ)い 늦다 | おっしゃる 말씀하시다(존경어) | 申(もう)す 말하다(겸양어) | なさる 하시다(존경어) | 存(ぞん)じる 알다(겸양어)

---

12 (전화로)
다나카 "죄송합니다만, 이번 주 안으로 자료를 (보내주시지 않겠습니까?)"
A사의 사원 "알겠습니다. 바로 준비해서 보내드리겠습니다."

1 보내주시지 않겠습니까?   2 비문법적 표현
3 비문법적 표현   4 보내게 해 주세요

해설 문맥상 알맞은 표현은 **1 送っていただけませんか**이다. 다나카 씨가 A사의 사원으로부터 자료를 받고 싶어 하는 상황이므로, 대화의 흐름 상 자연스럽게 연결되기 위해 いただく('받다'의 겸양어)라는 경어가 가장 적합하다.

단어 今週(こんしゅう) 이번 주 | ~中(ちゅう) ~중 | 資料(しりょう) 자료 | 送(おく)る 보내다 | いただく 받다(겸양어) | ~ていただけませんか ~해 주시지 않겠습니까? | 社員(しゃいん) 사원 | かしこまりました 알겠습니다 | すぐに 바로 | 準備(じゅんび) 준비 | くださる 주시다(존경어) | なさる 하시다(존경어)

---

13 (회사에서)
나 "계약서를 (봤습니다). 문제없다고 생각합니다."
B사의 사원 "그럼 이대로 계약한다고 하는 걸로 괜찮을까요?"

1 갔습니다, 왔습니다(겸양어)   **2 봤습니다(겸양어)**
3 뵈었습니다(겸양어)   4 보셨습니다(존경어)

해설 문맥상 알맞은 표현은 **2 拝見しました**이다. 내가 계약서를 봤다고 말하는 상황이므로, 대화의 흐름 상 자연스럽게 연결되기 위해 拝見する('보다'의 겸양어)라는 경어가 가장 적합하다.

단어 契約書(けいやくしょ) 계약서 | 拝見(はいけん)する 보다(겸양어) | 問題(もんだい) 문제 | 社員(しゃいん) 사원 | このまま 이대로 | よろしい 괜찮다 | 参(まい)る 가다, 오다(겸양어) | お目(め)にかかる 뵙다(겸양어) | ご覧(らん)になる 보시다(존경어)

문제2 다음 문장의 ★ 에 들어갈 가장 알맞은 것을, 1・2・3・4 에서 하나 고르세요.

---

14 내일은 <u>태풍이</u> <u>오기</u> ★때문에 <u>학교는</u> 휴교가 될 것이다.

1 태풍이   2 학교는
3 오다   **4 때문에**

해설 4번 から의 앞에는 보통형이 와야 하고 문맥상 '태풍이 오기 때문에'가 자연스럽기 때문에 1-3-4번으로 연결된다. 그리고 뒤 문장도 '학교는 휴교가 될 것이다'가 자연스러우므로 1-3-4-2로 문장을 만들면 **4 から**가 정답이다.

단어 明日(あした) 내일 | 台風(たいふう) 태풍 | ~から ~이기 때문에 | 休(やす)み 쉬는 날 | ~はずだ ~일 것이다

---

15 <u>젊을</u> ★동안에 <u>다양한</u> <u>나라</u> 에 여행을 가고 싶다.

1 나라   2 젊다
3 동안에   4 다양한

해설 선택지 중 3번 うちに 앞에 올 수 있는 형태는 い형용사 기본형인 若い이므로 2-3번으로 연결된다. 그리고 뒤 문장인 へ旅行に行きたい(~에 여행을 가고 싶다) 앞에 명사가 와야 하며, いろんな 뒤에는 명사가 와야 하므로 4-1번으로 연결된다. 따라서 2-3-4-1로 문장을 만들면 **3 うちに**가 정답이다.

단어 若(わか)い 젊다 | ~うちに ~동안에 | いろんな 다양한 | 国(くに) 나라

---

16 그는 사장으로서도 훌륭하지만, <u>한 명의</u> <u>인간</u> ★으로서도 <u>훌륭하다</u>.

1 인간   2 훌륭하다
3 한 명의   **4 으로서도**

해설 4번 としても 앞에는 명사가 와야 하고 문맥상 '인간으로서도 훌륭하지만'이 자연스럽기 때문에 1-4번으로 연결된다. 또한, 3번 一人の가 명사인 人間을 수식하여 '한 명의 인간'으로 연결된다. 따라서 3-1-4-2로 문장을 만들면 **4 としても**가 정답이다.

단어 社長(しゃちょう) 사장 | 素晴(すば)らしい 훌륭하다 | 人間(にんげん) 인간 | ~としても ~로서도

---

17 '10년 해서 안 팔리니깐 이제 <u>음악 활동</u> <u>따위</u> ★그만두고 <u>취직하는 게 어때?</u> 」라고 계속 들어왔던 친구는 40살을 지나서 유명한 가수가 되었다.

1 그만두고   2 취직하는 게 어때

| 3 따위 | 4 음악 활동 |

해설 3번 なんて의 앞에는 보통형이나 명사가 와야 하고 문맥상 '이제 음악 활동 따위가' 자연스럽기 때문에 4-3번으로 연결된다. 그리고 뒤 문장에 음악을 그만두다로 연결되어 야메테(그만두고)가 오는 것이 적절하므로 4-3-1번으로 연결된다. ~たら는 ~たらどう?의 줄임말로 회화에서 자주 사용하는 표현이므로 마지막에 오는 것이 자연스럽다. 따라서 4-3-1-2로 문장을 만들면 **1 やめて**가 정답이다.

단어 売(う)れる 팔리다 | 音楽(おんがく) 음악 | 活動(かつどう) 활동 | なんて 따위 | やめる 그만두다 | 就職(しゅうしょく) 취직 | ~たら? ~하는 게 어때? | 言(い)われ続(つづ)ける 계속 듣다 | 友人(ゆうじん) 친구 | 過(す)ぎる 넘기다, 지나다 | 歌手(かしゅ) 가수

18 오늘, 선생님께서 좋은 레스토랑에 ★데려가 주신 것 뿐만 아니라, 일본어도 가르쳐 주셨다.

1 받았다 2 데려가
3 뿐만 아니라 4 좋은 레스토랑에

해설 앞 문장에 先生に가 있어 AにBしてもらう(A가 B 해주다) 형태로 나오는 것이 적절하므로 2-1번으로 연결된다. 문맥상 좋은 레스토랑에 데려가 주었다가 자연스럽기 때문에 4-2-1번으로 연결된다. 또한 뒤 문장 ばかりでなく 앞에 명사 수식형이 나와야 한다. 따라서 4-2-1-3으로 문장을 만들면 **2 連れて行って**가 정답이다.

단어 連(つ)れて行(い)く 데리고 가다 | ~てもらう 해 받다(남이 ~해주다) | ~ばかりでなく ~뿐만 아니라 | 教(おし)える 가르치다 | ~ていただく ~해 받다(겸양어)

문제3 다음 문장을 읽고, 문장 전체 내용을 생각해서, [19]부터 [23] 안에 들어갈 가장 알맞은 것을, 1·2·3·4에서 하나 고르세요.

아래의 문장은 수영 교실로부터 받은 공지입니다.

회원 여러분께

사쿠라 수영 교실

항상 이용해 주셔서 감사합니다. 차가운 가을의 바람이 기분 좋게 느껴지는 계절이 되었습니다. 드디어 스포츠의 가을이네요.
사쿠라 수영 교실에서는, 여러분이 안전하게 기분 좋게 지낼 수 있도록 노력하고 있습니다. 또한, 여러분의 건강을 위해서 1시간마다 물이 더러워지지 않은 [19] 체크하고 있습니다. 그래서 이용하시는 여러분께 부탁이 있습니다.
먼저, 수영장에 들어가기 전에 화장실에 갑시다. 물에 들어가면 몸이 차가워져서 화장실에 가고 싶어지는 사람이 [20].
다음으로, 스트레칭을 합시다. 특히 오전 중은 아직 몸이 굳은 경우가 있습니다. [21], 다치기 쉽기 때문에 주의해 주세요.
스트레칭이 끝나면 샤워를 합시다. 날 [22] 차갑게 느껴질 때도 있습니다만, 수영장의 물을 더럽히지 않기 위해서도 필요한 것이므로 머리부터 발까지 잘 씻읍시다.
마지막으로, 정해진 장소에서 마시거나 먹거나 합시다. 수영장의 안에 들어갈 때는 주위를 조심하고 조용히 들어갑시다. 또한, 몸의 상태가 좋지 않은 경우, 무리하지 말고 푹 쉬어 주세요. [23] 의 매너를 지켜서 즐거운 시간을 보내 주세요.
사쿠라 수영 교실로부터의 부탁이었습니다.

19 1 ~인지 어떤지 2 ~인지 어딘지
3 ~인지 무엇인지 4 ~인지 누구인지

해설 문맥에 맞는 문법 표현을 고르는 문제이다. 앞부분에 水が汚れていない(물이 더러워져 있는지)가 나오고 빈칸의 뒷부분에 チェックしています(체크하고 있습니다)로 연결되기 때문에 문맥상 물이 더러워져 있는지 어떤지 체크한다고 하는 것이 자연스럽다. 따라서 **1 かどうか**가 정답이다.

표현 ~かどうか ~인지 어떤지 | ~かどこか ~인지 어딘지 | ~か何(なに)か ~인지 무엇인지 | ~か誰(だれ)か ~인지 누구인지

20 **1 적지 않은 것 같습니다** 2 적은 것 같습니다
3 적을 리가 없습니다 4 적어진다고 합니다

해설 문맥에 맞는 문법 표현을 고르는 문제이다. 앞부분에 화장실에 가자고 권유하는 말과 함께 水に入ると体が冷えて、トイレに行きたがる人が(물에 들어가면 몸이 차가워져서 화장실에 가고 싶어 하는 사람이)가 나왔기 때문에 문맥상 '적지 않다'라는 내용이 나오는 것이 자연스럽다. 따라서 **1 少なくないようです**가 정답이다.

표현 ~ようだ ~인 것 같다 | ~はずがない ~일 리가 없다 | ~そうだ ~라고 한다

21 1 또는 2 그래도
3 그 때문에 4 하지만

해설 문맥에 맞는 접속사를 고르는 문제이다. 앞부분의 '몸이 굳은 것'을 지시하는 표현이 필요하기 때문에 빈칸에 들어갈 접속사는 그 때문에이다. 따라서 **3 そのため**가 정답이다.

표현 または 또는 | それでも 그래도 | そのため 그때문에 | しかし 하지만

22 1 ~에(게) 있어서 2 ~에 있어서
3 ~에 비교해서 **4 ~에 따라**

해설 문맥에 맞는 문법 표현을 고르는 문제이다. 앞부분에 日(날)이라는 단어가 있고 뒤에 冷たく感じるときもあります(차갑게 느껴질 때도 있습니다)라고 했다. 날에 따라라고 연결되는 게 자연스럽다. 따라서 **4 によって**가 정답이다.

표현 ~にとって ~에(게) 있어서 | ~において ~에서, ~에 있어서 | ~にくらべて ~에 비교해서 | ~によって ~에 의해, ~에 따라

23 1 저쪽 2 그것들
3 이것들 4 어느쪽

해설 문맥에 맞는 지시어를 고르는 문제이다. 앞서 나열한 매너들을 지시하고 있으므로 이것들이 자연스럽다. 따라서 **3 これら**가 정답이다.

표현　あちら 저쪽 | それら 그것들 | これら 이것들 | どちら 어느 쪽
단어　水泳(すいえい) 수영 | 教室(きょうしつ) 교실 | 会員(かいいん) 회원 | みなさま 여러분 | 利用(りよう) 이용 | いただく 받다(겸양어) | 冷(つめ)たい 차갑다 | 秋(あき) 가을 | 風(かぜ) 바람 | 気持(きも)ちいい 기분 좋다 | 感(かん)じる 느끼다 | 季節(きせつ) 계절 | いよいよ 드디어 | スポーツ 스포츠 | 安全(あんぜん)だ 안전하다 | 過(す)ごす 지내다 | 頑張(がんば)る 힘내다 | 健康(けんこう) 건강 | ~ごとに ~마다 | 汚(よご)れる 더러워지다 | チェック 체크 | そこで 그래서 | お願(ねが)い 부탁 | プール 수영장 | 入(はい)る 들어가다 | トイレ 화장실 | 体(からだ) 몸 | 冷(ひ)える 차가워지다 | ストレッチ 스트레칭 | 特(とく)に 특히 | 午前中(ごぜんちゅう) 오전 중 | 固(かた)い 굳다, 딱딱하다 | けがをする 다치다 | ~やすい ~하기 쉽다 | 注意(ちゅうい)する 주의하다 | シャワーを浴(あ)びる 샤워를 하다 | 汚(よご)す 더럽히다 | 必要(ひつよう)だ 필요하다 | 頭(あたま) 머리 | 足(あし) 발 | 洗(あら)う 씻다 | 最後(さいご)に 마지막으로 | 決(き)められる 정해지다 | 場所(ばしょ) 장소 | 周(まわ)り 주위 | 気(き)をつける 조심하다, 주의하다 | 静(しず)かだ 조용하다 | 具合(ぐあい)が良(よ)くない 몸 상태가 좋지 않다 | 無理(むり)する 무리하다 | ゆっくり 푹 | マナー 매너 | 守(まも)る 지키다 | 楽(たの)しい 즐겁다

기출문법 실전 연습 문제③　270p

문제1
1 ②　2 ④　3 ④　4 ③　5 ④
6 ④　7 ①　8 ③　9 ④　10 ④
11 ②　12 ③　13 ①

문제2
14 ③　15 ②　16 ④　17 ④　18 ④

문제3
19 ④　20 ④　21 ④　22 ③　23 ①

문제1　다음 문장의 (　)에 넣기에 가장 알맞은 것을, 1·2·3·4에서 하나 고르세요.

1 오늘은 아침부터 일이어서 방을 정리하지 않은 (채로) 외출했다.

1 ~하면서　　　　　　　**2 ~한 채로**
3 ~하다니　　　　　　　4 ~하도록

해설　문맥상 알맞은 표현은 **2 まま**이다. 2, 3, 4번은 모두 동사 ない형과 접속이 되는 문법이지만, 앞 문장과 자연스럽게 연결되기 위해서는 동사 ない형+まま(~한 채)라는 문법이 가장 적합하다. 1번은 동사 ます형과 접속이 되는 문법이다.

단어　仕事(しごと) 일 | 片付(かたづ)ける 정리하다 | ~まま ~한 채로 | 出(で)かける 외출하다 | ~ながら ~하면서 | ~なんて ~하다니 | ~ように ~하도록

2 한국은 인도 (에 비해서) 인구가 적다.

1 ~에 반해서　　　　　　2 ~에 대해서
3 ~에 의해, ~에 따라　　　**4 ~에 비해서**

해설　문맥상 알맞은 표현은 **4 に比べて**이다. 모두 명사와 접속이 되는 문법이지만, 뒤 문장과 자연스럽게 연결되기 위해서는 명사+に比べて(~에 비해서)라는 문법이 가장 적합하다.

단어　韓国(かんこく) 한국 | 人口(じんこう) 인구 | ~に比(くら)べて ~에 비해서 | 少(すく)ない 적다 | ~に反(はん)して ~에 반해서 | ~に対(たい)して ~에 대해서 | ~によって ~에 의해, ~에 따라

3 첫 시합에서 지지 않 (도록) 많이 연습했다.

1 ~처럼　　　　　　　　2 ~라기 보다
3 ~인 데다가　　　　　　**4 ~하도록**

해설　문맥상 알맞은 표현은 **4 ように**이다. 모두 동사 ない형과 접속이 되는 문법이지만, 뒤 문장과 자연스럽게 연결되기 위해서는 동사 ない형+ように(~하지 하도록)라는 문법이 가장 적합하다.

단어　初(はじ)めて 첫 번째, 처음으로 | 試合(しあい) 시합 | 負(ま)ける 지다 | ~ように ~하도록 | 練習(れんしゅう) 연습 | ~みたいに ~처럼 | ~というより ~라기 보다 | ~うえに ~인 데다가

4 당분간 만나지 않은 (사이에) 그녀는 점점 예뻐져 있었다.

1 ~뿐만 아니라　　　　　2 ~생각, 예정으로
3 ~동안에　　　　　　　4 ~하도록

해설　문맥상 알맞은 표현은 **3 うちに**이다. 모두 동사 ない형과 접속이 되는 문법이지만, 뒤 문장과 자연스럽게 연결되기 위해서는 동사 ない형+うちに(~동안에)라는 문법이 가장 적합하다.

단어　しばらく 당분간 | 会(あ)う 만나다 | ~うちに ~동안에 | ますます 점점 | きれいだ 예쁘다 | ~だけでなく ~뿐만 아니라 | ~つもりだ ~생각, 예정이다 | ~ように ~하도록

5 기무라 "다나카 씨, 사토 씨 (라고 하는) 사람으로부터 연락이 있었어요."
다나카 "고마워. 나중에 연락해 둘게."

1 ~로서　　　　　　　　2 ~와/과 함께
3 ~라고 하면　　　　　　**4 ~라고 하는**

해설　문맥상 알맞은 표현은 **4 という**이다. 모두 명사와 접속이 되는 문법이지만, 뒤 문장과 자연스럽게 연결되기 위해서는 명사+という(~라고 하는)라는 문법이 가장 적합하다.

단어　~という ~라고 하는 | 連絡(れんらく) 연락 | ~しておく ~ 해 두다 | ~として ~로서 | ~とともに ~와/과 함께 | ~といえば ~라고 하면

6 열심히 노력했다 (고 해도) 바로 결과가 나온다고는 할 수 없다.

1 ~라고 한다면	2 ~라는 점에서
3 ~한 채로	**4 ~라고 해도**

해설   문맥상 알맞은 표현은 **4 としても**이다. 모두 동사 た형과 접속이 되는 문법이지만, 뒤 문장과 자연스럽게 연결되기 위해서는 동사 た형+としても(~라고 해도)라는 문법이 가장 적합하다. 2번도 한국어 해석상 정답이 될 것 같지만, AといってもB 형태로 A라고 해도 대단한 것은 아니고 B정도이다라는 뉘앙스에서 사용되므로 정답이 아니다.

단어   一生懸命(いっしょうけんめい) 열심히 | 努力(どりょく)する 노력하다 | ~としても ~라고 해도 | すぐに 바로 | 結果(けっか) 결과 | 出(で)る 나오다 | ~とは限(かぎ)らない ~라고 (단정)할 수 없다 | ~としたら ~라고 한다면 | ~という点(てん)で ~라는 점에서 | ~たまま ~한 채로

7   지금, 전화를 받을 수 없기 때문에 다음에 (다시 걸겠습니다).

1 다시 ~하겠습니다	2 바꾸겠습니다
3 계속 ~합니다	4 다 ~합니다

해설   문맥상 알맞은 표현은 **1 直します**이다. 1, 3, 4번은 동사 ます형과 접속이 되는 문법이지만, 앞 문장과 자연스럽게 연결되기 위해서는 동사 ます형 + 直す(다시~하다)라는 문법이 가장 적합하다. 2번은 変える(바꾸다)라는 동사의 정중형(〜ます)이다.

단어   電話(でんわ)に出(で)る 전화를 받다 | また 또 | かける 걸다 | ~直(なお)す 다시 ~하다 | 変(か)える 바꾸다 | ~続(つづ)ける 계속 ~하다 | 終(お)わる 끝나다, 다 ~하다

8   감기에 걸렸을 때 집에서 푹 쉬 (는 것이 좋다).

1 ~할 리가 없다	2 ~경우가 있다
3 ~하는 것이 좋다	4 ~일까요?

해설   문맥상 알맞은 표현은 **3 ことだ**이다. 모두 동사 기본형과 접속이 되는 문법이지만, 앞 문장과 자연스럽게 연결되기 위해서는 동사 기본형 + ことだ(~하는 것이 좋다)라는 문법이 가장 적합하다.

단어   風邪(かぜ)を引(ひ)く 감기에 걸리다 | ゆっくり 푹, 천천히 | 休(やす)む 쉬다 | ~ことだ ~하는 것이 좋다 | ~わけがない ~할 리가 없다 | ~ことがある ~경우가 있다 | ~でしょうか ~일까요

9   비가 내릴 (것 같으면) 우산을 가지고 가는 편이 좋습니다.

1 ~면	2 ~따위
3 ~에 따라	**4 ~할 것 같으면**

해설   문맥상 알맞은 표현은 **4 ようなら**이다. 모두 동사 기본형과 접속이 되는 문법이지만, 뒤 문장과 자연스럽게 연결되기 위해서는 명사 수식형 + ようなら(~할 것 같으면)라는 문법이 가장 적합하다. 1번도 한국어 해석상 정답이 될 것 같지만, 〜と(~면)는 '~하면 반드시 ~한다'라는 필연적이 사실을 표현하는 문법이고 뒷부분에 조언을 하는 표현이 올 수 없으므로 정답이 아니다.

단어   雨(あめ) 비 | 降(ふ)る 내리다 | ~ようなら ~할 것 같으면 | 傘(かさ) 우산 | 持(も)つ 가지다, 들다 | ~と ~면 | ~なんて 따위 | に つれて ~에 따라

10   오늘 시험을 위해서 얼마나 열심히 공부했 (던가).

1 ~덕분이다	2 막 ~한 참이다
3 ~인가, ~일까	**4 ~한가, ~란 말인가**

해설   문맥상 알맞은 표현은 **4 ことか**이다. 1, 2, 3번은 모두 동사 た형과 접속이 되는 문법이지만, 앞 문장과 자연스럽게 연결되기 위해서는 동사 た형 + ことか(~한가)라는 문법이 가장 적합하다. 3번도 한국어 해석상 정답이 될 것 같지만, 주로 아직 일어나지 않는 일이나 진위를 가리는 의문문에 사용되므로 정답이 아니다.

단어   〜のために ~을/를 위해서 | どんなに 얼마나 | がんばって 열심히 | 〜ことか ~한가, ~란 말인가 | 〜おかげだ ~덕분이다 | 〜ところだ 막 ~한 참이다 | 〜だろうか ~인가, ~일까

11   부하 "사장님, 오늘은 무엇을 (드십니까?)"
   사장님 "그러게, 오늘의 저녁은 야키니쿠일까나."

1 먹습니까?, 마십니까?, 받습니까?(겸양어)
2 드십니까?(존경어)
3 여쭙니까?, 찾아뵙니까?(겸양어)
4 비문법적 표현

해설   문맥상 알맞은 표현은 **2 召し上がりますか**이다. 사장님에게 오늘 저녁 식사 메뉴를 묻고 있는 상황이므로, 대화의 흐름 상 자연스럽게 연결되기 위해 召し上がる('먹다'의 존경어)라는 경어가 가장 적합하다. 1번도 한국어 해석상 정답이 될 것 같지만, いただく는 겸양어이기 때문에 내가 먹는 행동에 대해서만 사용하므로 정답이 아니다.

단어   社長(しゃちょう) 사장 | 召(め)し上(あ)がる 드시다 | 夕食(ゆうしょく) 저녁 식사 | 焼肉(やきにく) 야키니쿠, 구운 고기 | いただく 먹다, 마시다, 받다(겸양어) | 伺(うかが)う 여쭙다, 찾아뵙다(겸양어)

12   손님, 내점 (하실) 때는 예약해 주십시오.

1 하다(겸양어)	2 계시다, 가시다, 오시다(존경어)
3 하시다(존경어)	4 가다, 오다(겸양어)

해설   문맥상 알맞은 표현은 **3 なさる**이다. 점원이 손님에게 식당 방문 시 예약해달라고 당부하는 상황이므로, 대화의 흐름 상 자연스럽게 연결되기 위해 なさる('하다'의 존경어)라는 경어가 가장 적합하다. 2번도 한국어 해석상 정답이 될 것 같지만, いたす는 겸양어이기 때문에 내가 하는 행동에 대해서만 사용하므로 정답이 아니다. 2번의 いらっしゃる는 오시다라는 의미가 있어서 혼동을 주지만 앞부분의 来店(내점, 가게에 옴)이라는 단어와 중복이 되기 때문에 문맥상 맞지 않다.

단어   お客様(きゃくさま) 손님 | 来店(らいてん) 내점, 가게에 옴 | なさる 하시다(존경어) | 予約(よやく) 예약 | いたす 하다(겸양어) | いらっしゃる 계시다, 가시다, 오시다(존경어) | 参(まい)る 가다, 오다(겸양어)

13	선생님에게 시험에서 모르는 문제를 (여쭈었다).
1 여쭈었다, 찾아뵈었다	2 말했다
3 보셨다	4 물으셨다, 들으셨다

해설 　문맥상 알맞은 표현은 **1 伺った**이다. 선생님에게 모르는 문제를 내가 물어보는 상황이므로, 대화의 흐름 상 자연스럽게 연결되기 위해 伺う('듣다, 방문하다'의 겸양어)라는 경어가 가장 적합하다. 4번은 한국어 해석상 정답이 될 것 같지만, 상대방을 높여주는 존경어이고, 내가 물어보는 상황에 맞지 않으므로 정답이 아니다.

단어 　分(わ)かる 알다 ｜ 問題(もんだい) 문제 ｜ 伺(うかが)う 여쭙다, 찾아뵙다(겸양어) ｜ 申(もう)す 말하다(겸양어) ｜ ご覧(らん)になる 보시다(존경어) ｜ お聞(き)きになる 물으시다, 들으시다(존경어)

문제2 다음 문장의 ＿★＿ 에 들어갈 가장 알맞은 것을, 1・2・3・4에서 하나 고르세요.

14	이 마을은 옛날 ★에 비해서 매우 조용해 졌다.
1 조용해	2 옛날
3 에 비해서	4 매우

해설 　3번 に比べて 앞에는 명사가 와야 하므로 2-3번으로 연결된다. 또한 4번 とても의 뒤에는 형용사가 오는 것이 적절하므로 '매우 조용해 졌다'로 연결된다. 따라서 2-3-4-1로 문장을 만들면 **3 に比べて**가 정답이다.

단어 　町(まち) 마을 ｜ 昔(むかし) 옛날 ｜ ～に比(くら)べる ~에 비해서 ｜ とても 매우 ｜ 静(しず)かだ 조용하다

15	설명서에 의하면 이 약은 아침에 먹으면 ★좋다 고 한다.
1 먹으면	**2 좋다**
3 라고 하는	4 아침에

해설 　3번 ということだ와 연결하여 '~라고 한다'라는 뜻이 되며, という의 앞에는 보통형이 와야 하므로 2번 いい가 와야 한다. 그리고 飲めば(먹으면)의 앞부분에 朝に(아침에)가 오는 것이 적절하므로 '아침에 먹으면'으로 연결된다. 따라서 4-1-2-3로 문장을 만들면 **2 いい**가 정답이다.

단어 　説明書(せつめいしょ) 설명서 ｜ ～によると ~에 의하면 ｜ 薬(くすり) 약 ｜ 夜(よる) 저녁 ｜ 薬(くすり)を飲(の)む 약을 먹다 ｜ ～ということだ ~라고 한다

16	어제, 남편 에 대해서 차가운 ★태도를 취해 버린 것을 후회하고 있다.
1 차갑다	2 취해
3 에 대해서	**4 태도를**

해설 　3번 に対しての 앞에는 명사가 와야 하므로, '남편에 대해서'로 연결된다. 그리고 1번 冷たい는 명사를 수식하기 때문에 1-4로 연결되고, '태도를 취하다'라는 표현은 態度をとる라고 하기 때문에 1-4-2

번으로 연결된다. 따라서 3-1-4-2로 문장을 만들면 **4 態度を**가 정답이다.

단어 　夫(おっと) 남편 ｜ ～に対(たい)して ~에 대해 ｜ 冷(つめ)たい 차갑다 ｜ 態度(たいど) 태도 ｜ 態度(たいど)をとる 태도를 취하다 ｜ 後悔(こうかい)する 후회하다

17	엄마는 엄청 좋아하는 배우가 ★무대에 등장했더니 소녀처럼 기뻐했다.
1 소녀처럼	2 배우가
3 등장했더니	**4 무대에**

해설 　大好きな의 뒤에는 명사가 와야 하고 문맥상 '엄청 좋아하는 배우가'가 자연스럽기 때문에 2번이 가장 먼저 온다. 그리고 '무대에 등장하다'가 舞台に登場する이기 때문에 4-3번으로 연결된다. 뒷부분 嬉しがった(기뻐했다)를 앞에 이를 수식하는 표현 少女のように(소녀처럼)이 오는 것이 자연스럽다. 따라서 2-4-3-1로 문장을 만들면 **4 舞台に**가 정답이다.

단어 　大好(だいす)きだ 엄청 좋아하다 ｜ 俳優(はいゆう) 배우 ｜ 舞台(ぶたい) 무대 ｜ 登場(とうじょう) 등장 ｜ ～と ~했더니 ｜ 少女(しょうじょ) 소녀 ｜ ～ように ~처럼 ｜ 嬉(うれ)しがる 기뻐하다

18	빨리 일을 끝내 기 위해서는 ★모두 함께 협력하는 것이 중요하다.
1 하기 위해서는	2 협력하다
3 끝내다	**4 모두 함께**

해설 　1번 には의 앞에는 동사 기본형이 와야 하고 문맥상 '일을 끝내기 위해서는'이 자연스럽기 때문에 3-1번으로 연결된다. 그리고 뒤 문장 協力する(협력하다) 앞부분에 みんなで(모두 함께)가 오는 것이 적절하므로 4-2번으로 연결된다. 따라서 3-1-4-2로 문장을 만들면 **4 みんなで**가 정답이다.

단어 　早(はや)い 빠르다 ｜ 仕事(しごと) 일 ｜ 終(お)わらせる 끝내다 ｜ ～には ~하기 위해서는 ｜ みんなで 모두 함께 ｜ 協力(きょうりょく)する 협력하다 ｜ 重要(じゅうよう)だ 중요하다

문제3 다음 문장을 읽고, 문장 전체 내용을 생각해서, ＿19＿부터 ＿23＿ 안에 들어갈 가장 알맞은 것을, 1・2・3・4에서 하나 고르세요.

아래의 문장은 유학생이 쓴 작문입니다.

웃음과 건강
김수현

얼마 전, 일본에서 옛날부터 전해져 오고 있는 '교겐(狂言)'이라고 불리는 무대를 보러 갔다. 교겐이란, 거짓말을 해서 사람의 마음을 헷갈리게 하는 것이다. 교겐의 무대에서는 노래나 춤이 별로 없고 말을 중심으로 한다. 대부분의 화제는 일상생활에서 일어나는 일, 또는 사람이 마음속에 가지고 있는 요구나 훌륭하게 보이고 싶어 하는 것에 관한 것이다.

내가 본 것은 높은 지위에 있는 사람이 바보 같은 일을 해서 낮은 지위의 사람에게 [19] 라고 하는 이야기였다. [20] 는, 아무리 높은 지위의 사람이라도 자신들과 별로 다르지 않다는 것을 나타내고 있다. 이러한 것을 화제로 해서 웃음의 무대로 해버리는 것에 놀랐다.

아주 옛날에는 낮은 지위의 사람들이 교겐을 즐겼다고 하는데, 나중에 높은 지위에 있는 사람이 즐기게 되었다고 한다. [21] 현대에서는 누구나 보러 갈 수 있는 무대로서 계속되고 있다.

그런데, 옛날부터 웃는 것은 건강에 좋은 것이라고 말해지고 있다. 최근 발표된 어떤 실험 결과 [22], 웃으면 피의 흐름이 좋아진다고 하는 것이다. [23] 행복을 느끼거나 기분이 좋아지거나 통증이나 불안을 적게 하는 효과도 있다고 한다.

보고 있는 사람을 웃게 해주는 교겐도, 매일의 생활의 속에서 생겨나는 웃음도 건강으로의 효과는 같은 것 같다.

19 1 웃게 하다　　　2 어쩔 수 없이 웃다
3 어쩔 수 없이 웃다　**4 비웃음 당하다**

해설　문맥에 맞는 문법 표현을 고르는 문제이다. 앞부분에 높은 지위에 있는 사람이, バカな事をして低い地位の人に(높은 지위에 있는 사람이 바보 같은 일을 해서 낮은 지위의 사람에게)를 보면 문맥상 비웃음을 당한다라는 수동형 표현이 뒷부분에 오는 것이 자연스럽다. 따라서 **4 笑われる**가 정답이다.

표현　笑(わら)わせる 웃게 하다(사역형) | 笑(わら)わされる 어쩔 수 없이 웃다(사역 수동형) | 笑(わら)わせられる 어쩔 수 없이 웃다(사역 수동형) | 笑(わら)われる 비웃음 당하다(수동형)

20 1 저 이야기　　　2 어떤 이야기
3 그 이야기　　　**4 이 이야기**

해설　문맥에 맞는 지시어를 고르는 문제이다. 앞 부분의 '높은 지위에 있는 사람이 바보 같은 일을 해서 낮은 지위의 사람에게 비웃음을 당하는 이야기'를 지시하고 있으므로 '이 이야기는~'이라고 다음 문장을 시작하는 것이 올바르다. 따라서 **4この話**가 정답이다.

표현　あの 저 | どの 어떤 | その 그 | この 이

21 1 혹은　　　　　2 왜냐하면
3 하지만　　　　**4 그리고**

해설　문맥에 맞는 접속사를 고르는 문제이다. 앞부분에서 옛날에 낮은 지위의 사람이 즐겼던 교겐을 높은 지위의 사람도 즐기게 되었다라고 했다. 뒷부분에는 현대는 누구나 보러 갈 수 있다고 비슷한 결의 내용이 나열하며 이어지고 있으므로 '그리고'라는 접속사가 알맞다. 따라서 **4そして**가 정답이다.

표현　もしくは 혹은 | なぜなら 왜냐하면 | しかし 하지만 | そして 그리고

22 1 ~로 하면　　　2 ~라고 하면
3 ~에 의하면　　4 ~라기보다

해설　문맥에 맞는 문법 표현을 고르는 문제이다. 뒷부분에 실험 결과에 대한 내용을 전하는 나오기 때문에 실험 결과라는 출처를 나타내는 표현이 오는 것이 자연스럽다. 따라서 **3 によると**가 정답이다.

표현　~にする ~로 하다 | ~と ~면 | ~という ~라고 하다 | ~によると ~에 의하면 | ~というより ~라기보다

23 **1 게다가**　　　　2 이 때문에
3 그러나　　　　4 하지만

해설　문맥에 맞는 접속사를 고르는 문제이다. 빈칸 뒤에 앞부분의 내용에 더해 웃음의 효과에 대해서 정리하고 있다. 따라서 **1 そのうえ**가 정답이다.

표현　そのうえ 게다가 | このため 이 때문에 | ところが 그러나 | けれども 하지만

단어　作文(さくぶん) 작문 | 笑(わら)い 웃음 | 健康(けんこう) 건강 | 先日(せんじつ) 얼마 전 | 昔(むかし) 옛날 | 伝(つた)える 전하다 | 狂言(きょうげん) 교겐(일본 전통 연극) | 呼(よ)ばれる 불리다 | 舞台(ぶたい) 무대 | うそを言(い)う 거짓말을 하다 | 心(こころ) 마음 | 迷(まよ)わせる 헷갈리게 하다(사역형) | 歌(うた) 노래 | ダンス 댄스 | 言葉(ことば) 말 | 中心(ちゅうしん)とする 중심으로 하다 | ほとんど 대부분 | 話題(わだい) 화제 | 日常(にちじょう) 일상 | 生活(せいかつ) 생활 | 起(お)こる 일어나다 | 出来事(できごと) 일어난 일 | 持(も)つ 가지다 | 要求(ようきゅう) 요구 | 立派(りっぱ)だ 훌륭하다 | 見(み)せる 보이다 | ~たがる ~하고 싶어 하다 | ~について ~에 대해서, ~에 관해서 | 地位(ちい) 지위 | バカだ 바보 같다 | 低(ひく)い 낮다 | どんなに 얼마나 | 示(しめ)す 나타내다, 보이다 | 驚(おどろ)く 놀라다 | ずっと 아주, 훨씬 | 楽(たの)しむ 즐기다 | ~らしい ~라고 한다 | 現代(げんだい) 현대 | 続(つづ)く 이어지다, 계속되다 | ところで 그런데 | 発表(はっぴょう)する 발표하다 | 実験(じっけん) 실험 | 結果(けっか) 결과 | 血(ち) 피 | 流(なが)れ 흐름 | 幸(しあわ)せ 행복 | 感(かん)じる 느끼다 | 気分(きぶん) 기분 | 痛(いた)み 아픔, 통증 | 不安(ふあん) 불안 | 少(すく)ない 적다 | 効果(こうか) 효과 | 生(う)まれる 생겨나다 | 同(おな)じだ 같다

기출문법 실전 연습 문제④　　276p

문제1
1 ②　2 ③　3 ①　4 ①　5 ③
6 ②　7 ③　8 ②　9 ②　10 ④
11 ④　12 ③　13 ②

문제2
14 ④　15 ①　16 ③　17 ②　18 ①

문제3
19 ④　20 ③　21 ③　22 ④　23 ②

문제　다음 문장의 (　　　)에 넣기에 가장 알맞은 것을, 1·2·3·4에서 하나 고르세요.

1
조금 전에 앞으로 10분이면 도착한다고 말했었기 때문에 이제 슬슬 올 (것이다).

1 ~생각, 예정이다   **2 ~일 것이다**
3 ~인 것 같다   4 ~라고 한다

해설 문맥상 알맞은 표현은 **2 はずだ**이다. 모두 동사 기본형과 접속이 되는 문법이지만, 앞 문장과 자연스럽게 연결되기 위해서는 동사 기본형+はずだ(~일 것이다)라는 문법이 가장 적합하다.

단어 さっき 조금 전 | 到着(とうちゃく) 도착 | そろそろ 슬슬 | ~はずだ ~일 것이다 | ～つもりだ ~생각, 예정이다 | ～ようだ ~인 것 같다 | ～らしい ~라고 한다

2
얼마 전, 처음 친구의 집을 방문했는데, 그녀 (다운) 방의 디자인이었다.

1 ~에 따른, ~에 의한   2 ~등의
3 ~다운   4 ~의 사이

해설 문맥상 알맞은 표현은 **3 らしい**이다. 1, 2, 3번은 모두 명사와 바로 접속이 되는 문법이지만, 뒤 문장과 자연스럽게 연결되기 위해서는 명사+らしい(~답다)라는 문법이 가장 적합하다. 4번은 명사+の의 형태와 접속이 되는 문법이다.

단어 先日(せんじつ) 얼마 전 | 初(はじ)めて 처음으로 | 訪(たず)ねる 방문하다 | ～らしい ~답다 | デザイン 디자인 | ～による ~에 따른, ~에 의한, ~에 달렸다 | ～など ~등 | ～あいだ ~사이

3
아이가 전혀 채소를 먹으 (려고 하지 않) 아서 곤란하다.

1 ~하려고 하지 않는다   2 ~하려고 하다
3 ~하도록 하지 않는다   4 ~하도록 하다

해설 문맥상 알맞은 표현은 **1 ようとしない**이다. 모두 동사 의지형으로 연결되지만, 뒤 문장과 자연스럽게 연결되기 위해서는 동사 의지형+ようとしない(~하려고 하지 않는다)라는 문법이 가장 적합하다.

단어 子(こ)ども 자식, 아이 | 全(まった)く 전혀 | 野菜(やさい) 채소 | ～ようとする ~하려고 하다 | 困(こま)る 곤란하다 | ～ように ~하도록

4
이 레스토랑은 계절 (에 의해서) 메뉴가 바뀐다.

1 ~에 의해, ~에 따라   2 ~에 있어서
3 ~에 대해서   4 ~에 관해서

해설 문맥상 알맞은 표현은 **1 によって**이다. 모두 명사와 접속이 되는 문법이지만, 뒤 문장과 자연스럽게 연결되기 위해서는 명사+によって(~에 의해, ~에 따라)라는 문법이 가장 적합하다.

단어 季節(きせつ) 계절 | ～によって ~에 의해, ~에 따라 | メニュー 메뉴 | 変(か)わる 바뀌다 | ～において ~에 있어서 | ～に対(たい)して ~에 대해서 | ～に関(かん)して ~에 관해서

5
마지막까지 포기하지 않고 시합을 할 수 있었던 건 응원해 준 가족의 (덕분이다).

1 ~탓이다   2 ~것이다
3 ~덕분이다   4 ~뿐이다

해설 문맥상 알맞은 표현은 **3 おかげだ**이다. 모두 명사+の 형태와 접속이 되는 문법이지만, 앞 문장과 자연스럽게 연결되기 위해서 명사 수식형+おかげだ(~덕분이다)라는 문법이 가장 적합하다.

단어 最後(さいご) 마지막 | 諦(あきら)める 포기하다 | ～ずに ~하지 않고 | 試合(しあい) 시합 | 応援(おうえん)する 응원하다 | ～おかげだ ~덕분이다 | ～せいだ ~탓이다 | ～ことだ ~것이다 | ～だけだ ~뿐이다

6
어머니 "내일, 어머니의 친구가 집에 놀러 와."
딸 "지금 (동안에) 방을 정리해 두자."

1 ~곳에서, 그런데   **2 ~동안에**
3 ~한 채로   4 ~할 것 같으면

해설 문맥상 알맞은 표현은 **2 うちに**이다. 2, 3, 4번은 모두 명사+の 형태와 접속이 되는 문법이지만, 뒤 문장과 자연스럽게 연결되기 위해서는 명사+の+うちに(~동안에)」라는 문법이 가장 적합하다. 1번은 '그런데'라고 해석되는 접속사이다.

단어 お母(かあ)さん 어머니 | 遊(あそ)ぶ 놀다 | ～うちに ~동안에 | 片付(かたづ)ける 정리하다 | ～しておく ~해 두다 | ところで ~곳에서, 그런데 | ～まま ~한 채로 | ～ようなら ~할 것 같으면

7
나는 아르바이트 (로서) 이 선술집에서 일하고 있다.

1 ~에 대해서   2 ~에 있어서
3 ~로서   4 ~처럼

해설 문맥상 알맞은 표현은 **3 として**이다. 모두 명사와 접속이 되는 문법이지만, 뒤 문장과 자연스럽게 연결되기 위해서는 명사+として(~로서)라는 문법이 가장 적합하다.

단어 アルバイト 아르바이트 | ～として ~로서 | 居酒屋(いざかや) 이자카야, 선술집 | 働(はたら)く 일하다 | ～に対(たい)して ~에 대해서 | ～においてに ~에 있어서 | ～みたいに ~처럼

8
마음에 드는 가방이 부서진 것은 개에게 물린 (탓이다).

1 막 ~했다   **2 ~탓이다**
3 ~라고 한다   4 ~라고 한다

해설 문맥상 알맞은 표현은 **2 せいだ**이다. 모두 동사 た형과 접속이 되는 문법이지만, 앞 문장과 자연스럽게 연결되기 위해서는 동사 た형+せいだ(~탓이다)라는 문법이 가장 적합하다.

단어 お気(き)に入(い)り 마음에 듦 | バック 백, 가방 | 壊(こわ)れる 부서지다, 파손되다 | 犬(いぬ) 개 | かむ 물다 | ～せいだ ~탓이다 | ～ばかりだ 막~했다 | ～らしい ~라고 한다 | ～そうだ ~라고 한다

| 9 | 자신에게 어울리는 옷을 발견하기 (**위해서**) 여러가지 디자인의 옷을 입어보고 싶다고 생각하고 있다. |

1 ~지만　　　　　　　　　　**2 ~위해서**
3 ~이기 때문에　　　　　　　4 ~밖에

해설　문맥상 알맞은 표현은 **2 ため**이다. 1, 2, 3번은 모두 동사 기본형과 접속이 되는 문법이지만, 뒤 문장과 자연스럽게 연결되기 위해 동사 기본형+ため(~하기 위해서)라는 문법이 가장 적합니다.

단어　自分(じぶん) 자신, 자기｜似合(にあ)う 어울리다｜服(ふく) 옷｜見(み)つける 발견하다, 찾다｜~ため ~위해서｜いろんな 여러 가지｜デザイン 디자인｜着(き)る 입다｜~けど ~지만｜~ので ~이기 때문에｜~しか ~밖에

| 10 | 이 나라의 많은 국민은 지금의 정치 (**에 대해서**) 불만을 가지고 있다. |

1 ~에 비해서　　　　　　　　2 ~에(게) 있어서
3 ~에 반해서　　　　　　　　**4 ~에 대해서**

해설　문맥상 알맞은 표현은 **4 に対して**이다. 모두 명사와 접속이 되는 문법이지만, 뒤 문장과 자연스럽게 연결되기 위해서는 명사+に対して(~에 대해서)라는 문법이 가장 적합하다.

단어　国(くに) 나라｜多(おお)い 많다｜国民(こくみん) 국민｜今(いま) 지금｜政治(せいじ) 정치｜~に対(たい)して ~에 대해서｜不満(ふまん) 불만｜持(も)つ 가지다｜~に比(くら)べて ~에 비해서｜~にとって ~에(게) 있어서｜~に反(はん)して ~에 반해서

| 11 | 어제의 시합은 어느 쪽이 (**이겨도 이상하지 않은**) 시합이었다. |

1 이겨서는 안 되는　　　　　2 이기면 안 되는
3 이긴 적이 없는　　　　　　**4 이겨도 이상하지 않은**

해설　문맥상 알맞은 표현은 **4 勝ってもおかしくない**이다. 앞 문장과 자연스럽게 연결되기 위해서는 동사 て형+てもおかしくない(~해도 이상하지 않다)라는 문법이 가장 적합하다.

단어　試合(しあい) 시합｜どちら 어느 쪽｜勝(か)つ 이기다｜~てもおかしくない ~해도 이상하지 않다｜~てはだめだ ~해서는 안 된다｜~てはいけない ~하면 안 된다｜~たことがない ~한 적이 없다

| 12 | (집에서) 아내 "오늘, 야마다 씨로부터 과일을 (**받았**) 어." 남편 "그래? 그럼 다음에 만나면 예를 표하지 않으면 안 되겠네." |

1 드렸다(겸양어)　　　　　　2 주셨다(존경어)
3 받았다, 먹었다, 마셨다(겸양어)　4 드셨다(존경어)

해설　문맥상 알맞은 표현은 **3 いただいた**이다. 아내가 야마다 씨로부터 과일을 받았다고 전달하는 상황이므로, 대화의 흐름 상 자연스럽게 연결되기 위해 いただく('받다'의 겸양어)라는 경어가 가장 적합하다.

단어　果物(くだもの) 과일｜いただく 받다, 먹다, 마시다(겸양어)｜今度(こんど) 이 다음, 이번｜会(あ)う 만나다｜お礼(れい)を言(い)う 예를 표하다｜差(さ)し上(あ)げる (내가 남에게) 드리다(겸양어)｜くださる 주시다(존경어)｜召(め)し上(あ)がる 드시다(존경어)

| 13 | (전화로) 야마시타"여보세요. 오늘, 담당자분은 (**계십니까?**)" 사원"죄송합니다. 오늘 외출해 있어요." |

1 있습니까?(겸양어)
2 계십니까?, 가십니까?, 오십니까?(존경어)
3 말씀하십니까?(존경어)
4 알고 있습니까?(겸양어)

해설　문맥상 알맞은 표현은 **2 いらっしゃいますか**이다. 상대방에게 담당자가 있는지 확인하는 상황이므로, 대화의 흐름 상 자연스럽게 연결되기 위해 いらっしゃる('있다'의 존경어)라는 경어가 가장 적합하다. 1번도 한국어 해석상 정답이 될 것 같지만, 내 행동에 대해서 사용하는 겸양어이기 때문에 정답이 아니다.

단어　もしもし 연락｜担当者(たんとうしゃ) 담당자｜いらっしゃる 계시다, 가시다, 오시다(존경어)｜申(もう)し訳(わけ)ない 죄송하다｜外出(がいしゅつ) 외출｜おる 있다(겸양어)｜おっしゃる 말씀하시다(존경어)｜存(ぞん)じる 알다(겸양어)

문제2 다음 문장의 ＿＿＿★＿＿＿ 에 들어갈 가장 알맞은 것을, 1・2・3・4에서 하나 고르세요.

| 14 | 당신 에게 있어서　소중하지 않은 ★것이라도 누군가 에게 있어서는 소중한 것일지도 모른다. |

1 누군가　　　　　　　　　　2 소중하지 않다
3 에(게) 있어서　　　　　　　**4 것이라도**

해설　3번 にとって 앞에는 명사가 와야 하고 문맥상 '당신에게 있어서 소중하지 않은'이 자연스럽기 때문에 3-2번으로 연결된다. 그리고 뒤 문장 にとって(~에(게) 있어서)의 앞부분에도 명사가 오는 것이 적절하므로 '누군가에게 있어서는'으로 연결된다. 따라서 3-2-4-1로 문장을 만들면 **4 ことでも**가 정답이다.

단어　あなた 당신｜~にとって ~에(게) 있어서｜大事(だいじ)だ 소중하다｜誰(だれ)か 누군가｜~かもしれない ~일지도 모른다

| 15 | 입사식은 2층의 대 홀 ★에서 시행될 예정입니다. |

1 에서　　　　　　　　　　2 대 홀
3 시행되다　　　　　　　　　4 2층의

해설　1번 において 앞에는 명사가 와야 하고 문맥상 '2층 대홀에서'가 자연스럽기 때문에 4-2-1번으로 연결된다. 그리고 뒤 문장 予定 앞부분에 명사 수식형이 오는 것이 적절하므로 '시행될 예정'으로 연결된다. 따라서 4-2-1-3으로 문장을 만들면 **1 において**가 정답이다.

단어　入社式(にゅうしゃしき) 입사식｜~階(かい) ~층｜ホール 홀｜~において ~에서｜行(おこな)う 하다, 시행하다｜予定(よてい) 예정

16 숙제가 아직 남아있지만, 지쳤기 때문에 ★이제 자기 로 했다.

1 ~하기로 했다   2 때문에
3 이제 잔다   4 지쳤다

해설 2번 ので 앞에 疲れた(지쳤다)가 오는 것이 문맥상 적절하므로 4-2번으로 연결된다. 그리고 1번 ことにした 앞에는 동사 기본형이나 동사 ない형이 와야 하므로 3-1번으로 연결된다. 따라서 4-2-3-1로 문장을 만들면 **3 もう寝る**가 정답이다.

단어 宿題(しゅくだい) 숙제 | 残(のこ)る 남다 | 疲(つか)れる 지치다 | 〜ので 〜기 때문에 | もう 이제 | 寝(ね)る 자다 | 〜ことにする 〜하기로 하다

17 유럽의 역사 ★에 대해서 자세히 알고 있는 사람은 없습니까?

1 알고 있다   2 에 대해서
3 자세히   4 유럽의 역사

해설 2번 について 앞에는 명사가 와야 하므로 4-2번으로 연결된다. 그리고 뒤 문장 知っている(알고 있다) 앞부분에 詳しく(자세히)가 오는 것이 적절하므로 '자세히 알고 있다'로 연결된다. 따라서 4-2-3-1로 문장을 만들면 **2 について**가 정답이다.

단어 ヨーロッパ 유럽 | 歴史(れきし) 역사 | 〜について 〜에 대해 | 詳(くわ)しい 자세하다, 정통하다 | 知(し)る 알다

18 비가 내린 ★탓에 기대 하고 있던 축구 시합이 중지되었다.

1 탓에   2 기대
3 내렸다   4 로 하고

해설 1번 せいで의 앞에 명사 수식형이나 명사+の가 와야 하며 문맥상 '내렸기 때문에'가 자연스럽기 때문에 3-1번으로 연결된다. 또한 '기대하다'는 楽しみにする이기 때문에 2-4번으로 연결된다. 따라서 3-1-2-4로 문장을 만들면 **1 せいで**가 정답이다.

단어 雨(あめ) 비 | 降(ふ)る 내리다 | 〜せいで 〜탓에 | 楽(たの)しみにする 기대하다 | サッカー 축구 | 試合(しあい) 시합 | 中止(ちゅうし) 중지 | 〜になる 〜이/가 되다

문제3 다음 문장을 읽고, 문장 전체 내용을 생각해서, 19 부터 23 안에 들어갈 가장 알맞은 것을, 1·2·3·4에서 하나 고르세요.

아래의 문장은 유학생이 쓴 작문입니다.

문화와 미신

여러분은 알고 있는 미신이 있습니까? 미신이란 분명한 사실이 아닌데도 옛날부터 전해져 온 이야기를 말합니다. 그리고 이 미신은 사회의 규칙이나 습관 등과 깊은 관계가 있습니다. 19 미신은 어느 나라에도 있습니다.

제가 와카야마 현에 여행하러 갔을 때의 이야기입니다. 산 길을 걷고 있다가 할머니를 만나서 조금 이야기를 했습니다. 헤어질 때에 정원의 귤을 급히 따서, "자, 여기"라고 말하며 4개 주었습니다. 20

바로 "어머, 미안해! 4(사)는 死(죽을 사)니까 좋지 않았네!"라고 말하고 귤을 하나 더해서 "선물이야"라고 저에게 21 . 저는 할머니가 말하고 있는 의미를 잘 몰랐습니다. 22 를 일본어 선생님에게 이야기했더니 '4'는 '死(죽을 사)'와 발음이 같기 때문에, 일본에서는 좋지 않은 숫자라고 생각되기 쉽상이라고 가르쳐 주었습니다.

이 사실을 알고, 예전부터 이상하다고 생각했던 것이 23 . 저의 아파트에는 1층의 103호실의 옆이 105호실이고, 3층까지의 전부가 1호실, 2호실, 3호실...이라고 쓰여져 있고, 다음은 5호실로 되어 있습니다.

이 이야기는 발음으로부터 상상하는 좋지 않은 이미지의 미신입니다만, 좋은 미신도 나쁜 미신도 사람들의 생활 속에서 생겨난 것으로, 그 나라의 문화나 생각과 가까운 관계가 있습니다. 그렇기 때문에, 그 나라를 좀 더 알기에 좋은 방법이라고 생각했습니다.

부디, 당신의 나라의 미신을 가르쳐 주세요.

19 1 또한   2 하지만
3 왜냐하면   **4 그렇기 때문에**

해설 문맥에 맞는 접속사를 고르는 문제이다. 문맥상 미신은 사회의 규칙이나 습관 등과 깊은 관계가 있기 때문에 어느 나라에도 있다고 하는 것이 자연스럽다, 따라서 **4 ですから**가 정답이다.

표현 また 또한 | けれども 하지만 | なぜなら 왜냐하면 | ですから 그렇기 때문에

20 1 그래서   2 즉
3 그런데   4 또는

해설 문맥에 맞는 접속사를 고르는 문제이다. 빈칸 앞에 할머니가 귤을 4개 주었다고 하고, 빈칸 뒤에는 바로 할머니가 미안하다고 했다고 하며 예상치 못한 상황을 설명하고 있다. 따라서 **3 ところが**가 정답이다.

표현 だから 그러니까 | つまり 즉 | ところが 그런데 | または 또는

21 1 받았습니다   2 (내가 남에게) 주었습니다
3 (남이 나에게) 주었습니다   4 했습니다

해설 문맥에 맞는 문법 표현을 고르는 문제이다. 할머니가 나에게 귤을 주었다고 설명하는 상황이므로 **3 くれました**가 정답이다.

표현 もらう 받다 | あげる (내가 남에게) 주다 | くれる (남이 나에게) 주다 | する 하다

22 1 옛날 이야기   2 저런 이야기
3 어떤 이야기   **4 이 이야기**

해설 문맥에 맞는 지시어를 고르는 문제이다. 바로 앞 부분에 할머니와 있었던 이야기를 가리키고 있으므로 '이 이야기'라고 지칭하는 것이 자연스럽다. 따라서 **4 この話**가 정답이다.

표현 昔(むかし) 옛날 | 話(はなし) 이야기 | あんな 저런 | どんな 어떤 | この 이

23 1 명백하게 이야기했습니다　**2 명백해졌습니다**
　　　3 명백하게 말했습니다　4 명백하게 보였습니다

해설　문맥에 맞는 문법 표현을 고르는 문제이다. 빈칸 앞에 이전부터 이상하다고 생각했던 것(예전부터 이상하다고 생각했던 것이)가 나오는데, 명백해졌다고 연결되는 것이 자연스럽다. 따라서 **2 明らかになりました**가 정답이다.

표현　明(あき)らかだ 명백하다 | ～になる ~해지다

단어　文化(ぶんか) 문화 | 迷信(めいしん) 미신 | 皆(みな)さん 여러분 | 明(あき)らかだ 명백하다 | 昔(むかし) 옛날 | 伝(つた)わる 전해지다 | 話(はなし) 이야기 | 社会(しゃかい) 사회 | ルール 룰, 규칙 | 習慣(しゅうかん) 습관, 관습 | 深(ふか)い 깊다 | 関係(かんけい) 관계 | 和歌山県(わかやまけん) 와카야마 현(일본 지명) | 山道(やまみち) 산 길 | 歩(ある)く 걷다 | おばあさん 할머니 | 出会(であ)う 만나다 | 別(わか)れる 헤어지다 | 庭(にわ) 정원 | ミカン 귤 | 急(いそ)ぐ 서두르다 | 取(と)る 잡다, 따다 | すぐに 바로 | あら 어머(감탄사) | 死(し) 죽음 | 足(た)す 더하다 | お土産(みやげ) 선물, 기념품 | 意味(いみ) 의미 | 発音(はつおん) 발음 | 同(おな)じだ 같다 | 数字(すうじ) 숫자 | 以前(いぜん) 이전 | おかしい 이상하다 | アパート 아파트, 공동 주택 | 階(かい) 층 | 号室(ごうしつ) 호실 | 隣(となり) 옆, 이웃 | 全(すべ)て 전부 | 想像(そうぞう)する 상상하다 | イメージ 이미지 | 悪(わる)い 나쁘다 | 生活(せいかつ) 생활 | 生(う)まれる 생겨나다, 태어나다 | 考(かんが)え 생각 | 近(ちか)い 가깝다 | 方法(ほうほう) 방법 | 教(おし)える 가르치다

핵심문법 실전 연습 문제① 318p

문제1

1 ③	2 ④	3 ②	4 ③	5 ④
6 ④	7 ③	8 ③	9 ④	10 ②
11 ②	12 ②	13 ①		

문제2

| 14 ④ | 15 ② | 16 ① | 17 ③ | 18 ② |

문제3

| 19 ③ | 20 ④ | 21 ① | 22 ④ | 23 ② |

문제1　다음 문장의 (　)에 넣기에 가장 알맞은 것을, 1・2・3・4에서 하나 고르세요.

1 길에서 넘어졌더니, 다리가 상처 (　투성이　) 가 되어 버렸다.

1 ~뿐　　　　　　　　2 ~따위
3 ~투성이　　　　　4 ~덕분

해설　문맥상 알맞은 표현은 **3 だらけ**이다. 모두 명사와 접속이 되는 문법이지만, 뒤 문장과 자연스럽게 연결되기 위해서는 명사+だらけ(~투성이)라는 문법이 가장 적합하다.

단어　道(みち) 길 | 転(ころ)ぶ 넘어지다 | 足(あし) 다리 | 傷(きず) 상처 | ～だらけ ~투성이 | ～になる ~이/가 되다 | ～てしまう ~해 버리다 | ～だけ ~뿐 | ～なんか ~따위 | ～おかげ ~덕분

2 이 상품 (　에 관해서　) 는, 설명서를 잘 읽고 사용해 주세요.

1 ~에 비해서　　　　　2 ~에 의해, ~에 따라
3 ~에(게) 있어서　　　**4 ~에 관해서**

해설　문맥상 알맞은 표현은 **4 に関して**이다. 모두 명사와 접속이 되는 문법이지만, 뒤 문장과 자연스럽게 연결되기 위해서는 명사+に関して(~에 관해서)라는 문법이 가장 적합하다.

단어　商品(しょうひん) 상품 | ～に関(かん)して ~에 관해서 | 説明書(せつめいしょ) 설명서 | 読(よ)む 읽다 | 使(つか)う 사용하다 | ～に比(くら)べて ~에 비해서 | ～によって ~에 의해, ~에 따라 | ～にとって ~에(게) 있어서

3 야마시타 "기무라 씨, 요리를 잘한다고 들었습니다."
　　기무라 "잘한다 (　고 해도　), 무엇이든지 만들 수 있는 것은 아니에요."

1 ~라고 하면　　　　　**2 ~라고 해도**
3 ~라고 해서는　　　　4 ~라고 하는 것은

해설　문맥상 알맞은 표현은 **2 といっても**이다. な형용사의 어간과 접속이 되는 문법은 4번이고 뒤 문장과 자연스럽게 연결되기 위해서는 な형용사 어간+といっても(~라고 해도)라는 문법이 가장 적합하다.

단어　得意(とくい)だ 잘하다 | 聞(き)く 듣다 | ～といっても ~라고 해도 | なんでも 무엇이든지 | ～わけではない ~한 것은 아니다 | ～というと ~라고 하면 | ～といっては ~라고 해서는 | ～というのは ~라고 하는 것은

4 아침은 어린이 (　용　) 의 텔레비전 방송이 많다.

1 ~만　　　　　　　　2 ~밖에
3 ~용　　　　　　　4 ~만

해설　문맥상 알맞은 표현은 **3 むけ**이다. 모두 명사와 접속이 되는 문법이지만, 뒤 문장과 자연스럽게 연결되기 위해서는 명사+むけ(~용)라는 문법이 가장 적합하다.

단어　子供(こども) 어린이, 자녀 | ～向(む)け ~용 | 番組(ばんぐみ) 방송 | 多(おお)い 많다 | ～だけ ~만 | ～しか ~밖에 | ～のみ ~만

5 이 옷의 색은 검정 (　이라고 하기 보다　) 진한 초록에 가까운 색이다.

1 ~은/는 물론　　　　　2 ~을/를 바탕으로 해서
3 ~이/가 최고다　　　　**4 ~라고 하기 보다**

해설　문맥상 알맞은 표현은 **4 というより**이다. 모두 명사와 접속이 되는 문법이지만, 뒤 문장과 자연스럽게 연결되기 위해서는 명사+という

より(~라고 하기 보다)라는 문법이 가장 적합하다.

단어 服(ふく) 옷 | 色(いろ) 색 | 黒(くろ) 검정 | ~というより ~라고 하기 보다 | 濃(こ)い 진하다 | 緑(みどり) 초록 | 近(ちか)い 가깝다 | ~はもちろん ~은/는 물론 | ~をもとにして ~을/를 바탕으로 해서 | ~にかぎる ~이/가 최고다

---

6 오늘, 아들은 많이 수영했기 때문에 이불에 (들어가) 자마자 바로 자 버렸다.

1 동사 ます형　　　　　2 동사 기본형
3 동사 て형　　　　　　**4 동사 た형**

해설 뒤 부분의 とたん의 접속을 묻는 문제로 とたん은 동사 た형과 접속이 되는 문법이다. 따라서 **4 入った**가 정답이다.

단어 息子(むすこ) 아들 | たくさん 많이 | 泳(およ)ぐ 수영하다 | 布団(ふとん) 이불 | 入(はい)る 들어가다 | ~とたん ~하자마자 | すぐに 바로 | 寝(ね)る 자다 | ~てしまう ~해 버리다

---

7 밖을 봤더니 눈이 내리고 있었다. 그래서 이렇게 추운 (인 것이다).

1 ~인 것 같다　　　　2 ~라고 한다
3 (당연히) ~것이다　4 ~생각, 예정이다

해설 문맥상 알맞은 표현은 **3 わけだ**이다. 1, 2, 3번은 모두 い형용사와 접속이 되는 문법이지만, 앞 문장과 자연스럽게 연결되기 위해서는 い형용사 + わけだ((당연히) ~것이다)라는 문법이 가장 적합하다. 4번은 동사 기본형 또는 동사 ない형과 접속이 되는 문법이다.

단어 外(そと) 밖 | 見(み)る 보다 | 雪(ゆき) 눈 | 降(ふ)る 내리다 | だから 그래서 | こんなに 이렇게 | 寒(さむ)い 춥다 | ~わけだ (당연히) ~것이다 | ~ようだ ~인 것 같다 | ~そうだ ~라고 한다 | ~つもりだ ~생각, 예정이다

---

8 아야 "캠프 (를 통해서) 모두의 사이가 깊어졌어."
미키 "그렇네. 앞으로의 활동이 기대되네."

1 ~(할 때)마다　　　　2 ~을/를 중심으로
3 ~을/를 통해서　　　4 ~할 때마다

해설 문맥상 알맞은 표현은 **3 を通じて**이다. 모두 명사와 접속이 되는 문법이지만, 뒤 문장과 자연스럽게 연결되기 위해서는 명사 + を通じて(~을/를 통해서)라는 문법이 가장 적합하다.

단어 キャンプ 캠프 | ~を通(つう)じて ~을/를 통해서 | みんな 모두 | 仲(なか) 사이 | 深(ふか)まる 깊어지다 | 活動(かつどう) 활동 | 楽(たの)しみ 즐거움, 기대 | ~ごとに ~(할 때)마다 | ~を中心(ちゅうしん)に ~을/를 중심으로 | ~のたびに ~때마다

---

9 생일을 맞이할 (때마다) 가족과 찍은 사진이 늘어간다.

1 ~하도록　　　　　　2 ~위해서
3 ~하는 김에　　　　　**4 ~(할 때)마다**

해설 문맥상 알맞은 표현은 **4 ごとに**이다. 모두 동사 기본형과 접속이 되

는 문법이지만, 뒤 문장과 자연스럽게 연결되기 위해서는 동사 기본형 + ごとに(~할 때마다)라는 문법이 가장 적합하다.

단어 誕生日(たんじょうび) 생일 | 迎(むか)える 맞이하다 | ~ごとに ~(할 때)마다 | 撮(と)る 찍다 | 写真(しゃしん) 사진 | 増(ふ)える 늘다 | ~ように ~하도록 | ~ために ~위해서 | ~ついでに ~하는 김에

---

10 어제의 콘서트가 너무 재밌어서 마치 꿈을 꾸고 있는 (것 같았다).

1 ~해야 했다　　　　　**2 마치 ~인 것 같았다**
3 ~뿐이었다　　　　　4 ~하는 것이었다

해설 문맥상 알맞은 표현은 **2 かのようだ**이다. 모두 동사 기본형과 접속이 되는 문법이지만, 앞 문장과 자연스럽게 연결되기 위해서는 보통형 + かのようだ(마치 ~인 것 같다)라는 문법이 가장 적합하다.

단어 コンサート 콘서트 | 楽(たの)しい 즐겁다 | ~過(す)ぎる 너무 ~하다 | まるで 마치 | 夢(ゆめ)をみる 꿈을 꾸다 | ~かのようだ 마치 ~인 것 같다 | ~べきだ ~해야 한다 | ~ばかりだ ~뿐이다 | ~ものだ ~하는 것이다

---

11 그는 사람에게 자주 '수업 중에 자지 마'라고 주의하는 (주제에) 자기는 졸고 있다.

1 ~탓에　　　　　　　**2 ~주제에**
3 ~뿐으로　　　　　　4 ~때마다

해설 문맥상 알맞은 표현은 **2 くせに**이다. 모두 동사 기본형과 접속이 되는 문법이지만, 뒤 문장과 자연스럽게 연결되기 위해서는 명사 수식형 + くせに(주제에)라는 문법이 가장 적합하다.

단어 授業(じゅぎょう) 수업 | ~中(ちゅう) ~중 | 寝(ね)る 자다 | ~するな ~하지 마 | 注意(ちゅうい)する 주의하다 | ~くせに ~주제에 | 自分(じぶん) 자신, 자기 | 居眠(いねむ)り 앉아 좀 | ~せいで ~탓에 | ~ばかり ~뿐 | ~たびに ~때마다

---

12 인터넷에 적혀있는 것이 전부 진실인 것이라고는 (할 수 없다).

1 ~할 수밖에 없다　　　**2 ~할 수 없다**
3 ~임에 틀림없다　　　4 ~할 리가 없다

해설 앞부분에 나온 とは와 접속하여 쓰이는 とは限らない(~라고 할 수 없다)라는 정해진 문법이기 때문에 **2 限らない**가 정답이다.

단어 インターネット 인터넷 | 書(か)く 쓰다 | すべて 전부 | 本当(ほんとう) 진실, 정말 | ~とは限(かぎ)らない ~라고 (단정) 할 수 없다 | ~ほかない ~할 수밖에 없다 | ~に違(ちが)いない ~임에 틀림없다 | ~わけがない ~할 리가 없다

---

13 홋카이도에는 30킬로 (에 걸친) 일본에서 가장 긴 직선도로가 있다.

1 ~에 걸친　　　　　2 ~에 의한
3 ~에 대한　　　　　　4 ~에 관한

해설 　문맥상 알맞은 표현은 **1 にわたる**이다. 모두 명사와 접속이 되는 문법이지만, 앞 문장과 자연스럽게 연결되기 위해서는 명사 + にわたる(~에 걸친) 라는 문법이 가장 적합하다.

단어 　北海道(ほっかいどう) 홋카이도 | キロ(キロメートルの 줄임말) 킬로 | ~にわたる ~에 걸친 | ~ー(いち) ~에서 가장 | 長(なが)い 길다 | 直線(ちょくせん) 직선 | 道路(どうろ) 도로 | ~による ~에 의한 | ~に対(たい)する ~에 대한 | ~に関(かん)する ~에 관한

문제2 　다음 문장의 ＿★＿ 에 들어갈 가장 알맞은 것을, 1·2·3·4에서 하나 고르세요.

14 옛날의 괴로운 경험이 ★있기 때문에 지금의 성공이 있다.

1 경험이　　　　　　　　　2 이기 때문에
3 괴롭다　　　　　　　　　**4 있다**

해설 　1번 経験が 앞에는 명사 수식형이 와야 하고 문맥상 '괴로운 경험이' 가 자연스럽기 때문에 3-1번으로 연결된다. 그리고 뒤 문장 からこそ의 앞부분에 보통형이 오는 것이 적절하므로 '있기 때문에'로 연결된다. 따라서 3-1-4-2로 문장을 만들면 **4 ある**가 정답이다.

단어 　昔(むかし) 옛날 | 辛(つら)い 괴롭다 | 経験(けいけん) 경험 | ある 있다 | ~からこそ ~이기 때문에 (비로소) | 今(いま) 지금 | 成功(せいこう) 성공

15 긴 세월 운전하고 있다 ★고 해서 사고 를 일으키지 않는 것은 아니다.

1 사고　　　　　　　　　　**2 라고 해서**
3 운전하고 있다　　　　　　4 긴 세월

해설 　2번 からといって 앞에는 보통형이 와야 하고 '긴 세월 운전하고 있다고 해서'가 자연스럽기 때문에 4-3-2번으로 연결된다. 그리고 뒤 문장 を起こさない 앞에는 명사가 와야 하므로 '사고를 일으키지 않는'으로 연결된다. 따라서 4-3-2-1로 문장을 만들면 **2 からといって**가 정답이다.

단어 　長年(ながねん) 긴 세월 | 運転(うんてん)する 운전하다 | ~からといって ~라고 해서 | 事故(じこ) 사고 | 起(お)こす 일으키다 | わけではない (반드시) ~인 것은 아니다

16 친구의 집까지 좀 더 ★먼 줄 알았 지만, 의외로 가까웠다.

1 멀다　　　　　　　　　2 친구의 집까지
3 좀 더　　　　　　　　　4 인 줄 알았다

해설 　4번 かと思った의 앞에는 보통형이 와야 하며, 문맥상 '좀 더 먼 줄 알았지만'이 자연스럽기 때문에 3-1-4번으로 연결된다. 그리고 문맥상 어디에서 먼 줄 알았는지 나와야 하므로 2번이 앞부분에 와야 한다. 따라서 2-3-1-4로 문장을 만들면 **1 遠い**가 정답이다.

단어 　まで 까지 | もっと 좀 더 | 遠(とお)い 멀다 | ~かと思(おも)った ~인 줄 알았다 | 意外(いがい)と 의외로 | 近(ちか)い 가깝다

17 나는 신경 쓰이는 것이나 ★모르는 것이 있으면 조사하지 않을 수 없는 성격이다.

1 신경 쓰이는 것이나　　　　2 조사하지 않고서는 있을 수 없다
3 모르는 것이　　　　　　4 있으면

해설 　1번 気になったことや 뒤에는 명사가 와야하므로 1-3번으로 연결된다. 문맥상 '모르는 것이 있으면'이라고 연결되는 것이 적절하므로 1-3-4번으로 연결된다. 그리고 性格だ(성격이다) 앞에는 명사 수식형이 오는 것이 적절하므로 '조사하지 않을 수 없는 성격'으로 연결된다. 따라서 1-3-4-2으로 문장을 만들면 **3 分からないことが**가 정답이다.

단어 　気(き)になる 신경 쓰이다 | 分(わ)かる 알다 | 調(しら)べる 조사하다 | ~ずにはいられない ~하지 않을 수 없다 | 性格(せいかく) 성격

18 늦잠을 잔 ★데다가 물건을 깜빡하기까지 하다니 생각도 안 했다.

1 하다니　　　　　　　　　**2 인 데다가**
3 늦잠을 잤다　　　　　　　4 물건을 깜빡하기까지

해설 　2번 上に 앞에는 보통형이 와야 하므로 3-2번으로 연결된다. 남은 1번과 4번 중 문맥상 忘れ物까지가 앞에 나오는 것이 적절하므로 '물건을 깜빡하기까지 하다니'로 연결된다. 따라서 3-2-4-1로 문장을 만들면 **2 上に**가 정답이다.

단어 　寝坊(ねぼう)をする 늦잠을 자다 | ~上(うえ)に ~인 데다가 | 忘(わす)れ物(もの) 물건을 깜빡함 | ~とは ~하다니 | 思(おも)い 생각

문제3 　다음 문장을 읽고, 문장 전체 내용을 생각해서, ＿19＿ 부터 ＿23＿ 안에 들어갈 가장 알맞은 것을, 1·2·3·4에서 하나 고르세요.

아래의 문장은 유학생이 쓴 발표문입니다.

　　　　　　　　　약속

　　　　　　　　　　　　　　　　　　　신차이
　주말, 일본의 친구와 놀 약속을 했습니다. 저는 약속한 시간 ＿19＿ 10시에 정각에 약속 장소에 도착했습니다. ＿20＿, 친구는 벌써 와 있었기 때문에, 지각한 걸까라고 걱정이 되었습니다. 친구에게 물어보니 10분 전에는 ＿21＿.
　일본에서는, 약속의 5분에서 10분 전에 행동하는 습관이 있다고 합니다. 한편으로, 저희 나라에서는 조금 시간에 느슨한 점이 있습니다. 그렇기 때문에, 저는 항상 조금 정도 약속 시간에 늦어도 된다고 생각했었습니다. 하지만, 일본에서는 약속 시간을 지키도록 ＿22＿.
　또 어느날 약속 시간에 늦을 것 같았기 때문에 서두르고 있었습니다. 꽤 허둥지둥했던 ＿23＿ 옆에서 달려 오는 자전거에 눈치채지 못하고 부딪혀 부상을 입고 말았습니다. 만약 조금 더 빨리 집을 나왔더라면, 부상을 입지 않았을 텐데라고 반성했습니다.
　이 일을 계기로 저는 약속 시간에 대한 생각이 조금 바뀌었습니다. 앞으로는 저를 위해서도 상대방을 위해서도 시간을 제대로 지키도록 하겠습니다.

19 1 ~대신에 2 ~때마다
　　　3 **~대로** 4 ~마다

해설　문맥에 맞는 문법 표현을 고르는 문제이다. 약속한 시간대로 도착했다고 하는 것이 자연스럽기 때문에 **3 通りに**가 정답이다.

표현　~代(か)わりに ~대신에 | ~たびに ~때마다 | ~通(とお)りに・~通(どお)りに ~대로 | ~ごとに ~마다

20 1 그러니까 2 또는
　　　3 그렇다면 **4 그런데**

해설　문맥에 맞는 접속사를 고르는 문제이다. 앞부분에 자신은 약속 시간 정각에 도착했다고 설명하고, 빈칸 뒤에 친구가 벌써 와 있었다고 하며 예상하지 못했던 일을 말하고 있다. 따라서 빈칸에 들어갈 접속사로 알맞은 것은 **4 ところが**이다.

표현　だから 그러니까 | または 또는 | それなら 그렇다면 | ところが 그런데

21 **1 와 있었다고 합니다** 2 와 있었을 것입니다
　　　3 와 있었기 때문입니다 4 막 와 있었습니다

해설　문맥에 맞는 문법 표현을 고르는 문제이다. 친구가 약속 시간 10분 전에 도착해 있었던 상황에서 빈칸 앞부분에 友達に聞くと10分前には(친구에게 물어보니 10분 전에는)이라고 말하고 있으므로 이미 와 있었던 상황을 설명하는 것이 적절하므로 적절한 것은 **1 来ていたそうです**가 정답이다.

표현　~そうだ ~라고 한다 | ~はずだ ~일 것이다 | ~からだ ~이기 때문이다 | ~ばかりだ 막 ~했다

22 1 주의합시다
　　　2 주의 하지 않으면 안 됩니다
　　　3 주의하세요
　　　4 주의 하지 않아도 됩니다

해설　문맥에 맞는 문법 표현을 고르는 문제이다. 일본에는 약속 시간 10분 전에 행동하는 습관이 있는 반면, 私の国では、少し時間にルーズなところがあるので(우리나라에서는, 조금 시간에 루스한 점이 있어서)라고 했다. 따라서 문맥상 주의해야 한다고 표현하는 것이 적절하므로 **2 気をつけなければなりません**가 정답이다.

표현　~ましょう ~합시다 | ~なければならない ~하지 않으면 안 된다 | ~なさい ~하세요 | ~なくてもいい ~하지 않아도 된다

23 1 ~덕분인지 **2 ~탓인지**
　　　3 ~뿐만 아니라 4 ~라고 해서

해설　문맥에 맞는 문법 표현을 고르는 문제이다. 뒤 부분에 자전거와 부딪혀 부상 입었다라는 내용이 나오고 앞 부분은 이유에 대한 설명이 나와야 한다. 어떠한 이유로 나쁜 상황이 발생했기 때문에 **2 せいか**가 정답이다.

표현　~おかげか ~덕분인지 | ~せいか ~탓인지 | ~ばかりでなく ~뿐만 아니라 | ~からといって ~라고 해서

단어　待(ま)ち合(あ)わせ 약속하여 만나기로 함, 약속 | 週末(しゅうまつ) 주말 | 約束(やくそく) 약속 | 時間(じかん) 시간 | ちょうど 꼭, 정확히 | 場所(ばしょ) 장소 | 着(つ)く 도착하다 | 遅刻(ちこく) 지각 | 心配(しんぱい)になる 걱정되다 | 行動(こうどう)する 행동하다 | 習慣(しゅうかん) 습관 | ルーズだ 루즈하다, 느슨하다 | ところ 점, 부분 | ぐらい 정도 | 遅(おく)れる 늦다 | 守(まも)る 지키다 | 急(いそ)ぐ 서두르다 | ずいぶん 꽤 | 慌(あわ)てる 허둥지둥하다 | 横(よこ) 옆 | 走(はし)る 달리다 | 自転車(じてんしゃ) 자전거 | 気(き)づく 눈치 채다 | ぶつかる 부딪치다 | ケガをする 부상하다, 다치다 | もし 만약 | 反省(はんせい)する 반성하다 | ~をきっかけに ~을/를 계기로 | ~に対(たい)する ~에 대한 | 考(かんが)え 생각 | 変(か)わる 변하다 | 相手(あいて) 상대방 | きちんと 제대로

핵심문법 실전 연습 문제② 324p

문제1
1 ③ 2 ② 3 ① 4 ④ 5 ①
6 ② 7 ① 8 ② 9 ④ 10 ①
11 ② 12 ④ 13 ①

문제2
14 ① 15 ④ 16 ② 17 ③ 18 ①

문제3
19 ④ 20 ① 21 ④ 22 ③ 23 ②

문제1　다음 문장의 (　　)에 넣기에 가장 알맞은 것을, 1・2・3・4에서 하나 고르세요.

1　방을 나갈 때는 문을 (열어) 둔 채로 두지 말고 확실히 닫아 주세요.

1 동사 기본형　　2 동사 て형
3 동사 ます형　　4 동사 た형

해설　문법 접속을 묻는 문제이다. 모두 開ける(열다)라는 동사를 활용한 형태이지만, 뒤 문장의 っぱなし(~한 채로) 앞에는 동사 ます형이 와야 한다. 그러므로 문맥상 알맞은 표현은 **3 開け**이다.

단어　出(で)る 나가다, 나오다 | ドア 문 | 開(あ)ける 열다 | ~っぱなし ~한 채로 | ちゃんと 확실히, 제대로 | 閉(し)める 닫다

2　A "이 구두는 (사지 않았으면 좋았을 텐데). 걸으면 발이 아파서 한 번밖에 신을 수 없었어."
　　B "그건 아깝네."

1 사지 않으면 안 된다 **2 사지 않았으면 좋았을 텐데**

3 사지 않으면 안 된다　　　　4 사지 않으면 된다

해설　문맥상 알맞은 표현은 **2 買わなければよかった**이다. 뒤 문장과 자연스럽게 연결되기 위해서는 「동사 가정형+ばよかった(~하면 좋았을 텐데)」라는 문법이 가장 적합하다.

단어　靴(くつ) 구두｜~ばよかった(のに) ~하면 좋았을 텐데｜歩(ある)く 걷다｜足(あし) 발｜痛(いた)い 아프다｜一回(いっかい) 한 번｜~しか ~밖에｜履(は)く 신다｜もったいない 아깝다｜~ないといけない ~하지 않으면 안 된다｜~なければならない ~하지 않으면 안 된다｜~なければいい ~하지 않으면 된다

3 계산대의 돈이 맞지 않기 때문에 어딘가에서 계산을 틀린 것 (임에 틀림없다).

1 ~임에 틀림없다　　　　2 ~할 필요는 없다
3 ~할 뿐이다　　　　　　　 4 ~일 리가 없다

해설　문맥상 알맞은 표현은 **1 に違いない**이다. 앞 문장과 자연스럽게 연결되기 위해서는 「보통형+に違いない(~임에 틀림없다)」라는 문법이 가장 적합하다.

단어　レジ 계산대｜お金(かね) 돈｜合(あ)う 맞다｜どこか 어딘가｜計算(けいさん) 계산｜間違(まちが)える 틀리다｜~に違(ちが)いない ~임에 틀림없다｜~ことはない ~할 필요는 없다｜~ばかりだ ~할 뿐이다｜~はずがない ~일 리가 없다

4 이렇게 많이 장을 봤으니까 냉장고에 들어갈 (리가 없다).

1 ~한 채다　　　　　　　　2 ~할 것 같다
3 ~하기 쉽다　　　　　　　**4 ~일 리가 없다**

해설　문맥상 알맞은 표현은 **4 っこない**이다. 모두 동사 ます형과 접속이 되는 문법이지만, 앞 문장과 자연스럽게 연결되기 위해서는 「동사 ます형+っこない(~일 리가 없다)」라는 문법이 가장 적합하다.

단어　こんなに 이렇게｜買(か)い物(もの)する 장을 보다, 쇼핑하다｜冷蔵庫(れいぞうこ) 냉장고｜入(はい)る 들어가다｜~っこない ~일 리가 없다｜~っぱなし ~한 채｜(동사 ます형+) ~そうだ ~할 것 같다｜~がちだ ~하는 경향이 있다

5 A "일본 (이라고 하면) 무엇을 떠올립니까?"
　　B "나는 초밥을 떠올립니다."

1 ~라고 하면　　　　　　2 ~와/과 함께
3 ~에 의하면　　　　　　　4 ~이/가 되어도

해설　문맥상 알맞은 표현은 **1 といえば**이다. 모두 명사와 접속이 되는 문법이지만, 뒤 문장과 자연스럽게 연결되기 위해서는 「명사+といえば(~라고 하면)」라는 문법이 가장 적합하다.

단어　イメージする 떠올리다, 상상하다｜寿司(すし) 초밥｜~といえば ~라고 하면｜~とともに ~와/과 함께｜~によれば ~에 의하면

6 기술의 진보에 의해 우리들의 생활이 점점 (변해 갈) 것이다.

1 변해도 좋다　　　　　　　**2 변해 가다**
3 변해 주시다　　　　　　　4 변해 줬으면 한다

해설　문맥상 알맞은 표현은 **2 変わっていく**이다. 앞 문장과 자연스럽게 연결되기 위해서는 「동사 て형+ていく(~해 가다)」라는 문법이 가장 적합하다.

단어　技術(ぎじゅつ) 기술｜進歩(しんぽ) 진보｜~により ~에 의해｜われわれ 우리들｜生活(せいかつ) 생활｜どんどん 점점｜変(か)わる 변하다｜~だろう ~일 것이다｜~てもいい ~해도 좋다｜~ていく ~해 가다｜~ていただく ~해 주시다, ~해 받다｜~てほしい ~해 주었으면 좋겠다

7 1년 정도 본가에 돌아가지 않았기 때문에 가족을 (만나고 싶어서 어쩔 수 없다).

1 만나고 싶어서 어쩔 수 없다　2 만나는 것이 좋다
3 만나서 다행이다　　　　　4 만나 주실 수 있나요?

해설　문맥상 알맞은 표현은 **1 会いたくてしょうがない**이다. 앞 문장과 자연스럽게 연결되기 위해서는 「동사 ます형+たい(~하고 싶다)+てしょうがない(~해서 어쩔 수 없다)」라는 문법이 가장 적합하다.

단어　くらい 정도｜実家(じっか) 본가｜帰(かえ)る 돌아가다｜~てしょうがない ~해서 어쩔 수 없다｜~ことだ ~하는 것이 좋다｜~てよかった ~해서 다행이다｜~てもらえまんせんか ~해 주실 수 있나요?

8 마침 목욕을 하려고 하고 있었을 (때에) 벨이 울렸습니다.

1 ~라고 해서　　　　　　　**2 ~할 때에**
3 ~라고 해도　　　　　　　4 한창 ~일 때

해설　문맥상 알맞은 표현은 **2 ところへ**이다. 앞 문장과 자연스럽게 연결되기 위해서는 「동사 た형+ところへ(~할 때에)」라는 문법이 가장 적합하다.

단어　ちょうど 마침, 꼭｜お風呂(ふろ)に入(はい)る 목욕하다｜~ところへ ~할 때에｜ベル 벨｜鳴(な)る 울리다｜~からといって ~라고 해서｜~としても ~라고 해도｜~最中(さいちゅう)に 한창 ~일 때

9 니쿠자가(고기 감자조림) (란) 고기와 감자를 간장 등과 함께 익힌 일본의 가정요리이다.

1 ~로서　　　　　　　　　2 ~조차
3 ~라도　　　　　　　　　**4 ~라는 것은, ~란**

해설　문맥상 알맞은 표현은 **4 とは**이다. 모두 명사와 접속이 되는 문법이지만, 앞 문장과 자연스럽게 연결되기 위해서는 「명사+とは(~이란, ~이라는 것은)」라는 문법이 가장 적합하다.

단어　肉(にく)じゃが 니쿠자가(고기 감자조림)｜~とは ~라는 것은, ~란｜肉(にく) 고기｜じゃがいも 감자｜醤油(しょうゆ) 간장｜煮(に)る 익히다, 삶다｜家庭(かてい) 가정｜~として ~로서｜~さえ ~조차｜~でも ~라도

10 학교에서 지진이 발생하면 선생님의 지시 (대로) 행동한다.

1 ~대로	2 ~사이에
3 ~외에	4 ~인 데다가

해설 문맥상 알맞은 표현은 **1 通りに**이다. 모두 명사+の와 접속이 되는 문법이지만, 앞 문장과 자연스럽게 연결되기 위해서는 「명사+の+通りに(~대로)」라는 문법이 가장 적합하다.

단어 地震(じしん) 지진 | 起(お)きる 발생하다, 일어나다 | 指示(しじ) 지시 | ~通(とお)りに ~대로 | 行動(こうどう) 행동 | ~間(あいだ)に ~사이에 | ~ほかに ~외에 | ~うえに ~인 데다가

11 몇 번 주의해도 듣지 않기 때문에 좋을대로 (하게 두) 기로 했다.

1 해 두다	**2 하게 두다**
3 비문법적 표현	4 하지 않고 두다

해설 문맥상 알맞은 표현은 **2 させておく**이다. 앞 문장과 자연스럽게 연결되기 위해서는 사역형을 사용한 「させておく(하게 두다)」라는 문법이 가장 적합하다.

단어 何度(なんど) 몇 번 | 注意(ちゅうい)する 주의하다 | 聞(き)く 듣다 | 好(す)きにする 좋을대로 하다, 마음대로 하다 | 사역형+ておく ~하게 두다 | ~ことにする ~하기로 하다

12 실제로 (연습해서) 처음으로 상상보다도 힘들다는 것을 깨달았다.

1 연습하면	2 연습하면
3 연습하기 때문에	**4 연습해서**

해설 문맥상 알맞은 표현은 **4 練習して**이다. 뒤 문장 はじめて(처음으로)와 자연스럽게 연결되기 위해서는 동사 て형이 오는 것이 접속과 문맥상 가장 적절하다. 「동사 て형+はじめて」는 '~해서 처음으로, ~나서야 비로소'라는 의미의 문법이다.

단어 実際(じっさい)に 실제로 | 練習(れんしゅう)する 연습하다 | ~てはじめて ~해서 처음으로, ~나서야 비로소 | 想像(そうぞう) 상상 | より 보다 | 大変(たいへん)だ 힘들다 | 気付(きづ)く 깨닫다, 눈치채다 | ~と ~하면 | ~ば ~하면 | ~から ~이기 때문에

13 이제 곧 외출하는데, 남편이 준비를 (하려고도 하지 않) 아서 화났다.

1 하려고도 하지 않는다	2 할 리가 없다
3 하려고 하다	4 한 것은 아니다

해설 문맥상 알맞은 표현은 **1 しようともしない**이다. 뒤 문장과 자연스럽게 연결되기 위해서는 「동사 의지형+(よ)うともしない(~하려고도 하지 않는다)」라는 문법이 가장 적합하다.

단어 もう 이제 | すぐ 곧, 금방 | 出(で)かける 외출하다 | 夫(おっと) 남편 | 準備(じゅんび) 준비 | ~(よ)うともしない ~하려고도 하지 않다 | 怒(おこ)る 화나다 | ~わけがない ~할 리가 없다 | ~(よ)うとする ~하려고 하다 | ~わけではない (반드시) ~인 것은 아니다

문제2 다음 문장의 ____★____ 에 들어갈 가장 알맞은 것을, 1・2・3・4에서 하나 고르세요.

14 하다 ★만 리포트를 끝내고 나서 게임을 할 생각이다.

1 하다 만	2 하다(동사 ます형)
3 끝내고	4 리포트를

해설 '~かけの'는 '~하다 만'이라는 뜻으로 동사 ます형과 접속하므로 2-1번으로 연결된다. 그리고 かけ의 뒤에는 명사가 와야 하므로 2-1-4번으로 연결된다. 그리고 뒤 문장 에서 앞에 동사 て형이 와서 '~하고 나서'라고 연결되는 것이 자연스럽다. 따라서 2-1-4-3으로 문장을 만들면, **1 かけの**가 정답이다.

단어 やる 하다 | ~かけの ~하다 만 | レポート 리포트 | 終(お)わらせる 끝내다 | ゲーム 게임 | ~つもりだ ~생각, 예정이다

15 친구의 집에 놀러 가니 다 먹을 수 없을 ★정도의 요리가 준비되어 있었다.

1 다 ~할 수 없다	**2 정도의**
3 요리가	4 먹다(동사 ます형)

해설 '동사 ます형 + きれない'로 '다 ~할 수 없다' 라는 뜻이 되므로 4-1번으로 연결된다. 그리고 ほどの(정도의) 뒷부분에는 명사가 오는 것이 적절하므로 '정도의 요리가'로 연결된다. 따라서 4-1-2-3으로 문장을 만들면 **2 ほどの**가 정답이다.

단어 遊(あそ)ぶ 놀다 | ~きれない 다~할 수 없다 | ほど 정도 | 用意(ようい)する 준비하다

16 그녀는 한가한 주제에 ★전혀 나의 일 을 도와주지 않는다.

1 주제에	**2 전혀**
3 한가한	4 나의 일

해설 1번 くせに의 앞에는 명사 수식형이 와야 하고, 문맥상 '한가한 주제에'가 자연스럽기 때문에 3-1번으로 연결된다. 그리고 뒤 문장 을 앞에는 명사가 오는 것이 적절하므로 '전혀 나의 일을'로 연결된다. 따라서 3-1-2-4로 문장을 만들면 **2 全然**이 정답이다.

단어 暇(ひま)だ 한가하다 | くせに 주제에 | まったく 전혀 | 仕事(しごと) 일 | 手伝(てつだ)う 돕다, 거들다

17 지금까지 아르바이트조차 한 적이 없었기 때문에 취직하고 나서야 비로소 ★일하는 것의 힘듦을 알았습니다.

1 알았습니다	2 나서야 비로소
3 일하는 것의	4 힘듦을

해설 2번 はじめて의 앞에는 동사 て형이 와야하며, 문맥상 '취직하고 나서야 비로소'가 자연스럽기 때문에 2번이 먼저 나와야 한다. 그리고 '~을 알았다'는 ~が分かる이기 때문에 3-1번으로 연결되고, 문맥상 '일하는 것의 힘듦을 알았습니다'가 자연스럽기 때문에 3-4-1번으로 연결된다. 따라서 2-3-4-1로 문장을 만들면 **3 働くことの**가 정답이다.

단어 　バイト 아르바이트 | さえ 조차 | ～たことがない ~한 적이 없다 | 就職(しゅうしょく) 취직 | ～てはじめて ~하고 나서야 비로소 | 働(はたら)く 일하다 | 大変(たいへん)さ 힘듦 | ～が分(わ)かる ~을 알다

---

18 늦잠 자지 않도록 10분 ★마다 알람 을 세팅한다.

1 마다　　　　　　　2 10분
3 알람　　　　　　　4 하기 위해서

해설　4번 ように 앞에 동사가 와야 하므로 4번이 가장 먼저 나온다. 1번 ごとに 앞에는 동사 기본형이나 명사가 와야 하고 '늦잠 자지 않도록 10분마다'가 자연스럽기 때문에 4-2-1번으로 연결된다. 그리고 뒤 문장 을 세트하는 앞부분에도 명사가 오는 것이 적절하므로 '알람 을 세팅한다'로 연결된다. 따라서 4-2-1-3으로 문장을 만들면 **1 ごとに**가 정답이다.

단어　寝坊(ねぼう)する 늦잠 자다 | ～ように ~하도록 | ～ごとに ~마다 | アラーム 알람 | セットする 세팅하다

문제3 다음 문장을 읽고, 문장 전체 내용을 생각해서, 19 부터 23 안에 들어갈 가장 알맞은 것을, 1·2·3·4에서 하나 고르세요.

아래의 문장은 크리스마스에 관한 기사입니다.

크리스마스를 보내는 방법

12월에 19 , 역시 크리스마스를 떠올리는 사람은 많지 않을까요? 12월에 들어서면 거리는 크리스마스 송이 흐르고 일루미네이션이 빛나기 시작해 매우 즐거운 기분이 됩니다. 12월 25일의 크리스마스를 보내는 방법은, 20 다른 것이 많이 있습니다.

일본의 크리스마스는, 평소보다 조금 멋을 내고 연인과 즐기는 날로 알려져 있습니다. 이 날, 프러포즈를 하기 위해 경치 좋은 호텔을 예약하는 사람도 적지 않겠죠. 한편으로 미국과 유럽의 크리스마스는 가족과 함께 보내는 것이 일반적입니다. 21 , 24일 오후부터 25일은, 대부분의 가게가 닫아서 거리는 조용합니다.

22 , 일본은 크리스마스 날도 영업하는 가게는 많고, 거리는 활기찹니다. 특히 크리스마스 케이크를 사려고 하는 사람들로 가게 앞은 혼잡합니다. 그런데, 일본에서는 컬러풀한 케이크를 23 , 해외에서는 구운 과자나 파운드 케이크 등을 먹는 습관이 있습니다.

그리고, 일본에서는, 크리스마스는 정월 전의 하나의 즐거운 이벤트의 하나라고 생각되고 있습니다만, 미국이나 유럽에서는 일 년 중 가장 중요하게 여겨지고 있는 행사입니다. 이처럼 세계의 크리스마스를 보내는 방법은 다양합니다. 올해는 평소와 다른 크리스마스를 보내보는 건 어떠십니까?

19　1 ~라고 해도　　　　2 ~라고 한다면
　　　3 ~와/과 함께　　　**4 ~라고 하면**

해설　문맥에 맞는 문법 표현을 고르는 문제이다. 앞부분에 12월이라는 단어가 있고 뒤 문장에 역시 크리스마스라는 내용이 이어지므로 '12월이라고 하면'이라고 앞부분에 오는 것이 자연스럽다. 따라서 **4 といえば**가 정답이다.

표현　～といっても ~라고 해도 | ～としたら ~라고 한다면 | ～とともに ~와/과 함께 | ～といえば ~라고 하면

20　**1 나라에 따라서**　　　2 나라에 대해서
　　　3 나라에(게) 있어서　　4 나라에 있어서

해설　문맥에 맞는 문법 표현을 고르는 문제이다. 앞 부분에 12월 25일의 クリスマスの過ごし方は(12월 25일의 크리스마스를 보내는 방법은)이라고 한 후 뒷부분에 違うことがたくさんあります(다른 것이 많이 있습니다)고 했으므로, '나라에 따라서' 방법이 다르다고 하는 것이 자연스럽다. 따라서 **1 国によって**가 정답이다.

표현　～によって ~에 따라서 | ～について ~에 대해서 | ～にとって ~에(게) 있어서 | ～において ~에 있어서

21　1 그래도　　　　　　　2 게다가
　　　3 혹은　　　　　　　　**4 또**

해설　문맥에 맞는 접속사를 고르는 문제이다. 빈칸 뒤에 앞부분에서 미국과 유럽의 크리스마스 보내는 법을 설명하고 있다. 그리고 다음 내용도 미국과 유럽의 크리스마스에 대한 내용이 추가로 이어지므로 빈칸에 들어갈 접속사로 알맞은 것은 **4 また**이다.

표현　それでも 그래도 | しかも 게다가 | あるいは 혹은 | また 또

22　1 그럼　　　　　　　　2 다만
　　　3 그리고　　　　　　　4 아니면

해설　문맥에 맞는 접속사를 고르는 문제이다. 빈칸 뒤 앞부분의 내용에 이어 일본의 크리스마스에 대해 이야기하고 있으므로, 빈칸에 들어갈 접속사로 알맞은 것은 **3 そして**이다.

표현　それでは 그럼 | ただし 다만 | そして 그리고 | それとも 아니면

23　1 먹는 것에 대해서　　　**2 먹는 것에 비해서**
　　　3 먹는 것에 관해서　　　4 먹는 것에 걸쳐서

해설　문맥에 맞는 문법 표현을 고르는 문제이다. 앞부분에 일본의 크리스마스에 대해 설명한 후 빈칸 뒤에 해외의 크리스마스의 특징을 말하고 있으므로 문맥상 대조되거나 비교되는 의미를 가지고 있는 표현이 오는 것이 적절하다. 따라서 **2 食べるのに比べて**가 정답이다.

표현　～について ~에 대해서 | ～に比(くら)べて ~에 비해서 | ～に関(かん)して ~에 관해서 | ～にわたって ~에 걸쳐서

단어　クリスマス 크리스마스 | 過(す)ごす 보내다, 지내다 | 동사 ます형+方(かた) ~하는 방법 | やはり 역시 | 浮(う)かべる 떠올리다 | 多(おお)い 많다 | 街(まち) 거리 | クリスマスソング 크리스마스 송 | 流(なが)れる 흐르다 | イルミネーション 일루미네이션 | 輝(かがや)く 빛나다 | ～出(だ)す ~하기 시작하다 | 楽(たの)しい 즐겁다 | 気分(きぶん) 기분 | 違(ちが)う 다르다 | いつもより 평소보다 | おしゃれする 멋지게 꾸미다 | 恋人(こいびと) 연인 | 楽(たの)しむ 즐기다 | 知(し)られる 알려지다 | プロポーズ 프러포즈 | 景色(けしき) 경치 | 予約(よやく) 예약 | 少(すく)ない 적다 | 一方(いっぽう)で 한

편으로 | 欧米(おうべい) 미국와 유럽 | 一般的(いっぱんてき)だ 일반적이다 | ほとんど 대부분, 거의 | 閉(し)まる 닫다 | 静(しず)かだ 조용하다 | 営業(えいぎょう) 영업 | 賑(にぎ)やかだ 활기차다, 번화하다 | 特(とく)に 특히 | 混雑(こんざつ) 혼잡 | ところが 그런데 | カラフルだ 컬러풀하다 | 海外(かいがい) 해외 | 焼(や)き菓子(がし) 구운 과자 | パウンドケーキ 파운드 케이크 | 習慣(しゅうかん) 습관 | お正月(しょうがつ) 설, 정월 | イベント 이벤트 | アメリカ 아메리카, 미국 | ヨーロッパ 유럽 | 最(もっと)も 가장 | 大切(たいせつ)だ 중요하다 | 行事(ぎょうじ) 행사 | 様々(さまざま)だ | いかがですか 어떠십니까?

핵심문법 실전 연습 문제③　　330p

문제1

1 ③　2 ①　3 ④　4 ②　5 ②
6 ④　7 ②　8 ①　9 ④　10 ③
11 ②　12 ①　13 ④

문제2

14 ②　15 ④　16 ②　17 ④　18 ①

문제3

19 ④　20 ②　21 ②　22 ①　23 ③

문제1 다음 문장의 (　　)에 넣기에 가장 알맞은 것을, 1・2・3・4에서 하나 고르세요.

1 공항의 주차장은 하루 (당) 3,000엔이 든다.

1 ~에 의해　　　　　　2 ~에 있어서
3 ~당, ~이므로　　　4 ~에(게) 있어서

해설　문맥상 알맞은 표현은 **3 につき**이다. 모두 명사와 접속이 되는 문법이지만, 앞 문장과 자연스럽게 연결되기 위해서는 「명사+につき(~당)」라는 문법이 가장 적합하다.

단어　空港(くうこう) 공항 | 駐車場(ちゅうしゃじょう) 주차장 | 一日(いちにち) 하루 | ~につき ~당, ~이므로 | かかる 들다, 걸리다 | ~により ~에 의해 | ~において ~에 있어서 | ~にとって ~에(게) 있어서

2 회사의 규칙 (에 반해서) 회사의 컴퓨터를 집으로 가지고 돌아와 버렸다.

1 ~에 반해서　　　　2 ~에 관해서
3 ~에 의해서　　　　　4 ~에 대해서

해설　문맥상 알맞은 표현은 **1 に反して**이다. 모두 명사와 접속이 되는 문법이지만, 뒤 문장과 자연스럽게 연결되기 위해서는 「명사+に反して(~에 반해)」라는 문법이 가장 적합하다.

단어　規則(きそく) 규칙 | ~に反(はん)して ~에 반해서 | パソコン 컴퓨터 | 持(も)つ 들다, 가지다 | 帰(かえ)る 돌아가다, 돌아오다 | ~に関(かん)して ~에 관해서 | ~によって ~에 의해서 | ~について ~에 대해서

3 장마의 계절이라고 해서, 매일 비가 내리는 (것은 아니다).

1 (당연히) ~것이다　　2 ~할 수는 없다
3 ~할 리가 없다　　　　**4 ~인 것은 아니다**

해설　문맥상 알맞은 표현은 **4 わけではない**이다. 모두 동사와 접속이 되는 문법이지만, 앞 문장과 자연스럽게 연결되기 위해서는 「동사+わけではない(~인 것은 아니다)」라는 문법이 가장 적합하다.

단어　梅雨(つゆ) 장마 | 季節(きせつ) 계절 | 雨(あめ) 비 | 降(ふ)る 내리다 | ~わけではない ~인 것은 아니다 | ~わけだ (당연히) ~것이다 | ~わけにはいかない ~할 수는 없다 | ~わけがない ~할 리가 없다

4 영화를 (한창 보고 있을 때) 시끄럽게 하면 화가 난다.

1 ~인 데다가　　　　　**2 한창 ~일 때**
3 ~대로　　　　　　　　4 ~할 때마다

해설　문맥상 알맞은 표현은 **2 最中に**이다. 앞 문장과 자연스럽게 연결되기 위해서는 「동사 진행형+最中に(한창 ~일 때)」라는 문법이 가장 적합하다. 1번도 한국어 해석상 정답이 될 것 같지만, 지금 상황이 변하기 전에 어떤 행동을 한다라는 뉘앙스이기 때문에 뒤 문장과 문맥상 어색하다.

단어　最中(さいちゅう)に 한창 ~일 때 | うるさい 시끄럽다 | 腹(はら)が立(た)つ 화가 나다 | ~うえに ~인 데다가 | ~通(とお)りに ~대로 | ~ごとに ~할 때마다

5 남자 "그 영화 재미없지."
　　여자 "그래? 재미있지 (않은 것은 아니라)고 생각하는데."

1 ~하지 않을 때도 있다　　**2 ~하지 않는 것은 아니다**
3 ~하지 않는 경우도 있다　　4 ~하지 않는 것이 된다

해설　문맥상 알맞은 표현은 **2 ないことはない**이다. 모두 동사 ない형과 접속이 되는 문법이지만, 뒤 문장과 자연스럽게 연결되기 위해서는 「동사 ない형+ないことはない(~하지 않는 것은 아니다)」라는 문법이 가장 적합하다.

단어　映画(えいが) 영화 | 面白(おもしろ)い 재미있다 | ~ないことはない ~하지 않는 것은 아니다 | 思(おも)う 생각하다 | ~こともある ~경우도 있다 | ~になる 이/가 되다

6 내 도시락을 만드는 (김에) 남편의 몫도 만들고 있다.

1 ~하는 한편(으로)　　　2 ~하는 것치고
3 ~라고 해도　　　　　　**4 ~하는 김에**

해설　문맥상 알맞은 표현은 **4 ついでに**이다. 모두 동사 기본형과 접속이 되는 문법이지만, 뒤 문장과 자연스럽게 연결되기 위해서는 「동사

기본형+ついでに(~하는 김에)」라는 문법이 가장 적합하다.

단어 自分(じぶん) 자기, 자신 | 弁当(べんとう) 도시락 | 作(つく)る 만들다 | 〜ついでに ~하는 김에 | 夫(おっと) 남편 | 分(ぶん) 몫 | 作(つく)る 만들다 | 〜一方(いっぽう)で ~하는 한편(으로) | 〜わりに ~하는 것치고 | 〜といっても ~라고 해도

> **7** 이 한자는 일본인 (조차) 쓸 수 없는 어려운 한자다.
>
> 1 비문법적 표현 2 ~조차
> 3 ~로 밖에 4 비문법적 표현

해설 문맥상 알맞은 표현은 **2 でさえ**이다. 뒤 문장과 자연스럽게 연결되기 위해서는 「명사+でさえ(조차)」라는 문법이 가장 적합하다.

단어 漢字(かんじ) 한자 | 〜(で)さえ ~조차 | 書(か)く 쓰다 | 難(むずか)しい 어렵다 | 〜から ~부터 | 〜でしか ~로 밖에 | 〜まで ~까지

> **8** 엄마 "채소를 남기지 말고 전부 먹으렴!"
> 아이 "맛있지 않기 때문에 먹고 싶지 않아."
> 엄마 "그래도 채소는 몸에 좋으니까 매일 먹어 (야만 해)."
>
> 1 ~해야 해 2 ~일 것이야
> 3 ~인 것 같아 4 ~해서는 안돼

해설 문맥상 알맞은 표현은 **1 べきだよ**이다. 모두 동사 기본형과 접속이 되지만, 앞 문장과 자연스럽게 연결되기 위해서는 「동사 기본형+べきだ(~해야 한다)」라는 문법이 가장 적합하다.

단어 野菜(やさい) 채소 | 残(のこ)す 남기다 | 全部(ぜんぶ) 전부 | 〜なさい ~하렴, ~하세요 | でも 하지만, 그래도 | 体(からだ) 몸 | 〜べきだ ~해야 한다 | 〜はずだ ~일 것이다 | 〜ようだ ~인 것 같다 | 〜べきではない ~해서는 안 된다

> **9** 그녀는 최근, 학교를 쉬 (는 경향이 있기) 때문에 걱정이다.
>
> 1 ~한 채 2 ~만에
> 3 ~보다 4 ~하는 경향

해설 문맥상 알맞은 표현은 **4 がち**이다. 뒤 문장과 자연스럽게 연결되기 위해서는 「동사 ます형+がち(~하는 경향이 있다)」라는 문법이 가장 적합하다.

단어 最近(さいきん) 최근 | 休(やす)む 쉬다 | 〜がちだ ~하는 경향이 있다 | 心配(しんぱい)だ 걱정이다 | 〜まま ~한 채 | 〜ぶり ~만에 | 〜より ~보다

> **10** 부모님이 반대하고 있기 때문에 반려동물을 키우는 것은 포기 (할 수밖에 없다).
>
> 1 ~할 리가 없다 2 ~일 리가 없다
> 3 ~할 수밖에 없다 4 ~뿐만 아니다

해설 문맥상 알맞은 표현은 **3 ほかない**이다. 모두 동사 기본형과 접속이 되는 문법이지만, 앞 문장과 자연스럽게 연결되기 위해서는 「동사 기본형+ほかない(~할 수밖에 없다)」라는 문법이 가장 적합하다.

단어 両親(りょうしん) 부모님 | 反対(はんたい) 반대 | ペット 펫, 반려동물 | 飼(か)う 키우다 | 諦(あきら)める 포기하다 | 〜ほかない ~할 수밖에 없다 | 〜わけがない ~할 리가 없다 | 〜はずがない ~일 리가 없다 | だけ ~뿐, ~만

> **11** 새로운 방은 이사하기 전의 방 (만큼) 넓지 않다.
>
> 1 ~조차 2 ~만큼, 정도
> 3 ~뿐 4 ~야 말로

해설 문맥상 알맞은 표현은 **2 ほど**이다. 모두 명사와 접속이 되는 문법이지만, 뒤 문장과 자연스럽게 연결되기 위해서는 「명사+ほど〜ない(~만큼 아니다)」라는 문법이 가장 적합하다.

단어 新(あたら)しい 새롭다 | 引(ひ)っ越(こ)す 이사하다 | 前(まえ) 전 | 〜ほど〜ない ~만큼 ~아니다 | 広(ひろ)い 넓다 | さえ 조차 | 〜だけ ~뿐, ~만 | 〜こそ ~야말로

> **12** 첫 풀 마라톤을 마지막까지 (다 뛰었다).
>
> 1 다 ~했다 2 다시 ~하다
> 3 두었다 4 ~하기 시작했다

해설 문맥상 알맞은 표현은 **1 きった**이다. 앞 문장과 자연스럽게 연결되기 위해서는 「동사 ます형+きる(다, 완전히 ~하다)」라는 문법이 가장 적합하다.

단어 初(はじ)めて 처음 | フルマラソン 풀 마라톤 | 最後(さいご) 마지막 | 走(はし)る 뛰다 | (동사 ます형+)〜きる 다~하다 | (동사 ます형+)〜直(なお)す 다시 ~하다 | (동사 ます형+)〜出(だ)す (갑자기) ~하기 시작하다

> **13** 해외에 살아 봤 (기 때문에) 자신의 나라의 좋은 점을 아는 거야.
>
> 1 ~인 것 같은 2 ~로 인해
> 3 ~라고 해도 4 ~이기 때문에

해설 문맥상 알맞은 표현은 **4 からこそ**이다. 뒤 문장과 자연스럽게 연결되기 위해서는 「보통형+からこそ(~이기 때문에 비로소)」라는 문법이 가장 적합하다.

단어 海外(かいがい) 해외 | 住(す)む 살다 | 〜からこそ ~기 때문에 (비로소) | 自分(じぶん) 자기, 자신 | 国(くに) 나라 | 良(よ)さ 좋은 점 | 分(わ)かる 알다 | 〜かのような ~인 것 같은 | 〜ことから ~로 인해 | 〜といっても ~라고 해도

문제2 다음 문장의 ＿＿★＿＿에 들어갈 가장 알맞은 것을, 1・2・3・4에서 하나 고르세요.

> **14** 의자에서 일어서 ★자마자 책상 모서리에 머리를 부딪혀 버렸다.
>
> 1 책상의 모서리에 2 하자마자

| 3 일어섰다 | 4 의자에서 |

해설 2번 とたんに 앞에는 동사 た형이 와야 하고 문맥상 '의자에서 일어서자마자'가 자연스럽기 때문에 4-3-2번으로 연결된다. 그리고 뒤 문장 머리를 부딪혀 버렸다 앞부분에 '어디에'를 나타내는 1번이 와야 한다. 따라서를 4-3-2-1로 문장을 만들면 **2 とたんに**가 정답이다.

단어 椅子(いす) 의자 ｜ 立(た)ち上(あ)がる 일어서다 ｜ ～たとたんに ~하자마자 ｜ 机(つくえ) 책상 ｜ 角(かど) 모서리 ｜ 頭(あたま) 머리 ｜ ぶつける 부딪히다 ｜ ～てしまう ~해 버리다

---

15 저 두 사람은 아직 결혼하지 않았을 것인데, 부부인 ★것 처럼 함께 생활하고 있다.

1 함께　　　　　　　　2 생활하고 있다
3 부부이다　　　　　　**4 인 것처럼**

해설 4번 かのように 앞에는 2번 또는 3번이 올 수 있지만, 2번은 서술어로 마지막에 와야 하므로 3-4번으로 연결된다. 그리고 '함께 생활하고 있다'가 문맥상 자연스럽기 때문에 1-2번으로 연결된다. 따라서 3-4-1-2로 문장을 만들면 **4 かのように**가 정답이다.

단어 二人(ふたり) 두 사람 ｜ 結婚(けっこん) 결혼 ｜ ～はずだ ~일 것이다 ｜ 夫婦(ふうふ) 부부 ｜ ～かのように ~인 것 처럼 ｜ 一緒(いっしょ)に 함께 ｜ 暮(く)らす 생활하다

---

16 그의 이야기는 거짓말 투성이라서 ★정말인지 어떤지 확인할 필요가 있다.

1 투성이라서　　　　　**2 정말인지**
3 어떤지　　　　　　　4 거짓말

해설 1번 だらけ의 앞에는 명사가 와야 하고 문맥상 '그의 이야기는 거짓말투성이라서'가 자연스럽기 때문에 4-1번으로 연결된다. 그리고 3번 どうか는 ～かどうか(~인지 어떤지)라는 문법으로 추측되므로 2-3번으로 연결된다. 따라서 4-1-2-3로 문장을 만들면 **2 本当か**가 정답이다.

단어 話(はなし) 이야기 ｜ 嘘(うそ) 거짓말 ｜ だらけ 투성이 ｜ 本当(ほんとう) 정말, 진짜 ｜ ～かどうか ~인지 어떤지 ｜ 確(たし)かめる 확인하다 ｜ 必要(ひつよう) 필요

---

17 잠깐 쇼핑하러 온 ★김에 근처의 친척의 집에 들렀다.

1 왔다　　　　　　　　2 쇼핑하러
3 근처의　　　　　　　**4 한 김에**

해설 2번 買い物 뒤에는 동사가 와야 하고 문맥상 '쇼핑하러 온 김에'가 자연스럽기 때문에 2-1-4번으로 연결된다. 그리고 親戚(친척) 앞부분에 명사 수식형이 오는 것이 적절하므로 '근처의 친척'으로 연결된다. 따라서 2-1-4-3로 문장을 만들면 **4 ついでに**가 정답이다.

단어 ちょっと 조금, 잠깐 ｜ 買(か)い物(もの) 쇼핑 ｜ ～ついでに ~한 김에 ｜ 近(ちか)く 근처 ｜ 親戚(しんせき) 친척 ｜ 寄(よ)る 들르다

---

18 어라? 지금 뭐라고 ★말하려 고 했었 더라? 잊어버렸어.

1 말하려　　　　　　2 뭐라고
3 라고 했었다　　　　　4 했더라?

해설 2번 何と의 뒤에는 동사가 와야 하고 문맥상 '뭐라고 말하려'가 자연스럽기 때문에 2-1번으로 연결된다. 그리고 「동사 의지형+とする (~하려고 하다)」라는 형태로 뒤 문장에는 3번이 와야 한다. 그리고 문말 표현인 4っけ로 문장을 끝내는 것이 적절하다. 따라서 2-1-3-4로 문장을 만들면 **1 言おう**가 정답이다.

단어 あれ 어라(감탄어) ｜ 今(いま) 지금 ｜ 何(なに) 무엇, 뭐 ｜ 言(い)う 말하다 ｜ ～っけ ~했더라? ｜ 忘(わす)れる 잊다 ｜ ～ちゃう ~해 버리다

문제3 다음 문장을 읽고, 문장 전체 내용을 생각해서, ⌷19⌷ 부터 ⌷23⌷ 안에 들어갈 가장 알맞은 것을, 1・2・3・4에서 하나 고르세요.

아래의 문장은 유학생이 쓴 작문입니다.

일본인이 자주 쓰는 말

존슨

일본에서 생활하고 있으면, '죄송합니다'라는 말이 들려오는 경우가 있습니다. 얼마 전 앉을 자리가 없는 만원 전철에서 노인에게 '여기에 앉으세요'라고 말했습니다. 그때 대답으로서 '죄송합니다'라고 ⌷19⌷. 저는 왜 사과하고 있는지 몰랐습니다. 방금 건 '고마워'가 아니야?라고 생각했기 때문입니다. 친구에게 물어봤더니, 일본인은 다양한 상황에서 '죄송합니다'라고 ⌷20⌷.

⌷21⌷, 레스토랑에서 점원을 부를 때나 선물을 받았을 때, 사과하고 싶을 때에도 '죄송합니다'라고 말합니다. 그래서 일본인은 어디에 있어도 누구와 있어도 항상 사과하고 있는 인상이 있습니다. 뭔가 잘못된 일을 하지 않았을 때인데도 '죄송합니다'라고 말하는 것은, 조금 이상하다고 생각했습니다. 제 나라에서는 '고마워'는 자주 사용하지만, '죄송합니다'는 필요할 때 이외는 거의 사용하지 않습니다.

⌷22⌷, 일본의 이러한 문화는 상대에 대한 감사의 마음이 크고, 그 마음을 ⌷23⌷ 그렇게 말하는 것일지도 모른다고 생각했습니다. 그 후로는 '죄송합니다'라는 말을 사용하는 것도 나쁜 일이 아니라고 생각해서, 저도 자연스럽게 '죄송합니다'라고 말하게 되었습니다. 다른 나라에서는 볼 수 없는, 이 일본스러운 말이 매우 마음에 들었습니다.

19　1 억지로 말했습니다(사역수동형)
　　　2 말할 수 있었습니다(가능형)
　　　3 말하게 했습니다(사역형)
　　　4 들었습니다(수동형)

해설 문맥에 맞는 문법 표현을 고르는 문제이다. 빈칸의 앞부분에 返事として「すみません」と(대답으로서 '죄송합니다'라고)라고 했으므로, 죄송하다는 말을 들었다고 하는 것이 자연스럽다. 따라서 수동형을 사용한 **4 言われました**가 정답이다.

표현 言(い)う 말하다

20	1 말할 생각입니다	**2 말한다고 합니다**
	3 말할 것 같습니다	4 말하도록 하겠습니다

해설 문맥에 맞는 문법 표현을 고르는 문제이다. 빈칸의 앞부분에 友達に聞いてみると、日本人は様々な場面で「すみません」と(친구에게 물어보니, 일본인은 다양한 상황에서 '죄송합니다'라고)라고 했으므로, 친구에게 전해들은 내용을 표현하는 문법이 오는 것이 자연스럽다. 따라서 **2 言うそうです**가 정답이다.

표현 ~つもりだ ~생각, 예정이다 | 동사 보통형 + ~そうだ ~라고 한다 | 동사 ます형 + ~そうだ ~할 것 같다 | ~ようにする ~하도록 하다

21	1 따라서	**2 예를 들면**
	3 게다가	4 그러자

해설 문맥에 맞는 접속사를 고르는 문제이다. 앞부분에서 일본인은 다양한 상황에서 죄송합니다를 사용하다라고 나오고, 뒤 문장에서 죄송합니다를 사용하는 여러 상황에 대한 내용이 나온다. 따라서 예시를 드는 접속사로 빈칸에 알맞은 것은 **2 たとえば**이다.

표현 したがって 따라서 | たとえば 예를 들면 | そのうえ 게다가 | すると 그러자

22	**1 하지만**	2 그리고
	3 그러니까	4 그럼

해설 문맥에 맞는 접속사를 고르는 문제이다. 앞부분에서 필자의 나라에서는 죄송합니다라는 말을 잘 하지 않는다고 한 후 빈칸 뒷부분에서 일본에서 죄송합니다라는 말을 하는 것을 이해하는 내용이 나온다. 따라서 상반된 내용을 연결시키기 위해 빈칸에 들어갈 접속사로 알맞은 것은 **1しかし**이다.

표현 しかし 하지만 | そして 그리고 | だから 그러니까 | それでは 그럼

23	1 전하고 나서	2 전한다고 해서
	3 전하고 싶기 때문에	4 전하고 싶은 주제에

해설 문맥에 맞는 문법 표현을 고르는 문제이다. 빈칸의 앞부분에 相手に対しての感謝の気持ちが大きく、その気持ちを(상대에 대한 감사의 마음이 크고, 그 마음을)이라고 하면서 뒤 문장에 그렇게 말하는 것일지도 모른다고 문장을 끝냈다. 앞부분의 이유 때문에 뒤 문장의 내용이 이어진다고 말하는 것이 자연스럽다. 따라서 **3 伝えたいからこそ**가 정답이다.

표현 伝(つた)える 전하다 | ~てから ~하고 나서 | ~からといって ~라고 해서 | ~からこそ ~이기 때문에 | ~くせに ~주제에

단어 使(つか)う 사용하다 | 言葉(ことば) 말 | 生活(せいかつ) 생활 | 聞(き)こえる 들리다 | ~ことがある ~하는 경우가 있다 | この前(まえ) 얼마 전 | 座(すわ)る 앉다 | 場所(ばしょ) 장소 | 満員(まんいん) 만원 | 電車(でんしゃ) 전철 | お年寄(としよ)り 노인 | 返事(へんじ) 답변, 답장 | ~として ~로서 | どうして 왜 | 謝(あやま)る 사과하다 | 様々(さまざま)だ 다양하다 | 場面(ばめん) 장면 | 店員(てんいん) 점원 | 呼(よ)ぶ 부르다 | おみやげ 선물, 기념품 | 印象(いんしょう) 인상 | 間違(まちが)う 틀리다, 잘못하다 | おかしい 이상하다 | 国(くに) 나라 | 必要(ひつ

う)だ 필요하다 | 以外(いがい) 이외 | ほとんど 거의 | 文化(ぶんか) 문화 | 相手(あいて) 상대 | ~に対(たい)しての ~에 대한 | 感謝(かんしゃ) 감사 | 気持(きも)ち 기분 | ~かもしれない ~일지도 모른다 | それから 그 후로 | 悪(わる)い 나쁘다 | 自然(しぜん)に 자연스럽게 | ~らしい ~답다 | 気(き)に入(い)る 마음에 들다

핵심문법 실전 연습 문제④ 336p

문제1

1 ②	2 ④	3 ③	4 ①	5 ①
6 ④	7 ③	8 ②	9 ①	10 ③
11 ④	12 ①	13 ②		

문제2

14 ①	15 ④	16 ②	17 ③	18 ②

문제3

19 ④	20 ④	21 ③	22 ③	23 ②

문제1 다음 문장의 (   )에 넣기에 가장 알맞은 것을, 1·2·3·4에서 하나 고르세요.

1	오늘은 자전거를 타는 (대신에) 회사까지 걸어서 갔다.	
1 ~하는 김에		**2 ~대신에**
3 ~하는 한편(으로)		4 ~라고 한다면

해설 문맥상 알맞은 표현은 **2 代わりに**이다. 모두 명사 수식형과 접속이 되는 문법이지만, 뒤 문장과 자연스럽게 연결되기 위해서는 「명사 수식형+代わりに(~대신에)」라는 문법이 가장 적합하다.

단어 自転車(じてんしゃ) 자전거 | ~に乗(の)る ~을/를 타다 | ~代(か)わりに ~대신에 | 歩(ある)く 걷다 | ~ついでに ~하는 김에 | ~一方(いっぽう)で ~하는 한편(으로) | ~としたら ~라고 한다면

2	저는 틈 (만 있으면) 어디로 여행 갈지 생각하고 있습니다.	
1 ~을/를 토대로		2 ~당
3 ~라기보다		**4 ~만 있으면**

해설 문맥상 알맞은 표현은 **4 さえあれば**이다. 모두 접속이 되는 문법이지만, 앞 문장과 자연스럽게 연결되기 위해서는 「명사+さえあれば(~만 있으면)」라는 문법이 가장 적합하다.

단어 ひま 틈, 한가한 상태 | ~さえあれば ~만 있으면 | 考(かんが)える 생각하다 | ~をともに ~을/를 토대로 | ~につき ~당 | ~というより ~라기보다

3	모리 "나카타 씨, 오늘은 부장님 (빼고) 마시러 가자."

나카타 "그렇네. 그것도 좋을지도 모르겠네.

1 ~용으로　　　　　　　2 ~조차
3 ~빼고　　　　　　　4 ~와/과 함께

해설　문맥상 알맞은 표현은 **3 ぬきで**이다. 모두 명사와 접속이 되는 문법이지만, 뒤 문장과 자연스럽게 연결되기 위해서는 「명사+ぬきで(~빼고)」라는 문법이 가장 적합하다.

단어　部長(ぶちょう) 부장님 | ~ぬきで ~빼고 | たまには 가끔은 | ~かも ~일지도 모른다 | ~に向(む)けに ~용으로 | ~さえ ~조차 | ~とともに ~와/과 함께

4 밤에 잠들 수 없을 때는 따뜻한 물을 마시는 (편이 좋아) 요.

1 ~하는 편이 좋다　　　2 ~덕분이다
3 ~임에 틀림없다　　　　4 ~라는 것이다

해설　문맥상 알맞은 표현은 **1 ほうがいい**이다. 앞 문장과 자연스럽게 연결되기 위해서는 「동사 た형+たほうがいい(~하는 편이 좋다)」라는 문법이 가장 적합하다.

단어　夜(よる) 밤 | 眠(ねむ)る 잠자다 | 温(あたた)かい 따뜻하다 | お湯(ゆ) 따뜻한 물 | ~たほうがいい ~하는 편이 좋다 | ~おかげだ 덕분이다 | ~に相違(そうい)ない ~임에 틀림없다 | ~とのことだ ~라는 것이다

5 (레스토랑에서)
손님 "테이블에 접시가 가득이네. 저기요! 빈 접시 (치워 주시겠어요)?"
점원 "네, 알겠습니다."

1 치워 주시겠습니까?　　2 치워도 상관없습니까?
3 비문법적 표현　　　　　4 치워 드릴까요?

해설　문맥상 알맞은 표현은 **1 下げてもらってもいいですか**이다. 앞 문장과 자연스럽게 연결되기 위해서는 「동사 て형+てもらってもいいですか(~해 주시겠습니까?)」라는 문법이 가장 적합하다.

단어　テーブル 테이블 | お皿(さら) 접시 | いっぱいだ 가득하다 | 下(さ)げる 내리다, 치우다 | ~てもらってもいいですか ~해 주시겠습니까? | 店員(てんいん) 점원 | かしこまりました 알겠습니다 | ~てもかまわない ~해도 상관없다 | ~てあげる (내가 남, 남이 남에게) ~해 주다 | ~てさしあげる (내가 남, 남이 남에게) ~해 드리다

6 생활의 리듬이 나쁘면 병에 걸릴 (지도 몰라).

1 ~하다 말다, ~할 뻔하다　　2 다 ~하다, 매우 ~하다
3 다 ~하다　　　　　　　　**4 ~할지도 모른다**

해설　문맥상 알맞은 표현은 **4 かねない**이다. 모두 동사 ます형과 접속이 되는 문법이지만, 앞 문장과 자연스럽게 연결되기 위해서는 「동사 ます형+かねない(~할지도 모른다)」라는 문법이 가장 적합하다.

단어　生活(せいかつ) 생활 | リズム 리듬 | 悪(わる)い 나쁘다 | 病気(びょうき)になる 병에 걸리다 | ~かねない ~할지도 모른다 | ~かける ~하다 말다, ~할 뻔하다 | ~きる 다 ~하다, 매우 ~하다 | ~終(お)わる 다 ~하다

7 역에서 지갑을 잃어버렸지만, (찾게 되어서 다행이) 야.

1 찾게 되어도 이상하지 않다　　2 찾게 되어서 어쩔 수 없다
3 찾게 되어서 다행이다　　　4 찾게 되어도 괜찮다

해설　문맥상 알맞은 표현은 **3 見つかってよかった**이다. 앞 문장과 자연스럽게 연결되기 위해서는 「동사 て형+てよかった(~해서 다행이다)」라는 문법이 가장 적합하다.

단어　財布(さいふ) 지갑 | なくす 잃다 | ~てよかった ~해서 다행이다 | ~てもおかしくない ~해도 이상하지 않다 | ~てしかたがない ~해서 어쩔 수 없다 | ~ても大丈夫(だいじょうぶ)だ ~해도 괜찮다

8 다음주 금요일부터 미국에 출장을 (가기로) 되어 있다.

1 동사 의지형　　　　　**2 동사 기본형**
3 동사 た형　　　　　　4 동사 て형

해설　문법 접속을 묻는 문제이다. 모두 行く(가다)라는 동사를 활용한 형태이지만, ことになっている(~하기로 되어 있다) 앞에는 동사 기본형이 와야 한다. 그러므로 문맥상 알맞은 표현은 **2 行く**이다.

단어　来週(らいしゅう) 다음 주 | 金曜日(きんようび) 금요일 | 出張(しゅっちょう) 출장 | ~ことになっている ~하기로 되어 있다

9 논문을 제출하고 (나서가 아니면), 졸업할 수 없는 규칙이다.

1 ~하고 나서가 아니면　　2 ~이기 때문에
3 ~한 이후　　　　　　　4 ~해서 처음으로

해설　문맥상 알맞은 표현은 **1 からでないと**이다. 뒤 문장과 자연스럽게 연결되기 위해서는 「동사 て형+てからでないと(~하고 나서가 아니면)」라는 문법이 가장 적합하다.

단어　論文(ろんぶん) 논문 | 提出(ていしゅつ) 제출 | ~てからでないと ~하고 나서가 아니면 | 卒業(そつぎょう) 졸업 | 決(き)まり 규칙, 정해진 바 | ~からこそ ~이기 때문에 | ~て以来(いらい) 이래, 이후 | ~てはじめて ~해서 처음으로

10 맛있는 것을 먹는 것 (만큼) 행복한 일은 없다

1 ~뿐　　　　　　　　2 ~투성이
3 ~만큼　　　　　　　4 ~조차

해설　문맥상 알맞은 표현은 **3 ほど**이다. 모두 명사와 접속이 되는 문법이지만, 뒤 문장과 자연스럽게 연결되기 위해서는 「명사+~ほど~はない(~만큼 ~한 것은 없다)」라는 문법으로 ほど(만큼)이 가장 적합하다.

단어　~ほど~はない ~만큼 ~한 것은 없다 | 幸(しあわ)せだ 행복하다 | ~ばかり ~뿐 | ~だらけ ~투성이 | ~さえ ~조차

11 역시 영화는 집에서 보는 것보다 영화관에서 보는 (것이 최고다).

1 ~일 리가 없다
2 ~할 리가 없다
3 ~할 게 뻔하다
4 ~하는 것이 최고다

해설 문맥상 알맞은 표현은 **4 に限る**이다. 모두 동사 기본형과 접속이 되는 문법이지만, 앞 문장과 자연스럽게 연결되기 위해서는 「동사 기본형+に限る(~하는 것이 최고다)」라는 문법이 가장 적합하다.

단어 やっぱり 역시 | 映画館(えいがかん) 영화관 | ~に限(かぎ)る ~하는 것이 최고다 | ~はずがない ~일 리가 없다 | ~わけがない ~할 리가 없다 | ~に決(き)まっている ~할 게 뻔하다

12 내일은 시험이 있기 때문에 학교를 쉴 (수는 없다).

1 ~할 수는 없다
2 ~경우가 있다
3 ~할 필요는 없다
4 ~할 수밖에 없다

해설 문맥상 알맞은 표현은 **1 わけにはいかない**이다. 모두 동사 기본형과 접속이 되는 문법이지만, 앞 문장과 자연스럽게 연결되기 위해서는 「동사 기본형+わけにはいかない(~할 수는 없다)」라는 문법이 가장 적합하다.

단어 試験(しけん) 시험 | 休(やす)む 쉬다 | ~わけにはいかない ~할 수는 없다 | ~ことがある ~경우가 있다 | ~ことはない ~할 필요는 없다 | ~しかない ~할 수밖에 없다

13 아무리 화나도 나쁜 말을 (해서는 안 된다).

1 말해 버렸다
2 말해서는 안 된다
3 말할 예정이다
4 말해도 좋을 것 같다

해설 문맥상 알맞은 표현은 **2 ぺきではない**이다. 모두 言う(말하다)라는 동사와 접속한 문법이지만, 앞 문장과 자연스럽게 연결되기 위해서는 「동사 기본형+べきではない(~해서는 안 된다)」라는 문법이 가장 적합하다.

단어 どんなに~ても 아무리 ~해도 | 怒(おこ)る 화내다 | 悪(わる)い 나쁘다 | 言葉(ことば) 말 | ~べきではない ~해서는 안 된다 | ~てしまう ~해 버리다 | ~つもりだ 생각, 예정이다 | ~ても ~해도 | よさそうだ 좋을 것 같다

問題2 다음 문장의 ___★___ 에 들어갈 가장 알맞은 것을, 1・2・3・4 에서 하나 고르세요.

14 아직 작은 아이에게 ★그런 어려운 말 따위 알 리가 없어.

1 그런
2 아이에게
3 말
4 어렵다

해설 小さい의 뒤에는 명사가 와야 하고 문맥상 '작은 아이에게'가 자연스럽기 때문에 2번이 먼저 나와야 한다. 그리고, 1번 そんな의 뒤에는 명사가 와야 하며 難しい(어렵다)가 言葉(말)을 수식하는 것이 적절하므로 '그런 어려운 말'로 연결된다. 따라서 2-1-4-3으로 문장을 만들면 **1 そんな**가 정답이다.

단어 まだ 아직 | 小(ちい)さい 작다 | 子供(こども) 아이 | そんな 그런 | 難(むずか)しい 어렵다 | 言葉(ことば) 말, 단어 | 分(わ)かる 알다 | ~なんか ~따위 | ~っこない ~할 리가 없다

15 여동생은 내년 봄부터 ★가을에 걸쳐서 영국에 유학할 예정이다.

1 영국에
2 부터
3 걸쳐서
4 가을에

해설 2번 から의 앞에는 명사가 와야 하고 ~から~にかけて가 연결되어 '~부터 ~에 걸쳐서'라는 의미가 되므로 2-4-3번으로 연결된다. 그리고 뒤 문장 留学する(유학하다)의 앞에 イギリスに(영국으로)가 오는 것이 적절하므로 2-4-3-1로 문장을 만들면 **4 秋に**가 정답이다.

단어 妹(いもうと) 여동생 | 来年(らいねん) 내년 | 春(はる) 봄 | 秋(あき) 가을 | ~から~にかけて ~부터 ~에 걸쳐서 | イギリス 영국 | 留学(りゅうがく) 유학 | 予定(よてい) 예정

16 아까우니까, 식기를 씻을 때에 ★물을 튼 채로 하지마.

1 식기를
2 물을
3 씻을 때에
4 튼 채로

해설 2번 洗うときに 앞에는 목적어가 와야 하고 문맥상 '식기를 씻다'가 자연스러우므로 1-3번으로 연결된다. 그리고 '물을 틀다'는 水を出す라고 하기 때문에 2-1번으로 연결된다. 따라서 1-3-2-4로 문장을 만들면 **2 水を**가 정답이다.

단어 もったいない 아깝다 | 水(みず)を出(だ)す 물을 틀다 | ~っぱなし ~한 채로 | 食器(しょっき) 식기 | 洗(あら)う 씻다

17 앞으로의 시대를 살아가는 우리들 ★에게 있어서 환경 문제는 중요한 과제다.

1 환경 문제는
2 우리들
3 에(게) 있어서
4 살아가는

해설 時代を(시대를)의 뒤에는 동사가 와야 하므로 4번이 가장 먼저 나온다. 그리고 3번 にとって의 앞에 명사가 와야 하므로 '우리들에게 있어서'로 연결된다. 또한 뒤 문장 '중요한 과제다'의 주어를 나타내는 것을 1번이다. 따라서 4-2-3-1로 문장을 만들면 **3 にとって**가 정답이다.

단어 時代(じだい) 시대 | 生(い)きる 살다 | ~ていく ~해 가다 | 私(わたし)たち 우리들 | ~にとって ~에(게) 있어서 | 環境(かんきょう) 환경 | 問題(もんだい) 문제 | 重要(じゅうよう)だ 중요하다 | 課題(かだい) 과제

18 가능한 한 화내는 경향이 강한 사람과는 ★함께 있지 않으려고 하고 있다.

1 화내는 경향이 강한
2 함께
3 있지 않다
4 사람과는

해설 1번 怒りっぽい는 명사를 수식하기 때문에 1-4번으로 연결된다. 그리고 '함께 있지 않다'라고 문장을 만드는 것이 적절하고, 뒤 문장 ようにしている(~하려고 하고 있다) 앞에는 동사 ない형이 올 수 있기 때문에 2-3번으로 연결된다. 따라서 1-4-2-3으로 문장을 만들면 **2 一緒**가 정답이다.

단어 できるだけ 가능한 한 | 怒(おこ)る 화내다 | ~っぽい ~경향이 강하다 | 一緒(いっしょ)에 함께 | いる 있다 | ~ようにする ~하도록 하다

문제3 다음 문장을 읽고, 문장 전체 내용을 생각해서, 19 부터 23 안에 들어갈 가장 알맞은 것을, 1·2·3·4에서 하나 고르세요.

아래의 문장은 유학생이 쓴 작문입니다.

자동판매기
마리아

저는 매일 자동판매기에서 커피나 차를 삽니다. 매우 편리하고 언제든 어디서든 살 수 있어서 자주 이용합니다. 제 나라에서는 차가운 음료 19 살 수 없는 것에 비해서, 일본에서는 여러 가지 것을 살 수 있어서 깜짝 놀랐습니다.

최근에는 희귀한 자동판매기가 증가하고 있어 피자나 만두, 케이크나 과일 등 살 수 없는 것이 없을 정도입니다. 이러한 새로운 자동판매기를 다양한 곳에서 보는 것을 20 .

얼마 전, 액세서리 자동판매기에서 여자친구에게 반지를 사주고 있는 남성을 보았습니다. 반지를 사기 위해 남성 혼자서 가게에 들어가는 것은 조금 용기가 필요합니다. 21 , 누구라도 자유롭게 살 수 있는 이 자동판매기는 좋구나라고 생각했습니다.

냉동 기술의 발전 22 , 자동판매기는 냉동 상품도 판매할 수 있게 되었습니다. 그래서 혼자서 생활을 하는 사람이나 고령자에게도 많이 이용되게 되어, 도움이 되고 있습니다. 또 최근에는 현금이 23 전자 머니 등으로 지불할 수 있습니다. 이처럼 동네의 여기저기에 자동판매기가 당연하다는 것처럼 있는 것은, 세계에서는 매우 드문 일인 것입니다.

19	1 투성이	2 정도
	3 정도	**4 밖에**

해설 문맥에 맞는 문법 표현을 고르는 문제이다. 빈칸 앞에 私の国では冷たい飲み物(제 나라에서는 차가운 음료)라고 하고 뒤 문장에서 일본은 여러가지를 살 수 있다고 했다. 한정적인 물건을 밖에 살 수 없다고 표현하는 것이 문맥상 적절하므로 **4 しか**가 정답이다.

표현 だらけ 투성이 | くらい 정도 | ほど 정도 | しか 밖에

20	1 할 수 있을 것 같습니다	2 할 수 있을 지도 모릅니다
	3 할 수 있게 됩니다	**4 할 수 있게 되었습니다**

해설 문맥에 맞는 문법 표현을 고르는 문제이다. 최근에 희귀한 자동판매기가 증가하였고 빈칸 앞에 このような新しい自動販売機がいろいろな所で見ることが(이러한 새로운 자동판매기를 다양한 곳에서 보는 것이)라고 했으므로, 가능하게 되었다고 하는 것이 자연스럽다. 따라서 **4できるようになりました**가 정답이다.

표현 ~ようだ ~인 것 같다 | ~かもしれない ~일지도 모른다 | ~ようになる ~하게 되다

21	1 그래도	2 더구나
	3 그러니까	4 하지만

해설 문맥에 맞는 접속사를 고르는 문제이다. 앞 문장에서 남성이 혼자 반지를 사러 가게에 들어가는 것은 용기가 필요하다고 했다. 그리고 뒤 문장에서 자동판매기는 누구라도 자유롭게 살 수 있어서 좋다고 필자의 주장을 이야기 하고 있다. 따라서 문장의 주장을 말하는 **3 だから**가 정답이다.

표현 それでも 그래도 | そのうえ 더구나 | だから 그러니까 | しかし 하지만

22	1 ~탓에	2 ~당, ~이므로
	3 ~에 의해	4 ~에 대해서

해설 문맥에 맞는 문법 표현을 고르는 문제이다. 문맥상 일본의 자동판매기가 냉동 기술의 발전에 의해 냉동 상품도 판매할 수 있게 되었다고 하는 것이 자연스럽다. 따라서 **3 により**가 정답이다.

표현 ~のせいで ~탓에 | ~につき ~당, ~이므로 | ~により ~에 의해 | ~について ~에 대해서

23	1 없어져서	**2 없어도**
	3 ~하지 않고	4 없는데

해설 문맥에 맞는 문법 표현을 고르는 문제이다. 빈칸 앞에 最近では、現金が(최근에는 현금이)와 뒤 문장 電子マネーなどで支払うこともできます(전자 머니 등으로 지불할 수 있습니다)를 연결하는 표현이 필요하다. 현금이 없어도 전자 머니로 지불할 수 있다고 하는 것이 자연스럽다. 따라서 **2 なくても**가 정답이다.

표현 なくなる 없어지다 | なくても 없어도 | ~ないで ~하지 않고 | ~のに ~인데

단어 自動販売機(じどうはんばいき) 자동판매기 | お茶(ちゃ) 차 | 便利(べんり)だ 편리하다 | 利用(りよう) 이용 | 冷(つめ)たい 차갑다 | 飲(の)み物(もの) 음료수 | いろいろな 여러 가지 | びっくりする 깜짝 놀라다 | 最近(さいきん) 최근 | 珍(めずら)しい 희귀하다, 드물다 | 増(ふ)える 증가하다 | ピザ 피자 | ギョーザ 만두, 교자 | 果物(くだもの) 과일 | 所(ところ) 장소, 곳 | 先日(せんじつ) 얼마 전 | アクセサリー 액세서리 | 指輪(ゆびわ) 반지 | 男性(だんせい) 남성 | ~ために ~위해서, ~때문에 | 入(はい)る 들어가다 | 勇気(ゆうき) 용기 | 要(い)る 필요하다 | 自由(じゆう)だ 자유롭다 | 冷凍(れいとう) 냉동 | 技術(ぎじゅつ) 기술 | 発展(はってん) 발전 | 商品(しょうひん) 상품 | 販売(はんばい) 판매 | 一人暮(ひとりぐ)らし 자취 생활, 혼자 생활함 | 高齢者(こうれいしゃ) 고령자 | 役立(やくだ)つ 도움 되다 | 現金(げんきん) 현금 | 電子(でんし)マネー 전자 머니 | 支払(しはら)う 지불하다 | 町(まち) 마을 | あちらこちら 여기저기 | 当(あ)たり前(まえ)だ 당연하다 | 海外(かいがい) 해외

독해

단문 실전 연습 문제　　　　　　　　350p

1 ③	2 ②	3 ②	4 ①	5 ③
6 ④	7 ④	8 ②	9 ①	10 ③
11 ④	12 ④	13 ③	14 ①	

문제4　다음 문장을 읽고, 질문에 답하세요. 답은, 1・2・3・4에서 가장 알맞은 것을 하나 고르세요.

　양치질은 식사 후에 하는 경우가 많다. 물론 식후 양치질은 기본이다. 그러나 입안은 아무것도 먹지 않은, 자고 있는 시간에 가장 더러워진다. 따라서 아침에 일어나 가능한 한 바로 아침 식사를 먹기 전에 이를 닦는 것이 좋다. 그리고 밤에 자기 전에도 이를 잘 닦아 입 안을 깨끗이 해두는 것도 매우 중요하다. 효과적으로 양치질을 하기 위해서는 하루에 몇 번 양치질을 하는지 보다 언제 양치질을 하는지가 더 중요하다.

1　효과적인 양치질에 대해서 올바른 것은 어느 것인가?

1 아무것도 먹고 있지 않는 편이 입 안이 더러워지기 어려우므로 간식을 많이 먹지 않는 것이 좋다.
2 아침에 일어나서 바로와 밤에 자기 전에 양치질을 하면 다른 기회에 양치질을 할 필요가 없다.
3 수면 중 가장 입 안이 더러워지기 때문에 그 전후의 양치질이 중요하다.
4 가능한 한 많은 횟수로 양치질을 하는 것 외에는 효과적인 방법은 없다.

해설　지문에서 입안은 아무것도 먹지 않는 자는 시간에 가장 더러워지고, 아침에 일어나서 밤에 자기 전에 양치질하는 것이 중요하다고 했으므로 3번이 정답이다. 아무것도 먹지 않고 자는 시간에 입안이 가장 더러워진다고 했으므로 1번은 틀린 말이다. 식후 양치질은 기본이라고 했기 때문에 2번도 틀렸고, 횟수보다 언제 양치질을 하는지가 더 중요하다고 했기 때문에 4번도 정답이 아니다.

단어　歯磨(はみが)き 양치질 | 基本(きほん) 기본 | 汚(よご)れる 더러워지다 | そのため 그 때문에, 따라서 | できるだけ 가능한 한 | 歯(は)を磨(みが)く 이를 닦다 | しっかり 확실히 | 非常(ひじょう)に 상당히 | 効果的(こうかてき)に 효과적으로 | ～には ~하기 위해서는 | 間食(かんしょく) 간식 | 機会(きかい) 기회 | 睡眠(すいみん) 수면 | 以外(いがい) 이외

　어느 겨울 추운 날, 아파트 문 앞에서 새끼 고양이가 울고 있었다. 나의 아파트에서는 동물을 키우면 안 되는 것으로 되어 있기 때문에 새끼 고양이를 방에 들어오게 할 수는 없었다. 새끼 고양이는 10분 정도 계속 울었는데 어느 순간 울음소리가 들리지 않게 되었다. 어떻게 된 건가 싶어 밖에 나가보니 새끼 고양이는 더 이상 없었다. 집에 들어오게 할 수 없어도 밥을 주면 좋았을 텐데라고 불쌍한 기분이 들었다.

2　밖에 나온 것은 왜인가?

1 새끼 고양이가 계속 울고 있었기 때문에 불쌍해졌기 때문에
2 새끼 고양이 소리가 들리지 않게 된 것을 이상하게 생각했기 때문에
3 집 밖에서 새끼 고양이에게 밥을 주려고 생각했기 때문에
4 기운이 없어진 새끼 고양이를 도와주고 돌봐주려고 생각했기 때문에

해설　새끼 고양이가 10분 정도 계속 울다가 어느 순간 울음소리가 들리지 않자 이를 이상하게 생각하고 확인차 밖에 나왔다는 뉘앙스이므로 2번이 정답이다.

단어　アパート 아파트 | 子猫(こねこ) 새끼 고양이 | 鳴(な)く (동물이) 울다 | 飼(か)う 기르다 | ～てはいけない ~해서는 안 되다 | ～ことになっている ~하기로 되어 있다 | ～わけにはいかない ~할 수는 없다 | ～続(つづ)ける 계속 ~하다 | そのうち 어느 순간, 머지않아 | 鳴(な)き声(ごえ) 우는 소리 | ～ばよかった ~하면 좋았을 텐데 | かわいそうだ 불쌍하다 | 面倒(めんどう)を見(み)る 돌보다 | 不思議(ふしぎ)だ 이상하다

비닐봉지 유료화 공지

　저희 가게에서는 7월 1일부터 플라스틱제 비닐봉지가 유료화됩니다. 지구에 친화적인 환경 만들기를 위해 개인 장바구니를 들고 오십시오. 비닐봉지가 필요하신 분은 점원에게 말을 걸어주세요. 비닐봉지는 세금을 포함하여 작은 사이즈 2엔, 중간 사이즈 3엔, 큰 사이즈 5엔에 판매하고 있습니다. 단, 도시락을 구입하신 고객님께는 전용 비닐봉지를 무료로 드립니다.
　또한, 선물용 종이제 봉지의 요금은 변함없이 지금까지대로 1장에 세금 포함 10엔에 판매하고 있습니다.
　이해와 협조 부탁드립니다.

그린 슈퍼 미도리

3　이 공지의 내용에 대해서 올바른 것은 어느 것인가?

1 7월부터 개인 장바구니를 가져오지 않는 사람은 쇼핑을 할 수 없다.
2 비닐봉지 요금에는 모두 세금이 포함되어 있다.
3 7월부터 종이제 봉투가 유료가 된다.
4 도시락을 산 손님은 유료 비닐봉지를 무료로 받을 수 있다.

해설　미도리 슈퍼의 비닐봉지 요금에는 모두 세금이 포함되어 있으므로 2번이 정답이다. 7월부터 비닐봉지가 유료화되는 것이지 쇼핑을 할 수 없는 게 아니므로 1번은 틀린 말이다. 선물용 종이봉투는 원래 유료였으므로 3번도 틀린 말이다. 도시락을 구입한 손님에게는 유료 비닐봉지를 무료로 주는 것이 아니라 도시락 전용 비닐봉지를 무료로 주는 것이기 때문에 4번도 정답이 아니다.

단어　レジ袋(ぶくろ) 비닐봉지 | 有料化(ゆうりょうか) 유료화 | プラ

스틱 플라스틱 | ~製(せい) ~제(만든 재료, 회사명, 국명을 나타내는 말) | 地球(ちきゅう) 지구 | ~にやさしい ~에 친화적이다 | 環境(かんきょう) 환경 | ~づくり ~ 만들기 | マイバッグ 개인 장바구니 | 声(こえ)をかける 말을 걸다 | 税込(ぜいこ)み 세금 포함 | 販売(はんばい) 판매 | 専用(せんよう) 전용 | 渡(わた)す 건네주다, 주다 | 紙製(かみせい) 종이제, 종이로 만든 것 | ~枚(まい) ~장 | 税金(ぜいきん) 세금 | 含(ふく)む 포함하다

김 씨에게
수고 많으십니다.
내일 신제품에 관한 보고 회의의 자료를 읽었습니다. 신제품 설명은 수정해 주신 걸로 상관없습니다만, 사진을 붙이는 편이 더 나아질 거라고 생각합니다. 내일까지 사진을 자료에 넣을 수 있을까요?
회의는 오후부터니까 내일 오전 중까지 새로운 자료를 보내주실 수 있다면 저희가 복사해 놓겠습니다.
만약 제시간에 맞출 수 없는 경우는 바로 연락해 주세요. 지금 있는 자료를 복사하겠습니다.

나카무라

---

4 이 이후에 김 씨가 가장 먼저 할 일은 무엇인가?

1 나카무라 씨에게 보내는 자료에 신제품 사진을 붙인다.
2 내일 오전까지 새 자료를 보낸다.
3 신제품의 설명을 이해하기 어렵기 때문에 수정한다.
4 나카무라 씨 대신에 자료를 복사한다.

해설 나카무라 씨가 김 씨에게 회의 자료에 신제품 사진을 붙여서 내일 오전 중까지 보내달라고 했으므로 1번이 정답이다. 자료를 보내는 것은 사진을 붙인 이후이기 때문에 정답이 아니고, 나카무라 씨가 신제품의 설명은 수정해 준 내용으로 괜찮다고 했기 때문에 3번도 정답이 아니다. 그리고 자료는 나카무라 씨 쪽에서 복사해놓는다고 했으므로 4번도 정답이 아니다.

단어 新製品(しんせいひん) 신제품 | ~に関(かん)する ~에 관한 | 報告(ほうこく) 보고 | 会議(かいぎ) 회의 | 資料(しりょう) 자료 | 説明(せつめい) 설명 | 修正(しゅうせい) 수정 | ~てもかまわない ~해도 상관없다 | 写真(しゃしん) 사진 | 付(つ)ける 붙이다 | コピー 복사 | もし 만약 | 間(ま)に合(あ)う 제시간에 맞다

우체국에 가면 새로 발매된 우표를 봐 버린다. 우체국에는 그 시대나 계절에 맞춘 멋진 디자인의 우표가 발매되고 있어 눈을 즐겁게 해 준다. 그중에는 한정 수량의 우표를 모으는 사람도 있다고 한다. 편의점에서도 우표를 팔고 있지만 항상 같은 무늬라서 쇼핑하는 김에 사는 경우는 없다. 여름에는 불꽃놀이, 겨울에는 설경 등 그때그때 즐길 수 있는 디자인의 우표는 우체국에서밖에 팔고 있지 않다. 그리고, 그런 우표를 보고 있으면 즐거워져서 갖고 싶어져 버린다. 그렇게 해서 필요가 없는데도 무심코 사버린다.

---

5 무심코 사버리는 것은 왜인가

1 수가 한정되어 있는 희귀한 우표를 모으고 있기 때문에

2 새롭게 발매된 우표 쪽이 더 예쁘기 때문에
3 시대나 계절에 맞는 디자인이 멋지기 때문에
4 편의점 쇼핑을 간 김에 살 수 있기 때문에

해설 여름에는 불꽃놀이, 겨울에는 설경 등 시대와 계절에 맞춘 멋진 디자인의 우표를 보고 있으면 즐거워져서 갖고 싶어져 무심코 사버린다고 했으므로 3번이 정답이다.

단어 郵便局(ゆうびんきょく) 우체국 | 発売(はつばい) 발매 | 切手(きって) 우표 | デザイン 디자인 | 数量限定(すうりょうげんてい) 수량 한정 | 集(あつ)める 모으다 | 売(う)る 팔다 | 柄(がら) 무늬 | 買(か)い物(もの) 쇼핑 | ~ついでに ~하는 김에 | 花火(はなび) 불꽃놀이 | 雪景色(ゆきげしき) 설경 | 欲(ほ)しい 갖고 싶다 | そうして 그렇게 해서 | つい 그만, 무심결에

나는 공부하거나 일하는 중에 졸리면 커피를 마신다. 커피를 마시면 눈이 뜨이고 집중력이 높아지는 기분이 든다. 이것은 커피에 포함되어 있는 카페인의 효과라고 알려져 있다. 그 이외에도 통증을 약하게 해주고 피로를 풀어주며 몸속의 나쁜 것을 밖으로 내보내는 도움을 주는 등 여러 가지 좋은 효과가 있어 약으로도 사용되고 있다. 하지만 무엇이든지 지나치게 섭취하면 건강에 좋지 않다. 카페인을 너무 많이 섭취하면 잠이 오지 않게 되거나 두통이 생길 수도 있다. 카페인은 차나 홍차, 코코아나 콜라에도 포함되어 있으므로 과다 섭취에 주의해야 한다.

---

6 이 글의 내용에 대해서 틀린 것은 어느 것인가?

1 카페인을 섭취함으로써 통증을 완화시킬 수 있다.
2 카페인에는 많은 건강에 좋은 효과가 있는 것을 알고 있다.
3 카페인은 섭취하면 섭취할수록 좋은 효과를 볼 수 있는 것은 아니다.
4 카페인는 차나 콜라 등의 음료에만 포함되어 있다.

해설 글의 내용과 틀린 것을 고르는 문제이다. 카페인은 차나 콜라 외에 코코아, 홍차, 커피에도 포함되어 있다고 했으므로 4번이 정답이다. 카페인에는 통증을 완화시켜주고 피로를 풀어주며 여러 가지 좋은 효과가 있다고 했으므로 1, 2번은 올바른 말이다. 과다 섭취를 할 경우 잠이 오지 않거나 두통이 생길 수 있다고 했으므로 3번도 올바른 말로 정답이 아니다.

단어 眠(ねむ)たい 졸리다 | 開(ひら)く 열리다 | 集中力(しゅうちゅうりょく) 집중력 | 高(たか)まる 높아지다 | 気(き)がする 기분이 들다, 느낌이 들다 | 含(ふく)む 포함하다 | カフェイン 카페인 | 効果(こうか) 효과 | 痛(いた)み 통증 | 疲(つか)れ 피로 | 手助(てだす)け 도움 | 様々(さまざま)だ 다양하다 | 薬(くすり) 약 | 健康(けんこう) 건강 | 眠(ねむ)る 잠들다 | 頭痛(ずつう) 두통 | 和(やわ)らげる 부드럽게 하다, 완화시키다

카와나카 요시오 님
이번에 ABC 숍을 이용해 주셔서 감사합니다.
9월 1일에 주문하신 상품 발송 관련하여 연락드립니다. 하루에 10개밖에 만들 수 없는 인기 상품이기 때문에 상품이 도착하기까지 3개월 정도가 소요되고 있습니다. 기다리게 해서 대단히 죄송합니다. 상품이 완성되면 바로 보내드리도록 하겠습니다.
만약 취소를 희망하시는 경우에는 9월 20일까지 이 메일로 회신해 주

세요. 취소는 메일로만 접수 받고 있습니다.

ABC 숍 모리모토

---

7 이 글의 내용에 대해서 올바른 것은 어느 것인가?

1 9월에 주문을 받았지만, 인기 상품으로 매진되었기 때문에 취소해 주길 바란다.
2 이 상품은 하루에 10개만 판매하고 있는 한정 상품으로 9월 1일 주문한 분량은 9월 20일에 도착한다.
3 9월 20일까지는 상품이 완성될 예정이지만, 도착하는 것은 3월 경이다.
4 9월 20일까지 메일로 연락하면 취소할 수 있다.

해설 9월 20일까지 메일로 주문 취소가 가능하다고 했으므로 4번이 정답이다. 주문한 상품이 매진된 상황은 아니므로 1번은 틀린 말이다. 9월 1일에 주문한 상품은 도착까지 3개월 정도 시간이 소요된다고 했으므로 2번과 3번도 정답이 아니다.

단어 この度(たび) 이번 | 利用(りよう) 이용 | 注文(ちゅうもん) 주문 | 発送(はっそう) 발송 | 連絡(れんらく) 연락 | 人気商品(にんきしょうひん) 인기 상품 | 届(とど)く 닿다, 도달하다 | 申(もう)しわけない 죄송하다 | 送(おく)る 보내다 | キャンセル 캔슬, 취소 | 返信(へんしん) 회신 | ~のみ ~만 | 受(う)け付(つ)ける 접수하다 | 売(う)り切(き)れる 매진되다

헌 옷 수거함에 관한 부탁

헌 옷 수거에 협조해 주셔서 감사합니다.
헌 옷 중에는 재활용할 수 없는 것이 있어, 그런 헌 옷은 수거하지 않습니다. 아래의 헌 옷은 재활용이 불가능하므로 수거함에 넣지 마십시오.
- 더러워져 있거나 찢어져 있어 그대로는 입을 수 없는 옷
- 속옷이나 양말 (단, 미사용 제품은 제외)
- 이불, 카펫, 쿠션, 수건
이 수거함에 넣기 전에 다시 한번 헌 옷 분별 확인을 부탁드립니다.

---

8 수거함에 넣어도 되는 것은 어느 것인가?

1 너무 작은 치마, 새 수건, 세탁하지 않은 셔츠
2 너무 작은 치마, 새 속옷, 한 번도 입지 않은 바지
3 새 양말, 구멍 난 셔츠, 한 번도 입지 않은 바지
4 새 양말, 단추가 빠진 겉옷, 세탁한 카펫

해설 너무 작은 치마, 미 사용한 새 속옷, 한 번도 입지 않은 바지는 모두 수거함에 넣을 수 있으므로 2번이 정답이다. 수건과 카펫은 수거함에 넣을 수 없으므로 1, 4번은 정답이 아니다. 구멍 난 셔츠 역시 수거함에 넣을 수 없으므로 3번도 정답이 아니다.

단어 古着(ふるぎ) 헌 옷 | 回収(かいしゅう) 회수 | ボックス 박스 | お願(ねが)い 부탁 | リサイクル 재활용 | 入(い)れる 넣다 | 汚(よご)れる 더러워지다 | ~たり ~하거나 | 破(やぶ)れる 찢어지다 | 下着(したぎ) 속옷 | くつ下(した) 양말 | 未使用(みしよう) 미사용 | 除(のぞ)く 제외하다 | 布団(ふとん) 이불 | カーペット 카펫 | クッション 쿠션 | タオル 수건 | 分別(ぶんべつ) 분별 | 洗濯(せんたく) 세탁 | 穴(あな)が開(あ)く 구멍이 나다

태풍으로 인한 휴교 공지

학생 여러분
현재 태풍 20호가 일본에 접근하고 있습니다. 오늘 밤부터 내일 아침에 걸쳐서 현(県) 안으로 가장 가까이 접근할 것으로 예상되고 있습니다. 그렇기 때문에 내일 9월 18일(수) 오전 수업은 휴교합니다. 학교는 쉽니다만, 위험하니까 가능한 한 외출하지 말고 집에 있어주세요. 오후부터의 수업에 대해서는 오전 10시까지 홈페이지로 알려드리겠습니다.

ABC 일본어 학교

---

9 이 공지의 내용에 대해서 올바른 것은 어느 것인가?

1 화요일 밤부터 태풍을 조심해야 한다.
2 내일은 오전도 오후도 학교가 쉰다.
3 태풍이 올 때는 위험하므로 집에 없는 것이 좋다.
4 오후 수업에 대해서 학교에서 메일로 연락이 온다.

해설 오늘(화요일) 밤부터 내일 아침까지 태풍이 가까이 접근할 것으로 예상되어 조심하라고 했으므로 1번이 정답이다. 내일 오전 수업은 휴교하지만 오후 수업에 대해서는 내일 오전 10시까지 홈페이지로 알려준다고 했기 때문에 2번과 4번은 틀린 말이다. 태풍이 올 때는 위험하니까 외출하지 말고 집에 있어달라고 했기 때문에 3번 역시 정답이 아니다.

단어 台風(たいふう) 태풍 | ~による ~에 의한, ~으로 인한 | 休校(きゅうこう) 휴교 | お知(し)らせ 공지 | ~にかけて ~에 걸쳐서 | 接近(せっきん) 접근 | 県内(けんない) 현내, 일본 행정 구역 내 | 予想(よそう) 예상 | 危険(きけん)だ 위험하다 | 外出(がいしゅつ) 외출 | ホームページ 홈페이지

일상생활에서 '죄송합니다'라는 말을 자주 사용하는 사람이 많은 것은 아닐까요? 해외 사람은 일본인은 왜 그렇게 바로 사과하는 걸까 하고 생각할지도 모릅니다. 그러나 일본어의 '죄송합니다'는 '고맙습니다'의 의미를 포함하고 있는 경우가 있기 때문에, 그냥 단순히 사과하는 것이 아닌 경우가 있습니다. 그렇다고는 해도, '죄송합니다'라고 하며 동시에 머리를 숙이는 모습을 보면, 사과하는 것처럼 보이는 것이 당연합니다. 정말로 감사의 마음을 전하고 싶을 때는 '죄송합니다'가 아니라 '고맙습니다' 라고 말하는 편이 마음이 전달될 것입니다.

---

10 '죄송합니다' 사용법에 대해서 필자는 어떻게 생각하고 있는가?

1 '죄송합니다'라는 말을 너무 많이 쓰면 정말 사과하고 싶을 때 마음이 전달되지 않는다.
2 정말 사과하고 싶을 때는 '죄송합니다'라고 할 뿐만 아니라 고개를 숙이는 편이 좋다.
3 감사의 마음을 표현하고 싶다면 '죄송합니다' 대신에 '고맙습니다' 라고 말하자.
4 사죄의 마음을 표시하고 싶을 때는 '죄송합니다'보다는 '고맙습니다' 라고 말해야 한다.

해설 일본어의 '죄송합니다'는 감사의 의미를 담고 있는 경우가 있기 때문에 사과와 감사의 마음을 함께 표현하기도 하지만, 정말로 감사의 마

음을 전하고 싶을 때는 '죄송합니다'가 아니라 '고맙습니다'라고 말하는 편이 마음이 전달될 것이라고 했으므로 3번이 정답이다.

단어 日常生活(にちじょうせいかつ) 일상생활 | 海外(かいがい) 해외 | 謝(あやま)る 사과하다 | 含(ふく)む 포함하다 | 場合(ばあい) 경우 | ただ単(たん)に 그냥, 단지 | ~わけではない (반드시) ~ 인 것은 아니다 | とはいえ 그렇다고 하지만 | 同時(どうじ)に 동시에 | 頭(あたま)を下(さ)げる 머리를 숙이다 | 姿(すがた) 모습 | 当然(とうぜん)だ 당연하다 | 感謝(かんしゃ) 감사 | 伝(つた)える 전하다 | ~でなく ~이/가 아니라 | 伝(つた)わる 전해지다 | ~だけでなく ~뿐만 아니라 | 表(あらわ)す 표현하다 | ~代(か)わりに ~대신에 | 示(しめ)す 가리키다

마리아 씨 안녕하세요.
잘 지내나요?
작년 여름방학 캠프 기억나세요? 즐거웠었죠.
저는 올해도 캠프에 참가하는데, 마리아 씨도 참가하지 않으실래요?
캠프는 8월 10일부터 12일까지 도쿄 캠핑장에서 진행됩니다. 참가비는 작년과 같은 3만 엔이지만, 참가한 적이 있는 사람은 5000엔 저렴해진다고 합니다. 만약 마리아 씨가 참가한다면 제가 함께 신청을 해 놓을게요.
신청은 다음주 수요일까지이니까 그전에 답장해 주세요.

타카코

11 이 글의 내용에 대해서 올바른 것은 어느 것인가?

1 마리아 씨는 캠프에 참가할 예정이다.
2 마리아 씨의 캠프 참가비는 3만 엔이다.
3 캠프는 2일 동안 도쿄 캠핑장에서 한다.
4 신청은 수요일까지 타카코 씨가 한다.

해설 다음 주 수요일 전까지 답장을 해주면 타카코 씨가 함께 신청한다고 했으므로 4번이 정답이다. 마리아 씨의 참가 여부는 아직 알 수 없으므로 1번은 정답이 아니다. 마리아씨는 과거에 캠프에 참가한 적이 있으므로 참가비는 25,000엔이기 때문에 2번도 정답이 아니다. 캠프는 10일부터 12일까지 3일간 진행되므로 3번도 정답이 아니다.

단어 夏休(なつやす)み 여름방학, 여름휴가 | キャンプ 캠프 | 覚(おぼ)える 기억하다 | 参加(さんか) 참가 | 行(おこな)う 실행하다, 진행하다 | 参加費(さんかひ) 참가비 | もし~なら 만약 ~라면 | 申(もう)し込(こ)み 신청 | 返事(へんじ) 답장

아빠는 회사를 퇴직하고 나서 집에 있는 시간이 늘었다. 특별히 취미가 없는 아빠는 매일 집에서 한가하게 지내고 있다. 얼마 전에 의사로부터 운동을 더 하라고 들었다고 한다. 그래서 처음에는 여러 가지 운동을 했던 것 같은데 서서히 귀찮아진 듯해서 안 하게 됐다. 그런 아빠가 걱정되어 개를 키우기로 했다. 처음에 아빠는 귀찮다고 반대했다. 하지만 키워보니 점점 귀여워진 듯해서 이제 아빠는 귀찮다고 말하면서 매일 즐겁게 개와 산책하고 있다. 요즘은 조금 멀리 있는 공원에도 가고 있는 것 같다. 거기서 친구도 생긴 것 같아 꽤 건강해 보인다. 개 키우길 잘했다.

12 필자가 개를 키우기를 잘했다고 생각하는 것은 왜인가?

1 아빠는 개를 싫어해서 키우는 것을 반대했지만, 서서히 귀엽다고 생각하게 되었으니까
2 개를 키우고 나서부터, 귀찮은 듯이 운동을 하게 됐기 때문에
3 개 덕분에 건강해지고 새로운 친구를 만들려고 하기 때문에
4 개를 돌보게 되고, 아빠가 적극적이 되어서 즐거워 보이니까

해설 필자가 개를 키우기로 정한 것은 퇴직한 아빠가 취미 활동이나 운동을 하지 않고 매일 집에서 한가하게 지내는 게 걱정이 됐기 때문이다. 1~3번도 개를 키우며 나타난 변화들이긴 하지만 필자가 개를 키우기를 잘했다고 생각한 궁극적인 이유는 아빠가 집에만 있지 않고 적극적으로 생활하게 된 것이므로 4번이 정답이다.

단어 退職(たいしょく) 퇴직 | 趣味(しゅみ) 취미 | 暇(ひま)だ 한가하다 | 徐々(じょじょ)に 서서히 | 飼(か)う 키우다 | 反対(はんたい) 반대 | だんだん 점점 | 面倒(めんどう)くさい 매우 귀찮다, 성가시다 | 散歩(さんぽ) 산책 | ~てよかった ~하길 잘했다 | ~のおかげで ~덕분에 | 世話(せわ)をする 돌보다 | 積極的(せっきょくてき)だ 적극적이다

오야마 씨, 수고 많으십니다.
조금 전, 갑자기 부장님께서 내일 A 시로 출장 가라고 하셨습니다. 죄송하지만, 내일 미팅을 다른 날로 바꿔주실 수 없겠습니까?
이번 주라면 수요일과 목요일 오후가 비어 있습니다. 다음 주라면 월요일 오전 이외는 비어 있습니다. 내일은 출장으로 바쁘기 때문에 연락을 받아도 답장을 못 드릴 것 같습니다. 가능하면 오늘 중으로 회신 부탁드립니다.

나카무라

13 나카무라 씨가 메일로 오야마 씨에게 전하고 싶은 것으로, 올바른 것은 어느 것인가?

1 자기 대신에 내일 출장을 가줬으면 좋겠는 것
2 내일은 바쁘기 때문에 미팅을 다음 주에 하고 싶은 것
3 미팅 일정을 변경해 줬으면 하는 것
4 부장님이 미팅을 취소한 것

해설 미팅 일정을 변경하고자 메일을 보냈으므로 3번이 정답이다. 오야마 씨에게 대신 출장을 가주길 바란다는 내용은 없으므로 1번은 정답이 아니다. 나카무라 씨는 미팅을 이번 주나 다음 주 중에 다시 잡으려고 하고 있기 때문에 2번도 정답이 아니다. 부장님이 미팅을 취소했다는 내용이 없으므로 4번도 정답이 아니다.

단어 さきほど 조금 전 | 部長(ぶちょう) 부장 | 出張(しゅっちょう) 출장 | ミーティング 미팅, 회의 | 変(か)える 바꾸다 | ~ていただけませんか ~해 주실 수 없겠습니까? | 空(あ)く 비다 | 返信(へんしん) 답장, 회신

점검 공지

이 엘리베이터를 안전하게 사용하기 위해 반년에 한 번 정기 점검을 실시합니다.

점검 일시 : 2월 5일(화) 오후 3시부터 4시까지
(예정 시간보다도 길어지는 경우도 있습니다.)
이 시간에는 엘리베이터를 사용할 수 없기 때문에 계단을 이용해 주시기 바랍니다.
불편을 끼치겠지만, 협조 부탁드립니다.

엘리베이터 센터 도쿄

14 이 공지의 내용에 대해서 올바른 것은 어느 것인가?

1 **엘리베이터 점검은 1시간보다 더 길어질 수도 있다.**
2 엘리베이터를 사용할 수 없는 시간에는 다른 층으로 갈 수 없다.
3 2월 5일은 하루 종일 엘리베이터를 사용할 수 없기 때문에 계단을 이용해야 한다.
4 이 다음 엘리베이터 점검은 9월쯤 예정이다.

해설 점검 시간이 예정보다 길어지는 경우도 있다고 했기 때문에 1번이 정답이다. 엘리베이터를 사용할 수 없는 시간에는 계단을 이용하여 다른 층으로 갈 수 있으므로 2번은 틀린 말이며, 2월 5일 하루 종일 엘리베이터 점검을 하는 것은 아니기 때문에 3번도 틀린 말이다. 다음 점검 시기에 대한 언급은 없으므로 4번도 정답이 아니다.

단어 点検(てんけん) 점검 | エレベーター 엘리베이터 | お知(し)らせ 공지 | 安全(あんぜん)だ 안전하다 | 定期(ていき) 정기 | 行(おこな)う 시행하다 | 階段(かいだん) 계단 | 不便(ふべん)을 かける 불편을 끼치다 | 協力(きょうりょく) 협력

중문 실전 연습 문제   368p

1 ②	2 ③	3 ②	4 ④	5 ①
6 ③	7 ①	8 ②	9 ④	10 ④
11 ②	12 ②	13 ③	14 ④	15 ①
16 ③	17 ②	18 ④	19 ②	20 ③
21 ③	22 ②	23 ②	24 ②	25 ①
26 ②	27 ④	28 ④	29 ③	30 ③
31 ③	32 ①	33 ②	34 ②	35 ③
36 ③	37 ②	38 ④	39 ③	

문제4 다음 문장을 읽고, 질문에 답하세요. 답은, 1・2・3・4에서 가장 알맞은 것을 하나 고르세요.

(1)

키위를 1개 먹는 것만으로 하루에 필요한 비타민C를 섭취할 수 있다. 건강에도, 미용에도 좋아서 일본에서는 인기가 있는 과일이다. 슈퍼마켓에서는 일 년 내내 키위가 팔리고 있다.

그 대부분은 뉴질랜드에서 수입되고 있다. 키위라는 이름은 뉴질랜드에밖에 없는 키위버드라는 새와 생김새가 닮아 있기 때문이다.

하지만 키위는 건강에도 좋고 맛있어서 좋아한다고 말하는 사람도

있으면, 시기 때문에 좋아하지 않는다고 하는 사람도 있다. 셔서 먹기 힘들다고 느끼는 것은 키위가 달아지기 전에 먹어버리고 있기 때문인지도 모른다. 조금 부드러워질 때까지 기다리면 ①그런 사람이라도 달고 맛있는 키위를 먹을 수 있다.

게다가 보다 많은 영양을 섭취하고 싶은 사람은 ②껍질을 먹으면 좋다고 한다. 껍질은 맛은 제쳐두고, 그 외의 다른 부분 못지않게 영양이 풍부하다고 한다. 우선 하루에 한 개 키위를 먹는 것부터 시작해 보려고 한다.

1 ①그런 사람은 어떤 사람인가?

1 키위는 달아서 좋아한다는 사람
2 **키위 맛을 별로 좋아하지 않는 사람**
3 키위는 건강에 좋지만, 껍질은 먹고 싶지 않다고 하는 사람
4 키위를 딱딱한 상태로 먹고 싶지 않은 사람

해설 ①그런 사람은 신 맛 때문에 키위를 좋아하지 않는다고 하는 사람을 밑줄 앞부분에서 지칭하고 있으므로 2번이 정답이다.

2 ②껍질에 대해서 올바른 것은 어느 것인가?

1 과육과 같은 정도로 맛도 좋고 영양도 많이 있다.
2 셔서 먹기 힘들지만, 영양은 풍부하게 포함되어 있다.
3 **영양은 과육에 지지 않을 정도로 많이 있지만, 별로 맛있지 않다.**
4 맛은 그저 그렇지만 영양은 그 이외의 부분보다 적다.

해설 껍질은 맛은 제쳐두고 영양은 그 외의 다른 부분 못지않게 영양이 풍부하다고 뒷부분에 언급하고 있으므로 3번이 정답이다.

3 본문 내용과 맞지 않는 것은 어느 것인가?

1 키위는 뉴질랜드에 있는 새의 이름이다.
2 **키위는 미용에는 좋지만, 영양이 적은 과일이다.**
3 계절에 관계없이 키위는 슈퍼마켓에서 살 수 있다.
4 키위 1개를 먹으면 그 날의 비타민C는 충분하다.

해설 내용과 맞지 않는 것을 고르는 문제이다. 키위는 미용에도 좋고 영양도 풍부하다고 했으므로 2번이 정답이다. 키위는 뉴질랜드에 서식하는 새의 생김새와 닮아서 같은 이름이 지어졌으므로 1번은 내용과 맞는 말이다. 슈퍼마켓에서 일년 내내 키위가 팔리고 있으므로 3번도 맞는 말이다. 키위 하나로 하루에 필요한 비타민C를 얻을 수 있다고 했기 때문에 4번도 맞는 말이다.

단어 キウイフルーツ 키위(과일) | 必要(ひつよう)だ 필요하다 | ビタミンC 비타민C | 取(と)る 섭취하다 | 健康(けんこう) 건강 | 美容(びよう) 미용 | 人気(にんき) 인기 | 一年中(いちねんじゅう) 1년 내내 | ほとんど 대부분 | 輸入(ゆにゅう) 수입 | 鳥(とり) 새 | 見(み)た目(め) 생김새 | 似(に)る 닮다 | 酸(す)っぱい 시다 | 甘(あま)い 달다 | 柔(やわ)らかい 부드럽다 | 栄養(えいよう) 영양 | 皮(かわ) 껍질 | 味(あじ) 맛 | ~は別(べつ)として ~은/는 제쳐두고 | 劣(おと)る 뒤떨어지다 | 豊富(ほうふ)だ 풍부하다 | 硬(かた)い 딱딱하다 | 中身(なかみ) 내용물, (과일의 경우) 과육 | 含(ふく)める 포함시키다 | 負(ま)ける 지다 | まあまあだ 그저 그렇다 | それ以外(いがい) 그 외 | 果物(くだもの) 과일 | 季節(きせつ)

계절 | 関係(かんけい)ない 관계없다 | 足(た)りる 충분하다

(2)

지인의 집에 방문할 때에 "이거 ①별거 아니지만"라고 말하며 선물을 건넨다. 이는 상대방에 대해 '훌륭한 당신에게는 별거 아니다'라는 마음을 표현하기 위해 사용되는 말이다. 이를 처음 들은 외국인은 '시간이 없어 이것밖에 준비하지 못했다'라고 하는 변명이나 '기대만큼이 아니기 때문에 혼나고 싶지 않다'라고 하는 마음의 표현으로 생각하는 사람이 있지만, 그런 것은 아니다.

원래 '별거 아니다'는 재미없다, 가치가 없다라고 하는 의미이다. 최근에는 '별거 아니다'라고 하는 말을 그대로 이해하고 '별거 아니면 가져오지 않았으면 좋겠다'라고 생각하는 사람도 있기 때문에 '별거 아니지만'을 사용하는 사람이 ②적어지고 있는 것 같다.

그 대신에, '그저 마음입니다만'이나 '마음뿐입니다만'을 쓸 수 있다. 이것들은 작은 선물에 사용하는 경우가 많다. 선물이 음식인 경우에는 "입맛에 맞으면 좋겠습니다만"이라고 말할 수 있다.

4 ①'별거 아니지만'이라고 하는 것은 왜인가?

1 선물이 기대만큼이 아니면 준 사람에게 혼나 버리기 때문에
2 시간이 없어서 좋은 것을 준비하지 못한 변명을 하고 싶기 때문에
3 별거 아니라고 생각되어 오해받고 싶지 않기 때문에
4 선물을 주는 사람에 대한 존경심을 표현하고 싶기 때문에

해설 선물을 건넬 때 '별거 아니지만'이라는 표현을 쓰는 이유는 '훌륭한 당신에게는 별거 아니다'라는 마음을 표현하기 위해서라고 했으므로 4번이 정답이다.

5 ②적어지고 있다고 하는데 왜인가?

1 '별거 아니다'의 의미가 잘못 전달되면 곤란하니까
2 '별거 아니다(つまらない)'가 아니라 'つもらない'가 올바른 말투이니까
3 정말 '별거 아닌' 물건을 가져오는 사람들이 늘고 있으니까
4 '별거 아닌' 선물이 적어지고 있으니까

해설 최근에는 '별거 아니다'라는 표현을 있는 그대로 받아들여 별거가 아니라면 가져오지 않았으면 좋겠다고 생각하는 사람도 있기 때문에 사용하는 사람이 적어졌다고 했다. 이는 상대에게 오해를 사지 않기 위해서이므로 1번이 정답이다.

6 이 글의 내용과 맞는 것은 어느 것인가?

1 '별거 아니지만'은 훌륭한 당신에게 어울리는 것이라는 의미로 쓰인다.
2 '별거 아니지만'이라고 말하며 선물을 건네는 것은 상대방에 대해 실례되는 일이다.
3 방문한 상대방에게 선물을 건넬 때의 말투가 최근에는 바뀌고 있다.
4 선물의 종류에 따라 인사법을 바꾸지 않으며 안 된다.

해설 최근에는 선물을 건넬 때 '별거 아니지만'이라는 인사말을 사용하는 사람이 적어지고 대신 다른 말을 사용한다고 했으므로 정답은 3번이다. 1번은 반대의 의미이므로 틀린 말이다. 2번 역시 실례되는 행동은 아니므로 올바르지 않으며 선물에 따라서 반드시 인사법을 바꿔야 한다고 언급한 내용이 없으므로 4번도 정답이 아니다.

단어 知(し)り合(あ)い 지인 | 訪問(ほうもん) 방문 | つまらない 시시하다, 별거 아니다 | お土産(みやげ) 선물 | 渡(わた)す 건네다 | 相手(あいて) 상대방 | 対(たい)する 대하다 | 立派(りっぱ)だ 멋지다, 훌륭하다 | 大(たい)した 대단한, 엄청난 | 表(あらわ)す 표현하다 | 言(い)い訳(わけ) 변명 | 期待(きたい) 기대 | 怒(おこ)る 화내다 | 価値(かち) 가치 | ほんの 그저, 극히 극소한 | ~ばかり ~뿐 | 場合(ばあい) 경우 | 口(くち)に合(あ)う 입에 맞다 | 誤解(ごかい) 오해 | 尊敬(そんけい) 존경 | 間違(まちが)う 틀리다 | 困(こま)る 곤란하다 | ふさわしい 어울리다 | 種類(しゅるい) 종류 | 仕方(しかた) 방법

(3)

최근 역 앞이나 슈퍼마켓에 같은 자전거가 몇 대인가 서 있는 것을 본 적이 없는가? 그것은 '자전거 셰어링'이라고 하는 최근 수 년 사이에 시작된 새로운 서비스다.

'자전거 셰어링'이란 자전거를 원하는 장소에서 원하는 시간에 빌릴 수 있는 서비스를 말한다. 자전거를 빌리는 서비스로서 '렌탈 바이시클'도 있지만, 렌탈 바이시클의 경우, 장소나 시간을 정한 후 접수처에서 빌릴 필요가 있다. 또한, 렌탈 바이시클은 빌린 장소에서 돌려줄 필요가 있지만, 자전거 셰어링의 경우 다른 장소에서도 돌려줄 수가 있다. 게다가 렌탈 바이시클은 최소라도 3시간부터 대여가 대부분이지만, 자전거 셰어링은 5분 등 짧은 시간에도 빌릴 수 있다.

매우 편리한 이 서비스에는 문제도 있다. 외국에서는 어디든 원하는 장소로 돌려줄 수 있는 까닭에 길에 많은 자전거가 내팽겨진 채로 있어 통행인의 방해가 되는 것이 문제가 됐다. 또한, 고장낸 자전거를 그대로 두는 사람, 자전거를 훔쳐버리는 사람이 있었다고 한다. ①이것들을 해결하기 위해 자전거에 GPS라고 하는 장소를 알 수 있는 기계를 달아 자전거가 어디에, 어떤 상태로 있는지를 확인할 수 있도록 하고 있다고 한다.

자전거는 건강이나 환경에 좋고 재해가 있을 때에도 사용할 수 있다. 자전거 셰어링 서비스는 앞으로도 계속될 것이다. 오래 이용할 수 있도록 우리 한 명, 한 명이 매너를 지키며 이용해 나갈 필요가 있다.

7 '자전거 셰어링'이란 무엇인가?

1 자신의 상황에 맞게 자전거를 빌리는 서비스
2 역 등의 접수처에서 자전거를 빌리는 서비스
3 같은 자전거를 역 앞이나 슈퍼마켓에 많이 세우는 것
4 자전거를 장시간 원하는 만큼 빌릴 수 있는 서비스

해설 '자전거 셰어링'이란 개인의 상황에 맞게 자전거를 원하는 장소에서 원하는 시간에 빌릴 수 있는 서비스를 뜻하므로 1번이 정답이다.

8 ①이것들은 무엇인가?

1 자전거를 어디든 원하는 곳으로 반납해버리는 것
2 대량의 자전거 때문에 통행하기 어려운 것
3 자전거가 금방 고장 나 버리는 것

4 도난당한 자전거가 사람들에게 피해를 주는 것

해설 ①이것들은 문제점에 대해서 이야기 한 부분이다. 어디든 원하는 곳으로 반납할 수 있는 특성 때문에 길가에 자전거가 내팽겨 친 상태로 있어 행인들에게 방해가 되거나, 자전거를 부순 상태로 두거나 도난당하는 것을 의미하므로 2번이 정답이다.

9 이 글에 대해서 올바른 것은 어느 것인가?

1 자전거 셰어링보다 렌탈 바이시클 쪽이 편리하다.
2 자전거 셰어링에서는 반납하는 장소만 정해져 있지 않다.
3 자전거 셰어링은 재해를 위한 서비스이다.
4 이용자가 조심함으로써 이 서비스의 문제는 적어진다.

해설 오래 이용할 수 있도록 개개인이 매너를 지켜야 한다고 했으므로 4번이 정답이다. 렌탈 바이시클보다 자전거 셰어링이 편리하다고 설명하고 있으므로 1번은 틀린 말이다. 자전거 셰어링의 경우 대여 장소와 반환 장소 모두 정해져 있지 않기 때문에 2번도 틀린 말이다. 재해가 발생했을 때만 사용할 수 있는 서비스는 아니므로 3번도 정답이 아니다.

단어 自転車(じてんしゃ) 자전거 | シェアリング 셰어링, 공유 | サービス 서비스 | レンタサイクル 렌탈 바이시클, 임대 자전거 | 借(か)りる 빌리다 | 受付(うけつけ) 접수(처) | 返(かえ)す 반납하다 | 短(みじか)い 짧다 | 置(お)く 두다 | ~っぱなし ~한 채 | 通行人(つうこうにん) 통행인 | 邪魔(じゃま) 방해 | 壊(こわ)す 부수다, 고장내다 | 盗(ぬす)む 훔치다 | 解決(かいけつ) 해결 | 機械(きかい) 기계 | 付(つ)ける 붙이다 | 状態(じょうたい) 상태 | 健康(けんこう) 건강 | 環境(かんきょう) 환경 | 災害(さいがい) 재해 | 続(つづ)く 계속되다 | マナー 매너 | 守(まも)る 지키다 | 利用(りよう) 이용 | 都合(つごう) 상황, 사정 | 迷惑(めいわく) 민폐

(4)

외출할 때 비가 오고 있으면 우산을 쓸까, 쓰지 않을까? 일본에서는 조금의 비에도 우산을 쓰는 사람이 매우 많다. 접을 수 있는 작은 우산을 항상 가지고 다니는 사람도 많고, 편의점에서도 300엔 정도에 우산이 팔리고 있기 때문에 갑작스러운 비에도 바로 우산을 쓸 수 있다. 비가 내릴 때에 우산을 쓰고 있지 않으면 ①이상하게 여겨질 것이다.

그렇다면 외국 사람들은 항상 우산을 쓰지 않고 젖어서 걸어 다니는 걸까? 물론 그런 사람도 있지만, ②우산을 쓰는 습관이 없는 나라 사람들은 비가 내리면, 외출하지 않거나 근처 가게에 들어가서 멈추기를 기다린다고 한다. 그리고 다소 젖어도 신경 쓰지 않는 경우가 많다. 일본과 달리 비가 장시간 계속되는 일이 적고 공기가 건조해서 옷이 젖어도 마르기 쉽기 때문이다. 또한 바람이 강한 기후의 나라에서는 우산을 쓰는 편이 위험하기 때문에 우산을 쓰지 않는 편이 좋다고 한다.

일본인에게 있어서 비가 내리고 있을 때 우산을 쓰지 않고 걷는 것은 이상할지도 모르겠지만, 다른 나라 사람들에게 있어서는 그렇지 않을 지도 모른다.

10 ①이상하다고 하는데 뭐가 이상한가?

1 조금의 비에도 우산을 쓰는 사람들이 많이 있는 것
2 비가 내리고 있는데 우산을 쓸까 말까 망설이고 있는 것
3 우산을 가지고 다니는 사람이 많은데 편의점에서 우산을 팔고 있는 것
4 우산을 금방 구할 수 있는데 우산을 쓰지 않고 빗속을 걷고 있는 것

해설 일본에서는 비가 조금 와도 우산을 쓰는 사람이 매우 많고, 우산을 늘 가지고 다니는 사람도 있으며 편의점에서도 저렴하게 판다고 했다. 이 말은 비가 내릴 때 우산을 쓰지 않으면 이상하게 여겨질 수도 있다는 의미이므로 4번이 정답이다.

11 ②우산을 쓰는 습관이 없는 나라에서 우산이 잘 쓰이지 않는 것은 왜인가?

1 조금 젖어도 신경 쓰지 않는 느긋한 성격의 사람들이 많으니까
2 일본과는 기후가 달라서 우산을 쓸 필요가 없는 경우가 많기 때문에
3 갑자기 비가 와도 바로 들어갈 수 있는 가게들이 많으니까
4 우산을 쓰고 있으면 앞이 잘 보이지 않고 사람과 부딪혀 위험하기 때문에

해설 ②우산을 쓰는 습관이 없는 나라는 일본과 달리 비가 장시간 내리는 경우가 적고 공기가 건조해 옷도 쉽게 마르기 때문이라고 했으므로 2번이 정답이다.

12 이 글의 내용과 맞지 않는 것은 어느 것인가?

1 일본의 습관과 다른 나라의 습관이 다른 경우가 있다.
2 일본인처럼 어느 나라 사람이나 비 오는 날에는 우산을 써야 한다.
3 일본인 중에서는 항상 우산을 휴대하고 있는 사람도 있다.
4 바람이 강한 날에 우산을 쓰는 것은 위험하므로 그만두는 편이 좋다.

해설 글의 내용과 맞지 않는 것을 고르는 문제이다. 일본인에게 비가 올 때 우산을 쓰지 않는 건 이상할 수 있지만, 다른 나라에서는 그렇지 않을 수 있다고 했으므로 2번이 정답이다. 일본에서는 비가 올 때 우산을 쓰지 않고 걷는 게 이상하지만 다른 나라 사람들에게는 그렇지 않을 수도 있다고 했으므로 1번은 맞는 말이다. 일본에서는 접을 수 있는 작은 우산을 항상 가지고 다니는 사람도 많다고 했으므로 3번도 맞는 말이다. 바람이 강한 기후의 나라에서는 우산을 쓰는 게 위험하기 때문에 우산을 쓰지 않는 편이 좋다고 했으므로 4번 역시 맞는 말이다.

단어 外出(がいしゅつ) 외출 | 傘(かさ)を差(さ)す 우산을 쓰다 | 折(お)りたたむ 접다 | 急(きゅう)だ 갑작스럽다 | 濡(ぬ)れる 젖다 | 習慣(しゅうかん) 습관 | 止(や)む 그치다, 멈추다 | 多少(たしょう) 다소 | 続(つづ)く 계속되다 | 空気(くうき) 공기 | 乾燥(かんそう) 건조 | かわく 마르다 | 気候(きこう) 기후 | 危(あぶ)ない 위험하다 | ~にとって ~에(게) 있어서 | 迷(まよ)う 망설이다, 헤매다 | のんびり 유유히, 태평스럽게 | 性格(せいかく) 성격 | ぶつかる 부딪치다 | ~べきだ ~해야 한다 | 常(つね)に 항상

(5)

대중목욕탕을 알고 있는가? 대중목욕탕이란 공공의 큰 목욕탕으로 에도 시대부터 많은 사람들로부터 이용되고 사랑받아 왔다.

하지만 지금 ①대중목욕탕 이용자는 크게 감소하고 있다. 현대에는 거의 모든 집에 욕조가 있기 때문에 일부러 대중목욕탕에 가지 않게 된 것이 이유 중 하나라고 한다. 그 밖에도 '슈퍼 목욕탕'이라고 하는 목욕을 하는 것뿐만 아니라 식사를 하거나 만화책을 보거나 할 수 있는 시설이 생긴 것, 대중목욕탕을 운영하는 사람이 나이가 들어 버린 것 등도 그렇다. 그래서 특히 젊은 사람은 대중목욕탕에는 거의 가지 않게 되어 버린 것 같다.

그래서 주로 대중목욕탕을 좋아하는 젊은 사람들이 모여서 대중목욕탕을 다시 한번 인기 있는 시설로 만들고자 하는 그룹을 만들었다. ②이 그룹은 대중목욕탕을 더 즐거운 장소로 만들려고 생각했다. 우선 대중목욕탕 안을 밝고 청결한 분위기로 해서 누구나 오기 쉽도록 했다. 그리고 대중목욕탕에 와준 사람에게 카드를 건네고 거기에 스탬프를 찍어가는 게임을 시작했다. 여러 가지 대중목욕탕에 가서 스탬프를 모으면, 펜이나 수건 등을 받을 수 있는 이 게임은 어린이도 즐길 수 있다고 인기다. 게다가 대중목욕탕에서 간단한 운동을 할 수 있는 이벤트도 개최해서 목욕 이외에도 즐길 수 있도록 했다. 운동한 후에는 그대로 목욕할 수 있기 때문에 매우 편리하다.

그리고 이용자에게 이러한 정보를 SNS 등으로 다른 사람에게 알려주도록 했다. 그 덕분에 지금 대중목욕탕에 가는 사람들이 조금씩 늘어나고 있다. 대중목욕탕은 지금, 예전부터 오고 있는 사람도, 새로 오는 사람도, 모두가 즐길 수 있는 시설로 바뀌고 있다.

13 ①대중목욕탕 이용자가 크게 감소하고 있다고 하는데 왜인가?

1 대중목욕탕이 슈퍼 목욕탕으로 변해버렸기 때문에
2 대중목욕탕 이용자가 나이가 들어버렸기 때문에
3 집에 욕조가 있는 게 일반적으로 되었기 때문에
4 모든 젊은 사람이 대중목욕탕에 흥미가 없어졌기 때문에

해설 밑줄 뒷부분에 집에 욕실이 있는 것이 일반적으로 되어 대중목욕탕 이용자가 감소했다고 했으므로 3번이 정답이다. 대중목욕탕이 변한 게 아니라 슈퍼 목욕탕은 그냥 새로 생겨난 것이므로 1번은 틀린 말이다. 2번은 대중목욕탕 이용자가 아니라 대중목욕탕이 감소하고 있는 원인 중 하나이기 때문에 정답이 아니다. 젊은 사람들 모두가 대중목욕탕에 흥미가 없어진 건 아니므로 4번 역시 틀린 말이다.

14 ②이 그룹이 하지 않은 것은 어느 것인가?

1 대중목욕탕 분위기를 바꾸고 밝고 청결하게 만들었다.
2 스탬프를 모은 아이에게 경품을 주었다.
3 대중목욕탕을 입욕 이외의 것도 즐길 수 있는 장소로 바꾸었다.
4 SNS 등을 이용하여 이벤트 등의 정보를 다른 사람에게 알려주었다.

해설 ②이 그룹이 하지 않은 것을 고르는 문제이다. sns로 다른 사람에게 대중목욕탕을 알리는 것은 ②이 그룹이 직접한것 아니라 대중목욕탕 이용자들로 하여금 유도한 것이므로 4번이 정답이다. 1번부터 3번까지는 ②이 그룹이 대중목욕탕을 다시 한번 인기 있는 시설로 만들고자 한 노력들이므로 정답이 아니다.

15 이 글의 내용과 맞는 것은 어느 것인가?

1 이 그룹은 대중목욕탕이 없어지지 않도록 다양한 노력을 하고 있다.
2 대중목욕탕에서 식사를 하거나 운동하거나 할 수 있게 되었다.
3 이전부터의 이용자는 대중목욕탕에 별로 오지 않게 되었다.
4 이 그룹 덕분에 대중목욕탕의 수는 점차 증가하고 있다

해설 이 그룹이 대중목욕탕을 다시 한번 인기있는 시설로 만들려고 다양한 시도를 하고 있기 때문에 1번이 정답이다. 식사를 할 수 있는 것은 슈퍼 목욕탕이므로 2번은 정답이 아니다. 예전부터 오던 이용자들이 대중목욕탕에 자주 오지 않게 됐는지는 명확하게 알 수 없으므로 3번도 정답이 아니다. 이 그룹 덕분에 대중목욕탕에 가는 사람들은 증가했지만 목욕탕 수가 증가한 것은 아니므로 4번도 정답이 아니다.

단어 銭湯(せんとう) 대중목욕탕 | 公共(こうきょう) 공공 | 江戸時代(えどじだい) 에도 시대 | 親(した)しむ 친하게 지내다 | 利用者(りようしゃ) 이용자 | 減少(げんしょう) 감소 | 現代(げんだい) 현대 | わざわざ 일부러 | 施設(しせつ) 시설 | 運営(うんえい) 운영 | 年(とし)を取(と)る 나이를 먹다 | 若(わか)い 젊다 | ほとんど 거의, 대부분 | 主(おも)に 주로 | 集(あつ)まる 모이다 | グループ 그룹 | 明(あか)るい 밝다 | 清潔(せいけつ)だ 청결하다 | 雰囲気(ふんいき) 분위기 | スタンプ 스탬프, 도장 | 押(お)す 누르다, 찍다 | 開催(かいさい) 개최 | ~つつある ~하고 있다, ~중이다 | 一般的(いっぱんてき)だ 일반적이다 | 興味(きょうみ) 흥미 | 景品(けいひん) 경품 | 入浴(にゅうよく) 입욕 | 情報(じょうほう) 정보 | 努力(どりょく) 노력 | 数(かず) 수 | 徐々(じょじょ)に 서서히

(6)

어느 날 아침, 제 앞을 친구가 걷고 있었습니다. 제가 뒤에서 '안녕'이라고 인사를 했지만 대답이 없었습니다. ①어라?라는 생각해서 어깨를 두드리자 친구는 깜짝 놀라서 이쪽을 보았습니다. 친구는 이어폰으로 음악을 듣고 있어서 제 목소리가 들리지 않았던 것 같습니다.

그때의 친구는 뒤에서 자전거나 차가 와도 전혀 눈치채지 못했을 것입니다. 저는 ②위험하다고 생각했습니다. 친구처럼 음악을 들으면서 밖을 걷고 있는 사람은 많지만, 이어폰을 끼고 있으면 주변의 소리가 거의 들리지 않기 때문에 소리에 의한 정보를 얻을 수 없어 바로 반응할 수 없습니다.

그래도 음악을 들으면서 걷거나 조깅하거나 하고 싶은 사람에게 추천하는 이어폰이 있습니다. 귀를 완전히 막지 않는, 뼈에서 소리를 전달하는 이어폰이나 바깥소리를 흡수할 수 있는 이어폰입니다. 밖을 걸을 때만이라도 ③이런 이어폰을 사용하는 편이 안전하고 좋다고 생각합니다.

16 ①어라?라고 생각이 든 것은 왜일까?

1 친구가 아침 일찍 걷고 있었기 때문에
2 친구가 내 앞을 걷고 있었기 때문에
3 친구가 인사를 안 해줬기 때문에
4 친구가 깜짝 놀랐기 때문에

해설 친구에게 뒤에서 인사를 건넸는데 대답이 없었다고 밑줄 앞부분에 언급되어 있으므로 3번이 정답이다.

17 ②위험하다고 했는데 왜 위험한가?

1 이어폰으로 음악을 듣고 있으면 친구의 목소리에 눈치채지 못하고 소통이 안되니까
2 바깥소리가 안 들리면 사고가 날지도 모르니까
3 소리에 의한 정보가 없으면 그날의 뉴스 등을 알 수 없으니까
4 친구 같은 사람이 늘어나면 인사에 답하지 않는 사람이 많아지니까

해설 밑줄 뒷부분에 이어폰 때문에 바깥소리가 안 들리면 뒤에서 자전거나 차가 와도 눈치채기 어려워 사고가 날 수도 있기 때문에 위험하다고 했으므로 2번이 정답이다.

18 ③이런 이어폰은 어떤 이어폰인가?

1 걷거나 조깅하거나 할 때 방해가 되지 않는 이어폰
2 귀를 완전히 막지 않아도 소리가 크게 들리는 이어폰
3 바깥소리를 흡수하여 음악을 듣기 편하게 해주는 이어폰
4 귀를 막지 않고 주위의 소리도 음악도 들리는 이어폰

해설 ③이런 이어폰은 귀를 완전히 막지 않고 뼈에서 소리를 전달하는 이어폰이나 바깥소리를 흡수할 수 있는 이어폰을 뜻하므로 4번이 정답이다.

단어 歩(ある)く 걷다 | 後(うし)ろ 뒤 | あいさつ 인사 | 肩(かた) 어깨 | 叩(たた)く 치다 | びっくりする 놀라다 | イヤホン 이어폰 | 音楽(おんがく) 음악 | 聴(き)く (음악 등을) 귀기울여 듣다 | 聞(き)こえる 들리다 | 全(まった)く 전혀 | 気(き)づく 눈치 채다 | 周(まわ)り 주위 | 情報(じょうほう) 정보 | 得(え)る 얻다 | 反応(はんのう) 반응 | それでも 그래도 | おすすめ 추천 | 完全(かんぜん)に 완전히 | ふさぐ 막다 | 骨(ほね) 뼈 | 取(と)り込(こ)む 거두어 들이다 | 安全(あんぜん) 안전 | 驚(おどろ)く 놀라다 | コミュニケーション 커뮤니케이션 | 事故(じこ)にあう 사고가 나다 | 増(ふ)える 늘다 | 邪魔(じゃま) 방해 | 吸収(きゅうしゅう) 흡수

(7)

지갑에 포인트 카드를 넣고 있는 사람은 많다. 포인트를 모으면 다양한 서비스를 받을 수 있거나 돈 대신 사용하거나 할 수가 있다. 최근에는 포인트가 디지털화되어서 신용카드와 함께 되어 있는 경우가 많다. (주석1)**신용카드로 물건을 사면 자동적으로 포인트가 모이게 되어있어 ①매우 편리하다.**

옛날에는 종이 포인트 카드가 많아서, 쇼핑 가격에 따라서 스탬프를 찍어줬다. 어떤 카페에서는 커피 한 잔을 마시면 스탬프를 하나 찍어주고 **스탬프가 10개 모이면 커피 한 잔을 무료로 마실 수 있었다.** 하지만 10개를 모으지 않으면 ②서비스를 받을 수 없다. 그래서 그 스탬프를 10개 모으기 위해서 같은 카페에 가야 했다. 앞으로 1개 남았는데 포인트 카드를 사용할 수 있는 기간이 끝나버린 적도 있다.

그래도 **포인트 카드에 스탬프를 찍어주는 즐거움이 있었다.** 종이 포인트 카드는 불편하지만, ③없어지지 않았으면 좋겠다고 생각한다.

(주석 1) 신용카드 : 돈 대신에 쇼핑할 때 쓰는 카드.

19 ①매우 편리하다고 했는데 무엇이 편리한가?

1 신용카드로 다양한 서비스를 받을 수 있는 것
2 신용카드로 쇼핑하면 포인트를 받을 수 있는 것
3 포인트 카드를 돈 대신에 사용할 수 있는 것
4 포인트 카드가 디지털화된 것

해설 밑줄 앞부분에서 신용카드로 물건을 사면 자동으로 포인트가 모이게 되어 있어 매우 편리하다고 했으므로 2번이 정답이다.

20 ②서비스를 받을 수 없다고 했는데, 어떤 서비스를 받을 수 없는가?

1 스탬프를 하나 찍어 준다.
2 스탬프가 10개 모인다.
3 무료로 커피를 마실 수 있다.
4 무료로 포인트를 사용할 수 있다.

해설 밑줄 앞부분에서 예전에 어떤 카페에서는 커피 한 잔을 마시면 스탬프 하나를 찍어 주고, 스탬프 10개가 모이면 커피 한 잔을 무료로 마실 수 있다고 했으므로 3번이 정답이다.

21 ③없어지지 않았으면 좋겠다고 했는데, 왜 그렇게 생각하는가?

1 지갑에 포인트 카드를 많이 넣을 수 있어서 편리하니까
2 쇼핑을 하면 포인트가 자연스럽게 모여서 편리하니까
3 포인트 카드에 스탬프를 찍어주는 것이 즐거우니까
4 포인트 카드를 가지고 카페에 가는 것이 즐거우니까

해설 밑줄 앞부분에서 종이 포인트카드는 불편하지만 카드에 스탬프를 찍어주는 재미가 있어서 없어지지 않으면 좋겠다고 했으므로 3번이 정답이다.

단어 財布(さいふ) 지갑 | ポイントカード 포인트 카드 | 集(あつ)める 모으다 | サービス 서비스 | 受(う)ける 받다 | ~代(か)わりに ~대신에 | デジタル化(か) 디지털화 | クレジットカード 신용카드 | 買(か)い物(もの) 쇼핑 | 自動的(じどうてき) 자동적 | 集(あつ)まる 모이다 | 便利(べんり)だ 편리하다 | 紙(かみ) 종이 | 値段(ねだん) 가격 | スタンプ 스탬프, 도장 | 押(お)す 누르다, 찍다 | 一杯(いっぱい) 한 잔 | 無料(むりょう) 무료 | 同(おな)じだ 같다 | 期間(きかん) 기간 | 終(お)わる 끝나다 | 楽(たの)しみ 즐거움 | 不便(ふべん)だ 불편하다 | 自然(しぜん)だ 자연스럽다

(8)

가구점에 가면 다양한 무늬, 크기의 커튼이 팔리고 있어서, 보기만 해도 즐겁다. 커튼을 바꾸면 방의 분위기도 크게 바뀐다.

커튼은 밖에서 집안이 보이지 않도록 하거나, 밖에서부터의 빛을 차단할 때 사용하는 것이지만, 요즘에 커튼은 빛 이외도 막아준다. **예를 들어, 더운 날에 커튼을 닫으면, 태양열을 막아줘서 방이 조금 시원해진다. 우리 집 커튼은 그뿐만 아니라 꽃가루**(주석1)**나 자외선**(주석2)**도 막아준다.** 그래서 봄이나 여름에는 낮 시간에도 방 커튼을 닫도록 하고 있다.

하지만 커튼을 닫으면 방안이 어두워져 좁게 느껴지는 문제도 있다. 나도 예전에 그걸로 고민했었다. 그래서 커튼을 갈색에서 벽과 같은 연한 하늘색으로 바꿔봤다. 커튼을 바꿨을 뿐인데 문제가 모두 해결되고, 방이 너무 쾌적해졌다. 다만 이러면 겨울은 추워 보인다. 앞으로는 기분이나 계절에 맞춰서 커튼을 바꿔보려고 생각한다.

(주석1) 꽃가루 : 식물에서 나오는 가루.
(주석2) 자외선(UV: ultraviolet) : 눈에 보이지 않는 태양으로 부터의 빛으로, 자외선을 받으면 햇볕에 탄다.

22 '나'의 집에서 사용하는 커튼은 어떤 커튼인가?

1 태양의 열이나 꽃가루는 차단되지만 빛은 차단되지 않는 밝은 커튼
2 빛이나 태양열, 꽃가루를 막아주는 벽과 같은 색의 커튼
3 여름에 방 안에 열이 들어오지 못하게 하는 기능이 있는 어두운 색의 커튼
4 방을 쾌적하게 해주지만 빛밖에 차단되지 않는 어두운 색의 커튼

해설 '나'의 집 커튼은 빛 뿐만 아니라 꽃가루나 자외선도 막아주고 있다고 했다. 또한 예전에 커튼을 닫으면 방안이 어두워져 좁게 느껴지는 문제를 해결하기 위해 커튼을 벽과 같은 연한 하늘색으로 바꿨다고 했으므로 2번이 정답이다.

23 바꿔보려고 한다고 했는데, '나'는 커튼을 어떻게 바꾸려 하나?

1 방안이 어둡게 느껴지기 때문에 벽 색깔과 같은 밝은색의 커튼으로 한다.
2 겨울이 되면 커튼 색깔을 밝은색에서 따뜻해 보이는 색으로 바꾼다.
3 여름에는 보고 있으면 즐거운 기분이 드는 무늬가 있는 커튼으로 한다.
4 자외선이 강한 계절이 되면 햇볕에 타지 않도록 짙은 색의 커튼으로 한다.

해설 '나'는 예전에 커튼을 닫으면 방안이 어두워져 좁게 느껴지는 문제를 연한 하늘색의 커튼으로 바꿔서 해결했다. 겨울에는 연한 하늘색이 추워 보여 기분이나 계절에 맞게 커튼을 바꾸려고 한다고 했으므로 2번이 정답이다.

24 이 글의 내용과 맞는 것은 어느 것인가?

1 방 커튼은 기능뿐만 아니라 방의 분위기가 밝아지는 무늬를 선택하면 좋다.
2 커튼이 더운 날 열을 막아주기 때문에 에어컨이 필요 없다.
3 우리 집 커튼은 아침부터 저녁까지 일년 내내 닫혀 있다.
4 최근 커튼은 기능이 늘어나서 보다 쾌적하게 살 수 있게 되었다.

해설 최근 커튼은 빛 차단 이외에 태양열과 꽃가루나 자외선 차단도 되는데, 예를 들어 더운 날 커튼을 닫으면 태양열을 막아줘 방이 조금 시원해진다고 했으므로 커튼의 기능이 늘어나서 보다 쾌적하게 살 수 있게 되었다고 한 4번이 정답이다. 1~3번은 지문에서 언급되지 않은 내용이다.

단어 家具(かぐ) 가구 | 柄(がら) 무늬 | カーテン 커튼 | 雰囲気(ふんいき) 분위기 | 光(ひかり) 빛 | さえぎる 막다 | 閉(し)める 닫다 | 太陽(たいよう) 태양 | 熱(ねつ) 열 | 涼(すず)しい 시원하다 | 花粉(かふん) 꽃가루 | 紫外線(しがいせん) 자외선 | 暗(くら)い 어둡다 | 狭(せま)い 좁다 | 悩(なや)む 고민하다 | 茶色(ちゃいろ) 갈색 | 壁(かべ) 벽 | 薄(うす)い 얇다 | 水色(みずいろ) 엷은 청색, 하늘색 | 解決(かいけつ) 해결 | 快適(かいてき)だ 쾌적하다 | 季節(きせつ) 계절 | 植物(しょくぶつ) 식물 | 粉(こな) 가루 | 日焼(ひや)けする 햇볕에 타다 | 明(あか)るい 밝다 | 機能(きのう) 기능 | 暖(あたた)かい 따뜻하다 | 濃(こ)い 진하다 | 選(えら)ぶ 선택하다 | 晩(ばん) 밤

(9)

어느 편의점을 지나면 항상 경찰차가 멈춰 있었다. 나는 이 편의점에는 경찰관이 항상 순찰하러 오는구나 하고 생각했다.
 일본의 경찰차는 위쪽이 흰색, 아래쪽이 검은색을 띠고 있어 멀리서도 금방 경찰차라고 알 수 있다. 차를 운전하고 있을 때에 경찰차를 발견하면, 교통 규칙을 지켜 운전하고 있어도 긴장된다. 나는 항상 그 편의점을 지날 때마다 긴장했었다.
 어느 날 또 같은 편의점에 경찰차가 멈춰 있었다. ①그 경찰차를 자세히 보니까, 차 안에 경찰관이 아니라 인형이 앉아 있었다. ②놀라서 다시 봤는데 역시 인형이었다. 그 후에 다른 편의점에서도 인형이 탄 경찰차가 멈춰 있었다. 그리고 그런 경찰차를 편의점 이외의 다른 장소에서도 몇 대 봤다.
 그것은, 사용하지 않게 된 경찰차를 눈에 띄는 장소에 두는 ③교통안전을 위한 대처였다. 이제는 편의점에 멈춰 있는 경찰차에는 놀라지 않지만, 편의점의 경찰차를 볼 때마다 안전운전에 신경 쓰려고 생각한다.

(주석1) 경찰차 : 경찰관이 타고 있는 차.

25 ①그 경찰차는 어느 경찰차인가?

1 항상 가는 편의점에 주차되어 있는 경찰차
2 편의점에 순찰하러 와 있는 경찰차
3 항상 가는 곳이 아닌 편의점에 멈춰 있던 경찰차
4 편의점이 아닌 곳에 멈춰 있던 경찰차

해설 어느 특정 편의점 앞에 늘 경찰차가 주차되어 있어 갈 때마다 긴장한다고 했으므로 1번이 정답이다.

26 ②놀라서라고 했는데 왜 놀랐는가?

1 경찰차에 경찰관이 타고 있었기 때문에
2 경찰차에 인형이 타고 있었기 때문에
3 편의점에 몇 대나 경찰차가 서있었기 때문에
4 모든 편의점에 경찰차가 서있었기 때문에

해설 밑줄 앞부분에서 어느 날 또 같은 편의점에 경찰차가 주차되어 있어 안을 자세히 봤더니 경찰관이 아닌 인형이 앉아있어서 놀랐다고 했으므로 2번이 정답이다.

> **27** ③교통안전을 위한 대처라고 했는데, 어떤 대처인가?

1 경찰관이 항상 같은 편의점을 순찰하고 안전을 확인하는 대처
2 사용하지 않게 된 경찰차에 인형을 실어 운전자를 놀라게 하는 대처
3 경찰차를 편의점에 세우고 경찰관이 교통 규칙을 지키도록 말하는 대처
4 경찰차를 눈에 띄는 장소에 두어 운전수에게 안전운전에 주의하게 하는 대처

해설 밑줄 앞부분에서 사용하지 않게 된 경찰차에 인형을 태우고 일부러 눈에 띄는 장소에 두어 사람들로 하여금 교통안전에 주의하도록 하는 대처라고 했으므로 4번이 정답이다.

단어 通(とお)る 지나가다 | パトカー (パトロールカーの줄임말) 경찰차 | 止(と)まる 멈추다 | 警察官(けいさつかん) 경찰관 | 見回(みまわ)り 순찰 | 上側(うわがわ) 위쪽 | 白色(しろいろ) 흰색 | 下側(したがわ) 아래쪽 | 黒色(くろいろ) 검은색 | 運転(うんてん) 운전 | 交通(こうつう)ルール 교통법규 | 守(まも)る 지키다 | ~たびに ~할 때마다 | 緊張(きんちょう)する 긴장되다 | 人形(にんぎょう) 인형 | 座(すわ)る 앉다 | おどろく 놀라다 | 違(ちが)う 다르다 | 目立(めだ)つ 눈에 띄다 | 交通安全(こうつうあんぜん) 교통안전 | 取(と)り組(く)み 대응, 대처 | 気(き)をつける 조심하다 | 駐車(ちゅうしゃ) 주차 | 運転手(うんてんしゅ) 운전자 | 乗(の)せる 싣다, 태우다

(10)

우리 집 달력은 일요일부터 일주일이 시작되고 있습니다. 어느 날, 제 수첩을 보고 있었더니, 월요일이 일주일의 첫 날로 되어 있었습니다. 그때 처음으로 달력에는 일요일 시작과 월요일 시작인 것이 있다는 것을 깨달았습니다. 그래서 얼마 전 엄마와의 대화가 생각났습니다.

엄마는 '다음 주 일요일에 같이 백화점에 쇼핑하러 가자'라고 쇼핑에 권유해 주었습니다. 엄마는 매달 한 번, 저와 백화점에 가는 것을 기대하고 있습니다. 저는 수첩을 보고 '그날은 아르바이트가 쉬는 날이니까 좋아'라고 대답을 했습니다. 제 수첩에서는 다음 주 일요일은 15일 일요일로 되어 있었지만, 엄마가 보고 있던 달력에서는 8일 일요일이었습니다. ①엄마가 권유해 준 일요일은 하루 종일 아르바이트가 들어가 있었습니다.

저는 서둘러 엄마에게 사과하러 갔습니다. 엄마는 '어쩔 수 없지'라고 말하며 ②슬퍼 보이는 얼굴을 하고 있었습니다. 다음부터 약속할 때는, 함께 달력을 보면서 요일뿐만 아니라 날짜도 확인해야겠다고 반성했습니다.

> **28** ①엄마가 권유해 준 날 '나'는 무엇을 할 예정인가?

1 아르바이트가 쉬는 날이라 엄마와 백화점에 쇼핑하러 간다.
2 아르바이트는 쉬지만 엄마와 백화점에 가지 않는다.
3 오전 중에 아르바이트를 한다.
4 오전도 오후도 아르바이트를 한다.

해설 ①엄마가 권유해 준 날은 8일 일요일로 '나'는 하루 종일 아르바이트를 해야 하므로 4번이 정답이다.

> **29** ②슬퍼 보이는 얼굴이라고 했는데, 왜 슬퍼 보이는 얼굴이 되었는가?

1 백화점에 가는 약속을 지킬 생각이 없었기 때문에
2 백화점에 가는 약속을 완전히 잊고 있었기 때문에
3 8일 일요일에 백화점에 같이 못 가게 되어서
4 15일 일요일에 백화점에 같이 못 가게 되어서

해설 엄마는 매달 '나'와 백화점에 가는 걸 기대하고 있는데, 서로 날짜를 착각해서 엄마가 생각했던 8일 일요일에 백화점에 함께 못 가게 되어 슬픈 표정을 짓고 있었으므로 3번이 정답이다.

> **30** 이 글의 내용과 맞지 않는 것은 어느 것인가?

1 달력에는 일요일 시작과 월요일 시작의 것이 있다.
2 엄마가 보고 있던 달력은 일요일 시작의 것이었다.
3 엄마와 나는 매달 첫째 주 일요일에 같이 백화점에 간다.
4 약속을 할 때는 요일과 날짜 양쪽을 확인하지 않으면 안 된다.

해설 엄마와 나는 매달 한번 백화점에 간다. 하지만 요일이나 날짜는 정해져 있지 않아 매달 첫째 주 일요일에 같이 백화점에 간다는 건 틀린 말이므로 3번이 정답이다.

단어 カレンダー 달력 | 一週間(いっしゅうかん) 일주일간 | 始(はじ)まる 시작되다 | ある日(ひ) 어느 날 | 手帳(てちょう) 수첩 | 始(はじ)めの日(ひ) 시작 날 | 初(はじ)めて 처음으로 | 始(はじ)まり 시작 | 気(き)づく 깨닫다 | 先日(せんじつ) 요전날 | 思(おも)い出(だ)す 생각나다 | 誘(さそ)う 꾀다, 권유하다, 유혹하다 | 一日中(いちにちじゅう) 하루종일 | 急(いそ)ぐ 서두르다 | 謝(あやま)る 사과하다 | 悲(かな)しい 슬프다 | 顔(かお) 얼굴 | 日(ひ)にち 날짜 | 確(たし)かめる 확인하다 | 反省(はんせい) 반성 | 守(まも)る 지키다 | すっかり 완전히 | 両方(りょうほう) 양쪽, 양방

(11)

①취활, 혼활, 종활 등 '~활'이라는 말이 자주 쓰인다. 이것들 '~활'은 ~을 하기 위한 활동이라는 의미가 있다. 취활은 취직하기 위해서 하는 활동, 혼활은 결혼을 하기 위한 활동, 종활은 인생의 마지막 준비를 위한 활동을 의미한다. 그 시대에 필요한 활동이 '~활'이라는 말을 만들어 왔다.

취활이라는 말은 취업이 어려운 시대에 생겨났다. 일본의 경기가 나빠져서 예전과 같이 간단하게 취직할 수 없게 되었기 때문에 취직하기 위해서는 노력이 필요해졌다. 그런 노력이 취업 활동, 즉 취활이라고 불렸다. 최근에는 종활이 ②주목받고 있다. 고령화 사회에서 인생의 마지막을 생각하는 사람이 늘어났기 때문이다.

하지만 잘 생각하면 우리는 매일 살기 위해서 활동을 하고 있다. 그 활동을 생활이라고 한다. 인간은 살아있는 동안 활동을 멈출 수는 없다. 앞으로 어떤 '~활'이라는 새로운 말이 생겨날지 기대된다.

> **31** ①취활은 어떤 활동인가?

1 취직하면서 공부를 하기 위한 활동
2 취직하고 나서 직장에서 필요한 활동

> 3 일자리를 찾기 위해 하는 활동
> 4 일자리를 잘 그만두기 위해 하는 활동

해설 '취활'이라는 말은 일본의 경기가 나빠지면서 취업이 어려워진 시기에 생겨난 말로, 취직하기 위해 노력하는 활동이라는 뜻이라고 했다. 따라서 3번이 정답이다.

> **32** ②주목받고 있다고 했는데 왜인가?
>
> 1 종활이 필요한 사람들이 늘고 있으니까
> 2 젊은 사람 사이에서 종활이 유행하고 있으니까
> 3 취활과 종활이 읽는 방식이 같으니까
> 4 종활은 간단하게 할 수 있고 재밌으니까

해설 밑줄 뒷부분에서 최근에 '종활'이 주목받고 있는 이유로 고령화 사회에서 인생의 마지막을 생각하는 사람들이 늘어났기 때문이라고 했으므로 1번이 정답이다.

> **33** 이 글의 내용과 맞지 않은 것은 어느 것인가?
>
> 1 결혼하는 것을 목표로 하고 실시하는 활동을 혼활이라고 한다.
> **2 취활을 하지 않으면 취직할 수 없다.**
> 3 그 시대에 필요했던 활동이 새로운 단어를 만들어 냈다.
> 4 인간은 매일 생활이라는 활동을 하고 있다.

해설 글의 내용과 맞지 않은 것을 고르는 문제이다. 취업이 어려운 시대에 취활을 하지 않으면 취직이 어려운 것이지 취직할 수 없는 것은 아니므로 2번이 정답이다. 결혼하기 위해 노력하는 활동을 '혼활'이라고 하므로 1번은 맞는 말이다. 그 시대에 필요한 활동이 ~활이라는 말을 만들어냈다고 했으므로 3번도 맞는 말이다. 인간은 매일 살기 위해 활동을 하고 있고 그것을 '생활'이라고 한다고 했으므로 4번도 맞는 말이다.

단어 就活(しゅうかつ) 취업 활동(就職活動의 준말) | 婚活(こんかつ) 결혼 활동(結婚活動의 준말) | 終活(しゅうかつ) 종말 활동, 죽음에 대한 준비를 하는 다양한 활동 | 言葉(ことば) 말, 언어 | 行(おこな)う 행하다 | 人生(じんせい) 인생 | 終(お)わり 끝, 마지막 | 準備(じゅんび) 준비 | 活動(かつどう) 활동 | 意味(いみ) 의미 | 時代(じだい) 시대 | 生(う)まれる 태어나다, 생기다 | 景気(けいき) 경기 | 努力(どりょく) 노력 | 近年(きんねん) 근년, 근래 | 注目(ちゅうもく) 주목 | 高齢化社会(こうれいかしゃかい) 고령화 사회 | 生活(せいかつ) 생활 | 人間(にんげん) 인간 | 生(い)きる 살다 | 職場(しょくば) 직장 | 就職先(しゅうしょくさき) 일자리, 취직처 | 見(み)つける 찾다 | 上手(うま)く 잘 | 流行(はや)る 유행하다 | 目指(めざ)す 목표로 하다 | 生(う)む 낳다

(12)

> 저에게는 2살 연하의 여동생이 있습니다. 어렸을 적 여동생은 항상 제 뒤를 따라서 저와 같은 것을 하려고 했습니다. 그런 여동생의 모습은 매우 귀여웠지만, 저는 여동생을 별로 좋아하지 않았습니다. 여동생은 자신이 먹고 있는 과자가 있어도 제가 먹고 있는 것을 먹고 싶다고 말했습니다. 사용하지 않는 장난감도 제가 사용하기 시작하면 바로 '줘'라고 말했습니다. ①그럴 때 엄마는 항상 "언니니까 참으렴."이라고 말했습니다. 그래서 저는 싫었지만 엄마한테 혼나고 싶지 않아서 여동생이 갖고 싶다고 하는 걸 뭐든 줬습니다. 저는 여동생과 함께 있으면 항상 좋은 일이 없었습니다. 그래서 가능한 한 ②여동생과 함께 행동하지 않도록 했습니다.
> 그런 저와 여동생도 대학생이 되어 함께 방을 빌려서 살게 되었습니다. 여동생은 항상 방 청소를 하거나 식사를 만들거나 해줍니다. 지금은 여동생 쪽이 언니처럼 착실합니다. 저는 항상 여동생과 함께 있지만, ③감사할 것뿐입니다. 어렸을 때는 여동생에게 주기만 했지만 지금은 여동생으로부터 받기만 합니다.

> **34** ①그럴 때는 어떤 때인가?
>
> 1 '내'가 사용하지 않는 장난감으로 놀았을 때
> **2 여동생이 '내' 것을 원했을 때**
> 3 '내'가 여동생의 과자를 먹고 있었을 때
> 4 여동생이 '내' 것을 사용하고 있을 때

해설 ①그럴 때는 여동생은 내가 먹고 있는 과자나 내가 사용하는 장난감을 달라고 했을 때를 가리키므로 2번이 정답이다.

> **35** ②여동생과 함께 행동하지 않는다고 했는데, 왜인가?
>
> 1 여동생이랑 같이 있으면 항상 엄마한테 혼났기 때문에
> 2 여동생이 바로 나를 따라서 싫었기 때문에
> **3 여동생이랑 있으면 안 좋은 일이 많이 있었기 때문에**
> 4 여동생은 엄마로부터 원하는 건 뭐든지 받았기 때문에

해설 '나'는 싫었지만 엄마에게 혼나기 싫어 여동생이 갖고 싶다고 하는 걸 뭐든 줘야 했다고 했다. 이렇듯 여동생과 함께 있으면 항상 좋은 일이 없었기 때문에 가능한 한 여동생과 함께 행동하지 않는다고 밑줄 앞부분에서 말하고 있으므로 3번이 정답이다.

> **36** ③감사라고 있는데, 무엇에 감사하고 있는가?
>
> 1 부모님이 대학 학비를 내주고 있는 것
> 2 부모님이 집세를 내주고 있는 것
> **3 여동생이 '나'를 돌봐주고 있는 것**
> 4 여동생이 '나'에게 보살핌을 받고 있는 것

해설 밑줄 앞부분에서 지금은 여동생이 언니처럼 든든해져서 방 청소도 해주고 식사도 만들어 주는 등 여동생으로부터 받는 것이 많아서 감사하다고 했으므로 3번이 정답이다.

단어 年下(としした) 연하 | 妹(いもうと) 여동생 | ついて来(く)る 따라오다 | 姿(すがた) 모습 | 可愛(かわい)い 귀엽다 | お菓子(かし) 과자 | おもちゃ 장난감 | ちょうだい 주세요, 줘(요청) | 我慢(がまん)する 참다 | 嫌(いや)だ 싫다 | 怒(おこ)る 화내다 | 欲(ほ)しい 갖고 싶다, 원한다 | 行動(こうどう) 행동 | 借(か)りる 빌리다 | 掃除(そうじ) 청소 | 姉(あね) 언니 | しっかりする 착실하다, 단단하다 | 感謝(かんしゃ) 감사 | 真似(まね)する 따라하다 |

親(おや) 부모 | 学費(がくひ) 학비 | 払(はら)う 지불하다 | 家賃(やちん) 집세 | 世話(せわ)をする 보살피다, 돌보다

(13)

> 제가 살고 있는 동네는 도시라서 밤에도 별이 그다지 보이지 않습니다. 그건 전기 빛이 밝아서 하늘이 어두워지지 않기 때문입니다. 예쁜 별을 보고 싶으면 도시에서 벗어나야 합니다.
>
> 저는 여름방학에 예쁜 별을 보기 위해서 친구를 꼬셔서 별이 보이는 하늘을 보는 투어에 참가했습니다. 투어를 신청했을 때에 여름의 별자리가 설명된 책을 받았습니다. 친구와 그 책을 보면서 "날씨가 좋으면 좋겠다."라고 기대하고 있었습니다.
>
> 투어 날은 구름이 전혀 없는 맑은 날이라 달이 예뻤습니다. 제가 "달이 예쁘네."라고 말하자 친구는 "그렇네. 그런데 생각보다 별이 적네."라고 말했습니다.
>
> 그때 투어 가이드가 "오늘은 달이 밝아서 별이 조금 보기 어렵네요."라고 말했습니다. 그것을 듣고 저는 전기 불빛이 적더라도 달빛으로 별은 보기 힘들게 되는 것이구나라고 ①놀랐습니다. 그래도 투어에서는 도시보다 예쁜 별을 많이 볼 수 있었습니다. 계절마다 별자리가 바뀌기 때문에 다음에는 다른 계절에 와 봐야겠다고 생각했습니다.

(주석1) 투어 : 관광 여행.
(주석2) 별자리 : 별과 별을 묶어 동물이나 사람을 나타낸 것.

37 '나'는 왜 별을 보는 투어에 참가했나?

1 '나'의 동네는 날씨가 안 좋은 날이 많아서 별을 보기 힘들기 때문에
2 도시는 밤에도 밝아서 별이 보이지 않기 때문에
3 '나'는 친구에게 권유받았기 때문에
4 어떻게 해서든 여름 별자리를 보고 싶었기 때문에

해설 '내'가 살고 있는 동네는 도시이고 전기 불빛이 밝아서 하늘이 어두워지지 않기 때문에 밤에도 별이 그다지 보이지 않는다고 했다. 그래서 별을 보기 위해 투어에 참가했다고 했으므로 2번이 정답이다.

38 ①놀랐습니다라고 했는데 왜 놀랐는가?

1 생각했던 것보다 전기 불빛이 적었기 때문에
2 도시에서 떨어져도 별은 보기 어렵다고 알았기 때문에
3 생각했던 것보다 별이 적었기 때문에
4 달 때문에 별을 보기 어려웠기 때문에

해설 밑줄 앞부분에서 '나'는 전기 불빛이 적으면 별이 많이 보일 것이라고 생각했는데, 투어 가이드가 전기 불빛이 적어도 달빛이 밝으면 별이 잘 보이지 않는다고 해서 놀랐다고 했다. 따라서 4번이 정답이다.

39 '나'는 투어에 대해 어떻게 생각하고 있는가?

1 별을 별로 보지 못했기 때문에 더 이상 참가하지 않는다.
2 달이 밝을 때는 더 이상 참가하지 않는다.
3 다른 별자리를 볼 수 있는 시기에 다시 참가하자.
4 별자리를 전혀 못 찾았으니까 다시 참가하자.

해설 계절마다 별자리가 바뀌기 때문에 '나'는 다음에 다른 계절에 와봐야겠다고 생각했으므로 3번이 정답이다.

단어 町(まち) 동네 | 都会(とかい) 도시 | 星(ほし) 별 | 電気(でんき) 전기 | 光(ひかり) 빛 | 明(あか)るい 밝다 | 暗(くら)い 어둡다 | きれいだ 깨끗하다, 예쁘다 | 離(はな)れる 떨어지다 | 星空(ほしぞら) 별이 보이는 하늘 | ツアー 투어, 관광여행 | 申(もう)し込(こ)む 신청하다 | 星座(せいざ) 별자리 | 説明(せつめい) 설명 | 天気(てんき) 날씨 | 雲(くも) 구름 | 晴(は)れる 맑다 | 月(つき) 달 | 思(おも)ったより 생각한 것보다 | ガイド 가이드 | 明(あ)かり 불빛 | 見(み)える 보이다 | ~にくい ~하기 어렵다 | 驚(おどろ)く 놀라다 | 季節(きせつ) 계절 | ~ごとに ~마다 | 結(むす)ぶ 묶다, 잇다 | 表(あらわ)す 나타내다 | ~せいで ~탓에 | 時期(じき) 시기

장문 실전 연습 문제 398p

1 ④	2 ②	3 ③	4 ②	5 ②
6 ③	7 ④	8 ②	9 ④	10 ②
11 ③	12 ③	13 ①	14 ④	15 ①
16 ③	17 ①	18 ③	19 ②	20 ①
21 ②	22 ③	23 ④	24 ④	

문제5 다음 문장을 읽고, 질문에 답하세요. 답은, 1・2・3・4에서 가장 알맞은 것을 하나 고르세요.

(1)

> 태양빛의 에너지로 전력을 만드는 것을 태양광 발전이라고 한다. 태양빛은 ①솔라 패널에 의해 전력으로 바꿀 수 있다. 태양광 발전은 발전할 때에 이산화탄소(CO_2)를 내지 않기 때문에 지구에 친화적인 발전의 방법이다. 게다가 태양은 석탄이나 석유처럼 장래에 사라질 걱정이 없다.
>
> 태양광 발전 외에, ②자연을 이용한 발전 방법은 댐의 물을 이용한 수력 발전이나 풍차의 바람을 이용한 풍력 발전이 있다. 그러나 이것들의 발전 방법은 댐이나 풍차를 세울 장소를 찾는 것이 어렵다. 그것에 비해 태양광 발전은 태양의 아래라면 어디든 솔라 패널을 설치할 수 있어 그 관리도 간단하다. 그 때문에 개인이 지붕에 태양광 발전을 설치하는 가정도 늘고 있다.
>
> 이처럼 태양광 발전에는 좋은 점이 많지만 좋지 않은 점도 있다. 태양광 발전은 화력발전이나 원자력발전에 비해서 발전 가격이 비싸다. 게다가 태양광 발전은 태양이 없을 때는 발전할 수 없다. 즉, 날씨가 나쁜 날이나 밤 사이에는 사용할 수 없고, 일 년 내내 맑은 날이 적은 지역에서는 발전량이 적어진다. 또한 태양빛이 없어질 걱정은 없지만 솔라 패널은 25~30년이면 새로이 할 필요가 있다.
>
> 이러한 문제점이 있기 때문에 태양광 발전보다도 자연에 친화적이

지 않은 화력발전이나 원자력발전이 많은 나라에서 계속 사용되고 있다. 장래적으로 태양광 발전이 날씨나 계절에 관계없이 안정되게 사용할 수 있게 된다면 더 많은 나라에서 사용될 것이다.

1 ①솔라 패널이란 어떤 패널인가?

1 전력을 만들기 위해 태우는 패널
2 전력을 집으로 보내기 위한 패널
3 태양열을 화력으로 바꾸는 패널
4 태양빛을 전력으로 바꾸는 패널

해설 솔라 패널이란 태양빛을 전력으로 바꾸는 패널이므로 4번이 정답이다.

2 ②자연을 이용한 발전 방법이 아닌 것은 어느 것인가?

1 수력 발전
2 화력 발전
3 태양광 발전
4 풍력 발전

해설 1번은 댐의 물, 3번은 태양빛, 4번은 풍차의 바람을 이용한 것으로 자연을 이용한 발전 방법이다. 그러므로 자연을 이용한 발전 방법이 아닌 화력발전 2번이 정답이다.

3 태양광 발전이 다른 발전 방법보다 좋은 점은 어느 것인가?

1 제한된 에너지 때문에 전력을 소중히 사용할 수 있다.
2 발전하는 데 다른 방법보다 돈이 들지 않는다.
3 태양빛을 받을 수 있으면 어디든 발전 시스템을 설치할 수 있다.
4 솔라 패널은 언제까지나 사용할 수 있다.

해설 태양빛을 받으면 어디든 발전 시스템을 설치할 수 있다고 했으므로 3번이 정답이다. 태양은 석탄이나 석유처럼 장래에 사라질 걱정이 없다고 했으므로 1번은 틀린 말이다. 태양광 발전은 화력 발전이나 원자력 발전에 비해 발전 가격이 비싸다고 했으므로 2번도 틀린 말이다. 솔라 패널은 25~30년이면 새로 만들어야 하므로 4번 역시 정답이 아니다.

4 많은 나라에서 아직 화력 발전이나 원자력 발전이 사용되고 있는 것은 왜인가?

1 솔라 패널은 가격이 비싸서 살 수 있는 사람이 적기 때문에
2 날씨가 불안정한 나라에서는 전기를 효율 좋게 만들 수 없기 때문에
3 태양광 발전은 환경에 별로 친화적이지 않기 때문에
4 솔라 패널은 금방 사용할 수 없게 되어 버리기 때문에

해설 앞으로 태양광 발전이 날씨나 계절에 관계없이 안정적으로 사용할 수 있게 되면 더 많은 나라에서 사용할 수 있다고 했다. 따라서 아직 태양광 발전 대신 화력 발전이나 원자력 발전이 많은 나라에서 사용되는 가장 큰 이유는 불안정한 날씨와 계절이므로 2번이 정답이다.

단어 太陽(たいよう) 태양 | エネルギー 에너지 | 電力(でんりょく) 전력 | 太陽光発電(たいようこうはつでん) 태양광 발전 | ソーラーパネル 솔라 패널 | 二酸化炭素(にさんかたんそ) 이산화탄소 | 地球(ちきゅう) 지구 | ~にやさしい ~에 친화적이다 | 発電(はつでん) 발전, 전기를 일으킴 | 方法(ほうほう) 방법 | 石炭(せきたん) 석탄 | 石油(せきゆ) 석유 | 将来(しょうらい) 장래 | 自然(しぜん) 자연 | 利用(りよう) 이용 | ダム 댐 | 水力(すいりょく) 수력 | 風車(ふうしゃ) 풍차 | 風(かぜ) 바람 | 風力(ふうりょく) 풍력 | 建(た)てる 세우다 | 探(さが)す 찾다 | 設置(せっち) 설치 | 管理(かんり) 관리 | 屋根(やね) 지붕 | 家庭(かてい) 가정 | 火力(かりょく) 화력 | 原子力(げんしりょく) 원자력 | ~に比(くら)べて ~에 비해서 | 価格(かかく) 가격 | ~を通(とお)して ~내내 | 地域(ちいき) 지역 | 発電量(はつでんりょう) 발전량 | 問題点(もんだいてん) 문제점 | 安定(あんてい)する 안정되다 | 燃(も)やす 불태우다 | 限(かぎ)る 제한하다 | システム 시스템 | 天候(てんこう) 기후 | 効率(こうりつ) 효율

(2)

나의 할머니는 물건을 갖는 것을 별로 좋아하지 않는 성격이었다. 혼자 사는 방 안에는 필요 최소한의 생활용품과 가족이나 친구로부터 받은 여행의 선물이 있는 정도로, 잡지나 여분의 식기 등은 두지 않았다. 옷도 받은 것이거나 옛날에 산 물건을 소중히 쓰고 새것은 거의 사지 않았다. 전쟁 전에 태어난 할머니는 세 살쯤에 아버지가 병으로 돌아가신 탓에 집이 가난해서 어릴 적부터 일했다. 그런 고생을 한 탓인지 할머니의 돈 쓰는 법이라고 하는 건 어쨌든 낭비하지 않는다고 하는 것이 모토였다. 하지만 절약했다고 해서 재미없는 생활을 보낸 것은 아니다. 손자가 온 날은 케이크를 사서 같이 먹거나 누군가와 함께 외출했을 때는 뭔가 작은 선물을 사거나 했다. 그런 지출은 할머니에게 있어서는 낭비가 아니었던 것 같고, 할머니는 이런 작은 일로 만족할 수 있는 사람이었다. 그런 할머니라도 인생에서 몇 번인가는 큰 쇼핑을 하는 경우도 있었다. 자신에게의 포상으로 다이아 반지를 산 적도 있고 금목걸이를 산 적도 있었다. 아이가 곤란할 때는 결코 적지 않은 돈을 선뜻 내주었다. 그리고 자신의 장례식비는 스스로 준비했다.

할머니는 결코 돈을 쓰는 것이 싫었던 것이 아니라 ①돈 쓰는 법에 대한 '미의식'을 갖고 계셨을 것이다. 돈을 어떻게 쓰는 게 자신에게 있어서 올바른 것인가라는 것을 항상 생각하고 계셨던 것 같은 느낌이 든다.

(주석1) 모토 : 그 사람이 중요하게 여기고 있는 사고 방법.
(주석2) 포상 : 그 사람을 칭찬하기 위해 주는 것.
(주석3) 장례식 : 사람이 죽었을 때 치르는 식.

5 할머니의 방에 두지 않은 것은 무엇인가?

1 받은 여행의 선물
2 옛날에 산 잡지
3 생활에 필요한 도구
4 남으로부터 받은 옷

해설 할머니 방에 두지 않는 것을 고르는 문제이다. 할머니는 방 안에 친구로부터 받은 여행 선물이나 최소한의 생활용품을 두고 잡지나 여분의 식기 등은 두지 않는다고 했다. 옷 역시 받은 것이거나 옛날에 산 물건을 소중히 쓴다고 했다. 따라서 할머니의 방에 두지 않는 것은 옛날에 산 잡지로, 2번이 정답이다.

> **6** 할머니는 절약하면서 생활하는 것에 대해 어떻게 생각하고 있었는가?
>
> 1 재미없는 생활을 보내고 있다고 생각하고 있었다.
> 2 누군가와 함께 있으면서 쓰는 돈은 낭비라고 생각하고 있었다.
> **3 작은 선물이나 케이크를 사는 것으로 만족하고 있었다.**
> 4 별로 돈을 쓰지 못해서 만족할 일은 적었다.

해설 할머니는 손자가 온 날 케이크를 사거나 누군가와 함께 외출하면 작은 선물을 사거나 했다고 했다. 그리고 이러한 작은 일로 만족했다고 했으므로 3번이 정답이다. 할머니가 절약했다고 해서 재미없는 생활을 보낸 것은 아니므로 1번은 정답이 아니다. 누군가와 함께 외출하면 작은 선물을 사면서 낭비라고는 생각하지 않았기 때문에 2번도 정답이 아니다. 할머니는 이런 작은 지출로 만족할 수 있는 사람이라고 했기 때문에 4번도 정답이 아니다.

> **7** 할머니가 큰 쇼핑을 하는 것은 어떤 때인가?
>
> 1 친척분이 돌아가셨을 때
> 2 기분이 좋아졌을 때
> 3 다른 사람으로부터 액세서리가 갖고 싶다고 들었을 때
> **4 자신을 칭찬해 주고 싶을 때**

해설 지문에서 알 수 있는 할머니의 큰 지출은 자신에게의 포상으로 다이아 반지나 금목걸이를 산 일, 아이가 곤란할 때 돈을 선뜻 내준 일, 그리고 자신의 장례식 비를 스스로 준비한 일이다. 1~4번 중 여기에 해당하는 것은 자신을 칭찬해 주고 싶을 때 포상으로 반지나 목걸이를 산 것이므로 4번이 정답이다.

> **8** ①돈 쓰는 법에 대한 미의식이란 어떤 것인가?
>
> 1 돈 쓰는 것을 싫어하는 것
> **2 자신이 옳다고 생각하는 것에 돈을 쓰는 것**
> 3 가능한 한 다른 사람을 위해 돈을 쓰는 것
> 4 자신을 위해서만 돈을 쓰는 것

해설 ①돈 쓰는 법에 대한 미의식이란 돈을 어떻게 쓰는 게 자신에게 있어서 올바른 건지 생각하고 그에 맞게 지출하는 것이므로, 자신이 옳다고 생각하는 것에 돈을 쓰는 것이라고 한 2번이 정답이다.

단어 祖母(そぼ) 조모, 할머니 | 好(この)む 좋아하다 | 性格(せいかく) 성격 | 一人暮(ひとりぐ)らし 혼자 삶, 자취 | 最低限(さいていげん) 최저한, 최소한 | 生活用品(せいかつようひん) 생활용품 | 旅(たび) 여행 | 雑誌(ざっし) 잡지 | 余分(よぶん) 여분 | 食器(しょっき) 식기 | 洋服(ようふく) 양복, 옷 | 戦争(せんそう) 전쟁 | 病気(びょうき) 병 | 亡(な)くなる 죽다, 돌아가다 | 貧(まず)しい 가난하다 | 働(はたら)く 일하다 | 苦労(くろう) 고생 | 使(つか)い方(かた) 사용법 | 無駄遣(むだづか)い 낭비 | モットー 모토, 좌우명 | 節約(せつやく) 절약 | 孫(まご) 손자 | 出掛(でか)ける 외출하다 | 出費(しゅっぴ) 지출 | 満足(まんぞく) 만족 | ご褒美(ほうび) 포상 | ダイヤ 다이아몬드 | 指輪(ゆびわ) 반지 | 金(きん) 금 | ネックレス 목걸이 | 困(こま)る 곤란하다 | 決(けっ)して 결코 | 快(こころよ)い 상쾌하다, 기분 좋다 | 葬式(そうしき) 장례식 | ~代(だい) 값, 비용 | 美意識(びいしき) 미의식 | 常(つね)に 항상 | 褒(ほ)める 칭찬하다 | 親戚(しんせき) 친척

(3)

> 근년, 일본에서는 '난폭 운전'에 의한 사고가 증가하고 있다. 난폭 운전이란 앞의 차에 접근해 운전하거나 일부러 앞으로 나와 갑자기 속도를 줄이거나 해서 다른 차에 피해를 주는 운전을 말한다. ①이런 운전을 하는 사람은, 다른 차에 추월당하거나 자신의 앞을 천천히 달리거나 하면, 자신의 운전을 방해받았다고 느끼고, 분노를 느껴서 상대에게 폐를 끼치려고 하는 것이라고 한다.
>
> 이러한 운전은 민폐를 끼칠 뿐만 아니라 사고의 원인으로도 되는 경우가 있어 매우 위험하다. '난폭 운전'을 하면 경찰에 붙잡혀 벌금이 부과되고 경우에 따라서는 면허 취소가 되거나 교도소에 들어가는 경우도 있지만, 그래도 '난폭 운전'을 하는 차는 좀처럼 줄지 않는다.
>
> 최근에는 ②차량 블랙박스를 자신의 차에 다는 사람이 늘고 있다. 차량 블랙박스라고 하는 것은 차의 앞이나 뒤에 다는 비디오 카메라로 운전을 기록할 수 있는 것이다. '난폭 운전'을 당한 것이 원인으로 사고가 나더라도 누가 나쁜지를 증명하는 것은 곤란한데 이것이 있으면 어떻게 사고가 났는지, 누가 나쁜지를 나중에 비디오로 볼 수 있기 때문이다. 또한 사고를 당하지 않더라도 차량 블랙박스를 달고 있는 것으로 '난폭 운전'을 할 마음을 없애 사고를 방지할 수 있다. '난폭 운전'이 줄지 않는 이상, 우리는 '난폭 운전'을 하지 못하도록 하는 궁리를 할 필요가 있을 것이다.

(주석1) 추월하다: 뒤에서 온 사람이나 차가 먼저 가는 것.
(주석2) 벌금: 규칙을 지키지 않은 사람이 내야 하는 돈
(주석3) 교도소: 법률을 어기고 나쁜 짓을 한 사람이 들어가는 장소.

> **9** ①이런 운전이란 어떤 운전인가?
>
> 1 앞을 달리고 있는 차를 추월하는 것
> 2 규칙으로 정해진 속도로 달리는 것
> 3 위험을 느꼈을 때 속도를 줄이는 것
> **4 앞의 차로부터 떨어지지 않고 달리는 것**

해설 ①이런 운전이란 '난폭 운전'을 가리킨다. 난폭 운전은 앞차에 접근해 운전하거나 일부러 앞으로 나와 갑자기 속도를 줄이거나 해서 다른 차에 피해를 주는 운전을 말하므로 4번이 정답이다.

> **10** 난폭 운전에 대해서 올바른 설명은 어느 것인가?
>
> 1 교통 규칙에서는 난폭 운전을 해도 되는 것으로 되어 있다.
> **2 난폭 운전은 위험하므로 법률로 금지되어 있다.**
> 3 난폭 운전을 당한 사람은 벌금이나 면허 취소가 된다.
> 4 난폭 운전을 하는 사람은 절대로 사고를 내지 않는다.

해설 난폭 운전을 하면 벌금을 내거나 면허 취소가 될 수도 있고 교도소에 수감될 수도 있다고 했으므로 2번이 정답이다. 1번은 완전 반대되는 말을 하고 있으므로 정답이 아니다. 난폭 운전을 당한 사람이 아니라 한 사람이 벌금이나 면허 취소가 되므로 3번은 틀린 말이며 난폭 운전은 사고의 원인이 될 수 있으므로 4번 역시 틀린 말이다.

11 ②차량 블랙박스를 자신의 차에 다는 사람이 늘고 있는 것은 왜 인가?

1 '난폭 운전'을 하는 차를 찾아내고 기록해 나중에 경찰에 전하기 위해서
2 나중에 비디오로 보고 어떤 운전이 위험한지 배우기 위해서
3 사고를 당했을 때, '난폭 운전'을 당했다는 것을 경찰에 전하기 위해서
4 차의 상태가 좋은지 어떤지를 확인하기 위해

해설 차량 블랙박스를 차에 다는 사람이 늘어난 이유는 난폭 운전으로 인해 사고가 나더라도 차량 블랙박스가 있으면 어떻게 사고가 났는지, 누가 나쁜지를 나중에 비디오로 확인할 수 있기 때문이다. 따라서 3번이 정답이다.

12 차량 블랙박스에 대해서 적힌 내용 중 올바른 것은 어느 것인가?

1 차의 앞에만 달 수 있어서 뒤에서 부딪히면 누가 나쁜지 모른다.
2 최근에는 차량 블랙박스를 다는 사람이 늘면서 '난폭 운전'이 줄었다.
3 사고의 기록뿐만 아니라 '난폭 운전'으로 인한 사고를 막는 효과도 있다.
4 '난폭 운전'을 하는 사람은 차량 블랙박스의 유무에 관계없이 민폐를 끼치기 때문에 다는 의미가 없다.

해설 차량 블랙박스가 있으면 난폭 운전으로 인한 사고의 진상을 파악할 수 있고 차량 블랙박스를 달고 있는 것만으로 난폭 운전을 하려는 마음을 없애 사고를 미연에 방지할 수도 있다고 했다. 따라서 3번이 정답이다. 차량 블랙박스는 차의 뒤에도 달 수 있으므로 1번은 틀린 말이다. 지문의 내용으로 차량 블랙박스로 인해 난폭 운전이 줄었는지는 알 수 없으므로 2번 역시 정답이 아니다. 차량 블랙박스를 달고 있는 것으로 난폭 운전을 할 마음을 없앨 수 있다고 했으므로 4번도 정답이 아니다.

단어 あおり運転(うんてん) 난폭 운전 | 近(ちか)づく 접근하다 | わざと 일부러 | スピード 스피드 | 落(お)とす 떨어뜨리다, (아래로) 이동시키다 | 迷惑(めいわく)をかける 폐를 끼치다 | 追(お)い越(こ)す 앞지르다 | 邪魔(じゃま)する 방해하다 | 怒(いか)り 분노 | 原因(げんいん) 원인 | 非常(ひじょう)に 매우 | 捕(つか)まる 잡히다 | 罰金(ばっきん) 벌금 | 免許(めんきょ) 면허 | 取(と)り消(け)し 취소 | 刑務所(けいむしょ) 형무소, 교도소 | 減(へ)る 줄다 | ドライブレコーダー 차량 블랙박스 | ビデオカメラ 비디오 카메라 | 記録(きろく) 기록 | 証明(しょうめい) 증명 | 困難(こんなん) 곤란하다 | 防止(ぼうし) 방지 | 払(はら)う 지불하다 | 法律(ほうりつ) 법률 | 破(やぶ)る 어기다, 깨다 | 速度(そくど) 속도 | 調子(ちょうし) 상태 | 効果(こうか) 효과 | 有無(うむ) 유무

(4)

브로콜리는 미용이나 건강에 도움 되는 영양을 많이 포함한 채소다. 특히 비타민 C, 단백질, 철분, 마그네슘 등의 영양소가 많이 포함되어 있다. 비타민C는 병의 예방이나 미용에 좋다고 알려져 있고, 단백질은 몸 만들기, 마그네슘은 뼈나 치아를 강하게 하고, 철분은 몸속으로 산소를 운반하는 등 이것들은 몸에 있어서 소중한 영양소다.

브로콜리는 일본에서는 겨울에 나는 채소이지만 외국에서 수입하고 있기 때문에 슈퍼마켓에서 연중 팔리고 있다. 그렇다면 많이 팔리고 있는 브로콜리 중에서 어떻게 하면 ①신선한 브로콜리를 고를 수 있을까? 먼저, 브로콜리의 색깔을 보는 게 중요하다. 노란색 브로콜리가 아닌 가능한 한 진한 초록색 브로콜리를 고르는 편이 좋다. 다음으로 브로콜리의 꽃봉오리를 보자. 꽃봉오리가 부드럽지 않고 제대로 모여 있는 것이 좋다.(주석1) 마지막으로 줄기 안에 틈이 없는지 보자. 브로콜리는 너무 많이 성장하면 줄기에(주석2) 틈이(주석3) 생기는 경우가 있다. 너무 많이 성장한 브로콜리는 딱딱해지고 맛도 조금 나빠진다. 신선한 브로콜리를 골랐다면 ②조리 방법에도 신경 쓰는 편이 좋다. 브로콜리는 너무 많이 조리하면 영양이 없어져 버린다. 가능한 한 짧은 시간에 조리하는 편이 좋다. 뜨거운 물로 조리하면 영양이 뜨거운 물로 흘러나와 버리기 때문에 전자레인지에 조리하는 것을 추천한다. 신선한 브로콜리를 올바르게 조리하면 많은 영양을 브로콜리로부터 얻을 수 있다.

(주석1) 꽃봉오리 : 꽃이 피기 전 단계.
(주석2) 줄기 : 식물 뿌리부터 자란 긴 부분.
(주석3) 틈 : 물건과 물건의 사이가 약간 비어 있는 것.

13 피부를 깨끗하게 하고 싶은 사람은 어느 영양소를 섭취하는 편이 좋은가?

1 비타민 C
2 단백질
3 마그네슘
4 철분

해설 비타민 C는 병의 예방이나 미용에 좋으며, 단백질은 몸을 만들고 마그네슘은 뼈나 치아를 강하게 하며 철분은 몸속으로 산소를 운반한다고 했으므로 1번이 정답이다.

14 어떠한 것이 ①신선한 브로콜리인가?

1 선명한 초록색으로 꽃봉오리가 벌어진 것
2 연한 연두색으로 봉오리가 단단한 것
3 줄기에 틈이 있고 밝은 노란색인 것
4 꽃봉오리가 모여 있고 줄기가 단단한 것

해설 ②신선한 브로콜리란 가능한 진한 초록색에 꽃봉오리가 잘 모여있고 줄기 안에 틈이 없어야 한다고 했다. 따라서 4번이 정답이다.

15 ②조리방법에도 신경 쓰는 편이 좋다고 있는데, 어떤 조리방법이 좋은가?

1 단시간에 영양이 빠져나가지 않는 방법
2 장시간에 천천히 영양을 가두는 방법
3 시간을 들여 영양을 추출하는 방법
4 시간에 상관없이 영양이 늘어나는 방법

해설 브로콜리는 너무 많이 조리하면 영양이 없어져 가능한 한 짧은 시간에 영양이 빠져나가지도 않도록 조리하는 게 좋다고 했으므로 1번이 정답이다.

16 이 글의 브로콜리의 설명과 맞지 않는 것은 어느 것인가?

1 일본에서 만든 브로콜리는 겨울에 팔리고 있다.
2 신선한 브로콜리를 고르려면 꽃봉오리와 줄기와 색깔을 봐야 한다.
3 브로콜리는 너무 자라면 부드러워져 버린다.
4 조리방법에 신경 쓰지 않으면 브로콜리의 영양이 줄어든다.

해설 이 글의 설명과 맞지 않는 것을 고르는 문제이다. 브로콜리는 너무 많이 성장하면 딱딱해지고 맛이 나빠진다고 했으므로 3번이 정답이다. 일본에서 브로콜리는 겨울에 나는 채소라고 했으므로 1번은 맞는 말이다. 신선한 브로콜리를 고르기 위해 색깔, 꽃봉오리, 줄기를 봐야 한다고 했으므로 2번도 맞는 말이다. 브로콜리는 너무 많이 조리하면 영양이 없어진다고 했으므로 4번 역시 맞는 말로 정답이 아니다.

단어 ブロッコリー 브로콜리 ｜ 美容(びよう) 미용 ｜ 役立(やくだ)つ 도움이 되다 ｜ 栄養(えいよう) 영양 ｜ 含(ふく)む 포함하다 ｜ ビタミンC 비타민C ｜ たんぱく質(しつ) 단백질 ｜ 鉄分(てつぶん) 철분 ｜ マグネシウム 마그네슘 ｜ 栄養素(えいようそ) 영양소 ｜ 予防(よぼう) 예방 ｜ 骨(ほね) 뼈 ｜ 歯(は) 치아, 이 ｜ 酸素(さんそ) 산소 ｜ 運(はこ)ぶ 운반하다 ｜ ～にとって ~에(게) 있어서 ｜ 採(と)る 채집하다, 뽑다 ｜ 輸入(ゆにゅう) 수입 ｜ 年中(ねんじゅう) 연중 ｜ 新鮮(しんせん)だ 신선하다 ｜ 黄色(きいろ) 노란색 ｜ 濃(こ)い 짙다 ｜ 緑色(みどりいろ) 초록색 ｜ つぼみ 꽃봉오리 ｜ 柔(やわ)らかい 부드럽다 ｜ しっかりと 단단히, 확고하게 ｜ 集(あつ)まる 모이다 ｜ 茎(くき) 줄기 ｜ 隙間(すきま) 틈 ｜ 成長(せいちょう) 성장 ｜ 固(かた)い 딱딱하다 ｜ 調理(ちょうり) 조리 ｜ 方法(ほうほう) 방법 ｜ お湯(ゆ) 뜨거운 물 ｜ 流(なが)れ出(で)る 흘러 나오다 ｜ 電子(でんし)レンジ 전자 레인지 ｜ おすすめ 추천 ｜ 得(え)る 얻다 ｜ 空(あ)く 비다 ｜ 肌(はだ) 피부 ｜ 広(ひろ)がる 넓어지다 ｜ 薄(うす)い 연하다 ｜ 黄緑色(きみどりいろ) 황록색, 연두색 ｜ 短時間(たんじかん) 단시간 ｜ 逃(に)げる 달아나다 ｜ 長時間(ちょうじかん) 장시간 ｜ 閉(と)じ込(こ)める 가두다 ｜ 取(と)り出(だ)す 빼내다

(5)

　　베개는 우리의 생활의 질에 크게 관련되어 있다. 그것은, 베개가 맞지 않으면 수면에 문제가 생기거나 몸이 아프게 되거나 하기 때문이다. 자주 TV나 인터넷에 소개되고 있는 것은 최신의 연구를 바탕으로 한 베개다. 그런 것은 대개 좋은 소재를 쓰고 있고, 가격도 1만 엔부터 수만 엔 하는 것이 많다. 그러나 실제로 고급 베개를 산 사람들의 의견을 들어보면 반드시 만족하고 있는 것만은 아닌 것 같다.
　　베개를 판매하고 있는 회사의 홈페이지에 의하면 베개를 고를 때는 베개의 높이, 크기, 소재, 모양, 경도 5가지 점에 신경을 쓰면 좋다고 한다. 소재는 깃털이 부드러운 것부터 식물의 열매 등의 딱딱한 것까지 있고, 모양도 다양한 것이 팔리고 있는데 높이 이외의 4가지는 자신이 좋아하는 것이나 긴장을 풀 수 있는 것을 고르면 된다고 한다. 하지만 높이만큼은 쓰는 사람의 몸의 크기와 잘 때의 자세로부터 골라야 한다. 먼저 몸의 크기에 대해서 몸이 큰 사람에게는 높은 베개가 적합하지만, 몸이 작은 어린이나 여성에게는 낮은 베개가 적합하다. 다음으로 잘 때의 자세가 위를 향하는 사람에게는 위를 향해서 잤을 때에 목이나 뼈가 깔끔한 S자가 되는 것 같은 높이의 베개가 좋다. 옆으로 누워 자는 사람은 옆을 향하고 잤을 때 목의 뼈부터 머리까지 곧게 되는 높이의 베개가 좋다. 고급 베개를 사도 수면에 문제가 있는 사람은 높이가 맞지 않을지도 모른다. 반대로 자신에게 맞는 베개라면 수천 엔의 저렴한 베개로도 목이나 어깨가 아프지 않고 질 좋은 수면을 취할 수 있다.

(주석1) 깃털 : 새의 날개.
(주석2) 자세 : 몸을 유지하는 모습.

17 TV 등에서 자주 보는 베개는 어떤 베개인가?

1 새로운 연구를 참고로 한 가격이 비싼 베개
2 모두가 만족할 수 있는 좋은 소재를 사용한 베개
3 연구자가 만들어 준 고급스런 베개
4 옛날부터 사용되고 있는 몸에 좋은 베개

해설 TV나 인터넷에서 자주 소개되는 베개는 최신의 연구를 바탕으로 하고, 좋은 소재를 써 가격대가 비싼 고급 베개를 말하므로 1번이 정답이다.

18 베개 고르기 설명에서 옳은 것은 어느 것인가?

1 베개의 소재는 최대한 부드러운 것이 좋다.
2 자신의 몸에 맞는 형태의 베개를 고르는 편이 좋다.
3 베개의 소재나 경도는 자신이 긴장을 풀 수 있고, 좋아하는 것을 선택하면 된다.
4 높이, 크기, 소재, 모양, 경도 5가지를 주의해서 홈페이지에서 고른다.

해설 베개의 소재나 경도는 자신이 긴장을 풀 수 있고, 좋아하는 것을 선택하면 된다고 했으므로 3번이 정답이다. 베개의 소재는 각자가 자신이 좋아하는 것이나 휴식을 취할 수 있는 것으로 고르면 된다고 했으므로 1번은 틀린 말이다. 자신의 몸에 맞는 형태가 아니라 자신의 몸에 맞는 높이의 베개를 골라야 한다고 했으므로 2번도 틀린 말이다. 베개를 고를 때 높이, 크기, 소재, 모양, 경도 5가지를 고려해야 하는 것은 맞지만 홈페이지에서 골라야 하는 건 아니므로 4번 역시 정답이 아니다.

19 베개의 높이를 고를 때 중요한 점은 어느 것인가?

1 위를 보고 자는 여성은 머리부터 목의 뼈가 곧게 펴지는 낮은 베개를 선택한다.
2 위를 향해 자는 몸이 큰 사람은 목의 뼈가 S자가 되는 높은 베개를 선택한다.
3 옆을 향해 자는 아이는 목의 뼈가 S자가 되는 높은 것을 선택한다.
4 옆을 향해 자는 남성은 머리의 뼈부터 목의 뼈까지 곧게 되는 높은 베개를 선택한다.

해설 먼저, 몸이 큰 사람은 높은 베개가, 어린이나 여성과 같이 작은 사람은 낮은 베개가 적합하다고 했다. 또한 잘 때 위를 향해 자는 사람은 목이나 뼈가 깔끔한 S자가 되는 높이의 베개가, 옆으로 누워 자는 사람은 목의 뼈부터 머리까지 곧게 되는 높이의 베개가 좋다고 했다. 따라서 이러한 설명들을 모두 만족시키는 2번이 정답이다.

20 고급 베개에 대해 올바른 내용의 것은 어느 것인가?

1 높이가 맞지 않으면 잠을 잘 못 잔다.
2 높이, 크기, 소재, 모양, 경도 5가지가 모두 좋다.
3 가격이 비싸면 비쌀수록 잠을 잘 수 있다.
4 소재가 좋을 뿐 질은 별로 좋지 않다.

해설 고급 베개이더라도 높이가 맞지 않으면 수면에 문제가 있을 수 있다고 한 것은 지문을 통해 확인할 수 있으므로 1번이 정답이다. 2, 3, 4번은 지문을 통해 정확하게 알 수 없는 내용들로 정답이 아니다.

단어 枕(まくら) 베개 | 質(しつ) 질 | かかわる 관계되다 | 睡眠(すいみん) 수면 | 紹介(しょうかい) 소개 | 最新(さいしん) 최신 | 研究(けんきゅう) 연구 | ~をもとに ~을/를 토대로, ~을/를 바탕으로 | たいてい 대개, 대부분 | 素材(そざい) 소재 | 値段(ねだん) 가격 | 高級(こうきゅう)だ 고급지다 | 意見(いけん) 의견 | 必(かなら)ずしも 반드시(+부정문) | 満足(まんぞく) 만족 | 販売(はんばい) 판매 | ホームページ 홈페이지 | 高(たか)さ 높이 | 大(おお)きさ 크기 | 形(かたち) 형태 | 硬(かた)さ 경도, 굳기 | 羽毛(うもう) 깃털 | 柔(やわ)らかい 부드럽다 | 実(み) 열매 | リラックス 릴랙스, 긴장을 풀고 쉼 | 姿勢(しせい) 자세, 태도 | 向(む)いている 적합하다 | 上向(うわむ)き 위로 향함 | 首(くび) 목 | 骨(ほね) 뼈 | 字(じ) 글자 | 横(よこ) 옆 | 頭(あたま) 머리 | まっすぐ 쭉, 곧장 | 肩(かた) 어깨 | 保(たも)つ 지니다, 유지되다 | 様子(ようす) 모양, 상태 | 参考(さんこう) 참고 | 研究者(けんきゅうしゃ) 연구자

(6)

요즘의 초등학생을 보면 명찰을 달지 않고 등하교를 하고 있는 것을 알았다. 옛날에는 집을 나간 뒤 돌아올 때까지 초등학생은 자신의 이름이 적힌 명찰을 가슴에 달고 있었다. 명찰을 잊고 학교에 가면 선생님께 혼나곤 했었다. 선생님에게 있어서 명찰은 아이들의 이름을 외우는 데 편리한 것이었다.

하지만 얼마 전 알려지기 싫은 사람에게도 이름이 알려져 버리기 때문에 명찰을 그만하자고 하는 학교가 최근 많아지고 있다고 하는 뉴스를 보았다. 명찰을 폐지한 학교도 있는가 하면, ①학교의 안에서만 명찰을 다는 학교도 있다고 한다. 모르는 사람으로부터 자기 이름을 불려서 "과자를 줄게"라던가 "엄마가 불러. 차로 태워다 줄게"라는 등의 말을 들으면 '이 사람은 내 이름을 안다. 엄마나 아빠의 지인일지도 모른다'라고 생각할지도 모른다. 어린 아이라면 순수히 그 사람을 따라가 버려서 위험한 일을 당할 우려도 있다. 게다가 이름으로부터 집이나 다른 정보가 알려져 나쁜 일에 사용되어 버릴 가능성도 있다. 최근에는 일본의 사회 전체에서 고객이나 사원의 개인정보의 관리가 엄격해지고 있지만 어른뿐만 아니라 어린이의 개인정보도 지켜져야 한다.

옛날에 명찰을 가슴에 달고 초등학교에 다니던 사람들은 일본은 그렇게 위험한 사회가 된 것인가, 하고 조금 놀랄지 모르지만, 사회의 변화와 함께 아이들을 지키기 위한 규칙도 바꿔 나가지 않으면 안 될 것이다.

(주석1) 폐지: 그만두고, 행하지 않게 되는 것.

21 옛날의 초등학생과 명찰에 대해서 올바른 것은 어느 것인가?

1 등하교 때는 명찰을 달지 않았다.
2 명찰은 항상 달고 있어야 했다.
3 초등학생들끼리 이름을 외우기 위해 명찰을 달고 있었다.
4 동네 사람 모두가 이름을 알 수 있도록 명찰을 달고 있었다.

해설 명찰을 항상 달고 있어야 했다는 것은 옛날의 초등학생과 명찰에 대해 올바른 말이므로 2번이 정답이다. 옛날에는 집을 나간 뒤 돌아올 때까지 명찰을 달고 있어야 했으므로 1번은 정답이 아니다. 명찰은 선생님에게 있어서 아이들의 이름을 외우는 데 편리한 것이었기 때문에 3번도 정답이 아니다. 명찰을 다는 것이 마을 사람들 모두가 이름을 알기 위함은 아니므로 4번 역시 정답이 아니다.

22 ①학교 안에서만 명찰을 단다고 있는데, 왜인가?

1 아이들이 선생님들의 얼굴과 이름을 빨리 외울 수 있으니까
2 선생님이 모든 아이들의 명찰을 만들기가 힘드니까
3 학교 밖의 사람들이 아이들의 이름을 알게 되니까
4 지역에 관계없는 어른이 아이들의 이름을 불러줄 수 있으니까

해설 ①학교 안에서만 이름표를 단다고 한 이유는 모르는 사람이 명찰을 보고 아이의 이름을 알고 나쁜 짓을 할 수도 있기 때문이므로 3번이 정답이다.

23 이름이 알려져 버리면 어떤 일이 일어날지도 모르는가?

1 아이들이 위험할 때 이웃의 어른이 도울 수 있다.
2 이웃의 같은 이름을 가진 아이로 착각해서 곤란하게 된다.
3 모르는 아이라도 다른 아이들과 사이 좋게 지낼 수 있다.
4 모르는 사람이 아이들에게 다가가서 위험한 일이 된다.

해설 이름이 알려지면 모르는 사람이 아이의 이름을 불러 나쁜 짓을 하거나 이름으로부터 집이나 다른 정보가 알려져 나쁜 일에 사용될 가능성이 있다고 했다. 따라서 4번이 정답이다.

24 등하교 때 명찰을 다는 초등학생이 줄어들고 있는 것에 대해서 필자는 어떻게 생각하고 있는가?

1 옛날에 명찰을 달았기 때문에 명찰이 없어지는 것은 섭섭하게 생각한다.
2 일본은 아이의 이름을 가르쳐 줄 수 없는 위험한 사회가 되어 버렸다.
3 선생님이 이름을 기억할 수 없게 되므로 명찰은 없애지 않았으면 좋겠다.
4 나이에 관계없이 주소나 이름이 알려지지 않도록 조심하지 않으면 안 된다.

해설 필자는 지문에서 어른뿐만 아니라 어린이의 개인정보도 지켜져야 하며 사회의 변화와 함께 아이들을 지키기 위한 규칙도 바꿔 나가야 한다고 했다. 따라서 나이에 관계없이 주소와 이름이 알려지지 않도록 조심해야 한다고 한 4번이 정답이다.

단어 小学生(しょうがくせい) 초등학생 | 名札(なふだ) 명찰, 이름표 | つける 붙이다, 달다 | 登下校(とうげこう) 등하교 | 気付(きづ)く 깨닫다, 알아차리다 | 胸(むね) 가슴 | 怒(おこ)る 화내다 | ~たものだ ~하곤 했다 | ~にとって ~에(게) 있어서 | 覚(おぼ)える

기억하다, 외우다 | 知(し)られる 알려지다 | 目(め)にする 실제로 보다 | 廃止(はいし) 폐지 | 呼(よ)ばれる 불리다 | 乗(の)せる 태우다 | 素直(すなお)に 순순히 | 目(め)に合(あ)う ~을/를 당하다 | おそれがある 우려가 있다 | 可能性(かのうせい) 가능성 | 社会(しゃかい) 사회 | 全体(ぜんたい) 전체 | 社員(しゃいん) 사원 | 個人情報(こじんじょうほう) 개인정보 | 管理(かんり) 관리 | 厳(きび)しい 엄격하다 | 大人(おとな) 어른 | 通(かよ)う 다니다 | 驚(おどろ)く 놀라다 | 変化(へんか) 변화 | ~とともに ~와/과 함께 | ルール 룰, 규칙 | 変(か)える 바꾸다 | 同士(どうし) ~끼리, 같은 종류 | 町(まち) 마을, 동네 | 地域(ちいき) 지역 | 関係(かんけい) 관계 | 近所(きんじょ) 근처, 이웃 | 助(たす)ける 돕다 | 間違(まちが)える 착각하다, 틀리다 | 仲良(なかよ)い 사이좋다 | 寂(さび)しい 섭섭하다, 쓸쓸하다 | 年齢(ねんれい) 연령 | ~にかかわらず ~에 관계없이

정보검색 실전 연습 문제 　　　　　　414p

1 ④	2 ①	3 ③	4 ②	5 ②
6 ③	7 ②	8 ④	9 ④	10 ②
11 ④	12 ①			

문제7 오른쪽 페이지는, 여행 회사의 팸플릿에 실려 있는 투어의 정보이다. 이것을 읽고, 아래의 질문에 답하세요. 답은, 1·2·3·4 중 가장 알맞은 것을 하나 고르세요.

(1)

1 기무라 씨는 여름방학에 친구와 셋이서 오키나와에 여행을 가려고 생각하고 있다. 예산은 1인당 4만 엔 예정인데 예산 내에서 여행을 하려면 며칠에 출발하면 좋은가?

1 8월 4일
2 8월 24일
3 9월 3일
4 9월 9일

해설　본 투어는 기본요금에 1인당 렌터카 보험비 1,000엔과 비행기의 연료비 왕복 5,000엔이 별도 요금으로 부과된다. 따라서 예산이 1인당 4만 엔이 넘지 않으려면 투어 요금 캘린더에서 A인 날짜를 선택해야 한다. 1인당 기본요금 33,000엔에 렌터카 보험비 1,000엔과 비행기 연료비 왕복 5,000엔을 더하면 총 39,000엔이 되기 때문이다. 9월 9일이 투어 요금 캘린더에서 A인 날이므로, 4번이 정답이다.

2 다음 중에서 투어의 내용에 대해서 올바르게 서술하고 있는 것은 어느 것인가?

1 갈 때와 돌아갈 때, 비행기의 연료비가 2,500엔씩 든다.
2 렌터카를 빌릴 때는 차 1대당 보험료로서 1,000엔을 내야 한다.
3 이 투어는 호텔에 따라 요금이 다르다.
4 호텔에는 조식 포함과 그렇지 않은 것이 있다.

해설　비행기의 연료비는 편도 2,500엔, 왕복 5,000엔이므로 1번이 정답이다. 렌터카를 빌릴 때는 운전자 1인당 1,000엔의 요금이 들기 때문에 2번은 틀린 말이다. 이 투어는 3가지 호텔 모두 요금이 같고, 모두 조식이 포함되어 있기 때문에 3번과 4번도 틀린 말이다.

이번 여름은 오키나와에 가자!!

저렴한 33,000엔~!
여름의 오키나와를 즐기지 않을래요?

◆ 비행기 비용과 호텔 비용이 세트로 된 이득인 투어입니다.
산산 호텔, 츄라우미 호텔, 국제비치 호텔의 3가지 중에서 호텔을 선택할 수 있습니다.
(각 호텔 모두 조식 포함)
◆ 렌터카 포함
공항에서 렌터카 가게까지 무료의 버스가 나오고 있습니다.
렌터카를 빌릴 때 운전자 1인당 1,000엔의 보험에 가입해 주세요.

【※주의】
· 비행기의 연료비 편도 2,500엔(왕복 5,000엔)이 별도 요금으로 듭니다.
· 출발일의 3일 전까지 취소한 경우, 취소 수수료가 들지 않습니다.
  2일 전의 취소는 대금의 30%, 전일의 취소는 대금의 50%, 당일의 취소는 대금의 전액을 취소 수수료로 받습니다.

한 분당 3일간의 여행 대금
A : 33,000엔　B : 38,000엔　C : 42,000엔　D : 50,000엔

투어 요금 캘린더
(예: 출발일이 A인 경우, 2일차, 3일차가 B·C·D여도 A의 요금이 됩니다.

8月

1	2	3	4	5	6	7
B	B	B	B	C	C	C
8	9	10	11	12	13	14
C	C	C	D	D	D	D
15	16	17	18	19	20	21
D	D	D	D	D	D	D
22	23	24	25	26	27	28
C	C	C	C	D	D	D
29	30	31				
B	B	B				

9月

		1	2	3	4
		A	A	B	B
5	6	7	8	9	10	11
A	A	A	A	A	A	A
12	13	14	15	16	17	18
A	A	A	A	A	A	A
19	20	21	22	23	24	25
A	A	A	A	A	A	B
26	27	28	29	30		
A	A	A	A	A		

단어　パンフレット 팸플릿 | 載(の)る (신문, 잡지 등에) 실리다 | 予算(よさん) 예산 | 述(の)べる 말하다, 서술하다 | ツアー 투어 | 沖縄(おきなわ) 오키나와(일본 지명) | 格安(かくやす) 품질에 비해서 값이 쌈 | 楽(たの)しむ 즐기다 | ~代(だい) ~비용, 값 | セット 세트 | お得(とく)だ 이득이다 | 国際(こくさい) 국제 | ビーチ 비치, 해변 | 選(えら)ぶ 고르다 | 朝食(ちょうしょく) 조식 | ~付(つ)き ~붙음, 딸림, 포함 | レンタカー 렌터카 | 空港(くうこう) 공항 | 無料(むりょう) 무료 | 借(か)りる 빌리다 | 際(さい) 때 | 保険(ほけん) 보험 | 加入(かにゅう) 가입 | 注意事項(ちゅういじこう) 주의사항 | 燃料(ねんりょう) 연료 | 片道(かたみち) 편도 | 往復(おうふく) 왕복

| 別料金(べつりょうきん) 별도 요금 | 出発(しゅっぱつ) 출발 | キャンセル 캔슬, 취소 | 代金(だいきん) 대금 | 全額(ぜんがく) 전액 |

문제7 오른쪽 페이지는, 수족관의 이벤트의 공지사항이다. 이것을 읽고, 아래의 질문에 답하시오. 답은, 1·2·3·4중 가장 알맞은 것을 하나 고르세요.

(2)

> **3** 다나 씨는 이번 주 토요일 오후 12시에 수족관 입구에서 만나기로 했다. 다나 씨는 친구와 처음으로 어떤 이벤트에 참여할 수 있는가?
>
> 1 A
> 2 B
> **3 C**
> 4 D

해설 A 수족관 무료 안내의 경우 출발시간 10분 전에 접수처 앞으로 와야 한다고 했으므로 다나 씨가 참여할 수 있는 시간은 오후 3시반 부터 시작하는 3번 타임이다. B 수족관 퀴즈 대회는 오후 2시에 참여가 가능하며 C 돌고래쇼는 오후 1시, D 교류 타임은 오후 3시부터 참여가 가능하다. 따라서 다나 씨가 친구와 가장 처음으로 참여할 수 있는 이벤트는 C 돌고래쇼로 3번이 정답이다.

> **4** 마에다 씨는 일요일에 중학생 친구와 둘이서 오전 11시에 수족관에 왔다. 앞으로 참가 가능한 모든 이벤트에 참가하면 입장료와 합쳐서 1인당 얼마 드는가?
>
> 1 1,500엔
> **2 1,800엔**
> 3 3,600엔
> 4 3,800엔

해설 중학생 이하 어린이는 입장료가 1,500엔이므로 마에다 씨와 중학생 친구의 입장료는 각 1500엔이다. 수족관에서 일요일 오전 11시 이후에 참여할 수 있는 이벤트 중 유료 이벤트는 C 돌고래쇼와 D 교류 타임이다. 돌고래쇼는 어린이 요금이 200엔, 교류 타임은 어린이 요금이 100엔이므로 입장료를 포함한 1인당 비용은 총 1,800엔이므로 2번이 정답이다.

해바라기 수족관의 이벤트
이벤트에 참가하고 더욱 수족관을 즐기자

A 수족관 무료 안내	B 수족관 퀴즈 대회
수족관의 직원의 설명을 들으면서 수족관의 안을 걷습니다. 약 1시간 걸립니다. 출발시간 ① 오전 10시~ ② 오전 12시~ ③ 오후 3시 반~ ※출발 시간 10분 전에 접수처 앞으로 와 주세요.	수족관에 있는 생물에 대한 퀴즈에 답하고 선물을 받습니다. 매주 토·일 오후 2시~3시 장소 수족관 대홀

C 돌고래쇼	D 교류 타임
돌고래들의 즐거운 쇼를 볼 수 있습니다. 평일 1회 오후 1시 반~2시 반 토·일 2회 ① 오전 11시~12시 ② 오후1시~2시 장소 옥외홀 (성인 500엔/어린이 200엔)	귀여운 펭귄을 만지거나 먹이를 주거나 할 수 있습니다. 시간 오후 3시~(약 30분) 장소 펭귄 광장 (성인 300엔/어린이 100엔)

해바라기 수족관
AM 9:30 - PM 5:00 (매주 화요일 휴무)
전화 : 012-345-6789

입장료 성인 3,000엔 / 어린이(중학생 이하) 1,500엔

단어 水族館(すいぞくかん) 수족관 | 待(ま)ち合(あ)わせ (만나기로 한) 약속 | 最初(さいしょ) 최초, 먼저 | 可能(かのう)だ 가능하다 | ひまわり 해바라기 | 係員(かかりいん) 담당자 | 説明(せつめい) 설명 | かかる (비용이) 들다 | 出発(しゅっぱつ) 출발 | クイズ 퀴즈 | 生(い)き物(もの) 생물 | 答(こた)える 대답하다 | プレゼント 선물 | イルカ 돌고래 | ショー 쇼 | 屋外(おくがい) 옥외 | ペンギン 펭귄 | 触(さわ)る 만지다 | えさ 먹이, 사료 | 広場(ひろば) 광장 | 入場料(にゅうじょうりょう) 입장료 | 以下(いか) 이하

문제7 오른쪽 페이지는, 슈퍼마켓의 광고이다. 이것을 읽고, 아래의 질문에 답하세요. 답은, 1·2·3·4중 가장 알맞은 것을 하나 고르세요.

(3)

> **5** 다니우치 씨는 카레를 만들기 위해 소고기를 사고 싶다고 생각하고 있다. 가장 싸게 소고기를 살 수 있는 것은 언제인가?
>
> 1 7월 1일 AM 10:00 ~ 11:00
> **2 7월 1일 PM 7:00 ~ 8:00**
> 3 7월 2일 AM 10:00 ~ 11:00
> 4 7월 2일 PM 7:00 ~ 8:00

해설 7월 1일 금요일 오후 7시에서 8시 사이에 타임 서비스로 고기와 생선이 20% 할인된다고 했으므로 2번이 정답이다.

> **6** 요코가와 씨는 3일 오전 10시 반에 이 슈퍼에서 바나나 1봉지와 우유 1병, 소고기 300g을 샀다. 얼마를 지불했는가?
>
> 1 420엔
> 2 700엔
> **3 738엔**
> 4 820엔

해설 3일은 일요일이므로 오전 10시부터 11시 사이 구입 시 조조 서비스가 적용되어 전 상품이 10% 할인된다. 따라서 각 상품에 10% 할인율을 적용하면, 바나나 1봉지 90엔, 우유 1병 108엔, 소고기 300g

540엔으로 합하면 총 738엔이 되어 3번이 정답이다.

주말 세일 7월 1일(금) ~ 3일(일) 금주의 스페셜 상품 (세금 포함 가격)					
콜라	1병	80엔	소고기	100그램	200엔
우유	1병	120엔	우동	1봉지	60엔
양배추	1개	150엔	바나나	1봉지	100엔
당근	3개	150엔	식빵	1봉지 (5장 포함)	100엔

★금 타임 서비스 (오후 7시 ~ 8시)   고기·생선 20% 할인
★토, 일 조조 타임 서비스 (오전 10시 ~ 11시)   전 상품 10% 할인

슈퍼 레인보우
평일 오전 9:30 ~ 오후 8:00
토, 일 오전 10:00 ~ 오후 8:00
목요일 정기 휴무

단어 広告(こうこく) 광고 | 週末(しゅうまつ) 주말 | セール 세일 | スペシャル 스페셜 | 商品(しょうひん) 상품 | 税込(ぜいこみ) 세금 포함 | 価格(かかく) 가격 | コーラ 콜라 | ~本(ほん) 병, 개(기다란 물건을 세는 단위) | 牛肉(ぎゅうにく) 소고기 | グラム 그램 | 牛乳(ぎゅうにゅう) 우유 | 袋(ふくろ) 봉지, 봉투 | キャベツ 양배추 | 個(こ) 개(물건을 세는 단위) | バナナ 바나나 | にんじん 당근 | 食(しょく)パン 식빵 | ~枚(まい) ~장(얇고 평평한 것을 세는 단위) | ~入(い)り ~포함, ~들어감 | タイムサービス 타임 서비스 | 魚(さかな) 생선 | 早朝(そうちょう) 조조, 이른 아침 | 平日(へいじつ) 평일 | 定休(ていきゅう) 정기 휴일

문제7 오른쪽 페이지는, 영화관의 상영 스케줄이다. 이것을 읽고, 아래의 질문에 답하세요. 답은, 1·2·3·4 중 가장 알맞은 것을 하나 고르세요.

(4)

7 이데 씨는 오늘 오후 1시 반에 학교가 끝난 뒤, 영화를 보려고 생각하고 있다. 이데 씨의 학교에서 영화관까지는 걸어서 15분 정도 걸린다. 저녁 5시 반부터 아르바이트가 있어서 그 30분 전에는 영화관을 나가고 싶다. 이데 씨가 처음부터 끝까지 볼 수 있는 것은 어느 영화인가?

1 얼음의 세계
2 불의 사무라이
3 커터맨 리턴즈
4 사랑하는 고양이

해설 이데 씨의 학교는 오후 1시 반에 끝나고, 도보로 영화관까지 15분이 걸린다고 했으므로 이데 씨가 영화를 볼 수 있는 시간은 1시 45분 이후부터이다. 또한, 저녁 5시 반부터 아르바이트가 있어서 30분 전인 5시에는 영화관을 나가야 되므로 1시 45분부터 5시 사이에 상영하는 영화를 처음부터 끝까지 볼 수 있다. 이 시간 안에 상영하는 영화는 스크린 2의 '불의 사무라이'이므로 2번이 정답이다.

8 다나카 씨는 이번 수요일에 대학의 친구인 하야시 씨와 함께 영화를 보러 갈 예정이다. 다나카 씨는 이번에 하야시 씨의 영화비도 내려고 생각하고 있다. 영화의 요금은 2명이서 얼마인가? 다나카 씨는 남성, 하야시 씨는 여성이다.

1 3,600엔
2 3,300엔
3 3,000엔
4 2,700엔

해설 매주 수요일은 레이디스 데이로 대학생 이상인 여성 관객은 300엔 할인된 가격으로 영화를 볼 수 있다. 따라서 다나카 씨는 대학생 요금을 적용하여 1,500엔, 하야시 씨는 대학생 요금과 레이디스 데이 여성 할인 요금을 적용하여 1,200엔이 소요된다. 따라서 영화 요금은 총 2,700엔으로 4번이 정답이다.

	스크린1	스크린 2	스크린 3	스크린 4
10:00	10:00-12:00 '얼음의 세계'	10:15-12:45 '불의 사무라이'	10:30-12:30 '커터맨 리턴즈'	
12:00				
14:00		14:10-16:40 '불의 사무라이'	15:05-17:05 '커터맨 리턴즈'	13:00-15:15 '사랑하는 고양이'
16:00	16:00-18:00 '얼음의 세계'			
18:00				18:45-21:00 '사랑하는 고양이'
20:00			19:15-21:15 '커터맨 리턴즈'	

★'얼음의 세계' 남극의 자연을 5년에 걸쳐 찍은 다큐멘터리
★'불의 사무라이' 일본의 위기를 구한 사무라이의 감동 스토리
★'커터맨 리턴즈' 인기 애니메이션 '커터맨'의 영화화
★'사랑하는 고양이' 사랑을 한 고양이가 다양한 사건을 일으키는 코미디

요금
일반: 1,800엔
대학생: 1,500엔
고등학생 이하: 1,000엔
※매주 수요일의 레이디스 데이는 여성의 요금이 300엔 할인됩니다.
(대학생 미만은 할인되지 않습니다)

단어 上映(じょうえい) 상영 | スクリーン 스크린 | 氷(こおり) 얼음 |

火(ひ) 불 | さむらい 사무라이, 무사 | 恋(こい)する 사랑하다, 연애하다 | 猫(ねこ) 고양이 | 南極(なんきょく) 남극 | 自然(しぜん) 자연 | 撮(と)る (사진을) 찍다 | ドキュメンタリー 다큐멘터리 | 危機(きき) 위기 | 救(すく)う 구하다 | 感動(かんどう) 감동 | ストーリー 스토리 | 人気(にんき) 인기 | アニメ 애니메이션 | 映画化(えいがか) 영화화 | 事件(じけん) 사건 | 起(お)こす 일으키다 | コメディ 코미디 | レディース 레이디스, 여성 | デー 데이, 어떤 행사 일 | 割引(わりびき) 할인

【※주의】
- 1회에 빨 수 있는 양에 대해서, 11kg의 세탁기는 담요 1장이 들어가는 양입니다.
- 세탁은 1회 약 30분 걸립니다.
- 건조기의 3분의 1 정도의 양의 것을 넣어주세요. 너무 많이 넣으면 건조하기 힘듭니다.
- 이득인 선불 카드 : 선불 카드로 지불하면, 10% 할인됩니다.

코인 빨래방 드라이 마트

문제7 오른쪽 페이지는, 셀프 빨래방의 요금 표이다. 이것을 읽고, 아래의 질문에 답하세요. 답은, 1・2・3・4 중 가장 알맞은 것을 하나 고르세요.

단어 コインランドリー 셀프 빨래방 | 料金表(りょうきんひょう) 요금표 | 洗濯機(せんたくき) 세탁기 | 大(おお)きさ 크기 | 値段(ねだん) 가격 | 洗(あら)う 빨다, 씻다 | 種類(しゅるい) 종류 | 毛布(もうふ) 담요 | 布団(ふとん) 이불 | タオル 수건 | 服(ふく) 옷 | 注意(ちゅうい) 주의 | 量(りょう) 양 | 洗濯物(せんたくもの) 세탁물 | お得(とく)だ 이득이다 | プリペイドカード 선불카드 | 10%引(び)き 10% 할인 | 乾燥機(かんそうき) 건조기 | 一般(いっぱん) 일반 | ~別(べつ) ~별 | ~枚(まい) 장(종이처럼 얇고 평평한 것을 세는 단위) | できるだけ 가능한 한, 되도록

(5)

9 시미즈 씨는 담요 2장과 이불 1장을 빨고 싶다. 몇 kg의 세탁기로 얼마를 지불할까? 시미즈 씨는 선불 카드를 가지고 있다.

1 18kg의 세탁기로, 600엔
2 18kg의 세탁기로, 660엔
3 25kg의 세탁기로, 800엔
4 25kg의 세탁기로, 720엔

해설 담요 2장과 이불 1장을 1회에 세탁할 수 있는 세탁기는 25kg 크기의 세탁기이다. 25kg 세탁기의 1회 사용 가격은 800엔이지만 시미즈 씨는 선불카드를 가지고 있다고 했으므로 10%가 할인되어 720엔이 된다. 따라서 4번이 정답이다.

문제7 오른쪽 페이지는, 아르바이트 모집의 광고이다. 이것을 읽고, 아래의 질문에 답하세요. 답은, 1・2・3・4 중 가장 알맞은 것을 하나 고르세요.

(6)

11 대학생인 다나카 씨는 겨울방학 동안만 아르바이트를 하고 싶다고 생각하고 있다. 다음 구인 광고 중에서 다나카 씨가 응모할 수 없는 아르바이트는 어느 것인가? 다나카 씨는 아르바이트의 경험은 없다.

1 우체국의 아르바이트
2 시험의 아르바이트
3 호텔의 아르바이트
4 백화점의 아르바이트

해설 백화점의 판매 스태프는 아르바이트 경험이 있는 사람을 모집하고 있으므로 아르바이트 경험이 없는 다나카 씨는 응모할 수 없다. 따라서 4번이 정답이다.

10 김 씨는 옷을 세탁기로 세탁한 후에 16kg의 건조기를 사용했다. 오후 2시에 세탁을 시작해서 몇 시 쯤에 모두 끝났는가?

1 오후 2시 40분쯤
2 오후 3시 10분쯤
3 오후 3시 30분쯤
4 오후 4시 10분쯤

해설 세탁은 1회에 약 30분이 소요되며 건조기는 일반 옷의 경우 40분이 소요되므로 총합 1시간 10분이 소요된다. 2시에서 1시간 10분을 더하면 3시 10분이 되므로 2번이 정답이다.

12 다음 중 구인광고의 내용과 맞지 않는 것은 무엇인가?

1 우체국의 아르바이트는 엽서를 이웃집에 나눠주는 일이다.
2 시험의 아르바이트에서는 복장에 제한이 있다.
3 호텔의 아르바이트에서는 근처에 살고 있는 사람이 아니더라도 응모할 수 있다.
4 백화점의 아르바이트에 응모할 때 이력서를 보내지 않아도 된다.

해설 구인광고 내용과 맞지 않은 것을 고르는 문제이다. 우체국 아르바이트는 엽서를 이웃집에 나눠주는 일이 아니라 주소별로 나누는 작업을 하는 일이므로 1번이 틀린 말로 정답이다. 시험 아르바이트는 당일 상하 검은색의 정장을 착용해야 하므로 2번은 맞는 말이다. 호텔 아르바이트는 체재 장소를 제공하기 때문에 근처에 살고 있는 사람이 아니더라도 응모할 수 있으므로 3번도 맞는 말이다. 백화점 아르바이트는 온라인 링크를 통해 응모하면 되므로 이력서를 보내지 않

『세탁기의 사용법』

세탁기의 크기	가격	1회에 빨 수 있는 양(종류별 양)		
		담요	이불	옷
11kg	400円	1장	1장	1-2일분
18kg	600円	2장	2장	3-4일분
25kg	800円	4장	3장	5-6일분

『건조기의 사용법』

	요금(10분)	건조할 물건	시간
16kg	100엔	일반 옷	40분
23kg	200엔	담요・이불	60분

아도 되기 때문에 4번도 맞는 말이다.

우체국의 분류 직원	시험 회장의 스태프
내용 : 엽서의 분류 배달을 위해 우체국에서 엽서를 주소별로 나누는 간단한 작업입니다. 미경험 OK 시간 : 12월 29일 ~ 1월 3일 9:00~18:00 시급 : 1,000엔 장소 : 야마다 마을 우체국 ※ 교통비 지불 ※ 잔업 없음 응모방법 : 이력서를 아래에 쓰여진 주소로 보내 주세요. 치바현 야마다 마을 1-3-7 야마다 마을 우체국 담당 045-123-4567 이시다	내용 : 시험 회장에서 수험자의 안내나 접수, 시험용지의 확인, 회장의 설치 등을 해 주십시오. 미경험 OK 시간 : 12월 25일(일) 8:00~14:00 급여 : 일급 10,000엔 장소 : 키타야마 대학 치바 캠퍼스 ※ 당일은 검정의 정장을 착용해 주십시오. 응모방법 : 메일로 이력서를 보내 주세요. 담당자가 면접에 대해서 연락드리겠습니다. 연락처 : nihongotest@mail.com
호텔의 청소	백화점의 판매 스태프
내용 : 스키장 근처의 호텔에서 청소를 담당해 주십시오. 무료로 숙박장소를 제공하기 때문에 멀리서 오는 분이라도 일할 수 있습니다. 겨울의 리조트에서 일해 보지 않을래요? 미경험이라도 괜찮습니다! 시간 : 12월 29일 ~ 1월 4일 10:00 ~ 19:00 (휴게 1시간) 시급 : 900엔 장소 : 니가타현의 스키 리조트 호텔 응모방법 : 이메일로 이력서를 보내 주세요. 온라인 면접의 안내를 해드리겠습니다. ※ 자택에서 호텔까지의 교통비는 지불합니다. 니가타현 미즈우미 시 리조트 호텔 요네야마 연락처 : skiiresort_yoneyama125@yapoo.com 사사키	내용 : 크리스마스 케이크나 설날의 장식 등의 판매 층에서 접객을 담당해 주십시오. 아르바이트 경험이 있는 분을 모집합니다. 시간 : 12월 22일 ~ 1월 5일 8:00~21:00 중 5시간 이상 (8시간 이상 근무의 경우, 휴게 1시간) 주 3일 이상 올 수 있는 분 시급 : 950엔 장소 : 마루야마 백화점 1층 응모방법: 아래에 쓰여진 사이트에서 응모해 주십시오. https://www.jinzai_touroku.15784_entry 인재 서포트 센터 치바 부서 담당 야마구치

단어 募集(ぼしゅう) 모집 | 求人(きゅうじん) 구인 | 配(くば)る 나누어 주다 | 服装(ふくそう) 복장 | 制限(せいげん) 제한 | 郵便局(ゆうびんきょく) 우체국 | 仕分(しわ)け 분류, 구분 | はがき 엽서 | 配達(はいたつ) 배달 | ~ごとに ~별로, ~마다 | 分(わ)ける 나누다 | 作業(さぎょう) 작업 | 未経験(みけいけん) 미경험 | 時給(じきゅう) 시급 | 交通費(こうつうひ) 교통비 | お支払(しはら)い 지불 | 応募(おうぼ) 응모 | 履歴書(りれきしょ) 이력서 | 受験者(じゅけんしゃ) 수험자 | 用紙(ようし) 용지 | 設置(せっち) 설치 | 日給(にっきゅう) 일급 | キャンパス 캠퍼스 | 黒(くろ) 검은색 | 着用(ちゃくよう) 착용 | 面接(めんせつ) 면접 | 差(さ)し上(あ)げる 드리다 | スキー 스키 | 宿泊(しゅくはく) 숙박 | 提供(ていきょう) 제공 | リゾート 리조트 | 販売(はんばい) 판매 | 正月(しょうがつ) 설, 정월 | 飾(かざ)り 장식 | フロア 플로어, 층 | 接客(せっきゃく) 접객 | 勤務(きんむ) 근무 | 休憩(きゅうけい) 휴게, 휴식 | 人材(じんざい) 인재 | サポート 서포트, 지원 | 部署(ぶしょ) 부서

청해

과제이해 실전 연습 문제   438p

1 ③   2 ④   3 ②   4 ③   5 ②
6 ①

기본 버전 MP3   배속 버전 MP3

문제   문제1에서는, 먼저 질문을 들어주세요. 그리고 이야기를 듣고, 문제 용지의 1부터 4 중에서, 가장 알맞은 것을 하나 고르세요.

🎧 과제이해_실전연습문제_1번.mp3

男の人と女の人が話しています。女の人はこの後どこへ行きますか。

M：おはよう。休みの日に会うのは珍しいね。どこ行くの？
F：これから美容院に行くんだ。でもお昼からしか空いてないから、その前に服屋行って、それからお昼まで喫茶店で待つもり。夕方は友達と映画見に行く予定だよ。
M：そうなんだ。でも先に美容院行ってから服屋行ったほうがいいんじゃない？先に服買ったら、新しい髪型と似合うかわかんないし。
F：あー、確かに。じゃあ服屋はそのあとにしようかな。
M：うん、そのほうがいいんじゃない？それじゃ、またね。

1 女の人はこの後どこへ行きますか。
1 美容院
2 服屋
3 喫茶店
4 映画館

해석 남자와 여자가 이야기하고 있습니다. 여자는 이후에 어디로 갑니까?
M：좋은 아침. 쉬는 날 만나는 건 드무네. 어디 가?
F：지금부터 미용실에 가. 하지만 점심부터 밖에 안 비어 있어서, 그 전에 옷 가게 갔다가, 그리고 점심까지 커피숍에서 기다릴 생각이야. 저녁에는 친구와 영화 보러 갈 예정이야.
M：그렇구나. 그래도 먼저 미용실 갔다가 옷 가게 가는 편이 낫지 않아? 먼저 옷 사면, 새 머리 모양이랑 어울릴지 모르고 말이야.
F：아, 확실히. 그럼 옷 가게는 그 다음으로 할까나?
M：응. 그게 낫지 않아? 그럼 다음에 봐.

여자는 이후에 어디로 갑니까?
1 미용실
2 옷 가게
3 커피숍
4 영화관

해설 여자가 이후에 어디로 가는지 묻는 문제이다. 여자의 첫 문장에서 옷 가게→커피숍→미용실 순으로 이동하는 것을 알 수 있다. 그러자 남자가 先に美容院行ってから服屋行ったほうがいいんじゃない？(먼저 미용실 갔다가 옷 가게 가는 편이 낫지 않을까?)라고 제안했고, 여자는 남자의 말에 동의했다. 따라서, 지금은 커피숍에 먼저 간다는 걸 알 수 있으므로 3번이 정답이다.

단어 珍(めずら)しい 드물다 | 美容院(びよういん) 미용실 | お昼(ひる) 점심 | 空(あ)く 비다 | 服屋(ふくや) 옷 가게 | 喫茶店(きっさてん) 커피숍 | ～つもりだ ～생각, 예정이다 | 夕方(ゆうがた) 저녁 | 予定(よてい) 예정 | 新(あたら)しい 새롭다 | 髪型(かみがた) 머리 모양 | 似合(にあ)う 어울리다 | 確(たし)かに 확실히 | それじゃ 그러면 | またね 또 보자

🎧 과제이해_실전연습문제_2번.mp3

男の人と女の人が家で話しています。二人はこの後何をしますか。

M：日曜日の旅行、京都までどうやって行く？
F：ここから遠いし、車だと時間かかるよね。新幹線にしない？
M：それいいね。チケット売り切れちゃう前に早く買おうよ。これから駅までチケット買いに行く？あ、でも旅行会社で買った方が安いかな？
F：うーん、今日は雨降ってるし、外出たくないなあ。インターネットで予約しようよ。
M：じゃあ、電話で予約しない？インターネットだと色々大変だし。
F：それが一番楽だね。でも電話の受付って何時までだっけ？

M : 5時だけど…あ、もう5時過ぎてるから遅いね。電話はあきらめようか。
F : そうだね。

2 二人はこの後何をしますか。

1 駅へチケットを買いに行く
2 旅行会社へチケットを買いに行く
3 電話でチケットを予約する
4 インターネットでチケットを探す

해석 남자와 여자가 집에서 이야기하고 있습니다. 두 사람은 이후에 무엇을 합니까?

M : 일요일의 여행, 교토까지 어떻게 가?
F : 여기서 멀고, 차라면 시간이 걸리지. 신칸센으로 하지 않을래?
M : 그거 좋네. 티켓 매진되기 전에 빨리 사자. 지금부터 역까지 티켓 사러 갈래? 아, 근데 여행사에서 사는 편이 저렴할까?
F : 음… 오늘은 비 오고 있기도 하고 외출하고 싶지 않아. 인터넷으로 예약하자.
M : 그럼 전화로 예약하지 않을래? 인터넷이면 여러 가지로 힘들기도 하고.
F : 그게 제일 편하지. 근데 전화 접수가 몇 시까지였지?
M : 5시인데… 아, 벌써 5시 넘었으니까 늦었네. 전화는 포기할까?
F : 그렇네.

두 사람은 이후에 무엇을 합니까?

1 역에 티켓을 사러 간다
2 여행사에 티켓을 사러 간다
3 전화로 티켓을 예약한다
4 인터넷으로 티켓을 찾는다

해설 두 사람이 이후에 무엇을 하는지 묻는 문제이다. 일요일 여행의 신칸센 티켓 예약에 대해 여자가 今日は雨降ってるし外出たくないなあ(오늘은 비 오고 있기도 하고 외출하고 싶지 않아)라고 했으므로 1번과 2번은 정답이 아니다. 전화 예약에 대해서도 여자가 접수가 몇 시까지인지 묻자 남자가 5時だけど…あ、もう5時過ぎてるから遅いね。電話はあきらめようか(5시인데… 아, 벌써 5시 넘었기 때문에 늦었네. 전화는 포기할까?)라고 대답했기 때문에 3번도 정답이 아니다. 따라서, 남은 예약 방법은 인터넷 예약이기 때문에 4번이 정답이다.

단어 京都(きょうと) 교토 | 遠(とお)い 멀다 | かかる 걸리다 | 新幹線(しんかんせん) 신칸센(일본 고속 열차) | チケット 티켓 | 売(う)り切(き)れる 매진되다 | 旅行会社(りょこうがいしゃ) 여행사 | 降(ふ)る (비가)내리다 | 外(そと) 밖 | 出(で)る 나가다 | 予約(よやく) 예약 | 色々(いろいろ) 여러 가지 | 大変(たいへん)だ 힘들다 | 楽(らく)だ 편하다 | ~っけ ~였지? | 過(す)ぎる 지나다 | あきらめる 포기하다

🎧 과제이해_실전연습문제_3번.mp3

男の人と女の人が話しています。男の人はこれからウェブサイトのどこを直しますか。

F : お店のウェブサイト、しばらく変えてないよね。鈴木君、ちょっと確認してもらっていい?
M : はい、分かりました。確かにメニューの金額が古いまま変わってませんね。
F : そうだね、これ直しておいてもらえる?
M : 分かりました。あ、お店が閉まる時間も古い時間のままですね。10時までって書いてありますよ。
F : あれ、言ってなかったかな。来週から10時に戻すよ。
M : え、聞いてませんよ。
F : ごめん、あの時君いなかったから言い忘れてたよ。そこはそのままにしておいてね。
M : はーい、分かりました。
F : お店の写真も新しくしておいてね。それじゃ、よろしく。

3 男の人はこれからウェブサイトのどこを直しますか。

1 メニューの金額と営業時間
2 メニューの金額とお店の写真
3 営業時間とお店の写真
4 お店の写真

해석 남자와 여자가 이야기하고 있습니다. 남자는 이제부터 웹사이트의 어디를 고칩니까?

F : 가게의 웹 사이트 한동안 바꾸지 않았지? 스즈키 군, 좀 확인해 줄래?
M : 네, 알겠습니다. 확실히 메뉴의 금액이 오래된 채로 바뀌지 않았네요.
F : 그렇네. 고쳐 둬 줄래?
M : 알겠습니다. 아, 가게가 닫히는 시간도 오래된 시간 대로네요. 10시까지라고 쓰여 있어요.
F : 어라, 말하지 않았나? 다음 주부터 10시로 되돌릴 거야.
M : 아, 못 들었어요.
F : 미안, 그때 너 없어서 말하는 걸 잊었어. 거기는 그대로 해 둬.
M : 네. 알겠습니다.
F : 가게의 사진도 새롭게 해 둬. 그럼, 잘 부탁해.

남자는 이제부터 웹사이트의 어디를 고칩니까?

1 메뉴 금액과 영업시간
2 메뉴 금액과 가게 사진
3 영업시간과 가게 사진
4 가게 사진

해설 남자가 지금부터 웹사이트의 어디를 고치는지 묻는 문제이다. 남자가 メニューの金額が古いまま変わってませんね(메뉴의 금액이 오래된 채로 바뀌지 않았네요)라고 하자, 여자가 そうだね、これ直しておいてもらえる?(그렇네. 이거 고쳐놓을 수 있어?)라고 말하

며 마지막에 お店の写真も新しくしておいてね(가게의 사진도 새로 해줘)라고 덧붙였다. 따라서 2번이 정답이다.

단어 ウェブサイト 웹 사이트 | 直(なお)す 고치다 | しばらく 한동안 | 変(か)える 바꾸다 | 確(たし)かに 확실히 | 金額(きんがく) 금액 | 古(ふる)い 오래되다 | ~(の)まま ~한 채로 | 閉(し)まる 닫히다 | 戻(もど)す 되돌리다 | 君(きみ) 그대, 자네, 너 | 言(い)い忘(わす)れる 말하는 것을 잊다 | 写真(しゃしん) 사진 | 営業時間(えいぎょうじかん) 영업시간

🎧 과제이해_실전연습문제_4번.mp3

男の人と女の人が話しています。二人は明日何時の電車に乗りますか。

M：明日の旅行は何時の電車に乗ろうかな。
F：早く行ってたくさん観光したいよね。一番早い6時の電車に乗ろうよ。
M：でもそんなに早く着いても、どこもお店開いてないよ。もっと遅い電車にしない？お店が開くのは9時とか10時ぐらいだから、8時の電車に乗ればちょうどいいよ。
F：えー、でもお店やってなくても観光はできるじゃん。早くいこうよ。7時とかどう？
M：明日は雨でしょ。雨の中歩きたくないよ。
F：あ、雨なんだ。じゃあ、お店が開く時間に着けばいいかな。

4 何時に電車に乗りますか。

1 6時
2 7時
3 8時
4 9時

해석 남자와 여자가 이야기하고 있습니다. 두 사람은 내일 몇 시의 전철을 탑니까?

M：내일의 여행은 몇 시의 전철을 탈까?
F：빨리 가서 많이 관광하고 싶네. 제일 빠른 6시의 전철에 타자.
M：하지만 그렇게 빨리 도착해도, 어디도 가게 열려 있지 않아. 더 느린 전철로 하지 않을래? 가게가 여는 것은 9시나 10시 정도니까, 8시의 전철을 타면 딱 좋아.
F：음, 하지만 가게가 하지 않아도 관광은 할 수 있잖아. 빨리 가자. 7시라든지 어때?
M：내일은 비잖아. 빗속에서 걷고 싶지 않아.
F：아, 비구나. 그럼 가게가 여는 시간에 도착하면 되려나.

몇 시에 전철을 탑니까?

1 6시
2 7시
3 8시
4 9시

해설 두 사람이 내일 몇 시의 전철에 타는지 묻는 문제이다. お店が開くのは9時とか10時ぐらいだから、8時の電車に乗ればちょうどいいよ(가게가 여는 것은 9시나 10시 정도니까, 8시의 전철에 타면 딱 좋아)라는 남자의 말에 여자가 7시 전철에 타자고 하지만, 남자는 明日は雨でしょ。雨の中歩きたくないよ(내일은 비잖아. 빗속에서 걷고 싶지 않아)라고 하면서 그 의견에 부정적이다. 여자는 남자의 말을 듣고 じゃあ、お店が開く時間に着けばいいかな(그럼 가게가 여는 시간에 도착하면 되려나)라고 말했기 때문에 가게가 여는 시간에 도착하는 전철을 타므로 3번이 정답이다.

단어 二人(ふたり) 두 사람 | 観光(かんこう) 관광 | 着(つ)く 도착하다 | 開(ひら)く 열리다 | 遅(おそ)い 늦다 | ちょうど 딱, 정확히 | 歩(ある)く 걷다

🎧 과제이해_실전연습문제_5번.mp3

大学で男の人と女の人が話しています。男の人はまず何をしますか。

F：おはよう。昨日の田中先生の授業休んだよね。先生心配してたよ。
M：え、本当？昨日は風邪ひいたから休むって、先生に連絡したと思うんだけど。もしかしてメールするの忘れてたかな。
F：きっとそうだよ。早く先生にメールして、昨日どうして休んだか伝えたら？
M：でも今日家にスマホ忘れたから、メールできない。うーん、直接先生の部屋に行こうかな。
F：じゃあ、パソコンの部屋に行ったら？あそこならパソコン使ってメールできるよ。
M：いや、直接行くよ。次の授業の教室、田中先生の部屋と近いから、教室に行く途中に寄ってくるよ。
F：でも先生も次の授業があるから、部屋にいないと思うけど。
M：本当？じゃあ、メールするよ。

5 男の人はまず何をしますか。

1 家にスマホを取りに行く
2 パソコンの部屋に行く
3 先生の部屋に行く
4 次の授業の教室に行く

해석 대학에서 남자와 여자가 이야기하고 있습니다. 남자는 먼저 무엇을 합니까?

F：안녕. 어제의 다나카 선생님의 수업 쉬었지? 선생님 걱정했었어.

M : 어, 정말? 어제는 감기 걸려서 쉰다고 선생님에게 연락했다고 생각하는데. 혹시 메일 하는 걸 잊어버렸나?
F : 분명 그럴 거야. 빨리 선생님에게 메일 해서, 어제 왜 쉬었는지 전하는 게 어때?
M : 하지만 오늘 집에 스마트폰 깜빡해서, 메일 할 수 없어. 음, 직접 선생님의 방으로 갈까?
F : 그럼 컴퓨터의 방에 가는 게 어때? 거기라면 컴퓨터 사용해서 메일 할 수 있어.
M : 아니, 직접 갈게. 다음 수업의 교실, 다나카 선생님의 방과 가까우니까 교실에 가는 도중에 들렀다 올게.
F : 하지만 선생님도 다음 수업이 있어서, 방에 없을 거라고 생각하는데.
M : 정말? 그럼 메일 할게.

남자는 먼저 무엇을 합니까?

1 집에 스마트폰을 가지러 간다
2 컴퓨터의 방에 간다
3 선생님의 방에 간다
4 다음 수업의 교실에 간다

해설 남자가 먼저 무엇을 하는지 묻는 문제이다. 전날 수업을 빼먹은 남자에게 여자가 선생님에게 연락을 해보라고 하자 남자는 스마트폰을 집에 두고 와서 메일을 할 수 없다고 대답했다. 그러자 여자가 메일을 쓸 수 있는 パソコンの部屋に行ったら？(컴퓨터의 방에 가는 게 어때?)라고 제안했고, 남자는 다음 수업의 교실이 다나카 선생님의 방과 가깝기 때문에 교실에 가는 도중에 직접 들렀다 오겠다고 대답했다. 그러자 여자가 선생님도 다음 수업이 있어 방에 없을 거라고 했고, 남자는 じゃあメールするよ(그럼 메일 할게.)라고 대답했다. 메일을 할 수 있는 건 컴퓨터의 방이기 때문에 2번이 정답이다.

단어 心配(しんぱい)する 걱정하다 | 風邪(かぜ)をひく 감기에 걸리다 | 連絡(れんらく) 연락 | 忘(わす)れる 잊다 | 伝(つた)える 전달하다 | スマホ 스마트폰 | 直接(ちょくせつ) 직접 | パソコン 컴퓨터 | 教室(きょうしつ) 교실 | 近(ちか)い 가깝다 | 途中(とちゅう) 도중 | 寄(よ)る 들르다

🎧 과제이해_실전연습문제_6번.mp3

男の人と女の人が話しています。女の人はこの後まず何をしなければなりませんか。

M：明日の会議の発表、期待してるよ。
F：ありがとうございます。以前送った資料をそのまま使おうと考えています。あの内容で大丈夫でしょうか。
M：うん、大丈夫だよ。内容もいいし、見やすいから心配しないで。あとは、資料に写真を少し増やしたらもっとよくなるね。
F：はい、わかりました。
M：それから発表で緊張しないように練習も忘れずにね。
F：分かりました。資料ができたら自宅で練習するつもりです。
M：うん、がんばってね。ところで会議室の準備はもうできてるかな？
F：はい、さきほど終わりました。

6 女の人はこの後まず何をしなければなりませんか。

1 資料の写真を増やす
2 資料を作り直す
3 発表の練習をする
4 会議室の準備をする

해석 남자와 여자가 이야기하고 있습니다. 여자는 이후에 먼저 무엇을 해야 합니까?

M : 내일 회의 발표 기대하고 있어.
F : 감사합니다. 이전에 보낸 자료를 그대로 사용하려고 생각하고 있어요. 그 내용으로 괜찮을까요?
M : 응, 괜찮아. 내용도 좋고 보기 쉬우니까 걱정하지 마. 나머지는 자료에 사진을 조금 늘리면 더 좋아질 거야.
F : 네. 알겠습니다.
M : 그리고 발표에서 긴장하지 않도록 연습도 잊지 말고.
F : 알겠습니다. 자료가 완성되면 자택에서 연습할 생각이에요.
M : 응. 힘내. 그런데 회의실의 준비는 이미 다 되어있나?
F : 네. 조금 전에 끝났습니다.

여자는 이후에 먼저 무엇을 해야 합니까?

1 자료의 사진을 늘린다
2 자료를 다시 만든다
3 발표 연습을 한다
4 회의실 준비를 한다

해설 여자가 이후에 먼저 무엇을 해야 하는지 묻는 문제이다. 회의의 발표 자료에 대해서 남자가 あとは、資料に写真を少し増やしたらもっとよくなるね(나머지는 자료에 사진을 조금 늘리면 더 좋아질 거야.)라고 조언하자, 여자가 はい、わかりました(네. 알겠습니다)라고 대답했기 때문에 1번이 정답이다. 자료를 다시 만든다는 언급은 없으므로 2번은 정답이 아니고, 여자가 자료가 완성된 후에 발표 연습을 한다고 했기 때문에 3번도 정답이 아니다. 그리고 회의실 준비는 이미 끝났기 때문에 4번도 정답이 아니다.

단어 会議(かいぎ) 회의 | 発表(はっぴょう) 발표 | 期待(きたい) 기대 | 以前(いぜん) 이전 | 送(おく)る 보내다 | 資料(しりょう) 자료 | そのまま 그대로 | 考(かんが)える 생각하다 | 内容(ないよう) 내용 | 見(み)やすい 보기 쉽다 | 心配(しんぱい)する 걱정하다 | 写真(しゃしん) 사진 | 増(ふ)やす 늘리다 | 緊張(きんちょう) 긴장 | 練習(れんしゅう) 연습 | 忘(わす)れる 잊다 | できる 완성되다 | 自宅(じたく) 자택 | ところで 그런데 | 会議室(かいぎしつ) 회의실 | 準備(じゅんび) 준비 | さきほど 조금 전 | 終(お)わる 끝나다 | 作(つく)り直(なお)す 다시 만들다

포인트이해 실전 연습 문제　　　　　　　446p

1 ①　　2 ②　　3 ①　　4 ③　　5 ③
6 ④

기본 버전 MP3　　배속 버전 MP3

문제2　문제2에서는, 먼저 질문을 들어주세요. 그 후, 문제 용지를 봐주세요. 읽을 시간이 있습니다. 그리고 이야기를 듣고, 문제 용지의 1부터 4 중에서, 가장 알맞은 것을 하나 고르세요.

포인트이해_실전연습문제_1번.mp3

男の人と女の人が話しています。女の人が引っ越した理由は何ですか。

M：伊藤さん、来週引っ越しするんだっけ？
F：あ、実はもう先週引っ越したよ。
M：そうなんだ、やっぱり部屋が小さかったから？
F：部屋の大きさはいいんだけど、場所がね…。ほら、この前来たことあるでしょ？
M：あー、そうだね。ちょっと駅遠いもんね。雨の日とか大変だよね。
F：いや、覚えてない？隣、工場の音が大きかったでしょ。それで、新しい部屋は静かな場所にしたんだよ。まあ、ちょっと古いけどね。
M：ああ、そうだったんだ。

1 女の人が引っ越した理由は何ですか。

1 うるさかったから
2 古かったから
3 部屋が小さかったから
4 駅が遠かったから

해석　남자와 여자가 이야기하고 있습니다. 여자가 이사한 이유는 무엇입니까?

M：이토 씨, 다음 주에 이사한다고 했었나?
F：아, 사실은 벌써 지난주에 이사했어.
M：그렇구나. 역시 방이 작았기 때문에?
F：방의 크기는 괜찮은데 장소가 말이야... 봐봐, 저번에 와본 적 있지?
M：아, 그러네. 좀 역이 멀긴 하지. 비 오는 날이라든가 힘들지.
F：아니, 기억나지 않아? 옆 공장 소리가 컸잖아. 그래서 새 방은 조용한 장소로 했어. 뭐 좀 오래됐지만.
M：아아, 그랬구나.

여자가 이사한 이유는 무엇입니까?

1 시끄러웠기 때문에
2 오래됐기 때문에
3 방이 작았기 때문에
4 역이 멀었기 때문에

해설　여자가 이사한 이유를 묻는 문제이다. 남자가 지난번 여자의 집에 방문했을 때 역이 멀어서 힘들었을 것 같다고 하자 여자가 いや、覚えてない？隣、工場の音が大きかったでしょ。それで、新しい部屋は静かな場所にしたんだよ。(아니, 기억나지 않아? 옆 공장의 소리가 컸잖아. 그래서 새 방은 조용한 장소로 했어.)라고 말했기 때문에 역이 먼 것은 이사한 이유가 아니며 시끄러웠기 때문이다. 따라서 1번이 정답이다. 또한 낡은 것은 새 방에 대한 이야기이므로 2번도 정답이 아니고, 방의 크기는 좋았다고 말했으므로 3번도 정답이 아니다.

단어　引(ひ)っ越(こ)す 이사하다 | 理由(りゆう) 이유 | 来週(らいしゅう) 다음 주 | 実(じつ)は 사실은 | 先週(せんしゅう) 지난 주 | 小(ちい)さい 작다 | 大(おお)きさ 크기 | 場所(ばしょ) 장소 | 遠(とお)い 멀다 | 雨(あめ)の日(ひ) 비 오는 날 | 大変(たいへん)だ 힘들다 | 覚(おぼ)える 기억하다 | 隣(となり) 옆, 이웃 | 工場(こうじょう) 공장 | 音(おと) 소리 | 大(おお)きい 크다 | 新(あたら)しい 새롭다 | 静(しず)かだ 조용하다 | うるさい 시끄럽다 | 古(ふる)い 낡다

포인트이해_실전연습문제_2번.mp3

男の人がホストファミリーについてスピーチをしています。男の人は先週の日曜日に、ホストファミリーと何をしましたか。

M：それでは、私のホストファミリーについて発表します。私のホストファミリーは5人家族です。お父さんとお母さんとおばあさん、それから大学生の息子と高校生の娘がいます。みんなとても親切で、平日は毎日一緒に晩ご飯を食べて、その後テレビを見たりします。ホストファミリーは旅行が大好きで、日曜日はいつも一緒に車で出かけます。先週は雨だったので、代わりに家で映画を見ましたが、来週は電車で京都に行く予定です。私はこのホストファミリーに会えて本当によかったです。

2 男の人は先週の日曜日に、ホストファミリーと何をしましたか。

1 テレビを見た
2 映画を見た
3 電車で出かけた
4 車で旅行に行った

해석　남자가 호스트 가족에 대해 연설을 하고 있습니다. 남자는 지난 주의

일요일에 호스트 가족과 무엇을 했습니까?

M : 그럼 저의 호스트 가족에 대해 발표하겠습니다. 저의 호스트 가족은 5인 가족입니다. 아버지와 어머니와 할머니, 그리고 대학생인 아들과 고등학생인 딸이 있습니다. 모두 정말 친절해서 평일에는 매일 같이 저녁을 먹고, 그 후 TV를 보곤 합니다. 호스트 가족은 여행을 매우 좋아해서, 일요일은 항상 함께 차로 외출합니다. 지난주는 비였기 때문에, 대신에 집에서 영화를 봤습니다만, 다음주는 전철로 교토에 갈 예정입니다. 저는 이 호스트 가족을 만날 수 있어서 정말 다행입니다.

남자는 지난 주의 일요일에 호스트 가족과 무엇을 했습니까?

1 텔레비전을 보았다
2 영화를 보았다
3 전철로 외출했다
4 차로 여행을 갔다

해설   남자가 지난 주의 일요일에 호스트 가족과 무엇을 했는지 묻는 문제이다. 남자는 호스트 가족이 여행을 매우 좋아해서 일요일은 항상 차로 외출을 하지만 先週は雨だったので、代わりに家で映画を見ました(지난주는 비였기 때문에, 대신에 집에서 영화를 봤습니다만)라고 말했다. 따라서 2번이 정답이다.

단어   ホスト 호스트, 주인 | ファミリー 패밀리, 가족 | スピーチ 스피치, 연설 | 先週(せんしゅう) 지난 주 | 発表(はっぴょう) 발표 | お父(とう)さん 아버지 | お母(かあ)さん 어머니 | おばあさん 할머니 | 息子(むすこ) 아들 | 娘(むすめ) 딸 | 親切(しんせつ)だ 친절하다 | 平日(へいじつ) 평일 | 晩(ばん)ご飯(はん) 저녁밥 | 出(で)かける 외출하다 | 代(か)わりに 그 대신에 | 京都(きょうと) 교토 (일본 지명)

🎧 포인트이해_실전연습문제_3번.mp3

男の人と女の人が話しています。女の人はどうして、今週の日曜日は忙しいと言っていますか。

M : ねえ、今週の日曜って空いてる?クラスのみんなと買い物に行くんだけど、来ない?
F : ごめん、その日はちょっと…。
M : あ、全然大丈夫だよ。そういえば佐藤さん、部活がんばってるって言ってたよね。
F : まあ、最近は平日しかやってないけどね。
M : そっか、じゃあ、アルバイトとか忙しいの?
F : 平日だったら忙しいんだけど…。
M : そうなんだ。まあ、休みの日も宿題とか大変だよね。しかも来週はテストもあるし。
F : そうだよね。宿題はいつも金曜日までに終わらせてるけど、今週は本当に忙しいよ。

3 女の人はどうして、今週の日曜日は忙しいと言っていますか。

1 テストの勉強があるから
2 アルバイトがあるから
3 宿題があるから
4 部活があるから

해석   남자와 여자가 이야기하고 있습니다. 여자는 왜 이번 주 일요일은 바쁘다고 말하고 있습니까?

M : 저기, 이번 주 일요일 비어 있어? 반 다 같이 쇼핑하러 갈 건데 안 올래?
F : 미안, 그날은 좀…
M : 아, 전혀 괜찮아. 그러고 보니 사토 씨, 동아리 활동 열심히 하고 있다고 말했었지?
F : 뭐, 최근에는 평일밖에 하지 않지만.
M : 그렇구나, 그럼 아르바이트라던가 바빠?
F : 평일이라면 바쁘긴 하지만…
M : 그렇구나. 뭐 쉬는 날도 숙제라던가 힘들지. 게다가 다음 주는 시험도 있고.
F : 그렇지. 숙제는 항상 금요일까지 끝내는데, 이번 주는 정말 바빠.

여자는 왜 이번 주 일요일은 바쁘다고 말하고 있습니까?

1 시험 공부가 있기 때문에
2 아르바이트가 있기 때문에
3 숙제가 있기 때문에
4 동아리 활동이 있기 때문에

해설   여자가 왜 이번 주 일요일에 바쁘다고 말하고 있는지 묻는 문제이다. 남자가 まあ、休みの日も宿題とか大変だよね。しかも来週はテストもあるし。(뭐 쉬는 날도 숙제라던가 힘들지. 게다가 다음 주는 시험 있고.)라고 말하자 여자가 そうだよね。宿題はいつも金曜日までに終わらせてるけど、今週は本当に忙しいよ。(그렇지. 숙제는 항상 금요일까지 끝내는데, 이번 주는 정말 바빠.)라고 대답했으므로 숙제 때문은 아니고, 시험 때문이라는 것을 유추할 수 있다. 따라서 1번이 정답이다. 여자는 동아리 활동과 아르바이트는 평일에만 바쁘다고 했으므로 2번과 4번은 정답이 아니다.

단어   空(あ)く 비다 | クラス 클래스, 반 | みんな 모두 | 買(か)い物(もの) 쇼핑, 장보기 | 全然(ぜんぜん) 전혀 | 大丈夫(だいじょうぶ)だ 괜찮다 | 部活(ぶかつ) 부활동, 동아리 활동 | 平日(へいじつ) 평일 | 宿題(しゅくだい) 숙제 | 終(お)わる 끝나다

🎧 포인트이해_실전연습문제_4번.mp3

男の人と女の人が話しています。男の人は何を買うことにしましたか。

M : 妹への誕生日プレゼント、何がいいかな。
F : お菓子とかどう?
M : うーん、太るからってあんまり食べないんだよね。
F : じゃあ、アクセサリーとかは?
M : 普段あんまりしないからなあ。

F：妹は何が好きなの？
M：えー、何が好きなのかな。いつもコーヒー飲んでるけど。
F：じゃあさ、おしゃれなコップとか、いいコーヒー豆なんかあげたら？
M：あ、それいいね。コップは落ち着いた色が好きみたいだけど、コーヒー豆はどんなのが好きか分からないからな。ありがとう、これから買ってくるよ。

4 男の人は何を買うことにしましたか。

1　アクセサリー
2　お菓子
3　コップ
4　コーヒー豆

🎧 포인트이해_실전연습문제_5번.mp3

男の人と女の人が話しています。男の人はジムのどんなところが一番気に入っていますか。

F：山田君、最近ジムに通ってるんだって？
M：よく知ってるね。駅の前に大きなビルがあるでしょ？あそこの3階のジムだよ。
F：へー、実は私もジム通いたいと思ってるんだよね。そこ、どんなところ？
M：そんなに広くはないけどけっこうきれいだよ。場所も駅から近いから、雨の日でも楽に行けるってのもいいよね。それから、料金もこの近くのジムで一番安いんだよ。僕が一番気に入ってるのはやっぱりこれだね。あ、あとは水が無料で好きなだけ飲めるから、飲み物持っていく必要も無いし。
F：そうなんだ、すごいよさそうだね。人はたくさんいる？
M：うーん、夜は知らないけど、昼はそんなにいないよ。だから全然待たなくていいんだよ。
F：へー、すごい。今度見学に行ってみるよ。

5 男の人はジムのどんなところが一番気に入っていますか。

1　きれいなところ
2　駅に近いところ
3　近くのジムの中で一番安いところ
4　水が無料で飲めるところ

해석　남자와 여자가 이야기하고 있습니다. 남자는 무엇을 사기로 했습니까?

남 : 여동생에의 생일 선물, 뭐가 좋을까?
여 : 과자라든지 어때?
남 : 음, 살찐다고 별로 안 먹어.
여 : 그럼 액세서리라든지는?
남 : 평소에 별로 안 하니까.
여 : 여동생은 무엇을 좋아해?
남 : 음, 뭐를 좋아할까. 항상 커피 마시고 있긴 해.
여 : 그럼 멋있는 컵이나 좋은 커피 원두라든지 주면 어때?
남 : 아 그거 좋네. 컵은 차분한 색을 좋아하는 것 같은데, 커피 원두는 어떤 걸 좋아하는지 모르니까. 고마워, 지금부터 사 올게.

남자는 무엇을 사기로 했습니까?

1 액세서리
2 과자
3 컵
4 커피 원두

해설　남자가 무엇을 사기로 했는지 묻는 문제이다. 여자가 じゃあさ、おしゃれなコップとか、いいコーヒー豆なんかあげたら？(그럼 세련된 컵이나 좋은 커피 원두라든지 주면 어때?)라고 제안하자 남자가 あ、それいいね。(아 그거 좋네.)라고 했으므로 컵이나 커피 원두 중에 고민한다는 것을 알 수 있다. 그리고 남자는 이후 コップは落ち着いた色が好きみたいだけど、コーヒー豆はどんなのが好きか分からないからな。(컵은 차분한 색을 좋아하는 것 같은데, 커피 원두는 어떤 걸 좋아하는지 모르니까.)라고 덧붙여 둘 중 컵을 고른다는 것을 알 수 있으므로 3번이 정답이다.

단어　妹(いもうと) 여동생 | お菓子(かし) 과자 | 太(ふと)る 살찌다 | アクセサリー 액세서리 | 普段(ふだん) 보통, 평소 | あんまり 별로, 그다지 | おしゃれだ 멋이 있다 | コップ 컵 | コーヒー豆(まめ) 커피 원두 | あげる 주다 | 落(お)ち着(つ)く 차분하다, 안정되다 | 色(いろ) 색깔 | ～みたいだ ~인 것 같다

해석　남자와 여자가 이야기하고 있습니다. 남자는 헬스장의 어떤 점을 가장 마음에 들어합니까?

F : 야마다 군. 요즘 헬스장에 다니고 있다면서?
M : 잘 알고 있네. 역 앞에 큰 빌딩 있지? 거기 3층의 헬스장이야.
F : 우와. 실은 나도 헬스장 다니고 싶다고 생각하고 있어. 거기 어떤 곳이야?
M : 그렇게 넓지는 않지만 꽤 깨끗해. 장소도 역에서 가까우니까 비 오는 날에도 편하게 갈 수 있다는 것도 좋아. 그리고 요금도 이 근처의 헬스장 중에 제일 저렴해. 내가 제일 마음에 드는 건 역시 이거야. 아, 그 외에는 물을 무료로 원하는 만큼 마실 수 있으니까 마실 것 가져갈 필요도 없고.
F : 그렇구나, 엄청 좋을 것 같아. 사람은 많이 있어?
M : 음, 밤에는 모르지만 낮에는 그렇게 없어. 그러니까 전혀 기다리지 않아도 돼.
F : 우와, 대단해. 다음에 견학 가볼게.

남자는 헬스장의 어떤 점을 가장 마음에 들어합니까?

1 깨끗한 점
2 역에 가까운 점

3 근처의 헬스장 중에 가장 싼 점
4 물을 무료로 마실 수 있는 점

해설 　남자가 헬스장의 어떤 점을 가장 마음에 들어 하는지 묻는 문제이다. 여자가 남자가 다니는 헬스장이 어떤 곳인지 묻자, 남자가 헬스장의 장점을 말하며 마지막에 料金もこの近くのジムで一番安いんだよ。僕が一番気に入ってるのはやっぱりこれだね(요금도 이 근처의 헬스장 중에 제일 저렴해. 내가 제일 마음에 드는 건 역시 이거야)라고 대답했다. 따라서 3번이 정답이다.

단어 　ジム 헬스장 | 気(き)に入(い)る 마음에 들다 | 最近(さいきん) 최근 | 通(かよ)う 다니다 | ビル 빌딩 | ~階(かい) ~층 | 広(ひろ)い 넓다 | 場所(ばしょ) 장소 | 雨(あめ)の日(ひ) 비 오는 날 | 楽(らく)だ 편하다 | 料金(りょうきん) 요금 | 無料(むりょう) 무료 | ~だけ ~만큼 | 飲(の)み物(もの) 마실 것 | 昼(ひる) 낮 | 今度(こんど) 이 다음, 이번 | 見学(けんがく) 견학

🎧 포인트이해_실전연습문제_6번.mp3

男の人が地震が起きた時にどうするかを説明しています。男の人は、地震が起きた時にしてはいけないことは何だと言っていますか。

M：地震が起きたらすぐにしゃがんで、机やかばんで頭を守ってください。そのまま、地震が終わるまで待っていてください。地震が終わったら、すぐに建物の外へ出ましょう。あわてて走らずに、先生の指示に従ってください。かばんなどを持って移動してもいいですが、もし遠くにあったら取りに行かずに、先に外へ出てください。移動する時も頭を守りながら行動してください。壁などは倒れると危ないので、近くを通らないようにしましょう。

6 男の人は、地震が起きた時にしてはいけないことは何だと言っていますか。

1 しゃがむ
2 地震が終わるまで待つ
3 かばんを持って移動する
4 壁の近くを通る

해석 　남자가 지진이 일어났을 때 어떻게 하는지를 설명하고 있습니다. 남자는 지진이 일어났을 때 하지 말아야 할 일은 무엇이라고 말하고 있습니까?

M：지진이 일어나면 바로 쭈그리고 앉아 책상이나 가방으로 머리를 보호해 주세요. 그대로 지진이 끝날 때까지 기다리고 있어 주세요. 지진이 끝나면, 바로 건물의 밖으로 나갑시다. 당황해서 뛰지 말고 선생님의 지시에 따라주세요. 가방 등을 가지고 이동해도 되지만, 만약 멀리 있으면 가지러 가지 말고 먼저 밖으로 나가 주세요. 이동할 때도 머리를 지키면서 행동해 주세요. 벽 등은 쓰러지면 위험하기 때문에 근처를 지나지 않도록 합시다.

남자는 지진이 일어났을 때 하지 말아야 할 일은 무엇이라고 말하고 있습니까?

1 쭈그리고 앉다
2 지진이 끝날 때까지 기다린다
3 가방을 들고 이동한다
4 벽 근처를 지난다

해설 　남자가 지진이 일어났을 때 하지 말아야 할 일은 무엇이라고 말하고 있는지 묻는 문제이다. 壁などは倒れると危ないので、近くを通らないようにしましょう(벽 등은 쓰러지면 위험하기 때문에 근처를 통과하지 않도록 합시다)라고 했기 때문에 4번이 정답이다. 지진이 일어나면 바로 쭈그리고 앉아 지진이 끝날 때까지 기다린 후, 지진이 끝나면 이동해야 한다고 했다. 따라서 1번과 2번은 정답이 아니다. 가방은 들고 이동해도 된다고 했지만 멀리 있으면 가지러 가지 말라고 했기 때문에 3번도 정답은 아니다.

단어 　地震(じしん) 지진 | 起(お)きる 일어나다 | 説明(せつめい) 설명 | すぐに 바로, 곧 | しゃがむ 쭈그리다, 웅크리다 | 机(つくえ) 책상 | 頭(あたま) 머리 | 守(まも)る 지키다 | そのまま 그대로 | 終(お)わる 끝나다 | 建物(たてもの) 건물 | 外(そと) 밖 | 出(で)る 나가다 | あわてる 당황하다 | 走(はし)る 달리다 | 指示(しじ) 지시 | 従(したが)う 따르다 | 移動(いどう) 이동 | 遠(とお)い 멀다 | 取(と)る 집다, 잡다 | 先(さき)に 먼저 | 行動(こうどう) 행동 | 壁(かべ) 벽 | 倒(たお)れる 쓰러지다 | 危(あぶ)ない 위험하다 | 通(とお)る 통과하다, 지나다

개요이해 실전 연습 문제　454p

1 ①　2 ③　3 ④　4 ③　5 ④
6 ④

기본 버전 MP3　　배속 버전 MP3

문제3 　문제3에서는, 문제 용지에 아무것도 인쇄되어 있지 않습니다. 이 문제는, 전체로서 어떤 내용인지 듣는 문제입니다. 이야기 전에 질문은 없습니다. 먼저 이야기를 들어주세요. 그리고, 질문과 선택지를 듣고, 1부터 4 중에서, 가장 알맞은 것을 하나 고르세요.

🎧 개요이해_실전연습문제_1번.mp3

男の人が話しています。

M：現在では、日本人は牛や豚、鶏肉など色々な種類の肉を食べています。しかし、一般の日本人が肉を食べるようになったのは、つい最近からだということを知っていま

すか。日本人は長い間、肉ではなく主にお米や野菜、魚などを食べていました。だから、今から150年ほど前に、海外から肉を食べる文化が紹介されても、肉を食べる日本人は多くありませんでした。しかしその後に、戦争が終わって日本が豊かになると、肉を安く買えるようになったため、肉を食べる人が増えました。

1 男の人は何について話していますか。
1 日本人がいつから肉を食べはじめたか
2 日本人が昔何を食べていたか
3 日本人が食べる肉の種類
4 日本人が肉を食べはじめた理由

해석　남자가 이야기하고 있습니다.

M：현재에는, 일본인은 소나 돼지, 닭고기 등 다양한 종류의 고기를 먹고 있습니다. 그러나 일반 일본인이 고기를 먹게 된 것은 바로 최근부터이다라고 하는 것을 알고 있습니까? 일본인은 오랫동안 고기가 아니라 주로 쌀이나 채소, 생선 등을 먹고 있었습니다. 그래서 지금부터 150년 정도 전에 해외에서 고기를 먹는 문화가 소개되어도 고기를 먹는 일본인은 많지 않았습니다. 그러나 그 후에 전쟁이 끝나고 일본이 풍족해지자 고기를 싸게 살 수 있게 되었기 때문에 고기를 먹는 사람들이 늘었습니다.

남자는 무엇에 대해 이야기하고 있습니까?
1 일본인이 언제부터 고기를 먹기 시작했는지
2 일본인이 옛날에 무엇을 먹었는지
3 일본인이 먹는 고기의 종류
4 일본인이 고기를 먹기 시작한 이유

해설　남자가 무엇에 대해 이야기하고 있는지 묻는 문제이다. 남자는 일반의 日本人が肉を食べるようになったのは、つい最近からだ(일반 일본인이 고기를 먹게 된 것은 바로 최근부터이다)라고 말한 후 일본인이 언제부터 고기를 먹기 시작했는지 설명하기 시작했으므로 1번이 정답이다. 나머지 선택지는 남자가 말하는 내용의 중심은 아니므로 정답이 아니다.

단어　現在(げんざい) 현재 | 牛(うし) 소 | 豚(ぶた) 돼지 | 鶏肉(とりにく) 닭고기 | 色々(いろいろ) 여러 가지 | 種類(しゅるい) 종류 | 肉(にく) 고기 | 一般(いっぱん) 일반 | つい 바로, 즉시 | 知(し)る 알다 | 長(なが)い 길다 | 間(あいだ) 사이 | 主(おも)に 주로 | お米(こめ) 쌀 | 野菜(やさい) 채소 | 魚(さかな) 생선 | 海外(かいがい) 해외 | 文化(ぶんか) 문화 | 紹介(しょうかい) 소개 | 戦争(せんそう) 전쟁 | 豊(ゆた)かだ 풍족하다, 풍부하다 | 増(ふ)える 늘다

🎧 개요이해_실전연습문제_2번.mp3

男の人が話しています。

M：日本人は昔から森とともに生活してきました。日本の森は人が世話をしないと荒れて、台風や強い雨に弱くなってしまいます。しかし、最近では給料が少ないなどの理由から、森で働く人が減っています。こうした状況を改善するには、やはり政府がお金を出す必要があるでしょう。そうしなければ、日本の森はこれからも荒れ続けていくでしょう。

2 男の人は森で働く人についてどう考えていますか。
1 森で働く人は最近減りはじめた
2 給料が少ないため、森で働く人が減っている
3 政府は森で働く人に、もっとお金を出してほしい
4 森で働く人がいると森が荒れ続ける

해석　남자가 이야기하고 있습니다.

M：일본인은 옛날부터 숲과 함께 생활해 왔습니다. 일본의 숲은 사람이 돌보지 않으면 황폐해지고, 태풍이나 강한 비에 약해져 버립니다. 그러나 최근에는 급여가 적다는 등의 이유로 숲에서 일하는 사람이 줄어들고 있습니다. 이런 상황을 개선하기 위해서는 역시 정부가 돈을 낼 필요가 있을 것입니다. 그렇지 않으면 일본의 숲은 앞으로도 계속 황폐해질 것입니다.

남자는 숲에서 일하는 사람에 대해 어떻게 생각하고 있습니까?
1 숲에서 일하는 사람은 최근 줄어들기 시작했다
2 급여가 적기 때문에 숲에서 일하는 사람이 줄어들고 있다
3 정부는 숲에서 일하는 사람에게 더 돈을 내기를 바란다
4 숲에서 일하는 사람이 있으면 숲이 계속 황폐해진다

해설　남자가 숲에서 일하는 사람에 대해 어떻게 생각하고 있는지 묻는 문제이다. 급여가 적다는 등의 이유로 숲에서 일하는 사람이 줄어들고 있어 상황의 개선을 위해 정부가 돈을 더 내야 할 필요가 있다고 했으므로 3번이 정답이다. 1번과 2번은 사실을 그대로 언급했을 뿐 남자의 생각이 아니므로 정답이 아니고, 4번은 숲에서 일하는 사람이 없으면 숲이 황폐해진다고 했으므로 틀린 말이다.

단어　森(もり) 숲 | ～とともに ~와/과 함께 | 生活(せいかつ) 생활 | 世話(せわ)をする 돌보다 | 荒(あ)れる 황폐해지다, 거칠어지다 | 台風(たいふう) 태풍 | 強(つよ)い 강하다 | 弱(よわ)い 약하다 | 給料(きゅうりょう) 급여 | 少(すく)ない 적다 | 理由(りゆう) 이유 | 働(はたら)く 일하다 | 減(へ)る 줄다 | 状況(じょうきょう) 상황 | 改善(かいぜん) 개선 | 政府(せいふ) 정부 | 出(だ)す 내다 | 必要(ひつよう)だ 필요하다 | 続(つづ)ける 계속하다

🎧 개요이해_실전연습문제_3번.mp3

男の人と女の人が話しています。

M：田中さんってテニスのサークルやってるんだっけ？
F：ああ、実はもうやめちゃった。今は登山のサークルに入ってるんだ。

M：へー、登山始めたんだ。でも山登るのって結構大変じゃない？
F：うん、そうだね。でも山の上から見る景色はすごくきれいなんだよ。それに、山で食べるごはんもおいしいし。あ、それから登山ってけっこう運動になるから、健康にもいいんだよ。登山始めて本当によかったよ。
M：そっか、じゃあ僕も今度登山してみたいな。次はいつ山に行くの？
F：来週の土曜日だよ。よかったら一緒に行く？

3 女の人は何について話していますか。

1 登山を始めた理由
2 毎週何曜日に登山に行くか
3 登山の大変なところ
4 登山の楽しいところ

해석　남자와 여자가 이야기하고 있습니다.
　　M：다나카 씨는 테니스 동아리 하고 있다고 했었나?
　　F：아, 실은 벌써 그만뒀어. 지금은 등산 동아리에 들어가 있어.
　　M：아하, 등산 시작했구나. 그래도 산 오르는 거 꽤 힘들지 않아?
　　F：응, 그렇지. 근데 산 위에서 보는 경치는 엄청 예뻐. 게다가 산에서 먹는 밥도 맛있고. 아, 그리고 등산은 꽤 운동이 되니까 건강에도 좋아. 등산 시작해서 정말 다행이야.
　　M：그렇구나, 그럼 나도 다음에 등산해 보고 싶다. 다음은 언제 산에 갈 거야?
　　F：다음 주 토요일이야. 괜찮다면 같이 갈래?

　　여자는 무엇에 대해 이야기하고 있습니까?

　　1 등산을 시작한 이유
　　2 매주 무슨 요일에 등산을 가는지
　　3 등산의 힘든 점
　　4 등산의 즐거운 점

해설　여자가 무엇에 대해 이야기하고 있는지 묻는 문제이다. 남자가 산 오르는 거 꽤 힘들지 않냐고 묻자 여자는 '응, 그렇지.'라고 대답했지만, 그 후 등산이 얼마나 즐거운 지에 대해 설명하고 있다. 따라서 4번이 정답이다. 1번과 2번은 언급이 없으므로 정답이 아니고, 3번은 힘들지만 즐거운 점에 대해서 여자가 고쳐 말했기 때문에 정답이 아니다.

단어　テニス 테니스ㅣサークル 서클, 동아리ㅣ実(じつ)は 실은ㅣ登山(とざん) 등산ㅣ山(やま) 산ㅣ登(のぼ)る 오르다ㅣ結構(けっこう) 꽤ㅣ景色(けしき) 경치ㅣご飯(はん) 밥ㅣ美味(おい)しい 맛있다ㅣ運動(うんどう) 운동ㅣ健康(けんこう) 건강ㅣ始(はじ)める 시작하다ㅣ今度(こんど) 이 다음, 이번ㅣ次(つぎ) 다음ㅣ楽(たの)しい 즐겁다

🎧 개요이해_실전연습문제_4번.mp3

女の人が話しています。

F：街では至るところでゴミが見られますが、ゴミが見られるのは陸の上だけではありません。「海洋ゴミ」という言葉を聞いたことがありますか。「海洋ゴミ」とは海に捨てられたゴミで、海岸に捨てられたゴミも含みます。といっても、これらのゴミのほとんどは海で捨てられたのではなく、街で捨てられたものです。街で捨てられたゴミは雨などで川に流れ、そして川から海へと流れていきます。つまり街でゴミを捨てることが、「海洋ゴミ」を増やすことにつながるのです。

4 女の人は何について話していますか。

1 「海洋ゴミ」の種類
2 「海洋ゴミ」の問題点
3 「海洋ゴミ」はどこからくるか
4 「海洋ゴミ」を減らす方法

해석　여자가 이야기하고 있습니다.
　　F：거리에서는 가는 곳마다 쓰레기를 볼 수 있습니다만, 쓰레기를 볼 수 있는 것은 육지의 위뿐만이 아닙니다. '해양 쓰레기'라는 말을 들어본 적이 있습니까? '해양 쓰레기'란 바다에 버려진 쓰레기로 해안에 버려진 쓰레기도 포함합니다. 그렇다고 해도 이 쓰레기들의 대부분은 바다에서 버려진 것이 아니라 거리에서 버려진 것입니다. 거리에서 버려진 쓰레기는 비 등으로 강으로 흘러서, 그리고 강에서 바다로 흘러갑니다. 즉 거리에서 쓰레기를 버리는 것이, '해양 쓰레기'를 늘리는 것으로 연결되는 것입니다.

　　여자는 무엇에 대해 이야기하고 있습니까?

　　1 '해양 쓰레기'의 종류
　　2 '해양 쓰레기'의 문제점
　　3 '해양 쓰레기'는 어디서 오는지
　　4 '해양 쓰레기'를 줄이는 방법

해설　여자가 무엇에 대해 이야기하고 있는지 묻는 문제이다. 여자는 마지막에 つまり街でゴミを捨てることが、「海洋ゴミ」を増やすことにつながるのです(즉 거리에서 쓰레기를 버리는 것이, '해양 쓰레기'를 늘리는 것으로 연결됩니다)라고 해양 쓰레기가 어디서 오는지 말하고 있으므로 3번이 정답이다. 나머지 선택지는 언급이 없으므로 정답이 아니다.

단어　街(まち) 거리ㅣ至(いた)るところ 가는 곳마다ㅣゴミ 쓰레기ㅣ陸(りく) 뭍, 육지ㅣ海洋(かいよう) 해양ㅣ捨(す)てる 버리다ㅣ海岸(かいがん) 해안ㅣ含(ふく)む 포함하다ㅣほとんど 대부분ㅣ川(かわ) 강ㅣ流(なが)れる 흐르다ㅣ海(うみ) 바다ㅣ増(ふ)やす 늘리다ㅣ種類(しゅるい) 종류ㅣ問題点(もんだいてん) 문제점ㅣ減(へ)らす 줄이다ㅣ方法(ほうほう) 방법

🎧 개요이해_실전연습문제_5번.mp3

女の人が話しています。

F：少し前に「イクメン」という言葉がはやりました。これは、子供を育てる男性という意味です。しかし、私はこの言葉が好きではありません。なぜなら、この言葉が生まれた裏には「子供を育てるのは女性の仕事」という考えがあるからです。もちろん、「イクメン」という言葉がはやって、子供を育てる男性が増えるのはいいことです。しかし、同時にこのような考えを見直す必要もあると思います。

5 女の人が言いたいことは何ですか。

1 「イクメン」という言葉が好きではない
2 「イクメン」という言葉は使ってはいけない
3 子供を育てる男性が増えてほしい
4 「子供を育てるのは女性の仕事」という考えを見直してほしい

해석　여자가 이야기하고 있습니다.

F：얼마 전에 '육아 남성'이라는 말이 유행했습니다. 이것은 아이를 키우는 남성이라는 의미입니다. 하지만 저는 이 말을 좋아하지 않습니다. 왜냐하면 이 말이 생긴 이면에는 '아이를 키우는 것은 여성의 일'이라는 생각이 있기 때문입니다. 물론 '육아 남성'이라는 말이 유행해서 아이를 키우는 남성이 늘어나는 것은 좋은 일입니다. 하지만 동시에 이런 생각을 돌이켜 볼 필요도 있다고 생각합니다.

여자가 하고 싶은 말은 무엇입니까?

1 '육아 남성'이라는 말을 좋아하지 않는다
2 '육아 남성'이라는 말은 쓰면 안 된다
3 아이를 키우는 남자가 늘면 좋겠다
4 '아이를 키우는 것은 여성의 일'이라는 생각을 돌이켜 보길 바란다

해설　여자가 하고 싶은 말이 무엇인지 묻는 문제이다. 여자는 마지막에 しかし、同時にこのような考えを見直す必要もあると思います(하지만 동시에 이런 생각을 돌이켜 볼 필요도 있다고 생각합니다)라고 말했는데, '이런 생각'은 아이를 키우는 것은 여성의 일이라는 생각을 말한다. 따라서 4번이 정답이다. 1번은 처음에 조금 언급했을 뿐 이야기의 중심이 아니기 때문에 정답이 아니며, 3번 역시 아이를 키우는 남자가 늘어나는 것은 좋은 일이라고 했지만, 그 뒤에 '하지만'을 덧붙여 여자가 진짜로 하고 싶은 말이 나오므로 정답이 아니다.

단어　イクメン 육아 남성, 육아에 적극적인 남성 | 言葉(ことば) 말 | 流行(はや)る 유행하다 | 育(そだ)てる 키우다 | 男性(だんせい) 남성 | 意味(いみ) 의미 | 生(う)まれる 생기다, 태어나다 | 裏(うら) 이면, 뒤 | 女性(じょせい) 여성 | 増(ふ)える 늘다 | 同時(どうじ)に 동시에 | 考(かんが)え 생각 | 見直(みなお)す 돌이켜보다

🎧 개요이해_실전연습문제_6번.mp3

テレビで女の人が話しています。

F：日本のアニメは海外でもとても人気ですね。では、なぜ日本のアニメはここまで人気になったのでしょうか。その理由の一つに、大人でも楽しめるという点があります。海外では、アニメは主に子供が見るために作られるので、アニメは子供向けで単純な話が多い、というイメージがあるといいます。しかし、日本のアニメは大人も楽しめるように作られているため、普段アニメを見ない海外の大人もアニメに興味を持ちはじめ、世界中で人気になったのではないでしょうか。

6 女の人は何について話していますか。

1 日本のアニメの歴史
2 海外の子供が日本のアニメを見る理由
3 大人が楽しめるアニメとは何か
4 日本のアニメが海外で人気な理由

해석　텔레비전에서 여자가 이야기하고 있습니다.

F：일본의 애니메이션은 해외에서도 매우 인기이죠. 그렇다면 왜 일본의 애니메이션은 이렇게까지 인기가 많아졌을까요? 그 이유의 하나로는 어른이라도 즐길 수 있다는 점이 있습니다. 해외에서는 애니메이션은 주로 어린이가 보기 위해 만들어지기 때문에 애니메이션은 어린이용으로 단순한 이야기가 많다라는 이미지가 있다고 합니다. 하지만 일본의 애니메이션은 어른도 즐길 수 있도록 만들어져 있기 때문에 평소 애니메이션을 보지 않는 해외의 어른도 애니메이션에 흥미를 갖기 시작하여 전 세계적으로 인기가 많아진 것이 아닐까요?

여자는 무엇에 대해 이야기하고 있습니까?

1 일본의 애니메이션의 역사
2 해외의 어린이가 일본의 애니메이션을 보는 이유
3 어른이 즐길 수 있는 애니메이션이란 무엇인가?
4 일본의 애니메이션이 해외에서 인기인 이유

해설　여자가 무엇에 대해 이야기하고 있는지 묻는 문제이다. 여자는 처음에 なぜ日本のアニメはここまで人気になったのでしょうか(왜 일본의 애니메이션은 이렇게까지 인기가 많아졌을까요?)라고 말한 후 그 이유에 대해서 설명하고 있다. 따라서 4번이 정답이다. 나머지 선택지는 언급되지 않았거나 이야기의 중심이 아니므로 정답이 아니다.

단어　アニメ 애니메이션 | 海外(かいがい) 해외 | 人気(にんき) 인기 | 理由(りゆう) 이유 | 大人(おとな) 어른 | 楽(たの)しむ 즐기다 | 点(てん) 점, 부분 | 主(おも)に 주로 | ～向(む)け ~용 | 単純(たんじゅん)だ 단순하다 | イメージ 이미지 | 普段(ふだん) 보통, 평소 | 興味(きょうみ) 흥미 | 世界中(せかいじゅう) 전 세계 | 歴史(れきし) 역사

발화표현 실전 연습 문제　　　　462p

1 ②　　2 ①　　3 ①　　4 ②　　5 ①
6 ③

기본 버전 MP3　　　　　배속 버전 MP3

문제4　문제4에서는, 그림을 보면서 질문을 들어 주세요. 화살표(➡)의 사람은 뭐라고 말합니까? 1부터 3 중에서, 가장 알맞은 것을 하나 고르세요.

🎧 발화표현_실전연습문제_1번.mp3

1 喫茶店で店員に注文をします。何と言いますか。

1　ご注文はお決まりですか。
2　注文してもいいですか。
3　ご注文ありがとうございます。

해석　커피숍에서 점원에게 주문을 합니다. 뭐라고 말할까요?
　　　1 주문은 결정되셨나요?
　　　2 주문해도 될까요?
　　　3 주문 감사합니다.

해설　손님이 점원에게 주문을 하는 상황이기 때문에 2번이 정답이다. 1번은 점원이 손님에게 무엇을 주문할지 물어볼 때 하는 말이며 3번은 점원이 손님에게 주문을 들은 후 하는 말이므로 정답이 아니다.

단어　喫茶店(きっさてん) 커피숍 | 店員(てんいん) 점원 | 注文(ちゅうもん) 주문 | 決(き)まる 정해지다, 결정되다

🎧 발화표현_실전연습문제_2번.mp3

2 仕事が終わったので家に帰ります。まだ仕事をしている上司にあいさつをします。何と言いますか。

1　お先に失礼します。
2　ご苦労様でした。
3　おじゃまします。

해석　일이 끝났기 때문에 집에 돌아갑니다. 아직 일을 하고 있는 상사에게 인사를 합니다. 뭐라고 말합니까?
　　　1 먼저 실례하겠습니다.
　　　2 고생하셨습니다.
　　　3 실례하겠습니다.

해설　회사 등에서 자신이 다른 사람보다 먼저 돌아갈 때는 お先に失礼します(먼저 실례하겠습니다)라는 표현을 사용한다. 따라서 1번이 정답이다. 2번 ご苦労様です(고생하셨습니다)는 윗사람에게는 사용하지 않는 표현이고, 3번 おじゃまします(실례하겠습니다)는 남의 집에 들어갈 때 사용하는 표현으로 정답이 아니다.

단어　上司(じょうし) 상사 | あいさつ 인사 | 先(さき)에 먼저, 앞서

🎧 발화표현_실전연습문제_3번.mp3

3 店員に、棚の上の商品を取ってほしいです。店員に何と言いますか。

1　あの商品をお取りいただきたいのですが。
2　あの商品はいくらですか。
3　あの商品を取ってもいいですか。

해석 점원이 선반 위의 상품을 집어 주었으면 합니다. 점원에게 뭐라고 말할까요?

1 저 상품을 집어 주셨으면 하는데요.
2 저 상품은 얼마입니까?
3 저 상품을 가져가도 될까요?

해설 점원에게 상품을 집어 달라고 부탁하는 상황이기 때문에 1번이 정답이다. 2번은 상품의 가격을 물을 때 말하며, 3번은 자신이 물건을 집어 꺼내고 싶을 때 다른 사람에게 허가를 요청하는 표현이므로 정답이 아니다.

단어 店員(てんいん) 점원｜棚(たな) 선반｜商品(しょうひん) 상품｜取(と)る 집다｜～てほしい ～해 주었으면 좋겠다｜いただく '받다(もらう)'의 겸양어｜いくら 얼마｜～てもいいですか ～해도 됩니까?

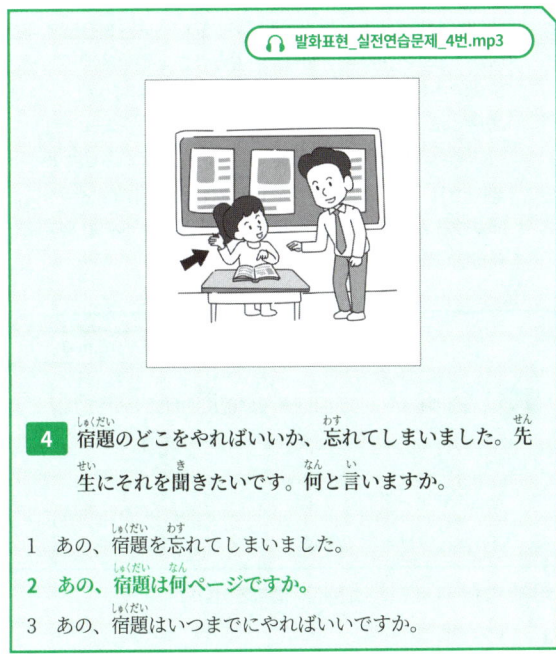

🎧 발화표현_실전연습문제_4번.mp3

4 宿題のどこをやればいいか、忘れてしまいました。先生にそれを聞きたいです。何と言いますか。

1 あの、宿題を忘れてしまいました。
2 あの、宿題は何ページですか。
3 あの、宿題はいつまでにやればいいですか。

해석 숙제의 어디를 하면 좋을지 잊어버렸습니다. 선생님에게 그것을 묻고 싶습니다. 뭐라고 말할까요?

1 저기, 숙제를 잊어버려 버렸어요.
2 저기, 숙제는 몇 페이지입니까?
3 저기, 숙제는 언제까지 하면 되나요?

해설 숙제의 어디를 해야 할지 잊어버려서 선생님에게 그것에 대해서 묻고 싶으므로 숙제를 해야 할 페이지를 묻는 것이 적합하다. 따라서 2번이 정답이다. 1번은 숙제를 까먹었을 때 하는 말이며 3번은 숙제의 마감기한을 묻는 질문이므로 정답이 아니다.

단어 宿題(しゅくだい) 숙제｜忘(わす)れる 잊다｜ページ 페이지｜いつ 언제｜やる 하다

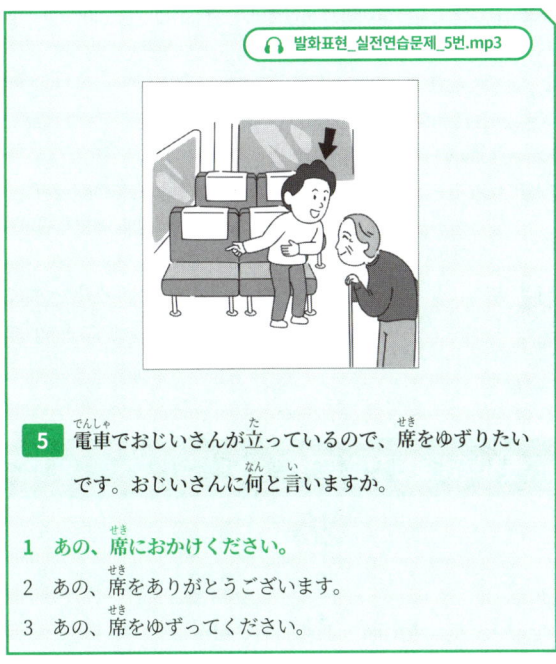

🎧 발화표현_실전연습문제_5번.mp3

5 電車でおじいさんが立っているので、席をゆずりたいです。おじいさんに何と言いますか。

1 あの、席におかけください。
2 あの、席をありがとうございます。
3 あの、席をゆずってください。

해석 전철에 할아버지가 서 있어서 자리를 양보하고 싶습니다. 할아버지에게 뭐라고 말합니까?

1 저기, 자리에 앉으세요.
2 저기, 자리를 감사합니다.
3 저기, 자리를 양보해 주세요.

해설 자신이 할아버지에게 자리를 양보하고 싶은 상황이기 때문에 1번이 정답이다. 2번은 자리를 양보 받은 사람이 하는 말이며, 3번은 자신이 다른 사람에게 자리를 양보해 달라고 할 때 하는 말이므로 정답이 아니다.

단어 電車(でんしゃ) 전철｜おじいさん 할아버지｜立(た)つ 서다, 일어서다｜席(せき) 자리, 좌석｜譲(ゆず)る 양보하다｜掛(か)ける 걸다, 앉다

🎧 발화표현_실전연습문제_6번.mp3

6 友達が財布を忘れてしまいました。友達にお金を貸したいです。何と言いますか。

1 お金、貸してくれない？
2 お金、貸してもらえる？
3 お金、貸してあげようか？

해석 친구가 지갑을 잃어버려 버렸습니다. 친구에게 돈을 빌려주고 싶습니다. 뭐라고 말할까요?

1 돈, 빌려주지 않을래?
2 돈, 빌려줄 수 있어?
3 돈, 빌려줄까?

해설 내가 친구에게 돈을 빌려주고 싶기 때문에 3번이 정답이다. 1번과 2번은 내가 다른 사람에게 돈을 빌려달라고 부탁할 때 하는 말이므로 정답이 아니다.

단어 財布(さいふ) 지갑 | お金(かね) 돈 | 貸(か)す 빌려주다 | ~てくれる (남이 나에게) ~해 주다 | ~てもらう ~해 받다 | ~てあげる (나, 남이 남에게) ~해 주다

즉시응답 실전 연습 문제   469p

1 ①	2 ①	3 ③	4 ③	5 ①
6 ②	7 ①	8 ③	9 ①	10 ③
11 ②	12 ②	13 ②	14 ①	15 ①
16 ③	17 ③

기본 버전 MP3
배속 버전 MP3

문제5 문제5에서는, 문제 용지에 아무것도 인쇄되어 있지 않습니다. 먼저 문장을 들어 주세요. 그리고, 그 대답을 듣고, 1부터 3 중에서, 가장 알맞은 것을 하나 고르세요.

🎧 즉시응답_실전연습문제_1번.mp3

1 この本読み終わったんだけど、よかったら読まない？

1 ありがとう、ぜひ読みたいな。
2 ありがとう、それじゃあ、読もうよ。
3 ありがとう、それじゃあ、お願いね。

해석 이 책 다 읽었는데, 괜찮다면 읽지 않을래?
1 고마워, 꼭 읽고 싶어.
2 고마워, 그럼 읽자.
3 고마워, 그럼 부탁해.

해설 말하는 사람이 괜찮다면 책을 읽지 않겠냐며 권하고 있는 의문문에 대한 대답을 고르는 문제이다. 꼭 읽고 싶다고 말하고 있는 1번이 정답이다. 2번은 말하는 사람과 듣는 사람이 함께 읽을 때 하는 말이며 3번은 말하는 사람에게 무언가를 부탁할 때 하는 말이므로 정답이 아니다.

단어 本(ほん) 책 | 読(よ)む 읽다 | 終(お)わる 끝나다 | ぜひ 꼭, 제발 | それじゃあ 그러면, 그럼

🎧 즉시응답_실전연습문제_2번.mp3

2 お久しぶりです。お元気ですか。

1 ええ、おかげさまで。
2 ええ、今日は元気です。
3 ええ、具合が悪くて。

해석 오랜만입니다. 잘 지내시죠?
1 네, 덕분에요.
2 네, 오늘은 잘 지냅니다.
3 네, 몸상태가 안 좋아서요.

해설 오랜만에 만나서 お元気ですか(잘 지내시죠?)라는 의문문에 대한 대답을 고르는 문제이다. 인사말로 おかげさまで(덕분에) 잘지낸다는 의미인 1번이 정답이다. 몸 상태가 좋은지 물은 것이 아니기 때문에 2번은 정답이 아니다. 3번도 자신의 몸상태를 말하는 대답으로 잘 지내시죠?라고 질문의 대답에 어울리는 대답은 아니므로 정답이 아니다.

단어 久(ひさ)しぶり 오래간만 | 元気(げんき)だ 잘 지내다, 건강하다 | おかげさまで (남에게 받은 도움에 대한 감사의 인사말) 덕분에 | 具合(ぐあい)が悪(わる)い 몸상태가 나쁘다

🎧 즉시응답_실전연습문제_3번.mp3

3 先週のレポート、明日までに提出すればいいですか。

1 はい、提出しました。
2 先週、レポートを書きました。
3 いいえ、今日までですよ。

해석 지난 주의 레포트, 내일까지 제출하면 되나요?
1 네. 제출했습니다.
2 지난 주, 레포트를 썼습니다.
3 아니요. 오늘까지입니다.

해설 남자가 여자에게 지난 주의 리포트를 내일까지 제출하면 되냐고 묻는 상황에 대한 대답을 고르는 문제이다. 내일까지 제출하는 것은 아니라고 하며 제출이 오늘까지라고 대답하고 있는 3번이 정답이다. 제출했는지 안 했는지를 물은 것은 아니기 때문에 제출했다고 대답한 1번은 정답이 아니고, 리포트를 썼냐고 묻는 질문도 아니기 때문에 2번도 정답이 아니다.

단어 先週(せんしゅう) 지난 주 | ~まで ~까지 | レポート 리포트 | 提出(ていしゅつ) 제출 | 書(か)く 쓰다

🎧 즉시응답_실전연습문제_4번.mp3

4 もう宿題終わったの？

1 えー、まだ終わってないの？
2 もう終わったんだ、早いね。
3 あとちょっとなんだけどね。

해석 　벌써 숙제 끝났어?
　　　1 에이~ 아직 안 끝났어?
　　　2 벌써 끝났구나, 빠르네.
　　　3 앞으로 조금만 더 하면 되긴 해.

해설 　벌써 숙제가 끝났냐는 질문에 대한 대답을 고르는 문제이다. 아직 숙제가 끝나지 않았고 조금만 더 하면 끝난다고 대답한 3번이 정답이다. 아직 안 끝났냐고 되묻고 있는 1번은 정답이 아니고, 벌써 끝났냐고 빠르다고 감탄하는 말도 대답으로 어울리지 않으므로 2번도 정답이 아니다.

단어 　宿題(しゅくだい) 숙제｜まだ 아직｜早(はや)い 빠르다｜あと 앞으로｜ちょっと 조금, 약간

🎧 즉시응답_실전연습문제_5번.mp3

5 すみません、今お時間よろしいでしょうか。

1　ええ、どうなさいましたか。
2　はい、もうすぐ3時ですよ。
3　ええ、よろしくお願いします。

해석 　저기요, 지금 시간 괜찮으신가요?
　　　1 네, 무슨 일이세요?
　　　2 네, 이제 곧 3시예요.
　　　3 네, 잘 부탁드립니다.

해설 　지금 시간이 괜찮은지 묻는 질문에 대한 대답을 고르는 문제이다. 괜찮다는 긍정의 의미 ええ(네)와 함께 무슨 일이냐고 묻는 1번이 정답이다. 지금 몇 시인지 물은 게 아니기 때문에 시간을 말하는 2번은 정답이 아니고, 3번은 상대에게 잘 부탁한다고 말할 때 쓰는 표현이므로 정답이 아니다.

단어 　時間(じかん) 시간｜よろしい(よい의 격식 차린 말씨) 좋다, 괜찮다｜どう 어떻게｜なさる 하시다｜もうすぐ 이제 곧

🎧 즉시응답_실전연습문제_6번.mp3

6 明後日の夕方に、またうかがいますね。

1　はい、お待ちください。
2　はい、お待ちしております。
3　はい、まいります。

해석 　모레 저녁에 다시 찾아뵐게요.
　　　1 네, 기다려 주십시오.
　　　2 네, 기다리고 있겠습니다.
　　　3 네, 가겠습니다.

해설 　모레 저녁에 다시 방문하겠다고 하는 말에 대한 대답을 고르는 문제이다. 방문할 상대를 기다릴 예정으로 待つ의 겸양 표현(お+동사 ます형+する)을 사용한 2번이 정답이다. 1번은 '~해 주십시오'라는 존경 표현(お+동사 ます형+ください)이므로 상대가 자신을 기다려 주길 원할 때 사용하며, 3번의 まいる는 '가다'라는 뜻의 겸양어로 정답이 아니다.

단어 　明後日(あさって) 모레｜夕方(ゆうがた) 저녁｜伺(うかが)う 방문하다, 듣다, 묻다(겸양어)｜待(ま)つ 기다리다｜参(まい)る 가다, 오다(겸양어)

🎧 즉시응답_실전연습문제_7번.mp3

7 ここでたばこを吸わないように。

1　はい、分かりました。
2　はい、そのようですね。
3　あ、吸わないんですね。

해석 　여기에서 담배를 피우지 않도록.
　　　1 네, 알겠습니다.
　　　2 네, 그런 것 같네요.
　　　3 아, 안 피우는군요.

해설 　일본어로 대화할 때는 ~ようにしてください(~하도록 해주세요)를 ~ように라고 줄여서 표현하는 경우가 자주 있다. ここでたばこを吸わないように(여기서 담배를 피우지 않도록)라고 말하며 담배를 피우지 않도록 부탁하는 말에 대한 대답을 고르는 문제이다. 긍정의 대답으로 알겠다고 대답한 1번이 정답이다. 그렇게 될 것 같다고 애매한 대답을 한 2번은 정답이 아니고, 안 피우는군요는 상황에 적절한 대답이 아니기 때문에 3번도 정답이 아니다.

단어 　ここ 여기｜タバコ 담배｜吸(す)う (담배를) 피다, (공기 등을) 들이마시다

🎧 즉시응답_실전연습문제_8번.mp3

8 ねえ、ちょっとあのお店見ていかない？

1　いや、見たことないな。
2　うーん、今忙しいから。
3　え、どうして見ないの？

해석 　저기 있잖아, 잠깐 저 가게 보고 가지 않을래?
　　　1 아니, 본 적 없는데.
　　　2 음, 지금 바빠서.
　　　3 어라, 왜 안 봐?

해설 　말하는 사람이 함께 가게를 보러 가자고 권유하는 질문에 대답을 고르는 문제이다. 확실하게 안 가고 싶다고 대답하는 대신에 간접적으로 忙しいから(바쁘니까)라며 갈 수 없는 이유를 들며 거절한 2번이 정답이다. 본 적이 없다고 과거의 경험을 말하는 상황은 아니기 때문에 1번은 정답이 아니다. 왜 안 보냐고 묻는 것 또한 대답으로 적절하지 않으므로 3번도 정답이 아니다.

단어 　あの 저, 그｜お店(みせ) 가게｜今(いま) 지금｜忙(いそが)しい 바쁘다｜どうして 왜, 어떻게

🎧 즉시응답_실전연습문제_9번.mp3

9 コーヒーをどうぞ。

```
1 それでは、いただきます。
2 それでは、召（め）し上（あ）がります。
3 それでは、お飲（の）みになります。
```

해석 커피 드세요.

1 그럼, 잘 마시겠습니다.
2 그럼, 드시겠습니다.
3 그럼, 드시겠습니다.

해설 커피를 마시라고 권유하는 말에 대한 대답을 고르는 문제이다. 인사말인 いただきます(잘 먹습니다)라고 한 1번이 정답이다. 2번에서 사용한 召し上がる는 飲む의 존경어이므로 정답이 아니고, 3번에서 사용한 お飲みになる 또한 존경 표현이기 때문에 자신이 아니라 상대가 무언가를 마실 때 사용하므로 정답이 아니다.

단어 コーヒー 커피 | どうぞ (권유, 부탁) 어서, 부디 | いただきます 잘 먹겠습니다 | 召（め）し上（あ）がる 먹다, 마시다(존경어) | 飲（の）む 마시다

🎧 즉시응답_실전연습문제_10번.mp3

```
10 ペン忘（わす）れたの？はい、貸（か）してあげる。
1 授業（じゅぎょう）終（お）わったらちゃんと返（かえ）してね。
2 え、本当（ほんとう）にこれもらっていいの？
3 ありがとう、授業（じゅぎょう）終（お）わったら返（かえ）すよ。
```

해석 펜 잊어버렸어? 자, 빌려줄게.

1 수업 끝나면 제대로 돌려줘.
2 응? 진짜 이거 받아도 돼?
3 고마워, 수업 끝나면 돌려 줄게.

해설 상대가 자신의 펜을 빌려준다고 제안한 상황에 대한 대답을 고르는 문제이다. 고맙다고 하며 수업이 끝나고 돌려주겠다고 한 3번이 정답이다. 1번은 자신이 상대에게 빌려줄 때 하는 표현이므로 정답이 아니다. 또한 상대는 あげる(주다)가 아니라 貸してあげる(빌려주다)라는 표현을 사용하고 있기 때문에 펜을 단순히 주는 것은 아니므로 2번도 정답이 아니다.

단어 ペン 펜 | 忘（わす）れる 잊다, 잊어버리다 | 貸（か）す 빌려주다 | ~てあげる (상대에게) ~해 주다 | 授業（じゅぎょう） 수업 | ちゃんと 제대로 | 返（かえ）す 돌려주다 | 本当（ほんとう）に 정말로 | もらう 받다

🎧 즉시응답_실전연습문제_11번.mp3

```
11 明日（あした）の授業（じゅぎょう）、休（やす）みだって。
1 大丈夫（だいじょうぶ）？具合（ぐあい）が悪（わる）いの？
2 そうなんだ、知（し）らなかったよ。
3 うん、風邪（かぜ）ひいたから休（やす）むよ。
```

해석 내일의 수업, 쉰 대.

1 괜찮아? 몸이 안 좋아?

2 그렇구나, 몰랐어.
3 응, 감기 걸렸으니까 쉴거야.

해설 일본어로 대화할 때는 ～と言っていた(~라고 (다른 사람이) 말했다)를 ～んだって이나 ～って로 줄여서 전하는 말을 표현하는 경우가 자주 있다. 누군가가 내일 수업은 쉰다고 한 것을 다른 사람에게 전하는 말에 대한 대답을 고르는 문제이다. 그런 사실을 몰랐다고 말한 2번이 정답이다. 1번은 상태가 안 좋아보이는 상대방에게 건네는 말로 정답이 아니다. 3번은 내가 감기에 걸렸으니까 쉰다고 하는 대답이므로 정답이 아니다.

단어 授業（じゅぎょう） 수업 | 休（やす）み 쉬는날, 휴일 | 大丈夫（だいじょうぶ）だ 괜찮다 | 具合（ぐあい）が悪（わる）い 몸 상태가 나쁘다 | 知（し）る 알다 | 風邪（かぜ）ひく 감기 걸리다

🎧 즉시응답_실전연습문제_12번.mp3

```
12 駅（えき）の場所（ばしょ）分（わ）かる？案内（あんない）しようか。
1 うん、そうするよ。
2 うん、お願（ねが）い。
3 うん、そうしよう。
```

해석 역 위치 알아? 안내해 줄까?

1 응, 그렇게.
2 응, 부탁해.
3 응, 그렇게 하자.

해설 역까지 안내해 주겠다고 제안하는 말에 대한 대답을 고르는 문제이다. 안내를 부탁하는 말을 하고 있는 2번이 정답이다. 1번은 듣는 사람이 무언가를 하겠다고 대답할 때 하는 말이며 3번은 말하는 사람과 듣는 사람이 함께 무언가를 할 때 하는 말이므로 정답이 아니다.

단어 場所（ばしょ） 장소 | 分（わ）かる 알다, 이해하다 | 案内（あんない） 안내

🎧 즉시응답_실전연습문제_13번.mp3

```
13 ちょっとのどが痛（いた）いから、先（さき）に帰（かえ）るね。
1 お元気（げんき）で。
2 お大事（だいじ）に。
3 ごぶさたしております。
```

해석 좀 목이 아프니까 먼저 돌아갈게.

1 건강하세요.
2 몸조리 잘 하세요.
3 오래간만입니다

해설 목이 아프다고 먼저 돌아간다고 하는 상대방의 말에 대한 대답을 고르는 문제이다. 몸 상태가 좋지 않은 사람과 헤어지는 상황에서는 お大事に(몸조리 잘 하세요)라는 인사말을 사용하기 때문에 2번이 정답이다. 1번은 앞으로 당분간 만나지 않을 사람과 헤어질 때 하는 표현이며, 3번은 오랜만에 보는 사람에게 정중하게 말하는 표현이므로 정답이 아니다.

단어 ちょっと 좀, 약간 | 喉(のど) 목, 목구멍 | 痛(いた)い 아프다 | 先(さき)に 먼저, 앞서 | 帰(かえ)る 돌아가다, 돌아오다 | 元気(げんき)だ 건강하다, 잘 지내다 | お大事(だいじ)に 몸조리 잘 하세요

🎧 즉시응답_실전연습문제_14번.mp3

14 お客様、ここで写真を撮ってはいけませんよ。

1 すみません、知らなかったので。
2 はい、撮ってはいけませんよ。
3 わたし、ちゃんと映ってますか。

해석 손님, 여기서 사진을 찍으면 안 돼요.

1 죄송해요, 몰랐어서요.
2 네, 찍으면 안 돼요.
3 저, 잘 찍히고 있나요?

해설 사진을 찍으면 안 된다고 주의를 받는 상황에 대한 대답을 고르는 문제이다. 사과하면서 몰랐다고 한 1번이 정답이다. 2번은 사진을 찍으면 안 된다고 금지하는 표현이며, 3번은 상대방이 자신을 찍고 있을 때 하는 표현이므로 정답이 아니다.

단어 お客様(きゃくさま) 손님, 고객 | 写真(しゃしん) 사진 | 撮(と)る (사진을) 찍다 | 知(し)る 알다 | 映(うつ)る (상이) 비치다, 반영하다 | ちゃんと 제대로

🎧 즉시응답_실전연습문제_15번.mp3

15 今日、誰が来るんでしたか。

1 先生がいらっしゃいます。
2 先生がまいります。
3 先生がうかがいます。

해석 오늘 누가 오는 거였나요?

1 선생님이 오십니다.
2 선생님이 갈 거예요.
3 선생님이 찾아뵐 거예요.

해설 오늘 누가 오는 거였냐고 묻는 질문에 대한 대답을 고르는 문제이다. 선생님이 오시는 상황에서 来る(오다)의 존경어인 いらっしゃる를 사용한 1번이 정답이다. 2번에서 사용한 まいる는 '가다'의 겸양 표현이고, 3번에서 사용한 うかがう는 '방문하다'의 겸양 표현이다. 2, 3번 모두 자신이 갈 때 사용하는 표현이므로 정답이 아니다.

단어 誰(だれ) 누구 | いらっしゃる 가다, 오다, 있다(존경어) | 参(まい)る 가다, 오다(겸양어) | 伺(うかが)う 방문하다(겸양어)

🎧 즉시응답_실전연습문제_16번.mp3

16 ねえ、何やってるの？

1 へー、そうなんだ。
2 うん、やってるよ。
3 明日の宿題だよ。

해석 저기, 뭐 하고 있어?

1 우와, 그렇구나.
2 응, 하고 있어.
3 내일 숙제야.

해설 무엇을 하고 있는지 묻는 질문에 대한 대답을 고르는 문제이다. 내일 숙제를 하고 있다고 한 3번이 정답이다. 1번은 아 그렇구나라는 대답으로 상대방에 대한 호응으로 적합한 말이고, 2번은 하고 있다고 긍정하는 말로 하고 있어?라는 질문에 대한 대답으로 적합한 대답으로 정답이 아니다.

단어 何(なに) 무엇 | やる 하다 | 宿題(しゅくだい) 숙제

🎧 즉시응답_실전연습문제_17번.mp3

17 今日はおじゃましました。

1 どういたしまして。
2 じゃまではありませんよ。
3 またいらしてください。

해석 오늘은 실례했습니다.

1 천만에요.
2 방해는 아니에요.
3 또 오세요.

해설 오늘 실례했다고 하며 상대방이 돌아갈 때 하는 말에 대한 대답을 고르는 문제이다. 또 오라고 정중하게 좋은 의미로 대답하는 3번이 정답이다. 1번은 고마움을 표현하는 말에 대한 대답이며, 2번은 방해입니까?라는 질문에 대한 대답으로 적합한 대답이므로 정답이 아니다.

단어 どういたしまして 천만에요 | 邪魔(じゃま) 방해, 훼방 | いらしてください 오세요

유하다요

JLPT
N3
없는 사람이 없는 시험

한 권 스피드 합격

실전모의고사 3회분

- 실전모의고사1   3
- 실전모의고사2   53
- 정답과 해설   103

 **온라인모의테스트**
QR코드를 통해 온라인 테스트도
추가로 진행해 보세요!

유하다요

JLPT 합격 노하우 **yuhadayo.com**

실전모의고사 1

N3

げんごちしき (もじ・ごい)

	問題 1			
1	①	②	③	④
2	①	②	③	④
3	①	②	③	④
4	①	②	③	④
5	①	②	③	④
6	①	②	③	④
7	①	②	③	④
8	①	②	③	④
	問題 2			
9	①	②	③	④
10	①	②	③	④
11	①	②	③	④
12	①	②	③	④
13	①	②	③	④
14	①	②	③	④

	問題 3			
15	①	②	③	④
16	①	②	③	④
17	①	②	③	④
18	①	②	③	④
19	①	②	③	④
20	①	②	③	④
21	①	②	③	④
22	①	②	③	④
23	①	②	③	④
24	①	②	③	④
25	①	②	③	④

	問題 4			
26	①	②	③	④
27	①	②	③	④
28	①	②	③	④
29	①	②	③	④
30	①	②	③	④
	問題 5			
31	①	②	③	④
32	①	②	③	④
33	①	②	③	④
34	①	②	③	④
35	①	②	③	④

<ちゅうい notes>
1. くろいえんぴつ(HB、No.2)でかいてください。
   Use a black medium soft (HB or No.2) pencil.
   (ペンやボールペンではかかないでください。)
   (Do not use any kind of pen.)
2. かきなおすときは、けしゴムできれいにけしてください。
   Erase any unintended marks completely.
3. きたなくしたり、おったりしないでください。
   Do not soil or bend this sheet.
4. マークれい Marking Examples.

よい れい Correct Example	わるい れい Incorrect Examples
●	⊘ ⊙ ◯ ◐ ◑

じゅけんばんごうを かいて、そのしたの マークらんに マークして ください。
fill in your examinee registration number in this box, and then mark the circle for each digit of the number.

じゅけんばんごう (Examinee Registration Number)

2 2 A 1 1 0 1 1 2 3 - 4 5 6 7 8

あなたの なまえを ローマじで かいてください。
Please print in block letters

なまえ
Name

せいねんがっぴをかいてください。
Fill in your date of birth in the box.

せいねんがっぴ(Date of Birth)

ねん Year	つき Month	ひ Day

생명모듈 N3

げんごちしき（ぶんぽう）・どっかい

실전모의고사 1

N3

ちょうかい

<ちゅうい notes>
1. くろいえんぴつ(HB、No.2)でかいてください。
   Use a black medium soft (HB or No.2) pencil.
   (ペンやボールペンではかかないでください。)
   (Do not use any kind of pen.)
2. かきなおす ときは、けしゴムで きれいにけしてください。
   Erase any unintended marks completely.
3. きたなく したり、おったり しないで ください。
   Do not soil or bend this sheet.
4. マークれい Marking Examples.

よい れい Correct Example	わるい れい Incorrect Examples
●	⊘ ⊖ ◯ ◐ ⦸

あなたの なまえを ローマじで かいてください。
Please print in block letters

| なまえ Name | |

もんだい 1

れい	①	●	③	④
1	①	②	③	④
2	①	②	③	④
3	①	②	③	④
4	①	②	③	④
5	①	②	③	④
6	①	②	③	④

もんだい 2

れい	●	②	③	④
1	①	②	③	④
2	①	②	③	④
3	①	②	③	④
4	①	②	③	④
5	①	②	③	④
6	①	②	③	④

もんだい 3

れい	①	②	③
1	①	②	③
2	①	②	③
3	①	②	●

もんだい 4

れい	①	●	③	④
1	①	②	③	④
2	①	②	③	④
3	①	②	③	④
4	①	②	③	④

もんだい 5

れい	●	②	③
1	①	②	③
2	①	②	③
3	①	②	③
4	①	②	③
5	①	②	③
6	①	②	③
7	①	②	③
8	①	②	③
9	①	②	③

じゅけんばんごうを かいて、そのしたの マークらんに マークして ください。
fill in your examinee registration number in this box, and then mark the circle for each digit of the number.

じゅけんばんごう (Examinee Registration Number)

2 2 A 1 1 0 1 1 2 3 - 4 5 6 7 8

せいねんがっぴをかいてください。
Fill in your date of birth in the box.

せいねんがっぴ(Date of Birth)

ねん Year	つき Month	ひ Day

Language Knowledge (Vocabulary)

もんだいようし

N3

げんごちしき（もじ・ごい）
（30ぷん）

ちゅうい
Notes

1. しけんが はじまるまで、この もんだいようしを あけないで ください。
   Do not open this question booklet until the test begins.

2. この もんだいようしを もって かえる ことは できません。
   Do not take this question booklet with you after the test.

3. じゅけんばんごうと なまえを したの らんに、じゅけんひょうと おなじように かいて ください。
   Write your examinee registration number and name clearly in each box below as written on your test voucher.

4. この もんだいようしは、ぜんぶで 5ページ あります。
   This question booklet has 5 pages.

5. もんだいには かいとうばんごうの 1、2、3…が ついて います。かいとうは、かいとうようしに ある おなじ ばんごうの ところに マークして ください。
   One of the row numbers 1, 2, 3 … is given for each question. Mark your answer in the same row of the answer sheet.

受験番号 Examinee Registration Number

名前 Name

問題1 ＿＿＿＿のことばの読み方として最もよいものを、1・2・3・4から一つえらびなさい。

1 最近、彼女のことを意識するようになった。
　　1　いしょく　　　2　いしき　　　　3　いんしき　　　4　いんしょく

2 部屋が汚くて母に「掃除しなさい」と怒られた。
　　1　にくくて　　　2　みじかくて　　3　きたなくて　　4　いたくて

3 抽象的な説明ではなく、具体的に話してください。
　　1　しょうちょうてき　2　ちゅうしょうてき
　　3　ちゅうそうてき　　　　　　　　4　しょうそうてき

4 海の上に大量の魚が浮いていて、気持ち悪かった。
　　1　だいて　　　　2　ふいて　　　　3　あいて　　　　4　ういて

5 ここは車が多くて危ないので横断禁止です。
　　1　おおだんきんし　　　　　　　　2　おうだんきんし
　　3　おおたんきんじ　　　　　　　　4　おうたんきんじ

6 店内は涼しいですね。私は温かいコーヒーにします。
　　1　あただかい　　2　あだたかい　　3　あたかかい　　4　あたたかい

7 彼女は正直な人なので、うそをつくことが苦手だ。
　　1　しょうじき　　2　せいじき　　　3　せいしき　　　4　じょうしき

8 若者と高齢者の考え方のギャップを埋める。
　　1　ためる　　　　2　つめる　　　　3　うめる　　　　4　きめる

問題2 ＿＿＿＿＿のことばを漢字で書くとき、最もよいものを、1・2・3・4から一つえらびなさい。

9 すみませんが、もう少しおとを大きくしてください。
　　1　声　　　　2　音　　　　3　息　　　　4　曲

10 私はこまかい仕事が苦手です。
　　1　鋭かい　　2　詳かい　　3　細かい　　4　少かい

11 寿司（すし）は日本のだいひょうてきな料理の一つだ。
　　1　代表的　　2　大表的　　3　対表的　　4　台表的

12 彼女は朝、かならずコーヒーを飲みます。
　　1　必ず　　　2　心ず　　　3　要ず　　　4　確ず

13 夫はいつも夜8時にはきたくする。
　　1　着室　　　2　着宅　　　3　帰室　　　4　帰宅

14 私は弟より背がひくいです。
　　1　弱い　　　2　浅い　　　3　低い　　　4　深い

問題3 （　　　）に入るのに最もよいものを、1・2・3・4から一つえらびなさい。

15 初級の問題ができるようになったら、（　　　）問題も練習した方がいい。
1　関係　　　　2　応用　　　　3　応答　　　　4　関心

16 彼女は（　　　）なかなか怒らない性格だ。
1　にくらしくて　2　しつこくて　3　かなしくて　4　おとなしくて

17 彼女は明るくて（　　　）服装が好きなので、いつも目立っている。
1　単純な　　　2　無駄な　　　3　派手な　　　4　満足な

18 ジャムの味が気になって舌で（　　　）みた。
1　なめて　　　2　なでて　　　3　かんで　　　4　まぜて

19 風邪をひいて頭が痛くて（　　　）します。
1　どきどき　　2　いらいら　　3　ずきずき　　4　そろそろ

20 この山は（　　　）が多いので、運転に気を付けなければならない。
1　エンジン　　2　ストーブ　　3　パトカー　　4　カーブ

21 彼女の出身（　　　）はアメリカだが、日本語が上手だ。
1　地　　　　　2　産　　　　　3　者　　　　　4　場

22 この町に空港を（　　　）する計画があるが、住民は反対している。
1　集合　　　　2　参加　　　　3　建設　　　　4　混雑

23 美容室の予約をしていたのを（　　　）忘れていた。
1　ぐっすり　　2　さっぱり　　3　うっかり　　4　はっきり

24 （　　　）に答えていただくと、次回利用できる割引券を差し上げます。
1　サービス　　2　カタログ　　3　アドバイス　4　アンケート

25 友達にメールを送ったが、（　　　）が間違っていたので届かなかった。
1　行き先　　　2　あて先　　　3　つま先　　　4　取引先

問題4 ＿＿＿＿に意味が最も近いものを、1・2・3・4から一つえらびなさい。

26 すみませんが、現金がないのでカードで支払うことができますか。
　　1　セール　　　2　キャッシュ　　　3　サンプル　　　4　チャージ

27 登山の後は全身がだるくて、思うように動けない。
　　1　おれて　　　2　つかれて　　　3　いたくて　　　4　するどくて

28 彼には絵を描く才能があることは確かだ。
　　1　幸運だ　　　2　しかたがない　　　3　正解だ　　　4　間違いがない

29 鍋（なべ）に水を入れすぎて水がこぼれた。
　　1　どんどん増えた　　　　　　2　全部無くなった
　　3　全部焼けた　　　　　　　　4　外に落ちた

30 私は毎朝ジョギングすることで健康な体を作っている。
　　1　冗談を言う　　　　　　　　2　早く歩く
　　3　ゆっくり走る　　　　　　　4　規則的に運動する

問題5 つぎのことばの使い方として最もよいものを、1・2・3・4から一つえらびなさい。

31 最大
1 多くの学生の中で私は最大面接まで残ることができた。
2 この野球チームは最大優勝記録を持っている。
3 国内最大のファッションショーが来月開かれる予定だ。
4 これは今年発売された最大の携帯電話です。

32 難しい
1 あまり難しくしないでください。病気になりますよ。
2 どんなにいい大学を卒業してもいい会社に就職することは難しい。
2 田中（たなか）さんはお金がなくて、難しい生活をしているらしい。
4 いつも真面目な彼がバイトを休むなんて、難しい。

33 有名だ
1 外国人にとって、日本人は一生懸命働くことで有名だ。
2 学生ならば、有名にここの図書館を利用することができる。
3 今学期はまったく勉強しなかったが、試験の結果はとても有名だった。
4 このコンピューターが欲しいが、有名で買えない。

34 辞める
1 発表を辞めると全員が席を立って拍手をしてくれた。
2 スーパーでもらった袋が辞めて荷物が全部落ちてしまった。
3 大学を辞めて英語を勉強するためにヨーロッパへ留学するつもりだ。
4 前から来た自転車を辞めようとしたが、ぶつかってしまった。

35 セミナー
1 今日は一ヶ月に一度のセミナーの日です。早く行かないと売り切れますよ。
2 就職活動をする前にセミナーに参加して、礼儀やマナーを勉強する。
3 セミナーを利用して今月の売り上げを分かりやすく表す。
4 今、この化粧品を買うとセミナーがもらえます。

Language Knowledge (Grammar) • Reading

問題用紙

N3

言語知識(文法)・読解

(70分)

注　意
Notes

1. 試験が始まるまで、この問題用紙を開けないでください。
   Do not open this question booklet until the test begins.

2. この問題用紙を持って帰ることはできません。
   Do not take this question booklet with you after the test.

3. 受験番号と名前を下の欄に、受験票と同じように書いてください。
   Write your examinee registration number and name clearly in each box below as written on your test voucher.

4. この問題用紙は、全部で19ページあります。
   This question booklet has 19 pages.

5. 問題には解答番号の 1 、 2 、 3 … が付いています。
   解答は、解答用紙にある同じ番号のところにマークしてください。
   One of the row numbers 1 , 2 , 3 … is given for each question. Mark your answer in the same row of the answer sheet.

| 受験番号 Examinee Registration Number | |

| 名前 Name | |

問題1 つぎの文の（　　）に入れるのに最もよいものを、1・2・3・4から一つえらびなさい。

1 国（　　）様々な文化を感じることができるので、旅行は楽しい。
1　にわたって　　2　によって　　3　に対して　　4　にとって

2 彼は他人の話を聞かずに、自分の話ばかり（　　）。
1　しがたい　　2　してくれる　　3　したがる　　4　してほしい

3 （家で）
母「あれ？どうしてニンジンは食べないの？」
子「だって…ニンジンが（　　）。」
1　嫌いなんだもん　　2　嫌いなことか　　3　嫌いだろう　　4　嫌いだなんて

4 山田「明日10時の飛行機だから、8時くらいに行けばいいかな。」
鈴木「明日は週末だし、道が込むと思うよ。」
山田「じゃあ、もっと早く（　　）ね。」
1　行ったほうがいいかもしれない　　2　行くつもりかもしれない
3　行ってはいけないみたいだ　　4　行かなくてもよさそうだ

5 安い（　　）、必要のないものまで買うのは変だ。
1　だけでなく　　2　ようなら　　3　うえに　　4　からといって

6 今週から来週（　　）、天気の良い日が続くらしい。
1　につき　　2　にかけて　　3　に比べて　　4　について

7 (お店で)

客「すみません。お手洗いはどこですか。」
店員「あちらの階段の右側に（　　　）。」

1　いたします　　2　おります　　3　ございます　　4　いらっしゃいます

8　社長は、一人で昼食を（　　　）ことが多いようだ。

1　いただく　　2　なさる　　3　召し上がる　　4　差し上げる

9　今回見つかった問題（　　　）、何も問題はなかった。

1　としては　　2　だらけで　　3　をもとに　　4　のほかには

10　全然勉強していないし、テストなんてうまく（　　　）。

1　できっこない
2　できたっけ
3　できないことはない
4　できるわけではない

11　本を（　　　）終わったので、図書館へ返しに行きます。

1　読む　　2　読み　　3　読んだ　　4　読んで

12（電話で）
田中「今日の集まりに出席できないということを、山田さんに（　　　）いいですか。」
安田「わかりました。私が伝えておきます。」

1　伝えてもらっても
2　伝えさせても
3　伝えてあげても
4　伝えられても

13 彼が（　　　）不思議じゃないほど、ひどい言い方だった。

　　1　怒るには　　　　2　怒っても　　　　3　怒るとしたら　　4　怒ってからは

問題2 つぎの文の ＿★＿ に入る最もよいものを、1・2・3・4から一つえらびなさい。

(問題例)

つくえの ＿＿＿ ＿＿＿ ＿★＿ ＿＿＿ あります。

1　が　　　2　に　　　3　下　　　4　かばん

(解答のしかた)

1．正しい答えはこうなります。

| つくえの ＿＿＿ ＿＿＿ ＿★＿ ＿＿＿ あります。 |
| 3　下　　2　に　　4　かばん　　1　が |

2．＿★＿ に入る番号を解答用紙にマークします。

(解答用紙)　(例)　①　②　③　●

---

[14] このことは一度 ＿＿＿ ＿＿＿ ＿★＿ ＿＿＿ できません。

1　課長に　　2　返事が　　3　からでないと　　4　確認して

[15] 昨日から何も食べていないので、お腹が ＿＿＿ ＿★＿ ＿＿＿ ＿＿＿ 。

1　空いて　　2　何か　　3　食べたくて　　4　しかたがない

[16] 有名な大学を ＿＿＿ ＿＿＿ ＿★＿ ＿＿＿ とは限らない。

1　卒業した　　2　必ずしも　　3　頭がいい　　4　からといって

17 今回の ＿＿＿ ★ ＿＿＿ ＿＿＿ 調査中です。

1　に関しては　　2　火災の　　3　原因　　4　現在

18 彼女は今月 ＿＿＿ ＿＿＿ ★ ＿＿＿。

1　ばかりなので　　2　結婚した　　3　幸せ　　4　に違いない

問題3 つぎの文章を読んで、文章全体の内容を考えて、 19 から 23 の中に入る最もよいものを、1・2・3・4から一つえらびなさい。

下の文章は、留学生が書いた作文です。

地震

　日本といえば、地震が多い国です。地震が来ると建物が揺れたり、壊れたり 19 。大きい地震が来ることはあまりないと言われていますが、いつどのくらいの大きさの地震が来るかは、誰にもわかりません。

　その前に私たちが 20 べきことがあります。たとえば、食べ物やライト、いつも飲んでいる薬やラジオなどです。このような物をバックに入れて準備をしておけば、安全な場所へ逃げたときに役に立ちます。なぜなら、そのバッグ一つだけで数日間は生活することが 21 。

　次に、部屋の中の家具が倒れないようにしっかりと止めておく必要があります。 22 地震が来たときにどこで集まるか、家族や友人と場所を決めておくことも大切です。

　もし家の中で地震が起きたら机の下に入って頭を守りましょう。外にいるときは周りの物が落ちないか気を付けながら、公園や広い場所へ逃げなければなりません。また、エレベーターを使ってはいけません。エレベーターの代わりに階段を使って逃げてください。それから津波(注1)がくるかもしれないので、ラジオやニュースをよく聞いて高い所へ逃げてください。

　確かに地震は怖いですが、たとえ地震が 23 事前に準備をしておけば、被害を減らすことができます。

(注1) 津波：地震によって海の波が大きくなり、町にくること。

19
1　しなければなりません　　　　2　しているからです
3　することがあります　　　　　4　することになっています

20
1　準備しておく　　2　準備してあげる　　3　準備してくる　　4　準備してみたい

21
1　できるからです　　　　　　　2　できるようにします
3　できるようです　　　　　　　4　できるべきです

22
1　および　　　　2　では　　　　3　さらに　　　　4　ところが

23
1　起きるので　　2　起きるたびに　　3　起きなければ　　4　起きても

問題4 つぎの(1)から(4)の文章を読んで、質問に答えなさい。答えは、1・2・3・4から最もよいものを一つえらびなさい。

(1)

　私は旅行の荷物はできるだけ少なくするようにしている。そんな私が旅行に必ず持っていくものは、ハンカチだ。ハンカチはタオルの代わりに水や汗でぬれた手や顔を拭いたり、体を洗ったりできるし、スカーフやマフラーの代わりにも使える。そのうえ、タオルよりも薄くて場所を取らないし、洗濯してもすぐに乾くので、とても便利だ。旅行にはハンカチを持っていくことをおすすめしたい。

24 筆者はなぜ旅行にハンカチを持っていくことをすすめているか。

1　薄くて、さまざまな使い方ができて便利だから
2　タオルのように柔らかくて軽いから
3　洗濯しても色が変わらなくて長く使えるから
4　スカーフやマフラーのようにおしゃれを楽しめるから

(2)

ごみ拾いボランティアの募集

私たちは、みどり町をきれいにするために、毎月第1土曜日にごみ拾いをしています。一緒にみどり町をきれいにしてくれるボランティアを募集（ぼしゅう）しています。このボランティアは、みどり町に住んでいる人なら誰でも参加できます。
ただし、18歳未満（みまん）の人は、大人と一緒でないと参加できません。

次のごみ拾いは
9月5日（土）午前9時半から午前10時半

初めてボランティアに参加される人は3日前までにメールか電話で連絡をください。電話の場合、留守電にメッセージを残してください。

メール：gomihiroi@midorimachi.com

電話：123-456-789　青山

25 このお知らせの内容について、正しいのはどれか。

1　9月5日に初めて参加する人は9月3日までにメールで連絡する。
2　9月5日に初めて参加する人は電話で青山さんと直接話す。
3　8月に参加した人が9月も参加する場合は連絡しなくてもいい。
4　みどり町の住人で、18歳の人は、大人と一緒なら参加できる。

(3)

> 林先生
>
> こんにちは。アナです。
>
> 今日の朝、先生からお借りした本を返そうと学校に行きましたが、先生は授業中だったので会えませんでした。
> 帰ろうとしたら、ちょうど竹中先生がいらっしゃって、代わりに返してくださるとおっしゃいました。それで、竹中先生に本をお渡ししました。
> 長い間、貸していただきありがとうございました。先生にお話ししたいことがあるので、また今度お伺いします。
>
> アナ

26 この文の内容について、正しいものはどれか。

1 アナさんは林先生に会えなかったので、代わりに竹中先生に本を貸してもらった。
2 貸していた本を返してもらった竹中先生は、次は本を林先生に貸すつもりだ。
3 林先生は、竹中先生を通じて貸していた本を返してもらった。
4 アナさんは林先生に話したいことがあるので、先生からの連絡を待っている。

(4)

　相談を受けると、「こうしたらどうか」「それはよくない」など、つい自分の意見を言ってしまいがちだ。相談をされた方は、力になりたいと思って色々とアドバイスをするのだが、相談した人は、大体の場合、実はアドバイスが欲しいのではなく、自分の気持ちを整理するために相談しているそうだ。そういう人は、自分の気持ちを整理することで、自分なりの答えを見つけるのだという。だとすれば、相談を受けた人は、「そうなんですね」「それで、どう思ったんですか」と、聞くことに集中するのがいいのかもしれない。

[27] 筆者によると、相談者の力になるには、どうしたらいいか。

1　相手の話を集中してよく聞いて、具体的にアドバイスをしたほうがいい。
2　自分の気持ちを整理した上で、アドバイスをしたほうがいい。
3　アドバイスをするよりも、相手の話に耳をかたむけたほうがいい。
4　自分なりの答えを出してから、それとなく相手に伝えたほうがいい。

問題5 つぎの(1)と(2)の文章を読んで、質問に答えなさい。答えは、1・2・3・4から最もよいものを一つえらびなさい。

(1)

　先日、友人が「今までしたことがないことにチャレンジをしたい」と言いました。私は今までにスカイダイビング(注1)やバンジージャンプ(注2)にチャレンジしたことがあるので、それらを①<u>すすめてみました</u>。しかし、友人は「高いところが怖いので、できない」と言いました。

　次に、私は山登りが好きなので、「一緒に富士山に登ろう」と誘いました。しかし、友人は「富士山は前に1回登ったことがあるから、違うことがしたい」と言いました。山登りはその日の天気や自分の気持ちによって、いつも違う体験ができるから、2回目でも違う景色を見ながら楽しめると思いました。しかし、友人は1度もしたことがないことをしたいようでした。

　最後に「じゃあ、何がしたいの？」と聞いたら「海で泳ぎたい」と言いました。友人の国には海がないそうです。私は、友人と②<u>次の休み</u>にチャレンジの手伝いをする約束をしました。

（注1）スカイダイビング：飛行機で空に上がって、そこから飛び降りるスポーツ。
（注2）バンジージャンプ：足にひもを付けただけで高い場所から飛び降りること。

28 ①すすめてみましたとあるが、なぜすすめたのか。

1 自分が体験したことがあるから
2 友人が好きそうなことだから
3 若い人に人気があることだから
4 今までしたことがないことだから

29 「山登り」について私はどう思っているか。

1 山登りは1回体験したから、違うことがしてみたい。
2 山登りは自分の国でもできるから、できないことにチャレンジしたい。
3 同じ山でも山に登るたびに毎回、違う景色を味わうことができる。
4 同じ山でも天気によって危険だから、気をつけた方がいい。

30 ②次の休みに私は何をするのか。

1 友人とスカイダイビングをしに山に行く。
2 友人と富士山以外の他の山に山登りに行く。
3 友人とつりにチャレンジするために海に行く。
4 友人と海で泳ぐためにビーチに行く。

(2)

　この前、友人と食事に行くことになったのですが、そのとき①困ったことがありました。「何が食べたい？」と聞いたら、「何でもいいよ。」と友人は言いました。

　でも、「カレーでいい？」と聞いたら友人は「辛いのは苦手だな。」と答え、「じゃあ、そばは？」と聞くと、「そばは昨日食べたばかりだから…」と答えました。「えっ、じゃあ何が食べたいの？」と聞くと、「うーん、何でもいい。」と言いました。

　「何でもいいよ」と言ったのに、実際には②そうではない人がときどきいます。なぜでしょうか。調べてみると、こういう人は選択肢(注1)が多すぎると考えるのに疲れてしまい、なかなか選ぶことができないのだそうです。「何でもいいよ」は実は「何がいいか分からない」ということなのです。

　結局、私は「イタリア料理と中華料理、どっちがいい？」と聞いて、友人に２つから選んでもらうことにしました。これならあまり考えなくてもいいし、メニューは店で決めればいいからです。

(注1) 選択肢：用意されている複数の答え。

31 ①困ったとあるが、なぜ困ったのか。

1　友人の行きたいレストランが見つからなかったから
2　友人が何を食べたいか、分からなかったから
3　私の食べたくない物を友人が食べたがったから
4　私が好きなカレーが食べられないから

[32] ②そうではない人とは、どんな人のことか。

1 何を食べるか、迷ってしまってなかなか決められない人
2 選択肢が多すぎて、なかなか選ぶことができない人
3 食べ物の好き嫌いが多くて、自分が何を食べたいのかわからない人
4 提案されると「あれは嫌」「これはだめ」と否定する人

[33] 友人がなかなか食べるものを決められなかったのはなぜか。

1 私はカレーやそばが好きだが、友人は嫌いだったから
2 自分が何を食べたいのか、分かっていなかったから
3 私に食べたくないものばかり提案されて、困ってしまったから
4 選択肢が2つしかなくて、色々なメニューが選べなかったから

問題6 つぎの文章を読んで、質問に答えなさい。答えは、1・2・3・4から最もよいものを一つえらびなさい。

　私には10歳の娘がいる。ある日、娘が学校から戻ってきて、食事の準備をしている私に近づき、学校での話をし始めた。話の内容は「将来、何になりたいか。」であった。この質問は、誰だって聞かれたことがあるはずで、小学生である娘なら、これからもたくさん聞かれることになるだろう。娘の答えが気になった私は手を止めて娘に聞いた。「それで、何になりたいと言ったの？」と聞くと、返ってきた答えは「公務員」。私は驚いて理由を聞かずにはいられなかった。まだ10歳の娘が、当たり前のように公務員と言ったなんて。私は落ち着いて再び聞いた。「公務員ってどんな仕事なのか知ってる？どうして公務員になりたいの？」と聞くと、娘は「安定していて結婚相手としては１番のいい職業だって」と答えた。私は娘の話を聞いてしばらく何も言えなかった。私が想像している10歳の子供なら、もっと子供らしい理由で将来を夢見るだろうと思っていただけに、娘の話に驚いた。

　娘はどうして自分の将来を夢見るのに、自分を中心に考えず、世の中の流れを気にしたのだろうか。もちろん、高校生や大学生のように、卒業後の就職先に対して真剣に考える立場でこう答えるなら不思議ではない。私も二十歳を過ぎてからは自分のやりたいことより、できることやもっと稼げる仕事を探していたからだ。しかし、娘はまだ10歳なので現実的な仕事ではなく、大きな夢を見てほしいものだ。

　その次の夜、夫にこの話をした。すると、夫は「ニュースを見ていると就職は大変ですよとか、周りの大人たちも生活が苦しくならないためには安定した仕事がいいですよなんて言った話ばかりなんだから、当然そう思うよね。」と言った。よく考えてみればそうかもしれない。私も娘のことも考えずに、厳しい現実の話ばかりしているニュースを見ていたり、何気なく生活が楽でないことについて友達と電話で話したりしていた。娘が考えた将来は、親である自分にも責任があると思い、恥ずかしくなった。

[34] 娘が公務員になりたいと思った理由は何か。

1 両親に、生活が苦しくならないためには、公務員になるしかないと言われたから
2 ニュースで公務員が1番いい職業だと紹介していたから
3 お母さんが友達と電話をしているのを聞いて、公務員がいいと思ったから
4 仕事を辞めさせられる心配もなく、結婚相手として人気があると言われたから

[35] 「私」が娘の答えに驚いた理由は何か。

1 自分がしたいことではなく、現実的な理由で将来を夢見ているから
2 ニュースの内容を理解した娘が賢いと思ったから
3 まだ10歳の娘がもう立派な考えを持っていたから
4 現実は考えずに、自分がしたいことばかり考えているから

[36] 夫はどうして娘がこのような将来を夢見ていると言ったか。

1 今は学校でもいろいろな職業について教えているから
2 隣の人が公務員の強みについて話してくれたから
3 ニュースで、就職難なので仕事は見つけにくいと言っていたから
4 お母さんの昔の夢を、自分が代わりにかなえてあげたいと思ったから

[37] 本文の内容に合っているものは何か。

1 「私」は娘が公務員になりたいと思った原因の一つは自分にあると思った。
2 娘は自分が何になりたいのか分からなくて、母に相談した。
3 「私」はこれからはニュースを見たり、友達と電話をしたりしないと決心した。
4 娘は学校で「夢」について聞かれたが、何も答えなかった。

問題7　右のページは、割引券がついた喫茶店の広告である。これを読んで、下の質問に答えなさい。答えは、1・2・3・4から最もよいものを一つえらびなさい。

[38] 森田さんはこの喫茶店の割引券をもっている。7月25日にこの喫茶店でフルーツサンドイッチとコーヒーを注文した。森田さんはいくら払ったか。

1　1,200円
2　1,100円
3　1,050円
4　1,000円

[39] 秋山さんはケーキを安く食べたいと思っている。この割引券をいつ持って行けば安く食べられるか。

1　7月26日の午後1時
2　7月30日の午前10時
3　8月2日の午後5時
4　8月5日の午前11時

夏のお得なセール！

セール期間：7月20日〜8月17日の13:00〜18:00まで

◆軽食◆

トースト　300円

フルーツのサンドイッチ　900円★割引対象外

◆デザート◆

チョコレートケーキ　350円

チーズケーキ　400円

◆飲み物◆

コーヒー　300円

紅茶　300円

割引券		
7/20~7/26	7/27~8/3	8/4~8/10
◆軽い食事◆ 表示価格より100円引き	◆デザート◆ 表示価格より50円引き	◆飲み物◆ 表示価格より50円引き

※お一人様1回につき1枚限りのご利用とさせていただきます。
※割引券1枚につき商品1つが割引の対象となります。
※メニューに「★割引対象外」と書かれた商品は、割引の対象になりませんので、ご注意ください。

Listening

問題用紙

N3

聴解
(40分)

注意
Notes

1. 試験が始まるまで、この問題用紙を開けないでください。
   Do not open this question booklet until the test begins.

2. この問題用紙を持って帰ることはできません。
   Do not take this question booklet with you after the test.

3. 受験番号と名前を下の欄に、受験票と同じように書いてください。
   Write your examinee registration number and name clearly in each box below as written on your test voucher.

4. この問題用紙は、全部で14ページあります。
   This question booklet has 14 pages.

5. この問題用紙にメモをとってもいいです。
   You may make notes in this question booklet.

受験番号 Examinee Registration Number	
名前 Name	

問題1

問題1では、まず質問を聞いてください。それから話を聞いて、問題用紙の1から4の中から、最もよいものを一つえらんでください。

れい

1 デザートを選ぶ
2 家に帰る
3 図書館に行く
4 注文する

1ばん

1 図書館で本を探す
2 本の写真を探す
3 発表の原稿を書く
4 先生にメールをする

2ばん

1 クラスメートに声をかける
2 レストランを探す
3 レストランに電話する
4 レストランを予約する

3ばん

1 授業に出る
2 アルバイトに行く
3 面接に行く
4 アルバイト先に電話する

4ばん

1 コンビニ
2 スーパー
3 肉屋
4 八百屋

5ばん

1　8時(じ)
2　8時(じ)10分(ぷん)
3　8時(じ)20分(ぷん)
4　8時(じ)30分(ぷん)

6ばん

1　7,000円(えん)
2　8,000円(えん)
3　10,000円(えん)
4　11,000円(えん)

問題2

問題2では、まず質問を聞いてください。そのあと、問題用紙を見てください。読む時間があります。それから話を聞いて、問題用紙の1から4の中から、最もよいものを一つえらんでください。

れい

1 アルバイトをしていたから
2 ゲームをしていたから
3 勉強に飽きてしまったから
4 友達を手伝っていたから

1ばん

1 勉強が忙しかったから
2 アルバイトをしていたから
3 けがをしたから
4 コーチと仲が悪かったから

2ばん

1 早く寝ていた
2 深呼吸していた
3 寝ないで勉強していた
4 夜遅くまで勉強していた

3ばん

1 鎌倉
2 京都
3 沖縄
4 北海道

4ばん

1 海に行きたい
2 デパートに行きたい
3 映画館へ行きたい
4 家で映画を見たい

5ばん

1 内容
2 文字の量
3 写真の量
4 文字の大きさ

6ばん

1 友達に会う
2 博物館を見る
3 お城を見る
4 おいしいものを食べる

問題3

問題3では、問題用紙に何もいんさつされていません。この問題は、ぜんたいとしてどんなないようか聞く問題です。話の前に質問はありません。まず話を聞いてください。それから、質問とせんたくしを聞いて、1から4の中から、最もよいものを一つえらんでください。

ーメモー

問題4

問題4では、えを見ながら質問を聞いてください。やじるし（➡）の人は何と言いますか。
1から3の中から、最もよいものを一つえらんでください。

れい

1ばん

2ばん

3ばん

4ばん

問題5

問題5では、問題用紙に何もいんさつされていません。まず文を聞いてください。それから、そのへんじを聞いて、1から3の中から、最もよいものを一つえらんでください。

ーメモー

실전모의고사 2

N3

げんごちしき (もじ・ごい)

あなたの なまえを ローマじで かいて ください。   Please print in block letters

| なまえ Name | |

<ちゅうい notes>
1. くろいえんぴつ(HB、No.2)でかいてください。
   Use a black medium soft (HB or No.2) pencil.
   (ペンやボールペンではかかないでください。)
   (Do not use any kind of pen.)
2. かきなおす ときは、けしゴムで きれいにけしてください。
   Erase any unintended marks completely.
3. きたなく したり、おったり しないで ください。
   Do not soil or bend this sheet.
4. マークれい Marking Examples.

よい れい Correct Example	わるい れい Incorrect Examples
●	⊘ ○ ◎ ⊕ ○ ●

問題 1

1	①	②	③	④
2	①	②	③	④
3	①	②	③	④
4	①	②	③	④
5	①	②	③	④
6	①	②	③	④
7	①	②	③	④
8	①	②	③	④

問題 2

9	①	②	③	④
10	①	②	③	④
11	①	②	③	④
12	①	②	③	④
13	①	②	③	④
14	①	②	③	④

問題 3

15	①	②	③	④
16	①	②	③	④
17	①	②	③	④
18	①	②	③	④
19	①	②	③	④
20	①	②	③	④
21	①	②	③	④
22	①	②	③	④
23	①	②	③	④
24	①	②	③	④
25	①	②	③	④

問題 4

26	①	②	③	④
27	①	②	③	④
28	①	②	③	④
29	①	②	③	④
30	①	②	③	④

問題 5

31	①	②	③	④
32	①	②	③	④
33	①	②	③	④
34	①	②	③	④
35	①	②	③	④

じゅけんばんごうを かいて、そのしたの マークらんに マークして ください。
Fill in your examinee registration number in this box, and then mark the circle for each digit of the number.

じゅけんばんごう (Examinee Registration Number)

2 2 A 1 1 0 1 1 2 3 - 4 5 6 7 8

せいねんがっぴをかいてください。
Fill in your date of birth in the box.

せいねんがっぴ(Date of Birth)

ねん Year	つき Month	ひ Day

실전모의고사 2

N3

げんごちしき (ぶんぽう)・どっかい

あなたの なまえを ローマじで かいて ください。
Please print in block letters

| なまえ Name | |

<ちゅうい notes>
1. くろいえんぴつ(HB、No.2)でかいてください。
Use a black medium soft (HB or No.2) pencil.
(ペンやボールペンではかかないでください。)
(Do not use any kind of pen.)
2. かきなおす ときは、けしゴムで きれいにけしてください。
Erase any unintended marks completely.
3. きたなく したり、おったり しないで ください。
Do not soil or bend this sheet.
4. マークれい
Marking Examples.

よい れい Correct Example	わるい れい Incorrect Examples
●	⊘ ◯ ◐ ◑ ●

問題 1

1	①	②	③	④
2	①	②	③	④
3	①	②	③	④
4	①	②	③	④
5	①	②	③	④
6	①	②	③	④
7	①	②	③	④
8	①	②	③	④
9	①	②	③	④
10	①	②	③	④
11	①	②	③	④
12	①	②	③	④
13	①	②	③	④

問題 2

14	①	②	③	④
15	①	②	③	④
16	①	②	③	④
17	①	②	③	④
18	①	②	③	④

問題 3

19	①	②	③	④
20	①	②	③	④
21	①	②	③	④
22	①	②	③	④
23	①	②	③	④

問題 4

24	①	②	③	④
25	①	②	③	④
26	①	②	③	④
27	①	②	③	④

問題 5

28	①	②	③	④
29	①	②	③	④
30	①	②	③	④
31	①	②	③	④
32	①	②	③	④
33	①	②	③	④

問題 6

34	①	②	③	④
35	①	②	③	④
36	①	②	③	④
37	①	②	③	④

問題 7

38	①	②	③	④
39	①	②	③	④

じゅけんばんごうを かいて、そのしたの マークらんに マークして ください。
fill in your examinee registration number in this box, and then mark the circle for each digit of the number.

じゅけんばんごう
(Examinee Registration Number)

2 2 A 1 1 0 1 1 2 3 - 4 5 6 7 8

せいねんがっぴをかいてください。
Fill in your date of birth in the box.

せいねんがっぴ(Date of Birth)

ねん Year	つき Month	ひ Day

실전모의고사 2

N3
ちょうかい

あなたの なまえを ローマじで かいて ください。
Please print in block letters

なまえ
Name

じゅけんばんごう (Examinee Registration Number)

2 2 A 1 1 0 1 1 2 3 - 4 5 6 7 8

じゅけんばんごうを かいて、そのしたの マークらんに マークして ください。
Fill in your examinee registration number in this box, and then mark the circle for each digit of the number.

せいねんがっぴを かいて ください。
Fill in your date of birth in the box.

せいねんがっぴ (Date of Birth)

ねん Year	つき Month	ひ Day

<ちゅうい notes>
1. くろいえんぴつ(HB、No.2)でかいてください。
Use a black medium soft (HB or No.2) pencil.
(ペンやボールペンではかかないでください。)
(Do not use any kind of pen.)
2. かきなおす ときは、けしゴムで きれいにけしてください。
Erase any unintended marks completely.
3. きたなく したり、おったり しないで ください。
Do not soil or bend this sheet.
4. マークれい Marking Examples.

よい れい Correct Example	わるい れい Incorrect Examples
●	⊘ ⊙ ⊚ ○ ◐ ◑

もんだい 1

れい	①	●	③	④
1	①	②	③	④
2	①	②	③	④
3	①	②	③	④
4	①	②	③	④
5	①	②	③	④
6	①	②	③	④

もんだい 2

れい	●	②	③	④
1	①	②	③	④
2	①	②	③	④
3	①	②	③	④
4	①	②	③	④
5	①	②	③	④
6	①	②	③	④

もんだい 3

れい	①	②	●
1	①	②	③
2	①	②	③
3	①	②	③

もんだい 4

れい	①	●	③
1	①	②	③
2	①	②	③
3	①	②	③
4	①	②	③

もんだい 5

れい	●	②	③
1	①	②	③
2	①	②	③
3	①	②	③
4	①	②	③
5	①	②	③
6	①	②	③
7	①	②	③
8	①	②	③
9	①	②	③

Language Knowledge (Vocabulary) もんだいようし

N3

げんごちしき（もじ・ごい）
（30ぷん）

ちゅうい
Notes

1. しけんが はじまるまで、この もんだいようしを あけないで ください。
   Do not open this question booklet until the test begins.

2. この もんだいようしを もって かえる ことは できません。
   Do not take this question booklet with you after the test.

3. じゅけんばんごうと なまえを したの らんに、じゅけんひょうと おなじように かいて ください。
   Write your examinee registration number and name clearly in each box below as written on your test voucher.

4. この もんだいようしは、ぜんぶで 5ページ あります。
   This question booklet has 5 pages.

5. もんだいには かいとうばんごうの 1、2、3…が ついて います。かいとうは、かいとうようしに ある おなじ ばんごうの ところに マークして ください。
   One of the row numbers 1, 2, 3 … is given for each question. Mark your answer in the same row of the answer sheet.

受験番号 Examinee Registration Number	
名前 Name	

問題1 ＿＿＿＿のことばの読み方として最もよいものを、1・2・3・4から一つえらびなさい。

1 欲しい雑誌があって、帰りに本屋に行こうと思う。
　　1　ざつし　　　　2　ざっし　　　　3　さつし　　　　4　さっし

2 私は店員を呼んで、オムライスとサラダを注文した。
　　1　しゅうぶん　　2　しゅうもん　　3　ちゅうぶん　　4　ちゅうもん

3 この地域は年中暖かいので、冬でも観光客が多い。
　　1　ねんじゅう　　2　ねんちゅう　　3　としじゅう　　4　としちゅう

4 木村(きむら)先生は、授業中に冗談をたくさん言うので面白い。
　　1　じょうたん　　2　じょうだん　　3　ぞうだん　　　4　ぞうたん

5 家族の一員だった犬が死んでしまって、とても悲しい。
　　1　かなしい　　　2　くるしい　　　3　さびしい　　　4　うれしい

6 山田(やまだ)さんは会議中、積極的に自分の意見を言った。
　　1　しょうきょくてきに　　　　2　しょきょくてきに
　　3　せっきょくてきに　　　　　4　せつきょくてきに

7 今回のテストがとても良い結果だったので、満足だ。
　　1　まんしょくだ　2　まんそくだ　　3　まんぞくだ　　4　まんじょくだ

8 時計が動かなくなったので、修理しなければならない。
　　1　しょり　　　　2　しゅり　　　　3　しょうり　　　4　しゅうり

問題2 ＿＿＿＿＿のことばを漢字で書くとき、最もよいものを、1・2・3・4から一つえらびなさい。

9 最後に主人公が泣くシーンが、とてもいんしょうに残った。
 1　印象 2　因象 3　因像 4　印像

10 今夜のパーティーのかいひは、一人5,000円だと聞いた。
 1　合費 2　会貸 3　会費 4　合貸

11 彼女は大学を素晴らしいせいせきで卒業した。
 1　成積 2　成責 3　成績 4　成清

12 太陽がまぶしかったので、すぐにカーテンを閉めた。
 1　眩しかった 2　忙しかった 3　険しかった 4　明しかった

13 クリスマスにプレゼントするために、マフラーをあむ。
 1　偏む 2　絞む 3　結む 4　編む

14 どこに何があるか分からないので、机の中をせいりしなければならない。
 1　正里 2　正理 3　整理 4　整里

問題3 （　　　）に入るのに最もよいものを、1・2・3・4から一つえらびなさい。

15 この（　　　）を押すと、おもちゃが光って動き出す。
　　1　ストップ　　　2　チェック　　　3　チャンス　　　4　スイッチ

16 妹だけ好きなものを全部買ってもらえて、（　　　）と思った。
　　1　すごい　　　2　ずるい　　　3　おしい　　　4　うまい

17 （　　　）ここまで旅行に来たので、有名な場所は全て見て帰りたい。
　　1　さっそく　　　2　すっかり　　　3　せっかく　　　4　はっきり

18 欲しい服があるが、次の給料日まで（　　　）する。
　　1　期待　　　2　我慢　　　3　感謝　　　4　緊張

19 私の車と彼の車を（　　　）と、私の車の方が少し大きいと思う。
　　1　比べる　　　2　重ねる　　　3　合わせる　　　4　ぶつける

20 午後にはとても（　　　）会議があるので、緊張している。
　　1　重要な　　　2　正直な　　　3　単純な　　　4　無駄な

21 この時間の東京駅の（　　　）は、たくさんの人が電車を待っている。
　　1　マーク　　　2　カーブ　　　3　ホーム　　　4　コース

22 まだ一回しか使っていないのに捨てるのは（　　　）。
　　1　しょうがない　　　2　もったいない　　　3　おそろしい　　　4　やわらかい

23 大学に入学する前は、期待と不安が（　　　）だった。
　　1　別々　　　2　色々　　　3　次々　　　4　半々

24 明日から家族（　　　）で旅行に行くので、とても楽しみだ。
　　1　全身　　　2　全体　　　3　全部　　　4　全員

25 明日の集合は9時だということを、山田（やまだ）さんに（　　　）ほしい。
　　1　伝えて　　　2　ふれて　　　3　投げて　　　4　わけて

問題4　_____に意味が最も近いものを、1・2・3・4から一つえらびなさい。

26　おばあちゃんに会うと、いつもおこづかいをくれる。
　　1　お菓子　　　　2　お金　　　　3　お茶　　　　4　お手紙

27　そのお店には何度も行ったことがあるが、いつ行っても清潔だ。
　　1　しずかだ　　　2　にぎやかだ　　3　おしゃれだ　　4　きれいだ

28　学生に配ったプリントに間違いがあったので、回収した。
　　1　集めた　　　　2　直した　　　　3　捨てた　　　　4　謝った

29　田中さんも同じことを言っていたが、何度聞いてもおかしい話だ。
　　1　地味な　　　　2　こわい　　　　3　変な　　　　　4　つまらない

30　彼はお金がないのではなく、ただけちなだけだ。
　　1　お金を貯めない人　　　　2　お金をあまり使わない人
　　3　お金をかせぐ人　　　　　4　お金をたくさん使う人

問題5 つぎのことばの使い方として最もよいものを、1・2・3・4から一つえらびなさい。

31 以後
1 以後、グループ別に行動するので、ルールに従ってください。
2 明日以後1時から会議を始めることになった。
3 夫は以後よりも、掃除や片付けなどの家事を手伝ってくれる。
4 彼は、野球以後のスポーツをやったことがないらしい。

32 ゆるい
1 この川はゆるいので子供でも遊ぶことができます。
2 最近体重が減ったので、ズボンがゆるくなった。
3 子供は成長が早いので、この前買ったくつがもうゆるくなった。
4 この曲はテンポがゆるいので、演奏するのがとても難しい。

33 新鮮だ
1 セールで安くなっていたので、新鮮なテレビを買うことができた。
2 新鮮に会員登録すると、10%ポイントがもらえる。
3 私の弟はまだ新鮮なので、いつも母が世話をしている。
4 このお店は食材がとても新鮮で、何を食べてもおいしい。

34 降りる
1 今日は買い物をして帰るので、いつもと違う駅で降りる。
2 勉強がすべて降りたので、お菓子を食べながら漫画を読もうと思う。
3 台風のせいで、庭の木の枝が降りてしまった。
4 熱が降りるまでは、温かくしてベッドで寝ていなさい。

35 ぺらぺら
1 道がよくわからなくて、辺りをぺらぺら歩き回った。
2 どちらのチームも強くて、本当にぺらぺらする試合だった。
3 彼女はいつも、人の秘密をぺらぺらと他の人に話す。
4 久しぶりに運動したら、疲れて体がぺらぺらになってしまった。

Language Knowledge (Grammar) • Reading

問題用紙

N3

言語知識（文法）・読解
(70分)

注 意
Notes

1. 試験が始まるまで、この問題用紙を開けないでください。
   Do not open this question booklet until the test begins.

2. この問題用紙を持って帰ることはできません。
   Do not take this question booklet with you after the test.

3. 受験番号と名前を下の欄に、受験票と同じように書いてください。
   Write your examinee registration number and name clearly in each box below as written on your test voucher.

4. この問題用紙は、全部で19ページあります。
   This question booklet has 19 pages.

5. 問題には解答番号の 1 、 2 、 3 … が付いています。
   解答は、解答用紙にある同じ番号のところにマークしてください。
   One of the row numbers 1 , 2 , 3 … is given for each question. Mark youranswer in the same row of the answer sheet.

受験番号 Examinee Registration Number	
名前 Name	

問題1 つぎの文の（　　）に入れるのに最もよいものを、1・2・3・4から一つえらびなさい。

1 夏休みに国へ帰る（　　）、まだ迷っています。

1　か何か　　　2　かどうか　　　3　にしたがって　　4　たびに

2 学生「先生、この問題がわからないんですが。」
先生「これは上級の問題なのででき（　　）よ。」

1　ないほうがいいです　　　　　2　ないことにします
3　なくても構いません　　　　　4　ないことはないです

3 ファーストフード（　　）、和食(わしょく)は健康にいい。

1　はもちろん　　2　にとって　　3　とともに　　4　に比べて

4 今朝、寝坊したのでご飯を（　　）急いで家を出た。

1　食べずに　　2　食べてから　　3　食べたまま　　4　食べたがって

5 30年間働いた会社だが、残業ばかりで大変なので、今年こそは会社をやめる（　　）。

1　に違いない　　2　つもりだ　　3　ということだ　　4　に決まっている

6 （電話で）
A「すみませんが、道で事故があった（　　）、少し遅れます。」
B「わかりました。気を付けて来てください。」

1　うえで　　2　ついでに　　3　あいだ　　4　ため

7 葉の色が変わり、だんだん秋（　　　）季節になってきた。
　　1　通りに　　　　2　ほどの　　　　3　らしい　　　　4　中心の

8 彼女は大学生だが、モデル（　　　）活動している。
　　1　のほかに　　　2　としても　　　3　など　　　　　4　によって

9 彼の部屋はマンガ（　　　）、まったく片付いていない。
　　1　ぬきで　　　　2　ごとに　　　　3　につき　　　　4　だらけで

10 明後日旅行に行くのに、ホテル（　　　）まだ予約していない。
　　1　こそ　　　　　2　くらい　　　　3　さえ　　　　　4　だけ

11 半年間（　　　）留学生活もいよいよ明日で終わりだ。
　　1　にわたる　　　2　に関する　　　3　ぶりの　　　　4　向けの

12 日本旅行（　　　）、色々な文化や習慣を学びました。
　　1　を中心に　　　2　をこめて　　　3　をもとにして　4　を通して

13 (会社で)

山田「来週から海外出張へ行ってきます。」
木村「いつ（　　　）。」

1　参りますか　　　　　　　　　　2　お戻りになりますか

3　伺いますか　　　　　　　　　　3　お目にかかりますか

問題2 つぎの文の ★ に入る最もよいものを、1・2・3・4から一つえらびなさい。

(問題例)

つくえの ＿＿＿ ＿＿＿ ★ ＿＿＿ あります。

1 が　　2 に　　3 下　　4 かばん

(解答のしかた)
1．正しい答えはこうなります。

> つくえの ＿＿＿ ＿＿＿ ★ ＿＿＿ あります。
> 3 下　2 に　4 かばん　1 が

2．★ に入る番号を解答用紙にマークします。

(解答用紙)　| (例) | ① | ② | ③ | ● |

14　最近は ＿＿＿ ＿＿＿ ★ ＿＿＿ 生活をしている。

1 のために　　2 甘いもの　　3 ぬきの　　4 ダイエット

15　虫歯になる前に、 ＿＿＿ ＿＿＿ ★ ＿＿＿ 。

1 よかったのに　2 歯を　　3 毎日ちゃんと　4 磨けば

16　今日のパーティー、 ＿＿＿ ★ ＿＿＿ ＿＿＿ らしいですよ。

1 来る　　2 村上さんも　　3 はもちろん　　4 佐藤さん

17 A「私の母は10年以上レストランでシェフとして働いています。」
B「すごいね。だから ____ ____ ★ ____ だ。」

1 料理が　　　　2 わけ　　　　3 あんなに　　　　4 うまい

18 毎日コーラを ____ ★ ____ ____ ことはない。

1 健康に　　　　2 飲むこと　　　　3 悪い　　　　4 ほど

問題3 つぎの文章を読んで、文章全体の内容を考えて、 19 から 23 の中に入る最もよいものを、1・2・3・4から一つえらびなさい。

下の文章は、留学生が書いた作文です。

朝活

最近、若者 19 会社員や高齢者の間でも「朝活」することが注目されています。朝活とはそのままの意味で「朝に活動すること」です。いつもより少し早く起きて、勉強やスポーツなどの趣味活動をすることです。

このような朝活が注目された理由としては何があるのでしょうか。その理由の一つとしては、在宅勤務が増えたこと 20 朝の出勤準備が要らなくなり、朝ゆっくりする時間ができたからだと言われています。朝起きて読書をしたり、軽い運動をすることで頭がよく働いて、早く仕事を終わらせることができるそうです。昼や夜に勉強や仕事、家事で忙しい人でも、朝を活用すれば自分の時間が作れます。

21 朝起きることが得意じゃなくて、時間がない人もいるでしょう。そんな人は、いつもより10分早く起きて行動するのも朝活の一つと言えます。例えば、いつもよりゆっくり朝食を食べたり、新聞を読んだりすることです。このように、朝活をすることで、健康な生活を 22 。しかし、朝活を続けるために睡眠不足に 23 、気を付けなければなりません。疲れている時はしっかり休みの日を作り、無理をしすぎないことが重要です。

誰でも簡単に始めることができる「朝活」。目標を立てて少しずつ始めてみてはいかがでしょうか。

19
1 からこそ　　　2 でさえ　　　3 ばかり　　　4 だけでなく

20
1 によって　　　2 に関して　　3 を中心に　　4 というよりも

21
1 つまり　　　2 ちなみに　　3 ところが　　4 それとも

22
1 送れるわけがありません　　2 送れなくていいです
3 送れるはずです　　　　　　4 送れるとは限りません

23
1 なるように　　2 ならなくても　3 なると　　4 ならないように

問題4　つぎの(1)から(4)の文章を読んで、質問に答えなさい。答えは、1・2・3・4から最もよいものを一つえらびなさい。

(1)

　先日、インターネットでくつを買って、失敗した。写真で見た商品の色と実際の商品の色が少し違っていた。商品を交換できるか電話で聞いてみると、交換はできないが、返品はできると言われた。少し考えたが、すぐに使いたかったので、そのまま使うことにした。でも、サイズも少し小さくてすぐに足が痛くなってしまったので、結局1回しかはかなかった。インターネットでショッピングする時は、店で同じ商品を見てから買うか、一度買ったことがある商品を買った方がいい。

[24] 何が失敗だったのか。

1　一度買ったことがある商品をまた買ってしまったこと
2　返品も交換もできない商品を確認しないで買ってしまったこと
3　届いた商品の色や大きさが写真で確認したものと少し違ったこと
4　注文した商品と全く違う色の商品が届いたこと

(2)

サラさん、こんにちは。

今週末、上野(うえの)さんのうちでバーベキューをやると言っていましたが、変更になりました。上野さんのうちの冷蔵庫が壊れてしまって、新しいのが届くのが来週の月曜日なので間に合わないそうです。

それで、来週末に変更しようかと思っていますが、サラさんはもう材料を買いましたか。たしか、お肉の担当でしたね。

もし、もう材料があるなら、予定通り今週末やりましょう。その場合、こども自然公園のバーベキュー会場を予約しようと思っています。

公園を予約するなら早い方がいいので、なるべく早く返事をくれると助かります。それでは、連絡を待っています。

なおみ

[25] 本文の内容について正しいのはどれか。

1　今週末、上野さんは用事ができてバーベキューに間に合わなくなってしまった。
2　なおみさんはバーベキューをさわやか公園でやることをサラさんに伝えた。
3　サラさんはこの後、材料を買ったかどうかなおみさんに連絡する。
4　バーベキューを上野さんのうちでやるが、日時はまだ決まっていない。

(3)

村上商店　様

お世話になっております。

昨日、2月5日火曜日に商品番号101を80個注文しましたが、今から変更ができますか。できれば、商品番号101を120個と商品番号102を40個でお願いします。2月20日までに送っていただきたいですが、なるべく早く送ってくださると助かります。
もし商品が間に合わない場合は、最初に注文した分だけ先に送ってください。お返事をお待ちしております。

ABCサービス　大山

26　この文の内容について、正しいのはどれか。

1　このメールは大山さんが、注文内容を変更するために、村上商店に7日に送ったものだ。
2　2月20日までに商品番号101だけでも全て送ってほしい。
3　商品番号101は2月20日に届くように送ってほしい。
4　商品番号102は2月21日以降に届いてもいいが、できるだけ早くほしい。

(4)

　夏に緑だった葉が秋に赤や黄色に変わることを「こうよう」という。ところが、この「こうよう」を表す漢字が2種類あるのを知っているだろうか。
　まず、葉が緑から赤色に変わる場合は紅葉(こうよう)という漢字を使う。紅色は鮮(あざ)やかな赤色で、赤色の中でも濃い赤色だ。次に、黄色の場合は黄葉(こうよう)という漢字を使う。しかし、実際には全ての葉が赤や黄色に変わるわけではない。そのため、秋の山は赤だけでも、黄色だけでもなく、紅葉と黄葉、そして緑の様々な色で、きれいな景色を作っている。緑だけだった山の景色にこの2つの「こうよう」が加わるからこそ、秋の山は複雑でより美しくなる。

[27] 秋の山が複雑でより美しくなるのはなぜか。

1　夏に緑一色だった葉の色がすべて秋に赤や黄色に変化するから
2　緑一色だった山の葉の色が、「こうよう」によって増えるから
3　一色だけではなく、赤と黄色の二色で作られる景色だから
4　「こうよう」の漢字は紅葉と黄葉の2つあるから

問題5 つぎの(1)と(2)の文章を読んで、質問に答えなさい。答えは、1・2・3・4から最もよいものを一つえらびなさい。

(1)

　私の高校のときの友人に、私に会うと必ず「今日は何するの？」と聞く人がいました。私はいつも「バイトに行くよ。」「家に帰るだけだよ」と面倒くさそうに答えていました。そう言うと、「そうなの？」と友人は答えるだけでした。私は毎回どうして私のその日の予定を知りたがるのか、わかりませんでした。

　今考えると、友人はあいさつの代わりに①あんな質問をしていたのだと思います。質問は「今日は何するの？」じゃなくても、「今日は暑いね」でも、「夕飯は何を食べるの？」でもなんでもよかったのでしょう。そのような②雑談は、人間関係を作るためには必要なことです。いつも重要な話ばかりしていると、疲れてしまいます。意味のない会話も必要です。

　私の友人は、私と雑談をして、もっと親しくなろうと努力していたのかもしれません。次に、友人に会って同じ質問をされたら、もっと会話を楽しもうと思います。

[28] 友人が①あんな質問をしたのはなぜか。

1　私と雑談をして、もっと仲良くなりたかったから
2　本当は「今日は暑いね」と言いたかったが、私が同じように思っているかわからなかったから
3　人間関係を作るのが苦手で、他に何を聞いたらいいかわからなかったから
4　私と親しくなって、私の一日の予定をもっと知りたいと思ったから

29 次のうち、②雑談と言えるものはどれか。

1　A「今日は雨が降るらしいから傘を持っていったほうがいいよ。」
　　B「そうなんだ、ありがとう。」
2　A「カレーとラーメン、どっちにする？」
　　B「う～ん、カレーかな。」
3　A「週末は、何をして過ごしてた？」
　　B「う～ん、うちでテレビを見てたよ。」
4　A「田中さんが、後で電話くださいって言ってたよ。」
　　B「そうなの、わかった。」

30 私は今度、友人に同じ質問をされたらどうするか。

1　面倒くさそうに、いつものように返事をする。
2　なぜ、いつも同じ質問をするのか、理由を聞いてみる。
3　もっと重要な話をした方がいいと、アドバイスする。
4　いつものように答えないで、友人と雑談を楽しみたい。

(2)

　毎朝、母は健康と体力づくりのために1時間散歩しています。母の楽しみは、毎月、父と山登りに行くことです。

　先月は、山登りの前日に父が風邪を引いてしまいました。母は父を心配していましたが、とてもがっかりしていました。①そんな様子を見て、私が母と山に行くことにしました。

　次の日、母と私は山登りに出かけました。母はいつも通り、元気よく山を登っていきました。私は最初、母の後ろを登っていましたが、30分後には母の姿が見えなくなってしまいました。やっと追いついた私が「もう少しゆっくり登ってよ。」と言うと、「いつもよりゆっくりだよ。もう少し普段から運動した方がいいよ。」と母に笑われました。

　山登りに行った次の日から、私は②ジョギングを始めました。次に山登りに行くときは、母のように元気よく登りたいです。

31 ①そんな様子とは、どんな様子か。

1　父が風邪で苦しそうに寝ている様子
2　父が山に行きたくて、悩んでいる様子
3　母が毎日散歩をして、がんばっている様子
4　母が山登りに行けなくて、残念そうな様子

32 ②ジョギングを始めましたとあるが、なぜ始めたのか。

1　母と一緒に散歩をしたくないから
2　母のように山登りを楽しみたいから
3　散歩よりジョギングの方が好きだから
4　ジョギングをした方がいいと言われたから

33 この文の内容と合わないものはどれか。

1　私より母のほうが元気だったので、母は私に運動不足だと言った。

2　山に登るのがいつもよりゆっくりだったので、母はもう少し運動しようと思った。

3　母は私に合わせたスピードで山を登っていた。

4　私より母の方が足が速く、追いつくのに結構苦労した。

問題6 つぎの文章を読んで、質問に答えなさい。答えは、1・2・3・4から最もよいものを一つえらびなさい。

　日本では2008年からトルネード注意情報の発表が始まった。トルネードは地上から空へ強力な空気が巻き上げられて起こる強い風だ。季節に関係なく、一年中日本のあちこちで発生して、建物が壊れたり、自動車などの重いものが飛ばされたりするなどの被害が出ている。その被害は台風被害と似ているが、違う点は、トルネードが起きてから消えるまで長くても数十分と短く、狭い範囲で起こる点だ。トルネード注意情報も、これから〇〇地域で1時間くらいの間にトルネードが起きるかもしれませんと、時間と場所が発表される。

　注意情報が出たからといって、必ずトルネードが起きるわけではない。しかし、①トルネードに備えて必要なことを知っておくことは大事だ。注意情報が出たときに外にいる場合は、建物の中に入って、窓がない部屋や地下室に逃げよう。窓がある場合は、窓が割れるかもしれないので、離れておいた方がいい。トルネードが起きると強い風が吹くので、車の中も安全ではない。すぐに車から離れて、建物の中に逃げよう。

　山のような形の雲が近づいてきて、空が急に暗くなったり、冷たい風が吹いてきたり、雷(注1)が聴こえたりした時はトルネードが近くまで来ているという意味だ。②そのような時は特に気をつけて、早く逃げよう。

　トルネードは自動車よりも速く移動することもあって、どう進むかわからない。起きてから短時間で消えてなくなるが、その短い時間で台風と同じような被害が出る。トルネードが来たらどうしたらいいか正しい知識を身に付けて、トルネードから身を守ろう。

（注1）雷：天気が悪い日に空で光と音がすること。

34 トルネードと台風が似ている点はどんなところか。

1　強い風で、多くの被害を出す点
2　一年中、日本のどこでも起こる点
3　発生範囲が狭くて、短時間で起こる点
4　限られた地域に注意情報が出される点

35 ①トルネードに備えてとあるが、どのように備えたらいいか。

1　運転中なら、車の窓を閉めて外に出ない。
2　外にいたら、急いで建物の中に入る。
3　建物の中にいたら、急いで外に出る。
4　家にいたら、窓がある部屋に行く。

36 ②そのような時とは、どのような時か。

1　空が急に明るくなって、晴れてきた時
2　空が暗くなって、雨が降ってきた時
3　温かい風が吹いてきて、雲がなくなった時
4　冷たい風が吹いてきて、雷が聴こえてきた時

37 トルネードについての説明で正しいのはどれか。

1　トルネードの被害は台風の被害ほど大きくない。
2　トルネード注意情報が出たら、必ずトルネードが起こる。
3　トルネードは、台風と同じくらい広い範囲で被害が出る。
4　空や風の様子でトルネードが近くに来ているか知ることができる。

問題7　右のページは、英会話教室の案内である。これを読んで、下の質問に答えなさい。答えは、1・2・3・4から最もよいものを一つえらびなさい。

38　前田さんは英会話教室で旅行の時に使える英会話を1週間に一回、習いたいと思っている。前田さんの休みは毎週水曜日と金曜日で、仕事は午後6時に終わる。前田さんの目的とスケジュールに合ったクラスは、どれか。

1　木曜日の19時クラスと火曜日の10時半クラス
2　木曜日の19時クラスと金曜日の10時半クラス
3　水曜日の19時クラスと火曜日の10時半クラス
4　土曜日の19時クラスと金曜日の10時半クラス

39　この教室で英語を習いたい人は、何をしなければいけないか。

1　市民センターの受付でお金を払ってから、名前だけをメールで伝える。
2　9月15日までに電話かメールで申し込んだ後、授業の当日に受付でお金を支払う。
3　9月30日までに教室に行って、希望するコースを伝えてお金を支払う。
4　9月15日までに電話かメールで申し込んで、9月中に市民センターの受付でお金を支払う。

英会話教室

【場所】あおい市市民センター

【コース】①初級　旅行のための英会話　②中級　ビジネス英会話

　※同じ週のクラスは内容が同じです。

【定員】各クラス15人まで

【費用】1カ月　7,500円

【スケジュール】

	火	水	木	金	土
10：30～12：00	①初級			①初級	
19：00～20：30		②中級	①初級		②中級

【申し込み・お支払い方法】

9月15日までにあおい市市民センターに電話か、メールで申し込んでください。

申し込みの際は、1~4の内容をお伝えください。

(1名前、2住所、3電話番号、4希望コースと曜日)

お支払いは、9月30日までに市民センターの受付でお願いします。お支払いしていない場合は、参加できません。お気をつけください。

あおい市市民センター　文化セミナー担当

Listening

問題用紙

N3
聴解
ちょうかい

(40分)

注　意
Notes

1. 試験が始まるまで、この問題用紙を開けないでください。
   Do not open this question booklet until the test begins.

2. この問題用紙を持って帰ることはできません。
   Do not take this question booklet with you after the test.

3. 受験番号と名前を下の欄に、受験票と同じように書いてください。
   じゅけんばんごう　　　　　　　らん　じゅけんひょう
   Write your examinee registration number and name clearly in each box below as written on your test voucher.

4. この問題用紙は、全部で14ページあります。
   ぜんぶ
   This question booklet has 14 pages.

5. この問題用紙にメモをとってもいいです。
   You may make notes in this question booklet.

受験番号 Examinee Registration Number

名前 Name

問題1

問題1では、まず質問を聞いてください。それから話を聞いて、問題用紙の1から4の中から、最もよいものを一つえらんでください。

🎧 모의고사1_문제1_예시.mp3

れい

1　デザートを選ぶ
2　家に帰る
3　図書館に行く
4　注文する

1ばん

1 赤(あか)
2 黒(くろ)
3 青(あお)
4 グレー

2ばん

1 書類(しょるい)をコピーする
2 会議室(かいぎしつ)に机(つくえ)といすを運(はこ)ぶ
3 社長(しゃちょう)にサインをもらってくる
4 社長(しゃちょう)に明日(あした)の会議(かいぎ)の話(はなし)をしてくる

3ばん

1 12時(じ)
2 3時(じ)
3 4時(じ)
4 5時(じ)

4ばん

1 1,500円(えん)
2 1,300円(えん)
3 1,000円(えん)
4 800円(えん)

5ばん

1 月曜日(げつようび)
2 水曜日(すいようび)
3 土曜日(どようび)
4 日曜日(にちようび)

6ばん

1 教科書(きょうかしょ)の宿題(しゅくだい)をする
2 テストの勉強(べんきょう)をする
3 かばんにパソコンを入(い)れる
4 友達(ともだち)に連絡(れんらく)する

問題2

問題2では、まず質問を聞いてください。そのあと、問題用紙を見てください。読む時間があります。それから話を聞いて、問題用紙の1から4の中から、最もよいものを一つえらんでください。

れい

1 アルバイトをしていたから
2 ゲームをしていたから
3 勉強に飽きてしまったから
4 友達を手伝っていたから

1ばん

1 ラーメンをこぼしたから
2 ジュースをこぼしたから
3 友達に汚されたから
4 雨でぬれたから

2ばん

1 韓国
2 ハワイ
3 イギリス
4 オーストラリア

3ばん

1 海外に合わせるべきだ
2 国際交流が盛んになる
3 留学の機会が増える
4 新しく一年生になる学生が困る

4ばん

1 色んな国の人と話せるから
2 スペインの文化に興味があったから
3 メキシコの歴史に興味があるから
4 スペイン人の恋人がいたから

5ばん

1 家
2 教室
3 バスの中
4 コンビニ

6ばん

1 景色がきれいなところ
2 古い建物が残っているところ
3 食べ物がおいしいところ
4 昔の服を着ている人が多いところ

問題3

問題3では、問題用紙に何もいんさつされていません。この問題は、ぜんたいとしてどんなないようか聞く問題です。話の前に質問はありません。まず話を聞いてください。それから、質問とせんたくしを聞いて、1から4の中から、最もよいものを一つえらんでください。

ーメモー

問題4

問題4では、えを見ながら質問を聞いてください。やじるし（➡）の人は何と言いますか。1から3の中から、最もよいものを一つえらんでください。

れい

1ばん

2ばん

3ばん

4ばん

問題5

問題5では、問題用紙に何もいんさつされていません。まず文を聞いてください。それから、そのへんじを聞いて、1から3の中から、最もよいものを一つえらんでください。

ーメモー

정답과 해설

실전모의고사1 105

실전모의고사2 133

모의고사 1회

언어지식(문자·어휘)

문제1	1 ②	2 ③	3 ②	4 ④	5 ②	6 ④	7 ①	8 ③
문제2	9 ②	10 ③	11 ①	12 ①	13 ④	14 ③		
문제3	15 ②	16 ④	17 ③	18 ①	19 ③	20 ④	21 ①	22 ③	23 ③
	24 ④	25 ②						
문제4	26 ②	27 ②	28 ④	29 ④	30 ③			
문제5	31 ③	32 ②	33 ①	34 ③	35 ②			

언어지식(문법)·독해

문제1	1 ②	2 ③	3 ①	4 ①	5 ④	6 ②	7 ③	8 ③	9 ④
	10 ①	11 ②	12 ①	13 ②					
문제2	14 ③	15 ②	16 ②	17 ③	18 ③				
문제3	19 ③	20 ①	21 ①	22 ③	23 ④				
문제4	24 ①	25 ③	26 ③	27 ③					
문제5	28 ①	29 ③	30 ④	31 ②	32 ④	33 ②			
문제6	34 ④	35 ①	36 ③	37 ①					
문제7	38 ①	39 ③							

청해

문제1	1 ②	2 ①	3 ①	4 ④	5 ②	6 ③			
문제2	1 ③	2 ①	3 ④	4 ④	5 ②	6 ①			
문제3	1 ③	2 ③	3 ④						
문제4	1 ①	2 ③	3 ②	4 ③					
문제5	1 ③	2 ①	3 ②	4 ③	5 ③	6 ②	7 ③	8 ②	9 ③

모의고사 1

언어지식(문자·어휘) 9p

문제1
1 ② 2 ③ 3 ② 4 ④ 5 ②
6 ④ 7 ① 8 ③

문제2
9 ② 10 ③ 11 ① 12 ① 13 ④
14 ③

문제3
15 ② 16 ④ 17 ③ 18 ① 19 ③
20 ④ 21 ① 22 ③ 23 ② 24 ④
25 ②

문제4
26 ② 27 ② 28 ④ 29 ④ 30 ③

문제5
31 ③ 32 ② 33 ① 34 ② 35 ②

문제1 _____의 말의 읽는 법으로서 1·2·3·4에서 가장 알맞은 것을, 하나 고르세요.

1 최근 그녀를 의식하게 되었다.

해설 意識는 **2 いしき**라고 음독으로 읽는다.
단어 最近(さいきん) 최근 | 意識(いしき) 의식 | 移植(いしょく) 이식 | 飲食(いんしょく) 음식, 마시고 먹음

2 방이 더러워서 어머니에게 '청소하렴'이라고 혼났다.

해설 汚い는 **3 きたない**라고 훈독으로 읽는다.
단어 汚(きたな)い 더럽다 | 母(はは) 어머니 | 掃除(そうじ) 청소 | ~なさい ~하렴 | 怒(おこ)る 혼내다 | 憎(にく)い 밉다 | 短(みじか)い 짧다 | 痛(いた)い 아프다

3 추상적인 설명이 아니라, 구체적으로 말해 주세요.

해설 抽象的는 **2 ちゅうしょうてき**라고 음독으로 읽는다.
단어 抽象的(ちゅうしょうてき)だ 추상적이다 | 説明(せつめい) 설명 | 具体的(ぐたいてき)だ 구체적이다 | 象徴的(しょうちょうてき)だ 상징적이다

4 바다 위에 대량의 물고기가 떠 있어서 기분 나빴다.

해설 浮いて는 **4 ういて**라고 훈독으로 읽고 동사 て형이다.
단어 海(うみ) 바다 | 上(うえ) 위 | 大量(たいりょう) 대량 | 魚(さかな) 물고기 | 浮(う)く 뜨다 | 気持(きも)ち 기분 | 悪(わる)い 나쁘다 | 抱(だ)く 안다 | 吹(ふ)く (바람 등이) 불다, (입으로) 불다 | 空(あ)く 비다 | 開(あ)く 열리다

5 여기는 차가 많아서 위험하기 때문에 횡단 금지입니다.

해설 横断禁止는 **2 おうだんきんし**라고 음독으로 읽는다.
단어 多(おお)い 많다 | 危(あぶ)ない 위험하다 | 横断禁止(おうだんきんし) 횡단 금지

6 가게 안은 시원하네요. 저는 따뜻한 커피로 할게요.

해설 温かい는 **4 あたたかい**라고 훈독으로 읽는다.
단어 店内(てんない) 점내, 가게 안 | 涼(すず)しい 시원하다 | 温(あたた)かい 따뜻하다 | コーヒー 커피 | ~にする ~로 하다

7 그녀는 정직한 사람이라서 거짓말을 하는 것을 잘 못한다.

해설 正直는 **1 しょうじき**라고 음독으로 읽는다.
단어 正直(しょうじき)だ 정직하다 | 嘘(うそ)をつく 거짓말을 하다 | 苦手(にがて)だ 잘 못하다, 서투르다 | 正式(せいしき) 정식 | 常識(じょうしき) 상식

8 젊은이와 고령자의 생각하는 방식의 갭을 메운다.

해설 埋めて는 **3 うめて**라고 훈독으로 읽고 동사 て형이다.
단어 若者(わかもの) 젊은이 | 高齢者(こうれいしゃ) 고령자 | 考(かんが)え方(かた) 사고 방식, 생각하는 방식 | ギャップ 갭 | 埋(う)める 묻다, 메우다 | 貯(た)める 모으다, 저축하다 | 詰(つ)める 채우다 | 決(き)める 결정하다

문제2 _____의 말을 한자로 쓸 때, 가장 알맞은 것을, 1·2·3·4에서 하나 고르세요.

9 죄송하지만, 좀 더 소리를 크게 해주세요.

해설 おと는 **2 音**라고 표기한다.

단어 音(おと) 소리 | 大(おお)きい 크다 | 声(こえ) 목소리 | 息(いき) 숨 | 曲(きょく) 곡

10 저는 세세한 작업을 잘 못합니다.

해설 こまかい는 **3 細かい**라고 표기한다. 1, 2, 4번은 없는 단어이다.

단어 細(こま)かい 세세하다 | 仕事(しごと) 일 | 苦手(にがて)だ 잘 못하다, 서투르다

11 초밥은 일본의 대표적인 요리 중 하나이다.

해설 だいひょうてき는 **1 代表的**라고 표기한다. 2, 3, 4번은 발음은 비슷하지만 없는 단어이다.

단어 寿司(すし) 초밥 | 代表的(だいひょうてき)だ 대표적이다

12 그녀는 아침에 반드시 커피를 마십니다.

해설 かならず는 **1 必ず**라고 표기한다. 2, 3, 4번은 없는 단어이다.

단어 必(かなら)ず 반드시

13 남편은 항상 밤 8시에는 귀가한다.

해설 きたく는 **4 帰宅**라고 표기한다. 1, 2, 3번은 없는 단어이다.

단어 夫(おっと) 남편 | 夜(よる) 밤 | 帰宅(きたく) 귀가

14 나는 남동생보다 키가 작습니다.

해설 ひくい는 **3 低い**라고 표기한다.

단어 弟(おとうと) 남동생 | 背(せ)が低(ひく)い 키가 작다 | 弱(よわ)い 약하다 | 浅(あさ)い 얕다 | 深(ふか)い 깊다

문제3 ( )에 넣기에 가장 알맞은 것을, 1・2・3・4에서 하나 고르세요.

15 초급의 문제를 할 수 있게 되면 (응용) 문제도 연습하는 편이 좋다.

1 관계　　　　　　　　**2 응용**
3 응답　　　　　　　　4 관심

해설 선택지는 모두 명사이다. 그중 문맥상 가장 자연스러운 것은 **2 応用**이다. 1, 3, 4번은 문맥상 어색하다.

단어 初級(しょきゅう) 초급 | 問題(もんだい) 문제 | 応用(おうよう) 응용 | 練習(れんしゅう) 연습 | ~た方(ほう)がいい ~하는 편이 좋다 | 関係(かんけい) 관계 | 応答(おうとう) 응답 | 関心(かんしん) 관심

16 그녀는 (얌전해서) 좀처럼 화내지 않는 성격이다.

1 얄미워서　　　　　　2 끈질겨서
3 슬퍼서　　　　　　　**4 얌전해서**

해설 선택지는 모두 い형용사의 연결형이다. 그중 문맥상 가장 자연스러운 것은 **4 おとなしくて**이다. 1, 2, 3번은 문맥상 어색하다.

단어 大人(おとな)しい 얌전하다 | なかなか 좀처럼 | 怒(おこ)る 화내다 | 性格(せいかく) 성격 | 憎(にく)らしい 밉살스럽다, 얄밉다 | しつこい 끈질기다 | 悲(かな)しい 슬프다

17 그녀는 밝고 (화려한) 복장을 좋아하기 때문에 항상 눈에 띄고 있다.

1 단순한　　　　　　　2 소용없는
3 화려한　　　　　　　4 만족하는

해설 선택지는 모두 な형용사의 명사 수식형이다. 그중 문맥상 가장 자연스러운 것은 **3 派手な**이다. 1, 2, 4번은 문맥상 어색하다.

단어 明(あか)るい 밝다 | 派手(はで)だ 화려하다 | 服装(ふくそう) 복장 | 好(す)きだ 좋아하다 | いつも 항상 | 目立(めだ)つ 눈에 띄다 | 単純(たんじゅん)だ 단순하다 | 無駄(むだ)だ 소용없다, 쓸데없다 | 満足(まんぞく)だ 만족스럽다

18 잼 맛이 궁금해서 혀로 (핥아) 봤다.

1 핥아　　　　　　　　2 쓰다듬어
3 물어　　　　　　　　4 섞어

해설 선택지는 모두 동사 て형이다. 그중 문맥상 가장 자연스러운 것은 **1 なめて**이다. 2, 3, 4번은 문맥상 어색하다.

단어 ジャム 잼 | 味(あじ) 맛 | 気(き)になる 궁금하다, 신경 쓰이다 | なめる 핥다 | ~てみる ~해 보다 | なでる 쓰다듬다 | 噛(か)む 물다, 씹다 | 混(ま)ぜる 섞다

19 감기에 걸려서 머리가 아프고 (욱신욱신) 합니다.

1 두근두근　　　　　　2 짜증 난 모양
3 욱신욱신　　　　　　4 슬슬

해설 선택지는 모두 부사이다. 문맥상 가장 자연스러운 것은 **3 ずきずき**이다. 1, 2, 4번은 문맥상 자연스럽지 않아 오답이다.

단어 風邪(かぜ)をひく 감기에 걸리다 | 頭(あたま) 머리 | 痛(いた)い 아프다 | ずきずき 욱신욱신 | どきどき 두근두근 | いらいら 짜증난 모양, 안달복달 | そろそろ 슬슬

20 이 산은 (커브) 가 많아서 운전에 조심하지 않으면 안 된다.

1 엔진　　　　　　　　2 난로
3 순찰차　　　　　　　**4 커브**

해설 선택지는 모두 카타카나어이다. 문맥상 가장 자연스러운 것은 **4 カーブ**이다. 1, 2, 3번은 문맥상 자연스럽지 않아 오답이다.

단어 山(やま) 산 | カーブ 커브 | 多(おお)い 많다 | 運転(うんてん) 운전 | 気(き)を付(つ)ける 조심하다 | ~なければならない ~하지

않으면 안 된다 | エンジン 엔진 | ストーブ 스토브, 난로 | パトカー 순찰차

---

21 그녀의 출신 (지)는 미국이지만, 일본어를 잘한다.

1 지
2 산
3 자
4 장

해설 선택지는 모두 접미사이다. 그중 문맥상 가장 자연스러운 것은 **1 地**이다. 2, 3, 4번은 문맥상 어색하다.

단어 出身地(しゅっしんち) 출신지 | アメリカ 아메리카, 미국 | 上手(じょうず)だ 능숙하다, 잘하다 | ~産(さん) ~산 | ~者(しゃ) ~자 | ~場(じょう) ~장

---

22 이 마을에 공항을 (건설)할 계획이 있지만, 주민은 반대하고 있다.

1 집합
2 참가
3 건설
4 혼잡

해설 선택지는 모두 명사이다. 그중 문맥상 가장 자연스러운 것은 **3 建設**이다. 1, 2, 4번은 문맥상 어색하다.

단어 町(まち) 마을 | 空港(くうこう) 공항 | 建設(けんせつ) 건설 | 計画(けいかく) 계획 | 住民(じゅうみん) 주민 | 反対(はんたい) 반대 | 集合(しゅうごう) 집합 | 参加(さんか) 참가 | 混雑(こんざつ) 혼잡

---

23 미용실 예약을 하고 있던 것을 (깜빡) 잊고 있었다.

1 푹
2 산뜻한 모양, 전혀
3 깜빡
4 분명히

해설 선택지는 모두 부사이다. 문맥상 가장 자연스러운 것은 **3 うっかり**이다. 1, 2, 4번은 문맥상 자연스럽지 않아 오답이다.

단어 美容室(びようしつ) 미용실 | 予約(よやく) 예약 | うっかり 깜빡 | 忘(わす)れる 잊다 | ぐっすり 푹 | さっぱり 산뜻한 모양, 전혀 | はっきり 분명히, 확실히

---

24 (앙케트)에 대답해 주시면 다음번에 이용할 수 있는 할인권을 드립니다.

1 서비스
2 카탈로그
3 어드바이스
4 앙케트

해설 선택지는 모두 카타카나어이다. 그중 문맥상 가장 자연스러운 것은 **4 アンケート**이다. 1, 2, 3번은 문맥상 어색하다.

단어 アンケート 앙케트, 설문조사 | 答(こた)える 대답하다 | ~していただく ~해 주시다(겸양어) | 次回(じかい) 다음 번 | 利用(りよう) 이용 | 割引券(わりびきけん) 할인권 | 差(さ)し上(あ)げる 드리다(겸양어) | サービス 서비스 | カタログ 카탈로그 | アドバイス 어드바이스, 조언

---

25 친구에게 메일을 보냈지만, (수신처)가 틀려있었기 때문에 도착하지 않았다.

1 목적지
2 수신처, 수신인
3 발끝
4 판매처

해설 선택지는 모두 명사이다. 그중 문맥상 가장 자연스러운 것은 **2 あて先**이다. 1, 3, 4번은 문맥상 어색하다.

단어 メール 메일 | 送(おく)る 보내다 | 宛先(あてさき) 수신처, 수신인 | 間違(まちが)える 틀리다, 잘못하다 | 届(とど)く 도착하다, 도달하다 | 行(い)き先(さき) 목적지, 행선지 | つま先(さき) 발끝 | 取引先(とりひきさき) 거래처

문제4 _____ 에 의미가 가장 가까운 것을, 1·2·3·4에서 하나 고르세요.

---

26 죄송하지만, 현금이 없기 때문에 카드로 지불할 수 있을까요?

1 세일
2 캐시
3 샘플
4 충전

해설 現金(현금)은 **2 キャッシュ(캐시)**와 의미가 가장 가깝다.

단어 現金(げんきん) 현금 | カード 카드 | 支払(しはら)う 지불하다 | セール 세일, 매출 | キャッシュ 캐시, 현금 | サンプル 샘플 | チャージ 충전

---

27 등산 후는 전신이 나른해서 생각한 것처럼 움직일 수 없다.

1 꺾여서
2 지쳐서
3 아파서
4 날카로워서

해설 だるくて(나른해서)는 **2 つかれて(지쳐서)**와 의미가 가장 가깝다.

단어 登山(とざん) 등산 | 後(あと) 후 | 全身(ぜんしん) 전신, 온몸 | だるい 나른하다 | 動(うご)く 움직이다 | 折(お)れる 꺾이다 | 疲(つか)れる 지치다, 피곤하다 | 痛(いた)い 아프다 | 鋭(するど)い 날카롭다

---

28 그에게는 그림을 그리는 재능이 있는 것은 확실하다.

1 행운이다
2 어쩔 수 없다
3 정답이다
4 틀림없다

해설 確かだ(확실하다)는 **4 間違いがない(틀림없다)**와 의미가 가장 가깝다.

단어 絵(え) 그림 | 描(か)く 그리다 | 才能(さいのう) 재능 | 確(たし)かだ 확실하다 | 幸運(こううん) 행운 | しかたない 어쩔 수 없다 | 正解(せいかい) 정답 | 間違(まちが)いない 틀림없다

---

29 냄비에 물을 너무 많이 넣어서 물이 넘쳤다.

1 점점 늘어났다
2 전부 없어졌다
3 전부 탔다
4 밖에 떨어졌다

해설 こぼれた(넘쳤다)는 **4 外に落ちた(밖에 떨어졌다)**와 의미가 가장 가깝다.

단어 鍋(なべ) 냄비 | 水(みず) 물 | 入(い)れる 넣다 | ~すぎる 너무 많이 ~하다 | こぼれる 넘치다 | どんどん 점점 | 増(ふ)える 늘다 | 全部(ぜんぶ) 전부 | 無(な)くなる 없어지다 | 焼(や)ける 타다, 구워지다 | 外(そと) 밖 | 落(お)ちる 떨어지다

30 나는 매일 아침 조깅을 하는 것으로 건강한 몸을 만들고 있다.

1 농담을 하다
2 빠르게 걷다
3 천천히 뛰다
4 규칙적으로 운동하다

해설 ジョギングする(조깅하다)는 **3 ゆっくり走る(천천히 뛰다)**와 의미가 가장 가깝다.

단어 毎朝(まいあさ) 매일 아침 | ジョギング 조깅 | 健康的(けんこうてき)だ 건강하다 | 体(からだ) 몸 | 作(つく)る 만들다 | 冗談(じょうだん) 농담 | 言(い)う (이야기)하다, 말하다 | 早(はや)い 빠르다 | 歩(ある)く 걷다 | ゆっくり 천천히 | 走(はし)る 뛰다 | 規則的(きそくてき)だ 규칙적이다 | 運動(うんどう)する 운동하다

문제5 다음 말의 사용법으로서 가장 알맞은 것을, 1·2·3·4에서 하나 고르세요.

31 최대

1 많은 학생 중에서 나는 최대 면접까지 남을 수 있었다.
2 이 야구팀은 최대 우승 기록을 가지고 있다.
3 국내 최대의 패션쇼가 다음 달 열릴 예정이다.
4 이것은 올해 발매된 최대의 휴대폰입니다.

해설 最大(최대)를 가장 올바르게 사용한 것은 **3번**이다. 1번은 最終(최종), 2번은 最多(최다), 4번은 最新(최신)을 사용하는 것이 알맞다.

단어 最大(さいだい) 최대 | 面接(めんせつ) 면접 | 残(のこ)る 남다 | 野球(やきゅう) 야구 | チーム 팀 | 優勝(ゆうしょう) 우승 | 記録(きろく) 기록 | 持(も)つ 가지다 | 国内(こくない) 국내 | ファッションショー 패션쇼 | 来月(らいげつ) 다음 달 | 開(ひら)く 열다 | 予定(よてい) 예정 | 今年(ことし) 올해 | 発売(はつばい) 발매 | 携帯電話(けいたいでんわ) 휴대전화 | 最終(さいしゅう) 최종 | 最多(さいた) 최다 | 最新(さいしん) 최신

32 어렵다

1 너무 어렵게 하지 마세요. 병이 나요.
2 아무리 좋은 대학을 졸업해도 좋은 회사에 취직하는 것은 어렵다.
3 다나카 씨는 돈이 없어서 어려운 생활을 하고 있는 것 같다.
4 항상 성실한 그가 아르바이트를 쉬다니 어렵다.

해설 難しい(어렵다)를 가장 올바르게 사용한 것은 **2번**이다. 1번은 無理(무리), 3번은 貧しい(가난하다), 4번은 珍しい(드물다)를 사용하는 것이 알맞다.

단어 難(むずか)しい 어렵다 | 病気(びょうき)になる 병이 나다 | 卒業(そつぎょう) 졸업 | 就職(しゅうしょく) 취직 | お金(かね) 돈 | 生活(せいかつ) 생활 | 真面目(まじめ)だ 성실하다 | バイト 아르바이트 | 休(やす)む 쉬다 | 無理(むり)する 무리하다 | 貧(まず)しい 가난하다 | 珍(めずら)しい 드물다

33 유명하다

1 외국인에게 있어서 일본인은 열심히 일하는 것으로 유명하다.
2 학생이라면 유명하게 이곳의 도서관을 이용할 수 있다.
3 이번 학기는 전혀 공부하지 않았지만, 시험의 결과는 매우 유명했다.
4 이 컴퓨터를 갖고 싶지만, 유명해서 살 수 없다.

해설 有名だ(유명하다)를 가장 올바르게 사용한 것은 **1번**이다. 2번은 自由だ(자유롭다), 3번은 いい(좋다), 4번은 高価だ(고가이다)를 사용하는 것이 알맞다.

단어 有名(ゆうめい)だ 유명하다 | 外国人(がいこくじん) 외국인 | ~にとって ~에게 있어서 | 一生懸命(いっしょうけんめい) 열심히 | 働(はたら)く 일하다 | ~ならば ~라면 | 図書館(としょかん) 도서관 | 利用(りよう) 이용 | 今学期(こんがっき) 이번 학기 | まったく 전혀 | 試験(しけん) 시험 | 結果(けっか) 결과 | コンピューター 컴퓨터 | 欲(ほ)しい 갖고 싶다 | 自由(じゆう)だ 자유롭다 | いい 좋다 | 高価(こうか)だ 고가이다, 비싸다

34 그만두다

1 발표를 그만뒀더니 전원이 자리에서 일어나 박수를 쳐 주었다.
2 슈퍼에서 받은 봉지가 그만두고 짐이 전부 떨어져 버렸다.
3 대학을 그만두고 영어를 공부하기 위해 유럽으로 유학할 생각이다.
4 앞에서 온 자전거를 그만두려고 했지만, 부딪히고 말았다.

해설 辞める(그만두다)를 가장 올바르게 사용한 것은 **3번**이다. 1번은 終える(끝내다), 2번은 破れる(찢어지다), 4번은 避ける(피하다)를 사용하는 것이 알맞다.

단어 辞(や)める 그만두다, 사직하다 | 発表(はっぴょう) 발표 | 全員(ぜんいん) 전원 | 席(せき) 자리 | 立(た)つ 일어서다 | 拍手(はくしゅ) 박수 | スーパー 슈퍼 | 袋(ふくろ) 봉지 | 荷物(にもつ) 짐 | 全部(ぜんぶ) 전부 | 落(お)ちる 떨어지다 | 英語(えいご) 영어 | ヨーロッパ 유럽 | 留学(りゅうがく)する 유학하다 | 前(まえ) 앞 | 自転車(じてんしゃ) 자전거 | ぶつかる 부딪치다 | 終(お)える 끝내다 | 破(やぶ)れる 찢어지다 | 避(さ)ける 피하다

35 세미나, 강습회

1 오늘은 한 달에 한 번인 세미나 날입니다. 빨리 가지 않으면 매진돼요.
2 취업 활동을 하기 전에 세미나에 참가해서 예의나 매너를 공부한다.
3 세미나를 이용해서 이번 달 매상을 알기 쉽게 나타낸다.
4 지금 이 화장품을 사면 세미나를 받을 수 있습니다.

해설 セミナー(세미나)를 가장 올바르게 사용한 것은 **2번**이다. 1번은 セール(세일), 3번은 グラフ(그래프), 4번은 サンプル(샘플)을 사용하는 것이 알맞다.

단어 セミナー 세미나, 강습회 | 早(はや)く 빨리 | 売(う)り切(き)れる 매진되다 | 就職(しゅうしょく) 취직 | 活動(かつどう) 활동 | 参

加(さんか) 참가 | 礼儀(れいぎ) 예의 | マナー 매너 | 利用(りよう) 이용 | 今月(こんげつ) 이번 달 | 売(う)り上(あ)げ 매상 | 分(わ)かる 알다, 이해하다 | 〜やすい 〜하기 쉽다 | 表(あらわ)す 나타내다 | 化粧品(けしょうひん) 화장품 | セール 세일 | グラフ 그래프, 표 | サンプル 샘플

언어지식(문법)・독해   17p

문제1
1 ②   2 ③   3 ①   4 ①   5 ④
6 ②   7 ③   8 ③   9 ④   10 ①
11 ②   12 ①   13 ②

문제2
14 ③   15 ②   16 ②   17 ③   18 ③

문제3
19 ③   20 ①   21 ①   22 ③   23 ④

문제4
24 ①   25 ③   26 ②   27 ③

문제5
28 ①   29 ③   30 ④   31 ②   32 ④
33 ②

문제6
34 ④   35 ①   36 ③   37 ①

문제7
38 ①   39 ③

문제1 다음 문장의 (   )에 넣기에 가장 알맞은 것을, 1・2・3・4에서 하나 고르세요.

1 나라 (에 따라서) 다양한 문화를 느낄 수 있기 때문에 여행은 즐겁다.

1 ~에 걸쳐서   **2 ~에 따라서**
3 ~에 대해서, ~에게   4 ~에(게) 있어서

해설 문맥상 알맞은 표현은 **2 によって**이다. 모두 명사와 접속이 되는 문법이지만, 뒤 문장과 자연스럽게 연결되기 위해서는 「명사+によって(~에 따라서)」라는 문법이 가장 적합하다.

단어 国(くに) 나라 | 〜によって ~에 따라서 | 様々(さまざま)だ 다양하다 | 文化(ぶんか) 문화 | 感(かん)じる 느끼다 | 楽(たの)しい 즐겁다 | 〜にわたって ~에 걸쳐서 | 〜に対(たい)して ~에 대해서, ~에게 | 〜にとって ~에(게) 있어서

2 그는 타인의 이야기를 듣지 않고 자신의 이야기만 (하고 싶어 한다).

1 하기 어렵다   2 (남이 나에게) 해 주다
3 하고 싶어 하다   4 해 주었으면 좋겠다

해설 문맥상 알맞은 표현은 **3 したがる**이다. 앞 문장과 자연스럽게 연결되기 위해서는 「동사 ます형+たがる(~하고 싶어 하다)」라는 문법이 가장 적합하다.

단어 他人(たにん) 타인 | 話(はなし) 이야기 | 〜ずに ~하지 않고 | 自分(じぶん) 자기, 자신 | ばかり 만, 뿐 | 〜たがる ~하고 싶어 하다 | 〜がたい ~하기 어렵다 | 〜てくれる (남이 나에게)~해 주다 | 〜てほしい ~해 주었으면 좋겠다

3 (집에서)
엄마 "어라? 왜 당근은 안 먹는 거니?
아이 "그치만… 당근은 (싫어한단 말이야)."

1 싫어한단 말이야   2 싫어하는가
3 싫어하겠지   4 싫어하다니

해설 문맥상 알맞은 표현은 **1 嫌いなんだもん**이다. 앞 문장과 자연스럽게 연결되기 위해서는 「な형용사 보통형+もん(~란 말이야)」라는 문법이 가장 적합하다.

단어 どうして 왜 | ニンジン 당근 | だって 그치만 | 嫌(きら)いだ 싫어하다 | 〜なんだもん ~란 말이야 | 〜ことか ~한가, ~란 말인가 | 〜だろう ~겠지, ~것이다 | 〜なんて ~하다니

4 야마다 "내일 10시 비행이니까 8시 정도에 가면 될까나?"
스즈키 "내일은 주말이라서 길이 막힐 거라고 생각해"
야마다 "그럼 더 빨리 (가는 편이 좋을 지도 모르겠네)."

1 가는 편이 좋을 지도 모른다   2 갈 예정일 지도 모른다
3 가서는 안 되는 것 같다   4 가지 않아도 될 것 같다

해설 문맥상 알맞은 표현은 **1 行ったほうがいいかもしれない**이다. 문맥상 빨리 가는 것이 좋다고 하는 것이 자연스럽기 때문에 「동사 た형+たほうがいい(~하는 편이 좋다)+かもしれない(~일지도 모른다)」라는 문법이 가장 적합하다.

단어 飛行機(ひこうき) 비행기 | 〜ばいい ~하면 된다 | 週末(しゅうまつ) 주말 | 〜し ~하고, ~해서 | 道(みち)が込(こ)む 길이 막히다 | 〜たほうがいい ~하는 편이 좋다 | 〜かもしれない ~일지도 모른다 | 〜つもりだ ~할 예정, 생각이다 | 〜てはいけない ~해서는 안 된다 | 〜みたいだ ~인(한) 것 같다 | 〜なくてもいい ~하지 않아도 된다 | よさそうだ 좋을 것 같다

5 싸다 (고 해서) 필요하지 않은 것까지 사는 것은 이상하다.

1 ~뿐만 아니라   2 ~할 것 같으면
3 ~인 데다가   **4 ~라고 해서**

해설 문맥상 알맞은 표현은 **4 からといって**이다. 뒤 문장과 자연스럽게 연결되기 위해서는 「보통형+からといって(~라고 해서)」라는 문

법이 가장 적합하다.

단어 安(やす)い 싸다 | ～からといって ~라고 해서 | 必要(ひつよう)だ 필요하다 | 変(へん)だ 이상하다 | ～だけでなく ~뿐만 아니라 | ～ようなら ~할 것 같으면 | ～うえに ~인 데다가

---

6 이번 주부터 다음 주 (에 걸쳐서) 날씨가 좋은 날이 이어진다고 한다.

1 ~당, ~이므로　　　　　　**2 ~에 걸쳐서**
3 ~에 비해서　　　　　　　4 ~에 대해서

해설　문맥상 알맞은 표현은 **2 にかけて**이다. 모두 명사와 접속이 되는 문법이지만, 앞 문장과 자연스럽게 연결되기 위해서는 「～から～にかけて(~부터 ~에 걸쳐서)」라는 문법이 가장 적합하다.

단어　今週(こんしゅう) 이번 주 | 来週(らいしゅう) 다음 주 | ～から～にかけて ~부터 ~에 걸쳐서 | 天気(てんき) 날씨 | 良(よ)い 좋다 | 日(ひ) 날 | 続(つづ)く 계속되다, 이어지다 | ～らしい ~라고 한다 | ～につき ~당, ~이므로 | ～に比(くら)べて ~에 비해서 | ～について ~에 대해서

---

7 (가게에서)
손님 "죄송합니다. 화장실은 어디에 있습니까?"
점원 "저쪽 계단의 오른쪽에 (있습니다)."

1 합니다(겸양어)
2 있습니다(겸양어)
3 있습니다(정중어)
4 있으십니다, 가십니다, 오십니다(존경어)

해설　문맥상 알맞은 표현은 **3 ございます**이다. 화장실의 위치를 설명하고 있기 때문에 あります(있습니다)의 정중 표현인 ございます라는 표현이 가장 적합하다. 1번도 한국어 해석상 정답이 될 것 같지만 おります는 います의 겸양어이기 때문에 정답이 아니다.

단어　お手洗(てあら)い 화장실 | 階段(かいだん) 계단 | 右側(みぎがわ) 오른쪽 | ござる 있다(ある의 정중어) | いたす 하다(する의 겸양어) | おる 있다(いる의 겸양어) | いらっしゃる 있으시다, 오시다, 가시다(존경어)

---

8 사장님은 혼자서 점심을 (드시는) 일이 많은 것 같다.

1 먹는, 마시는, 받는(겸양어)　　2 하시는(존경어)
3 드시는(존경어)　　　　　　4 드리는(겸양어)

해설　문맥상 알맞은 표현은 **3 召し上がる**이다. 사장님이 혼자 식사를 하시는 경우가 많다고 표현하는 상황이므로, 문맥상 자연스럽게 연결되기 위해 「召し上がる 드시다」라는 존경 표현이 가장 적합하다.

단어　社長(しゃちょう) 사장 | 一人(ひとり) 혼자, 한 사람 | 昼食(ちゅうしょく) 점심 | 召(め)し上(あ)がる 드시다(食べる의 존경어) | 多(おお)い 많다 | ～ようだ ~인 것 같다 | いただく 먹다, 마시다, 받다(겸양어) | なさる 하시다(존경어) | 差(さ)し上(あ)げる 드리다(あげる의 겸양어)

---

9 이번에 발견된 문제 (외에는) 아무것도 문제가 없었다.

1 ~로서는　　　　　　　2 ~투성이로
3 ~을/를 토대로　　　　**4 ~외에는**

해설　문맥상 알맞은 표현은 **4 のほかには**이다. 모두 명사와 접속이 되는 문법이지만, 뒤 문장과 자연스럽게 연결되기 위해서는 「명사+のほかには(~외에는)」라는 문법이 가장 적합하다.

단어　今回(こんかい) 이번 | 見(み)つける 발견하다 | 問題(もんだい) 문제 | ～のほかには ~외에는 | ～としては ~로서는 | ～だらけで ~투성이로 | ～をもとに ~을/를 토대로

---

10 전혀 공부하고 있지 않고 시험 따위 잘 (할 수 있을 리가 없다).

1 할 수 있을 리가 없다　　2 할 수 있었던가
3 할 수 없는 것은 아니다　　4 할 수 있는 것은 아니다

해설　문맥상 알맞은 표현은 **1 できっこない**이다. 앞 문장과 자연스럽게 연결되기 위해서는 「동사 ます형+っこない(~할 리가 없다)」라는 문법이 가장 적합하다.

단어　全然(ぜんぜん) 전혀 | なんて 따위 | ～っこない (절대로) ~할 리가 없다 | ～っけ ~였던가? | ～ないことはない ~하지 않는 것은 아니다 | ～わけではない (반드시) ~인 것은 아니다

---

11 책을 (다 읽었기) 때문에 도서관에 돌려주러 갑니다.

1 동사 기본형　　　　　**2 동사 ます형**
3 동사 た형　　　　　　4 동사 て형

해설　문법 접속을 묻는 문제이다. 모두 読む(읽다)라는 동사를 활용한 형태이지만, 뒤 문장의 終わる(다 ~하다) 앞에는 동사 ます형이 와야 한다. 그러므로 문맥상 알맞은 표현은 **2 読み**이다.

단어　読(よ)む 읽다 | 図書館(としょかん) 도서관 | 返(かえ)す 돌려주다

---

12 (전화로)
다나카 "오늘의 모임에 출석하지 못한다는 것을 야마다 씨에게 (전해 주시겠) 습니까?"
야스다 "알겠습니다. 제가 전해 두겠습니다."

1 전해 받아도　　　　　2 전하게 해도(사역형)
3 (내가) 전해 주어도　　　4 전해져도(수동형)

해설　문맥상 알맞은 표현은 **1 伝えてもらっても**이다. 다나카 씨가 본인이 모임에 출석하지 못하는 것을 대신 야마다 씨에게 전해달라고 야스다 씨에게 부탁하고 있는 상황이므로 「～てもらってもいいですか(~해 주시겠습니까?)」라는 문법이 가장 적합하다.

단어　電話(でんわ) 전화 | 集(あつ)まり 모임 | 出席(しゅっせき) 출석 | 伝(つた)える 전하다 | ～てもらってもいいですか? ~해 주시겠습니까? | 分(わ)かる 알다 | ～ておく ~해 두다 | ～てあげる (내가 남, 남이 남에게) ~해 주다

13
그가 (화내도) 이상하지 않을 만큼 심한 말투였다.

1 화내기 위해서는　　　　2 화내도
3 화낸다고 한다면　　　　4 화내고 나서는

해설　문맥상 알맞은 표현은 **2 怒っても**이다. 뒤 문장과 자연스럽게 연결되기 위해서는「동사 て형+〜ても不思議じゃない(~해도 이상하지 않다)」라는 문법이 가장 적합하다.

단어　怒(おこ)る 화내다｜〜ても不思議(ふしぎ)じゃない ~해도 이상하지 않다｜ほど 정도｜ひどい 심하다｜言(い)い方(かた) 말투｜〜には ~하기 위해서는｜〜としたら ~라고 한다면｜〜てからは ~하고 나서는

문제2　다음 문장의 ＿★＿ 에 들어갈 가장 알맞은 것을, 1・2・3・4에서 하나 고르세요.

14
이 일은 한 번 과장에게 확인하고 ★나서가 아니면 답변을 할 수 없습니다.

1 과장에게　　　　　　　2 답변을
3 하고 나서가 아니면　　　4 확인하고

해설　3번 からでないと의 앞에는 동사 て형이 와야 하고 문맥상 '과장에게 확인하고 나서가 아니면'이 적절하기 때문에 1-4-3번으로 연결된다. 그리고 뒤 문장 できません(할 수 없다)의 앞에 무엇을 할 수 없는지 나오는 것이 적절하므로 '답변을 할 수 없다'로 연결된다. 따라서 1-4-3-2로 문장을 만들면 **3 からでないと**가 정답이다.

단어　一度(いちど) 한 번｜課長(かちょう) 과장｜確認(かくにん)する 확인하다｜〜てからでないと ~하고 나서가 아니면｜返事(へんじ) 답변

15
어제부터 아무것도 안 먹었기 때문에 배가 고파서 ★뭔가 먹고 싶어서 어쩔 수가 없다.

1 고파서　　　　　　2 뭔가
3 먹고 싶어서　　　　4 어쩔 수가 없다

해설　お腹が空く가 연결되어 '배가 고프다'라는 뜻이 되므로 1번이 가장 먼저 나온다. 그리고 뒤 문장 しかたがない의 앞에는 동사 て형이 와야 하고 문맥상 '뭔가 먹고 싶어서 어쩔 수 없다'가 자연스럽기 때문에 2-3-4로 연결된다. 따라서 1-2-3-4로 문장을 만들면 **2 何か**가 정답이다.

단어　お腹(なか)が空(す)く 배가 고프다｜食(た)べる 먹다｜〜てしかたがない ~해서 어쩔 수가 없다

16
유명한 대학을 졸업했다 고 해서 ★반드시 머리가 좋다 고는 할 수 없다.

1 졸업했다　　　　　　2 반드시
3 머리가 좋다　　　　　4 ~라고 해서

해설　앞 문장과 연결하기 위해서 '대학을 졸업하다'가 자연스러우므로 1번이 가장 먼저 나온다. 2번 からといって 앞에는 보통형이 와야 하고 문맥상 '졸업했다고 해서'가 자연스럽기 때문에 1- 4번으로 연결된다. 그리고 뒤 문장 とは限らない의 앞에는 보통형이 와야 하므로 '반드시 머리가 좋다고는 할 수 없다'로 연결된다. 따라서 1-4-2-3으로 문장을 만들면 **2 必ずしも**가 정답이다.

단어　卒業(そつぎょう) 졸업｜〜からといって ~라고 해서｜必(かなら)ずしも 반드시｜頭(あたま) 머리｜〜とは限(かぎ)らない ~라고는 (단정)할 수 없다

17
이번 화재의 ★원인 에 관해서는 현재 조사 중입니다.

1 에 관해서는　　　　　2 화재의
3 원인　　　　　　　　4 현재

해설　2번 火災の의 뒤에는 명사가 와야 하고 문맥상 '화재의 원인'이 자연스럽기 때문에 2-3번으로 연결된다. 그리고 1번 に関しては의 앞에 명사가 와야 하고 뒤 문장 調査中です(조사 중입니다)의 앞에 現在(현재)가 오는 것이 적절하므로 '~에 관해서는 현재 조사 중입니다'로 연결된다. 따라서 2-3-1-4로 문장을 만들면 **3 原因**이 정답이다.

단어　今回(こんかい) 이번｜火災(かさい) 화재｜原因(げんいん) 원인｜〜に関(かん)して ~에 관해서｜現在(げんざい) 현재｜調査中(ちょうさちゅう) 조사 중

18
그녀는 이번 달 막 결혼했 기 때문에 ★행복할 것임에 틀림없다.

1 막 ~했기 때문에　　　2 결혼했다
3 행복　　　　　　　　4 ~것이 틀림없다

해설　1번 ばかりなので의 앞에는 동사 た형이 와야 하고 문맥상 '막 결혼한 참이기 때문에'가 적절하므로 2-1번으로 연결된다. 그리고 4번 に違いない의 앞에 な형용사 어간이 올 수 있고, 문맥상 '행복할 것임에 틀림없다'가 자연스럽다. 따라서 2-1-3-4로 문장을 만들면 **3 幸せ**가 정답이다.

단어　今月(こんげつ) 이번 달｜結婚(けっこん)する 결혼하다｜〜たばかりだ 막 ~했다｜幸(しあわ)せだ 행복하다｜〜に違(ちが)いない ~것이 틀림없다

문제3　다음 문장을 읽고, 문장 전체 내용을 생각해서, ＿19＿ 부터 ＿23＿ 안에 들어갈 가장 알맞은 것을, 1・2・3・4에서 하나 고르세요.

아래의 문장은 유학생이 쓴 작문입니다.

지진

　　일본이라고 하면, 지진이 많은 나라입니다. 지진이 오면 건물이 흔들리거나 부서지거나 ＿19＿. 큰 지진이 오는 일은 별로 없다고 말해지고 있습니다만, 언제 어느 정도의 크기의 지진이 올지는 아무도 모릅니다.

　　그전에 우리가 ＿20＿ 해야 하는 것이 있습니다. 예를 들면 음식이나 라이트, 항상 먹고 있는 약이나 라디오 등입니다. 이러한 물건을 가방에 넣고 준비를 해 두면, 안전한 장소에 도망쳤을 때에 도움이 됩니다. 왜냐하면, 그 가방 하나만으로 수일간은 생활하는 것이 ＿21＿.

다음으로 방 안의 가구가 쓰러지지 않도록 확실히 세워 둘 필요가 있습니다. ㅤ22ㅤ 지진이 왔을 때에 어디에서 모일지, 가족이나 친구와 장소를 정해 두는 것도 중요합니다.

만약 집 안에서 지진이 일어나면 책상의 밑으로 들어가 머리를 보호합시다. 밖에 있을 때는 주위의 물건이 떨어지지 않는지 조심하면서 공원이나 넓은 장소로 도망치지 않으면 안 됩니다. 또한 절대로 엘리베이터를 사용해서는 안 됩니다. 엘리베이터 대신에 계단을 사용해서 도망쳐 주십시오. 그리고 해일이 올지도 모르기 때문에 라디오나 뉴스를 잘 듣고 높은 곳으로 도망쳐 주십시오.(주석1)

확실히 지진은 무섭지만, 설령 지진이 ㅤ23ㅤ 사전에 준비를 해 두면, 피해를 줄일 수 있습니다.

(주석1) 해일: 지진에 의해서 바다의 파도가 커져서 마을에 오는 것.

19
1 하지 않으면 안 됩니다 2 하고 있기 때문입니다
3 하는 경우가 있습니다 4 하기로 되어 있습니다

해설 문맥에 맞는 문법 표현을 고르는 문제이다. 빈칸 앞부분에 地震が来ると建物が揺れたり、壊れたり(지진이 오면 건물이 흔들리거나 부서지거나)라고 했다. 지진이 오면 일어나는 일들에 대해서 말하고 있기 때문에 그런 일이 일어나는 경우도 있다고 하는 것이 자연스럽다. 따라서 **3 することがあります**가 정답이다.

표현 〜なければならない 〜하지 않으면 안 된다 | 〜ている 〜하고 있다 | 〜から 〜이기 때문에 | 〜ことがある 〜경우가 있다 | 〜ことになっている 〜하기로 되어 있다

20
1 준비해 두다 2 준비해 주다
3 준비해 오다 4 준비해 보고 싶다

해설 문맥에 맞는 문법 표현을 고르는 문제이다. 빈칸 앞부분에 その前に 私たちが(그 전에 우리들이)라고 했다. 여기서 그전은 지진이 일어나기 전을 가리킨다. 그리고 뒷부분에 べきことがあります(~해야 할 것이 있습니다)라고 하면서 어떤 물건인지 예시를 들고 있다. 선택지 모두 準備する(준비하다)라는 동사 활용 문법으로, 문맥상 준비해 두어야 하는 것이라고 하는 것이 자연스럽다. 따라서 **1 準備しておく**가 정답이다.

표현 準備(じゅんび)する 준비하다 | 〜ておく ~해 두다, ~해 놓다 | 〜てあげる (내가 남, 남이 남에게) ~해 주다 | 〜てくる ~해 오다, ~하기 시작하다 | 〜てみたい ~해 보고 싶다

21
1 가능하기 때문입니다 2 가능하도록 하겠습니다
3 가능한 것 같습니다 4 가능해야 합니다

해설 문맥에 맞는 문법 표현을 고르는 문제이다. 문장 앞에 이유를 묻는 なぜなら(왜냐하면)이 왔으므로 문장 마지막에서 '~이기 때문이다'라는 형태가 오는 것이 자연스럽다. 따라서 **1 できるからです**가 정답이다.

표현 できる 할 수 있다, 가능하다 | 〜からだ ~이기 때문이다 | 〜ようにする ~하도록 하다 | 〜ようだ ~인(한) 것 같다 | 〜べきだ ~해야 한다

22
1 및 2 그럼
3 게다가 4 그런데

해설 문맥에 맞는 접속사를 고르는 문제이다. 앞 문장에서 지진에 대비하여 준비해야 할 사항을 이야기하고 있다. 그리고 빈칸 뒷부분에서도 추가로 필요한 준비 사항을 말하고 있다. 따라서 빈칸에 들어갈 접속사로 알맞은 것은 **3 さらに**이다.

표현 および 및 | では 그럼 | さらに 게다가 | ところが 그런데

23
1 일어나기 때문에 2 일어날 때마다
3 일어나지 않으면 **4 일어나도**

해설 문맥에 맞는 문법 표현을 고르는 문제이다. 빈칸 앞부분에 確かに地震は怖いですが、たとえ地震が(확실히 지진은 무섭지만, 비록 지진이)라고 했으므로 비록 지진이 '일어나도'라고 하는 것이 자연스럽다. 그리고 たとえ〜ても(설령 ~해도)라는 문법으로 이어져야 한다. 따라서 **4 起きても**가 정답이다.

표현 〜ので ~하기 때문에 | 〜たびに ~할 때마다 | 〜なければ ~하지 않으면 | 〜ても ~해도

단어 〜といえば ~라고 하면 | 地震(じしん) 지진 | 国(くに) 나라 | 建物(たてもの) 건물 | 揺(ゆ)れる 흔들리다 | 〜たり ~하거나 | 壊(こわ)れる 부서지다 | どのくらい 어느 정도 | 大(おお)きさ 크기 | たとえば 예를 들면 | 食(た)べ物(もの) 음식 | ライト 라이트 | 薬(くすり) 약 | ラジオ 라디오 | など ~등 | バック 가방, 백 | 入(い)れる 넣다 | 準備(じゅんび) 준비 | 安全(あんぜん)だ 안전하다 | 場所(ばしょ) 장소 | 逃(に)げる 도망가다, 도망치다 | 役(やく)に立(た)つ 도움이 되다 | なぜなら 왜냐하면 | 〜だけで ~만으로 | 数日間(すうじつかん) 수일간 | 生活(せいかつ) 생활 | 家具(かぐ) 가구 | 倒(たお)れる 넘어지다 | 〜ように ~하도록 | しっかりと 확실하게 | 止(と)める 세우다, 멈추다 | 必要(ひつよう) 필요 | 集(あつ)まる 모이다 | 友人(ゆうじん) 친구 | 決(き)める 정하다 | 大切(たいせつ)だ 소중하다, 중요하다 | もし 만약 | 起(お)きる 일어나다 | 机(つくえ) 책상 | 頭(あたま) 머리 | 守(まも)る 지키다 | 外(そと) 밖 | 周(まわ)り 주위, 주변 | 落(お)ちる 떨어지다 | 気(き)を付(つ)ける 주의하다, 조심하다 | 公園(こうえん) 공원 | 広(ひろ)い 넓다 | エレベーター 엘리베이터 | 使(つか)う 사용하다 | 〜の代(か)わりに ~의 대신에 | 階段(かいだん) 계단 | 津波(つなみ) 해일, 쓰나미 | ニュース 뉴스 | 所(ところ) 곳, 장소 | 確(たし)かに 확실히 | 怖(こわ)い 무섭다 | たとえ 비록, 만약 | 事前(じぜん)に 사전에 | 被害(ひがい) 피해 | 減(へ)らす 줄이다

문제4 다음 (1)부터 (4) 문장을 읽고, 질문에 답하세요. 답은, 1·2·3·4에서 가장 알맞은 것을 하나 고르세요.

(1)

나는 여행 짐은 최대한 적게 하려고 하고 있다. 그런 내가 여행에 꼭 챙겨가는 것은 손수건이다. 손수건은 수건 대신에 물이나 땀에 젖은 손이나 얼굴을 닦거나, 몸을 씻을 수 있고, 스카프나 목도리 대신으로도 사용할 수 있다. 게다가, 수건보다도 얇아서 자리를 차지하지 않고 세탁해도 금방 마르기 때문에 매우 편리하다. 여행에는 손수건을 가지고 가는 것을 추천하고 싶다.

> **24** 필자는 왜 여행에 손수건을 가져가는 것을 추천하고 있는가?
>
> **1 얇고 다양하게 사용할 수 있어서 편리하니까**
> 2 수건처럼 부드럽고 가벼우니까
> 3 세탁해도 색이 변하지 않고 오래 사용할 수 있으니까
> 4 스카프나 목도리처럼 멋 내는 것을 즐길 수 있으니까

해설 손수건은 젖은 부분을 닦거나 몸을 씻거나 스카프나 목도리로도 사용할 수 있다고 했다. 그리고 수건보다 얇다고 했으므로 1번이 정답이다. 손수건은 수건보다 얇아서 자리를 차지하지 않는다고 했으므로 2번은 정답이 아니다. 세탁해도 편리한 이유는 금방 마르기 때문이라고 했으므로 3번도 정답이 아니다. 스카프나 목도리의 대신에 사용할 수 있다고 했지만 멋을 낼 수 있다는 내용은 없으므로 4번도 정답이 아니다.

단어 荷物(にもつ) 짐 | 必(かなら)ず 반드시 | ハンカチ 손수건 | タオル 수건 | ~代(か)わりに ~대신에 | 汗(あせ) 땀 | ぬれる 젖다 | 拭(ふ)く 닦다 | 洗(あら)う 씻다 | スカーフ 스카프 | マフラー 목도리 | 薄(うす)い 얇다 | 場所(ばしょ)を取(と)る 공간을 차지하다 | 洗濯(せんたく) 세탁 | 乾(かわ)く 마르다 | おすすめする 추천하다 | さまざまな 여러 가지 | 柔(やわ)らかい 부드럽다 | おしゃれ 멋 냄, 세련됨 | 楽(たの)しむ 즐기다

(2)

> **쓰레기 줍기 자원봉사자 모집**
>
> 우리는 미도리 마을을 깨끗하게 하기 위해 매월 첫째 주 토요일에 쓰레기 줍기를 하고 있습니다. 함께 미도리 마을을 깨끗하게 해줄 자원봉사자를 모집하고 있습니다. 이 자원봉사는 미도리 마을에 살고 있는 사람이라면 누구나 참가할 수 있습니다.
> 단, 18세 미만인 사람은 성인과 함께하지 않으면 참가할 수 없습니다.
> 다음 쓰레기 줍기는
> 9월 5일(토) 오전 9시 반부터 오전 10시 반
> **처음 봉사에 참여하시는 분은 3일 전까지 메일이나 전화로 연락주세요.**
> 전화의 경우 자동 응답기에 메시지를 남겨주세요.
>
> 메일 : goMihiroi@MidoriMachi.coM
> 전화 : 123-456-789 아오야마

> **25** 이 공지의 내용에 대해 올바른 것은 어느 것인가?
>
> 1 9월 5일에 처음 참가하는 사람은 9월 3일까지 메일로 연락한다.
> 2 9월 5일에 처음 참가하는 사람은 전화로 아오야마 씨와 직접 이야기한다.
> **3 8월에 참가한 사람이 9월에도 참가하는 경우 연락하지 않아도 된다.**
> 4 미도리 마을 거주자로 18세인 사람은 어른과 함께라면 참가할 수 있다.

해설 처음 봉사에 참여하는 경우에만 3일 전까지 연락하면 되므로 3번이 정답이다. 9월 5일에 처음 참가하는 사람은 3일 전인 9월 2일까지 연락해야 하므로 1번은 틀린 말이다. 전화의 경우 자동 응답기에 메시지를 남기면 되므로 2번 역시 틀린 말이다. 미도리 마을 거주자로 18세 미만이면 18세는 포함되지 않기 때문에 어른이 없어도 참가할 수 있어 4번도 정답이 아니다.

단어 ごみ拾(ひろ)い 쓰레기 줍기 | ボランティア 자원봉사 | 募集(ぼしゅう) 모집 | 町(まち, ちょう) 마을, 지방 자치 단체의 하나 | 第一(だいいち) 제 1, 첫 번째 | 住(す)む 살다 | 参加(さんか) 참가 | 未満(みまん) 미만 | 大人(おとな) 어른 | 初(はじ)めて 처음 | 場合(ばあい) 경우 | 留守電(るすでん) 부재중 전화, 자동 응답기 | メッセージ 메시지 | 残(のこ)す 남기다 | 直接(ちょくせつ) 직접

(3)

> 하야시 선생님
> 안녕하세요. 아나입니다.
> **오늘 아침에 선생님께 빌린 책을 돌려드리려고 학교에 갔지만, 선생님은 수업 중이라 만날 수 없었습니다.**
> 돌아가려고 했더니 마침 다케나카 선생님께서 계셔서 대신 돌려주신다고 말씀하셨습니다. **그래서 다케나카 선생님께 책을 건네드렸습니다.**
> 오랫동안 빌려주셔서 감사했습니다. 선생님께 말씀드릴 게 있어서 또 다음번에 찾아뵙겠습니다.
>
> 아나

> **26** 이 글의 내용에 대해서 올바른 것은 무엇인가?
>
> 1 아나 씨는 하야시 선생님을 만나지 못했기 때문에, 대신 타케나카 선생님에게 책을 빌렸다.
> 2 빌려준 책을 돌려받은 타케나카 선생님은 다음에는 책을 하야시 선생님에게 빌려줄 생각이다.
> **3 하야시 선생님은 타케나카 선생님을 통해 빌려준 책을 돌려받았다.**
> 4 아나 씨는 하야시 선생님께 하고 싶은 말이 있어서 선생님의 연락을 기다리고 있다.

해설 아나 씨는 하야시 선생님으로부터 빌린 책을 돌려드리고자 학교에 방문했다. 선생님께서 수업 중이라 만나지 못해 타케나카 선생님이 책을 대신 하야시 선생님에게 전달해 주기로 했으므로 3번이 정답이다.

단어 借(か)りる 빌리다 | 返(かえ)す 돌려주다 | ちょうど 딱, 때마침 | 代(か)わりに 대신에 | おっしゃる 말씀하시다(존경어) | 渡(わた)す 건네주다 | 貸(か)す 빌려주다 | 今度(こんど) 다음 번 | 伺(うかが)う 찾아뵙다, 방문하다, 묻다(겸양어) | 連絡(れんらく) 연락

(4)

> 상담을 받을 때, '이렇게 하면 어떨까' '그것은 좋지 않다' 등, 무심코 자신의 의견을 말해 버리기 쉽다. 상담을 받은 쪽은 힘이 되고 싶어서 여러 가지 조언을 하는 것이지만, 상담한 사람은 대부분의 경우 사실 조언을 원하는 게 아니라, 자신의 마음을 정리하기 위해서 상담을 하고 있다고 한다. 그런 사람은 자신의 마음을 정리함으로써 자기 나름대로 답을 찾는다고 한다. 그렇다면 **상담을 받은 사람은 '그렇군요' '그래서, 어떻게 생각했어요?'라고 듣는 것에 집중하는 것이 좋을지도 모른다.**

> **27** 필자에 따르면 상담자에게 힘이 되려면 어떻게 하면 좋은가?
>
> 1 상대방의 이야기를 집중해서 잘 듣고 구체적으로 조언을 해주는 것이 좋다.

2 자신의 마음을 정리한 후에 조언을 해주는 것이 좋다.
3 조언을 하는 것보다 상대방의 말에 귀를 기울이는 것이 좋다.
4 자기 나름대로 답을 정한 뒤 넌지시 상대방에게 전달하는 것이 좋다.

해설 　필자는 상담자 대부분이 사실 조언을 원하는 게 아니라 자신의 마음을 정리하기 위해 상담받기를 원하며, 자신의 마음을 정리함으로써 자기 나름대로 답을 찾는다고 했다. 그렇기 때문에 상담을 받은 쪽은 상대방의 말을 듣는 것에 집중하는 것이 좋을 것이라고 했으므로 3번이 정답이다.

단어 　相談(そうだん)を受(う)ける 상담을 해주다, 상담을 받다 | 意見(いけん) 의견 | ～がちだ ~하기 쉽다 | 力(ちから) 힘 | 色々(いろいろ)と 여러 가지 | アドバイス 어드바이스, 조언 | 大体(だいたい) 대체로 | 実(じつ)は 사실은 | 整理(せいり) 정리 | 自分(じぶん)なり 자기 나름 | 答(こた)え 해답, 답 | 見(み)つける 찾아내다 | だとすれば 그렇다면 | 集中(しゅうちゅう) 집중 | ～かもしれない ~일 지도 모른다 | 具体的(ぐたいてき)だ 구체적이다 | 耳(みみ)を傾(かたむ)ける 귀를 기울이다 | それとなく 넌지시, 슬며시

문제5 　다음 (1)과 (2) 문장을 읽고, 질문에 답하세요. 답은, 1・2・3・4에서 가장 알맞은 것을 하나 고르세요.

(1)

얼마 전 친구가 "지금까지 해본 적이 없는 일에 도전을 하고 싶다"라고 말했습니다. 저는 지금까지 스카이다이빙이나 번지점프에 도전한 적이 있기 때문에, 그것들을 ①추천해 보았습니다.(주석1)(주석2) 하지만 친구는 "높은 곳이 무섭기 때문에 못한다"라고 말했습니다.

다음으로 저는 등산을 좋아하기 때문에, "같이 후지산에 올라가자"라고 권유했습니다. 하지만 친구는 "후지산은 전에 한 번 올라간 적이 있기 때문에 다른 것을 하고 싶다"라고 말했습니다. 등산은 그날의 날씨나 자신의 기분에 따라서, 항상 다른 체험을 할 수 있기 때문에 두 번째라도 다른 경치를 보면서 즐길 수 있다고 생각했습니다. 하지만, 친구는 한 번도 해본 적이 없는 일을 하고 싶은 것 같았습니다.

마지막으로 "그럼 뭐 하고 싶어?"라고 물었더니 "바다에서 수영하고 싶다"라고 말했습니다. 친구의 나라에는 바다가 없다고 합니다. 저는 친구와 ②다음 휴일에 도전을 도와주기로 약속을 했습니다.

(주석1) 스카이다이빙 : 비행기로 하늘에 올라가 거기서 뛰어내리는 스포츠.
(주석2) 번지점프 : 다리에 끈만 달고 높은 곳에서 뛰어내리는 것.

28 　①추천해 봤습니다다라고 했는데, 왜 추천했는가?

1 자신이 체험한 적이 있으니까
2 친구가 좋아할 만한 일이니까
3 젊은 사람에게 인기가 있는 일이니까
4 지금까지 한 적이 없는 일이니까

해설 　'나'는 지금까지 스카이다이빙이나 번지점프에 도전한 적이 있기 때문에 이를 추천해 봤다고 했다. 따라서 1번이 정답이다.

29 　'등산'에 대해서 나는 어떻게 생각하고 있는가?

1 등산은 한번 체험해 봤으니 다른 것을 해보고 싶다.
2 등산은 자신의 나라에서도 할 수 있기 때문에, 할 수 없는 것에 도전하고 싶다.
3 같은 산이라도 산에 오를 때마다 매번 다른 경치를 맛볼 수 있다.
4 같은 산이라도 날씨에 따라 위험하니까 조심하는 편이 좋다.

해설 　'나'는 등산은 그날의 날씨나 자신의 기분에 따라 항상 다른 체험을 할 수 있기 때문에 두 번째라도 새로운 발견이 있다고 생각하므로 3번이 정답이다.

30 　②다음 휴일에 나는 무엇을 할 것인가?

1 친구와 스카이다이빙을 하러 산에 간다.
2 친구와 후지산 이외의 다른 산으로 등산을 간다.
3 친구와 낚시에 도전하기 위해 바다에 간다.
4 친구와 바다에서 수영하기 위해 해변에 간다.

해설 　친구가 자기 나라에는 바다가 없어 바다 수영에 도전하고 싶다고 했고, '나'는 다음 방학에 이를 도와주기로 했기 때문에 4번이 정답이다.

단어 　先日(せんじつ) 얼마 전 | 友人(ゆうじん) 친구 | チャレンジ 챌린지, 도전 | スカイダイビング 스카이다이빙 | バンジージャンプ 번지점프 | 勧(すす)める 추천하다 | 怖(こわ)い 무섭다 | 次(つぎ)に 다음으로 | 山登(やまのぼ)り 등산 | 富士山(ふじさん) 후지산(일본 산 이름) | 登(のぼ)る 높은 곳으로 올라가다 | 誘(さそ)う 권유하다 | 体験(たいけん) 체험 | ～回目(かいめ) ~번째 | 景色(けしき) 경치, 풍경 | 最後(さいご)に 마지막으로 | 泳(およ)ぐ 수영하다 | 手伝(てつだ)いをする 도와주다 | 約束(やくそく) 약속 | 飛行機(ひこうき) 비행기 | 飛(と)び降(お)りる 뛰어내리다 | スポーツ 스포츠 | ひも 끈, 밧줄 | 付(つ)ける 붙이다, 달다 | 若(わか)い 젊다 | 味(あじ)わう 체험하다, 맛보다 | つり 낚시 | ビーチ 비치, 해변

(2)

얼마 전 친구와 식사하러 가게 되었는데 그때 ①곤란했던 일이 있었습니다. "뭐 먹고 싶어?"라고 물었더니, "뭐든지 좋아."라고 친구는 말했습니다.

하지만, "카레 괜찮아?"라고 물었더니 친구는 "매운 건 잘 못 먹어."라고 대답해서, "그럼 메밀국수는?"하고 물었더니, "메밀국수는 어제 막 먹은 참이어서…"라고 대답했습니다. "어, 그럼 뭐가 먹고 싶어?"라고 물었더니 "음, 뭐든지 좋아."라고 말했습니다.

'뭐든지 좋아'라고 말했는데, 실제로는 ②그렇지 않은 사람이 가끔 있습니다. 왜 그럴까요? 조사해 봤더니, 이런 사람들은 선택지가 너무 많으면 생각하는데 피곤해져서 좀처럼 고르지 못하는 것이라고 합니다.(주석1) '뭐든지 좋아'는 실은 '뭐가 좋을지 모르겠다'라고 하는 것입니다.

결국 저는 "이탈리아 요리와 중화요리 어느 쪽이 좋아?"라고 물어서 친구에게 2가지 중에서 선택하도록 했습니다. 이것이라면 별로 생각하지 않아도 되고, 메뉴는 가게에서 정하면 되기 때문입니다.

(주석1) 선택지 : 준비되어 있는 복수의 대답.

31 ①곤란했다고 했는데, 왜 곤란했는가?

1 친구가 가고 싶은 레스토랑을 찾지 못했기 때문에
2 친구가 뭘 먹고 싶은지 몰랐기 때문에
3 내가 먹기 싫어하는 것을 친구가 먹고 싶어 했기 때문에
4 내가 좋아하는 카레를 먹을 수 없기 때문에

해설 친구에게 뭘 먹고 싶냐고 물었을 때 친구가 아무거나 괜찮다고 말해 놓고 '나'의 제안을 모두 부정해서 뭘 먹고 싶어 하는지 몰랐기 때문에 곤란했으므로 2번이 정답이다.

32 ②그렇지 않은 사람은, 어떤 사람을 말하는가?

1 무엇을 먹을지 망설여져서 좀처럼 결정할 수 없는 사람
2 선택지가 너무 많아서 좀처럼 선택할 수 없는 사람
3 음식 호불호가 많아서 자신이 무엇을 먹고 싶은지 모르는 사람
4 제안을 받으면 "저건 싫어", "이건 안돼"라고 부정하는 사람

해설 뭐든지 좋다고 했는데 실제로 질문을 받으면 제안을 거절하는 사람을 뜻하므로 4번이 정답이다.

33 친구가 좀처럼 먹을 것을 정하지 못한 것은 왜인가?

1 나는 카레나 메밀국수를 좋아하지만, 친구는 싫어했기 때문에
2 자신이 뭘 먹고 싶은지 몰랐기 때문에
3 나에게 먹고 싶지 않은 것만 제안받아서 곤란해졌기 때문에
4 선택지가 2개밖에 없어서 다양한 메뉴를 고를 수 없었기 때문에

해설 뭐든지 좋다고 했는데 좀처럼 정하지 못하는 사람은 선택지가 너무 많으면 생각하는데 피곤해져서 뭐가 좋을지 몰라 쉽게 고르지 못한다고 했다. 따라서 2번이 정답이다.

단어 この前(まえ) 얼마 전 | 友人(ゆうじん) 친구 | 困(こま)る 곤란하다 | 聞(き)く 묻다 | 辛(から)い 맵다 | 苦手(にがて)だ 잘 하지 못하다, 서투르다 | 答(こた)える 대답하다 | そば 메밀국수 | 実際(じっさい)に 실제로 | 調(しら)べる 조사하다 | 選択肢(せんたくし) 선택지 | 疲(つか)れる 지치다 | なかなか 좀처럼 | 選(えら)ぶ 선택하다 | イタリア料理(りょうり) 이탈리아 요리 | 中華料理(ちゅうかりょうり) 중화요리 | メニュー 메뉴 | 決(き)める 정하다 | 用意(ようい) 준비 | 複数(ふくすう) 복수, 여러 개 | 見(み)つかる 발견되다 | 迷(まよ)う 헤매다, 망설이다 | 好(す)き嫌(きら)い 호불호 | 提案(ていあん) 제안 | 否定(ひてい) 부정

문제6 다음 문장을 읽고, 질문에 답하세요. 답은, 1·2·3·4에서 가장 알맞은 것을 하나 고르세요.

나에게는 10살 딸이 있다. 어느 날, 딸이 학교에서 돌아와서, 식사 준비를 하고 있는 나에게 가까이 와서, 학교에서의 이야기를 하기 시작했다. 이야기 내용은 '장래에 무엇이 되고 싶은가?'였다. 이 질문은, 누구라도 질문받은 적이 있을 것으로 초등학생인 딸이라면 앞으로도 많이 질문받을 것이다. 딸 대답이 신경 쓰였던 나는 손을 멈추고 딸에게 물었다. "그래서 뭐가 되고 싶다고 말했어?"라고 물었더니, 돌아온 대답은

"공무원". 나는 놀라서 이유를 묻지 않고는 있을 수 없었다. 아직 10살인 딸이 당연하다는 듯이 공무원이라고 말했다니. 나는 진정하고 재차 물었다. "공무원은 어떤 일하는지 알고 있어? 왜 공무원이 되고 싶어?"라고 물었더니, 딸은 "안정되어 있어 결혼 상대로서는 제일 좋은 직업이래"라고 대답했다. 나는 딸 이야기를 듣고 잠시 동안 아무 말도 할 수 없었다. 내가 상상하고 있는 10살 아이라면, 더 아이다운 이유로 장래를 꿈꾸겠지라고 생각하고 있었던 만큼 딸의 이야기에 놀랐다.

딸은 왜 자신의 장래를 꿈꾸는데, 자신을 중심으로 생각하지 않고 세상 흐름을 신경 썼던 것일까? 물론, 고등학생이나 대학생과 같이 졸업 후 일자리에 대해서 진지하게 생각하는 입장에서 이렇게 대답한다면 이상하지 않다. 나도 20살을 지나고 나서는 자신이 하고 싶은 것보다, 할 수 있는 것이나 더 돈을 벌 수 있는 일을 찾고 있었기 때문이다. 하지만 딸은 아직 10살이기 때문에 현실적인 일이 아니라, 큰 꿈을 꿨으면 좋겠다.

그다음 밤, 남편에게 이 이야기를 했다. 그러자 남편은 "뉴스를 보고 있으면 취직은 힘들어요라던가, 주위 어른들도 생활이 어려워지지 않기 위해서는 안정된 일이 좋아요라고 하는 이야기뿐이니까 당연히 그렇게 생각하겠지."라고 말했다. 잘 생각해 보면 그럴지도 모른다. 나도 딸을 생각하지 않고 가혹한 현실 이야기만 하고 있는 뉴스를 보고 있거나, 아무렇지도 않게 생활이 편하지 않은 것에 대해서 친구와 전화로 이야기하거나 하고 있었다. 딸이 생각한 장래는 부모인 자신에게도 책임이 있다고 생각하여 부끄러워졌다.

34 딸이 공무원이 되고 싶다고 생각한 이유는 무엇인가?

1 부모님에게 생활이 어려워지지 않기 위해서는 공무원이 될 수밖에 없다고 들었으니까
2 뉴스에서 공무원이 제일 좋은 직업이라고 소개했었으니까
3 어머니가 친구랑 전화를 하고 있는 것을 듣고 공무원이 좋다고 생각했으니까
4 일을 잘릴 걱정도 없고 결혼 상대로서 인기가 있다고 들었으니까

해설 딸에게 왜 공무원이 되고 싶냐고 물었더니 안정되어 있고 결혼 상대로써는 제일 좋은 직업이라고 대답했다고 했다. 따라서 4번이 정답이다.

35 '내'가 딸의 대답에 놀란 이유는 무엇인가?

1 자신이 하고 싶은 것이 아니라 현실적인 이유로 장래를 꿈꾸고 있으니까
2 뉴스 내용을 이해한 딸이 똑똑하다고 생각했으니까
3 아직 10살인 딸이 벌써 훌륭한 생각을 가지고 있었으니까
4 현실은 생각하지 않고 자신이 하고 싶은 것만 생각하고 있으니까

해설 '내'가 생각한 10살 아이라면 더 아이다운 장래를 생각하는데 딸은 자신 중심으로 생각하지 않고, 세상의 흐름을 신경 쓰고 현실적인 대답을 했기 때문에 놀랐다. 따라서 1번이 정답이다.

36 남편은 왜 딸이 이러한 장래를 꿈꾸고 있다고 말했는가?

1 지금은 학교에서도 여러 가지 직업에 대해서 가르치고 있으니까
2 이웃 사람이 공무원의 강점에 대해서 이야기해 주었으니까

3 뉴스에서 취업난이기 때문에 일은 찾기 어렵다고 말하고 있었으니까
4 어머니의 옛날 꿈을 자신이 대신해서 이루어 주고 싶다고 생각했으니까

해설 남편은 뉴스에서 취업이 힘들다고 하고 있고 주위 어른들이 안정된 일이 좋다고 말하고 있기 때문에 딸의 대답이 당연하다고 했으므로 3번이 정답이다.

> **37** 본문의 내용에 맞는 것은 무엇인가?
>
> **1 '나'는 딸이 공무원이 되고 싶다고 생각한 원인의 하나는 자기에게 있다고 생각했다.**
> 2 딸은 자신이 무엇이 되고 싶은지 몰라서 어머니에게 상담했다.
> 3 '나'는 앞으로는 뉴스를 보거나, 친구와 전화를 하거나 하지 않겠다고 결심했다.
> 4 딸은 학교에서 '꿈'에 대해서 질문받지만, 아무 대답도 안했다.

해설 마지막 문장에서 딸이 생각한 장래는 부모인 자신에게도 책임이 있다고 생각했다고 했으므로 1번이 정답이다.

단어 娘(むすめ) 딸 | 戻(もど)る 돌아오다 | 食事(しょくじ) 식사 | 準備(じゅんび) 준비 | 近(ちか)づく 가까이 가다, 접근하다 | 内容(ないよう) 내용 | 将来(しょうらい) 장래 | 気(き)になる 신경 쓰이다 | 止(と)める 멈추다 | 公務員(こうむいん) 공무원 | 驚(おどろ)く 놀라다 | ～ずにはいられない ~하지 않고는 있을 수 없다 | 当(あ)たり前(まえ) 당연함 | 落(お)ち着(つ)く 진정하다 | 再(ふた)び 재차, 다시 | 安定(あんてい) 안정 | 相手(あいて) 상대 | 職業(しょくぎょう) 직업 | しばらく 잠시 동안 | 想像(そうぞう) 상상 | 夢見(ゆめみ)る 꿈꾸다 | 世(よ)の中(なか) 세상 | 就職先(しゅうしょくさき) 일자리 | 真剣(しんけん)に 진지하게 | 立場(たちば) 입장 | 不思議(ふしぎ)だ 이상하다 | 稼(かせ)ぐ 돈을 벌다 | 現実的(げんじつてき)だ 현실적이다 | 夫(おっと) 남편 | 苦(くる)しい 괴롭다 | 当然(とうぜん) 당연 | 厳(きび)しい 엄하다 | 何気(なにげ)なく 아무렇지 않게 | 責任(せきにん) 책임 | 恥(は)ずかしい 부끄럽다 | 賢(かしこ)い 똑똑하다 | 立派(りっぱ)だ 훌륭하다 | 就職難(しゅうしょくなん) 취업난 | 叶(かな)える 이루다

문제7 오른쪽 페이지는, 할인권이 붙은 커피숍의 광고이다. 이것을 읽고, 아래의 질문에 답하세요. 답은, 1·2·3·4중 가장 알맞은 것을 하나 고르세요.

> **38** 모리타 씨는 이 커피숍의 할인권을 가지고 있다. 7월 25일에 이 커피숍에서 과일 샌드위치와 커피를 주문했다. 모리타 씨는 얼마를 지불했는가?
>
> **1 1,200엔**
> 2 1,100엔
> 3 1,050엔
> 4 1,000엔

해설 7월 25일은 가벼운 식사가 할인되는 기간이다. 하지만 모리타 씨가 주문한 과일 샌드위치는 할인 대상에서 제외되는 간식이므로 할인가격이 적용되지 않는다. 따라서 모리타 씨는 과일 샌드위치 900엔과 커피 300엔을 합쳐 총 1,200엔을 지불해야 하므로 1번이 정답이다.

> **39** 아키야마 씨는 케이크를 싸게 먹고 싶다고 생각하고 있다. 이 할인권을 언제 가져가면 싸게 먹을 수 있을까?
>
> 1 7월 26일의 오후 1시
> 2 7월 30일의 오전 10시
> **3 8월 2일의 오후 5시**
> 4 8월 5일의 오전 11시

해설 케이크는 디저트 세일 기간에 50엔 저렴하게 먹을 수 있으며, 이 커피숍의 디저트 세일 기간은 7/27~8/3 오후 1시부터 6시까지이다. 이 기간에 해당되는 것은 8월 2일 오후 5시이므로 3번이 정답이다.

여름의 이득인 세일!

세일 기간 : 7월 20일~8월 17일 13:00~18:00까지

◆가벼운 식사◆
토스트 300엔
과일 샌드위치 900엔★할인 대상 외

◆디저트◆
초콜릿 케이크 350엔
치즈 케이크 400엔

◆음료◆
커피 300엔
홍차 300엔

할인권		
7/20~7/26	7/27~8/3	8/4~8/10
◆가벼운 식사◆ 표시 가격에서 100엔 할인	◆디저트◆ 표시 가격에서 50엔 할인	◆음료◆ 표시 가격에서 50엔 할인

※한 분 1회당 1매 한정의 이용으로 해드리고 있습니다.
※할인권 1매당 상품 1개가 할인의 대상이 됩니다.
※메뉴에 '★할인 대상 외'라고 적힌 상품은 할인의 대상이 되지 않으니 주의해 주십시오.

단어 割引券(わりびきけん) 할인권 | 喫茶店(きっさてん) 커피숍 | 広告(こうこく) 광고 | 注文(ちゅうもん)する 주문하다 | 払(はら)う 지불하다 | お得(とく)だ 이득이다, 가격이 싸다 | セール 세일 | 軽食(けいしょく) 경식, 간단한 식사 | トースト 토스트 | サンドイッチ 샌드위치 | フルーツ 프루트, 과일 | デザート 디저트 | チョコレート 초콜릿 | チーズ 치즈 | 飲(の)み物(もの) 마실 것 | 紅茶(こうちゃ) 홍차 | 表示価格(ひょうじかかく) 표시 가격 | ~引(び)き ~할인 | 限(かぎ)り 한정 | 商品(しょうひん) 상품 | 対象(たいしょう) 대상

청해

39p

문제1
1 ② 2 ① 3 ① 4 ④ 5 ②
6 ③

문제2
1 ② 2 ① 3 ④ 4 ④ 5 ②
6 ①

문제3
1 ③ 2 ③ 3 ④

문제4
1 ① 2 ③ 3 ③ 4 ③

문제5
1 ③ 2 ① 3 ② 4 ③ 5 ③
6 ② 7 ③ 8 ③ 9 ③

기본 버전MP3   배속 버전MP3    시험장 버전MP3

문제1 문제1에서는, 먼저 질문을 들어주세요. 그리고 이야기를 듣고, 문제 용지의 1부터 4 중에서, 가장 알맞은 것을 하나 고르세요.

🎧 모의고사1_문제1_예시.mp3

レストランで男の人と女の人が話しています。女の人はこのあとまず何をしますか。

F：ああ、お腹すいた！私はオムライスを食べようかな。
M：僕も腹がへったな。何を食べるか迷うな。カレーもとんかつも美味しそうだし…。
F：あ！どうしよう。今日返さなければならない図書館の本を家に忘れてきちゃった。
M：それじゃあ、食べ終わったら取りに行こうか。
F：うーん、今取りに帰るよ。料理が出てくるまで、時間がかかるだろうし。家は近いから、すぐに戻って来られると思う。
M：そう？じゃあ、僕が注文しておくよ。オムライスでいいよね？

F：うん。でも、デザートも食べたいんだよね。
M：それはまた後で決めて注文したらどう？さあ、早く行って来て！

예시 女の人はこのあとまず何をしますか。

1 デザートを選ぶ
2 家に帰る
3 図書館に行く
4 注文する

해석 레스토랑에서 남자와 여자가 이야기하고 있습니다. 여자는 이후에 먼저 무엇을 합니까?

F：아~ 배고파! 나는 오므라이스 먹을까?
M：나도 배가 고프네. 무엇을 먹을지 망설여지네. 카레도 돈가스도 맛있어 보이고 말이야…
F：아 어떻게 하지. 오늘 돌려줘야 하는 도서관 책을 집에 잊어버리고 놔두고 와 버렸어.
M：그럼, 다 먹으면 가지러 갈까?
F：음, 지금 가지러 갈게. 요리가 나오기까지 시간이 걸리고 말이야. 집은 가까우니까 금방 돌아올 수 있을 거라고 생각해.
M：그래? 그럼 내가 주문해 둘게. 오므라이스로 괜찮지?
F：응, 근데 디저트도 먹고 싶어.
M：그건 또 나중에 정하고 주문하는 건 어때? 자 어서 갔다 와!

여자는 이후에 먼저 무엇을 합니까?

1 디저트를 고른다
2 집에 돌아간다
3 도서관에 간다
4 주문한다

해설 여자가 이후에 무엇을 하는지 묻는 문제이다. 여자는 오늘까지 돌려줘야 하는 책이 있다고 지금 가지러 간다고 했다. 家は近いから、すぐに戻って来られると思う(집은 가까우니까 금방 돌아올 수 있을 거라고 생각해)라며 먼저 집에 간다는 것을 알 수 있으므로 2번이 정답이다. 디저트를 고르는 것은 나중에 하자고 남자가 말했기 때문에 1번은 정답이 아니다. 도서관에 가는 것은 책을 집에서 가지고 온 다음이므로 3번은 정답이 아니고, 주문을 하는 것은 남자이므로 4번도 정답이 아니다.

단어 お腹(なか)すく 배고프다 | オムライス 오므라이스 | 腹(はら)がへる 배가 고프다 | 迷(まよ)う 망설이다 | カレー 카레 | とんかつ 돈가스 | どうしよう 어떻게 하지 | 返(かえ)す 돌려주다 | 図書館(としょかん) 도서관 | 忘(わす)れる 잊다 | 食(た)べ終(お)わる 다 먹다 | 取(と)る 집다 | すぐに 금방, 바로 | 戻(もど)る 돌아오다 | 注文(ちゅうもん) 주문 | デザート 디저트 | 後(あと)で 나중에 | 決(き)める 정하다 | さあ 자, 어서

🎧 모의고사1_문제1_1번.mp3

男の先生と女の留学生が話しています。女の学生はこれからまず何をしますか。

118

F : 先生、明日の授業は用事が入ったので、出席できなくなってしまいました。
M : そうですか、分かりました。明後日の授業では自分の好きな本をクラスメイトに紹介するので、何か一冊持ってきてくださいね。
F : 本ですね、好きな本はありますが、日本に持ってきてないんです。
M : では、図書館で探してみてはどうですか。もしなければ写真だけでもいいですよ。
F : 多分図書館にはないので、携帯で写真を見せるようにします。
M : 分かりました。それから、写真が見つかったら発表の原稿も準備してくださいね。明日の夜までに私にメールで送ってもらえたら、原稿をチェックしますよ。
F : わかりました。ありがとうございます。

1 女の学生はこれからまず何をしますか。

1 図書館で本を探す
2 本の写真を探す
3 発表の原稿を書く
4 先生にメールをする

해석 남자 선생님과 여자 유학생이 이야기하고 있습니다. 여학생은 이제부터 먼저 무엇을 합니까?

F : 선생님, 내일의 수업은 볼일이 생겨서 출석할 수 없게 되어버렸어요.
M : 그래요? 알겠습니다. 모레의 수업에서는 자신이 좋아하는 책을 반 친구에게 소개할 테니 뭔가 한 권 가져와 주세요.
F : 책 말이지요. 좋아하는 책은 있지만, 일본에 가지고 오지 않았어요.
M : 그럼 도서관에서 찾아보는 건 어때요? 혹시 없으면 사진만으로도 좋아요.
F : 아마 도서관에는 없기 때문에 휴대폰으로 사진을 보여주도록 할게요.
M : 알겠어요. 그리고 사진을 찾으면 발표의 원고도 준비해 주세요. 내일 밤까지 저에게 메일로 보내주면 원고를 체크할게요.
F : 알겠어요. 감사합니다.

여학생은 이제부터 먼저 무엇을 합니까?

1 도서관에서 책을 찾는다
2 책의 사진을 찾는다
3 발표의 원고를 쓴다
4 선생님에게 메일을 보낸다

해설 여학생이 이제부터 먼저 무엇을 하는지 묻는 문제이다. 마지막에 남자가 写真が見つかったら発表の原稿も準備してくださいね。(사진을 찾으면 발표의 원고도 준비해 주세요.)라고 말했기 때문에 순서로 보면 발표 원고 준비보다는 사진을 찾는 것이 먼저이기 때문에 2번이 정답이다. 여자가 도서관에 사진이 없을 것이라고 했기 때문에 1번은 정답이 아니고, 3번과 4번은 책의 사진을 찾은 후에 하는 것이기 때문에 정답이 아니다.

단어 留学生(りゅうがくせい) 유학생 | 用事(ようじ) 볼일, 사정 | 出席(しゅっせき) 출석 | 明後日(あさって) 모레 | クラスメイト 클래스메이트, 반 친구 | 紹介(しょうかい) 소개 | 一冊(いっさつ) 한 권 | 図書館(としょかん) 도서관 | 探(さが)す 찾다 | 写真(しゃしん) 사진 | 携帯(けいたい) 휴대폰 | 発表(はっぴょう) 발표 | 原稿(げんこう) 원고 | 送(おく)る 보내다 | チェック 체크, 확인

🎧 모의고사1_문제1_2번.mp3

教室で男の人と女の人が話しています。男の人はこれから何をしますか。

M : 今週の金曜日、学校終わった後食事に行かない?
F : いいね。どこ行く?
M : うん、まだ決めてないけど、イタリアンとか考えてる。
F : へー、それいいね。誰が来るの?
M : いや、実はまだ誰も誘ってないんだよね。
F : そっか。じゃあクラスメイトに声かけてもらっていいかな? 私はいいレストラン探しとくよ。いいところ見つけたらまた連絡するね。でも早く予約したほうがいいと思うから急いでね。
M : オッケー。それじゃ、よろしくね。

2 男の人はこれから何をしますか。

1 クラスメイトに声をかける
2 レストランを探す
3 レストランに電話する
4 レストランを予約する

해석 교실에서 남자와 여자가 이야기하고 있습니다. 남자는 이제부터 무엇을 합니까?

M : 이번 주의 금요일, 학교 끝난 후 식사하러 가지 않을래?
F : 좋아. 어디 갈래?
M : 음, 아직 정하지는 않았지만 이탈리안 같은 거 생각하고 있어.
F : 오, 그거 좋네. 누가 와?
M : 아니, 사실은 아직 아무도 초대하지 않았어.
F : 그렇구나. 그럼 반 친구에게 말을 걸어줄 수 있을까? 나는 좋은 레스토랑 찾아놓을게. 좋은 곳 발견하면 다시 연락할게. 그래도 빨리 예약하는 편이 좋다고 생각하니까 서둘러.
M : 오케이. 그럼 잘 부탁해.

남자는 이제부터 무엇을 합니까?

1 반 친구에게 말을 건다
2 레스토랑을 찾는다
3 레스토랑에 전화한다
4 레스토랑을 예약한다

해설 남자가 이제부터 무엇을 하는지 묻는 문제이다. 여자가 남자에게 クラスメートに声かけてもらっていいかな(반 친구에게 말을 걸어 줄 수 있을까?)라고 묻자 남자가 オッケー(오케이)라고 대답했기 때문에 1번이 정답이다. 2번은 여자가 하기로 했으며, 3번과 4번은 누가 할지 아직 정하지 않았으므로 정답이 아니다.

단어 終(お)わる 끝나다 | 食事(しょくじ) 식사 | イタリアン 이탈리안 (요리) | 誘(さそ)う 권유하다, 초대하다 | クラスメート 클래스 메이트, 반 친구 | 声(こえ)をかける 말을 걸다 | 探(さが)す 찾다 | 見(み)つける 발견하다 | 連絡(れんらく) 연락 | 予約(よやく) 예약 | 急(いそ)ぐ 서두르다

🎧 모의고사1_문제1_3번.mp3

男の先生と女の学生が話しています。女の学生は今週の木曜日の午前に何をしますか。

F：あの、先生。木曜日の午前の授業のことなんですが、その日の午前にアルバイトの面接をすることになったので、授業に出られなくなりました。

M：どうしてアルバイトの面接をその時間にしたんですか。その日はグループで発表があるので、出ないといけませんよ。面接の時間は変えられないんですか。

F：いえ、今週だと木曜日のその時間しかできないと言われたんです。

M：そうですか。でももし木曜日の授業に出なければ、発表の成績はつきませんが、よろしいですか。

F：え、それは困ります。アルバイト先に電話して、面接は別の日に変えてもらいます。

3 女の学生は今週の木曜日の午前に何をしますか。

1 授業に出る
2 アルバイトに行く
3 面接に行く
4 アルバイト先に電話する

해석 남자 선생님과 여자 학생이 이야기하고 있습니다. 여자 학생은 이번 주의 목요일의 오전에 무엇을 합니까?

F：저, 선생님. 목요일의 오전의 수업 말인데요, 그날의 오전에 아르바이트의 면접을 하기로 되어서 수업에 나올 수 없게 되었습니다.
M：왜 아르바이트의 면접을 그 시간에 했나요? 그날은 그룹으로 발표가 있어서 나오지 않으면 안 돼요. 면접의 시간은 바꿀 수 없나요?
F：아니요, 이번 주라면 목요일의 그 시간밖에 안된다고 들었습니다.
M：그렇습니까? 하지만 만약 목요일의 수업에 안 나오면, 발표의 성적은 안 나오는데 괜찮은가요?
F：아, 그건 곤란합니다. 아르바이트 처에 전화해서 면접은 다른 날로 바꿔달라고 하겠습니다.

여자 학생은 이번 주의 목요일의 오전에 무엇을 합니까?

1 수업에 나간다
2 아르바이트에 간다
3 면접에 간다
4 아르바이트 처에 전화한다

해설 여자 학생이 이번 주 목요일 오전에 무엇을 하는지 묻는 문제이다. 여자는 처음에 면접 때문에 목요일 오전 수업에 못 나온다고 말했지만 남자가 もし木曜日の授業に出なければ、発表の成績はつきませんが、よろしいですか(만약 목요일의 수업에 안 나오면, 발표의 성적은 안 나오는데 괜찮은가요?)라고 하자 곤란하다며 面接は別の日に変えてもらいます(면접은 다른 날로 바꿔달라고 하겠습니다)라고 말했다. 따라서 1번이 정답이다.

단어 午前(ごぜん) 오전 | アルバイト 아르바이트 | 面接(めんせつ) 면접 | 出(で)る 나가다 | グループ 그룹 | 発表(はっぴょう) 발표 | もし 만약 | 成績(せいせき) 성적 | 付(つ)く 붙다 | 困(こま)る 곤란하다 | アルバイト先(さき) 아르바이트 처 | 別(べつ)の日(ひ) 다른 날

🎧 모의고사1_문제1_4번.mp3

男の人と女の人が話しています。男の人はこれからまずどこへ行きますか。

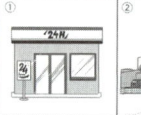   

M：ちょっとコンビニでタバコ買って来るよ。何か買うものある？
F：じゃあ、夕飯の材料買ってきてもらっていい？玉ねぎとにんじんとお肉をお願い。
M：でもあそこのコンビニ、肉は売ってないよ。
F：本当？じゃあちょっと遠いけど、スーパーまで行ってもらえる？
M：分かった。じゃあ行ってくるよ。
F：あ、ちょっと待って。スーパーに行く途中に八百屋があるでしょ。そこで野菜買ってくれない？スーパーで買うより安いから。
M：分かったよ。あそこって何時まで開いてる？
F：5時までだよ。
M：え、じゃあもうすぐ閉まっちゃうね。急いで行ってくるよ。

4 男の人はこれからまずどこへ行きますか。

1 コンビニ
2 スーパー
3 肉屋
4 八百屋

해석 남자와 여자가 이야기하고 있습니다. 남자는 이제부터 먼저 어디에 갑니까?

M : 잠깐 편의점에서 담배 사 올게. 뭐 살 거 있어?
F : 그럼 저녁 식사의 재료 사 와 줄 수 있어? 양파랑 당근이랑 고기를 부탁해.
M : 하지만 저기 편의점, 고기는 팔지 않아.
F : 정말? 그럼 좀 멀긴 한데 슈퍼까지 가줄 수 있어?
M : 알았어. 그럼 갔다 올게.
F : 아, 잠깐만 기다려. 슈퍼에 가는 도중에 채소 가게가 있잖아. 거기서 채소 사다 주지 않을래? 슈퍼에서 사는 것보다 저렴하니까.
M : 알았어. 거긴 몇 시까지 열어?
F : 5시까지야.
M : 뭐? 그럼 이제 곧 닫히겠네. 서둘러 다녀올게.

남자는 이제부터 먼저 어디에 갑니까?

1 편의점
2 슈퍼
3 정육점
4 채소 가게

해설 남자가 이제부터 먼저 어디로 가는지 묻는 문제이다. 여자가 スーパーに行く途中に八百屋があるでしょ。そこで野菜買ってくれない？(슈퍼에 가는 도중에 채소 가게가 있잖아. 거기서 채소 사다 주지 않을래?)라며 슈퍼와 채소 가게에 가도록 부탁하자 남자가 채소 가게의 영업시간을 확인한 후 じゃあもうすぐ閉まっちゃうね。急いで行ってくるよ(그럼 이제 곧 닫히겠네. 서둘러 다녀올게)라고 대답했다. 따라서, 우선 채소 가게에 간다는 것을 알 수 있으므로 4번이 정답이다.

단어 コンビニ 편의점 | タバコ 담배 | 夕飯(ゆうはん) 저녁식사 | 材料(ざいりょう) 재료 | 玉(たま)ねぎ 양파 | にんじん 당근 | お肉(にく) 고기 | 売(う)る 팔다 | スーパー 슈퍼 | 遠(とお)い 멀다 | 途中(とちゅう) 도중 | 八百屋(やおや) 채소 가게 | 野菜(やさい) 채소 | 開(あ)く 열다 | 閉(し)まる 닫히다 | 急(いそ)ぐ 서두르다 | 肉屋(にくや) 정육점

🎧 모의고사1_문제1_5번.mp3

男の人と女の人が話しています。女の人は金曜日の夜、何時にレストランに来ますか。

M : 伊藤さん、今週の金曜日の夜って空いてる？クラブのメンバーで食事に行くんだけど、よかったら来ない？
F : 本当？行きたい。何時から？
M : 駅の前に新しいレストランがあるでしょ。あそこで7時からだよ。
F : あー、ごめん。私その日8時まで仕事だから、間に合わないかな。
M : そっか、じゃあ伊藤さんが間に合う時間に変えようか？8時30分なら間に合う？

F : 8時からで大丈夫だよ。働いてるお店駅に近いから、仕事終わって10分ぐらいでそっちに着くと思う。
M : オッケー、じゃあその時間によろしくね。

5 女の人は金曜日の夜、何時にレストランに来ますか。

1 8時
2 8時10分
3 8時20分
4 8時30分

해석 남자와 여자가 이야기하고 있습니다. 여자는 금요일의 밤, 몇 시에 레스토랑에 옵니까?

M : 이토 씨, 이번 주 금요일의 밤 비어 있어? 클럽의 멤버로 식사하러 갈건데 괜찮으면 안 올래?
F : 정말? 가고 싶어. 몇 시부터?
M : 역의 앞에 새로운 레스토랑이 있잖아. 거기서 7시부터야.
F : 아, 미안해. 나 그날 8시까지 일이니까, 못 맞출 것 같아.
M : 그렇구나, 그럼 이토 씨가 맞출 수 있는 시간으로 바꿀까? 8시 30분이면 맞출 수 있어?
F : 8시부터면 괜찮아. 일하고 있는 가게 역에 가까우니까, 일 끝나고 10분 정도면 그쪽으로 도착할 거야
M : 오케이. 그럼 그 시간에 잘 부탁해.

여자는 금요일의 밤, 몇 시에 레스토랑에 옵니까?

1 8시
2 8시 10분
3 8시 20분
4 8시 30분

해설 여자가 금요일 밤 몇 시에 레스토랑에 오는지 묻는 문제이다. 여자가 일이 끝나는 시간이 8시라고 하자 남자가 8시 30분이라면 맞출 수 있는지 물었습니다. 이에 대해 여자가 8시からで大丈夫だよ。働いてるお店駅に近いから、仕事終わって10分ぐらいでそっちに着くと思う(8시부터면 괜찮아. 일하고 있는 가게 역에 가까우니까, 일 끝나고 10분 정도면 거기 도착할 거야)라고 했기 때문에 2번 8시 10분이 정답이다.

단어 夜(よる) 밤 | 空(あ)く 비다 | クラブ 클럽 | メンバー 멤버 | 食事(しょくじ) 식사 | 新(あたら)しい 새롭다 | 間(ま)に合(あ)う (시간에) 맞추다 | 変(か)える 바꾸다 | 大丈夫(だいじょうぶ)だ 괜찮다 | 働(はたら)く 일하다 | 終(お)わる 끝나다 | ぐらい 정도 | そっち 그쪽 | 着(つ)く 도착하다 | オッケー 오케이

🎧 모의고사1_문제1_6번.mp3

女の人がジムの受付で係の人と話しています。女の人はいくら払いますか。

F : ジムに通いたいんですが、料金プランってどんなのがありますか。

M : 毎月4回までご利用いただける5,000円のプランと、毎月8回までご利用いただける8,000円のプラン、それから毎月何回でもご利用いただける10,000円のプランがございます。

F : そうですか、毎月4回だと1週間に1回しか来れないですよね。それだと満足できないので、毎月8回のプランでお願いします。

M : 分かりました。初めて料金をお支払いいただくお客様は3,000円必要ですが、今日お支払いいただければ1,000円安くなりますよ。

F : じゃあ、今払います。

6 女の人はいくら払いますか。

1　7,000円
2　8,000円
3　10,000円
4　11,000円

해석　여자가 헬스장의 접수처에서 담당자와 이야기하고 있습니다. 여자는 얼마를 지불합니까?

F : 헬스장에 다니고 싶습니다만, 요금 플랜은 어떤 것이 있습니까?
M : 매월 4회까지 이용하실 수 있는 5,000엔 플랜과, 매월 8회까지 이용하실 수 있는 8,000엔 요금 플랜, 그리고 매달 몇 회든지 이용하실 수 있는 10,000엔 요금 플랜이 있습니다.
F : 그렇군요. 매달 4회라면 일주일에 한 번밖에 못 오겠네요. 그거라면 만족할 수 없기 때문에 매월 8회의 플랜으로 부탁드립니다.
M : 알겠습니다. 처음 요금을 지불하시는 고객님은 3000엔 필요하지만, 오늘 지불하시면 1000엔 저렴해집니다.
F : 그럼, 지금 지불하겠습니다.

여자는 얼마를 지불합니까?

1 7,000엔
2 8,000엔
3 10,000엔
4 11,000엔

해설　여자가 얼마를 지불하는지 묻는 문제이다. 여자가 헬스장의 접수처에서 매월 8회 플랜으로 선택하자 담당자가 初めて料金をお支払いいただくお客様は3,000円必要ですが、今日お支払いいただければ1,000円安くなりますよ(처음 요금을 지불하시는 고객님은 3,000엔 필요하지만, 오늘 지불하시면 1,000엔 저렴해집니다)라고 말했다. 여자는 지금 지불한다고 말했기 때문에 8,000엔에 입회금 2,000엔을 더한 금액을 지불하므로 3번 10,000엔이 정답이다.

단어　ジム 짐, 헬스장｜受付(うけつけ) 접수처｜係(かかり)の人(ひと) 담당자｜通(かよ)う 다니다｜料金(りょうきん) 요금｜プラン 플랜, 계획｜毎月(まいつき) 매월｜利用(りよう) 이용｜~しか ~밖에｜満足(まんぞく) 만족｜お願(ねが)いする 부탁하다｜初(はじ)めて 처음으로｜お支払(しはら)い 결제｜お客様(きゃくさま) 손님, 고객｜必要(ひつよう)だ 필요하다｜払(はら)う 지불하다

문제2　문제2에서는, 먼저 질문을 들어주세요. 그 후, 문제 용지를 봐주세요. 읽을 시간이 있습니다. 그리고 이야기를 듣고, 문제 용지의 1부터 4 중에서, 가장 알맞은 것을 하나 고르세요.

🎧 모의고사1_문제2_예시.mp3

男の学生と女の学生が話しています。男の学生はどうして勉強ができなかったのですか。

M : はあ、今回のテスト全然できなかったよ。勉強する時間が少なかったのが問題だな。
F : 珍しいね。どうしたの？あ、分かった。ゲームばかりしてたんでしょ。
M : うん、確かにゲームもしたな。でも勉強に飽きた時に1回だけしかしてないよ。
F : 本当に？じゃあ、他に理由があるみたいね。
M : 実はアルバイトのせいなんだ。テスト前で休みにしてもらっていたんだけど、急に辞めてしまった子がいるから手伝ってほしいと言われてしまって…。
F : あら、それは大変だったね。
M : 今回はしょうがない。でも次のテストは絶対にいい点を取らなきゃ！

예시 男の学生はどうして勉強ができなかったのですか。

1　アルバイトをしていたから
2　ゲームをしていたから
3　勉強に飽きてしまったから
4　友達を手伝っていたから

해석　남자 학생과 여자 학생이 이야기하고 있습니다. 남자 학생은 왜 공부를 할 수 없었습니까?

M : 에휴, 이번 시험 엄청 못쳤어. 공부할 시간이 적었던 것이 문제네.
F : 별일이네. 무슨 일이야? 아 알았다. 게임만 하고 있었지?
M : 응, 확실히 게임도 했어. 하지만 공부에 질렸을 때에 한 번밖에 하지 않았어.
F : 정말? 그럼 다른 이유가 있는 것 같네.
M : 사실은 아르바이트 때문이야. 시험 전이어서 휴일로 해줬었는데, 갑자기 그만둬버린 아이가 있으니까 도와줬으면 좋겠다고 들어서 말이야…
F : 어머, 그건 힘들었겠네.
M : 이번에는 어쩔 수 없어. 하지만 다음 시험은 절대로 좋은 점수를 내지 않으면!

남자 학생은 왜 공부를 할 수 없었습니까?

1 아르바이트를 하고 있었기 때문에
2 게임을 하고 있었기 때문에
3 공부에 질려 버렸기 때문에

4 친구를 도와주었기 때문에

해설 남자 학생이 왜 공부를 할 수 없었는지 묻는 문제이다. 남자는 実は(사실은)이라고 말을 꺼내면서 아르바이트 때문이라고 말하고 있기 때문에 1번이 정답이다. 확실히 게임도 했지만 공부에 질렸을 때 한 번만 했다고 했으므로 2번은 정답이 아니다. 공부에 질린 적은 있지만 그 이유가 공부를 할 수 없는 이유라고는 말하지 않았기 때문에 3번도 정답이 아니고, 친구를 도와주었다는 언급도 없으므로 4번도 정답이 아니다.

단어 全然(ぜんぜん) 전혀 | 少(すく)ない 적다 | 問題(もんだい) 문제 | 珍(めずら)しい 드물다, 별일이다 | ばかり 만, 뿐 | 本当(ほんとう)に 정말로 | 他(ほか)に 다른 | 理由(りゆう) 이유 | 実(じつ)は 사실은 | アルバイト 아르바이트 | 〜せい 〜탓 | 急(きゅう)に 갑자기 | 辞(や)める 그만두다 | 子(こ) 아이 | 手伝(てつだ)う 도와주다 | あら 어머, 어라 | 次(つぎ) 다음 | 絶対(ぜったい)に 절대로 | 点(てん)を取(と)る 점수를 내다

🎧 모의고사1_문제2_1번.mp3

男(おとこ)の人(ひと)と女(おんな)の人(ひと)が話(はな)しています。男(おとこ)の人(ひと)がテニスをやめた一番(いちばん)の理由(りゆう)は何(なん)ですか。

F:田中(たなか)くんって何(なに)かスポーツやってる？
M:いや、今(いま)はやってないけど高校(こうこう)までテニスしてたよ。
F:えー、本当(ほんとう)？私(わたし)もテニスやってたよ。でもどうしてやめちゃったの？やっぱり勉強(べんきょう)忙(いそが)しくなったから？
M:うん、たしかに勉強(べんきょう)忙(いそが)しかったし、アルバイトもやってたから、忙(いそが)しくてテニスやってる時間(じかん)もあんまりなかったけど。でもやめたのはけがをしたからなんだ。
F:そうだったんだ。
M:まあ、テニスやめて勉強(べんきょう)に集中(しゅうちゅう)できたからよかったかも。それに、元々(もともと)コーチと仲(なか)悪(わる)かったから、やめてストレスも減(へ)ったよ。

2 男(おとこ)の人(ひと)がテニスをやめた一番(いちばん)の理由(りゆう)は何(なん)ですか。

1 勉強(べんきょう)が忙(いそが)しかったから
2 アルバイトをしていたから
3 けがをしたから
4 コーチと仲(なか)が悪(わる)かったから

해석 남자와 여자가 이야기하고 있습니다. 남자가 테니스를 그만둔 가장 큰 이유는 무엇입니까?

F:다나카 군은 뭔가 스포츠 하고 있어?
M:아니, 지금은 하고 있지 않지만 고등학교까지 테니스 했었어.
F:오, 정말? 나도 테니스 했었어. 근데 왜 그만둬버렸어? 역시 공부 바빠져서?
M:응, 확실히 공부 바빴고 아르바이트도 했었기 때문에 바빠서 테니스 하고 있을 시간도 별로 없었지만. 하지만 그만둔 것은 다쳤기 때문이야.
F:그랬구나.
M:뭐 테니스 그만두고 공부에 집중할 수 있어서 다행이었을지도. 게다가 원래 코치와 사이 나빴기 때문에 그만두고 스트레스도 줄었어.

남자가 테니스를 그만둔 가장 큰 이유는 무엇입니까?

1 공부하느라 바빴기 때문에
2 아르바이트를 하고 있었기 때문에
3 다쳤기 때문에
4 코치와 사이가 안 좋았기 때문에

해설 남자가 테니스를 그만둔 가장 큰 이유가 무엇인지 묻는 문제이다. 여자가 남자에게 테니스를 그만둔 이유에 대해 묻자, 남자가 でもやめたのはけがをしたからなんだ。(하지만 그만둔 것은 다쳤기 때문이야.)라고 말했기 때문에 3번이 정답이다. 그전에 たしかに勉強忙しかったし、アルバイトもやってたから、忙しくてテニスやってる時間もあんまりなかったけど。(확실히 공부 바빴고 아르바이트도 했었기 때문에 바빠서 테니스 하고 있을 시간도 별로 없었지만.)라고 했으므로 1, 2번도 테니스를 할 시간이 없었던 이유가 된 것은 맞지만 그 이후에 진짜 이유를 이야기했으므로 정답이 아니다. 4번은 테니스를 그만둔 이유가 아니라 스트레스가 줄은 이유이므로 정답이 아니다.

단어 テニス 테니스 | 辞(や)める 그만두다 | 理由(りゆう) 이유 | スポーツ 스포츠 | アルバイト 아르바이트 | あんまり 별로 | けがをする 다치다, 부상당하다 | 集中(しゅうちゅう) 집중 | 元々(もともと) 원래 | コーチ 코치 | 仲(なか) 사이 | 悪(わる)い 나쁘다 | ストレス 스트레스 | 減(へ)る 줄다

🎧 모의고사1_문제2_2번.mp3

クラスで女(おんな)の先生(せんせい)が話(はな)しています。先生(せんせい)は大学生(だいがくせい)のころ、テストの前(まえ)は何(なに)をしていたと言(い)っていますか。

F:みなさん、テストの前(まえ)はどうしていますか。前(まえ)の日(ひ)の夜(よる)遅(おそ)くまで勉強(べんきょう)する人(ひと)もいるでしょう。実(じつ)は、私(わたし)も高校生(こうこうせい)の時(とき)はそうでした。でも、夜遅(よるおそ)くまで起(お)きていると、次(つぎ)の日(ひ)の朝(あさ)眠(ねむ)いし、疲(つか)れますよね。それで先生(せんせい)は、大学(だいがく)ではテストの前(まえ)の日(ひ)は早(はや)く寝(ね)て、朝早(あさはや)く起(お)きて勉強(べんきょう)するようにしました。すると、朝(あさ)気持(きも)ちよく起(お)きられて、朝(あさ)の時間(じかん)に勉強(べんきょう)できますし、テストでも集中(しゅうちゅう)できます。みなさんもぜひ試(ため)してみてください。もちろん、深呼吸(しんこきゅう)するのもいいですよ。

2 先生(せんせい)は大学生(だいがくせい)のころ、テストの前(まえ)は何(なに)をしていたと言(い)っていますか。

1 早(はや)く寝(ね)ていた
2 深呼吸(しんこきゅう)していた

123

3 寝ないで勉強していた
4 夜遅くまで勉強していた

해석 반에서 여자 선생님이 이야기하고 있습니다. 선생님은 대학생 때 시험의 전에는 무엇을 했다고 말하고 있습니까?

F : 여러분, 시험의 전에는 어떻게 하고 있나요? 전날 밤늦게까지 공부하는 사람도 있겠죠. 실은 저도 고등학생 때는 그랬어요. 하지만 밤늦게까지 깨어 있으면 다음날의 아침 졸리고 피곤하죠. 그래서 선생님은 대학에서는 시험의 전날에는 일찍 자고 아침 일찍 일어나 공부하도록 했어요. 그러면 아침에 기분 좋게 일어날 수 있어서, 아침 시간에 공부할 수 있고 시험에서도 집중할 수 있어요. 여러분도 꼭 시도해 보세요. 물론 심호흡하는 것도 좋아요.

선생님은 대학생 때 시험의 전에는 무엇을 했다고 말하고 있습니까?

1 일찍 잤었다
2 심호흡했었다
3 자지 않고 공부했었다
4 밤늦게까지 공부했었다

해설 선생님이 대학생 때 시험의 전에 무엇을 했는지 묻는 문제이다. 선생님도 고등학생 때는 시험 전 날에 밤늦게까지 공부했었지만 대학에서는 テストの前の日は早く寝て、朝早く起きて勉強するようにしました(시험의 전날에는 일찍 자고 아침 일찍 일어나 공부하도록 했어요)라고 했다. 따라서 1번이 정답이다.

단어 クラス 클래스, 반 | ころ 때, 무렵 | 夜(よる) 밤 | 眠(ねむ)い 졸리다 | 疲(つか)れる 지치다, 피로해지다 | 気持(きも)ちよい 기분 좋다 | 集中(しゅうちゅう) 집중 | ぜひ 아무쪼록, 제발, 꼭 | 試(ため)す 시도하다 | 深呼吸(しんこきゅう) 심호흡 | ゆっくり 천천히 | 息(いき) 숨

🎧 모의고사1_문제2_3번.mp3

男の人と女の人が話しています。男の人は今年の春にどこへ行きますか。

F : キムさんは、もう日本を旅行しましたか。
M : はい、日本に来てもう一年たつので、たくさんの場所に行きましたよ。先週は日本人の友達と鎌倉に行きました。先生は行ったことがありますか。
F : ええ、何度もありますよ。鎌倉の海がきれいですよね。でも私が一番好きな場所は、沖縄です。沖縄の海もとてもきれいですよ。
M : 沖縄ですか。まだ行ったことがありませんが、今年の夏に行こうと思っています。
F : 沖縄に行くなら春がいいですよ。夏はとても暑いですし、人が多いですから。
M : そうですか。じゃあ、夏に行くと大変ですね。でも実は、春は北海道に行く予定なんです。
F : それは楽しみですね。でも北海道はまだ雪が残っていると思いますから、気を付けてくださいね。
M : はい、ありがとうございます。

3 男の人は今年の春にどこへ行きますか。

1 鎌倉
2 京都
3 沖縄
4 北海道

해석 남자와 여자가 이야기하고 있습니다. 남자는 올해의 봄에 어디로 갑니까?

F : 김 씨는 벌써 일본을 여행했습니까?
M : 네, 일본에 온 지 벌써 1년이 지나기 때문에 많은 장소에 갔어요. 지난주에는 일본인 친구와 가마쿠라에 갔어요. 선생님은 간 적이 있나요?
F : 네, 몇 번이나 있어요. 가마쿠라는 바다가 아름답죠. 하지만 제가 가장 좋아하는 장소는 오키나와예요. 오키나와의 바다도 매우 예뻐요.
M : 오키나와 말입니까? 아직 가본 적이 없습니다만, 올해의 여름에 가려고 생각하고 있어요.
F : 오키나와에 간다면 봄이 좋아요. 여름은 너무 덥고 사람이 많으니까요.
M : 그렇습니까, 그럼 여름에 가면 힘들겠네요. 근데 실은, 봄에는 홋카이도에 갈 예정이에요.
F : 그건 기대되겠네요. 하지만 홋카이도는 아직 눈이 남아 있다고 생각하기 때문에 조심해 주세요.
M : 네, 감사합니다.

남자는 올해의 봄에 어디로 갑니까?

1 가마쿠라
2 교토
3 오키나와
4 홋카이도

해설 남자가 올해의 봄에 어디로 가는지 묻는 문제이다. 남자가 올해 여름에 오키나와에 가려고 한다고 하자, 여자가 오키나와의 여름은 너무 더우니 봄에 가는 게 좋다고 말했다. 그러자 남자가 でも実は、春は北海道に行く予定なんです。(근데 실은, 봄에는 홋카이도에 갈 예정이에요.)라고 말했으므로 남자가 올해 봄에 홋카이도에 간다는 사실을 알 수 있다. 따라서 4번이 정답이다.

단어 今年(ことし) 올해 | 春(はる) 봄 | たつ (시간·때가) 지나다, 경과하다 | 鎌倉(かまくら) 가마쿠라(일본 지명) | 何度(なんど)も 몇 번이나 | 沖縄(おきなわ) 오키나와(일본 지명) | 夏(なつ) 여름 | 暑(あつ)い 덥다 | 大変(たいへん)だ 힘들다 | 実(じつ)は 실은, 사실은 | 北海道(ほっかいどう) 홋카이도(일본 지명) | 予定(よてい) 예정 | 楽(たの)しみ 기대, 즐거움 | 雪(ゆき) 눈 | 残(のこ)る 남다 | 気(き)を付(つ)ける 조심하다, 신경 쓰다 | 京都(きょうと) 교토(일본 지명)

🎧 모의고사1_문제2_4번.mp3

男の人と女の人が話しています。男の人が日曜日にしたいことは何ですか。

F：今週の日曜日どうする？海でも行く？
M：そうだね、天気が良ければ行きたいんだけど。
F：じゃあ、デパートで買い物とかは？
M：うーん、お金があればそうしたいんだけどね。
F：なら買わないで見るだけでもいいんじゃない？
M：見てると買いたくなるんだけどな。それよりのんびり映画でも見ようよ。
F：映画館だね。
M：映画館はちょっとここから遠いよ。それに日曜日は雨だしね。

4 男の人が日曜日にしたいことは何ですか。

1 海に行きたい
2 デパートに行きたい
3 映画館へ行きたい
4 家で映画を見たい

해석　남자와 여자가 이야기하고 있습니다. 남자가 일요일에 하고 싶은 일은 무엇입니까?

　　F：이번 주 일요일 어떻게 할까? 바다라도 갈까?
　　M：그렇네, 날씨가 좋으면 가고 싶긴 한데.
　　F：그럼 백화점에서 쇼핑 같은 건?
　　M：음, 돈이 있으면 그러고 싶긴 한데.
　　F：그럼 사지 말고 보는 것만으로도 괜찮지 않아?
　　M：보고 있으면 사고 싶어지는데. 그것보다 느긋하게 영화나 보자.
　　F：영화관이네.
　　M：영화관은 좀 여기서 멀어. 게다가 일요일은 비이기도 하고.

남자가 일요일에 하고 싶은 일은 무엇입니까?

1 바다에 가고 싶다
2 백화점에 가고 싶다
3 영화관에 가고 싶다
4 집에서 영화를 보고 싶다

해설　남자가 일요일에 하고 싶은 일이 무엇인지 묻는 문제이다. 남자는 바다와 백화점 쇼핑을 제안한 여자에게 それよりのんびり映画でも見ようよ. (그것보다 느긋하게 영화나 보자.)라고 말했으므로 1, 2번은 정답이 아니다. 남자는 이어서 영화관을 말한 여자에게 映画館はちょっとここから遠いよ. それに日曜日は雨だしね. (영화관은 좀 여기서 멀어. 게다가 일요일은 비이기도 하고.)라고 말했기 때문에 영화관에 가고 싶어 하지 않는다는 것을 알 수 있다. 따라서 3번은 정답이 아니고, 4번이 정답이다.

단어　今週(こんしゅう) 이번 주 | 海(うみ) 바다 | ~でも ~라도 | 天気(てんき) 날씨 | デパート 백화점 | 買(か)い物(もの) 쇼핑 | のんびり 유유히, 한가로이 | 映画(えいが) 영화 | 映画館(えいがかん) 영화관 | 遠(とお)い 멀다

🎧 모의고사1_문제2_5번.mp3

男の人と女の人が話しています。男の人は発表資料のどこを直してほしいと言っていますか。

F：社長、明日の発表資料、もうチェックしていただけましたか。
M：うん、さっき見たよ。お疲れ様でした。
F：内容は分かりやすいですか。
M：そうだね、ていねいに作ってあるし。
F：そうですか。文字の量と大きさも大丈夫でしょうか。
M：文字の量がちょっと多いかなと思うけど、大きさはちょうどいいから、そこだけ直したら大丈夫だよ。
F：あ、分かりました。あとは、写真を多めに入れたのですが、あれだと多すぎますか。
M：いいんじゃない？たくさんある方が分かりやすいしね。

5 男の人は発表資料のどこを直してほしいと言っていますか。

1 内容
2 文字の量
3 写真の量
4 文字のおおきさ

해석　남자와 여자가 이야기하고 있습니다. 남자는 발표 자료의 어디를 고쳐주길 바란다고 말하고 있습니까?

　　F：사장님, 내일의 발표 자료, 벌써 체크하셨나요?
　　M：응, 아까 봤어. 수고했습니다.
　　F：내용은 알기 쉽습니까?
　　M：그렇네, 정성스럽게 만들어 놓기도 했고.
　　F：그렇습니까? 글자의 양과 크기도 괜찮을까요?
　　M：글자의 양이 좀 많은가 하고 생각하지만, 크기는 딱 좋으니까 거기만 고치면 괜찮아.
　　F：아, 알겠습니다. 나머지는 사진을 넉넉히 넣었는데, 그거면 너무 많을까요?
　　M：괜찮지 않아? 많이 있는 편이 알기 쉽기도 하고 말이야.

남자는 발표 자료의 어디를 고쳐주길 바란다고 말하고 있습니까?

1 내용
2 글자의 양
3 사진의 양
4 글자의 크기

해설　남자가 발표 자료의 어디를 고쳐주길 바란다고 말하고 있는지 묻는

문제이다. 남자가 文字の量がちょっと多いかなと思うけど、大きさはちょうどいいから、そこだけ直したら大丈夫だよ(글자의 양이 좀 많은가 하고 생각하지만, 크기는 딱 좋으니까 거기만 고치면 괜찮아)라고 말했으므로 2번이 정답이다. 내용은 알기 쉽고 정성스럽게 만들어 놓았다고 했으므로 1번은 정답이 아니고, 사진의 양과 글자의 크기도 괜찮다고 했으므로 3번과 4번도 정답이 아니다.

단어 発表(はっぴょう) 발표 | 資料(しりょう) 자료 | 直(なお)す 고치다 | 社長(しゃちょう) 사장 | チェック 체크, 점검 | 内容(ないよう) 내용 | 分(わ)かる 알다 | ていねいに 정성껏 | 文字(もじ) 글자, 문자 | 量(りょう) 양 | 大(おお)きさ 크기 | 写真(しゃしん) 사진 | 多(おお)め 넉넉히, 좀 많은 정도 | 入(い)れる 넣다

🎧 모의고사1_문제2_6번.mp3

男の人と女の人が話しています。女の人が去年、名古屋に行った目的は何ですか。

F: 山田君、今度仕事で名古屋行くんだって？
M: そうだよ。名古屋に行くの初めてだから、余った時間に何しようか考えてるんだよね。鈴木さんは名古屋行ったことある？
F: うん、あるよ。お城が有名だから見てきたら？あ、あと博物館も有名だよ。
M: そうなんだ、色々見るところあるんだね。博物館けっこう好きだから、時間あるときに行ってみようかな。
F: うん、いいと思うよ。実は私友達に会いに行ったんだけど、結局会えなくて博物館ばかり見てたよ。まあ、おいしいもの食べれてよかったかな。

6 女の人が去年、名古屋に行った目的は何ですか。
1 友達に会う
2 博物館を見る
3 お城を見る
4 おいしいものを食べる

해석 남자와 여자가 이야기하고 있습니다. 여자가 작년, 나고야에 간 목적은 무엇입니까?

F: 야마다 군, 이번에 일로 나고야 간다면서?
M: 맞아. 나고야에 가는 거 처음이니까, 남은 시간에 뭐 할까 생각하고 있어. 스즈키 씨는 나고야 간 적 있어?
F: 응, 있어. 성이 유명하니까 보고 오는 건 어때? 아, 그리고 박물관도 유명해.
M: 그렇구나, 여러 가지 볼 곳이 있구나. 박물관 꽤 좋아하니까 시간 있을 때 가볼까나?
F: 응, 좋다고 생각해. 실은 나 친구 만나러 갔는데 결국 만나지 못해서 박물관만 봤어. 뭐, 맛있는 거 먹을 수 있어서 다행이었지.

여자가 작년, 나고야에 간 목적은 무엇입니까?
1 친구를 만난다
2 박물관을 본다
3 성을 본다
4 맛있는 것을 먹는다

해설 여자가 작년에 나고야에 간 목적이 무엇인지 묻는 문제이다. 여자가 작년에 나고야에 간 일에 대해 実は私達に会いに行ったんだけど、(실은 나 친구 만나러 갔는데)라고 했으므로 1번이 정답이다. 나머지 선택지는 나고야의 유명한 것이나 여자가 작년에 나고야에서 했던 일이긴 하지만, 여자가 당초 나고야에 간 목적은 아니므로 정답이 아니다.

단어 去年(きょねん) 작년 | 名古屋(なごや) 나고야(일본 지명) | 目的(もくてき) 목적 | 今度(こんど) 이번, 다음 번 | 初(はじ)めて 처음으로 | 余(あま)る 남다 | お城(しろ) 성 | 博物館(はくぶつかん) 박물관 | けっこう 꽤 | 色々(いろいろ) 여러 가지 | 実(じつ)は 실은, 사실은 | 結局(けっきょく) 결국 | ～ばかり ~만, ~뿐

문제3 문제3에서는, 문제 용지에 아무것도 인쇄되어 있지 않습니다. 이 문제는, 전체로서 어떤 내용인지 듣는 문제입니다. 이야기 전에 질문은 없습니다. 먼저 이야기를 들어주세요. 그리고, 질문과 선택지를 듣고, 1부터 4 중에서, 가장 알맞은 것을 하나 고르세요.

🎧 모의고사1_문제3_예시.mp3

男の人と女の人が話しています。

M: 山田さん、今日のお昼ご飯もお弁当を持って来たんだね！すごいなあ。
F: そんなにすごいことじゃないよ。
M: 僕は料理が苦手だから、いつも外食してるんだ。
F: 外食ならその日の気分で好きなものを食べることができるよね。
M: うんうん。あ！明日はみんなで外食するのはどう？
F: そうね…。でも私、節約中なのよ。
M: あ、なるほど、お弁当の方が外食よりも節約になるのかあ。
F: そうそう！確かに外食はおいしいけど、お弁当の方が節約できるし、料理もうまくなるし…。
M: じゃあ、僕も明日からお弁当を頑張って作ってみようかな。

예시 女の人はお弁当についてどう思っていますか。
1 料理するのは面倒くさい
2 好きなものを食べられる
3 外食よりおいしい
4 節約できる

해석　남자와 여자가 이야기하고 있습니다.

　　M：야마다 씨, 오늘 점심밥도 도시락을 가지고 왔구나! 대단해.
　　F：그렇게 대단한 건 아니야.
　　M：나는 요리를 못하니까, 항상 외식하고 있어.
　　F：외식이라면 그날 기분으로 좋아하는 것을 먹을 수 있지?
　　M：응응. 아~ 내일은 모두 함께 외식하는 건 어때?
　　F：그렇네…. 하지만 나, 절약 중이야.
　　M：아, 그렇구나, 도시락 쪽이 외식보다도 절약이 되는 건가.
　　F：맞아 맞아! 확실히 외식은 맛있지만, 도시락이 더 절약할 수 있고, 요리도 능숙해지고….
　　M：그럼 나도 내일부터 도시락 힘내서 만들어 볼까?

여자는 도시락에 대해서 어떻게 생각하고 있습니까?

1 요리하는 것이 귀찮다
2 좋아하는 것을 먹을 수 있다
3 외식보다 맛있다
4 절약할 수 있다

해설　여자가 도시락에 대해서 어떻게 생각하고 있는지 묻는 문제이다. 여자는 お弁当の方が節約できるし、料理もうまくなるし…。(도시락이 더 절약할 수 있고, 요리도 능숙해지고….)라고 말했다. 따라서 4번이 정답이다. 요리하는 것이 귀찮다고는 말하지 않았으므로 1번은 정답이 아니고, 좋아하는 것을 먹을 수 있는 것은 외식이므로 2번도 정답이 아니다. 외식보다 맛있다는 식으로 말을 하지 않았기 때문에 3번도 정답이 아니다.

단어　お昼(ひる)ご飯(はん) 점심밥ㅣお弁当(べんとう) 도시락ㅣ持(も)って来(く)る 가지고 오다ㅣすごい 대단하다, 굉장하다ㅣそんなに 그렇게ㅣ僕(ぼく) 나ㅣ苦手(にがて)だ 서툴다, 잘 못하다ㅣ外食(がいしょく) 외식ㅣ~なら ~라면ㅣ気分(きぶん) 기분ㅣみんなで 모두 함께ㅣ節約中(せつやくちゅう) 절약 중ㅣなるほど 그렇구나ㅣ確(たし)かに 확실히ㅣおいしい 맛있다ㅣうまくなる 늘다, 능숙해지다ㅣ頑張(がんば)る 힘내다ㅣ面倒(めんどう)くさい 귀찮다

🎧 모의고사1_문제3_1번.mp3

女の人が話しています。

　F：外国の車は日本の車よりも壊れやすいと言う日本人がよくいます。日本の車が壊れにくいのは本当だと思います。しかし、外国の車は本当にすぐに壊れるのでしょうか。実は、日本の車も外国の車も、どちらも同じくらい丈夫です。しかし、車はその国の気候に合わせて作られるので、外国の車は雨の多い日本では壊れやすいのかもしれません。それで、日本人は日本の車のほうが丈夫だと考えるのでしょう。

1 女の人は何について話していますか。

1 日本の車の歴史
2 日本の車が壊れにくい理由
3 外国の車は壊れやすいかどうか
4 外国の車が丈夫な理由

해석　여자가 이야기하고 있습니다.

　　F：외국의 차는 일본의 차보다도 망가지기 쉽다, 라고 말하는 일본인이 자주 있습니다. 일본의 차가 망가지기 어려운 것은 사실이라고 생각합니다. 하지만 외국의 차는 정말로 금방 망가질까요? 실은 일본의 차도 외국의 차도, 둘 다 같은 정도로 튼튼합니다. 하지만 차는 그 나라의 기후에 맞게 만들어지기 때문에 외국의 차는 비가 많이 오는 일본에서는 망가지기 쉬울지도 모릅니다. 그래서 일본인은 일본의 차 쪽이 튼튼하다고 생각하는 것이겠지요.

여자는 무엇에 대해 이야기하고 있습니까?

1 일본의 차의 역사
2 일본의 차가 망가지기 어려운 이유
3 외국의 차는 망가지기 쉬운지 어떤지
4 외국의 차가 튼튼한 이유

해설　여자가 무엇에 대해 이야기하고 있는지 묻는 문제이다. 여자는 外国の車は本当にすぐに壊れるのでしょうか(외국의 차는 정말로 금방 망가질까요?)라고 화두를 던지며 이야기를 시작해서 이에 대해 설명하고 있으므로 3번이 정답이다. 나머지 선택지에 대해서는 이야기에서 언급하고 있지 않으므로 정답이 아니다.

단어　外国(がいこく) 외국ㅣ壊(こわ)れる 부서지다, 망가지다ㅣ~にくい ~하기 어렵다ㅣどちらも 어느 쪽도ㅣ丈夫(じょうぶ)だ 튼튼하다ㅣ気候(きこう) 기후ㅣ合(あ)わせる 맞추다ㅣ多(おお)い 많다ㅣ~かもしれない ~지도 모른다ㅣ考(かんが)える 생각하다ㅣ歴史(れきし) 역사ㅣ理由(りゆう) 이유

🎧 모의고사1_문제3_2번.mp3

男の人が日本に住む外国人について話しています。

　M：最近は、日本に住む外国人の数も増えてきました。ところがそれと同時に、文化や習慣の違いから、日本人と外国人のトラブルも増えているといいます。こうしたトラブルをなくすためには、やはりお互いの文化の違いを理解して、話し合う必要があるのではないでしょうか。最近は日本人と外国人が交流するイベントも増えているので、お互いに話し合うチャンスも、以前より増えているでしょう。

2 男の人が言いたいことは何ですか。

1 日本人と外国人のトラブルが増えている
2 文化や習慣の違いがトラブルの原因になる
3 日本人と外国人は、お互いの文化の違いを理解して話し合うべきだ
4 日本人と外国人が交流するイベントを増やすべきだ

해석　남자가 일본에 사는 외국인에 대해 이야기하고 있습니다.

M：최근에는 일본에 사는 외국인의 수도 증가하기 시작했습니다. 그런데 그와 동시에 문화나 습관의 차이로부터 일본인과 외국인의 트러블도 늘고 있다고 합니다. 이러한 트러블을 없애기 위해서는 역시 서로의 문화의 차이를 이해하고 대화할 필요가 있지 않을까요? 최근에는 일본인과 외국인이 교류하는 이벤트도 증가하고 있기 때문에 서로 대화할 기회도 이전보다 늘고 있을 것입니다.

남자가 말하고 싶은 것은 무엇입니까?

1 일본인과 외국인의 트러블이 증가하고 있다
2 문화나 습관의 차이가 트러블의 원인이 된다
3 일본인과 외국인은 서로의 문화의 차이를 이해하고 대화해야 한다
4 일본인과 외국인이 교류하는 이벤트를 늘려야 한다

해설　남자가 말하고 싶은 것이 무엇인지 묻는 문제이다. 남자는 처음에 일본인과 외국인의 트러블도 늘고 있다라고 문제를 언급한 후 이를 해결하기 위해서는 お互いの文化の違いを理解して、話し合う必要がある(서로의 문화의 차이를 이해하고 대화할 필요가 있다)라고 이야기하고 있다. 따라서 3번이 정답이다. 1번과 2번은 사실을 그대로 언급했을 뿐 남자가 하고 싶은 말은 아니고 4번에 대해서는 언급하지 않았으므로 정답이 아니다.

단어　住(す)む 살다 | 外国人(がいこくじん) 외국인 | 数(かず) 수 | 増(ふ)える 늘다, 증가하다 | ところが 그런데 | ~と同時(どうじ)に ~와/과 동시에 | 文化(ぶんか) 문화 | 習慣(しゅうかん) 습관 | 違(ちが)い 차이 | トラブル 트러블, 분쟁 | 無(な)くす 없애다 | お互(たが)い 서로 | 理解(りかい) 이해 | 話(はな)し合(あ)う 서로 이야기하다 | 交流(こうりゅう) 교류 | チャンス 찬스, 기회 | 以前(いぜん) 이전 | 原因(げんいん) 원인 | ~べきだ ~해야 한다 | イベント 이벤트

🎧 모의고사1_문제3_3번.mp3

男(おとこ)の人(ひと)と女(おんな)の人(ひと)が話(はな)しています。

M：あ、鈴木(すずき)さん、久(ひさ)しぶり。先月(せんげつ)まで留学(りゅうがく)してたんでしょ？どうだった？
F：うん、楽(たの)しかったよ。大変(たいへん)なこともあったけど、英語話(えいごはな)せるようになったし、友達(ともだち)もたくさんできたし。何(なに)より、緊張(きんちょう)しないで話(はな)せるようになったかな。留学(りゅうがく)する前(まえ)は、どうしても話(はな)す時(とき)緊張(きんちょう)しちゃうから、スピーチとか大変(たいへん)だったけど。
M：へー、すごい。僕(ぼく)も英語(えいご)を話(はな)せるようになりたいから、留学(りゅうがく)しようと思(おも)ってるんだよね。留学(りゅうがく)すれば緊張(きんちょう)せずに話(はな)せるようになるかな。
F：うん、きっと自信(じしん)もって話(はな)せるようになるよ。でもそのためには、自分(じぶん)からたくさん話(はな)さないとだめだよ。

3　女(おんな)の人(ひと)は何(なに)について話(はな)していますか。

1　留学(りゅうがく)した理由(りゆう)
2　留学(りゅうがく)して楽(たの)しかったこと
3　留学(りゅうがく)で大変(たいへん)だったこと
4　留学(りゅうがく)して変(か)わったこと

해설　남자와 여자가 이야기하고 있습니다.

M：아, 스즈키 씨 오랜만이야. 지난달까지 유학하고 있었지? 어땠어?
F：응, 즐거웠어. 힘든 일도 있었지만 영어 말할 수 있게 되었고, 친구도 많이 생겼고. 무엇보다 긴장하지 않고 말할 수 있게 되었다고 할까. 유학하기 전에는 아무리 하여도 말할 때 긴장해버리니까 스피치라든지 힘들었지만.
M：우와, 대단해. 나도 영어를 말할 수 있게 되고 싶기 때문에 유학하려고 생각하고 있어. 유학하면 긴장하지 않고 말할 수 있게 될까?
F：응, 분명 자신 있게 말할 수 있게 될 거야. 그런데 그러기 위해서는 스스로 많이 말하지 않으면 안 돼.

여자는 무엇에 대해 말하고 있습니까?

1 유학한 이유
2 유학해서 즐거웠던 것
3 유학으로 힘들었던 것
4 유학해서 바뀐 것

해설　여자가 무엇에 대해 말하고 있는지 묻는 문제이다. 유학해서 어땠냐고 묻는 남자의 말에 여자는 英語話せるようになったし、友達もたくさんできたし(영어 말할 수 있게 되었고, 친구도 많이 생겼고)라고 말한 후 留学する前は、どうしても話す時緊張しちゃうから、スピーチとか大変だったけど(유학하기 전에는 아무리 하여도 말할 때 긴장해버리니까 스피치라든지 힘들었지만)라고 덧붙여 자신의 변화에 대해 말하고 있으므로 4번이 정답이다.

단어　久(ひさ)しぶり 오랜만 | 先月(せんげつ) 지난달 | 留学(りゅうがく) 유학 | 楽(たの)しい 즐겁다 | 大変(たいへん) 힘들다 | 緊張(きんちょう) 긴장 | どうしても 아무리 하여도 | スピーチ 스피치, 발표 | きっと 분명 | 自信(じしん) 자신감 | 自分(じぶん) 자기, 자신 | 理由(りゆう) 이유 | 変(か)わる 바뀌다

문제4　문제4에서는, 그림을 보면서 질문을 들어 주세요. 화살표(➡)의 사람은 뭐라고 말합니까? 1부터 3 중에서, 가장 알맞은 것을 하나 고르세요.

🎧 모의고사1_문제4_예시.mp3

예시　窓(まど)が開(あ)いています。何(なん)と言(い)いますか。

1 窓が閉まってるんですが。
2 窓を閉めてもいいですか。
3 窓を開けてもいいですか。

해석 창문이 열려 있습니다. 뭐라고 말합니까?

1 창문이 닫혀 있는데요.
2 창문을 닫아도 됩니까?
3 창문을 열어도 됩니까?

해설 창문이 열려 있는 상황에서 창문을 닫아도 되냐고 허락을 구하는 표현을 한 2번이 정답이다. 1번은 열려 있는, 창문을 닫혀있다고 했기 때문에 정답이 아니고, 3번은 열려 있는 창문을 열어도 되냐고 물어보았기 때문에 정답이 아니다.

단어 窓(まど) 창문 | 開(あ)く 열리다 | 閉(し)まる 닫히다 | 閉(し)める 닫다 | 開(あ)ける 열다

🎧 모의고사1_문제4_1번.mp3

1 郵便局の場所をたずねたいです。何と言いますか。

1 すみません、郵便局はどこですか。
2 すみません、郵便局は開いていますか。
3 すみません、郵便局は何時までですか。

해석 우체국의 장소를 묻고 싶습니다. 뭐라고 말할까요?

1 실례합니다, 우체국은 어디입니까?
2 실례합니다, 우체국은 열려 있습니까?
3 실례합니다, 우체국은 몇 시까지입니까?

해설 우체국을 장소를 묻고 있는 상황이기 때문에 1번이 정답이다. 2번은 우체국이 열려 있는지 물을 때 하는 말이며, 3번은 우체국이 몇 시까지 열려 있는지 물어볼 때 하는 말이므로 정답이 아니다.

단어 郵便局(ゆうびんきょく) 우체국 | 場所(ばしょ) 장소 | たずねる 묻다 | 開(あ)く 열리다 | 何時(なんじ) 몇 시 | ~まで ~까지

🎧 모의고사1_문제4_2번.mp3

2 荷物をたくさん持ったおばあさんがいます。荷物を持ってあげたいです。何と言いますか。

1 荷物、お持ちください。
2 荷物、お持ちですか。
3 荷物、お持ちしましょうか。

해석 짐을 많이 든 할머니가 있습니다. 짐을 들어주고 싶습니다. 뭐라고 말할까요?

1 짐, 들어주세요.
2 짐, 가지고 계시나요?
3 짐, 들어드릴까요?

해설 할머니의 짐을 들어주고 싶은 상황이기 때문에 겸양 표현(お+동사 ます형+する)을 사용한 3번이 정답이다. 1번은 다른 사람이 자신의 짐을 들어주었으면 할 때 하는 말이며, 2번은 다른 사람에게 짐을 가지고 있는지 물을 때 하는 말이므로 정답이 아니다.

단어 荷物(にもつ) 짐, 화물 | たくさん 많이 | 持(も)つ 들다, 가지다 | おばあさん 할머니 | ~てあげる ~해 주다

🎧 모의고사1_문제4_3번.mp3

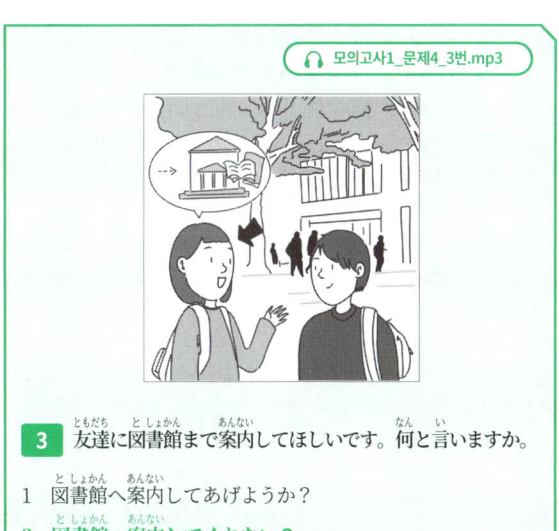

3 友達に図書館まで案内してほしいです。何と言いますか。

1 図書館へ案内してあげようか？
2 図書館へ案内してくれない？
3 図書館へ案内しようか？

해석 친구가 도서관까지 안내해 주었으면 합니다. 뭐라고 말할까요?

1 도서관으로 안내해 줄까?
2 도서관으로 안내해 주지 않을래?
3 도서관으로 안내할까?

해설 친구가 도서관으로 안내를 해줬으면 하기 때문에 ~해 주지 않을래라는 표현 〜てくれない？를 사용한 2번이 정답이다. 1번과 3번은 자신이 다른 사람을 안내하고 싶을 때 하는 말이므로 정답이 아니다.

단어 図書館(としょかん) 도서관 | 案内(あんない)する 안내하다 | 〜てほしい ~해 주기 바라다

🎧 모의고사1_문제4_4번.mp3

4 仕事で分からないことがあります。それを質問したいです。何と言いますか。

1 すみません、この仕事、お願いしてもいいですか。
2 すみません、何かお手伝いすることはありますか。
3 すみません、ちょっとお伺いしたいことがあるのですが。

해석 일에서 모르는 것이 있습니다. 그것을 질문하고 싶습니다. 뭐라고 말할까요?

1 실례합니다, 이 일 부탁드려도 될까요?
2 실례합니다, 뭐 도와드릴 게 있나요?
3 실례합니다, 좀 여쭤보고 싶은 게 있는데요.

해설 직장에서 일과 관련하여 모르는 것을 묻고 싶은 상황이기 때문에 伺う(여쭈다)라는 묻다의 겸양어를 사용한 3번이 정답이다. 1번은 다른 사람이 일을 해줬으면 할 때 부탁하는 말이며 2번은 자신이 다른 사람을 돕고 싶을 때 하는 말이므로 정답이 아니다.

단어 仕事(しごと) 일 | 分(わ)かる 알다 | 質問(しつもん)する 질문하다 | お願(ねが)いする 부탁을 드리다 | 手伝(てつだ)い 도와줌, 심부름 | 伺(うかが)う 여쭙다, 찾아뵙다(겸양어)

문제5 문제5에서는, 문제 용지에 아무것도 인쇄되어 있지 않습니다. 먼저 문장을 들어 주세요. 그리고, 그 대답을 듣고, 1부터 3 중에서, 가장 알맞은 것을 하나 고르세요.

🎧 모의고사1_문제5_예시.mp3

예시 ちょっとこれ、見てもらってもいい？

1 いいよ。どれ？

2 聞いてみたらいいんじゃない？
3 それはダメだと思うよ。

해석 저기 이거, 봐줄 수 있어?

1 좋아. 어느 것?
2 물어보면 되지 않아?
3 그건 소용없다고 생각해.

해설 남자가 상대에게 뭔가를 봐달라고 요청하는 상황에 대한 대답을 고르는 문제이다. 좋다고 어느 것을 보면 되냐는 뉘앙스로 말한 1번이 정답이다. 봐달라고 하는 요청에 대해서 다른 사람에게 물어보면 되지 않냐고 말한 대답은 적절하지 않으므로 2번은 정답이 아니고, 그건 소용없다고 생각한다는 대답도 적절하지 않으므로 3번도 정답이 아니다.

단어 ちょっと (호칭으로) 이봐요, 조금 | これ 이것 | 見(み)る 보다 | 〜てもらう ~해 받다(남이 나에게 ~해 주다) | 〜てもいい ~해도 좋다 | どれ 어느 것 | 聞(き)く 묻다, 듣다 | ダメだ 안 된다, 소용없다

🎧 모의고사1_문제5_1번.mp3

1 その本ちょっと見せて。

1 はい、ありがとう。
2 うん、お願い。
3 はい、どうぞ。

해석 그 책 좀 보여줘.

1 네, 고마워요.
2 응, 부탁해.
3 네, 여기요.

해설 일본어로 대화할 때는 〜てください(~해 주세요)를 〜て라고 줄여서 표현하는 경우가 자주 있다. 책을 보여달라는 부탁에 대한 대답을 고르는 문제이다. 흔쾌히 보여주는 대답으로 3번이 정답이다. 1번은 단순한 감사의 표현이고, 2번은 상대방에게 무언가를 부탁할 때 사용하는 표현이므로 정답이 아니다.

단어 その 그 | 本(ほん) 책 | 見(み)せる 보여주다 | 願(ねが)い 부탁해 | どうぞ 여기, 자

🎧 모의고사1_문제5_2번.mp3

2 次の電車が来たら乗ろうか。

1 うん、そうしよう。
2 うん、そうするよ。
3 うん、ありがとう。

해석 다음 전철이 오면 탈까?

1 응, 그렇게 하자.
2 응, 그렇게.
3 응, 고마워.

해설 말하는 사람이 같이 전철을 타자고 권유하는 상황에 대한 대답을 고

르는 문제이다. 그렇게 하자고 말한 1번이 정답이다. 2번은 듣는 사람이 무언가를 하겠다고 대답할 때 하는 말이고, 3번은 단순한 감사의 표현이므로 정답이 아니다.

단어 次(つぎ) 다음 | 電車(でんしゃ) 전철 | 乗(の)る 타다

🎧 모의고사1_문제5_3번.mp3

3 外(そと)は寒(さむ)いですから、どうぞ中(なか)へお入(はい)りください。

1　では、ごめんください。
2　では、失礼(しつれい)します。
3　では、どういたしまして。

해석　밖은 추우니까 어서 안으로 들어오세요.
　　　1 그럼, 실례합니다.
　　　2 그럼, 실례하겠습니다.
　　　3 그럼, 별말씀을요.

해설　안으로 들어오라고 권유를 받은 상황에 대한 대답을 고르는 문제이다. 남의 집이나 방에 들어갈 때는 失礼します(실례하겠습니다)라는 인사말을 사용하기 때문에 2번이 정답이다. 1번 ごめんください(실례합니다)는 자신이 다른 사람의 집에 온 것을 상대에게 알릴 때 사용하는 표현이기 때문에 정답이 아니다. 3번은 감사의 말을 전한 상대방에게 답변으로 하는 말이기 때문에 정답이 아니다.

단어　外(そと) 밖 | 寒(さむ)い 춥다 | どうぞ 어서, 부디 | 入(はい)る 들어가다, 들어오다 | ごめんください 실례합니다 | 失礼(しつれい)する 실례하다 | どういたしまして 별말씀을요, 천만에요

🎧 모의고사1_문제5_4번.mp3

4 それでは、明日(あした)の12時(じ)においでください。

1　はい、その時間(じかん)にいらっしゃいます。
2　はい、その時間(じかん)にお目(め)にかかります。
3　はい、その時間(じかん)にうかがいます。

해석　그럼 내일 12시에 와 주세요.
　　　1 네, 그 시간에 오십니다.
　　　2 네, 그 시간에 만나 뵙겠습니다.
　　　3 네, 그 시간에 찾아뵙겠습니다.

해설　내일 12시에 오라고 부탁한 상대방에 대한 대답을 고르는 문제이다. 내일 12시에 맞춰 내가 상대방에게 가야 하기 때문에 '방문하다'의 겸양어 うかがう를 사용한 3번이 정답이다. 1번에서 사용한 いらっしゃる 는 '오다'의 존경어이기 때문에 상대가 자신이 있는 곳으로 올 때 사용하므로 정답이 아니다. 2번에서 사용한 お目にかかる는 '만나다'의 겸양어이기 때문에 자신이 타인을 만날 때 사용하므로 정답이 아니다.

단어　おいでください 와 주십시오, 오십시오 | 時間(じかん) 시간 | いらっしゃる 오다, 가다, 있다(존경어) | お目(め)にかかる 만나다 (겸양어) | 伺(うかが)う 방문하다, 듣다, 묻다(겸양어)

🎧 모의고사1_문제5_5번.mp3

5 お店(みせ)が閉(し)まる時間(じかん)だ、もう帰(かえ)らないと。

1　え、どうして帰(かえ)らないの？
2　ふーん、もう帰(かえ)ったんだ。
3　じゃあ、そろそろ帰(かえ)ろう。

해석　가게가 닫힐 시간이야. 이제 돌아가지 않으면 안 돼.
　　　1 어? 왜 안 돌아가?
　　　2 흠, 벌써 돌아갔구나.
　　　3 그럼 슬슬 돌아가자.

해설　일본어로 대화할 때는 ~ないといけない(~하지 않으면 안 된다)를 ~ないとろ 줄여서 표현하는 경우가 자주 있다. 가게가 닫을 시간이어서 이제 돌아가야 하는 상황에 대한 대답을 고르는 문제이다. 말하는 사람에게 같이 슬슬 돌아가자고 말한 3번이 정답이다. 1번과 2번은 帰る를 써서 혼동을 주고 있다. 하지만, 가게가 닫아서 돌아가지 않으면 안 되는 상황에서 왜 안 돌아가냐고 상대방에게 묻는 것은 상황과 맞지 않으므로 1번은 정답이 아니다. 2번 또한 아직 돌아가지 않았는데 벌써 돌아갔구나라고 말하는 것은 상황과 맞지 않으므로 정답이 아니다.

단어　お店(みせ) 가게 | 閉(し)まる 닫히다 | 時間(じかん) 시간 | もう 이제, 벌써 | 帰(かえ)る 돌아가다, 돌아오다 | そろそろ 슬슬

🎧 모의고사1_문제5_6번.mp3

6 その仕事(しごと)は私(わたし)がやりましょう。

1　はい、そうしましょう。
2　ありがとうございます。
3　はい、やります。

해석　그 일은 제가 하겠습니다.
　　　1 네, 그렇게 합시다.
　　　2 감사합니다.
　　　3 네, 하겠습니다.

해설　대신에 일을 하겠다고 하는 상대방에 대한 대답을 고르는 문제이다. 일을 해주겠다고 했으므로 듣는 사람은 감사의 말을 해야 하므로 2번이 정답이다. 1번은 말하는 사람과 듣는 사람이 함께 무언가를 할 때 하는 말이며, 3번은 듣는 사람이 무언가를 할 때 하는 말이므로 정답이 아니다.

단어　仕事(しごと) 일, 직업 | やる 하다

🎧 모의고사1_문제5_7번.mp3

7 新(あたら)しくできた喫茶店(きっさてん)、もう行(い)った？

1　へー、もう行(い)ったんだ。
2　いいよ、楽(たの)しみだね。
3　まだ行(い)ってないよ。

해석 새로 생긴 커피숍 벌써 갔어?

1 오호, 벌써 갔구나.
2 좋아, 기대된다.
3 아직 안 갔어.

해설 새로운 커피숍에 벌써 갔는지 아닌지를 묻는 것에 대한 대답을 고르는 문제이다. 아직 가지 않은 사실을 말한 3번이 정답이다. 1번은 상대방이 이미 갔다고 했을 때 하는 말이기 때문에 정답이 아니다. 2번은 함께 가자고 권유받았을 때 하는 긍정의 대답이므로 정답이 아니다.

단어 新(あたら)しい 새롭다 | できる 생기다, 되다 | 喫茶店(きっさてん) 커피숍, 찻집 | もう 벌써, 이제 | 楽(たの)しみ 즐거움, 기대 | まだ 아직

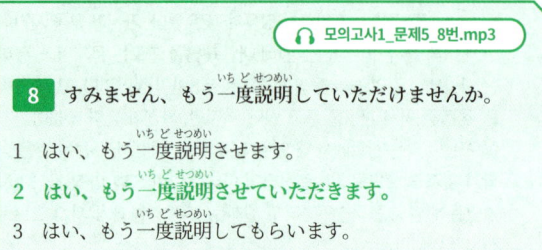

해석 죄송합니다, 다시 한번 설명해 주시겠습니까?

1 네, 다시 한번 설명시키겠습니다.
2 네, 다시 한번 설명드리겠습니다.
3 네, 다시 한번 설명 듣겠습니다.

해설 다시 한번 설명해달라고 하는 부탁에 대한 대답을 고르는 문제이다. 내가 상대방에게 부탁을 받고 다시 한번 설명해야 하는 상황이므로 '하다'의 겸양어인 〜させていただく를 사용한 2번이 정답이다. 1번에서 사용한 させる는 다른 누군가에게 시킬 때 사용하는 표현이며 3번에서 사용한 〜してもらう는 상대나 타인이 무언가를 해줄 때 사용하므로 정답이 아니다.

단어 もう一度(いちど) 다시 한번 | 説明(せつめい) 설명

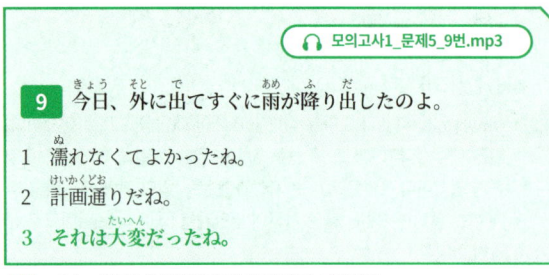

해석 오늘, 밖에 나가자마자 비가 내리기 시작했어.

1 안 젖어서 다행이네.
2 계획 대로네.
3 그건 힘들었겠네.

해설 오늘 밖에 나가자마자 비가 내리기 시작했다고 말하는 상황에 대한 대답을 고르는 문제이다. 힘들었겠다고 공감해 주는 3번이 정답이다. 비가 내리면 보통 젖는 것이 일반적이고, 상대방이 젖지 않았다고 말하지 않았는데 젖지 않아서 다행이라고 말하는 것은 적절하지 않으므로 1번은 정답이 아니다. 비가 내리는 계획에 대해서 상대방은 말한 것이 아니기 때문에 2번도 정답이 아니다.

단어 外(そと) 밖 | 出(で)る 나가다 | すぐに 바로 | 雨(あめ) 비 | 降(ふ)り出(だ)す 내리기 시작하다 | 濡(ぬ)れる 젖다 | 計画(けいかく) 계획 | 〜通(とお)り 〜대로 | 大変(たいへん)だ 힘들다

모의고사 2회

언어지식(문자·어휘)

문제1	1 ②	2 ④	3 ①	4 ②	5 ①	6 ③	7 ③	8 ④
문제2	9 ①	10 ③	11 ③	12 ①	13 ④	14 ③		
문제3	15 ④	16 ②	17 ③	18 ②	19 ①	20 ①	21 ③	22 ②
	23 ④	24 ④	25 ①					
문제4	26 ②	27 ④	28 ①	29 ③	30 ②			
문제5	31 ①	32 ②	33 ④	34 ①	35 ③			

언어지식(문법)·독해

문제1	1 ②	2 ③	3 ④	4 ①	5 ②	6 ④	7 ③	8 ②	9 ④
	10 ③	11 ①	12 ④	13 ②					
문제2	14 ②	15 ④	16 ③	17 ④	18 ④				
문제3	19 ④	20 ①	21 ③	22 ③	23 ④				
문제4	24 ③	25 ③	26 ④	27 ②					
문제5	28 ①	29 ③	30 ④	31 ④	32 ②	33 ②			
문제6	34 ①	35 ②	36 ④	37 ④					
문제7	38 ②	39 ④							

청해

문제1	1 ④	2 ②	3 ③	4 ③	5 ①	6 ①			
문제2	1 ②	2 ②	3 ④	4 ②	5 ④	6 ④			
문제3	1 ③	2 ①	3 ④						
문제4	1 ③	2 ①	3 ③	4 ①					
문제4	1 ③	2 ③	3 ①	4 ②	5 ③	6 ①	7 ②	8 ③	9 ①

모의고사2

언어지식(문자·어휘) 59p

문제1
1 ② 2 ④ 3 ① 4 ② 5 ①
6 ③ 7 ③ 8 ④

문제2
9 ① 10 ③ 11 ③ 12 ① 13 ④
14 ③

문제3
15 ④ 16 ② 17 ③ 18 ② 19 ①
20 ① 21 ③ 22 ② 23 ④
24 ④ 25 ①

문제4
26 ② 27 ④ 28 ① 29 ③ 30 ②

문제5
31 ① 32 ② 33 ④ 34 ① 35 ③

문제1 _____의 말의 읽는 법으로서 가장 알맞은 것을, 1·2·3·4에서 하나 고르세요.

1 갖고 싶은 <u>잡지</u>가 있어서 집에 돌아갈 때 서점에 가려고 한다.
해설 雑誌는 **2 ざっし**라고 음독으로 읽는다. 촉음과 탁음에 주의하자
단어 欲(ほ)しい 갖고 싶다 ǀ 雑誌(ざっし) 잡지 ǀ 帰(かえ)り 돌아갈 때, 돌아올 때 ǀ 本屋(ほんや) 서점 ǀ 冊子(さっし) 책자

2 나는 직원을 불러서 오므라이스와 샐러드를 <u>주문</u>했다.
해설 注文은 **4 ちゅうもん**이라고 음독으로 읽는다.
단어 店員(てんいん) 점원 ǀ 呼(よ)ぶ 부르다 ǀ オムライス 오므라이스 ǀ サラダ 샐러드 ǀ 注文(ちゅうもん) 주문

3 이 지역은 <u>연중</u> 따뜻해서 겨울에도 관광객이 많다.
해설 年中은 **1 ねんじゅう**라고 음독으로 읽는다.
단어 地域(ちいき) 지역 ǀ 年中(ねんじゅう) 연중, 일 년 내내 ǀ 暖(あたた)かい 따뜻하다 ǀ 冬(ふゆ) 겨울 ǀ 観光客(かんこうきゃく) 관광객 ǀ 多(おお)い 많다

4 기무라 선생님은 수업 중에 <u>농담</u>을 많이 말하기 때문에 재미있다.
해설 冗談은 **2 じょうだん**라고 음독으로 읽는다.
단어 ～中(ちゅう) ~중 ǀ 冗談(じょうだん) 농담 ǀ 言(い)う 말하다 ǀ 面白(おもしろ)い 재미있다

5 가족의 일원이었던 개가 죽어 버려서 너무 <u>슬프다</u>.
해설 悲しいㅎ **1 かなしい**라고 훈독으로 읽는다.
단어 一員(いちいん) 일원 ǀ 犬(いぬ) 개 ǀ 死(し)ぬ 죽다 ǀ 悲(かな)しい 슬프다 ǀ 苦(くる)しい 괴롭다 ǀ 寂(さび)しい 외롭다 ǀ 嬉(うれ)しい 기쁘다

6 야마다 씨는 회의 중, <u>적극적으로</u> 자신의 의견을 말했다.
해설 積極的には **3 せっきょくてきに**라고 음독으로 읽는다.
단어 会議(かいぎ) 회의 ǀ 積極的(せっきょくてき)だ 적극적이다 ǀ 意見(いけん) 의견 ǀ 消極的(しょうきょくてき)だ 소극적이다

7 이번 시험이 너무 좋은 결과였기 때문에 <u>만족스럽다</u>.
해설 満足だ는 **3 まんぞくだ**라고 음독으로 읽는다.
단어 今回(こんかい) 이번 ǀ 良(よ)い 좋다 ǀ 結果(けっか) 결과 ǀ 満足(まんぞく)だ 만족스럽다

8 시계가 움직이지 않게 되어서 <u>수리</u>하지 않으면 안 된다.
해설 修理는 **4 しゅうり**라고 음독으로 읽는다.
단어 時計(とけい) 시계 ǀ 動(うご)く 움직이다 ǀ 修理(しゅうり) 수리 ǀ 処理(しょり) 처리 ǀ 勝利(しょうり) 승리

문제2 _____의 말을 한자로 쓸 때, 가장 알맞은 것을, 1·2·3·4에서 하나 고르세요.

9 마지막에 주인공이 우는 장면이 매우 <u>인상</u>에 남았다.
해설 いんしょうㅎ **1 印象**라고 표기한다. 2, 3, 4번은 없는 단어이다.
단어 最後(さいご) 마지막 ǀ 主人公(しゅじんこう) 주인공 ǀ 泣(な)く 울다 ǀ シーン 신, 장면 ǀ とても 매우 ǀ 印象(いんしょう) 인상 ǀ 残(のこ)る 남다

10 오늘 밤 파티의 <u>회비</u>는 1인당 5,000엔이라고 들었다.
해설 かいひㅎ **3 会費**라고 표기한다. 1, 2, 4번은 없는 단어이다.

단어 今夜(こんや) 오늘 밤 | パーティー 파티 | 会費(かいひ) 회비 | 一人(ひとり) 한 사람, 혼자 | 聞(き)く 듣다

11 그녀는 대학을 훌륭한 성적으로 졸업했다.

해설 せいせき는 3 成績라고 표기한다. 1, 2, 4번은 없는 단어이다.

단어 素晴(すば)らしい 대단하다 | 成績(せいせき) 성적 | 卒業(そつぎょう) 졸업

12 태양이 눈부셔서 바로 커튼을 닫았다.

해설 まぶしかった는 1 眩しかった라고 표기하고 い형용사의 과거형이다. 4번은 없는 단어이다.

단어 太陽(たいよう) 태양 | 眩(まぶ)しい 눈부시다 | すぐに 바로 | カーテン 커튼 | 閉(し)める 닫다 | 忙(いそが)しい 바쁘다 | 険(けわ)しい 험하다

13 크리스마스에 선물하기 위해 목도리를 뜬다.

해설 あむ는 4 編む라고 표기한다. 1, 2, 3번은 없는 단어이다.

단어 クリスマス 크리스마스 | プレゼント 선물 | マフラー 머플러, 목도리 | 編(あ)む 뜨다, 엮다

14 어디에 무엇이 있는지 모르기 때문에 책상 안을 정리해야 한다.

해설 せいり는 3 整理라고 표기한다. 1, 4번은 없는 단어이다.

단어 どこ 어디 | 分(わ)かる 알다 | 机(つくえ) 책상 | 整理(せいり) 정리 | 正理(せいり) 올바른 도리

문제3 (　　　)에 넣기에 가장 알맞은 것을, 1·2·3·4에서 하나 고르세요.

15 이 (스위치)를 누르면 장난감이 빛나며 움직이기 시작한다.

1 스톱　　　　　　　　　　2 체크
3 찬스　　　　　　　　　　**4 스위치**

해설 선택지는 모두 카타카나이어이다. 그중 문맥상 가장 자연스러운 것은 4 スイッチ이다. 1, 2, 3번은 문맥상 어색하다.

단어 この 이 | スイッチ 스위치 | 押(お)す 누르다, 밀다 | おもちゃ 장난감 | 光(ひか)る 빛나다 | 動(うご)き出(だ)す 움직이기 시작하다 | ストップ 스톱, 정지 | チェック 체크 | チャンス 찬스

16 여동생만 좋아하는 것을 전부 사주어서 (치사하다)고 생각했다.

1 대단하다　　　　　　　　**2 치사하다**
3 아깝다　　　　　　　　　4 잘한다

해설 선택지는 모두 い형용사이다. 그중 문맥상 가장 자연스러운 것은 2 ずるい이다. 1, 3, 4번은 문맥상 어색하다.

단어 妹(いもうと) 여동생 | 好(す)きだ 좋아하다 | 全部(ぜんぶ) 전부 | ~してもらう ~해 받다 | ずるい 치사하다, 교활하다 | 思(おも)う 생각하다 | 凄(すご)い 대단하다 | 惜(お)しい 아깝다 | 上手(うま)い 잘하다, 맛있다

17 (모처럼) 여기까지 여행으로 왔기 때문에 유명한 장소는 전부 보고 돌아가고 싶다.

1 당장　　　　　　　　　　2 완전히
3 모처럼　　　　　　　　　4 확실히

해설 선택지는 모두 부사이다. 그중 문맥상 가장 자연스러운 것은 3 せっかく이다. 1, 2, 4번은 문맥상 어색하다.

단어 せっかく 모처럼 | 場所(ばしょ) 장소 | 全(すべ)て 전부 | 帰(かえ)る 돌아가다 | さっそく 당장 | すっかり 완전히 | はっきり 확실히

18 갖고 싶은 옷이 있는데, 다음 월급날까지 (참는)다.

1 기대　　　　　　　　　　**2 참음**
3 감사　　　　　　　　　　4 긴장

해설 선택지는 모두 명사이다. 그중 문맥상 가장 자연스러운 것은 2 我慢이다. 1, 3, 4번은 문맥상 어색하다.

단어 欲(ほ)しい 갖고 싶다, 바라다 | 服(ふく) 옷 | 次(つぎ) 다음 | 給料日(きゅうりょうび) 급여일, 월급날 | 我慢(がまん)する 참다, 견디다 | 期待(きたい) 기대 | 感謝(かんしゃ) 감사 | 緊張(きんちょう) 긴장

19 내 차와 그의 차를 (비교하)면 내 차 쪽이 조금 크다고 생각한다.

1 비교하다　　　　　　　　2 겹치다
3 맞추다　　　　　　　　　4 부딪치다

해설 선택지는 모두 동사이다. 그중 문맥상 가장 자연스러운 것은 1 比べる이다. 2, 3, 4번은 문맥상 어색하다.

단어 車(くるま) 자동차 | 比(くら)べる 비교하다 | 大(おお)きい 크다 | 重(かさ)ねる 겹치다 | 合(あ)わせる 맞추다 | ぶつける 부딪치다

20 오후에는 매우 (중요한) 회의가 있기 때문에 긴장하고 있다.

1 중요한　　　　　　　　　2 정직한
3 단순한　　　　　　　　　4 쓸데없는

해설 선택지는 모두 な형용사의 명사 수식형이다. 그중 문맥상 가장 자연스러운 것은 1 重要な이다. 2, 3, 4번은 문맥상 어색하다.

단어 午後(ごご) 오후 | とても 매우, 너무 | 重要(じゅうよう)だ 중요하다 | 会議(かいぎ) 회의 | 緊張(きんちょう)する 긴장하다 | 正直(しょうじき)だ 정직하다 | 単純(たんじゅん)だ 단순하다 | 無駄(むだ)だ 쓸데없다

> **21** 이 시간 도쿄역의 (플랫폼)은 많은 사람이 전철을 기다리고 있다.
>
> 1 마크 2 커브
> **3 플랫폼** 4 코스

해설 선택지는 모두 카타카나이이다. 그중 문맥상 가장 자연스러운 것은 **3 ホーム**이다. 1, 2, 4번은 문맥상 어색하다.

단어 時間(じかん) 시간 | 東京駅(とうきょうえき) 도쿄역 | ホーム 플랫폼, 홈 | たくさん 많음 | 電車(でんしゃ) 전철 | 待(ま)つ 기다리다 | マーク 마크, 표 | カーブ 커브, 곡선 | コース 코스

> **22** 아직 한 번 밖에 사용하지 않았는데 버리는 것은 (아깝다).
>
> 1 어쩔 수 없다 **2 아깝다**
> 3 두렵다 4 부드럽다

해설 선택지는 모두 い형용사이다. 그중 문맥상 가장 자연스러운 것은 **2 もったいない**이다. 1, 3, 4번은 문맥상 어색하다.

단어 まだ 아직 | 一回(いっかい) 1회, 한 번 | ~しか ~밖에 | 使(つか)う 사용하다 | 捨(す)てる 버리다 | もったいない 아깝다 | しょうがない 어쩔 수 없다 | 恐(おそ)ろしい 두렵다 | 柔(やわ)らかい 부드럽다

> **23** 대학에 입학하기 전에는 기대와 불안이 (반반) 이었다.
>
> 1 따로따로 2 여러 가지
> 3 차례차례 **4 반반**

해설 선택지는 모두 부사이다. 그중 문맥상 가장 자연스러운 것은 **4 半々**이다. 1, 2, 3번은 문맥상 어색하다.

단어 入学(にゅうがく) 입학 | 前(まえ) 전 | 期待(きたい) 기대 | 不安(ふあん) 불안 | 半々(はんはん) 반반 | 別々(べつべつ) 따로따로 | 色々(いろいろ) 여러 가지 | 次々(つぎつぎ) 차례차례

> **24** 내일부터 가족 (전원)으로 여행을 가기 때문에 매우 기대된다.
>
> 1 전신 2 전체
> 3 전부 **4 전원**

해설 선택지는 모두 명사이다. 그중 문맥상 가장 자연스러운 것은 **4 全員**이다. 1, 2, 3번은 문맥상 어색하다.

단어 全員(ぜんいん) 전원 | 楽(たの)しみ 기대, 즐거움 | 全身(ぜんしん) 전신 | 全体(ぜんたい) 전체 | 全部(ぜんぶ) 전부

> **25** 내일의 집합은 9시라는 것을 야마다 씨에게 (전해줬으면) 좋겠다.
>
> **1 전해줬으면** 2 닿았으면
> 3 던졌으면 4 나눴으면

해설 선택지는 모두 동사 て형이다. 그중 문맥상 가장 자연스러운 것은 **1 伝えて**입니다. 2, 3, 4번은 문맥상 어색하다.

단어 集合(しゅうごう) 집합 | 伝(つた)える 전하다 | ~てほしい ~해주면 좋겠다 | 触(ふ)れる 닿다 | 投(な)げる 던지다 | 分(わ)ける 나누다

문제4 _____ 에 의미가 가장 가까운 것을, 1・2・3・4에서 하나고르세요.

> **26** 할머니를 만나면 항상 용돈을 준다.
>
> 1 과자 **2 돈**
> 3 차 4 편지

해설 おこづかい(용돈)은 **2 お金(돈)**과 의미가 가장 가깝다.

단어 おこづかい 용돈 | 手紙(てがみ) 편지

> **27** 그 가게에는 몇 번이나 가봤지만 언제 가도 청결하다.
>
> 1 조용하다 2 활기차다
> 3 멋있다 **4 깨끗하다**

해설 清潔だ(청결하다)는 **4 きれいだ(깨끗하다)**와 의미가 가장 가깝다.

단어 お店(みせ) 가게 | 何度(なんど) 몇 번 | 清潔(せいけつ)だ 청결하다 | 静(しず)かだ 조용하다 | にぎやかだ 활기차다 | おしゃれだ 멋있다 | きれいだ 깨끗하다

> **28** 학생에게 나눠준 프린트에 오류가 있어 회수했다.
>
> **1 모았다** 2 고쳤다
> 3 버렸다 4 사과했다

해설 回収した(회수했다)는 **1 集めた(모았다)**와 의미가 가장 가깝다.

단어 配(くば)る 나눠주다 | プリント 프린트 | 間違(まちが)い 오류, 틀림 | 回収(かいしゅう) 회수 | 集(あつ)める 모으다 | 直(なお)す 고치다 | 捨(す)てる 버리다 | 謝(あやま)る 사과하다

> **29** 다나카 씨도 같은 말을 하고 있었지만, 몇 번 들어도 이상한 이야기다.
>
> 1 수수한 2 무서운
> **3 이상한** 4 재미없는

해설 おかしい(이상한)은 **3 変な(이상한)**과 의미가 가장 가깝다.

단어 同(おな)じだ 같다 | 何度(なんど) 몇 번 | 聞(き)く 듣다 | おかしい 이상하다 | 話(はなし) 이야기 | 地味(じみ)だ 수수하다 | 怖(こわ)い 무섭다 | 変(へん)だ 이상하다 | つまらない 재미없다, 시시하다

> **30** 그는 돈이 없는 것이 아니라 그저 인색한 사람일 뿐이다.
>
> 1 돈을 저금하지 않은 사람 **2 돈을 별로 쓰지 않는 사람**
> 3 돈을 버는 사람 4 돈을 많이 쓰는 사람

해설 けち(인색한 사람)은 **2 お金をあまり使わない人(돈을 별로 쓰**

지 않는 사람)과 의미가 가장 가깝다.

단어 お金(かね) 돈 | けち 인색함, 인색한 사람 | 貯(た)める 저축하다, 모으다 | 使(つか)う 쓰다, 사용하다 | 稼(かせ)ぐ 돈을 벌다 | たくさん 많이

問題5 다음 말의 사용법으로서 가장 알맞은 것을, 1·2·3·4에서 하나 고르세요.

---

31 이후

1 이후 그룹별로 행동하므로 룰에 따라주세요.
2 내일 이후 1시부터 회의를 시작하게 되었다.
3 남편은 이후보다도 청소나 정리 등의 가사를 도와준다.
4 그는 야구 이후의 스포츠를 해본 적이 없다고 한다

해설 以後(이후)를 가장 올바르게 사용한 것은 **1번**이다. 2번은 午後(오후), 3번은 以前(이전), 4번은 以外(이외)를 사용하는 것이 알맞다.

단어 以後(いご) 이후 | グループ 그룹 | ～別(べつ) ~별 | 行動(こうどう) 행동 | ルール 룰 | 従(したが)う 따르다 | 会議(かいぎ) 회의 | 始(はじ)める 시작하다 | 夫(おっと) 남편 | 掃除(そうじ) 청소 | 片付(かたづ)け 정리 | ～など ~등 | 家事(かじ) 가사 | 手伝(てつだ)う 돕다 | 野球(やきゅう) 야구 | スポーツ 스포츠 | 午後(ごご) 오후 | 以前(いぜん) 이전 | 以外(いがい) 이외

---

32 느슨하다

1 이 강은 느슨하기 때문에 아이들도 놀 수 있습니다.
2 최근 체중이 줄었기 때문에 바지가 느슨해졌다.
3 아이는 성장이 빠르기 때문에 저번에 산 신발이 벌써 느슨해졌다.
4 이 곡은 템포가 느슨해서 연주하기가 매우 어렵다.

해설 ゆるい(느슨하다)를 가장 올바르게 사용한 것은 **2번**이다. 1번은 浅い(얕다), 3번은 きつい(꽉 끼다), 4번은 速い(빠르다)를 사용하는 것이 알맞다.

단어 ゆるい 느슨하다, 헐렁하다 | 川(かわ) 강 | 遊(あそ)ぶ 놀다 | 体重(たいじゅう) 체중 | 減(へ)る 줄다 | ズボン 바지 | 成長(せいちょう) 성장 | 早(はや)い (시간 등이) 빠르다 | 靴(くつ) 신발 | 曲(きょく) 곡 | テンポ 템포, 속도 | 演奏(えんそう) 연주 | 難(むずか)しい 어렵다 | 浅(あさ)い 얕다 | きつい 심하다, 꽉 끼다 | 速(はや)い (속도 등이) 빠르다

---

33 신선하다

1 세일로 저렴해져 있었기 때문에 신선한 TV를 살 수 있었다.
2 신선하게 회원 등록하면 10% 포인트를 받을 수 있다.
3 내 남동생은 아직 신선하기 때문에 항상 엄마가 돌보고 있다.
4 이 가게는 식재료가 매우 신선해서 무엇을 먹어도 맛있다.

해설 新鮮だ(신선하다)를 가장 올바르게 사용한 것은 **4번**이다. 1번은 新しい(새롭다), 2번은 新規に(신규로), 3번은 幼い(어리다)를 사용하는 것이 알맞다.

단어 新鮮(しんせん)だ 신선하다 | セール 세일 | 安(やす)い 저렴하다 | テレビ TV, 텔레비전 | 会員(かいいん) 회원 | 登録(とうろく) 등록 | ポイント 포인트 | 弟(おとうと) 남동생 | 母(はは) 엄마 | 世話(せわ)をする 돌보다 | お店(みせ) 가게 | 食材(しょくざい) 식자재 | 新(あたら)しい 새롭다 | 新規(しんき) 신규 | 幼(おさな)い 어리다

---

34 내리다

1 오늘은 쇼핑을 하고 돌아가기 때문에 평소와 다른 역에서 내린다.
2 공부가 다 내려갔기 때문에 과자를 먹으면서 만화를 읽으려고 한다.
3 태풍 때문에 정원의 나뭇가지가 내려 버렸다.
4 열이 내릴 때까지는 따뜻하게 하고 침대에서 자고 있으세요.

해설 降りる(내리다)를 가장 올바르게 사용한 것은 **1번**이다. 2번은 終わる(끝나다), 3번은 折れる(부러지다), 4번은 下がる(내려가다)를 사용하는 것이 알맞다. 4번도 한국어 해석상 정답이 될 것 같지만, 기온, 온도 등이 내려가는 경우에는 「下がる」라는 동사를 사용하는 것이 적절하다.

단어 降(お)りる (탈 것, 역 등에서) 내리다 | 買(か)い物(もの) 쇼핑, 장보기 | 帰(かえ)る 돌아가다 | 違(ちが)う 다르다, 틀리다 | お菓子(かし) 과자 | 台風(たいふう) 태풍 | 庭(にわ) 정원 | 木(き)の枝(えだ) 나뭇가지 | 熱(ねつ) 열 | 温(あたた)かい 따뜻하다 | ベッド 침대 | 寝(ね)る 자다 | 終(お)わる 끝나다 | 折(お)れる 부러지다 | 下(さ)がる (기온 등이) 내려가다, (값, 지위, 성적, 솜씨, 명성 등이) 떨어지다

---

35 술술

1 길을 잘 몰라서 금방을 술술 걸어 돌아다녔다.
2 어느 쪽의 팀도 강하고 정말 술술 하는 시합이었다.
3 그녀는 항상 남의 비밀을 술술 다른 사람에게 말한다.
4 오랜만에 운동했더니 피곤해서 몸이 술술 해져 버렸다.

해설 ぺらぺら(술술)을 가장 올바르게 사용한 것은 **3번**이다. 1번은 うろうろ(우왕좌왕), 2번은 はらはら(조마조마), 4번은 ふらふら(휘청휘청)을 사용하는 것이 알맞다.

단어 ペラペラ 술술, 유창한 모양 | 道(みち) 길 | 辺(あた)り 금방, 부근 | 歩(ある)き回(まわ)る 걸어 돌아다니다 | どちら 어느 쪽 | チーム 팀 | 強(つよ)い 강하다 | 試合(しあい) 시합 | 秘密(ひみつ) 비밀 | 久(ひさ)しぶり 오래간만 | 運動(うんどう) 운동 | 疲(つか)れる 지치다 | 体(からだ) 몸 | うろうろ 우왕좌왕 | はらはら 조마조마 | ふらふら 휘청휘청

언어지식(문법)·독해

67p

문제1
1 ②   2 ③   3 ④   4 ①   5 ②
6 ④   7 ③   8 ②   9 ④   10 ③
11 ①   12 ④   13 ②

문제2
14 ②   15 ④   16 ③   17 ①   18 ④

문제3
19 ④   20 ①   21 ③   22 ③   23 ④

문제4
24 ③   25 ③   26 ④   27 ②

문제5
28 ①   29 ③   30 ④   31 ④   32 ②
33 ②

문제6
34 ①   35 ②   36 ④   37 ④

문제7
38 ②   39 ④

문제1 다음 문장의 ( )에 넣기에 가장 알맞은 것을, 1·2·3·4에서 하나 고르세요.

1 여름 방학에 모국에 돌아갈 (지 어떻게 할지) 아직 망설이고 있습니다.

1 ~인지 뭔지
2 ~인지 어떤지
3 ~에 따라서
4 ~할 때마다

해설 문맥상 알맞은 표현은 **2 かどうか**이다. 뒤 문장과 자연스럽게 연결되기 위해서는 「보통형+かどうか(~인지 어떤지)」라는 문법이 가장 적합하다.

단어 夏休(なつやす)み 여름 방학 | 国(くに) 나라, 국가 | 帰(かえ)る 돌아가다 | ~かどうか ~인지 어떤지, ~인지 아닌지 | まだ 아직 | 迷(まよ)う 망설이다, 헤매다 | ~か何(なに)か ~인지 뭔지 | ~にしたがって ~에 따라서 | ~たびに ~할 때마다

2 학생 "선생님, 이 문제를 모르겠는데요."
선생님 "이건 상급의 문제이기때문에 (하지못해도 상관없어)요."

1 ~하지 않는 편이 좋습니다
2 ~하지 않는 것으로 하겠습니다
3 ~하지 않아도 상관없습니다
4 ~하지 않는 것은 아닙니다

해설 문맥상 알맞은 표현은 **3 なくても構いません**이다. 모두 동사 ない형과 접속이 되는 문법이지만, 앞 문장과 자연스럽게 연결되기 위해서는 「동사 ない형+なくても構わない(~하지 않아도 상관없다)」라는 문법이 가장 적합하다.

단어 問題(もんだい) 문제 | わかる 알다 | 上級(じょうきゅう) 상급 | ~なくても構(かま)わない ~하지 않아도 상관없다 | ~ないほうがいい ~않는 편이 좋다 | ~ないことにする ~하지 않기로 하다 | ~ないことはない ~하지 않는 것은 아니다

3 패스트 푸드 (에 비해서) 일식은 건강에 좋다.

1 ~은/는 물론
2 ~에(게) 있어서
3 ~와/과 함께
4 ~에 비해서

해설 문맥상 알맞은 표현은 **4 に比べて**이다. 모두 명사와 접속이 되는 문법이지만, 뒤 문장과 자연스럽게 연결되기 위해서는 「명사+に比べて(~에 비해서)」라는 문법이 가장 적합하다.

단어 ファーストフード 패스트푸드 | ~に比(くら)べて ~에 비해서 | 和食(わしょく) 일식 | 健康(けんこう) 건강 | ~はもちろん ~은/는 물론 | ~にとって ~에(게) 있어서 | ~とともに ~와/과 함께

4 오늘 아침, 늦잠 잤기 때문에 밥을 (먹지 않고) 급하게 집을 나섰다.

1 먹지 않고
2 먹고 나서
3 먹은 채로
4 먹고 싶어 해서

해설 문맥상 알맞은 표현은 **1 食べずに**이다. 뒤 문장과 자연스럽게 연결되기 위해서는 「동사 ない형+ずに(~하지 않고)」라는 문법이 가장 적합하다.

단어 今朝(けさ) 오늘 아침 | 寝坊(ねぼう)する 늦잠 자다 | ご飯(はん) 밥 | ~ずに ~하지 않고 | 急(いそ)ぐ 서두르다 | 出(で)る 나가다 | ~てから ~하고 나서 | ~たまま ~한 채(로) | ~たがる ~하고 싶어 하다

5 30년간 일한 회사이지만, 야근뿐이라 힘들기 때문에, 올해야말로 회사를 그만둘 (생각이다).

1 ~것이 틀림없다
2 ~할 생각이다
3 ~라고 하는 것이다
4 ~할 게 뻔하다

해설 문맥상 알맞은 표현은 **2 つもりだ**이다. 모두 동사 기본형과 접속이 되는 문법이지만, 앞 문장과 자연스럽게 연결되기 위해서는 「동사 기본형+つもりだ(~할 생각이다)」라는 문법이 가장 적합하다.

단어 働(はたら)く 일하다 | 残業(ざんぎょう) 야근, 잔업 | ばかり ~뿐 | 大変(たいへん)だ 힘들다 | 今年(ことし) 올해 | こそ ~야 말로 | やめる 그만두다 | ~つもりだ ~생각, 예정이다 | ~に違(ちが)いない ~것이 틀림없다 | ~ということだ ~라고 한다, ~라고 하는 것이다 | ~に決(き)まっている ~할 게 뻔하다

6 (전화로)
A "죄송하지만, 길에서 사고가 있어서 (기때문에) 조금 늦습니다."
B "알겠어요. 조심히 오세요."

1 ~하고 나서　　　　　　2 ~하는 김에
3 ~사이에　　　　　　　**4 ~때문에**

해설　문맥상 알맞은 표현은 **4 ため**이다. 앞 문장과 자연스럽게 연결되기 위해서는 「동사 기본형+ため(~때문에)」라는 문법이 가장 적합하다.

단어　電話(でんわ) 전화 | 道(みち) 길 | 事故(じこ) 사고 | ~ため ~때문에 | 少(すこ)し 조금 | 遅(おく)れる 늦어지다 | 気(き)を付(つ)ける 조심하다, 주의하다 | ~うえで ~하고 나서 | ~ついでに ~하는 김에 | ~あいだ ~사이에

7 잎 색이 바뀌어 점점 가을 (스러운) 계절이 되기 시작했다.

1 ~대로　　　　　　　2 ~정도의
3 ~다운　　　　　　　4 ~중심의

해설　문맥상 알맞은 표현은 **3 らしい**이다. 모두 명사와 접속이 되는 문법이지만, 앞 문장과 자연스럽게 연결되기 위해서는 「명사+らしい(~답다)」이라는 문법이 가장 적합하다.

단어　葉(は) 잎 | 色(いろ) 색 | 変(か)わる 바뀌다 | だんだん 점점 | 秋(あき) 가을 | ~らしい ~답다 | 季節(きせつ) 계절 | ~通(とお)りに ~대로 | ~ほどの ~정도의 | 中心(ちゅうしん) 중심

8 그녀는 대학생이지만, 모델 (로서도) 활동하고 있다.

1 ~외에　　　　　　　**2 ~로서도**
3 ~등　　　　　　　　4 ~에 의해서

해설　문맥상 알맞은 표현은 **2 としても**이다. 모두 명사와 접속이 되는 문법이지만, 뒤 문장과 자연스럽게 연결되기 위해서는 「명사+としても(~로서도)」라는 문법이 가장 적합하다.

단어　モデル 모델 | ~としても ~로서도 | 活動(かつどう) 활동 | ~のほかに ~외에 | ~など ~등 | ~によって ~에 의해, ~에 따라

9 그의 방은 만화책 (투성이로) 전혀 정리되어 있지 않다.

1 ~빼고　　　　　　　2 ~(할 때)마다
3 ~당, ~이므로　　　　**4 ~투성이로**

해설　문맥상 알맞은 표현은 **4 だらけで**이다. 모두 명사와 접속이 되는 문법이지만, 뒤 문장과 자연스럽게 연결되기 위해서는 「명사+だらけで(~투성이로)」라는 문법이 가장 적합하다.

단어　マンガ 만화 | ~だらけで ~투성이로 | まったく 전혀 | 片付(かたづ)く 정리되다 | ~ぬきで ~빼고 | ~ごとに ~(할 때)마다 | ~につき ~당, ~이므로

10 모레 여행하러 가는데, 호텔 (조차) 아직 예약하지 않았다.

1 ~야 말로　　　　　　2 ~정도

3 ~조차　　　　　　　4 ~만, 뿐

해설　문맥상 알맞은 표현은 **3 さえ**이다. 모두 명사와 접속이 되는 문법이지만, 뒤 문장과 자연스럽게 연결되기 위해서는 「명사+さえ(~조차)」라는 문법이 가장 적합하다.

단어　明後日(あさって) 모레 | ~さえ ~조차 | 予約(よやく) 예약 | ~こそ ~야말로 | ~くらい ~정도 | ~だけ ~만, ~뿐

11 반년간 (에 걸친) 유학 생활도 드디어 내일로 끝이다.

1 ~에 걸친　　　　　　2 ~에 관한
3 ~만의　　　　　　　　4 ~용, 대상의

해설　문맥상 알맞은 표현은 **1 にわたる**이다. 모두 명사와 접속이 되는 문법이지만, 뒤 문장과 자연스럽게 연결되기 위해서는 「명사+にわたる(~에 걸친)」라는 문법이 가장 적합하다.

단어　半年間(はんとしかん) 반년간 | ~にわたる ~에 걸친 | 留学(りゅうがく) 유학 | 生活(せいかつ) 생활 | いよいよ 드디어 | 終(お)わり 끝 | ~に関(かん)する ~에 관한 | ~ぶりの ~만의 | ~向(む)けの ~용, 대상의

12 일본 여행 (을 통해서) 다양한 문화나 습관을 배웠습니다.

1 ~을/를 중심으로　　　2 ~을/를 담아서
3 ~을/를 토대로　　　　**4 ~을/를 통해서**

해설　문맥상 알맞은 표현은 **4 を通して**이다. 뒤 문장과 자연스럽게 연결되기 위해서는 「명사+を通して(~을/를 통해서)」라는 문법이 가장 적합하다.

단어　~を通(とお)して ~을/를 통해서 | 色々(いろいろ)だ 다양하다 | 文化(ぶんか) 문화 | 習慣(しゅうかん) 습관, 관습 | 学(まな)ぶ 배우다 | ~を中心(ちゅうしん)に ~을/를 중심으로 | ~をこめて ~을/를 담아서 | ~をもとにして ~을/를 토대로 해서

13 (회사에서)
야마다 "다음 주부터 해외 출장에 다녀오겠습니다."
기무라 "언제 (돌아오십니까)?"

1 옵니까, 갑니까　　　　**2 돌아오십니까**
3 여쭙습니까, 찾아뵙습니까　　4 뵙니까

해설　문맥상 알맞은 표현은 **2 お戻りになります**이다. 회사에서 상대방에게 언제 돌아오냐고 묻고 있는 상황이므로, 대화의 흐름 상 자연스럽게 연결되기 위해 「お戻りになる(돌아오시다)」라는 존경 표현이 가장 적합하다. 1번도 한국어 해석상 정답이 될 것 같지만, 겸양 표현이므로 정답이 아니다.

단어　海外(かいがい) 해외 | 出張(しゅっちょう) 출장 | いつ 언제 | 戻(もど)る 돌아가다 | お+ます형+になる ~하시다 (존경 표현) | 参(まい)る 가다, 오다(겸양어) | 伺(うかが)う 여쭙다, 찾아뵙다(겸양어) | お目(め)にかかる 뵙다(겸양어)

문제2 다음 문장의 ____★____ 에 들어갈 가장 알맞은 것을, 1·2·3·4 에서 하나 고르세요.

14 최근에는 다이어트 를 위해서 ★단것 뺀 생활을 하고 있다.

1 을/를 위해서 2 단것
3 뺀 4 다이어트

해설 1번 のための 앞에는 명사가 와야 하고, 문맥상 '다이어트를 위해서'가 자연스럽기 때문에 4-1번으로 연결된다. 3번 ぬきの 앞에도 명사가 와야 하며 문맥상 '단것 뺀'이 자연스럽기 때문에 2-3번으로 연결된다. 따라서 4-1-2-3으로 연결하면 **2 甘いもの**가 정답이다.

단어 最近(さいきん) 최근 | ダイエット 다이어트 | ~のために ~을/를 위해서 | 甘(あま)い 달다 | ~ぬきの ~뺀 | 生活(せいかつ) 생활

15 충치가 되기 전에 매일 확실히 이를 ★닦으면 좋았을 텐데.

1 좋았을 텐데 2 이를
3 매일 확실히 4 닦으면

해설 '歯を磨く'가 연결되어 '이를 닦다'라는 뜻이 되므로 2-4번으로 연결된다. 1번 よかった의 앞에 동사 가정형이 오면 '~하면 좋았을 텐데'라는 문법으로 '이를 닦으면 좋았을 텐데'라고 연결된다. 그리고 1번 毎日ちゃんと는 부사이므로 제일 앞부분에서 오는 것이 문맥상 가장 자연스럽다. 따라서 3-2-4-1로 문장을 만들면 **4 磨けば**가 정답이다.

단어 虫歯(むしば) 충치 | 毎日(まいにち) 매일 | ちゃんと 확실히 | 歯(は)を磨(みが)く 이를 닦다 | ~ばよかったのに ~하면 좋았을 텐데

16 오늘의 파티, 사토 씨 ★는 물론 무라카미 씨도 온다 고 해요.

1 오다 2 무라카미 씨도
3 은/는 물론 4 사토 씨

해설 3번 はもちろん의 앞에는 명사가 와야 하고 문맥상 '사토 씨는 물론 무라카미 씨도'가 자연스럽기 때문에 4-3-2번으로 연결된다. 뒤 문장 らしい(~라고 한다)의 앞에는 보통형이 와야 하기 때문에 '온다고 해요'로 연결된다. 따라서 4-3-2-1로 문장을 만들면 **3 はもちろん**이 정답이다.

단어 パーティー 파티 | ~はもちろん ~은/는 물론 | ~らしい ~라고 한다

17 A "저희 엄마는 10년 이상 레스토랑에서 셰프로서 일하고 있습니다."
B "대단하네. 그래서 그렇게 요리를 ★잘하는 것 이구나."

1 요리를 2 인 것
3 그렇게 4 잘하다

해설 1번 料理가 뒤에 うまい가 와서 '요리를 잘한다'라는 의미가 되며 3번 あんなに가 이를 수식하여 '그렇게 요리를 잘한다'는 뜻이 되므로 3-1-4번으로 연결된다. 그리고 뒤 문장 わけが だ와 이어져 '(당

연히) ~것이다'라는 뜻이 된다. 따라서 3-1-4-2로 연결하면 **4 うまい**가 정답이다.

단어 母(はは) 엄마 | 以上(いじょう) 이상 | シェフ 셰프 | ~として ~로서 | 働(はたら)く 일하다 | すごい 대단하다 | あんなに 그렇게 | うまい 잘하다, 솜씨가 뛰어나다 | ~わけだ (당연히) ~것이다 하는 게 당연하다

18 매일 콜라를 마시는 것 ★만큼 건강에 나쁜 것은 없다.

1 건강에 2 마시는 것
3 나쁘다 4 만큼

해설 앞 문장 コーラを(콜라를)의 뒤에는 동사가 와야 하며 문맥상 '콜라를 마시는 것만큼'이 자연스럽기 때문에 2-4번으로 연결된다. 그리고 ~ほど~はない(~만큼 ~은 없다) 문법에 사용되었기 때문에 健康に悪いことはない(건강에 나쁜 것은 없다)로 연결하는 것이 자연스럽다. 따라서 2-4-1-3번으로 문장을 만들면 **4 ほど**가 정답이다.

단어 コーラ 콜라 | 毎日(まいにち) 매일 | 悪(わる)い 나쁘다 | ~ほど~はない ~만큼 ~은 없다

문제3 다음 문장을 읽고, 문장 전체 내용을 생각해서, [19] 부터 [23] 안에 들어갈 가장 알맞은 것을, 1·2·3·4에서 하나 고르세요.

아침 활동(조활)

최근 젊은이 [19] 회사원이나 고령자의 사이에서도 '아침 활동'하는 것이 주목받고 있습니다. 조활이란 그대로의 의미로 '아침에 활동하는 것'입니다. 평소보다 조금 일찍 일어나서 공부나, 스포츠 등 취미 활동을 하는 것입니다.
 이러한 아침 활동이 주목된 이유로서는 무엇이 있는 걸까요? 그 이유의 하나로서 재택근무가 증가한 것 [20] 아침의 출근 준비가 필요 없게 되어, 아침에 느긋하게 보낼 시간이 생겼기 때문이라고 말해지고 있습니다. 아침에 일어나서 독서를 하거나, 가벼운 운동을 함으로써 머리가 잘 움직여서 빨리 일을 끝낼 수 있다고 합니다. 낮이나 밤에 공부나 일, 가사로 바쁜 사람이라도 아침을 활용하면 자신의 시간을 만들 수 있습니다.
 [21] 아침에 일어나는 것을 잘 못해서 시간이 없는 사람도 있을 것입니다. 그런 사람은 평소보다 10분 일찍 일어나서 행동하는 것도 아침 활동의 하나라고 말할 수 있습니다. 예를 들어 평소보다 천천히 아침 식사를 먹거나, 신문을 읽거나 하는 것입니다. 이처럼 아침 활동을 하는 것으로, 건강한 생활을 [22]. 하지만, 아침 활동을 계속하기 위해서 수면 부족이 [23] 조심하지 않으면 안 됩니다. 지쳐있을 때는 확실하게 쉬는 날을 만들어서 무리를 너무 많이 하지 않는 것이 중요합니다.
 누구나 간단하게 시작할 수 있는 '아침 활동'. 목표를 세워서 조금씩 시작해 보는 것은 어떻습니까?

19 1 ~이기 때문에 2 ~조차
3 ~만 **4 ~뿐만 아니라**

해설 문맥에 맞는 문법 표현을 고르는 문제이다. 빈칸 뒤에 会社員や高

齢者の間でも「朝活」することが注目されています(회사원이나 고령자의 사이에서도 '아침 활동'하는 것이 주목되고 있습니다)라고 했으므로 젊은이뿐만 아니라, 회사원이나 고령자 사이에서도 조활이 주목되고 있다고 하는 것이 자연스럽다. 따라서 **4 だけでなく**가 정답이다.

표현 ~からこそ ~이기 때문에 | ~さえ ~조차 | ~ばかり ~만, 뿐 | ~だけでなく ~뿐만 아니라

20 1 **~에 의해, ~에 따라**　2 ~에 관해서
　　 3 ~을/를 중심으로　4 ~라기보다도

해설 문맥에 맞는 문법 표현을 고르는 문제이다. 빈칸의 앞부분에 그 이유의 하나로서는, 在宅勤務が増えたこと(그 이유의 하나로서는 재택근무가 증가한 것)이라고 하고 빈칸 뒤에 이로 인한 결과를 설명하고 있다. 따라서 재택근무가 증가한 것에 의해 아침에 여유 시간이 생겼다고 하는 것이 자연스럽기 때문에 **1 ことによって**가 정답이다.

표현 ~によって ~에 의해, ~에 따라 | ~に関(かん)して ~에 관해서 | ~を中心(ちゅうしん)に ~을/를 중심으로 | ~というよりも ~라기보다도

21 1 즉　　　　　　　2 참고로
　　 3 그런데　　　　4 아니면

해설 문맥에 맞는 접속사를 고르는 문제이다. 빈칸 뒤에 朝起きることが苦手で、時間がない人もいるでしょう。(아침에 일어나는 것이 힘들어서 시간이 없는 사람도 있을 것입니다.)라고 앞부분과 상반된 내용에 대해서 이야기를 하고 있다. 따라서 빈칸에 들어갈 접속사로 알맞은 것은 **3 ところが**이다.

표현 つまり 즉 | ちなみに 참고로 | ところが 그런데 | それとも 아니면

22 1 보낼 수 있을 리가 없습니다
　　 2 보낼 수 없어도 됩니다
　　 3 보낼 수 있을 것입니다
　　 4 보낼 수 있다고는 할 수 없습니다

해설 문맥에 맞는 문법 표현을 고르는 문제이다. 앞부분에서 아침 활동에 대한 예시를 들면서 このように、朝活をすることで、健康的な生活を(이처럼 아침 활동을 하는 것으로, 건강한 생활을)이라고 했다. 건강한 생활을 보낼 수 있다고 하는 것이 문맥상 자연스럽다. 따라서 **3 送れるはずです**가 정답이다.

표현 送(おく)れる 보낼 수 있다 | ~わけがない ~할 리가 없다 | ~なくてもいい ~하지 않아도 된다 | ~はずだ ~일 것이다 | ~とは限(かぎ)らない ~라고는 (단정)할 수 없다

23 1 되도록　　　　　2 되지 않아도
　　 3 되면　　　　　　**4 되지 않도록**

해설 문맥에 맞는 문법 표현을 고르는 문제이다. 빈칸 앞에 しかし、朝活を続けるために睡眠不足に(하지만, 아침 활동을 계속하기 위해서 수면 부족이)라고 한 후 조심하지 않으면 안 된다고 했다. 그리고 뒤 문장에서 쉬는 날을 만들거나 무리하지 않는 것이 중요하다고 했다. 따라서 '수면 부족이 되지 않도록'이라고 하는 것이 문맥상 자연스럽기 때문에 **4 ならないように**가 정답이다.

표현 ~ように ~하도록 | なる 되다

단어 朝活(あさかつ) (朝活動의 줄임말) 조활, 아침 활동 | 最近(さいきん) 최근 | 若者(わかもの) 젊은이 | 高齢者(こうれいしゃ) 고령자 | 間(あいだ) 사이 | 注目(ちゅうもく) 주목 | そのまま 그대로 | 意味(いみ) 의미 | 活動(かつどう) 활동 | いつもより 평소보다 | 起(お)きる 일어나다 | 理由(りゆう) 이유 | 趣味(しゅみ) 취미 | 在宅勤務(ざいたくきんむ) 재택 근무 | 増(ふ)える 증가하다, 늘어나다 | 出勤(しゅっきん) 출근 | 準備(じゅんび) 준비 | 要(い)る 필요하다 | ゆっくりする 느긋하게 보내다 | 読書(どくしょ) 독서 | 軽(かる)い 가볍다 | 頭(あたま) 머리 | 働(はたら)く 일하다, 움직이다 | 昼(ひる) 낮 | 夜(よる) 밤 | 家事(かじ) 가사 | 忙(いそが)しい 바쁘다 | 活用(かつよう) 활용 | 得意(とくい)だ 자신이 있다 | 行動(こうどう) 행동 | ゆっくり 천천히 | 朝食(ちょうしょく) 조식, 아침 식사 | 新聞(しんぶん) 신문 | このように 이처럼, 이와 같이 | 健康(けんこう)だ 건강하다 | 生活(せいかつ) 생활 | 続(つづ)ける 계속하다 | 睡眠不足(すいみんぶそく) 수면 부족 | 気(き)を付(つ)ける 조심하다, 주의하다 | 疲(つか)れる 지치다, 피곤하다 | しっかり 확실히 | 休(やす)みの日(ひ) 쉬는 날 | 無理(むり) 무리 | 重要(じゅうよう)だ 중요하다 | 簡単(かんたん)だ 간단하다 | 始(はじ)める 시작하다 | 目標(もくひょう) 목표 | 立(た)てる 세우다 | 少(すこ)しずつ 조금씩 | いかがでしょうか 어떻습니까

문제4 다음 (1)부터 (4) 문장을 읽고, 질문에 답하세요. 답은, 1·2·3·4에서 가장 알맞은 것을 하나 고르세요.

(1)

얼마 전 인터넷에서 신발을 샀다가 실패했다. 사진으로 본 상품의 색상과 실제 상품의 색상이 조금 달랐다. 상품을 교환할 수 있는지 전화로 물어봤더니 교환은 안 되지만 반품은 된다고 들었다. 조금 생각했지만 바로 사용하고 싶었기 때문에 그냥 사용하기로 했다. 하지만, 사이즈도 조금 작아서 금방 발이 아파져 버려서 결국 한 번밖에 신지 않았다. 인터넷으로 쇼핑할 때는 가게에서 같은 상품을 보고 나서 사던지 한 번 산 적이 있는 상품을 사는 편이 좋다.

24 무엇이 실패였는가?

1 한 번 산 적이 있는 상품을 또 사버린 것
2 반품도 교환도 안 되는 상품을 확인하지 않고 사 버린 것
3 도착한 상품의 색상이나 크기가 사진으로 확인한 것과 조금 달랐던 것
4 주문한 상품과 전혀 다른 색상의 상품이 도착한 것

해설 도착한 상품의 색상과 크기가 사진으로 확인한 것과 조금 달랐다고 했으므로 3번이 정답이다. 이번에 구입한 상품은 인터넷으로 사진만 보고 구입했으므로 1번은 정답이 아니다. 직원에게 반품은 가능하다고 들었지만 그냥 쓰기로 했으므로 2번도 정답이 아니다. 신발의 색상이 사진과 비교했을 때 조금만 다르다고 했기 때문에 4번도 정답이 아니다.

단어 先日(せんじつ) 얼마 전 | インターネット 인터넷 | 失敗(しっぱい)する 실패하다 | 写真(しゃしん) 사진 | 商品(しょうひん) 상

品 | 色(いろ) 색깔 | 交換(こうかん) 교환 | 返品(へんぴん) 반품 | そのまま 그대로 | サイズ 사이즈 | 足(あし) 발 | 結局(けっきょく) 결국 | はく 신다, (하의를) 입다 | 一度(いちど) 한 번 | 確認(かくにん) 확인 | 大(おお)きさ 크기

(2)

> 사라 씨 안녕하세요.
> 이번 주말에 우에노 씨 집에서 바비큐를 한다고 말했습니다만, 변경이 되었습니다. 우에노 씨의 집 냉장고가 고장 나서 새것이 도착하는 게 다음 주 월요일이기 때문에 일정에 맞출 수 없다고 합니다.
> 그래서 다음 주말로 변경할까 생각하고 있습니다만, 사라 씨는 이미 재료를 샀습니까? 분명 고기 담당이었죠?
> 만약 이미 재료가 있다면 예정대로 이번 주말에 합시다. 그 경우 아이자연 공원의 바비큐 장소를 예약하려고 합니다.
> **공원을 예약하려면 빨리 하는 편이 좋기 때문에 가능한 한 빠르게 답변을 도움이 됩니다.** 그럼 연락을 기다리고 있겠습니다.
>
> 나오미

25 본문의 내용에 대해서 올바른 것은 어느 것인가?

1 이번 주말에 우에노 씨는 일이 생겨서 바비큐 시간에 맞출 수 없게 되어 버렸다.
2 나오미 씨는 바비큐를 사와야카 공원에서 하는 것을 사라 씨에게 전했다.
3 사라 씨는 이 이후, 재료를 샀는지 어떤지 나오미 씨에게 연락한다.
4 바비큐를 우에노 씨 집에서 하는데 날짜는 아직 정해지지 않았다.

해설 사라 씨는 이 메일을 받고 재료를 샀는지 사지 않았는지 나오미 씨에게 연락해야 하므로 3번이 정답이다. 우에노 씨는 참석이 가능하지만 우에노 씨의 집에서 바비큐를 하는 게 불가능해졌으므로 1번은 정답이 아니다. 사라 씨의 재료 구입 여부에 따라 바비큐를 다음 주에 우에노 씨 집에서 하거나 이번 주에 공원에서 할 예정이므로 2번과 4번도 정답이 아니다.

단어 今週末(こんしゅうまつ) 이번 주말 | うち 집 | 変更(へんこう) 변경 | バーベキュー 바비큐 | 冷蔵庫(れいぞうこ) 냉장고 | 壊(こわ)れる 고장 나다 | 届(とど)く 닿다 | 間(ま)に合(あ)う 제시간에 맞다 | 材料(ざいりょう) 재료 | たしか 분명 | 担当(たんとう) 담당 | 予定通(よていどお)り 예정대로 | 予約(よやく) 예약 | 助(たす)かる 도움이 되다 | 用事(ようじ) 용무 | 日時(にちじ) 일시, 날짜

(3)

> 무라카미 상점 께.
> 늘 신세를 지고 있습니다.
> 어제 2월 5일 화요일에 상품번호 101을 80개 주문했습니다만, 지금부터 변경이 가능한가요?
> 가능하다면 상품번호 101을 120개와 상품번호 102를 40개로 부탁드립니다. **2월 20일까지 보내주셨으면 합니다만, 가능한 한 빨리 보내주시면 도움이 됩니다.**
> 혹시 물건이 늦는다면 처음 주문한 분만 먼저 보내주세요. 답장 기다리겠습니다.
>
> ABC 서비스 오야마

26 이 글의 내용에 대해서 올바른 것은 어느 것인가?

1 이 메일은 오야마 씨가 주문 내용을 변경하기 위해서 무라카미 상점에 7일에 보낸 것이다.
2 2월 20일까지 상품번호 101만이라도 모두 보내주길 바란다.
3 상품번호 101은 2월 20일에 도착할 수 있도록 보내주길 바란다.
4 상품번호 102는 2월 21일 이후에 도착해도 되지만, 최대한 빨리 받고 싶다.

해설 먼저 주문한 수량 외의 상품은 2월 20일까지 도착하지 않아도 되지만 최대한 빨리 보내달라고 했으므로 4번이 정답이다. 주문한 어제 날짜가 2월 5일이기 때문에 이 메일은 2월 6일에 무라카미 상점에 보낸 메일이므로 1번은 틀린 말이다. 물건이 늦는다면 상품번호 101 전체 개수인 120개가 아니라, 먼저 주문한 수량인 80개만큼 먼저 보내달라고 했으므로 2번과 3번도 정답이 아니다.

단어 お世話(せわ)になる 신세를 지다 | 商品番号(しょうひんばんごう) 상품번호 | 注文(ちゅうもん)する 주문하다 | 変更(へんこう) 변경 | できれば 가능하면 | なるべく 되도록, 될 수 있는 한 | 助(たす)かる 도움이 되다 | 間(ま)に合(あ)う 제시간에 맞다

(4)

> 여름에 초록이었던 잎이 가을에 빨강이나 노란색으로 변하는 것을 '단풍'이라고 한다. 하지만 이 '단풍'을 나타내는 한자가 두 종류있는 것을 알고 있는가.
> 먼저 잎이 초록에서 빨간색으로 변하는 경우에는 홍엽(紅葉)이라는 한자를 사용한다. 다홍색은 선명한 빨간색이고 빨간색 중에서도 진한 빨간색이다. 다음으로 노란색의 경우에는 황엽(黃葉)이라는 한자를 쓴다. 그러나 실제로는 모든 잎이 빨강이나 노란색으로 변하는 것은 아니다. 그래서 가을 산은 빨간색만이라도, 노란색만이라도 아니라 홍엽(紅葉)과 황엽(黃葉), 그리고 초록의 여러 가지 색으로 아름다운 경치를 만들고 있다. 초록뿐이었던 산의 경치에 이 두 가지 '단풍'이 더해져서 **가을 산은 복잡하고 보다 아름다워진다.**

27 가을 산이 복잡하고 더욱 아름다워지는 것은 왜인가?

1 여름에 초록색 한 가지였던 잎의 색깔이 모두 가을에 빨강이나 노란색으로 변화하기 때문에
2 초록색 하나였던 산의 잎 색깔이 '단풍'으로 인해 늘어나기 때문에
3 한 가지 색이 아니라, 빨강과 노란색 두 가지 색으로 만들어지는 경치이기 때문에
4 '단풍'의 한자는 홍엽(紅葉)과 황엽(黃葉) 두 가지가 있기 때문에

해설 가을 산은 실제로는 모든 잎이 빨강과 노랑 두 가지 색으로 변하는 게 아니라 빨강, 노랑, 초록의 여러 가지 색으로 아름다운 경치를 만들어낸다고 했으므로 1번과 3번은 정답이 아니고, 2번이 정답이다. 4번은 한자에 대한 설명일 뿐이지 가을 산이 복잡하고 더욱 아름다워지는 이유는 아니므로 정답이 아니다.

단어 緑(みどり) 초록 | 葉(は) 잎 | 秋(あき) 가을 | 赤(あか) 빨강 | 黄色(きいろ) 노란색 | こうよう 단풍 | 表(あらわ)す 나타내다 | 種類(しゅるい) 종류 | 紅葉(こうよう) 홍엽 | 紅色(べにいろ) 다홍색 | 鮮(あざ)やかだ 선명하다 | 濃(こ)い 진하다 | 黄葉(こうよ

う) 황엽 | 様々(さまざま)だ 다양하다 | 景色(けしき) 경치 | 加(くわ)わる 더해지다 | 複雑(ふくざつ)だ 복잡하다 | より 보다, 더욱 | 美(うつく)しい 아름답다 | 変化(へんか) 변화

문제5 다음 (1)부터 (2) 문장을 읽고, 질문에 답하세요. 답은, 1·2·3·4에서 가장 알맞은 것을 하나 고르세요.

(1)

저를 만나면 반드시 "오늘 뭐 할 거야?"라고 묻는 사람이 있었습니다. 저는 항상 "아르바이트하러 갈 거야." "집에 돌아가는 것뿐이야." 라고 귀찮은 듯이 대답했습니다. 그렇게 말하면, "그래?"라고 친구는 대답할 뿐이었습니다. 저는 매번 왜 저의 그날의 예정을 알고 싶어 하는지 몰랐습니다.

지금 생각하면, 친구는 인사 대신에 ①그런 질문을 하고 있었던 것이라고 생각합니다. 질문은 "오늘은 뭐 할 거야?"가 아니더라도 "오늘은 덥네."라도 "저녁으로 뭐 먹을 거야?"라도 뭐든 괜찮았을 것입니다. 그런 ②잡담은 인간관계를 만들기 위해서는 필요한 일입니다. 항상 중요한 얘기만 하고 있으면 피곤해집니다. 의미 없는 대화도 필요합니다.

제 친구는 저와 잡담을 하며 더 친해지려고 노력하고 있었을지도 모릅니다. 다음에 친구를 만나서 같은 질문을 받으면 좀 더 대화를 즐기려고 생각합니다.

28 친구가 ①그런 질문을 한 이유는 무엇인가?

1 나와 잡담을 해서 더 친해지고 싶었기 때문에
2 사실 '오늘은 덥네'라고 말하고 싶었지만 내가 똑같이 생각하고 있는지 몰랐기 때문에
3 인간관계를 만드는 것이 서툴러서 그 외에 무엇을 물어봐야 할지 몰랐기 때문에
4 나랑 친해져서 나의 하루 예정을 좀 더 알고 싶다고 생각했기 때문에

해설 '나'는 친구가 매번 그날의 일정을 물어본 이유를 당시에는 몰랐지만 지금 생각해 보니 친구가 잡담을 하며 더 친해지려고 노력하고 있었던 것 같다고 했으므로 1번이 정답이다.

29 다음 중 ②잡담이라고 말할 수 있는 것은 무엇인가?

1 A "오늘은 비가 온다니까 우산을 가지고 가는 게 좋겠어."
  B "그렇구나, 고마워."
2 A "카레랑 라면, 어느 쪽으로 할래?"
  B "음, 카레려나?"
3 A "주말에 뭐 하고 지냈어?"
  B "음, 우리 집에서 TV 보고 있었어"
4 A "다나카 씨가 나중에 전화 달라고 말했었어."
  B "그래, 알았어."

해설 '나'는 잡담이 중요하지 않고 의미 없는 내용의 대화이지만 인간관계를 만들기 위해 필요하다고 했다. 1,2,4번은 질문에 정보 전달이나 확인 등의 목적이 있다. 단순히 안부를 묻는 차원의 대화를 하는 3번이 정답이다.

30 나는 다음에 친구에게 같은 질문을 받으면 어떻게 할 것인가?

1 귀찮다는 듯이 언제나처럼 대답한다.
2 왜 항상 같은 질문을 하는지 이유를 물어본다.
3 더 중요한 이야기를 하는 것이 좋겠다고 조언한다.
4 항상 하던 대로 대답하지 않고 친구와 잡담을 즐기고 싶다.

해설 '나'는 예전에 친구가 그날의 일정을 물어보면 귀찮은 듯이 대답했었다. 다음에 친구에게 같은 질문을 받으면 대화를 더 즐기려고 한다고 했으므로 4번이 정답이다.

단어 友人(ゆうじん) 친구 | 必(かなら)ず 반드시 | 面倒(めんどう)くさい 귀찮다, 성가시다 | 毎回(まいかい) 매번 | 予定(よてい) 예정 | 理解(りかい) 이해 | 代(か)わりに 대신에 | 夕飯(ゆうはん) 저녁 식사 | 雑談(ざつだん) 잡담 | 人間関係(にんげんかんけい) 인간관계 | 必要(ひつよう)だ 필요하다 | 重要(じゅうよう)だ 중요하다 | 疲(つか)れる 지치다 | 意味(いみ) 의미 | 会話(かいわ) 회화, 대화 | 親(した)しい 친하다 | 努力(どりょく)する 노력하다 | 仲良(なかよ)い 사이 좋다 | 同(おな)じように 똑같이 | 苦手(にがて)だ 서투르다 | 傘(かさ) 우산 | アドバイス 어드바이스, 조언

(2)

매일 아침 엄마는 건강과 체력 단련을 위해 1시간 산책하고 있습니다. 엄마의 즐거움은 매달 아빠와 등산을 가는 것입니다.

지난달에는 등산 전날 아빠가 감기에 걸려 버렸습니다. 엄마는 아빠를 걱정하고 있었지만, 매우 실망하고 있었습니다. ①그런 모습을 보고 제가 엄마랑 산에 가기로 했습니다.

다음 날 엄마와 저는 등산하러 외출했습니다. 엄마는 평소처럼 활기차게 산을 올라갔습니다. 저는 처음에는 엄마 뒤를 오르고 있었지만, 30분 후에는 엄마의 모습이 보이지 않게 되어 버렸습니다. 겨우 따라잡은 제가 "조금 더 천천히 올라가."라고 하자 "평소보다 느린 거야. 조금 더 평소부터 운동하는 편이 좋아."라고 엄마에게 비웃음을 샀습니다.

등산을 간 다음날부터 저는 ②조깅을 시작했습니다. 다음에 등산 갈 때는 엄마처럼 활기차게 오르고 싶습니다.

31 ①그런 모습은 어떤 모습인가?

1 아빠가 감기로 고통스러운 듯이 자고 있는 모습
2 아빠가 산에 가고 싶어서 고민하고 있는 모습
3 엄마가 매일 산책을 하고 열심히 하고 있는 모습
4 엄마가 등산을 가지 못해서 안타까워하는 모습

해설 등산 전날 아빠가 감기에 걸려서 엄마는 아빠를 걱정하고 있었지만 한편으로는 등산을 가지 못해 실망하고 있었다. 그 모습을 보고 '나'는 엄마와 함께 등산하기로 했으므로 4번이 정답이다.

32 ②조깅을 시작했습니다라고 있는데 왜 시작했는가?

1 엄마와 함께 산책을 하고 싶지 않기 때문에
2 엄마처럼 등산을 즐기고 싶기 때문에
3 산책보다 조깅 쪽이 좋기 때문에
4 조깅을 하는 편이 좋다고 들었기 때문에

해설 '나'는 엄마와 등산을 다녀오고 나서 엄마처럼 활기차게 등산하기 위해 조깅을 시작했으므로 2번이 정답이다.

33 이 글의 내용과 맞지 않는 것은 어느 것인가?

1 나보다 엄마 쪽이 건강했기 때문에 엄마는 나에게 운동 부족이라고 말했다.
2 산에 오르는 것이 평소보다 느려서 엄마는 좀 더 운동을 해야겠다고 생각했다.
3 엄마는 나에게 맞춘 속도로 산을 오르고 있었다.
4 나보다 엄마 쪽이 발이 빨라서, 따라 잡는 데에 꽤 고생을 했다.

해설 글의 내용과 맞지 않는 것을 고르는 문제이다. 나보다 엄마가 더 활기차게 산을 오르며 나에게 평소에 운동을 더 하는 편이 좋다고 했기 때문에 1번은 맞는 말이다. 엄마가 나에게 맞춰 평소보다 느린 속도로 올라가고 있었으므로 3번도 맞는 말이다. 나는 감기에 걸린 아빠 대신 엄마와 등산을 하게 되었고 그다음 날부터 조깅을 시작했으므로 4번 역시 맞는 말이다. 엄마는 나의 속도에 맞춰 일부러 느리게 산을 오른 것이므로 2번이 이 글의 내용과 맞지 않으므로 정답이다.

단어 每朝(まいあさ) 매일 아침 | 健康(けんこう) 건강 | 体力(たいりょく) 체력 | ～づくり ~만들기 | 散歩(さんぽ) 산책 | 山登(やまのぼ)り 등산 | 風邪(かぜ)を引(ひ)く 감기에 걸리다 | 心配(しんぱい)する 걱정하다 | がっかりする 실망하다 | 様子(ようす) 모습 | 出(で)かける 외출하다, 나가다 | いつも通(どお)り 평소처럼, 평소대로 | 元気(げんき)よい 활기차다 | 姿(すがた) 모습 | 追(お)いつく 따라잡다 | 普段(ふだん) 평소 | 笑(わら)われる 비웃음 사다 | ジョギング 조깅 | 苦(くる)しい 고통스럽다 | 運動不足(うんどうぶそく) 운동 부족 | スピード 스피드, 속도 | 結構(けっこう) 꽤 | 苦労(くろう) 고생

문제6 다음 문장을 읽고, 질문에 답하세요. 답은, 1·2·3·4에서 가장 알맞은 것을 하나 고르세요.

일본에서는 2008년부터 토네이도 주의 정보의 발표가 시작되었다. 토네이도는 지상에서 하늘로 강력한 공기가 휘말려 올라가면서 일어나는 강한 바람이다. 계절에 관계없이 일 년 내내 일본의 여기저기에서 발생해 건물이 부서지거나 자동차 등의 무거운 물건이 날아가거나 하는 등의 피해가 나고 있다. 그 피해는 태풍 피해와 비슷하지만 다른 점은 토네이도가 일어난 후 사라질 때까지 길어도 수십 분으로 짧고 좁은 범위에서 일어난다는 점이다. 토네이도 주의 정보도 앞으로 ○○ 지역에서 1시간 정도의 사이에 토네이도가 일어날지도 모른다고 시간과 장소가 발표된다.
주의 정보가 나왔다고 해서 반드시 토네이도가 일어나는 것은 아니다. 하지만 ①토네이도에 대비해서 필요한 것을 알아두는 것은 중요하다. 주의 정보가 나왔을 때 밖에 있는 경우는 건물의 안으로 들어가 창문이 없는 방이나 지하실로 도망치자. 창문이 있는 경우는 창문이 깨질지도 모르기 때문에 떨어져 있는 편이 좋다. 토네이도가 일어나면 강한 바람이 불기 때문에 차 안도 안전하지 않다. 바로 차에서 떨어져 건물의 안으로 도망치자.
산과 같은 모양의 구름이 다가와서 하늘이 갑자기 어두워지거나 차가운 바람이 불어오거나 천둥소리가 들리거나 했을 때는 토네이도가 근처까지 오고 있다는 의미이다. ②그럴 때는 특히 조심해서 빨리 도망치자.

토네이도는 자동차보다도 빠르게 이동하기도 해서 어떻게 나아갈지 모른다. 일어나고 나서 단시간에 사라져 없어지지만, 그 짧은 시간에 태풍과 같은 피해가 난다. 토네이도가 오면 어떻게 하면 좋을지 올바른 지식을 몸에 익혀 토네이도로부터 몸을 보호하자.

(주석1) 천둥(소리) : 날씨가 나쁜 날에 하늘에서 빛과 소리가 나는 것.

34 토네이도와 태풍이 닮아 있는 점은 어떤 점인가?

1 강한 바람으로 많은 피해를 내는 점
2 일 년 내내 일본 어디에서도 일어나는 점
3 발생 범위가 좁아서 단시간에 일어나는 점
4 한정된 지역에 주의 정보가 나오는 점

해설 강한 바람으로 많은 피해를 내는 점이 토네이도와 태풍의 비슷한 점이므로 1번이 정답이다. 2, 3, 4번은 토네이도만의 특징이므로 정답이 아니다.

35 ①토네이도에 대비해서라고 있는데 어떻게 대비하면 좋을까?

1 운전 중이라면 자동차의 창문을 닫고 밖으로 나가지 않는다.
2 밖에 있다면 서둘러 건물의 안으로 들어간다.
3 건물의 안에 있다면 서둘러 밖으로 나간다.
4 집에 있다면 창문이 있는 방으로 간다.

해설 밖에 있다면 서둘러 건물의 안으로 들어간다고 한 2번이 정답이다. 운전 중이라면 차에서 떨어져 건물 안으로 도망가야 한다고 했으므로 1번은 틀린 말이다. 밖에 있을 경우 건물로 들어가야 한다고 했으므로 3번도 틀린 말이다. 건물의 안에 있다면 창문 없는 방이나 지하실로 가야 하고, 창문이 있다면 떨어져야 한다고 했으므로 4번도 틀린 말로 정답이 아니다.

36 ②그럴 때는 어떤 때인가?

1 하늘이 갑자기 밝아지고 맑아져 왔을 때
2 하늘이 어두워지고 비가 오기 시작했을 때
3 따뜻한 바람이 불어오고 구름이 사라졌을 때
4 차가운 바람이 불어오고 천둥소리가 들려왔을 때

해설 ②그럴 때는 산처럼 생긴 구름이 다가오며 하늘이 갑자기 어두워지고, 찬 바람이 불어오거나 천둥소리가 들리는 때이므로 4번이 정답이다.

37 토네이도에 대한 설명으로 올바른 것은 어느 것인가?

1 토네이도의 피해는 태풍 정도로 크지 않다.
2 토네이도 주의 정보가 나오면 반드시 토네이도가 일어난다.
3 토네이도는 태풍과 같은 정도로 넓은 범위에서 피해가 난다.
4 하늘이나 바람의 모습으로 토네이도가 가까이 오고 있는지 알 수 있다.

해설 하늘이 어두워지고 찬 바람이 불어오거나 천둥소리가 들려올 때 토

네이도가 근처까지 온 상태라고 했으므로 4번이 정답이다. 토네이도는 짧은 시간에 태풍과 같은 피해가 난다고 했으므로 1번은 틀린 말이다. 주의 정보가 나왔다고 해서 반드시 토네이도가 일어나는 것은 아니라고 했으므로 2번도 틀린 말이다. 토네이도는 좁은 범위에서 일어난다고 했으므로 3번 역시 틀린 말로 정답이 아니다.

단어 トルネード 토네이도 | 注意情報(ちゅういじょうほう) 주의정보 | 発表(はっぴょう) 발표 | 始(はじ)まる 시작되다 | 地上(ちじょう) 지상 | 強力(きょうりょく)だ 강력하다 | 空気(くうき) 공기 | 巻(ま)き上(あ)げる 휩쓸다, 감아올리다 | 起(お)こる 일어나다, 발생하다 | あちこち 여기저기 | 発生(はっせい) 발생 | 建物(たてもの) 건물 | 壊(こわ)れる 부서지다 | 飛(と)ばす 날려버리다 | 被害(ひがい) 피해 | 台風(たいふう) 태풍 | 似(に)る 비슷하다, 닮다 | 違(ちが)う点(てん) 다른 점, 틀린 점 | 消(き)える 사라지다 | 狭(せま)い 좁다 | 範囲(はんい) 범위 | 地域(ちいき) 지역 | 備(そな)える 대비하다 | 窓(まど) 창문 | 地下室(ちかしつ) 지하실 | 逃(に)げる 도망치다 | 割(わ)れる 깨지다 | 離(はな)れる 떨어지다 | 吹(ふ)く (바람이) 불다 | 安全(あんぜん)だ 안전하다 | 形(かたち) 모양 | 雲(くも) 구름 | 近(ちか)づく 접근하다 | 暗(くら)い 어둡다 | 冷(つめ)たい 차갑다 | 雷(かみなり) 천둥 | 聴(き)こえる 들리다 | 特(とく)に 특히 | 移動(いどう) 이동 | 進(すす)む 나아가다 | 知識(ちしき) 지식 | 身(み)に付(つ)ける 몸에 익히다, 습득하다 | 守(まも)る 지키다 | 限(かぎ)る 한정하다, 제한하다 | 急(いそ)ぐ 서두르다 | 晴(は)れる 날이 개다, 맑다

문제7 오른쪽 페이지는, 영어 회화 교실의 안내이다. 이것을 읽고, 아래의 질문에 답하세요. 답은, 1·2·3·4 중 가장 알맞은 것을 하나 고르세요.

38 마에다 씨는 영어 회화 교실에서 여행할 때 사용할 수 있는 영어 회화를 일주일에 한 번 배우고 싶다고 생각하고 있다. 마에다 씨의 쉬는 날은 매주 수요일과 금요일이고, 일은 오후 6시에 끝난다. 마에다 씨의 목적과 스케줄에 맞는 클래스는 어느 것인가?

1 목요일의 19시 수업과 화요일의 10시 30분 수업
2 목요일의 19시 수업과 금요일의 10시 30분 수업
3 수요일의 19시 수업과 화요일의 10시 30분 수업
4 토요일의 19시 수업과 금요일의 10시 30분 수업

해설 마에다 씨의 상황에서 들을 수 있는 여행을 위한 영어회화 수업은 마에다 씨가 퇴근한 후인 19시부터 시작하는 목요일 수업과, 쉬는 날인 금요일에 하는 10시 30분부터의 수업이므로 2번이 정답이다.

39 이 교실에서 영어를 배우고 싶은 사람은 무엇을 해야 하는가?

1 시민센터의 접수처에서 돈을 낸 뒤 자신의 이름만을 메일로 전달한다.
2 9월 15일까지 전화나 메일로 신청한 후, 수업의 당일에 접수처에서 돈을 지불한다.
3 9월 30일까지 교실에 가서 희망하는 코스를 전달하고 돈을 지불한다.
4 9월 15일까지 전화나 메일로 신청한 후 9월 중에 시민센터의 접수처에서 돈을 지불한다.

해설 15일까지 전화나 메일로 신청한 뒤 9월 중에 시민센터 접수처에서 결제한다고 한 4번이 정답이다. 이름, 주소, 전화번호, 희망코스와 요일을 메일로 전달해야 하므로 1번은 정답이 아니다. 수업 당일이 아니라 9월 30일까지 먼저 결제해야 하므로 2번도 정답이 아니다. 직접 희망 코스를 알려주는 것이 아니라 먼저 전화나 이메일로 신청한 후 시민센터의 접수처에서 결제해야 하므로 3번도 정답이 아니다.

영어 회화 교실

【장소】아오이 시 시민센터
【코스】①초급 여행을 위한 영어회화 ②중급 비즈니스 영어회화
※같은 주의 클래스는 내용이 동일합니다.
【정원】각 반 15명까지
【비용】1개월 7,500엔
【스케줄】

	화	수	목	금	토
10:30 ~ 12:00	①초급			①초급	
19:00 ~ 20:30		②중급	①초급		②중급

【신청·결제 방법】
9월 15일까지 아오이 시 시민센터에 전화나 이메일로 신청해 주세요.
신청할 때는 1~4의 내용을 전달해 주세요.
(1 이름, 2 주소, 3 전화번호, 4 희망코스와 요일)

결제는 9월 30일까지 시민센터의 접수처에서 부탁드립니다. 결제하지 않은 경우에는 참가할 수 없습니다. 주의해 주시기 바랍니다.
아오이 시 시민센터 문화 세미나 담당

단어 英会話(えいかいわ) 영어 회화 | 案内(あんない) 안내 | 習(なら)う 배우다 | 目的(もくてき) 목적 | レベル 레벨 | 当日(とうじつ) 당일 | 市民(しみん) 시민 | センター 센터 | 初級(しょきゅう) 초급 | 中級(ちゅうきゅう) 중급 | ビジネス 비즈니스 | クラス 클래스, 수업 | 内容(ないよう) 내용 | 定員(ていいん) 정원 | 費用(ひよう) 비용 | スケジュール 스케줄 | 申(もう)し込(こ)み 신청 | お支払(しはら)い 결제 | 電話番号(でんわばんごう) 전화 번호 | 希望(きぼう) 희망 | コース 코스 | 曜日(ようび) 요일 | 受付(うけつけ) 접수처 | 文化(ぶんか) 문화 | セミナー 세미나 | 担当(たんとう) 담당

청해

89p

문제1
1 ④   2 ②   3 ③   4 ③   5 ①
6 ①

문제2
1 ②   2 ②   3 ④   4 ②   5 ④
6 ④

문제3
1 ③   2 ②   3 ④

문제4
1 ③   2 ①   3 ④   4 ①

문제5
1 ③   2 ④   3 ①   4 ②   5 ③
6 ①   7 ②   8 ③   9 ④

기본 버전MP3   배속 버전MP3   시험장 버전MP3

문제1 문제1에서는, 먼저 질문을 들어주세요. 그리고 이야기를 듣고, 문제 용지의 1부터 4 중에서, 가장 알맞은 것을 하나 고르세요.

🎧 모의고사2_문제1_예시.mp3

レストランで男の人と女の人が話しています。女の人はこのあとまず何をしますか。

F：ああ、お腹すいた！私はオムライスを食べようかな。
M：僕も腹がへったな。何を食べるか迷うな。カレーもとんかつもおいしそうだし…。
F：あ！どうしよう。今日返さなければならない図書館の本を家に忘れてきちゃった。
M：それじゃあ、食べ終わったら取りに行こうか？
F：うーん、今取りに帰るよ。料理が出てくるまで、時間がかかるだろうし。家は近いから、すぐに戻って来られると思う。
M：そう？じゃあ、僕が注文しておくよ。オムライスでいいよね？

F：うん。でも、デザートも食べたいんだよね。
M：それはまた後で決めて注文したらどう？さあ、早く行ってて！

예시 女の人はこのあとまず何をしますか。
1 デザートを選ぶ
2 家に帰る
3 図書館に行く
4 注文する

해석 레스토랑에서 남자와 여자가 이야기하고 있습니다. 여자는 이후에 먼저 무엇을 합니까?

F：아~ 배고파! 나는 오므라이스 먹을까?
M：나도 배가 고프네. 무엇을 먹을지 망설여지네. 카레도 돈가스도 맛있어 보이고 말이야….
F：아 어떻게 하지. 오늘 돌려줘야 하는 도서관 책을 집에 잊어버리고 놔두고 와 버렸어.
M：그럼, 다 먹으면 가지러 갈까?
F：음, 지금 가지러 갈게. 요리가 나오기까지 시간이 걸리고 말이야. 집은 가까우니까 금방 돌아올 수 있을 거라고 생각해.
M：그래? 그럼 내가 주문해 둘게. 오므라이스로 괜찮지?
F：응, 근데 디저트도 먹고 싶어.
M：그건 또 나중에 정하고 주문하는 건 어때? 자 어서 갔다 와!

여자는 이후에 먼저 무엇을 합니까?
1 디저트를 고른다
2 집에 돌아간다
3 도서관에 간다
4 주문한다

해설 여자가 이후에 무엇을 하는지 묻는 문제이다. 여자는 오늘까지 돌려줘야 하는 책이 있다고 지금 가지러 간다고 했다. 집은 가까우니까, 바로 돌아와서 올 수 있다고 생각한다(집은 가까우니까 금방 돌아올 수 있을 거라고 생각해)라며 집을 먼저 가는 것을 알 수 있으므로 2번이 정답이다. 디저트를 고르는 것은 나중에 하자고 남자가 말했기 때문에 1번은 정답이 아니다. 도서관에 가는 것은 책을 집에서 가지고 온 다음이므로 3번은 정답이 아니고, 주문을 하는 것은 남자이므로 4번도 정답이 아니다.

단어 お腹(なか)すく 배고프다 | オムライス 오므라이스 | 腹(はら)がへる 배가 고프다 | 迷(まよ)う 망설이다 | カレー 카레 | とんかつ 돈가스 | どうしよう 어떻게 하지 | 返(かえ)す 돌려주다 | 図書館(としょかん) 도서관 | 忘(わす)れる 잊다 | 食(た)べ終(お)わる 다 먹다 | 取(と)る 집다 | すぐに 금방, 바로 | 戻(もど)る 돌아오다 | 注文(ちゅうもん) 주문 | デザート 디저트 | 後(あと)で 나중에 | 決(き)める 정하다 | さあ 자, 어서

🎧 모의고사2_문제1_1번.mp3

デパートで、男の人と女の人が話しています。男の人は何

色のコートを買いますか。

F：ねえ見て、この赤のコートかっこいいよ。似合うんじゃない？
M：赤は派手すぎるから、好みじゃないな。黒はないかな。
F：黒はないみたいだよ。派手なのが嫌いなら青なんかでもいいんじゃない？
M：うーん、そうだね、でも僕はこのグレーの方がいいかな。
F：えー？青でいいと思うんだけどな。
M：いや、僕はこれにするよ。青はほかの服と合わせにくいし。

1 男の人は何色のコートを買いますか。

1　赤
2　黒
3　青
4　グレー

해석　백화점에서 남자와 여자가 이야기하고 있습니다. 남자는 무슨 색의 코트를 삽니까?

F : 저기 봐. 이 빨간색 코트 멋있어. 어울리는 거 아니야?
M : 빨간색은 너무 화려해서 취향이 아니야. 검은색은 없나?
F : 검은색은 없는 것 같아. 화려한 거 싫으면 파란색 같은 거라도 괜찮지 않을까?
M : 음, 그렇네. 하지만 나는 이 회색 쪽이 좋은 것 같기도 해.
F : 어? 파란색으로 좋다고 생각하는데.
M : 아니, 나는 이걸로 할게. 파란색은 다른 옷이랑 맞추기 어렵기도 하고.

남자는 무슨 색의 코트를 삽니까?

1 빨강
2 검정
3 파랑
4 회색

해설　남자가 무슨 색의 코트를 사는지 묻는 문제이다. 백화점에서 남자가 회색 코트가 좋은 것 같다고 하자 여자가 えー？青でいいと思うんだけどな(어? 파란색으로 좋다고 생각하는데)라고 말했다. 하지만 남자는 이에 대해 いや、僕はこれにするよ。青はほかの服と合わせにくいし(아니, 나는 이걸로 할게. 파란색은 다른 옷이랑 맞추기 어렵기도 하고)라고 말하며 파란색 코트를 거절하고 회색 코트로 한다고 했으므로 4번이 정답이다.

단어　デパート 백화점 ｜ 色(いろ) 색깔 ｜ コート 코트 ｜ 赤(あか) 빨강 ｜ 似合(にあ)う 어울리다 ｜ 派手(はで)だ 화려하다 ｜ 好(この)み 취향 ｜ 黒(くろ) 검정 ｜ 嫌(きら)いだ 싫어하다 ｜ 青(あお) 파랑 ｜ グレー 그레이, 회색 ｜ 合(あ)わせる 맞추다 ｜ ~しにくい ~하기 어렵다

🎧 모의고사2_문제1_2번.mp3

男の人と女の人が話しています。男の人はこの後まず何をしなければなりませんか。

M：課長、頼まれた仕事終わりました。
F：ありがとう。次の仕事を頼んでもいいかな？まずこの書類を10枚コピーしてほしいんだけど。それから、会議室に机といすを運んでほしい。
M：はい、分かりました。あれ、この書類社長のサインがありませんが、大丈夫ですか。
F：あ、本当だ。忘れてたよ。悪いけど社長にサインもらってきてくれる？
M：分かりました。
F：あ、でも私これから社長と明日の会議のことで話するんだった。サインはその時ついでにもらってくるよ。コピーはその後にお願いするね。

2 男の人はこの後まず何をしなければなりませんか。

1　書類をコピーする
2　会議室に机といすを運ぶ
3　社長にサインをもらってくる
4　社長に明日の会議の話をしてくる

해석　남자와 여자가 이야기하고 있습니다. 남자는 이후에 먼저 무엇을 해야 합니까?

M : 과장님, 부탁하신 일 끝났습니다.
F : 고마워. 다음 일을 부탁해도 될까? 먼저 이 서류를 10장 복사해 줬으면 좋겠는데. 그리고 회의실로 책상과 의자를 옮겨주길 바라.
M : 네, 알겠습니다. 어, 이 서류 사장님의 사인이 없는데 괜찮아요?
F : 아, 정말이네. 깜빡했어. 미안한데 사장님에게 사인받아 와 줄래?
M : 알겠습니다.
F : 아, 하지만 나 지금부터 사장님과 내일의 회의 일로 얘기하는 거였어. 사인은 그때 하는 김에 받아올게. 복사는 그 다음에 부탁할게.

남자는 이후에 먼저 무엇을 해야 합니까?

1 서류를 복사한다
2 회의실로 책상과 의자를 옮긴다
3 사장님에게 사인을 받아온다
4 사장님에게 내일의 회의 이야기를 하고 온다

해설　남자가 이후에 먼저 무엇을 해야 하는지 묻는 문제이다. 처음에 여자는 남자에게 まずこの書類を10枚コピーしてほしいんだけど。それから、会議室に机といすを運んでほしい(먼저 이 서류를 10장 복사해 줬으면 좋겠는데. 그리고 회의실로 책상과 의자를 옮겨주길 바라)라고 말했다. 하지만 서류에는 사인이 없었고, 사인은 여자가 받은 다음에 복사를 부탁했다. 따라서 2번이 정답이다. 1번은 여자가 사장님과 내일 회의를 마친 후에 해야 하므로 정답이 아니고,

3번과 4번은 여자가 하는 행동이기 때문에 정답이 아니다.

단어 課長(かちょう) 과장 | 頼(たの)む 부탁하다 | 終(お)わる 끝나다 | 書類(しょるい) 서류 | ~枚(まい) ~장 | コピー 복사 | 会議室(かいぎしつ) 회의실 | 机(つくえ) 책상 | 椅子(いす) 의자 | 運(はこ)ぶ 옮기다 | 社長(しゃちょう) 사장 | サイン 사인 | 大丈夫(だいじょうぶ)だ 괜찮다 | 悪(わる)いけど 미안하지만 | 会議(かいぎ) 회의 | ~ついでに ~하는 김에

🎧 모의고사2_문제1_3번.mp3

男の店長と女のアルバイトが電話で話しています。女の人は今日、何時にアルバイトに行きますか。

M: もしもし、こんにちは。急に電話してごめんね。実は今日アルバイトの山田君が風邪で休むことになったから、代わりに入れる人を探してるんだよね。今日の12時から夜8時まで、もしできたら入れないかな？

F: ごめんなさい、今日は午後に授業があるんです。

M: そっか、授業は何時に終わるかな？5時からでもいいからアルバイトに入ってほしいんだけど…。

F: 授業は3時までなので、その1時間後には入れますよ。

M: ほんとに？ありがとう、助かるよ。それじゃあその時間によろしくね。

3 今日、何時にアルバイトに行きますか。

1　12時
2　3時
3　4時
4　5時

해석 남자 점장과 여자 아르바이트생이 전화로 이야기하고 있습니다. 여자는 오늘 몇 시에 아르바이트에 갑니까?

M: 여보세요, 안녕하세요. 갑자기 전화해서 미안해. 실은 오늘 아르바이트생인 야마다 군이 감기로 쉬기로 해서 대신 들어올 수 있는 사람을 찾고 있어. 오늘 12시부터 저녁 8시까지 혹시 가능하면 들어올 수 없을까?

F: 죄송해요. 오늘은 오후에 수업이 있어요.

M: 그렇구나. 수업은 몇 시에 끝날까? 5시부터라도 좋으니까 아르바이트에 들어갔으면 좋겠는데...

F: 수업은 3시까지니까, 그 1시간 후에는 들어갈 수 있어요.

M: 정말? 고마워, 도움이 될 거야. 그럼 그 시간에 잘 부탁해.

오늘 몇 시에 아르바이트에 갑니까?

1　12시
2　3시
3　4시
4　5시

해설 여자가 오늘 몇 시에 아르바이트에 가는지 묻는 문제이다. 여자가 수업은 3시까지이므로, 그 1시간 후에는 들어가요(수업은 3시까지니까, 그 1시간 후에는 들어갈 수 있어요)라고 했기 때문에 4시인 3번이 정답이다.

단어 店長(てんちょう) 점장 | アルバイト 아르바이트, 아르바이트생 | もしもし 여보세요 | 急(きゅう)に 갑자기 | 実(じつ)は 사실은 | 風邪(かぜ) 감기 | 代(か)わりに 대신에 | 入(はい)る 들어가다 | 探(さが)す 찾다 | もし 만약 | できる 가능하다 | 午後(ごご) 오후 | 後(あと) 후 | 助(たす)かる 도움이 되다

🎧 모의고사2_문제1_4번.mp3

博物館の受付で男の人と係の人が話しています。男の人は受付でいくら払いますか。

M: こんにちは。大人1人でお願いします。

F: はい、大人1人で1,000円になります。学生さんでしたら800円になりますが、学生証はお持ちでしょうか？

M: あ、忘れました。今回はいいです。

F: 分かりました。それから、博物館のチケットと一緒に、お庭の見学のチケットも一緒に買っていただくと、お庭の見学のチケットが安くなりますよ。

M: いくらですか。

F: 500円になります。

M: うーん、それはいいです。

4 男の人は受付でいくら払いますか。

1　1,500円
2　1,300円
3　1,000円
4　800円

해석 박물관의 접수처에서 남자와 담당자가 이야기하고 있습니다. 남자는 접수처에서 얼마를 냅니까?

M: 안녕하세요. 성인 1명으로 부탁드립니다.

F: 네. 성인 1명에 1000엔입니다. 학생이면 800엔인데 학생증은 가지고 계시나요?

M: 아, 깜빡했습니다. 이번에는 괜찮습니다.

F: 알겠습니다. 그리고, 박물관의 티켓과 함께 정원 견학의 티켓도 함께 구입하시면 정원 견학의 티켓이 저렴해집니다.

M: 얼마입니까?

F: 500엔입니다.

M: 음, 그건 괜찮습니다.

남자는 접수처에서 얼마를 냅니까?

1　1,500엔
2　1,300엔
3　1,000엔
4　800엔

해설 남자가 접수처에서 얼마를 내는지 묻는 문제이다. 남자는 학생증을 깜빡했으므로 성인 1명 요금 1,000엔을 내야 하며, 담당자가 정원 견학 티켓을 제안하자 うーん、それはいいです(음, 그건 괜찮습니다)라며 거절했기 때문에 정답은 3번이 정답이다.

단어 博物館(はくぶつかん) 박물관 | 受付(うけつけ) 접수처 | 係(かかり)の人(ひと) 담당자 | 大人(おとな) 어른 | 学生証(がくせいしょう) 학생증 | 忘(わす)れる 잊다, 깜빡하다 | 今回(こんかい) 이번 | チケット 티켓, 표 | 庭(にわ) 정원 | 見学(けんがく) 견학 | いくら 얼마, 어느 정도

🎧 모의고사2_문제1_5번.mp3

男の人と女の人が話しています。来週のデートは何曜日ですか。

F：来週のデート、いつにする？
M：そうだね、土曜日の午後はどうかな？
F：ごめん。その時間は病院に行くから日曜日がいいな。
M：日曜日は友達と旅行に行く約束してるからなあ。じゃあ平日はどう？月曜の夜か水曜のお昼なら時間取れるよ。
F：そうだね、平日のお昼は毎日授業だから、夜の方がいいかな。
M：よし、じゃあ決まりだね。

5 来週のデートは何曜日ですか。

1 月曜日
2 水曜日
3 土曜日
4 日曜日

해석 남자와 여자가 이야기하고 있습니다. 다음 주의 데이트는 무슨 요일입니까?

F：다음 주의 데이트, 언제로 할래?
M：글쎄, 토요일의 오후는 어떨까?
F：미안. 그 시간은 병원에 가야 해서 일요일이 좋겠어.
M：일요일은 친구와 여행 가는 약속을 했는데. 그럼 평일은 어때? 월요일의 밤이나 수요일의 점심이면 시간 낼 수 있어.
F：그렇구나. 평일의 점심은 매일 수업이니까 밤이 좋겠어.
M：좋아, 그럼 결정이네.

다음 주의 데이트는 무슨 요일입니까?

1 월요일
2 수요일
3 토요일
4 일요일

해설 다음 주의 데이트가 무슨 요일인지 묻는 문제이다. 남자가 月曜の夜か水曜のお昼なら時間取れるよ(월요일의 밤이나 수요일의 점심이면 시간 낼 수 있어)라고 하자, 여자는 平日のお昼は毎日授業だから、夜の方がいいかな(평일의 점심은 매일 수업이니까 밤이 좋

겠어)라고 대답했기 때문에 두 사람은 월요일 밤에 데이트하므로 1번이 정답이다.

단어 デート 데이트 | 曜日(ようび) 요일 | 病院(びょういん) 병원 | 約束(やくそく) 약속 | 平日(へいじつ) 평일 | 夜(よる) 밤 | お昼(ひる) 낮, 점심 | 取(と)れる 취할 수 있다 | 決(き)まり 결정

🎧 모의고사2_문제1_6번.mp3

教室で、男の人と女の人が話しています。女の人はこれからまず何をしますか。

F：昨日の山本先生の授業休んじゃったんだけど、宿題とか出てた？
M：うん、来週までに教科書の30ページから34ページまでやってくるんだって。
F：そうなんだ、たくさんあるね。急いでやらなくちゃ。
M：あ、でも明日は授業のはじめにテストがあるから、先にその勉強したほうがいいと思うよ。
F：ほんとに？うーん、でも宿題忘れちゃうと困るから、テストの勉強は後でやるよ。
M：そっか。あと、明日はパソコンを持ってくるようにって言ってたよ。
F：パソコンはいつもかばんに入れてるから忘れないよ。
M：じゃあ、大丈夫だね。分からないことがあったら、いつでも連絡してね。
F：ありがとう。それじゃまたね。

6 女の人はこれからまず何をしますか。

1 教科書の宿題をする
2 テストの勉強をする
3 かばんにパソコンを入れる
4 友達に連絡する

해석 교실에서 남자와 여자가 이야기하고 있습니다. 여자는 이제부터 먼저 무엇을 합니까?

F：어제의 야마모토 선생님의 수업 쉬었는데, 숙제라든지 나왔어?
M：응. 다음 주까지 교과서의 30쪽에서 34쪽까지 해오는 거래.
F：그렇구나. 많이 있네. 서둘러서 해야겠다.
M：아, 하지만 내일은 수업의 시작에 시험이 있으니까 먼저 그 공부하는 편이 좋을 것 같다고 생각해.
F：정말? 음, 하지만 숙제 잊어버리면 곤란하니까 시험의 공부는 나중에 할게.
M：그렇구나. 그리고 내일은 컴퓨터를 가져오도록이라고 말했었어.
F：컴퓨터는 항상 가방에 넣어져 있으니까 잊어버리지 않을 거야.
M：그럼 괜찮겠네. 모르는 게 있으면 언제든지 연락해.
F：고마워. 그럼 다음에 봐.

여자는 이제부터 먼저 무엇을 합니까?

1 교과서의 숙제를 한다
2 시험의 공부를 한다
3 가방에 컴퓨터를 넣는다
4 친구에게 연락한다

해설 여자가 이제부터 먼저 무엇을 해야 하는지 묻는 문제이다. 남자가 여자에게 明日は授業のはじめにテストがあるから、先にその勉強したほうがいいと思うよ(내일은 수업의 시작에 시험이 있으니까 먼저 그 공부하는 편이 좋을 것 같다고 생각해)라고 하자, 여자는 でも宿題忘れちゃうと困るから、テストの勉強は後でやるよ (하지만 숙제 잊어버리면 곤란하니까 시험의 공부는 나중에 할게)라고 대답했으므로 시험 공부보다 숙제를 먼저 한다는 것을 알 수 있다. 따라서 1번이 정답이다. 컴퓨터는 항상 가방에 넣어져 있다고 했으므로 3번은 정답이 아니고, 다음에 모르는 게 있으면 친구가 연락하라고 했으므로 4번도 정답이 아니다.

단어 宿題(しゅくだい) 숙제 | 教科書(きょうかしょ) 교과서 | ページ 페이지, 쪽 | 急(いそ)ぐ 서두르다 | はじめ 처음 | 困(こま)る 곤란하다 | パソコン 컴퓨터 | 入(い)れる 넣다 | 連絡(れんらく) 연락

문제2 문제2에서는, 먼저 질문을 들어주세요. 그 후, 문제 용지를 봐주세요. 읽을 시간이 있습니다. 그리고 이야기를 듣고, 문제 용지의 1부터 4 중에서, 가장 알맞은 것을 하나 고르세요.

🎧 모의고사2_문제2_예시.mp3

男の学生と女の学生が話しています。男の学生はどうして勉強ができなかったのですか。

M:はあ、今回のテスト全然できなかったよ。勉強する時間が少なかったのが問題だな。
F:珍しいね。どうしたの？あ、分かった。ゲームばかりしてたんでしょ。
M:うん、確かにゲームもしたな。でも勉強に飽きた時に1回だけしかしてないよ。
F:本当に？じゃあ、他に理由があるみたいね。
M:実はアルバイトのせいなんだ。テスト前で休みにしてもらっていたんだけど、急に辞めてしまった子がいるから手伝ってほしいと言われてしまって…。
F:あら、それは大変だったね。
M:今回はしょうがない。でも次のテストは絶対にいい点を取らなきゃ！

예시 男の学生はどうして勉強ができなかったのですか。

1 アルバイトをしていたから
2 ゲームをしていたから
3 勉強に飽きてしまったから

4 友達を手伝っていたから

해석 남자 학생과 여자 학생이 이야기하고 있습니다. 남자 학생은 왜 공부를 할 수 없었습니까?

M : 에휴, 이번 시험 엄청 못 쳤어. 공부할 시간이 적었던 것이 문제네.
F : 별일이네. 무슨 일이야? 아 알았다. 게임만 하고 있었지?
M : 응, 확실히 게임도 했어. 하지만 공부에 질렸을 때에 1번밖에 하지 않았어.
F : 정말? 그럼 다른 이유가 있었던 것 같네.
M : 사실은 아르바이트 때문이야. 시험 전이어서 휴일로 해줬었는데, 갑자기 그만둬버린 아이가 있으니까 도와줬으면 좋겠다고 들어서 말이야….
F : 어머, 그건 힘들었겠네.
M : 이번에는 어쩔 수 없어. 하지만 다음 시험은 절대로 좋은 점수를 따지 않으면!

남자 학생은 왜 공부를 할 수 없었습니까?

1 아르바이트를 하고 있었기 때문에
2 게임을 하고 있었기 때문에
3 공부에 질려 버렸기 때문에
4 친구를 도와주었기 때문에

해설 남자 학생이 왜 공부를 할 수 없었는지 묻는 문제이다. 남자는 実は(사실은)이라고 말을 꺼내면서 아르바이트 때문이라고 말하고 있기 때문에 1번이 정답이다. 확실히 게임도 했지만 공부에 질렸을 때 1번만 했다고 했으므로 2번은 정답이 아니다. 공부에 질린 적은 있지만 그 이유가 공부를 할 수 없는 이유라고는 말하지 않기 때문에 3번도 정답이 아니고, 친구를 도와주었다는 언급도 없으므로 4번도 정답이 아니다.

단어 全然(ぜんぜん) 전혀 | 少(すく)ない 적다 | 問題(もんだい) 문제 | 珍(めずら)しい 드물다, 별일이다 | ばかり 만, 뿐 | 本当(ほんとう)に 정말로 | 他(ほか)に 다른 | 理由(りゆう) 이유 | 実(じつ)は 사실은 | アルバイト 아르바이트 | ～せい ~탓 | 急(きゅう)に 갑자기 | 辞(や)める 그만두다 | 子(こ) 아이 | 手伝(てつだ)う 돕다 | あら 어머, 어라 | 次(つぎ) 다음 | 絶対(ぜったい)に 절대로 | 点(てん)を取(と)る 점수를 따다

🎧 모의고사2_문제2_1번.mp3

男の人と女の人が話しています。男の人はどうして先生に借りた本を汚したのですか。

F:山本くん、そんなに慌ててどうしたの？
M:ああ、実はさ、先生に借りた本汚しちゃって…。
F:え、本当に？雨でぬれたとか？
M:ああいや、雨でぬれたんじゃなくて、お昼ごはん食べながら本読んでて…。
F:どうせラーメンでもこぼしたんでしょ。食べながら読むからそうなるんだよ。
M:うん、でもこぼしたのはジュースなんだけど…。とにか

く、どうしたらいいのかな？友達に汚されたとかうそつ
いた方がいいかな？
F：だめだって、正直に言ったほうがいいよ。

1 どうして先生に借りた本を汚したのですか。

1　ラーメンをこぼしたから
2　ジュースをこぼしたから
3　友達に汚されたから
4　雨でぬれたから

해석　남자와 여자가 이야기하고 있습니다. 남자는 왜 선생님에게 빌린 책을 더럽혔습니까?

F：야마모토 군, 그렇게 당황하고 무슨 일이야?
M：아, 사실은 선생님에게 빌린 책 더럽혀버려서….
F：어, 정말? 비에 젖었다던가?
M：아, 아니. 비에 젖은 게 아니라, 점심 먹으면서 책 읽다가….
F：하여간 라멘이라도 흘린 거겠지. 먹으면서 읽으니까 그렇게 되는 거야.
M：응, 근데 흘린 건 주스인데…. 어쨌든 어떻게 하면 좋을까? 친구에게 더럽혀졌다거나 거짓말하는 게 좋을까?
F：안돼. 솔직히 말하는 편이 좋아.

왜 선생님에게 빌린 책을 더럽혔습니까?

1 라멘을 쏟았기 때문에
2 주스를 쏟았기 때문에
3 친구에게 더럽혀졌기 때문에
4 비에 젖었기 때문에

해설　남자가 왜 선생님에게 빌린 책을 더럽혔는지 묻는 문제이다. 남자는 점심 먹으면서 책을 읽다가 선생님에게 빌린 책을 더럽혔다고 말했다. 그리고 こぼしたのはジュースなんだけど…. (흘린 건 주스인데….)라고 했기 때문에 2번이 정답이다.

단어　借(か)りる 빌리다 | 本(ほん) 책 | 汚(よご)す 더럽히다 | 慌(あわ)てる 당황하다 | 実(じつ)は 실은 | 濡(ぬ)れる 젖다 | お昼(ひる) 낮, 점심 | ご飯(はん) 밥, 식사 | どうせ 하여간, 어떻든, 어차피 | ラーメン 라멘 | こぼす 흘리다, 엎지르다 | とにかく 어쨌든 | 嘘(うそ)つく 거짓말하다 | 正直(しょうじき)だ 정직하다

🎧 모의고사2_문제2_2번.mp3

男の人と女の人が話しています。女の人が一番行きたい場所はどこですか。

M：夏休みの旅行、どこ行こうか。
F：そうだね、せっかくだから外国行きたいな。
M：じゃあ、韓国なんかはどう？
F：韓国もいいね。でも私日本語と英語しか話せないからなあ。
M：じゃあ、イギリスなんかどう？

F：イギリスも行きたいな。でもちょっと遠いよね。ハワイなら近いんだけど。それに私ハワイ行ったことないし。去年友達が行ったんだけど、海がすごくきれいなんだって。
M：海か、去年友達がオーストラリアに行ったんだけど、海きれいだって言ってたよ。おすすめだって言ってたし、僕たちも行ってみない？
F：たしかにオーストラリアも海きれいだけど、昔行ったことあるんだよね。まだ行ったことがないところに行きたいな。

2 女の人が一番行きたい場所はどこですか。

1　韓国
2　ハワイ
3　イギリス
4　オーストラリア

해석　남자와 여자가 이야기하고 있습니다. 여자가 가장 가고 싶은 장소는 어디입니까?

M：여름방학의 여행, 어디 갈까?
F：그렇네, 모처럼이니까 외국 가고 싶어.
M：그럼 한국 같은 데는 어때?
F：한국도 좋네. 근데 나 일본어랑 영어밖에 못하거든.
M：그럼 영국 같은 데는 어때?
F：영국도 가고 싶다. 근데 좀 멀어. 하와이면 가까운데. 게다가 나 하와이 안 가봤기도 하고. 작년에 친구가 갔는데 바다가 정말 예쁘대.
M：바다 말이지. 작년에 친구가 호주에 갔는데 바다 예쁘다고 하더라. 추천한다고 말했기도 하고, 우리도 가볼래?
F：확실히 호주도 바다 아름답지만, 옛날에 가본 적 있어. 아직 간 적이 없는 곳으로 가고 싶어.

여자가 가장 가고 싶은 장소는 어디입니까?

1 한국
2 하와이
3 영국
4 호주

해설　여자가 가장 가고 싶은 장소가 어디인지 묻는 문제이다. 남자가 여름방학의 여행지로 먼저 한국을 제안하자, 한국도 좋긴 하지만 자신이 일본어랑 영어밖에 못한다고 말하며 거절했으므로 1번은 정답이 아니다. 영국도 가고 싶긴 하지만 멀다고 했으므로 3번도 정답이 아니고, 호주의 바다도 아름답지만 옛날에 가본 적이 있어 간 적이 없는 곳으로 가고 싶다고 했으므로 4번도 정답이 아니다. ハワイなら近いんだけど。それに私ハワイ行ったことないし。(하와이면 가까운데. 게다가 나 하와이 안 가봤기도 하고.)라고 했으므로 안 가본 곳은 하와이이므로 2번이 정답이다.

단어　場所(ばしょ) 장소 | 夏休(なつやす)み 여름휴가, 여름방학 | せっかく 모처럼 | 外国(がいこく) 외국 | 韓国(かんこく) 한국 | イギリス 영국 | 遠(とお)い 멀다 | ハワイ 하와이 | 近(ちか)い 가깝다

去年(きょねん) 작년 | オーストラリア 호주 | おすすめ 추천, 권유 | 確(たし)かに 확실히 | 昔(むかし) 옛날

단어 クラス 클래스, 반 | 発表(はっぴょう) 발표 | 新(あたら)しい 새롭다 | 学年(がくねん) 학년 | 始(はじ)まる 시작되다 | 意見(いけん) 의견 | 時期(じき) 시기 | 変(か)える 바꾸다 | 海外(かいがい) 해외 | 留学(りゅうがく) 유학 | 機会(きかい) 기회 | 増(ふ)える 늘다 | 合(あ)わせる 맞추다 | 国際(こくさい) 국제 | 交流(こうりゅう) 교류 | 盛(さか)んになる 번성하다 | 急(きゅう)に 갑자기 | 困(こま)る 곤란하다

🎧 모의고사2_문제2_3번.mp3

クラスで学生が発表しています。9月に新しい学年が始まることへの、学生の意見はどれですか。

F：日本の学校は新しい学年が4月に始まります。しかし、最近はその時期を変えようという意見が出ています。これは海外の学校と同じ9月に新しい学年を始めることで、海外に留学しやすくなるためです。たしかに、留学の機会が増えるのはとてもいいことだと思いますし、新しい学年が始まる時期を海外に合わせれば、国際交流も盛んになるでしょう。しかし、急に新しい学年を9月からに変えると、新しく一年生になる学生が困ってしまうのではないかと思います。みなさんはどう考えますか。

3 9月に新しい学年が始まることへの、学生の意見はどれですか。

1 海外に合わせるべきだ
2 国際交流が盛んになる
3 留学の機会が増える
4 新しく一年生になる学生が困る

해석 반에서 학생이 발표하고 있습니다. 9월에 새 학년이 시작되는 것에 대한 학생의 의견은 무엇입니까?

F : 일본의 학교는 새 학년이 4월에 시작됩니다. 하지만 최근에는 그 시기를 바꾸자는 의견이 나오고 있습니다. 이는 해외의 학교와 같은 9월에 새 학년을 시작함으로써, 해외로 유학하기 쉬워지기 위해서입니다. 확실히 유학의 기회가 증가하는 것은 매우 좋은 일이라고 생각하고, 새로운 학년이 시작되는 시기를 해외에 맞추면 국제 교류도 활발해질 것입니다. 하지만 갑자기 새 학년을 9월부터 바꾸면 **새롭게 1학년이 되는 학생이 곤란해져 버리지 않을까 하고 생각합니다.** 여러분은 어떻게 생각합니까?

9월에 새 학년이 시작되는 것에 대한 학생의 의견은 무엇입니까?

1 해외에 맞춰야 한다
2 국제 교류가 활발해진다
3 유학 기회가 늘어난다
4 새로 1학년이 되는 학생이 곤란하다

해설 9월에 새 학년이 시작되는 것에 대해 학생의 의견이 무엇인지 묻는 문제이다. 학생은 해외에 맞춰 9월에 새 학년을 시작하는 것으로 바꾸면 확실히 유학의 기회가 증가하고 국제 교류도 활발해진다고 생각한다고 했다. 하지만 그 뒤에 새롭게 일학년이 되는 학생이 곤란해져 버리지 않을까 하고 생각합니다. (새롭게 1학년이 되는 학생이 곤란해져 버리지 않을까 하고 생각합니다.)라고 말하며 본인의 진짜 의견을 덧붙였다. 따라서 4번이 정답이다.

🎧 모의고사2_문제2_4번.mp3

男の人と女の人が話しています。女の人はどうしてスペイン語の勉強を始めたと言っていますか。

M：佐藤さんってスペイン語上手だよね。いつから勉強してるの？
F：大学1年の時からだよ。スペイン語を専攻してたから。
M：そうなんだ、どうりでそんなに上手なんだね。実は僕もスペイン語を勉強しようと思ってるんだ。
F：本当？スペイン語が話せると、スペインだけじゃなくてたくさんの国の人とも話せて便利だよ。**私はスペインの文化が好きでスペイン語を勉強し始めたんだけど**、最近はメキシコの歴史にも興味があるかな。
M：そうなんだ。スペイン語が上手くなるにはどうしたらいいの？
F：うーん、スペイン語を話せる友達を作ることかな。私はスペイン人の恋人がいたから、上手くなったと思うし。
M：そっか、がんばってみるよ。

4 女の人はどうしてスペイン語の勉強を始めたと言っていますか。

1 色んな国の人と話せるから
2 スペインの文化に興味があったから
3 メキシコの歴史に興味があるから
4 スペイン人の恋人がいたから

해석 남자와 여자가 이야기하고 있습니다. 여자는 왜 스페인어 공부를 시작했다고 말하고 있습니까?

M : 사토 씨는 스페인어 잘하지? 언제부터 공부하고 있어?
F : 대학 1학년 때부터야. 스페인어를 전공했으니까.
M : 그렇구나. 그래서 그렇게 잘하는구나. 실은 나도 스페인어를 공부하려고 생각하고 있어.
F : 정말? 스페인어를 말할 수 있으면 스페인뿐만 아니라 많은 나라의 사람과도 이야기할 수 있어서 편리해. **나는 스페인의 문화를 좋아해서 스페인어를 공부하기 시작했는데,** 요즘은 멕시코의 역사에도 흥미가 있어.
M : 그렇구나. 스페인어를 잘하게 되려면 어떻게 해야 해?

F : 음, 스페인어를 말할 수 있는 친구를 만드는 것이려나? 나는 스페인인 애인이 있었기 때문에 잘하게 되었다고 생각하고.
M : 그렇구나, 노력해 볼게.

여자는 왜 스페인어 공부를 시작했다고 말하고 있습니까?
1 다양한 나라의 사람과 이야기할 수 있으니까
2 스페인의 문화에 흥미가 있었으니까
3 멕시코의 역사에 흥미가 있으니까
4 스페인 사람인 애인이 있었으니까

해설 여자가 왜 스페인어 공부를 시작했다고 말했는지 묻는 문제이다. 남자가 스페인어 공부를 시작하려고 생각하고 있다고 하자, 여자가 私はスペインの文化が好きでスペイン語を勉強し始めたんだけど(나는 스페인의 문화가 좋아서 스페인어를 공부하기 시작했는데)라고 말했으므로 2번이 정답이다.

단어 スペイン語(ご) 스페인어 | 始(はじ)める 시작하다 | 上手(じょうず)だ 잘하다, 능숙하다 | 専攻(せんこう) 전공 | どうりで 어쩐지, 그 때문에 | 実(じつ)は 실은, 사실은 | 便利(べんり)だ 편리하다 | 文化(ぶんか) 문화 | ～し始(はじ)める ~하기 시작하다 | 最近(さいきん) 최근 | メキシコ 멕시코 | 歴史(れきし) 역사 | 興味(きょうみ) 흥미 | 恋人(こいびと) 연인, 애인 | 頑張(がんば)る 힘내다, 분발하다 | 色(いろ)んな 여러 가지

🎧 모의고사2_문제2_5번.mp3

男の人と女の人が話しています。女の人はどこに財布を忘れましたか。

F : あれ、財布がない。
M : え、本当？どこかで落としたの？
F : うん、かばんに入ってないから…。でもどこで落としたんだろ、全然思い出せない。
M : 今日は朝起きてから今まで何してた？順番に思い出してみて。
F : 朝家を出て、バスで学校まで来て、授業受けてコンビニ寄って…。
M : バスでお金払ったなら、その時は財布あったんじゃない？
F : いや、定期券だから財布は出してないよ。もしかして、家に置いてきたのかも。
M : でもコンビニ寄ったんでしょ、何か買わなかった？
F : お茶とパンと…、あ、思い出した。その時だ。

5 女の人はどこに財布を忘れましたか。
1 家
2 教室
3 バスの中

4 コンビニ

해석 남자와 여자가 이야기하고 있습니다. 여자는 어디에 지갑을 잊어버렸습니까?

F : 어, 지갑이 없어.
M : 어? 정말? 어딘가에 떨어뜨렸어?
F : 응, 가방에 들어있지 않으니까… 근데 어디에서 떨어뜨렸을까. 전혀 기억이 안 나.
M : 오늘은 아침에 일어나서부터 지금까지 뭐 했어? 순서대로 떠올려 봐.
F : 아침에 집을 나와서 버스로 학교까지 와서 수업 듣고 편의점 들렀다가…
M : 버스에서 돈을 냈다면 그때는 지갑이 있었던 거 아니야?
F : 아니. 정기권이라서 지갑은 꺼내지 않았어. 혹시 집에 두고 왔는지도.
M : 근데 편의점 들렀잖아. 뭔가 사지 않았어?
F : 차랑 빵이랑… 아, 생각났어. 그때다.

여자는 어디에 지갑을 잊어버렸습니까?
1 집
2 교실
3 버스의 안
4 편의점

해설 여자가 어디에 지갑을 잊어버렸는지 묻는 문제이다. 남자가 でもコンビニ寄ったんでしょ、何か買わなかった？(근데 편의점 들렀잖아. 뭔가 사지 않았어?)라고 묻자 여자가 お茶とパンと…、あ、思い出した。その時だ(차랑 빵이랑… 아, 생각났어. 그때다)라고 대답했기 때문에 편의점에서 지갑을 잊어버렸다는 것을 알 수 있다. 따라서 4번이 정답이다. 편의점에서 마지막으로 지갑을 꺼냈으므로, 그 전에 들렀던 곳에서는 지갑이 있었기 때문에 1, 2, 3번은 정답이 아니다.

단어 財布(さいふ) 지갑 | 忘(わす)れる 잊다, 깜빡하다 | 落(お)とす 떨어뜨리다 | 全然(ぜんぜん) 전혀 | 思(おも)い出(だ)す 생각해 내다 | 順番(じゅんばん)に 순서대로 | コンビニ 편의점 | 寄(よ)る 들르다 | お金(かね) 돈 | 払(はら)う 지불하다 | 定期券(ていきけん) 정기권 | 出(だ)す 내다, 꺼내다 | もしかして 혹시나, 혹시 | 置(お)く 두다 | お茶(ちゃ) 차 | パン 빵

🎧 모의고사2_문제2_6번.mp3

男の人と女の人が話しています。女の人は、自分が生まれた町のどんなところが好きだと言っていますか。

M : グエンさんってベトナムの出身だよね。グエンさんの生まれた町ってどんなところ？
F : 私の生まれた町は、ベトナムのバックソンというところです。ベトナムの北にあって、田舎ですが観光で有名な場所ですよ。
M : へー、そうなんだ。どんなところが有名なの？
F : そうですね、やっぱり景色がきれいなところですね。そ

れで観光客がたくさん来るんですよ。古い建物が残っているところや、食べ物もおいしいところも観光客に人気ですね。でもやっぱり私が好きなところは、今でも昔の服を着ている人が多いところですね。都会の人はあまりそういう服を着ないので、少しさみしいです。

M：そうだね、日本人も特別な時ぐらいしか着物着ないし。

6 女の人は、自分が生まれた町のどんなところが好きだと言っていますか。

1　景色がきれいなところ
2　古い建物が残っているところ
3　食べ物がおいしいところ
4　昔の服を着ている人が多いところ

해석 남자와 여자가 이야기하고 있습니다. 여자는 자신이 태어난 마을의 어떤 점이 좋다고 말하고 있습니까?

M：구엔 씨는 베트남 출신이지? 구엔 씨가 태어난 마을은 어떤 곳이야?
F：제가 태어난 마을은 베트남의 박선이라는 곳이에요. 베트남의 북쪽에 있고 시골이지만 관광으로 유명한 장소에요.
M：아하, 그렇구나. 어떤 점이 유명해?
F：글쎄요, 역시 경치가 아름다운 점이요. 그래서 관광객이 많이 와요. 오래된 건물이 남아있는 점이나 음식도 맛있는 점도 관광객에게 인기에요. 하지만 역시 제가 좋아하는 점은, 지금도 옛날 옷을 입고 있는 사람이 많은 점이지요. 도시의 사람은 그다지 그런 옷을 입지 않기 때문에, 조금 쓸쓸해요.
M：맞아, 일본인도 특별할 때 정도 밖에 기모노를 입지 않고.

여자는 자신이 태어난 마을의 어떤 점이 좋다고 말하고 있습니까?

1 경치가 아름다운 점
2 낡은 건물이 남아 있는 점
3 음식이 맛있는 점
4 옛날 옷을 입고 있는 사람이 많은 점

해설 여자가 자신이 태어난 마을의 어떤 점이 좋다고 말하고 있는지 묻는 문제이다. 여자는 자신의 마을에 대해서 でもやっぱり私が好きなところは、今でも昔の服を着ている人が多いところですね。(하지만 역시 제가 좋아하는 점은, 지금도 옛날 옷을 입고 있는 사람이 많은 점이지요.)라고 말했기 때문에 4번이 정답이다. 1, 2, 3번은 여자가 좋아하는 점이 아니라 관광객들에게 인기 있는 점으로 정답이 아니다.

단어 生(う)まれる 태어나다 | 町(まち) 마을 | ところ 부분, 장소 | ベトナム 베트남 | 出身(しゅっしん) 출신 | 北(きた) 북쪽 | 田舎(いなか) 시골 | 観光(かんこう) 관광 | 場所(ばしょ) 장소 | 景色(けしき) 경치 | 観光客(かんこうきゃく) 관광객 | 古(ふる)い 낡다, 오래되다 | 建物(たてもの) 건물 | 残(のこ)る 남다 | 人気(にんき) 인기 | 昔(むかし) 옛날 | 着(き)る 입다 | 都会(とかい) 도시 | さみしい 쓸쓸하다, 적적하다 | 特別(とくべつ)だ 특별하다 | 時(とき) 때 | 着物(きもの) 기모노(일본 전통 의상)

문제3 문제3에서는, 문제 용지에 아무것도 인쇄되어 있지 않습니다. 이 문제는, 전체로서 어떤 내용인지 듣는 문제입니다. 이야기 전에 질문은 없습니다. 먼저 이야기를 들어주세요. 그리고, 질문과 선택지를 듣고, 1부터 4 중에서, 가장 알맞은 것을 하나 고르세요.

🎧 모의고사2_문제3_예시.mp3

男の人と女の人が話しています。

M：山田さん、今日のお昼ご飯もお弁当を持って来たんだね！すごいなあ。
F：そんなにすごいことじゃないよ。
M：僕は料理が苦手だから、いつも外食してるんだ。
F：外食ならその日の気分で好きなものを食べることができるよね。
M：うんうん。あ！明日はみんなで外食するのはどう？
F：そうね…。私、節約中なのよ。
M：あ、なるほど、お弁当の方が外食よりも節約になるのかあ。
F：そうそう！確かに外食はおいしいけど、お弁当の方が節約できるし、料理もうまくなるし…。
M：じゃあ、僕も明日からお弁当を頑張って作ってみようかな。

예시 女の人はお弁当についてどう思っていますか。

1　料理するのは面倒くさい
2　好きなものを食べられる
3　外食よりおいしい
4　節約できる

해석 남자와 여자가 이야기하고 있습니다.

M：야마다 씨, 오늘 점심밥도 도시락을 가지고 왔구나! 대단해.
F：그렇게 대단하지 않아.
M：나는 요리를 못하니까, 항상 외식하고 있어.
F：외식이라면 그날 기분으로 좋아하는 것을 먹을 수 있지?
M：응응. 아~ 내일은 모두 함께 외식하는 건 어때?
F：그렇네…. 하지만 나, 절약 중이야.
M：아, 그렇구나, 도시락 쪽이 외식보다도 절약이 되는 건가.
F：맞아 맞아! 확실히 외식은 맛있지만, 도시락이 더 절약할 수 있고, 요리도 능숙해지고….
M：그럼 나도 내일부터 도시락 힘내서 만들어 볼까나?

여자는 도시락에 대해서 어떻게 생각하고 있습니까?

1 요리하는 것이 귀찮다
2 좋아하는 것을 먹을 수 있다
3 외식보다 맛있다

4 절약할 수 있다

해설 여자가 도시락에 대해서 어떻게 생각하고 있는지 묻는 문제이다. 여자는 お弁当の方が節約できるし、料理もうまくなるし…。(도시락이 더 절약할 수 있고, 요리도 능숙해지고….)라고 말했다. 따라서 4번이 정답이다. 요리하는 것이 귀찮다고는 말하지 않았으므로 1번은 정답이 아니고, 좋아하는 것을 먹을 수 있는 것은 외식이므로 2번도 정답이 아니다. 외식보다 맛있다는 식으로 말을 하지 않았기 때문에 3번도 정답이 아니다.

단어 お昼(ひる)ご飯(はん) 점심밥 | お弁当(べんとう) 도시락 | 持(も)って来(く)る 가지고 오다 | すごい 대단하다, 굉장하다 | そんなに 그렇게 | 僕(ぼく) 나 | 苦手(にがて)だ 서툴다, 잘 못하다 | 外食(がいしょく) 외식 | ~なら ~라면 | 気分(きぶん) 기분 | みんなで 모두 함께 | 節約中(せつやくちゅう) 절약 중 | なるほど 그렇구나 | 確(たし)かに 확실히 | おいしい 맛있다 | うまくなる 늘다, 능숙해지다 | 頑張(がんば)る 힘내다 | 面倒(めんどう)くさい 귀찮다

🎧 모의고사2_문제3_1번.mp3

男の人と女の人が旅行について話しています。

M:よし、目的地は鎌倉に決まりだね。
F:そうだね。じゃあどこで車借りる？早く予約しようよ。
M:うーん、車だとちょっと遠いんじゃない？それに、雨降ったら危ないし。電車にしない？
F:えー、でも電車だと時間かかっちゃうよ。
M:新幹線ならすぐだよ。
F:でも新幹線高いでしょ。そんなお金持ってないよ。
M:それならバスはどう？前の日の夜に乗って、次の日の朝着くなら、時間気にならないし、値段も安いよ。問題はバスの中で寝られるかだけど。
F:あ、それいいね。私バスの中で寝るの慣れてるから、大丈夫だよ。

1 二人は何について話していますか。

1 目的地の天気
2 乗り物を予約する方法
3 **目的地に行く方法**
4 バスの中が快適かどうか

해석 남자와 여자가 여행에 대해 이야기하고 있습니다.

M:좋아, 목적지는 가마쿠라로 정해졌네.
F:그렇네, 그럼 어디서 차 빌릴래? 빨리 예약하자.
M:음, 차면 좀 멀지 않아? 게다가 비 오면 위험하고. 전철로 하지 않을래?
F:아하. 하지만 전철이면 시간이 걸리는데.
M:신칸센이라면 금방이야.
F:하지만 신칸센 비싸잖아. 그런 돈 가지고 있지 않아.
M:그렇다면 버스는 어때? 전날 밤에 타고 다음 날의 아침에 도착한다면 시간 신경 안 쓰이고, 가격도 저렴해. 문제는 버스의 안에서 잘 수 있느냐인데.
F:아, 그거 좋네. 나 버스 안에서 자는 거 익숙해져 있어서 괜찮아.

두 사람은 무엇에 대해 이야기하고 있습니까?

1 목적지의 날씨
2 탈것을 예약하는 방법
3 **목적지로 가는 방법**
4 버스의 안이 쾌적한지 어떤지

해설 두 사람이 무엇에 대해 이야기하고 있는지 묻는 문제이다. 두 사람은 주로 자동차나 전철, 신칸센, 버스 등 어떤 방법으로 목적지에 갈지에 대해 이야기하고 있으므로 3번이 정답이다. 1번과 4번은 언급은 있지만 이야기의 중심이 아니고, 2번에 대해서는 언급이 없으므로 정답이 아니다.

단어 目的地(もくてきち) 목적지 | 鎌倉(かまくら) 가마쿠라(일본 지명) | 決(き)まり 결정, 확정 | 借(か)りる 빌리다 | 予約(よやく) 예약 | 危(あぶ)ない 위험하다 | 時間(じかん)がかかる 시간이 걸리다 | 新幹線(しんかんせん) 신칸센(일본 고속 열차) | すぐ 금방 | 着(つ)く 도착하다 | 気(き)になる 신경 쓰이다 | 値段(ねだん) 가격 | 問題(もんだい) 문제 | 慣(な)れる 익숙하다 | 大丈夫(だいじょうぶ)だ 괜찮다 | 天気(てんき) 날씨 | 乗(の)り物(もの) 탈것 | 方法(ほうほう) 방법 | 快適(かいてき)だ 쾌적하다

🎧 모의고사2_문제3_2번.mp3

男の人と女の人が話しています。

M:あっ、雨降ってきちゃった。かさ持ってきてないのに。田中さんもしかして…
F:私2つあるよ。いつも1つは学校に置いてるんだ。貸してあげようか？
M:えっ、いいの？じゃ、ついでにもう1つ聞きたいんだけど。田中さんって経済学の授業取ってるよね？
F:取ってるけど、なんで？
M:最近体調が悪かったりバイトが忙しくてけっこう休んじゃって。良かったらノート借りてもいい？
F:いいけど、来週テストだから早めに返してよ？
M:もちろん！バイトが忙しいけど田中さんが貸してくれるんだからすぐ返すよ。
F:そんなに忙しいならコピーしたら？その方が楽だよ。
M:そうだね！そうするよ。ありがとう。

2 男の人が一番言いたかったことはなんですか。

1 かさを貸したいということ

2 ノートを貸してほしいということ
3 体調が悪くて休んだということ
4 最近はアルバイトが忙しいということ

해석 남자와 여자가 이야기하고 있습니다.

M : 아, 비가 오기 시작해 버렸어. 우산 가져오지 않았는데. 다나카 씨 혹시...
F : 나 2개 있어. 항상 하나는 학교에 두고 있어. 빌려줄까?
M : 어, 괜찮아? 그럼 내친김에 하나 더 물어보고 싶은데. 다나카 씨는 경제학 수업 듣고 있지?
F : 듣고 있는데, 왜?
M : 요즘 몸이 안 좋거나 아르바이트가 바빠서 꽤 쉬어 버려서. 괜찮다면 노트 빌려도 돼?
F : 괜찮지만, 다음 주 시험이니까 빨리 돌려줘.
M : 물론! 아르바이트가 바쁘지만 다나카 씨가 빌려주니까 금방 돌려줄게.
F : 그렇게 바쁘면 복사하는 건? 그쪽이 편해.
M : 그렇네! 그렇게. 고마워.

남자가 가장 하고 싶었던 말은 무엇입니까?
1 우산을 빌리고 싶다는 것
2 노트를 빌려주길 바란다는 것
3 몸이 안 좋아서 쉬었다는 것
4 요즘은 아르바이트가 바쁘다는 것

해설 남자가 가장 하고 싶었던 말이 무엇인지 묻는 문제이다. 남자는 여자에게 먼저 우산을 빌려달라고 한 후 田中さんって経済学の授業取ってるよね？(다나카 씨는 경제학 수업 듣고 있지?)라고 한 후 良かったらノート借りてもいい？(괜찮다면 노트 빌려도 돼?)라고 말했다. 따라서 2번이 정답이다. 우산을 빌리는 것도 하고 싶었던 말이지만, 가장 하고 싶었던 말은 아니므로 1번은 정답이 아니다. 3번과 4번도 노트를 빌려주길 바라는 이유를 설명한 것이므로 정답이 아니다.

단어 雨(あめ) 비 | 降(ふ)る 내리다 | 傘(かさ) 우산 | 持(も)ってくる 가지고 오다 | もしかして 혹시 | 置(お)く 두다 | 貸(か)す (남에게) 빌려주다 | ~てあげる (남에게) ~해 주다 | ついでに 내친김에 | 聞(き)く 묻다, 듣다 | 経済学(けいざいがく) 경제학 | 授業(じゅぎょう)を取(と)る 수업을 듣다 | 最近(さいきん) 최근, 요즘 | 体調(たいちょう)が悪(わる)い 몸이 안 좋다 | バイト(アルバイト의 줄임말) 아르바이트 | 忙(いそが)しい 바쁘다 | 結構(けっこう) 꽤 | 休(やす)む 쉬다 | ノート 노트 | 借(か)りる 빌리다 | 来週(らいしゅう) 다음 주 | 早(はや)めに 빨리 | 返(かえ)す 돌려주다 | もちろん 물론 | コピー 카피, 복사 | 楽(らく)だ 편하다

🎧 모의고사2_문제3_3번.mp3

女の人が、役所で使われる文章について話しています。

F : 役所は日本で生活する外国人のために、英語をはじめ色々な言語で書かれた文章を使っています。しかし、言語の数はとても多いので、この方法には限界があります。

そこで今後は、難しい日本語が読めない人でも分かりやすい、簡単な日本語で書いた文章を使うのがいいと思います。文は短くして、漢字も少ない方がいいでしょう。そうすれば、どんな国から来た人でも、文章を読むことに困らないでしょう。

3 女の人は、役所は文章をどう書くべきだと考えていますか。

1 日本語と英語で書くべきだ
2 色々な言語で書くべきだ
3 漢字を使わないで書くべきだ
4 簡単な日本語で書くべきだ

해석 여자가 관공서에서 사용되는 문장에 대해서 이야기하고 있습니다.

F : 관공서는 일본에서 생활하는 외국인을 위해 영어를 시작으로 다양한 언어로 쓰인 문장을 사용하고 있습니다. 하지만 언어의 수는 매우 많기 때문에 이 방법에는 한계가 있습니다. 그래서 앞으로는 어려운 일본어를 읽지 못하는 사람이라도 이해하기 쉬운, 간단한 일본어로 쓴 문장을 사용하는 것이 좋다고 생각합니다. 글은 짧게 하고 한자도 적은 편이 좋을 것입니다. 그렇게 하면, 어떤 나라에서 온 사람이라도 문장을 읽는 데 곤란하지 않을 것입니다.

여자는 관공서는 문장을 어떻게 써야 한다고 생각하고 있습니까?
1 일본어와 영어로 써야 한다
2 다양한 언어로 써야 한다
3 한자를 사용하지 않고 써야 한다
4 간단한 일본어로 써야 한다

해설 여자가 관공서는 문장을 어떻게 써야 한다고 생각하고 있는지 묻는 문제이다. 여자는 처음에 관공서가 외국인을 위해 다양한 언어로 쓰인 문장을 사용하고 있지만, 언어의 수는 매우 많기 때문에 이 방법에는 한계가 있다고 했다. 그러므로 3번은 정답이 아니다. 그 후 간단한 일본어로 쓴 문장을 쓰는 게 좋다(간단한 일본어로 쓴 문장을 사용하는 것이 좋다)라고 말했으므로 4번이 정답이다. 한자를 쓰지 않는 것이 아니라 적은 편이 좋을 것이라고 했으므로 3번은 정답이 아니고, 1번에 대해서는 언급하지 않았으므로 1번 역시 정답이 아니다.

단어 役所(やくしょ) 관공서 | 文章(ぶんしょう) 문장 | 生活(せいかつ) 생활 | 外国人(がいこくじん) 외국인 | ~のために ~을/를 위해서 | ~をはじめ ~을/를 시작으로, ~을/를 비롯하여 | 言語(げんご) 언어 | 数(かず) 수 | 限界(げんかい) 한계 | 今後(こんご) 향후 | 難(むずか)しい 어렵다 | 分(わ)かる 알다 | 簡単(かんたん)だ 간단하다 | 文(ぶん) 글 | 短(みじか)い 짧다 | 漢字(かんじ) 한자 | 少(すく)ない 적다 | 困(こま)る 곤란하다

문제4 문제4에서는, 그림을 보면서 질문을 들어 주세요. 화살표(➡)의 사람은 뭐라고 말합니까? 1부터 3 중에서, 가장 알맞은 것을 하나 고르세요.

예시 窓が開いています。何と言いますか。

1 窓が閉まってるんですが。
2 窓を閉めてもいいですか。
3 窓を開けてもいいですか。

해석 창문이 열려 있습니다. 뭐라고 말합니까?

1 창문이 닫혀 있는데요.
2 창문을 닫아도 됩니까?
3 창문을 열어도 됩니까?

해설 창문이 열려 있는 상황에서 창문을 닫아도 되냐고 허락을 구하는 표현을 한 2번이 정답이다. 1번은 열려 있는, 창문이 했기 때문에 정답이 아니고, 3번은 열려 있는 창문을 열어도 되냐고 물어보았기 때문에 정답이 아니다.

단어 窓(まど) 창문 | 開(あ)く 열리다 | 閉(し)まる 닫히다 | 閉(し)める 닫다 | 開(あ)ける 열다

1 会社にお客さんが来ました。会議室に案内します。何と言いますか。

1 それでは、おじゃまします。
2 ご案内をお願いします。
3 どうぞこちらへお上がりください。

해석 회사에 손님이 왔습니다. 회의실로 안내합니다. 뭐라고 말할까요?

1 그럼, 실례하겠습니다.
2 안내 부탁드립니다.
3 어서 이쪽으로 들어가 주세요.

해설 손님을 회의실 안으로 안내하고 싶기 때문에 3번이 정답이다. 1번은 다른 사람의 집이나 방에 들어갈 때 하는 말이며 2번은 다른 사람에게 안내해 달라고 부탁할 때 하는 말이므로 정답이 아니다.

단어 お客(きゃく)さん 손님 | 会議室(かいぎしつ) 회의실 | 案内(あんない)する 안내하다 | お願(ねが)いする 부탁을 드리다 | 上(あ)がる 오르다, (집, 방 등의 공간으로) 들어가다

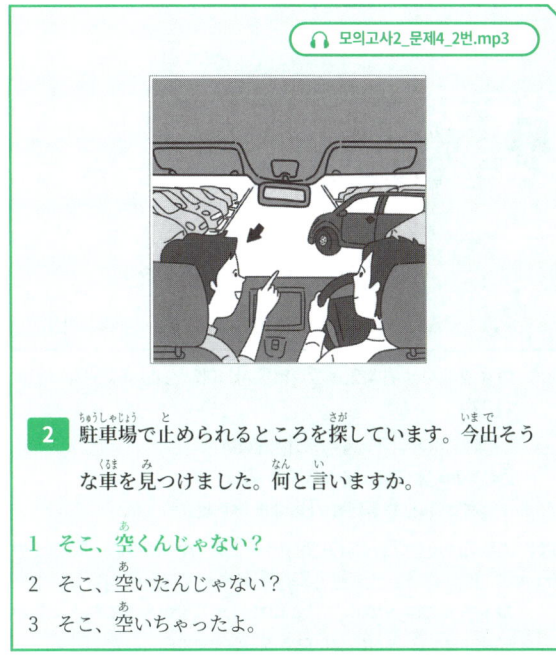

2 駐車場で止められるところを探しています。今出そうな車を見つけました。何と言いますか。

1 そこ、空くんじゃない？
2 そこ、空いたんじゃない？
3 そこ、空いちゃったよ。

해석 주차장에서 세울 수 있는 곳을 찾고 있습니다. 지금 나갈 것 같은 차를 찾았습니다. 뭐라고 말할까요?

1 거기, 비는 거 아니야?
2 거기, 비었던 거 아니야?
3 거기, 비어 버렸어.

해설 앞으로 주차 자리가 빌 것 같은 상황에서 하는 말이므로 자리 비는 거 아니냐고 한 1번이 정답이다. 주차 자리가 아직은 비어 있지 않기 때문에 ~たんじゃない？(~었던 거 아니야?)나 ~ちゃった(~해 버렸다) 등의 과거 표현은 사용할 수 없으므로 2번과 3번은 정답이 아니다.

단어 駐車場(ちゅうしゃじょう) 주차장 | 止(と)める 멈추다, 세우다 | 探(さが)す 찾다 | 出(で)る 나가다, 나오다 | 車(くるま) 자동차 | 見(み)つける 찾아내다, 발견하다 | 空(あ)く 비다

3 女の人の前の、机の上にあるパソコンを使いたいです。何と言いますか。

1 すみません、パソコンを使いますか。
2 すみません、パソコンを使ってください。
3 すみません、パソコンを使わせてください。

해석 여자 앞의 책상 위에 있는 컴퓨터를 사용하고 싶습니다. 뭐라고 말할까요?

1 실례합니다. 컴퓨터를 사용하겠습니까?
2 실례합니다. 컴퓨터를 사용해 주세요.
3 실례합니다. 컴퓨터를 사용하게 해주세요.

해설 컴퓨터를 사용하고 싶다고 말해야 하므로 사용하게 해달라고 한 3번이 정답이다. 1번은 자신이 다른 사람에게 컴퓨터를 사용하고 싶은지 물을 때 하는 말이며, 2번은 내가 다른 사람에게 컴퓨터를 사용해 달라고 부탁할 때 하는 말이므로 정답이 아니다.

단어 机(つくえ) 책상 | パソコン(パーソナルコンピューター의 줄임말) 컴퓨터 | 使(つか)う 사용하다

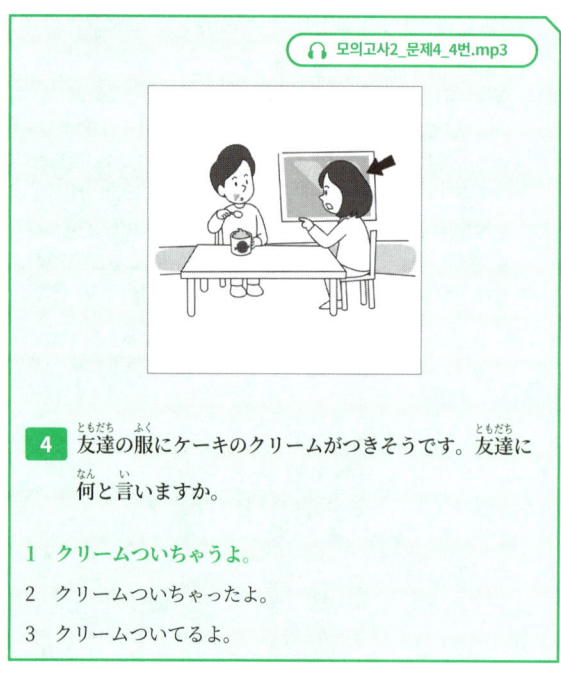

4 友達の服にケーキのクリームがつきそうです。友達に何と言いますか。

1 クリームついちゃうよ。
2 クリームついちゃったよ。
3 クリームついてるよ。

해석 친구의 옷에 케이크 크림이 묻을 것 같습니다. 친구에게 뭐라고 말할까요?

1 크림 묻을 거야.
2 크림 묻어버렸어.
3 크림 묻어 있어.

해설 친구의 옷에 앞으로 크림이 묻을 것 같은 상황이므로 크림이 묻을 것 같은 상황을 알려주기 위해서는 1번이 정답이다. 2번과 3번은 이미 크림이 묻은 상황에서 하는 말이므로 정답이 아니다.

단어 服(ふく) 옷 | ケーキ 케이크 | クリーム 크림 | 付(つ)く 붙다, 묻다 | ~そうだ ~일 것 같다

문제5 문제5에서는, 문제 용지에 아무 것도 인쇄되어 있지 않습니다. 먼저 문장을 들어 주세요. 그리고, 그 대답을 듣고, 1부터 3 중에서, 가장 알맞은 것을 하나 고르세요.

예시 ちょっとこれ、見てもらってもいい？

1 いいよ。どれ？
2 聞いてみたらいいんじゃない？
3 それはダメだと思うよ。

해석 저기 이거, 봐줄 수 있어?

1 좋아. 어느 것?
2 물어보면 되지 않아?
3 그건 소용없다고 생각해.

해설 남자가 상대에게 뭔가를 봐달라고 요청하는 상황에 대한 대답을 고르는 문제이다. 좋다고 어느 것을 보면 되냐는 뉘앙스로 말한 1번이 정답이다. 봐달라고 하는 요청에 대해서 다른 사람에게 물어보면 되지 않냐고 말한 대답은 적절하지 않으므로 2번은 정답이 아니고, 그건 소용없다고 생각한다는 대답도 적절하지 않으므로 3번도 정답이 아니다.

단어 ちょっと (호칭으로) 이봐요, 조금 | これ 이것 | 見(み)る 보다 | ~てもらう ~해 받다(남이 나에게 ~해 주다) | ~てもいい ~해도 좋다 | どれ 어느 것 | 聞(き)く 묻다, 듣다 | ダメだ 안 된다, 소용없다

1 雨が降ってきましたね。お店に入りませんか。

1 はい、お元気で。
2 はい、ぜひ入ります。
3 ええ、入りましょう。

해석 비가 내리기 시작했네요. 가게에 들어가지 않을래요?

1 네, 건강하세요.
2 네, 꼭 들어가겠습니다.
3 네, 들어갑시다.

해설 말하는 사람이 함께 가게에 들어가지 않겠냐며 권유하는 말에 대한 대답을 고르는 문제이다. 들어가자고 말하는 3번이 정답이다. 1번은 당분간 만나지 않을 사람에게 하는 작별 인사이며 2번은 함께 가게

에 들어가는 것이 아니라 듣는 사람이 앞으로 하겠다고 하는 말이므로 정답이 아니다.

단어 雨(あめ) 비 | 降(ふ)る (비, 눈 등이) 내리다 | お店(みせ) 가게 | 入(はい)る 들어가다, 들어오다 | お元気(げんき)で (작별인사)건강하세요, 잘 지내세요

🎧 모의고사2_문제5_2번.mp3

2 あの、マスクを忘れてしまったのですが。

1 それでは、こちらをいただきます。
2 それでは、こちらを使わせていただきます。
3 それでは、こちらをお使いください。

해석 저기, 마스크를 잃어버렸는데요.
1 그럼, 이것을 받겠습니다.
2 그럼, 이것을 사용하겠습니다.
3 그럼, 이것을 사용해 주세요.

해설 마스크를 잊어버렸다는 상대방의 말에 대한 대답을 고르는 문제이다. 상대방에게 이쪽 마스크를 사용하도록 권하고 싶기 때문에 お+동사 ます형+ください(~하세요)를 존경 표현을 사용하여 말하고 있는 3번이 정답이다. 1번 いただきます는 '받다'의 겸양어이기 때문에 자신이 무언가를 받을 때 하는 말이므로 정답이 아니고, 2번 使わせていただきます는 자신이 무언가를 사용할 때 하는 겸양 표현이므로 정답이 아니다.

단어 マスク 마스크 | 忘(わす)れる 잊다 | いただく 받다, 먹다, 마시다 (겸양어) | 使(つか)う 사용하다

🎧 모의고사2_문제5_3번.mp3

3 それでは、お先に失礼します。

1 お疲れ様です。
2 おじゃましました。
3 お元気で。

해석 그럼 먼저 실례하겠습니다.
1 수고하셨습니다.
2 실례했습니다.
3 건강하세요.

해설 먼저 퇴근하는 사람의 인사말에 대한 대답을 고르는 문제이다. 회사 등에서 다른 사람이 자신보다 먼저 돌아갈 때는 お疲れ様です(수고하셨습니다)를 사용하기 때문에 1번이 정답이다. 2번은 자신이 다른 사람의 집에서 나올 때 하는 표현이고, 3번은 아픈 사람에게 하는 인사말이기 때문에 정답이 아니다.

단어 それでは 그러면, 그렇다면 | 先(さき)に 먼저, 앞서

🎧 모의고사2_문제5_4번.mp3

4 昨日の飲み会なんで帰ったの?

1 電車だよ。
2 具合が悪くて。
3 8時ぐらいかな。

해석 어제의 술자리 왜 돌아갔어?
1 전철이야.
2 몸 상태가 나빠서.
3 8시쯤이려나.

해설 술자리에서 도중에 돌아간 이유를 묻고 있는 상황에 대한 대답을 고르는 문제이다. 몸 상태가 나빠서 돌아갔다고 말하는 2번이 정답이다. 1번은 어디냐고 묻는 질문에 대한 대답이고, 3번은 몇 시에 돌아갔냐고 묻는 질문에 대한 답으로 적절하기 때문에 정답이 아니다.

단어 飲(の)み会(かい) 술자리, 회식 | なんで 왜 | 帰(かえ)る 돌아가다, 돌아오다 | 電車(でんしゃ) 전철 | 具合(ぐあい) 컨디션, 몸 상태

🎧 모의고사2_문제5_5번.mp3

5 ご予約は何名様ですか。

1 佐藤です。
2 12時で。
3 3名です。

해석 예약은 몇 분이신가요?
1 사토입니다.
2 12시로.
3 3명입니다.

해설 ご予約は何名様ですか(예약은 몇 분이신가요?)는 예약한 인원을 물을 때 자주 사용되는 표현이다. 몇 명이 예약했다는 대답이 나와야 하므로 3번이 정답이다. 1번 佐藤는 사람 이름을 말하고 있고, 2번은 시간을 말하고 있기 때문에 정답이 아니다.

단어 予約(よやく) 예약 | 何名(なんめい) 몇 명 | ~様(さま) ~분, 님

🎧 모의고사2_문제5_6번.mp3

6 駅の近くの新しいレストラン、ちょっと行ってみない?

1 いいよ、お金ないし。
2 そう、行ってらっしゃい。
3 へー、どうだった?

해석 역 근처의 새로운 레스토랑, 좀 가보지 않을래?
1 됐어, 돈 없고.
2 그렇구나. 잘 다녀오세요.
3 오호, 어땠어?

해설 상대방이 함께 새로운 레스토랑에 가자고 권유하는 말에 대한 대답을 고르는 문제이다. 돈이 없다고 하며 거절하는 대답인 1번이 정답이다. いいよ는 음을 올려서 발음하면 긍정적인 뜻이 되지만, 여기서는 음을 낮춰서 이야기하고 있기 때문에 부정적인 대답이 된다는 점

에 유의하자. 2번은 상대방이 앞으로 어딘가에 갈 때 하는 인사말이고, 3번은 상대방이 어딘가 갔다 온 상황에서 사용하는 표현이기 때문에 정답이 아니다.

단어 駅(えき) 역 | 近(ちか)く 근처, 가까운 곳 | 新(あたら)しい 새롭다 | お金(かね) 돈 | 行(い)ってらっしゃい (인사말) 잘 다녀오세요

🎧 모의고사2_문제5_7번.mp3

7 どうぞ、お茶はいかがですか。

1 どういたしまして。
2 どうぞお構いなく。
3 はい、好きですよ。

해석 자, 차 한 잔 어떠세요?
　　1 천만에요.
　　2 아무쪼록 신경 쓰지 마세요.
　　3 네, 좋아해요.

해설 차를 권하는 말에 대한 대답을 고르는 문제이다. 차를 권하는 것은 상대방을 신경 쓰며 배려하는 표현이므로 겸손한 대답으로 どうぞお構いなく 아무쪼록 신경 쓰지 마세요라고 대답할 수 있다. 따라서 2번이 정답이다. 1번은 감사의 표현을 들었을 때 하는 대답이고, 3번은 좋아하는지 싫어하는지 물었을 때 하는 대답이므로 정답이 아니다.

단어 お茶(ちゃ) 차 | いかが 어떻게, 어떻습니까 | どういたしまして 천만에요 | お構(かま)いなく 신경 쓰지 마세요 | 好(す)きだ 좋아하다

🎧 모의고사2_문제5_8번.mp3

8 この資料、コピーおねがいできますか。

1 さあ、どうでしょうか。
2 どのようなお願いですか？
3 はい、やっておきます。

해석 이 자료, 복사 부탁 가능할까요?
　　1 글쎄요, 어떨까요?
　　2 어떤 부탁입니까?
　　3 네, 해 두겠습니다.

해설 남자가 여자에게 자료의 복사를 부탁해도 되는지 묻는 상황에 대한 대답을 고르는 문제이다. 알겠다며 해 두겠다고 하는 3번이 정답이다. 어떤지 묻는 답은 이 상황과 맞지 않으므로 1번은 정답이 아니고, 이미 복사를 부탁한 상황에서 어떤 부탁인지 묻는 것도 적절한 답이 아니므로 2번도 정답이 아니다.

단어 資料(しりょう) 자료 | コピー 카피, 복사 | お願(ねが)い 부탁 | できる 가능하다, 되다 | どのような 어떤 | やる 하다 | ～ておく ~해 두다

🎧 모의고사2_문제5_9번.mp3

9 もう遅いからはやく寝たら？

1 うん、もう寝るよ。
2 へー、もう寝るんだ。
3 じゃあ、早く寝たら。

해석 이미 늦었으니까 빨리 자는 게 어때?
1 응, 이제 잘 거야.
2 아, 벌써 자는구나.
3 그럼 일찍 자는 게 어때?

해설 일본어로 대화할 때는 ～たらどう(~하는 게 어때?)를 ～たら라고 줄여서 표현하는 경우가 많다. 寝たら？(자는 게 어때?)라고 말하며 상대에게 빨리 자는 게 어떠냐고 권유하는 말에 대한 대답을 고르는 문제이다. 이제 곧 잘거라는 대답을 한 1번이 정답이다. 2번은 상대방이 이미 자고 있을 때 하는 표현이고, 3번은 자신이 상대방에게 빨리 자는 게 어떠냐고 권유할 때 사용하는 표현이므로 정답이 아니다.

단어 もう 벌써, 이미 | 遅(おそ)い 늦다, 느리다 | 早(はや)く 빨리, 일찍이 | 寝(ね)る 자다

유하다요

JLPT

N3

한 권 스피드 합격

딱 한 권으로 JLPT 합격에 필요한 모든 것을 담았다!

30일
학습플랜 제공

기출단어·기출문법
완벽 정리

실전모의고사
3회분

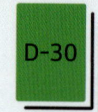
JLPT N3
D-30일 체크북

무료 MP3
5종 다운로드

최신경향 종합서

유하다요

JLPT N3

안심스럽게오늘분은

한 권 스피드 합격

기출단어 · 문법을 시험전 스피드하게 정리해보세요!

JLPT N3 D-30일 체크북

유하다요

유하다요

JLPT
N3 문자·어휘 오답노트

한 권 스피드 합격

출제 예상 단어 확인하기

D-30일 출제 예상 단어 확인하기

あ행

단어	품사	뜻
愛(あい)	명	사랑
相変(あいか)わらず *기출	부	변함없이, 여전히
アイスクリーム	명	아이스크림
愛(あい)する	동	사랑하다
合図(あいず) *기출	명	(눈짓, 몸짓, 소리 등의) 신호
愛着(あいちゃく)	명	애착
相手(あいて) *기출	명	상대
アイデア *기출	명	아이디어, 생각
愛用者(あいようしゃ) *기출	명	애용자
合(あ)う	동	합쳐지다
アウト	명	아웃, 밖
青(あお)	명	파랑
赤(あか)	명	빨강
明(あ)かり	명	환한 빛, 밝은 빛
空(あ)き地(ち)	명	빈터, 공터
明(あき)らかだ	형	분명하다
諦(あきら)める *기출	동	포기하다
飽(あ)きる *기출	동	싫증나다, 질리다
空(あ)く	동	비다
握手(あくしゅ)	명	악수
あくび *기출	명	하품
明(あ)ける *기출	동	(날이) 새다
空(あ)ける	동	비우다
挙(あ)げる	동	들다, 거행하다
揚(あ)げる	동	튀기다
憧(あこが)れる	동	동경하다
浅(あさ)い *기출	형	얕다
朝寝坊(あさねぼう)	명	늦잠꾸러기, 늦잠을 잠
朝焼(あさや)け	명	아침노을
足跡(あしあと)	명	발자취, 발자국
味見(あじみ)	명	맛을 봄
味(あじ)わう	동	맛보다, 음미하다
預(あず)かる	동	맡다, 보관하다
預(あず)ける *기출	동	맡기다
汗(あせ) *기출	명	땀
汗(あせ)をかく	관	땀을 흘리다
遊(あそ)び	명	노는 일, 놀이
遊(あそ)ぶ *기출	동	놀다
与(あた)える *기출	동	주다, 수여하다

温かい *기출	형 따뜻하다		アドバイス *기출	명 어드바이스, 충고, 조언
暖まる	동 (기온 등이) 따뜻해지다		アドレス	명 주소
温まる	동 (사물, 마음 등이) 따뜻해지다		穴 *기출	명 구멍
暖める	동 따뜻하게 하다		アナウンス	명 아나운스, 방송함
温める	동 데우다		アニメ	명 애니메이션
辺り	명 근처, 부근, 주변		溢れる *기출	동 넘치다
当たり前に	부 당연히		油	명 기름
当たり前だ	형 당연하다		アマチュア	명 아마추어
当たる *기출	동 맞다, 적중하다		あまりにも	부 너무나도
あちらこちら	부 여기저기		余る *기출	동 (여유분이) 남다
厚い *기출	형 두껍다		編む *기출	동 엮다, 뜨다, 짜다
扱う *기출	동 취급하다		アメリカ産	명 미국산
集まり	명 모임		怪しい	형 수상하다, 의심스럽다
悪化	명 악화		謝る	동 사과하다
あっという間に	부 눈 깜짝할 사이에		争う	동 다투다
アップ	명 업		あらゆる *기출	부 온갖, 모든
宛先	명 수신처, 수신인		現す	동 드러내다, 나타내다
当てる	동 맞히다, 명중시키다		表す *기출	동 표현하다, 나타내다
跡	명 자취, 흔적		現れる *기출	동 드러나다, 나타나다
後で	부 이따가, 나중에		表れる	동 나타나다, 드러나다

D-29일 출제 예상 단어 확인하기

□ 有り難い (ありがた)	형 감사하다, 고맙다	□ 胃 (い) *기출	명 위(신체 장기)
□ ある程度 (ていど)	부 어느 정도	□ 言い返す (いかえ)	동 말대꾸하다, 말대답하다
□ アルバイト	명 아르바이트	□ いい加減に (かげん)	부 적당히, 대충대충
□ アルバム	명 앨범, 사진첩	□ 言い出す (いだ)	동 말을 꺼내다, 말을 시작하다
□ アルミホイル	명 알루미늄 호일	□ 言い直す (いなお)	동 다시 말하다, 바꿔 말하다
□ あれこれ	부 이것저것	□ 委員会 (いいんかい)	명 위원회
□ アレルギー	명 알레르기	□ 怒り (いか)	명 분노, 노여움
□ 泡 (あわ) *기출	명 거품	□ 以外 (いがい)	명 이외, 그 밖
□ 合わせる (あ) *기출	동 맞추다, 합치다	□ 意外だ (いがい)	형 의외다, 뜻밖이다
□ 慌てる (あわ)	동 당황하다, 허둥대다	□ 意外に (いがい)	부 의외로
□ 案 (あん) *기출	명 안, 예상, 생각	□ 息 (いき) *기출	명 숨
□ 安易だ (あんい)	형 안이하다	□ 勢い (いきお)	명 기세, 위세
□ 案外 (あんがい)	부 뜻밖에도, 예상외	□ 行き先 (いさき) *기출	명 행선지, 목적지
□ 案外だ (あんがい)	형 뜻밖이다, 예상외다	□ 生き物 (いもの)	명 살아있는 것, 생물
□ 暗記 (あんき) *기출	명 암기	□ 意義 (いぎ)	명 의의
□ 暗記する (あんき) *기출	동 암기하다	□ 育児 (いくじ)	명 육아
□ アンケート	명 앙케트, 조사	□ いくらでも	부 얼마든지
□ 安心する (あんしん)	동 안심하다	□ 以降 (いこう) *기출	명 이후
□ アンテナ	명 안테나, 공중선	□ イコール	명 등호, 같음
□ 案内 (あんない) *기출	명 안내	□ 以後 (いご)	명 이후

일본어	품사	한국어
勇ましい	형	용감하다
医師	명	의사
意志 *기출	명	의지
意識	명	의식
いじめる	동	괴롭히다
異常だ	형	이상하다
いじわる	명	심술궂음, 심술쟁이
以前	명	이전
急ぎ	명	급함
急ぐ	동	서두르다
板	명	판자
痛い *기출	형	아프다
いたずら	명	장난
痛み	명	아픔
痛む	동	아프다
炒める	동	기름에 볶다, 지지다
位置 *기출	명	위치
一日中	명	하루 종일
一年中	명	일 년 동안, 일 년 내내
一倍	명	배, 갑절
一部	명	일부, 일부분
一流	명	일류
いつか	부	언젠가
いつの間にか	부	어느 새인가
一気に	부	단숨에
一生	명	일생, 평생
一生懸命	부	열심히
一体	부	도대체
いっぱい	부	가득
一般的だ *기출	형	일반적이다
一方通行	명	일방통행
従兄弟	명	사촌
移動	명	이동
移動する *기출	동	이동하다
居眠り	명	앉아 졺, 말뚝잠
命	명	목숨, 생명
祈る	동	기도하다
違反	명	위반
今にも	부	당장이라도, 지금이라도
イメージ *기출	명	이미지

D-28일 출제 예상 단어 확인하기

단어	품사	뜻
いも	명	감자, 고구마, 토란 등의 총칭
嫌がる	동	싫어하다
いらいら	부	안달복달, 짜증이 난 상태
医療	명	의료
色々な	연	다양한, 여러 가지
いろんな	연	여러 가지
岩 *기출	명	바위
祝う	동	축하하다
印刷	명	인쇄
印象 *기출	명	인상
印象的だ	형	인상적이다
インスタント	명	인스턴트, 즉석
インターネット	명	인터넷
インタビュー *기출	명	인터뷰
インフォメーション	명	인포메이션, 정보
引用	명	인용
ウイルス	명	바이러스
植える *기출	동	심다
うがい	명	가글, 입 헹굼
浮かべる	동	띄우다
受かる	동	합격하다
浮く	동	뜨다, 들뜨다
受け入れる *기출	동	받아들이다
受け付ける	동	접수하다
受け取る *기출	동	수취하다, 받다
動かす	동	움직이게 하다
動き	명	움직임
動く	동	움직이다
うさぎ	명	토끼
牛	명	소
薄暗い	형	어둑어둑하다
右折 *기출	명	우회전
疑う *기출	동	의심하다
内側 *기출	명	안쪽, 내면
打つ	동	치다, 때리다
美しい *기출	형	아름답다
移す *기출	동	옮기다
写す	동	베끼다, 모사하다
移る *기출	동	옮겨지다
写る	동	비치다, 찍히다

일본어	품사	한국어
うっかり *기출	부	깜박, 무심코
腕 (うで)	명	팔
奪う (うば) *기출	동	빼앗다
馬 (うま)	명	말
うまい *기출	형	맛있다, 잘하다
うまくいく	관	잘되어 가다
埋まる (う)	동	묻히다
生まれ (う)	명	탄생, 출생
産む (う)	동	낳다, 출산하다
梅 (うめ)	명	매화나무, 매실
埋める (う) *기출	동	묻다, 메우다
裏 (うら) *기출	명	뒤, 뒷면
裏側 (うらがわ)	명	뒷면, 이면
羨ましい (うらや)	형	부럽다
売り上げ (うあ)	명	매출
売り切れ (うき)	명	품절, 매진
売り切れる (うき) *기출	동	매진되다
うろうろ *기출	부	우왕좌왕, 어슬렁어슬렁
噂 (うわさ) *기출	명	소문
運賃 (うんちん)	명	운임, 삯
運動会 (うんどうかい)	명	운동회
運動場 (うんどうじょう)	명	운동장
運動量 (うんどうりょう)	명	운동량
永遠 (えいえん)	명	영원
影響 (えいきょう) *기출	명	영향
英国 (えいこく)	명	영국
栄養 (えいよう) *기출	명	영양
笑顔 (えがお) *기출	명	웃는 얼굴
描く (えが)	동	(그림을) 그리다
えさ	명	모이, 먹이, 사료
枝 (えだ)	명	가지, 갈래
エネルギー *기출	명	에너지
偉い (えら)	형	훌륭하다, 대단하다
得る (え)	동	얻다, 획득하다
宴会 (えんかい)	명	연회
延期 (えんき) *기출	명	(기한 등의) 연기
演劇 (えんげき)	명	연극
エンジン	명	엔진
演奏 (えんそう) *기출	명	연주
遠足 (えんそく)	명	소풍

 **D-27일** 출제 예상 단어 확인하기

일본어	품사	뜻
遠慮(えんりょ)	명	사양, 삼가
甥(おい) *기출	명	조카
追い越す(おいこす) *기출	동	앞지르다, 추월하다
追いつく(おいつく) *기출	동	따라잡다
追い抜く(おいぬく) *기출	동	추월하다, 앞지르다
お祝い(おいわい) *기출	명	축하, 축하 선물
追う(おう) *기출	동	좇다, (뒤)따르다
応援(おうえん) *기출	명	응원
王様(おうさま)	명	임금님, 왕
王子(おうじ)	명	왕자
横断(おうだん) *기출	명	횡단
横断禁止(おうだんきんし) *기출	명	횡단금지
応答(おうとう)	명	응답
オーナー	명	오너, 주인
往復(おうふく)	명	왕복
応募(おうぼ) *기출	명	응모
応用(おうよう) *기출	명	응용
終える(おえる)	동	(끝)마치다
大雨(おおあめ)	명	폭우
大いに(おおいに)	부	대단히, 매우
大型(おおがた)	명	대형
大きな(おおきな)	연	큰
大声(おおごえ) *기출	명	큰소리
大騒ぎ(おおさわぎ)	명	대소동
大掃除(おおそうじ)	명	대청소
オーダー	명	오더, 주문, 순서
オーバー *기출	명	오버, 초과
オープン	명	오픈
大家さん(おおやさん)	명	셋집 주인
丘(おか)	명	언덕
可笑しい(おかしい) *기출	형	이상하다
おかしな *기출	형	우스운, 이상한
お粥(おかゆ)	명	죽
起きる(おきる) *기출	동	일어나다, 기상하다
奥(おく)	명	깊숙한 곳, 안, 속
屋外(おくがい)	명	옥외, 집의 바깥
屋内(おくない)	명	옥내, 집의 안
遅れ(おくれ)	명	늦음, 늦은 정도
遅れる(おくれる) *기출	동	늦다
起こす(おこす)	동	일으키다

일본어	품사	뜻
お小遣い *기출	명	용돈
行う	동	행하다, 시행하다
起こる	동	일어나다, 발생하다
おごる	동	한턱내다
抑える	동	억누르다
幼い	형	어리다
惜しい *기출	형	아깝다
教え	명	가르침
押し込む	동	밀고 들어가다, 비집고 들어가다
おしまい *기출	명	끝
おしゃべり	명	수다, 잡담
おしゃれ	명	멋을 냄, 멋쟁이
おしゃれだ	형	멋이 있다
お知らせ	명	알림, 공지
お尻	명	엉덩이
お辞儀	명	(머리 숙여) 절함, 인사함
お辞儀をする	관	(고개 숙여) 인사하다, 절하다
お勧め	명	추천
お世話になる	관	신세를 지다
遅い *기출	형	늦다
恐ろしい *기출	형	두렵다, 무섭다
教わる	동	배우다
お互いに *기출	부	서로
お茶碗	명	밥공기
落ち着く *기출	동	진정되다
お疲れ様 *기출	관	수고했어
音	명	소리
大人しい	형	온순하다, 얌전하다
踊り	명	춤, 무용
驚かす	동	놀라게 하다
驚き	명	놀람
帯	명	띠
オフィス	명	오피스, 사무실
オペラ	명	오페라, 가극
覚える *기출	동	느끼다, 외우다
溺れる *기출	동	빠지다
お待ち遠様	관	오래 기다리셨습니다
お見合い	명	맞선
お土産	명	선물, 기념품
思い	명	생각, 마음

 **D-26일** 출제 예상 단어 확인하기

□ 思い込む	동 깊이 마음 먹다, 꼭 믿다	□ 終わり	명 끝, 마지막
□ 思い出す	동 생각해 내다	□ 音楽家	명 음악가
□ 思い付く	동 문득 생각이 떠오르다	□ 温室	명 온실
□ 思い出	명 추억	□ 温泉	명 온천
□ 思いやる	동 헤아리다	□ 温度	명 온도
□ 重たい	형 무겁다, 묵직하다	□ おんぶ	명 어부바, 업음
□ 主な	연 주된		**か행**
□ 主に *기출	부 주로	□ カード	명 카드
□ 思わず	부 엉겁결에, 뜻하지 않게	□ カーナビ	명 자동차 내비게이션
□ 親指	명 엄지 손가락	□ カーブ *기출	명 커브, 곡선, 굽은 곳
□ お湯	명 뜨거운 물	□ カーブする *기출	동 커브를 돌다
□ およそ	부 대강, 대충	□ カーペット	명 카펫, 융단
□ 降りる *기출	동 내리다	□ 貝	명 조개
□ オリンピック	명 올림픽	□ 会員	명 회원
□ 折る *기출	동 꺾다, 접다, 굽히다	□ 買い替える	동 새로 사서 바꾸다
□ お礼 *기출	명 사례	□ 絵画 *기출	명 회화, 그림
□ 折れる *기출	동 꺾이다, 부러지다	□ 海外	명 해외
□ オレンジ	명 오렌지	□ 会議中	명 회의 중
□ 降ろす	동 내리다, 내려뜨리다	□ 会計	명 계산, 회계
□ お詫び	명 사죄의 말	□ 解決 *기출	명 해결

일본어	품사	뜻
改札 *기출	명	개찰
開始	명	개시, 시작
会社員	명	회사원
回収 *기출	명	회수
回収する *기출	동	회수하다
解説	명	해설
会長	명	회장
解答	명	해답
買い取る	동	사들이다, 매입하다
会費	명	회비
飼う	동	기르다, 키우다
返す *기출	동	돌려주다, 되돌리다
帰り	명	돌아옴, 돌아감
返る	동	되돌아가다(오다)
変える	동	바꾸다, 변화시키다
替える *기출	동	바꾸다, 교체하다
換える *기출	동	바꾸다, 교환하다
香り *기출	명	향기
価格 *기출	명	가격
掛かる *기출	동	걸리다
関わる	동	관련되다
化学	명	화학
輝く *기출	동	빛나다
書き込み禁止	명	쓰기 금지
書留	명	써 둠, 또는 그 문서
書き直す *기출	동	고쳐 쓰다
かき混ぜる *기출	동	(휘저어) 뒤섞다
鍵	명	열쇠
掻く	동	긁다, 할퀴다
各駅	명	각 역
覚悟	명	각오
各自	명	각자
確実だ *기출	형	확실하다
隠す *기출	동	감추다, 숨기다
拡大	명	확대
各地 *기출	명	각지
確認	명	확인
隠れる	동	숨다
家具 *기출	명	가구
掛け算	명	곱셈

 **D-25일** 출제 예상 단어 확인하기

☐ 掛ける	동	걸다
☐ 駆ける *기출	동	전속력으로 달리다
☐ 影	명	그림자
☐ 過去 *기출	명	과거
☐ 囲む *기출	동	둘러싸다
☐ 火災	명	화재, 불
☐ 重なる *기출	동	포개지다
☐ 重ねる *기출	동	겹치다
☐ 飾り	명	꾸밈, 장식
☐ 飾る	동	장식하다, 꾸미다
☐ 貸し	명	빌려 줌
☐ 賢い	형	현명하다, 똑똑하다
☐ 貸し出し	명	대출, 대여
☐ 火事	명	화재, 불
☐ 貸す *기출	동	빌려주다
☐ 数	명	수
☐ 稼ぐ	동	돈벌이하다, 벌다
☐ 下線 *기출	명	밑줄
☐ 河川	명	하천
☐ 数える	동	(숫자 등을) 세다
☐ 固い *기출	형	단단하다, 굳다
☐ 片付く	동	정리되다
☐ 片づけ	명	정돈, 정리
☐ 片付ける	동	정리하다
☐ 片方 *기출	명	한쪽
☐ 固まる	동	단단해지다
☐ 片道	명	편도
☐ カタログ *기출	명	카탈로그
☐ 課題	명	과제
☐ 花壇	명	화단
☐ 勝ち	명	이김, 승리
☐ 価値	명	가치
☐ 勝つ *기출	동	이기다
☐ 活動 *기출	명	활동
☐ 活躍	명	활약
☐ 活気	명	활기
☐ カット	명	컷, 절단
☐ 家庭	명	가정, 가족 생활
☐ 仮定 *기출	명	가정
☐ 家庭用	명	가정용

角 *기출	명 모퉁이, 귀퉁이		空っぽ	명 텅 빔, 아무것도 없음
家内	명 아내, 집사람		借り	명 빌림, 빌린 것
悲しい *기출	형 슬프다		借りる *기출	동 빌리다
悲しみ	명 슬픔, 비애		枯れる *기출	동 시들다
必ず *기출	부 반드시		カロリー	명 칼로리
かなり	부 제법, 꽤, 상당히		ガラス	명 유리
可能だ	형 가능하다		皮	명 가죽
カバー *기출	명 커버		可愛らしい	형 귀엽다, 사랑스럽다
かび	명 곰팡이		可哀想だ	형 불쌍하다
神	명 신		乾かす	동 말리다
髪型	명 머리 모양		乾く *기출	동 건조하다
雷	명 천둥, 우레, 벼락		渇く *기출	동 (목이) 마르다
噛む	동 물다, 씹다		革製	명 가죽제
カメラマン	명 카메라맨, 촬영 기사		変わる	동 변하다, 바뀌다
科目	명 과목		替わる *기출	동 바뀌다, 교체되다
痒い	형 가렵다		換わる *기출	동 바뀌다, 교환되다
通う	동 다니다		缶	명 캔
空 *기출	명 빔, 허공		感覚	명 감각
カラオケ	명 노래방		間隔 *기출	명 간격
からから *기출	부 바싹 마른 모양, 목이 칼칼함		考え	명 생각

D-24일 출제 예상 단어 확인하기

- 観客 *기출 — 명 관객
- 環境 — 명 환경
- 関係 *기출 — 명 관계
- 歓迎 — 명 환영
- 感激 — 명 감격
- 観光 *기출 — 명 관광
- 観光地 — 명 관광지
- 看護師 — 명 간호사
- 観察 *기출 — 명 관찰
- 感謝 *기출 — 명 감사
- 関心 *기출 — 명 관심
- 感心 — 명 감탄, 탄복
- 感じ *기출 — 명 느낌
- 患者 — 명 환자
- 感情 — 명 감정
- 感情的だ — 형 감정적이다
- 感じる — 동 느끼다
- 完成 *기출 — 명 완성
- 間接的に — 부 간접적으로
- 完全 — 명 완전
- 完全だ — 형 완전하다
- 乾燥 *기출 — 명 건조
- 感想 — 명 감상
- 感動 *기출 — 명 감동
- 看板 — 명 간판
- 乾杯 — 명 건배
- 完了 — 명 완료
- 外国製 — 명 외국제, 외제
- 外出 — 명 외출
- 外食 *기출 — 명 외식
- 画家 — 명 화가
- 学者 — 명 학자
- 学習 — 명 학습
- 学長 — 명 학장
- 学費 — 명 학비
- 学問 — 명 학문
- 学歴 — 명 학력
- ガス代 — 명 가스비
- がっかり *기출 — 부 실망, 낙담하는 모양
- がっかりする *기출 — 동 실망하다

일본어	품사	뜻
学期(がっき)	명	학기
楽器(がっき) *기출	명	악기
我慢(がまん)	명	참음, 자제
我慢する(がまんする) *기출	동	참다, 견디다
我慢強い(がまんづよい)	형	참을성이 많다
画面(がめん)	명	화면
がらがら *기출	부	텅텅 비어있는 모양, 텅텅
黄色(きいろ)	명	노랑
気温(きおん) *기출	명	기온
機会(きかい) *기출	명	기회
機械(きかい) *기출	명	기계
期間(きかん)	명	기간
機械的に(きかいてきに)	부	기계적으로
気がする(きがする)	관	생각이 들다, 느낌이 들다
気が付く(きがつく)	관	깨닫다, 눈치채다
気が短い(きがみじか い)	관	성미가 급하다, 성급하다
聞き直す(ききなおす)	동	되묻다, 다시 물어 보다
企業(きぎょう)	명	기업
効く(きく)	동	효과가 있다
危険だ(きけんだ)	형	위험하다
期限(きげん) *기출	명	기한
帰国(きこく)	명	귀국
刻む(きざむ)	동	잘게 썰다, 새기다
記事(きじ)	명	기사
傷(きず) *기출	명	상처, 흠
基礎(きそ)	명	기초
規則(きそく) *기출	명	규칙
基礎的だ(きそてきだ)	형	기초적이다
期待(きたい) *기출	명	기대
帰宅(きたく) *기출	명	귀가
汚い(きたない) *기출	형	더럽다
きちんと	부	정확히, 깔끔히
きつい *기출	형	꽉 끼다, (정도가) 심하다
喫煙(きつえん)	명	흡연
キッチン *기출	명	키친
気付く(きづく)	동	깨닫다, 눈치채다
気に入る(きにいる) *기출	관	마음에 들다
気にする(きにする)	관	신경쓰다, 걱정하다
気になる(きになる)	관	신경쓰이다, 걱정이 되다
記入(きにゅう)	명	기입

D-23일 출제 예상 단어 확인하기

- ☐ 記念 *기출 — 몡 기념
- ☐ 記念品 — 몡 기념품
- ☐ 記念日 — 몡 기념일
- ☐ 基本 — 몡 기본
- ☐ 基本的だ — 형 기본적이다
- ☐ 希望 *기출 — 몡 희망
- ☐ 希望者 — 몡 희망자
- ☐ 希望日 — 몡 희망일
- ☐ 決まり *기출 — 몡 정해진 것, 규칙
- ☐ 疑問 *기출 — 몡 의문
- ☐ キャンセル *기출 — 몡 캔슬, 취소
- ☐ キャンパス — 몡 캠퍼스, 교정
- ☐ キャンプ — 몡 캠프
- ☐ 休暇 — 몡 휴가
- ☐ 休憩 — 몡 휴게, 휴식
- ☐ 給食 — 몡 급식
- ☐ 休日 *기출 — 몡 휴일
- ☐ 急だ — 형 급하다
- ☐ 急に *기출 — 부 갑자기
- ☐ 給料 — 몡 급여, 봉급
- ☐ 給料日 — 몡 월급날
- ☐ 強化 — 몡 강화
- ☐ 教科書 — 몡 교과서
- ☐ 教師 *기출 — 몡 교사
- ☐ 教授 — 몡 교수
- ☐ 今日中 — 몡 오늘 중
- ☐ 競争 — 몡 경쟁
- ☐ 強調 — 몡 강조
- ☐ 共通 *기출 — 몡 공통
- ☐ 共通点 *기출 — 몡 공통점
- ☐ 興味 *기출 — 몡 흥미
- ☐ 協力 *기출 — 몡 협력
- ☐ 協力する *기출 — 동 협력하다
- ☐ 許可 — 몡 허가
- ☐ 曲 — 몡 곡
- ☐ 距離 *기출 — 몡 거리
- ☐ 嫌う — 동 싫어하다
- ☐ 気楽だ — 형 마음이 편하다
- ☐ 記録 *기출 — 몡 기록
- ☐ 気を付ける — 관 조심하다, 정신차리다

일본어	품사	뜻
きんえん 禁煙 *기출	명	금연
きんし 禁止	명	금지
きんじょ 近所	명	근처, 근방, 이웃집
きんちょう 緊張 *기출	명	긴장
きんむ 勤務	명	근무
ぎじゅつ 技術	명	기술
ぎっしり	부	잔뜩, 가득
ぎもん 疑問 *기출	명	의문
ぎゃく 逆	명	반대, 거꾸로임
ぎゃくに 逆に	부	반대로, 역으로
ぎょうじ 行事	명	행사
ぎりぎり	부	빠듯빠듯함, 아슬아슬
ぎんこういん 銀行員	명	은행원
くいき 区域	명	구역
クイズ	명	퀴즈
くうこう 空港	명	공항
くうせき 空席 *기출	명	공석
クーラー	명	쿨러, (냉방) 에어컨
くかん 区間	명	구간
くぎる 区切る *기출	동	구획짓다
くさ 草	명	풀
くさい 臭い	형	냄새가 나다
くさる 腐る	동	썩다
くしゃみ	명	재채기
くすりゆび 薬指	명	약지, 넷째 손가락
くせ 癖 *기출	명	버릇, 습관
くたびれる *기출	동	지치다
くだらない	형	하찮다, 시시하다
くだる 下る	동	내리다, 내려가다
くちべに 口紅	명	립스틱
くみたてる 組み立てる	동	조립하다, 구성하다
くばる 配る *기출	동	배포하다
くび 首 *기출	명	목
くふう 工夫	명	궁리함, 고안함
くふうする 工夫する	동	궁리하다
くべつ 区別 *기출	명	구별
くむ 組む *기출	동	끼다, (다리나 팔을) 꼬다
くも 雲	명	구름
くもる 曇る	동	흐리다
くやしい 悔しい *기출	형	분하다

D-22일 출제 예상 단어 확인하기

단어	품사	뜻
暮らし	명	살림, 생계
暮らす *기출	동	생활하다
クラスメート	명	클래스 메이트, 동급생
比べる *기출	동	비교하다
クリーニング	명	클리닝
クリーム	명	크림
繰り返し	명	반복함
繰り返す	동	되풀이하다, 반복하다
クリック	명	클릭
クリップ	명	클립, 종이 끼우개
苦しい *기출	형	괴롭다, 고통스럽다
苦しむ	동	괴로워하다
暮れ	명	해질녘
苦労 *기출	명	노고, 고생
加える *기출	동	더하다
詳しい *기출	형	상세하다, 잘 알다
加わる *기출	동	더해지다
訓練 *기출	명	훈련
ぐうぐう	부	코 골며 자는 모양, 쿨쿨
偶然 *기출	부	우연(히)
具体的だ	형	구체적이다
具体的に	부	구체적으로
ぐちゃぐちゃ	부	엉망이 된 모양, 엉망진창
ぐっすり	부	깊이 잠든 모양, 푹
グラウンド *기출	명	그라운드, 운동장
ぐらぐら	부	크게 흔들리는 모양, 흔들흔들
グラフ	명	그래프
グループ *기출	명	그룹
経営 *기출	명	경영
経営学 *기출	명	경영학
計画	명	계획
経験	명	경험
敬語	명	경어, 높임말
警察	명	경찰
計算 *기출	명	계산
携帯電話	명	휴대전화
系統	명	계통
契約	명	계약
経由 *기출	명	경유
ケース	명	케이스, 상자, 경우

怪我 けが	명 상처, 부상	決定 けってい	명 결정
景色 けしき	명 경치, 풍경	欠点 けってん *기출	명 결점
化粧 けしょう	명 화장	煙 けむり	명 연기
化粧品 けしょうひん	명 화장품	ける	동 차다
消す けす *기출	동 (불, 전기 등을) 끄다, 없애다	険しい けわしい	형 험하다, 험상궂다
削る けずる	동 깎다, 삭감하다	件 けん *기출	명 건, 사항
けち	명 인색함, 짠돌이	券 けん *기출	명 표, 권
けちだ	형 박하다, 인색하다	見学 けんがく	명 견학
血圧 けつあつ *기출	명 혈압	研究 けんきゅう	명 연구
血液 けつえき *기출	명 혈액	健康 けんこう *기출	명 건강
血液型 けつえきがた *기출	명 혈액형	健康診断 けんこうしんだん	명 건강진단
結論 けつろん	명 결론	健康だ けんこうだ	형 건강하다
結果 けっか	명 결과	健康に けんこうに	부 건강히
結局 けっきょく	부 결국	検査 けんさ *기출	명 검사
結構だ けっこうだ	형 괜찮다	建設 けんせつ *기출	명 건설
結婚式 けっこんしき	명 결혼식	建築 けんちく *기출	명 건축
決して けっして	부 결코, 절대로	芸術 げいじゅつ	명 예술
結集 けっしゅう	명 결집	芸術家 げいじゅつか	명 예술가
決心 けっしん	명 결심	外科 げか *기출	명 외과
欠席 けっせき *기출	명 결석	下旬 げじゅん	명 하순

D-21일 출제 예상 단어 확인하기

□ 月末 *기출	명	월말
□ 下品だ	형	품위가 없다
□ 原因 *기출	명	원인
□ 限界	명	한계
□ 現金	명	현금
□ 言語	명	언어
□ 原作	명	원작
□ 現在 *기출	명	현재
□ 減少 *기출	명	감소
□ 現実	명	현실
□ 芸術 *기출	명	예술
□ 現存	명	현존
□ 現代	명	현대
□ 限度	명	한도
□ 原料 *기출	명	원료
□ 恋	명	사랑, 연애
□ 濃い	형	짙다, 진하다
□ 恋しい *기출	형	그립다
□ 幸運	명	행운
□ 講演	명	강연
□ 高価 *기출	명	고가, 값이 비쌈
□ 効果 *기출	명	효과
□ 後悔	명	후회
□ 効果的だ	형	효과적이다
□ 交換 *기출	명	교환
□ 郊外	명	교외
□ 高学歴	명	고학력
□ 高級	명	고급
□ 高血圧	명	고혈압
□ 広告 *기출	명	광고
□ 交際	명	교제
□ 交差点	명	교차점, 교차로
□ こうして	부	이렇게, 이렇게 해서
□ 高収入	명	고수입
□ 高速道路	명	고속도로
□ 交通事故	명	교통사고
□ 交通費	명	교통비
□ 行動	명	행동
□ 行動する	동	행동하다
□ 後輩	명	후배

後半 こうはん	명 후반		子育て こそだて	명 육아
紅葉 こうよう	명 홍엽, 단풍		国会 こっかい	명 국회
交流 こうりゅう *기출	명 교류		骨折 こっせつ	명 골절
効力 こうりょく	명 효력		こっそり	부 몰래, 살짝
高齢 こうれい	명 고령		小包 こづつみ	명 소포
コース	명 코스		断る ことわる *기출	동 거절하다
凍る こおる	동 얼다		粉 こな	명 가루
小型 こがた	명 소형		このあいだ *기출	부 일전, 요전
呼吸 こきゅう *기출	명 호흡		このごろ *기출	부 요즘
故郷 こきょう	명 고향(내가 자란 곳)		好み このみ	명 취향
国語 こくご	명 국어		こぶ	명 혹
国際 こくさい	명 국제		小船 こぶね	명 작은 배
国際的だ こくさいてき	형 국제적이다		こぼす *기출	동 흘리다
国産 こくさん	명 국산		こぼれる	동 넘치다
黒板 こくばん *기출	명 칠판		コマーシャル	명 커머셜, 선전
焦げる こげる	동 눋다, 타다		細かい こまかい *기출	형 자세하다, 세세하다
腰 こし *기출	명 허리		困る こまる *기출	동 곤란하다
故障 こしょう	명 고장		コミュニケーション	명 커뮤니케이션
個人 こじん *기출	명 개인		込む こむ	동 붐비다
小銭 こぜに	명 잔돈, 푼돈		小麦粉 こむぎこ	명 밀가루

D-20일 출제 예상 단어 확인하기

☐ 小指(こゆび)	명 새끼 손가락		☐ ゴール	명 골, 목표, 결승점
☐ 転がす(ころがす)	동 굴리다		☐ 誤解(ごかい)	명 오해
☐ 転がる(ころがる)	동 구르다		☐ 語学(ごがく)	명 어학
☐ 殺す(ころす)	동 죽이다			**さ행**
☐ 転ぶ(ころぶ) *기출	동 구르다, 넘어지다		☐ 差(さ) *기출	명 차, 차이
☐ 怖がる(こわがる)	동 무서워하다		☐ サービス	명 서비스
☐ 壊す(こわす)	동 부수다		☐ 再確認(さいかくにん)	명 재확인
☐ 壊れる(こわれる)	동 부서지다		☐ 最高(さいこう)	명 최고
☐ 今後(こんご)	명 차후, 앞으로		☐ 最後(さいご)	명 최후, 마지막
☐ コンサート	명 콘서트		☐ 最終(さいしゅう)	명 최종, 맨 나중
☐ 混雑(こんざつ)	명 혼잡		☐ 再使用(さいしよう)	명 재사용
☐ 混雑する(こんざつする) *기출	동 혼잡하다		☐ 最初(さいしょ) *기출	명 최초, 맨 처음
☐ コンタクトレンズ	명 콘택트 렌즈		☐ 最新(さいしん) *기출	명 최신
☐ コンテスト	명 콘테스트, 경연 대회		☐ 最上(さいじょう)	명 최상
☐ コンビニ(エンスストア)	명 편의점		☐ サイズ *기출	명 사이즈
☐ 混乱(こんらん)	명 혼란		☐ 再生(さいせい)	명 재생
☐ 合格(ごうかく)	명 합격		☐ 最多(さいた)	명 최다
☐ 合計(ごうけい) *기출	명 합계		☐ 最大(さいだい)	명 최대
☐ 合同(ごうどう)	명 합동		☐ 最中(さいちゅう)	명 한창 때
☐ 合流(ごうりゅう)	명 합류		☐ 最低(さいてい)	명 최저, 형편없음

採点	명 채점	誘う	동 권유하다
さいのう 才能	명 재능	作家	명 작가
再放送	명 재방송	サッカー	명 축구
坂道 *기출	명 비탈길, 언덕길	さっき *기출	부 아까, 조금 전
盛んだ *기출	형 번성하다, 왕성하다	作曲	명 작곡
先に	부 먼저, 앞서	さっさと	부 빨랑빨랑, 척척
作業	명 작업	さっそく *기출	부 즉시, 당장
作者	명 작자, 만든 사람	さっぱり	부 산뜻한 모양, 전혀
昨年	명 작년, 지난 해	寂しい	형 쓸쓸하다, 외롭다
作品	명 작품	サボる *기출	동 땡땡이(를) 치다
作物	명 (농)작물	様々だ *기출	형 다양하다
昨夜	명 어젯밤	冷ます	동 식히다
桜	명 벚꽃, 벚나무	覚ます	동 깨다, 깨우치다
叫ぶ	동 외치다	冷める	동 식다
避ける	동 피하다	覚める *기출	동 깨다, 눈이 뜨이다, 제정신이 들다
刺さる	동 꽂히다, 찔리다	皿	명 접시
指す	동 가리키다	さらさら	부 습기가 없고 끈적끈적하지 않은 모양
差す	동 (우산 등을) 쓰다	サラリーマン	명 샐러리맨, 월급쟁이
刺す	동 찌르다, 쏘다	猿	명 원숭이
左折	명 좌회전	去る	동 떠나다

D-19일 출제 예상 단어 확인하기

☐ 騒ぎ (さわぎ)	명	소동, 소란	☐ 塩 (しお) *기출	명 소금
☐ 騒ぐ (さわぐ)	동	떠들다	☐ 司会 (しかい)	명 사회
☐ 参加 (さんか) *기출	명	참가	☐ 四季 (しき)	명 사계절
☐ 参加者 (さんかしゃ)	명	참가자	☐ 支給 (しきゅう) *기출	명 지급
☐ 参加費 (さんかひ)	명	참가비	☐ 試験会場 (しけんかいじょう)	명 시험장
☐ 産業 (さんぎょう) *기출	명	산업	☐ 資源 (しげん) *기출	명 자원
☐ サングラス	명	선글라스	☐ 死後 (しご)	명 사후, 죽은 뒤
☐ 参考 (さんこう)	명	참고	☐ 仕事量 (しごとりょう)	명 업무량
☐ 賛成 (さんせい)	명	찬성	☐ 支社 (ししゃ)	명 지사
☐ 三倍 (さんばい)	명	세 배	☐ 支出 (ししゅつ)	명 지출
☐ サンプル	명	샘플, 견본	☐ 試食 (ししょく)	명 시식
☐ ざあざあ	부	비가 몹시 오는 모양, 콸콸	☐ 指示 (しじ) *기출	명 지시
☐ 材料 (ざいりょう) *기출	명	재료	☐ 詩人 (しじん)	명 시인
☐ 雑誌 (ざっし) *기출	명	잡지	☐ 沈む (しずむ) *기출	동 가라앉다
☐ ざっと	부	대충, 대강	☐ 姿勢 (しせい) *기출	명 자세
☐ 残業 (ざんぎょう) *기출	명	잔업	☐ 自然 (しぜん) *기출	명 자연
☐ 仕上げる (しあげる)	동	일을 끝내다, 마무리하다	☐ 従う (したがう)	동 따르다, 좇다
☐ 幸せ (しあわせ)	명	행복	☐ 下書き (したがき)	명 초고
☐ ＣＤ (シーディー)	명	시디	☐ 親しい (したしい) *기출	형 친하다
☐ しいんと	부	쥐 죽은 듯이	☐ 次第に (しだいに) *기출	부 점차

일본어	품사	뜻
しつ 質	명	질
しつがい 室外	명	실외
しつぎょう 失業 *기출	명	실업
しつこい *기출	형	끈질기다, 집요하다
しつど 湿度	명	습도
しっかり *기출	부	확실히, 꼭
しっけ 湿気	명	습기
しっぱい 失敗	명	실패
してい 指定 *기출	명	지정
してん 支店	명	지점
しどう 指導	명	지도
しどうする *기출	동	지도하다
しなもの 品物	명	물품, 물건
しはつ 始発	명	시발, 처음으로 출발함
しはらう 支払う	동	지불하다
しばふ 芝生	명	잔디밭
しばらく *기출	부	잠깐, 당분간
しばる 縛る *기출	동	묶다, 매다
しぼう 死亡	명	사망
しぼる 絞る *기출	동	짜다
しま 島 *기출	명	섬
しまう *기출	동	정리하다, 챙겨 넣다
しみ *기출	명	얼룩, 기미
しみじみと	부	곰곰히, 절절히
しめい 氏名	명	성함, 성명
しめきり 締め切り *기출	명	마감
しめす 示す *기출	동	가리키다, 나타내다
しめる 閉める	동	닫다
しやくしょ 市役所	명	시청
しゃいん 社員	명	사원
しゃがむ	동	웅크리다, 쭈그리다
しゃちょう 社長	명	사장
しゃっきん 借金	명	빚
しゃっくり	명	딸꾹질
しゃべる *기출	동	수다떨다
しゅうかんし 週刊誌 *기출	명	주간지
しゅうきょう 宗教	명	종교
しゅうごう 集合 *기출	명	집합
しゅうしょく 就職 *기출	명	취직
しゅうちゅう 集中 *기출	명	집중

D-18일 출제 예상 단어 확인하기

終電 (しゅうでん)	명 막차, 마지막 전철
収入 (しゅうにゅう)	명 수입
修理 (しゅうり) *기출	명 수리
修理する (しゅうり) *기출	동 수리하다
縮小 (しゅくしょう) *기출	명 축소
祝日 (しゅくじつ)	명 축일, 공휴일
首相 (しゅしょう)	명 수상
手術 (しゅじゅつ) *기출	명 수술
手段 (しゅだん) *기출	명 수단
出張先 (しゅっちょうさき)	명 출장처
主張 (しゅちょう) *기출	명 주장
出場 (しゅつじょう)	명 출장, (시합 등의) 출전
出勤 (しゅっきん) *기출	명 출근
出国 (しゅっこく)	명 출국
出席 (しゅっせき)	명 출석
出張 (しゅっちょう) *기출	명 출장
出版 (しゅっぱん)	명 출판
首都 (しゅと) *기출	명 수도
主婦 (しゅふ)	명 주부
主要だ (しゅよう) *기출	형 주요하다
種類 (しゅるい) *기출	명 종류
使用料 (しようりょう)	명 사용료
消化 (しょうか)	명 소화
奨学金 (しょうがくきん)	명 장학금
しょうがない	형 어쩔 수 없다
消極的だ (しょうきょくてき)	형 소극적이다
商業 (しょうぎょう) *기출	명 상업
少々 (しょうしょう)	부 조금, 잠시, 잠깐
正直 (しょうじき)	부 솔직히 말해서
正直だ (しょうじき) *기출	형 정직하다
少女 (しょうじょ)	명 소녀
症状 (しょうじょう)	명 증상
小説 (しょうせつ)	명 소설
招待 (しょうたい)	명 초대
承知 (しょうち)	명 알아들음
衝突 (しょうとつ)	명 충돌
少年 (しょうねん)	명 소년
商売 (しょうばい)	명 장사
消費 (しょうひ) *기출	명 소비
消費量 (しょうひりょう)	명 소비량

商品 しょうひん *기출	명	상품	知り合い し あ	명	아는 사람, 지인
商品券 しょうひんけん	명	상품권	知り合う し あ *기출	동	(서로) 알게 되다
証明 しょうめい	명	증명	私立 しりつ	명	사립
正面 しょうめん	명	정면	資料 しりょう	명	자료
将来 しょうらい	명	장래, 미래	印 しるし	명	표시
省略 しょうりゃく	명	생략	新幹線 しんかんせん	명	신칸센(일본의 고속철도)
職業 しょくぎょう	명	직업	進学 しんがく	명	진학
食後 しょくご	명	식후	新学期 しんがっき	명	신학기
食事中 しょくじちゅう	명	식사 중	新記録 しんきろく	명	신기록
食費 しょくひ	명	식비	進行 しんこう	명	진행
食品 しょくひん	명	식품	信号 しんごう	명	신호
植物 しょくぶつ	명	식물	新作 しんさく	명	신작
食欲 しょくよく	명	식욕	診察 しんさつ	명	진찰
初心者 しょしんしゃ	명	초심자, 초보자	新商品 しんしょうひん	명	신상품
食器 しょっき *기출	명	식기	信じる しん *기출	동	믿다
ショック	명	쇼크, 충격	申請 しんせい *기출	명	신청
しょっぱい	형	짜다	親戚 しんせき *기출	명	친척
ショップ	명	숍, 상점	親切だ しんせつ	형	친절하다
書類 しょるい	명	서류	新鮮だ しんせん *기출	형	신선하다
知らせ し	명	알림, 통지	身長 しんちょう *기출	명	신장, 키

D-17일 출제 예상 단어 확인하기

☐ 心配だ^{しんぱい} *기출	형 걱정되다	☐ 実家^{じっか}	명 생가, 본가
☐ 進歩^{しんぽ} *기출	명 진보	☐ 実験^{じっけん}	명 실험
☐ 深夜^{しんや}	명 심야	☐ 実行^{じっこう}	명 실행
☐ 親友^{しんゆう}	명 친한 친구, 절친	☐ 実際に^{じっさい}	부 실제로
☐ 信用^{しんよう}	명 신용	☐ 実習^{じっしゅう}	명 실습
☐ 心理^{しんり}	명 심리	☐ じっと	부 가만히, 지그시, 꼼짝 않고
☐ 次回^{じかい}	명 다음 회	☐ 自動的に^{じどうてき} *기출	부 자동적으로
☐ 時間割^{じかんわり}	명 수업 시간표	☐ 自動販売機^{じどうはんばいき}	명 자동판매기
☐ 事件^{じけん}	명 사건	☐ 自慢^{じまん}	명 자랑
☐ 事項^{じこう}	명 사항	☐ 自慢する^{じまん} *기출	동 자랑하다
☐ 時刻表^{じこくひょう}	명 시각표	☐ 地味だ^{じみ}	형 수수하다, 검소하다
☐ 時差^{じさ}	명 시차	☐ 事務^{じむ}	명 사무
☐ 持参^{じさん}	명 지참, 가지고 옴	☐ 事務員^{じむいん}	명 사무원
☐ 自信^{じしん} *기출	명 자신(감)	☐ 地面^{じめん}	명 땅, 지면
☐ 事情^{じじょう} *기출	명 사정	☐ 蛇口^{じゃぐち}	명 수도꼭지
☐ 事前に^{じぜん}	부 사전에, 미리	☐ ジャケット	명 재킷
☐ 自宅^{じたく}	명 자택	☐ 自由^{じゆう} *기출	명 자유
☐ 実は^{じつ}	부 실은, 사실은	☐ 事由^{じゆう}	명 사유
☐ 実用的だ^{じつようてき}	형 실용적이다	☐ 住居^{じゅうきょ}	명 주거
☐ 実力^{じつりょく} *기출	명 실력	☐ 授業料^{じゅぎょうりょう}	명 수업료

じゅうし 重視	명 중시		じょうだん 冗談 *기출	명 농담
じゅうたい 渋滞 *기출	명 (교통) 정체, 밀림		じょうひん 上品だ *기출	형 품위가 있다
じゅうだい 重大だ *기출	형 중대하다		じょうほう 情報 *기출	명 정보
じゅうみん 住民	명 주민		ジョギング	명 조깅
じゅうよう 重要	명 중요		じょじょ 徐々に	부 서서히
じゅうよう 重要だ	형 중요하다		じょせい 女性	명 여성
じゅけん 受験	명 수험		じょゆう 女優	명 여배우
じゅしん 受信	명 수신		じんこうてき 人工的だ	형 인공적이다
じゅみょう 寿命	명 수명		じんこうてき 人工的に	부 인공적으로
じゅんばん 順番 *기출	명 순번, 차례		じんせい 人生	명 인생
じゅんばん 順番に *기출	부 순서대로, 차례로		す 酢	명 식초
じょうきゃく 乗客	명 승객		スイカ	명 수박
じょうきゅう 上級	명 상급		スイッチ	명 스위치
じょうけん 条件	명 조건		すいどう 水道	명 수도
じょうげ 上下	명 상하, 위와 아래		すいどうだい 水道代	명 수도세
じょうし 上司	명 상사		すいみん 睡眠	명 수면
じょうしき 常識	명 상식		す 吸う *기출	동 들이마시다
じょうしゃ 乗車 *기출	명 승차		すうじ 数字	명 숫자
じょうじゅん 上旬	명 상순		すうじつ 数日	명 수일, 며칠
じょうたい 状態	명 상태		スーツケース	명 슈트 케이스, 캐리어 가방

 **D-16일** 출제 예상 단어 확인하기

□ スープ	몡 스프, (서양 요리의) 국	□ 素敵だ	형 멋지다
□ 末っ子	몡 막내	□ 既に	부 이미, 벌써
□ スカーフ	몡 스카프	□ ストーブ	몡 스토브, 난로
□ スキー	몡 스키	□ ストーリー	몡 스토리, 이야기
□ 好き嫌い	몡 호불호	□ ストップ	몡 스탑, 정지
□ 空く	동 틈이 나다, 비다	□ ストレス	몡 스트레스
□ スクール	몡 스쿨, 학교	□ 砂	몡 모래
□ 少なくとも	부 적어도	□ 素直だ	형 솔직하다
□ スケート	몡 스케이트	□ 隅	몡 모퉁이, 구석
□ スケジュール *기출	몡 스케줄	□ 素晴しい	형 훌륭하다, 멋지다
□ 少しずつ *기출	부 조금씩	□ スパゲッティ	몡 스파게티
□ 少しも	부 조금도, 전혀	□ スピード	몡 스피드, 속도
□ 過ごす	동 지내다	□ すべて *기출	부 전부, 모두
□ 進む	동 나아가다	□ 滑る	동 미끄러지다
□ 進める	동 나아가게 하다	□ 統べる	동 통솔하다
□ 勧める	동 권하다	□ 済ませる	동 끝내다, 마치다
□ 薦める	동 추천하다	□ 済む	동 끝나다, 완료되다
□ スタート	몡 스타트, 출발	□ すると	접 그러자
□ スタイル	몡 스타일	□ 鋭い	형 날카롭다, 예리하다
□ すっかり	부 아주, 완전히, 몽땅	□ すれ違う	동 스치듯 지나가다, 엇갈리다

일본어	품사	뜻
ず 図	명	그림, 도면, 도형
ずいぶん *기출	부	꽤, 몹시
ずうずう 図々しい	형	뻔뻔스럽다
ずきずき *기출	부	상처가 쑤시면서 아픈 모양, 욱신욱신
ずつう 頭痛 *기출	명	두통
ずっと	부	쭉, 훨씬, 매우
ずるい	형	교활하다, 치사하다
せいかい 正解 *기출	명	정답
せいかく 性格 *기출	명	성격
せいかく 正確	명	정확
せいかく 正確だ	형	정확하다
せいかつひ 生活費	명	생활비
せいき 世紀	명	세기
せいきゅうしょ 請求書	명	청구서
せいけつ 清潔だ *기출	형	청결하다
せいげん 制限 *기출	명	제한
せいこう 成功	명	성공
せいさん 生産	명	생산
せいさんち 生産地	명	생산지
せいざ 正座	명	정좌, 무릎을 꿇고 앉음
せいしき 正式	명	정식
せいしつ 性質	명	성질
せいしゅん 青春	명	청춘
せいしょうねん 青少年	명	청소년
せいじか 政治家	명	정치가
せいじょう 正常 *기출	명	정상
せいじょう 正常だ	형	정상이다
せいじょう 正常に *기출	부	정상(적)으로
せいじん 成人	명	성인
せいせき 成績 *기출	명	성적
せいそう 清掃	명	청소
せいちょう 成長	명	성장
せいとう 正答	명	정답
せいねん 青年	명	청년
せいねんがっぴ 生年月日	명	생년월일
せいひん 製品	명	제품
せいふく 制服 *기출	명	제복, 교복
せいよう 西洋	명	서양
せいり 整理 *기출	명	정리
せいり 整理する *기출	동	정리하다

D-15일 출제 예상 단어 확인하기

□ セール	명 세일	□ 選手 *기출	명 선수
□ セール品	명 세일품	□ 先日	명 요전(날)
□ 世界中	명 온 세계	□ 戦争	명 전쟁
□ 席	명 자리	□ センター	명 센터, 중앙
□ 咳	명 기침	□ 選択	명 선택
□ 責任	명 책임	□ 洗濯機	명 세탁기
□ 石油	명 석유	□ 洗濯物	명 세탁물
□ 節約	명 절약	□ 宣伝	명 선전
□ せっかく	부 모처럼	□ 専門	명 전문
□ 積極的だ *기출	형 적극적이다	□ 専門家 *기출	명 전문가
□ 積極的に	부 적극적으로	□ 線路	명 선로
□ セット *기출	명 세트	□ 線を引く	관 줄(금)을 긋다
□ セットする *기출	동 세팅하다	□ 税金 *기출	명 세금
□ 背中	명 등	□ 税込み	명 세금 포함
□ セミナー	명 세미나, 강습회	□ 絶対(に) *기출	부 절대로
□ 世話	명 보살핌, 폐, 신세	□ 全員	명 전원
□ 線 *기출	명 선	□ 前後 *기출	명 전후, 앞뒤
□ 選挙	명 선거	□ 全社員	명 전사원
□ 専攻	명 전공	□ 前日	명 전일, 전날
□ 洗剤	명 세제	□ 全世界	명 전 세계

일본어	품사	한국어
ぜんせきにん 全責任	명	모든 책임
ぜんはん 前半	명	전반
そうおん 騒音	명	소음
そうきん 送金	명	송금
そうこ 倉庫	명	창고
そうごう 総合	명	종합
そうしん 送信	명	송신
そうじき 掃除機	명	청소기
そうぞう 想像 *기출	명	상상
そうたい 早退 *기출	명	조퇴
そうだん 相談 *기출	명	상담
そうちょう 早朝	명	조조, 이른 아침
そうとう 相当	부	상당히
そうりょう 送料	명	배송비
ソース	명	소스
そくてい 測定	명	측정
そくど 速度	명	속도
そこ 底 *기출	명	(밑)바닥
そそ 注ぐ	동	쏟다, 붓다, 따르다
そそっかしい	형	덜렁거리다
そだ 育つ	동	자라다
そだ 育てる *기출	동	키우다
そつぎょう 卒業 *기출	명	졸업
そつぎょうしき 卒業式	명	졸업식
そっくり *기출	부	꼭 닮은 모양
そっくりだ *기출	형	꼭 닮다
そっと *기출	부	살짝, 몰래, 가만히
そで 袖	명	소매
そのうえ	접	게다가
そのまま *기출	부	그대로
ソファー	명	소파
それぞれ	부	(제)각기, 각자
それとも	접	그렇지 않으면
それで	접	그래서
そろ 揃う	동	갖추어지다
そろ 揃える	동	가지런히 하다
そろそろ *기출	부	슬슬
そんけい 尊敬	명	존경
ぞうか 増加	명	증가
ぞうきん	명	걸레

 **D-14일** 출제 예상 단어 확인하기

□ 増減(ぞうげん) *기출	명 증감	□ 大量(たいりょう) *기출	명 대량
□ 続々と(ぞくぞくと)	부 속속히, 잇따라	□ 体力(たいりょく) *기출	명 체력

た행

□ 体育館(たいいくかん)	명 체육관	□ タオル	명 타올, 수건
□ 退院(たいいん) *기출	명 퇴원	□ 倒れる(たおれる)	동 쓰러지다
□ 体温(たいおん)	명 체온	□ 高まる(たかまる)	동 높아지다
□ 大会(たいかい) *기출	명 대회	□ 高める(たかめる)	동 높이다
□ 退学(たいがく)	명 퇴학	□ 炊く(たく)	동 밥을 짓다
□ 退屈だ(たいくつだ) *기출	형 지루하다, 따분하다	□ 確かだ(たしかだ) *기출	형 확실하다
□ 対策(たいさく)	명 대책	□ 確かに(たしかに) *기출	부 확실히
□ 滞在(たいざい) *기출	명 체제, 체류	□ 確かめる(たしかめる) *기출	동 확인하다
□ 退職(たいしょく)	명 퇴직	□ 足し算(たしざん)	명 덧셈
□ 体重(たいじゅう)	명 체중	□ 多趣味(たしゅみ)	명 다취미
□ 倒す(たおす)	동 쓰러뜨리다	□ 多少(たしょう) *기출	부 다소, 약간
□ たいてい	부 대개, 대부분	□ 多数(たすう)	명 다수
□ タイトル	명 타이틀, 제목	□ 助かる(たすかる)	동 살아나다, 목숨 건지다
□ 態度(たいど)	명 태도	□ 助ける(たすける)	동 돕다, 구조하다
□ タイプ	명 타입	□ 訪ねる(たずねる)	동 방문하다
□ 逮捕(たいほ)	명 체포	□ 尋ねる(たずねる)	동 묻다
□ 太陽(たいよう)	명 태양	□ 戦う(たたかう) *기출	동 싸우다
		□ 叩く(たたく) *기출	동 치다, 두드리다

畳む	동	접다, 개다	楽しむ	동	즐기다
只	명	무료, 공짜	頼む	동	부탁하다, 주문하다
ただ	부	그저, 그냥	頼もしい	형	믿음직하다
立ち上がる	동	일어서다, 일어나다	旅	명	여행
立入禁止	명	출입 금지	多分	부	아마
立ち止まる	동	멈추어 서다	卵	명	달걀, 계란
立つ	동	일어서다	たまたま	부	가끔, 이따금, 우연히
経つ *기출	동	지나다, 경과하다	貯まる *기출	동	모이다
建つ	동	(건물이) 세워지다	試す	동	시도하다
達する	동	달하다, 도달하다	貯める *기출	동	모으다
たった	부	겨우, 단지	多目的	명	다목적
たっぷり	부	듬뿍, 많이	頼る *기출	동	의지하다
立てる	동	세우다	多量	명	다량
建てる	동	(건물을) 세우다	足りる	동	족하다, 충분하다
棚	명	선반	短期	명	단기
他人 *기출	명	타인	短気だ *기출	형	성질이 급하다
多人数	명	다인수	単語 *기출	명	단어
種	명	종자, 씨	単身	명	단신, 혼자
楽しみ	명	즐거움, 낙	単純だ *기출	형	단순하다
頼み	명	부탁, 청	誕生	명	탄생

D-13일 출제 예상 단어 확인하기

단어	품사	뜻
誕生日 (たんじょうび)	명	생일
担当者 (たんとうしゃ)	명	담당자
単に (たんに)	부	그저, 단지
担任 (たんにん)	명	담임
ダイエット	명	다이어트
大家族 (だいかぞく)	명	대가족
代金 (だいきん) *기출	명	대금
大工事 (だいこうじ)	명	대공사
大小 (だいしょう)	명	대소
大体 (だいたい)	부	대체로, 대략
大被害 (だいひがい)	명	큰 피해
代表 (だいひょう)	명	대표
代表的だ (だいひょうてきだ) *기출	형	대표적이다
だいぶ	부	꽤, 어지간히
題名 (だいめい)	명	제명, 제목
ダイヤ	명	열차 운행표
ダイヤモンド	명	다이아몬드
ダイヤル	명	다이얼
代理人 (だいりにん)	명	대리인
ダウン	명	다운, 아래
抱く (だく)	동	껴안다
だぶだぶ	부	커서 몸에 맞지 않는 모양, 헐렁헐렁
騙す (だます)	동	속이다
黙る (だまる) *기출	동	침묵하다
ダム	명	댐
だらしない	형	칠칠치 못하다
だるい *기출	형	나른하다
誰か (だれか)	부	누군가
男性 (だんせい)	명	남성
男性用 (だんせいよう)	명	남성용
団体 (だんたい) *기출	명	단체
暖房 (だんぼう)	명	난방
小さな (ちいさな)	연	작은
チーズ	명	치즈
チーム	명	팀
チェック	명	체크
チェックアウト	명	체크 아웃
チェンジ	명	체인지, 바꿈
地下 (ちか)	명	지하
ちかちか	부	눈이 따가운 모양, 따끔따끔

일본어	품사	뜻
ちか 近づく	동	접근하다, 다가오다
ちか 近づける	동	가까이하다
ちかみち 近道	명	지름길
ちが 違い	명	틀림, 차이
ちが 違う *기출	동	다르다, 틀리다
ち きゅう 地球 *기출	명	지구
ち こく 遅刻	명	지각
ち しき 知識	명	지식
ちっとも	부	조금도(+부정문)
チップ	명	칩, 팁
ちなみに	접	덧붙여서 (말하면)
ち ほう 地方	명	지방
ちゃいろ 茶色い	형	갈색이다
チャレンジ *기출	명	챌린지, 도전
チャンス *기출	명	찬스, 기회
ちゃんと	부	제대로, 확실히
ちゅうかん 中間	명	중간
ちゅうきゅう 中級	명	중급
ちゅう こ 中古 *기출	명	중고
ちゅうごくせい 中国製	명	중국제
ちゅうしゃ 注射	명	주사
ちゅうしゃ 駐車 *기출	명	주차
ちゅうしゃじょう 駐車場	명	주차장
ちゅうしょうてき 抽象的だ	형	추상적이다
ちゅうしょく 昼食 *기출	명	점심 식사
ちゅうしょくだい 昼食代	명	점심값
ちゅうしん 中心	명	중심
ちゅうじゅん 中旬 *기출	명	중순
ちゅうもく 注目	명	주목
ちゅうもん 注文	명	주문
ちゅうもん 注文する *기출	동	주문하다
ちょう か 超過	명	초과
ちょうかん 朝刊 *기출	명	조간
ちょう さ 調査 *기출	명	조사
ちょう し 調子 *기출	명	상태, 컨디션
ちょうしょ 長所	명	장점
ちょうしょく 朝食 *기출	명	조식, 아침 식사
ちょうじょ 長女	명	장녀, 맏딸
ちょうせい 調整	명	조정
ちょうせん 挑戦	명	도전

D-12일 출제 예상 단어 확인하기

☐ ちょうど	부 정확히, 마침		☐ 通勤 *기출	명 통근
☐ 長男	명 장남		☐ 通勤する *기출	동 통근하다
☐ 調味料	명 조미료		☐ 通行	명 통행
☐ 貯金 *기출	명 저금		☐ 通行料	명 통행료
☐ 直後	명 직후, 바로 뒤		☐ 通信	명 통신
☐ 直接 *기출	명 직접		☐ 通じる	동 통하다
☐ 直前	명 직전		☐ 通知 *기출	명 통지
☐ 散らかす	동 어지르다		☐ 通帳	명 통장
☐ 散らかる	동 어지러지다		☐ 通訳 *기출	명 통역
☐ チラシ	명 전단(지)		☐ 捕まえる	동 붙잡다
☐ 散らす	동 흩뜨리다		☐ 捕まる	동 붙잡히다
☐ 治療	명 치료		☐ つかむ	동 잡다, 쥐다
☐ 散る	동 (흩어)지다		☐ 疲れ *기출	명 피로
☐ 対	명 쌍, 짝		☐ 疲れる *기출	동 지치다, 피곤하다
☐ つい	부 무의식 중에, 무심결에		☐ 付き合う	동 교제하다, 사귀다
☐ ついさっき	부 조금 전에		☐ 月日	명 월일, 날짜
☐ ついでに	접 (~하는) 김에		☐ 次々に	부 차례로, 차례대로
☐ ついに	부 드디어, 마침내, 결국		☐ 付く	동 붙다
☐ 通過	명 통과		☐ 付ける	동 붙이다
☐ 通学	명 통학		☐ 都合	명 형편, 사정

伝える *기출	동 전하다	強める	동 강하게 하다
伝わる *기출	동 전해지다	辛い	형 고통스럽다, 괴롭다
土	명 땅, 흙	連れる	동 데리고 오(가)다
包む *기출	동 싸다, 포장하다	提案	명 제안
続き *기출	명 계속, 연속	定員	명 정원
勤める *기출	동 근무하다	低下	명 저하
繋がる	동 연결되다	低学歴	명 저학력
繋ぐ	동 잇다, 연결하다	定期	명 정기
繋げる	동 (하나로) 연결하다	低血圧	명 저혈압
常に	부 항상, 언제나	停車	명 정차, 차가 멈춤
潰す	동 으깨다	提出	명 제출
潰れる	동 찌부러지다, 망하다	低身長	명 단신, 작은 키
妻	명 아내	停電 *기출	명 정전
つまり	접 즉, 결국, 요컨대	丁寧に	부 정중히, 공손히
詰まる	동 가득 차다, 막히다	テーマ *기출	명 테마, 주제
積む	동 쌓다	適当だ	형 적당하다
詰める *기출	동 채워 넣다	手首	명 손목
積もる	동 쌓이다	手品	명 요술, 마술
梅雨	명 장마	手伝い	명 도와줌
強まる	동 강해지다	鉄道	명 철도

D-11일 출제 예상 단어 확인하기

단어	품사	뜻
徹夜(てつや)	명	철야, 밤새움
テニスコート	명	테니스 코트
手(て)にする	관	손에 넣다, 손에 들다
手袋(てぶくろ)	명	장갑
天国(てんごく)	명	천국
展示会(てんじかい)	명	전시회
天井(てんじょう)	명	천정, 천장
点数(てんすう)	명	점수
店内(てんない)	명	점내, 가게 안
展覧会(てんらんかい)	명	전람회
出会(であ)い	명	처음으로 만남
出会(であ)う	동	우연히 만나다, 마주치다
出入(でい)り	명	출입, 드나듦
ディスカウント	명	할인
データ	명	데이터, 자료
出来事(できごと)	명	(우발적인) 사건, 일
でこぼこ	부	울퉁불퉁
デザート	명	디저트
デザイン *기출	명	디자인
デジタル	명	디지털
出迎(でむか)える	동	마중 나가다
電気(でんき)	명	전기
電球(でんきゅう)	명	전구
伝言(でんごん) *기출	명	전언
電子(でんし)レンジ	명	전자레인지
電卓(でんたく)	명	전자계산기
電池(でんち)	명	건전지
電灯(でんとう)	명	전등
電話中(でんわちゅう)	명	전화 중
問(と)い合(あ)わせ	명	문의
答案(とうあん)	명	답안
統計(とうけい)	명	통계
倒産(とうさん)	명	도산
当日(とうじつ) *기출	명	당일
登場(とうじょう) *기출	명	등장
当然(とうぜん) *기출	부	당연(히)
灯台(とうだい)	명	등대
到着(とうちゃく) *기출	명	도착
とうとう	부	드디어, 결국, 마침내
東南(とうなん)アジア	명	동남아시아

東洋 (とうよう)	명	동양	年をとる (とし)	관	나이를 먹다
通す (とおす)	동	통하게 하다	図書館 (としょかん)	명	도서관
遠回り (とおまわり)	명	멀리 돌아감, 우회함	閉じる *기출	동	닫다, (눈을) 감다
通り過ぎる (とおすぎる) *기출	동	지나가다	土地 (とち) *기출	명	토지
通る (とおる)	동	통하다	途中 (とちゅう)	명	도중
都会 (とかい)	명	도회지, 도시	途中で (とちゅうで)	부	도중에
溶かす (とかす)	동	녹이다	突然 (とつぜん) *기출	부	돌연, 갑자기
溶く (とく)	동	(물에) 풀다	トップ	명	탑, 선두
解く (とく)	동	(엉킨 것 등을) 풀다	届く (とどく)	동	닿다, 도달하다
得意だ (とくいだ) *기출	형	잘하다, 자신이 있다	届ける (とどける)	동	보내다, 닿게 하다
特色 (とくしょく)	명	특색	飛ばす (とばす)	동	날리다
特長 (とくちょう) *기출	명	특별한 장점	飛び出す (とびだす)	동	뛰어나오다, 튀어나오다
特徴 (とくちょう)	명	특징	飛ぶ (とぶ) *기출	동	날다
特別だ (とくべつだ)	형	특별하다	跳ぶ (とぶ)	동	뛰다, 도약하다
解ける (とける)	동	풀리다	徒歩 (とほ)	명	도보
溶ける (とける)	동	녹다	泊まる (とまる) *기출	동	묵다, 숙박하다
ところが	접	그런데, 그러나	虎 (とら)	명	호랑이
登山 (とざん)	명	등산	取り上げる (とりあげる)	동	집어들다, 들어 올리다
都市 (とし)	명	도시	取り替える (とりかえる)	동	바꾸다, 교환하다, 갈다
年上 (としうえ)	명	연상	取り消す (とりけす) *기출	동	취소하다

 **D-10일** 출제 예상 단어 확인하기

☐ 取<ruby>と</ruby>り込<ruby>こ</ruby>む	동	(빨래 등을) 거두어 들이다	☐ 努力<ruby>どりょく</ruby> *기출	명	노력
☐ 取<ruby>と</ruby>り出<ruby>だ</ruby>す	동	꺼내다, 집어내다	☐ 泥<ruby>どろ</ruby>	명	진흙
☐ 取<ruby>と</ruby>り付<ruby>つ</ruby>ける	동	달다, 설치하다	☐ どんどん	부	점점
☐ トレーニング *기출	명	트레이닝	☐ どんなに	부	아무리
☐ 捕<ruby>と</ruby>る	동	잡다	**な행**		
☐ とんでもない	형	터무니없다, 당치도 않다	☐ 名<ruby>な</ruby>	명	이름
☐ とんとん	부	가볍게 두드리는 소리, 똑똑, 톡톡	☐ 内科<ruby>ないか</ruby>	명	내과
☐ 同級生<ruby>どうきゅうせい</ruby>	명	동급생	☐ 内緒<ruby>ないしょ</ruby> *기출	명	비밀
☐ 動作<ruby>どうさ</ruby> *기출	명	동작	☐ 内緒<ruby>ないしょ</ruby>にする *기출	관	비밀로 하다
☐ 同時<ruby>どうじ</ruby>に	부	동시에	☐ 内容<ruby>ないよう</ruby> *기출	명	내용
☐ 同席<ruby>どうせき</ruby>	명	동석	☐ 直<ruby>なお</ruby>す	동	고치다
☐ 道路<ruby>どうろ</ruby>	명	도로	☐ 治<ruby>なお</ruby>す	동	고치다, 치료하다
☐ どきどき *기출	부	두근두근	☐ 直<ruby>なお</ruby>る	동	고쳐지다
☐ 読書<ruby>どくしょ</ruby>	명	독서	☐ 治<ruby>なお</ruby>る	동	낫다, 치유되다
☐ 独身<ruby>どくしん</ruby> *기출	명	독신	☐ 仲<ruby>なか</ruby>	명	사이
☐ 独立<ruby>どくりつ</ruby> *기출	명	독립	☐ 仲直<ruby>なかなお</ruby>り	명	화해
☐ どっと	부	한꺼번에 밀어닥치는 모양, 갑자기 쓰러지는 모양	☐ なかなか	부	(긍정)상당히, 꽤, (부정)좀처럼
☐ 怒鳴<ruby>どな</ruby>る *기출	동	호통치다, 야단치다	☐ 仲間<ruby>なかま</ruby>	명	한패, 동료
☐ ドライブ	명	드라이브	☐ 中身<ruby>なかみ</ruby>	명	속에 든 것, 내용물
☐ ドライヤー	명	드라이어, 건조기	☐ 中指<ruby>なかゆび</ruby>	명	중지, 가운뎃손가락

仲良し	명	사이가 좋음, 사이 좋은 친구	斜め	명	기욺, 경사짐
長生きする	동	장수하다	斜めだ	형	경사가 지다
流す	동	흘리다	鍋	명	냄비
眺める	동	바라보다, 조망하다	生	명	날것 그대로임, 가공하지 않음
流れ *기출	명	흐름	怠ける	동	게으름 피우다
流れる *기출	동	흐르다, 흘러가다	生ごみ	명	음식 쓰레기
泣く *기출	동	울다	波 *기출	명	파도, 물결
無くす	동	없애다	並木	명	가로수
亡くす	동	죽다, 돌아가시다	涙 *기출	명	눈물
無くなる	동	없어지다	舐める *기출	동	핥다
亡くなる	동	죽다, 돌아가다	悩む	동	고민하다
慰める *기출	동	위로하다	鳴らす	동	소리를 내다
投げ捨てる	동	내던지다, 내팽개치다	鳴る	동	소리가 나다
投げる *기출	동	던지다	なるべく *기출	부	되도록, 가능한 한
なぜなら	접	왜냐하면	南北	명	남북
なだらかだ *기출	형	완만하다	似合う *기출	동	어울리다
懐かしい *기출	형	그립다	匂い	명	냄새
ネックレス	명	목걸이	握る	동	쥐다, 잡다
納得	명	납득	憎い	형	밉다
なでる	동	쓰다듬다	憎らしい	형	얄밉다

D-9일 출제 예상 단어 확인하기

☐ 逃げる *기출	동 도망치다		☐ 抜ける	동 빠지다, 뽑아지다
☐ にこにこ	부 생긋생긋, 싱글벙글		☐ 濡らす	동 적시다
☐ 西向き	명 서향		☐ 塗る	동 바르다, 칠하다
☐ 日時	명 일시		☐ 濡れる	동 젖다
☐ 日常	명 일상		☐ 根 *기출	명 뿌리, 근본, 근원
☐ 日中	명 주간, 낮		☐ 値上がり	명 값이 오름
☐ 日程	명 일정		☐ 値上げ	명 값을 올림, 가격 인상
☐ 二倍	명 두 배		☐ 願う *기출	동 원하다, 바라다
☐ 荷物 *기출	명 짐		☐ 値下げ	명 값을 내림, 가격 인하
☐ 入学式	명 입학식		☐ ねずみ	명 쥐
☐ 入場	명 입장		☐ 値段 *기출	명 가격
☐ 入場券	명 입장권		☐ 熱	명 열
☐ 入場料	명 입장료		☐ 熱心だ *기출	형 열심이다
☐ 入力	명 입력		☐ 熱心に	부 열심히
☐ 煮る	동 끓이다, 조리다		☐ 熱中	명 열중
☐ 鶏	명 닭		☐ 寝坊	명 늦잠을 잠, 잠꾸러기
☐ 人気	명 인기		☐ 眠る *기출	동 잠들다
☐ 人間	명 인간		☐ 年間	명 연간
☐ 人数	명 인원수		☐ 年賀状	명 연하장
☐ 抜く	동 뽑다		☐ 年中 *기출	명 연중, 늘

일본어	품사	뜻
年末(ねんまつ)	명	연말
年齢(ねんれい)	명	연령, 나이
農業(のうぎょう) *기출	명	농업
能力(のうりょく)	명	능력
ノーハウ	명	노하우
残(のこ)す	동	남기다
残(のこ)り *기출	명	나머지
残(のこ)る *기출	동	남다
乗(の)せる	동	태우다, 싣다
載(の)せる	동	게재하다
除(のぞ)く	동	제외하다, 빼다
望(のぞ)む	동	바라다, 소망하다
ノック *기출	명	노크, 두드림
のど	명	목, 목구멍
伸(の)ばす	동	펴다, 뻗다
延(の)ばす *기출	동	(기한을) 연기하다
伸(の)びる	동	펴지다, 자라다
延(の)びる	동	(기한이) 연기되다
上(のぼ)る	동	오르다, 올라가다
乗(の)り遅(おく)れる	동	놓치다, 시간이 늦어 못 타다
乗(の)り越(こ)す	동	타고 가다가 지나치다
載(の)る	동	(잡지 등에) 실리다
のろのろ	부	꾸물꾸물, 느릿느릿
のんびり	부	유유히, 한가로이

は행

일본어	품사	뜻
歯(は)	명	이, 이빨
葉(は)	명	잎, 잎사귀
ハート	명	하트, 심장
灰(はい)	명	재
灰色(はいいろ)	명	회색, 잿빛
配達(はいたつ)	명	배달
配達(はいたつ)する	동	배달하다
ハウス	명	하우스, 주택
生(は)える *기출	동	나다, 자라다
測(はか)る *기출	동	(길이,넓이 등을) 재다
量(はか)る	동	(무게를) 재다
はきはき	부	시원시원, 또박또박
掃(は)く	동	쓸다
拍手(はくしゅ)	명	박수
博物館(はくぶつかん)	명	박물관

D-8일 출제 예상 단어 확인하기

☐ 激しい (はげ)	형 격하다, 격렬하다		☐ 発想 (はっそう)	명 발상
☐ 運ぶ (はこ)	동 운반하다		☐ 発達 (はったつ)	명 발달
☐ 箸 (はし)	명 젓가락		☐ 発展 (はってん)	명 발전
☐ 柱 (はしら)	명 기둥		☐ 発表 (はっぴょう)	명 발표
☐ 始まり (はじ)	명 시초, 기원		☐ 派手だ (はで)	형 화려하다
☐ 始め (はじ)	명 처음, 시작		☐ 話し合う (はな あ) *기출	동 (서로) 얘기하다, 의논하다
☐ 初め (はじ)	명 처음, 최초		☐ 話しかける (はな) *기출	동 말(을) 걸다
☐ 恥ずかしい (は)	형 부끄럽다		☐ 離す (はな) *기출	동 놓다, 떼다
☐ 外す (はず)	동 떼다, 제거하다		☐ 花束 (はなたば)	명 꽃다발
☐ 弾む (はず)	동 (탄력있게) 튀다		☐ 鼻水 (はなみず)	명 콧물
☐ 外れる (はず)	동 빗나가다		☐ 母親 (ははおや)	명 모친, 어머니
☐ 畑 (はたけ)	명 밭		☐ 幅 (はば)	명 폭, 너비
☐ 働き (はたら)	명 일을 함, 작용		☐ 歯磨き (はみがき)	명 양치질
☐ 発言 (はつげん)	명 발언		☐ 速く (はや) *기출	부 (속도) 빨리, 빠르게
☐ 発売 (はつばい)	명 발매		☐ 早めに (はや) *기출	부 빨리, 일찌감치
☐ 発明 (はつめい)	명 발명		☐ 流行る (はや) *기출	동 유행하다
☐ はっきり	부 똑똑히, 분명히, 확실히		☐ 腹 (はら)	명 배
☐ 発見 (はっけん)	명 발견		☐ 払い戻す (はら もど)	동 돌려 주다, 환불하다
☐ 発車する (はっしゃ)	동 발차하다		☐ 払う (はら) *기출	동 지불하다
☐ 発生 (はっせい)	명 발생		☐ はらはら	부 조마조마

일본어	품사	뜻
針 (はり)	명	바늘, 침
貼る (はる)	동	붙이다
離れる (はなれる)	동	떨어지다, 멀어지다
範囲 (はんい)	명	범위
反する (はんする)	동	반하다, 반대되다
反省 (はんせい)	명	반성
反対 (はんたい)	명	반대
半年 (はんとし)	명	반년
ハンドバッグ	명	핸드백
半日 (はんにち)	명	반나절
犯人 (はんにん)	명	범인
半々 (はんはん)	부	반반, 반반씩
販売 (はんばい)	명	판매
バーゲンセール	명	바겐 세일
倍 (ばい)	명	배, 2배
バイク	명	바이크
バイト	명	알바, 아르바이트
売買 (ばいばい)	명	매매
バケツ *기출	명	양동이
バス停 (バスてい)	명	버스 정류장
バター	명	버터
ばったり	부	딱(만나다), 푹(쓰러지다), 뚝(끊기다)
場面 (ばめん)	명	장면
ばらばら *기출	부	뿔뿔이, 제각각
バランス	명	밸런스, 균형
番 (ばん)	명	순서, 차례
番地 (ばんち)	명	번지, 주소
パーセント	명	퍼센트, 백분율
パーティー	명	파티
パート	명	파트, 부분
パートナー	명	파트너
パスポート	명	여권
パンフレット *기출	명	팸플릿
日当たり (ひあたり)	명	볕이 듦, 양지
冷える (ひえる) *기출	동	차가워지다, 식다
比較 (ひかく) *기출	명	비교
被害 (ひがい)	명	피해
東向き (ひがしむき)	명	동향
引き受ける (ひきうける) *기출	동	떠맡다, 맡다
引き落とす (ひきおとす)	동	(돈을) 빼다, 떨어뜨리다

D-7일 출제 예상 단어 확인하기

☐ 引き出す (ひきだす)	동	꺼내다, 끄집어 내다	☐ 表現 (ひょうげん)	명	표현
☐ 低い (ひくい) *기출	형	낮다	☐ 表紙 (ひょうし)	명	표지
☐ 秘書 (ひしょ)	명	비서	☐ 表情 (ひょうじょう)	명	표정
☐ 非常に (ひじょうに) *기출	부	매우, 상당히	☐ 表面 (ひょうめん) *기출	명	표면
☐ 必要だ (ひつよう)	형	필요하다	☐ 開く (ひらく)	동	열리다, 벌어지다
☐ 筆記 (ひっき)	명	필기	☐ 昼寝 (ひるね)	명	낮잠
☐ 引っ越し (ひっこし)	명	이사	☐ 広がる (ひろがる)	동	넓어지다
☐ 引っ張る (ひっぱる)	동	잡아 끌다, 끌어 당기다	☐ 広げる (ひろげる)	동	펴다, 넓히다
☐ 日付 (ひづけ)	명	날짜를 기입함	☐ 広場 (ひろば) *기출	명	광장
☐ 否定 (ひてい)	명	부정	☐ ヒント *기출	명	힌트
☐ 一晩 (ひとばん)	명	하룻밤	☐ びしょびしょ	부	흠뻑 젖은 모양, 흠뻑
☐ 一人暮らし (ひとりぐらし)	명	혼자 삶, 자취	☐ 美術 (びじゅつ)	명	미술
☐ 一人息子 (ひとりむすこ)	명	외동아들	☐ 美人 (びじん)	명	미인
☐ 一人娘 (ひとりむすめ)	명	외동딸	☐ ビタミン	명	비타민
☐ 避難 (ひなん)	명	피난	☐ ビデオ	명	비디오
☐ 避難する (ひなんする)	동	피난하다	☐ 微妙だ (びみょうだ)	형	미묘하다
☐ 秘密 (ひみつ)	명	비밀	☐ 美容 (びよう)	명	미용
☐ 紐 (ひも)	명	끈	☐ 美容師 (びようし)	명	미용사
☐ 冷やす (ひやす)	동	차게 하다, 식히다	☐ 秒 (びょう) *기출	명	초
☐ 費用 (ひよう)	명	비용	☐ 瓶 (びん)	명	병

貧乏 びんぼう	명 가난함	不可能 ふかのう	명 불가능
ピアノ	명 피아노	不可能だ ふかのうだ	형 불가능하다
ピーマン	명 피망	深まる ふかまる	동 깊어지다
ぴかぴか	부 반짝반짝, 번쩍번쩍	深める ふかめる	동 깊게 하다
ピクニック	명 피크닉, 소풍	不完全 ふかんぜん	명 불완전
ピザ	명 피자	拭く ふく *기출	동 닦다
ピックアップ	명 픽업, 골라냄	複雑だ ふくざつだ *기출	형 복잡하다
ぴったり *기출	부 꼭 들어맞는 모양	復習 ふくしゅう *기출	명 복습
不安 ふあん *기출	명 불안	不十分 ふじゅうぶん	명 불충분
不安だ ふあんだ *기출	형 불안하다	複数 ふくすう *기출	명 복수, 둘 이상의 수
ファーストフード	명 패스트 푸드	服装 ふくそう	명 복장
ファイル	명 파일	含む ふくむ	동 포함하다
ファックス	명 팩스	含める ふくめる	동 포함시키다
ファッション	명 패션, 복장	袋 ふくろ	명 봉지, 주머니
ファン	명 (가수, 영화 등의) 팬	夫妻 ふさい	명 부처, 부부
風景 ふうけい	명 풍경	不思議だ ふしぎだ	형 이상하다, 신기하다
封筒 ふうとう	명 봉투	不自由だ ふじゆうだ	형 자유롭지 못하다
夫婦 ふうふ *기출	명 부부	防ぐ ふせぐ *기출	동 막다, 방지하다
増える ふえる	동 늘다	不足 ふそく	명 부족
深い ふかい *기출	형 깊다	蓋 ふた	명 뚜껑, 덮개

D-6일 출제 예상 단어 확인하기

双子 ふたご	명 쌍둥이	ブーツ	명 부츠, 장화
普段 ふだん *기출	명 평소, 평상시	部下 ぶか	명 부하
普通 ふつう *기출	명 보통	舞台 ぶたい	명 무대
沸騰する ふっとう *기출	동 끓어오르다	部長 ぶちょう	명 부장
不満 ふまん *기출	명 불만	ぶつかる	동 부딪치다
不満だ ふまんだ	형 불만이다	ぶつける *기출	동 부딪치다
踏む ふむ	동 밟다	ぶつぶつ	부 중얼중얼, 투덜투덜
増やす ふやす	동 늘리다	物理 ぶつり	명 물리
不要だ ふようだ	형 불필요하다	物価 ぶっか *기출	명 물가
ふらふら *기출	부 휘청휘청, 비틀비틀	部品 ぶひん	명 부품
振り込み ふりこみ	명 입금, 이체	部分 ぶぶん *기출	명 부분
振り込む ふりこむ	동 입금하다	ブラウス	명 블라우스
振る ふる	동 흔들다	ブラシ	명 브러쉬, 솔
フルーツ	명 과일	ぶらぶら *기출	부 흔들흔들, 어슬렁어슬렁, 빈둥빈둥
震える ふるえる	동 흔들리다	ブランド	명 브랜드
ふるさと *기출	명 고향	ブレーキ	명 브레이크, 제동
振れる ふれる	동 흔들리다	文化 ぶんか	명 문화
触れる ふれる *기출	동 접촉하다, 닿다	文献 ぶんけん	명 문헌
フロント	명 프런트, 호텔 등의 접수대	文章 ぶんしょう *기출	명 문장
雰囲気 ふんいき	명 분위기	文房具 ぶんぼうぐ	명 문방구

日本語	品詞	韓国語
ぶんるい 分類 *기출	명	분류
プライバシー	명	프라이버시
プラス	명	플러스
プラスチック	명	플라스틱
プラン	명	플랜
プリンター	명	프린터
プロ	명	프로
プログラム	명	프로그램
プロフェッショナル	명	프로페셔널, 전문가
へいき 平気だ	형	아무렇지도 않다, 태연하다
へいきん 平均 *기출	명	평균
へいじつ 平日 *기출	명	평일
へいほう 平方メートル	명	제곱미터
へいぼん 平凡だ	형	평범하다
へいわ 平和	명	평화
へいわ 平和だ	형	평화롭다
へ 減らす	동	줄이다
へ 減る *기출	동	줄다, 감소하다
ヘルメット	명	헬멧
へんか 変化 *기출	명	변화
へんこう 変更	명	변경
へんしゅう 編集	명	편집
へんしん 返信	명	회신, 답장
べいこく 米国	명	미국
ベストだ	형	베스트다
べつべつ 別々だ	형	따로따로다
べつ 別に	부	따로, 별로(+부정문)
べつべつ 別々(に)	부	따로따로
ベランダ	명	베란다
ベルト	명	벨트, 띠
べんごし 弁護士	명	변호사
ベンチ	명	벤치, 긴 의자
ぺこぺこ	부	몹시 배가 고픈 모양, 꼬르륵
ペット	명	반려동물
ペットボトル	명	페트병
ペラペラ *기출	부	(거침없이) 술술, (종이를 넘길 때) 펄럭펄럭
ペンキ	명	페인트
ほうがく 方角 *기출	명	방향
ほうこう 方向 *기출	명	방향
ほうこく 報告 *기출	명	보고

D-5일 출제 예상 단어 확인하기

☐ 宝石(ほうせき)	명 보석	☐ ほっと	부 겨우 안심하는 모양, 휴우
☐ 法則(ほうそく)	명 법칙	☐ ほとんど	부 대부분, 거의
☐ 包丁(ほうちょう)	명 식칼	☐ 歩道(ほどう)	명 보도
☐ 方法(ほうほう) *기출	명 방법	☐ 歩道橋(ほどうきょう)	명 육교
☐ 方面(ほうめん)	명 방면	☐ 微笑む(ほほえむ)	동 미소 짓다
☐ 訪問(ほうもん) *기출	명 방문	☐ 本社(ほんしゃ)	명 본사
☐ 法律(ほうりつ) *기출	명 법률	☐ 本日(ほんじつ)	명 본일, 금일, 오늘
☐ 吠える(ほえる) *기출	동 짖다	☐ 本棚(ほんだな)	명 책장
☐ ホーム	명 홈, 집, 기차역의 승강장	☐ 本店(ほんてん)	명 본점
☐ ホームページ	명 홈페이지	☐ 本当に(ほんとうに)	부 정말로, 참으로
☐ 埃(ほこり)	명 먼지	☐ 本人(ほんにん)	명 본인
☐ 保護(ほご)	명 보호	☐ ほんの	부 그저, 불과
☐ 保証人(ほしょうにん)	명 보증인	☐ 本部(ほんぶ)	명 본부
☐ 干す(ほす) *기출	동 말리다	☐ 本物(ほんもの)	명 진짜, 실물
☐ ホストファミリー	명 호스트 패밀리, 홈스테이 가정	☐ 翻訳(ほんやく) *기출	명 번역
☐ 細い(ほそい)	형 가늘다	☐ 棒(ぼう)	명 봉, 막대기
☐ 細長い(ほそながい)	형 길고 가느다랗다	☐ 貿易(ぼうえき)	명 무역
☐ 保存(ほぞん)	명 보존	☐ 忘年会(ぼうねんかい)	명 망년회, 송년회
☐ 北海道産(ほっかいどうさん)	명 홋카이도산	☐ ボーナス	명 보너스
☐ ホッチキス	명 호치키스, 스테이플러	☐ 募集(ぼしゅう) *기출	명 모집

일본어	품사	뜻
坊っちゃん	명	도련님, 철부지
ボランティア	명	봉사 활동, 자원 봉사자
ぼろぼろ	부	형편없이 해어진 모양, 너덜너덜함
ポスター	명	포스터
ポスト	명	우체통, 우편함

ま행

일본어	품사	뜻
まあまあ	부	그럭저럭, 그저 그런 정도
マーク	명	마크, 표시
マイク	명	마이크
迷子	명	미아, 길 잃은 아이
毎度	명	매번, 항상
マイナス	명	마이너스
任せる	동	맡기다
曲がる	동	굽다, 돌다
巻く	동	말다
負け	명	짐, 패배
曲げる *기출	동	구부리다
まご *기출	명	손자
まさか	부	설마
交ざる *기출	동	섞이다
混ざる	동	(뒤)섞이다
ましだ	형	더 낫다
ますます	부	점점 (더), 더욱더
マスコミ	명	매스컴
貧しい *기출	형	가난하다
交ぜる	동	섞다
混ぜる *기출	동	(뒤)섞다
または	접	또는, 혹은
街	명	거리
町	명	동네
待ち合わせ	명	약속하여 만나기로 함
待ち合わせる *기출	동	(미리 정하고) 만나기로 하다
街角	명	길모퉁이
間違い	명	틀림, 잘못
間違う	동	잘못되다, 틀리다
間違える	동	잘못하다, 틀리다, 실수하다
祭り	명	축제, 잔치
真っ赤	명	새빨감
真っ暗	명	아주 캄캄함, 암흑
真っ黒	명	새까맘, 시커멈

 **D-4일** 출제 예상 단어 확인하기

☐ 真っ青(まっさお)	명	새파람		☐ 丸(まる)	명	동그라미
☐ 真っ白(まっしろ)	명	새하얌		☐ 丸い(まるい) *기출	형	둥글다
☐ 全く(まったく) *기출	부	완전히, 전혀		☐ まるで	부	마치, 꼭
☐ まとまる	동	하나로 모아지다		☐ 回す(まわす) *기출	동	돌리다
☐ まとめる	동	하나로 모으다		☐ 回り(まわり)	명	돎, 회전
☐ 窓側(まどがわ)	명	창가, 창 쪽		☐ 周り(まわり)	명	주위, 주변
☐ マナー *기출	명	매너		☐ 回る(まわる) *기출	동	돌다, 회전하다
☐ まな板(いた)	명	도마		☐ 満員(まんいん) *기출	명	만원
☐ 学ぶ(まなぶ) *기출	동	(학문을) 배우다		☐ マンション	명	맨션(한국의 아파트에 해당)
☐ 間に合う(まにあう)	동	제시간에 맞다		☐ 満足(まんぞく) *기출	명	만족
☐ 間に合わせる(まにあわせる)	동	제시간에 맞추다		☐ 満足だ(まんぞくだ)	형	만족스럽다
☐ 真似(まね)	명	흉내		☐ 満点(まんてん)	명	만점
☐ 招く(まねく)	동	초대하다, 초래하다		☐ 見上げる(みあげる)	동	우러러보다, 올려다보다
☐ マフラー	명	목도리		☐ 見送る(みおくる) *기출	동	배웅하다
☐ 眩しい(まぶしい) *기출	형	눈부시다		☐ 見下ろす(みおろす)	동	내려다 보다, 얕보다
☐ 豆(まめ) *기출	명	콩		☐ 見かける(みかける)	동	가끔 보다, 언뜻 보다
☐ 守る(まもる) *기출	동	지키다		☐ 味方(みかた)	명	자기 편, 아군
☐ 迷う(まよう) *기출	동	헤매다, 망설이다		☐ 未完成(みかんせい)	명	미완성
☐ 真夜中(まよなか)	명	한밤중, 심야		☐ 未経験(みけいけん)	명	미경험
☐ マラソン	명	마라톤, 경주		☐ 未公開(みこうかい)	명	미공개

短い *기출	형	짧다	迎え	명	맞이함, 마중
ミス	명	실수	無関心	명	무관심
湖 *기출	명	호수	向き	명	방향
水着	명	수영복	向く	동	향하다
見出し	명	표제, 표제어	剥く *기출	동	(껍질을) 벗기다
見つかる	동	발견되다	向ける	동	향하게 하다
見つめる	동	응시하다	剥ける	동	(껍질 등이) 벗겨지다
ミックス	명	믹스, 혼합	無視	명	무시
緑 *기출	명	녹색, 초록색	蒸し暑い	형	무덥다
見直し	명	다시 봄, 재검토	虫歯	명	충치
南向き	명	남향	無条件	명	무조건
醜い	형	추하다, 보기 흉하다	蒸す	동	찌다, 무덥다
身につける *기출	관	습득하다, 지니다, 몸에 걸치다	息子	명	아들, 자식
見本 *기출	명	견본	結ぶ *기출	동	매다, 묶다, 잇다
見舞う	동	문안하다, 위문하다	娘 *기출	명	딸
未来 *기출	명	미래	難しい *기출	형	어렵다
診る	동	진찰하다	無責任	명	무책임
ミルク	명	밀크, 우유	無駄だ *기출	형	쓸데없다
向かい	명	마주 봄, 맞은편	無駄遣い	명	낭비
向かう	동	향해서 가다	夢中だ	형	열중하다

D-3일 출제 예상 단어 확인하기

□ 胸(むね)	명 가슴	□ メニュー	명 메뉴
□ 無理(むり)だ	형 무리다	□ めまい	명 현기증
□ 無理(むり)に	부 무리하게, 억지로	□ 面会(めんかい)	명 면회
□ 無料(むりょう)	명 무료	□ 免許(めんきょ)	명 면허
□ 芽(め)	명 싹	□ 面接(めんせつ)	명 면접
□ めい *기출	명 조카딸	□ 面倒臭(めんどうくさ)い *기출	형 귀찮다
□ 明確(めいかく)だ	형 명확하다	□ 面倒(めんどう)だ	형 성가시다, 귀찮다
□ 名刺(めいし)	명 명함	□ メンバー	명 멤버
□ 命令(めいれい) *기출	명 명령	□ もう一度(いちど)	부 한 번 더, 다시 한번
□ 迷惑(めいわく)	명 민폐, 성가심	□ 申(もう)し込(こ)み *기출	명 신청
□ 目上(めうえ)	명 윗사람	□ 申込書(もうしこみしょ) *기출	명 신청서
□ メール	명 메일	□ 申(もう)し込(こ)む	동 신청하다
□ メールアドレス	명 메일 주소	□ 申(もう)し訳(わけ)ない	형 죄송하다
□ 目覚(めざ)まし時計(どけい)	명 알람 시계	□ もうすぐ	부 이제 곧, 머지 않아
□ 飯(めし)	명 밥	□ 毛布(もうふ)	명 담요
□ 目下(めした)	명 아랫사람, 손아래	□ 燃(も)える *기출	동 타다
□ 珍(めずら)しい	형 드물다, 진귀하다	□ 目的(もくてき) *기출	명 목적
□ 目立(めだ)つ	동 눈에 띄다, 두드러지다	□ 目標(もくひょう) *기출	명 목표
□ めちゃくちゃ	부 엉망(진창), 형편없음, 엄청, 완전	□ もしかすると	부 어쩌면
□ メッセージ	명 메세지	□ 文字(もじ)	명 글자, 문자

持ち帰る	동 가지고 돌아오(가)다	役立てる	동 유용하게 쓰다
持ち運ぶ	동 들어 나르다, 운반하다	火傷	명 화상
もちろん	부 물론	家賃	명 집세
もったいない *기출	형 아깝다	薬局 *기출	명 약국
最も	부 (무엇보다도) 가장	やっと	부 겨우, 가까스로, 간신히
戻す	동 (원래 상태로) 되돌리다	やっぱり	부 역시(やはり의 구어체)
物語 *기출	명 이야기, 전설	屋根	명 지붕
物差し	명 자, 척도, 기준	やはり	부 역시
燃やす	동 불태우다	破る	동 찢다, 깨다
模様	명 무늬, 모양	破れる *기출	동 찢어지다, 깨지다
文句 *기출	명 불평	辞める	동 그만두다
や행		やり方 *기출	명 하는 법
喧しい	형 시끄럽다, 요란스럽다	やり取り	명 주고 받음, 교환
野球	명 야구	やり直す *기출	동 다시 (고쳐)하다
約 *기출	부 약, 대략	やる気	명 의욕, 하고자 하는 마음
焼く *기출	동 굽다, 태우다	柔らかい	형 부드럽다
焼ける	동 타다	遊園地	명 유원지, 놀이공원
訳す *기출	동 번역하다	勇気	명 용기
約束	명 약속	優勝	명 우승
役立つ	동 도움이 되다	友情	명 우정

 **D-2일** 출제 예상 단어 확인하기

友人 (ゆうじん)	몡 친구	夜明け (よあけ)	몡 새벽
郵送 (ゆうそう) *기출	몡 우송, 우편	用 (よう)	몡 용건, 볼일
夕立 (ゆうだち)	몡 소나기	酔う (よう)	동 술에 취하다, 멀미하다
夕日 (ゆうひ) *기출	몡 석양	洋菓子 (ようがし)	몡 구움과자, 양과자
郵便 (ゆうびん) *기출	몡 우편	容器 (ようき) *기출	몡 용기, 그릇
有名だ (ゆうめい) *기출	형 유명하다	要求 (ようきゅう)	몡 요구
ユーモア *기출	몡 유머	容疑 (ようぎ)	몡 용의
夕焼け (ゆうやけ)	몡 저녁노을	用紙 (ようし)	몡 용지
有料 (ゆうりょう)	몡 유료	用事 (ようじ)	몡 볼일, 용건, 용무
床 (ゆか) *기출	몡 마루, 바닥	様子 (ようす)	몡 모양, 상태
輸出 (ゆしゅつ) *기출	몡 수출	用途 (ようと)	몡 용도
譲る (ゆずる)	동 양보하다	ようやく *기출	부 겨우, 간신히
豊かだ (ゆたか)	형 풍부하다	ヨーロッパ	몡 유럽
茹でる (ゆでる) *기출	동 삶다	翌朝 (よくあさ)	몡 다음날 아침
輸入 (ゆにゅう)	몡 수입	翌日 (よくじつ) *기출	몡 익일, 다음 날
輸入品 (ゆにゅうひん)	몡 수입품	翌年 (よくねん) *기출	몡 익년, 다음 해
揺らす (ゆらす)	동 흔들다	欲張り (よくばり)	몡 욕심쟁이
緩い (ゆるい) *기출	형 느슨하다, 헐겁다	横 (よこ) *기출	몡 옆, 가로
許す (ゆるす) *기출	동 용서하다, 허락하다	横切る (よこぎる)	동 가로지르다, 횡단하다
揺れる (ゆれる)	동 흔들리다	汚す (よごす)	동 더럽히다

汚れ	몡	더러움, 때	ラッシュアワー 몡	러시 아워, 교통 혼잡 시간
汚れる *기출	동	더러워지다	ラップ 몡	랩, 포장지
予想 *기출	몡	예상	ラベル 몡	라벨
予測	몡	예측	ランチ 몡	런치
酔っ払う	동	몹시 취하다	ランニング 몡	러닝
予定 *기출	몡	예정	リーダー 몡	리더, 지도자
夜中	몡	한밤중	理解 몡	이해
呼びかける *기출	동	호소하다	利口だ 형	영리하다
呼び出す	동	호출하다, 부르기 시작하다	離婚 몡	이혼
予報	몡	예보	リサイクル *기출 몡	리사이클, 재활용
予防	몡	예방	リスト 몡	리스트, 목록
予約 *기출	몡	예약	理想 몡	이상
喜び	몡	기쁨	リットル 몡	리터
弱まる	동	약해지다	立派だ *기출 형	훌륭하다
弱める	동	약하게 하다	リボン 몡	리본

ら행

			理由 *기출 몡	이유
ラーメン	몡	라멘	留学 몡	유학
ライオン	몡	라이온, 사자	流行 몡	유행
ライト	몡	라이트, 조명	利用 몡	이용
楽だ *기출	형	편하다	量 몡	양

 **D-1일** 출제 예상 단어 확인하기

☐ 両替(りょうがえ) *기출	명 환전	☐ レジャー	명 레저, 여가
☐ 料金(りょうきん) *기출	명 요금	☐ 列(れつ) *기출	명 열, 줄
☐ 領収書(りょうしゅうしょ)	명 영수증	☐ レベル	명 레벨
☐ 料理人(りょうりにん)	명 요리인	☐ レポート	명 리포트, 보고(서)
☐ 旅行先(りょこうさき)	명 여행지	☐ 連休(れんきゅう)	명 연휴
☐ 旅行用(りょこうよう)	명 여행용	☐ レンズ	명 렌즈
☐ 履歴書(りれきしょ)	명 이력서	☐ レンタル	명 렌털, 임대
☐ ルール	명 룰, 규칙	☐ 連絡先(れんらくさき)	명 연락처
☐ 留守(るす) *기출	명 부재중	☐ ロープ	명 로프, 줄
☐ 例外(れいがい)	명 예외	☐ 録音(ろくおん)	명 녹음
☐ 礼儀(れいぎ)	명 예의	☐ 録画(ろくが)	명 녹화
☐ 冷静(れいせい)	명 냉정	☐ ロケット	명 로켓
☐ 冷静だ(れいせいだ)	형 냉정하다	☐ ロッカー	명 로커, 보관함
☐ 冷凍(れいとう)	명 냉동	☐ ロビー	명 로비
☐ 冷房(れいぼう)	명 냉방	☐ ロボット	명 로봇
☐ レインコート	명 레인코트, 우비	☐ 路面(ろめん)	명 노면, 도로 위
☐ 歴史(れきし)	명 역사		**わ행**
☐ レシート	명 리시트, 영수증	☐ ワイン	명 와인
☐ レシピ *기출	명 레시피, 조리법	☐ 若い(わかい) *기출	형 젊다
☐ レジ	명 레지, 계산대	☐ 若者(わかもの)	명 젊은이, 청년

別れ	명	헤어짐, 이별	割り算	명	나눗셈
分かれる	동	나뉘다	割引 *기출	명	할인
別かれる *기출	동	헤어지다	割引券	명	할인권
若々しい	형	아주 젊다	割る	동	나누다
和菓子	명	화과자, 일본식 과자	割れる *기출	동	깨지다
わがままだ	형	제멋대로 굴다	ワンピース	명	원피스
わくわく	부	가슴이 설레는 모양, 두근두근
訳 *기출	명	사정, 이유
分ける *기출	동	나누다
わざと	부	고의로, 일부러
わざわざ	부	특별히, 일부러, 수고스럽게
和食	명	일본 요리
渡す	동	건네주다
渡り鳥	명	철새
話題	명	화제
話題作	명	화제작
詫び	명	사죄, 사과
笑い	명	웃음
笑う *기출	동	웃다
割合 *기출	명	비율

유하다요

JLPT
N3

한 권 스피드 합격

출제 예상 문법 확인하기

D-30일 출제 예상 문법 확인하기

1 명사와 접속

☐ **〜から〜にかけて** ~부터 ~에 걸쳐서   p.282

今晩**から**明日の朝**にかけて**、激しい雨が降るらしい。
오늘 밤**부터** 내일 아침**에 걸쳐서**, 세찬 비가 내린다고 한다.

☐ **〜だらけ** ~투성이   p.282

彼は掃除が嫌いだから部屋がごみ**だらけ**だ。
그는 청소를 싫어하기 때문에 방이 쓰레기**투성이**다.

☐ **〜(で)さえ** ~조차   p.283

学年1位の子**でさえ**医学部に合格できなかった。
학년 1위의 아이**조차** 의학부에 합격하지 못했다.

☐ **〜って** ① ~라고 (하는), ~라는 ② ~은/는 ③ ~란, ~라고 하는 것은   p.236

すみません、「星の王子様」**って**本ありますか。
저기요. '어린 왕자' **라는** 책 있습니까?

☐ **〜というと・〜といえば・〜といったら** ~라고 하면, ~라고 말하자면   p.283

夏**といえば**、すぐにかき氷が頭に浮かんでくる。
여름**이라고 하면**, 바로 빙수가 머리에 떠오른다.

D-29일 출제 예상 문법 확인하기

☐ **〜として** ~로서   p.236

私は今中国で、日本語の教師**として**働いている。
나는 지금 중국에서 일본어 교사**로서** 일하고 있다.

☐ **〜とは** ~란   p.283

私にとって幸せ**とは**、人を幸せにすることだ。
나에게 있어서 행복**이란**, 타인을 행복하게 하는 것이다.

☐ **〜において** ~에서, ~에 있어서   p.237

数学**において**小林さんがクラス1位だ。
수학**에 있어서** 코바야시 씨가 반 1등이다.

☐ **〜に関して** ~에 관해서   p.284

12月に行われるJLPT**に関しての**情報を調べる。
12월에 시행되는 JLPT**에 관한** 정보를 조사한다.

☐ **〜に比べて/〜と比べて** ~에 비해서/~와/과 비교해서   p.237

一般的に男性**に比べて**女性の寿命がもっと長い。
일반적으로 남성**에 비해서** 여성의 수명이 좀 더 길다.

D-28일 출제 예상 문법 확인하기

☐ **~に対して** ~에 대해서, ~에게 p.237

年上の人に対しては丁寧な言葉を使った方がいい。
연상의 사람에게는 정중한 단어를 사용하는 편이 좋다.

☐ **~について** ~에 대해서, ~에 관해서 p.238

私の教授は30年間物理学について研究している。
나의 교수님은 30년간 물리학에 관해서 연구하고 있다.

☐ **~につき** ① ~당 ② ~이므로, ~때문에 p.284

ここの駐車場は1時間につき400円です。
여기 주차장은 1시간당 400엔입니다.

☐ **~にとって** ~에(게) 있어서, ~에게 p.238

会社にとって、今回のプロジェクトはとても重要だ。
회사에 있어서, 이번 프로젝트는 몹시 중요하다.

☐ **~に反して** ~에 반해서, ~와/과 반대로 p.284

みんなの予想に反してBチームがAチームに勝った。
모두의 예상과 반대로 B 팀이 A 팀에게 이겼다.

D-27일 출제 예상 문법 확인하기

- [ ] **〜によって**　① ~에 의해 ② ~에 따라　　p.238

今日は台風によって学校が休みになった。
오늘은 태풍에 의해 학교가 쉬게 되었다.

- [ ] **〜による・〜によって違う**　~에 달렸다, ~에 따라 다르다　　p.239

好きな異性のタイプは人によって違う。
좋아하는 이성 타입은 사람에 따라 다르다.

- [ ] **〜にわたって**　~에 걸쳐서　　p.285

この道の渋滞は10キロにわたって続いている。
이 길의 정체는 10킬로에 걸쳐서 계속되고 있다.

- [ ] **〜のほかに**　~외에　　p.239

海に行きたい理由は写真を撮ることのほかにもありますか。
바다에 가고 싶은 이유는 사진을 찍는 것 외에도 있습니까?

- [ ] **〜ぬきで**　~빼고, ~제외하고　　p.285

今日の会議は、私ぬきで先に始めてください。
오늘의 회의는, 저 빼고 먼저 시작해 주세요.

D-26일 출제 예상 문법 확인하기

☐ **〜はもちろん〜も**　~은/는 물론 ~도　　p.285

このホテルにはプール**はもちろん**ジム**も**あります。
이 호텔에는 수영장**은 물론** 헬스장**도** 있습니다.

☐ **〜向き/〜向きだ**　~용/~용이다　　p.286

彼女の声はアニメ**向き**の声です。
그녀의 목소리는 애니메이션**에 적합한** 목소리입니다.

☐ **〜向け(に)/〜向けだ**　~용, 대상(으로)/~용, 대상이다　　p.286

この博物館には外国人**向け**のパンフレットが置いてある。
이 박물관에는 외국인 **대상의** 팸플릿이 놓여 있다.

☐ **〜らしい**　~답다　　p.239

彼は男**らしくて**とても頼もしい人だ。
그는 남자**답고** 매우 믿음직한 사람이다.

☐ **〜を込めて**　~을/를 넣어서, ~을/를 담아서　　p.286

感謝の気持ち**を込めて**手紙を書く。
감사의 마음**을 담아서** 편지를 쓰다.

D-25일 출제 예상 문법 확인하기

☐ **〜をする**　~(모습)을/를 하다　p.287

彼女、さっきから悲しそうな顔**をして**いるね。何かあった？
그녀 아까부터 슬픈 얼굴**을 하고** 있네. 무슨 일 있었어?

☐ **〜を中心に・〜を中心として**　~을/를 중심으로　p.240

このゲームは若者**を中心に**人気を集めている。
이 게임은 젊은이**를 중심으로** 인기를 모으고 있다.

☐ **〜を通じて・〜を通して**　① ~을/를 통해서　② ~내내　p.287

知り合い**を通じて**このサークルに入った。
지인**을 통해서** 이 동아리에 들어왔다.

☐ **〜をもとに(して)**　~을/를 바탕으로 (해서), ~을/를 토대로 (해서)　p.287

この映画は漫画**をもとに**作られた。
이 영화는 만화**를 바탕으로** 만들어졌다.

2 형용사와 접속

☐ **〜がる**　(다른 사람이) ~워하다, 해하다　p.240

彼女は仕事中に話しかけられるのをとても嫌**がって**いる。
그녀는 일하는 중에 말을 거는 것을 매우 **싫어하고** 있다.

D-24일 출제 예상 문법 확인하기

3 동사 접속

☐ **～終わる**　다 ~하다　　　　　　　　　　　　　　　　　　p.242

飲み終わったペットボトルはゴミ箱に捨ててください。
다 마신 페트병은 쓰레기통에 버려 주세요.

☐ **～かける/～かけの**　① ~하다 말다/~하다 만 ② ~할 뻔하다/~할 뻔한　p.289

家にまだ食べかけのケーキが残っている。
집에 아직 먹다 만 케이크가 남아있다.

☐ **～かねない**　~할지도 모른다　　　　　　　　　　　　　　p.290

不況が続くと、会社が倒産しかねない。
불황이 계속되면, 회사가 도산할지도 모른다.

☐ **～がたい**　~하기 힘들다, ~하기 어렵다　　　　　　　　　　p.290

クラスメイトをいじめることは本当に許しがたい。
같은 반 친구를 괴롭히는 것은 정말로 용서하기 힘들다.

☐ **～きる**　① 다 ~하다 ② 매우 ~하다　　　　　　　　　　　　p.290

給料日はまだなのに、もうお金を全部使い切ってしまった。
급여일은 아직인데, 벌써 돈을 전부 다 써버렸다.

D-23일 출제 예상 문법 확인하기

☐ **～きれる/～きれない**　다 ~할 수 있다/다 ~할 수 없다　　p.291

料理を作りすぎて、一人では全部**食べきれなかった**。
요리를 너무 만들어서, 혼자서는 전부 **다 먹을 수 없었다**.

☐ **～こと**　~할 것　　p.288

廊下では何があっても絶対に**走らないこと**。
복도에서는 무슨 일이 있어도 절대로 **뛰지 않을 것**.

☐ **～ことがある**　~할 때가 있다, ~할 경우가 있다　　p.296

海外での生活に不満はないが、時々国に帰りたいと**思うことがある**。
해외에서의 생활에 불만은 없지만, 때때로 모국에 돌아가고 싶다고 **생각할 때가 있다**.

☐ **～ことだ**　~해야 한다, ~하는 것이 좋다　　p.245

勝ちたいなら、きちんと**練習することだ**。
이기고 싶다면, 제대로 **연습해야 한다**.

☐ **～ことで**　~한 일로, ~것으로　　p.247

彼女がチームに**入ったことで**チームの雰囲気がすごく良くなった。
그녀가 팀에 **들어온 일로** 팀의 분위기가 굉장히 좋아졌다.

D-22일 출제 예상 문법 확인하기

☐ **～ことにする/～ことにしている**　~하기로 하다/~하기로 하고 있다　　p.246

体(からだ)に悪(わる)いので、もうタバコは**吸(す)わないことにした**。
몸에 나쁘기 때문에, 이제 담배는 **피우지 않기로 했다**.

☐ **～ことになっている**　~하게 되어 있다　　p.297

午前(ごぜん)7時(じ)から9時(じ)までの6号車(ごうしゃ)は女性(じょせい)だけが**乗(の)れることになっている**。
오전 7시부터 9시까지의 6호차는 여성만이 **탈 수 있게 되어 있다**.

☐ **～ことはない**　~할 필요는 없다　　p.288

先輩(せんぱい)をそんなに**怖(こわ)がることはない**ですよ。
선배를 그렇게 **무서워할 필요는 없어요**.

☐ **～させておく**　~하게 두다, ~하게 한다　　p.295

会議(かいぎ)のために必要(ひつよう)な資料(しりょう)を部下(ぶか)に**用意(ようい)させておきます**。
회의를 위해서 필요한 자료를 부하에게 **준비하게 합니다**.

☐ **～そうに(も)ない・～そうもない**　~할 것 같지(도) 않다　　p.241

明日(あした)は家族(かぞく)でキャンプをする予定(よてい)だったが、大雨(おおあめ)で**できそうもない**。
내일은 가족끼리 캠프를 할 예정이었지만, 폭우로 **할 수 있을 것 같지도 않다**.

D-21일 출제 예상 문법 확인하기

☐ **〜たがる**　(다른 사람이) ~하고 싶어 하다　p.242

うちの犬はいつも外に出たがるので困っている。
우리 개는 항상 밖에 나가고 싶어 하기 때문에 곤란하다.

☐ **〜たとたん(に)**　~하자마자, ~하는 순간　p.292

さっきまで晴れていたのに、私が外に出たとたん雨が降ってきた。
아까까지 맑았는데, 내가 밖에 나가자마자 비가 내려 왔다.

☐ **〜たばかりだ**　막 ~했다, ~한지 얼마 안 되다　p.243

あの女の子はこの町に引っ越してきたばかりだ。
저 여자아이는 이 동네에 이사 온 지 얼마 안 됐다.

☐ **〜たほうがいい**　~하는 편이 좋다　p.292

寒いならジャケットを着たほうがいい。
추우면 재킷을 입는 편이 좋다.

☐ **〜たまま**　~한 채(로)　p.243

昨日、疲れすぎたから化粧をしたまま寝てしまった。
어제 너무 피곤해서 화장을 한 채로 자버렸다.

D-20일 출제 예상 문법 확인하기

- [ ] **〜たらどうか**　~하는 것이 어떤가　p.244

そんなに大変（たいへん）なら、バイトを減（へ）らしたらどうですか。
그렇게 힘들다면, 알바를 **줄이는 것이 어떻습니까?**

- [ ] **〜続（つづ）ける**　계속 ~하다　p.242

彼（かれ）は休憩時間（きゅうけいじかん）が終（お）わった後（あと）も、ゲームをし続（つづ）けている。
그는 휴식 시간이 끝난 후에도, 게임을 **계속하고 있다**.

- [ ] **〜っこない**　(절대로) ~할 리가 없다　p.291

あんな高（たか）いバッグなんて買（か）えっこない。
저런 비싼 가방이라니 **살 수 있을 리가 없다**.

- [ ] **〜っぱなし**　~한 채　p.291

昨日（きのう）またテレビを付（つ）けっぱなしで寝（ね）てしまった。
어제 또 TV를 **켠 채**로 자 버렸다.

- [ ] **〜ていく**　~해 가다, ~해지다　p.292

私（わたし）は運動（うんどう）のために、毎日会社（まいにちかいしゃ）まで歩（ある）いていく。
나는 운동을 위해서, 매일 회사까지 **걸어간다**.

D-19일 출제 예상 문법 확인하기

☐ **～てからでないと・～てからでなければ**　~하고 나서가 아니면　p.293

この宿題が終わってからでないと、遊びに行くことができない。
이 숙제가 끝나고 나서가 아니면, 놀러 갈 수가 없다.

☐ **～てくる**　~해 오다, ~해지다, ~하기 시작하다　p.293

お昼に薬を飲んだのでそろそろ薬が効いてくるはずだ。
점심때 약을 먹었기 때문에 슬슬 약이 듣기 시작할 것이다.

☐ **～てはいけないから・ので**　~해서는 안 되기 때문에　p.293

ダイエット中は油の多い食べ物を食べてはいけないので野菜を食べる。
다이어트 중은 기름기가 많은 음식을 먹어서는 안 되기 때문에 야채를 먹는다.

☐ **～てはじめて**　~해서 처음으로, ~나서야 비로소　p.294

子供を産んではじめて母の大変さが分かりました。
아이를 낳고 나서야 비로소 엄마의 힘듦을 알았습니다.

☐ **～てもおかしくない**　~해도 이상하지 않다　p.244

いつ戦争が起こってもおかしくないほど、両国の関係が悪化した。
언제 전쟁이 일어나도 이상하지 않을 정도로, 양국의 관계가 악화되었다.

D-18일 출제 예상 문법 확인하기

☐ **〜ても不思議(ふしぎ)じゃない**　~해도 이상하지 않다　p.244

この会社(かいしゃ)はいつ倒産(とうさん)しても不思議(ふしぎ)じゃない状況(じょうきょう)だ。
이 회사는 언제 **도산해도 이상하지 않은** 상황이다.

☐ **〜てもらってもいいですか**　~해 주시겠습니까?, ~해 주시겠어요?　p.294

高橋(たかはし)さん、これを取引先(とりひきさき)に届(とど)けてもらってもいいですか。
타카하시 씨, 이것을 거래처에 **전달해 주시겠습니까?**

☐ **〜てよかった**　~해서 다행이다　p.294

先週(せんしゅう)は熱(ねつ)が出(で)て大変(たいへん)だったけど、元気(げんき)になってよかったね。
지난주는 열이 나서 힘들었지만, **건강해져서 다행이네**.

☐ **〜といけないから・ので**　~하면 안되기 때문에　p.241

遅刻(ちこく)するといけないので早(はや)めに家(いえ)を出(で)ます。
지각하면 안 되기 때문에 일찍 집을 나섭니다.

☐ **〜ところだ**　① 막 ~하려는 참이다 ② ~하고 있는 중이다 ③ 막 ~했다, ~한 참이다　p.246

今(いま)からお風呂(ふろ)に入(はい)るところです。
지금부터 **막 목욕하려는 참입니다**.

D-17일 출제 예상 문법 확인하기

- [ ] **～ないうちに**　~하기 전에　　p.245

料理が冷めないうちに食べてください。
요리가 식기 전에 먹으세요.

- [ ] **～ないではいられない・～ずにはいられない**　~하지 않을 수 없다　　p.295

私の好きなアイドルがコンサートをするなんて行かないではいられない。
내가 좋아하는 아이돌이 콘서트를 하다니 가지 않을 수 없다.

- [ ] **～直す**　다시 ~하다　　p.243

家に帰ってテストをもう一度解き直す。
집에 돌아가서 테스트를 한 번 더 다시 푼다.

- [ ] **～には**　~하기 위해서는, ~하기에는　　p.241

車を運転するには、免許を取らなければならない。
차를 운전하기 위해서는, 면허를 따지 않으면 안 된다.

- [ ] **～ばいいのに**　~하면 좋을 텐데　　p.296

一週間に休みが3日あればいいのになあ。
일주일에 휴일이 3일 있으면 좋을 텐데.

D-16일 출제 예상 문법 확인하기

☐ **～ばよかった(のに)**　~하면 좋았을 텐데　　p.296

子供の頃に、もっと勉強しておけばよかった。
어릴 때, 좀 더 공부해두면 좋았을 텐데.

☐ **～べきだ**　~해야 한다　　p.288

周りに困っている人がいたら助けるべきだ。
주위에 곤란해하는 사람이 있으면 도와야 한다.

☐ **～べきではない**　~해서는 안 된다, ~하지 않는 편이 좋다　　p.289

人を見た目で判断するべきではない。
사람을 겉보기로 판단해서는 안 된다.

☐ **～ほかない**　~할 수밖에 없다　　p.289

好きな服なのにやぶれて着られなくなったので捨てるほかない。
좋아하는 옷인데 찢어져서 입을 수 없게 되었기 때문에 버릴 수밖에 없다.

☐ **～(よ)うと(も)しない**　~하려고(도) 하지 않는다　　p.295

彼女は自分がミスをしたのに謝ろうともしない。
그녀는 자신이 실수를 했는데 사과하려고도 하지 않는다.

D-15일 출제 예상 문법 확인하기

☐ **～(よ)うとする**　~하려고 하다　p.245

嫌(いや)なことは、**忘(わす)れようとしても**なかなか忘(わす)れられない。
기분 나쁜 일은, **잊어버리려고 해도** 좀처럼 잊혀지지 않는다.

☐ **～ように/～ないように**　~하도록/~하지 않도록　p.246

後(うし)ろの席(せき)まで**聞(き)こえるように**大(おお)きな声(こえ)で話(はな)す。
뒷자리까지 **들리도록** 큰 목소리로 이야기한다.

☐ **～わけにはいかない**　~(할) 수는 없다　p.297

働(はたら)く人(ひと)が足(た)りないから**休(やす)むわけにはいかない**。
일할 사람이 부족하기 때문에 **쉴 수는 없다**.

4 품사 2개와 접속

☐ **～うえで**　~하고 나서, ~한 후에　p.299

多(おお)くの人(ひと)から意見(いけん)を**聞(き)いたうえで**結論(けつろん)を出(だ)す。
많은 사람으로부터 의견을 **들은 후에** 결론을 낸다.

☐ **～か何(なに)か**　~인가 뭔가, ~인지 뭔지　p.297

のどが渇(かわ)いたな。**お茶(ちゃ)か何(なに)か**ある？
목이 마르네. **차라든가 뭔가** 있어?

D-14일 출제 예상 문법 확인하기

☐ **〜がちだ** (자주)~하다, ~하는 경향이 있다   p.298

彼女(かのじょ)は疲(つか)れると周(まわ)りの人(ひと)に文句(もんく)を言(い)いがちだ。
그녀는 지치면 주위의 사람에게 불평을 **말하는 경향이 있다**.

☐ **〜ごとに** ~(할 때)마다   p.298

日本(にほん)へ来(き)てから、**2年(ねん)ごとに**引(ひ)っ越(こ)しをしている。
일본에 오고 나서, **2년마다** 이사를 하고 있다.

☐ **〜最中(さいちゅう)に** 한창 ~일 때   p.298

ホラー映画(えいが)を見(み)ている最中(さいちゅう)に急(きゅう)にベルが鳴(な)ってびっくりした。
한창 호러 영화를 **보고 있을 때** 갑자기 초인종이 울려서 깜짝 놀랐다.

☐ **〜たびに** ~할 때마다   p.247

あの二人(ふたり)は仲(なか)が悪(わる)くて会(あ)うたびにケンカする。
저 두 사람은 사이가 나빠서 **만날 때마다** 싸운다.

☐ **〜ついでに** ~하는 김에   p.300

学校(がっこう)に行(い)くついでに、図書館(としょかん)に本(ほん)を返(かえ)しに行(い)った。
학교에 **가는 김에**, 도서관에 책을 반납하러 갔다.

D-13일 출제 예상 문법 확인하기

□ **〜(て)以来(いらい)** ~한 이래 　　p.299

妻(つま)と結婚(けっこん)して以来(いらい)、毎日(まいにち)とても幸(しあわ)せだ。
아내와 결혼한 이래, 매일 매우 행복하다.

□ **〜てしかたがない・〜てしょうがない** ~해서 어쩔 수 없다, 너무 ~하다　　p.299

彼女(かのじょ)に会(あ)えると思(おも)うと、嬉(うれ)しくてしかたがない。
그녀를 만날 수 있다고 생각하면, 너무 기쁘다.

□ **〜でしかない** ~일 뿐이다, ~라고 밖에 말할 수 없다　　p.300

いよいよ明日(あした)は彼女(かのじょ)との初(はつ)デートだ。楽(たの)しみでしかない。
드디어 내일은 그녀와의 첫 데이트다. 기대된다고 밖에 말할 수 없다.

□ **〜通(とお)り(に)・〜通(どお)り(に)** ~대로　　p.300

レシピ通(どお)りに作(つく)ったらおいしくできた。
레시피대로 만들었더니 맛있게 만들어졌다.

□ **〜ところへ・〜ところに** ~하는 상황에, ~하는 때에　　p.301

ぐっすり寝(ね)ているところに、友達(ともだち)から電話(でんわ)がかかってきた。
푹 자고 있을 때에, 친구로부터 전화가 걸려왔다.

D-12일 출제 예상 문법 확인하기

☐ **〜途中で・〜途中に**　~도중에　p.301

家_{いえ}に帰_{かえ}る途中_{とちゅう}に新_{あたら}しくできたデパートがある。
집에 **돌아가는 도중에** 새로 생긴 백화점이 있다.

☐ **〜とともに**　① ~와/과 함께 ② ~동시에　p.301

時間_{じかん}が経_たつとともに痛_{いた}みが良_よくなっていく。
시간이 **지남과 동시에** 아픔이 좋아져 간다.

☐ **〜に限_{かぎ}る**　~(하는 것)이/가 최고다　p.302

仕事終_{しごとお}わりは、やっぱり冷_{つめ}たいビールに限_{かぎ}るね。
일이 끝난 후에는, 역시 차가운 **맥주가 최고네**.

☐ **〜にしたがって**　~에 따라서　p.247

説明書_{せつめいしょ}にしたがって棚_{たな}を組_くみ立_たてる。
설명서에 따라서 선반을 조립한다.

☐ **〜につれて**　~에 따라(서), ~에 더불어　p.302

本_{ほん}を読_よむにつれて、主人公_{しゅじんこう}の気持_{きも}ちが伝_{つた}わってきた。
책을 **읽음에 따라**, 주인공의 마음이 전해져 왔다.

D-11일 출제 예상 문법 확인하기

～ほど～はない　~만큼 ~한 것은 없다　p.302

行きたかった大学に合格できたことほど嬉しいことはない。
가고 싶었던 대학에 합격할 수 있었던 것만큼 기쁜 것은 없다.

～をきっかけに　~을/를 계기로　p.303

同じクラスになったことをきっかけに好きな子に話しかけた。
같은 반이 된 것을 계기로 좋아하는 애에게 말을 걸었다.

5 여러 품사와 접속

～間　~사이에, ~동안에　p.249

私が仕事をしている間、子供は幼稚園にいます。
제가 일을 하고 있는 동안에, 아이는 유치원에 있습니다.

～一方で　~하는 한편(으로)　p.249

スマートフォンは便利な一方で、使い方が難しい。
스마트폰은 편리한 한 편, 사용법이 어렵다.

～うえに　~인 데다가　p.303

この服は安いうえにデザインもいいので、とても売れている。
이 옷은 싼 데다가 디자인도 좋기 때문에, 엄청 팔리고 있다.

D-10일 출제 예상 문법 확인하기

☐ **～うちに**　~하는 동안에, ~하는 사이에　p.250

若(わか)いうちに、色々(いろいろ)なことを経験(けいけん)しておいた方(ほう)がいいですよ。
젊을 동안에, 여러 가지 일을 경험해 두는 편이 좋아요.

☐ **～おかげで/～おかげだ**　~덕분에/~덕분이다　p.250

先生(せんせい)のおかげでJLPT N3に合格(ごうかく)することができました。
선생님 덕분에 JLPT N3에 합격할 수 있었습니다.

☐ **～かと思(おも)った**　~인 줄 알았다　p.304

彼(かれ)はとても日本語(にほんご)が上手(じょうず)なので、最初(さいしょ)日本人(にほんじん)かと思(おも)った。
그는 매우 일본어를 잘해서, 처음에 일본인인 줄 알았다.

☐ **～かのようだ/～かのように/～かのような**　마치 ~인 것 같다/마치 ~인 것 처럼/마치 ~인 것 같은　p.304

今日(きょう)はとても寒(さむ)く、風(かぜ)も強(つよ)いので冬(ふゆ)であるかのようだ。
오늘은 몹시 춥고, 바람도 강하기 때문에 마치 겨울인 것 같다.

☐ **～からこそ**　~이기 때문에, ~이니까　p.305

今(いま)だからこそ言(い)えるけど、あの時(とき)の生活(せいかつ)は本当(ほんとう)に大変(たいへん)でした。
지금이니까 말할 수 있지만, 그때의 생활은 정말로 힘들었습니다.

D-9일 출제 예상 문법 확인하기

☐ **〜からといって**　~라고 해서　p.305

大学生だからといって、みんな頭がいいわけではない。
대학생이라고 해서, 모두 머리가 좋은 것은 아니다.

☐ **〜代わり(に)**　~대신에　p.306

私が食器を洗う代わりにあなたは洗濯物を干してきて。
내가 식기를 씻는 대신에 당신은 세탁물을 말리고 와줘.

☐ **〜くせに**　~한 주제에, ~한데도　p.306

彼は年下のくせに、私と話すときは敬語を使わない。
그는 연하인 주제에, 나와 얘기할 때는 경어를 쓰지 않는다.

☐ **〜ことか**　~한가, ~란 말인가　p.248

私は試合に負けてどれほど悔しかったことか。
나는 시합에 져서 얼마나 분했던가.

☐ **〜ことから**　~로 인해, ~때문에, ~이유로　p.250

彼女はうさぎに似ていることから「うさぎちゃん」と呼ばれている。
그녀는 토끼를 닮아서 '우사기짱'이라고 불리고 있다.

D-8일 출제 예상 문법 확인하기

☐ **〜さえ〜ば** ~만 ~(하)면 p.306

古い家でも**きれいでさえあれば**住むことができます。
오래된 집이어도 **깨끗하기만 하면** 살 수 있습니다.

☐ **〜じゃない・〜じゃん** ~잖아, ~이지? p.307

早く起きなさいって**言ったじゃない**。
일찍 일어나라고 **말했잖아**.

☐ **〜せいで/〜せいか** ~탓에/~탓인지 p.251

渋滞のせいで、飛行機に乗れませんでした。
정체 탓에, 비행기를 타지 못 했습니다.

☐ **〜たって・〜だって** ~해봤자, ~해도, ~라도 p.307

いくら**頑張ったって**、上手くできないのであきらめる。
아무리 **노력해 봤자**, 잘되지 않아서 포기한다.

☐ **〜だろう** ~겠지, ~일 것이다 p.251

夜12時の電車が多分、**終電だろう**。
밤 12시의 전철이 아마도, **막차일 것이다**.

D-7일 출제 예상 문법 확인하기

□ **～だろうか** ~인가, ~일까   `p.252`

彼の言っていることを本当に信じてもいいだろうか。
그가 말하는 것을 정말로 믿어도 되는 걸까?

□ **～だけでなく** ~뿐만 아니라   `p.251`

彼女は歌が上手なだけでなくダンスも上手だ。
그녀는 노래를 잘 할 뿐만 아니라 춤도 잘 춘다.

□ **ちっとも～ない** 조금도 ~않다   `p.308`

このレストランは雑誌で紹介されていたので期待していたが、ちっともおいしくなかった。
이 레스토랑은 잡지에서 소개되어 있었기 때문에 기대하고 있었지만, 조금도 맛있지 않았다.

□ **～っけ** ~였던가?, ~였지?   `p.308`

佐藤さん、トマトが食べれなかったっけ。
사토 씨, 토마토를 못 먹었던가?

□ **～っぽい** ~경향이 강하다, ~처럼 보이다   `p.309`

彼女はまだ小学生なのにすごく大人っぽい。
그녀는 아직 초등학생인데도 엄청 어른처럼 보인다.

D-6일 출제 예상 문법 확인하기

☐ **〜でしょうか** ~할까요?, ~일까요? p.309

お客様、何かお探しでしょうか。
손님, 무언가 찾고 계실까요?

☐ **〜という** ~라고 하는, ~라고 한다 p.252

友達が大学を退学したという事実を知った。
친구가 대학교를 자퇴했다고 하는 사실을 알았다.

☐ **〜ということだ** ① ~라고 한다 ② ~라는 것이다 p.253

今も寒いが、午後はもっと寒くなるということだ。
지금도 춥지만, 오후는 더 추워진다고 한다.

☐ **〜という点で** ~라는 점에서 p.253

うちの会社のサービスはオンラインという点で利用者に好まれている。
우리 회사의 서비스는 온라인이라는 점에서 이용자에게 호감을 사고 있다.

☐ **〜というより(も)** ~라기보다(도) p.309

このカクテルはお酒というよりもむしろジュースみたいに甘い。
이 칵테일은 술이라기보다도 오히려 주스처럼 달다.

D-5일 출제 예상 문법 확인하기

☐ **〜といっても** ~라고 해도   p.310

ピアノを弾けるといってもたった1曲だけです。
피아노를 칠 수 있다고 해도 단 1곡뿐입니다.

☐ **〜と言われている** ~라고 불리고 있다, ~라고 한다   p.310

朝にリンゴを食べることは健康に良いと言われている。
아침에 사과를 먹는 것은 건강에 좋다고 한다.

☐ **〜としたら** ~라고 한다면   p.254

もし、ソファーを買うとしたら部屋のどこに置くつもりですか。
만약, 소파를 산다고 한다면 방의 어디에 둘 생각입니까?

☐ **〜としても** ~라고 해도, ~라고 할지라도   p.254

今回の試合に負けたとしても、また次に頑張ればいい。
이번 시합에 졌다고 해도, 또 다음에 열심히 하면 된다.

☐ **〜とのことだ** ~라는 것이다, ~라고 한다   p.310

先生によると明日は休校だとのことだ。
선생님에 따르면 내일은 휴교라고 한다.

D-4일 출제 예상 문법 확인하기

☐ **〜とは限(かぎ)らない**　~라고는 (단정)할 수 없다　　p.311

横断歩道(おうだんほどう)を渡(わた)る時(とき)、青信号(あおしんごう)だからといって必(かなら)ず**安全(あんぜん)だとは限(かぎ)らない**。
횡단보도를 건널 때, 초록불이라고 해서 반드시 **안전하다고는 할 수 없다**.

☐ **〜ないことはない**　~하지 않는 것은 아니다　　p.311

会社(かいしゃ)まで1時間(じかん)30分(ぷん)かかるが、**通(かよ)えないことはない**。
회사까지 1시간 30분 걸리지만, **다니지 못할 것은 아니다**.

☐ **〜など・〜なんか・〜なんて**　① ~등 ② ~따위, ~같은 것 ③ ~하다니　　p.255

サッカーや**バスケなど**チームで戦(たたか)うスポーツは楽(たの)しいです。
축구와 **농구 등** 팀으로 싸우는 스포츠는 즐겁습니다.

☐ **〜に決(き)まっている**　반드시, 당연히 ~이다, ~할 게 뻔하다　　p.312

毎日(まいにち)、ファストフードばかり食(た)べていたら、**病気(びょうき)になるに決(き)まっている**。
매일 패스트푸드만 먹고 있으면, **병이 들 게 뻔하다**.

☐ **〜に相違(そうい)ない**　~것이 틀림없다, 틀림없이 ~일 것이다　　p.313

誰(だれ)のノートか分(わ)からないがこの字(じ)は**キムさんに相違(そうい)ない**。
누구의 노트인지 모르지만, 이 글자는 **김 씨임이 틀림없다**.

D-3일 출제 예상 문법 확인하기

□ **～に違いない**　~것이 틀림없다, 틀림없이 ~일 것이다　p.312

彼女はいつも遅刻するから、今日も**遅刻するに違いない**。
그녀는 항상 지각하기 때문에, 오늘도 **틀림없이 지각할 것이다**.

□ **～のでしょうか・んでしょうか**　~인 걸까요?　p.313

もし、地震が来たらどこに逃げれば**いいのでしょうか**。
만약, 지진이 오면 어디로 도망치면 **좋은 걸까요?**

□ **～はずがない**　~일 리가 없다　p.256

こんなに大きいハンバーガー、一人で**食べられるはずがない**。
이렇게 큰 햄버거, 혼자서 **먹을 수 있을 리가 없다**.

□ **～はずだ**　~일 것이다　p.255

彼女は甘いものが好きだから、ケーキをあげたら**喜ぶはずだ**。
그녀는 단것을 좋아하니까, 케이크를 주면 **기뻐할 것이다**.

□ **～ばかりでなく**　~뿐만 아니라　p.256

このテーマパークは**子供ばかりでなく**大人も楽しむことができる。
이 테마파크는 **아이뿐만 아니라** 어른도 즐길 수 있다.

D-2일 출제 예상 문법 확인하기

☐ **～ば～ほど**　~(하)면 ~(할)수록　　　　　　　　　　　　　p.248

ビジネスメールの返信は早ければ早いほどいい。
비즈니스 메일의 답장은 빠르면 빠를수록 좋다.

☐ **(～は)～ほど～ない**　~정도 ~아니다, ~만큼 ~지 않다　　　　p.313

このドラマのシーズン2は最初のシーズンほど面白くない。
이 드라마의 시즌 2는 첫 시즌만큼 재밌지 않다.

☐ **～もの・～もん**　~인(한)걸, ~란 말이야　　　　　　　　　p.314

A「ずっとそのお菓子を食べてるね。」 계속 그 과자를 먹고 있네.
B「だっておいしいんだもの。」 그치만 맛있는 걸.

☐ **～ものだから**　~이니까, ~라서　　　　　　　　　　　　　p.314

うちは子供が4人もいるものだから、毎月食費がたくさんかかります。
우리 집은 아이가 4명이나 있어서, 매달 식비가 많이 듭니다.

☐ **～も～ば～も**　~도 ~하고 ~도　　　　　　　　　　　　　p.315

みかんは甘いものもあれば酸っぱいものもある。
귤은 단것도 있고 신 것도 있다.

D-1일 출제 예상 문법 확인하기

□ **～ようなら**　~할 것 같으면　p.257

忙しいようならまた今度伺います。
바쁠 것 같으면 다음번에 다시 방문하겠습니다.

□ **～わけがない**　~할 리가 없다　p.315

どんなに働いても私には家が買えるわけがない。
아무리 일해도 나에게는 집을 살 수 있을 리가 없다.

□ **～わけだ**　~하는 게 당연하다, (당연히) ~할 만도 하다, ~것이다　p.316

A「先生結婚したんだって。」　선생님, 결혼하셨대.
B「あー、それで最近ずっと笑顔なわけだ。」 아, 그래서 최근에 계속 웃는 얼굴인 거구나.

□ **～わけではない**　(반드시) ~인 것은 아니다　p.316

サッカー選手だからといって、毎回100%ゴールを決めることができるわけではない。
축구 선수라고 해도 매번 100% 골을 넣을 수 있는 것은 아니다.

□ **～わりに(は)**　~한 것치고(는), ~에 비해서(는)　p.317

このレストランは高いわりにはあまりおいしくなかった。
이 레스토랑은 비싼 것치고는 그다지 맛있지 않았다.

MEMO

MEMO

JLPT 합격 노하우 yuhadayo.com